新疆财政年鉴编辑委员会 编

新疆财政年鉴

2017

finance yearbook of xinjiang

中国财经出版传媒集团
中国财政经济出版社

图书在版编目（CIP）数据

新疆财政年鉴. 2017 / 新疆财政年鉴编辑委员会编. —北京：中国财政经济出版社，2018. 10
ISBN 978 - 7 - 5095 - 8530 - 6

Ⅰ. ①新…　Ⅱ. ①新…　Ⅲ. ①地方财政 - 新疆 - 2017 - 年鉴　Ⅳ. ①F812. 745 - 54

中国版本图书馆 CIP 数据核字（2018）第 215157 号

责任编辑：陆宗祥　　　　责任校对：徐艳丽
封面设计：卜建辰　　　　责任印制：刘春年

中国财政经济出版社 出版

URL：http：//www. cfeph. cn
E - mail：cfeph @ cfeph. cn

社址：北京市海淀区阜成路甲 28 号　邮政编码：100142
营销中心电话：010 - 88191537　北京财经书店电话：64033436　84041336
北京虎彩文化传播有限公司印装　　各地新华书店经销
889 × 1194 毫米　16 开　42. 75 印张　1 050 000 字
2018 年 11 月第 1 版　2018 年 11 月北京第 1 次印刷
定价：398. 00 元
ISBN 978 - 7 - 5095 - 8530 - 6
（图书出现印装问题，本社负责调换）
本社质量投诉电话：010 - 88190744
打击盗版举报热线：010 - 88191661、QQ：2242791300

2017年1月17日，自治区党委常委、自治区人民政府常务副主席彭家瑞出席自治区财政电视电话会议并作重要讲话。

2017年1月17日，自治区财政电视电话会议在乌鲁木齐市召开。

2017年1月17日，自治区政协副主席、人民政府党组成员、财政厅厅长弯海川作财政工作报告。

2016年3月4日，自治区财政厅组织召开“加强政府债务管理工作座谈会”，自治区政协副主席、人民政府党组成员、财政厅厅长弯海川作重要讲话，各地州市财政局长参加会议。

2016年3月16日，自治区举行新疆农业信贷融资担保有限责任公司揭牌签约仪式，仪式由自治区财政厅党组书记奥曲尔主持，自治区政协副主席、人民政府党组成员、财政厅厅长弯海川，自治区党委副秘书长、农办主任代宁祥，自治区国资委、农业厅等相关部门及金融机构领导出席。

2016年3月29日上午，自治区召开机关事业单位养老保险制度改革试点会议，自治区财政厅党组书记奥曲尔以及人社厅主要领导出席会议，并作重要讲话。

2016年4月28日，自治区政协副主席、人民政府党组成员、财政厅厅长弯海川一行赴和田地区洛浦县杭桂乡、洛浦镇，看望慰问财政厅、国投公司、和田地区财政局“访民情、惠民生、聚民心”驻村工作组的工作人员。

2016年2月25日，自治区财政厅党组书记奥曲尔为“访惠聚”驻村工作队授旗。

2016年2月25日，“访惠聚”全体队员在自治区财政厅南楼门口集体合影留念。

2016年4月27日，自治区财政厅召开“两学一做”学习教育工作会议，传达贯彻自治区“两学一做”学习教育工作会议精神并就财政厅开展“两学一做”学习教育工作进行安排部署。

2016年6月27日，自治区财政厅召开全体党员大会，庆祝建党95周年。

2016年7月8日，自治区财政厅以“不忘初心　继续前进”为主题，举办庆祝建党95周年知识竞赛决赛。

2016年10月11日，自治区财政厅妇委会纪念红军长征胜利80周年。

2016年3月7日，自治区财政厅干部职工开展以“美丽绽放 快乐巾帼”为主题的游艺活动，隆重庆祝第106个三八国际妇女节。

2016年4月15日，自治区财政厅组织全体干部职工开展首个“全民国家安全教育日”法治知识答题活动。全厅210名干部职工参加。

2016年8月23日，自治区财政厅召开创建自治区文明单位动员大会。

2016年12月14日，自治区财政厅贯彻落实自治区党委工作部署，首次举办厅机关民族团结联谊会。

2016年5月17日，召开自治区党委第八巡视组专项巡视自治区财政厅动员会。

2016年6月16日，由自治区财政厅牵头筹备组建，新疆再担保（集团）有限公司正式成立。

2016年8月22日—24日，2016年自治区乡镇财政第二期“送教下乡”培训班在巴州库尔勒市开班，对行政事业单位会计制度、村集体会计制度、乡镇预算程序及规范、乡镇财政管理及监督等进行培训。

2016年8月23日，自治区财政厅召开党组巡视反馈意见整改落实工作动员大会。

2004－2016年新疆财政一般公共预算收入、上划中央税收、一般公共预算支出增长变化示意图

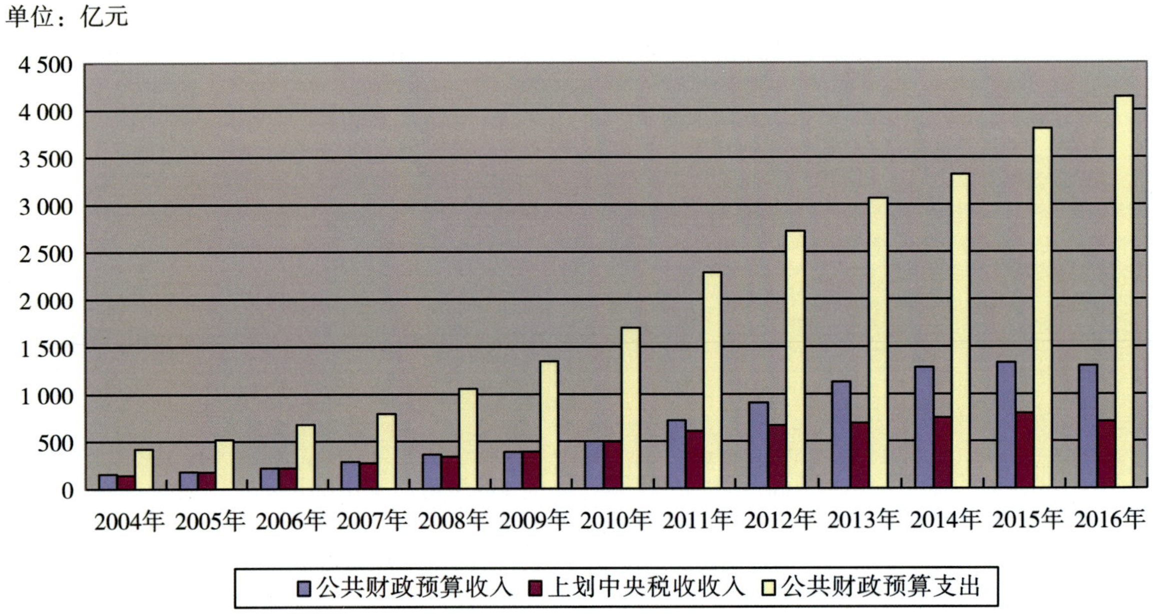

2016 年新疆地方财政收入构成图

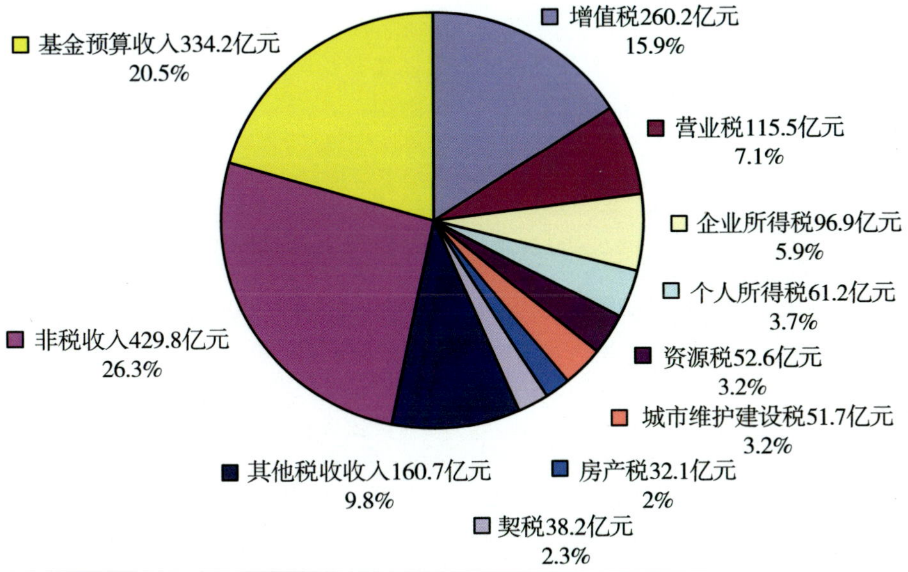

2016 年新疆地方财政支出构成图

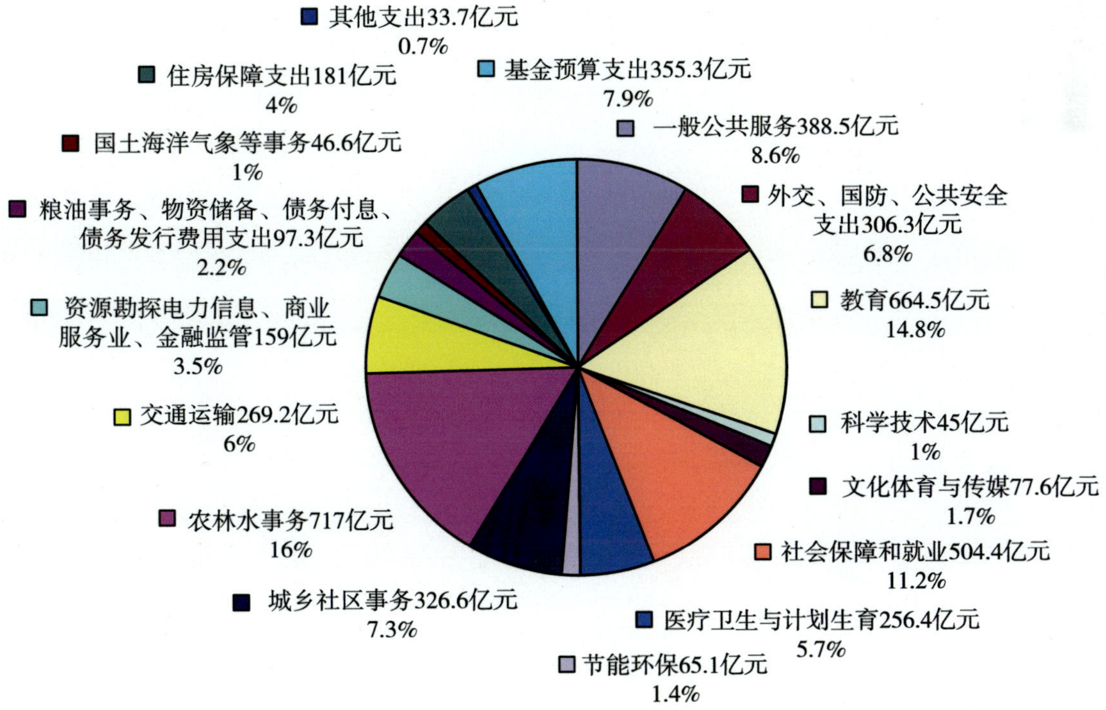

2016 年新疆各级财政一般公共预算收入构成图

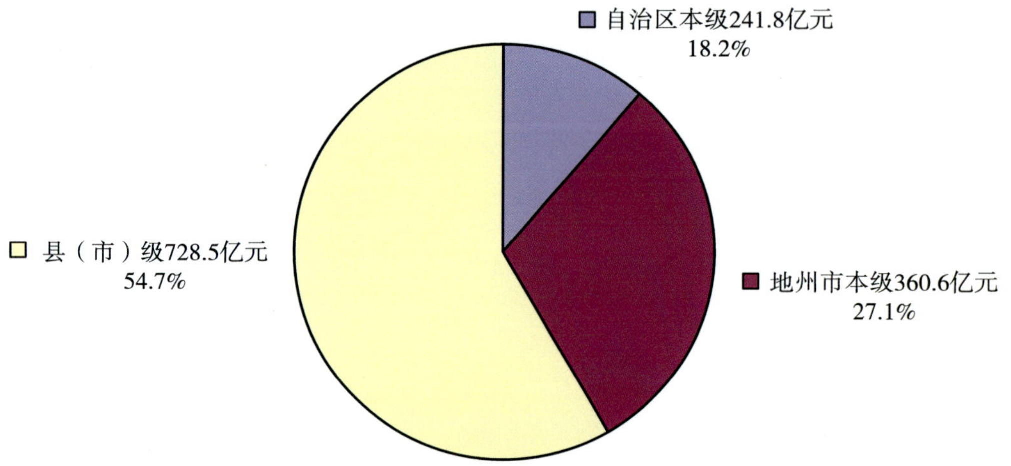

2016 年新疆各地、州、市财政收入排名

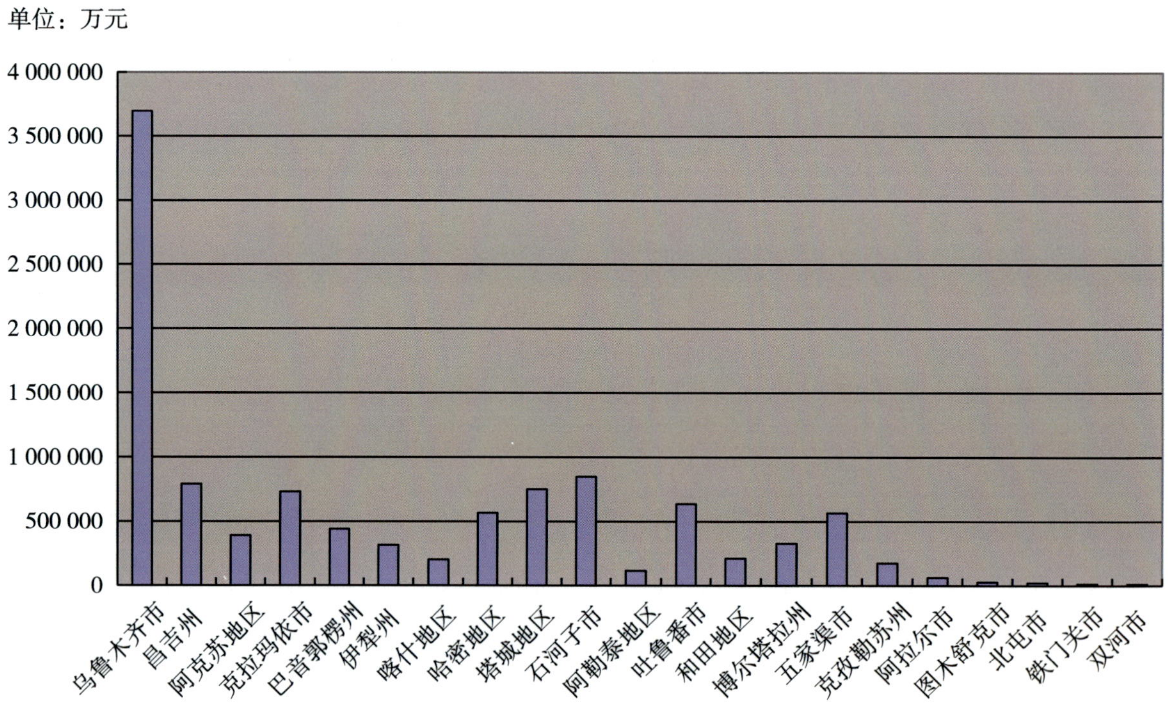

《新疆财政年鉴2017》

编辑委员会

《新疆财政年鉴2017》

编辑部成员

（新疆维吾尔自治区财政厅）

主　　编： 代万斌

副 主 编： 陈岩岭

编　　辑： 陈　杰　任守德　王　娟　赵　成　邓寒翌　王　永

目　录

第一部分　特载

自治区地方政府性债务管理工作情况 …………………………………………………………（3）
PPP工作开展情况 ……………………………………………………………………………（6）
财政厅第三批“访惠聚”驻村工作开展情况 ………………………………………………（8）
财政厅深化财税体制改革工作 ………………………………………………………………（12）

第二部分　重要财经文献

政府工作报告（摘要）
——在新疆维吾尔自治区第十二届人民代表大会第五次会议上
………………………………………… 自治区党委副书记、自治区主席　雪克来提·扎克尔（19）
关于2016年自治区国民经济和社会发展计划执行情况与2017年自治区国民经济和社会发展计划草案的报告（摘要）
——在新疆维吾尔自治区第十二届人民代表大会第五次会议上
…………………………………………………………………… 自治区发展和改革委员会（34）
关于2016年自治区预算执行情况和2017年自治区预算草案的报告（摘要）
——在新疆维吾尔自治区第十二届人民代表大会第五次会议上
…………………………………………………………………………………… 自治区财政厅（48）
在自治区财政工作电视电话会议上的讲话
………………………………………………… 自治区党委常委、自治区常务副主席　彭家瑞（59）
在自治区财政工作电视电话会议上的讲话
……………………… 自治区政协副主席、自治区人民政府党组成员、财政厅厅长　穹海川（64）

第三部分　新疆财政工作

新疆维吾尔自治区财政工作综述 ………………………………………………………………（77）

综合财政管理 …………………………………………………………………………………… (81)
概况 ……………………………………………………………………………………………… (81)
调整机关事业单位干部职工基本工资标准和增加离退休人员离休费 ……………………… (81)
调整艰苦边远地区津贴标准 ………………………………………………………………… (81)
支持城镇保障性安居工程建设 ……………………………………………………………… (81)
推进政府购买服务改革 ……………………………………………………………………… (81)
强化彩票销售监管 …………………………………………………………………………… (82)
加强自治区彩票公益金管理 ………………………………………………………………… (82)
加强土地出让收入征管工作 ………………………………………………………………… (82)
分类推进事业单位改革 ……………………………………………………………………… (82)
财政法制管理 …………………………………………………………………………………… (83)
加强财政法制建设工作 ……………………………………………………………………… (83)
加强行政审批事项管理 ……………………………………………………………………… (83)
清理行政审批中介服务事项 ………………………………………………………………… (83)
加强权力清单和责任清单制度建设 ………………………………………………………… (83)
组织优化政府服务、推进政务公开 ………………………………………………………… (84)
组织对失信被执行人、税收违法人实施联合惩戒 ………………………………………… (84)
办理行政复议及行政应诉工作 ……………………………………………………………… (84)
组织厅机关文件清理工作 …………………………………………………………………… (84)
财政税政管理 …………………………………………………………………………………… (85)
推进增值税改革 ……………………………………………………………………………… (85)
推进资源税从价计征改革 …………………………………………………………………… (85)
专题汇报新疆进口饲草料现状争取政策支持 ……………………………………………… (85)
开展新疆番茄酱产品国际竞争力调查 ……………………………………………………… (85)
开展各项税收政策调研 ……………………………………………………………………… (85)
预算管理 ………………………………………………………………………………………… (86)
概况 ……………………………………………………………………………………………… (86)
推进营改增改革 ……………………………………………………………………………… (86)
部门预算管理改革 …………………………………………………………………………… (86)
预算信息公开 ………………………………………………………………………………… (87)
重点民生保障 ………………………………………………………………………………… (87)
地方政府债券发行工作 ……………………………………………………………………… (87)
中期财政规划 ………………………………………………………………………………… (87)
盘活财政存量资金 …………………………………………………………………………… (87)
推进涉农专项资金整合 ……………………………………………………………………… (87)
完善自治区对下转移支付制度 ……………………………………………………………… (87)
边境地区和重点生态功能区转移支付工作 ………………………………………………… (88)
出台支持农业转移人口市民化政策 ………………………………………………………… (88)

推动央企属地注册 …… (88)
国库管理 …… (88)
概况 …… (88)
完善财政国库管理运行机制 …… (88)
国库集中支付改革 …… (89)
加强预算执行动态监控 …… (89)
国库集中支付电子化试点 …… (89)
推进公务卡改革 …… (89)
代理银行综合考评 …… (89)
国库集中支付资金年终结转 …… (89)
财税库银税收收入电子缴库横向联网 …… (89)
财政总会计管理 …… (89)
财政总决算 …… (89)
部门决算 …… (89)
部门决算信息公开 …… (90)
财政专户管理 …… (90)
预算单位银行账户管理 …… (90)
国债管理 …… (90)
地方政府债券发行兑付 …… (90)
工资统发工作 …… (90)
2015 年政府综合财务报告试编工作 …… (90)
荣誉 …… (90)
政府采购管理 …… (91)
概况 …… (91)
政府采购制度建设 …… (91)
政府采购基础工作 …… (91)
政府采购监督检查 …… (91)
政府采购政策功能 …… (91)
车辆控购管理 …… (92)
非税收入管理 …… (92)
概况 …… (92)
收费项目管理 …… (92)
清理收费基金 …… (92)
收费政策 …… (93)
财政监督管理 …… (93)
行政政法财政财务管理 …… (93)
概况 …… (93)
基层政权和组织建设 …… (94)

安排促进宗教和睦和谐经费 …… (94)
支持法律援助、普法工作、刑释解教和安置帮教工作 …… (94)
完成工商质监下划工作 …… (94)
支持地税系统“三代”税款征管 …… (94)
保障第三次全国农业普查工作情况 …… (94)
支持旅游发展项目 …… (94)
支持妇女儿童工作 …… (95)
支持基层团组织工作 …… (95)
调整自治区人大代表和政协委员活动经费标准 …… (95)
提高已故离休干部和同期参加革命工作已故老工人无固定收入配偶生活困难补助费标准 …… (95)
支持大学生志愿服务西部计划工作 …… (95)
教科文财政财务 …… (96)
概况 …… (96)
建立农村学前三年免费“双语”教育经费保障机制 …… (96)
支持南疆四地州农村学前幼儿园建设 …… (96)
支持南疆学前“双语”教育干部支教工作 …… (96)
支持全面改善农村义务教育薄弱学校基本办学条件 …… (96)
完善城乡义务教育经费保障机制 …… (96)
支持普通高中教育发展 …… (96)
构建现代职业教育体系 …… (96)
完善高中阶段家庭经济困难学生资助政策 …… (97)
实施南疆四地州高中阶段免费教育 …… (97)
完善高校生均拨款机制 …… (97)
支持师资队伍建设 …… (97)
推动科技发展 …… (97)
支持自治区科技富民工程 …… (97)
支持科技金融创新 …… (97)
支持公共文化建设 …… (97)
支持公益性文化设施免费开放 …… (97)
支持广播电视发展 …… (97)
支持新闻出版业发展 …… (98)
支持体育事业发展 …… (98)
支持自治区宣传工作 …… (98)
经济建设财政财务 …… (98)
概况 …… (98)
深化交通投融资体制改革 …… (98)
推进纺织服装产业发展 …… (98)

化解钢铁煤炭行业过剩产能 …… (98)
支持“短平快”项目建设 …… (98)
支持开行新疆西行货运班列 …… (99)
支持重点企业发展 …… (99)
支持重大基础设施建设 …… (99)
支持“两居”工程和保障性住房建设 …… (99)
支持重点县市脱贫攻坚 …… (99)
落实“访惠聚”项目资金 …… (99)
支持生态环境保护 …… (99)
推进棉花目标价格改革 …… (99)
保障粮食安全 …… (99)
农业财政财务 …… (100)
概况 …… (100)
农业财政投入情况 …… (100)
启动贫困县涉农资金整合试点工作 …… (100)
启动自治区农业支持保护补贴政策 …… (100)
落实强农惠农政策 …… (100)
全力保障民生工程 …… (101)
调整农业产业结构 …… (101)
加强农业生态建设 …… (101)
支持农田水利建设 …… (101)
加强农业财政资金监管 …… (101)
社会保障财政财务 …… (101)
概况 …… (101)
完善社会保险制度 …… (102)
加强和改进社会救助工作 …… (102)
大力推动社会养老发展 …… (102)
推进医改重点工作 …… (102)
推动高质量就业 …… (102)
降低社会保险费率 …… (103)
加强社会保险基金预决算管理 …… (103)
企业财政财务 …… (103)
概况 …… (103)
调整财政资金投入方式 …… (103)
支持做强融资担保体系 …… (103)
保障改制改组企业离退休人员生活待遇 …… (104)
推动国有企业“三供一业”分离移交 …… (104)
开展区级国有资本经营预算工作 …… (104)

支持自治区外经贸发展 …………………………………………………………… (104)
地方国有企业经济运行情况 …………………………………………………… (104)
涉外财政财务 ……………………………………………………………………… (105)
概况 ……………………………………………………………………………… (105)
国际金融组织贷款项目管理 ………………………………………………… (105)
外国政府贷款项目管理 ……………………………………………………… (106)
中亚区域经济合作 ………………………………………………………………… (107)
概况 ……………………………………………………………………………… (107)
项目开展情况 ………………………………………………………………… (107)
项目实施进度 ………………………………………………………………… (107)
债务偿还和回收管理 ………………………………………………………… (107)
地方金融财务 ……………………………………………………………………… (108)
概况 ……………………………………………………………………………… (108)
健全财政支持普惠金融发展政策体系 ……………………………………… (108)
落实民贸民品贷款财政贴息政策 …………………………………………… (108)
开展农业保险财政保费补贴工作 …………………………………………… (108)
制定落实扶贫小额信贷政策 ………………………………………………… (108)
制定落实中小微企业政银担风险补偿政策 ………………………………… (109)
做好地方金融企业财务决算报表工作 ……………………………………… (109)
会计管理 …………………………………………………………………………… (109)
概况 ……………………………………………………………………………… (109)
会计制度建设 ………………………………………………………………… (109)
会计从业及资格考试管理 …………………………………………………… (110)
会计继续教育和人才培养 …………………………………………………… (110)
高级会计师、高级经济师（财政经济）评审 ……………………………… (110)
会计师事务所审批及管理 …………………………………………………… (110)
行政事业单位资产监督管理 ……………………………………………………… (110)
概况 ……………………………………………………………………………… (110)
资产清查工作情况 …………………………………………………………… (111)
资产占有使用情况 …………………………………………………………… (111)
事业单位所办企业产权登记情况 …………………………………………… (111)
资产管理内控工作情况 ……………………………………………………… (111)
农村综合改革 ……………………………………………………………………… (111)
概况 ……………………………………………………………………………… (111)
一事一议财政奖补工作 ……………………………………………………… (111)
美丽乡村建设试点工作 ……………………………………………………… (112)
国有农牧场税费改革工作 …………………………………………………… (112)
建制镇示范试点工作 ………………………………………………………… (112)

农村公共服务运行维护机制建设试点工作 …………………………………………………… (112)
农业综合开发 ……………………………………………………………………………………… (112)
概况 ………………………………………………………………………………………………… (112)
农业综合开发资金投入情况 ……………………………………………………………………… (112)
土地治理项目实施情况 …………………………………………………………………………… (112)
产业化发展项目实施情况 ………………………………………………………………………… (113)
农业综合开发部门项目实施情况 ………………………………………………………………… (113)
农业综合开发现代农业园区项目试点情况 ……………………………………………………… (113)
世界银行贷款建设项目 …………………………………………………………………………… (113)
推进绩效评价情况 ………………………………………………………………………………… (113)
加强开发县管理 …………………………………………………………………………………… (114)
加强农业综合开发项目检查验收 ………………………………………………………………… (114)
财政扶贫资金管理 ………………………………………………………………………………… (114)
概况 ………………………………………………………………………………………………… (114)
做好财政支持脱贫攻坚工作 ……………………………………………………………………… (114)
建立精准扶贫机制 ………………………………………………………………………………… (114)
支持贫困地区发展 ………………………………………………………………………………… (115)
支持少数民族事业发展 …………………………………………………………………………… (115)
加强贫困地区农村小型基础设施建设 …………………………………………………………… (115)
支持国有贫困林场和农牧场的事业发展 ………………………………………………………… (115)
推进易地扶贫搬迁工作 …………………………………………………………………………… (115)
做好定点扶贫工作 ………………………………………………………………………………… (115)
加强扶贫资金监管 ………………………………………………………………………………… (115)
乡镇财政管理 ……………………………………………………………………………………… (116)
概况 ………………………………………………………………………………………………… (116)
乡镇财政管理信息化建设 ………………………………………………………………………… (116)
规范乡镇财政管理工作 …………………………………………………………………………… (116)
乡镇财政所建设工作 ……………………………………………………………………………… (116)
乡镇财政干部培训工作 …………………………………………………………………………… (116)
荣誉 ………………………………………………………………………………………………… (117)
财政监督检查 ……………………………………………………………………………………… (117)
概况 ………………………………………………………………………………………………… (117)
财政内部控制工作 ………………………………………………………………………………… (117)
财政内部监督工作 ………………………………………………………………………………… (117)
非税收入收缴情况专项检查 ……………………………………………………………………… (117)
预决算公开情况专项检查 ………………………………………………………………………… (117)
行政事业单位及企业会计监督检查 ……………………………………………………………… (118)
会计师事务所检查 ………………………………………………………………………………… (118)

检查公示公告工作 …… (118)
监督成果利用工作 …… (118)
自治区本级政府采购工作 …… (118)
概况 …… (118)
贯彻执行政府采购制度 …… (119)
服务全区经济建设 …… (119)
落实协议定点采购工作 …… (119)
发挥政府采购政策功能作用 …… (119)
提升政府采购服务水平 …… (119)
推进政府采购改革创新 …… (119)
强化政府采购监督管理 …… (120)
规范政府采购评审专家使用 …… (120)
重视调查研究工作 …… (120)
加强宣传培训 …… (120)
荣誉 …… (120)
财政票据管理 …… (121)
概况 …… (121)
财政票据发售工作 …… (121)
财政票据电子化管理改革 …… (121)
全区范围内启用新版医疗票据 …… (121)
对民办教育机构进行专项检查 …… (121)
调研全区财政系统票据管理工作 …… (121)
注销 43 家自治区本级社会团体组织购票资格 …… (121)
财政投资评审 …… (122)
概况 …… (122)
开展财政投资项目概、预、结算评审工作 …… (122)
完成专项核查任务 …… (122)
建立健全内控工作规程 …… (122)
规范购买社会服务行为 …… (122)
向财政部推荐评审骨干人才和报送优秀典型案例 …… (122)
财政科研工作 …… (123)
概况 …… (123)
工作研究 …… (123)
宣传服务 …… (123)
学术交流 …… (123)
社会活动 …… (123)
财政信息化建设 …… (124)
概况 …… (124)

开发应用 PPP 项目管理系统 …… (124)
推进国库银行账户管理系统应用 …… (124)
开发纺织服装行业运行监测管理系统 …… (124)
优化会计管理系统功能 …… (124)
实施财政智能网络诊断系统 …… (124)
开发应用访客管理系统 …… (124)
网络安全建设与管理 …… (124)
信息化运行维护服务 …… (125)
注册会计师行业管理 …… (125)
概况 …… (125)
行业考试 …… (125)
注册（登记）管理 …… (125)
人才培养 …… (126)
业务监管 …… (126)
行业党建 …… (126)
行业宣传 …… (126)
行业调研 …… (126)
行业党委会议 …… (126)
行业培训 …… (126)
荣誉 …… (126)
财政融资担保工作 …… (127)
概况 …… (127)
财政融资担保业务开展 …… (127)
推进全疆担保体系建设 …… (127)
财政融资担保风险控制管理 …… (127)
内部管理 …… (128)
对外交流合作 …… (128)
财政农业信贷担保工作 …… (128)
概况 …… (128)
农业信贷担保体系建设 …… (128)
加强银担合作 …… (128)
创新反担保措施 …… (128)
开展农业担保业务调研 …… (128)
加强内部建设 …… (128)
纪检监察工作 …… (129)
概况 …… (129)
深化“一岗双责”，压实全面从严治党两个责任 …… (129)
加强作风建设，抓好“三项治理” …… (129)

扎实开展“纪律教育年”活动，提升财政干部纪律观念 …………………………（130）
践行监督执纪“四种形态”，扎紧扎牢制度笼子 …………………………（130）
认真做好自治区党委巡视反馈问题整改工作 …………………………（130）
强化监督执纪问责 …………………………（130）
机关党建 …………………………（131）
概况 …………………………（131）
党组织基本情况 …………………………（131）
加强思想政治建设 …………………………（131）
推进“两学一做”学习教育 …………………………（131）
夯实党建基础工作 …………………………（132）
狠抓党风廉政建设和反腐败工作 …………………………（132）
坚持党建带动群团建 …………………………（132）
开展公民道德月活动 …………………………（132）
开展去极端化宣传教育 …………………………（132）
提升精神文明创建水平 …………………………（132）
荣誉 …………………………（132）
机关干部管理 …………………………（133）
概况 …………………………（133）
思想政治教育 …………………………（133）
“访民情惠民生聚民心”驻村工作 …………………………（133）
民族团结进步年和“民族团结一家亲”活动 …………………………（133）
干部选拔任用 …………………………（134）
事业单位岗位管理 …………………………（134）
干部教育培训 …………………………（134）
离退休干部管理 …………………………（135）
概述 …………………………（135）
学习活动开展 …………………………（135）
文化活动开展 …………………………（135）
信息化建设 …………………………（135）
爱心捐物活动 …………………………（135）
服务管理工作 …………………………（135）
机关工会管理 …………………………（136）
概况 …………………………（136）
财政文化建设 …………………………（136）
职工之家建设 …………………………（136）
会员权益维护 …………………………（136）
文体活动开展 …………………………（136）
社会公益活动 …………………………（137）

计划生育管理 …… (137)
妇女工作开展 …… (137)
机关后勤服务 …… (137)
概况 …… (137)
服务管理 …… (137)
基建工程建设与维修 …… (138)
食堂管理 …… (138)
企业管理 …… (138)
会计干部培训 …… (138)
概况 …… (138)
财政干部培训 …… (138)
会计培训 …… (139)
“走出去”培训和学历教育 …… (139)
荣誉 …… (139)
新疆财政学会 …… (139)
概况 …… (139)
理论和政策研究 …… (140)
学术交流 …… (140)
社会活动 …… (140)
新疆会计学会 …… (140)
自治区会计领军（后备）人才培养 …… (140)
高层次会计人才培训 …… (140)
会计考试辅导用书征订与发行 …… (140)
其他工作 …… (141)

第四部分　地、州、市财政工作

伊犁哈萨克自治州 …… (145)
概况 …… (145)
组织财政收入 …… (145)
财政支出 …… (145)
支持经济社会发展 …… (145)
扶贫攻坚 …… (146)
预算管理 …… (146)
政府债务管理 …… (146)
荣誉 …… (146)
乌鲁木齐市 …… (146)
概况 …… (146)

组织财政收入 …… (147)
财政支出 …… (147)
支持经济社会发展 …… (147)
财政资金绩效管理 …… (147)
推进社会资本合作 …… (147)
供给侧结构性改革 …… (147)
完善价格补贴调节机制 …… (147)
建立透明预算制度 …… (147)
预算执行管理 …… (148)
创新财政供给手段 …… (148)
国库管理 …… (148)
克拉玛依市 …… (148)
概况 …… (148)
组织财政收入 …… (148)
支持经济发展 …… (148)
改善民生福祉 …… (149)
深化财政改革 …… (149)
加强队伍建设 …… (150)
荣誉 …… (150)
石河子市 …… (151)
概况 …… (151)
组织财政收入 …… (151)
支持经济发展 …… (151)
保障民生和重点支出 …… (151)
深化财政改革 …… (152)
强化财政监管 …… (152)
加强干部队伍建设 …… (152)
塔城地区 …… (153)
概况 …… (153)
组织财政收入 …… (153)
保障重点支出 …… (153)
全力保障维稳经费投入 …… (153)
积极推进脱贫攻坚战略 …… (153)
着力保障和改善民生 …… (153)
落实稳增长政策 …… (154)
深化财税改革 …… (154)
强化干部队伍建设 …… (154)
荣誉 …… (154)

阿勒泰地区 …… (155)
概况 …… (155)
加强组织收入工作 …… (155)
支持经济社会发展 …… (155)
深入推进财税改革 …… (156)
提升财政监管水平 …… (156)
加强财政政策研究 …… (156)
金融支撑作用凸显 …… (156)
荣誉 …… (156)
博尔塔拉蒙古自治州 …… (157)
概况 …… (157)
保障稳定促和谐 …… (157)
优化支出保民生 …… (157)
支持扶贫促脱贫 …… (157)
加大融资强实力 …… (158)
支持经济促发展 …… (158)
研究政策出实效 …… (158)
加强监督防风险 …… (158)
昌吉回族自治州 …… (159)
概况 …… (159)
保障社会稳定 …… (159)
组织收入管理 …… (159)
促进经济发展 …… (159)
保障民生支出 …… (160)
强化财政管理 …… (160)
深化财税改革 …… (160)
加强队伍建设 …… (161)
荣誉 …… (161)
吐鲁番市 …… (161)
概况 …… (161)
组织财政收入 …… (162)
保障民生投入 …… (162)
支持经济发展 …… (162)
深化财政改革 …… (162)
加强财政监督 …… (162)
哈密地区 …… (163)
概况 …… (163)
组织财政收入 …… (163)

支持经济发展 …… (163)
稳增长促转型 …… (163)
夯基础保稳定 …… (164)
保障和改善民生 …… (164)
财税体制改革 …… (165)
预算管理工作 …… (165)
PPP 工作 …… (165)
债务管理工作 …… (166)
干部队伍建设 …… (166)
荣誉 …… (166)
巴音郭楞蒙古自治州 …… (166)
概况 …… (166)
组织财政收入 …… (167)
保障重点支出 …… (167)
加大民生投入 …… (167)
PPP 项目工作进展 …… (167)
财政管理与改革 …… (168)
强化财政管理 …… (168)
推进预算信息公开 …… (168)
地方政府债务管理 …… (168)
财政监督检查 …… (169)
阿克苏地区 …… (169)
概况 …… (169)
组织财政收入 …… (169)
财政支出管理 …… (170)
支持经济发展 …… (170)
深化财政改革 …… (170)
强化资金监管 …… (170)
加强干部队伍建设 …… (170)
喀什地区 …… (171)
概况 …… (171)
组织收入工作 …… (171)
重点支出保障 …… (171)
财政管理工作 …… (172)
深化财政体制改革 …… (172)
地方政府债券工作 …… (172)
财政监督工作 …… (172)
维护稳定及“访惠聚”工作 …… (172)

机关自身建设 …………………………………………………………………………………（172）
荣誉 ………………………………………………………………………………………………（173）
克孜勒苏柯尔克孜自治州 ………………………………………………………………………（173）
概况 ………………………………………………………………………………………………（173）
财政收支情况 …………………………………………………………………………………（173）
组织收入机制 …………………………………………………………………………………（173）
优化支出机构 …………………………………………………………………………………（173）
大力支持维护稳定 ……………………………………………………………………………（173）
支持经济社会发展 ……………………………………………………………………………（174）
加大投入惠民生 ………………………………………………………………………………（174）
推进财政管理改革 ……………………………………………………………………………（174）
荣誉 ………………………………………………………………………………………………（174）
和田地区 …………………………………………………………………………………………（175）
概况 ………………………………………………………………………………………………（175）
财政收支情况 …………………………………………………………………………………（175）
支持经济社会发展情况 ………………………………………………………………………（175）
民生保障情况 …………………………………………………………………………………（175）
财政改革情况 …………………………………………………………………………………（175）
会计管理情况 …………………………………………………………………………………（176）
国有资产情况 …………………………………………………………………………………（176）
五家渠市 …………………………………………………………………………………………（176）
概况 ………………………………………………………………………………………………（176）
组织财政收入 …………………………………………………………………………………（176）
支持经济发展 …………………………………………………………………………………（177）
保障民生投入 …………………………………………………………………………………（177）
深化财政改革 …………………………………………………………………………………（177）
加强会计管理工作 ……………………………………………………………………………（178）
强化财政监管 …………………………………………………………………………………（178）
加强干部队伍建设 ……………………………………………………………………………（178）
图木舒克市 ………………………………………………………………………………………（178）
概况 ………………………………………………………………………………………………（178）
组织财政收入 …………………………………………………………………………………（179）
保障改善民生 …………………………………………………………………………………（179）
支持经济发展 …………………………………………………………………………………（179）
深化财政管理改革 ……………………………………………………………………………（179）
加强干部队伍建设 ……………………………………………………………………………（179）
阿拉尔市 …………………………………………………………………………………………（180）
概况 ………………………………………………………………………………………………（180）

组织财政收入 …… (180)
支持经济发展 …… (180)
优化支出结构 …… (181)
深化财政改革 …… (181)
强化财政监督管理 …… (181)
完善金融扶持政策 …… (181)
推动企业融资发展 …… (181)
铁门关市 …… (182)
概况 …… (182)
财政收支情况 …… (182)
全力组织财政收入 …… (182)
支持地方经济发展 …… (182)
深化财政体制改革 …… (182)
规范政府债务管理 …… (183)
加强财政队伍建设 …… (183)
北屯市 …… (183)
概况 …… (183)
财政收支完成情况 …… (183)
加强预算执行管理 …… (184)
创新方式支持发展 …… (184)
深化财政体制改革 …… (184)
推进财政供给侧改革 …… (184)
加强政府性债务管理 …… (184)
强化财政监督管理 …… (184)
加强干部队伍建设 …… (185)
双河市 …… (185)
概况 …… (185)
财政收入稳定增长 …… (185)
健全财税体系 …… (185)
加强干部队伍建设 …… (186)

第五部分　财政机构与人员

自治区财政厅机构设置及职能 …… (189)
自治区财政厅领导干部名录 …… (190)
自治区财政厅机构设置及人员编制变动情况 …… (193)
自治区财政厅机关职工基本情况 …… (198)
自治区财政系统职工基本情况 …… (199)

自治区各地、州、市财政系统领导干部名单 ……………………………………………… (200)
关于表彰2016年度"五好党支部"、"优秀共产党员"和"优秀党务工作者"的决定
…………………………………………………………………………（新财机党〔2017〕5号）(205)
关于表彰2016年度财政厅"文明处室"的决定
……………………………………………………………………………（新财精〔2017〕1号）(206)
关于表彰2016年度考核优秀职工的通知
……………………………………………………………………………（新财人〔2017〕7号）(208)

第六部分　附录

2016年度新疆维吾尔自治区国民经济和社会发展统计公报 ……………………………… (211)
2016年度新疆维吾尔自治区一般公共财政预算收支决算总表 ………………………………… (222)
2016年度新疆维吾尔自治区一般公共财政预算收支决算总表（续） ……………………… (223)
2016年度新疆维吾尔自治区一般公共财政预算收入决算明细表 …………………………… (224)
2016年度新疆维吾尔自治区一般公共财政预算支出决算功能分类明细表 ……………… (240)
2016年度新疆维吾尔自治区一般公共财政预算收支决算分级表 …………………………… (277)
2016年度新疆维吾尔自治区政府性基金收支决算总表 ……………………………………… (279)
2016年度新疆维吾尔自治区政府性基金收支决算分级表 …………………………………… (280)
2016年度新疆维吾尔自治区财政预算资金年终资产负债表 ………………………………… (281)
2016年度新疆维吾尔自治区财政总决算收支完成情况表 …………………………………… (282)
2016年度新疆维吾尔自治区分地区公共财政预算收支完成情况表 ………………………… (283)
2016年度新疆维吾尔自治区财政收入分征收部门完成情况表 ……………………………… (284)
2016年度新疆维吾尔自治区县级公共财政预算收入排序表 ………………………………… (285)
2016年度新疆维吾尔自治区县级公共财政预算支出排序表 ………………………………… (287)
2016年度新疆维吾尔自治区县级公共财政预算赤字排序表 ………………………………… (289)
2016年度乌鲁木齐市一般公共预算收支决算总表 …………………………………………… (290)
2016年度克拉玛依市一般公共预算收支决算总表 …………………………………………… (293)
2016年度石河子市一般公共预算收支决算总表 ……………………………………………… (296)
2016年度伊犁州一般公共预算收支决算总表 ………………………………………………… (299)
2016年度伊犁州直一般公共预算收支决算总表 ……………………………………………… (302)
2016年度塔城地区一般公共预算收支决算总表 ……………………………………………… (305)
2016年度阿勒泰地区一般公共预算收支决算总表 …………………………………………… (308)
2016年度博尔塔拉州一般公共预算收支决算总表 …………………………………………… (311)
2016年度昌吉州一般公共预算收支决算总表 ………………………………………………… (314)
2016年度巴音郭楞州一般公共预算收支决算总表 …………………………………………… (317)
2016年度克孜勒苏州一般公共预算收支决算总表 …………………………………………… (320)
2016年度阿克苏地区一般公共预算收支决算总表 …………………………………………… (323)
2016年度喀什地区一般公共预算收支决算总表 ……………………………………………… (326)

2016 年度和田地区一般公共预算收支决算总表 …… (329)
2016 年度吐鲁番市一般公共预算收支决算总表 …… (332)
2016 年度哈密地区一般公共预算收支决算总表 …… (335)
2016 年度阿拉尔市一般公共预算收支决算总表 …… (338)
2016 年度图木舒克市一般公共预算收支决算总表 …… (341)
2016 年度五家渠市一般公共预算收支决算总表 …… (344)
2016 年度北屯市一般公共预算收支决算总表 …… (347)
2016 年度铁门关市一般公共预算收支决算总表 …… (350)
2016 年度双河市一般公共预算收支决算总表 …… (353)
2016 年度新疆维吾尔自治区各地、州、市财政收入完成预算表 …… (356)
2016 年度新疆维吾尔自治区各地、州、市财政支出完成预算表 …… (357)
2016 年度新疆维吾尔自治区各地、州、市人均财政收支表 …… (358)
2011—2016 年度新疆维吾尔自治区各地、州、市地方财政收入完成表 …… (359)
2011—2016 年度新疆维吾尔自治区各地、州、市地方财政支出完成表 …… (360)
2016 年度新疆维吾尔自治区各地、州、市财政总收入和一般公共预算收入占 GDP 比重表 …… (361)

第七部分 文件选编

关于印发《新疆维吾尔自治区 2015 年棚户区改造项目使用开发银行专项贷款管理办法》的通知（新财综〔2016〕39 号） …… (365)
关于印发《新疆维吾尔自治区彩票公益金管理办法》的通知（新财综〔2016〕45 号） …… (367)
关于印发《新疆维吾尔自治区彩票市场调控资金管理暂行办法》的通知（新财综〔2016〕46 号） …… (372)
关于贯彻落实自治区商品住房交易契税财政补贴政策的通知（新财法税〔2016〕14 号） …… (375)
关于自治区资源税税收优惠政策的通知（新财法税〔2016〕18 号） …… (377)
关于确定我区资源税改革适用税率和换算比选矿比的通知（新财法税〔2016〕24 号） …… (379)
关于印发新疆维吾尔自治区重点建设项目税收管理规定的通知（新财法税〔2016〕30 号） …… (389)
关于明确草地耕地占用税有关问题的通知（新财法税〔2016〕34 号） …… (390)
关于印发《新疆维吾尔自治区边境地区转移支付资金管理办法》的通知（新财预〔2016〕4 号） …… (391)
关于印发《自治区地方政府性债务信息公开暂行办法》的通知（新财预〔2016〕7 号） …… (394)
关于自治区全面推开营业税改征增值税试点有关预算管理问题的通知（新财预〔2016〕68 号） …… (396)
关于进一步明确阿克苏地区阿瓦提县　乌什县　柯坪县纳入南疆财政补助政策范围的通知（新财预〔2016〕90 号） …… (399)
关于印发《财政部驻新疆专员办与新疆自治区财政厅预算监管工作联动机制方案》的通知（新财预〔2016〕95 号） …… (400)

关于印发《自治区财政存量资金管理暂行办法》的通知（新财预〔2016〕96号）……………（402）
关于自治区机关事业单位实施养老保险制度改革有关预算管理问题的通知（新财预〔2016〕98号）……………（406）
关于印发《自治区政府债券资金管理奖惩暂行办法》的通知（新财预〔2016〕105号）……（409）
关于印发《自治区专项转移支付管理暂行办法》的通知（新财预〔2016〕111号）…………（411）
关于印发《自治区财政资金使用跟踪反馈管理暂行办法》的通知（新财预〔2016〕113号）……………（417）
关于印发《自治区地方政府一般债务预算管理办法》的通知（新财预〔2016〕142号）……（419）
关于印发《自治区地方政府专项债务预算管理办法》的通知（新财预〔2016〕143号）……（422）
关于印发《新疆维吾尔自治区政府债券定向承销发行兑付办法》的通知（新财库〔2016〕13号）……………（425）
关于印发《新疆维吾尔自治区政府一般债券发行兑付办法》的通知（新财库〔2016〕14号）……………（428）
关于印发《新疆维吾尔自治区政府专项债券发行兑付办法》的通知（新财库〔2016〕15号）……………（431）
关于印发《新疆维吾尔自治区政府债券定向承销发行簿记建档规则》的通知（新财库〔2016〕16号）……………（434）
关于印发《新疆维吾尔自治区本级国库现金管理实施细则（试行）》的通知（新财库〔2016〕93号）……………（438）
关于印发《新疆维吾尔自治区关于免除查验没有问题外贸企业吊装移位仓储费用全面试点工作的实施方案》的通知（新财行〔2016〕235号）……………（442）
关于印发《改进加强自治区财政科技项目和资金管理的意见》的通知（新财教〔2016〕14号）……………（445）
关于印发《新疆维吾尔自治区"天山众创行动"专项资金管理暂行管理办法》的通知（新财教〔2016〕229号）……………（450）
关于印发《新疆维吾尔自治区大型体育场馆免费、低收费开放补助资金暂行管理办法》的通知（新财教〔2016〕232号）……………（452）
关于印发《新疆维吾尔自治区文物保护专项经费暂行管理办法》的通知（新财教〔2016〕233号）……………（458）
关于印发《新疆维吾尔自治区"上海合作组织科技伙伴计划"专项经费管理暂行办法》的通知（新财教〔2016〕234号）……………（461）
关于印发《新疆维吾尔自治区区级文艺院团政府购买演出管理办法》的通知（新财教〔2016〕238号）……………（466）
关于印发《新疆维吾尔自治区非物质文化遗产保护专项资金暂行管理办法》的通知（新财教〔2016〕240号）……………（467）
关于印发《新疆维吾尔自治区集中连片特困地区乡村教师生活补贴补助资金管理暂行办法》的通知（新财教〔2016〕271号）……………（471）

关于印发《新疆维吾尔自治区特殊教育补助资金管理暂行办法》的通知（新财教〔2016〕272号） ……（473）
关于印发《新疆维吾尔自治区改善普通高中学校办学条件补助资金管理暂行办法》的通知（新财教〔2016〕273号） ……（475）
关于印发《新疆维吾尔自治区普通高中国家助学金管理办法》的通知（新财教〔2016〕274号） ……（477）
关于印发《新疆维吾尔自治区支持学前教育发展资金管理暂行办法》的通知（新财教〔2016〕275号） ……（482）
关于印发《新疆维吾尔自治区公办义务教育阶段学校班主任津贴补助资金管理暂行办法》的通知（新财教〔2016〕276号） ……（485）
关于印发《新疆维吾尔自治区农村义务教育薄弱学校改造补助资金管理办法》的通知（新财教〔2016〕277号） ……（487）
关于印发《自治区高等院校伙食补助专项资金使用管理暂行办法》的通知（新财教〔2016〕285号） ……（491）
关于印发《高校少数民族预科学生学费和住宿费补助资金管理暂行办法》的通知（新财教〔2016〕286号） ……（492）
关于印发《新疆维吾尔自治区中等职业教育学生住宿费和教材费补助资金管理暂行办法》的通知（新财教〔2016〕289号） ……（494）
关于印发《新疆维吾尔自治区中等职业学校免学费补助资金管理暂行办法》的通知（新财教〔2016〕290号） ……（496）
关于印发《新疆维吾尔自治区科技成果转化引导基金暂行办法》的通知（新财教〔2016〕347号） ……（498）
关于印发《新疆丝绸之路西行国际货运班列财政补贴资金管理暂行办法》的通知（新财建〔2016〕178号） ……（503）
关于印发《新疆维吾尔自治区纺织服装产业专项补贴资金管理办法》的通知（新财建〔2016〕346号） ……（505）
关于印发《新疆维吾尔自治区工业企业结构调整专项奖补资金管理细则》的通知（新财建〔2016〕354号） ……（508）
关于印发《新疆维吾尔自治区农业科技推广与服务专项资金管理办法（试行）》的通知（新财农〔2016〕9号） ……（510）
关于印发《新疆维吾尔自治区财政扶贫资金使用监督管理办法（试行）》的通知（新财农〔2016〕74号） ……（518）
关于印发《新疆维吾尔自治区农产品产地初加工补助项目资金使用及监督管理办法》的通知（新财农〔2016〕76号） ……（521）
关于印发《新疆维吾尔自治区农村富余劳动力转移就业以奖代补资金管理暂行办法》的通知（新财社〔2016〕37号） ……（523）
关于印发《新疆维吾尔自治区人身意外伤害保险资金管理暂行办法》的通知（新财社〔2016〕261号） ……（528）

关于印发《新疆维吾尔自治区中小企业公共服务平台网络建设专项资金管理暂行办法》的通知（新财企〔2016〕85号）…… (530)
关于印发《新疆维吾尔自治区国有企业改革成本专项资金管理暂行办法》的通知（新财企〔2016〕130号）…… (532)
关于印发《新疆维吾尔自治区国有企业改革成本专项资金审计监督暂行办法》的通知（新财企〔2016〕131号）…… (534)
关于继续缓征职业安全卫生培训考核费通知（新财非税〔2016〕2号）…… (536)
关于继续缓征风景名胜区资源有偿使用费的通知（新财非税〔2016〕3号）…… (537)
关于印发《新疆维吾尔自治区排污权出让收入管理实施暂行办法》的通知（新财非税〔2016〕4号）…… (537)
关于调整自治区交通技术监控资料记录的公安交警罚没收入分成比例的通知（新财非税〔2016〕5号）…… (541)
关于公布2016年新疆维吾尔自治区涉企行政事业性收费和政府性基金目录清单的通知（新财非税〔2016〕9号）…… (542)
关于停征自治区重大水利工程建设基金的通知（新财非税〔2016〕17号）…… (543)
关于调整会计从业资格考试费分成比例有关问题的通知（新财非税〔2016〕18号）…… (543)
关于公布2016年新疆维吾尔自治区涉企行政事业性收费和政府性基金项目目录清单的通知（新财非税〔2016〕20号）…… (544)
关于调整自治区森林植被恢复费征收标准等有关问题的通知（新财非税〔2016〕22号）…… (556)
关于调整我区矿产资源补偿费费率的通知（新财非税〔2016〕25号）…… (557)
关于印发《自治区关于加强户外广告资源有偿使用费征管的指导意见》的通知（新财非税〔2016〕27号）…… (559)
关于印发《新疆维吾尔自治区残疾人就业保障金征收使用管理办法》的通知（新财非税〔2016〕28号）…… (561)
关于公布2016年新疆维吾尔自治区行政事业性收费基金项目目录清单的通知（新财非税〔2016〕30号）…… (565)
关于印发《欧投行贷款"新疆乌鲁木齐市既有公共建筑节能改造"项目财务管理办法》的通知（新财外〔2016〕7号）…… (591)
关于印发《世界银行贷款乌鲁木齐城市交通改善项目（二期）财务管理办法》的通知（新财外〔2016〕12号）…… (599)
关于调整自治区本级分散采购和变更采购方式审批程序有关事项的通知（新财购〔2016〕30号）…… (605)
关于调整政府集中采购计划备案程序的通知（新财购〔2016〕31号）…… (608)
关于印发《新疆维吾尔自治区2016—2018年度政府集中采购目录和分散采购限额标准》的通知（新财购〔2016〕32号）…… (612)
关于加强自治区政府采购评审专家管理有关事项的通知（新财购〔2016〕33号）…… (618)
关于印发《新疆维吾尔自治区政府采购代理机构管理（暂行）办法》的通知（新财购〔2016〕35号）…… (619)

关于加强政府采购监督管理工作的通知（新财购〔2016〕36 号） …………………………（624）
关于规范政府采购行政处罚和信用记录查询及使用工作有关问题的通知（新财购〔2016〕37 号） …………………………（625）
关于印发《新疆维吾尔自治区集中采购机构考核管理办法》的通知（新财购〔2016〕38 号） …………………………（627）
关于印发《新疆维吾尔自治区易地扶贫搬迁资金监督管理办法（试行）》的通知（新财扶〔2016〕38 号） …………………………（630）
关于印发《自治区财政厅内部控制基本规定》的通知（新财监〔2016〕23 号） ………………（632）
关于印发《新疆维吾尔自治区政府和社会资本合作引导基金管理暂行办法》的通知（新财金〔2016〕26 号） …………………………（638）
关于印发《新疆维吾尔自治区政府和社会资本合作模式奖补资金管理暂行办法》的通知（新财金〔2016〕29 号） …………………………（642）
关于印发《自治区本级政府和社会资本合作项目联评联审工作规程（试行）》的通知（新财金〔2016〕58 号） …………………………（644）
关于印发《新疆维吾尔自治区本级政府和社会资本合作项目操作规程》的通知（新财金〔2016〕59 号） …………………………（646）

第八部分　大事记

2016 年 …………………………（651）

第一部分

特　　载

自治区地方政府性债务管理工作情况

2016年，自治区各级财政部门按照国务院和自治区党委、自治区人民政府有关要求，规范政府举债融资行为，加强政府债务管理制度建设，落实政府债务管理责任，积极发行政府债券，筹措资金支持自治区经济社会发展。

一、守住自治区政府债务管理红线，严防违规举债

经国务院批准，在财政部审定批准的地方政府债务限额内，由自治区人民政府发行地方政府债券，是各级地方政府及其所属部门举债的唯一合法途径。地县级政府确需举借债务的由自治区人民政府代为举借。地方政府及其所属部门不得为任何单位和个人债务提供担保，法律另有规定的外债转贷除外。

二、加大新增债务限额，支持自治区经济社会发展

2016年，财政部新增自治区债务限额314亿元，同比增加136亿元，增长76%。

三、规范举借政府债务，化解防范财政金融风险

2016年经自治区人大批准，自治区举借政府债务1 065.2亿元，其中：发行地方政府债券1 055.2亿元（新增政府债券304亿元、置换政府债券751.2亿元）、政府外债转贷10亿元。

（一）举借新增债务

在自治区新增债务限额内，发行新增政府债券304亿元、政府外债转贷10亿元，其中：市政建设支出79.9亿元、农林水利支出63.5亿元、交通建设支出51.1亿元、科教文卫事业支出40.1亿元、保障性住房支出34.8亿元、生态环境保护26.2亿元、其他建设18.4亿元。缓解各级政府项目投资资金的不足，支持了自治区重点民生、重大项目建设，促进自治区经济社会健康发展。

（二）发行置换债券

按照财政部置换债券发行要求，发行置换债券置换存量政府债务751.2亿元：其中置换市政建设债务433.8亿元、保障性住房建设债务103.2亿元、农林水利建设债务68.6亿元、科教文卫事业建设债务48.7亿元、交通建设债务40.4亿元、生态环境保护建设债务31亿元、基层政权建设债务11亿元、其他建设债务14.8亿元。存量债务置换后，债务形式发生变化，不增加政府债务余额，降低政府融资成本，节约利息支出129.2亿元，缓解各级政府债务还本付息支出压力，避免部分地级、县级政府部门因财政减收造成的债务还贷违约事件的发生，维护自治区各级政府信誉，防范自治区财政金融系统性风险。

四、完善政府债务管理制度

（一）建立政府债务限额管理制度

制定《自治区做好地方政府债务限额管理

工作的意见》（新财预〔2016〕19 号），要求各地严格控制地方政府债务限额，政府债务余额不得超过政府债务限额，各级政府举债必须在自治区核定的限额内，经同级人民代表大会或人大常委会批准后，方可举债。

（二）出台地方政府债务预算管理办法

制定《自治区地方政府一般债务预算管理办法》（新财预〔2016〕142 号）、《自治区地方政府专项债务预算管理办法》（新财预〔2016〕143 号），全面规范地方政府债务限额申报、预算编制、批复、执行、决算以及非政府债券形式存量债务纳入预算管理和债务预算监督等事宜。

（三）建立政府债务风险评估和预警制度

制定《自治区地方政府债务风险评估和预警暂行办法》（新财预〔2016〕8 号），通过债务率、新增债务率、偿债率、综合债务率等指标对各地政府债务风险进行评估、预警，组织评估各地区政府债务风险，积极推进风险预警地区制定化解规划和应急处置预案，确保不发生区域性和系统性风险。

（四）加强政府债券资金预算执行

制定《自治区政府债券资金管理奖惩暂行办法》（新财预〔2016〕105 号），明确债券举借、使用、执行规定，对未按规定执行的采取奖惩措施，提高债券资金使用效益。

（五）完善统计报告制度

制定《关于完善自治区地方政府债务月报制度的通知》（新财预〔2016〕74 号），做好落实地方政府债务限额管理、预算管理、监控地方政府债务风险变化情况的基础工作。

（六）推进政府债务信息公开

制定《自治区地方政府性债务信息公开暂行办法》（新财预〔2016〕7 号），规定公开的范围和内容，规范公开的方式和时间，明确监督责任，要求各地按照“统一领导，分级管理”的原则有序组织开展政府债务信息公开工作。

五、全面构建地方政府债务监管体系

按照《中华人民共和国预算法》《国务院关于加强地方政府性债务管理的意见》（国发〔2014〕43 号）要求，建立地方政府债务监管体系。一是加强人大监督。加强自治区各级人大对同级政府举债的审批监督，严格将举债规模控制在上级下达的债务限额内。新增政府债务举借必须编制预算调整方案，报同级人大审批。二是加强社会监督。明确各地区要定期向社会公开债务情况，自觉接受社会监督。三是加强上级监督检查。配合财政部驻新疆财政监察专员办事处加强对自治区政府债券发行、使用、管理的监督。四是加强审计监督检查。明确审计部门依法加强债务审计监督，加大对违规举债及债务风险的监控力度。

六、严格落实政府债务管理责任

（一）建立网格化政府债务管理责任新机制

自治区建立“横向到边纵向到底”的网格化政府债务管理新机制，落实各级财政和本级各部门、各单位债务管理责任。一是财政厅各业务处与本级对口服务部门（单位）签订“财政厅政府债务管理责任书”，切实履行财政部门归口管理职责，将政府债务管理责任横向落实到位。二是自治区财政厅和各地财政局签订“2016 年政府债务管理责任承诺书”，各地财政部门对政府债务限额管理、规模控制、举借债务、担保和资金使用等情况做出承诺。通过建立网格化政府债务管理新举措，提高本级预算单位及各地财政部门债务管理的重视程度，增强政府债务管理的责任意识。

（二）创新政府债务管理方式新举措

贯彻落实国务院、自治区人民政府加强政府债务管理工作的总体要求，建立财政厅厅领导分片包干和专项督导政府债务管理工作机制，对 22 个地州市债务管理工作进行实地指导，通过讲政策、听意见、提要求，及时将有关政府债务管理政策和要求落到实处。

（三）加强政府债券监督检查

切实做好置换债券资金使用管理工作，针对

部分地区存在置换债券资金使用不规范、支出进度较慢、档案不健全、使用情况上报不及时等问题，对政府置换债券使用进行监督检查，并对置换债券资金未按规定用途使用、虚列偿债支出等问题进行集中整改，确保政府债券规范管理和使用。

七、加强政府债务风险管理

（一）开展政府债务风险评估和预警工作

根据《自治区地方政府债务风险评估和预警暂行办法》（新财预〔2016〕8号），组织开展全区政府债务风险评估和预警工作，对8个风险预警地区和11个风险提示地区进行通报，并要求制订债务风险化解规划及应急处置预案。

（二）制定自治区债务风险化解规划和应急处置预案

自治区制订政府债务风险化解规划和高风险地区债务风险应急处置预案，增强风险地区责任意识和风险意识，形成统一领导、各负其责、齐抓共管的工作机制，防止发生区域性、系统性债务风险。

（自治区财政厅预算处供稿，杨洪卿执笔）

PPP 工作开展情况

2016 年，自治区财政厅准确把握“政府与市场、当前与长远、传统与创新、财政与金融”之间的关系，将推广政府和社会资本合作模式（简称：PPP）作为应对经济下行压力、拉动投资的重要举措，在实践中探索形成“坚持五项基本原则，遵循五个前提条件，明确五种操作方法，防范五种风险，实现五个效益目标”的工作思路，推动各地、各部门认真贯彻落实自治区各项工作部署和要求，各项工作有序推进，取得显著成效。

一、扎实推进 PPP 项目，确保项目落地

自治区主要领导亲自抓部署、抓落实、抓督查，先后召开自治区党委常委（扩大）会、PPP 工作推进大会、PPP 项目签约大会等专题会议，强力推动 PPP 工作。区、地、县成立政府主导、财政牵头、部门参与的领导小组及工作机构，研究制定推进 PPP 工作时间表、路线图，健全政策制度体系，为推进 PPP 工作提供坚强的组织保障。

自治区党委、人民政府明确，推进 PPP 工作主体责任在地、县和主管部门，分地区、分部门分解落实工作任务，将 PPP 工作纳入各级政府绩效考核范围，强化督导检查。自治区财政厅建立明确目标任务责任体系，将 PPP 任务层层分解，由各地各部门逐一落实到具体项目、部门和责任人。建立财政厅领导联系地州、部门工作制度，分地州、部门包干负责，建立工作联系制度，分别赴 15 个地州市检查督导 PPP 工作，责成各地州市明确工作任务、工作责任及工作措施。实行区地集中办公制度，抽调各地州市财政局一名分管领导，每月末在自治区 PPP 工作中心集中办公，及时协调解决 PPP 项目实施中存在的问题。

二、不断完善制度，引导社会资本参与

自治区财政按照“操作指引 + 政策扶持 + 制度保障”的工作思路，制定出台 PPP 指导意见、操作指南、合同管理、项目实施、财政承受能力论证指引、项目奖补、操作及联评联审工作规程。建立 PPP 推进情况月报告工作制度和动态管理机制，按月向自治区党委、政府主要领导报告各地、各部门 PPP 工作进展情况，同时向全区通报，督促各地、各有关部门紧盯年初任务目标，加快 PPP 工作进程，为 PPP 项目加快实施提供有力的制度保障。

自治区按照利益共享、风险共担的原则，与招商银行、浦东发展银行等 5 家金融机构，共同出资设立 2 500 亿元 PPP 引导基金，规模位居全国之首。同时，自治区财政厅整合现有政策，研究出台《新疆维吾尔自治区政府和社会资本合作模式奖补资金管理暂行办法》（新财金〔2016〕29 号），积极组织 PPP 引导基金和奖补资金申报，指导督促合作金融机构开展申报项目、基金投放审核。2016 年，累计拨付奖补资金 3 500 万元，对各地已落实项目进行奖励。

组织开展国家示范项目申报工作，全区满额申报国家第三批示范项目，申报50个项目中21个项目成功入选，申报入选率达42%，入选项目数位列全国12位，居西北五省首位。组织开展总结梳理自治区PPP项目典型案例工作，按照规范操作、易复制可推广、具有行业代表性的原则，从财政部第三批示范项目和自治区优秀PPP项目中，筛选典型案例上报财政部，发挥示范引领作用，带动各地各行业更多PPP项目落地实施。

三、加强宣传培训

通过召开专题培训会、视频培训会等方式，组织开展涵盖PPP工作政府方、各有关部门、各类社会资本的全方位、多角度政策宣讲、业务培训和项目推介活动，提升各地、各部门领导的决策能力及工作人员实操能力，帮助社会资本了解PPP各项扶持政策，扩大PPP政策影响力，引导社会资本积极投资自治区PPP项目。通过加强全区PPP项目纳入财政部PPP综合信息平台管理，及时更新财政部PPP综合平台项目信息，在全国范围内向社会发布政策、推介项目，支持社会资本参与PPP项目。

四、PPP工作取得成效

自治区财政厅在全区范围积极探索推广PPP模式，充分发挥PPP模式对做好稳增长、促改革、调结构、惠民生、防风险工作的促进作用，PPP工作规范有序推进。全区15个地州市83个县市范围内同时推广PPP模式。通过项目推介、政策解读、专家培训及媒体报道等形式，突出宣传推广实施PPP模式的重大意义、先进理念，得到社会各界的广泛关注。截至2016年底，全区开工建设PPP项目313个，涉及投资总额2 363亿元，全年共完成投资额470亿元。项目覆盖交通运输、水利、环保、养老、教育、文化等领域。

（自治区财政厅金融处供稿，董文执笔）

财政厅第三批“访惠聚”驻村工作开展情况

2016年，自治区财政厅选派72名同志在和田地区洛浦县洛浦镇和杭桂乡开展财政厅第三批“访惠聚”驻村工作。一年来，财政厅第三批“访惠聚”驻村工作队围绕社会稳定和长治久安总目标，贯彻落实自治区党委“六项任务”等工作要求，各项工作取得成效。

一、建立健全组织机构

贯彻落实自治区党委的各项决策部署，印发《关于2016年财政厅“访惠聚”工作组工作机构及分工的通知》（新财民办〔2016〕1号）、《财政厅“访惠聚”活动领导小组办公室2016年工作计划》（新财民办〔2016〕2号）等文件，安排部署财政厅第三批“访惠聚”工作。

（一）设置组织机构

成立主要厅领导任组长、副厅级领导任副组长的“访惠聚”驻村工作领导小组，分设综合组、秘书组、宣传组，推进财政厅“访惠聚”驻村工作。成立财政厅驻村工作队临时党总支，下设2个党支部。工作队队长担任所驻村党支部第一书记，部分工作队成员担任村党支部副书记或委员，加强工作联系和分工合作。

（二）配好工作队员

选派72名干部职工进驻洛浦县11个村（洛浦镇10个村、杭桂乡1个）开展工作，各队保持梯次年龄结构，每个工作队6—8名成员，处级干部担任队长、副队长，分别配备2名懂“双语”的少数民族干部和2名女干部。

（三）开展专题培训

组织驻村干部分四期参加自治区“双语”培训，推动培训全覆盖。财政厅采取集中授课、观看辅导视频、座谈交流等方式对工作队全体成员开展培训，培训重要会议和讲话精神、“访惠聚”活动、集中整治工作、宗教事务、农村改革等相关法规、政策，提高下派干部工作能力。

（四）加强工作督导

围绕贯彻落实“访惠聚”活动阶段性重点工作，及时掌握工作进展情况。财政厅主要领导先后五次到驻村地蹲点调研，专题听取汇报，提出工作要求。财政厅党组及时传达落实自治区有关“访惠聚”驻村工作的新要求、新精神。财政厅“访惠聚”驻村工作办公室加强工作督导，调研“六项任务”落实情况，编印工作简报64期，通过信息简报、专报、书刊等对外宣传。

二、加强基层党组织建设

驻村工作队抓好村“两委”班子学习，突出抓好基层党组织班子建设、干部队伍建设、党员队伍建设、制度建设和作风建设，提升村干部的工作能力。

（一）支持村“两委”班子建设

围绕建强村级组织，以培养锻炼村党支部书记为重点，发挥参谋作用，惠及民生事项由村党支部公开征求村民意见后确定。工作队长当好“第一书记”，出思路、提建议、解难题、作保障，让村干部走向前台。驻村工作队在组织文体活动、庭院改造、落实惠民政策、精准扶贫等工作中，调动村“两委”班子成员积极性，鼓励引导村支部书记主动开展各项工作。

（二）加强村干部培训

以村“两委”换届为契机，将46名思想素质好、积极靠近党组织的人员确定为入党积极分子和后备干部，将3名优秀青年、大学生村官补选进村“两委”班子。组织33名村党支部书记和新进村“两委”干部到新疆农业职业技术学院培训，让村干部开阔眼界，增强在新岗位上干好工作的底气和信心。

（三）建立一批工作制度

帮助成立村民监督委员会，全面评估所驻村星级化管理现状，协助村党支部制定增星晋位计划和方案，明确增星晋位目标、具体措施。驻村工作队协助村党支部制定“党建+”计划，落实村党支部提升机制，落实“三会一课”制度，提高党员干部能力素质、发展党员和培养后备干部等5项任务、30项措施。

（四）发展壮大村集体经济

驻村工作队帮助村委会将村集体所有的红枣园改造为便民服务、养殖种植和特色餐饮的生态农庄，为村集体一年增收8万元。驻村工作队建设两层596平方米的便民服务中心，增加村集体经营收入6万元。当勒盂加克村驻村工作队对村里的盐碱荒滩地进行高标准治理改造，整理集体耕地1 000亩，进一步发展壮大村集体经济。

三、推进“去极端化”工作

按照“统思想、摸底数、抓宣传、强队伍、除隐患、促稳定”的工作思路，驻村工作队抓好各项维护稳定工作。

（一）摸准社情民意

工作队分层次召开村“两委”班子、全体党员、宗教人士以及80后、90后青年等座谈会287次，每周召开一次维稳信息会，了解社会舆情，听取干部群众的意见。扎实开展入户走访，完成11个村4 369户家庭的三轮入户工作，对全体村民情况进行梳理并造册登记。自治区深入贯彻落实习近平总书记关于新疆工作总目标再动员会议后，72名驻村干部与村“两委”班子成员和村警组成23个走访小组，先后开展两轮入户走访。

（二）强化维稳队伍建设

建立“三位一体”工作机制，联合镇、村两级干部、民警加强安全防范。建立值班备勤制度，工作队成员与村干部一起轮流值班备勤，入户走访时一同入户。定期不定期召开村稳定形势碰头会，提高村干部特别是治保主任对稳定形势、社会舆情的分析、研判能力。协助村“两委”扩大村民兵队伍，充实维稳力量，注意加强维稳队伍应急处突能力建设，帮助制订应急处突演练方案，提升维稳队员应急处突能力和自我防卫能力，打造村级维稳骨干力量。

（三）巩固好村级阵地

一方面组织队员反复学习自治区“访惠聚”活动相关文件及自治区领导讲话精神，通过工作队会议和村“三位一体”会议，传达学习自治区党委书记陈全国重要讲话精神，使驻村干部和相关人员领会会议精神实质。一方面利用自身扎实理论优势强化对村“两委”相关理论知识的传授，多途径开展维稳宣传教育活动，把老百姓吸引过来，以活动促稳定，增强基层组织的凝聚力和威信，消除宗教极端思想影响。

（四）落实严打专项工作

有针对性地加强重点区域、重点人员排查工作，开展重点人员、流动人口摸排登记工作，积极配合村两委、警务室清查流动人口、排查危爆物品。工作队建立工作队成员、村干部同宗教场所及宗教人员的联系制度，特殊时段坚持对宗教场所午间和晚间的巡查，杜绝安全隐患。对群众反映大、关注度高的困难和问题进行分类汇总，对稳定形势造成潜在影响的问题能解决的及时协商解决，不能解决的上报镇党委、政府协调解决，消除安全隐患。

四、深入开展群众工作

工作队讲透党的关心关怀、讲清宗教极端思想的危害、讲准现代文化的引领方向、讲好民族团结故事，引导村民积极为维护社会稳定和长治久安做贡献。

（一）开展正面宣讲

开展庭院改造宣讲，引导村民发展庭院经济；开展“去极端化”宣讲，帮助全村群众接受系统教育。开展“民族团结从我做起”宣讲，引导广大群众争做民族团结好人。开展暴恐案件真相宣讲，教育各族群众擦亮眼睛、明辨是非。开展“周一升国旗、唱国歌、做主题宣讲”等活动，11个工作队联合村“两委”组织集中宣讲26场（次），受教育5 800余人（次）。驻博西坎村工作队举办国学大讲堂，组织近50名小学生学习传统文化，增强中华民族认同感。

（二）加强日常教育

开展惠民政策宣传，制作各种宣传版面张贴在村委会橱窗、文化活动室等活动场所。利用图书室、大喇叭等宣传平台，开展“去极端化”宣传。国庆节期间，组织各族群众家家户户升挂国旗，开展“与国旗合影”、向祖国送寄语等活动，组织村各族党员干部群众学唱国语国歌，营造“爱祖国，感党恩，听党话，跟党走”的浓厚氛围。工作队建设乡村记忆馆，共2 000多人前来参观。

（三）关注重点人群

工作队和村党支部着重加强对信教群众的组织、宣传、教育和引导，增强信教群众的国家意识、公民意识和法律意识。组织26名返乡大学生和青少年开展社会实践教育和青少年法治讲座，协助村委会开展科技兴农服务活动和文化宣传服务活动。开展“揭批挖讲”，采取定期入户走访、群众提供情况等多种形式，掌握重点人员的现实表现、思想动态，成立村帮扶小组，从解决实际困难入手，促进帮教转化。

（四）抓文体活动

三八妇女节、诺鲁孜节等节日期间，组织开展生动活泼、丰富多彩的文体活动。邀请新疆艺术剧院歌剧团、县文工团、新疆农业技术职业学院等演出团队，来村开展文艺汇演筹措资金。支持文体活动队，在多外特村和库尔干村建设“村民文化大院”，成立篮球队、足球队、模特队、舞蹈队等32支群众性文体活动队伍，组织集体舞大赛、乡村篮球邀请赛等群众文体活动19场次，参与群众4 000余人。

五、推进脱贫攻坚富百姓

工作队始终将精准扶贫、精准脱贫作为重要任务，加大资金、技术、信息、人才支持力度，协助所驻村“两委”切实做好精准扶贫、精准脱贫工作。

（一）推进美丽乡村建设

进行庭院改造，组成临时建筑队，统一平整院落、建设畜圈、葡萄架等，实施道路硬化、亮化、绿化、美化、饮水工程、旱厕改造等惠民工程，大幅提高村民的生活品质。用好民生项目资金，修建47公里村级道路，实现村主路全部硬化，在主要道路安装太阳能路灯，实现村组通柏油路。为村民家庭每户购置1个环保垃圾箱、为11个村购置垃圾贮运车，让群众享受基础设施提升带来的便利生活。

（二）发展优势产业脱贫攻坚

通过政策引导和项目带动，11个村发展带头人组织外出务工31支1 700余人，开展手工刺绣、地毯编织等技能培训和企业定向培训，引进和成立8家地毯和艾德莱斯绸厂、6户裁剪缝纫店，直接带动手工编织业就业173人。通过扶贫项目和庭院经济项目支持，实现村民家庭蔬菜拱棚、葡萄架、青贮窖、羊圈、鸡舍全覆盖。成立农民合作社，有力支持贫困户精准脱贫。

（三）访贫问苦解难题

工作队及时慰问“四老”人员、残疾人、困难党员等，送去慰问金和慰问品。开展春耕农用物资需求专题调查，通过走访入户、召开村民大会等形式宣传惠农政策，先后为3 600多户农民送去化肥、农药、种子等，邀请新疆医科大学附属医院专家组成流动医疗组为村民免费义诊，让村民在家门口享受一流医疗资源，解决村民到大医院看病难的问题。博什坎村驻村工作队邀请北京中关村企业家捐资助贫、乌鲁木齐市企业家扶贫帮困等活动，促成7家企业捐款85万元资助贫困村民和贫困学生。

（四）做好结对帮扶

开展结对帮扶活动，由2名领队每人负责结对帮扶5个贫困户，处级干部帮扶3个，一般干部帮扶2个，签订承诺书，实现177个对口帮扶家庭脱贫致富。驻村干部既用心又用力，以贫困户需求为导向，因户施策，通过“点对点”帮助贫困户提振脱贫信心、提高脱贫能力。

六、不断加强队伍建设

财政厅驻村干部认真开展“两学一做”学习教育，立足农村基层，把厅机关好的传统、好的机制带到基层、留在基层。

（一）开展学习教育

工作队于2016年3月初启动“两学一做”学习教育，建立学习制度，围绕“四讲四有”开展学习讨论，每名党员撰写心得体会。临时党总支和党支部书记为全体党员上党课，开展“戴党徽、亮身份、树形象、做表率”活动。组织党员到昆玉市47团解放军进军和田纪念馆、王蔚同志纪念馆和乌鲁瓦提水利枢纽参观，学习先辈品格精神，接受爱国、爱疆教育。

（二）从严管理驻村干部

建立健全党支部七项组织生活制度，制定请销假、信息报送等制度。严格日常管理，坚持队长带头、副队长主抓内务管理，每天向领队报平安。实行“月、周、天工作法”，每月在工作队内部对当月工作情况进行总结分析，每周对各工作队进行小结和点评，驻村干部每天把走访入户情况和工作情况记入工作日志和民情日记。制定内务卫生十条标准，每两个月开展一次专项检查，对内务管理成绩突出的3个工作队颁发“流动红旗”。

（三）联系群众解决问题

建立“三位一体”工作机制，与村镇领导班子和各族群众沟通交流，熟悉情况，收集资料。通过“走进去”“融进去”团结各族群众，带着责任、感情和使命访察民情，服务群众，融入群众的生产和生活，拉近感情。走访村民13 084户（次），累计召开各类座谈会86次，参加人员1 800人（次），征求意见群众建议300余条，在认真梳理的基础上，制定“结对帮扶、庭院改造、培训领路、就业转移”等解决办法。

（自治区财政厅人事教育处供稿，代宗松执笔）

财政厅深化财税体制改革工作

2016年，在自治区党委、人民政府的坚强领导下，在财政部的大力指导下，自治区财政厅紧紧围绕建立现代财政制度的目标要求，在完善政府预算体系、优化支出结构等8个方面，出台完善公共财政预算编制、盘活财政存量资金、规范地方政府债务管理等文件，改革成效显著。

一、深化财税体制改革工作的主要做法

自治区财政厅坚持把深化改革作为落实自治区党委、自治区人民政府重大工作部署的重要手段，完善组织领导，细化任务分解，狠抓督办考核，形成上下协调、左右联动、共同推进改革落实的工作局面。一是抓统筹协调。成立厅主要领导任组长，涉及深化改革工作的19个相关处室负责人为成员的领导小组，研究改革进程中出现的新情况、新问题。二是抓谋划部署。印发《2016年财政厅深化改革工作要点》（新财办〔2016〕15号）和《2016年财政厅深化改革工作实施方案》（新财办〔2016〕16号），对49项改革任务进行分解，建立改革工作台账，做到有路线图、有时间表、有硬措施。三是抓调研指导。围绕重点改革任务深入调查研究，加强上下沟通衔接，谋划改革路径。注重借鉴外地先进经验，及时推广基层创新探索新经验。四是抓氛围营造。发现和总结有特色、有突破、有成效的好做法、好典型，全年共向自治区党委改革办、自治区经济体制和生态文明体制改革专项小组报送信息572条，编发《财税体制改革工作简报》30期。并在《新疆财政》等刊物专题报道财政系统深化改革工作进展情况、取得的成效及各地州先进经验，营造抢推改革的良好氛围。五是抓督办考核。将深化改革工作任务落实情况纳入督办范围，划定时间节点，定期对账盘点。按月检查、按季通报，确保改革推进到哪里，督办考核就跟踪到哪里，确保改革任务按期保质保量完成。

二、自治区重点改革任务落实情况

2016年，由财政厅牵头完成的重点改革任务10项。

（一）支持南疆四地州创新运用PPP模式

一是积极配合地州提供专家评审支持。邀请PPP项目专家前往喀什市及和田市，对两个地区13个县21个项目的实施方案及两个论证进行评审，加快PPP项目推进进度，提高项目实施质量。二是及时出台支持和鼓励PPP发展的措施和办法。印发《关于建立PPP工作情况定期报告制度的通知》（新财金〔2016〕24号）、《自治区政府和社会资本合作引导基金管理暂行办法》（新财金〔2016〕26号）、《自治区政府和社会资本合作模式奖补资金管理暂行办法》（新财金〔2016〕29号）和《关于做好自治区政府和社会资本合作引导基金申报工作的通知》（新财金〔2016〕30号），为PPP项目加快实施提供有力制度保障。三是积极争取国家示范项目。满额申报50个国家第三批示范项目中21个入

选，其中7个为南疆四地州重点县申报，数量及规模较往年大幅增长，对吸引社会投资发挥积极的作用。

（二）健全政府预算公开长效机制

一是印发《关于进一步推进预算公开工作的意见》（新党办发〔2016〕29号），为预算公开工作提供制度保障。二是印发《自治区本级部门预决算信息公开办法》（新财预〔2016〕5号）、《进一步推进自治区预算公开工作的意见》（新财预〔2016〕44号）和《深入推进自治区预算公开工作方案》（新财预〔2016〕82号），从明确公开目标、细化公开内容、严格公开要求、落实职责分工和强化工作措施等方面对预算公开工作进行完善，使预算公开更加全面规范、公开透明。三是印发《自治区本级部门预算公开工作评比办法》（新财预〔2016〕100号），从公开的完整性、及时性、真实性和公开方式等方面对各部门预算公开工作进行考评，推进预算公开工作。

（三）整合财政企业发展资金，建立产业引导基金

清理整合支持中小微企业发展专项资金，安排6 510万元专项设立中小企业发展基金。

（四）制定涉及个人财政资金分配实名制管理办法

确定民政优抚对象，就业补助对象，残疾人生活和护理补贴，城乡最低生活保障对象，特困人员救助供养对象，计划生育奖补对象，各类涉农补贴对象，村干部，支农支教人员，国有企业退休、下岗人员，其他享受财政补助补贴的人员9类补助对象进行实名制管理，印发《关于对财政补助人员实行实名制管理的意见》（新财预〔2016〕128号），对财政补助人员实行实名制管理提出具体要求。

（五）完善出台优先使用本地达标产品、创新产品、绿色产品的政府采购政策

一是印发《关于政府采购支持企业发展有关问题的通知》（新财购〔2016〕39号），从采购预算预留，发挥政府采购政策功能，优先采购国产自主品牌新能源汽车，落实政府采购信用担保政策，科学编制采购文件、选择采购方式，认真履行采购合同等方面引导采购单位优先使用疆内达标产品、创新产品、绿色产品。二是对符合扶持疆内产品的项目采取竞争性谈判、询价、竞争性磋商等方式组织采购。

（六）制定PPP项目财政奖励办法，完善政府举债融资和风险预警机制，制定公共财政投资项目效益评估制度

1. 完善政府举债融资和风险预警机制。一是印发《自治区地方政府性债务信息公开暂行办法》（新财预〔2016〕7号）、《自治区地方政府债务风险评估和预警暂行办法》（新财预〔2016〕8号）、《自治区做好地方政府债务限额管理工作的意见》（新财预〔2016〕19号）和《关于中央转贷地方国际金融组织和外国政府贷款债务限额管理有关事项的通知》（新财预〔2016〕40号），从地方政府债务风险评估和预警指标体系、地方政府债务风险化解和应急处置等方面对各地、各部门债务风险防范和应急处置进行明确和细化。二是印发《自治区政府债券资金管理奖惩暂行办法》（新财预〔2016〕105号），对执行较好的地区在债务限额的分配、新增及置换债券额度确定方面给予倾斜，对执行不好的地区给予通报批评、降低债务限额和不审批新增债券额度等方面的处罚，加强各地规范债务风险的主动性和积极性。

2. 制定公共财政投资项目效益评估制度。印发《关于建立公共财政投资项目效益评估制度的通知》（新财建〔2016〕443号），在自治区本级各部门，以及各地州市开展公共财政投资项目效益评估工作。

（七）全面推开营改增改革

联合国税、地税印发《关于印发〈自治区营业税改征增值税试点工作实施方案〉的通知》（新财法税〔2016〕8号），自2016年5月1日起，将建筑业、房地产业、金融业、生活服务业四大行业26个小行业纳入营改增试点改革范围，实现21.4万户纳税人的顺利移交，全面推开自治区营改增试点改革工作。5月1日顺利实现开具增值税发票工作。要求征管人员加大对政策的研究力度，提高政策执行水平，主动帮助企业进一步规范企业管理流程，掌握政策、运用政策，享受政策红利。2016年营改增试点“四大行业”税负整体下降，减税户数22.9万户，综合减税面达到98.7%，实现“四大行业”只减不增的目标。

（八）建立自治区级再担保机构

会同自治区国资委、金融办、担保公司共同研究制订《新疆维吾尔自治区再担保（集团）有限公司组建方案》，报经自治区党委财经领导小组和自治区人民政府同意，成立新疆维吾尔自治区再担保（集团）有限公司，于2016年6月16日正式挂牌，注册资金18亿元，其中将自治区财政厅持有的新疆融资担保有限责任公司全部股权作价出资12亿元（估算值）；政府出资6亿元，并已全部拨付到位。

（九）研究建立财政转移支付同农业转移人口市民化挂钩机制

一是印发《改革和完善自治区对下转移支付制度的意见》（新财预〔2016〕63号），对优化支出结构、完善一般性转移支付制度和从严控制专项转移支付等方面进行修改和完善。二是印发《关于改革和完善自治区对下转移支付制度的意见》（新政发〔2016〕77号），进一步明确本级和各地事权和支出责任；建立一般性转移支付稳定增长机制，将一般性转移支付占比提高至60%以上；从清理整合专项转移支付、严格控制新设专项和规范专项资金管理办法等方面从严控制专项转移支付。三是印发《自治区支持农业转移人口市民化相关财政政策》（新财预〔2016〕121号），明确自治区支持农业转移人口市民化范围。

（十）落实生态功能区奖补机制

印发《新疆维吾尔自治区重点生态功能区转移支付办法》（新财预〔2015〕128号），提升财政支持重点生态功能区的环境保护建设能力。

三、财税体制改革任务落实情况

（一）推动新型城镇化与新农村建设协调发展

研究提出建立农业转移人口市民化挂钩机制的工作思路。会同自治区党委农办、自治区农业厅等部门研究2016年农业“三项补贴”改革方案。整合中央和自治区涉农资金2.59亿元，支持建设3 500座杏热风烘干房和2 000座冷藏库。成立新疆农业信贷融资担保公司，注入资本金3.6亿元。积极落实“利益共享，风险共担”合作机制，深入与银行合作。

（二）构建扶贫攻坚新机制

完善财政扶贫资金分配办法，建立与脱贫攻坚任务相适应的导向性资金分配机制。建立健全扶贫资金使用公告公示制度、扶贫资金监管制度，加强财政监督检查和审计监督，预防扶贫领域职务犯罪。做好自治区级投融资平台建设及县市级承接平台有效对接工作。全面落实临时救助制度，加大临时救助资金支持贫困地区的倾斜力度。适时提高新农合财政补助标准，提高贫困地区农牧民基本医疗保障水平。会同自治区民政厅联合印发《关于提高全区困难群众基本生活救助标准的通知》（新民发〔2016〕131号），从2016年7月1日起，自治区城乡低保补助标准分别为每人每月14元、12元。

（三）构建发挥市场主体作用新体系

认真分析自治区产业结构，将资金重点向创新、优化和提质增效的产业投入。通过设立引导基金，吸引社会资本投入，加大资金供给。制订自治区预算内投资、自治区预算内重大项目前期工作经费投资计划方案，对于效益评估较好的项目，在项目前期费、资金安排等方面给予优先安排和支持。设立纺织服装产业政府引导基金，发挥财政资金的杠杆作用。坚决清理涉企收费，定期公布清理结果。整合财政企业发展资金，初步构建市场化运作的基金管理制度，制定更加精准的产业扶持政策，增加有效供给。完善职业教育经费稳定投入及绩效考核机制。开展科技创新创业基金和科技成果转化基金试点。

（四）围绕民生重点问题推进改革

开展机关事业养老保险制度改革试点工作，实现退休人员工资由基金发放。印发《关于加强公立医院财务和预算管理的实施意见》（新财社〔2016〕77号），推动公立医院实行全面预算管理。印发《关于深化新疆维吾尔自治区先行先试地区公立医院薪酬制度改革的指导意见》（新人社发〔2016〕98号），推动公立医院医务人员薪酬制度改革。申请财政部批准同意扩大中央财政纺织服装产业发展专项资金使用范围。印发《新疆维吾尔自治区排污权出让收入管理实施暂行办法》（新财非税〔2016〕4号），强化自治区污染物排放总量控制，优化环境资源配置，推进排污权有偿使用和交易试点工作。

（五）规范理财行为，严肃财经纪律

全面开展财政部门内部控制建设，印发《自治区财政厅推进内部控制工作实施方案》（新财监〔2016〕23号），采取先试点、再推广的办法，为全面实施内控工作积累经验。印发《自治区财政厅内部控制基本规定》（新财监〔2016〕24号），对财政厅内控适用范围及控制目标、组织架构等进行明确。创新完善会计监督专项检查工作，重点关注部门内部财务核算、严肃财经纪律以及专项资金管理使用等情况。对全区87户非证券类会计师事务所进行分类定级，确定B类事务所17户、C类事务所49户、D类事务所21户。将2016年度接受财政部门重点检查的会计师事务所名单、财政部门检查组设置、检查过程安排以及做出的处理处罚决定等通过财政厅门户网站和《新疆日报》予以公示，接受社会监督，提高财政监督的威慑力。开展预决算公开情况专项检查结果处理和整改落实工作，推动预决算公开监督检查工作常态化。

（自治区财政厅深化改革领导小组办公室供稿，邓寒翌执笔）

第二部分

重要财经文献

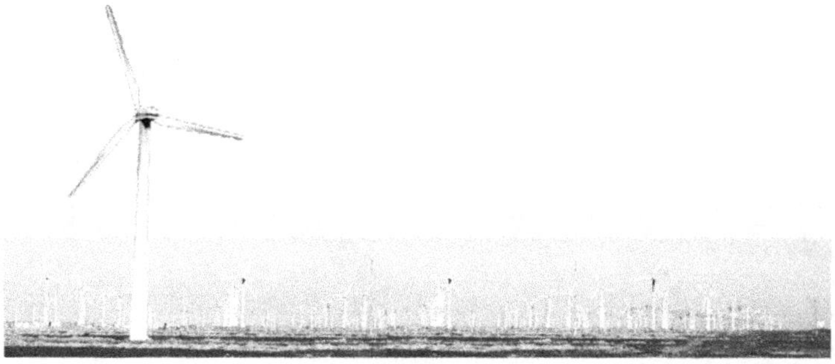

政府工作报告（摘要）

——在新疆维吾尔自治区第十二届人民代表大会第五次会议上

自治区党委副书记、自治区主席　雪克来提·扎克尔

（2017年1月9日）

一、2016年工作回顾

刚刚过去的一年，是我们实施“十三五”规划的开局之年，是全面脱贫攻坚、全面建成小康社会决胜阶段的开局之年，也是深入贯彻党中央关于新疆工作总目标的重要一年。以习近平同志为核心的党中央高度重视新疆工作，始终心系各族人民，关心关注新疆发展，出台相关政策，给予巨大支持，为我们实现社会稳定和长治久安总目标注入了强大动力、奠定了坚实基础。全区各族人民备受鼓舞、倍感亲切，深切感受到祖国大家庭的温暖，进一步坚定了我们与全国同步全面建成小康社会的决心和信心。

过去的一年，在自治区党委的坚强领导下，我们认真贯彻党的十八大和十八届三中、四中、五中、六中全会精神，深入贯彻落实习近平总书记系列重要讲话精神和以习近平同志为核心的党中央治疆方略，贯彻落实第二次中央新疆工作座谈会精神，贯彻落实自治区第九次党代会各项决策部署，紧紧围绕社会稳定和长治久安总目标，积极适应经济发展新常态、贯彻新发展理念，大力推进供给侧结构性改革，统筹推动社会稳定、经济发展、民生建设、民族团结、宗教和谐等方面工作，实现了“十三五”良好开局。

——经济运行整体平稳。预计地区生产总值9 550亿元，增长7.6%；社会消费品零售总额2 818亿元，增长8.2%。经济运行保持在合理区间，呈现“缓中趋稳、稳中向好”的总体态势。

——经济结构调整优化。第一产业增长5.5%，农业农村经济持续稳定发展。粮食产量1 535万吨，实现“九连增”。棉花种植向优势产区集中，总产量420万吨，增长2.6%。第二产业增长5.6%，钢铁、水泥、能源等重点行业深度调整，非石油工业、非公有制经济、中小微企业比重稳步提高。第三产业增长9.9%，对经济增长的贡献率达58.9%。旅游业发展势头强劲。

——人民生活持续改善。实施惠民工程，在

财政十分困难的情况下，民生支出占到一般公共预算支出的74.7%。城镇居民人均可支配收入28 240元，增长7.5%；农村居民人均可支配收入10 180元，增长8%。贫困人口减少60万人以上。

——社会事业不断发展。基本实现农村学前三年适龄幼儿入园应入尽入。基本实现城乡居民免费健康体检全覆盖。40万户广播电视户户通收尾工程全面完成。成功承办第十三届全国冬季运动会。

——生态保护不断加强。环保法规体系不断完善，全社会环保意识进一步增强。17个县（市）新纳入国家重点生态功能区范围。节能减排预期目标全面完成，单位地区生产总值能耗和二氧化碳排放强度分别下降2.44%和2.52%。

一年来，我们认真履行政府职责，主要做了以下工作：

（一）着力维护社会大局稳定

安定有序、繁荣和谐的社会环境是民心所盼、众望所归。我们始终牢牢把握习近平总书记关于“社会稳定和长治久安是新疆工作的总目标”的要求，在自治区党委的领导下，广泛动员、紧紧依靠各族干部群众，深入开展严厉打击暴力恐怖活动专项行动，认真落实各项维稳措施，坚决维护社会大局稳定。进一步强化出入境管理和边境防控，加强城镇网格化管理和专业巡控队伍建设，净化网络环境，社会管理水平上了一个新台阶。在中心城市、县城、乡镇普遍建立便民警务站，各族群众的安全感进一步增强。“访民情惠民生聚民心”驻村工作深入开展，基层基础不断加强，维护稳定的社会基础更加稳固，各族群众从内心深处拥护支持党和政府。反恐维稳的实践再次告诉我们：人民群众是反分裂斗争和维护社会稳定的主力军，只要我们紧紧团结和依靠各族人民群众，就一定能够取得最后的胜利！

（二）着力推动经济持续健康发展

面对严峻复杂的国际国内形势，我们按照中央“稳增长、转方式、促改革、补短板、防风险”各项部署，果断出台一系列政策措施，确保经济平稳健康运行。认真落实国家“三去一降一补”各项政策，积极化解过剩产能，坚决淘汰落后产能；采取交易契税财政全额补贴、差别化住房信贷税收政策、棚户区货币化安置等措施，有效推进房地产去库存；切实做好金融风险处置工作，平稳有序化解各类风险；全面落实国家各项减免税政策，取消、减免或缓征27项行政事业收费和政府性基金，调降企业职工社保费率，进一步降低电力和铁路运输价格，有效减轻了企业负担。始终把增加就业作为优先目标，千方百计稳定就业，多渠道增加就业，认真做好化解过剩产能企业职工安置工作，保持了就业形势的基本稳定。通过大力发展纺织服装产业、实施“短平快”项目等措施，带动近30万各族群众实现就地就近就业。降低市场准入门槛，推动大众创业、万众创新，有力促进了创业就业。城镇新增就业45.5万人，农村富余劳动力转移就业275万人次以上。

积极推进重点项目建设，预计完成固定资产投资9 984亿元（不含农户）。北屯至阿勒泰铁路、伊犁—库车750千伏输变电工程等62个项目建成投运；库尔勒至格尔木铁路、明水至哈密高速公路、乌鲁木齐市轨道交通一号线、莎车机场、阿尔塔什水利枢纽等一大批续建项目加快推进；乌鲁木齐至奎屯高速公路改扩建项目、吐鲁番机场保障能力提升项目、准东—华东±1 100千伏特高压直流输电工程及新一轮农村电网升级改造工程、萨尔托海水利枢纽等72个重点项目开工建设，关系新疆长远发展的交通、水利、能源等基础设施条件得到进一步改善。

面对巨大的财政收支压力，我们加强财政税收工作，强化财政支出管理，提高财政资金使用效益，着力保障稳定、推动改革、惠及民生、确保运转，为落实总目标提供了有力支撑。积极创新财政筹融资方式，运用资本金投入、贴息、PPP模式等吸引社会资本参与基础设施建设，累计落实 PPP 项目投资 2 363 亿元。积极争取政府债券额度，累计发行各类债券资金 1 065.2 亿元。预计完成一般公共预算收入 1 299 亿元，增长 -2.4%；完成一般公共预算支出 4 141.4 亿元，增长 8.9%。

（三）着力深化改革开放

我们按照中央和自治区党委深化改革的各项部署，推出了一批关键性、引领性改革举措。全面启动机关事业单位养老保险制度改革。整合新农合和城镇居民基本医疗保险制度，持续推进县级公立医院综合改革。积极推进商事制度改革和驻疆央企属地注册。启动电力体制和能源综合改革试点。继续推进棉花目标价格改革试点。深入落实农业“三项补贴”政策改革。在 32 个县开展农村土地承包经营权确权登记颁证整县试点。完成哈密地区撤地设市工作。

我们紧紧抓住国家“一带一路”战略带来的重大历史机遇，加快推进陆上丝绸之路经济带核心区建设。全面启动乌鲁木齐国际陆港区建设，集装箱中心站项目建成投用。新疆跨境电子商务试点工作正式启动。乌鲁木齐多式联运海关监管中心启动运营。中欧、中亚班列乌鲁木齐集结中心初步形成。推出多条跨境旅游新线路。积极开展跨境人民币业务试点。成功举办第五届中国—亚欧博览会。

（四）着力保障和改善民生

“十三五”是全面建成小康社会的关键时期，也是全面脱贫的攻坚时期。我们按照中央关于脱贫攻坚“六个精准”要求和“五个一批”总体部署，突出南疆四地州、边境地区、特困山区，全力推进扶贫开发工作。对建档立卡贫困人口开展“回头看”，使扶贫对象更加精准，建档立卡信息更加翔实。加强农村低保制度与扶贫开发政策有效衔接，将全区丧失或部分丧失劳动能力的贫困人口全部纳入农村低保，实行政策性兜底保障。提高边境一线居民补助和护边补助标准，将符合条件的贫困护边员家庭纳入农村低保范围。筹集资金 15.6 亿元，实施 7 665 户、2.6 万人易地扶贫搬迁工程。在 2 个县摘帽验收基础上，又有 5 个贫困县摘帽、810 个贫困村退出，实现了“十三五”脱贫攻坚良好开局。

我们积极实施自治区党委提出的重大惠民工程，持续推进民生建设。安排补助资金 138.9 亿元，建设安居富民工程 30 万户，开工（筹集）保障性住房 19.1 万套；投资 65 亿元，建设农村公路 1.1 万公里；实施农村饮水安全巩固提升、农村垃圾处理等工程，农村生产生活条件进一步改善。实施城乡低保提升工程、医疗兜底工程和社会保险全民参保计划，建立城镇职工大病保险和人身意外伤害保险。完善医疗救助制度，全面推行医疗救助“一站式”即时结算服务。建立困难残疾人生活补贴和重度残疾人护理补贴制度。启动全民健康体检工程，全区免费体检基本实现全覆盖，南疆四地州达 100%。实行覆盖全民的免费体检和健康服务，这在历史上从未有过！

大力发展社会事业。启动丝绸之路经济带创新驱动发展试验区建设，实施上海合作组织科技伙伴计划。出台激发科研机构、科研人员创新活力和促进科技成果转化政策措施。加大科普工作力度，持续开展科技下乡活动。积极推进公共文化服务标准化、均等化，加强对文化精品创作、演出的扶持引导。加大重点文物、非物质文化遗产保护力度。实施少数民族传统体育发展工程，推动基层公共体育设施建设。实施教育保障、学前教育和职业教育帮扶工程，加强薄弱学校改造和寄宿制学校建设，推进城乡义务教育均衡发展。通过选派机关干部支教、应急举办农村学前教育等特殊措施，加快推进南疆四地州农村学前三年免费双语教育，使南疆率先基本实现 15 年免费教育，为全区实现 15 年免费教育奠定了重要基础！

加强安全生产工作，安全生产形势持续稳定好转。强化食品药品监管和重点产品、重点行业质量安全监管。不断提升应急管理能力和自然灾害综合保障能力，各类突发事件和自然灾害得到有效应对和处置。深入开展“疑难复杂信访案件化解攻坚年”活动，解决了一批涉及群众切身利益的突出问题。

（五）着力促进民族团结宗教和谐

习近平总书记强调指出，新疆问题最长远的还是民族团结问题。我们按照第二次中央新疆工作座谈会要求和自治区党委的部署，大力开展马克思主义“五观”“三个离不开”和“五个认同”教育，深入推进民族团结宣传教育和民族团结创建活动。全面启动“民族团结一家亲”活动，组织全区机关企事业单位干部职工深入乡村，结对认亲、走访慰问，增进了各族干部群众之间的感情，在全社会形成了民族团结的浓厚氛围！

我们认真落实全国宗教工作会议精神，全面贯彻党的宗教工作基本方针，坚持“保护合法、制止非法、遏制极端、抵御渗透、打击犯罪”的基本原则。创新加强清真寺和宗教活动教育管理服务，加大对爱国宗教人士培养培训和关爱力度。依法治理非法宗教活动，深入推进“去极端化”，引导宗教与社会主义社会相适应。

（六）着力建设洁净美丽新疆

“建设美丽新疆、共圆祖国梦想”是我们的奋斗目标。我们始终坚持在保护中有序发展、在发展中有效保护，切实把发展建立在生态安全的基础上。实施主体功能区战略，全面加强水源涵养区、自然保护区、生态良好区、世界自然遗产地、风景名胜区、人群密集区生态环境监管。大力开展植树造林、森林抚育和沙化土地封禁保护工作。继续实施天然林保护、退耕还林还草、公益林保护、野生动植物保护等工程。启动塔里木河流域胡杨林生态保护行动。

严格环境执法监管，整治违法排污企业，清理整顿环保违法违规建设项目。加强重点污染企业环保信用评价和信息公开。深入落实“大气十条”和“水十条”措施，积极推进乌鲁木齐—昌吉—石河子区域环境同治整治。启动水资源监控能力建设新疆二期项目，全面开展地下水超采区治理，严格取水许可制度。深入推进农村环境连片整治和农业面源污染治理。加强生态环境保护是造福子孙万代的大事，必须坚定不移地保护好我们的生存环境，呵护好新疆的蓝天、白雪、绿水、青山！

（七）着力加快南疆经济社会发展

南疆四地州是新疆工作的重点和难点。我们按照第二次中央新疆工作座谈会精神，在项目、资金、产业、人才等方面采取了一系列特殊扶持政策，支持南疆加快发展。加强南疆基础设施建设，阿尔塔什和卡拉贝利水利枢纽、叶尔羌河防洪工程、皮山县阿克肖水库、莎车—喀什750千伏输变电工程、喀什至疏勒高速公路、南疆四地州光伏发电等一批重大水利、交通、能源项目建设加快推进。大力实施纺织服装产业“星火工程”，积极推广“总部+卫星工厂”生产经营模式，加快实施“短平快”项目，促进各族群众就地就近就业。组织33个经济实力较强县市区对南疆四地州27个贫困县开展区内协作扶贫。中央和自治区支持南疆加快发展的一系列决策部署，为尽快改变南疆贫困落后面貌提供了有力支撑。

（八）着力发挥对口援疆特殊作用

对口援疆是党中央、国务院关心关怀、全国人民支持支援新疆发展的生动体现。我们积极配合、全力推动对口援疆工作，真诚关心支持援疆干部的工作生活。19个省市实施援疆项目1 919个，其中新建项目1 854个；到位援助资金143.7亿元，增加33.5亿元。实施经济协作项目2 218个，总投资2 189.4亿元。加大受援地干部人才培养培训力度，深化医疗人才“组团式”援疆，积极开展不同层次、形式多样的交往交流交融活动，充分发挥对口援疆在促进经济社会发展、增进民族团结、维护社会稳定中的特殊作用。

（九）着力支持兵团各项事业发展

兵团是自治区的重要组成部分。我们高度重视和支持兵团工作，大力促进兵地融合发展，积极支持兵团深化改革、发展壮大，兵团城镇化、新型工业化、农业现代化加快推进，各项事业取得显著成就。预计实现生产总值2 120亿元，增长9%左右；固定资产投资1 800亿元左右，增长0.8%；完成社会消费品零售总额626亿元，增长13.5%；城镇常住居民人均可支配收入和连队常住居民人均可支配收入分别增长8.5%和9%；3万贫困人口实现脱贫。

新疆守卫着祖国5 700公里的边境线，关心支持国防和部队建设责无旁贷。我们积极开展国防教育和军民共建活动，不断加强国防动员和边防边境工作，认真做好拥军优属工作，巩固军政军民团结。驻疆部队认真履行职责使命，在强边固防、抢险救灾和维护社会稳定方面发挥了重要作用。

各位代表，过去一年所取得的成绩，是党中央、国务院和自治区党委坚强领导的结果，是国家各部委大力支持和援疆省市无私援助的结果，是全疆各族人民共同团结奋斗的结果，也是人大代表、政协委员辛勤努力的结果。在此，我代表自治区人民政府，向全疆广大工人、农民、干部和知识分子，向各民主党派、工商联、无党派人士，向人民团体和社会各界人士，向驻疆人民解放军和武警部队指战员、公安干警，向中央驻疆单位、国家部委、援疆省市及所有援疆干部，向人大代表、政协委员表示衷心地感谢！

实践中我们也清醒地认识到，在前进道路上还有许多困难和挑战。新疆处于暴力恐怖活动活跃期、反分裂斗争激烈期、干预治疗阵痛期“三期叠加”的态势没有根本改变，维护祖国统一、民族团结、国家安全、社会稳定的任务艰巨繁重；新疆与全国一样，处于经济增长速度换档期、结构调整阵痛期、前期刺激政策消化期“三期叠加”的特殊阶段，打赢全区脱贫攻坚战、实现经济更好更快发展、全面建成小康社会的任务艰巨繁重。同时，受国际国内经济形势影响，我们面临很大的经济下行压力，突出表现在：石油石化、煤电煤化工等行业发展面临较大困难，工业投资和民间投资明显回落，外贸进出口持续下滑，财政收支矛盾突出等。在经济社会发展和我们的工作中还存在许多突出问题，主要是：产业转型升级缓慢，新旧动能接续转换相对滞后，经济企稳回暖基础不稳固；工业企业生产经营困难，实体经济、民营经济、中小微企业发展环境有待进一步改善；基础设施建设相对滞后，基本公共服务有待进一步加强，就业、教育、贫困等方面问题还比较突出；医疗、住房、社会保障、食品药品安全、环境保护等方面的工作还需要不断加强和完善；基层基础薄弱和部分干部作风不严不实等方面问题还没有根本改变。面对困难和问题，我们要勇于担当、迎难而上，以创新的思维、必胜的勇气，下大力气来解决。

二、2017年工作安排

2017年是党的十九大召开之年，是贯彻新发展理念、推动供给侧结构性改革的深化之年，也是实施“十三五”规划、贯彻落实自治区第九次党代会精神、打赢脱贫攻坚战、推进全面建成小康社会的重要一年。

2017年工作总体要求是：全面贯彻党的十八大、十八届三中、四中、五中、六中全会和中央经济工作会议精神，深入贯彻习近平总书记系列重要讲话精神、特别是在第二次中央新疆工作座谈会上的重要讲话和视察新疆时的重要讲话精神，按照自治区第九次党代会的部署要求，紧紧围绕社会稳定和长治久安总目标，统筹推进“五位一体”总体布局和协调推进“四个全面”战略布局，坚持稳中求进工作总基调，牢固树立和贯彻落实创新、协调、绿色、开放、共享发展理念，适应把握引领经济发展新常态，坚持以提高质量和效益为中心，坚持宏观政策要稳、微观政策要活、产业政策要准、改革政策要实、社会政策要托底的政策思路，坚持以推进供给侧结构性改革为主线，适度扩大总需求，加强预期引导，深化创新驱动，积极融入国家“一带一路”战略，全力做好保稳定、稳增长、促改革、调结构、惠民生、补短板、防风险各项工作，促进经济平稳健康发展和社会和谐稳定，以优异成绩迎接党的十九大胜利召开。

经济发展主要预期目标是：地区生产总值增长7%以上，全社会固定资产投资增长50%以上，社会消费品零售总额增长10%，进出口总额增长3%，一般公共预算收入增长5%左右，城镇登记失业率控制在4.5%以内，居民消费价格涨幅控制在3.5%以内，城乡居民人均可支配收入分别增长7.5%和8%。

做好今年工作，必须把握好以下几点：

一要树牢“一个总目标”。牢固树立社会稳定和长治久安总目标，始终把总目标作为统领新疆工作的总纲，确保政府所有工作都服从服务于这个总目标，紧紧围绕这个总目标来展开、来谋划、来推进。

二要坚持“一个总基调”。坚持稳中求进总基调，贯彻运用好稳中求进这一治国理政的重要原则、做好经济工作的方法论，着力保持社会大局稳、宏观政策稳、经济运行稳、市场预期稳，在稳的前提下，奋发有为、争取更好的结果，实现稳中有进、进中求好，好字当头、更好更快。

三要把握“一条主线”。牢牢把握推进供给侧结构性改革这条主线，把满足需求作为最终目标，把提高供给质量作为主攻方向，把深化改革作为根本途径，减少无效供给、扩大有效供给，促进经济结构调整优化，加快经济转型升级步伐。

四要用好“一个抓手”。紧紧抓住国家实施“一带一路”战略这一千载难逢的历史机遇，用好推进丝绸之路经济带核心区建设这一重要抓手，紧紧围绕“五大中心”建设，大力推进向西开放，为实现经济转型升级和产业结构调整，促进经济可持续发展，提供强劲动力、拓展广阔空间。

实现上述目标，要重点抓好以下几方面工作：

（一）全力维护社会大局稳定

习近平总书记指出，社会稳定和长治久安是新疆工作的着眼点和着力点。我们要始终坚持“依法治疆、团结稳疆、长期建疆”，团结一切可以团结的力量，坚决打击“三股势力”。持续开展严打专项行动，依法严厉打击暴力恐怖犯罪，确保社会大局稳定，为经济社会发展营造良好环境，为从根本上解决影响新疆长治久安的深层次问题赢得时间和主动。加强重点领域和边境地区防控，推进城镇网格化管理，强化互联网安全管理，不断完善社会防控体系，使各族群众有一个平安、祥和的社会环境。抓好城镇便民警务站建设，充分发挥便民服务、维稳处突职能，让各族群众感觉到安全、感受到温暖。

发挥“访民情惠民生聚民心”等各类驻村工作作用，着力建强基层组织、做好群众工作，抓好落实惠民政策、拓宽致富门路、推进扶贫攻坚、办好实事好事、加强基层干部队伍建设等各项工作。通过驻村工作，使基层政权服务管理水平进一步提升，让各族群众更多享受发展成果，切实感受到党和政府的关怀，形成共同建设社会主义新疆的强大力量！

（二）积极推进供给侧结构性改革

坚持“稳中求进”总基调，推进供给侧结构性改革，是调整经济结构、转变经济发展方式的治本良方，也是解决新疆经济发展深层次问题的最根本途径。要以提高质量和效益为中心，着力调整结构、提质增效，着力扩大有效投资、补齐发展短板，着力实施创新驱动、推进关键性改革，促进经济保持中高速增长、迈向中高端水平。

深入推进“三去一降一补”。积极化解过剩产能，坚决淘汰落后产能，促进有效产能优化升级。坚持把房地产业发展与城镇化、农业转移人口市民化有机结合，分类调控、因城因地施策，确保房地产市场平稳健康发展。支持企业市场化、法治化债转股，加大股权融资力度，切实降低企业杠杆率。加强地方金融监管体系建设，确保不发生系统性金融风险。进一步加大减税、降费、降低要素成本力度，切实减轻企业负担。立足增强发展后劲、改善群众生活、解决突出问题，着力补齐基础设施、科技创新、新兴产业、扶贫开发、公共服务、人才培养、生态保护等方面短板。

加快新旧动能接续转换。深入推进农业供给侧结构性改革，优化农业产业体系、生产体系、经营体系，提高农业综合效益和竞争力，加快培育农业农村发展新动能，拓宽农民增收致富门路。实施《中国制造2025新疆行动方案》，支持传统产业技术创新和改造，推动制造业与互联网融合发展，促进传统动能焕发生机。加快发展基于互联网的医疗、健康、养老、教育、旅游、社会保障等幸福产业，促进新动能发展壮大。实施质量强区战略，促进产品质量、工程质量、生态环境质量和服务质量稳步提升。

实施创新驱动发展战略。推进丝绸之路经济带创新驱动发展试验区建设，发挥在全面创新中的突破引领作用。鼓励和支持企业提高创新能力，强化企业创新主体地位。健全和落实科技创新、成果转化、技术服务、人才队伍建设激励政策，建立科技成果转化投资引导基金。建设国家级检验中心、重点实验室和工程技术研究中心，加快实施重大科技项目。

深化改革激发活力。全面落实中央确定的各项改革措施，扎实推进行政审批、国资国企、产权保护制度、能源资源、财税金融、农业农村、社会保障、价格机制、投融资体制等重点领域改革。建立健全与供给侧结构性改革相适应的产业、土地、金融、财税、环保、价格等政策体系和长效机制。按照权利平等、机会平等、规则平等的原则，进一步放宽非公有制经济市场准入，努力消除各种隐性壁垒。以混合所有制改革为突破口，着力推进国企国资改革。积极推动资源类央企属地注册，鼓励央企和地方国企整合重组。有序推进电力体制改革，在组建电力交易平台、完善电力交易市场、提升配电网水平、实现同网同价等方面取得实质性进展。

（三）大力促进实体经济发展

实体经济是经济发展的根基，是供给侧结构性改革的主要内容，也是推动新疆经济更好更快发展的必由之路。要坚持一产上水平、二产抓重点、三产大发展，着力抓好实体经济，发展壮大特色优势产业。

提升农牧业发展水平。充分运用第三次全国农业普查最新成果，科学制定“三农”政策。围绕稳粮、调棉、优果、兴牧，调整优化农业结构，因地制宜、多种经营，充分挖掘农牧业发展潜力，促进农业提质增效、农民持续增收。确保粮食生产能力稳定在1 500万吨左右，推动棉花种植向优势区域集中，提升果品产量和品质，推进规模化标准化养殖。加强农业良种基地建设，重视畜禽品种改良。把增加绿色优质农产品供给放在突出位置，大力推进农产品标准化生产、品牌创建、质量安全监管，实行优质农产品保护制度。狠抓农产品市场开拓，支持农村产业融合发展。推进农业产业化经营，大力发展农副产品加工业。加快推进以高效节水为重点的高标准农田和水利基础设施建设，完成高效节水灌溉面积240万亩。

推动工业转型升级。加快石油、化工、电力、有色、建材等传统支柱产业改造升级，优化产品结构，延伸下游产业链。大力发展纺织服装、食品加工、民族医药、民族手工业等劳动密集型产业，力争完成纺织服装产业投资600亿元，新增就业10万人。推动纺织产业与石油石化产业协同发展。加快发展高新技术、信息技术、新能源、新材料、先进装备制造、生物医药、节能环保等战略性新兴产业。力争规模以上工业增加值增长6%以上，工业固定资产投资增长5%以上。

促进服务业加快发展。按照“努力把旅游产业发展成为战略性支柱产业”的目标，科学编制旅游业发展规划，加大旅游景区建设力度，加快推进全域旅游示范区建设；加大宣传推介力度，提升旅游服务水平，精心打造特色旅游品牌，力争接待国内外游客1亿人次。加强物流基础设施和城乡市场网络建设，推进电商进农村、进社区。支持新疆银行发展壮大，加快推进新疆财产保险公司开业运营，充分发挥金融对实体经济的支撑作用。支持研发设计、第三方物流、融资租赁、节能环保服务、检验检测认证等生产性服务业发展，促进产业向价值链高端延伸。支持特色餐饮、家政服务、健康养老、文化体育、休闲娱乐、马产业等发展，培育消费热点，形成新的经济增长点。

（四）加大基础设施建设力度

基础设施建设是制约新疆经济社会发展最大短板，也是最大潜力。要着眼于推动经济又好又快发展，着眼于打赢脱贫攻坚战、实现全面建成小康社会目标，着眼于加快丝绸之路经济带核心区建设，围绕调结构、补短板、惠民生，加强基础设施建设，充分发挥投资对经济增长的关键性带动作用，力争实现全社会固定资产投资15 000亿元以上。

加快交通基础设施建设。重点实施“高速公路联网畅通、国省干线升级提质、农村公路暖心惠民、固边兴边联通保障、运输服务提升品质”五大工程，加快推进县县通高速、乡乡通油路、村村通硬化路，力争完成公路建设投资2 000亿元。加快建设库尔勒至格尔木、阿克苏至阿拉尔支线、阿勒泰至富蕴至准东、克拉玛依至塔城等铁路项目，力争完成铁路建设投资347亿元。加快推进乌鲁木齐国际机场改扩建、塔什库尔干机场、昭苏机场等民航项目，力争完成机场建设投资143.5亿元。推进宽带新疆战略，推动云计算、大数据等信息技术在各领域的应用，积极推进建设大数据产业综合试验区，力争完成网络信息化建设投资100亿元以上。

加快水利基础设施建设。突出抓好玉龙喀什水利枢纽等南疆水利工程和北疆引调水工程建设，推进大中型水库建设，加快重点内陆河、重点灾害性河流、中小河流重点河段治理工程建设，加大大中型灌区续建配套和节水改造力度，力争完成水利建设投资360亿元。

加快城镇化和新农村建设。按照大中小城市和小城镇协同发展的要求，高水平编制城镇规划。加快乌鲁木齐城市建设步伐，着力培育一批中小城市、边境口岸城市和特色小城镇，重点推进南疆特色乡镇建设。大力推进城市棚户区、老城区改造，重点实施乌鲁木齐市老城区改造提升工程。积极推进城市轨道交通、城际铁路、地下综合管廊等重点基础设施建设，着力提高城镇供水、供热、供气、公共交通和污水、垃圾处理等基础设施服务能力。扎实推进新农村建设，推动基础设施向农牧区延伸、公共服务向农牧区拓展，着力改善农村人居环境，建设环境优美、和谐宜居、具有新疆特色的社会主义新农村。

加快“电化新疆”建设。实施电能替代工程，推进“电化新疆”建设，提升各族群众生活质量。围绕推进“电化新疆”，加快全疆主网架建设，实现南疆750千伏电网全覆盖，大力实施城市配电网工程，加快推进新一轮农村电网升级改造工程，加快风电光伏等清洁能源供暖示范项目和电动汽车充电基础设施建设，力争完成“电化新疆”建设投资1 810亿元以上。积极探索与国家电网公司合作投资新疆电网建设新模式，努力降低区内输配电成本，形成新疆电价优势。

加快投融资平台建设。推进投融资体制改革，积极搭建交通、水利、教育、卫生等重点建设领域投融资平台，并以多种方式注入优良资产，增强投融资能力。大力推行PPP模式，做大用好各类投资基金，充分发挥政府资金的杠杆和引导作用，进一步放大财政资金效应。运用市场机制筹集城市建设资金，形成政府主导、市场运作、社会参与的多元投资格局，推动老城区改造，拓展城市空间。

积极扩大民间投资。进一步改善企业投资管理，实行企业投资项目管理负面清单制度，试点市场准入负面清单制度，放宽放活社会投资。进一步优化程序、简化环节，提高投资项目审批效率。用好国家有关支持政策，促进更多企业上市融资。积极承接东部地区产业转移，鼓励内地企业向新疆有序转移，吸引和支持各类企业到新疆投资兴业。

（五）加快丝绸之路经济带核心区建设

陆上丝绸之路经济带核心区建设是新疆发展的重大战略机遇。要按照习近平总书记提出的“政策沟通、设施联通、贸易畅通、资金融通、民心相通”的要求，围绕“五大中心”建设，抓紧完善和落实专项规划，积极构建双向开放格局，推动陆上丝绸之路经济带核心区建设取得实质性进展，为推进国家“一带一路”战略作出贡献。

以推进交通枢纽中心建设为突破口，加快公路、铁路、民航和信息网络建设，构建联通区内外、四通八达的立体交通运输体系，为核心区建设奠定基础、创造条件。重点提升中通道功能，加快南、北两条通道和南北疆大通道建设，完善以乌鲁木齐为中心的综合交通体系，推进中俄、中塔、中吉跨境光缆建设，推动与周边国家、周边省区互联互通。

加快推进商贸物流中心建设，重点推进乌鲁木齐国际陆港区、中欧班列运行中心建设，支持喀什、霍尔果斯经济开发区等开放平台建设，积极申报中国（新疆）自由贸易试验区，落实通关便利化措施，大力发展跨境电子商务。发挥口岸和保税区优势，发展边境贸易。办好2017亚欧商品贸易博览会。

积极推进区域金融中心、文化科教中心和医疗服务中心建设，重点培育发展金融市场，吸引境内外金融机构来疆设立分支，积极推进人民币跨境业务；加强与周边国家在文化、科技、教育、旅游等领域的务实合作，积极参与协办中哈旅游年，办好第五届中国新疆国际民族舞蹈节等各类交流活动；加强医疗基础设施建设，扩大国际国内医疗合作，拓宽服务领域，提高医疗服务水平。

（六）全力抓好重大惠民工程

“人民对美好生活的向往，就是我们的奋斗目标”。要通过持续推进各项重大惠民工程，让各族群众不断增强获得感，让各族人民生活的更幸福、更和谐、更美好！

实施就业惠民工程。坚持就业第一，千方百计拓宽就业渠道，搭建就业创业平台，提高就业能力，扩大就业容量。促进纺织服装业、劳动密集型企业、民营企业和小微企业加快发展，大力实施“短平快”项目，创造更多就业岗位。加大政策支持，采取多种方式，促进农村富余劳动力有序进城就业、就地就近就业、到内地就业、到援疆省市就业。大力开展职业培训，推动公共就业服务向农村延伸。实施促进高校毕业生就业创业系列行动计划，落实就业创业扶持政策。促进贫困家庭劳动力就业脱贫，动态消除城镇零就业家庭。力争新增城镇就业44万人以上；农村富余劳动力转移就业260万人次以上。

实施教育惠民工程。全面普及农村学前三年免费双语教育，让每一个适龄幼儿在温暖、舒适的环境中幸福、快乐地生活和成长。强化职业教育，实现初高中未就业毕业生职业技术培训全覆盖。实现家庭经济困难学生资助全覆盖。加强师资培养，提高教学水平和教育质量。

实施医疗惠民工程。继续开展城乡居民免费健康体检，建立完善居民健康档案。完善乡村基层医疗服务体系，推进乡镇卫生院、村卫生室标准化建设，加强社区卫生服务中心建设。做好重大传染病防治和计划免疫工作。大力培养医疗服务人才，提高医疗服务能力。统筹做好人口和计划生育工作。

实施社保惠民工程。完善社会保险制度，力争城乡居民各类保险参保率达到95%以上。扩大城乡居民最低生活保障范围，提高补贴标准。做好社会保障“一卡通”建设工作。基本实现跨省异地就医直接结算。扩大医疗救助范围，提升保障水平。全面开展有意愿“五保”老人集中供养和孤儿集中收养救助工作。

实施安居惠民工程。继续推进农村安居和游牧民定居工程，完成30万户农牧民的住宅建设任务。积极推进城镇保障性安居工程，抓好城市、工矿企业棚户区和老城区改造，开工建设各类城镇保障性住房29.8万套，切实解决中低收入家庭住房困难问题。

实施暖心惠民工程。推进农村饮水安全巩固提升工程，确保新增供水受益人口55万人。加快小城镇（中心村）电网建设改造，实施村村通动力电工程。建设农村公路1.5万公里。建设村邮站8 634个。实现75%行政村通光缆。

实施兴边惠民工程。加大边境地区转移支付力度，加强基础设施建设，提升公共服务水平，改善边民生产生活条件。

实施安全惠民工程。健全防灾减灾救灾体系，完善监测预警、应急处置、救援救助机制，提升突发事件应急处置能力和保障水平。加强食品药品安全监管，完善农副产品全程追溯体系。推进安全生产领域改革发展，严格落实安全生产责任制，坚决遏制重特大安全事故发生，确保人民群众生命财产安全。

（七）推动贫困人口精准脱贫

打赢脱贫攻坚战，事关中华民族伟大复兴中国梦的实现，事关全面建成小康社会大局，事关社会稳定和长治久安总目标的实现。要严格执行脱贫攻坚责任制，全面落实“六个精准”要求，坚持“五个一批”脱贫路径，推动政策措施精准落地，如期实现59万贫困人口脱贫，800个贫困村退出，10个贫困县摘帽。

把易地扶贫搬迁作为脱贫攻坚的重要突破口，与新型城镇化、新农村建设、旅游开发、产业发展、促进就业相结合，引导贫困人口向中心城市、小城镇和交通便利地区搬迁，确保搬得出、稳得住、能脱贫、会致富。力争完成8.39万建档立卡贫困人口易地扶贫搬迁，提前一年完成规划任务。

突出精准扶贫、精准脱贫，使扶贫效果真正体现在贫困人口“两不愁、三保障”上，体现到为贫困人口开辟稳定的致富门路上。坚持“实”字当头，力戒形式主义，坚决防止弄虚作假、搞数字脱贫。继续增加自治区财政专项扶贫资金投入，支持贫困县统筹整合使用财政涉农资金。坚持扶贫与扶志相结合，调动贫困人口致富积极性主动性，激活扶贫开发的内生动力。

（八）促进民族团结宗教和谐

习近平总书记指出：“新疆最大的群众工作就是民族团结和宗教和谐”。“民族团结是各族人民的生命线”。要始终高举各民族大团结旗帜，全面贯彻党的民族政策，促进各民族和睦相处、和衷共济、和谐发展。深入开展民族团结宣传教育，引导各族干部群众牢固树立“三个离不开”思想，增强“五个认同”，像珍视自己的生命一样珍视民族团结。扎实开展民族团结进步创建和表彰活动，广泛宣传民族团结先进典型和事迹，形成人人争做民族团结进步模范的良好氛围。

习近平总书记强调：“做民族团结重在交心，要将心比心、以心换心”。深入开展“民族团结一家亲”活动，利用结对认亲、走访交流，了解基层群众生产生活情况和所思所盼，宣传党的方针政策和各项惠民举措，普及法律法规知识，引导各族群众树立科学文明的生活方式；让各民族干部群众通过交流互动，增进了解，融洽感情，像一家人一样，心紧紧连在一起。积极创造条件，推动建立各民族相互嵌入式的社会结构和社区环境，促进各民族交往交流交融，使各族群众学习在一起、生活在一起、工作在一起，形成你中有我、我中有你、密不可分的崭新局面，让各民族像石榴籽一样紧紧抱在一起！

全面落实党的宗教工作基本方针，坚持“保护合法、制止非法、遏制极端、抵御渗透、打击犯罪”，努力实现宗教和谐。依法保障信教群众的正常宗教需求，尊重信教群众的习俗，稳步拓宽信教群众正确掌握宗教知识的合法渠道。进一步规范对宗教活动的服务与管理，加强对爱国宗教人士的培养培训，引导宗教与社会主义社会相适应。持续深入推进“去极端化”，依法治理非法宗教活动，坚决遏制宗教极端思想滋生和蔓延，坚决打击披着宗教外衣的犯罪活动。

（九）加强生态环境保护建设

“生态环境保护是功在当代、利在千秋的事业”。要牢固树立“保护生态环境就是保护生产力、改善生态环境就是发展生产力”的理念，坚定不移走生态优先、绿色发展之路，严格落实环保“党政同责”“一岗双责”制度，切实保护生态环境、改善环境质量，努力建设美丽新疆2017年新疆维吾尔自治区政府工作报告全文两会专题。

依法加强生态保护。全面落实主体功能区规划，加快划定生态保护红线，实行最严格的生态保护制度和空间用途管制制度。建立产业准入负面清单，实行能源、矿产资源开发自治区政府一支笔审批制度。落实县市主体功能定位，开展“多规合一”试点。依法对永久积雪区、重要水源涵养区、饮用水水源地保护区、世界自然遗产地、自然保护区、风景名胜区和重要湿地等区域实施强制性保护。大力实施生态保护修复、天然林资源保护、野生动植物保护、退耕还林还草等重点工程。实施库鲁斯台草原生态修复，推进艾比湖、艾丁湖、柴窝堡湖生态治理和重要湿地保护。大力开展美丽乡村建设，积极推进园林城市、卫生城市创建活动，让城乡环境更加整洁美丽。

实施最严格的水资源管理制度积极启动河长制工作，依法加强河湖管理保护。严格落实水资源管理“三条红线”，严格执行饮用水保护和取水许可制度，强化重大规划、项目水资源开发和保护论证制度。完善水价政策，推进水权交易。大力推行农业高效节水灌溉、工业废水再生和循环利用、城镇中水回用。对用水总量超标区域坚决实施退耕、节水、禁止开荒以及新增取水开发建设项目限批等措施。切实加强污染防治。全面推行控制污染物排污许可证制度及排污权有偿使用和交易制度，落实矿产资源开采企业环境治理和修复责任。深入实施大气、水、土壤污染防治行动计划，加强乌鲁木齐—昌吉—石河子区域环境同治整治。开展土壤污染状况详查，实施重点污染场地治理和土壤修复试点示范。大力推广生物可降解薄膜等新技术，坚决防治农业面源污染。加快碳交易市场建设，开展碳排放配额分配和碳排放权交易。探索建立自治区低碳发展基金，推动实施二氧化碳减排和绿色生态工程建设。强化节能减排监督管理和目标考核，做好绿色发展综合评价工作，实现单位地区生产总值能耗下降2.1%、二氧化碳排放强度下降2.5%。实行环境保护“一票否决”，完善生态环境损害责任追究制度。及时处理环境信访投诉案件和矛盾纠纷，切实维护群众环境权益。

（十）突出抓好南疆发展

习近平总书记强调指出：新疆一盘棋，南疆是“棋眼”。要从战略高度认识和推动南疆工作，举全区之力，着力做活全疆“棋眼”。

加快南疆基础设施建设。大力推进以水利为中心的农田基本建设，实施一批水库、大型灌区、节水改造、河流防洪工程等重点水利项目，缓解南疆水资源制约；开展耕地整治工作，提高农业综合生产能力。加快以交通为先导的重大基础设施建设，重点抓好一批公路、铁路和机场项目，在完善南疆交通体系上实现新的突破。加快南疆主电网建设，大力推进农村电网改造，努力降低用电成本，从根本上解决南疆电力供应紧张问题，让“电化新疆”全面惠及南疆各族群众。

加快南疆城镇化建设。着眼到2020年在南疆培育100个特色小城镇、转移100万农牧民进城就业生活的目标，重点抓好33个试点乡镇建设，积极推动规划编制、产业培植、人口集聚、促进就业各项工作。积极稳妥推进南疆撤地设市、撤县设市和撤乡设镇工作，积极推进农村人口向县城、乡镇和工业园区集聚。

加快南疆产业发展。依托独特的自然景观、民俗风情和丰富的丝路文化资源，大力发展特色旅游，打造一批特色文化旅游城镇、民族风情旅游乡村和著名品牌旅游景区，逐步把南疆建设成独具魅力的旅游目的地。依托独特地缘优势，积极融入中巴经济走廊建设，以喀什经济开发区为重要平台，推动产业聚集和对外开放，把喀什打造成丝绸之路经济带核心区的重要枢纽，辐射带动整个南疆的发展。加快纺织服装产业发展，建设好阿克苏纺织工业城、喀什经济开发区和阿拉尔开发区、草湖产业园区等纺织园区，把纺织服装发展成南疆的重要支柱产业。加强以现代农业为主的产业发展，做大做强特色优势农产品精深加工，大力推进林果等特色农产品市场开拓。大力发展民族特色手工业、民族医药、特色食品加工，加快城乡电子商务和快递服务业发展。抓好肉羊良种繁育、饲草料种植加工、家禽养殖，积极发展农区畜牧业和庭院经济。

集中力量补上民生“短板”。教育素质、就业困难和摆脱贫困是南疆最大的民生短板。要全面落实南疆四地州农村 15 年免费教育，做到所有农村适龄青少年、儿童入学全覆盖；启动南疆双语教育质量提升行动计划；定向培养免费师范生 2 200 名。继续实施纺织服装产业“星火工程”，大力扶持民族特色纺织服装企业，开展纺织服装产业集群和产业特色小镇试点工作；实施好“短平快”项目，支持发展民族手工艺、维吾尔医药、特色食品等劳动密集型产业，实施南疆农村劳动力技能培训工程，促进就地就近就业、外出务工就业；充分发挥对口援疆和区内协作扶贫帮扶作用，有序扩大南疆少数民族群众有组织到内地和区内县市转移就业规模，实现城镇新增就业 11 万人、农村富余劳动力转移就业 150 万人次。下决心解决农村义务工问题，最大限度地减轻农民负担。全面实施南疆四地州片区区域发展与扶贫攻坚规划，加强文化、卫生、计划生育、基层政权建设等薄弱环节，解决好水、电、路、气、房等突出问题，加快区域性整体脱贫进程。

（十一）加强和创新社会治理

加强和创新社会治理，是促进社会公平公正、增进人民福祉的有效途径。要主动适应新形势，以推进治理体系和治理能力现代化为引领，推动理念、制度、机制、方法创新，进一步提升社会治理能力和水平。

深入开展中国特色社会主义、社会主义核心价值观和中国梦宣传教育，引导各族群众更加自觉地爱党、爱国、爱社会主义，构筑各族群众共有的精神家园。广泛开展各领域精神文明创建和志愿服务活动，深入推进社会公德、职业道德、家庭美德和个人品德建设。重视发挥工会、共青团、妇联等人民团体及工商联、商会等组织的桥梁纽带作用，共同推动公民思想道德建设。

加强行政村（社区）综合性文化服务中心建设，支持基层开展具有民族特色、地方特点的群众文化活动。加大优秀文化产品创作生产扶持力度，推进“民汉优秀文化作品互译”工程。大力推广普及国家通用语言文字，依法科学保护各民族语言文字。继续实施农家书屋、文化大院、农村电影放映工程。加大科普工作力度，提高各族群众科学素质。广泛开展全民健身活动，积极发展群众体育，推进少数民族传统体育、竞技体育和体育产业协调发展。

深入开展“七五”普法工作，推进多层次多领域依法治理，提升基层治理法治化水平。加快全区社会信用体系建设，实现信用信息系统互联互通，建立守信激励、失信惩戒联动机制。加快社会组织管理制度改革，积极推进社会组织参与社会治理。开展社区、社会组织、社会工作专业人才“三社联动”试点，提升社区管理服务水平。依法加强网络管理，强化网络信息安全保障能力建设。加强流动人口和弱势群体服务管理工作。完善治安防控体系，严厉打击各类违法犯罪。深入推进信访工作制度改革，全面落实信访工作责任制，从源头上预防和减少信访问题发生，依法维护群众合法权益。

（十二）充分发挥兵团特殊作用

牢固树立兵地“一盘棋”思想，全力支持

兵团各项事业发展，是政府义不容辞的责任。要切实把兵团工作摆在关系新疆全局的重要位置，积极为兵团发展壮大、发挥特殊作用创造条件。

支持兵团深化改革。深入贯彻落实以习近平同志为核心的党中央关于兵团改革的部署要求，支持兵团创新完善体制机制，不断激发兵团发展活力。支持兵团加强维稳戍边能力建设，在维护新疆社会稳定和实现长治久安中承担更大责任、发挥更大作用。

推进兵地融合发展。支持兵团推进城镇化、新型工业化、农业现代化，支持兵团参与丝绸之路经济带核心区建设，支持兵团加快产业发展、健全社会保障体系，支持兵团师团设市建镇、完善师市合一体制。健全兵地战略规划实施协调和重大问题协商机制，深入推进兵地经济、文化、社会、干部人才、维护稳定等方面的融合，推动形成边疆同守、团结联创、资源共享、优势互补、文化交融、共同繁荣的生动局面。

支持兵团在南疆发展。以新型城镇化为载体，支持兵团在南疆完善布局、发展产业、壮大实力，有效发挥辐射作用，带动南疆发展，促进南疆稳定。

深入推进对口援疆工作。用足用好援疆资源，完善援疆工作机制，坚持援疆资金项目向基层倾斜、向保障改善民生倾斜，推动受援地经济发展、民生改善。重视做好医疗人才和教育人才“组团式”援疆工作，促进新疆与内地以及各民族之间交往交流交融。在互利互惠、合作共赢的基础上推动产业援疆，促进更多企业进疆投资发展。关心关爱援疆干部，积极支持他们更好地开展工作、发挥作用。

全力支持国防和驻疆部队建设。加强国防教育，推进军民融合发展，全力支持国防与军队改革，积极主动为部队办实事解难事，深入开展双拥共建活动，巩固发展军政军民团结，共同谱写军政军民双拥共建新篇章。

三、加强政府自身建设

过去的一年，我们始终坚持在党的领导下，依法全面履行政府职责。深入开展“两学一做”学习教育，持续改进政府工作作风。强化抓落实各项措施，着力提升政府工作执行力、公信力，有效推动党中央、国务院和自治区党委决策部署落到实处。自觉接受人大及其常委会依法监督，认真接受人民政协民主监督和社会各界监督。认真做好政府立法工作，提请自治区人大常委会审议地方性法规草案7件，颁布政府规章4件。全面开展行政执法人员清理工作。累计受理行政调解案件8.7万件，调解成功率94.1%。深入推进“放管服”改革，建立权力清单和责任清单制度及行政许可和行政处罚信息“双公示”制度，向社会公布了自治区本级52个部门2 569项行政权力和责任清单，权力事项压减1 284项。再次取消和下放投资项目审批权限24项。推进电子政务建设，建成自治区公共资源交易平台信息系统一期工程，全面推行投资项目在线审批。依法加强对经济运行的统计监测。深入开展纠风、执法监察工作，严肃查处违纪违规行为。坚决贯彻落实中央八项规定和自治区党委十条规定，持续开展作风建设“三项治理”。依托“新广行风热线”等舆论监督平台，协调解决了一大批群众反映强烈的问题。

同时，我们也必须清醒地认识到，政府工作还存在许多不足：政府职能转变还不能完全适应发展的需要，一些部门“放管服”改革不到位、不同步、不协调；一些地方和部门贯彻落实中央和自治区决策部署作风不实、工作不深入；个别部门依法行政意识不强，不善于依法推动工作、依法管理社会事务；少数政府机关工作人员宗旨意识、群众观念淡薄，存在不作为、乱作为、懒政怠政现象。这些问题需要我们在工作中有针对性地加以解决。

为人民服务，对人民负责，受人民监督，让人民满意，是政府工作必须始终坚守的信念。我们要进一步加强政府自身建设，全面提升依法履职能力和水平，努力建设人民满意的政府。

（一）坚持党的领导，践行为人民服务宗旨

坚持党的领导是做好政府工作的根本保障。要充分发挥政府系统党组织的领导核心作用，严格落实党内政治生活准则，严守政治纪律、政治规矩，坚持把政府的一切工作都置于党的领导之下，确保坚定正确的政治方向，确保中央和自治区党委的决策部署不折不扣贯彻落实。牢固树立全心全意为人民服务的宗旨，切实把以人民为中心的发展思想贯穿政府工作始终，体现在政府工作的方方面面，始终把各族人民放在心中最高位置，实现好、维护好、发展好最广大人民群众的根本利益2017年新疆维吾尔自治区政府工作报告全文两会专题。

（二）坚持依法行政，着力建设法治政府

始终坚持依法治疆，自觉运用法治思维和法治方式维护稳定、推动发展，严格按照法定权限、法定程序履职尽责，确保政府所有工作都在法治轨道上运行。依法接受人大及其常委会的监督，自觉接受人民政协的民主监督，及时办理人大代表议案、政协委员提案。主动接受社会舆论和人民群众的监督，保障群众知情权、参与权和监督权。完善政府立法机制，提高政府立法水平。坚持科学决策、民主决策、依法决策，落实重大问题集体决策、专家咨询、社会公示和听证制度。建立规范性文件总数据库和检索系统，全面完成规章、规范性文件和政府文件清理工作。

（三）坚持改革创新，加快政府职能转变

深入推进“简政放权、放管结合、优化服务”改革，该放给市场和社会的权一定放足、放到位，该政府管的事一定管好、管到位。进一步解放思想、更新观念，强化开放意识、改革意识、市场意识，坚决摒弃“政府万能”的惯性思维，自觉运用改革办法解决经济社会发展面临的突出矛盾和问题，更好地发挥市场在资源配置中的决定性作用，更多地依靠市场机制激发活力、增强动力。继续推进行政审批、投资审批、职业资格管理、商事制度等领域的改革，进一步减少审批事项、规范审批程序、提高办事效率。探索推行“多证合一、一照一码”登记制度试点，扩大“五证合一”覆盖面。全面推开“双随机、一公开”监管，实现随机抽查事项全覆盖。

推行和完善政府向社会购买服务制度。加大政府信息数据开放力度，推进基层政务公开标准化、规范化试点工作。积极推进各级政务服务和公共资源交易中心建设，加快形成全区统一的政务服务平台。对企业和群众办事实行“一口受理”、全程服务。开展“减证便民”专项行动，全面清理各种证明和手续，最大限度方便群众和企业。

（四）坚持求真务实，提高政府工作效能

要坚持讲服务、讲担当、讲效率，大兴“崇尚实干、狠抓落实”之风。建立和完善一级抓一级、层层抓落实的责任体系，确保层层有责、层层负责、层层担责，确保重点工作、重大事项层层分解、落实到人。加强学习、增强本领，强化专业思维、注重调研思考，切实提高贯彻中央和自治区党委决策部署的理解力、执行力、落实力。坚持讲实话、出实招、干实事，深入基层、深入实际，求真务实、真抓实干，坚决反对弄虚作假、虚夸漂浮、工作棚架，严厉整顿形式主义、官僚主义、享乐主义、奢靡之风和官油子之气、不作为之气、漂浮之气、两面人之气。强化统计监测分析，完善经济运行协调机制。加大督查、督办、督导工作力度，及时发现问题、解决问题。对督查中发现的干部不作为、工作不落实问题严肃问责，坚决整治懒政怠政行为。

（五）坚持“严”字当头，抓好廉洁政府建设

加强党风廉政教育，巩固“三严三实”“两学一做”学习教育成果。严格落实中央八项规定和自治区党委十条规定。坚持过紧日子，从严从简办一切事业，严格控制“三公经费”，进一步降低行政成本2017年新疆维吾尔自治区政府工作报告全文两会专题。健全行政决策监督和责

任追究制度，加强行政监察和审计监督，强化对行政权力的制约，形成有权必有责、有权必担责、滥权必追责、失职也要追责的制度机制。深入推进“三项治理”，以零容忍的态度惩治腐败，严肃查处违纪违法案件，严肃查处发生在群众身边的腐败问题，营造风清气正的政治生态。

各位代表：展望新的一年，我们面临的任务艰巨繁重，肩负的责任重大光荣。让我们紧密团结在以习近平同志为核心的党中央周围，在自治区党委的坚强领导下，凝聚全区各族人民的智慧和力量，同心同德、团结奋进，为实现社会稳定和长治久安总目标，建设团结和谐、繁荣富裕、文明进步、安居乐业的社会主义新疆而不懈奋斗，以优异的成绩迎接党的十九大胜利召开！

关于2016年自治区国民经济和社会发展计划执行情况与2017年自治区国民经济和社会发展计划草案的报告（摘要）

——在新疆维吾尔自治区第十二届人民代表大会第五次会议上

自治区发展和改革委员会

（2017年1月9日）

一、2016年自治区国民经济和社会发展预计完成情况

2016年，在以习近平同志为核心的党中央坚强领导下，在国家各部委和19个援疆省市的大力支持下，在自治区党委的正确领导下，全区上下认真贯彻党的十八大、十八届三中、四中、五中、六中全会和中央经济工作会议精神，全面落实自治区第九次党代会、自治区深入贯彻落实习近平总书记关于新疆工作总目标再动员会议等系列会议的决策部署，坚持以社会稳定和长治久安总目标为引领，统筹推进稳增长、促改革、调结构、防风险、惠民生、补短板各项重大任务，国民经济呈现“缓中趋稳，稳中向好”的态势。初步预计，2016年全区地区生产总值9 550亿元，同比增长7.6%，高于全国平均水平；规模以上工业增加值完成2 440亿元，增长3.7%；一般公共预算收入1 299亿元，下降2.4%；固定资产投资（不含农户）9 984亿元，下降6.9%；社会消费品零售总额2 818亿元，增长8.2%；进出口总额180亿美元，下降8%；城镇居民人均可支配收入28 240元，增长7.5%；农民人均可支配收入10 180元，增长8%；居民消费价格指数预计上涨1.4%，低于3%调控预期目标；城镇新增就业人数45.5万人，城镇登记失业率控制在4.5%以内。

（一）国民经济运行良好，结构优化取得明显成效

面对严峻复杂的形势，全区上下认真贯彻落实中央各项决策和自治区党委工作部署，及时采取措施应对经济下行压力，保持经济运行在合理区间。

产业结构持续转型升级。农业生产保持稳定，粮食生产实现“九连增”，预计全年粮食总

产达1 535万吨，增长0.8%；全区油料、甜菜作物产量分别达到63万吨、440万吨，与上年基本持平；全区肉类产量160万吨，增长2.67%。第一产业增加值1 580亿元，增长5.5%。工业结构进一步优化，纺织服装、化学、有色、农产品加工等产业形势喜人，分别增长48.7%、12%、9.8%、10.5%；能源、钢铁、水泥等重点行业深度调整，非石油工业、非公有制经济、地方经济、中小微企业比重进一步提高，战略性新兴产业占地区生产总值比重达到6%。预计第二产业增加值3 538亿元，增长5.6%。服务业支撑力增强，房地产、金融、批发零售等传统服务行业稳定增长，软件和信息、文化、体育、商务等业态表现良好，旅游业发展强劲，自驾游等20类旅游新业态取得新进展，预计全年共接待国内外游客8 100万人次、增长32.9%，国内外游客消费1 400亿元、增长37%。预计第三产业增加值4 432亿元、增长9.9%，占地区生产总值比重提高到46.3%。

有效需求促增长动力不断增强。投资增速总体回落，第一、三产业增势较好，服务业投资比重上升，纺织服装类投资快速增长，工业投资总体有所下降。预计固定资产投资（不含农户）完成9 984亿元，下降6.9%。消费品市场稳定增长，乡村消费市场增长继续快于城镇，批发零售业、商品房销售增势良好，住宿餐饮业增速继续回升。预计全社会消费品零售总额2 818亿元，增长8.2%。进出口贸易降幅收窄，边境贸易保持增长，一般贸易、加工贸易、旅游购物有所下滑，服装、纺织、箱包等出口增长，纺织机械、纸浆、铜进口快速增长。

（二）全力扩大有效投资，重大项目建设扎实推进

充分发挥投资稳增长的关键作用，强化落实投资项目，加快推进重大基础设施和重点项目建设。截至目前，已争取中央预算内补助投资288.46亿元，比上年增加45.46亿元，同比增长18.6%，在全国各省区市位列第1位；落实2016年三批国家专项建设基金合计517.16亿元，比上年增加320.16亿元，增长162.5%，超额完成了年初确定的300亿元的任务，有效解决铁路项目、民航项目、地铁项目、水利项目等重大项目地方资本金配套不足的问题。自治区重点项目推进顺利，72项重点项目实现新开工建设，提前超额完成新开工60个项目的年度目标任务，全年完成投资3 085.6亿元，一批水利、交通、能源等重大项目建设取得突破。

重点水利项目：叶尔羌河防洪工程、阿尔塔什水利枢纽工程、卡拉贝利水利枢纽工程等30个续建水利项目加快建设。头屯河楼庄子水库、皮山县阿克肖水库、吐鲁番大河沿子引水工程等9个水利项目实现新开工。阿克苏地区大石峡水利枢纽工程、喀什地区莫莫克水利枢纽工程等11个项目前期工作基本完成。

重点交通项目：北屯至阿勒泰铁路、乌鲁木齐新客站、红柳河至淖毛湖铁路、克塔一期百口泉至铁厂沟东段铁路等5个铁路项目建成投产；库尔勒至格尔木铁路、乌鲁木齐市轨道交通一号线、二号线一期工程等5个续建项目加快建设；和田至若羌铁路、乌鲁木齐至伊宁至霍尔果斯口岸高速铁路等10个项目列入《国家“十三五”铁路发展规划》。喀什至疏勒高速公路、明水至哈密高速公路等30个续建公路项目加快建设；G30乌鲁木齐至奎屯高速公路改扩建、G216线白杨沟至巴伦台段公路等17个公路项目实现新开工建设。且末机场迁建工程、和田机场改扩建工程建成投运；莎车机场、若羌机场、库尔勒机场改扩建工程等3个续建项目顺利实施；塔城机场改扩建工程、阿勒泰机场改扩建工程、吐鲁番机场保障能力提升工程等3个民航项目实现新开工建设，一年在建8个机场项目，开创了新疆民航项目建设“先河”。

重点能源项目：加快实施“疆电外送”工程，建成投运三塘湖—哈密北等750千伏输变电工程；准东—华东（皖南）1 100千伏特高压直流输电工程及其配套1 320万千瓦电源项目加快建设，积极推动“疆电外送”第三条通道哈密北—湖北荆门800千伏特高压直流输电工程前期工作。预计全年外送电量346亿千瓦时，增长21.1%。稳步推进疆内电力建设，严格控制新增火电产能，进一步完善750千伏主网架及配电网建设，建成五彩湾—岌岌湖—三塘湖、伊犁—库车750千伏输变电工程，加快乌北—准北等750千伏输变电工程建设。截止年底，我区电网装机容量达7 600万千瓦，增长15%。启动“电气化新疆”工程，加快乌鲁木齐、阿勒泰、塔城等地风电供暖示范项目及阜康4 30万千瓦抽水蓄能电站建设，实现风电清洁供暖143万平方米；启动乌鲁木齐、吐鲁番、哈密等地电动汽车充电设施建设。

（三）深入推进供给侧结构性改革，经济发展活力增强

切实推进“三去一降一补”，有效化解钢铁煤炭过剩产能，全面完成压减炼钢产能90万吨全年目标任务；关闭煤矿21个，合计产能274万吨，完成年度目标任务的115%。商品房库存稳步下降，截止年底，预计全区商品房库存面积4 755万平方米，较2015年底减少663万平方米，下降12.14%。巩固延伸“放、管、服”改革成果，取消中央指定地方政府部门实施的共计207项行政审批事项，公布并实施自治区本级52个政府部门行政权力清单和责任清单。大力推进应用投资项目在线审批监管平台，已入库项目5 924个，其中：符合受理条件的项目2 883个，已办结项目2 590个、办结率达90%，大幅提高了政府投资项目审批效率。推进商事制度改革政策，启动了“五证合一、一照一码”改革，推动全区统一社会信用代码制度建设。积极推进行业协会商会与行政机关脱钩改革试点，确定首批试点单位230个。全面推进“营改增”改革，降低企业职工基本养老保险费率以及煤炭、钢铁运输车辆计重收费标准，降低企业自备电厂系统备用费标准，停征重大水利工程建设基金，清理整顿中介服务收费、行业协会商会涉企收费，预计全年为企业降低成本约200多亿元。

（四）加强价格管理工作，价格总体水平保持稳定

深入推进价格机制改革。加快电价市场化改革，启动输配电价改革试点，实施水泥生产企业用电阶梯电价政策，研究制定促进电力消纳的电价政策，扩大直购电规模和范围，2016年全年完成直购电交易103.2亿千瓦时。持续推进棉花目标价格改革试点，积极探索市场定价、价补分离的路子，有力促进新疆纺织产业发展。稳步推进自治区农业水价综合改革，调整自治区直属流域管理机构水利工程供水价格，积极推进城镇居民阶梯水价制度改革和污水处理费改革。加快推进排污权有偿使用和交易试点。大力整顿市场价格秩序，开展物业服务及停车场收费、电力价格等重点领域、重点行业的专项整治行动。全区全年共查处各类价格违法案件419件（其中百万元以上案件8件），经济制裁2 073.78万元；接待价格咨询、受理来电来访1.37万件，办结1.33万件，办结率达97.1%。

（五）加快丝绸之路经济带核心区建设，对外开放水平不断提升

不断完善政策规划体系，印发实施《新疆建设丝绸之路经济带的指导意见》；编制完成《中国新疆与巴基斯坦合作规划纲要（2016—2020年）》。编制完成核心区五大中心等专项规划。乌鲁木齐集装箱中心站等一批标志性工程陆续建设投产使用。加快对外开放平台建设，推进乌鲁木齐国际陆港区建设，乌鲁木齐多式联运海关监管中心即将投入使用，乌鲁木齐综合保税区已通过国家海关总署正式验收；扎实推进喀什、霍尔果斯经济开发区建设，霍尔果斯铁路口岸正式对外开放，阿拉山口、霍尔果斯口岸整车进口业务进展顺利。不断深化经贸交流合作，成功举办第五届中国—亚欧博览会等多项重大活动，新疆电子口岸正式上线运行，跨境电商出口货物通关成功，乌鲁木齐海关跨境电子商务试点正式启动，巴基斯坦哈比银行中华区总部落户乌鲁木齐高新区。扩大开行新疆西行国际货运班列，预计全年累计开行西行班列220列，是2015年全年80列的2.8倍。有效推进国际产能合作，支持特变电工、新疆广汇、新疆中兴能源等11家企业在周边国家建设产能合作重点项目14个。争取国家备案境外投融资规模11.9亿美元，落实世行、亚行等国外优惠贷款2亿美元，吸引外商投资4亿美元。

（六）扎实推进民生改善，人民生活水平持续提高

持续推进重点民生工程建设。预计全区全年安居富民工程累计投入资金222.07亿元，建设完成安居富民房30万户、竣工率100%；预计全区各类保障性安居工程累计投入建设资金233.82亿元，实施各类棚户区改造15.3万户，为年度任务14.67万户的104.29%。争取中央预算内投资28.64亿元，用于保障性住房配套基础设施建设。实施游牧民定居项目1.08万户，开工率100%。落实易地扶贫搬迁、以工代赈资金等扶贫资金19.04亿元，实施7 665户、2.6万人的易地扶贫搬迁工程。全年完成63万人口脱贫、810个贫困村退出、5个贫困县摘帽。全区完成150个乡镇和1 720个行政村的生活垃圾治理任务，着力改善农村人居环境。争取中央预算内资金5.2亿元，支持南疆四地州1 000个村民服务中心建设，比上年（500个村2.6亿元）增长1倍。农网新一轮改造升级、无电地区电力建设、农村饮水安全巩固提升、富民畅通工程等重点民生工程进展顺利。落实中央预算内投资37.15亿元，支持教育、卫生、文化、社会福利等公共服务领域26类近1 100个项目建设。落实国家专项建设基金18.5亿元，支持职业教育、养老、体育和旅游等领域47个项目建设。特别是争取中央预算内投资10亿元，支持552所农村学前双语幼儿园建设，落实资金总额为“十二五”时期的3.8倍。支持大众创业万众创新，加快推进创业孵化基地、创业园区建设，实施1 756个“短平快”项目、1 698个项目建成投产，积极开展农民工等人员返乡创业试点工作，农村富余劳动力转移就业275万人（次），城镇新增就业45.5万人，城镇登记失业率控制在4.5%以内。加快健全社会保障体系，全区参加五项社会保险人数达到3 504万人次。

（七）强化节能减排和应对气候变化工作，生态文明建设加快推进

加强生态文明建设，争取乌什县、巩留县、新源县等17个县（市）新增纳入了国家重点生态功能区范围，自治区国家级重点生态功能区县（市）新增至45个，占全区县（市）数量的48.9%。扎实推进特克斯县、玛纳斯县、昭苏县、哈巴河县等4个国家生态文明先行示范区建设。加强节能减排与应对气候变化工作，组织开展节能目标责任评价考核，全面推进固定资产投资项目节能评估和节能监察工作，强化节能目标责任硬约束。推动建立温室气体排放统计核算制度，完成全疆427家重点企业2011—2014年温室气体排放量盘查与核查工作。稳步推进碳市场建设，推动建立碳排放配额分配制度及配额注册登记、交易、市场监管体系。加快推进7个自治区级低碳城市和14个低碳社区试点工作。突出抓好工业、建筑、交通、公共机构等重点领域节能减排工作。全区单位地区生产总值能耗和二氧化碳排放强度分别下降2.44%和2.52%。

（八）突出协调服务，对口援疆工作成效明显

加强规划引导，协调落实“十三五”援疆规划。初步统计，“十三五”期间各援疆省市共安排援助资金796.5亿元，较“十二五”期间援助资金总量增长37.2%，援疆资金投入到民生领域和投入到县及县以下基层的比例均不低于80%。扎实推进援疆项目建设。全年到位援疆资金143.7亿元，援疆资金到位率100%，较2015年110.2亿元增加33.46亿元；已开工援疆项目1 919个，援疆项目开工率100%。产业援疆工作力度进一步加大。自治区地方落实援疆省市经济合作项目2 218个，实际到位资金2 189.4亿元。发挥援疆资金作用，加大教育、医疗、人才等软性援疆项目力度，启动实施援疆资金资助内地普通高校新疆籍学生工作，共资助新疆籍学生2.37万余人、总金额达1.42亿元，保障新疆籍学生安心学习。

在肯定成绩的同时，我们也清醒地看到，在全国经济发展进入新常态的大背景下，我区经济社会发展面临着稳定发展两个“三期叠加”的严峻形势，特别是世界经济艰难复苏，国内经济长期积累的深层次矛盾和新的挑战相互交织，对我区国民经济和社会发展部分指标年度计划任务的完成造成影响，未能完成规模以上工业增加值增长7%、一般公共预算收入增长5%、固定资产投资增长12%、社会消费品零售总额增长10%、进出口额增长6%等年度计划任务。当前，经济下行压力依然较大，一些问题和不利因素不容忽视：一是传统产业多、新兴产业少，转型升级不够。我区现代产业体系不健全，战略性新兴产业发展不足，中小企业占80%以上，加上技术创新的支撑体系不完善，研发经费投入相对不足，缺少拥有自主知识产权的产品和技术，产业核心竞争力不强。二是实体经济困难较深，工业企业生产经营困难较多。受原油等大宗商品价格持续低迷、市场需求不足、投资降幅扩大等影响，新疆工业增速回落明显，下行压力高于全国，钢铁、水泥等传统行业增速放缓，石油开采和石油加工业走弱，装备制造、汽车、纺织服装、食品制造、农副食品加工等新增长点体量偏小，短期内难以弥补传统产业下降的影响。三是投资增速明显放缓，工业投资、民间投资下降趋势尚未根本好转。虽然自治区强化措施，促进基础设施投资、民生工程和纺织服装类投资保持稳定增长，但受市场预期不乐观和国家化解落后产能以及自治区暂缓核准燃煤火电项目等政策因素影响，工业、民间、房地产等三大投资增速持续放缓，造成全区投资增长乏力。四是外贸环境亟待改善，进出口贸易形势不容乐观。国际市场需求低迷、大宗商品价格回落，欧亚经济联盟巩固加强，内地省市开通西行国际货运班列，进口需求进一步减少；加上国家外汇政策收紧，减弱了境外投资项目带动出口作用，我区外贸形势较为严峻。五是财政增收形势严峻，收支矛盾凸显。受经济下行、企业效益不景气影响，税收收入尤其是原油、天然气、矿产品等资源类税收增幅出现下降，加上“营改增”、减税降费等政策性减收影响，全区财政收入增幅下降，但同时用于“保民生、保稳定”的刚性支出持续增长，财政收支矛盾加剧。六是信贷投向结构呈现集中化趋势，小微企业融资难问题突出。受企业尤其是民营企业经营风险增加、部分金融机构慎贷加剧等因素影响，信贷资金向重点项目、部分大企业集中化特征日益明显。小微企业贷款增速虽然有所上升，但流动资金依然紧张，融资难问题仍然较为突出。

二、关于全区2017年国民经济主要指标安排建议

2017年经济工作的总体思路是：全面贯彻党的十八大、十八届三中、四中、五中、六中全会和中央经济工作会议精神，深入贯彻习近平总书记系列重要讲话精神、特别是在第二次中央新疆工作座谈会上的重要讲话和视察新疆时的重要讲话精神，按照自治区第九次党代会的部署要求，紧紧围绕社会稳定和长治久安总目标，统筹推进“五位一体”总体布局和协调推进“四个全面”战略布局，坚持稳中求进工作总基调，牢固树立和贯彻落实新发展理念，适应把握引领经济发展新常态，坚持以提高发展质量和效益为中心，坚持宏观政策要稳、产业政策要准、微观政策要活、改革政策要实、社会政策要托底的政策思路，坚持以推进供给侧结构性改革为主线，适度扩大总需求，加强预期引导，深化创新驱动，积极融入“一带一路”战略，坚持一产上水平、二产抓重点、三产大发展，全力做好保稳定、稳增长、促改革、调结构、惠民生、补短板、防风险各项工作，促进经济平稳健康发展和

社会和谐稳定，以优异成绩迎接党的十九大胜利召开。

（一）关于地区生产总值增长初步定为7%以上的考虑

一是自治区“十三五”规划地区生产总值年均增长7%左右。二是自治区持续推进农业结构优化升级，不断完善农田水利设施，预计全区农业生产基本平稳、稳中调优，第一产业增长5%左右，带动经济增长0.73个百分点。三是纺织服装、化工、有色、农产品加工等优势产业加快发展，石油、钢铁、煤炭、建材等行业转型升级，新能源等新兴产业快速增长，一批重大项目产能将在2017年集中释放，预计工业增长6%左右。四是基础设施大发展带动建筑业将保持快速增长，预计建筑业增长9.8%以上。综合来看，预计第二产业增长6.8%左右，带动经济增长2.5个百分点。五是自治区大力推进基础设施建设、新型城镇化、特色小城镇、旧城改造、新农村建设，交通、水利和市政公共设施、社会事业等投资持续扩大，房地产开发保持平稳运行，带动交通运输、仓储、物流等生产性服务业发展迅速，特别是维护社会稳定的成效陆续释放，旅游、住宿和餐饮等生活性服务业快速增长，教育、卫生、文化体育、养老家政、医疗健康、软件和信息等新业态发展势头较好，预计第三产业增长9.3%左右，带动经济增长4.38个百分点。综合上述因素，预计全区2017年地区生产总值达到10 220亿元左右，增长7%以上。

（二）关于工业增加值增长初步定为6%左右的考虑

一是自治区“十三五”规划工业增加值年均增长8%。二是自治区积极争取扩大油气生产加工，加快一批煤化工项目建设，实施电化新疆工程，扩大电力外送规模，预计能源行业增长2.6%。三是大宗化工产品价格走高，基础设施建设力度进一步加大，预计带动建材、钢铁等基础原材料行业增长7%。四是新能源装备等稳定增长，预计带动装备制造业增长7%。五是纺织服装业发展壮大，成品糖、葡萄酒等行业进一步发展，预计消费品行业增长17.7%。综合上述因素，预计2017年全区工业增加值达到2 660亿元左右，增长6%左右。

（三）关于固定资产投资增长初步定为50%以上的考虑

一是自治区“十三五”规划固定资产投资年均增长12%。二是自治区加快重点水利工程和农林牧项目建设，促进农村产业融合发展，预计农林水利新增投资315亿元，增长50%。三是完善公路、铁路、机场等交通网络，重点实施县县通高速公路、村村通柏油工程，预计公路项目新增投资1 700亿元，增长5.7倍；铁路项目新增投资81亿元，增长50%；民航项目新增投资48亿元，增长50%。四是纺织服装等劳动密集型产业投入加大，带动制造业投资企稳回升，力争工业投资增长5%以上。五是大力推进特色小城镇建设、老旧城区改造及新农村建设，城乡基础设施建设新增投资719亿元，增长25%以上。六是实施九大惠民工程，民生工程新增投资366亿元，增长16%以上。七是通过激发民间投资活力、加大招商引资力度等措施，促进其他领域增加投资1 412亿元。综合上述因素，预计2017年全区固定资产投资达到1.5万亿元，增长50%以上。

（四）关于社会消费品零售总额增长初步定为10%的考虑

一是自治区“十三五”规划社会消费品零售总额年均增长10%。二是自治区千方百计提高城乡居民收入，继续开展“访惠聚”驻村工作、“民族团结一家亲”等活动，带动城乡消费持续增长。三是进一步提升商贸物流基础设施，重点建立完善县乡村物流配送机制，支持电商平台建设，促进批发和零售业发展。四是旅游、文化、养老、体育等快速发展，将进一步带动住宿和餐饮业共同发展。预计2017年全区社会消费品零售总额达到 3 100 亿元，增长 10%。

（五）关于进出口总额增长初步定为 3%的考虑

一是自治区大力发展边境经济和边民互市贸易，促进边境贸易实现持续稳步增长。二是积极筹办境外展会，扩大开行新疆西行国际货运班列，深化国际经贸往来。三是积极发挥海关特殊监管区引擎作用，大力发展跨境电子商务，加快培育新型贸易业态。

（六）关于一般公共预算收入增长初步定为 5%左右的考虑

一是自治区“十三五”规划一般公共预算收入年均增长 6.5%以上。二是全区大力加强基础设施建设，经济保持平稳增长态势，进一步带动财政增收。三是不断优化税收征收体系和征管服务，加强非税收入征缴，确保应收尽收。四是“营改增”、减税降费等带来的财政收入减少效应趋于稳定，有利于财税收入恢复增长。综合上述因素，预计我区 2017 年一般公共预算收入达到 1 363.9 亿元，同比增长 5%左右。

（七）关于农民人均可支配收入增长 8%的考虑

一是自治区“十三五”规划农民人均可支配收入年均增长 8%。二是自治区重视农民职业技能培训，鼓励农民工外出务工，扩大基础设施建设创造就业岗位，预计 2017 年引导农村富余劳动力转移就业 260 万人（次）以上，带动工资性收入增长 14%。三是自治区继续实施“短、平、快”项目，推进农牧业产业化经营和农牧产品深加工，农村旅游、住宿餐饮业进一步发展，预计经营性收入增长 3%。四是自治区全面落实良种补贴等惠农政策，深化“访、惠、聚”驻村工作、“民族团结一家亲”活动，进一步加强扶贫攻坚，2016 年下半年提高村干部基本报酬、农村“四老”人员和爱国宗教人士生活补贴的增收效应继续显现，预计转移性收入增长 14%。五是农村房屋土地租金和土地转让承包费等财产性收入，预计增加 18%左右。综合上述因素，预计 2017 年全区农民人均可支配收入达到 10 995 元左右，同比增长 8%。

（八）关于城镇居民人均可支配收入增长 7.5%的考虑

一是自治区“十三五”规划城镇居民人均可支配收入年均增长 8%。二是自治区引导城镇新增就业 44 万人以上，2016 年下半年提高机关事业单位人员基本工资标准和津贴的增收效应进一步显现，预计工资性收入增长 6%。三是支持旅游、餐饮、住宿、交通运输等行业快速发展，带动城镇私营、个体经济发展，预计经营性收入增长 5%。四是扩大低保范围、提高保障水平，完善社会救助体系，加上 2016 年提高企业退休职工和城乡居民基础养老金的增收效应进一步释放，预计转移性收入增长 15%。五是商品房、银行存款、有价证券以及各类理财产品投资将带动居民增收，预计财产性收入增长 7%。综合上述因素，预计 2017 年全区城镇居民人均可支配收入达到 30 360 元，增长 7.5%。

（九）关于城镇新增就业人数 44 万人和城镇登记失业率控制在 4.5%以内的考虑

一是自治区“十三五”规划城镇新增就业人数（220 万人）年均增长 44 万人。二是自治区继续实施积极的就业政策，搭建就业创业平台，健全创业孵化基地、众创空间等服务设施，推动创业促进就业。三是大力推进纺织服装、电子产品制造等劳动密集型产业发展，预计带动就业 10 万人以上。四是积极支持旅游、住宿餐饮、商贸物流等服务业发展，引导各族群众就近就地就业和有序进城就业。

（十）关于居民消费价格涨幅预期目标为 3.5%左右的考虑

一是自治区食品类价格上涨将形成新涨价因素 1.2 个百分点左右。二是价格改革形成新涨价因素 1.1 个百分点左右。三是 2016 年价格上涨的翘尾影响为 1.17 个百分点左右。

三、2017年自治区经济社会发展主要任务和措施

2017年是推进供给侧结构性改革的深化之年，也是推进扶贫攻坚工作、全面建成小康社会的关键之年，要坚持稳中求进总基调，进一步把思想和行动统一到中央和自治区党委安排部署上来，以更加务实的作风，抓好经济社会发展各项工作，全面实现经济社会发展年度计划目标任务。

（一）坚持以供给侧结构性改革为主线，不断推进经济体制改革

深入开展“三去一降一补”工作。去产能方面，充分利用法治化、市场化等手段，坚决淘汰落后产能，对环保、安全、能耗等不达标，生产不合格或淘汰类产品的企业和产能，坚决依法依规处置和关停。关闭不具备安全生产条件的煤矿、年产30万吨及以下落后产能煤矿以及环境敏感区的煤矿，坚决取缔地条钢，全面完成退出钢铁产能300万吨、煤炭产能250万吨的年度任务，进一步提高钢铁、煤炭产业集中度。去库存方面，把农民工市民化、棚户区和去库存化结合起来，减少重复建设；坚持分类调控、因城因地施策，促进房地产市场持续健康发展。去杠杆方面，重点降低企业杠杆率，大力优化企业存量资产，引导企业开展兼并重组和资产证券化，扩大直接融资规模。因地制宜探索市场化债转股试点工作并积累经验。降成本方面，加大现有减税降费力度，降低各类交易成本特别是制度性交易成本，继续开展涉企乱收费专项整治，严肃查处扩大范围重复收费、擅自设立项目收费等违规行为。补短板方面，既要在脱贫攻坚、基础设施建设、生态环境保护等硬短板上发力，也要在提升人力资本水平、提升公共服务能力、创新能力建设等软短板上强化措施，补齐发展短板和制度短板。

深化重要领域和关键环节改革。注重发挥改革举措配套组合拳作用，科学组织实施，确保改革政策措施落地生根。深化国企国资改革，深入推动央企法人属地注册工作，积极发展混合所有制经济，鼓励民营企业参与国有企业改革，鼓励国有企业投资项目引入非国有资本。大力发展非公有制经济，进一步放宽市场准入，消除各类隐形壁垒，营造有利于激发企业家精神的法治环境、市场环境和社会氛围。加快推进医药卫生体制改革，全面推进公立医院综合改革，巩固完善全民医疗保障体系，深化药品生产流通领域改革，全面推进分级诊疗制度建设，实施好全民健康工程。深化重点行业改革，推进新疆能源综合改革试点，重点加快电力体制改革，开展电力增量配电业务试点，推动建立统一开放、竞争有序的能源市场体系。加快盐业体制、自治区行业协会商会与行政机关脱钩等改革，开展党政机关和国有企事业单位培训疗养机构改革试点。

加快推进农业供给侧结构性改革。突出稳粮、减棉、强牧、优果、上特色，积极调整优化农业结构，提高绿色优质农产品供给。优化粮食区域布局和品种结构，做好粮食安全保障工作，大力推进粮食产业化经营。深入推进农业三项补贴政策改革试点工作。继续引导棉花生产向优势高产棉区集中，通过生产规模化、种植标准化、全程机械化、管理信息化，推动新疆棉花产业转型升级。加快转变畜牧业发展方式，优化畜牧业结构和畜种结构，发展规模化标准化养殖，提升畜牧业整体发展质量和水平。支持特色林果业标准化生产示范基地建设，实施老果园升级改造工程，促进林果业提质增效。大力发展区域特色农牧业，鼓励大企业、大集团参与优质农牧业资源开发，促进农村一二三产业深度融合。细化和落实农村产权“三权分置”办法，大力发展适度规模经营，降低农业生产成本，提高农业经营效益，增加农民收入。

大力振兴实体经济。以提高质量和核心竞争力为中心，落实质量强区战略，弘扬“工匠精神”，扩大高质量产品和服务供给。要建设法治化的市场营商环境，保护企业家精神，支持企业

家专心创新创业，大力支持和培育一批自主创新能力和竞争能力强的龙头企业。更加重视优化产业组织，提升大企业素质，在市场准入、要素配置等方面创造条件，使中小微企业更好参与市场公平竞争。

深入推进简政放权、放管结合、优化服务。加大重点领域、关键环节“放”的力度，不断完善权力清单、责任清单，以清单管理推动简政放权，能够放给市场的一律放给市场，凡是地方投资建设、不需要国家资金的项目，审批权限同步下放。积极探索并大力推行工程建设项目“多评合一”“多图联审”“区域评估”“联合验收”等新模式。全面使用投资项目在线审批监管平台，实施网上并联审批，优化审批流程，精简审批环节。加强对基层的指导帮助，确保放权事项基层能接住、管得好。大力推行“互联网+政府服务”和大数据监管，建设好使用好社会信用信息共享平台，推动实体政务大厅和网上办事大厅有机融合。全面落实统一社会信用代码制度，强化公共信用信息归集，建立守信联合激励和失信联合惩戒制度。

（二）坚持创新驱动，发展壮大特色优势产业

全面提高创新能力。推进丝绸之路经济带创新驱动发展试验区建设，积极承担和参与一批国家级重大科技项目，建设一批国家级检验中心（实验室）、国家企业技术中心、国家地方联合工程研究中心，突破一批关键核心技术。将大众创业、万众创新作为新动能培育的重要抓手，开展双创示范基地建设，完善创业创新服务体系，充分调动各类创新要素的积极性，着力营造新技术、新产业、新业态、新模式发展的制度环境和市场环境。

大力推动能源产业转型升级。坚持有序高效开发资源，科学布局重大产业、重大项目，加快建设国家大型油气生产和储备基地、大型煤炭煤电煤化工基地、大型新能源基地和国家能源资源陆上大通道。在油气资源勘探开发利用方面，提高地方参与程度，提升进口资源在疆加工比重，延长产业链条，提高产品附加值。着力抓好煤炭煤电煤化工产业绿色循环发展，推进大型矿山绿色开发示范项目，开展燃煤电厂超低排放和节能改造工作，有序发展煤制天然气、煤制油、煤炭分级分质综合利用项目等现代煤化工项目，加快现代煤化工产业发展，构建以煤炭深加工为核心的循环经济产业链，大力推动煤炭清洁高效利用。

加快传统产业改造提升。做大做强纺织服装产业，加快推进“三城七园一中心”纺织服装产业集聚区建设，重点发展就业容量大的服装服饰、家纺、针织、地毯等终端消费品产业，为最终实现全产业链百万人就业奠定基础。以工业化和信息化深度融合为切入点，加快实施《中国制造2025新疆行动方案》，加快运用先进技术改造有色、建材、化工、轻工业等传统产业，全面提高生产技术、工艺装备、能效环保等水平，推动产业转型升级向中高端水平迈进。加快推进产业园区建设，创新开发区、产业园区运行管理模式，激发重点开发开放平台活力，加快建设一批国家级高新技术开发区，大力推动产业集聚发展、集群发展、集约发展。

积极推动新兴产业持续健康发展。大力培育战略性新兴产业，优先发展新能源、新材料、先进装备制造、新能源汽车、生物医药、节能环保、信息等战略性新兴产业，抢占产业竞争制高点。扩大我区在新能源装备、输变电装备、特色农牧机械产业等装备制造业的发展优势，加快智能化、绿色化转型升级。大力发展信息产业，大力实施新兴产业重大工程包、“互联网+”工程、电子商务等重大工程，深入推进大数据、云计算、物联网等现代信息技术发展。

大力发展服务型经济。大力发展旅游业，继续加强旅游基础设施建设，发展全域旅游，培育旅游新业态，拓展旅游新空间，着力把旅游业打造成为稳疆富民的战略性支柱产业。大力发展商贸物流业，加强物流枢纽设施和城乡市场网络建设，加快交通与物流融合发展，进一步降低商品流通成本。实施流通升级工程，增加高质量、高水平商品的有效供给，扩大中高端产品消费。积极培育新消费热点，加快文化、体育、健康、养老等幸福产业发展，推动服务业模式创新、跨业融合、多维拓展。

（三）坚持改革创新，全力完成固定资产投资和重点项目建设目标任务

把握重点领域，狠抓项目落实。加大项目前期费投入力度，采取综合举措、分类推进项目前期工作，围绕完成固定资产投资1.5万亿元、增长50%以上的目标任务，突出抓好十大重点领域的投资落实工作。其中：制造业完成投资2 800亿元，综合交通领域完成投资2 490亿元，房地产和建筑业完成投资2 340亿元，城镇基础设施领域完成投资1 950亿元，能源领域完成投资1 810亿元，农林水利领域完成投资970亿元，商贸流通领域完成投资678亿元，民生工程完成投资600亿元，信息领域完成投资240亿元，其他领域完成投资1 108亿元。

创新投融资模式，扩大融资规模。出台《自治区深化投融资体制改革的实施意见》，发挥好财政建设资金的撬动作用，积极引进和设立保险、银行类基金；深化交通、水利等领域建设管理体制改革，加快各级政府融资平台的市场化转型，积极搭建优化交通、水利、教育、卫生等重点建设领域投融资平台，促进投资主体多元化，提升项目融资能力；落实政策性、开发性和商业性金融机构与政府签订战略性合作协议，努力扩大信贷规模；积极扩大企业债券融资规模，以股权投资等市场化方式支持重点领域和薄弱环节基本建设。

着眼放活市场，激发民间投资潜力。修订出台《自治区政府核准的投资项目目录（2017年）》，积极鼓励民间投资进入铁路、民用机场、配电网、油气勘探开采和管网、市政、社会服务等领域，深入实施“百户骨干企业、百个重点项目”动态运行监测服务机制。大力推广政府和社会资本合作（PPP）模式，制定传统基础设施领域PPP实施方案和工作导则，进一步完善PPP项目库，运用特许经营和政府购买服务等多种方式带动社会投资。

落实投资主体责任，形成工作合力。强化协调服务机制，建立固定资产投资动态运行监测联席会议制度，按月调度固定资产投资运行和重点项目建设，及时解决项目推进过程中遇到的问题。强化实施保障机制，最大限度精简优化行政审批事项，按照职责分工，加强业务指导，对权限下放到自治区一级的加快办理进度；由国家审批的项目，积极主动与国家对口部委的汇报衔接；切实保障重点项目优先审批、用地优先供给、资金优先统筹、问题优先解决。强化工作考核机制，按行业、地州分解落实投资目标任务，加强考核督查，确保完成年度工作任务。

坚持突出重点，全力推进重大基础设施建设。

充分发挥重点项目的引领和带动作用，促进重点项目加快落地建设，强化投资项目建设全过程监管，确保完成重点项目投资4 500亿元以上、新开工项目60项以上的目标任务。

水利方面：加快推进大石峡水利枢纽、玉龙喀什水利枢纽、库鲁斯台草原生态修复工程等重点项目前期工作，确保在2017年开工建设。抓好自治区重大调水工程建设，加快阿尔塔什、卡拉贝利、大石门、萨尔托海水利枢纽和奴尔水库、阿克肖水库等一批大中型水库建设进度；加快推进叶尔羌河防洪工程建设，确保2017年全面建成、发挥效益。加大以渠道防渗、渠系建筑物配套为主的大中型灌区续建配套和节水改造力度，突出抓好南疆农业规模化高效节水工作，确保2017年全区新增高效节水面积200万亩以上。加快重点内陆河、重点灾害性河流、中小河流重点河段治理以及防洪薄弱环节建设，加强水文基础设施、大中型病险水闸除险加固建设，切实提高防灾减灾能力。

交通方面：力争开工建设和田至若羌铁路、

阿克苏至喀什铁路提速扩能改造、将军庙至哈密（三塘湖、淖毛湖）至柳沟铁路、乌鲁木齐至昌吉轻轨工程、新和至拜城铁路等铁路项目，全面开工建设乌鲁木齐市轨道交通3号线、4号线工程；全面开工建设乌鲁木齐国际机场改扩建、喀什机场改扩建、新建塔什库尔干机场、昭苏机场、于田机场等民航项目；开工建设G3012疏勒至叶城至墨玉（二期）公路、G218线和静至焉耆段公路、G315线依吞布拉克至若羌等公路项目。加快建设库尔勒机场改扩建、莎车机场、若羌机场、阿勒泰机场改扩建、塔城机场改扩建等续建项目，力争年内建成投产；继续推进库尔勒至格尔木铁路、阿勒泰至富蕴至准东铁路、克塔铁路铁厂沟至塔城段项目、乌鲁木齐市轨道交通1号线、2号线工程，以及G7明水（新甘界）至哈密高速公路、G3012墨玉至和田高速公路、G3012喀什至疏勒高速公路、G30吐鲁番至小草湖高速公路、G575线巴里坤至哈密公路、G216线富蕴至五彩湾公路、G30小草湖至乌鲁木齐高速公路改扩建等项目建设。加强项目储备，加快推进乌鲁木齐至伊宁至霍尔果斯口岸高速铁路等项目前期工作，积极推进富蕴至塔克什肯铁路、伊宁至阿克苏铁路、阿勒泰至布尔津至吉木乃口岸铁路等项目研究论证工作；加快推进新建乌苏军民合用机场、伊宁机场改扩建、新建和布克赛尔机场、新建准东（奇台）机场、新建巴音布鲁克机场、新建巴里坤机场、新建阿拉尔机场等项目前期工作；积极推进通用机场建设，扩大民航服务范围，鼓励疆内机场开通环飞、串飞航线；加快推进G0711乌鲁木齐至尉犁高速公路、G216北屯至富蕴段公路项目、G3018精河至阿拉山口高速公路、G7木垒至巴里坤高速公路等项目前期工作。

能源方面：加快准东—华东1 100千伏特高压直流输电工程及配套电源、阜康120万千瓦抽水蓄能电站、新华水利叶尔羌河恰木萨18.5万千瓦水电站、苏新能源和丰40亿立方米/年煤制天然气等重点项目建设，促进能源结构调整，提升能源供应保障能力；继续完善750千伏主网架，加快建设乌北—准北等750千伏输变电工程；力争开工建设准北—阿勒泰、莎车—和田等750千伏输变电工程，实施城市配电网和农村电网升级改造工程，进一步改善生产生活用电条件。大力推进电能替代工程，重点推进乌鲁木齐、阿勒泰、塔城等地风电清洁供暖示范项目建设，积极推进电动汽车充电基础设施建设；加快“互联网+”智慧能源以及多能互补集成优化示范工程建设，开展哈密光热示范项目建设，促进光热技术进步。

社会治理方面：开工建设自治区博物馆（二期）工程、平安新疆建设、喀什一市四县供水改造提升工程、南疆四地州村民服务中心等重点项目，进一步维护社会稳定，促进社会事业健康发展。

（四）坚持协同推进，加快丝绸之路经济带核心区建设

全面完善核心区建设政策规划体系。落实《新疆建设丝绸之路经济带核心区的指导意见》《新疆丝绸之路经济带核心区建设三年（2017—2019）滚动实施意见》。实施丝绸之路经济带核心区交通枢纽中心、商贸物流中心、文化科教中心、医疗服务中心和区域金融中心等“五大中心”专项规划。

扎实推进核心区重大标志性项目建设。建立自治区推进丝绸之路经济带核心区建设重大项目储备库，制定《新疆丝绸之路经济带核心区建设优先推进项目三年滚动实施计划》。加快重大互联互通项目建设，加快推进丝绸之路经济带北、中、南三大通道和贯通南北疆大通道建设，构建联通区内外四通八达、快捷经济的立体交通运输体系，努力打通和完善面向南亚、中亚和蒙古等方向的国际综合运输通道。加强乌鲁木齐国际陆港区建设，推动乌鲁木齐多式联运海关监管中心建设运营，打造中欧班列集结编组中心。积极争取国家支持新疆艺术学院丝绸之路艺术交流中心、中国新疆国际青年交流学院等项目建设。

建成乌鲁木齐会展医院、高铁医院，大力推广“互联网+国际医疗服务”。

进一步完善对外开放平台。用足用好国家赋予喀什、霍尔果斯经济开发区的特殊优惠政策，调整增补喀什、霍尔果斯经济开发区优惠产业目录，促进二、三产业项目落地。进一步完善阿拉山口、乌鲁木齐、喀什等综合保税区以及中哈霍尔果斯国际边境合作中心中方配套区基础设施建设。

积极吸引外资和推进国际产能合作。落实国家新修订的《外商投资项目核准和备案管理办法》和《外商投资产业指导目录》，完善招商引资优惠政策，鼓励外资以特许经营的方式参与基础设施建设，支持现有外资企业以利润再投资、增资等方式扩大利用外资规模。支持富余产能、优势装备和基础设施建设等积极参与国际合作，带动装备、技术、标准、服务走出去。

（五）坚持民生优先，不断提高各族人民生活水平

坚持就业惠民，多渠道促进就业创业。着力搭建就业创业平台，最大限度地推进高校毕业生多渠道就业创业。大力实施纺织服装产业带动就业战略，推广“企业总部+卫星工厂”的就地就近就业新模式，引导各族群众有序进城就业、就近就地就业、返乡自主创业。推进伊宁市、喀什市、和田市开展支持农民工等人员返乡创业试点工作。持续推进就业困难人员“一对一”帮扶和“零就业家庭”动态清零工作。稳妥推进化解过剩产能职工安置工作。

坚持教育惠民，加快教育事业发展。强化学前教育、义务教育、高中阶段教育，落实南疆地区15年免费教育，做到所有适龄儿童入学全覆盖。积极推进双语教育，加强双语教师队伍建设，年内全面完成“十三五”农村双语幼儿园建设任务，实现全区农村双语幼儿园“应建尽建”全覆盖的目标；切实抓好职业教育，增加中等职业学校数量、扩大招生规模；着力加强高等教育，提高教育质量水平。

坚持医疗惠民，提高全民健康水平。深化医药卫生体制改革，推进分级诊疗、家庭医生签约服务、全民医保制度。实施全民健康工程，做到城乡居民免费健康体检全覆盖，建立完善居民健康档案。加强医疗卫生服务体系和公共卫生服务体系建设，促进基本公共卫生服务均等化。完善计划生育政策，切实加强管理和服务，控制部分地区人口过快增长势头，促进人口长期均衡发展。

坚持社保惠民，完善社会保障体系。加快机关事业单位养老保险制度改革，扎实推进统筹城乡医保工作，完善基本养老保险、医疗保险、人身意外伤害保险、大病保险、失业保险、工伤保险、生育保险等社保制度，扩大城乡居民最低生活保障范围，推进“五保”老人集中供养、孤儿集中收养，大力发展残疾人事业，加强社会保险、救助和慈善方面资源统筹，保障困难群众基本生活。

坚持扶贫惠民，全力实施扶贫攻坚。全面落实“六个精准”“五个一批”，以南疆四地州、边境地区、特困山区作为扶贫攻坚的重点区域，做到政策保障到位、资金投入到位、产业带动到位、项目安排到位、民生服务到位、社会帮扶到位、援疆支持到位、群众参与到位。

坚持安居惠民，积极推进安居乐业。多渠道筹措资金，实施农村“两居”工程30万户（含游牧民定居工程1.15万户）。积极推进城镇保障性安居工程，开工建设各类保障性住房29.79万套。积极开展“美丽乡村”建设活动，进一步改善农村人居环境。

坚持暖心惠民，改善生产生活条件。加强农牧区基础设施建设，实施水、电、路、气、讯、邮政、广播电视、电影、书屋“九到农家”工程。扎实推进农村饮水安全巩固提升工程，优先解决贫困地区及2017年脱贫摘帽县等区域农村供水基本保障问题，建立农村供水工程运行管护长效机制。实施新一轮农村电网改造升级工程，加大农村公路建设力度，推进农村宽带普及工程、广播电视节目无线数字化覆盖工程。

坚持兴边惠民，有力促进稳边固边。积极争取国家进一步加大我区边境地区转移支付补助和中央预算内投资力度，整合资源、精准施策，加快推进边境地区发展，改善边境地区基本公共服务，提高边民生活质量，促进民族团结和边防稳固。

坚持安全惠民，提高各族群众的安全感。坚持安全第一、预防为主、综合治理的方针，强化各级主体意识，落实人防、技防、物防措施，在基础设施布局、产业政策导向、城乡区域发展规划、社会事业发展、资源环境政策等重大事项中，严格项目安全评价和社会稳定风险评估，积极提升煤矿、油气管网的安全生产能力，全面强化安全生产要求，提升安全生产整体水平。

（六）坚持综合施策，加大脱贫攻坚工作力度

突出重点，全力推进南疆四地州脱贫攻坚。深入实施突破瓶颈专项行动，加大对南疆四地州交通、水利、电力、通信等重大基础设施项目和民生工程建设的支持力度，持续加大农村水、电、路、网络等基础设施建设力度；加快教育、医疗卫生、文化体育、就业和社会保障等社会事业发展，显著提高基本公共服务能力；指导30个经济强县（市、区）和3个国家级开发区进一步加强区内协作扶贫，对口协助南疆四地州的27个县（市）加快脱贫攻坚步伐。

突破难点，切实抓好易地扶贫搬迁工作。坚持依托中小城市、城关镇、特色小城镇、工业园区、旅游区，通过与产业带动、就业创业相结合，统筹以工代赈等扶贫资金，进一步加大工作力度，力争提前一年完成自治区“十三五”规划搬迁3.09万户、11万人任务，帮助搬迁群众“挪穷窝、拔穷根、改穷貌”。

落实新任务，突出抓好边境扶贫工程。坚持“一线守边、二线固边、三线服务”的总体思路，以发展为基础，以富民为核心，以固边为目标，以脱贫攻坚和富民固边“十大工程”为抓手，加快破解边境地区发展瓶颈制约，不断增强边境地区自我发展能力。

（七）坚持多管齐下，进一步加强价格管理工作

保持价格总水平运行在合理区间。坚持市场价格调控部门联席会议制度，加强协调，综合采取抓生产、促流通、强储备、适时投放等调控手段，加强重点行业、重要商品和服务的市场价格监测及预警分析，健全物价补贴联动机制，严密防范市场价格异常波动。

积极发挥价格杠杆作用。运用差别化水价、电价及环保收费机制，推进节能减排和结构调整。进一步清理规范涉企的价格收费，努力降低企业成本。积极疏导公用事业、公共服务领域的价格矛盾，加快完善公共服务价格调整机制，适当调整公路收费标准，支持基础设施建设，研究提出促进PPP项目价格扶持政策，鼓励和引导社会投资。

统筹推进价格改革。坚持市场定价、价补分离的政策导向，继续深化棉花目标价格改革。积极推进电网输配电价改革试点工作，有序推进电价市场化改革。全面实施农业水价综合改革，督促各地加快调整污水处理费标准，有序建立城镇居民阶梯水价制度。加快推进医疗服务价格改革，同步强化价格与医疗、医保、医药等相关政策衔接联动。

完善价格事中事后监管。扎实推进农产品成本调查和监测工作，继续清理整顿涉企收费、中介服务收费，落实各项减负政策。围绕民生价格热点问题，依法查处教育、医药、住房等领域不正当价格行为。强化反垄断执法，维护公平竞争的市场环境。

（八）坚持以人为本，大力推进新型城镇化建设

加强规划编制落实工作。加快编制《自治区新型城镇化“十三五”发展规划》，明确城镇化的发展路径、主要目标和战略任务。编制完成《天山北坡城市群规划（2017—2030年）》，加快天山北坡经济带城市群建设，支持乌鲁木齐建设现代化国际城市。加快规划体制改革和制度创新，扩大“多规合一”改革试点范围，形成权威、高效、科学的规划管理体系。有序推进农业转移人口市民化，力争全区常住人口城镇化率、户籍人口城镇化率分别达到49%和39%以上。

启动南疆四地州100个特色小城镇建设。启动和培育南疆四地州100个特色小城镇建设，统筹推动南疆城乡协调发展。注重整体规划、精准规划，突出小城镇文化底蕴、风土人情、产业特色，明确特色和发展方向。注重产业支撑、产城融合，因地制宜培育发展特色产业。坚持市场主导、政府引导，鼓励社会资本投入，培育提升特色小城镇自我发展的内生动力。全面做好库尔勒市、吐鲁番市鄯善县鲁克沁镇等5个国家新型城镇化综合试点工作，在全区加快推广可借鉴、可复制的新型城镇化建设经验。

加快推进老旧城区改造。加快乌鲁木齐、喀什、阿克苏、伊宁、莎车等城市（城镇）老旧城区改造，加大城镇水暖电气等基础设施建设投资力度，改善人居环境。优化城镇路网结构，改善城市道路布局，全面启动人口50万以上的库尔勒、伊宁、喀什、阿克苏等城市轻轨基础设施建设，构建立体综合交通体系。加强地上、地下空间统筹开发利用，扎实推进地下综合管廊建设。

（九）坚持环保优先，不断加强生态文明建设

持续推进生态文明建设。开展生态文明目标评价考核，推进落实主体功能区规划，制定产业准入负面清单，建立健全生态保护补偿机制。加强生态建设，继续实施重点防护林工程、退耕还林还草、退牧还草、塔里木盆地周边防沙治沙、天山北坡谷地森林植被保护与修复等工程。坚决贯彻落实水资源管理“三条红线”，优化用水结构，实施节水灌溉、循环用水技术，推进流域水环境综合治理及可持续发展试点示范。

加强全社会节能减排工作。分解细化“十三五”节能减排目标任务，严格开展能源消耗总量和强度“双控”工作，抓好资源节约和环境保护重大项目建设，组织实施好循环经济、综合利用、污水垃圾等重点工程。促进传统产业清洁生产、绿色改造。

大力推进应对气候变化工作。加快推动碳排放权交易市场建设，支持低碳城市、低碳社区、低碳园区、低碳企业项目以及低碳技术开发、低碳产品认证等项目建设。努力完成2017年单位地区生产总值能耗下降2.1%、二氧化碳排放强度下降2.52%的目标任务。

组织开展节能专项检查。建立健全节能管理、监察、服务“三位一体”的节能减排管理体系。强化节能执法监察，加大对重点用能单位的执法检查力度。严厉查处各类违法违规用能行为，确保节能法律、法规、规章和强制性标准有效落实。

（十）坚持凝聚人心，持续推进对口援疆工作

坚持就业第一，全方位推动就业工作。建立产业援疆带动就业工作平台，支持纺织服装、电子机电等劳动密集型产业吸纳农村富余劳动力就业；扶持建设创业孵化基地和创业基地，出台创业激励机制，以项目带动就业、以产业扩大就业、以培训促进就业。

加强招商引资工作，强力推进产业援疆。落实自治区“十三五”产业援疆规划，加强与援疆省市、中央企业的项目对接、产业对接，积极承接中东部地区产业梯度转移。加大招商引资和市场拓展力度，强化自治区、地州、援疆指挥部、商会和企业“五位一体”共推机制，积极扶持特色产业和劳动密集型产业的发展。

做好服务保障工作，进一步提高民生建设的质量和效益。高效推进住房、教育、医疗、就业、人才、基层基础等民生建设，更加注重“软件”和配套设施建设。积极推进援疆扶贫工作，重点解决农牧区、边境地区、特困人群的贫困问题，开展援疆省市社会组织扶贫，推动形成全方位、立体化的援疆扶贫机制。

关于2016年自治区预算执行情况和2017年自治区预算草案的报告（摘要）

——在新疆维吾尔自治区第十二届人民代表大会第五次会议上

自治区财政厅

（2017年1月9日）

受自治区人民政府委托，向大会报告2016年自治区预算执行情况和2017年自治区预算草案，请予审议，并请自治区政协各位委员和其他列席人员提出意见。

一、2016年自治区财政预算执行情况

2016年，各地各部门在自治区党委的正确领导下，深入贯彻落实以习近平同志为核心的党中央推进新疆社会稳定和长治久安的总目标作出的各项决策部署，特别是认真贯彻习近平总书记在第二次中央新疆工作座谈会上的重要讲话精神，牢固树立新发展理念，认真落实保稳定、稳增长、调结构、促改革、惠民生、防风险各项财税政策措施，大力推进供给侧结构性改革，切实保障和改善民生，促进社会和谐稳定，推动自治区经济社会持续健康发展。

（一）2016年自治区财政预算执行情况

1. 一般公共预算预计完成情况。

（1）全区财政预算预计完成情况。收入情况：2016年自治区财政预算收入总计4 930.8亿元。其中：一般公共预算收入1 299亿元，为预算92.9%，比2015年减少31.9亿元，增长-2.4%。其中：税收收入869.2亿元，为预算94%，增加7.4亿元，增长0.9%；非税收入429.8亿元，为预算90.9%，减少39.3亿元，增长-8.4%。上级补助收入2 471.9亿元，发行地方政府债券收入815亿元，外债转贷收入10亿元，上年结余142.7亿元，调入预算稳定调节基金92亿元，调入资金100.2亿元。

支出情况：2016年自治区财政预算支出合计4 930.8亿元。其中：一般公共预算支出4 141.4亿元，为预算96.3%，比2015年增加336.6亿元，增长8.9%。上解上级支出6.8亿

元，地方政府债券还本551.9亿元，安排预算稳定调节基金97.1亿元。收支相抵，年终结余133.6亿元，其中：结转下年支出133.6亿元，净结余为零。

需要说明的是：2016年自治区一般公共预算收入未实现年初确定的1 398亿元增长5%目标。主要原因：一是政策性减收因素影响。2016年5月1日起中央全面推开“营改增”改革，预计全年减少一般公共预算收入126亿元。二是经济下行因素影响。我区是以资源型和能源加工型为主的经济结构，2016年，受经济下行压力影响，工业品价格持续负增长，特别是原油、天然气、矿产品等资源类价格持续低位运行，造成原油天然气资源税和煤电煤化工增值税大幅减少。

为积极应对财政收入增幅下降的不利形势，全力保障自治区各项重点支出需求，各级政府采取积极措施发展经济带动财政增收，各级财税部门强化征收主体责任，努力组织财政收入，弥补了部分财政短收带来的影响，减少了自治区财政收入下降幅度。

在财政收入增幅下降的同时，自治区通过各种措施多方筹集资金，2016年自治区财政支出仍然保持了较高的增长幅度，自治区党委围绕社会稳定和长治久安作出的一系列重大决策部署的资金需求全部得到了保障。一是积极推进优势资源转换，努力挖掘矿产资源收入潜力，增加资源和资产性收入。二是坚持科学理财，调整优化财政支出结构，盘活存量资金，保证重点支出。三是做好政府债务管理，争取中央给我区多发行新增政府债券和置换债券政策支持。四是争取中央财政对我区增加财力补助。

主要项目执行情况：农林水事务支出712.5亿元，完成预算的99.9%，增长17.7%。安排资金47亿元，落实耕地地力保护补贴、粮食直补、农机购置补贴等补贴政策。安排资金18.6亿元，继续推进农业高效节水和小型农田水利重点县建设。安排资金24.8亿元，在全区实施草原生态保护补助奖励机制，27.5万户农牧民受益。安排资金25.9亿元，实施天然林保护、退耕还林、湿地保护、防沙治沙等林业生态工程。安排资金28亿元，支持自治区重大水利工程项目建设；安排资金12.7亿元，支持水土保持、江河湖库水系综合整治和防汛抗旱。筹措资金1亿元，在全区27个国家扶贫开发工作重点县（市）启动建档立卡贫困人口转化为生态护林员。安排资金7.3亿元，向农业信贷担保机构注资，为农业经营者（包括农牧民）的贷款提供担保，缓解农业融资难、融资贵问题。安排资金2亿元，积极支持国有农牧场深化改革。安排资金11亿元，深入推进村级公益事业建设一事一议财政奖补工作。安排资金1.2亿元，稳妥推进美丽乡村建设试点工作。安排农村公共服务运行维护机制建设试点资金0.5亿元，继续选择全区13个县（市）1 106个行政村开展试点工作。制定支持贫困县推进财政涉农资金统筹整合使用的试点意见，统筹整合19.2亿元涉农资金，切块下达25个试点贫困县，重点向2016年摘帽贫困县倾斜。安排资金3.5亿元，支持35个重点贫困县建立风险补偿金制度。安排资金15.6亿元，支持易地扶贫搬迁工程。同时建立和完善护边员、边民补助及边民最低社会保障政策，提高护边员和边民补贴标准。

社会保障和就业支出494.5亿元，完成预算的99.8%，增长33%。安排资金72.2亿元，将企业离退休人员基本养老金水平提高7.4%，月人均达到2 723元。安排资金15亿元，提高城乡居民基础养老最低标准，惠及105万居民。安排资金3.7亿元，提高优抚对象等人员抚恤和生活补助标准。安排城乡低保资金57.9亿元，提高城乡低保补助水平，惠及254万城乡低保人群，将新增38万人兜底脱贫对象、护边员家庭和一线贫困边民纳入农村低保。安排资金6.1亿元，支持自然灾害生活救助、流浪乞讨人员、孤儿基本生活保障等工作。安排资金30.2亿元，支持积极的就业政策，促进高校毕业生就业创业、农村富余劳动力转移就业。

医疗卫生和计划生育支出255亿元，完成预算的98.8%，增长4.5%。安排资金58.9亿元，将新农合和城乡居民医保财政补助标准提高至每人年均420元。安排资金2.8亿元，支持县市开展公立医院改革。安排资金5亿元，实施南疆地区农村计划生育家庭特殊奖励政策。安排资金8.2亿元，将自治区基本公共卫生服务经费标准提高到每人每年45元。安排资金7亿元，继续支持实施重大公共卫生服务项目。安排资金2亿元，稳步推进基层医疗卫生机构综合改革。安排资金6.7亿元，支持城乡困难群众医疗救助。

教育支出673.8亿元，完成预算的100%，增长4%。安排资金13.6亿元，将南疆四地州农村学前三年适龄幼儿和其他地州市农村学前两年适龄幼儿纳入免费教育保障范围，并提高南疆农村学前免费教育保障标准。安排资金12亿元，支持南疆四地州农村双语幼儿园建设。安排资金17.1亿元，支持农村义务教育薄弱学校改造计划。安排资金42.6亿元，支持农村义务教育经费保障机制。安排资金2.6亿元，支持边远贫困地区高中学校改善办学条件。安排资金5.7亿元，支持职业教育稳步发展。安排资金18.9亿元，支持学生奖励资助体系建设。安排资金5.6亿元，支持新疆大学、新疆农业大学、喀什大学等高校建设。安排资金9.5亿元，落实特岗教师待遇。安排资金0.9亿元，提高义务教育阶段学校班主任津贴标准，惠及7.2万名教师。安排资金2.3亿元，支持实施乡村教师补贴政策。安排资金4.6亿元，提高高校生均拨款保障水平。

科技支出43.5亿元，完成预算的99.7%，增长4.4%。安排资金0.5亿元，支持“科技富民强县”“基层科普行动计划”等科技重点民生工程建设。安排资金1.4亿元，支持开展“科技之冬”“科技下乡”活动和实施科普资源开发与共享工程。

节能环保支出65.1亿元，完成预算的98.5%，增长-9%，主要是中央对我区节能环保转移支付补助减少。安排资金5.8亿元，支持乌鲁木齐市开展大气污染防治工作。安排资金17.6亿元，支持淘汰落后产能和重点节能工程建设。安排资金3.3亿元，支持湖泊生态环境治理。安排资金3.8亿元，支持化解钢铁、煤炭过剩产能。

公共安全支出300.5亿元，完成预算的96.8%，增长19.3%。住房保障支出181.1亿元，完成预算的95.3%，增长-13.4%，主要是中央下达我区住房保障任务减少。城乡社区支出332.8亿元，完成预算的99.7%，增长3%。交通运输支出267.3亿元，完成预算的100%，增长-1.3%。一般公共服务支出392.1亿元，完成预算的94.1%，增长7%。

（2）自治区本级财政预算预计完成情况。收入情况：2016年自治区本级财政预算收入总计3 740.5亿元。其中：一般公共预算收入145.2亿元，为预算145.1%，比2015年减少96.5亿元，增长-39.9%，主要受2015年一次性非税收入因素影响。主要项目情况：增值税1.7亿元，为预算106.7%，增长18.3%；营业税0.5亿元，为预算28.9%，增长-73.7%，主要受营业税改征增值税影响。企业所得税3.7亿元，为预算91.7%，增长-3%；资源税30亿元，为预算73.2%，增长-24.6%，城市维护建设税0.1亿元，增长-63.4%；非税收入109.2亿元，为预算211.2%，增长-43.9%。

上级补助收入2 471.9亿元，发行地方政府债券收入815亿元，上年结余128.9亿元，下级上解收入70.6亿元，调入预算稳定调节基金75亿元，调入资金23.9亿元，外债转贷收入10亿元。

支出情况：2016年自治区本级财政预算支出合计3 740.5亿元。其中：一般公共预算支出1 047.7亿元，为预算88.9%，比2015年增加17.4亿元，增长1.7%。主要项目情况：农林水事务支出266.2亿元，加对各地农林水事务转移支付254.3亿元，合计安排支出520.5亿元，增长17%；教育支出72.6亿元，加对各地教育转移支付139.2亿元，合计安排支出211.8亿元，增长14%；医疗卫生与计划生育支出14.9亿元，加对各地医疗卫生与计划生育转移支付108亿元，合计安排支出122.9亿元，增长3.5%；社会保障和就业支出138.3亿元，加对各地社会保障和就业转移支付158.1亿元，合计安排支出296.4亿元，增长47.9%；文化体育与传媒支出24.4亿元，加对各地文化体育与传媒转移支付12.9亿元，合计安排支出37.3亿元，增长1.6%；科学技术支出9.9亿元，加对各地科学技术转移支付1.3亿元，合计安排支出11.2亿元，与上年基本持平；节能环保支出2.9亿元，加对各地节能环保转移支付43亿元，合计安排支出45.9亿元，增长-14.5%；公共安全支出69.7亿元，加对各地公共安全转移支付60.9亿元，合计安排支出130.6亿元，增长21.8%；交通运输支出234亿元，加对各地交通运输转移支付6亿元，合计安排支出240亿元，与上年基本持平；一般公共服务支出69亿元，加对各地一般公共服务转移支付23.9亿元，合计安排支出92.9亿元，增长-19.6%。

2016年自治区本级对各地补助1 801.4亿元，比2015年增加135.8亿元，增长8.2%。其中：税收返还36.4亿元，与上年持平；一般性转移支付941.7亿元，增长21.5%；专项转移支付823.3亿元，增长-3.6%。

上解上级支出6.8亿元，发行地方政府债券还本支出122.6亿元，安排预算稳定调节基金75.1亿元，地方政府债券转贷支出611.9亿元。收支相抵，年终结余75亿元，其中：结转下年支出75亿元，净结余为零。

2. 政府性基金预算预计完成情况。

（1）全区基金预算预计完成情况。收入情况：政府性基金收入334.2亿元，为预算101.8%，比2015年增加1.2亿元，增长0.4%。

支出情况：政府性基金支出355.3亿元，为预算99.7%，比2015年减少7.7亿元，增长-2.1%。

收支平衡情况：政府性基金收入总计665亿元，其中：政府性基金收入334.2亿元，上级补助收入32.5亿元，专项债务收入240.2亿元，上年结余58.1亿元。政府性基金支出合计665亿元，其中：政府性基金支出355.3亿元，调出40亿元，专项债还本支出211.1亿元。收支相抵，年终结余58.6亿元。

（2）自治区本级基金预算预计完成情况。收入情况：政府性基金收入82.1亿元，为预算113.2%，比2015年增加1.6亿元，增长2%。

支出情况：政府性基金支出77.1亿元，为预算98%，比2015年增加3.5亿元，增长4.8%。

收支平衡情况：政府性基金收入总计396.3亿元，其中：政府性基金收入82.1亿元，上级补助收入32.4亿元，地方政府专项债券240.2亿元，上年结余41.6亿元。政府性基金支出合计396.3亿元，其中：政府性基金支出77.1亿元，补助下级支出28.7亿元，调出资金23.9亿元，政府债券转贷支出240.2亿元。收支相抵，年终结余26.4亿元。

3. 国有资本经营预算预计完成情况。

（1）全区国有资本经营预算预计完成情况。收入情况：国有资本经营预算收入6.6亿元，为预算203.2%，比2015年增加3.7亿元，增长126%。其中：利润收入1.9亿元，股利、股息收入和产权转让1.7亿元，中央转移支付收入3亿元（中央财政拨付的中央下放企业“三供一业”分离移交补助资金增加3亿元）。

支出情况：自治区国有资本经营预算支出3.7亿元，为预算的99%，比2015年增加1.2亿元，增长49.9%。

收支平衡情况：国有资本经营预算收入总计7.3亿元，其中：国有资本经营预算收入（收缴国有资本收益加转移支付收入）6.6亿元，上年结转收入0.7亿元。国有资本经营预算支出3.7亿元，其中：调出资金1亿元。收支相抵，结转下年支出3.6亿元。

（2）自治区本级国有资本经营预算预计完成情况。收入情况：自治区本级国有资本经营预算收入5.2亿元，为预算296.1%，比2015年增加3.5亿元，增长216%。其中：利润收入1.5亿元，股利、股息收入0.7亿元，中央转移支付收入3亿元。

支出情况：自治区本级国有资本经营预算支出2.2亿元，为预算103.8%，比2015年增加0.9亿元，增长69.8%。

收支平衡情况：自治区本级国有资本经营预算收入总计5.8亿元，其中：国有资本经营预算收入（收缴国有资本收益加转移支付收入）5.2亿元，上年结转收入0.6亿元。自治区本级国有资本经营预算支出2.2亿元，其中：调出资金0.4亿元。收支相抵，结转下年支出3.6亿元。

4. 社会保险基金预算预计完成情况。

（1）全区社会保险基金预算预计完成情况。收入情况：自治区社会保险基金收入1 157.5亿元，为预算的95.8%。其中，保险费收入848.1亿元，财政补贴收入281.4亿元，其他各项收入28亿元。

支出情况：自治区社会保险基金支出1 050亿元，为预算的94.4%。

收支平衡情况：收入总计2 337.8亿元，其中，社会保险基金收入1 157.5亿元，上年结余1 180.3亿元。社会保险基金支出1 050亿元。收支相抵，年终结余1 287.8亿元。

（2）自治区本级社会保险基金预算预计完成情况。收入情况：自治区本级社会保险基金收入280亿元，为预算的82.4%，其中，保险费收入162.8亿元，财政补贴收入104.9亿元，其他各项收入12.3亿元。

支出情况：自治区本级社会保险基金支出190.9亿元，为预算的75.4%。

收支平衡情况：收入总计913.1亿元，其中，社会保险基金收入280亿元，上年结余633.1亿元。社会保险基金支出190.9亿元。收支相抵，年终结余722.2亿元。

以上预算执行情况详见《2016年自治区预算执行情况和2017年自治区预算（草案）》。

总体来看，2016年财政运行平稳，各项财政工作取得了明显成效，确保了稳定、保证了运转、惠及了民生、促进了发展、助推了改革，这是自治区党委科学决策、坚强领导的结果，是自治区人大代表监督、政协委员指导的结果，也是各地各部门及全区各族人民齐心协力、共同奋斗的结果。但是，我们也要清醒地看到，财政运行还面临一些困难和问题，主要是：经济下行对我区税收和非税收入的影响加大，财政收入增幅趋缓，重大基础设施建设，就业、教育、医疗、社会保障、扶贫、安居、暖心、兴边、安全九项惠民工程的落实和环境保护、维护稳定等支出不断增加，财政收支矛盾突出；财政支出结构有待进一步优化，财政改革需进一步深化；部分地方政府性债务风险加大等问题。我们将高度重视这些困难和问题，通过深化财政改革加以解决。

（二）落实自治区人大预算决议情况

过去的一年，在人大依法监督和政协大力支持下，我们按照中央和自治区党委的决策部署，创造性地开展工作，全面落实自治区十二届人大四次会议有关决议。

1. 依法加强财政收入征管。

落实组织收入责任。按照自治区确定的财政收入目标任务，严格落实各地各部门收入目标任务和工作责任制，各地州市党委、政府，各部门党委（党组）承担组织收入的领导责任，各级税务、非税征缴部门的组织收入工作责任，将组织财政收入工作纳入绩效考核范围，对组织收入工作不重视、目标任务不落实，措施办法不得力、工作责任不担当的情况，及时通报批评。

提高税收征管质量。加强经济形势分析，加大对重点税种、行业、地区、企业的分析监控，及时提出应对措施，做到应收尽收。密切关注“营改增”改革，完善跨区域重点建设项目纳税分享机制，防止税收流失。推进区外企业在疆独立法人注册和央企属地注册工作，增加地方税收收入。

挖掘非税收入增收潜力。强化非税收入管理，完善行政事业性收费政策，增加资源资产类非税收入。加大土地出让金、矿产资源两权价款、新增建设用地使用费、水资源费、森林植被恢复费等非税收入征缴力度，确保非税收入及时入库。

2. 严格控制财政支出。

优化财政支出结构。坚持“保基本、保重点、保民生、压一般”的支出原则，对中央、自治区出台的民生政策，以及对个人和机构运转支出足额保障。对自治区党委确定的重大项目和重大事项全力保障。对其他一般性专项资金，打破基数，进行调整和压缩。

加强预算执行管理。硬化预算约束，坚持先有预算、后有支出，各级政府和部门、单位的支出以批准的预算为依据，未列入预算的不得支出，未经法定程序不得调整支出。严格执行预算追加程序，年初编制预算压减的项目支出，执行中不再追加。执行中新增的项目，通过调整部门单位现有预算解决。

积极盘活存量资金。完善结转结余资金定期清理机制，健全盘活财政存量资金长效机制。对部门征收入库的政府性基金，按不低于20%的比例统一调入一般公共预算。中央和自治区预算安排的资金，两年未使用完的结转资金一律收回，统筹用于自治区党委决定事项和经济社会发展亟需资金支持的领域，切实提高财政资金使用效益。

大力压缩一般性支出。继续按照零增长原则编制和执行“三公经费”预算，做到“三公经费”只减不增。严格执行会议费、培训费和差旅费等制度办法，降低行政运行成本。严格控制各类庆典活动，除自治区党委统一安排外，严禁举办庆典、论坛、评比、达标等活动。

3. 切实加强政府全口径债务管理。

规范政府债务管理。严格按照预算法的要求和自治区人大批准的债务限额，将地方政府债务纳入预算管理，及时将举借债务的规模、结构、使用、偿还等情况编制预决算草案，报人大常委会批准。健全地方政府债券发行工作机制，依法做好新增债券审批、发行、使用和偿还工作，规范置换债务管理，及时签订债务解除协议，防范和化解财政金融风险。认真开展2015年置换债券使用情况自查和核查工作，督促各地针对存在的问题，进一步规范置换债券资金使用管理。完善债务管理制度。制定出台政府债务限额管理、预算管理、风险评估和预警、债务信息公开等制度办法，建立政府债务管理承诺制度和政府债务通报制度，与各地各部门签订政府债务管理责任承诺书，从借、用、还三个方面规范政府债务管理。

防范政府债务风险。制定自治区债务风险化解规划、应急处置预案，增强风险意识和偿债主体责任意识，对列入风险预警和风险提示的19个县市进行通报，有效防范债务风险。制定政府债券资金使用奖惩办法，加强债券资金的跟踪问效和监督检查，对违反规定举借债务和违规使用债务资金的，依法依规追究责任。

二、2017年自治区预算草案

根据《中华人民共和国预算法》和国务院关于编制2017年预算的精神，结合国家和自治区深化财税体制改革的要求，提出了2017年自治区预算编制的指导思想和基本原则。

指导思想：全面贯彻党的十八大、十八届三中、四中、五中、六中全会和中央经济工作会议精神，深入贯彻习近平总书记系列重要讲话精神、特别是在第二次中央新疆工作座谈会上的重要讲话和视察新疆时的重要讲话精神，按照自治区第九次党代会和自治区党委经济工作会议的部署要求，紧紧围绕社会稳定和长治久安总目标，坚持稳中求进工作总基调，坚持以提高发展质量和效益为中心，坚持宏观政策要稳、产业政策要准、微观政策要活、改革政策要实、社会政策要托底的政策思路，坚持以推进供给侧结构性改革为主线，适度扩大总需求，加强预期引导，深化创新驱动，实施积极的财政政策，深化财税改革，减税降费，增收节支，重点保障社会稳定和民生改善，加强政府性债务管理，全面做好保稳定、稳增长、促改革、调结构、惠民生、防风险各项工作，促进自治区经济持续健康发展和社会和谐稳定。

基本原则：一是在充分考虑增值税收入划分调整、落实减税降费措施等因素的基础上，实事求是、积极稳妥地编制收入预算。二是调整优化支出结构，足额保障人员、公用等基本支出，严格控制一般性支出，重点保障自治区党委、人民政府确定的重大支出。三是推进财政资金统筹使用，加强政府性基金预算、国有资本经营预算与一般公共预算的统筹衔接，全面清理盘活财政存量资金。四是统筹做好跨年度预算平衡机制和中期财政规划管理，实现预算与政策的有机衔接。五是创新财政资金使用方式，引导社会资金支持产业结构调整，促进实体经济发展。六是强化地方政府债务限额管理和预算管理，充分发挥债券资金使用效益，切实履行还款责任。

依据上述指导思想和基本原则，我们代编了自治区财政预算草案，编制了自治区本级财政预算草案。

1. 一般公共预算草案。

（1）代编全区财政预算草案。收入安排建议：2017 年自治区收入总计 3 353.4 亿元。其中：一般公共预算收入建议安排 1 363.9 亿元，比 2016 年预计完成数 1 299 亿元增加 64.9 亿元，增长 5% 左右。其中：国税部门征收的涉及地方分享的税收收入 417.3 亿元，增长 7%；地税部门征收的涉及地方分享的税收收入 460.1 亿元，增长 7%；非税收入 486.5 亿元，增长 13.2%。

需要说明的是：2017 年一般公共预算收入任务是按照 2016 年实际完成数增长 5% 计算的，受“营改增”改革影响，2017 年自治区税收基数下降，需要调整税收和非税增幅来消化。

上级补助收入 1 770.9 亿元（按中央财政年初预告知数安排），调入预算稳定调节基金 45 亿元，调入资金 40 亿元，上年结余 133.6 亿元。

支出安排建议：2017 年自治区财政预算支出合计 3 353.4 亿元。其中：一般公共预算支出建议安排 3 346.2 亿元，比 2016 年年初预算 3 174.5 亿元增加 171.7 亿元，增长 5.4%。上解上级支出 7.2 亿元。收支相抵，当年收支平衡。

（2）自治区本级财政预算草案。收入安排建议：2017 年自治区本级收入总计 2 065.3 亿元。其中：一般公共预算收入建议安排 105 亿元，比 2016 年年初预算 100 亿元增加 5 亿元，增长 5%。其中：增值税 2.5 亿元，企业所得税 3.7 亿元，资源税 32 亿元。非税收入安排 66.8 亿元，比 2016 年预算数增加 15.1 亿元，增长 29.1%。中央补助收入 1 770.9 亿元，下级上解收入 66.8 亿元，调入预算稳定调节基金 32.5 亿元，调入资金 15.1 亿元，上年结余 75 亿元。

支出安排建议：2017 年自治区本级支出合计 2 065.3 亿元。其中：一般公共预算支出建议安排 922.4 亿元，比 2016 年年初预算 818.9 亿元增加 103.5 亿元，增长 12.6%。主要支出项目是：住房保障支出 3.6 亿元，增长 18.7%；商业服务业等支出 17.4 亿元，增长 -8.8%；医疗卫生与计划生育支出 43.6 亿元，增长 66.8%；教育支出 125.6 亿元，增长 3.3%，如果考虑 2017 年教育系统退休人员纳入社保发放退休金的因素，教育支出增幅将更高；社会保障和就业支出 137.6 亿元，增长 136.1%；文化体育与传媒支出 22.5 亿元（含全民体育健身），增长 20.2%；科学技术支出 10.1 亿元，增长 4.1%；公共安全支出 71.2 亿元，增长 1.2%；一般公共服务支出 68 亿元，增长 34.7%；交通运输支出 174.5 亿元，增长 -0.2%，主要是中央财政预告知数减少；农林水事务支出 118.8 亿元，增长 4.9%。

自治区本级对各地补助1 135.5亿元，比2016年年初预算增加11.7亿元，增长1%，其中：税收返还36.4亿元，减少1亿元，增长-2.8%；一般性转移支付849.2亿元，增加109.7亿元，增长14.8%；专项转移支付249.9亿元，减少96.9亿元，增长-27.9%，主要是中央财政整合专项资金，截至2016年底，预告知数还未全部下达，经向财政部了解，2017年初财政部将会全部下达预告知数，我们预计在2017年实际执行中对下转移支付补助增长将超过5%。

上解上级支出7.2亿元，债务还本支出0.2亿元，收支相抵，当年收支平衡。

2. 政府性基金预算草案。

（1）全区政府性基金预算草案。政府性基金预算收入建议安排342.2亿元，比2016年预计完成数334.2亿元增加8亿元，增长2.4%。

政府性基金预算支出建议安排324.9亿元，比2016年预计完成数355.3亿元减少30.4亿元，增长-8.6%，主要原因是，根据国务院编制预算有关要求，2017年1月1日起，将新增建设用地土地有偿使用费、烟草企业上缴专项收入等政府性基金收支纳入一般公共预算管理。

政府性基金收支平衡情况：收入总计406.3亿元，其中：政府性基金预算收入342.2亿元，上级补助收入5.5亿元，上年结余58.6亿元。支出合计406.3亿元，其中：政府性基金预算支出324.9亿元，调出资金40亿元，结转下年支出41.4亿元。收支相抵，当年收支平衡。

（2）自治区本级政府性基金预算草案。政府性基金预算收入建议安排78.9亿元，比2016年预计完成数82.1亿元减少3.2亿元，增长-3.9%。

政府性基金预算支出建议安排65.3亿元，比2016年预计完成数77.1亿元减少11.8亿元，增长-15.3%。

政府性基金收支平衡情况：收入总计110.8亿元，其中：政府性基金预算收入78.9亿元，上级补助5.5亿元，上年结余26.4亿元。支出合计110.8亿元，其中：政府性基金预算支出65.3亿元，补助下级0.5亿元，调出资金15.1亿元，结转下年支出29.9亿元。收支相抵，当年收支平衡。

3. 国有资本经营预算草案。

（1）全区国有资本经营预算草案。国有资本经营预算收入建议安排4.8亿元，比2016年预计完成数（不含转移支付收入）3.6亿元，增长33.6%。其中：利润收入3.9亿元，股利、股息收入0.4亿元、产权转让收入0.5亿元。

国有资本经营预算支出建议安排8.1亿元，比2016年预计完成数3.7亿元增加4.4亿元，增长122.4%。

收支平衡情况：国有资本经营预算收入建议安排4.8亿元，加上年结转收入3.6亿元，收入总计8.4亿元。国有资本经营预算支出建议安排8.1亿元，其中：调出资金0.7亿元。收支相抵，结转下年支出0.3亿元。

（2）自治区本级国有资本经营预算草案。国有资本经营预算收入建议安排1.6亿元，比2016年预计完成数（不含转移支付收入）2.2亿元减少0.6亿元，增长-27.7%。其中：利润收入1.55亿元，股利、股息收入500万元。

国有资本经营预算支出建议安排4.9亿元，比2016年预计完成数2.2亿元增加2.7亿元，增长126.6%。

收支平衡情况：自治区本级国有资本经营预算收入建议安排1.6亿元，加上年结转收入3.6亿元，收入总计5.2亿元。国有资本经营预算支出建议安排4.9亿元，其中：调出资金0.3亿元。收支相抵，结转下年支出0.3亿元。

4. 社会保险基金预算草案。

（1）全区社会保险基金预算草案。社会保险基金预算收入建议安排1 018.6亿元，比2016年预计完成数1 157.5亿元，减少138.9亿元，增长-12%。其中，保险费收入744.9亿元，财政补贴收入248.4亿元，其他各项收入25.3亿元。

社会保险基金预算支出建议安排950.8亿元，比2016年预计完成数1 050亿元，减少99.2亿元，增长-9.4%。

2016年我区启动了机关事业单位基本养老保险制度改革，此项基金的预计执行数为2014年10月至2016年12月，27个月的累计收支情况，2017年预算数为12个月的收支情况，因此，2017年社保基金收支预算较2016年的执行略有下降。

收支平衡情况：收入总计2 306.4亿元，其中，社会保险基金收入1 018.6亿元，上年结余1 287.8亿元。社会保险基金支出950.8亿元，收支相抵，年终结余1 355.6亿元。

（2）自治区本级社会保险基金预算草案。社会保险基金预算收入建议安排248.8亿元，比2016年预计完成数280亿元减少31.2亿元，增长-11.2%，其中，保险费收入148.1亿元，财政补贴收入88.2亿元，其他各项收入12.5亿元。

社会保险基金预算支出建议安排169.4亿元，比2016年预计完成数190.9亿元减少21.5亿元，增长-11.3%。

收支平衡情况：社会保险基金预算收入总计971亿元，其中，社会保险基金收入248.8亿元，上年结余722.2亿元。社会保险基金支出169.4亿元，对下补助38.3亿元。收支相抵，年终结余763.3亿元。

以上财政收入预算安排，主要考虑了以下几个方面因素：一是自治区经济社会发展呈现“总体平稳、积极因素显现”的良好态势，将会带动财政增收。二是自治区将进一步加快能源、交通、水利、小城镇、脱贫攻坚、农村双语幼儿园等基础设施建设，相应增加税收收入。三是大力推进脱贫攻坚各项工作，推动南疆四地州以脱贫致富为目标的小城镇建设、扶贫搬迁、新农村建设、旅游开发、贫困农牧民就近就地就业等五项工程建设，以及实施九项民生工程、维护稳定等，需要有一定的财政收入作保障。四是受经济下行、全面实施“营改增”改革，取消部分收费项目以及国际市场原油、天然气量价双降和矿产品价格持续低位运行、自治区产业结构调整以及政策性减收等因素影响，财政收入增幅趋缓。

以上财政支出预算安排，主要考虑：一是按照量力而行、有保有压的原则安排支出。对工资、津贴补贴、离退休人员经费、机构运转等基本支出，依据政策、标准按实名制给予足额保障；对自治区党委确定的重点民生及重大支出事项给予足额保障；对各部门单位项目支出预算进行了适度的调整和压缩。二是坚持厉行节约、勤俭办事理念。所有财政资金的使用都要严格按照预算执行，未列入预算的项目不得支出，未经法定程序批准的项目不得调整。对于行政运行、维修、会议费、培训费、接待费、出国（境）经费、车辆购置及运行维护费等支出，按照定额标准办法从严控制。继续树立过紧日子的思想，确保“三公经费”等一般性支出只减不增。

以上预算安排的具体情况详见《2016年自治区预算执行情况和2017年自治区预算（草案）》。

三、完成2017年预算任务的措施

2017年，我们将坚决贯彻中央和自治区党委决策部署，主动适应经济发展新常态，坚持稳中求进总基调，以推进供给侧结构性改革为主线，深化财税改革，扎实做好各项工作，确保圆满完成预算任务。

（一）紧紧围绕社会稳定和长治久安总目标，强化收支管理夯实经济基础

强化税收征管。按照年初确定的税收收入任务，加强对重点税源、重点企业和重点税种的征管，确保应收尽收，严禁收过头税。严格执行国家税收优惠政策，严禁擅自减税、免税、缓税。加大税收稽查力度，确保完成年度税收收入任务。加强财源建设，千方百计涵养税源，努力增加财政收入，壮大财政实力。

规范非税收入管理。加大行政性收费、专项收入、国有资产有偿使用收入等非税收入征缴管理，挖掘非税收入增收潜力，强化资产、资源类收入征管，杜绝非税收入延迟缴入国库行为。

加强财政支出管理。充分发挥财政支出拉动经济社会发展的积极作用，严格预算执行考核，层层落实支出责任，加快资金拨付，提高资金使用效益。从严控制预算追加，严格执行人大批准的预算，按规矩程序办理预算追加手续。

严格控制一般性支出。认真贯彻落实中央八项规定和自治区十条规定，坚持勤俭办一切事业，坚决反对铺张浪费。强化预算管理，优化财政支出，盘活存量资金，严格控制“三公经费”支出，大力压缩一般性支出，把每一笔钱都花在实处、用在刀刃上，集中财力保障自治区党委决定的重大事项。

（二）紧紧围绕社会稳定和长治久安总目标，全力以赴保稳定促和谐

支持构建反恐维稳长效机制。积极筹措资金，支持继续开展严打专项斗争。落实流动人口管理各项财税政策措施，支持基层一线维稳力量建设。建立健全反恐维稳表彰奖励经费保障机制，确保各项反恐维稳措施落到实处。

支持“访惠聚”活动。积极筹措资金，落实各级“访惠聚”驻村工作经费和“民族团结一家亲”活动经费，重点保障维护社会稳定、建强基层组织、拓宽致富门路、开展群众工作、办好实事好事、推进脱贫攻坚以及村级惠民生等政策落实，夯实城乡稳定发展的社会基础。

支持筑牢城乡维稳防控网络。千方百计筹措资金，加强网络管控，支持城镇网格化管理。全力保障边境地区、重点地区、重点部位硬件设施建设和装备更新工作经费，严格落实各项防控措施，构建坚固的边防长城。

（三）紧紧围绕社会稳定和长治久安总目标，支持实体经济发展

支持产业调整。围绕“一产上水平”，全面落实各项强农惠农富农财政政策，支持农牧业产业化经营和农牧产品深加工。围绕“二产抓重点”，支持改造提升传统产业，加快发展战略性新兴产业。围绕“三产大发展”，支持发展旅游业、商贸物流业、金融业，积极发展现代服务业。财政要向振兴实体经济发力，健全普惠金融政策的正向激励机制，着力推动提高金融服务实体经济效率，引导更多信贷资金进入实体经济。

支持基础设施建设。创新财政资金使用方式，运用资本金投入、贴息、PPP 模式等方式，发挥好财政资金“四两拨千斤”的撬动作用和放大效应，引导社会资本加大对基础设施的投资力度。大力支持丝绸之路经济带北、中、南三大通道和南北疆大通道建设，提高新疆通达能力。支持构建现代水利保障体系，支持重大水资源配置、农田水利、安全饮水、水源保护等工程，保障用水安全。

支持创新驱动发展。提高科技创新能力，着力支持基础研究、前沿技术研究、社会公益研究、重大共性关键技术研究开发。推广应用政府购买服务等形式，引导社会力量办社会事业。支持丝绸之路经济带创新驱动发展试验区建设，营造创新发展的浓厚氛围。积极发挥中小企业发展基金的作用，支持大众创业、万众创新。

支持扩大对内对外开放。抓住国家构建丝绸之路经济带的重大机遇，支持启动一批对核心区建设具有引领作用的重大基础设施和产业发展项目建设。推进与周边国家、周边省区互联互通，支持建立面向中亚的自由贸易园区，加快喀什、霍尔果斯经济开发区和综合保税区建设。

支持生态环境保护。建立健全生态保护补偿机制，继续加大对草原、天然林保护和大气、水、土壤污染治理等投入力度，强化税费对资源节约与环境保护的激励约束。完善有利于绿色发展的财政制度体系，支持推广实施绿色工程和发展绿色产业。

继续实施积极的财政政策。落实减税降费政策，加力实施“营改增”结构性减税政策，进一步清理规范基金和收费项目，定期公开收费目录清单。合理安排收入预算，全面盘活存量资金，提高资金使用效益。扩大政府债券发行力度，确保财政投入强度不减。

（四）紧紧围绕社会稳定和长治久安总目标，大力保障改善民生

支持就业惠民，多渠道促进就业创业。健全就业保障制度，促进重点群体就业创业。支持发展劳动密集型产业、小微企业、民营企业，增强企业就业吸纳能力。用好财政就业资金，推进高校毕业生多渠道就业创业。

支持教育惠民，加快教育事业发展。巩固完善城乡义务教育经费保障机制，推动义务教育均衡发展。稳步推进南疆地区15年免费教育，大力支持学前双语教育。支持职业教育发展，逐步实现初高中未就业毕业生职业技术培训全覆盖。完善高等教育生均拨款制度，推进高等教育发展。

支持医疗惠民，提高全民健康水平。完善城乡居民基本医疗保险筹资机制，合理提高财政补助标准。积极筹措资金，保障城乡居民免费健康体检任务完成。完善城乡居民大病保险制度，提高基本公共卫生服务经费人均财政补助标准。

支持社保惠民，完善社会保障体系。统筹城乡社会保障体系，建立健全更加公平更可持续的社会保障制度。合理确定机关事业单位和企业退休人员养老金水平，增强养老保险制度可持续性。健全优抚对象抚恤和补助标准体系，提高城乡低保补助水平。

支持扶贫惠民，坚决打赢脱贫攻坚战。发挥政府投入在扶贫开发中的主体和主导作用，大力推进精准扶贫、精准脱贫。完善涉农资金整合机制，统筹使用各类资金，增强扶贫资金的造血功能、兜底功能。

支持安居惠民，积极推进安居乐业。多渠道筹措建设资金，继续推进农村安居和游牧民定居工程。积极支持城镇保障性住房、棚户区、老城区改造，逐步解决中低收入家庭住房困难问题。

支持暖心惠民，改善生产生活条件。大力支持农牧区基础设施建设，实施水、电、路、气、讯、邮政、广播电视、电影、书屋到农家工程。

支持兴边惠民，有力促进稳边固边。进一步加大对边境地区的均衡性转移支付和专项转移支付力度，加快推动边境地区发展。

支持安全惠民，提高各族群众的安全感。健全财政资金保障机制，支持防灾减灾救灾体系建设。加大资金投入力度，支持食品药品安全监管。

（五）紧紧围绕社会稳定和长治久安总目标，全面深化财税体制改革

加快财税体制改革。启动自治区事权和支出责任划分改革。建立支持农业转移人口市民化的财政政策体系，加快实现基本公共服务常住人口全覆盖。加强预决算公开监督检查，确保预决算公开及时、内容真实、形式规范。

加强政府债务管理。严格执行预算法和国务院有关规定，举债一律采取在自治区人大批准的债务限额内发行政府债券方式。积极争取中央置换债券和新增债券额度，做好政府债务项目管理和存量债务置换工作。加强政府债务监管，严肃处理违法违规融资行为。

依法接受监督检查。各级财政部门要依法接受人大监督和自觉接受审计监督，严格执行各级人民代表大会及其常委会各项决议，对审计监督发现的问题，认真分析研究，及时整改落实。建立财政资金使用责任追究制度，凡不按体制机制办事、不按政策制度管理资金、不按规矩程序审批资金的，依纪依规从严追责。

各位代表，2017年是党的十九大召开之年，是供给侧结构性改革的深化之年，是实施“十三五”规划、落实自治区第九次党代会精神的重要一年。完成财政收支预算，推进财税体制改革，做好各项财政工作，责任重大，使命光荣。我们要在自治区党委的坚强领导下，以“四个全面”战略布局和“五位一体”总体布局为引领，凝聚全区各族人民的智慧和力量，努力完成全年各项工作任务，为实现社会稳定和长治久安总目标，建设团结和谐、繁荣富裕、文明进步、安居乐业的社会主义新疆作出新的贡献，以优异成绩迎接党的十九大胜利召开！

在自治区财政工作电视电话会议上的讲话

自治区党委常委、自治区常务副主席　彭家瑞

（2017 年 1 月 16 日）

同志们：

今天会议的主要任务是，深入贯彻落实自治区党委经济工作会议精神，总结 2016 年财政工作，安排部署今年的重点工作。一会儿，弯海川同志还要做工作报告，做具体安排。下面，我讲三点意见。

一、肯定成绩，认清形势，准确把握 2017 年经济工作的目标任务和总体要求

2016 年，面对国际经济复苏疲弱、国内经济运行承压的复杂环境，自治区党委、人民政府团结带领全区各族群众，坚持以社会稳定和长治久安的总目标为引领，牢固树立新发展理念，积极融入国家“一带一路”倡议，坚持稳中求进工作总基调，坚持供给侧结构性改革要求，坚持一产上水平、二产抓重点、三产大发展，统筹推进稳增长、促改革、调结构、防风险、惠民生、补短板各项重大任务，及时采取措施应对经济下行压力，国民经济呈现“缓中趋稳、稳中向好”的态势。

一年来，全区财政系统认真落实自治区党委、人民政府各项决策部署，主动作为、攻坚克难，主动适应经济发展新常态，优化支出结构，推进财税改革，努力增加财政收入，做了大量卓有成效的工作。特别是在 2016 年 1—10 月财政收入下滑的严峻态势超出了预期的情况下，自治区财政厅主动向自治区党委、人民政府汇报财政工作情况，提出应对收入下滑、做好组织收入工作的建议，积极落实自治区党委、人民政府将财政收入预期目标由年初确定的增长 5% 调整为增长 -5% 的决定，严格落实组织收入责任，将收入目标任务分解到各地州市、自治区国税、地税和国土等非税收入征收部门，要求各地州市、自治区国税、地税和国土等非税收入征收部门，围绕组织收入目标任务，有针对性地提出征管措施，建立组织财政收入五日一报制度和一日一督查制度，对组织收入工作不重视、目标任务不落实，措施办法不得力、工作责任不担当的情况，及时提出通报和批评。经过不懈努力，2016 年自治区一般公共预算收入完成 1 299 亿元，同比增长 -2.4%；一般公共预算支出完成 4 141.4 亿元，同比增长 8.9%。这一指标是在克服全国经济下行，营改增政策调整，原油、天然气价格走低，资源类矿产品价格大幅下降等不利因素的情况下取得的，各地及财政部门付出了很大的努力。尤为重要的是，2016 年以来财政工作为落实总目标、实现总目标提供了有力支撑，特别是在维护社会稳定、促进民族团结、推动经济发展

和改善民生等方面发挥了重要的基础和支撑作用。一是保障了稳定。紧紧围绕总目标，推动各项维稳措施的落实，特别是积极筹措资金，保障了推进“访惠聚”及“民族团结一家亲”活动，提高爱国宗教人士补助标准，加强边境防控、实施便民服务警务站项目等方面的重要支出，为打牢基层基础、夯实稳定根基发挥了重要作用。二是促进了发展。全面贯彻落实自治区应对经济下行各项工作部署，认真落实积极的财政政策，大力实施减税降费，积极发行地方政府债券资金，充分发挥财税政策资金在投资、消费、对外开放等方面的政策支撑和杠杆作用，为经济发展提供了有力支撑。三是推动了改革。坚持问题导向、底线思维，扎实推进供给侧结构性改革，全面落实“三去一降一补”任务，扩大有效供给，释放有效需求。积极融入国家“一带一路”战略，支持成功举办“第五届中国亚欧博览会”。四是惠及了民生。围绕各族群众安居乐业，坚持民生优先、民生先动，全区投入民生类资金 3 094 亿元，占一般公共财政预算支出的 74.7%，全力保障就业、教育、医疗、社保、扶贫、安居、暖心、兴边、安全等九项惠民工程支出，各族人民有了更大的获得感，进一步增强了民族团结，最大程度凝聚了人心。五是保障了运转。在去年财政运行困难、各类刚性支出较多的情况下，各级财政部门明确工作责任，采取有力措施，有效保障了合理的财政支出，保障了社会各项事业和机关、企事业单位的正常运转。

这些成绩的取得，离不开全疆财政系统干部职工的辛勤工作和努力付出。在此，我代表自治区党委、人民政府，向在座的同志们，并通过你们向全疆财政系统的广大干部职工表示衷心的感谢和亲切的慰问！

2017 年将召开党的十九大，也是实施“十三五”规划的重要一年，是供给侧结构性改革的深化之年，做好财政经济工作意义重大。我们要清醒地看到，当前经济稳定运行的基础还不牢固，困难和风险不容低估。从国际看，世界经济和贸易增长低迷的状况短期内难以改变，保护主义和“逆全球化”倾向抬头，不稳定不确定因素增多。从国内看，经济结构性问题仍然突出、有效需求增长乏力、实体经济困难较多、经济金融风险隐患增加。同时也要看到，我国经济发展希望和困难并存，但希望大于困难。特别是党的十八大以来，党中央对经济工作作出的重大决策，对经济工作思想方法作出的重大调整，经受了实践的检验，不断发挥着引领发展的决定作用。从区内看，我区经济运行的积极因素不断显现，具备一定的发展空间和回旋余地，今年经济运行能够保持总体平稳的态势。刚刚召开的自治区党委经济工作会议已经对做好今年经济工作作出了全面部署，全区财政系统要根据会议确定的总体要求和目标任务，树牢社会稳定和长治久安“一个总目标”，坚持稳中求进“一个总基调”，把握供给侧结构性改革“一条主线”，用好打造丝绸之路经济带核心区“一个抓手”，抓实基础设施、实体经济、改革开放、财税金融、民生改善、脱贫攻坚、城乡统筹、环境保护、兵地融合、南疆发展等“十项重点”，推动经济持续健康发展，确保完成全年各项财政工作任务。

二、认真履责，突出重点，全面贯彻落实好自治区党委、政府的各项决策部署

陈全国书记在刚刚结束的自治区党委经济工作会议上，做了重要讲话。讲话高瞻远瞩，既全面体现了中央经济工作会议精神，又充分适应新疆改革发展稳定实际，是我们做好明年各项经济工作的总遵循。这次会议，是继自治区第九次党代会之后，自治区全面贯彻落实党中央治疆方略，进一步围绕总目标、聚焦总目标、落实总目标，安排部署全区经济工作的一次重要会议，对于我们做好经济工作、做好发展这篇大文章，具有十分重要的指导意义，必将在新疆实现社会稳定和长治久安的历史进程中留下浓墨重彩的一笔。

财政是国家治理的基础和重要支柱。财政部

门作为自治区的综合经济部门，在促进经济社会发展中的地位十分重要，承担的责任十分重大。面对新形势、新任务、新要求，要把思想和行动统一到自治区党委经济工作会议和陈全国书记的重要讲话精神上来，突出重点，抓好落实。

（一）要明确目标任务，落实组织收入责任

自治区党委经济工作会议确定，2017 年自治区一般公共预算收入预期目标为 1 363.9 亿元，比 2016 年预计完成数 1 299 亿元增加 64.9 亿元，增长 5% 左右。确定这样的预期目标，主要是基于对当前形势和今后走势的判断，充分考虑了我区的实际，并与“十三五”规划相衔接，既是通过积极努力能够达到的，又是切实稳妥、留有余地的，必须全力以赴做好组织收入工作，确保完成自治区确定的组织收入目标任务。一是加强领导，落实责任。各地州市党委、政府，各部门党组，党政主要领导要亲自抓，健全各级党委领导、政府负责、财政专管的机制，按照树牢一个“总目标”，贯穿“一条生命线”，把握“两个关键点”的要求，切实承担起一套班子全力以赴保稳定、一套班子集中精力抓发展的责任，主要领导要亲自过问收入组织工作，大力支持收入征管部门开展工作，及时研究解决收入组织过程中存在的困难和问题，不折不扣地完成自治区确定的组织收入目标任务。二是依法征收，应收尽收。强化税收征管，按照“依法征收、应收尽收、不征过头税”的要求，努力克服经济下行和结构性减税等因素影响，加强对重点税源、重点企业和重点税种的征管，确保应收尽收。三是严格考核督办。将组织收入任务分解到各地、各部门，督促各地各部门围绕组织收入目标任务，有针对性地提出征管措施。从今年 1 月份起，逐月考核各地各部门收入完成情况，对组织收入工作不重视、目标任务不落实，措施办法不得力、工作责任不担当的情况，及时批评和通报。

（二）加强财政支出管理，为实现总目标提供财力保障

严格按照自治区党委提出的“要严格把关，过好紧日子，把有限的财力用在刀刃上，集中财力服务总目标”的要求，强化财政支出管理，提升财政资金效益。一是强化预算管理，优化财政支出，盘活存量资金，坚持勤俭办一切事业，坚决反对铺张浪费。严格控制“三公经费”支出，大力压缩一般性支出，把每一笔钱都花在实处、用在刀刃上，集中财力保障自治区党委、人民政府决定的重大事项。二是从紧从严安排项目支出预算。对部门单位的专项业务费，根据工作开展情况适当压减，对部门单位调整压缩的项目，确需安排的在预算执行中视财力情况适当安排。三是坚持把自治区财政支出的 70% 以上用于保障改善民生，大力支持就业、教育、医疗、社保、扶贫、安居、暖心、兴边、安全等九项惠民工程，确保各族群众住有所居、劳有所得、学有所教、病有所医、老有所养。四是提高资金使用效益。充分发挥财政资金拉动经济社会发展的积极作用，严格预算执行考核工作，层层落实支出责任，加快资金拨付。建立完善财政资金拨付、跟踪、检查、监督制度，拨付每笔资金同时下达资金使用情况跟踪监管单，对资金拨付使用情况进行全程监管。

（三）要加强财源建设，千方百计稳增长

全力落实自治区党委经济工作会议“加强财源建设，千方百计涵养税源，努力增加财政收入，做大财力蛋糕”的工作要求，大力支持经济发展，积极培植财源，夯实社会稳定和长治久安的经济基础。一是支持实体经济发展。认真落实自治区关于积极融入国家“一带一路”战略，支持一产上水平、二产抓重点、三产大发展，加大投资力度，鼓励消费拉动，扩大对外开放，培育新的经济发展动能，提高财政收入中税收收入比重，促进财政与经济良性互动。二是推进供给侧结构性改革。牢牢把握推进供给侧结构性改革这条主线，完善支持去产能、去库存、去杠杆的财税政策，强化财政制度供给、政策供给、资金供给和服务供给，支持补齐基础设施、科技创新、新兴产业等短板，解决脱贫攻坚、基本公共服务、生态环境等突出问题，促进全区经济转型升级。三是创新财政投融资方式。加强财政政策与金融政策、产业政策等其他政策的协同配合，组合运用各类财政政策工具，增强政策合力，最大限度发挥财政资金“四两拨千斤”的杠杆作用，充分运用市场化工具和手段，支持各地做大做强融资平台，引导撬动社会资本进入公共服务领域，用好财政贴息资金，放大财政资金乘数效应，积极支持自治区经济社会发展。

（四）推进财税体制改革，发挥改革牵引作用

围绕贯彻落实自治区党委提出的加快基础设施、实体经济、改革开放、财税金融、民生改善、脱贫攻坚、城乡统筹、环境保护、兵地融合、南疆发展等“十项重点”工作，深化财税体制改革，充分发挥财税改革对经济社会发展的牵引作用，确保自治区决定的重大事项落实。一是加快财税体制改革。启动自治区事权和支出责任划分改革，在一些领域取得突破性进展。建立支持农业转移人口市民化的财政政策体系，加快实现基本公共服务常住人口全覆盖。二是完善预算管理制度。扎实推进预算公开，提高预决算透明度，打造阳光财政。深化部门预算改革，加强项目库特别是储备项目建设，细化预算编制，提高年初预算到位率。推进预算绩效管理改革，逐步将绩效管理范围覆盖所有预算资金。三是加强政府债务管理。严格执行预算法和国务院有关规定，各级政府一律不得违法举债或提供担保等变相举债。加强政府债务监控、考核评价、信息公开工作，防止政府债务风险。积极争取中央置换债券和新增债券额度，做好政府债务项目管理和存量债务置换工作，为自治区经济社会发展提供财力保障。

（五）要严明财政纪律，树立过紧日子思想

当前收入形势严峻，支出刚性攀升，民生政策提标扩面资金需求不断增加，在地方收入以及中央财政转移支付增长双双放缓的大背景下，我们要牢固树立过紧日子思想。一是严格遵守财经纪律，坚持按程序、按制度、按规矩理财办事。加大对违规违纪行为的查处力度，对贪污、挪用、截留财政资金的，坚决查处，绝不姑息。二是加强预算执行控制，强化财政支出管理，除了政策性增支和自治区党委、政府确定必须增加的经费之外，一律不追加预算。三是要严格执行中央八项规定和自治区十条规定精神，集中财力办大事。特别是要紧紧围绕实现社会稳定和长治久安总目标，坚持勤俭办一切事业，严格控制人、车、会、接待等一般性经费的增长。

三、解放思想，真抓实干，切实加强对财政工作的领导

陈全国书记在讲话中强调，做好今年经济工作，关键在于加强领导，关键在于真抓实干。全区财政系统要在贯彻落实会议精神上奋勇争先，为推动我区经济平稳健康发展和社会和谐稳定做出新贡献。

（一）加强领导，强化责任

财政工作关系全局。各地各部门要站在贯彻落实以习近平同志为核心的党中央决策部署的高度，站在推进供给侧结构性改革、调结构、转方式的高度，站在认识新常态、适应新常态、把握新常态的高度，站在实现新疆社会稳定和长治久安总目标的高度，高度重视财政工作，积极支持财政工作，充分落实好“一套好机制”，“两套班子”同时发力，一手抓稳定、一手抓发展，通过支持经济发展，带动财政增收。

（二）要解放思想，开拓创新

当前，我区正处于稳定发展两个“三期叠加”的特殊阶段，要打开思想解放总闸门，冲破阻碍稳定发展的思想束缚，以思想的大解放、观念的大更新，推动经济社会的大发展。要强化改革意识，用改革思维谋划财政工作、推动经济发展。要强化开放意识，跳出新疆看新疆，自觉对标先进，吸纳先进理念，学习先进方法，拓宽思路，开阔视野。要强化市场意识，正确处理好

中央与地方、政府与市场、输血与造血的关系，更好地发挥市场在资源配置中的决定性作用。要强化财税意识，高度重视财税工作，着力聚好财、管好财、理好财、用好财。善于运用资本金投入、贴息等方式，发挥好财政资金“四两拨千斤”的撬动作用和放大效应，切实提高财政资金使用效益。

（三）要转变作风，狠抓落实

要按照陈全国书记的讲话要求，爱岗敬业、履职尽责，自觉把岗位当阵地、把工作当事业、把奉献当本分看，全身心地投入到财政工作中。要求真务实、真抓实干，从实际出发谋划事业和工作，确保做出的决策、制定的政策、采取的措施符合客观规律、符合群众愿望。要强化落实、务求实效，一项工作一项工作地推进，一个环节一个环节地抓牢，一个问题一个问题地解决，确保经济平稳健康发展和社会和谐稳定，以优异的成绩迎接党的十九大胜利召开。

春节即将到来，在这里提前向同志们拜年，祝大家在新的一年里家庭和睦、身体健康、工作顺利！

谢谢大家！

在自治区财政工作电视电话会议上的讲话

自治区政协副主席、自治区人民政府党组成员、财政厅厅长　弯海川

（2017 年 1 月 17 日）

同志们：

这次会议的主要任务是，全面贯彻党的十八届六中全会、中央经济工作会议和第二次中央新疆工作座谈会精神，认真落实自治区第九次党代会、自治区党委经济工作会议和全国财政工作会议精神，总结 2016 年财政工作，分析当前和今后一个时期财政发展改革面临的形势，研究部署 2017 年财政工作。

刚才，自治区党委常委、自治区常务副主席彭家瑞作了重要讲话，就深入贯彻自治区第九次党代会和自治区党委经济工作会议精神，扎实做好今年财政工作提出了明确要求。大家一定要认真学习、深刻领会，切实把讲话要求落实到各项财政工作中。

下面，我就 2016 年财政工作情况和 2017 年财政工作总体要求、重点任务，讲三点意见。

一、关于 2016 年自治区财政工作

过去的一年，面对稳定发展两个“三期叠加”的严峻形势和复杂多变的宏观经济环境，在自治区党委、人民政府的坚强领导下，我们深入贯彻落实习近平总书记系列重要讲话精神和以习近平同志为核心的党中央治疆方略，贯彻落实第二次中央新疆工作座谈会精神，贯彻落实自治区第九次党代会各项决策部署，紧紧围绕社会稳定和长治久安总目标，积极适应经济发展新常态、落实新发展理念，大力推进供给侧结构性改革，统筹推动社会稳定、经济发展、民生建设、民族团结、宗教和谐等方面的工作，为自治区经济社会发展提供有力保障。

（一）抓好收支管理，为落实社会稳定和长治久安总目标提供坚实保障

面对复杂严峻的财政经济形势，各级财政部门积极应对，严格落实支出责任，出台增收节支措施，满额发行地方政府债券，为落实总目标、实现总目标提供了有力支撑。2016 年自治区一般公共预算收入完成 1 299 亿元，同比增长 -2.4%；一般公共预算支出完成 4 141.4 亿元，同比增长 8.9%。

千方百计完成组织收入目标任务。一是完善组织收入工作机制。严格落实收入组织原则，坚持预算执行分析会议制度，加强收入组织部门之间的协调沟通，强化分部门、分税种、分地区的收入管理机制。完善预算执行动态考核机制，调动各级财政组织收入的积极性。二是及时提出遏制收入下滑的意见建议。自治区财政厅严格目标责任管理，密切关注经济形势，加强收入分析监控，特别是在去年财

政收入下滑严峻态势超出预期的情况下，及时向自治区党委、人民政府提出应对收入下滑、调降增收目标、做好组织收入工作的建议。三是严格落实组织收入责任。各地各部门认真落实抓组织收入的工作责任，及时研究解决收入组织过程中存在的困难和问题。各级税务部门依法加强税收征管，做到应收尽收。严格执行财政税收政策，严禁征收过头税。各级非税收入征缴部门规范非税收入管理，努力挖掘增收潜力。四是强化督查考核。通过召开组织收入视频会，约谈地区财政局主要领导，建立组织财政收入五日一报制度和一日一督查制度等方式，强化督导考核，对组织收入不力的地区和部门，及时批评和通报。需要强调的是，在自治区党委、人民政府的坚强领导下，在各地各部门的共同努力下，去年自治区财政收入实现增长－2.4%的目标任务。这个目标是在各地各部门克服经济下行，营改增扩围改革大幅减税，原油、天然气价格走低，资源类矿产品价格大幅下降等不利因素的情况下取得的，大家付出了艰辛的努力，成绩来之不易，值得充分肯定。

优化财政支出结构。一是坚持“保基本、保重点、保民生、保运转、压一般”，对中央、自治区出台的民生政策和个人支出全力保障；对人员支出实行实名制管理，严控人员支出；对自治区党委、自治区人民政府确定的重大项目和重大事项予以保障；对其他一般性专项资金，打破基数，有保有压、有增有减。二是督促各地各部门加快重大基础设施建设、重点民生工程、维护稳定等重点支出进度，按月通报预算执行情况。三是积极盘活存量资金，对部门征收入库的政府性基金，按不低于20%的比例统一调入一般公共预算。中央和自治区预算安排的资金，两年未使用完的结转资金一律收回，全区财政收回存量资金60.7亿元，统筹用于自治区党委、人民政府决定事项和经济社会发展亟须资金支持的领域。

（二）全力稳增长促转型，为推动经济平稳健康发展提供政策支持

全面贯彻落实自治区应对经济下行各项工作部署，研究出台一系列稳增长、调结构、增效益财政政策，充分发挥财税政策资金在投资、消费、出口等方面的政策支撑和杠杆撬动作用，为经济发展提供了积极支撑。

扩大政府有效投资。一是优化投资结构，安排资金支持水利、交通、教育、卫生、易地扶贫搬迁、保障性住房等事关自治区发展全局的重大基础设施建设。二是大力推进PPP模式，支持各级政府整合各类优质资源资产，加快组建各类投资公司。划拨路权和收费权，支持组建交通投资公司。建立横向到部门单位、纵向到区县的PPP责任落实机制和工作督导机制，扩大PPP引导资金规模，出台PPP奖补政策，全区开工建设PPP项目313个，涉及投资额2 363亿元。三是积极争取债券限额，发行各类债券资金1 065.2亿元，累计节省利息支出120亿元，有力确保政府投资和重大民生支出。四是发挥政府引导基金“引投”和“倍数”放大作用，设立纺织服装产业、战略性新兴产业、科技成果转化投资、中小企业发展等各类引导基金，撬动社会资本和金融资本，支持产业发展。

推进供给侧结构性改革。一是落实“三去一降一补”任务。完善专项奖补资金管理办法，支持化解钢铁煤炭行业过剩产能，妥善安置分流职工。全面落实新建商品住房和二手住房交易契税补贴政策，推动化解商品房库存。落实清费政策，取消、减免、缓征27项行政事业性收费和政府性基金。争取中央扩大纺织服装产业资金使用范围，支持新疆纺织服装产业发展。二是全面推开营改增改革，实现纳税人税负整体下降。三是按4∶3∶2∶1比例建立中小微企业融资贷款“政、银、担”风险分担机制，支持中小微企业发展壮大。四是支持组建成立自治区农业信贷融资担保公司和新疆再担保（集团）公司，为农牧业发展提供融资支持。五是继续执行西部大开发、支持小微企业发展税收优惠政策，为经济发展创造良好的环境。发挥西行班列补贴资金引导作用，支持搭建西行班列货物集散平台，促进我国与周边国家贸易往来。

（三）全力保稳定惠民生，最大限度地让各族群众有更多获得感和幸福感

坚持民生优先、民生先动，全区投入民生类资金 3 094 亿元，占一般公共财政预算支出的 74.7%，有效保障就业、教育、医疗、社保、扶贫、安居、暖心、兴边、安全等惠民工程顺利实施，重点保障了以下民生工程。

全力保稳定促和谐。一是大力支持“访惠聚”、集中整治、严打专项斗争和“民族团结一家亲”活动，多渠道筹措村级惠民生资金，支持在全疆所有行政村建成一大批水、电、路、气、讯等基础设施项目，帮助村民解决各类生产生活问题。二是加大自治区边境防控、筑牢边境防线，实施便民服务警务站、便民服务中心项目、城镇网格化管理等维护稳定方面的重点支出保障力度，使服务总目标的各项稳定防控措施落到实处。三是落实提高全区村干部基本报酬、农村“四老”人员和爱国宗教人士生活补贴标准政策，积极落实养老保险制度改革、调整干部职工工资、增加各类人群收入等各项政策，最大限度地凝聚了人心。

积极推进脱贫攻坚。一是建立和完善护边员、边民补助及边民最低社会保障政策，提高护边员和边民补贴标准，将新增 25.5 万人兜底脱贫对象纳入农村低保。支持开展选聘的建档立卡贫困人员从事森林管护试点工作，促进贫困人口脱贫致富。二是建立财政涉农资金统筹整合使用机制，在 25 个贫困县开展试点，全年统筹整合财政涉农资金 19.2 亿元。三是建立建档立卡贫困户免抵押、免担保、财政全额贴息扶贫小额信贷政策体系，支持建档立卡贫困户发展特色优势产业，全区筹措 7.7 亿元资金，支持 77 个县建立扶贫小额信贷风险补偿金，撬动金融机构为 17.4 万贫困户提供 58.9 亿元扶贫信贷资金。四是制定支持南疆地区脱贫攻坚融资贷款的意见，充分利用政策性银行长期优惠利率贷款，通过财政贴息融资 1 000 亿元支持南疆四地州特色小城镇建设。

支持农村学前三年免费双语教育。坚决贯彻落实自治区党委关于积极推进双语教育，特别是率先在南疆四地州实现农村学前三年免费双语教育的重大决策部署，确保南疆四地州农村学前三年适龄幼儿入园应入尽入。安排 3.2 亿元，将南疆四地州农村学前三年免费双语教育补助标准由每人每年 1 810 元提高至 2 800 元，支持南疆四地州农村学前三年适龄幼儿 67.95 万人接受免费学前双语教育。安排 12 亿元债券资金，支持南疆四地州双语幼儿园建设。

全面落实医疗惠民工作部署。一是制定“全民健康体检工程”实施方案，筹措体检补助资金，落实全民健康体检政策，全区免费体检基本实现全覆盖，南疆四地州体检率达到 100%。二是会同人社部门建立人身意外伤害保险制度，安排资金 1.32 亿元，按照每人每年 10 元的标准，将全疆户籍人员和援疆干部纳入保险范围。

全面推进机关事业单位养老保险制度改革。制定机关事业单位养老保险财务管理、统收统支等办法，合理划分自治区和各地支出责任，积极筹措 75.22 亿元，完成全区 128.9 万名机关事业单位养老保险改革工作。从 2016 年 1 月 1 日起，提高企业和机关事业单位退休人员待遇标准。

（四）积极推改革抓管理，为落实总目标提供有力支撑

持续深化体制机制创新，把落实自治区党委交办改革任务作为工作重心，抓好财政牵头改革任务，协调相关部门推出了一批具有重大牵引作用的改革举措，为推进社会稳定和长治久安总目标发挥了重要的基础和支撑作用。

全面深化财税体制改革。一是建立现代预算制度，探索建立跨年度预算平衡机制，编制 2017—2019 年三年支出规划。出台自治区预算公开工作的意见、分级管理分部门编制政府购买服务指导性目录，提高资金使用效益。二是建立税收制度体系，研究制定自治区资源税改革方案，全面启动新疆资源税改革工作。三是建立事权和支出责任相适应的制度，完善自治区对下转移支付制度和边境地区转移支付制度，推进基本公共服务均等化。

进一步加强预算管理。一是在安排预算时，对自治区党委、人民政府确定的重大事项，对教育、科技、农业等重点支出和基本支出给予优先重点保障。二是坚持先有预算、后有支出，各级政府和部门、单位的支出以批准的预算为依据，未列入预算的不得支出，未经法定程序不得调整支出。三是严格执行预算追加程序，年初编制预算压减的项目支出，执行中不再追加。执行中新增的项目，通过调整部门单位现有预算解决。四是加大预决算公开力度。自治区本级 124 个部门预算单位，全疆 14 个地州市、102 个县市区全部按要求公开了预决算和“三公经费”预决算。

加强政府债务管理。一是在财政部批准的自治区新增政府债务限额 314 亿元限额内，发行地方政府新增债券 304 亿元，举借政府外债 10 亿元，当年新增政府债务限额已全部使用。二是发行地方政府置换债券 751.2 亿元，腾出当期偿债资金，用于维护稳定、重点民生工程、重大基础设施建设等方面。三是制定出台政府债务限额管理、预算管理、风险评估和预警、债务信息公开等制度办法，建立政府债务管理承诺制度和政府债务通报制度，从借、用、还三个方面规范政府债务管理。四是制定债务风险化解规划、应急处置预案，对列入风险预警和风险提示的 19 个县市进行通报，有效防范债务风险。

（五）注重干部队伍建设，提升财政干部履职尽责能力

坚持党要管党、全面从严治党，认真贯彻落实“好干部”标准，强化政治纪律和政治规矩，努力建设一支政治过硬、业务精湛的高素质财政干部队伍。

强化政治纪律和政治规矩，“四个意识”特别是核心意识、看齐意识牢固树立。广大财政干部积极投入“两学一做”学习教育、“访惠聚”、“民族团结一家亲”等活动，进一步增强“四个意识，”将自治区党委陈全国书记在自治区第九次党代会上提出的“一个总目标”“一条生命线”“两个关键点”“一套好机制”“四个努力实现”“一个良好局面”，作为做好财政工作的总要求、总任务，凡是围绕落实社会稳定和长治久安总目标的支出事项，财政部门都全力予以保障。

严格按体制机制、政策制度、规矩程序理财办事的意识明显增强。坚决贯彻执行各项财经法律法规和财政政策，按体制机制办事、按政策制度管理资金、按规矩程序审批资金，是财政制定政策、安排资金、审批事项的重要原则。更加注重依法依规办事，认真贯彻执行预算法、审计法、政府采购法、会计法等法律法规、财经制度，成为开展财政工作的基本遵循。在法律法规和政策制度约束下开展财政收支、审核审批等工作的理念深入人心。

研究政策、完善制度、推进工作和深化改革的能力全面提升。认真学习贯彻习近平总书记系列讲话精神，牢固树立和贯彻新发展理念，紧紧围绕总目标，强化专业思维、注重调研思考、自觉补充知识的意识，主动学经济、懂经济、干经济的氛围逐渐形成，财政干部研究财政政策、完善财政制度、推进财政工作和深化财政改革的能力全面提升。

热爱新疆、甘于奉献、真抓实干、敢于担当的作风进一步树立。牢固树立“四个意识”，特别是核心意识、看齐意识，自觉践行“三严三实”要求。认真落实“一套班子全力以赴保稳定，一套班子集中精力抓发展”机制，完善一级抓一级、层层抓落实的责任体制，重点工作、重大事项做到层层分解、责任到人、盯办到人。坚持讲实话、鼓实劲、出实招、干实事，深入基层、深入部门单位、深入群众，摸清情况，找准问题，提出符合实际的解决问题的意见建议。紧紧围绕自治区党委、人民政府确定的主要目标和重点任务，强化督查督办、跟踪问责，自治区党委、人民政府交办财政部门的工作全部得到落实。

认真落实全面从严治党主体责任，基层党组织战斗堡垒作用和党员先锋模范作用充分发挥。认真贯彻党中央全面从严治党、加强党风廉政建设和反腐败斗争各项决策部署，全面落实党风廉政建设主体责任和监督责任，层层签订党风廉政建设工作责任书，形成了压力传导、履责报告、督导检查、考核评价和责任追究长效机制。特别是针对巡视提出的党风廉政建设方面存在的问题，制定出台了任前廉政谈话制度、诫勉谈话制度、函询制度、约谈制度，切实将全面从严治党的要求落实到财政工作的方方面面，党组的领导核心作用进一步发挥，干部队伍的精神面貌和工作作风进一步改善。

二、紧紧围绕社会稳定和长治久安总目标，深入推进财政发展改革工作

2017 年是党的十九大召开之年，是供给侧结构性改革的深化之年，是实施“十三五”规划、落实自治区第九次党代会精神、打牢社会稳定和长治久安基础的重要一年。各级财政部门要始终坚持正确的政治方向、始终坚持围绕总目标凝聚共识和力量、始终坚持以总目标统领财政工作，坚决贯彻落实自治区第九次党代会部署要求，认真履职尽责、充分发挥财政职能作用，切实把自治区党委、人民政府的决策部署落实好，确保自治区经济平稳健康发展和社会和谐稳定。

（一）统一思想、提高认识，深刻领会自治区党委、人民政府确定的经济工作思想方法

自治区党委经济工作会议明确提出 2017 年经济工作总体思路、发展目标、重点任务的同时，对财政政策、预算安排、财税改革、发挥财税保障作用等都提出了明确要求。我们要认清形势，把握关键，主动作为，以强烈的政治责任感和奋发有为的精神状态，将自治区党委、人民政府决策部署落实到各项财政工作中，为服务总目标提供坚实的财力保障。

——树牢总目标。始终把握社会稳定和长治久安总目标，确保财政工作服从服务于总目标。坚持稳定压倒一切，千方百计筹集财力推进社会大局和谐稳定。坚持抓牢发展不放松，实施积极的财政政策，深入推进供给侧结构性改革，切实转变发展方式，通过发展促进社会稳定和长治久安。

——坚持总基调。贯彻落实好稳中求进这一治国理政的重要原则和做好财政经济工作的方法论。“稳”就是要发挥好财政治国理政基础和支撑作用，确保社会大局稳、宏观政策稳、经济运行稳、市场预期稳。“进”就是要改善财政宏观调控手段，推进财税体制改革，构建公平公正、共建共享的民生保障机制，完善有利于绿色发展的财税政策和制度体系，在调结构转方式、提高质量效益、推动改革开放、保障改善民生、加强生态保护等关键领域取得重大进展。

——把握好主线。坚持以“推进供给侧结构性改革”这条主线统领财政工作，把满足需求作为最终目的，把提高供给质量作为主攻方向，把深化改革作为根本途径，强化财政制度供给、政策供给、资金供给和服务供给，推动“三去一降一补”、农业供给侧结构性改革、振兴实体经济、保持房地产市场平稳发展取得更大进展，补齐基础设施建设、交通建设、水利建设、城市建设等短板，促进经济结构调整和发展方式转变，着力实现一产上水平、二产抓重点、三产大发展。

（二）解放思想、更新观念，不断提升财政服务社会稳定和长治久安总目标的能力

当前，我区正处于稳定发展两个“三期叠加”特殊阶段，必须要打开思想解放的“大闸门”，冲破阻碍稳定发展的思想束缚，强化改革意识、开放意识、市场意识，以思想的大解放、观念的大更新，推进经济社会的大发展。

——强化改革意识。进一步发挥财税改革的

基础性、支撑性作用，推动全面深化改革不断取得新成效。要按照“四个有利于”的标准研究和推进财税改革，坚持问题导向，坚持向改革要红利，向开放借东风，深入调查研究，集中各方智慧，提高财税改革质量。要发挥财税体制改革作为整体改革突破口和基础支撑作用，推动其他领域体制机制的完善，使财税改革与其他领域改革相互衔接，形成协调共进合力。综合运用市场、金融、财税手段，破解发展难题。

——强化开放意识。坚决破除等靠要的思想，主动积极作为，跳出财政看财政，吸纳先进理念，学习先进方法，拓展思路、开阔视野，切实解决思想不开放、思路打不开，推动稳定发展的办法不多、力度不大的问题。要紧紧抓住国家实施“一带一路”这个机遇，用好“一带一路”这个抓手，积极融入“一带一路”国家战略，建立健全财政服务丝绸之路经济带核心区建设的政策制度，推进与周边国家、周边省区互联互通，进一步提高开放水平。

——强化市场意识。围绕政府职能转变，厘清政府与市场、社会的边界，进一步发挥财政的政策功能，有所为有所不为。紧紧抓住市场，紧紧依靠市场，综合运用各种财政政策工具，加强与货币、产业、金融等宏观政策的协调配合，更好发挥政策的协同组合效应，提高政策的精准性有效性，保持经济运行在合理区间。要创新财政投入方式，运用资本金投入、贴息等方式，发挥好财政资金“四两拨千斤”的撬动作用和放大效应，切实提高财政资金使用效益。

（三）围绕中心、服务大局，切实把陈全国书记重要讲话精神贯彻到各项财政工作中

2016 年 11 月 16 日，自治区党委陈全国书记在听取自治区财政工作汇报时强调指出，自治区财政厅要站在认识新常态、适应新常态、把握新常态的高度，站在实现新疆社会稳定和长治久安总目标的高度，扎实做好各项财政工作，做到认识要统一、措施要强化、收入要确保、把关要严格、责任要落实。

——认识要统一。要进一步统一思想、提高认识，切实把思想和认识统一到自治区党委、人民政府对经济形势的分析判断上来，统一到经济工作主要目标和宏观政策的重要论述上来，统一到加快推进“十项重点”工作的安排部署上来，统一到加强党对经济工作的指示要求上来，勇于担当、开拓进取，坚定不移贯彻落实自治区党委、人民政府决策部署，推动自治区经济社会平稳健康发展。

——措施要强化。经济要抓好，既要完成年初确定的经济增长指标，又要为财政收入开辟财源；结构要调整，抓住供给侧结构性改革的机遇，加快调结构、转方式的步伐；改革要深化，特别是要深化供给侧结构性改革，向改革要效益和红利；投资要加大，千方百计地抢抓机遇，加大投资强度，拉动经济增长；消费要鼓励，加大支出力度，鼓励消费拉动。

——收入要确保。要生好财，涵养财源确保可持续。着眼长远，培育一批符合转型升级方向、可持续发展的财源，做到细水长流，向经济发展要收入。要聚好财，集中财力办大事。加大预算统筹力度，统一预算管理权，将所有预算资金纳入预算统一分配。整合专项资金，盘活存量资金。要用好财，创新方式提高效益。通过制度设计，实现财政资金、金融资本、社会资本的融合和共赢，为自治区经济社会发展提供资金保障。

——把关要严格。严格遵守财经纪律，坚持按程序、按制度、按规矩理财办事。强化财政支出管理，切实提高管好“蛋糕”的能力，除政策性增支和自治区党委、人民政府确定必须增加的经费之外，一律不追加预算。坚持勤俭办一切事业，过好紧日子，把有限的财力用在刀刃上，集中财力服务总目标，保支出、保运转，严控不必要支出。

——责任要落实。各地各有关部门要围绕自治区党委、人民政府确定的年度财政收入预期指标任务，加强领导，落实责任，健全各级党委领导、政府负责、财政专管的机制，主要领导负总责，坚定坚决、不折不扣地完成确定的目标任务。

三、关于2017年财政工作的指导思想和重点工作

指导思想：全面贯彻党的十八大、十八届三中、四中、五中、六中全会和中央经济工作会议精神，深入贯彻习近平总书记系列重要讲话精神、特别是在第二次中央新疆工作座谈会上的重要讲话和视察新疆时的重要讲话精神，按照自治区第九次党代会和自治区党委经济工作会议的部署要求，紧紧围绕社会稳定和长治久安总目标，统筹推进“五位一体”总体布局和协调推进“四个全面”战略布局，坚持稳中求进工作总基调，牢固树立和贯彻落实新发展理念，适应把握引领经济发展新常态，坚持以提高发展质量和效益为中心，坚持以推进供给侧结构性改革为主线，积极融入“一带一路”战略，实施积极的财政政策，深化财税改革，减税降费，增收节支，优化结构，严控一般性支出，重点保障社会稳定和改善民生，加强政府性债务管理，全面做好保稳定、稳增长、促改革、调结构、惠民生、防风险各项工作，促进自治区经济持续健康发展和社会和谐稳定。

围绕贯彻落实上述指导思想，要重点抓好以下工作。

（一）关于组织收入工作

为实现自治区党委经济工作会议和自治区十二届人大五次会议确定的财政收入增长5%左右的目标，各地各部门要落实好自治区一套班子全力以赴保稳定、一套班子集中精力抓发展的工作要求，按照不低于增长5%的目标，落实组织收入领导责任，强化组织收入工作措施，确保完成全年收入目标任务。

落实责任，加强领导。从2017年1月份起，自治区财政部门要压实每个月的收入任务，逐月考核各地各部门收入完成情况，对没有完成收入目标任务的，通报批评，严肃问责。各地各部门党政主要领导要亲自抓，认真安排，强化措施，压实责任。各地各部门要将确定的收入目标层层分解，有针对性地提出征管措施。

依法征收、应收尽收。按照“依法征收、应收尽收、不征过头税、严禁虚收空转”的原则，加强对重点税源、重点企业和重点税种的征管，确保应收尽收。严格执行国家税收优惠政策，严禁擅自减免税和缓税，坚决防止和纠正“虚收空转”行为。今年，自治区将组织开展虚收空转行为专项检查，维护财经秩序。规范非税收入征缴管理，挖掘非税收入增收潜力。严格收费立项管理，坚持收费目录清单公示制度，确保涉企收费项目只减不增。

创新举措，加强征管。国地税等部门要加强协调配合，重点关注税制改革后税收征管空白区域，及时研究解决征收工作中存在问题，加大征管力度。加强对重点税源、重点企业、未在我区注册的建筑企业税收征管。完善跨区域重点建设项目纳税分享机制，防止税收流失。推进区外企业在疆独立法人注册和央企属地注册工作，增加地方税收收入。

（二）关于财政支出工作

按照“保基本、保重点、保民生、保运转、压一般”的支出原则，优化支出结构，盘活存量资金，用好债券资金，大力压缩一般性支出，确保自治区党委、人民政府决定的重大事项和各项工作安排支出需要。

保基本支出。对机关事业单位干部职工工资、离退休人员离退休费、企业职工养老金补助、各类社会保障、社会各类人员应享受的各类补助、救济等支出，全额给予安排。

保重点支出。对自治区党委、人民政府确定的各项重大决策部署、重大工作、重大工程等支出给予全额保障。对水利、交通、机场等重大基础设施、“一带一路”核心区建设等需要自治区财政安排的支出，积极予以支持。对推进供给侧结构性改革和“三去一降一补”等支持经济发

展的支出，及时给予安排。

保民生支出。坚持把自治区财政支出的70%以上用于保障改善民生，大力支持就业、教育、医疗、社保、安居、暖心、文化、兴边、安全、防灾减灾等惠民工程，确保各族群众住有所居、劳有所得、学有所教、病有所医、老有所养。

保运转支出。对机关事业单位运行支出，给予足额保障，对教育、科技、文化宣传、体育、医疗卫生、广电网络、基层组织建设、民族宗教、社保、农业、环保、公安、政法、安全、稳定等支出给予全力保障。

严格预算执行。一是严格按预算安排支出，坚持“先有预算、后有支出，未列入预算的项目不得支出，未经审批的项目不得调整”的原则，严格控制预算追加，未经自治区党委、人民政府决定，原则上不办理预算追加事项。对确需解决的重大支出事项，原则上要通过调整本单位部门预算来解决。二是加快财政支出进度，严格预算执行考核，今年将逐月考核各地各部门预算执行，层层落实支出责任，加快资金拨付，提高资金使用效益。三是盘活存量资金，加强预算执行的监管，对预算执行慢、使用效益差的项目资金，应及时提出预算调整的意见，将资金用到执行快、使用效果好的项目上去。

严格落实支出责任。2017年自治区财政收支矛盾十分尖锐。在安排2017年预算时，为保障自治区党委、人民政府确定的机关事业单位养老保险改革、增加干部职工工资标准、学前双语幼儿园建设、全民健康体检等重点支出，自治区财政通过压减专项资金和公用经费，盘活存量资金，发行地方政府债券等措施办法，积极筹措资金，已经尽了最大努力。对各地州市（县）特别是南疆四地州加大了转移支付力度，把困难留在了自治区。克服财政困难，落实好自治区确定的重大支出政策，需要各级财政共同承担支出责任，将自治区党委、人民政府的各项决策部署落实到位。

坚持艰苦奋斗、勤俭办一切事业。认真贯彻落实中央八项规定和自治区十条规定，严格控制“三公经费”支出，大力压缩一般性支出。从严控制公款出国（境）支出。除特殊事项外，一律停止车辆购置审批手续。大力压减公务接待经费，从严控制会议规模和天数，部门单位工作会议一律采取视频会议方式。严格编制管理，认真清理吃空饷人员，加强监督和查处工作力度。对财政给予补贴的各类人员，一律按实名制管理。严格控制各类庆典活动，除自治区党委、人民政府统一安排外，严禁举办庆典、论坛、评比、达标等活动。

（三）关于支持经济平稳健康发展

继续实施积极的财政政策，扩大支出规模，促进实现经济增长预期目标。

支持实体经济发展。各类资源要素要向实体经济聚集。一是支持农业提质增效。全力落实强农惠农政策，确保耕地地力保护补贴、种粮农民直接补贴、农机购置补贴、高效节水补贴、高标准农田建设补贴等“一揽子”农业补贴政策落实到位，调动农民生产积极性。采取财政贴息、以奖代补、贷款担保等方式，支持种养殖产业、民族手工业、农家乐、休闲观光农业发展，培育壮大一批农业产业化龙头企业。加快推进区地县农业信贷担保体系建设，支持农业产业体系建设。健全相关扶持政策，推进农村所有权、承包权、经营权改革。开展扶持村级集体经济发展试点工作，支持村级集体经济发展壮大。二是支持工业转型升级。落实推进钢铁、煤炭、电力、水泥等行业化解过剩产能财税政策，加大专项奖补资金和就业专项资金投入力度，支持做好职工分流安置工作。继续支持新疆纺织服装产业加快发展，设立纺织服装行业融资风险补偿基金，支持纺织服装企业融资发展。调整完善纺织服装产业税收优惠政策，对增加就业效果好的针织服装企业给予更多支持。支持国有企业分离办社会职能，促进国有企业轻装上阵、做强主业。积极支持推进房地产去库存与城镇化、农业转移人口市民化相结合，研究分析和落实降低企业杠杆有关税收优惠政策。着眼到2020年在南疆培育100个特色小城镇、转移100万农牧民的目标，用好1 000亿元优惠贷款，2017年要重点支持33个试点乡镇建设。三是支持服务业加快发展。研究出台普惠金融政策，支持实体经济发展。完善信息、旅游、健康、养老等基础设施和公共服务，支持开展现代服务业综合试点。

推进投融资体制改革。紧紧围绕自治区投资增长50%的目标，支持各级政府整合各类优质资源资产和财政性资金，在公路、铁路、水利、机场以及高等教育、农业、扶贫等领域，加快推进投资公司的组建。继续大力推进政府和社会资本合作模式，在污水和垃圾处理领域强制推行PPP模式，在收益稳定、市场化程度高的其他领域必须运用PPP模式。完善PPP项目督导落实机制，加快已落地项目的建设速度，确保自治区已列入国家示范的21个项目在今年9月底前全部落地。

推进创新驱动发展。最大限度发挥财政资金“四两拨千斤”的杠杆作用，充分运用市场化工具和手段，支持各地做大做强融资平台，引导撬动社会资本进入公共服务领域。推广应用政府购买服务等形式，引导社会力量办社会事业。用好财政贴息资金，放大财政资金乘数效应，积极支持自治区经济社会发展。

扩大对内对外开放。抓住国家构建丝绸之路经济带的重大机遇，支持启动一批对核心区建设具有引领作用的重大基础设施和产业发展项目建设。支持承接加工贸易产业转移，提升产品技术含量和附加值，促进我区外贸转型升级。加强与国际金融组织合作，推进与周边国家互联互通，支持建立面向中亚的自由贸易园区。加快喀什、霍尔果斯经济开发区和综合保税区建设，争取国家出台修订两个开发区企业所得税优惠产业目录的政策。鼓励和引导政府和社会资本联合建立“试验区建设专项引导基金”，支持丝绸之路经济带创新驱动发展试验区建设。

支持生态环境保护。建立健全生态保护补偿机制，继续加大对草原、天然林保护和大气、水、土壤污染治理等投入力度，强化税费对资源节约与环境保护的激励约束。完善有利于绿色发展的财政制度体系，支持推广实施绿色工程和发展绿色产业。

（四）关于支持脱贫攻坚

要严格执行脱贫攻坚责任制，全面落实“六个精准”要求，坚持“五个一批”脱贫路径，推动政策措施精准落地。一是发挥政府投入在扶贫开发中的主体和主导作用，大幅增加财政专项扶贫资金投入，大力推进精准扶贫、精准脱贫。二是统筹使用各类资金，重点支持易地扶贫搬迁、产业扶贫、保障扶贫等。三是在35个贫困县全面开展统筹整合财政涉农资金试点，突出贫困县脱贫攻坚主体责任，继续扩大涉农资金整合范围和规模，赋予贫困县资金安排使用自主权。四是把促进规模经营与脱贫攻坚和带动一般农户增收结合起来，加快改善基础设施和基本公共服务，加大产业、教育、健康扶贫支持力度，切实提高贫困人口收入水平。五是把扶贫资金使用管理作为2017年监督重点进行专项检查，提高资金使用效益。

（五）关于强化财政管理改革

围绕贯彻落实自治区提出的“十项重点”工作，深化财税体制改革，充分发挥财税改革对经济社会发展的牵引作用，确保自治区决定的重大事项落实。

加快财税体制改革。在完善预算管理制度方面，出台跨年度预算平衡机制的实施意见，深化部门预算改革，加强项目库特别是储备项目库建设，细化预算编制，提高年初预算到位率。在税制改革方面，继续深化资源税改革，开展水资源税、个人所得税等税制改革前期研究，适时启动改革试点。在财政体制改革方面，完善自治区对下转移支付制度，严格控制专项转移支付项目和资金规模。建立支持农业转移人口市民化的财政政策体系，推进以人为核心的新型城镇化建设。

提高预决算公开透明度。严格执行自治区推进预算公开工作意见，落实财政部门和部门单位预决算公开的主体责任，严格按照职责分工、公开主体、时限、程序和内容，全面公开财政预决算、部门预决算、地方政府债务限额、“三公经费”预决算和相关财政政策法规。完善公开工作检查考核机制，对未按规定公开的，发现一批、曝光一批、处理一批，严肃追究工作责任。

加强政府债务管理。各地各部门必须将严格执行国务院关于政府债务管理的各项规定，牢牢把住任何部门任何个人都不得擅自举借政府债务这条底线。要在国务院批准的债务限额内举借债务，超过限额确需举债的，必须报经自治区人民政府同意后，报国务院审批，除此之外不得通过地方政府债券和政府外贷以外的方式举借政府债务。各级政府及所属部门不得以文件、会议纪要、领导批示、承诺函等任何形式，违规提供债务担保。学校、幼儿园、医院等事业单位、社会团体，不得以教育设施、医疗卫生设施和其他社会公益设施进行抵押融资。要进一步加强政府债务风险管控，严肃处理违法违规融资行为，谁违规举债，谁承担全部法律责任。

（六）关于加强监督检查

充分发挥监督检查整顿财政秩序、严肃财经纪律的作用，加强财政、审计、人大监督，主动接受社会监督，保障财政资金安全，提高财政资金绩效。

加强财政监督。按照“谁拨付、谁负责；谁使用、谁负责；谁违规、谁担责”的原则，完善财政资金拨付跟踪检查监督制度，拨付每一笔资金，同时下达跟踪监管单，对资金的拨付使用情况进行全程监管。用款单位根据跟踪监管要求，按时上报资金使用情况。对未按要求使用资金和出现问题的，及时给予纠正。在全区财政系统开展财政资金管理使用专项整治工作，进行综合治理。按照加强事中事后监管的要求，在财政执法检查和监督检查工作中全面推行“双随机、一公开”。

严格责任追究。对违反财经纪律的行为，特别是预算编制不严格、组织收入不重视、支出进度缓慢、资金使用效益不高，以及人大、纪检、审计、财政部驻疆专员办等部门查处的各类违纪违规问题，自治区将严肃追究部门单位直接责任、领导责任和当地党政主要领导责任。对贪污、挪用、虚报、冒领财政资金的单位和个人，加大违纪违法处罚力度。

依法接受人大监督。各级财政部门要自觉接受人大监督，及时上报预算执行情况、预算草案、预算调整报告、决算报告等，严格执行各级人民代表大会及其人大常委会各项决议。对人大提出的意见建议和问询，及时整改落实。

（七）关于加强干部队伍建设

做好财政工作、推进财政改革发展，关键是要建设一支讲大局、学经济、懂经济、抓经济、干经济、有思路、干实事、敢担当的财政干部队伍。

增强本领，提高能力。要教育引导财政干部切实增强“四个意识”，特别是核心意识和看齐意识，始终与中央和自治区党委、人民政府保持高度一致。要严守政治纪律和政治规矩，进一步把思想认识统一到社会稳定和长治久安总目标上来，统一到自治区党委对当前稳定形势的判断和把握上来。要牢固树立和贯彻新发展理念，进一步提升专业思维、加强调研思考、主动补充知识，不断增强会干事的能力、干成事的本领、不出事的定力。

转变作风，狠抓落实。要深入思考如何同“作风不实这个最大的敌人”作斗争，深刻认识、着力解决自身在作风漂浮、政策棚架等方面存在的问题。要爱岗敬业、履职尽责，扑下身、沉下心、扎下根，自觉把岗位当阵地、把工作当事业、把奉献当本分看，全身心地投入到财政工作中。求真务实、真抓实干，坚持做老实人、说老实话、干老实事，从实际出发谋划事业和工作，确保做出的决策、制定的政策、采取的措施符合客观规律、符合群众愿望。强化落实、务求实效，对自治区党委、人民政府的部署要求，要一项一项地推进，一个环节一个环节地抓牢，一个问题一个问题地解决，坚定不移地落实、坚定不移地执行，绝不能工作棚架、浮在面上。

严肃纪律，从严治党。坚持高标准、守底线，牢固树立新疆虽然处于反分裂斗争前沿阵地和主战场、反恐维稳任务重，但在党风廉政建设和反腐败斗争问题上没有任何特殊性的思想，切实履行主体责任，做到真管真严、敢管敢严、长管长严。深入推进党风廉政建设，坚持挺纪在前、执纪必严，持之以恒落实中央八项规定和自治区党委十条规定，驰而不息纠正“四风”。运用好监督执纪“四种形态”，加强干部日常管理监督。切实把制度篱笆扎牢扎紧，着力构建不敢腐、不能腐、不想腐的体制机制。树立正确选人用人导向，坚持“好干部”标准，完善干部考核评价体系和选任机制，注重健全正向激励机制，在财政干部队伍中营造少说多干、真抓实干、干就干成、干就干好的良好风气。

同志们，完成全年财政工作任务，责任重大，使命光荣。我们要在自治区党委、人民政府的坚强领导下，紧紧围绕社会稳定和长治久安总目标，坚定信心、知难而进，顽强拼搏、真抓实干，努力完成全年各项工作，推动自治区经济平稳健康发展和社会和谐稳定，以优异成绩迎接党的十九大胜利召开！

第三部分

新疆财政工作

新疆维吾尔自治区财政工作综述

2016 年，新疆维吾尔自治区实现生产总值 9 649.70亿元，比上年增长 7.6%。人均生产总值 40 564 元，增长 5.3%。其中，第一产业增加值 1 648.97 亿元，增长 5.8%；第二产业增加值 3 647.01 亿元，增长 6.2%；第三产业增加值 4 353.72亿元，增长 9.4%。全社会固定资产投资（不含农户）9 983.86 亿元，比上年下降 6.9%。全年进出口总额 179.63 亿美元，比上年下降 8.7%。商品零售价格指数 100.5%，居民消费价格指数 101.4%。社会消费品零售总额 2 825.90亿元，比上年增长 8.4%。

2016 年，新疆一般公共预算收入完成 1 298.9亿元，下降 2.4%，减收 31.9 亿元。基金预算收入 334.2 亿元，增长 0.4%，增收 1.2 亿元。全口径财政收入 2 344.6 亿元，下降 3.9%，减收 95.9 亿元。财政支出规模不断扩大，一般公共预算支出完成 4 138.3 亿元，增长 8.8%，增支 333.4 亿元。地方财政支出完成 4 496.7亿元（包括一般公共预算支出、基金预算支出和国有资本经营预算支出），增长 8.6%，增支 357.5 亿元。

新疆财政预算收入总计 4 947.5 亿元。其中：一般公共预算收入 1 298.9 亿元，上级补助收入 2 515.4 亿元，自治区自主发行地方政府债券收入 815 亿元，上年结余 142.7 亿元，调入资金 87.1 亿元，调入预算稳定调节基金 87.1 亿元，待偿债置换一般债券上年结余 1.3 亿元。财政预算支出总计 4 808 亿元。其中：一般公共预算支出 4 138.3 亿元，上解上级支出 9.5 亿元，债务还本支出 549.8 亿元，安排预算稳定调节基金 110.4 亿元。收支相抵，年终结余 139.5 亿元，其中：结转下年支出 149.8 亿元，净结余 -10.3亿元。

政府性基金收入总计 665.1 亿元，其中：政府性基金收入 334.2 亿元，上级补助收入 32.5 亿元，调入资金 1 000 万元，专项债务收入 240.2 亿元，上年结余 58.1 亿元。政府性基金支出合计 618.3 亿元，其中：政府性基金支出 355.3 亿元，调出 50.6 亿元，专项债还本支出 212.4 亿元。收支相抵，年终结余 46.8 亿元。

自治区本级对各地补助 1 801.6 亿元，比 2015 年增加 136 亿元，增长 8.2%。其中：税收返还 36.4 亿元，与 2015 年持平；一般性转移支付 941.9 亿元，增长 21.5%；专项转移支付 823.3 亿元，下降 3.6%。

一、抓好收支管理，为落实社会稳定和长治久安总目标提供坚实保障

（一）完成组织收入目标任务

一是完善组织收入工作机制。严格落实收入组织原则，坚持预算执行分析会议制度，加强收入组织部门之间的协调沟通，强化分部门、分税种、分地区的收入管理机制。完善预算执行动态考核机制，调动各级财政组织收入的积极性。二是及时提出遏制收入下滑的意见建议。自治区财政厅严格目标责任管理，密切关注经济形势，加

强收入分析监控，特别是在2015年财政收入下滑严峻态势超出预期的情况下，及时向自治区党委、自治区人民政府提出应对收入下滑、调降增收目标、做好组织收入工作的建议。三是严格落实组织收入责任。各地各部门认真落实抓组织收入的工作责任，及时研究解决收入组织过程中存在的困难和问题。各级税务部门依法加强税收征管，做到应收尽收。严格执行财政税收政策，严禁征收过头税。各级非税收入征缴部门规范非税收入管理，努力挖掘增收潜力。四是强化督查考核。通过召开组织收入视频会，约谈地区财政局主要领导，建立组织财政收入五日一报制度和一日一督查制度等方式，强化督导考核，对组织收入不力的地区和部门，及时批评和通报。在自治区党委、自治区人民政府的坚强领导下，在各地各部门的共同努力下，自治区财政部门克服国家财税政策调整、经济下行等对财政收入的影响（主要是全面推开营改增改革、其他政策性减免税减少自治区收入300多亿元以及经济下行造成的原油增值税、资源税减少等各种减收因素影响），自治区财政收入实现增长-2.4%的预期目标任务。

（二）优化财政支出结构

一是坚持“保基本、保重点、保民生、保运转、压一般”，在2015年财政收支矛盾比较尖锐的状态下，各级财政部门对中央、自治区出台的民生政策和个人支出全力保障，包括落实养老保险制度改革、调整干部职工工资、增加各类人群收入等各项政策；对人员支出实行实名制管理，严控人员支出；对自治区党委、自治区人民政府确定的重大项目和重大事项予以保障；对其他一般性专项资金，打破基数，有保有压、有增有减。二是督促各地、各部门加快重大基础设施建设、重点民生工程、维护稳定等重点支出进度，按月通报预算执行情况。三是积极盘活存量资金，对部门征收入库的政府性基金，按不低于20%的比例统一调入一般公共预算。中央和自治区预算安排的资金，两年未使用完的结转资金一律收回，全区财政收回存量资金60.7亿元，统筹用于自治区党委、自治区人民政府决定事项和经济社会发展亟须资金支持的领域。

二、全力稳增长促转型，为推动经济平稳健康发展提供政策支持

（一）扩大政府有效投资

一是优化投资结构，安排资金支持水利、交通、教育、卫生、易地扶贫搬迁、保障性住房等事关自治区发展全局的重大基础设施建设。二是大力推进PPP模式，支持各级政府整合各类优质资源资产，加快组建各类投资公司。划拨路权和收费权，支持组建交通投资公司。建立横向到部门单位、纵向到区县的PPP责任落实机制和工作督导机制，扩大PPP引导资金规模，出台PPP奖补政策，全区开工建设PPP项目313个，涉及投资额2 363亿元。三是积极争取债券限额，发行各类债券资金1 065.2亿元，累计节省利息支出120亿元，有力确保政府投资和重大民生支出。四是发挥政府引导基金“引投”和“倍数”放大作用，设立纺织服装产业、战略性新兴产业、科技成果转化投资、中小企业发展等各类引导基金，撬动社会资本和金融资本，支持产业发展。

（二）推进供给侧结构性改革

一是落实“三去一降一补”任务。完善专项奖补资金管理办法，支持化解钢铁煤炭行业过剩产能，妥善安置分流职工。全面落实新建商品住房和二手住房交易契税补贴政策，推动化解商品房库存。落实清费政策，取消、减免、缓征27项行政事业性收费和政府性基金。争取中央扩大纺织服装产业资金使用范围，支持新疆纺织服装产业发展。二是全面推开营改增改革，实现纳税人税负整体下降。三是按4∶3∶2∶1比例建立中小微企业融资贷款“政、银、担”风险分担机制，支持中小微企业发展壮大。四是支持组建成立自治区农业信贷融资担保公司和新疆再担保（集团）公司，为农牧业发展提供融资支

持。五是继续执行西部大开发、支持小微企业发展税收优惠政策，为经济发展创造良好的环境。发挥西行班列补贴资金引导作用，支持搭建西行班列货物集散平台，促进我国与周边国家贸易往来。

三、全力保稳定、惠民生，最大限度地让各族群众有更多获得感和幸福感

（一）全力保稳定促和谐

一是支持“访惠聚”、集中整治、严打专项斗争和“民族团结一家亲”活动，多渠道筹措村级惠民生资金，支持在全疆所有行政村建成一大批水、电、路、气、讯等基础设施项目，帮助村民解决各类生产生活问题。二是加大自治区边境防控、筑牢边境防线，实施便民服务警务站、便民服务中心项目、城镇网格化管理等维护稳定方面的重点支出保障力度，使服务社会稳定和长治久安总目标的各项稳定防控措施落到实处。三是落实提高全区村干部基本报酬、农村“四老”人员和爱国宗教人士生活补贴标准政策，积极落实养老保险制度改革、调整干部职工工资、增加各类人群收入等各项政策，最大限度地凝聚人心。

（二）积极推进脱贫攻坚

一是建立和完善护边员、边民补助及边民最低社会保障政策，提高护边员和边民补贴标准，将新增25.5万人兜底脱贫对象纳入农村低保。支持开展选聘的建档立卡贫困人员从事森林管护试点工作，促进贫困人口脱贫致富。二是建立财政涉农资金统筹整合使用机制，在25个贫困县开展试点，全年统筹整合财政涉农资金19.2亿元。三是建立建档立卡贫困户免抵押、免担保、财政全额贴息扶贫小额信贷政策体系，支持建档立卡贫困户发展特色优势产业，全区筹措7.7亿元资金，支持77个县建立扶贫小额信贷风险补偿金，撬动金融机构为17.4万贫困户提供58.9亿元扶贫信贷资金。

（三）支持农村学前三年免费双语教育

坚决贯彻落实自治区党委关于积极推进双语教育，特别是率先在南疆四地州实现农村学前三年免费双语教育的重大决策部署，确保南疆四地州农村学前三年适龄幼儿入园应入尽入。安排3.2亿元资金，将南疆四地州农村学前三年免费双语教育补助标准由每人每年1 810元提高至2 800元，支持南疆四地州农村学前三年适龄幼儿接受免费学前双语教育。安排12亿元债券资金，支持南疆四地州双语幼儿园建设。

（四）全面落实医疗惠民工作部署

一是制订“全民健康体检工程”实施方案，筹措体检补助资金，落实全民健康体检政策，全区免费体检基本实现全覆盖，南疆四地州体检率达到100%。二是会同人社部门建立人身意外伤害保险制度，安排资金1.32亿元，按照每人每年10元的标准，将全区户籍人员和援疆干部纳入保险范围。

（五）全面推进机关事业单位养老保险制度改革

制定机关事业单位养老保险财务管理、统收统支等办法，合理划分自治区和各地支出责任，积极筹措75.22亿元资金，完成全区128.9万名机关事业单位养老保险改革工作。从2016年1月1日起，提高企业和机关事业单位退休人员待遇标准。

四、积极推改革抓管理，为落实总目标提供有力支撑

（一）全面深化财税体制改革

一是建立现代预算制度，探索建立跨年度预算平衡机制，编制2017—2019年三年支出规划。出台自治区预算公开工作的意见，进一步推进政府购买服务，充分发挥政府和市场两方面积极性，提高资金使用效益。二是建立税收制度体系，研究制订自治区资源税改革方案，全面启动新疆资源税改革工作。三是建立事权和支出责任相适应的制度，完善自治区对下转移支付制度和边境地区转移支付制度，推进基本公共服务均等化。

（二）进一步加强预算管理

一是在安排预算时，对自治区党委、自治区人民政府确定的重大事项，对教育、科技、农业等重点支出和基本支出给予优先重点保障。二是坚持先有预算、后有支出的原则，各级政府和部门、单位的支出以批准的预算为依据，未列入预算的不得支出，未经法定程序不得调整支出。三是严格执行预算追加程序，年初编制预算压减的项目支出，执行中不再追加。执行中新增的项目，通过调整部门单位现有预算解决。四是加大预决算公开力度。自治区本级 124 个部门预算单位，全疆 14 个地州市、102 个县市区全部按要求公开了预决算和“三公经费”预决算。

（三）加强政府债务管理

一是在财政部批准的自治区新增政府债务限额 314 亿元限额内，发行地方政府新增债券 304 亿元，举借政府外债 10 亿元，当年新增政府债务限额已全部使用。二是发行地方政府置换债券 751.2 亿元，腾出当期偿债资金，用于维护稳定、重点民生工程、重大基础设施建设等方面。三是制定出台政府债务限额管理、预算管理、风险评估和预警、债务信息公开等制度办法，建立政府债务管理承诺制度和政府债务通报制度，从“借、用、还”三个方面规范政府债务管理。四是制定债务风险化解规划、应急处置预案，对列入风险预警和风险提示的 19 个县市进行通报，有效防范债务风险。

五、注重干部队伍建设，提升财政干部履职尽责能力

（一）严格按体制机制、政策制度、规矩程序理财办事的意识明显增强

坚决贯彻执行各项财经法律法规和财政政策，按体制机制办事、按政策制度管理资金、按规矩程序审批资金，是财政制定政策、安排资金、审批事项的重要原则。更加注重依法依规办事，认真贯彻执行预算法、审计法、政府采购法、会计法等法律法规、财经制度，成为开展财政工作的基本遵循。在法律法规和政策制度约束下开展财政收支、审核、审批等工作理念深入人心。

（二）研究政策、完善制度、推进工作和深化改革的能力全面提升

认真学习贯彻习近平总书记系列重要讲话精神，牢固树立和贯彻落实新发展理念，紧紧围绕总目标，强化专业思维、注重调研思考、自觉补充知识的意识，主动学经济、懂经济、干经济的氛围逐渐形成，财政干部研究财政政策、完善财政制度、推进财政工作和深化财政改革的能力得到全面提升。

（三）落实全面从严治党主体责任，充分发挥基层党组织战斗堡垒作用和党员先锋模范作用

认真贯彻中央和自治区党委全面从严治党、加强党风廉政建设和反腐败斗争各项决策部署，全面落实党风廉政建设主体责任和监督责任，层层签订党风廉政建设工作责任书，形成了压力传导、履责报告、督导检查、考核评价和责任追究长效机制。特别是针对巡视提出的党风廉政建设方面存在的问题，制定出台任前廉政谈话制度、诫勉谈话制度、函询制度、约谈制度，切实将全面从严治党的要求落实到财政工作的方方面面，党组的领导核心作用进一步发挥，干部队伍的精神面貌和工作作风进一步改善。

（自治区财政厅办公室供稿，陈小平执笔）

综合财政管理

【概况】认真落实全国统一调整机关事业单位干部职工基本工资标准和增加离休人员离退休费，以及调整全区艰苦边远地区津贴政策。推进政府购买服务改革，落实《财政部关于分级管理、分部门编制政府购买服务指导性目录》的政策，扩大政府购买服务改革试点范围。安排专项补助资金46.02亿元，支持城镇保障性安居工程建设。收集整理“十二五”时期财政基础资料和数据，编制财政“十三五”规划。加强彩票市场监管，完成彩票销售收入70.09亿元，筹集彩票公益金19.85亿元。

【调整机关事业单位干部职工基本工资标准和增加离退休人员离休费】落实《国务院办公厅转发〈人力资源和社会保障部、财政部关于调整机关事业单位工作人员基本工资标准和增加机关事业单位离休人员离休费三个实施方案〉的通知》（国办发〔2016〕62号）精神，自治区财政厅联合人力资源和社会保障厅研究提出自治区调整机关事业单位工作人员基本工资标准和增加机关事业单位离休人员离休费三个实施方案，经人社部、财政部批复同意，自治区人民政府印发《转发〈人力资源社会保障厅、财政厅关于调整机关事业单位工作人员基本工资标准和增加机关事业单位离退休人员离退休费三个实施方案〉的通知》（新政办发〔2016〕149号），从2016年7月1日起，调整自治区机关事业单位干部职工基本工资标准和增加离休人员离休费，同时将部分规范津贴补贴纳入基本工资。

【调整艰苦边远地区津贴标准】落实《人力资源和社会保障部、财政部关于完善艰苦边远地区津贴增长机制和调整艰苦边远地区津贴标准的通知》（人社部发〔2016〕12号）精神，自治区财政厅联合人力资源和社会保障厅印发《关于完善艰苦边远地区津贴增长机制和调整艰苦边远地区津贴标准的通知》（新人社发〔2016〕28号），从2015年1月1日起，调整艰苦边远地区津贴标准。

【支持城镇保障性安居工程建设】2016年，自治区公共租赁住房计划任务5.46万套，实际开工4.37万套，基本建成4.37万套；城市棚户区改造任务12.95万户，实际开工13.22万套，基本建成13.22万套；租赁补贴发放任务8.54万户，实际发放3.73万户。自治区安排城镇保障性安居工程专项资金46.02亿元，其中中央财政补助35.95亿元，自治区财政安排10.07亿元。自治区财政厅联合住房和城乡建设厅印发《政府购买棚户区改造服务工作的指导意见》（新建保〔2016〕3号），明确购买服务主体、承接服务主体、购买服务范围、指导目录、资金管理、购买程序等内容。按照国务院提出的推进政府购买棚户区改造和做好棚户区改造贷款衔接的政策要求，落实国开行贷款150亿元，用于2015年棚户区改造项目。

【推进政府购买服务改革】2016年10月，自治区人民政府办公厅印发《关于成立自治区政府购买服务改革领导小组的通知》（新政办发

〔2016〕135 号)，成立由自治区党委常委、自治区常务副主席黄卫为组长的政府购买服务领导小组，领导小组办公室设在自治区财政厅。落实财政部关于政府购买服务指导性目录编制要求，印发《关于做好自治区政府购买服务指导性目录编制管理工作的通知》(新财综〔2016〕19号)，对指导性目录的含义、主要内容、编制办法、信息公开等方面进行明确。扩大政府购买服务试点范围，在伊犁州、博州、昌吉州、阿勒泰地区、巴州、喀什地区、乌鲁木齐市、克拉玛依市等8个地州市和46个自治区本级单位开展政府购买服务试点工作。开展政策宣传和培训，举办自治区政府购买服务改革培训班，全区140余名业务骨干参加培训。

【强化彩票销售监管】自治区财政厅、公安厅、工商管理局、民政厅、体育局印发《转发〈财政部、公安部、工商总局、民政部、国家体育总局关于做好查处擅自利用互联网销售彩票工作有关问题的通知〉的通知》(新财综〔2016〕27号)，在全区开展打击非法彩票专项行动。落实《财政部、民政部、国家体育总局关于查处擅自利用互联网销售彩票有关情况的通报》(财综〔2016〕2号)，开展擅自利用互联网销售彩票自查工作。审核批准自治区福利彩票发行中心调整中国福利彩票新疆区时时彩18选7、35选7的游戏规则。2016年，全区彩票销售70.09亿元，同比增长9.99%，其中：福利彩票销售41.96亿元，同比增长5.39%；体育彩票销售28.13亿元，同比增长35.14%。计提彩票销售机构发行业务费收入2.85亿元，其中调入自治区财政一般公共预算5 709.79万元。

【加强自治区彩票公益金管理】2016年，自治区筹集彩票公益金19.85亿元，按照彩票公益金分配比例，上缴中央9.73亿元，自治区留成10.12亿元。自治区留成彩票公益金实际支出3.29亿元，其中自治区本级彩票公益金实际支出9.59亿元，调入自治区财政一般公共预算2亿元，自治区财政专项彩票公益金支出3 567万元，返还地(州、市)彩票公益金3.95亿元。研究制定《自治区彩票公益金管理办法》，对彩票市场调控资金管理和使用进行规范。研究制定《加强彩票公益金资助项目资金预算管理的意见》，对做好预算执行、绩效评价、公告等方面提出具体工作要求。

【加强土地出让收入征管工作】落实中央关于规范土地储备和资金管理的政策规定，自治区财政厅、国土资源厅、中国人民银行乌鲁木齐市中心支行、中国银行业监督管理委员会新疆监管局印发《关于转发〈财政部等四部门印发的《关于规范土地储备和资金管理等相关问题的通知》〉的通知》(新财综〔2016〕9号)，要求各地(州、市)清理压缩现有土地储备机构，合理确定土地储备规模，调整土地筹资方式，妥善处置存量土地储备债务。落实《财政部关于中央农田水利建设资金2014年结算和2015年清算事宜的通知》(财综〔2016〕5号)要求，对应缴中央、已缴中央和欠缴中央的农田水利建设资金进行结算和清算，补缴中央农田水利建设资金0.98亿元。足额计提土地资金收入，2016年自治区国有土地收益基金收入639万元，农业土地开发资金收入2.98亿元，国有土地使用权出让收入225.86亿元，同比增加10.32亿元，增长4.79%。

【分类推进事业单位改革】落实《财政部关于深化地方事业单位改革做好财政相关工作的通知》(财综〔2016〕14号)精神，印发《关于深化地方事业单位改革做好财政相关工作的通知》(新财综〔2016〕43号)，对加强事业单位分类改革国有资产管理、完善和落实事业单位分类改革财政政策，以及做好事业单位改革与政府购买服务协调工作等方面，提出政策要求。

(自治区财政厅综合处供稿，闫海涛执笔)

财政法制管理

【加强财政法制建设工作】研究制定《新疆维吾尔自治区财政法治宣传教育第七个五年规划》（新财法税〔2016〕32号）和《自治区法治财政建设实施方案》（新财法税〔2016〕28号），将“七五”普法活动、自治区法制宣传计划、财政法治建设等融会贯通，进一步明确财政法制建设工作目标、主要任务及具体措施，将有关方案材料印发全区各级财政部门学习参阅，有计划、有步骤地推进财政法治各项工作任务落实到位。组织干部职工参加“第十届全国百家网站、微信公众号法律知识竞赛”活动和“第十三届全国法治动漫微电影征集展播”活动，丰富干部学法、用法途径，增强财政法治宣传教育的针对性、实效性。

【加强行政审批事项管理】认真落实国务院和自治区人民政府公布取消调整的行政审批事项，按照“依法合理、应放尽放”原则，取消行政许可事项2项，包括政府采购代理机构乙级资格认定、中外合作经营企业外国投资者提前收回投资审批；下放中介机构从事会计代理记账业务的审批事项；承接财政部下放审批由财政部负责的会计从业资格认定事项。对已取消的审批事项，在财政厅门户网站上进行公布，接受社会监督；对仍在实施的4项审批事项，其中的“会计师事务所（分所）设立审批”和“资产评估机构设立审批”2项从前置审批调整为后置审批，其余2项“境外会计师事务所来内地临时办理审计业务审批”和“会计从业资格认定”按照法律、法规规定程序组织实施，并在财政厅门户网站上予以公开，接受社会监督。

【清理行政审批中介服务事项】根据自治区《关于清理规范自治区本级政府部门行政审批中介服务的通知》（新政发〔2016〕113号）精神，对照《关于清理规范自治区本级政府部门行政审批中介服务事项审核意见的复函》（新党编办〔2016〕132号）中提出的由财政厅实施的行政审批中介服务事项进行核实、修改、完善，并清理1项行政审批涉及中介服务事项，即“会计师事务所（分所）设立审批中，所审批需出具从事审计业务情况证明、出具已转出原会计事务所证明；分所审批需出具会计师事务所上年度资产负债表”。

【加强权力清单和责任清单制度建设】对行政权力事项和责任事项进行全面清理，并将清理出的涉及行政许可、行政处罚、行政检查、行政确认和行政裁决等6类18项权责事项在财政厅门户网站公布。根据自治区人民政府行政权力动态调整有关要求，取消一项财政厅实施的“公益性捐赠税前扣除资格确认”行政审批。根据《中华人民共和国资产评估法》，资产评估机构设立审批（行政许可类事项）和资产评估机构或者分支机构违法行为的处罚（行政处罚类）改为备案制。对涉及财政厅的15项权责事项的办理流程及审批时限绘制权力运行流程图，该流程图报自治区审改办及自治区政府公开办备案后，在财政厅外网予以公布，接受社会监督。

【组织优化政府服务、推进政务公开】按照自治区行政审批制度改革工作要求，继续深化“一个窗口”受理、“一站式”服务工作。一是在财政厅门户网站设立《会计管理》《政府采购》《场景式服务大厅》等子栏目，方便群众通过网上服务大厅办理相关审批手续。二是设立会计事务服务大厅，印发办事服务指南，方便群众参阅。三是及时梳理行政审批事项的行使依据、办理主体、许可条件、当事人需提交的申请材料及办理期限等，并在财政厅门户网站予以公开，便于群众查阅，接受社会监督。

通过优化政府采购资金支付程序、加强政府采购领域内控管理、加快政府采购信息公开等方式，提高政府采购工作效率，强化权力运行监督，进一步形成事前、事中、事后完善的监管模式。根据自治区人民政府关于做好行政许可和行政处罚等信用信息公示工作的要求，及时、准确、完整地向社会公布行政许可和处罚等信用信息。

【组织对失信被执行人、税收违法人实施联合惩戒】联合惩戒是为进一步保障社会公共利益不受损失，对税收违法案件当事人、失信被执行人由多部门实施联合惩戒。财政厅明确厅内各相关处室单位实施惩戒的基本要求和信息流转工作程序，建立惩戒信息定期通报制度和联络员制度，完成自治区实施联合惩戒工作任务。截至2016年底，财政厅共收到自治区税务、法院部门转来的实施联合惩戒信息7件，涉及重大税收、违法案件当事人53个，相关信息材料已按规定流转至厅机关相关处室共同实施惩戒。

【办理行政复议及行政应诉工作】2016年自治区财政厅共发生1起行政复议案件和1起应讼案件。一是新疆中泽圣亚家具有限公司不服克拉玛依市财政局行政处罚决定，向自治区财政厅提出行政复议。自治区财政厅本着客观、公正、实事求是的原则，对克拉玛依市财政局的行政处罚决定做出行政撤销的决定，最大程度上降低受害人的损失。二是深圳中科优瑞医疗科技有限公司向乌鲁木齐市水磨沟区人民法院就有关医疗设备政府采购事项提起行政诉讼案件。自治区财政厅积极应诉，并及时协调组织撰写答辩状，经多方收集有关证据材料，最终，法院裁定驳回深圳中科公司的诉讼请求。

【组织厅机关文件清理工作】根据自治区人民政府《关于开展政府文件清理工作的通知》（新政办发〔2016〕50号）要求，共清理文件26 550件，其中：废止或失效的规范性文件296件，继续有效的规范性文件454件，现行有效的文件16 658件，废止或失效的文件9 142件。

（自治区财政厅法制税政处供稿，米热阿依·尼加提执笔）

财政税政管理

【推进增值税改革】2016年，按照国务院对营改增试点工作的安排部署，研究制订新疆营改增试点改革工作方案，明确各相关部门的工作责任和分工，完成全区21.4万户试点纳税人的交接工作，2016年5月1日新疆营改增试点全面启动。

自治区财政厅会同自治区国税局、地税局等部门，针对营改增试点过程中反映出来的重点项目建设、汇总纳税等具体问题，印发《关于印发新疆维吾尔自治区重点建设项目税收管理规定的通知》（新财法税〔2016〕30号）、《关于印发新疆维吾尔自治区增值税汇总核算管理办法的通知》（新财法税〔2016〕29号）等制度规定，帮助纳税人规范管理流程，掌握运用政策，享受政策红利。

截至2016年12月31日，新疆共有营改增试点纳税人30.47万户，其中：一般纳税人3.13万户，小规模纳税人27.34万户。按照国家税务总局法定口径，新疆试点纳税人总体实现净减税33.58亿元，其中："3+7"行业实现净减税16.54亿元，四大行业实现净减税17.04亿元，综合减税面达到98.7%，实现"四大行业"只减不增的目标。

【推进资源税从价计征改革】牵头研究制订新疆资源税改革工作方案，对新疆55个矿种近千户企业4年的生产经营数据进行测算分析，报经自治区党委、政府研究批准后，将15个矿种上报财政部审批，40个矿种上报财政部备案，并于6月27日收到国家正式批复，确保新疆资源税从价计征改革按期实施。

根据财政部、国家税务总局《关于全面推进资源税改革的通知》（财税〔2016〕53号）和《财政部 国家税务总局关于资源税改革具体政策问题的通知》（财税〔2016〕54号）文件精神，自治区财政厅、自治区地税局联合印发《关于确定新疆资源税改革适用税率和换算比选矿比的通知》（新财法税〔2016〕24号）和《关于自治区资源税税收优惠政策的通知》（新财法税〔2016〕18号），为落实国家批复的新疆资源税从价计征税率奠定基础。

【专题汇报新疆进口饲草料现状争取政策支持】贯彻落实自治区党委确定的精准扶贫政策，支持新疆边境县市畜牧业发展，针对新疆边境县市饲草料自给不足、区内运输成本过高等现实问题，积极研究从邻近国家进口饲草料政策，并就新疆进口饲草料税费负担重的问题，专题向财政部关税司进行汇报。在财政部的支持下，新疆进口饲草料享受免征进口环节增值税的政策优惠，有效促进新疆边境地区畜牧业发展。

【开展新疆番茄酱产品国际竞争力调查】组织开展对全区番茄酱产品生产经营现状、国际竞争力水平调查研究，形成《新疆番茄酱国际竞争力分析报告》《2016年新疆维吾尔自治区重点产品国际竞争力调查工作报告》，为上级部门提供决策依据。

【开展各项税收政策调研】组织乌鲁木齐市

财政局、昌吉州财政局成立联合调研组，对新疆综合治税情况和“十二五”期间全区税收结构情况进行调研分析，形成《自治区综合治税情况分析报告》和《自治区十二五期间税收结构分析报告》，为领导决策提供依据。按照自治区党委、政府安排，先后对建工集团重组税收问题、南航公司营改增试点后减税问题、新疆机场集团减免税问题、中石油管道公司税收问题、霍尔果斯经济开发区延续执行优惠政策问题、八钢集团减免税问题、新疆国家大学科技园减免税等企业临时性减免税问题进行分析研究，对纺织业、农产品开发、经济开发区等税收优惠政策进行深入剖析，及时向自治区人民政府提出相关意见和建议。

（自治区财政厅法制税政处供稿，历疆执笔）

预算管理

【概况】2016 年，预算管理工作紧紧围绕社会稳定和长治久安总目标，贯彻落实自治区党委、人民政府各项决策部署，适应经济发展新常态、落实新发展理念，推进供给侧结构性改革，统筹推动社会稳定、经济发展、民生建设、民族团结、宗教和谐等方面的工作，为自治区经济社会发展提供有力保障。

【推进营改增改革】核定 2014 年中央级营改增收入基数和自治区级营改增收入基数，联合自治区国税局、地税局和中国人民银行乌鲁木齐中心支行印发《关于自治区全面推开营业税改增值税试点有关预算管理问题的通知》（新财预〔2016〕68 号），对收入划分、收入缴库、收入退库、收入调库进行明确，并对预算科目进行调整和增设，确保自治区营改增改革工作顺利推进。

【部门预算管理改革】一是完善制度办法。制定《自治区本级部门 2017 年预算编制管理工作规程》（新财预〔2016〕99 号），明确 2017 年部门预算编制的职责分工、工作流程、时间安排。制定《关于编制 2017—2019 年支出规划和 2017 年部门预算的通知》，提出 2017 年部门预算编制的指导思想、基本原则、重点工作及编制要求。二是健全预算编制方法。强化全口径预算管理，加大政府性基金预算、国有资本经营预算统筹到一般公共预算的力度，政府性基金收入按 20% 的比例调入一般公共预算，国有资本经营预算收入按 22% 的比例调入一般公共预算。事业收入、经营收入等部门单位收入完整编入部门预算，同财政拨款收入捆绑使用，统筹安排支出预算。按政策、按标准、按定额编制基本支出预算，据实编制人员经费预算。公用经费预算编制实行综合定额，基本公用经费的各项明细支出由部门在总定额内根据自身实际细化编制。严格控制会议费、培训费及“三公经费”。项目支出预算体现“零基预算”，项目预算细化到项级科目，并落实到具体执行单位、地州和执行时间，按照轻重缓急进行排序。建立项目预算评审机制，严格控制新增专项，所有新增专项必须进行评审，将评审结果作为预算安排的重要依据。

【预算信息公开】2016 年，加强预算信息公开制度建设，制定自治区本级部门预决算信息公开办法，推进自治区预算公开工作方案、自治区本级单位部门预算公开评比办法，督促、指导各地、各部门做好预决算信息公开工作。在新闻媒体和财政厅门户网站上公开 2016 年政府预算、“三公经费”总额预算和 2015 年政府决算。自治区本级 131 个一级预算单位中，除 7 个部门单位因涉密原因未公开部门预算外，其他 124 个部门单位均公开了部门预算和“三公经费”预算，公开比例达到 95%。2016 年部门预算公开时新增“财政拨款收支总表”和“政府采购预算表”，增强资金用途的明晰性和易读性。全区 14 个地州市和 102 个县市区，除涉密单位外，全部公开部门预算和“三公经费”预算。公开上年度绩效评价报告，便于公众了解项目支出的使用效果。

【重点民生保障】2016 年，自治区党委决定开展第七个民生建设年活动，实施 25 类 100 项重点民生工程。在当前经济下行压力加大，自治区财政收支缺口较大的情况下，自治区财政用于民生支出 3 090.4 亿元，同比增加 249.5 亿元，占一般公共预算支出的 74.7%，全区民生保障力度不减反增。自治区坚持积极稳妥、有保有压、量入为出的原则，积极调整支出结构，把财政支出的重点向民生领域倾斜。严格控制一般支出，通过银行贷款、地方政府性债券、企业及地县自筹等方式，最大限度保障民生资金。截至 2016 年 12 月 31 日，共安排重点民生工程资金 1 272.5亿元，其中：中央财政安排 452 亿元，自治区财政安排 254.6 亿元，企业及地县自筹 565.9 亿元。

【地方政府债券发行工作】2016 年中央核定自治区政府债务限额 3 150.7 亿元，新增政府债务限额 314 亿元，同比增加 136 亿元，增长 76%，用于支持自治区重大项目和重点民生工程建设。自治区发行地方政府债券 1 055.2 亿元，其中：新增债券 304 亿元，置换债券 751.2 亿元，有力促进自治区经济社会发展，缓解各级政府债务还本支出压力。

【中期财政规划】加强与自治区各部门单位的沟通协调，滚动编制自治区本级各部门三年支出规划，预测财政收支情况及存在问题，做好中期财政规划与国民经济和社会发展规划及相关专项规划、区域规划的衔接工作。批复部门单位 2016—2018 年中期财政规划，制定自治区本级部门中期财政支出规划（2016—2018 年）。

【盘活财政存量资金】贯彻落实国务院办公厅和财政部盘活财政存量资金有关精神，严格执行自治区相关规定，做好盘活存量资金工作。一是对部门征收入库的政府性基金，按不低于 20% 的比例统一调入公共财政预算，共调入政府性基金 8.5 亿元。二是建立按月统计报告制度，每月 10 日前按月统计报送全区“2016 年盘活财政存量资金情况统计表”，及时了解掌握各地盘活财政存量资金情况。三是加大盘活存量资金力度。2016 年 1—11 月，自治区盘活并收回财政存量资金 57.7 亿元，收回资金中形成实际支出 57.7 亿元。其中：自治区本级盘活财政存量资金 8.18 亿元。

【推进涉农专项资金整合】贯彻落实自治区党委、人民政府《关于贯彻落实〈中共中央、国务院关于打赢脱贫攻坚战的决定〉的意见》（新党发〔2016〕2 号），建立和完善财政涉农资金统筹整合使用工作的体制机制，提高资金使用效益，集中财力保障脱贫攻坚目标任务顺利完成。研究提出自治区工作意见，报自治区党委、人民政府印发《自治区关于支持贫困县推进财政涉农资金统筹整合使用的试点意见》（新党办发〔2016〕39 号）。

【完善自治区对下转移支付制度】研究提出改革和完善自治区对下转移支付制度的意见，报自治区人民政府后印发各地执行。意见从必要性、总体要求、优化转移支付结构、完善一般性转移支付制度、从严控制专项转移支付、规范专项转移支付分配和使用、调整和优化自治区基建投资专项、强化转移支付分配和使用、完善转移支付预算管理、完善自治区以下转移支付制度、加强组织领导等十个方面督促各级政府落实分级责任，不断缩小地县级财力差距，加快全区基本公共服务均等化进程。

【边境地区和重点生态功能区转移支付工作】修订完善《新疆维吾尔自治区边境地区转移支付资金管理办法》（新财预〔2016〕4 号），加强边境事务管理，从资金下达时间、使用范围、三年项目规划和绩效评价等方面，规范边境地区转移支付资金管理，提高资金使用效益。新办法的实施对支持边境地区经济发展，提高边境县财政保障能力，改善边境地区生产和生活条件，促进边境地区社会各项事业和谐发展等都将起到重要作用。2016 年自治区下达边境地区转移支付资金 23.77 亿元。完善自治区重点生态功能区转移支付办法。明确补助范围，细化考核奖惩机制。2016 年自治区分配下达重点生态功能区转移支付资金 30.72 亿元，引导地方政府加强生态环境保护，提高重点生态功能区所在地政府基本公共服务保障能力。

【出台支持农业转移人口市民化政策】贯彻落实《国务院关于实施支持农业转移人口市民化若干财政政策的通知》（国发〔2016〕44 号）精神，加快农业转移人口市民化，印发《自治区落实支持农业转移人口市民化相关财政政策的通知》（新财预〔2016〕121 号），推进以人为核心的新型城镇化，破解城乡二元结构，促进扩内需、调结构。2016 年自治区下达农业转移人口市民化奖励资金 1.09 亿元。

【推动央企属地注册】加快推进油气开采及配套劳务企业属地法人注册和合资合作，加强注册合作后各地的税收管理，便于企业生产经营，制定油气开采及配套劳务辅助企业法人属地注册和税收的有关规定，对油气开采企业及提供劳务的辅助企业在属地注册、税务管理、税费收入的划分、税款申报入库等方面做进一步要求。

（自治区财政厅预算处供稿，卫天执笔）

国库管理

【概况】2016 年，自治区财政国库工作推进各项管理制度改革，盘活存量资金，确保财政资金安全运行，促进财政国库工作迈上新台阶。

【完善财政国库管理运行机制】一是完成财政资金安全检查工作。根据财政部全面开展财政资金安全检查工作的要求，对 6 个方面 43 项内容进行检查。分小组、分阶段对自治区财政厅涉及资金管理的 19 个处室以及 20 个地州市进行核查。向财政部上报《新疆维吾尔自治区财政资金安全检查总结报告》（新财库〔2016〕65 号）。二是依规审核拨付资金。按照内控制度要求，优化岗位设置，细化岗位职责，严格按制度、程序、权限拨付资金，强化稽核制度。三是全面提升自治区财政库款运行管理水平，做好财政国库资金统计分析工作，按月测算自治区库款保障水平，提高财政资金使用效益。四是落实转移支付与库款余额挂钩政策，督促库款保障水平超出合理区间的地州市制定降低库款规模、加快预算执行进度方法措施，确保财政资金安全高效运行。

【国库集中支付改革】夯实国库集中支付改革成果。截至2016年底，自治区本级、各地州市及县（市、区）本级全面完成集中支付改革，99%的乡（镇）完成国库集中支付改革。全区通过国库集中支付拨付资金4 259.47亿元，占当年财政预算支出90%。

【加强预算执行动态监控】截至2016年年底，自治区本级监控资金800亿元，纠正违规申请支付资金3亿元；地州市以下财政部门监控资金2 500亿元，纠正违规申请支付资金3亿元。

【国库集中支付电子化试点】自治区本级选择人力资源和社会保障厅、自治区卫生和计划生育委员会两部门下属的34家单位试点运行授权支付业务电子化管理。截至2016年底，自治区本级发生电子化支付业务30 541笔，共计814.93亿元。

【推进公务卡改革】截至2016年底，自治区本级和14个地州市本级99个县（市、区）级629个乡（镇）实行公务卡改革，累计发放公务卡231 721张，通过公务卡报销10.8亿元。

【代理银行综合考评】组织自治区本级8家国库集中支付代理银行开展自查工作，核查代理银行“代垫资金计息明细表”。根据各银行财政国库集中支付业务量，分上半年、下半年分别向自治区本级8家代理银行支付手续费和垫付资金利息。

【国库集中支付资金年终结转】向预算单位下达2015年及以前年度形成的国库集中支付额度结余资金131.29亿元。

【财税库银税收收入电子缴库横向联网】扩大地州市财税库银横向联网电子缴库实施范围，提高横向联网电子缴库占比。2016年，新增吐鲁番市、哈密市上线运行。

【财政总会计管理】一是严格审核财政拨款凭证要素，及时、准确办理各项财政拨款业务。规范地方政府债券和盘活存量资金的会计核算管理工作，加强票据传递、印鉴和会计档案管理，强化会计内控机制。按时完成自治区本级财政收支旬月报、财政专户月报、库款月报和年终总决算报表编报工作。定期与财政部、预算单位、财政厅业务处室、人民银行、代理银行和各地州市财政部门进行对账，形成财政对账工作机制。二是收集整理自治区本级政府股权、债权、债务数据，按总预算会计制度规定进行核算。三是2016年纳入自治区本级非税收入财政专户管理行政事业单位88家。自治区本级财政专户管理资金2016年收入13.74亿元，其中：教育行政事业性收费13.65亿元，其他行政事业性收费0.09亿元。自治区本级财政专户管理资金2016年支出13.49亿元，其中：教育支出13.43亿元，其他支出0.06亿元。2016年将纳入预算内管理的非税收入151.57亿元从财政专户划入国库。

【财政总决算】印发《关于编制2016年度自治区财政决算（草案）的通知》（新财库〔2016〕130号），要求严格预算执行管理、夯实会计核算基础、完善决算编审和目标机制。2016年，自治区地方财政收入完成1 637亿元，其中：一般公共预算收入完成1299亿元，政府性基金收入完成334.2亿元，国有资本经营预算收入3.9亿元；自治区地方财政支出完成4 496.7亿元，其中：一般公共预算支出完成4 138.2亿元，政府性基金支出完成355.3亿元，国有资本经营预算支出3.1亿元。

【部门决算】自治区本级及21个地（州、市）所属20 437个独立核算行政事业单位编制部门决算。2016年度全区行政事业单位资产总额7 211.89亿元，负债总额1 909.76亿元。全区行政事业单位收入4 260.56亿元，其中：财政拨款3 528.17亿元，上级补助收入14.62亿元，事业收入（含财政专户管理资金）392.36亿元，事业单位经营收入18.77亿元，附属单位上缴收入 100 万元，其他收入 306.63 亿元。全区行政事业单位支出 4 241.46 亿元，其中：基本支出 1 834.36 亿元，项目支出 2 393.01 亿元，上缴上级支出 800 万元，事业单位经营支出 13.98 亿元，对附属单位补助支出 300 万元。

【部门决算信息公开】按照“公开为常态、不公开为例外”原则，各级财政部门做到“收到同级人大常委会批准部门决算后 20 日内公开部门决算信息”，各部门单位做到“收到同级财政部门批复决算后 20 日内公开部门决算信息”。2016 年，除经自治区人民政府批准不予公开的 5 个涉密预算单位外，自治区本级 129 个单位全部在单位门户网站或人民政府官网上公开 2015 年度部门决算和“三公经费”决算，自治区财政厅在门户网站集中统一公开。全区 20 个地州市和 101 个县市区全部在人民政府官网、财政部门网站、单位门户网站上公开 2015 年部门决算和“三公经费”决算数据。

【财政专户管理】加强财政专户基础管理工作，制定《关于转发〈财政部关于加强和规范地方财政专户管理的指导意见〉的通知》（新财库〔2016〕19 号）、《关于转发〈财政部关于进一步清理规范地方财政专户的通知〉的通知》（新财库〔2016〕133 号）明确撤户范围和时间要求，指导各地财政部门加强账户管理工作。清理专项支出类专户，各地财政撤销财政专户 83 个；撤销财政厅不符合规定的财政专户 3 个，上报设立涉外类财政专户 4 个。截至 2016 年底自治区共有财政专户 1 328 个。

【预算单位银行账户管理】对原 996 个预算单位 5 533 个银行账户进行清理核对，纠正 364 个预算单位 1 340 个账户信息，保留 772 个单位 3 269 个账户，确保预算单位账户信息的准确性。完善数据传输机制，加强对账户资金流量、流向和流速的监测监控，为加强财政存量资金监管创造有利条件。

【国债管理】2016 年，自治区 15 家银行销售国债总额 23.8 亿元。

【地方政府债券发行兑付】地方债分七期共计发行 1 055.2 亿元，新增债券用于全区公益和基础设施项目建设，支持经济社会发展；置换债券用于偿还以前年度到期债务，前 6 批自治区地方政府债券发行规模按 2：3：3：2 的比例分配，发行期限为 3 年、5 年、7 年、10 年期。第 7 批地方债发行额按 5：5 的比例分配成 5 年、10 年期限。2016 年，按时归还地方政府债券本金和利息共计 113.52 亿元。其中：归还 2011 年、2013 年发行地方政府债券本金 77 亿元，自治区本级承担 76.97 亿元，地州承担 341 万元；归还 2011 年至 2016 年发行地方政府债券利息 36.52 亿元，自治区本级承担 18.22 亿元，地州承担 18.29 亿元。

【工资统发工作】完成了自治区本级机关事业单位工作人员基本工资标准调整、机关事业单位离退休人员增加离退休费的工作。13 家非全额预算及实行绩效工资管理的单位退出财政统发范围，新增 1 家财政工资统发单位。自治区本级实行财政统发工资单位 404 家，人数 24 793 人（其中：行政 15 337 人，事业 8 862 人，离退休 594 人），全年累计发放工资（含地方津贴补贴）24.7 亿元。认真审核工资发放数据，全年追缴虚报、冒领工资 218 万元。

【2015 年政府综合财务报告试编工作】按照《财政部关于做好 2015 年度权责发生制政府综合财务报告工作的通知》（财库〔2016〕54 号）要求，自治区财政厅编制自治区本级 2015 年度权责发生制政府综合财务报告，组织自治区发改委、自治区党校等 6 个试点单位报送部门财务报告；组织 20 个地州市、101 个县市本级报送政府综合财务报告，其中各地州县市 69 个试点部门报送了部门财务报告。

【荣誉】2015 年自治区财政总决算获全国二等奖。2015 年自治区部门决算获全国一等奖。

（国库支付中心、统发工资管理中心供稿，拜冬冬执笔）

政府采购管理

【概况】2016 年，新疆政府采购规模达 510.86 亿元，同比增加 212.74 亿元，增长 71.36%，节约资金 29.99 亿元，节约率为 5.54%。按采购模式划分：集中采购（含部门集中采购）为 372.46 亿元，占采购规模的 72.9%；分散采购 138.4 亿元，占 27.1%；按采购类型划分：货物类采购 177.92 亿元，工程类采购 291.88 亿元，服务类采购 41.06 亿元，在政府采购总规模中所占的比例分别为 34.82%、57.13%和 8.05%。

【政府采购制度建设】印发《关于调整自治区本级分散采购和变更采购方式审批程序有关事项的通知》（新财购〔2016〕30 号），调整分散采购和变更采购方式工作程序和工作要求。印发《关于调整政府集中采购计划备案程序的通知》（新财购〔2016〕31 号），调整集中采购计划备案程序，明确备案要求。修订《新疆维吾尔自治区 2016—2018 年度政府集中采购目录和分散采购限额标准》（新财购〔2016〕32 号），提高集中采购限额标准、公开招标限额标准，在大专院校、科研院所科研仪器领域实施部门集中采购。印发《关于加强政府采购监督管理工作的通知》（新财购〔2016〕36 号），明确政府采购监管主体、监管对象、监管要求和监管内容。印发《新疆维吾尔自治区集中采购机构考核管理办法》（新财购〔2016〕38 号），明确集中采购机构考核内容、考核要求和考核程序。

【政府采购基础工作】2016 年，办理集中采购计划 18 批；分散采购审批 760 份；审核政府采购合同 3 446 份；进口产品政府采购审批 203 项；变更采购方式审批 102 项。加强对集中采购、分散采购、协议定点采购、资金支付、进口产品、变更采购方式的管理，避免奢侈采购、超标准采购，落实节能环保、支持国货等政府采购政策。2016 年，新疆政府采购网共发布采购需求类信息公告 28 936 条，中标、成交结果类信息公告 23 680 条，政策法规类公告 493 条，处理决定类公告 28 条。完成 2016 年度政府采购信息统计报表季度报表和年度报表的收集、汇总和上报工作。

【政府采购监督检查】2016 年，共受理政府采购投诉举报事项 20 起。对受理的政府采购投诉、举报事项严格按照规定程序办理，调阅资料、组织论证，维护政府采购市场的公平公正和政府采购当事人的合法权益。开展对 32 家代理机构共 245 个项目的政府采购代理机构专项检查，查处违法违规问题 132 个，对违规代理机构做出警告、责令整改等行政处罚。处罚结果在新疆政府采购网对外公布。

【政府采购政策功能】印发《新疆维吾尔自治区财政厅、中国人民银行乌鲁木齐中心支行关于印发〈新疆维吾尔自治区政府采购信用担保试点工作实施方案（试行）〉的通知》（新财购〔2016〕25 号），明确对参与政府采购企业在融资、投标保证、履约保证方面的优惠政策。印发《关于政府采购支持企业发展有关问题的通知》

（新财购〔2016〕39 号），明确政府采购鼓励采购本地企业产品的措施。

【车辆控购管理】印发《关于印发〈关于加强自治区党政机关事业单位公务用车使用管理的意见〉的通知》（新财购〔2016〕20 号）、《关于印发〈新疆维吾尔自治区党政机关事业单位公务用车控购审批管理暂行办法〉的通知》（新财购〔2016〕21 号）和《关于印发〈新疆维吾尔自治区党政机关执法执勤用车配备使用管理暂行办法〉的通知》（新财购〔2016〕22 号），明确公务用车、执法执勤用车配备使用管理要求和程序。严格车辆控购，除特殊事项外，一律停止一般公务用车购置审批，保障维稳工作用车、生产用车、检测用车等特殊车辆。落实 212 辆违规车辆处置情况。

（自治区财政厅政府采购管理办公室供稿，洪源执笔）

非税收入管理

【概况】2016 年，受经济下行影响，全区全口径非税收入收缴金额 767. 88 亿元，同比减收 36. 46 亿元，降幅 4. 53%，其中，纳入一般公共预算非税收入收缴 429. 78 亿元，完成年初预算安排 473 亿元的 90. 86%，同比减收 39. 34 亿元，降幅 8. 39%。

【收费项目管理】一是及时向社会公布涉企收费目录清单。坚持把收费目录清单公示工作列入政府正面清单管理范畴，制定印发《关于公布 2016 年新疆维吾尔自治区涉企行政事业性收费和政府性基金目录清单的通知》（新财非税〔2016〕9 号），分两次将自治区涉企行政事业性收费和政府性基金目录清单，包括执收部门、资金管理方式、政策依据、优惠条款信息，以及举报投诉电话等，在《新疆日报》《新疆经济报》及财政厅门户网站上同步进行公示，并对涉企收费基金清单变动情况进行及时更新。凡不在清单上的涉企收费项目，企业有权拒缴，并举报投诉。二是向社会公布自治区所有收费基金目录清单。2016 年 12 月，制定印发《关于公布 2016 年新疆维吾尔自治区行政事业性收费基金目录清单的通知》（新财非税〔2016〕30 号），一次性向社会公布自治区所有行政事业性收费和政府性基金目录清单，保障社会和人民群众的知情权。

【清理收费基金】一是落实财政部清理收费政策。按照财政部《关于取消、停征和整合部分政府性基金项目等有关问题的通知》（财税〔2016〕11 号）、《关于扩大有关政府性基金免征范围的通知》（财税〔2016〕12 号）、《关于扩大 18 项行政事业性收费免征范围的通知》（财税〔2016〕42 号）要求，在规定时间将非税收缴系统中的相关收费项目及时停收和调整，确保国家政策按期贯彻落实。二是积极推动自治区收费清理改革。从 2016 年 1 月 1 日起，继续缓征自治区设立风景名胜区资源有偿使用费、职业安全卫生培训考核费两项涉企收费；从 4 月 1 日起，停征自治区重大水利建设基金；从 6 月 28 日至 12 月 31 日，调低自治区运输煤炭车辆的公路运输计重收费标准；从7月1日起，按自治区推进资源税改革部署，停征55种矿产资源品目的矿产资源补偿费。上述措施累计为社会和企业年减负约6.28亿元。

【收费政策】一是研究制定《关于调整自治区森林植被恢复费征收标准等有关问题的通知》（新财非税〔2016〕22号），适度提高森林植被恢复费征收标准，促进自治区节约集约利用林地、培育和恢复森林植被，加快自治区国有资源有偿使用和生态补偿制度建设。二是研究制定《新疆维吾尔自治区排污权出让收入管理实施暂行办法》（新财非税〔2016〕4号），将政府排污权出让收入纳入非税收入管理，发挥市场机制作用，促进污染物减排。三是调整收费收入在各级财政间的分成比例，进一步完善分级财政管理体制，体现各级政府间财权与事权对应原则，理顺电影发展基金、公安交警电子罚没以及会计从业资格报名考试等收费的分成比例和缴交方式。四是积极探索市政公共资源有偿使用新方式，制定出台《自治区关于加强户外广告资源有偿使用费征管的指导意见》（新财非税〔2016〕27号），加强和规范城市户外广告资源有偿使用费的征收使用管理。五是与自治区地税局、国税局、残疾人联合会、新疆生产建设兵团财务局联合制定印发《新疆维吾尔自治区残疾人就业保障金征收使用管理办法》（新财非税〔2016〕28号），规范自治区残疾人就业保障金的征收使用管理，有效促进残疾人就业和残疾人权益保障。六是积极开展非税收入政策研究。围绕当前自治区财政改革和发展中遇到的重点、难点问题，深入基层座谈走访，完成《自治区市政公共设施有偿使用管理收入情况》和《新疆非税收入管理现状》课题调研工作。

【财政监督管理】一是贯彻财政部《关于开展收费清理改革落实情况监督检查的通知》（财办税〔2016〕20号），对2013年以来财政部印发的关于取消、停征、减免收费基金政策文件的执行情况进行全面检查。二是落实财政部、国家发展改革委、工业和信息化部、民政部《关于印发涉企收费清理情况专项检查方案的通知》（财税〔2016〕76号），与自治区发改委、经信委、民政厅等部门在全区范围内开展涉企收费清理专项检查。三是落实国务院第三次大督查自查要求，对部分政府性基金减免、18项行政事业性收费扩大范围政策逐项检查，对超收资金督促相关部门及时办理退付。

（自治区财政厅非税收入管理处供稿，刘单立执笔）

行政政法财政财务管理

【概况】2016年，自治区财政行政政法财务管理工作：深入推进财政改革，认真规范各项支出管理，切实落实责任，夯实基础，有效保障党政机关、政法部门、群团组织工作运转，从严控制一般性支出，全力支持自治区有关改革、发展、稳定、民生的各项重点工作。

【基层政权和组织建设】2016年，自治区财政安排加强基层组织和政权建设工作经费32.36亿元。落实提高农村“三老”人员生活补贴和提高村干部报酬政策。保障全区村级组织运转，提高自治区村级组织运转经费。对伊犁州、阿克苏地区和南疆三地州等五个重点地州的乡镇（街道）专职联防队员报酬、村治保主任报酬、“十户长”（社区楼栋长）予以补助。对乡镇机关和站所、社区考核称职（合格）干部发放工作奖励、基层补贴。保障全区乡镇、街道综合治理及宗教工作经费，以及全区村干部和“十户长”工作奖补经费。安排专项资金，用于到村任职大学生和“天池计划”人员生活补助等费用。保障村级组织活动场所、社区办公服务设施建设、社区党群活动服务中心建设、村小组活动室建设。安排各地爱国宗教人士生活补贴资金，落实提高爱国宗教人士补贴标准政策。安排资金，保障2016年南疆四地州乡镇工作人员招录工作及岗前培训工作。安排资金7.51亿元，保障自治区“访民情惠民生聚民心”工作顺利开展，进一步提升基层组织为民办事能力。

【安排促进宗教和睦和谐经费】安排资金336万元，对爱国宗教人士在自治区集中培训期间，每人每天发放40元误工补贴。支持改善伊斯兰教经学院办学条件，解决该院搬迁后经费保障和提高学生伙食补助、增设奖学金、增设助学金、增加学生实习经费、免除南疆四地州农村学生的住宿费等问题。

【支持法律援助、普法工作、刑释解教和安置帮教工作】自治区财政安排全区普法业务经费676.88万元、人民调解补助经费142.5万元、社区矫正工作及系统建设经费3 301万元、帮教安置592.5万元。中央和自治区财政补助各地法律援助经费1 170.75万元、司法救助经费1 700万元。

【完成工商质监下划工作】落实《国务院办公厅关于调整省级以下工商质监行政管理体制，加强食品安全监管有关问题的通知》（国办发〔2011〕48号）、《关于调整工商质监行政管理体制的实施意见》（新政发〔2015〕34号）精神，进一步理顺工商、质监行政管理体制，支持推进自治区工商质监体制改革。经自治区人民政府批准，工商质监财政体制调整工作于2016年1月1日起执行。2016年按照体制调整经费划转基数保障原则，以2016年部门预算经费安排为基础，与2016年新增未统发人员增资、调整津贴补贴、调整南疆工作补贴、调整基本工资、调整艰苦边远地区津贴五项涉及个人增资因素合并计算，确定自治区工商质监行政管理部门下划各地经费基数13.68亿元，其中：自治区工商局体制下划基数8.94亿元，自治区质监局体制下划基数4.74亿元。完成工商质监财政体制调整后，2016年，安排自治区质监局部门预算经费3.09亿元，其中支持质量技术监督业务专项工作经费2.95亿元。安排自治区工商局部门预算经费1.68亿元，重点支持工商系统制服购置400万元、网络运行线路租赁费955万元、工商营业执照印刷采购320万元、全区流通领域商品质量抽检费600万元、“12315”及消费者权益保护等大维权经费600万元、“五证合一，一照一码”登记制度改革经费350万元。

【支持地税系统“三代”税款征管】2016年安排资金1.5亿元，用于代扣代缴、代收代缴和委托代征“三代”税款手续费支出，支持自治区地税部门组织收入工作。

【保障第三次全国农业普查工作情况】按照《全国农业普查条例》（中华人民共和国国务院令第473号）要求，农业普查每10年进行一次，2016年为普查年度，自治区财政安排专项资金2 000万元，保障自治区第三次全国农业普查各项工作开展。

【支持旅游发展项目】2016年，自治区财政安排旅游专项业务经费1.75亿元（其中安排3 500万元，重点支持70个旅游扶贫项目村扶贫项目建设），用于国际、国内旅游宣传促销，各类媒体宣传，区域旅游合作，举办大型旅游节和会展活动，旅游项目规划，旅游基础设施建设，旅游厕所建设及管理等。

【支持妇女儿童工作】安排妇女儿童工作经费1 576万元，用于支持全疆范围内妇女法律维权、儿童活动阵地、农牧区妇女“三比三学”基地建设及建立手工艺品编制刺绣示范协会等项目。保障全疆妇联系统培训经费、县市妇联交通补助、妇女技能培训经费、复明流动眼科手术车工作经费等。安排专项资金1 900万元，用于新疆女性“靓丽工程”。

【支持基层团组织工作】安排1.22亿元，支持大学生西部计划志愿者经费、基层乡镇（街道）团组织建设、团干部培训、基层团组织建设、团委专项工作、预防青少年违法犯罪工作、大学生志愿者服务西部计划补助经费、青少年民族团结教育活动、青少年发展基金会劝募宣传、青少年校外活动场所建设等。

【调整自治区人大代表和政协委员活动经费标准】认真落实自治区党委关于加强人大、政协工作和建设的精神，自2016年起调整各级人大代表、政协委员活动经费标准，其中：自治区级每人每年2 200元；州（市）级每人每年1 000元；县（市、区）级每人每年800元；乡、镇级每人每年500元。同时，根据《新疆维吾尔自治区本级会议费管理暂行办法》（新党办发〔2014〕19号），农牧民代表参加各级人代会期间，每人每天补助60元。

【提高已故离休干部和同期参加革命工作已故老工人无固定收入配偶生活困难补助费标准】会同自治区党委老干部局、自治区党委组织部、自治区人力资源和社会保障厅联合印发《自治区党委组织部等四部门关于提高已故离休干部和同期参加革命工作已故老工人无固定收入配偶生活困难补助费标准的意见》（新党办发〔2016〕42号）。2016年自治区财政安排经费314.16万元，用于提高全区已故离休干部和同期参加革命已故老工人无固定收入遗孀生活困难补助费标准。从2016年1月1日起老红军（1937年7月6日前参加革命工作）遗孀从每月1 500元提高到2 000元；老八路（1937年7月7日至1945年9月2日参加革命工作）遗孀从1 000元提高到1 300元；老解放（1945年9月3日至1949年9月30日参加革命工作）遗孀从800元提高到1 000元。

【支持大学生志愿服务西部计划工作】会同自治区团委、自治区教育厅、自治区人力资源和社会保障厅联合印发《关于确定大学生志愿服务西部计划服务新疆专项志愿者补贴标准及调整实施方式的通知》（新团联发〔2016〕26号），调整自治区西部计划项目执行方式，由中央部门直接组织实施调整为中央部门和地方政府共同组织实施，明确志愿者在岗期间各项补贴执行标准和发放方式，并为志愿者缴纳社会保险。

（自治区财政厅行政政法处供稿，杨斌执笔）

教科文财政财务

【概况】2016年自治区财政教科文事业单位公共财政安排797.46亿元，增加19.28亿元，增长2.47%。其中：教育664.52亿元，增加16.59亿元，增长2.6%；科学技术44.98亿元，增加3.34亿元，增长8.02%；文化体育与传媒77.61亿元，减少1.35亿元，下降1.7%；档案、宣传、地震事务等10.35亿元，增加0.7亿元，增长7.25%。重点支持教育、科技、文化事业发展，全力保障自治区改革、发展、稳定、民生等各项重点工作。

【建立农村学前三年免费“双语”教育经费保障机制】安排资金13.6亿元，保障农村学前三年免费“双语”教育。将农村学前双语教育经费保障政策由学前两年延伸至三年，学前免费教育补助标准由年生均1 810元提高至年生均2 800元。

【支持南疆四地州农村学前幼儿园建设】安排资金12亿元，支持南疆四地州农村双语幼儿园建设，保障农村双语幼儿园应建尽建、农村适龄幼儿应入尽入。

【支持南疆学前“双语”教育干部支教工作】安排全区选派3 008名支教干部补助经费1 758万元，补助自治区选派赴南疆乡村双语幼儿园支教干部生活费。

【支持全面改善农村义务教育薄弱学校基本办学条件】安排资金17.15亿元，支持全面改善农村义务教育薄弱学校基本办学条件。批复农村义务教育薄弱学校建设面积59.1万平方米，涉及项目学校1 876个。安排农村中小学校舍维修改造项目资金9.38亿元，改善农村中小学办学条件，批复农村中小学建设面积34.68万平方米，涉及项目学校289个。

【完善城乡义务教育经费保障机制】落实国务院《关于进一步完善城乡义务教育经费保障机制的通知》（国发〔2015〕67号），制订《新疆维吾尔自治区进一步完善城乡义务教育经费保障机制实施方案》（新政发〔2016〕102号），由自治区人民政府正式印发。将城乡义务教育阶段学生全部纳入保障范围，建立城乡统一、重在农村的义务教育经费保障机制，确保“两免一补”（免学杂费，免教科书费，补助家庭经济困难寄宿生生活费）和生均公用经费基准定额经费随学生流动可携带。安排资金28.2亿元，支持城乡义务教育工作，将全区义务教育阶段学生270万人纳入保障范围。安排8.26亿元，按照每生每年800元的标准，支持实施农村义务教育学生营养改善计划。

【支持普通高中教育发展】安排资金2.6亿元，支持南疆四地州和边远贫困县普通高中改善办学条件，提高高中阶段教育升学率。安排资金1亿元，支持内地新疆高中班运转。

【构建现代职业教育体系】安排高职院校生均经费及中职学校生均公用经费2.9亿元，保障职业院校经费。安排现代职业教育质量提升计划3.6亿元，完善以改革和绩效为导向的职业院校生均拨款制度，改善办学条件。安排自治区职业教育专项经费2.1亿元，支持职业院校改善办学条件、建设实训基地、推进教育教学质量与教学改革。

【完善高中阶段家庭经济困难学生资助政策】在南疆四地州高中阶段免费教育的基础上，对其他地州市普通高中建档立卡家庭经济困难学生免除学杂费。安排资金2 179万元，资助2.8万名普通高中建档立卡家庭经济困难学生。

【实施南疆四地州高中阶段免费教育】安排资金11.2亿元，对南疆四地州17.8万名普通高中学生和全区中职学校10.3万名生源地为南疆四地州的一至三年级学生实行免费教育。免收学费和教材费，按每生每年2 000元的标准享受国家助学金。

【完善高校生均拨款机制】从完善基本支出体系和重构项目支出体系两方面健全高校经费保障机制，安排资金4.6亿元，加强自治区本级各高等院校经费保障水平。

【支持师资队伍建设】安排资金6 468万元，按照每人每月120元的标准提高义务教育阶段学校班主任津贴。安排特设岗位计划教师补助经费9.49亿元，落实特岗教师基本工资、绩效工资及南疆工作补贴等待遇。安排南疆四地州乡村教师补贴2.3亿元，对南疆乡村教师按照每人每月200元予以补助。安排4 576万元，支持新疆中小学少数民族双语教师培训。安排8 300万元，支持教师“国培”计划。安排2 340万元，支持“三区”人才计划教师专项计划。

【推动科技发展】按照自治区重大科技专项、自治区重点研发计划、自治区科技成果转化示范工程、自治区区域协同创新专项、自治区创新环境（基金、基地）建设工程等“五大板块”设立专项资金。其中，自治区重大科技专项4 520万元，自治区重点研发计划5 243万元，自治区科技成果转化示范专项8 939万元，自治区区域协同创新专项6 000万元，自治区创新环境（基金、基地）建设工程8 457万元，共计3.3亿元。安排1 000万元，支持“天山众创行动”，对自治区级认定的众创空间、星创天地、科技企业孵化器予以补助。参与研究《丝绸之路经济带创新驱动发展试验区区建设规划》，对接财政部相关司局和自治区相关部门，争取优惠政策。与自治区党委组织部、科技厅研究出台《关于激发科研机构和科研人员创新活力促进科技成果转化的若干政策》（新党组〔2016〕45号）。

【支持自治区科技富民工程】安排科技项目补助资金5 800万元，支持实施“科技富民强县”项目、科技特派员农村创新创业行动等。安排科学技术普及资金300万元，支持实施科普资源开发与共享工程，开展科技下乡活动。

【支持科技金融创新】安排自治区创新创业和科技成果转化引导基金6 000万元，支持科技成果在区内成功转化。制定《新疆维吾尔自治区科技成果转化引导基金管理暂行办法》（新财教〔2016〕347号），设立科技成果转化引导基金。

【支持公共文化建设】安排资金1.15亿元，以贷款贴息、项目补助等方式支持文化产业发展。按照每个行政村每年1万元的标准继续安排农村文化建设资金8 600万元，用于自治区所有行政村农家书屋书报的更新及运行、各类演出活动的组织开展、农村电影的公益性放映、体育活动的开展等。安排资金1.36亿元，支持支持文化遗产保护。安排资金2 112万元，支持国家级和自治区级非物质文化遗产的保护、传承和发展。安排政府购买演出资金4 013万元，支持自治区各级文艺院团参加政治性、公益性演出活动。

【支持公益性文化设施免费开放】安排公益性文化设施免费开放资金1.93亿元，支持自治区13个体育馆、3个体育场，40家美术馆、106家图书馆、116家文化馆、81家博物馆和纪念馆免费开放，支持1 021个乡镇综合文化站以及126个城市社区文化中心公共设施、场地的运行和维护，支持公益性文化设施提供基本公共文化服务。

【支持广播电视发展】安排资金3 817万元，支持广播电视大喇叭、村村通工程运行维护；安排资金2 000万元，支持广播电视户户通工程；安排资金2 884万元，支持少数民族语言优秀电视节目制作经费；安排资金2 318万元，支持民语节目上星传输项目运维、租用广播电视卫星转发器。

【支持新闻出版业发展】安排资金1.38亿元，支持新闻出版物免费赠阅，阅报栏建设、民文出版译制。

【支持体育事业发展】安排2016年第十三届全国冬季运动会补助经费2 853万元，支持第十三届全国冬季运动会办赛、参赛工作。

【支持自治区宣传工作】安排资金1 800万元，支持维吾尔手机报下乡工程。安排资金1 520万元，支持万村千乡文化惠民行动。安排资金2 500万元，支持连环画进村入户行动。

（自治区财政厅教科文处供稿，马磊执笔）

经济建设财政财务

【概况】2016年，自治区财政经济建设工作：认真贯彻落实自治区党委、自治区人民政府推进经济持续健康发展的15个方面60项措施，围绕支持经济发展、支持基础设施建设、化解产能、改善民生、保护环境等内容，明确工作思路、创新工作方法、保障财政资金投入。

【深化交通投融资体制改革】按照自治区人民政府工作安排，研究提出交通投资公司建设工作方案，提出解决自治区交通厅偿还贷款、筹措开工建设项目资金等问题的过渡性工作方案。通过交通投资公司，拨付车辆购置税收入中央补助地方用于交通运输重点项目资金81.1亿元，推动交通投资公司做大做强。

【推进纺织服装产业发展】修改完善《新疆纺织服装产业专项补贴资金管理办法》（新财建〔2016〕346号），将纺织服装补贴资金审核拨付权限下放到县市，由各地根据补贴办法自行兑付补贴；自治区每年分两次预拨资金，次年组织清算和全覆盖核查，加快资金拨付进度、强化管理。出资2亿元设立自治区纺织服装产业政府引导基金，拨付各类纺织服装专项资金29.89亿元。按照对口负责工作要求，支持沙湾纺织工业园区建设，督促园区加快项目建设，协调解决园区企业融资难问题。

【化解钢铁煤炭行业过剩产能】根据《财政部关于印发〈工业企业结构调整专项奖补资金管理办法〉的通知》（财建〔2016〕253号）要求，印发《新疆维吾尔自治区工业企业结构调整专项奖补资金管理细则》（新财建〔2016〕354号），向财政部申请钢铁、煤炭化解过剩产能专项资金3.77亿元，拨付各地用于企业职工安置等支出。

【支持“短平快”项目建设】拨付自治区“短平快”项目资金6.9亿元，其中：南疆四地州5.3亿元，其他地区1.1亿元，巾帼手工制品拓展项目5 000万元。支持民族手工业、地毯、商贸物流、维吾尔医药等756个产业项目，新增就业近6万人。

【支持开行新疆西行货运班列】印发《新疆丝绸之路西行国际货运班列财政补贴资金管理暂行办法》（新财建〔2016〕178号），支持新疆丝绸之路西行国际货运班列正常运行，加快推动中欧班列新疆集结中心建设，规范西行班列补贴资金管理。安排财政资金2 782万元，对新疆丝绸之路西行国际货运班列运费予以补贴，全年开通班列223列，运输货物32.4万吨。

【支持重点企业发展】研究制定促进八钢公司改革脱困的财税配套政策，将1亿元安居富民工程钢材款直拨八钢公司，支持八钢公司脱困。拨付自治区财政资金481万元，补助新疆庆华能源集团公司煤制天然气项目。

【支持重大基础设施建设】积极克服收入下滑困难，多渠道筹集资金，为铁路、公路、水利、轨道交通、机场、城镇基础设施等重大项目建设提供资金保障。累计落实中央和自治区预算内投资258.84亿元，交通基础设施建设完成固定资产投资360亿元。

【支持“两居”工程和保障性住房建设】全年累计安排“两居”工程建房资金24亿元，用于30万户安居富民工程建设任务。拨付3.74亿元农村困难家庭建房贷款贴息资金，为农村困难家庭近80.02亿元建房贷款提供贴息支持。筹措拨付城镇保障性住房工程建设资金30.88亿元（经建处部分），用于棚户区改造工程建设任务、全区保障性住房工程基础设施建设，改善城镇低收入家庭和居住在农牧区、林区、工矿区危旧房内的广大居民住房条件。

【支持重点县市脱贫攻坚】争取中央电子商务进农村示范资金2.85亿元、产粮大县奖励资金5.81亿元、生猪（牛羊）调出大县奖励资金1.36亿元、农村环境保护资金0.92亿元，支持重点县市脱贫攻坚。

【落实“访惠聚”项目资金】安排自治区资金8 000万元，用于环保厅160个村的“惠民生”农村环保项目；安排自治区资金3 000万元，用于商务厅60个村的“惠民生”农村市场建设等项目；安排自治区资金1 100万元，用于供销社22个村的“惠民生”农村基础设施建设项目；安排自治区资金2.07亿元，用于国土厅414个村的“惠民生”土地整治项目；安排自治区资金8亿元，用于交通厅1 600个村的“惠民生”农村公路建设项目。

【支持生态环境保护】安排自治区本级财政预算资金3.27亿元，保障全区生态环境重点项目支出。争取中央节能减排综合示范奖励资金2.5亿元，支持乌鲁木齐市节能减排工作。争取中央水污染防治专项资金2.79亿元，自治区配套5 000万元，支持乌鲁木齐河湖、博斯腾湖、赛里木湖、乌伦古湖生态治理。争取中央土壤防治专项资金4 900万元，开展土壤污染防治试点，推动实施污染地块调查评估和治理修复。

【推进棉花目标价格改革】积极落实自治区党委、自治区人民政府棉花目标价格改革各项工作部署，按照补贴资金管理办法规定，及时拨付和兑付补贴资金。根据中央补贴总额、全区棉花交售量以及种植面积，确定补贴标准为：陆地棉交售量补贴0.85元/公斤，特种棉交售量补贴1.11元/公斤；南疆四地州基本农户面积补贴70.4元/亩，棉农基本收益得到保障。

【保障粮食安全】安排拨付自治区粮食风险基金专项资金1.74亿元，保障自治区115万吨储备粮、2万吨储备油利息费用支出。拨付粮食仓储设施建设资金3 000万元、粮食产业化发展资金1 200万元，保障全区粮食收储安全，促进下游产业发展。

（自治区财政厅经济建设处供稿，马俊林执笔）

农业财政财务

【概况】2016年，农业财政工作：认真贯彻落实自治区党委、人民政府农业农村工作部署，落实强农惠农富农政策；推进涉农领域重点改革，调整完善农业补贴政策；积极支持农业信贷融资担保机构建设，创新资金投入方式，促进农业多元化投入格局形成；强化资金监管，完善资金管理制度，提升农业财政资金使用效益。

【农业财政投入情况】2016年，中央和自治区财政安排农业资金239.49亿元，同比增加55.29亿元，增长30.02%。其中：中央财政资金153.24亿元，同比增加8.07亿元，增长5.56%；自治区财政资金50.9亿元，同比增加15.29亿元，增加42.94%；自治区追加31.02亿元，同比增加29.83亿元；上年结转资金5.85亿元，同比增加3.61亿元。

【启动贫困县涉农资金整合试点工作】根据国务院关于开展支持贫困县统筹整合使用财政涉农资金试点工作的要求，会同有关部门制定《自治区党委办公厅　自治区人民政府办公厅印发〈关于支持试点贫困县推进财政涉农资金统筹整合使用的意见〉的通知》（新党办发〔2016〕39号），明确统筹整合使用涉农资金范围、试点对象、整合工作程序、资金使用管理等，在全区25个贫困县中开展试点；制定《关于印发〈新疆维吾尔自治区财政扶贫资金使用监督管理办法（试行）〉的通知》（新财农〔2016〕74号），明确财政资金的监管原则、监管范围、监管内容和方式及责任追究，确保资金“放得下、接得住、用得好、管得实”。

自治区统筹整合财政涉农资金19.15亿元，按照切块法筹集、因素法分配、原渠道下达的原则，下达试点贫困县，重点向2016年摘帽贫困县倾斜。充分赋予贫困县资金项目审批权、资金安排使用自主权，做到项目跟着需求走，资金跟着项目走，责任跟着资金走，实现精准施策和精准脱贫。

【启动自治区农业支持保护补贴政策】根据《财政部、农业部关于全面推开农业“三项补贴”改革工作的通知》（财农〔2016〕26号），将农作物良种补贴、农资综合补贴和种粮农民直接补贴（以下简称“三项补贴”）合并为农业支持保护补贴。制订《自治区农业三项补贴政策改革试行方案》（新政发〔2016〕55号文件），推进“农业三项”补贴政策改革，实施耕地地力保护、粮食适度规模经营和种粮农民直接补助政策，拓展支持农业发展和农民增收的政策空间，提高补贴政策的指向性、精准性和时效性。

2016年农业支持保护补贴36.46亿元，其中：中央安排30.69亿元，自治区安排5.76亿元。农业支持保护补贴中，22.72亿元用于耕地地力保护补助，3.64亿元用于支持建立完善农业信贷担保体系，10.1亿元用于种粮农民直接补助。

【落实强农惠农政策】安排农机购置补贴14.01亿元、畜牧良种补贴资金0.8亿元；统筹中央现代农业、自治区现代畜牧业发展专项等财政支持政策资金6.26亿元用于肉牛、肉羊产业发展。安排畜牧业转型示范资金4.06亿元，支持规模化养殖和草畜合作社发展，推动草原畜牧业转型升级；支持特色林果发展，促进林果产品的初加工，推动产销对接。启动建档立卡贫困人口转化为生态护林员选聘工作，筹措资金1亿元，在全区27个国家扶贫开发工作重点县（市），选择符合条件的建档立卡贫困人口转化为生态护林员，从事森林管护工作，每人每年补助1万元。

【全力保障民生工程】2016年，累计安排112.29亿元保障自治区民生工程，其中：安排18.4亿元支持农业高效节水建设；安排1.4亿元实施农村饮水安全巩固工程；安排14.1亿元落实农机具购置补贴政策；安排63.47亿元落实农业支持保护和草原生态奖励补助政策；安排11.45亿元落实退耕还林工程补助政策；投入3.47亿元支持现代农业示范项目。安排农业、畜牧、林业、水利、乡企等部门“访惠聚”村级惠民生工程资金6.44亿元，涉及1 288个村。

【调整农业产业结构】按照自治区“稳粮、调棉、优果、兴畜”的发展思路，积极调整完善农业政策，推动农业产业结构优化。整合中央和自治区涉农资金2.59亿元，统筹用于支持南疆五地州建设3 500座果蔬烘干房和2 000座冷藏库，促进产业就业和农民增收。支持农业信贷担保发挥财政资金引导示范作用，采取担保贷款、贴息、以奖代补等方式，对农林牧产业、民族手工业、农家乐、休闲观光农业等产业发展给予支持。

【加强农业生态建设】统筹推进森林、草原等农林生态保护建设，促进建立生态文明制度体系。拨付各地补助资金24.77亿元，落实新一轮草原生态保护补助奖励政策；安排天然林保护、退耕还林、湿地保护、森林生态效益补偿等林业生态工程资金23.26亿元，大力支持天然林保护、退耕还林、湿地保护等林业重点生态工程。

【支持农田水利建设】落实“水利兴则新疆兴”的战略部署，积极拓宽资金筹集来源，形成中央和自治区财政投入、地方债券、过桥贷款、业主自筹共同筹集资金的机制。2016年，累计落实中央和自治区支持农田水利和重大水利工程建设资金67.72亿元。

【加强农业财政资金监管】建立农业财政资金立体式监管模式，落实财政部门监督职责，提高资金监管水平。对内抓内部控制，完善制度建设；对外主要配合审计等其他相关部门做好资金监督工作；体制上设立并完善农业财政管理黑名单，将重大违规使用资金行为的单位和个人纳入农业财政黑名单，3年内取消其农业财政资金申报资格。

（自治区财政厅农业处供稿，朱黎执笔）

社会保障财政财务

【概况】2016年自治区财政社会保障财务管理工作：以健全社会保障制度公平性和可持续性为改革主线，全面推进机关事业单位养老保险制度改革，建立社会保障兜底脱贫制度，不断深化医疗卫生体制改革，支持实施更加积极的就业创业政策。全区社会保障支出760.3亿元，较上年增加144.4亿元，增长23.4%，其中：社会保障和就业支出504.3亿元，较上年增加132.4亿元，增长35.6%；医疗卫生支出256亿元，较上年增加12亿元，增长4.9%。

【完善社会保险制度】全面启动实施机关事业单位养老保险制度改革。完成128.9万名机关事业单位人员（其中：参保人员89.6万人，领取养老金39.3万人），从原来的单位保障或财政保障模式改为社会保险模式。研究制定《关于印发〈自治区本级十家试点单位机关事业单位工作人员养老保险制度改革财政业务工作流程（试运行）〉的通知》（新财社〔2016〕63号），确保改革顺利推进。安排专项资金85.62亿元，保障全区机关事业单位养老保险制度改革同步实施。提高36万名机关事业单位退休人员基本养老金，月人均基本养老金由4 750元提高到5 032元。继续提高企业退休人员基本养老金。连续第12年提高企业退休人员基本养老金标准。从2016年1月1日起，提高91.4万名企业退休人员待遇标准，月人均基本养老金由2 534元提高到2 723元。建立实施人身意外伤害保险制度。按照每人每年补助10元的标准，建立覆盖所有新疆籍城乡居民职工和援疆工作人员的人身意外伤害保险。全面实施职工大病保险制度。将所有参加职工基本医保的人员纳入大病保险保障范围。整合实施统一的城乡居民基本医疗保险制度。

【加强和改进社会救助工作】落实自治区党委脱贫攻坚工作部署，增加38万名农村低保兜底保障对象。2016年7月1日起，城乡低保补助水平每人每月分别提高14元、12元，城乡特困人员分散供养标准每人每月提高至470元、343元。按照《关于建立困难残疾人生活补助和重度残疾人护理补贴制度的实施意见》（新政发〔2016〕44号）要求，从2016年1月1日起，自治区各级财政对困难残疾人按照每人每月80元标准发放生活补贴，对重度残疾人按照每人每月80元标准发放护理补贴。安排救助资金66亿元，保障全区困难人员基本生活。

【大力推动社会养老发展】研究出台相关政策，支持和鼓励民间资本进入养老服务市场。自治区财政对全疆符合条件的81家民办养老服务机构补助专项资金843万元。做好80周岁以上老年人高龄津贴发放工作，拨付80周岁以上老年人基本生活及免费体检经费8 310万元。

【推进医改重点工作】安排全民健康体检补助资金1.8亿元，支持城乡居民接受免费体检。研究制定《自治区公立医院补助资金管理暂行办法》（新财社〔2016〕47号），使医疗卫生资金的分配更加公开、透明，使用更加规范、有效。安排专项资金2 429万元，落实城乡统一的失独家庭一次性抚慰金制度。健全医疗保障体系，将新农合和城镇居民医保补助标准由每人每年390元提高至420元。启动县级公立医院改革，按照每个县补助300万元的标准，拨付全区92个县市补助资金2.76亿元。推进城市公立医院改革，哈密市列入国家第四批城市公立医院改革试点范围，给予一次性2 000万元补助。提升基本公共卫生服务逐步均等化水平，将基本公共卫生服务经费补助标准由每人每年40元提高至45元。拨付补助资金1.95亿元，支持基层医疗卫生机构和村卫生室实施国家基本药物制度。拨付补助资金7.04亿元，保障疾病预防控制、妇幼健康、卫生人才培养、食品安全监管等重大公共卫生项目顺利实施。拨付补助资金1.04亿元，支持住院医师规范化培训及基地建设，重点加强基层卫生人才队伍建设。

【推动高质量就业】落实自治区人民政府《关于进一步做好新形势下就业创业工作的实施意见》（新政发〔2016〕85号）要求，将农村经济组织用工、城乡各类灵活就业、农业短期务工、有组织转移就业等各类就业形态，统一纳入现行就业政策扶持范围，增加就业渠道。拨付促进就业专项资金30.9亿元，支持各地就业创业和职业培训工作的开展。2016年全区城镇新增就业45.5万人，城镇登记失业率控制在4.5%以内，农村富余劳动力转移就业275万人（次），就业困难人员实现就业5.78万人，应届高校毕业生就业率达88.4%，培训各类人员104.8万人（次）。研究制定《关于印发〈新疆维吾尔自治区就业资金管理暂行办法〉的通知》（新财社〔2016〕157号），规范各项就业补贴标准。从自治区本级失业保险基金中提取就业资金6.84亿元，支持自治区各项促进就业工作。按照一个村委会50万元标准，拨付各地村级惠民生促进就业专项资金2.5亿元。拨付农业富余劳动力转移就业以奖代补资金5 553万元，推动农业富余劳动力转移就业。

【降低社会保险费率】从2016年5月1日起，将自治区企业职工基本养老保险单位缴费比例由20%降低至19%，失业保险费率由1.5%降低至1%，期限为2年。对淘汰落后产能、过剩产能、兼并重组的企业，按企业及其职工上年度实际缴纳失业保险费总额的50%给予稳岗补贴，期限为2年。

【加强社会保险基金预决算管理】充分发挥财政职能，强化基金预决算联合工作机制，加强社会保险基金预算编制与经济和社会发展相衔接，综合考虑社会保险基金收支的各种因素，全面、准确、真实、完整反映各项社会保险基金收入、支出和结余情况。2016年全区八项社会保险基金收入1 127亿元，基金支出957亿元，基金滚存结余1 350亿元。

（自治区财政厅社会保障处、社会保障基金管理中心供稿，阿不都热依木江·普拉提执笔）

企业财政财务

【概况】2016年，企业财政财务工作紧扣财政改革发展中心工作，主动服务大局，认真履职尽责，安排使用各类财政资金28.86亿元，各项工作取得新成效。

【调整财政资金投入方式】设立自治区中小企业发展基金，自治区财政安排5亿元资金，按照1：5放大，计划吸引社会资本25亿元，扶持初创期、孵化期和成长期中小微企业科技创新，投入方式改直接投入为间接投入、改无偿投入为引导撬动、改一次性集中投入为递延式分期投入。争取中央财政奖补资金2亿元，支持乌鲁木齐市开展小微企业创业创新基地城市示范工作和举办创新创业大赛，促进企业主体培育和载体平台建设，计划到2020年培育“专精特新”企业500家，加快建设新型孵化载体60个，构建5个创业创新孵化服务生态链，营造大众创业万众创新的环境氛围。

【支持做强融资担保体系】安排财政资金7.08亿元，突出发展融资担保、再担保、小微企业公共服务项目，采取奖励和保费补助等方式，鼓励融资担保机构为中小微企业提供融资担保服务；补助企业债券、集合票据发行费用，拓宽企业直接融资渠道；补助补贴小微企业服务机构基础设施改造，拓展丰富面向小微企业的创业创新、业务培训、项目孵化等服务项目；推动落实中小微企业融资担保风险补偿机制，补偿17家融资担保机构风险代偿，增加融资担保机构抵御市场风险的能力；组建自治区再担保（集团）有限公司，健全融资担保体系建设，创新发展银担合作模式。

【保障改制改组企业离退休人员生活待遇】安排国有企业改革成本4.34亿元，兜底保障55户区属国有关闭破产企业3.3万名离退休人员取暖费、医疗保险费、活动经费，落实国有企业办中小学医院退休人员和职教幼教退休教师享受事业单位同等人员生活待遇政策。

【推动国有企业“三供一业”分离移交】开展国有企业职工家属区供水、供电、供暖（供气）、物业管理分离移交财政补助补贴工作，研究制定中央下放企业“三供一业”维修改造、分离移交政策，争取中央财政补助资金3亿元，推动10户中央下放企业44个“三供一业”项目分离移交，达到基本实现分户设表、按户收费，实施社会化管理的目标。

【开展区级国有资本经营预算工作】2016年，国有资本收益收取比例提高至15%，国有资本收益划转一般公共预算的比例提高至19%。逐步提高预算支出中用于解决国有企业改革遗留问题的成本性支出及对国有企业资本金注入的比例，不断加大对文化企业和新能源项目的支持力度；按照扶贫攻坚工作有关要求，重点向国有企业在南疆四地州项目倾斜。2016年，自治区本级国有资本经营预算完成收入5.2亿元，同比增加3.5亿元，增长216.02%。其中：利润收入1.5亿元，股利、股息收入7 000万元，国有资本经营预算转移支付收入3亿元（为中央财政拨付的中央下放企业“三供一业”分离移交补助资金）。完成支出2.2亿元，同比增加9 000万元，增长69.8%。其中：解决历史遗留问题及改革成本支出4 000万元，国有企业资本金注入1.4亿元，调出资金（调入一般公共预算）4 000万元，用于解决国有企业改革遗留问题的成本性支出、国有企业资本金支出、南疆四地州项目支出分别占总支出的22.16%、76.53%和13.64%。

【支持自治区外经贸发展】2016年，共安排使用扶持外经贸发展类财政资金4.51亿元，鼓励承接以加工贸易为主要方式的东部地区产业梯度转移，建设有水平、上档次、终端产品面向新疆周边市场的加工贸易产业园区或基地建设。重点鼓励中小企业赴境外开展注册商标、申请专利、参加展会和推介产品，开拓国际市场。鼓励金融机构、保险机构加大对外贸中小企业的支持，开展对企业出口信用保险保费进行补助，鼓励引导企业积极利用信用保险扩大对外出口，通过财政补助或贴息方式鼓励先进设备技术进口和服务贸易发展。鼓励企业对外开展经济技术合作，通过采取前期费用补贴和贷款贴息的方式扶持企业在周边国家进行资本投资、对外承接工程和开展劳务合作。促进进出口贸易增长，奖励具有进出口业绩的企业，鼓励开展进出口贸易，稳定外贸增长。大力支持中国亚欧博览会、亚欧商品贸易博览会、新疆丝绸之路服装节等对外经济贸易“窗口”建设，为实施“走出去”战略营造良好氛围。

【地方国有企业经济运行情况】2016年，1 632户自治区地方国有及国有控股企业（以下简称“地方国有企业”）纳入年度财务会计决算报告编制范围，同比增加177户。地方国有企业拥有资产总额9 615亿元，同比增加2 888亿元，增幅42.9%；负债总额6 333亿元，同比增加2 150亿元，增幅51.4%；所有者权益总额3 282亿元，同比增加738亿元，增幅29%；累计实现营业总收入1 469亿元，同比增加463亿元，增幅46%；累计实现利润总额（盈亏相抵后）101亿元，同比增加73亿元，增幅260.7%；年末职工人数205 560人，全年平均职工人数192 504人，同比减少5 110人；实际发放职工薪酬总额142.30亿元。

（自治区财政厅企业处供稿，崔鲁新执笔）

涉外财政财务

【概况】截至2016年12月31日，自治区政府外债贷赠款项目142个，协议贷款总额25.85亿美元，其中：国际金融组织贷款项目33个（不含亚行），协议贷款金额15.89亿美元；外国政府贷款项目101个，协议贷款金额9.63亿美元；赠款项目8个，赠款金额3 300万美元。

【国际金融组织贷款项目管理】做好项目前期准备工作。根据《中国应对气候变化框架二期贷款项目贷款协议》，2016年2月与财政部签署《财政部与新疆维吾尔自治区人民政府关于利用欧洲投资银行中国应对气候变化框架二期贷款实施新疆乌鲁木齐市既有公共建筑节能改造项目的转贷协议》，印发《关于印发欧投行贷款“新疆乌鲁木齐市既有公共建筑节能改造”项目财务管理办法的通知》（新财外〔2016〕7号），欧洲投资银行既有建筑节能改造项目正式启动。2016年10月，世行项目准备团赴伊宁对伊宁城市交通和环境改善项目二期项目前期准备工作进行考察。主要就项目可行性研究情况及项目目标和时间表进行讨论，并实地考察项目采购、财务管理、环境保障及社会保障方面工作开展情况。

加强在建项目管理工作。一是世界银行贷款伊宁城市交通项目，总投资13.27亿元人民币，利用世行贷款1亿美元。2016年完成2条道路施工、公交调度指挥中心和中苑公交首末站建设及全部设备采购和供货。年内提款1 462万美元。项目累计提款6 939万美元，占贷款总额的69.39%。二是世界银行贷款新疆坎儿井保护及节水灌溉工程项目，总投资13.88亿元人民币，利用世行贷款1亿美元，2016年完成3座水库的后续工程建设、三县区16万亩节水灌溉工程及4项渠道工程建设工作，同时完成水资源管理项目部分建设和咨询工作。年内提款1 474万美元，项目累计提款9 943万美元，项目提款进度99.43%。三是世行贷款新疆职业教育项目，总投资6.37亿元人民币，利用世行贷款5 000万美元。2016年完成新疆农业职业技术学院培训中心主体封顶、乌鲁木齐职业大学产业服务中心部分土建工作，同时新疆轻工职业技术学院和新疆维吾尔医学专科学校土建工作进入施工阶段。年内提款275万美元，项目累计提款288万美元，项目提款进度为5.75%。四是乌鲁木齐城市交通改善二期项目，总投资32.74亿元人民币，利用世界银行1.4亿美元。2016年完成乌鲁木齐快速公交BRT6号线支线工程建设、乌鲁木齐综合交通信息平台项目初步设计、高铁站北广场公交首末站建设及完成项目考察培训计划。年内提款54万美元，项目累计提款54万美元，项目提款进度为0.38%。五是世界银行贷款乌鲁木齐市集中供热节能改造项目，2015年底项目执行和建设工作全部完成，项目关账；2016年关账后宽限期内提款1 230万美元。项目累计提款9 914万美元，注销85.59万美元。六是全球环境基金（GEF）赠款艾比湖区域可持续管理与生物多样性保护项目，2015年底项目执行和建设工作全部完成，项目关账；2016年关账后宽限期内提款 43 万美元，项目累计提款 294 万美元，注销 3 万美元。七是全球环境基金赠款加强阿尔泰山两河源流域景观保护区有效管理项目，2016 年完成咨询、培训项目等合同的采购，促进培训工作的开展。年内提款 54 万美元，累计提款 129 万美元。

【外国政府贷款项目管理】做好项目前期准备工作。德国促进贷款乌鲁木齐轨道交通 1 号线项目，总投资约 217 亿元人民币，其中申请德国促进贷款 1 亿欧元。项目建设内容：乌鲁木齐轨道交通 1 号线南起三屯碑，终点为地窝堡国际机场，全长 27.6 公里，全线设 21 座车站（含 7 座换乘站），并配建百园路车辆基地、南门主变电站、燕儿窝停车场和控制中心等。项目单位向财政部提交《关于履行德国促进贷款新疆乌鲁木齐市轨道交通一号线项目贷款协的承诺函》，并起草《财政部与新疆维吾尔自治区人民政府关于利用德国促进贷款实施新疆乌鲁木齐市轨道交通一号线项目的转贷协议》，等待财政部最终确认。

加强在建项目管理工作。一是以色列政府贷款新疆阿克苏地区沙雅县建设县城排水改造工程项目，总投资 1.18 亿元，其中以色列政府贷款 1 444 万美元，中国进出口银行作为转贷行。2016 年项目完成水处理设施部分土建工程建设、3 批进口设备和 1 批国产设备的货物采购工作。年内提款 217 万美元，项目累计提款 217 万美元，项目提款进度为 15%。二是中央财政统借统还以色列政府贷款新疆农田水利建设项目，总投资 4.72 亿元，以色列政府贷款金额 6 000 万美元，由中央财政负责偿还在阿克苏地区、伊犁州、塔城地区、昌吉州的 10 个项目。2016 年完成 8 个项目县进口设备的通关和验收工作，塔城市和霍城县项目基本完工，阿克苏市、温宿县及阿瓦提县完成田间工程建设工作。年内提款 1 061万美元，项目累计提款 1 691 万美元，项目提款进度为 28.19%。三是新疆职业大学利用德国促进贷款实施中德（新疆）职业教育实训基地项目，总投资 2.12 亿元，利用德国促进贷款 2 000 万欧元，2016 年完成新疆职业大学职业教育教学实训楼工程建设工作，项目竣工，同时项目货物采购基本完成。年内提款 365 万美元，项目累计提款 485 万美元，项目提款进度 24.27%。四是日本政府贷款新疆城市环境综合治理项目（Ⅱ期），各项目城市完成全部招标采购工作，大部分工程已投入使用并发挥效益。年内提款 4.14 亿日元，项目累计提款 38 亿日元，项目提款进度 100%。

2016 年，自治区财政厅共向财政部偿还（含垫付偿还）20 个政府外债项目到期债务 4.15 亿元人民币，比上年减少 520 万元。其中，由自治区本级财政承担（或部分承担）还款责任的债务 2 452 万元，由自治区本级还贷准备金垫付（或部分垫付）及由项目单位承担还款责任的债务 3.9 亿元。

2016 年 6 月，世行贷款卫生七项目 320 万 SDR（特别提款权）债务全额还款完毕；2016 年 12 月，世行贷款新疆公路二项目 2.4 亿美元债务全额还款完毕。

（自治区财政厅涉外处供稿，万卿执笔）

中亚区域经济合作

【概况】2016年自治区中亚区域经济合作工作围绕国家“一带一路”建设工作，以丝绸之路经济带建设为核心，充分利用亚洲开发银行贷款资金和中亚区域经济合作机制，支持自治区基础设施建设和经济社会发展，推进新疆参与中亚区域经济合作。

【项目开展情况】2016年，自治区利用亚洲开发银行贷款赠款项目11个，贷款赠款协议13.38亿美元，总投资规模160.42亿元人民币。其中：完工项目3个，协议贷款额共计为3.55亿美元，实际使用亚行贷款3.52亿美元。完工项目分别为：新疆区域公路（库尔勒—库车段）项目协议贷款额为1.5亿美元，实际用款1.5亿美元；新疆城市基础设施与环境改善项目协议贷款额为1.05亿美元，实际使用贷款1.04亿美元（分别在伊宁市、喀纳斯和阿拉山口三个县市实施）；新疆城市交通与环境改善项目协议贷款额为1亿美元，实际使用贷款9 800万美元（分别在昌吉市、阿勒泰市、哈密市、吐鲁番市和奎屯市五个县市实施）。

在建项目5个，协议贷款额为6.33亿美元。其中：新疆阿勒泰边境县及口岸镇基础设施与环境改善项目协议贷款额为1亿美元（分别在布尔津县、哈巴河县、福海县、青河县和吉木乃县五个县市实施），新疆城市综合发展项目贷款额为2亿美元（分别在克拉玛依市和奎屯市两个县市实施），新疆阿克苏综合城市发展项目协议贷款额为1.5亿美元在阿克苏市实施，新疆塔城边境城镇发展项目协议贷款额为1.5亿美元，西北三省林业生态发展与环境改善项目协议贷款额度为3 300万美元（分别在昌吉市、哈密市、和静县、焉耆县和库尔勒市五个县市实施）。

准备实施项目2个，协议贷款额2.5亿美元，其中：新疆昌吉州统筹城乡基础设施建设示范项目协议贷款额1.5亿美元（分别在阜康市、呼图壁县和奇台县三个县市实施），新疆克拉玛依生态林基础设施项目协议贷款额1亿美元。

列入规划项目1个，和田地区城市综合发展和环境改善项目，贷款协议额为1亿美元。

【项目实施进度】2016年，自治区五个在建项目当年提回贷款资金8 110.87万美元，其中：西北三省林业生态发展与环境改善项目597.09万美元、新疆阿勒泰边境县及口岸镇基础设施与环境改善项目1 629.46万美元、新疆城市综合发展项目2 421.46万美元、新疆阿克苏综合城市发展项目3 062.86万美元、新疆塔城边境城市基础设施和环境改善项目400万美元。实际拨付项目单位报账资金4 171.04万美元分别为：西北三省林业生态发展与环境改善项目304.28万美元、新疆阿勒泰边境县及口岸镇基础设施与环境改善项目979.06万美元、新疆城市综合发展项目951.01万美元、新疆阿克苏综合城市发展项目1 936.69万美元。

【债务偿还和回收管理】认真分析测算自治区债务规模，足额安排偿债预算资金。按期足额偿还到期债务，及时回收垫付还款，防范债务风险，维护国家信誉和形象，确保资金安全、合规、有效使用。2016 年自治区应偿还 4 个亚行贷款项目到期债务本息 8 笔，应还债务金额 8 150.88万元人民币，全部按期足额偿还到期债务，并按期全额收回垫付债务款。

（自治区财政厅中亚处供稿，贾晓倩执笔）

地方金融财务

【概况】2016 年，财政厅将政策制度创新贯穿财政金融工作各个环节，加强财政金融问题研究，运用财政奖励、补助、贴息等政策手段，推动财政支持普惠金融发展、农村金融体系建设，支持创业创新。发挥财政资金引导放大作用，通过贷款担保、风险补偿和贴息的创新结合，引导金融资源支持中小微企业、支持脱贫攻坚等重点薄弱领域；认真履行地方金融资产和财务的监管职能；强化金融财务和预算管理；建立完善财政金融内控制度和工作规程，财政金融各项工作取得新进展。

【健全财政支持普惠金融发展政策体系】整合设立普惠金融发展专项资金，将县域金融机构涉农贷款增量奖励、农村金融机构定向费用补贴、创业担保贷款贴息、政府和社会资本合作项目奖补等四项政策合并，放宽业务奖励范围，提高创业担保贷款额度，保障基础金融服务的普惠性。一是完成全区 420 家县域金融机构的涉农贷款增量奖励资金申请审核工作，其中，174 家金融机构获得涉农贷款增量奖励 2.59 亿元，撬动涉农贷款资源 2 366 亿元，同比增长 5.81%。二是完成全区 145 家农村金融机构申请审核工作，拨付农村金融机构定向费用补贴资金 3.03 亿元，其中：扶持新型农村金融机构 23 家，补贴资金 2.15 亿元，扶持基础金融服务薄弱地区金融机构网点 122 家，补贴资金 8 800 万元。三是完成全区创业担保贷款贴息审核工作，全年累计发放创业担保贷款 10.92 亿元，同比增长 8.9%，其中：个人项目贷款发放 10.4 亿元，小企业贷款发放 5 200 万元；全年累计贷款笔数 15 799 笔，自治区财政累计拨付中央及自治区小额担保贷款贴息资金 2.16 亿元，用于贷款贴息、奖励及风险补偿。

【落实民贸民品贷款财政贴息政策】完成自治区民贸民品贷款贴息资金结算工作，自治区 260 家金融机构发放民贸民品优惠利率贷款 1 926笔，累计贷款 517 亿元，同比下降 16.6%。自治区财政拨付民贸民品贴息资金 4.2 亿元，389 家民贸民品企业受益。

【开展农业保险财政保费补贴工作】完成自治区农业保险财政保费补贴资金的结算工作。2016 年，农业保险保费总规模 18.3 亿元，同比增长 2.2%，承保棉花、小麦、油料等各类农作物 3 171.13 万亩，参保率 52.1%；承保能繁母猪、奶牛 127.95 万头，参保率 28.8%；投保农户约 258.3 万户；自治区累计审核拨付中央及自治区本级财政保费补贴资金 12.8 亿元。

【制定落实扶贫小额信贷政策】研究制定

《扶贫小额信贷贴息资金及风险补偿金管理办法》（新政办发〔2016〕88号），在全区77个县（市）实施自治区扶贫小额信贷政策。金融机构为有劳动能力、有贷款意愿、有就业创业潜质的建档立卡贫困户，提供的单笔在5万元以下、3年以内，免抵押、免担保的基准利率贷款，贷款利息由财政全额贴息，县（市）政府建立风险补偿金。自治区财政拨付3.5亿元资金，用于35个贫困县建立扶贫小额信贷风险补偿金。截至2016年底，全区扶贫小额信贷风险补偿金规模达7.64亿元，金融机构累计发放扶贫小额信贷54亿元，涉及贫困户16万户，占全区72万建档立卡贫困户的22%，户均贷款达3.4万元。

【制定落实中小微企业政银担风险补偿政策】研究制定《自治区中小微企业政银担风险补偿资金管理暂行办法》（新政办发〔2016〕150号），一是建立政银担风险共担机制，对中小微企业单笔2 000万元以下的贷款，其贷款风险由承保担保公司、自治区再担保公司、承贷金融机构、企业所在地政府按照4∶3∶2∶1的比例共担责任，缓解中小微企业贷款难问题。二是建立自治区、地州市及县市三级风险补偿资金制度，按照自治区不低于3亿元，地州市不低于5 000万元，县市不低于1 000万元的风险补偿资金规模，用于中小微企业贷款风险补偿。截至2016年底，哈密市、博州、巴州、伊犁州、克州、昌吉州等6个地州，已正式签订政银担合作协议，发放“政银担”业务10笔、金额达7 100万元。

【做好地方金融企业财务决算报表工作】完成2015年度银行类、信用社类、担保类及新型农村金融机构等190家地方金融企业快报、报表会审工作。截至2015年末，全区金融企业资产总额为8 226亿元，资产增长率为15.86%；负债总额为7 410亿元，负债增长率15.26%；全区汇总金融企业实现营业收入为269亿元，与同期持平；实现净利润100亿元，同比增长3.4%。

（自治区财政厅金融处供稿，董文执笔）

会计管理

【概况】2016年，自治区会计管理工作以提高单位会计信息质量和会计工作水平为目标，贯彻简政放权要求，以信息化建设为手段，为会计行业提供高效、便捷服务，更好地服务于自治区经济社会发展和财政改革。

【会计制度建设】一是开展会计法问卷调查活动。通过多渠道宣传和确认继续教育学分的方式，扩大问卷调查范围，全疆1.47万人参加。二是推进行政事业单位内部控制规范建设。举办“行政事业单位内部控制规范建设培训班”，自治区本级和地州级近1 500人参加培训。三是建立行政事业单位内部控制基础性评价制度。对各单位内部控制基础情况进行综合性评价，查找单位内部控制基础的薄弱环节，通过“以评促建”

方式，推动单位继续深入开展内部控制建设和实施。

【会计从业及资格考试管理】一是组织会计从业考试。2016年组织四次会计从业资格考试，10.63万人报考，2.69万人取得会计从业资格证书。截至2016年，自治区取得会计从业资格证书人数为35.92万人。二是组织专业技术资格考试。2016年度全国会计初级资格考试报名2.7万人，参考人数1.63万人，合格人数2 764人，合格率为16.95%。三是完善初中高级会计专业技术资格考试报名系统，与会计人员管理信息系统对接，实现考试报名资格系统自动审核，完善考试报名收费与自治区非税平台的对接，提供考试收费电子票据打印功能。四是完善自治区、南疆四地州合格标准相关制度，鼓励考生积极参加考试，提高出考率、合格率。

【会计继续教育和人才培养】继续推进远程网络继续教育，实现继续教育登记电子化，引入竞争机制，择优确定7家网络教育培训机构，审核确定各地县面授机构56家。开展多层次会计人才培养和选拔。组织会计人才培训，委托新疆财经大学举办高级会计师培训班，培训470人次；委托上海国家会计学院培训高级会计人员180人次；与西南财经大学合作，培训高级会计人员120人次；与东北财经大学合作，培训高级会计人员140人次；组织自治区第五期领军（后备）人才集中培训；完成2015年总会计师素质提升工程培养任务，三个国家会计学院培训总会计师及行政事业财务负责人114人。完成全国、自治区会计领军（后备）人才（企业类）选拔考试。

【高级会计师、高级经济师（财政经济）评审】推进高级会计师、高级经济师（财政经济）评审制度改革，建立以能力、业绩为导向，向基层倾斜的高级人才评价体系，完成第27届自治区高级会计师、高级经济师（财政经济）评审工作，评定高级会计师96人、高级经济师（财政经济）3人。

【会计师事务所审批及管理】一是2016年，设立审批会计师事务所4家、审核境外会计师事务所来内地临时执行审计业务3项。截至2015年底，批准设立会计师事务所87家（有限责任所69家、普通合伙所18家）、事务所分所37家（区内总所设立分所21家、区外总所设立分所16家），具备证券期货从业资格会计师事务所设立新疆分所11家。二是完成2016年度会计师事务所基本信息报备，报备事务所总所74家、分所37家，报备事务所总所完成率85.06%、分所完成率100%。

（自治区财政厅会计处、会计事务服务中心供稿，田雨鑫执笔）

行政事业单位资产监督管理

【概况】2016年，财政行政事业资产监督管理工作围绕“保障履职、配置科学、使用有效、处置规范、监督到位”目标，完善资产管理制度，健全运行机制、落实工作职责，完成财政部行政事业资产管理各项工作，提升行政事业资产管理成效。

【资产清查工作情况】根据《财政部关于开展2016年全国行政事业单位国有资产清查工作的通知》（财资〔2016〕2号）要求，开展全区资产清查工作。截至2016年12月31日，全区行政事业单位固定资产账面数2 055.88亿元，清查数2 081.40亿元；净资产账面数1 902.98亿元，清查数1 930.47亿元。自治区行政事业单位流动资产账面数2 518.12亿元，清查数2 519.34亿元。全区行政事业单位负债总额账面数2 620.40亿元，清查数2 619.74亿元。

【资产占有使用情况】截至2016年12月31日，全区独立编制机构数26 579个，其中：行政单位8 255个，事业单位18 237个，其他87个。2016年全区行政事业单位资产总额为7 254.33亿元，较上年增加543.66亿元，增长8.1%；负债总额1 923.42亿元，比上年减少696.11亿元，减少26.57%；净资产总额5 330.9亿元，较上年增加1 239.77亿元，增长30.30%。全区行政事业资产处置收入1.8亿元；事业单位出租收入3.66亿元；事业单位对外短期投资4 400万元；长期债券投资9 400万元；长期股权投资37.5亿元，当年累计收益1.62亿元。

【事业单位所办企业产权登记情况】按照《关于加快推进事业单位及事业单位所办企业国有资产产权登记与发证工作的通知》（财资〔2016〕28号）要求，开展2015年度全区事业单位所办企业国有资产产权登记工作。截至2016年12月31日，全区事业单位所办企业共772个，已完成事业单位所办企业国有资产产权登记211个。

【资产管理内控工作情况】制定《行政事业资产监督管理处内部控制工作规程》，完善权力运行流程，对关键岗位、关键环节工作进行再梳理，规范行政事业单位资产处置审批程序，做到资产管理全程监督，过程留痕，责任可追溯，结果可查询。

（自治区财政厅行政事业资产监督管理处供稿，施健英执笔）

农村综合改革

【概况】2016年，自治区农村综合改革试点工作投入资金14.91亿元，开展村级公益事业建设一事一议财政奖补、美丽乡村建设试点、国有农牧场税费改革、建制镇示范试点、农村公共服务运行维护机制建设试点工作等。

【一事一议财政奖补工作】2016年安排一事一议财政奖补资金11.02亿元，其中：中央资金5.22亿元，自治区财政资金5.8亿元，用于开展村级公益事业建设，落实中央和自治区脱贫攻坚任务。投入一事一议财政奖补资金7.36亿元，支持自治区党委“访惠聚”民生项目1 654个。投入一事一议财政奖补资金3.66亿元，改善农村农民生产生活基础条件，激活村级集体经济发展潜力。

【美丽乡村建设试点工作】2016年安排美丽乡村建设试点资金1.16亿元，按照“县级申报、地州审批，自治区核查备案”的程序，在全区14个地州52个县58个村开展美丽乡村建设试点工作。

【国有农牧场税费改革工作】下达2016年国有农牧场税费改革财政转移支付资金2.02亿元，用于国有农牧场在计划生育、民兵训练、道路建设、优抚以及非生产经营性等方面的支出，促进农牧场经济社会事业稳步发展。根据中共中央、国务院《关于进一步推进农垦改革发展的意见》（中发〔2015〕33号），开展国有农牧场办社会职能改革情况及历史债务、转移支付资金安排情况及存在问题调研，做好国有农牧场深化改革试点工作。

【建制镇示范试点工作】安排2 000万元开展建制镇示范试点，其中，伊宁市巴彦岱镇和和静县巴润哈尔莫敦镇各1 000万元。开展检查调研，督促两个试点镇落实工作方案，重点围绕城乡发展一体化体制机制、建制镇投融资体制、公共服务供给体制等领域，建立健全有利于建制镇良性发展的体制机制。

【农村公共服务运行维护机制建设试点工作】安排资金5 132万元，支持农村公共服务运行维护机制建设试点工作。在2015年试点工作的基础上，继续选择13个县（市）1 106个行政村正式启动农村公共服务运行维护机制建设试点工作。

（自治区农村综合改革办公室供稿，姑丽扎尔执笔）

农业综合开发

【概况】2016年，自治区农业综合开发工作大力支持农业基础设施建设，积极扶持农业产业化经营，加大对农业产业化龙头企业、农民专业合作社等发展产业化经营的支持力度，培育和壮大新型农业经营主体，争取中央财政安排自治区农业综合开发资金10.32亿元，实施农业综合开发土地治理项目157个，治理面积80.6万亩，扶持农业产业化经营项目109个，扶持现代农业园区试点项目2个。

【农业综合开发资金投入情况】中央财政投入自治区农业综合开发资金10.32亿元，同比增加6 496万元，增长6.7%。其中：土地治理项目6.97亿元，同比增加5 667万元，增长8.9%；产业化经营财政补助项目资金1.41亿元，同比减少513万元，降低3.5%；现代农业园区试点项目资金3 000万元，与上年度持平；部门项目资金1.65亿元，同比增加1 342万元，增长8.9%。自治区本级财政落实资金3.44亿元，其中：土地治理项目资金2.82亿元，产业化财政补助项目资金4 316.64万元，现代农业园区试点项目资金1 200万元，部门项目资金7 790.24万元。

【土地治理项目实施情况】农业综合开发土地治理项目总投资10.45亿元，其中：中央财政资金6.97亿元，地方财政资金2.79亿元（含自治区本级财政资金2.38亿元），农牧民群众筹资投劳6 945万元。项目涉及15个地（州、市）的88个农业综合开发县（市、区）和自治区监狱管理局的1个监狱农场、自治区教育（矫治）局的1个教育（矫治）所。总计建设高标准农田74.5万亩，生态综合治理面积6.1万亩，新增和改善灌溉面积63.24万亩，新增节水灌溉面积35.85万亩，年节水量5 577.26万立方米，增加农田林网防护面积20.24万亩，改善项目区农业生产条件及生态环境，提升农业品产量和品质，对农业增产和农民增收起到积极推动作用。

【产业化发展项目实施情况】实施国家农业综合开发产业化发展财政补助项目109个，其中：龙头企业产业化发展项目33个，农民专业合作社项目76个，涉及种植、养殖、农产品加工、贮藏、保鲜、流通设施等领域。项目总投资4.71亿元，其中：中央财政补助资金1.15亿元，地方财政资金4 608.4万元（含自治区本级财政资金3 817.52万元），自筹资金3.1亿元。通过增加农业综合开发投入，支持示范带动作用强、科技含量高、经营状况良好、运行比较规范的农业产业化龙头企业和农民专业合作社，重点扶持与项目区农牧民主要农副产品生产、购销密切相关的加工转化、市场开拓和科技推广相关的能力建设。引导企业建立稳定的原料生产基地，与农户形成稳定的供求关系，农户按订单生产，企业按保护价收购，帮助农民规避市场风险；建设高效种养基地和设施农业，明显增加粮、棉、果、畜等主要农产品的有效供给，年新增总产值2.91亿元，年直接受益农户数量7 822户，形成各具特色的优势主导产业，加快培育优势产区步伐。

【农业综合开发部门项目实施情况】实施良种繁育、优势特色种养、中型灌区节水配套改造、名优经济林、林业生态示范和新型合作示范等6大类部门项目47个，争取中央财政投入资金1.65亿元，落实自治区本级财政资金7 790.24万元。完成2016年部门项目年度实施计划的编制及实施方案的审查工作，对全区2015年实施的部分良种繁育、秸秆养畜、中型灌区节水配套和新型合作示范等部门项目开展检查验收工作。

【农业综合开发现代农业园区项目试点情况】开展国家农业综合开发现代农业园区试点，制订竞争立项方案、进行实地考察、组织专家评审，增加伊犁州的伊宁县为农业综合开发现代农业园区试点项目县。2016年，农业综合开发现代农业园区项目投资1亿元，其中，中央财政资金3 000万元，地方财政资金1 200万元，自筹资金5 820万元。主要建设高标准农田建设项目2个，开发面积1.72万亩，生态综合治理项目1个，开发面积1 200亩，扶持园区内龙头企业项目2个，专业合作社项目2个，充分发挥财政资金"撬动"作用，吸引金融资本和社会资金参与园区内相应功能区建设，将园区打造成功能齐全，示范带动性强的国家农业综合开发现代农业园区。

【世界银行贷款建设项目】2016年，新疆维吾尔自治区世界银行贷款可持续发展农业项目（以下简称"项目"）计划投资1.17亿元，实际完成投资1亿元，完成当年计划的89.62%，其中：世行贷款实际完成投资8 663.14万元，地方财政配套实际完成投资844.51万元，农民自筹实际完成投资934.99万元。累计完成提款报账五次，报账金额8 111.80万元，其中，土建工程报账7 264.56万元，货物报账335.88万元，项目办咨询与服务培训38.67万元，其他咨询服务与培训519.93万元，农民协会33.03万元。

【推进绩效评价情况】从综合管理、资金管理、项目管理和项目绩效四个方面对全区2015年度国家农业综合开发项目资金管理工作和实施的2015年度国家农业综合开发项目进行绩效评价，对相关指标进行量化评价赋分，并将绩效评价结果作为分配2016年农业综合开发资金和项目的主要依据。对全区农业综合开发工作进行绩效评价，将评价结果上报国家农业开发办公室。

【加强开发县管理】将全区88个开发县［包括自治区监狱局、教育（矫治）局］纳入考核范围，加强对开发县机构设置、人员配备、工作绩效等情况的全面考核，分类指导。对新增开发县克州阿合奇县的机构设置、人员配备、工作绩效等情况进行全面考察，将克州阿合奇县纳入自治区农业综合开发项目县。完成项目可行性研究报告等申报材料及项目实施工作，为2017年考核新增开发县工作奠定基础。

【加强农业综合开发项目检查验收】组成8个检查验收工作组，对10个地（州、市）、教育矫治（戒毒）局的41个县（市、农场）农业综合开发项目（包括部门项目）资金和项目管理工作进行检查验收，全面检查2016年度农业综合开发项目评审、项目计划批复、项目库建设、资金使用、项目管理及招投标等基本情况。将检查中发现的未按规定落实地方财政配套资金等十二项大类问题在全区范围通报，督促各地州严格按照有关意见切实抓好相关问题的整改落实工作。

（自治区农业综合开发办公室供稿，施向前执笔）

财政扶贫资金管理

【概况】2016年，财政扶贫工作贯彻落实自治区党委、人民政府坚决打赢脱贫攻坚战的工作部署，围绕落实总目标，做好政策保障、资金投入、产业带动、项目安排、民生服务、社会帮扶、援疆支持、责任落实各项工作，财政支持脱贫攻坚工作取得成效。2016年自治区下达财政专项扶贫资金41.55亿元（其中：中央财政专项扶贫资金39.14亿元，自治区财政专项扶贫资金2.41亿元），同比增加12.47亿元，增长42.88%。

【做好财政支持脱贫攻坚工作】按照《贯彻落实〈中共中央　国务院关于打赢脱贫攻坚战的决定〉的意见》（新党发〔2016〕2号），调整财政支出结构、统筹整合涉农资金、推进财政金融扶贫、强化扶贫资金监管，深入实施精准扶贫、精准脱贫方略，切实加大财政支持脱贫攻坚工作的力度。印发《关于印发〈2016年财政支持脱贫攻坚任务分解和工作措施〉的通知》（新财扶〔2016〕22号），分解财政支持脱贫攻坚各项工作任务，细化目标责任，明确责任部门、责任领导、责任人及完成时限。建立月报告制度，要求各级财政部门确定一名领导主抓扶贫工作，按月报送扶贫工作进展情况，资金支出情况，存在的问题及意见和建议，确保财政脱贫攻坚任务纵向到底，人人担责。

【建立精准扶贫机制】一是区域精准。将不低于总量80%的财政资金，投向南疆四地州集中连片特殊困难地区，将不低于总量85%的财政资金，投向35个扶贫开发工作重点县。二是对象精准。把扶贫资金切实用于建档立卡贫困户，让发展成果更多、更公平惠及扶贫对象，确保全区扶贫对象应扶尽扶。三是用途精准。明确财政扶贫资金重点支持贫困地区改善生产生活条件，帮助贫困群众发展特色优势产业，增强贫困群众自我发展能力。四是制度精准。按照项目审批权限下放到县的改革要求，全面实行财政专项扶贫资金因素分配、切块下达到县，由贫困县因地制宜、自主使用资金，同时强化其在资金使用和监管中的责任，逐步建立分工明确、权责匹配、管理到位的资金监管体系。

【支持贫困地区发展】贯彻落实自治区脱贫攻坚“五个一批”工程、“脱贫攻坚规划”、“十大专项行动实施方案”，安排财政专项扶贫发展资金31.37亿元，通过扶持种植业、畜牧业、林果业、设施农业、手工业、水利、交通、住房、培训等领域发展资金项目，完成7个贫困县率先摘帽、810个贫困村率先退出、60余万贫困人口脱贫的目标任务。

【支持少数民族事业发展】安排少数民族发展资金7.26亿元（其中：兴边富民资金3.52亿元，人口较少民族资金1.59亿元，少数民族发展资金1.96亿元，项目管理费1 413万元，自治区配套资金500万元），支持少数民族农业、林业、畜牧、水利、民族手工艺等事业发展。少数民族发展资金项目的实施，对于贯彻落实党的民族政策，加强民族团结，维护社会稳定具有重要作用。

【加强贫困地区农村小型基础设施建设】安排以工代赈资金2.43亿元，其中项目资金2.38亿元，项目管理费652万元。主要向国家确定的集中连片特困地区倾斜，重点用于农田水利建设、基本农田建设、小流域治理、草场建设项目、县乡村道路建设、边境贫困县乡村基础设施建设、片区综合开发项目、林业示范工程等增加农民收入的农村小型基础设施建设项目，进一步改善贫困乡村的生产生活条件和发展环境。

【支持国有贫困林场和农牧场的事业发展】安排国有贫困林场扶贫资金和国有贫困农牧场扶贫资金5 020万元，其中：林场项目资金1 958万元，涉及管护站、道路维修、管护站水电暖、防渗渠和断头路等；农场项目资金1 498万元，涉及小型农田水利、农场修路、机井、高压电等：牧场项目资金1 564万元，涉及防渗渠、安全饮水改造、养殖基础设施等，进一步改善国有贫困林场和国有贫困农牧场基础设施和生产生活条件，增加经济社会效益。

【推进易地扶贫搬迁工作】建立易地扶贫搬迁投融资平台，注入项目资本金10.7亿元。督促县级财政部门将易地扶贫搬迁政府购买服务事项纳入本级政府购买服务指导性目录，指导各县市研究制定将政府购买服务支出编制分年度还款计划（滚动预算）列入财政预算的模板，明确各县偿还地方政府债券本金、长期低息贷款本金和10%的利息，专项建设基金本息的责任。自治区扶贫开发公司与30个县市签订地方政府债券资金使用协议，拨付资金2.54亿元，地方政府债券资金拨付率100%。

【做好定点扶贫工作】2016年，定点扶贫洛浦县洛浦镇阿亚格恰帕勒村和塔盘村，通过实施一批到村入户的惠民项目，加强基层组织建设，壮大村集体经济。经小组验收，洛浦县洛浦镇阿亚格恰帕勒村和塔盘村均摘掉贫困村“帽子”，顺利通过2016年度定点扶贫工作考核检查。

【加强扶贫资金监管】印发《关于印发〈新疆维吾尔自治区财政扶贫资金使用监督管理办法（试行）〉的通知》（新财农〔2016〕74号）、《关于印发〈新疆维吾尔自治区易地扶贫搬迁资金监督管理办法（试行）〉的通知》（新财扶〔2016〕38号），提出财政扶贫资金使用监督管理的目的、范围、相关要求。印发《关于开展自治区财政扶贫资金监督检查工作的通知》（新财扶〔2016〕36号），对南疆四地州32个县市2016年度扶贫资金的项目计划、方案审批、项目实施、资金拨付、会计核算等方面进行检查，确保项目资金高效安全运行，充分发挥扶贫资金使用效益。

（自治区财政厅财政扶贫资金管理办公室供稿，陈继梅执笔）

乡镇财政管理

【概况】2016年，自治区乡镇财政管理工作以全面推进自治区财政涉农惠民补贴资金管理系统应用为重点，加大乡镇财政干部培训力度，配合做好乡镇站所管理体制改革，不断提升乡镇财政服务能力和管理水平。

【乡镇财政管理信息化建设】印发《关于进一步推进自治区财政涉农惠民补贴资金管理系统应用工作的通知》（新财乡财〔2016〕6号），改变以往“先发放补贴后补录数据”的工作程序。全区所有涉农惠民补贴资金无论以打卡还是现金方式发放，都严格按照规范流程，全面应用自治区涉农惠民补贴资金管理系统。2016年，全区14个地（州、市）使用系统发放涉农惠农补贴资金涉及38项99.85亿元，同比增长112.63%。新增涉农惠民补贴资金发放情况短信通知功能，督促县市财政部门利用互联网、微信等，开发查询平台，完善补贴查询功能，加大涉农惠农政策宣传力度。

【规范乡镇财政管理工作】制定自治区乡镇财政资金监管公开公示电子存档制度，对自治区乡镇财政资金监管工作中公开公示的电子文件范围、要求、程序等进行明确，逐步完善监管工作流程。根据自治区乡镇站所管理体制改革要求，对塔城地区、哈密地区、昌吉州等6个地州、19个县市、31个乡镇财政所进行督导，加快各地乡镇财政所管理体制改革工作，统一实行以乡镇管理为主、县级财政部门业务指导的管理体制。按照自治区乡镇财政资金监管抽查巡查工作制度，在全区12个地州、78个乡镇财政所进行乡镇财政资金监管抽查巡查工作。

【乡镇财政所建设工作】按照乡镇财政所建设以奖代补资金管理办法，拨付乡镇财政所建设经费700万元，重点对全区11个地州涉及66个财政所的维修进行奖补。从2011年起，自治区本级财政累计安排24.2亿元乡镇财政所建设资金（含中央乡镇财政资金监管绩效考核奖励资金9 265万元），全区842个乡镇财政所建成设有惠农服务大厅、办公室、会议室、档案室的标准化乡镇财政所。根据创建规范化财政所的要求，按照县级预验收后申报、地州验收合格后推荐、自治区验收后确定的三重考核程序，在全区评选出38个自治区规范化财政所。截至2016年底，自治区共有272个规范化财政所。

【乡镇财政干部培训工作】制定自治区乡镇财政干部培训规划，明确2016—2018年乡镇财政干部培训的目标任务、主要内容和保障措施。从2016年起，每年自治区、地州、县市三级财政部门共培训1 500人次乡镇财政干部，用3年时间将自治区所有乡镇财政干部轮训一遍。举办5期自治区示范性培训班（其中3期分别在克州、巴州和昌吉州举办“送教下乡”培训班），培训全区各级乡镇财政干部512人。发挥财政部“财政基层培训信息管理系统”作用，采集自治区各级乡镇财政干部培训基础信息，统计汇总各级培训人数，并分析查询培训工作开展情况，逐步规范乡镇财政干部培训管理工作。

【荣誉】自治区乡镇财政干部培训工作在财政部2016年度财政基层培训工作考评中获得优秀奖。

（自治区财政厅乡镇财政管理局供稿，杜转执笔）

财政监督检查

【概况】2016年财政监督检查工作通过完善财政监督管理机制、加强财政部门内控机制建设、推进会计监督检查、优化会计师事务所行政监管，提升服务财政中心工作和规范财经秩序的能力。全年组织各级财政部门检查各类单位1 774户，查出违纪户数175户，查出各类违规问题金额64.35亿元，其中财政收入检查方面金额22.24亿元、财政支出检查方面金额399.83万元、会计监督检查方面金额42.03亿元、财政内部监督方面金额397.33万元。

【财政内部控制工作】2016年全区各级财政部门制定内部控制制度1 435个，举办内部控制培训班89次，培训3 546人次。自治区财政厅成立内部控制委员会，自治区政协副主席、自治区人民政府党组成员、财政厅厅长弯海川和财政厅党组书记奥曲尔任主任，其他所有厅领导任副主任，相关处室主要负责人为委员。制定自治区财政厅内部控制基本规定，对内控适用范围及控制目标、组织架构等进行明确。全面启动内控工作，对财政厅37个处室单位制定的内控工作规程审核把关，下发批复通知。

【财政内部监督工作】按照内部监督对口专管员制度，对财政厅内部监督工作进行总体部署、全员参与监督。在日常监督的基础上，选取8个财务独立处室单位实施重点检查。在日常监督方面，重点关注各处室履行日常监督职责情况。对财务独立处室单位，重点检查账户管理、收支核算、对个人支付事项等情况，并梳理风险防控的重要节点，提出合理的防控举措。对重点检查发现的问题，形成专题报告，由分管厅领导带领检查人员，与相关处室分管厅领导及处室主要负责人进行面对面沟通，就存在的问题逐一征求意见，提出整改措施，限期整改规范，切实规避可能存在的业务和廉政风险。

【非税收入收缴情况专项检查】2016年全区各级财政部门共检查14个地（州、市），97个县（市、区），延伸检查221个部门单位。检查发现非税收入违规问题金额22.24亿元。对检查发现的在非税收入执收及管理等方面存在的问题提出整改举措。

【预决算公开情况专项检查】财政厅成立厅党组成员、纪检组长方章荣任组长，财政监督检查局、预算处、国库处等相关处室单位主要负责人为成员的专项检查领导小组，下设4个检查组，每组检查3个地（州、市），实现对除新疆专员办检查以外的12个地（州、市）检查工作全覆盖。2016年全区各级财政部门共检查106个政府预决算公开情况，1.36万个部门预算公开情况，1.31万个部门决算公开情况。

【行政事业单位及企业会计监督检查】优化顶层设计，将会计监督与非税收入收缴、财政预决算管理、财政专项资金检查等相结合，多位一体、齐头并进。组织全区各级财政部门检查行政事业单位和企业488户，重点检查扶贫资金重点投向领域，重点关注行政事业单位资产管理和内部控制情况。检查发现违规问题户数185户，各类违规问题金额42.03亿元，通过检查处理处罚单位132户，补交税款、追缴财政收入、处以罚款4.65万元，处理处罚责任人10人，对责任人处以罚款2.5万元。

【会计师事务所检查】对会计师事务所收入规模、人员结构、社会信用、行业排名等指标进行综合考量，对全区87户非证券资格事务所进行分类定级，确定B类事务所17户、C类事务所49户、D类事务所21户，采取综合评价和分类监管等方式，提高监管工作针对性，扩大辐射效应。组织87户事务所开展自查自纠，对14户事务所开展重点检查，对2户给予警告的行政处罚，对4户给予监管关注处理，对8户给予限期整改处理。

【检查公示公告工作】严格落实自治区县级以上财政部门公示公告制度，自治区财政厅通过《新疆日报》和财政厅门户网站，对全区会计监督检查单位进行统一公示，地州市级财政局在当地党委机关报上进行公示公告，县市级财政局在当地政府网站和财政门户网站上进行公示公告。自治区财政厅公示全区会计监督检查单位460户，并对财政厅检查结果进行公告。地州市级财政局公示检查单位122户，完成检查结果公告46户。县市级财政局公示检查单位335户，完成检查结果公告134户。

【监督成果利用工作】组织各地财政部门对扶贫资金重点投向领域进行调研，全区共完成15篇调研报告，客观反映各地扶贫资金使用过程中的基本情况、存在的主要问题及成因分析，提出解决问题和促进扶贫资金管理的对策建议。财政监督检查局各检查组，针对发现的问题，分析原因和制度漏洞，提出改进措施，形成10篇调研报告，为被检查单位和财政部门完善相关制度和加强管理提供帮助。

（自治区财政厅财政监督检查局供稿，吴海朝执笔）

自治区本级政府采购工作

【概况】2016年度，自治区本级依法组织实施政府集中采购目录和限额标准内的采购项目，共实施政府集中采购502次，采购预算23亿元，实际采购金额20.44亿元，节约采购资金2.56亿元，节约率为11.13%。其中：货物类采购预算为16.79亿元，采购金额为14.86亿元，节约采购资金1.93亿元，节约率为11.49%；工程类采购预算为4 469万元，采购金额为4 058万元，节约采购资金411万元，节约率为9.1%；服务类采购预算为5.76亿元，采购金额为5.17

亿元，节约采购资金 5 900 万元，节约率为10.24%。其中保障和改善民生、科技教育、医疗卫生、社会保障等方面的集中采购项目达到15.83 亿元，占比为77.45%。

【贯彻执行政府采购制度】学习贯彻《中华人民共和国政府采购法实施条例》，规范和完善采购文件，健全各项规章制度。重大采购项目集体讨论，共同研究项目实施步骤，提升采购质量和服务水平。坚持依法采购，严格执行《中华人民共和国政府采购法》等相关法律法规，切实保障操作执行合法、合规、合理，保证质量，提高效率，预防和遏制腐败。

【服务全区经济建设】重点做好对改善民生、科技教育、医疗卫生、社会保障等项目的集中采购工作。在做好日常采购工作的基础上，重点完成 2016—2017 学年义务教育和南疆四地州普通高中阶段的免费与非免费教科书采购项目、以竞争性磋商方式实施“新疆区域空气质量预警预报平台”项目、第二批“边疆万里数字文化长廊及街道社区文化室”、自治区图书馆资源建设、自治区公安厅“网安信息化建设”及 DNA 检验设备、机动车驾驶人员考试定点考场服务项目、自治区地税局信息化建设、天山东部森林重点火险区综合治理三期建设、自治区人民政府公文无纸化传输及流转智能管理系统升级更新改造等重大项目，重点完成各高校实验室设备、家具、服装采购、食品药品检验机构检（监）测类设备等一批改善民生、医疗卫生、安全生产、抢险救灾、社会保障项目的集中采购工作。

【落实协议定点采购工作】完成 2017 年度全区公务车协议供货、公务车维修定点服务和办公自动化及电器设备协议供货区域联动项目以及定点印刷服务和会议服务定点宾馆的招标工作。公务用车协议供货通过改进模式加大投标主体的有序竞争，优惠折扣率达 6.9%；公务车维修方面经过评审专家组对企业维修设备的实地考察，抽查配件进项和出项原始票据核定，竞价谈判，综合评定，平均折扣率为 16.2%；办公自动化及电器设备产品平均折扣率为 11.2%；2017—2018 年度自治区本级及全国党政机关会议服务定点宾馆项目确定一类会议定点宾馆 11 家，二类会议定点宾馆 34 家，三类会议定点宾馆33 家。

【发挥政府采购政策功能作用】加强政府采购与推进国家产业政策相融合，认真落实节能环保、自主创新等政策功能，推行国家强制采购和优先采购政策，在采购文件、评审办法和评审标准中制定具体落实政策功能的措施办法。落实自治区扶持新疆纺织服装产业发展战略，通过政策宣传和培训、合理制定采购需求、科学制定采购操作办法等措施，扶持新疆内纺织行业发展，实现在制服政府采购面向疆内纺织服装企业定向采购。研究完善节能环保、绿色采购政策体系，建立绿色采购执行机制。研究制定支持自主创新产品政府采购政策措施及具体操作办法，坚持购买正版和国产软件，鼓励、督促采购人采购自主品牌汽车，扶持新疆内地产汽车产业发展。通过实地了解企业的生产研发规模，深入座谈，了解企业在政府采购工作中遇到的困难与矛盾，在依法采购的前提下，制定出扶持不发达地区和少数民族地区，促进疆内企业发展的相关措施，进一步发挥政府采购政策功能作用。

【提升政府采购服务水平】自主研发并开通招标文件网上下载系统，方便供应商随时随地通过互联网免费注册下载招标文件，提高文件发放效率和服务水平。创建“窗口示范单位”和“青年文明示范岗”，制定便民利民措施，设置电子显示大屏、信息自助查询机等。

【推进政府采购改革创新】首次实施政府购买机动车驾驶人考试定点考场服务，通过实地调研座谈，听取意见建议，分析制订科学、合理的采购方式和工作方案，在 49 家投标企业中经过资质审查、分类谈判入围 46 家，是在政府购买社会资本服务新领域的成功实践，解决驾驶人考试不便的难题，为今后周期性实施此类采购项目奠定较好基础。

【强化政府采购监督管理】规范操作流程，严肃评标纪律，严格按程序组织评审，对开标、评标现场全程音视频监控，形成严密的内部和外部监督融合机制，提高政府采购透明度。推进中心内部工作流程信息化建设，开发政府采购中心内部OA系统，明确政府采购电子化平台的主要内容和流程，从以纸质载体操作为主转变为以电子操作，特别是以网络载体为主，适应政府采购信息化建设趋势，提高工作效率，规范采购流程，实现全程电子化监管。强化纪检、监察、审计部门的专业监督，配合义务监督员以及社会监督，实现监管常态化。结合工作实际，完善操作流程，健全分工制衡机制，完善制度建设，强化对重点环节和岗位的监督，及时纠正不规范行为，促进廉政建设。

【规范政府采购评审专家使用】按照“统一建设、分级管理、资源共享、管用分离、随机抽取”的原则，加强政府采购评审专家抽取管理，严格按照自治区政府采购专家抽取工作流程从评审专家库中随机抽取评审专家。规范政府采购评审专家评审行为，提高政府采购工作质量。对评审专家的工作纪律、职业道德和业务水平等职责履行情况分等次进行记录和评价，配合政府采购管理部门对评审专家库进行动态管理，推动实现全国评审专家库互联互通和专家资源共享。严格专家就餐审核和专家劳务费发放制度，严控人数、严格标准、严格审查。

【重视调查研究工作】加强重大采购项目标前调研，对自治区环保厅新疆区域空气质量预警预报平台、自治区图书馆资源建设、公安厅“驾驶人考试定点考场服务”、新疆人民广播电台历史数据转存等项目深入用户单位调研，听取意见，做好数据分析，制定科学、合理的技术参数，确保采购质量。加强协议供货和定点服务项目的管理工作，对2016年度公务车采购、公务车维修、公务车保险及办公自动化和电器设备等全区联动项目20余家企业的服务履约情况进行抽查调研，邀请定点印刷企业座谈，查找协议定点服务中存在的问题和不足，研究制定整改措施，加强操作机制创新，提高工作效率及规范水平，营造和谐的采购氛围。

【加强宣传培训】通过新闻媒体和网络及时发布本级政府采购工作的动态信息、理论研究成果，宣传政府集中采购工作的政策法规，加大政府采购工作的宣传力度，及时对事关民生、教育、促进社会事业发展的项目进行宣传报道。2016年，在《政府采购信息报》发表文章15篇，《中国政府采购报》发表文章12篇，《中国财政》杂志发表文章1篇，《中国政府采购》杂志发表文章1篇，《新疆财会》杂志发表文章1篇。举办全区集采机构工作人员业务培训班，由相关专家对当前政府采购工作中的难点和热点问题进行专题辅导，并召开各地州区域联动创新亮点经验交流座谈，为政府采购从业者答疑解惑，汲取工作经验，畅谈改革思路。

【荣誉】在第十二届全国政府采购集采年会中，自治区财政厅政府采购中心被评为2016年度“全国十佳集采机构”；“新疆政府购买机动车驾驶人考试定点考场服务项目”在中国政府采购奖项评选中荣获“精品项目奖”；董信军同志被评为“2016年度全国政府采购十大阳光人物”，夏乙文同志被评为“2016年度政府采购全国十佳业务标兵”。在《中国政府采购报》、中国政府采购新闻网举办的中国政府采购高峰论坛中，“新疆政府采购图书馆资源建设项目”荣获“精品项目奖”。李喜洲同志被评为“中国政府采购年度人物奖”，李红同志被评为“实战精英奖”。

（自治区财政厅政府采购中心供稿，夏乙文执笔）

财政票据管理

【概况】2016年，财政票据管理工作以深入推进财政票据电子化改革为支撑，以“转变作风、提升服务、加强监管、规范收入”为目标，着力做好财政票据管理服务工作。

【财政票据发售工作】2016年，监印财政票据22种，其中：手工票据8种31.8万本，机打票据14种1.15亿份；发售财政票据44种，其中：手工票据26种38.5万本，机打票据18种7 272万份。财政票据印刷费支出2 700万元，财政票据款收入2 750万元。

【财政票据电子化管理改革】截至2016年12月底，自治区本级1 214家财政票据使用单位安装使用财政票据管理“智能卡”；各地（州、市）本级及所属98个区县12 495家单位安装使用财政票据管理“智能卡”。

【全区范围内启用新版医疗票据】加强医疗收费票据使用管理，强化医疗收入监督检查，有效防止虚假医疗票据，规范医疗收费行为，实现全国医保联网结算无缝衔接，自治区于2016年4月1日正式启用新版医疗收费票据。自治区财政厅以新版医疗收费票据启用为契机，重点推进自治区本级医疗机构财政票据“智能卡”改革，选取新疆医科大学第五附属医院做试点，为配合全国医保部门异地联网结算工作做准备。

【对民办教育机构进行专项检查】对自治区本级管理的新疆大学科学技术学院、新疆医科大学厚博学院、新疆财经大学商务学院、新疆农业大学科学技术学院、新疆天山职业技术学院、新疆能源职业技术学院、新疆现代职业技术学院7家民办教育机构进行专项检查，检查内容包括财政票据领购资格、收费依据以及2013年1月1日起至2015年12月31日所领购的各类财政票据。本次检查7家民办教育机构财政票据13.6万份，对未建立票据管理制度、串用财政票据、票据核验不及时等问题提出整改，规范单位票据管理和财务行为。

【调研全区财政系统票据管理工作】加强对各地（州、市）票据管理工作的监督和指导，对部分地（州、市）财政票据管理部门机构配置、人员编制、发售大厅及财政票据存放库房等情况进行调研，对不符管理要求的提出意见和建议，不断夯实工作基础，提高财政票据管理工作科学化和精细化水平。

【注销43家自治区本级社会团体组织购票资格】对2015年未参加年检的、登报公示后仍未能前来参加专项检查的43家社会团体组织按规定进行注销处理，强化监管力度，提升管理水平。

（自治区财政厅财政票据管理中心供稿，马晶执笔）

财政投资评审

【概况】2016年，自治区财政投资评审工作，加强对财政投资建设项目评审，提高财政投资评审监管质量和水平，全年完成评审项目45个，评审金额9.75亿元，审减不合理支出1.52亿元，节支效果明显，大大提高了财政资金使用效益。

【开展财政投资项目概、预、结算评审工作】严把评审质量关，认真做好财政投资项目概、预、结算评审工作。在概、预算项目评审方面，完成自治区机关事务管理局羊毛湖家属院拓展前工程、自治区疾病预防控制中心鼠防科动物实验室工程、自治区会计干部培训中心二次老旧供热管网改造工程等5个评审项目，评审金额1 919万元，审减不合理概、预算168.2万元；在结算项目评审方面，完成新疆迎宾馆改（扩）建工程、自治区机关事务管理局紫金花园工程建设工程、新疆玛纳斯河红山嘴饮水枢纽除险加固工程等40个项目结算评审，评审金额9.55亿元，审减不合理支出1.5亿元。

【完成专项核查任务】按照自治区财政厅《关于开展自治区纺织服装业各项补贴政策执行情况专项核查工作的通知》（新财办建〔2016〕3号）要求，会同自治区纺织行业管理办公室组成联合检查组，对伊犁州、博州、昌吉州、巴州、喀什地区和阿克苏地区纺织服装产业各项补贴政策执行情况进行专项核查，核查项目313个，核查金额14.08亿元，为及时掌握纺织服装业各项补贴政策执行情况、安排专项补助资金提供详实、准确的依据。

【建立健全内控工作规程】根据定岗位、定职责、定权限、定责任人的工作要求，对所有评审业务事项进行梳理，深入查找业务流程各环节存在的风险点25个，依据对评审工作影响程度评估确定风险等级，提出24条有针对性的具体防控措施，研究制定《自治区财政厅投资评审中心内部控制工作规程》，确保各项工作有章可循、有规可依，各环节岗位切实履职尽责、高效有序运行。

【规范购买社会服务行为】按照政府采购工作程序，由政府采购中心组织招标，投资评审中心面向社会公开招录19家工程造价中介机构，建立“财政评审中介机构库”，研究制定相应的管理办法，借助社会力量助推评审工作。2016年，在16个工程项目评审中，从财政评审中介机构库中抽调专家19人（次）参与项目评审工作，审减不合理支出9 405万元。

【向财政部推荐评审骨干人才和报送优秀典型案例】根据财政部《关于选拔推荐财政评审骨干人才的通知》（财预审〔2016〕1号）要求，安排专人对全区各地（州、市）财政部门报送的在编专业技术骨干人才进行资格预审，甄选出8名专业技术骨干人选报部预算评审中心，经财政部审核，5名专家顺利入选“全国财政预算评审骨干人才库”。根据财政部关于报送全国财政评审典型案例的要求，从全区各级评审机构选送的材料中甄选出15个典型案例报送部预算评审中心，2个项目典型案例入选“全国财政评审典型案例汇编”。

（自治区财政厅投资评审中心供稿，刘永强执笔）

财政科研工作

【概况】2016年，财政科研工作转变研究思路，改进工作作风，健全工作机制，加强政策研究，利用《新疆财会》平台积极开展宣传，财政科研工作不断发展。

【工作研究】一是承担自治区“政府系统领导干部经济工作业务知识系列读本”中《财政知识读本》和《PPP知识读本》编写任务，为宣传财政理论和财政政策奠定基础。二是赴哈密地区、吐鲁番市、伊犁州等地开展以“五大发展理念”“稳增长”“去产能、去库存、降成本”为专题的实地调研，为自治区党委和人民政府决策提供依据。三是赴和田地区和喀什地区，就推进自治区脱贫攻坚、民生改善专项行动，对农村公路建设、农村水利建设、安居富民建设、电力基础设施建设、农村通信网络基础设施建设、农村环境综合治理、牧民定居和畜牧业发展、产业援疆促进就业、纺织服装和“短平快”项目促进就业、南疆天然气利民工程、工商联系光彩扶贫、农村电商等12个方面的工作进行调研，完成《自治区脱贫攻坚民生改善专项行动南疆调研报告》。四是主持完成新疆软科学项目——《新疆新型城镇化过程中财政支出测算及责任划分》，于2016年4月结题并顺利通过项目验收。五是完成《2016—2017年新疆经济社会形势分析与预测》（经济社会蓝皮书）中财政运行形势的分析和预测经济专题的撰写工作。六是围绕财税体制改革，开展专题调研，完成《“营改增”对新疆的影响及对策研究报告》《新形势下促进新疆文化产业发展的调研报告》等专题调研报告。

【宣传服务】2016年，出版发行《新疆财会》汉文6期、维文6期。对刊物的编委会成员及编审人员做出调整，增加《聚焦财税改革》《会计领军论坛》《“访惠聚”活动》《财廉之窗》等栏目，及时追踪反映全区财税改革进程，加大对全区财政系统“访惠聚”活动、党风廉政建设和反腐败工作的宣传。全年共摘编《财经视角》30期，充分发挥舆论宣传作用。

【学术交流】一是按照中国财政科学研究院的要求，协调全区财政系统相关部门，完成新疆地区企业成本与负担问题问卷调查、地方财政经济形势问卷调查两项工作。二是组织全区财政系统干部参加全国第二届财税知识网络答题竞赛活动。

【社会活动】新疆科研所荣获2016年度全国财经科研成果宣传工作二等奖，刘瑞英同志荣获全国财经科研成果宣传工作先进个人。

（自治区财政厅财政科学研究所供稿，赵珍执笔）

财政信息化建设

【概况】2016年，新疆财政信息化建设紧紧围绕服务财政改革和发展的宗旨，加强网络安全和管理，提高运维服务质量和效率，狠抓软件项目建设和应用，保障财政信息安全，提升财政信息化建设和管理水平。

【开发应用PPP项目管理系统】实现全疆PPP项目申报、立项、建设、实施全过程电子化审批管理，实现项目情况展示，月报、旬报统计汇总，建立项目储备库、项目知识库和互动交流论坛，了解项目各阶段建设内容及相关批复，实时动态掌握项目建设开展情况。系统管理包括19个类型445个项目，涉及投资金额2 719亿元。

【推进国库银行账户管理系统应用】开发账户动态监控子系统，完成10家商业银行数据接口的开发测试，实时监控预算单位账户存量资金和资金变动情况，为自治区财政盘活存量资金、账户监管、小金库治理等工作提供数据支撑。推进系统在全疆各地（州）的应用，完成哈密地区、克拉玛依市的应用实施。

【开发纺织服装行业运行监测管理系统】掌握全区棉纺织企业的实际运行情况，实时获取电力、税务、人事、银行、财政等多个部门的数据，直观准确反映企业运行状况。系统取得部分棉花企业的人员用工情况数据和纳税数据，第一期工作目标已经完成。

【优化会计管理系统功能】完善会计新办证、换证、免试办证申请审批流程，实现电子档案的采集、变更控制、网上预约换证等52项功能，集成会计职称初、中、高级考试报名单点登录入口，新增四家继续教育网校，将会计事务服务大厅打造成为全疆统一会计考试服务窗口。

【实施财政智能网络诊断系统】财政智能网络诊断系统是财政厅首次自主研发的具有安全认证功能的系统，可协助诊断网络及应用系统故障，有效抑制外部操作安全威胁。用户终端管理子系统先行在自治区本级预算单位推广使用，接入单位超过2 000家，注册用户7 000多人，日在线数量超过800人。经过试点，系统的实用性、可靠性得到有效检验。

【开发应用访客管理系统】实现访客身份验证、实时拍照、自动打印访客单、即时统计来访信息等多项功能，有效提高外来人员管理工作效率，加强后勤安防信息化应用水平。

【网络安全建设与管理】一是开展全区财政系统信息网络安全检查工作。共检查全疆路由设备294台、安全设备160台、服务器995台、内网终端4 981台、预算单位8 121家。通过检查，各地业务应用系统运行平稳，未发生数据丢失、信息泄密、违规外联、恶意攻击等安全事故，网络安全总体情况良好。二是信息系统安全等级保护建设。对财政厅内、外网12个信息系统进行安全等级保护定级工作，制订《财政厅外网安全等级保护建设方案》，通过链路冗余、安全域划分、边界防火墙等多维技术手段，结合各项管理措施，规范外网信息系统的管理和维护，提高网络信息安全保障水平。2016 年 12 月，经初步验收，信息系统安全达到三级保护要求。三是正式启动自治区财政系统异地设备中心建设工作。确定建设地点，初步规划建设规模，确认现场环境和网络环境，为全疆财政系统设备中心建设工作开展奠定基础。四是财政厅外网网站安全检查。针对自治区电子政务办、网信办等提出的安全隐患，提出整改方案，进行全面整改，强化财政外网网站安全防范措施。五是网络管理系统调整及优化。重新定制 46 个业务视图，调整和优化网管采集模块参数 122 条，展现财政各系统的实时运行状态，为系统监控和日常维护提供有效帮助。

【信息化运行维护服务】一是开展 UKEY 年审工作。印发《关于开展自治区本级预算单位基础信息年审工作的通知》（新财办〔2016〕5 号），收集、审核 1 426 家单位基础资料信息，完成 3 369 个 UKEY 的年审以及单位用户基础资料的动态更新，确保财政专网注册单位信息和用户信息的完整、准确，提升财政业务专网的入口安全，为审计和事后责任追溯提供有力依据。二是推动软件正版化工作开展。完成全厅 264 台计算机操作系统和办公软件正版化，严格按照国务院办公厅、自治区新闻出版局文件要求，完善资料收集，建立档案管理，在自治区计算机正版化检查中得到相关领导高度评价。

（自治区财政厅信息网络中心供稿，张小欢执笔）

注册会计师行业管理

【概况】2016 年，自治区共有 103 家会计师事务所，有执业注册会计师 1 136 人、非执业注册会计师 711 人；资产评估机构 56 家，执业资产评估师 487 人，非执业资产评估师 35 人。2016 年，新疆“两师”行业年度业务收入 6.82 亿元，其中会计师事务所 5.81 亿元，同比增长 19.8%，评估机构 1.01 亿元，与 2015 年基本持平。

【行业考试】一是注册会计师考试。综合阶段和专业阶段报名人数分别为 111 人、8 309 人，报考科目 23 669 科次，出考 7 158 人次，出考率 30.95%。综合阶段实考 80 人，出考率 72.07%。专业阶段滚动合格 70 人，全科合格 66 人。二是资产评估师考试。资产评估师职业资格全国统一考试报考人数 162 人，出考 70 人，出考率 43.52%，滚动合格 12 人。

【注册（登记）管理】一是印发《关于开展 2016 年度注册会计师任职资格检查工作的通知》（新会协〔2016〕4 号），完成 1 120 名注册会计师年检工作，其中通过 1 075 名，不予通过 43 名，已故 2 名。在《新疆经济报》（2016 年 5 月 24 日）、《新疆注册会计师》（2016 年第 2 期）、新疆财政厅网站、新疆注协网站等媒体公布年检结果。二是印发《关于开展 2016 年注册会计师非执业会员年检工作的通知》（新会协〔2016〕53 号），完成 711 名非执业会员的年检工作，

377 名会员通过年检，在新疆注协网站公布年检结果。三是印发《关于开展 2016 年资产评估师年检工作的通知》（新会协〔2016〕5 号），完成 473 名资产评估师年检工作，其中通过 465 名，不予通过 8 名，在《新疆经济报》（2016 年 5 月 24 日）、《新疆注册会计师》（2016 年第 2 期）、新疆财政厅网站、新疆注协网站等媒体公布年检结果。

【人才培养】以网络培训和面授培训相结合，分类分级培训，举办 18 期培训班，培训注册会计师 1 666 人次，资产评估师 817 人次，助理人员 865 人次，非执业会员 398 人次。

【业务监管】一是印发《关于开展 2016 年度新疆会计师事务所执业质量检查的通知》（新会协〔2016〕28 号），抽调 14 名业内专家，对 19 家会计师事务所进行执业质量检查。经行业惩戒委员会审议，对 8 家事务所给予行业自律性惩戒，19 家事务所下发整改意见书。二是印发《2016 年新疆资产评估行业执业质量检查工作实施方案》（新会协〔2016〕27 号），抽调 9 名业内专家，对 10 家评估机构进行业务检查。经行业惩戒委员会审议，对 10 家资产评估机构下发检查意见书。业务报告防伪报备 37 513 份，其中异地报备 297 份，修改 1 229 份，作废 88 份，社会公众查询 12 000 余条记录。投诉举报受理 12 件事项，全部妥善处理完毕。

【行业党建】一是通过新媒体召开党员大会、推送学习内容，紧密联系实际工作展开学习讨论。二是全行业开展“两学一做”征文活动。三是购买 320 余套党章党规等学习资料，赠送各基层党支部。四是举办支部书记暨党务工作者培训班，50 余人次参加。五是向各基层党组织拨付党建工作经费 25.5 万元。六是在全行业开展党员“亮身份、亮职责、亮承诺”活动。七是对“两学一做”学习教育和党建基础工作落实情况进行督导调研，共计 40 余次。八是共建“产学研联合培养研究生基地”。九是开展“民族团结一家亲”捐资助学活动，捐助贫困学生 72 名，捐资 20 余万元。

【行业宣传】出版《新疆注册会计师》期刊 6 期，稿件 211 篇，信息 55 条，图片 59 幅，近 60 万字。组织报送各类信息 48 条，上级部门采用 33 条。

【行业调研】完成《新疆注册会计师　资产评估师职业责任保险问题研究》调研报告，为提高注册会计师、资产评估师行业风险抵御能力，有效推动职业责任保险提出合理化建议。

【行业党委会议】2016 年 10 月 20 日，新疆“两师”行业党委召开扩大会议，会议主题为“研究加强行业党建基础工作和‘两学一做’学习教育再推进”，部分行业党委委员、基层党支部书记和注协工作人员 20 人参加会议，会议要求成立行业党建工作指导组，对行业基础情况进行详细摸排。

【行业培训】2016 年 6 月 30 至 7 月 4 日，与北京注协联合举办“注册会计师、资产评估师机构负责人培训班”，50 余人参加培训。在天职国际会计师事务所参观交流期间，中注协秘书长陈毓圭看望学员并讲话。培训内容围绕宏观经济形势解读与供给侧结构性改革分析、电子商务与互联网金融、领导艺术与高效沟通等进行，培训既拓宽了视野，又增进了两地间的交流。

【荣誉】荣获“区直机关级巾帼文明岗”称号。

（注册会计师管理中心供稿　朱传红执笔）

财政融资担保工作

【概况】2016年，财政融资担保工作，评审项目126个，涉及资金14.93亿元，为全疆103户企业提供210笔担保业务，落实资金14.11亿元，资金落实率94.5%。其中，融资类197笔98户，金额12.03亿元，非融资类13笔5户，金额2.08亿元。全年解除担保项目213笔，涉及资金14.69亿元。截至2016年12月31日，在保项目238笔170户，涉及资金16.62亿元。

【财政融资担保业务开展】2016年，财政融资担保公司创新经营思路，拓展担保业务范围和品种。一是为小微企业搭建互联网融资担保平台。与"鹏金所"开展P2P融资担保业务，并与"首融在线"P2P平台签订合作协议。全年共开展P2P互联网金融担保项目47笔，成功募集流动资金1.61亿元，有效提高小微企业融资效率。二是创新开展在新疆高级人民法院立案的诉讼保全担保业务，金额1亿元。截至12月31日，诉讼保全担保项目在保4笔，金额1.86亿元，工程履约担保项目在保10笔，金额8 833.79万元。三是促成财政厅和人民银行乌鲁木齐市中心支行联合开展政府采购信用担保及支持中小企业质押融资试点工作，开辟融资担保新模式。

【推进全疆担保体系建设】一是2016年公司积极配合财政厅开展新疆农业担保公司筹备组建工作，并于2016年3月16日揭牌成立。二是积极开展新疆再担保（集团）有限公司筹备组建工作，协调相关单位办理经营许可证和营业执照，于2016年6月16日揭牌成立。再担保公司成立后，积极开展公司内部制度建设工作，先后制定《再担保业务操作流程》《业务合同管理办法》《再担保（集团）有限公司风险控制管理办法》《公司财务会计制度》《财务支出管理办法》等相关制度、办法，保障再担保业务健康、规范开展。三是积极推进新型"政银担"业务开展。由自治区再担保公司牵头，联合全疆金融机构、担保公司共同推动建立新疆"政银担"贷款风险比例分担机制。会同财政厅、人民银行乌鲁木齐市中心支行、国资委、金融办等部门，赴安徽省调研"政银担"风险比例分担业务模式，参与起草《自治区中小微企业政银担风险补偿资金管理暂行办法》（新政办发〔2016〕150号）。2016年8月27日，新疆首笔"政银担"签约在哈密市落地。

【财政融资担保风险控制管理】规范《担保业务风险控制管理办法》《公司业务合同管理办法》《合同填写及操作规范》《担保项目代偿和追偿管理办法》《P2P互联网金融业务操作流程》，完善担保业务法律合同等，不断健全风控流程，完善风控机制。建立担保业务台账，走访贷款企业，掌握企业经营动态，撰写保后跟踪报告，强化在保项目监控，加强保后管理；全年现场考察项目254个、金额26.55亿元，完成126个项目的前期合规性检查，321笔合同签章流转单审查和105个项目后期合规性检查，编辑7期《担保信息摘要》，搭建信息共享平台，防范项目风险。

【内部管理】全年召开40次总经理办公会和100次项目评审会，坚持集体领导和个人分工负责机制，发挥班子成员主观能动性。开展2016年招聘工作和6个中层领导岗位的竞聘，组织12次业务及行政培训，开展讨论，交流学习，组织员工培训学习50余人次。

【对外交流合作】加强与合作机构的沟通与联系，与20余家金融机构签订合作协议。修订《中小微企业融资担保风险补偿资金管理规程》，完成2016年度自治区担保机构风险补偿资金申报、评审等工作，将评审通过的17家担保机构3 480.41万元补偿资金拨付落实到位。

（新疆融资担保有限责任公司供稿，多丽娜执笔）

财政农业信贷担保工作

【概况】2016年，自治区农业信贷担保工作，经评审通过项目70个，涉及资金4.02亿元，银行发放担保贷款项目48笔，共2.76亿元。其中：涉农企业28家，2.21亿元；农民合作社10家，3 260万元；种养殖大户10个，2 207万元。

【农业信贷担保体系建设】公司作为首批股东，加入国家农业信贷担保联盟有限责任公司，并在博州设立分公司。与博州、乌苏市、洛浦县、沙湾县、额敏县签订联合担保合作协议，建立联合担保基金，健全自治区农业信贷担保体系。

【加强银担合作】按照风险共担、利率优惠、不缴存保证金的原则，先后与农业发展银行新疆分行、农业银行新疆分行、乌鲁木齐银行、昌吉州国民村镇银行、工商银行新疆分行、哈密市商业银行、新疆博乐农村商业银行7家金融机构签署合作协议并完成准入与授信。

【创新反担保措施】积极开发产品，实施分类指导服务。针对基本农户、农民合作社和涉农企业，分别提出富农担、鑫农担和易农担；在明确重点支持粮食适度规模经营、重要农产品生产和新型经营主体发展的同时，积极介入农机、农资、农业技术服务、农产品流通等行业。坚持创新反担保措施，对上规模的种养殖大户、农民合作社给予一定的信用额度。对符合农业发展政策导向、经营效益和信用良好的农业产业化龙头企业和涉农企业，适当降低反担保资产抵押率。尝试林权、取水权、土地流转、农村“两权”抵押、存货质押等反担保措施，提高经营主体的贷款获得率。

【开展农业担保业务调研】按照“服务三农、诚信担当、求实创新、追求卓越”经营理念，积极开拓担保业务。公司先后分组赴喀什、和田、巴州、伊犁、博州、阿克苏等10个地州31个县（市）实地调研，深入基层、深入农业新型经营组织和农业企业，共考察项目300余个，为农担业务开展奠定良好基础。

【加强内部建设】按照精简、高效的原则，建立法人治理结构，分别设置担保业务部、风险控制部、财务审计部和综合管理部4个部门。截至2016年底，公司共有26人，其中，管理人员5人，担保业务部11人，风险控制部6人，财务审计部2人和综合管理部2人。研究制订《公司贷款担保融资类业务管理暂行办法》《公司风险控制业务管理暂行办法》《公司合同管理办法》《公司反担保措施管理暂行办法》《公司聘用员工管理暂行办法》《公司内部管理暂行办法》《公司印章管理暂行办法》《公司内部财务开支管理暂行办法》等20余项规章制度，坚持“用制度管人，按程序办事”。

（新疆农业信贷融资担保有限责任公司供稿，李萌执笔）

纪检监察工作

【概况】2016年，自治区财政厅坚持把党的纪律和规矩挺在前面，落实主体责任，加强教育引导，严格纠治四风，健全制度机制，强化监督执纪，党风廉政建设工作取得新成效，为财政各项工作健康发展提供坚强保障。

【深化“一岗双责”，压实全面从严治党两个责任】2016年，财政厅党组和驻厅纪检部门全面落实党风廉政建设和反腐败工作的主体责任和监督责任。一是健全“一岗双责”落实机制。制订自治区财政厅全面落实“一岗双责”实施方案，修订自治区财政厅党风廉政建设工作责任制考核办法，改进党风廉政责任书内容和签订形式，由厅党组书记与班子成员、班子成员与分管处室单位负责人、处室单位负责人与处室单位干部分别签订廉政责任书或廉政承诺书，形成层层有责任、层层抓落实的工作格局。二是压实“一岗双责”主体责任。制定财政厅领导班子成员党风廉政建设责任分解办法，明确领导班子成员党风廉政建设责任清单，强化分管厅领导责任。印发《2016年党风廉政建设和反腐败工作任务分工意见》，将反腐倡廉工作任务分解到各处室单位，年终进行考核。对考核未达到“较好”以上等次的或者发生重大违纪案件的，一律不得评优、评先。财政厅党组将考核结果作为处级领导干部业绩评定、奖励惩处、选拔任用的重要依据，形成压力传导、履责报告、督导检查、考核评价和责任追究的长效机制。三是多种形式开展自查自纠。紧扣“两学一做”学习教育活动，召开民主生活会和组织生活会，认真开展批评和自我批评，严格落实党组议事规则，坚持民主集中制，广泛开展党建、党风落实情况自查自纠活动。以会议、研讨等形式，交流主体责任落实情况，当面提出问题，指出不足，让“红脸”“出汗”成为常态。

【加强作风建设，抓好“三项治理”】一是进一步推进中央八项规定精神和自治区党委“十条规定”落细、落实。牢牢盯住春节、中秋、元旦和古尔邦节等节假期，守住底线，发现问题、坚决处理，持续释放“越往后，执纪越严”的强烈信号。二是认真抓好“三项治理”。印发《贯彻落实自治区深化作风建设“三项治理”方案的实施意见》《进一步推进作风建设

"三项治理"工作的意见》。针对干部职工反映强烈的突出问题，在全厅深入开展"四风"及隐形变异"四风"，机关干部不作为、慢作为及损害群众利益的"三项治理"工作。厅机关对各类劳务费用、津补贴和年终表彰奖励等进行全面摸底排查，严格依据相关规定，分类型、分批次、逐项规范费用发放范围和标准。三是重视行风家风建设。牵头协调厅领导、相关处室和各地（州、市）财政部门参加2016年4月17日、12月25日、12月30日的"新广行风热线"，还参加4月28日首期维吾尔语"新广行风热线"现场直播节目，共受理答复解决群众反映的各类问题60余件。认真开展领导干部配偶、子女及其配偶经商办企业情况摸底调查，积极引导党员干部树立良好家风，引领社会新风尚。

【扎实开展"纪律教育年"活动，提升财政干部纪律观念】一是制定开展"纪律教育年"活动的实施意见，财政厅党组中心组带头组织党内法规制度学习21次，厅领导自觉主动到所在支部过组织生活，带头讲党课，带头发言谈认识、讲体会。编印《财政干部纪律教育学习手册》，作为必学资料；购买维汉文对照《画说"六项纪律"》丛书配发到各族干部手中，方便党员干部直观学习理解《中国共产党纪律处分条例》。组织观看《蜕变》《永远在路上》等反腐专题教育片，做到应学尽学、应知尽知。二是以党组中心组、支部会议、专题研讨、观看警示片等形式组织集中学习，引导党员干部学习先进典型。按照新任干部任前廉政谈话制度有关规定，组织厅机关42名新任职处级干部进行廉政谈话和廉政知识测试。三是各级财政部门通过广泛开展"纪律教育年"活动，在学思践悟上下工夫，使党规党纪入脑入心，遵规守纪警钟长鸣。通过广泛研读纪律条文，紧密联系思想和工作实际，主动校正纠偏，党员干部深刻领会到严明党的纪律对推进全面从严治党、永葆党的先进性和纯洁性的重大意义，做到内化于心、外化于行。

【践行监督执纪"四种形态"，扎紧扎牢制度笼子】一是健全完善机制。制定纪律审查工作规则、处级干部廉政档案管理制度、驻厅纪检部门协助厅党组加强党风廉政建设工作实施意见等制度、办法，形成用制度管权、管事、管人的有效机制。二是严肃政治纪律。围绕新疆工作总目标，把严明党的政治纪律和政治规矩视为生命、放在首位，旗帜鲜明地强调反分裂斗争纪律，积极开展意识形态领域思想斗争，对违反政治纪律问题线索坚决查处，严惩不贷，确保干部政治立场坚定。三是严肃执纪监督。2016年驻财政厅纪检部门参加或列席厅党组会25次、厅务会39次，各类专题会议16次，加强对"三重一大"事项的监督。全程参与财政厅干部考察推荐、地方政府债券招标发行等重大事项的监督。全面加强对《财政资金使用跟踪反馈管理暂行办法》执行情况的监督检查，强化支出责任，严格责任追究，提高财政资金使用效益，防止财政资金挤占、截留、挪用、闲置，实现对财政资金运行全过程的跟踪管理和监督。

【认真做好自治区党委巡视反馈问题整改工作】2016年5月17日至6月30日，自治区党委第八巡视组对财政厅党组首次开展专项巡视。巡视期间，驻财政厅纪检组、厅办公室和人事教育处等部门全方位做好巡视组走访座谈、资料调阅、信访受理等配合保障工作。专项巡视结束后，针对专项巡视反馈的问题及建议，财政厅党组专门成立巡视整改工作领导小组，对整改落实情况大起底、列清单，做到问题不查清不放过、处理不到位不放过、群众不满意不放过。截至2016年底，共梳理并修订各类制度198件、新制定制度148件，有效促进工作制度化、规范化。

【强化监督执纪问责】驻财政厅纪检部门认真践行监督执纪问责"四种形态"，坚持以"六项纪律"为尺子，全方位、多角度对党员干部执行党的路线方针政策、落实党内政治生活制度、遵守党纪情况进行督查，紧盯苗头性、倾向性问题，严格按“五类方法”认真处置，并严肃查处违纪问题。2016年，驻财政厅纪检部门共收到上级转办、巡视移交和群众信访举报30件（次），其中立案查处违纪问题4件，给予党纪处分3人，对1个基层党委和8名干部进行问责或组织调整，对300余人次出具廉政表现审查意见，对1名处级党员干部提出暂缓推荐享受政府津贴意见和建议。通过真抓、真查、真究，形成有效震慑，为财政工作健康发展提供坚强保障。

（驻厅纪检组供稿，李生勇执笔）

机关党建

【概况】2016年，财政厅机关党建工作持续深入开展“两学一做”学习教育，从严从实抓好党员干部的日常学习教育，切实发挥基层党组织的战斗堡垒作用和广大党员的先锋模范作用，为圆满完成财政各项工作任务提供强大的精神动力和坚强的组织保证。

【党组织基本情况】财政厅共有党员626人，其中在职446人（副处级以上有152人），离退休老干部180人。厅机关党委下辖1个党委（新疆会计干部培训中心党委）、4个党总支（机关服务中心党总支、离退休干部工作处党总支、注协党总支和2016年“访惠聚”活动驻村工作队党总支）和20个机关党支部，共计36个基层党支部。各党组织书记由厅机关各处室、厅属各单位负责人和第三批“访惠聚”驻村工作队队长担任。2016年12月22日，财政厅第七次党员代表大会民主选举产生财政厅机关第七届委员会和机关第一届纪律检查委员会。机关第七届委员会委员为艾新鲁、王自芳、刘艳、阿尔达克·亚森、代万斌、达木·马苏提汗、张普江、杨虎、祖力甫哈尔·阿布都热甫、保拉提·巴拉提、荆莉等11位同志。机关第一届纪律检查委员会委员为阿尔达克·亚森、丁小生、马磊、刘伟、赵晓文等5位同志。

【加强思想政治建设】坚持思想建党，把全面从严治党的要求落实到机关党建和财政业务工作的方方面面，把遵守政治纪律和政治规矩纳入各级党组织工作目标管理，用监督传导压力，用压力推动落实，让守纪律讲规矩成为党员干部的行动自觉。组织党员干部深入学习领会习近平总书记七一讲话精神，贯彻落实党的十八届六中全会和自治区第九次党代会精神，贯彻落实自治区党委关于实现新疆工作总目标的重要会议精神。结合建党95周年庆祝活动，组织召开七一党员大会，在各支部开展革命传统和爱国主义教育。

【推进“两学一做”学习教育】坚持把抓好“两学一做”学习教育作为重大政治任务，以“四讲四有”为目标，牢牢把握“学”的基础、“做”的关键。结合财政工作实际，按周、月、季制定任务清单，坚持“每周一小结、每月一点评、每季一推进”考核评价制度，持续推进“两学一做”学习教育。厅党组组织14次专题学习并带头为全厅党员干部讲党课，13位厅领导在所在支部讲党课，34名支部书记讲党课68

次，各支部累计组织学习讨论300多次。财政厅顺利通过中组部“两学一做”学习教育考核验收，工作得到充分肯定。

【夯实党建基础工作】贯彻落实《中国共产党党和国家机关基层组织工作条例》和《新疆维吾尔自治区关于〈中国共产党党和国家机关基层组织工作条例〉实施办法》，深入开展党员党组织关系排查、基层党组织按期换届、党费收缴、“三会一课”、发展党员和规范党员档案管理等党建五项基础工作集中整治。在党员缴纳党费清查工作中，全体党员按标准补缴自2008年4月至2016年8月的党费82.7万元，其中，上缴区直机关工委35.77万元，返还会计干部培训中心党费4.6万元，厅机关党委留存42.33万元。

【狠抓党风廉政建设和反腐败工作】狠抓各党组织“两个责任”的落实，突出培养党员的“四种意识”。认真执行中央八项规定和自治区十条规定以及财政厅党组关于改进工作作风、密切联系群众各项规定。严肃查处违纪违规行为，对发现的问题及时进行督导纠正，对违犯党纪政纪的党员和干部及时查处、通报和教育。

【坚持党建带动群团建】按照政治性、先进性、群众性的要求，坚持党群工作同向同调，协调发展。指导厅工会、团委、妇委会等开展工作，抓好“学雷锋”“五四青年节”等主题实践活动的开展，积极申报自治区级、区直机关级“青年文明号”“机关青年示范岗”。厅团委自发牵头组织迎五四青年篮球赛活动，以活动促工作。财政厅政府采购中心计划监审部、招标部和财政厅干部教育中心培训楼餐饮部被区直机关团委命名为新机关建设青年示范岗。

【开展公民道德月活动】制订财政厅开展第十五个“公民道德建设月”活动方案，要求各单位认真安排部署，采取有力措施，取得实效。组织各族干部职工加强对《中国特色社会主义理论体系学习读本》《社会主义核心价值体系学习读本》《公民道德建设实施纲要》和《公务员职业道德培训教程》深入学习。各处室累计学习150余次，结合教育主题，累计开展道德讲堂30余次，提高干部职工道德素质。

【开展去极端化宣传教育】充分利用机关内（外）网、电子宣传大屏、新疆财会等传统阵地和微博、微信、手机客服端等媒体，引导广大财政干部职工举旗亮剑。组织干部职工前往自治区博物馆、毛泽民故居、烈士陵园等爱国主义教育基地开展去极端化宣传教育活动，教育干部职工旗帜鲜明地反对民族分裂主义，自觉抵制各类非法宗教活动，自觉维护社会稳定和民族团结，为实现自治区社会稳定和长治久安做出应有的贡献。

【提升精神文明创建水平】加强动态管理、分类指导，做好自治区文明单位第二次“零基启动”复验工作。厅精神文明建设领导小组指导各处室制订2016年精神文明建设工作计划，对年度各项精神文明建设创建工作作出部署安排，征求各处室意见，完善《自治区财政厅创建自治区级文明单位（机关）实施细则（2016）》。各支部积极开展以道德讲堂、学雷锋志愿服务、机关文明礼仪学习、去极端化宣传和开展绿色出行无车日等为主要内容的创建活动，不断提升厅机关文明创建质量。2016年11月，财政厅顺利通过自治区文明单位创建验收。

【荣誉】财政厅会计干部培训中心合唱队参加区直机关工委文艺演出，荣获合唱类优秀奖。财政厅机关选派代表参加区直机关工委“党规党纪刻于心”知识竞赛，荣获二等奖。

（自治区财政厅机关党委供稿，李永刚执笔）

机关干部管理

【概况】2016年，人事教育工作在厅党组的正确领导下，服务财政中心、聚焦主责主业，以落实从严管理干部为主线，强化理想信念教育，注重业务能力培养，树立用人鲜明导向，建立健全干部管理监督制度，着力抓好专项活动，为培养一支“敢担当、善作为，讲政治、守规矩”的财政干部队伍发挥积极作用。

【思想政治教育】一是组织开展党组中心组学习。印发《关于印发〈2016年财政厅党组中心组学习计划〉的通知》（新财党组〔2016〕8号），确定基本理论政策、民族团结教育、党风廉政建设等12个专题，累计开展党组中心组学习14次。通过学习，提振了领导干部维护稳定、干事创业的精气神，推动了向党中央看齐、向自治区党委看齐。二是开展法制宣传教育。做好“七五”普法开局工作，开展网络学法用法，全厅360余人通过法宣在线学法，12月2日开展无纸化学法考试。开展了首个“全民国家安全教育日”法治知识答题活动及“与法同行万人宣讲”活动。强化财政依法行政及相关法律法规知识的学习，提高干部职工法制意识，按程序规矩聚财、理财、用财观念和水平。三是开展民族团结教育。扎实推进民族团结进步年，做好“民族团结一家亲”活动，召开动员大会，成立了活动领导小组，制定活动实施方案。组织干部认真学习党的民族宗教知识，开展以民族团结“五个一”为主题的道德讲堂活动，开展参观观摩民族团结教育基地活动，开展“结对子”“结对认亲”、民族团联谊活动，促进民族团结。

【“访民情惠民生聚民心”驻村工作】财政厅第三批“访惠聚”驻村工作队选派厅机关72名工作人员参加，分别在洛浦县洛浦镇和杭桂乡11个村驻村工作，11个驻村工作队每队6—8名成员，处级干部担任队长、副队长，分别配备2名懂双语的干部和2名女干部。主要任务是贯彻落实自治区党委“1235”目标要求。驻村工作队成立临时党总支，下设2个党支部，在各工作队设立党小组。成立综合协调组、信息宣传组和后勤保障组。工作队长担任所驻村党支部第一书记，部分工作队成员担任村党支部副书记或委员。一年来，《财政厅驻村工作队扶贫帮困用真情送温暖》《无职党员家中难忘的党课》等185篇新闻稿和信息被人民网、《“访惠聚”决策参考》等媒体登载。自治区“访惠聚”长效机制建设调研组对财政厅驻村工作定位之精准、组织领导之严密、推进方法之科学、内部管理之严格给予肯定。

【民族团结进步年和“民族团结一家亲”活动】一是民族团结进步年。召开动员大会，成立领导小组，制订实施方案。组织干部职工认真学习党的民族宗教知识，开展以民族团结“五个一”为主题的道德讲堂活动，开展参观观摩民族团结教育基地活动，开展“结对子”活动，全厅各族干部职工结成对子200余对，其中，厅领导与23名群众结对子，72名驻村同志与177个贫困户结对帮扶。在财政厅庆祝建党95周年党员大会上，交流了先进党支部在民族团结方面的典型做法。二是“民族团结一家亲”活动。召开动员大会，成立领导小组，制订实施方案。摸清干部职工底数，制订分批赴洛浦县“结对认亲”总体规划，全厅512名干部职工在和田地区洛浦县洛浦镇与多鲁乡结对认亲。12月14日，厅机关开展“拉民族团结手、唱民族团结歌、跳民族团结舞”首届民族团结联谊活动。

【干部选拔任用】一是按照《党政领导干部选拔任用工作条例》规定，严格程序和标准，在厅机关选拔任用了6名正处级领导干部、4名调研员，9名副处级领导干部、5名副调研员。完成了2015年厅机关选任的5名正处级领导干部和10名副处级领导干部试用期满考察、正式任职工作。对8名正处级领导干部、6名副处级领导干部进行轮岗。对8名同志岗位进行调整，其中处级干部4名，一般干部4名。按照自治区党委统一部署，拿出厅属参公单位1名处级岗位，面向基层选调1名乡镇党政正职提拔到该岗位任职。组织完成厅机关处级后备干部及中长期培养对象推荐工作。完成自治区农业信贷融资担保有限责任公司、新疆再担保（集团）有限公司领导班子配备工作。二是按照接收军转干部有关规定，完成1名副团职干部任职定级工作。按照厅机关主任科员以下职务管理办法，完成20名同志任职定级、晋升职务工作。三是启动面向985等重点高校招录公务员工作。四是选派4名处级干部到财政部、国有企业、县市基层挂职锻炼，接收4名基层干部到厅机关挂职锻炼。五是主动配合自治区党委第八巡视组巡视工作，按照自治区党委第八巡视组《关于对财政厅党组专项巡视情况的反馈意见》，对干部队伍建设方面存在的问题进行认真梳理，逐条制订整改方案，顺利完成整改落实工作。

【事业单位岗位管理】开展岗位等级变动及聘任工作。根据自治区事业单位岗位管理规定，结合当前厅属事业单位岗位管理实际，完成厅会计事务服务中心、注册会计师管理中心岗位设置变动工作。其中，晋升专业技术等级3人、晋升工勤技能岗位等级1人。进一步激发了事业单位干部职工工作主动性、积极性和创造性，优化了职工队伍结构，促进了事业单位用人机制改革。

【干部教育培训】按照《2010—2020年干部教育培训改革纲要》要求，印发《关于印发2016年财政厅干部教育培训计划的通知》（新财人〔2016〕10号），指导厅内各处室业务培训工作。2016年，组织培训班35期，其中集中培训18期，党组中心组学习12期，专题讲座3期，网络培训2期，培训干部6 806人次，共计672学时。组织厅机关干部参加中央党校干部学院、自治区党校、行政学院调训7人次。坚持以需求为导向设置培训课程、聘请培训老师、优化培训方式，实现培训效果最大化，进一步提升了学员业务能力和综合素质。

（自治区财政厅人事教育处供稿，王晓江、代宗松执笔）

离退休干部管理

【概述】2016年，离退休干部工作充分发挥老干部的独特优势和模范带头作用，搭建平台，注重引导，立足服务，加强协调，开展形式多样、富有成效的学习、教育、宣讲、座谈等活动，以党建工作带动和促进老干部工作。

【学习活动开展】倡导老同志通过报纸、电视和广播，了解党的重大方针政策。采取座谈研讨、撰写心得、墙报宣传栏等多种形式，学习党的十八大和十八届四中、五中全会精神，习近平总书记关于新疆工作的一系列重要讲话精神和自治区党委老干部局《关于认真组织学习贯彻〈关于进一步加强和改进离退休干部工作的意见〉通知》精神。开展“学党章党规、学系列讲话，做合格党员”学习教育活动，通过支部书记讲党课、专题学习讨论、展评学习心得等形式激发学习热潮。

【文化活动开展】组织老干部开展以“爱岗敬业，甘当公仆，文明从我做起”为主题的“道德讲堂”活动，“敬老、爱老、学雷锋”志愿服务活动，红色教育系列活动，以“民族团结进步年”为主题的室内文体活动比赛，庆三八妇女节、重阳节等徒步健身活动。参加第二届自治区区直单位举办的“老年乒乓球邀请赛”，荣获“优秀组织奖”。参加自治区老龄办主办的“庆祝建党95周年和自治区老龄事业发展30周年——老年文化系列活动”，有8幅书画作品在会展中心展出，选送的戏曲作品京剧《卜算子·咏梅》，在新疆人民会堂演出并受到好评。

【信息化建设】利用《财老园地》《财老园地摄影专刊》和《老干园地》等，向全社会展现老干部阳光心态，丰富晚年生活，全年出刊《财老园地》12期。组织老干部参与“正能量伴我行”“关心财政事业，喜看发展变化”等征文活动，4篇稿件，3幅照片被刊载，多篇作品在新疆党建网和新疆财政厅门户网站及新疆财政微信平台上刊载。为庆祝建党95周年，结合“两学一做”和“民族团结进步年”等主题，先后展出“书画园地”4期。

【爱心捐物活动】组织老同志献爱心，捐款捐物。为南疆贫困地区捐助衣物6 100余件，其中书籍300余本，玩具150余件，鞋140余双。离退休干部代表到洛浦县洛浦镇各住村点，看望慰问住村干部，出席塔盘村“爱心超市”揭牌仪式，代表财政厅离退休干部为塔盘村村民献上爱心。

【服务管理工作】做好离退休老同志的住院登记工作，方便老同志就医。指定专人管理老同志的住院证办理，协调出院商保费用报销、补办医保卡和其他事项等工作。做好重点关注人群的工作，将30多位身体有病，经常不能参加活动的老同志作为重点关注人员，实行分片包干，每人负责4—5位离退休老同志，经常联系，定期登门看望，保持与异地安置离退休干部本人或其家人间的联系。在春节、古尔邦节、国庆节、老人节等节日，开展慰问活动。安排人员前往医院看望生病住院的老同志，帮助看病有困难的老同志，联系医院和购买药品等。做好去世人员后事料理工作。

（自治区财政厅离退休干部工作处供稿，邹森执笔）

机关工会管理

【概况】机关工会工作以服务职工、服务中心工作为主线，以增强干部队伍素质、维护职工合法权益为重点，以提升职工凝聚力、推动财政管理改革为目标，创新工作方法，转变服务职能，为职工做好事、办实事、解难事，整体服务水平和工作质量得到明显提升。

【财政文化建设】发挥“职工书屋”作用，完善“实体书屋”图书管理，全年管理维护图书4 300余册，新订购图书、报刊53种，为干部职工提供图书借阅服务173人次、436本。开拓网络资源，与中工网及信息网络中心研究开发可在线阅读的“电子书屋”，为职工在线读书创造了条件。开展“争创廉洁家庭　争做廉洁干部”主题活动，推进廉政文化建设向家庭延伸，推动文明家庭、和谐家庭和廉洁家庭建设在机关落地生根，形成反腐倡廉的良好家庭氛围和社会环境。在干部职工中开展增强民族团结、反对民族分裂承诺活动，与全厅400多名干部职工签订远离宗教极端思想承诺书，使干部职工对民族团结进步事业追求内化于心、外化于行。

【职工之家建设】开展自治区“五好文明”家庭、“五好文明”家庭标兵评选活动，组织申报自治区模范职工之家红旗单位、自治区模范职工之家、区直机关先进工会工作者。拓展职工之家建设成果，筹建职工活动中心，确定职工活动中心的配套改造、必要装修及器材设施等前期设计方案和经费预算工作。顺利通过区直机关工委2016年度模范职工之家考核验收，继续保持“全国模范职工之家”荣誉。

【会员权益维护】落实全国总工会和自治区总工会新要求，保障职工合法权益。保障职工行使民主和参与工会管理的民主权利，召开听取意见和建议座谈会，对收集的40条意见、建议进行归类和认真分析，积极采纳可行性建议。落实职工福利，按照会员个人的选择采购和发放生日礼物，为会员实行菜单化服务。保障儿童合法权益，为191名年龄不满16周岁的干部职工子女发放2016年独生子女保健费和节日补助费。关心特殊群体，开展走访慰问劳动模范、先进工作者及生病住院职工活动，对财政厅8位全国及自治区劳动模范、先进工作者、3位生病住院职工和2位困难职工及失独家庭进行走访慰问。统计财政厅劳模、先进工作者生活状况并报送到区直机关工委，为进一步做好劳模、先进工作者的服务工作做好铺垫。重视职工文化生活和精神需求，为干部职工发放电影券，丰富职工业余文化生活。

【文体活动开展】以文体活动为载体，活跃机关生活。举办2016新春团拜会暨文艺演出，为传统节日营造氛围。开展纪念红军长征胜利80周年主题教育活动，组织干部职工观看《我的战争》及与红军长征有关的教育片电影；组织女干部职工在毛泽民故居开展主题教育活动；在各处室利用微型讲堂开展学唱长征歌曲、朗诵长征诗词、讲述长征故事的“微讲堂”活动。开展庆祝中国共产党成立95周年庆祝活动，组成财政厅60人合唱队，参加自治区直属机关庆祝中国共产党成立95周年文艺会演，获得优秀奖。组织干部参加区直机关妇工委组织的“走亲戚·情更浓，我们都是好姐妹”民族团结进步年演讲活动，以身边人、身边事的生动再现为活动助力。参加妇联《美丽女性，幸福家庭》读书交流暨新疆亲子百科知识大赛启动会议，以先进文化对冲宗教极端思想。

【社会公益活动】承担社会责任，传播扶贫帮困正能量。坚持开展社会公益活动，开展“恒爱行动一线牵”活动，为洛浦县贫困儿童编织爱心毛衣150件，为孩子们的健康成长送上财政人的一片爱心。

【计划生育管理】适应“互联网+”时代要求，完善人口与计划生育信息化（PIS系统）建设工作，实现人口与计划生育工作信息化管理。及时补充、调整和完善干部职工计划生育相关信息。汇总、录入和更新722户家庭全员人口信息，完善59份计划生育光荣证信息。签订财政厅2016年人口与计划生育工作目标管理责任书，确保新的计划生育法规和目标管理责任全面落实。举办人口与计划生育政策宣讲活动，讲解计生政策，普及计生保健知识，解答职工关心的热点问题。计生工作顺利通过解放北路片区管委会年度考核验收，被评为优秀达标单位。

【妇女工作开展】开展自治区“最美家庭”、自治区第三届新疆“十大杰出母亲”推荐评选活动。组织申报自治区三八红旗手、自治区维护妇女儿童合法权益先进个人和自治区妇女儿童发展先进个人。推进“巾帼文明岗”创建工作，财政厅国库处、注册会计师管理中心被授予2016年区直机关“巾帼文明岗”称号。举办以“美丽绽放 快乐巾帼”为主题的游艺活动，庆祝第106个三八国际妇女节，为女职工节日营造欢乐、轻松、愉悦的节日氛围。

（自治区财政厅工会联合会，杨志云执笔）

机关后勤服务

【概况】2016年，财政机关服务工作围绕大局，行使机关后勤服务保障职能，落实厅机关各项重点工作，圆满完成机关后勤服务保障任务。

【服务管理】一是做好安全管理工作。完善安保定期检查和日常防范相结合的安全管理制度，健全安全工作领导责任制和责任追究制、门卫值班制度、节假日值班和领导带班制度、防火安全管理制度、车辆管理制度。严格来访人员登记，确保值班人员不脱岗离岗。节假日对进入厅机关大院的车辆进行严格检查登记，严禁外单位车辆停放，防范安全隐患。定期举办消防知识讲座，提高火灾应急自救能力。全年更换灭火器829具，清洗烟感温感探头1 733个。二是做好会议服务工作。全年保障厅机关各类会议和干部教育培训服务工作近2 000次。三是做好卫生绿化工作。为机关大院摆放木制花箱14组，增加花卉苗木10余种近6 000株。对花草树木进行及时修剪、施肥、浇水、打药、整形等防护工作。清理厅机关及6个住宅小区的垃圾和积雪

500余吨，营造优美环境。四是保证水、电、暖、线路、设备的正常运行。2016年更换厅住宅区智能冷、热水表及电表458块。维修各类电器设备300余次，更换电线电缆750米。更换灯管灯泡1 300余个，镇流器60余个，各类开关插座92个。疏通下水230次，售水、售电600余次，上门服务维修和排除故障500余次。对厅机关供水、供电、供暖设施及时进行抢修，确保正常运行。

【基建工程建设与维修】完成财联大厦两部电梯的更换，对厅开闭所至财联大厦主供电缆更换和低压配电柜进行升级改造，更换人民路高层低压配电室总开关柜，对综合楼值班室和民餐食堂进行暖气改造，完成综合楼一楼卫生间的改造，更换人民路高层低区供水系统变频柜，对6个住宅小区的楼道进行粉刷，修复人民路消防喷淋系统，对厅大院9号楼和11号楼热水主管进行更换，完成3个家属院门禁系统的改造，对民、汉食堂天然气报警器进行升级改造。2016年共投入资金220万元用于水、电、暖、气、消防、各类设施设备及大型的维修改造项目，保障干部职工的正常工作和生活。

【食堂管理】定期对民、汉食堂的采购成本进行询价对比，规范采购流程，控制伙食费用支出。注重提高饭菜质量，食堂工作人员利用节假日对社会各类名优小吃店进行调查研究，研发出一系列优质小吃和面点，丰富饭菜品种。从2016年10月22日起，机关服务中心食堂提供加（值）班餐，对于值班期间无法离岗的人员，机关服务中心安排专人统一配送。民、汉食堂全年共接待就餐人员15万余人（次）。

【企业管理】加强玛丽艳宾馆管理，使其由单一的接待型宾馆向综合会议型宾馆转变。玛丽艳宾馆全年经营收入达到1 001万元。印刷厂获得ISO9001质量管理体系国际认证、14001环境管理体系国际认证，全年生产产值达到2 024万元。

（自治区财政厅机关服务中心供稿，张格执笔）

会计干部培训

【概况】2016年按照《新疆维吾尔自治区会计干部培训五年规划（2016～2020）》确定的“加强干部培训、会计人员培训、基层财政职能政策培训与完善信息化平台”目标，坚持有保有压，统筹推进各项教育培训工作。

【财政干部培训】一是推广案例教学。改进教学方式、方法，加大案例教学比重，探索将案例教学的推广工作纳入中心五年规划，成立案例教学研究组，逐步推广案例教学。第一例比较规范的案例教学课程——“有效沟通”，已顺利进入课堂实践阶段。二是改进培训形式。由中心老师和新疆才益职业技能培训学校培训师组成培训团队，创新培训方式，将小组竞争贯彻始终，有效激发学员的课堂参与意识和集体荣誉感。三是注重培育师资。结合“处级领导干部大讲堂”活动，推动领导干部上讲台制度的建立。2016年承办各类财政干部培训班5期，共计348人次。

【会计培训】一是加大招生力度。制订2016年企业、行政事业及金融的分行业培训方案，以稳规模为重点，加强对长期合作的行业、领域、各大厅局机关的沟通联系，加大招生力度。二是规范调整培训基地运行。协调金都物业规范广告宣传和日常培训服务工作。围绕办学回迁加强外聘人员管理，统一思想认识。西北路培训基地全年举办会计从业考前辅导班11期，累计培训学员350余名。三是加强培训教务考务管理。严格设计制订培训方案、汇编教材、题库建设、试卷和测评表的编制发放，规范培训班资料归档等系列工作。2016年共举办会计继续教育培训85期、财会类短期培训3期、会计从业资格辅导班11期。培训各类财会人员1.34万余人次。

【“走出去”培训和学历教育】按照目标定位，合理调整基层培训和学历教育办学规模，加强对基层培训的精细化管理、启动学历教育压缩收尾工作。一是整体部署，注重督导。结合自治区新农村建设的总体要求，举办自治区财政支农政策培训工作会议和财政支农政策培训工作研讨会，总结财政支农政策培训工作。2016年自治区支农政策培训工作被财政部评定为优秀。二是问题导向，创新模式。面对经费大幅压缩，各地财政支农政策培训持续开展信心不足的实际情况，加强培训实效性调研。通过调查问卷、电话、网络媒介等多种手段深入开展调查研究，同时注重调研结果的分析运用，摸清自治区财政支农政策培训总量、结构、课件制作现状以及各地对培训的需求和需要解决的问题等。按时向财政部上报调查报告，为财政支农政策培训持久开展顶层设计提供支撑。结合“访惠聚”工作深入开展和新疆地方特色，举办和田地区财政支农政策“送教下乡”培训示范班和自治区财政支农政策培训师资培训班。加快知识更新和技能提高，促进各地间的横向交流和学习，把优秀教材、课件建设作为提升教学的要点抓好。遴选3个参评课件上报财政部，荣获一个二等奖，两个鼓励奖，财政部与优秀课件教师签订支农政策共享课件的协议，使全国开展培训的机构都能学习和借鉴。三是学历教育正常开展。完成东北财经大学和山东财经大学两个函授站27门课程教学工作，顺利完成80名专科、本科和24名中专学生的网上学籍注册。2016年毕业专、本科学生104名，中专46名，新录取2017级成人专科、本科43人，中专24人。2016年全自治区完成财政支农政策培训4 235人次。

【荣誉】荣获2015—2016学年山东财经大学先进函授站称号。

（自治区会计干部培训中心、新疆中华会计函授学校、财政厅干部教育中心供稿，杨依强执笔）

新疆财政学会

【概况】2016年，新疆财政学会发挥联系上下、沟通左右、协调内外的作用，打造学术交流服务平台，创新活动方式，丰富活动内容，活跃学术氛围，财政学会工作稳步推进。

【理论和政策研究】牵头做好由中国财政科学研究院、中国财政学会民族地区财政研究专业委员会指导，广西和西藏参与的中国财政学会民族地区财政研究专业委员会2015—2016年度重点研究课题《新时期促进民族地区发展的政策研究》各项工作。组织完成《喀什、霍尔果斯特殊经济开发区财税政策执行情况调研报告》《对新疆财政科技资金整合投入的调研报告》《新时期新疆文化发展的几点思路》《新疆财政支持教育事业发展情况分析》4个调研报告，课题的阶段性成果分别在国家级和省级刊物发表。

【学术交流】一是印发《关于开展财政经济改革特点、难点、焦点问题征文及研讨活动的通知》（新财学〔2016〕3号），以“新常态下的财政经济改革与发展”为主题，开展征文及评优活动，推动全区财政调研工作深入开展，培养财政干部发现问题和解决问题的能力。二是做好中国财政学会第六次全国优秀财政理论研究成果评选在新疆的推荐活动。三是组织全区部分地（州、市）财政学会会员单位参加中国财政学会举办的财税改革专题研讨班，对政府投融资模式、政府财务报告、绩效管理改革、供给测结构性改革等财税改革热点进行培训。

【社会活动】加强与自治区社科联、民政厅社团处的沟通与联系，与新疆会计学会等社团的学习交流，做好新疆第十一届哲学社会科学奖评奖的组织和初评工作，确保成果的收集整理和初审工作合法、合规、合理。

（新疆财政学会秘书处供稿，赵珍执笔）

新疆会计学会

【自治区会计领军（后备）人才培养】组织自治区第四、第五期会计领军（后备）人才2016年度集中培训工作，70人参加培训。组织2016年度全国、自治区会计领军（后备）人才（企业类、行政事业类）选拔考试工作，43人参加选拔考试。组织自治区第六期会计领军（后备）人才选拔面试，通过参加结构性面试，最终录取44人作为自治区第六期会计领军（后备）人才（企业类、行政事业类）综合班培养对象。

【高层次会计人才培训】制订年度高级会计人才培训方案，继续实施自治区大中型企事业单位总会计师素质提升培养工程，在上海、北京、厦门国家会计学院分三期培训114人。组织开展高级会计人员继续教育培训，150人参加东北财经大学高会及行政事业班培训，120人参加西南财经大学高会企业班培训，1 250人参加新疆财经大学高级会计人员继续教育培训（企业班三期，行政事业班两期）。在乌鲁木齐市举办2016年营改增政策及热点问题解析专题宣传辅导培训，600人次参加培训。组织自治区各单位财会从业人员积极参与中国会计学会、中国总会计师协会组织企事业单位新会计准则、新制度培训。

【会计考试辅导用书征订与发行】2016年，累计征订发行会计从业考试用书13 500册，会计专业技术资格考试辅导用书13种13 900册，采取速递方式及时投送到考生手中。

【其他工作】配合中国会计学会、中国总会计师协会、自治区民政厅、社会科学界联合会完成各项工作及培训学习活动。参加新疆维吾尔自治区第十一届哲学社会科学奖评奖活动，国网新疆电力公司（涂海江总会计师等）推荐的《新疆电网工程其他费用精益化管理研究（研究报告）》获优秀奖。

（新疆会计学会供稿，祁新济执笔）

第四部分

地、州、市财政工作

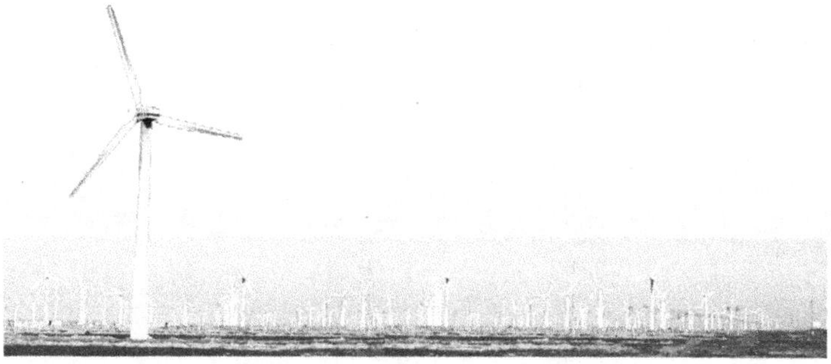

伊犁哈萨克自治州

【概况】2016年，伊犁哈萨克自治州直（以下简称“伊犁州直”）实现生产总值880亿元，增长8.3%；社会消费品零售总额206亿元，增长7.8%；全社会固定资产投资430亿元；外贸进出口总额47亿美元；城镇居民人均可支配收入26 144元，增长8%；农牧民人均纯收入13 087元，净增912元；旅游突破2 000万人次、收入突破200亿元，分别增长53.7%、84.9%。

伊犁州直一般公共预算收入73.2亿元，增长8.8%；上级补助收入194亿元，转贷地方政府债券收入40.30亿元，上年结余-9 000万元，调入预算稳定调节基金9 000万元，调入资金2.2亿元。一般公共预算支出完成274.5亿元，增长8.2%；上解上级支出1.9亿元，地方政府债券还本23.3亿元，安排预算稳定调节基金10.8亿元，年终结余1亿元。政府性基金预算收入17.8亿元，增长0.5%；上级补助收入3.5亿元，专项债务收入16.9亿元，上年结余5 000万元。政府性基金预算支出19.9亿元，下降17.5%，调出1亿元，专项债还本支出16.9亿元，年终结余9 000万元。国有资本经营预算收入387万元，增长843.9%；国有资本经营预算支出263万元，增长651.4%，年终结余75万元。社会保险基金预算收入193.1亿元，社会保险基金预算支出99.2亿元，上年结余57.4亿元，年终结余51.3亿元。

【组织财政收入】面对复杂、严峻的财政经济形势，州、县两级财政部门深入分析研判财政经济运行形势，研究营改增对州直税收的影响，加大税收清欠力度，探索实施国、地税同一服务大厅开展纳税业务，推进州直财税综合信息体系一期工程建设，提升征管能力，确保财政持续增收。分析和把握上级财政政策导向，加大对接力度，最大限度争取上级政策资金支持。

【财政支出】全年民生支出216.91亿元，占一般公共预算支出的77%。筹措资金保障机关事业单位养老保险改革、全民健康体检、提高艰苦边远地区津贴、调增工资及离退休人员生活费、提高警衔津贴等四类人员岗位津贴支出。迅速贯彻落实自治区、自治州党委关于维稳和边防工作的部署，安排资金8 000万元用于的边境管控基础设施建设和警务站建设。通过国开行融资9亿元支持州直维稳和边防基础设施建设，州党委、政府确定的重大支出得到有力保障。

【支持经济社会发展】进一步完善融资担保体系，全面启动资产总额500亿元州级投融资平台、伊犁全域融资担保公司注册资金提高到20亿元以上的体系建设工作，完成资产总额为500亿元的州级投融资平台建设，州直融资能力达到200亿元以上。累计融资195.8亿元，融资担保76.9亿元。建立伊犁产业发展引导基金，已取得阶段性成果。PPP工作稳步推进，2016年州直计划实施45个项PPP项目，总投资124亿元，签订PPP合同项目30个，总投资84.4亿元；已开（复）工建设项目41个（存量项目12个、新建项目29个），总投资109.5亿元。

【扶贫攻坚】抓紧抓实“五个一批”工程和扶贫攻坚“十四个专项行动”，全力筹措扶贫资金，州本级按脱贫进度安排5 000万元奖励资金。严格按照《州直统筹整合使用财政涉农资金试点工作方案》（伊州党办〔2016〕8号）推进各项工作，州直统筹整合使用财政支农资金14.1亿元，各县（市）建立9 500万元的扶贫小额信用贷款风险补偿金，共向6 819户贫困户发放贷款1.55亿元。

【预算管理】硬化预算约束，坚持先有预算、后有支出，各级政府和部门、单位的支出以批准的预算为依据，未列入预算的不得支出，未经法定程序不得调整支出。完善结转结余资金定期清理机制，健全盘活财政存量资金长效机制。对部门征收入库的政府性基金，按不低于20%的比例统一调入一般公共预算。中央和自治区预算安排的资金，两年未使用完的结转资金一律收回，统筹用于自治州党委决定事项和经济社会发展亟须资金支持的领域，切实提高财政资金使用效益。继续按照零增长原则编制和执行“三公经费”预算，做到“三公经费”只减不增，全年降低5.8%。严格执行会议费、培训费和差旅费等制度办法，压缩行政运行成本。

【政府债务管理】地方政府债务纳入预算管理，将举借债务的规模、结构、使用、偿还等情况编制预决算草案，报人大常委会批准。依法做好新增债券申请、转贷、使用工作，规范置换债务管理，及时签订债务解除协议，防范和化解财政金融风险。完善债务管理制度、防范政府债务风险，制定出台《伊犁州直政府债券管理暂行办法》（伊州财预〔2016〕61号）和《伊犁州直四县市专项债务风险化解规划及应急处置预案》（伊州政函〔2016〕16号）等制度办法，建立政府债务管理承诺制度和政府债务通报制度，与各县（市）、各部门签订政府债务管理责任承诺书，从借、用、还三个方面规范政府债务管理。

【荣誉】获“全国文明单位”“自治区最佳文明单位”“自治区先进基层党组织”“自治州民族团结进步模范示范单位”等称号，连续九年被评为自治州绩效考核优秀单位。

（伊犁哈萨克自治州财政局供稿，孙涛执笔）

乌鲁木齐市

【概况】2016年，乌鲁木齐市实现地区生产总值2 458.98亿元，按可比价计算，同比增长7.6%。完成农林牧渔业总产值62.73亿元，按可比价计算，同比增长1.8%。实现全部工业增加值535.20亿元，按可比价计算，与上年同期基本持平。完成固定资产投资（不含农户，下同）1 607.78亿元，与上年同期持平。在固定资产投资中，房地产开发投资306.16亿元，同比下降4.4%。商品房销售面积535.56万平方米，增长15.7%；销售额338.02亿元，同比增长5.3%。实现社会消费品零售总额1 236.69亿元，同比增长7.5%。实现外贸进出口总额

49.02亿美元，同比下降16.1%，其中，出口42.06亿美元，下降12.6%；进口6.96亿美元，下降32.6%。年末全市常住人口351.96万人。城镇居民人均可支配收入34 190元，同比增长8.2%。农村居民人均可支配收入16 351元，比上年增长9.0%。新增城镇就业11.16万人，城镇登记失业率控制在3.0%。全市建成区面积达到436平方公里，同比增加6.04平方公里。

完成地方财政收入466.9亿元，同比增长0.4%。其中：一般公共预算收入369.67亿元，增长0.3%；政府性基金预算收入97.23亿元，增长0.8%。全年地方财政支出520.85亿元，比上年下降4.3%。其中，一般公共预算支出417.56亿元，下降6.5%；政府性基金预算支出103.29亿元，增长5.9%。

【组织财政收入】积极应对“营改增”等政策性因素对财政收入的阶段性影响，严格落实收入目标责任制，坚持依法征管，充分挖掘经济发展积极因素和有利条件，推进跨区域、跨部门、跨行业的征管联动和信息共享，在稳定主体税种的基础上推进税收增量结构的优化。强化非税收入管理，加大土地出让金等重点收入项目征缴力度。坚持增收和清欠两手抓，实施法律手段和行政管理综合施策。

【财政支出】坚持“保基本、保运转、保重点、保民生、压一般”的支出原则，对中央、自治区和乌鲁木齐市出台的民生政策，以及对个人和机构运转支出足额保障。全市集中100亿元财力，推进重大基础设施项目和重点民生工程建设，全力保障各类重大事项。规范其他一般性专项资金管理，实施打破基数、有保有压、有增有减。

【支持经济社会发展】全市民生领域支出308亿元，占一般公共预算支出的73.7%。安排大气污染防治资金26亿元，实施重点治理改造项目。安排环境综合整治资金12亿元，改善市容市貌。安排政府购买服务资金11.3亿元，推进固废和污水处理项目、棚户区改造和清雪保洁等工作。推进国家节能减排财政政策综合示范城市建设，安排资金7.5亿元实施典型示范项目。

【财政资金绩效管理】强化预算约束，加快支出进度，建立健全结余结转资金定期清理机制，杜绝资金沉淀浪费。坚持用好增量与盘活存量相结合，累计收回结余资金11亿元，统筹用于民生方面重点支出。调剂整合财政专项资金，提升跨领域、跨行业的投入合力。

【推进社会资本合作】推进投融资体制改革，在全疆率先推广政府与社会资金合作（PPP）模式，发挥项目示范引领作用。全年签约落地项目13个，总投资773亿元，主要涉及轨道交通、固体废弃物综合处理、棚户区改造工程等领域。

【供给侧结构性改革】落实“三去一降一补”各项财税政策、奖补资金和工作举措。围绕“去产能”重点任务，安排关闭煤矿等各项财政奖补资金5.1亿元；安排契税补贴和住房回购资金10.6亿元，支持房地产行业“去库存”；根据“去杠杆”要求，严格政府债务管理和创新企业融资渠道；实施“降成本”一揽子政策，通过减税降费激发经济社会发展活力；强化“补短板”支出保障，落实各项民生政策和提升基本公共服务保障水平。争取中央小微企业创业创新奖补资金2亿元，补齐“双创”工作短板，培育发展新动能。

【完善价格补贴调节机制】安排“煤改气”运营补贴资金11亿元，保障正常供暖。安排公交企业成本规制财政补贴9亿元，支持公交企业运营发展。通过设立价格调节基金、支持农副产品产供销体系和物流体系建设、落实物价上涨与社会救助标准联动机制等措施，不断增强市场和价格调控能力。

【建立透明预算制度】完善政府预决算和部门预决算信息公开工作措施，确保公开及时、内容准确、形式规范。完善公开内容，充实信息要素，将财政转移支付、地方政府债务限额纳入预决算公开范围。实施财税政策制度和财政管理制度公开，坚持问题导向，主动接受社会各界监督。

【预算执行管理】完善预算体系，加强各项资金的统筹使用。改进预算控制方式，启动部门跨年度预算平衡机制，为实施中期财政支出规划管理创造条件。对地方政府债务实施限额管理，并分类纳入预算管理。开展置换地方政府债券工作，分配落实置换债券资金311亿元，有效降低财政偿债压力。

【创新财政供给手段】实施专项资金跨行业、跨部门的清理归并，将财政直接支持企业的资金逐步转为产业引导基金，通过“由补变投”引导社会各方参与实体经济发展。全面推广政府购买服务，安排财政资金20.6亿元，实施6大类、86项政府购买服务项目，提升公共服务供给水平。争取自治区人民政府批准转贷乌鲁木齐市新增政府专项债券12.3亿元，用于老旧城区改造项目建设。

【国库管理】深化国库集中支付制度改革，完善预算执行动态监控机制，强化对重点单位、重大项目、重要领域的资金监控，确保财政资金安全、高效和透明运行。围绕预算管理和资金安全，夯实内控机制建设。强化库款动态管理，确保资金需求。

（乌鲁木齐市财政局供稿，薄桉执笔）

克拉玛依市

【概况】2016年实现地区生产总值（GDP）621亿元，增长2.3%；扣除中央石油石化企业贡献份额，实现地方生产总值176.03亿元，增长1.8%；第三产业增加值183.75亿元，下降3.2%；全社会固定资产投资196.1亿元，下降35.8%；社会消费品零售总额62.9亿元，增长7%；地方财政收入83.9亿元，增长0.9%，其中一般公共预算收入79.1亿元，增长5.5%；城镇居民人均可支配收入3.6万元，增长7%；农牧民人均纯收入2.1万元，增长8%。

【组织财政收入】加强重点税源监控，持续规范税收和非税收入征管，做到应收尽收；深入开展政策研究，形成实际增收效果，增收4.9亿元。主动向上对接，争取上级资金9.5亿元，增长9.0%。争取自治区置换债券资金48亿元，同比增加23.8亿元，增长98.4%，有效节约利息支出，优化债务期限结构。

【支持经济发展】支持石油产业发展。支持原油开采企业加大勘探开发力度和炼化企业平稳生产，延长产业链，充分挖掘石油石化上下游一体化的潜力。支持推进新疆油田公司“四供一运”及克拉玛依日报社移交工作，助力企业轻装上阵。

支持新兴产业快速发展。支持昆仑银行伊犁分行正式营业，中石油专属财产保险公司海外拓面，中亚商品交易中心成品油在线交易，新增8家企业在全国股转系统挂牌，光大、华龙等4家证券营业部及22家股权投资类企业落户，金融业态更加丰富。金融产业实现增加值34.2亿元，同比增长6.1%。投入7 000万元，支持华为云服务数据中心、中国移动（新疆）数据中心投入运营。投入1 000万元，支持2016丝绸之路国际旅游商品博览会等大型活动以及世界魔鬼城国家5A级景区创建。

优化企业发展环境。严格落实结构性减税政策，全面推开“营改增”试点，减税约3亿元；落实支持小微企业等多项税收优惠政策，减免税5.8亿元；落实阶段性降低社保费率政策，降低企业成本5 000万元。创新财政支持方式。通过财政贴息、补助等方式累计补贴资金5.8亿元，惠及企业1 059户次；落实去库存政策，发放购房契税补贴6 000万元，惠及1万多户居民；设立丝路基金及“双创”基金，完成对8家企业的股权投资，支持地方企业发展和大众创业万众创新。支持改善融资环境。加大对中小微企业的信贷支持力度，全年金融机构向中小微企业投放贷款27.1亿元，增长7.9%。扩大国有担保机构业务规模，缓解企业融资困难，全年发放担保资金790笔，共计4.6亿元。引导地方企业通过中小企业私募债、小额短融券、PPN债券等方式，拓宽企业融资渠道，提升企业融资能力。支持完善企业发展平台。投入4.0亿元，保障石化工业园区、云计算产业园区建设，打造最优发展环境。支持丝绸之路经济带新疆克拉玛依论坛、华为企业云·克拉玛依产业合作高峰论坛和企业参加国内外展会，搭建“走出去”平台，支持企业发展。

【改善民生福祉】2016年，全市民生支出70.6亿元，占一般公共预算支出的70%以上。

支持教育事业全面发展。投入2.2亿元，保障中国石油大学（北京）克拉玛依校区顺利招生、厚博学院办学，支持高等职业教育发展，完善多层次教育体系。投入6 000万元用于合作办学、内初内高班教学等项目，保障教育转型改革，促进教育品质提升。

支持医疗卫生争创一流。投入4 000万元重点保障医疗设备购置、取消药品加成财政补贴、重点学科建设等项目，落实公立医院改革政府投入责任。投入3 000万元用于全民健康体检和人身意外伤害保险，支持普惠性惠民工程。

提升社会保障和就业水平。投入5 000万元落实特困人员生活补助、退伍士兵待遇、残疾人两项补贴、高龄失能老人生活补贴等政策，为266户城市最低收入家庭发放廉租住房补贴，完善社会福利体系。投入7 000万元落实就业再就业政策，全年就业再就业人数达到3 259人。

促进文体科技加快发展。投入5 000万元保障国家公共文化服务体系示范区成功创建，提高群众文化服务质量。投入3 000万元支持82项科研课题，提升企事业单位科研能力。投入2 000万元支持水节等大型群众活动和丝绸之路科学节、国际马拉松赛事，提高城市知名度。

提升现代农业发展水平。投入1 000万元支持现代农业建设，扶持农民专业合作组织，重点保障村级惠民项目、美丽乡村和重大水利工程。全年发放各类惠农补贴近3 000万元，惠及农牧民3 280人，确保农村发展、农业增效和农民增收。

着力打造安全品质之城。投入1.5亿元用于保障城市报警与监控系统建设运行，支持便民警务站建设，打造维稳安保防控网络。投入1 000万元保障“访惠聚”活动、民族宗教事务管理和个人诉讼保险等工作深入开展。投入1.3亿元实施大绿化、城市生态修复和蓝天工程，支持生态环境持续改善。投入1.2亿元用于城市公交运营和航线补贴，支持开通经停乌鲁木齐至武汉、经停郑州至上海2条航线，方便市民出行，拓宽外联通道。

【深化财政改革】推动预算管理制度改革。完善预算体系，实现一般公共预算、政府性基金预算、国有资本经营预算和社会保险基金预算统编、统批和统筹，将政府性基金预算按20%、国有资本经营预算按15%，共计1.0亿元调入一般公共预算，提高一般公共预算的统筹能力。推进试编中期财政规划，建立跨年度预算平衡机制，提高财政可持续运行能力。严格落实政府债务限额管理规定，全年无新增债务，完善中长期债务规划，预防财政金融风险。严格落实《中华人民共和国预算法》，将政府所有收支纳入预算管理，加大一般公共预算的统筹力度。硬化预算约束，非经法定程序不得调整。严格管控“三公经费”，较上年减支 3 000 万元，下降 28%。加强结余结转资金管理，全年盘活存量资金 1.4 亿元。严格落实政府债务限额管理，完善中长期债务规划，有效防范财政财务风险。配合自治区完成工商、质监系统分级管理，推进事权与支出责任相匹配。

持续深化国库制度改革。试编全市权责发生制政府综合财务报告，全面反映市、区两级政府的资产、负债情况。完善预算执行动态监控体系，强化资金日常流向监管，保障财政资金安全运行。持续推进公务卡改革，将科技项目资金纳入公务卡结算范围，公务卡刷卡率达到 75%。全面深化国库集中支付改革，财政直接支付资金总量 27.5 亿元，同比增加 10%，财政资金运行效率进一步提高。

政府购买服务稳步实施。完善工作规程，健全工作机制，市级 25 个部门向社会购买 36 个服务项目，共计 1.1 亿元，提高政府服务效率。

推进政府投融资机制改革。完善 PPP 工作机制，保障 PPP 工作规范运行；推进投融资体制改革，多渠道吸引社会资本参与 PPP 项目建设，市级通过设立产业基金等方式，吸引社会资本总规模 51.7 亿元。加快项目落地，完成第二污水处理厂、厚博学院等 5 个项目 55.1 亿元签约，其中第二污水处理厂项目列入国家第三批示范项目。

加强预算公开制度管理。在全市范围内加强预决算公开工作，市级除涉密单位外的 133 家单位均按统一格式、规定时限在政府公众信息网和财政门户网上主动公开部门预（决）算，自觉接受人大和社会监督。推进项目支出绩效评价，对 27 个部门 30 个项目进行财政复评，促进部门增强支出责任和效率意识。开展财政监督检查和预（决）算公开专项检查，保障财政信息真实准确。

【加强队伍建设】严格执行《廉洁自律准则》和《纪律处分条例》，加强党风廉政建设和反腐败各项工作，自觉落实党风廉政建设责任制和“一岗双责”，把权力关进制度的“笼子”里。全面加强综合素质、依法理财能力和开拓创新能力的培养，坚持以需求导向、问题导向为引领，加快知识更新，优化知识结构，提高深化改革的能力。继续巩固和深化“三严三实”专题教育成果，持续不断改进作风，以饱满的热情服务群众。

【荣誉】2016 年度财政总决算自治区一等奖；2016 年度部门决算自治区二等奖；2016 年度预算执行分析自治区二等奖；2016 年度预算管理工作自治区优秀奖；2016 年度自治区级文明单位；2016 年度自治区财政厅信息报送先进单位；2016 年政府购买服务改革工作先进单位；2016 年城镇保障性安居工程报表和绩效评价报告报送先进单位。

（克拉玛依市财政局供稿，李惠敏执笔）

石河子市

【概况】2016 年，石河子市完成生产总值306.47 亿元，增长 1.22%，其中：第一产业增加值 10.06 亿元，增长 6.49%；第二产业增加值176.4 亿元，增长 0.4%；第三产业增加值 120 亿元，增长 3.26%。全年城镇居民人均可支配收入34 619 元，同比增长 8.6%；人均消费性支出25 967元，同比增长 6.5%。全年完成全社会固定资产投资 232.26 亿元，同比下降 10.28%。全年实现货物出口总额 4.01 亿美元，下降 69.2%。全年实现社会消费品零售总额 100.28 亿元，增长8.57%；居民消费价格指数 100.6%；商品零售价格指数 101.0%。地方财政收入 44.82 亿元，同比增长 8.37%，增收 3.46 亿元。其中：一般公共预算收入 38.88 亿元，同比增长 5.58%，增收 2.06 亿元。地方财政支出 54.43 亿元，同比增长13.59%；其中：一般公共预算支出 49.86 亿元，同比增长 11.83%，增支 5.27 亿元。

【组织财政收入】依法加强收入征管，确保各项收入及时足额入库。一是强化收入目标责任分解，发挥财税联动机制，完善国税、地税和工商等部门信息共享制度，及时了解各项税收征收情况，对重点税种和税源实行分离式稽查，严防税收流失。二是加强收入形势分析。密切关注师市经济运行态势，深入分析收入增减因素和变化趋势，密切关注国家宏观调控政策措施和税收政策调整对财政收入的影响，增强组织财政收入的主动性和预见性在全市集中寻找新税源，确定挖潜增收项目，进行重点攻坚。三是加强依法综合治税工作。建立税源信息传递和共享制度，实现对税源全方位管控。加强部门间的联动协作，加大清缴欠税力度，提高税收管理水平，促进税收收入应收尽收。四是加强非税收入稽查、跟踪问效，确保非税收入及时、足额入库。五是开展财源大调查。摸清后续财源发展变化情况，及时发现解决税收征管中存在的困难和问题，有针对性地研究制定相关政策措施，不断挖掘税收潜力。

【支持经济发展】围绕师市产业结构调整核心任务，健全财政扶持机制，加速实体经济发展，将服务经济和培植财源有机统一。一是继续安排好各类贴息、鼓励进出口奖励、工业发展基金、产业结构调整、现代服务业发展等各项资金、支持优质企业增资扩产，提高自主创新能力和产品竞争能力。二是积极扶持法人资格银行、担保公司和股权投资类企业的发展，落实自治区金融机构涉农贷款增量奖励、农村金融机构定向费用补贴政策，缓解师市中小企业融资难问题。三是申请转换自治区专项债券 4.51 亿元，缓解到期债务还款压力，积极推进 PPP 等融资模式，引进社会资本参与师市经济社会建设，助力师市经济又好又快发展。

【保障民生和重点支出】认真贯彻落实中央八项规定、自治区十条规定和师市二十二条规定，坚决控制一般性支出，严格控制“三公经费”规模，师市“三公经费”比上年降低15.2%；充分发挥财政调控职能，进一步优化资源配置和支出结构，在保证重点项目支出的同时，切实加大民生保障投入，确保师市党委、政府“十件实事”工程项目的资金需要。2016年，民生支出36.42亿元，占公共财政预算支出的73.04%，推动师市社会公益事业和民生领域建设较快发展，涉及群众切身利益的利民实事得以落实。

【深化财政改革】一是坚持量入为出，勤俭办事，着力缓和收支矛盾，确保财政收支平衡。在不断细化预算的基础上，建立预算执行定期监管机制，对年初预算安排的项目严格按照预算额度和审批权限安排支出，严禁改变预算用途。按月梳理尚未支出的项目情况，督促预算单位对支出项目进行清理排查，避免年底扎堆用钱；控制压减结余结转资金规模，盘活财政存量资金，对常年居高不下，结余结转额度较大且支出进度缓慢的项目资金，采取财政回收方式统筹安排。巩固全市“三公经费”压缩的阶段性成果，继续厉行节约，从严控制一般性支出。二是深入推进财政改革，加快完善制度机制。进一步深化预算管理制度改革，按照“强化预算编制、规范预算执行、严格预算监督”的原则，改进预算控制方式，强化预算支出约束；深入开展清理规范财税优惠政策和财政专项支出工作，坚决取消违规支出和“小、散、低效”的专项资金，对目标、用途相同或相近的专项资金进行整合归并；建立健全债务风险预警防范机制。三是把控制和化解地方政府性债务风险作为经济工作的重要任务，在全面清理、甄别债务的基础上，将政府存量债务分类纳入预算管理，将地方债务情况向同级人大或其常委会报告；进一步厘清政府与市场的边界，不断创新融资方式，积极推进PPP模式，借助市场机制，带动社会资本加大投入，支持全市经济转型和重大项目建设。

【强化财政监管】加强财政预算会计基础管理，规范财政专户的开立、变更和撤销等工作，建立内部监督检查制度，实施定期检查和不定期抽查制度。重点开展贯彻执行中央八项规定、严肃财经纪律和“小金库”专项治理行动，切实堵塞财政资金管理漏洞，为依法理财、依法行政筑起一道稳固的安全防护线。继续推行工程建设项目的政府采购工作，不断提高财政性工程建设项目的评审质量；切实做好财政信息公开工作，规范部门预算公开行为，扩大公开范围，师市所有行政事业单位都向社会公开部门预（决）算及“三公经费”预（决）算，同时，单位部门决算中一般公共预算基本支出公开到经济分类的款级科目，建立起财政信息公开的常态化机制。

【加强干部队伍建设】一是强化“四个意识”特别是牢固树立核心意识、看齐意识。积极开展“两学一做”学习教育、“访惠聚”、“民族团结一家亲”等活动，进一步增强“四个意识”凡是围绕落实社会稳定和长治久安总目标的支出事项，财政部门都全力予以保障。二是以强化绩效为主线，财政干部真抓实干、敢于担当的作风进一步树立。认真落实师市机关绩效考核办法，完善一级抓一级、层层抓落实的责任体制，重点工作、重大事项做到层层分解、责任到人、盯办到人。紧紧围绕师市党委、人民政府确定的主要目标和重点任务，强化督查督办、跟踪问责，市党委、人民政府交办财政部门的各项重点工作全部得到落实。三是认真落实全面从严治党主体责任，基层党组织战斗堡垒作用和党员先锋模范作用充分发挥。认真贯彻加强党风廉政建设和反腐败斗争各项决策部署，全面落实党风廉政建设主体责任和监督责任，层层与局所属科室、事业单位签订党风廉政建设工作责任书，形成压力传导、考核评价和责任追究长效机制。切实将全面从严治党的要求落实到财政工作的方方面面，党组的领导核心作用进一步发挥，党员的先锋模范作用进一步凸显，干部队伍的精神面貌和工作作风进一步提升。

（石河子市财政局供稿，张翔宸执笔）

塔城地区

【概况】2016年，塔城地区实现地方国内生产总值563.3亿元，同比增长9.2%；其中，第一产业增加值217.1亿元，同比增长5.9%；第二产业149亿元，同比增长13%；第三产业增加值197.2亿元，同比增长9.4%。产业比例为38.2：26.5：35.3。完成全社会固定资产投资384.6亿元，同比增长16.7%；完成进出口贸易总额4.05亿美元。全地区实现社会消费品零售总额79亿元，同比增长5.9%。农牧民人均纯收入1.44万元，同比增长6.5%。

2016年，全口径财政收入72.1亿元，同比增长7.9%，地方财政收入49.4亿元，同比增长7.1%。其中，一般公共预算收入43.8亿元，同比增长8.5%。基金预算收入2.6亿元，同比下降2.6%。地方财政支出162.7亿元，同比增长10.7%。其中，一般公共预算支出156.4亿元，同比增长14.2%。政府性基金预算支出6.2亿元，完成预算的91.9%，减支3.68亿元，下降37.3%。2016年上划中央各项税费共计18.68亿元，完成计划的90.8%，同比增加16.34%。塔城地区一般公共预算收入总计为43.83亿元，支出合计156.4亿元，收支相抵，年终结余2.39亿元。

【组织财政收入】深入推进供给侧结构性改革，坚持质量、效益理念，依法强化收入征管，深入开展督查工作，加强重点行业、重点企业、重点项目税源监控，累计清理欠税4.7亿元。全力推进综合治税，完善涉资源类经济信息共享机制。开展企业用地清查工作，加快土地手续办理，加大耕地占用税、土地出让金、城镇土地使用税、涉农工程等税费核查力度，仅城镇土地使用税入库1.8亿元，增幅达346%。规范非税收入管理，深入推进农村土地清理、“井电双控”工作，加大资源水价征管力度，加强国有资产出租、出借，国有资产处置，储备土地拍卖收益管理，确保非税收入及时、足额入库。

【保障重点支出】坚持厉行节约，严格预算追加，调整优化支出结构，强化部门单位预算支出主体责任，严控一般性支出，全地区“三公经费”支出1.2亿元，同比下降23.8%，重点保障民生、维稳和重大项目支出。

【全力保障维稳经费投入】坚决落实各项维稳决策部署，大力支持“访惠聚”和“民族团结一家亲”活动，安排资金完善边境防控设施。安排588万元，提高护边员待遇、0—10公里边民补助，继续提高村干部基本报酬、农村“四老”人员和爱国宗教人士生活补助标准，基层基础更加牢固。

【积极推进脱贫攻坚战略】全面落实脱贫攻坚“六个精准”要求，投入扶贫资金2.7亿元，整合涉农资金1.7亿元，清理收回两年以上结余资金6 332万元，统筹用于精准扶贫；投入2.6亿元落实建档立卡贫困户社保兜底政策，发放建档立卡贫困户贴息扶贫小额贷款5 616万元，受益农牧民3 177户，有效解决贫困户发展难、保障难问题。

【着力保障和改善民生】加快重大基础设施建设，争取置换、新增债券资金22.82亿元，支持库鲁斯台草原生态搬迁、克塔铁路、机场改扩建等民生项目建设。安排资金5.4亿元，提高各类人员补贴、全民健康体检、调资增资、机关事业单位养老制度改革等支出。盘活财政存量资金5.8亿元，全部形成支出。全年投入61.7亿元，大力支持教育、就业、医疗卫生、社会保障、文化体育等社会事业发展，民生保障稳步提高。

【落实稳增长政策】全面落实财税优惠政策，公布涉企收费目录清单，建立成长性企业名录，支持培育中小微企业发展。安排1.04亿元支持化解煤炭“去产能”，妥善安置分流职工。安排2 056万元支持外贸进出口、口岸基础设施建设，向西开放水平不断提升。安排9 700万元支持纺织服装产业发展，推行纺织服装企业各项补贴资金按季补贴工作机制。加强融资担保体系建设，结合“助保贷”、政银担“4321”模式，为企业提供融资担保2.75亿元。大力推进PPP工作，建立PPP项目推进情况月通报制度和联评联审会议制度，全年PPP项目开工15个，完成投资12.2亿元，有效撬动社会资本参与重点领域建设。

【深化财税改革】全面完成“营改增”改革试点工作任务。建立政府预算体系，预决算公开实现全覆盖。建立和完善财政资金绩效考核机制，完成416个项目、29亿元财政资金绩效评价工作。加强政府债务管理，锁定政府债务限额103.6亿元。全面建立预算稳定调节基金制度，出台预算稳定调节基金管理暂行办法。逐步建立跨年度预算平衡机制，有效规范年度预算控制方式。加强财政监督管理，牵头组织“小金库”专项治理整改工作，保障财政资金安全规范有效使用。强化政府投资项目管理，建立月通报制度，全年通报11批次638个政府投资项目，资金总额59亿元。规范乡镇财政管理，全面完善乡镇预算编制、预算执行管理工作。涉农惠民补贴资金信息系统全面上线运行，发放涉农惠民补贴资金11.8亿元。加强财务管理，建立行政事业单位内部控制制度，印发《关于进一步加强行政事业单位内部控制规范工作的通知》，（塔地财会〔2016〕15号）内部控制管理水平成效明显。

【强化干部队伍建设】紧紧围绕社会稳定和长治久安总目标，坚决落实全面从严治党要求，严格落实党风廉政建设“两个责任”和“一岗双责”，层层签订党风廉政建设责任书，形成层层抓党风廉政建设的工作局面，干部作风明显改善。严格按照习近平总书记“好干部”标准，强化政治纪律和政治规矩，深入开展“两学一做”学习教育，“四个意识”明显增强。全面推进绩效考评，完善激励约束制度，建立责任追究机制，干部执行力明显提高。严格执行《干部选拔任用工作条例》，坚持“三个不吃亏”选人用人导向，干部队伍结构进一步优化。推进“访惠聚”驻村工作，额敏县交勒布拉克三村实现脱贫摘帽。深入开展调研活动，推动调查研究工作规范化、常态化，主动研究政策、深化改革、推动工作的能力不断提高。加强干部教育培训，组织67名地、县财政干部参加各类培训，财政干部能力素质明显提升。

【荣誉】荣获2016年度全国财政“六五”法治宣传教育先进集体，2016年度自治区级“访惠聚”优秀组织单位，2016年度自治区财政预算管理工作优秀单位，2016年度自治区财政涉农补贴资金管理系统应用通报报表优秀单位，2016年度塔城地区绩效考核“骏马奖”，2016年度塔城地区脱贫攻坚先进集体单位，2016年度塔城地区安全生产先进单位，2016年度塔城地区先进工会组织，2016年度伊犁州工会先进集体，2016年度塔城地区重点青少年群体服务管理和预防犯罪“牵手行动”先进单位，2016年度塔城地区档案报表质量好单位。

（塔城地区财政局供稿，詹文文执笔）

阿勒泰地区

【概况】2016年阿勒泰地区实现国内生产总值217.3亿元，同比增长9.7%，其中：第一产业增加值48.9亿元，增长6.1%；第二产业增加值74.9亿元，增长11%；第三产业增加值93.5亿元，增长11.8%。第一、二、三产业占地区生产总值的比重分别为22.5%、34.5%和43%。完成固定资产投资207.89亿元，同比增长1.94%。全地区在岗职工年平均工资为48 825元，同比增长8.66%，人均年增加3 891元；城镇居民人均可支配收入25 707元，同比增长9.5%；农牧民人均纯收入11 650元，同比增长10.6%。完成外贸进出口总额94 949万美元，同比增长9.6%。实现社会消费品零售总68.31亿元，同比增长10.58%。居民消费品价格总指数较上年上升2%，商品零售价格上涨1.4%，农业生产资料价格下降0.6%。

完成全口径财政收入47.29亿元，同比增长6.73%；完成地方财政收入36.89亿元，同比增长6.26%。其中：一般公共预算收入完成31.36亿元，同比增长3.08%；税收收入18.24亿元，下降0.51%。全年上划中央、自治区税收10.40亿元，同比增长8.45%。全年完成财政支出149.3亿元，同比增长17.36%。

【加强组织收入工作】一是加强财源定性、定量分析研究，提升精准挖掘财源能力。成立地区财源分析研究领导小组，召开财源建设分析会，分县市、分行业、分税种研究财源建设的难点、重点及突破口。二是加强对经济形势的分析研判，做好收支预算的执行分析、收入日常监控、定期工作通报等。严格按照法律、政策和制度规定，全力支持税务部门依法加强征管。三是加强综合治税工作。制定印发年度综合治税重点任务计划，采取逐个突破重点、难点的方式，加大综合治税推进力度。严格按照自治区城镇土地使用税税额标准调整方案督促加大对工矿区的税收征管，重点推进旅游产业聚集园区的确定及税收征管。四是健全完善非税收入征缴管理模式，规范土地出让金等行政事业性收费和政府性基金收入管理，对工商、质监部门及其下属单位非税收入项目及法律依据审定并录入非税收入系统。组织开展涉企收费清理自查工作。严格审核地县部门新设非税收入项目。加大资源资产类非税收入征缴力度，确保应收尽收。

【支持经济社会发展】科学、合理、统筹使用各类转移支付及自有资金，保障地区重大决策和各项民生工程的顺利实施。全年民生支出完成111.37亿元，占总支出的75.2%。落实地区“民生建设年、项目建设年”要求，筹资3.8亿元确保阿勒泰市城市建设、扶贫攻坚、低收入家庭住房保障、地区职教园区建设等地区重点工作稳步推行。争取自治区地方政府债券资金20亿元，支持城市基础设施、铁路管网、异地扶贫搬迁、政府债务置换等。清理财政存量资金，统筹用于保民生、补短板、稳增长。投入8.6亿元大力支持“访惠聚”、集中整治、严打专项斗争和“民族团结一家亲”等，推进社会大局和谐稳定。筹集资金4.3亿元兑现机关事业单位干部基本工资和艰边津贴调整、警衔工资调整及养老保险制度改革等政策。筹集资金11.61亿元，大力支持脱贫攻坚，全地区20 644人脱贫、49个贫困村退出，青河县脱贫摘帽顺利通过自治区第三方评估验收。

【深入推进财税改革】全面贯彻执行清费政策，取消、减免或缓征行政事业性收费和政府性基金。稳步推进营改增工作步伐，将房地产业、建筑业、金融业、生活服务业四个行业纳入改革范围。压减“三公经费”，规范财政财务管理，将“执行财经纪律、压减三公经费”纳入预算单位绩效考核指标体系。实行政府债务预算管理，严格按程序、按规定支付置换债券和新增债券资金。深化政府购买服务，开展试点项目47个，涉及资金4 484.5万元。改革财政资金对账方式，由原来单一与开户行网点对账变为与代理银行的上级主管部门及开户行网点核对账户余额，有效防范财政风险。夯实政府采购事前、事中、事后监管基础，做实PPP项目、政府购买服务项目，稳步扩大政府采购规模和范围，执行政府采购预算20.48亿元，实际采购17.33亿元，节约采购资金2.19亿元，资金节约率10.71%。

【提升财政监管水平】推进财政“大监督”格局，完善财政监督机构与预算管理机构共同实施监督的责任制度和工作协调机制，全面检查地、县（市）落实“大监督”工作实施意见的有关要求以及履行日常监督职责情况，自查自纠覆盖面达100%。围绕扶贫资金重点投向领域，对地、县33家行政事业单位、国有控股企业、民营企业的会计信息质量展开联动检查，提出对策和建议。围绕财政资金安全，重点对财政资金收付管理、会计核算管理及预算执行管理等六方面43项主要内容开展检查。

【加强财政政策研究】围绕新常态下如何通过政策研究为财政工作注入新活力，相继开展多项课题调研。其中，资源税从价计征税率设定调研获得自治区认可并在全疆范围内基本按地区提出的主要矿产品税率设定计征标准；水资源税征收试点调研取得初步成效，为争取在全疆率先进行水资源改革试点、夯实后续财源打下基础；开展兵地财政体制管理调研，为中央和自治区兵团理顺财政体制改革工作提出意见建议；接待费、机关食堂支出专题调研，为严控一般性支出，规范财经秩序提供有力保障。

【金融支撑作用凸显】与8家金融机构签署1 550亿元授信额度协议，落实战略协议贷款170亿元，为地方经济发展奠定坚实的金融基础。出台推进阿勒泰地区政府投融资平台公司市场化转型和融资的意见，促进地区投融资平台整合和市场化转型，地区国有资产投资公司和地区额尔齐斯投融资公司总资产规模达217亿元，为地区重大项目提供担保52亿元，承贷2亿元，地区宏达融资担保公司融资担保能力达50亿元以上。创新金融服务产品，支持地方经济发展，发行城市债券7亿元、旅游产业基金50亿元。深化政府与社会资本合作，完成青河县黑水沟、职教园区、北阿铁路等17个总投资84亿元的PPP项目。借力资本市场，助力企业发展，新增3家企业纳入自治区百家重点培育目录。

【荣誉】荣获2015年度自治区政府购买服务工作先进单位。荣获2015年度自治区行政事业单位国有资产占有使用权登记年检工作三等奖。荣获2015年度自治区行政事业单位资产监督管理信息系统数据报送工作三等奖。荣获2015年度地州市预算管理工作先进单位。荣获2015年度全区社会保险基金统一预决算先进单位二等奖。荣获地区民族团结进步创建工作先进集体。闫晓飞同志荣获地直机关优秀共产党员。

（阿勒泰地区财政局供稿，闫晓飞执笔）

博尔塔拉蒙古自治州

【概况】2016年，博尔塔拉蒙古自治州（以下简称“博州”）实现生产总值277.19亿元，增长10.1%。地方生产总值234.53亿元，增长13.6%，其中：第一产业增加值44.93亿元，增长4.8%；第二产业增加值71.93亿元，增长21.3%；第三产业增加值117.67亿元，增长12.9%。地方人均生产总值57 913元，增长10.7%。全社会固定资产投资完成303.85亿元（不含农户），增长22%。农民人均纯收入13 191元，增收1 043元。全社会消费品零售总额40.46亿元，增长8.8%。全年居民消费价格同比上涨0.8%。全部工业增加值30.92亿元，增长36.8%。阿拉山口口岸全年进出口货物1 775.99万吨，下降2.1%。进出口贸易总额78.31亿美元，下降18.1%。上缴关税及代征进口环节增值税64.92亿元，增长17.7%。全口径财政收入30.79亿元，增长17.8%，其中：一般公共预算收入20.07亿元，增长17.2%，政府性基金预算收入3.86亿元。上划中央税收6.87亿元，增长52.8%。一般公共财政预算支出86.94亿元，增长14.7%。

【保障稳定促和谐】贯彻落实自治州党委维护稳定系列决策部署，投入维稳支出6.56亿元，保障社会和谐稳定。支持实施边境管控、便民警务站点建设，提高公开招聘的州、县事业编制警务人员和协警工资待遇。筹措资金2.26亿元，支持自治州“访惠聚”活动深入开展，提高驻村工作经费标准，实施315个村级惠民生项目，夯实维护社会稳定基础。

【优化支出保民生】2016年投入民生领域资金65.51亿元，占一般公共预算支出的75.2%。其中：教育支出13.29亿元，增长0.3%，巩固完善义务教育经费保障机制，支持“双语”幼儿教育、职业教育事业发展；投入文化体育与传媒资金3.87亿元，增长2.4%，重点支持全民健身中心、文化艺术中心等设施场所建设；投入社会保障和就业资金8.26亿元，增长93%，提高城乡低保标准，落实社会养老保险等人员待遇政策，开展就业再就业培训，支持“大众创业、万众就业”；投入医疗卫生资金5.4亿元，增长9.8%，实施全民健康体检，稳步推进公共卫生体系建设和卫生事业发展；节能环保支出3.25亿元，重点支持环境污染防治、城镇污水处理及赛里木湖湖泊生态保护；住房保障支出3.74亿元，支持城市棚户区改造、公共租赁住房和农村富民安居等保障性住房建设；农林水事务支出14.67亿元，增长19.7%，落实各项惠农补贴资金，支持粮食、棉花、枸杞、肉牛肉羊产业发展等。

【支持扶贫促脱贫】认真落实自治州党委脱贫攻坚工作要求，补扶贫短板，促精准脱贫。投入扶贫资金9.32亿元（其中州、县安排2 500万元，整合各类扶贫资金2.56亿元，融资6.51亿元），支持精准扶贫开发工作。启动美丽乡村建设，解决抵边村用水、用电等问题。提高边民补贴和护边员补助标准，改善贫困群众的生产生活条件。

【加大融资强实力】面对经济下行压力，积极应对，多方筹措资金支持自治州重点和民生项目建设。一是积极争取发行地方政府债券和申报中央专项建设基金38亿元，支持经济社会发展和重大公益性基础设施建设，缓解财政支出压力。二是加大融资保障力度，通过政府购买服务、产业基金等方式，融资37.15亿元，重点支持教育、水利、边防、棚户区改造等重点项目建设和产业发展。三是加快推进PPP项目，全州落地PPP项目31个，投资总额109.7亿元，为自治州经济社会发展注入新活力。四是扎实做好金融监管工作，有效化解金融风险，保护人民利益不受损害。

【支持经济促发展】口岸经济方面，抢抓丝绸之路经济带核心区建设的重大机遇，深入推进"口岸强州"战略，整合资金支持阿拉山口市基础设施建设、产业发展和各类人才的引进、培养、奖励等，将全州新增地方政府债券分配重点向阿拉山口市倾斜。工业经济方面，制定"4321"政银担等机制办法，安排风险补偿资金5 500万元，向自治区农信担保公司注入联合担保基金1 000万元，充分发挥政府、银行业、保险公司、担保公司等融资作用，引导金融机构支持中小微企业发展，累计发放贷款5.13亿元，破解中小微企业融资难题。落实自治州发展纺织服装产业带动就业优惠政策，兑现补贴资金2.95亿元，支持自治州纺织服装产业发展。旅游经济方面，支持生态游、休闲游、乡村游、科考游等新型旅游发展，投入资金3.3亿元，实施赛里木湖生态保护和温泉县旅游资源开发等基础设施项目。

【研究政策出实效】争取自治区对州本级财力缺口给予补助，加大对县（市）转移支付资金的争取力度，共争取中央、自治区新增财力补助5.69亿元，有效缓解财政支出压力。认真分析全面推行"营改增"增值税5：5分成政策对地方财政收入的影响，提出应对措施。加强对财政政策、金融政策、产业政策的学习研究，积极与区内外多家金融机构洽谈联系，多渠道融集资金。

【加强监督防风险】落实州人大批准的财政预算决议要求和审计意见，主动接受人大和审计监督。加大对重大财政政策执行情况、财政专项资金、重点民生工程等方面的监督力度。开展盘活存量资金、涉农资金整合、预（决）算信息公开等专项检查，确保财政资金安全、高效。加大源头治腐力度，会同纪检、审计部门开展"小金库"清理专项检查工作。强化财政内部监督，加强对预算单位财务监督，督促部门严格执行差旅费、会议费、培训费等管理办法。认真贯彻落实厉行节约有关规定，压缩一般性支出，降低行政运行成本，"三公经费"下降1.3%。

（博尔塔拉蒙古自治州财政局供稿，陈俊执笔）

昌吉回族自治州

【概况】2016年，昌吉州实现地区生产总值1 118.2亿元，同比增长8.2%。其中，第一产业223.2亿元，同比增长3.6%。第二产业544.3亿元，同比增长10%。第三产业350.7亿元，同比增长8.5%。三次产业对经济增长的贡献率分别为8.8%、59.1%、32.2%，分别拉动经济增长0.7个百分点、4.9个百分点和2.6个百分点。完成固定资产投资1 536.9亿元，同比增长9.6%。居民消费价格同比上涨2.0%。城镇居民人均可支配收入27 955元，农村居民人均可支配收入16 439元。实现社会消费品零售总额243.9亿元，增长8.4%，实现出口额10.1亿元，进口额1.2亿元。

全州完成地方财政收入162.8亿元，同比增长10.23%。其中：一般公共预算收入121.4亿元，同比增长9.92%；政府性基金收入41.2亿元，同比增长11.07%。地方财政支出317.3亿元，同比增长22.62%。其中：一般公共预算支出274.9亿元，同比增长27.07%；政府性基金支出42.24亿元，与上年基本持平。

【保障社会稳定】紧紧围绕社会稳定和长治久安总目标，将维护稳定和强基层、强基础资金纳入财政预算予以保障。公共安全支出14.62亿元，增长22.6%。筹措资金1.5亿元，保障推进“访惠聚”驻村工作、“民族团结一家亲”活动、实施便民警务站等方面支出。落实自治区提高村干部报酬、提高农村“三老”人员生活补贴，爱国宗教人士生活补贴待遇政策。推进行政村办公用房，村服务中心、乡镇干部和驻村干部周转房等建设。保障村民小组活动室、社区办公服务设施建设和惠民生工程项目资金。加强边境防控，落实边民、护边员的补助政策。

【组织收入管理】合理确定各县市（园区）收入预期目标，将组织收入工作分解到县市（园区），坚持一把手总负责，实行领导包干抓收入责任制，逐级夯实责任。将组织财政收入工作纳入全州绩效目标考核体系，对组织收入工作不重视、目标任务不落实、措施办法不得力、工作责任不担当的情况，及时批评和通报。坚持开展每月预算执行分析工作，总结分析财政收支的特点，提出工作建议。开展煤炭资源税等重点税源和纳税大户调研，掌握税源情况。组织召开收入运行分析会，解决收入中存在的问题。强化对工业园区和房地产、建筑安装等重点行业的税源监控。实行欠税清理责任制，配合税务部门大力清缴陈欠，严格控制新欠。推进非税收入电子化收缴管理，强化非税收入征管。

【促进经济发展】一是推进政府和社会资本合作（PPP）项目。成立全州PPP中心，制定昌吉州政府和社会资本合作实施意见以及PPP项目以奖代补奖励办法，建立以“月报统计＋网络发布＋现场推介＋媒体宣传”四位一体的宣传推介机制。全州实施PPP项目29个，涉及投资额140亿元，超出目标任务（100亿元）的40%。5个项目入选财政部示范项目，个数位列全疆第一。二是推进政府引导基金运行。制定出台昌吉州设立政府产业引导基金实施意见和产业引导基金管理办法，推进政府投资引导基金设立，全州共成立基金公司5家，放款运行基金4支，总规模达67.1亿元，支持城市基础设施、旅游和环保等项目建设。三是创新融资方式。设立5 000万元风险补偿基金，用于中小企业贷款风险补偿。推进中小企业贷款政策性担保“4321”模式和“四位一体”融资贷款模式，缓解中小企业融资难问题，共帮助437家中小微企业实现贷款20亿元。积极支持国有融资平台建设、担保集团建设，国有融资平台公司资产规模643亿元，实现融资215亿元。探索运用政府购买服务方式融资，县市（园区）获得农发行、国开行等金融机构贷款，用于棚户区改造。四是支持“两清两美一绿”行动，建立“以奖代补”激励机制，安排8 000万元专项资金，对在2016年“两清两美一绿”行动中，获得五大专项行动一、二、三等奖的奇台县、呼图壁县、昌吉市、阜康市等县（市），分别给予300万元、200万元、100万元奖补资金；对9个美丽乡村，16个美丽社区予以授牌、表彰，并根据常住人口规模给予奖补。

【保障民生支出】投入民生类资金207.7亿元，占财政一般公共预算支出的75.5%，支持“九项惠民工程”建设。其中：教育支出37.37亿元，下降1.3%。社会保障和就业支出17.05亿元，增长40.9%。社会保障和就业支出17.05亿元，增长40.9%。医疗卫生和计划生育支出20.73亿元，下降0.2%。农林水事务支出42.84亿元，增长32.8%。住房保障支出10.14亿元，增长6.8%。投入资金900万元，对全州农村居民、城镇贫困户房屋和人身及医院患者、在校学生实行财政统保的重大灾害民生保险。做好提高机关事业单位干部职工基本工资标准、增加离休人员离休费和全民健康免费体检等经费保障工作。全面完成机关事业单位工作人员养老保险的缴费和发放工作。通过贷款贴息、农业担保贷款等方式，支持农业规模化经营和水利基础设施建设。安排扶贫资金1.04亿元，建立2 700万元的扶贫小额信贷补偿资金推进脱贫攻坚。

【强化财政管理】一是严格预算执行考核工作。层层落实支出责任，加快资金拨付，加强支出进度考核。落实“年初项目预算必须在上半年执行完毕，自治区下达的专项资金在收到后3日内拨付到位”的要求，对不按支出进度及时拨付资金、人为长时间滞压资金的县（市、园区）和部门，收回资金统筹安排其他支出。二是严格控制一般性支出。继续按照零增长的原则编制和执行“三公经费”。州本级各部门（单位）和各县（市）通过门户网站、政务公开栏等多种形式对所有财政拨款安排的“三公经费”详细公开。三是加强重大项目资金管理。认真实施自治区批复的总投资1亿元的23个农发项目。制定加强地方政府债券资金、政府产业引导基金、融资类项目资金管理的意见，规范项目申报管理。四是强化财政监督。开展内部监督检查，23个科室（中心）完成自查，对14个重点科室进行核查。组织开展就业、扶贫、教育等十几项专项资金检查。完成财政资金、非税收入、会计信息质量等专项检查。非税收入检查工作顺利通过国家非税收入专项验收。

【深化财税改革】一是建立准东经济技术开发区新的财政管理体制。研究设立准东经济技术开发区一级金库，自2016年4月开始，准东经济技术开发区新的财政管理体制正式运行。二是全面推开“营改增”改革。将建筑业、房地产业、金融业和生活服务业全面纳入营改增试点，实现1.5万余户纳税人和纳税户税负整体下降，为企业减负约7亿元。三是扎实推进供给侧结构性改革。围绕“三去一降一补”任务，落实小微企业发展税收优惠政策，建立公开、透明涉企收费机制，推动企业职工基本养老保险税率等政策实施，减轻企业和社会负担4.03亿元。四是推进政府购买服务。制定政府向社会力量购买服务的实施意见和政府购买服务范围审核办法，建立财政内部工作机制，规范政府购买服务工作。

州本级在公共文化服务领域，县（市）级在园林绿化、环卫等领域向社会力量购买服务。五是加强政府债务管理。制定进一步加强全州政府债务管理的通知，提出加强政府债务管理措施。制定地方政府性债务风险应急处置预案，出台《昌吉州债务风险防范和预警管理（暂行）办法》，防范政府债务风险。

【加强队伍建设】一是开展“两学一做”专题教育。确定周三为集中学习日，实名通报学习情况。建立党员领导干部“述学、评学”等制度。建立支部QQ群、微信群，采取“微考堂”方式组织理论知识测试。在自治州州直机关工委作“两学一做”开展情况经验交流。二是开展“访惠聚”工作。党组书记王国勋带队赴木垒县大石头乡红岩村参加“访惠聚”工作，工作组创新制度脱贫、创业脱贫、养殖脱贫等十大脱贫模式，筹集资金1 000万元，促进脱贫攻坚。三是开展机关精神文明建设。开展“公民道德建设月”等活动，在自治州州直机关“学习先进、争当先锋、典型事迹”集中宣讲活动中荣获二等奖。举办迎新春茶话会文艺汇演，开展“财政杯”职工运动会等活动，创建全州模范职工之家。通过自治区精神文明单位验收，继续保持自治区精神文明单位称号。

【荣誉】被评为2016年度自治区企业财务信息月报工作先进单位；自治区城镇保障性安居工程报表和绩效评价报告报送先进单位；自治区政府购买服务改革工作先进单位；自治区行政事业单位资产监督管理信息系统数据报送工作二等奖；2015年农业综合开发资金决算编报工作先进单位；2016年度自治区财政信息工作先进单位；自治区财政总决算工作三等奖；自治区部门决算考评三等奖；自治州“六五”普法依法治理先进集体；自治州绩效考核一等奖；自治州民族团结先进单位。苏怀儒同志获全国财政“六五”普法先进个人；史咏梅同志获自治区实施妇女儿童发展纲要先进个人；顾军同志获2016年度自治区财政信息工作先进个人。

（昌吉回族自治州财政局供稿，吴优执笔）

吐鲁番市

【概况】2016年吐鲁番市生产总值完成225.6亿元，同比增长5.5%。分产业看：第一产业增加值50.5亿元，增长6.8%；第二产业增加值100.4亿元，增长7.4%；第三产业增加值74.7亿元，增长2.8%。第一、第二、第三产业增加值比重由上年22∶37.6∶40.4调整为22.2∶44.6∶33.2。按户籍人口计算，人均生产总值35 891元，同比增长4.6%。城镇居民人均可支配收入25 869元，同比增长7.21%。全年全社会固定资产投资完成369.3亿元，同比增长6.2%，居民消费价格比上年上涨2%，商品零售价格上涨0.2%。

全年完成一般公共预算收入32.8亿元，同比增长8.3%。其中：税收收入18.9亿元，增长0.3%。分税种看：增值税收入5.8亿元，增长44.2%；营业税收入2.2亿元，下降58.2%；

企业所得税收入1.6亿元，下降6.6%；个人所得税收入1.1亿元，增长14.2%；资源税收入1.5亿元，下降4.6%。基金收入4.6亿元，下降34.5%。全年一般公共预算支出76.2亿元，增长6.3%。

【组织财政收入】加强收入组织，定期召开财、税、银联席会议，认真查找收入组织中存在的问题，挖掘增收潜力。狠抓税收征管，做好重点项目、重点工程的跟踪管理，加强对重点企业、重点税源的监控，做到应收尽收。加强非税收入管理，对照年初确定的收入任务，对完成情况进行跟踪统计监测，确保非税收入及时足额入库。

【保障民生投入】一是将有限的财力用在“刀刃”上。严格按照“保刚性、保重点、保民生、压一般”的支出原则，确保2016年各项刚性需求，做到不留缺口、不出现赤字。二是全力保障民生支出需要。2016年民生支出55.3亿元，占一般公共预算支出的73%，其中：教育支出15.67亿元、文化体育与传媒支出及科学技术普及3.11亿元、社保和就业支出8.8亿元、医疗卫生与计生支出6.73亿元、城乡社区事务支出4.85亿元、农林水事务支出8.77亿元、交通运输支出1.34亿元，住房保障支出4.57亿元，全市确定的24类93项重点民生工程建设资金全部予以保障。三是集中财力办大事，优先支持新出台的民生政策，2016年市本级拨付双语教育基金专项资金633万元，高中免费教育及贫困家庭子女教育补助专项资金518.23万元，对困难残疾人生活补贴和重度残疾人护理补贴专项资金209.7万元。落实贫困残疾人“阳光安居”工程本级配套资金175万元及公检法司等部门提高警衔津补贴604万元，让干部群众共同受益。

【支持经济发展】一是全面贯彻落实国家对小微企业税收优惠和涉企收费减免政策，最大程度地减轻企业负担、降低企业成本，全年免除各类税收151.9万元。二是积极落实首套房契税财政补贴政策，共减免首套房契税740万元，有力支持房地产企业去存量。三是争取项目资金、技改补助等各项资金5 825万元，推进短平快、纺织服装等中小企业发展。四是安排特色产业重点项目预算资金2 810万元，加大对特色餐饮、斗鸡产业、馕产业、葡萄酒产业的扶持力度，推动特色产业发展，打造本地特色产业品牌。五是支持航线培育。投入机场建设专项资金2 596.5万元，调整新增政府债券资金2 000万元，加强机场航线建设，助推旅游发展。六是安排脱贫攻坚扶贫预算资金4 300万元，争取中央、自治区专项扶贫资金3 290.1万元，安排政府性债务资金2 000万元，设立小额信贷风险补偿金3 000万元，做好扶贫攻坚资金保障。七是积极争取自治区地方政府债券置换资金17.9亿元，其中：一般债券转贷收入15.9亿元，专项债券转贷收入2亿元，有效缓解政府债务偿还压力。

【深化财政改革】一是加大对一般公共预算的执行力度，严格遵循“先有预算、后有支出”的原则，吐鲁番市在2016年度各地（州、市）财政预算执行分析工作评比中获得一等奖。二是深化国库管理制度改革。撤销市本级111家预算改革单位零余额账户外其他所有账户，采用信息化方式，由国库集中支付统一管理。三是建立统一的非税收入收缴管理体系，纳入非税收缴系统管理单位271个，涉及项目1 273项，财政资金的安全与效率得到提升。四是扎实推进政府和社会资本合作（PPP）模式项目实施，签约落地项目29个，总投资额138亿元。五是规范政府采购行为。完善政府采购制度，加强招投标监管，严控采购流程，全年实施政府采购预算1 141万元，实际支出1 007万元，节约资金134万元，节支率11.73%。

【加强财政监督】一是完善预算信息公开制度，全市484家预算单位的2016年预算信息和2015年决算信息已全部公开，并按要求细化公开到支出功能分类的项级科目，公开率达到100%。二是对财政厅下达的17个单位的会计基础、会计核算、2014年决算和2015年预算公开工作进行监督检查，对存在的问题督促被检查单位进行整改；对全市非税收入工作进行专项检查，确保足额上缴，颗粒归仓。三是强化行政事业单位资产管理，完成产权登记年检、资产信息系统数据上报、资产清查工作，规范资产管理行为。四是开展行政权力清单梳理工作，保留行政许可1项，行政处罚3项，行政确认1项，行政检查3项，行政裁决1项。

（吐鲁番市财政局供稿，王新虎执笔）

哈密地区

【概况】2016年哈密地区实现生产总值403.68亿元，比上年增长8.9%。其中，第一产业增加值38.41亿元，增长5.3%；第二产业增加值219.46亿元，增长9.8%；第三产业增加值145.81亿元，增长8.5%。三次产业结构调整为9.5∶54.4∶36.1。地方固定资产投资（不含农户）393.16亿元，比上年下降21.6%。全口径财政收入88.29亿元，比上年增长0.9%。地方财政收入66.20亿元，增长7.3%。全年实现社会消费品零售总额85.96亿元，比上年增长6.5%。城镇居民人均可支配收入30 456元，同比增长8.9%；农村居民人均可支配收入14 240元，同比增长10.0%。

【组织财政收入】2016年，哈密地区各级财政部门紧紧围绕社会稳定和长治久安总目标，积极面对经济下行压力，坚持稳增长、调结构、促改革、惠民生，防风险，充分发挥财政职能，筑牢财政工作基础，全力推进财政工作取得实效。全地区一般公共预算收入完成56.71亿元，同比增收2.18亿元，增长4%。其中：税收收入33.11亿元，同比减少1.88亿元，下降5.37%；非税收入23.60亿元，同比增加4.06亿元，增长20.80%。

【支持经济发展】2016年，哈密地区财政预算支出129.57亿元，其中：一般公共预算支出完成112.04亿元，同比增长11.25%，财政支出结构进一步优化，保障能力稳步增长。一是预算安排坚持“保基本、保重点、保民生、保运转、压一般”，对中央、自治区、市委和市政府出台的民生政策和个人支出全力保障。对市委、市政府确定的重大项目和重大事项予以保障。对其他一般性专项资金，打破基数，有保有压、有增有减。二是抓好项目资金统筹整合，强化预算执行监控，对政策已经到期、工作任务已经完成、项目零星分散的专项资金一律整合统筹使用。三是加快预算支出进度，优化资金拨付审核程序。各区（县）、各部门加快重大基础设施建设、重点民生工程、维护稳定等重点支出进度，层层建立责任制，按月通报预算执行情况。四是大力压缩一般支出，严格授权支付审批，大力压减现金支出比例，从源头上减少和防范资金浪费。五是积极盘活存量资金，对当年及以前年度一般公共预算安排的项目支出结余，凡年底前不能执行的全部收回。

【稳增长促转型】2016年，哈密地区充分发挥财政资金在投资、消费等方面的支撑和杠杆作用，为经济发展提供资金支持。

扩大政府有效投资。一是优化投资结构，安排资金支持水利、交通、电力、科技产业园区、旅游、现代物流、教育、卫生、易地扶贫搬迁、保障性住房等事关哈密发展全局的重大基础设施和民生工程建设。二是大力推进PPP模式，建立横向到部门单位、纵向到区（县）的PPP责任落实机制和工作督导机制，筛选好PPP项目，全年开工建设项目14个，总投资50.17亿元。三是争取自治区转贷哈密市政府债券资金28.54亿元，其中：置换债券16.35亿元、新增债券12.19亿元，缓解了财政支出压力，有效支持社会经济发展。

推进供给侧结构性改革。一是落实“三去一降一补”任务。落实自治区补助政策，支持化解行业过剩产能。落实新建商品住房和二手住房交易契税补贴政策，推动化解商品房库存。落实清费政策，取消、减免、缓征18项行政事业性收费和政府性基金，切实降低企业运营成本。实施政府购买公共服务，支持补齐农业、服务业、生态文明、民生等领域的供给短板。二是全力配合支持推进“营改增”改革，实现纳税人税负整体下降。及时应对政策运行过程中出现的新情况，不断化解收支矛盾。三是创新融资机制，按4：3：2：1比例，在全疆率先建立中小微企业融资贷款“政、银、担”风险分担机制并付诸实施，支持中小微企业发展壮大。四是落实西部大开发、支持小微企业发展税收优惠政策，为经济发展创造良好的环境。

【夯基础保稳定】2016年，哈密地区公共安全支出完成2.43亿元，同比增长100.65%。一般公共服务支出完成3.49亿元，同比增长16.08%。一是大力支持“访惠聚”、集中整治和“民族团结一家亲”活动，筹措资金，安排用于乡（镇）民生实事、村民生实事等，支持所有乡（镇）、村建成一大批水、电、路、气、讯等基础设施项目，帮助村民解决各类生产生活问题。二是加大边境防控建设，筑牢边境防线，实施便民服务警务站、便民服务中心项目、城镇网格化管理等维护稳定方面的重点支出保障力度，使服务总目标的各项稳定防控措施落到实处。三是落实提高村干部基本报酬、农村“四老”人员和爱国宗教人士生活补贴标准政策，积极落实养老保险制度改革、调整干部职工工资、增加各类人群收入等各项政策，最大限度地凝聚了人心。

【保障和改善民生】2016年，哈密地区全面落实就业、教育、医疗、社保、扶贫、安居、暖心、兴边、安全九项惠民政策，保障和改善民生，不断夯实基层稳定基础。坚持民生优先、民生先动，不断加大民生领域投入，重点向特殊困难和贫困群体倾斜，民生支出占一般公共财政预算支出的76.03%。

一是社保惠民范围更广。社会保障和就业支出完成3.79亿元，同比增长68.83%。财政投入15.35亿元，用于城乡低保补助、城乡居民社会养老金、低保家庭大学生救助、四大节日低保户生活补助，破产关闭困难企业退休人员、退役安置、优抚对象进行生活补助、城乡低保对象中四类人员提标补助、纳入低保残疾人生活补助、增加困难残疾人生活补贴和重度残疾人护理补助等多个方面，社会保障能力显著提升。

二是教育惠民更富成效。教育支出完成3.44亿元，同比增长2.98%。财政投入16.04亿元，新增学前教育免费补助，在全疆率先实现15年免费教育，农村“双语”幼儿园实现全覆盖。高中教育“三免一补”、市直普通高中高三补课补助、职业技术学院哈密户籍高职学生“两免一补一奖”等教育政策得到落实。学校公用经费、寄宿生生活费、义务教育经费得到足额保障。持续完善校园安全等基础设施建设，各项教育事业加快发展。

三是医疗惠民措施更实。医疗卫生与计划生育支出完成1.98亿元，同比降低26.40%。财政投入6.86亿元，主要用于新型农牧区合作医疗补助，支持医疗急救体系建设和医疗机构综合改革，落实全民健康体检工程，实施地区医疗机构外请医疗专家和恶性肿瘤患者免费治疗等惠民措施，中央、自治区政策和哈密市地方政策的全面落实深得民心，各族人民群众病有所医愿望逐步实现。

四是持续加大扶贫攻坚力度。坚持多渠道筹集资金，整合专项扶贫、行业扶贫、社会扶贫、援疆扶贫各类资金13.03亿元，支持实施产业带动、转移就业、易地搬迁、基础设施建设，社保兜底等措施，对通过建档立卡确定的贫困人口实施精准帮扶，如期实现年初确定的脱贫任务。2016年，财政每户补助5.5万元，为976户贫困户建设安居富民房。实施教育扶贫优惠政策，使更多的贫困家庭学生受益，贫困家庭高职和大专以上学生教育补助政策，已为521名贫困大学生发放教育补助资金225.5万元。强化低保兜底，新纳入低保的贫困人口有879户1 753人，落实到位补助资金398.33万元。农村低保人均保障水平得到提高。贫困人群在新农合医疗保障和民政救助的基础上，还享受地区级医疗机构大型设备检查费和化验费个人承担部分减免10%的优惠等。

【财税体制改革】2016年，哈密地区财税体制改革持续推进。一是政府向社会力量购买公共服务制度框架搭建，已经在造林管护、养老幼托、维稳安保等领域具体实施，并取得初步效果。二是国库单一账户体系更趋完善，财政、代理银行、预算单位之间的资金运转流程和财政资金出库拨付程序进一步优化，财政直接支付比例逐年提高，全年支付金额36亿元，同比增长200%。三是政府采购公开透明、公平公正、诚实信用的工作原则得到贯彻落实，采购审批程序和具体操作方式进一步规范，采购范围不断拓宽，采购规模进一步扩大，全年累计达到2.23亿元，节约资金3 800多万元，节约率14.74%。四是公务卡改革继续推进，公务支出透明度得到提升，经费支出管理更加严格，进一步压缩了现金支付额度。五是深入研究撤地设市财政体制设计，积极联系学习研究乌鲁木齐市、泉州市、酒泉市、洛阳市、南阳市、新乡市等区内外各地财政体制设计模式及经验，为进一步完善建立科学、合理的财政体制提供了理论依据。

【预算管理工作】2016年，哈密地区进一步细化预算管理工作。一是严格预算编制。坚决落实《中华人民共和国预算法》，建立公共财政预算、社保基金预算、国有资本经营预算、政府性基金预算4本预算组成的全口径预算体系，试编了部门三年滚动财政预算和2017—2019年中期财政规划，初步建立了跨年度预算平衡机制，更好地发挥财政宏观调控作用。二是严格预算执行。坚持先有预算、后有支出，各级政府和部门、单位的支出以批准的预算为依据，未列入预算的不得支出。同时，严格预算追加或调整程序，未经法定程序不得追加或调整支出，有效维护了《中华人民共和国预算法》的严肃性。三是大力推进预（决）算公开。实施了市财政预（决）算、部门预（决）算和“三公经费”公开，并加大监督检查力度，初步建立了预（决）算信息公开长效机制，提高了财政资金使用透明度，预算单位预（决）算公开面达到100%。四是完成了会计事务管理中心职能由会计核算向财政监督转型，专项监督与日常监督相结合、专职监督机构和业务管理机构共同履行监督职责的“大监督”工作制度初步形成，对社会保障、教育、医疗、就业、农业（综合开发）、粮棉补贴等各类资金，尤其是直接用于民生项目的财政专项资金的检查常态化，财政资金运行全过程的动态监控能力得到提升。

【PPP工作】2016年，哈密地区继续积极推进PPP工作。一是通过“走出去”、“请进来”等方式，积极学习，加强培训，不断提升实操水平。二是积极开展与疆内外社会资本方的接洽活动，通过媒体宣传、参加招商会、哈密瓜节等各种方式大力推介PPP项目，吸引社会资本方积极参与。全年实施项目44个，计划总投资96.32亿元。已开工建设项目14个，总投资

50.17 亿元。纳入国家示范项目 3 个，总投资 7.34 亿元。

【债务管理工作】2016 年，哈密地区地方政府性债务年初债务余额为 70.72 亿元，当年举借额 28.54 亿元，当年偿还额 19.32 亿元，年末债务余额数为 79.94 亿元，未超过自治区当年核定的债务限额。一是更加注重政府债务管理，建立健全政府性债务风险预警、应急处置、偿债准备金制度，积极推进政府债务管理预算化进程，不断提高政府债务管理信息化水平。二是对存量债务坚决守住底线、化解风险。对置换和新增债务，落实责任、严格使用，实施政府性债务动态监控，严防隐性债务的发生，以政府债券为主体的政府举债融资机制得到强化，防范和化解债务风险能力不断提升。

【干部队伍建设】2016 年，哈密各级财政部门紧紧围绕总目标，全面加强党的思想、组织、作风、反腐倡廉建设，强化政治责任、注重党性锻炼、落实民主集中制。以目标责任管理、严格执行为手段，落实党组党风廉政建设主体责任和班子成员“一岗双责”，从学习教育、完善制度、加强监管等环节入手，持续推进依法理财、依法行政。扎实开展“两学一做”和“民族团结”专题教育活动，纵深推进财政党风廉政建设和反腐败工作，强化制度约束，规范行政运行，确保干部安全、资金安全，打造风清气正的理财环境和政治业务素质过硬的干部队伍。

【荣誉】集体荣誉：哈密地区财政局在 2016 年度获地区级优秀县处级领导班子奖，地区级人口和计划生育优秀奖，地区级社会管理和综合治理优秀奖，地区级精神文明单位优秀奖，哈密地区政府系统政务信息工作先进单位等多项荣誉。财政局大营门村工作队被评为“访惠聚”先进工作队。

个人荣誉：2016 年“访惠聚”工作中，哈密地区财政局李强等多名同志荣获地区级优秀工作者称号。郭靖亚、李静、阿不列提·买买提、耿静、曼苏尔·艾力牙斯同志被评为 2016 年哈密地区优秀公务员。陈棉同志获 2016 年哈密地区政府系统政务信息工作先进个人。

（哈密地区财政局供稿，王芳执笔）

巴音郭楞蒙古自治州

【概况】2016 年，巴音郭楞蒙古自治州（以下简称“巴州”）实现国内生产总值（GDP）904.9 亿元，同比增长 6%。其中：第一产业实现增加值 199.1 亿元，同比增长 5.6%；第二产业实现增加值 440 亿元，同比增长 4%左右；第三产业实现增加值 265.8 亿元，同比增长 10.8%，三次产业结构比为 22：48.6：29.4。全州实现进出口总值 3.54 亿美元，同比增长

18.1%。农牧民人均纯收入1.67万元，同比增加1 019元。全年城镇居民人均可支配收入2.88万元，同比增长8.6%。全社会固定资产投资额796.22亿元，同比增长10.8%。全年商品零售价格指数为100.3，居民消费价格指数为101。实现社会消费品零售总额165.03亿元，同比增长13.7%。

2016年，巴州实现地方财政收入95.2亿元，同比增长0.3%。其中：一般公共预算收入75.08亿元，同比增长7.3%；政府性基金收入完成18.99亿元，同比下降21.5%；国有资本经营预算收入1.13亿元，同比增长280%。地方财政支出完成237.7亿元，同比增长13.9%，其中：一般公共预算支出212.93亿元，同比增长18.4%；政府性基金支出完成23.82亿元，同比下降17.4%；国有资本经营预算支出9 500万元，同比增长840.6%。上划中央“四税”35.34亿元，同比下降26.1%。

【组织财政收入】2016年，自治州各级财政部门认真贯彻落实中央、自治区和自治州出台的应对经济下行各项措施，积极做好增收节支工作，挖掘增收潜力，确保自治州经济持续健康发展。一是建立财政收入稳定增长机制。建立按旬、按月联系会商制度，落实“以旬保月、以月保季、以季保年”等收入征管措施。做好2016年预算收入分解落实工作，组织相关部门制定分月收入目标和计划，按旬对公共财政预算收入完成情况进行分析，按月对各县（市）完成情况进行考核通报，增强县（市）组织收入工作的积极性和主动性。二是拓宽增收渠道。在保证“营改增”、资源税从量改从价、契税补贴等优惠政策落实的基础上，进一步挖掘增收潜力，抓好城镇土地使用税、耕地占用税、城市基础设施配套费、水资源费、水费、国有土地租赁金等调整清理工作，做到应收尽收。三是加强综合治税信息平台建设。调动社会力量护税协税，加强涉税信息分析利用，提高涉税信息质量，配合税务部门做好税收征管工作。加强对县（市）综合治税工作指导，督促各县（市）、各涉税部门定期报送信息，共享利用涉税信息，防止税收跑、冒、滴、漏。

【保障重点支出】一是按政策推进机关事业单位养老保险改革工作，对2014年10月至2016年12月机关事业单位基本养老保险和职业年金进行清算。安排机关事业单位养老保险改革补贴资金15亿元，确保机关事业单位养老保险改革实现平稳过渡。二是安排资金4.9亿元，落实爱国宗教人士、村干部、农村“四老”人员生活补贴、城乡低保，企业离退休费等政策。三是安排资金4.1亿元，提高机关事业单位艰苦边远地区津贴和基本工资标准。四是加大基层基础投入，认真做好村级“惠民生”项目实施，提高“访惠聚”人员补助标准，落实楼栋长、十户长、村民小组长、联防队员等人员经费，筑牢农村基层基础。五是争取新增债券资金25.36亿元、对全州77个重点民生项目予以支持。六是通过政府购买服务方式加大与国开行、农发行等政策性银行的合作，达成融资意向173.66亿元，落实到位资金30.65亿元，积极支持城市基础设施建设、棚户区改造、易地扶贫搬迁、义务教育标准化、农村人居环境、农村路网改造等项目。七是统筹安排资金2.4亿元，用于精准扶贫、精准脱贫、发展生产方面，全州17个重点村如期实现脱贫目标。八是累计拨付各类涉农补贴资金14.4亿元，政策性农业保险保费、农作物良种补贴、粮食直补、耕地地力保护、棉花目标价格改革补贴、农机购置、退耕还林、退牧还草等各项惠农补贴政策落实到位。

【加大民生投入】2016年，自治州各级财政部门大力调整和优化支出结构，多渠道筹措资金加大民生建设投入，就业、教育、医疗、社保、扶贫、安居、暖心、兴边、安全等各项惠民支出政策得到全面落实，民生支出达到170.9亿元，同比增长17.3%，占一般公共预算支出的比例达到80.3%，连续第五年超过80%。

【PPP项目工作进展】建立完善政府和社会

资本合作（PPP）工作机制，制订自治州推进政府和社会资本合作模式工作方案和年度工作要点。按照自治州党委、人民政府的工作安排，将PPP工作纳入政府绩效考核范围，并制定2016年PPP工作考核办法。聘请专家顾问团，对全州PPP项目进行梳理、分析、会诊，答疑解惑，为项目库建设提供科学依据。依托PPP综合信息平台，做好项目的中长期规划，入库项目个数达到176个、投资990.01亿元，其中纳入财政部PPP综合信息平台的项目达到92个、投资769.47亿元。9个项目申报自治区PPP项目奖补资金，投资总额20.05亿元，申请项目奖补资金290万元。制定《自治州PPP模式奖补资金管理暂行办法》，对库尔勒经济技术开发区及各县（市）36个落地项目分四批进行奖补，兑付奖补资金630万元。积极向社会资本方推荐巴州项目，全年登记来巴州洽谈对接项目的社会资本方113家，其中：有26家社会资本方与巴州各县（市）对接项目，签订合作协议。2016年自治州确定的44个重点落地项目，投资总额141.54亿元，其中已签约落地38个，总投资96.76亿元。全州44个重点落地项目已开工建设42个，总投资139.99亿元，完成投资33.65亿元。

【财政管理与改革】加大预算统筹力度，加大政府性基金预算、国有资本经营预算统筹到一般公共预算的力度，加大公共财政预算对社保基金预算的补贴力度。继续深化部门预算改革，建立并完善基本支出定员定额标准体系，预算的完整性、规范性、合理性得到提高。试点推动2017—2019年中期财政规划的编制工作。从范围、程序、标准、方法四个方面对预算编审体系进行完善，建立跨年度平衡机制，增强中期财政规划对年度预算支出的约束力，实现预算与政策的有机衔接。积极推进动态监控机制建设工作，制定完善财政资金动态监控规则，加强动态监控系统建设，对财政资金进行事前、事中、事后全方位的监督。做好政府综合财务报告的编制。在全州推广编制权责发生制政府综合财务报告，为党政领导全面、完整地了解政府的财务状况提供准确信息，为领导决策提供数据支持。深入推进政府购买服务工作，建立完善政府购买服务工作制度和流程，加强政府购买服务工作的指导，分级分步组织实施。2016年所有县（市）都开展了政府购买服务试点工作，共选取95个项目开展政府购买服务试点，政府购买服务试点资金达到5.6亿元。

【强化财政管理】提高行政事业单位国有资产管理水平，建立健全监管制度，组织开展全州行政事业单位资产清查和政府资产报告试点工作，摸清全州行政事业单位国有资产家底，做好行政事业单位产权登记工作，加强资产预算与部门预算的衔接，规范国有资产处置收入的管理，州本级预算单位房产、地产实行统一经营管理，资产管理信息化助力管理效率提升。规范行政事业单位会计管理，完善巴州会计人员继续教育管理，推动各类别、各层级会计人才资源整体开发。推进会计基础规范考核，加强会计基础工作，规范会计行为，提高会计信息质量。建立健全政府采购制度，政府采购审批程序、违规情况受理处罚机制、信息公开机制日益完善，采购规模逐年稳步扩大，2016年节约财政资金1.8亿元。加强涉农补贴资金的监管，完善涉农资金监管体制机制，督促各县（市）按照项目资金、涉农惠民补贴资金、村级资金进行分类监管，认真梳理乡镇财政资金监管风险防控点，严格落实资金监管信息联络员制度、信息通达制度、公开公示制度，完善监管工作流程。

【推进预算信息公开】州本级和县（市）级财政预（决）算、政府性债务、部门预（决）算、“三公经费”预（决）算、政府采购预算等信息全面公开，预（决）算信息公开透明度得到加强。

【地方政府债务管理】建立并完善自治州地方政府债务管理各项制度，对县（市）变相举债行为进行重点控制，建立政府债务考核问责机制，将政府性债务管理和风险防范工作纳入主要领导政绩考核范围。进一步完善地方政府性债务管理体制，形成防范和化解全州地方政府性债务风险的重要抓手。加强地方政府债务限额管理，加强地方政府债务风险预警，对地方政府债务风险指标进行监测，合理控制债务规模，全州政府债务风险在安全可控范围之内，对列入风险提示名单的库尔勒经济技术开发区、和静县地方政府限额和新增债务进行重点监控。

【财政监督检查】以财政资金安全检查为重点，做好2016年资金监管抽查巡查工作，确保资金安全、有效运行。全方位、多角度开展财政监督检查工作，积极研究财政监督机制建设问题，通过建立健全财政监督机制，把财政监督贯穿于财政运行的各环节，实现对财政资金运行事前、事中、事后的全过程监控。对全州八县一市的会计监督检查工作进行了详细的部署，各县（市）财政部门都成立检查组，全州安排对37个机关、企事业单位进行会计监督检查。完善依法理财体制机制，进一步严肃财经纪律，认真落实全员监督、全面监督、全程监督机制，稳步推进财政监督体系建设，认真总结共性问题，寻求从源头上解决问题的途径，推进长效机制建设，规范财政资金管理使用。加强行政事业单位内控制度建设，推进行政事业单位内部控制规范建设，提高单位（部门）内部管控能力。同时以会计监督检查为契机，对各行政事业单位内控制度建设情况进行检查，各单位内控制度的建立和执行作为以后年度会计监督检查重点内容之一。

（巴音郭楞蒙古自治州财政局供稿，谢公禹执笔）

阿克苏地区

【概况】2016年，阿克苏地区实现生产总值792.70亿元（含农一师），同比增长10.3%。实现地方生产总值593亿元，同比增长10%。其中：第一产业增加值131.30亿元，增长6.4%；第二产业增加值197.6亿元，增长9.7%；第三产业增加值264.1亿元，增长14.9%，三次产业结构比为22：33：45。城镇居民人均可支配收入26 103元，同比增长10.1%；农牧民人均纯收入12 626元，同比增长10.2%。完成固定资产投资672.05亿元，同比增长14.76%。外贸进出口总额1.55亿美元，同比下降44.8%。实现社会消费品零售总额130.57亿元，同比增长9.8%，其中，城镇消费品零售总额110.20亿元，增长11%；乡村消费品零售总额20.4亿元，增长3.7%。

2016年完成地方财政收入93.16亿元，同比增收9.21亿元，增长11%。其中：一般公共预算收入完成84.84亿元，同比增收7.87亿元，增长10.2%。政府性基金预算收入完成8.32亿元，同比增收1.34亿元，增长19.2%。完成地方财政支出301.67亿元，同比增支35.17亿元，增长13.2%。其中：一般公共预算支出完成286.88亿元，同比增支34.1亿元，增长13.49%。政府性基金支出完成12.23亿元，同比减支1.16亿元，下降8.65%。

【组织财政收入】2016年，阿克苏地区完善组织收入工作机制，出台增收节支措施，克服国家减税清费、石油税收大幅减收等不利因素影响，采取11项增收举措，拓宽增收渠道，深挖潜在税源。研究制定税收征管激励与问责制度，组织开展综合治税和集资房办证纳税专项督查，累计新增各类税收4.4亿元，非税收入完成19.26亿元，同比增长22%。

【财政支出管理】坚持“四保一压”的支出原则，投入4.52亿元支持新疆大学科学技术学院（阿克苏）分院、为民服务中心、“四馆一中心”等重点民生项目建设。全地区用于社会保障和就业、教育、医疗卫生与计划生育、文化体育与传媒（含科学技术普及）、住房保障、农林水牧、生态保护、城乡社区事务、交通运输和粮油物资储备管理事务等十类民生项目资金达217.3亿元，民生支出占公共财政预算支出的75.7%。盘活存量资金3.14亿元，全部用于民生支出。积极争取并筹集资金1.58亿元，完成8.16万名在职、离休人员的调资工作。“三公经费”支出1.80亿元，降幅17.4%，兑现“只减不增”的承诺。拨付棉花目标价格、农业政策性保险补贴等59类涉农资金96.52亿元，支持“三农”发展。争取自治区对地区农村双语幼儿园建设项目按照南疆三地州优惠政策，自治区增加补助1.75亿元。

【支持经济发展】发挥财政资金四两拨千斤的杠杆作用，认真落实稳增长15个方面、83条措施和“三去一降一补”任务。一是设立企业应急周转金5 000万元，累积审核发放8笔，周转额达1.48亿元。二是安排1亿元支持纺织工业城基础设施建设。三是积极推进PPP项目，推动东部、西部静脉产业园等重点PPP项目稳步实施，落地PPP项目16个，投资额32.6亿元。四是争取自治区新增财力补助13.47亿元（其中：县级一次性财力补助1.48亿元）、地区本级财力补助县（市）及工业园区发展资金4.34亿元。五是拨付奖补资金1 853万元，支持完成煤炭去产能任务30万吨。

【深化财政改革】一是推进部门预算管理改革。细化预算编制，提高预算单位公用支出定员定额财政补助标准，试编了政府购买服务预算。二是坚持改革创新，对地直32个单位开展国库单一账户改革试点。三是印发《阿克苏地区本级预算单位基本账户资金管理办法》（阿地财库〔2016〕33号），建立健全银行账户管理体系，规范银行账户开立、变更、撤销流程。同时，公务卡改革进一步扩面，实施公务卡强制结算目录。四是完成全地区2 156家单位的资产清查。五是严格落实政府债务限额管理等制度办法，债务风险总体可控。六是开展财政资金保值增值试点，增加地方财政收入7 998万元。

【强化资金监管】强化法治观念，规范理财行为，完善预算执行、国库运行监管、支出绩效考核、财政监督管理等工作机制，充分发挥财政监督警示和威慑作用，构建财政资金运行全过程的大监督体系。一是建立预算执行动态监控信息系统，强化对零余额资金转入基本户的监管，监控支出5.53万笔、涉及资金25.74亿元。二是组织开展财政监督检查，收缴违规资金342.84万元。三是制定《阿克苏地区政府投资项目工程变更管理（暂行）办法》（阿行署办〔2016〕79号），完成评审项目53个、送审工程造价3.03亿元，节约资金4 443.4万元。四是政府采购“采管分离”机制运行平稳，完成政府采购金额27.93亿元，节约资金4.02亿元。

【加强干部队伍建设】组织干部职工学习贯彻习近平总书记系列重要讲话精神，严守政治纪律和政治规矩，注重调研思考，主动学经济、干经济。提升财政干部研究财政政策、推进财政工作和深化财政改革的能力。开展“两学一做”学习教育、“访惠聚”、“民族团结一家亲”等活动。落实党风廉政建设主体责任和监督责任，发挥基层党组织战斗堡垒作用和党员先锋模范作用，增强财政干部服务经济发展的能力。

（阿克苏地区财政局供稿，执笔人王燕）

喀什地区

【概况】2016年，喀什地区实现生产总值759.8亿元。其中：第一产业增加值260亿元，同比增长6.5%；第二产业增加值191.3亿元，同比增长12.7%，其中的工业增加值70.7亿元，同比增长12%；第三产业增加值308.5亿元，同比增长15.3%。三次产业结构34.2∶25.2∶40.6。城乡居民人均可支配收入分别达到22 625元和7 936元，同比增长9.5%和10.2%。全社会固定资产投资919.2亿元，同比增长13.8%。全地区完成外贸进出口额16.78亿美元，同比增长45.45%。全地区社会消费品零售总额完成175.6亿元，同比增长9.6%。其中：城镇132.4亿元，同比增长13.6%，乡村43.1亿元，同比下降1%。

2016年地区全口径财政收入完成97.68亿元，同比增长6.53%。地方财政收入完成78.81亿元，同比增长4.14%。一般公共预算收入完成63.76亿元，同比增长11.13%，其中：税收收入完成34.90亿元，占一般公共预算收入的54.74%；非税收入完成28.86亿元，占一般公共预算收入的45.26%。基金预算收入完成15.05亿元，同比下降21.63%。

2016年，地方财政支出完成511.72亿元，同比增长16.35%。一般公共预算支出完成490.30亿元，同比增长15.66%；其中：人员支出完成179.12亿元，占一般公共预算支出的36.53%；基本公用支出7.39亿元，占一般公共预算支出的1.51%；项目支出303.78亿元，占一般公共预算支出的61.96%；基金支出完成21.42亿元，同比增长8.90%。

【组织收入工作】应对经济下行、“营改增”改革、减税降费等一系列不利因素带来的严峻挑战，重视加强财政收入组织工作，实现财政收入稳步增长。坚持早安排、早部署，落实财政收入目标管理责任制。建立财税联席会议制度，加强与税务部门的沟通和联系，定期组织召开财政经济形势分析会议，及时分析、研究、解决财政收入组织过程中存在的问题，主动采取应对措施。依法强化税收征管，加大清理企业欠税工作力度，确保税收稳步增长。加强非税收入管理，各项非税收入足额征缴入库。

【重点支出保障】多渠道筹措资金，保障各项惠民工程的顺利实施，2016年民生支出完成383.68亿元，占一般公共预算支出的78.25%。加大维稳资金投入，支持严打暴恐活动专项行动，保障便民警务站建设、一体化联合作战平台、边境管控等维稳重点项目支出。加大基层基础建设资金投入，足额保障“访惠聚”、住村管寺、学前“双语”支教、“民族团结一家亲”活动、提高村干部待遇、提高爱国宗教人士补助标准等。支持脱贫攻坚工作，拨付财政扶贫资金29.22亿元，统筹整合财政涉农资金8.76亿元，发放扶贫小额信贷资金36.07亿元，帮助23.93万贫困人口脱贫、271个村脱贫摘帽。安排资金30.21亿元，及时、足额兑现机关事业单位干部基本工资、艰边津贴调整及养老保险制度改革等政策。全面落实全民健康体检和人身意外伤害保险政策。

【财政管理工作】预算体系初步建立，政府各项收支全部纳入预算管理，财政预（决）算全面公开。明确财政存量资金的范围和口径，对结转结余两年以上的项目资金收回财政部门，重点用于保障维护稳定和扶贫攻坚支出。加强政府债务管理，成立地区政府债务管理中心。稳步扩大政府采购规模和范围，节约资金 4.01 亿元，节约率为 8.45%。推进财政投资评审全过程监管，审减资金 8 800 万元，平均审减率 11.57%。

【深化财政体制改革】综合运用预算、财政贴息、奖励等财政调控手段，积极推进供给侧结构性改革，落实“三去一降一补”任务，支持区域经济提质增效、转型升级。安排资金 8.44 亿元，运用纺织服装、中小企业发展等各类引导基金，支持产业发展。严格执行清费政策，落实自治区取消、减免、缓征 27 项行政事业性收费和政府性基金。全面推开营改增改革，实现纳税人税负整体下降。全面推进政府购买服务，试点项目 213 个，涉及金额 2.81 亿元。推进政府和社会资本合作模式，建立健全 PPP 责任落实和工作督导机制，全年开工建设 PPP 项目 35 个，投资额 184.07 亿元，落地率达 92%，位于全疆各地（州、市）前列。加快地区融资平台整合和市场化转型工作，整合全地区 24 家国有公司股权，形成以喀什阳光建设发展（集团）有限责任公司为总公司、涵盖各县（市）国资平台的融资平台框架，为重大项目融资 48.8 亿元，有效缓解财政资金压力。

【地方政府债券工作】加强各项财政补助政策研究，实现四个方面突破：一是自治区转贷的地方政府债券资金 35.79 亿元，是以往年度债券资金总和的近 5 倍，其中：新增债券 16 亿元，置换债券 19.79 亿元。二是争取自治区综合财力性补助 1.74 亿元，并列入今后年度补助基数。三是新增补助 2.93 亿元，实现各县财力补助都有增长、都有增量。四是重点民生补助项目、边境管控补助、教科文卫农林水等各类专项补助资金均实现增长，收到各类补助资金 186.31 亿元，同比增加 3.71 亿元，同比增长 2.03%。

【财政监督工作】加强与部门单位、上下级财政部门的联动监管，推动内控制度建设。开展财政内部监督检查工作，组织、参与自治区党委第五巡视组反馈意见涉及财政内容、财政资金安全、违规使用票据等情况检查，规范财经纪律。

【维护稳定及“访惠聚”工作】紧盯总目标，认真落实地委、行署关于维护稳定的一系列安排部署。筹措资金，统筹调度，有力保障集中整治、巡逻防控、严打行动等各项维稳措施的经费。以“访惠聚”、民族团结教育月、扶贫攻坚“两个全覆盖”工程、“民族团结一家亲”等活动为载体，开展民族团结教育活动，坚持深入开展“五个一”、民汉结对子等活动。做好村级惠民生项目的资金保障，足额保障工作队员所需经费。选派 32 名工作骨干赴莎车县亚克艾日克乡 6 个村开展“访惠聚”驻村工作，落实住村管寺、赴乡村“双语”幼儿园支教人员选派工作。开展机关维护稳定工作，推进社会治安综合治理各项工作，班子成员带头履行“四不”承诺、落实少数民族领导干部“两项制度”，狠抓抵制“三非”各项工作措施和值班带班制度的落实，确保机关的和谐稳定。

【机关自身建设】狠抓领导班子和干部队伍建设、学习型机关建设以及党风廉政建设。加强《党组工作条例》的学习贯彻，认真落实民主集中制，落实和规范重大事项集体决策机制。加强以“两学一做”为重点的机关党的建设，共组织学习各类必学篇目 100 余篇，班子成员讲党课 7 次，开展调研 12 次，召开专题研讨会 3 次。强化机关组织建设，班子成员主动带头，支部组织生活更加规范、经常，工青妇等群团组织换届工作全面完成，作用发挥更加明显。提拔使用品质好、肯干事、能干事、敢担当的优秀干部，通过公开竞争上岗，13 名优秀干部进入中层岗位。推进机关作风建设，落实首问负责、限时办结、服务承诺等便民服务制度，强化局机关绩效管理考核，干部职工纪律观念、服务意识得到不断强化，机关作风进一步改善。

【荣誉】被授予喀什市民族团结进步模范单位、自治区级文明单位。

（喀什地区财政局供稿，令金柱执笔）

克孜勒苏柯尔克孜自治州

【概况】2016 年，克孜勒苏柯尔克孜自治州（以下简称“克州”）实现生产总值 100.33 亿元，按可比价格计算，同比增长 10.1%。其中，第一产业增加值 15.02 亿元，增长 4.6%；第二产业增加值 33.73 亿元，增长 14.5%；第三产业实现增加值 51.58 亿元，增长 9.2%。全社会固定资产投资总额 146.82 亿元，同比增长 9.3%；企业完成进出口贸易总额 3.05 亿美元，同比增长 8.2%；实现社会消费品零售总额 20.08 亿元，同比增长 9.7 亿元。城镇居民可支配收入 24 487 元，同比增长 9%；农牧民人均纯收入 6 392 元，同比增长 15.2%。

【财政收支情况】2016 年，克州全口径财政收入完成 18.69 亿元，同比减少 700 万元，下降 0.37%。上划中央税收收入 5.69 亿元，同比下降 10.4%。地方财政收入完成 12.64 亿元，同比增长 4.11%。一般公共预算收入完成 11.59 亿元，同比增长 5.67%；政府性基金收入完成 1.04 亿元，同比下降 10.59%。地方财政支出 120.45 亿元，同比增长 17.67%。其中：一般公共预算支出 119.1 亿元，同比增长 18.12%；政府性基金支出 1.35 亿元，同比下降 11.84%。

【组织收入机制】压实收入责任，合理分配收入任务，加大对重点收入征缴力度，确保应收尽收；配合国、地税等部门建立信息互通交流机制，开展综合治税，加强对企业的跟踪服务，创造良好税收环境。加大对陈欠税款稽查清欠力度，多方堵塞收入漏洞，拓展财政收入增长空间。通过多项有力措施，完成克州党委、政府确定的收入目标。

【优化支出机构】把更多的财力向维护社会稳定、发展、民生等领域倾斜。加快支出进度，简化资金支付审核环节，促使财政资金尽快产生效益。向上争取资金，将各部门专项资金争取情况纳入绩效考核，激发各部门向上申报项目、申请专项资金的积极性；盘活财政存量，使存量变增量。筹集资金落实增资和提高各类人员补贴政策，不折不扣地兑现自治区党委和克州党委向各族干部群众的承诺。

【大力支持维护稳定】将维护稳定支出作为财政优先保障的重中之重，及时将各项维稳经费安排到位，提高公安、政法、宗教等部门分类定档标准，改善涉稳部门办公、办案条件和装备水平。筹措资金支持住村管寺、干部支教、“双语”幼儿园建设、宗教人士培训、巡逻值勤等。通过政府购买服务等方式，拓展维护稳定资金筹措渠道，保障便民警务站、边境防控体系等建设，为维护社会稳定打下坚实的基础。

【支持经济社会发展】出台《2016年克州财政应对经济下行工作措施》（克财字〔2016〕11号），积极应对经济下行，加大对实体经济的支持力度；制定《支持中小微企业发展协调解决突出问题工作措施》（克财字〔2016〕3号），集中力量破解企业发展难题、补短板。落实各项减免税政策1 950万元，减少涉企收费256万元，激发实体经济内生动力。制定《克州企业“四位一体”融资实施方案》（克政办发〔2016〕34号），为10家企业发放贷款1 276万元，缓解企业融资难问题；大力推行政府和社会资本合作（PPP）模式，2016年落地项目10个，总投资31.7亿元，有效撬动社会资本参与基础设施建设；争取新增债限额6.84亿元和政府性低息债券置换资金7.47亿元，缓解州、县财政偿债压力。

【加大投入惠民生】出台《统筹整合使用财政涉农资金实施方案》（克政办发〔2016〕76号）、《财政扶贫资金使用监督管理办法》（克政办发〔2016〕73号）等，确保财政涉农资金有效整合和安全高效。出台《关于在政府采购领域精准扶贫项目实行简政放权的通知》（克财购〔2016〕12号），确保扶贫资金高效投入和安全使用。为11 496户贫困户提供财政贴息贷款4.51亿元，打好扶贫“组合拳”。通过政府购买服务向国开行融资6.7亿元，支持36个抵边村基础设施建设。加强惠民政策宣传，印发《惠民补贴政策简介》，向各族群众发放“明白卡”，提高群众知晓率。坚持把民生工作重点转移到群众看得见、摸得着、感受真切的小项目、小工程上，让群众得到更多实惠。2016年财政用于民生支出90亿元，同比增长18.64%，占一般公共预算支出的75.59%。

【推进财政管理改革】推进制度创新，制定财政资金拨付、支出管理、政府购买服务、绩效预算等多项制度、办法，为提升财政效能提供制度保障。深化财政综合改革，稳步推进年终结余管理、预决算信息公开、政府采购、预算绩效管理等各项改革，推进金融服务创新，促进财政和金融工作提质增效。开展财政政策宣讲活动，成立财经纪律政策宣传组，采取视频讲座、到基层现场宣传等形式，多次开展严肃财经纪律政策宣讲活动，提高各部门的规矩和纪律意识。

【荣誉】2017年1月被克州党委、人民政府评为“2016年综合考核先进集体”和“落实党风廉政建设责任制先进集体”；2017年1月被克州党委评为“州直部门好班子”；2017年2月被自治区财政厅评为“2016年度自治区财政微博、微信报送先进单位”；2017年2月被自治区财政厅评为“2016年度自治区财政信息报送先进单位”；2017年3月被克州妇联评为“克州三八红旗集体单位”。

（克孜勒苏柯尔克孜自治州财政局供稿，杜鹏执笔）

和田地区

【概况】2016年，和田地区全年实现地区生产总值236.33亿元，按可比价格计算，同比增长10.3%，增幅回落1.3个百分点。其中，第一产业增加值64.41亿元，增长2.9%；第二产业增加值36.51亿元，增长12.2%；第三产业增加值135.41亿元，增长13.4%。全地区农牧民人均纯收入7 002元，增长14.8%。全社会固定资产投资307.10亿元（不含农户、兵团及跨区项目投资），同比增长17.5%。全年外贸进出口总值1 868.8万美元，增长90.8%，其中，出口额1 758.7万美元，增长135.1%；进口额110.1万美元，下降52.4%。

【财政收支情况】2016年，和田地区全口径财政收入完成39.41亿元，同比增收5.91亿元，增长17.64%。其中：一般公共预算收入完成21.09亿元，同比增加2.48亿元，增长13.3%。基金预算收入完成7.05亿元，同比增加7 740万元，增长12.33%。2016年，和田地区财政总支出完成263.42亿元，同比增支19.85亿元，增长8.15%。其中：一般公共预算支出完成253.60亿元，同比增支20.46亿元，增长8.77%；基金预算支出完成9.82亿元，同比减支6 062万元，下降5.81%。

【支持经济社会发展情况】一是支持推动地区经济结构战略性调整，不断将土地、货币资金等优良资产注入和田玉鑫国有资产投资经营有限公司，在相关领域发挥重大作用。二是支持和田玖信融资担保公司发展壮大，再次向担保公司注资4 000万元，更好地服务地区中小企业。三是将重点产业政府资金引导撬动社会资金投入的PPP模式作为地区重点工作任务之一，2016年PPP项目入库120个，总投资534亿元，落地开工PPP项目11个，完成投资18.29亿元。

【民生保障情况】完善基本公共服务保障机制，确保财政支出“保基本、兜底线、促公平、可持续”，民生支出比重不断提高。2016年，全地区用于民生方面的支出为190.7亿元，同比增长13.78%，占一般公共预算支出的75.2%。其中：教育保障工程53.81亿元，社会保障与就业支出41.57亿元，农村建设、惠农补贴、扶贫开发方面支出41.41亿元，基本医疗公共卫生、困难患者医疗救助方面支出16.19亿元，住房保障方面支出21.29亿元，公共安全、文化体育和传媒等方面支出16.43亿元。

【财政改革情况】坚持解放思想，以支持经济发展、促进社会和谐为中心，扎实推进财税改革。一是部门预算改革全面推开，定员定额标准逐步完善，编制水平进一步提高，编制体系逐步健全，支出预算结构逐步优化，经费保障水平不断提高。二是国库集中支付改革扩面增量，继续按照“横向到边、纵向到底”的目标要求，从深度和广度上推进国库集中支付改革。三是政府收支分类改革顺利实施，全面实现“体系完整、反映全面、分类明细、口径可比、便于操作”的改革目标，推进依法理财、科学理财和民主理财。四是政府采购管理制度逐步健全，初步建立操作规范、执行有序、公平公正的政府采购运行机制。五是乡镇财政管理改革全面实施，全地区91个乡镇实行“乡财县管乡用”管理方式，改革面达100%。六是全面推开“营改增”改革，增值税扩围改革已全面展开，加强与税务部门合作，严肃财经纪律，保障纳税人合法权益，积极应对“营改增”对地方收入的影响。

【会计管理情况】全年组织会计从业资格无纸化考试4次75场次，报名人员2 122人，实际参加考试1 820人，合格235人；参加全国会计专业技术考试360人，其中报考中级人数140人、报名初级人数220人。2016年，会计教育培训工作采取集中培训为主、网络远程教育及其他方式相结合的方式开展会计培训和继续再教育，全地区参加会计继续再教育3 070人，网络继续教育170人，面授继续再教育2 900人。全年财政支农培训600人次。

【国有资产情况】开展政府资产报告试点工作，纳入统计范围的主要内容包括行政事业单位占有使用资产、行政事业单位受托代理资产、经营资产、企业国有权益及保障性住房、文物资产、政府投资基金等。

（和田地区财政局供稿，陈靖执笔）

五家渠市

【概况】2016年五家渠市实现生产总值143.64亿元，增长17%。其中，第一产业实现增加值6.9亿元，增长1.7%；第二产业实现增加值102.89亿元，增长21.8%；第三产业实现增加值33.85亿元，增长7.1%。三次产业对经济的贡献率分别为0.5%、88.9%、10.6%，三次产业结构比为5∶72∶23。人均生产总值11.4万元，增长14.8%。全市固定资产投资128.98亿元，同比下降7.1%。实现社会消费品零售总额69.98亿元，增长6.6%。城镇居民人均可支配收入33 719元，同比增长9%。全口径财政收入完成26.37亿元，增加10.88亿元，增长70.3%，其中：一般公共预算收入完成17.43元，增加5.72亿元，增长48.9%。

2016年，五家渠市地方财政收入17.77亿元，完成预算的142.7%，同比增收5.83亿元，增长48.9%。其中：一般公共预算收入17.43亿元，同比增收5.72亿元，增长48.9%；政府性基金收入3 356万元，同比增收1 096万元，增长48.5%。

2016年，五家渠市财政支出16.21亿元，同比增加2.11亿元，增长15%，其中：一般公共预算支出15.78亿元，同比增加1.84亿元，增长13.2%。政府性基金支出2 753万元，同比增加2 668万元，上解支出1 482万元，完成预算的100%。

【组织财政收入】2016年，五家渠市财政局克服结构性减税、工业企业产销率下降等不利因素影响，采取积极措施，加大工作力度，强化收入征管。一是全面推进“营改增”，积极落实中小微企业减免税等优惠政策，营造良好的财税环境；及时做好税源交接、企业纳税培训和税务咨询等工作，确保5月1日“营改增”全面实施运行。二是加强税收征管工作，严格落实征管质量评价体系，完善税收风险分级管理，不断推进征管工作向精细管理和专业管理转变。三是大力推进综合治税工作。召开综合治税工作会议，细化工作任务，明确工作职责，建立绩效考核制度，完善综合治税平台，提升税收征管水平。四是加强税收清欠工作，以全面“营改增”为契机，重点加大建筑安装业、房地产业营业税的清欠力度，全年清理欠税逾4亿元，确保收入颗粒归仓。

【支持经济发展】发挥财政职能作用，推进经济发展方式转变，培育新的经济增长点。一是继续落实积极的财政政策，统筹各方财力，紧紧围绕经济发展重点，加大对重点领域、重点行业的投入力度，支持推进工业提效、城镇化提升、现代农业提质、服务业提速“四大工程”建设。二是支持企业科技创新、产业升级，扶持骨干企业利用高新技术加快发展，支持中小企业科技成果转化和技术改造升级，提升企业市场竞争力。三是推动现代服务业加快发展，加大财政扶持力度，全面落实结构性减税和清费减负政策，服务业承载能力和总体质量不断提高。四是支持招商引资工作，落实市招商引资政策，加快园区基础设施建设，改善招商引资投资环境，发挥投资对经济的拉动作用。全年拨付园区补助资金1.8亿元，招商引资企业基础设施建设补助资金3亿元。五是创新财政支持经济发展手段。积极推广PPP融资模式，扩大政府购买服务范围，引进社会资本参与五家渠市经济建设；做强做大融资平台，争取自治区债券置换资金，千方百计筹集建设资金；设立担保贷款贴息，落实自治区金融机构涉农贷款奖励，缓解中小企业融资难问题。

【保障民生投入】落实积极的财政政策，加强支出预算执行管理，盘活财政存量资金，保障民生等重点支出需求。全年民生支出13.6亿元，占财政支出的86.2%，同比增长15.2%。一是提高社会保障水平，大力支持就业创业，企事业单位退休人员养老金、城镇低保、困难人员社保补贴等社保提标政策全部落实，全年拨付各类社保补贴资金8 400万元，就业补助资金1 140万元。拨付300万元用于支持奇台医院医疗集团改革，拨付大额医疗保险补贴1 800万元，推进基本公共卫生服务均等化水平。二是继续支持教育事业，全年教育投入1.36亿元，同比增长22.5%。全面完成教师增资兑现工作；投入1 200万元支持高级中学民族食堂及科技楼建设和技校实训基地建设，教育基础设施不断改善。三是加大城市基础设施建设，不断改善城市环境。支持城市道路、市政管网、城市公共交通设施、社区服务中心、城市图书馆等建设，城市服务功能更加完善；改善滨河公园环境，贯穿五家渠南北的带状公园基本完工；改善城市环境，重点增加环卫、市政设施投入，拨付城市建设及维护资金3 400万元，实施城市绿化、亮化、美化工程。

【深化财政改革】推进和深化财政改革，公共财政体系进一步完善。一是继续推进部门预算改革。着力推进财政体制改革，建立跨年度预算平衡机制，开展中期预算研究和试点，试编三年财政项目支出滚动规划。二是继续深化、完善国库集中支付改革，优化财政支出结构，推进基本公共服务均等化，大力清理整合专项资金，集中力量办大事。三是完善权责发生制政府综合财务报告制度，完整反映政府的各类资产和负债，加强政府债务和预算绩效管理，防范财政风险。四是积极做好预算信息公开工作，全市所有预算单位向社会公开2016年部门预算安排情况以及“三公经费”安排情况。五是推进支出绩效评价管理。建立健全预算执行与政府绩效、转移支付资金分配相挂钩的工作机制；强化绩效评价结果应用，将绩效评价结果作为编制预算的重要依据。六是规范政府性债务管理，合理控制债务规模，防止政府债务风险。及时做好自治区债务转贷资金的置换工作，2016年置换政府债务7.9亿元，每年减少财务费用2 000余万元，有效缓解政府还本付息压力。七是进一步规范财政管理，加大财政暂付款清理力度，积极盘活财政存量资金，统筹用于民生支出，提高资金使用效益。全面盘活财政存量资金 1 452 万元，安排民生事务支出 1 900 万元。

【加强会计管理工作】加强会计管理工作，认真组织预算法培训、“金财工程”系统应用平台运行操作技能培训、部门预算编制培训、企业财务能力提高培训以及行政事业单位资产管理信息统计系统培训等，举办 4 期《财经法规》培训班，组织实施会计从业人员网上继续教育培训 1 600 人次，累计培训达到 2 610 人次；引导广大财会人员报考初、中、高级会计师。

【强化财政监管】强化法治观念，规范理财行为，注重新型财政体制机制建立，一是制订《2016 年五家渠市财经纪律检查工作方案》，重点开展强农惠农资金、农业综合开发、国家基本公共卫生、廉租住房等民生资金专项监督检查，加强对预算编制和执行情况的监督检查，巩固治理“小金库”成果，形成治理工作长效机制。二是进一步完善政府采购招标制度，全年审批事项2 680余件，采购预算金额为 7.5 亿元，实际采购金额为 6.6 亿元，节约资金 0.9 亿元，资金节约率 12%。三是健全完善评审与监管协调联动机制，财政评审的作用凸显，2016 年对 289 个工程项目进行投资评审，项目送审投资 14.30 亿元，送审定金额 13.89 亿元，累计审减 9 112 万元，审减率达到 6.26%。

【加强干部队伍建设】2016 年深入扎实开展“两学一做”学习教育、“访惠聚”、“民族团结一家亲”等活动，进一步增强“四个意识”。坚持民主集中制，严格执行“三重一大”决策制度。进一步细化岗位职责，强化科长负责制，不断增强工作责任心和积极性。坚持团结务实，奋发进取，不断增强创新意识，不断提高综合素质，全力打造一支政治过硬、业务精湛、勤奋敬业、务实廉洁的干部队伍。

（五家渠市财政局供稿　马卫东执笔）

图木舒克市

【概况】2016 年，图木舒克市实现生产总值 74.31 亿元，同比增长 10.3%；其中，第一产业增加值 22.25 亿元，增长 8.4%；第二产业增加值 35.42 亿元，增长 12%（其中工业增加值 20.69 亿元，增长 32.5%；建筑业增加值 14.73 亿元，下降 8.1%）；第三产业增加值 16.64 亿元，增长 9.1%。三次产业增加值占生产总值比重为 29.9：47.7：22.4。人均生产总值 46 604 元，增长 6.6%。全社会固定资产投资 78.59 亿元，同比下降 7.8%，社会消费品零售总额 24.28 亿元，增长 14.3%。城镇常住居民人均可支配收入 33 759 元，同比增长 9.1%；连队常住居民人均可支配收入 15 534 元，增长 7.9%。

2016 年，图木舒克市地方财政收入 3.61 亿元，减收 318 万元，下降 0.9%，其中一般公共预算收入完成 2.9 亿元，减收 2 081 万元，下降

6.7%；基金预算收入完成7 119万元，增收1 763万元，增长32.9%；上划中央“四税”11 172万元，增收141万元，增长1.28%。地方财政支出完成6.05亿元，增支1 275万元，增长2.2%。一般公共预算支出完成5.35亿元，减支402万元，下降0.7 %。政府性基金支出完成7 052万元，增支1 677万元，增长31.2%。

【组织财政收入】一是把握总体方向，建立局领导、业务对口督导收入制度，定期牵头召开财税分析会议，分解落实收入计划，分析预判财税形势，研究超前应对措施，确保应收尽收。二是加强对重点税源企业的走访调研。深化税源分析，逐步分批、分层次走访重点税源企业，通过调研、座谈等形式了解企业的生产经营状况和纳税波动情况，把握年内企业的经济运行及发展趋势。三是强化税收征管，规范税收秩序，严格依法治税，保证税收及时足额入库。2016年，税收收入完成2.56亿元，同比减少2 602万元，下降9.2%。加强非税管理，规范预算单位罚没收入、行政事业性收费行为，确保罚没资金和各项规费收入及时上缴入库，统筹安排财政资金，增强财政调控能力。非税收入全年完成3 337万元，同比增加521万元，增长18.5%。

【保障改善民生】落实好各项民生政策，坚持把民生支出作为财政保障的重点，集中财力为群众办好事、办实事，确保涉及民生和社会事业的政策措施落到实处，增进各族群众福祉。2016年，全市财政用于民生支出4.09亿元，占一般公共预算支出76%。投入生态建设资金1.38亿元，改善生态环境，提升城市品位，着力打造国家级园林城市。全力保障维护稳定各项经费需求，夯实社会稳定基础，安排资金2 950万元，其中1 790万元用于治安巡逻队、阳光警务室运行以及协警等支出。

【支持经济发展】一是切实保障政府重点基础设施建设，在努力统筹盘活用好各类建设资金的基础上，运作好投融资工作，协同相关部门，有序推进PPP项目，共完成9个PPP项目的实施方案，投资总额10.66亿元，提高政府投资综合效益。二是切实加大对棉纺企业的财税支持力度，着力整合产业发展各类资金，支持中小企业和现代服务业发展，财政补贴棉纺企业棉纱出疆运费2 083万元，提高工业发展税收支撑能力，打造多点支撑的消费增长格局。三是坚决贯彻落实各项惠农政策，科学安排和整合财政支农资金，向农户发放491.16万元粮食直补资金。四是完善支出制度，积极筹措资金，全力支持师市党委确定的重大项目，有效促进城市建设提质升级，城市功能逐步完善。安排项目资金3.3亿元支持图木舒克市机场建设；自筹资金2亿元用于图木舒克市铁路建设；投入1.58亿元资金改扩建市辖区饮用水工程；市人民医院住院楼及妇幼保健院项目累计投入资金4 025万元；“三馆合一”项目累计投入资金7 745万元。

【深化财政管理改革】一是加强预算编制和执行管理。细化部门预算编制，严格控制预算执行中调整事项。严格按照预算执行序时进度均衡拨付资金，保障各部门履行职责需要。二是继续深化国库集中支付改革。加强库款管理，提高库款统计分析、动态监测和形势预判。三是强化国有资产管理，开展行政事业单位资产清查，完善资产管理基础数据库。四是推进预决算公开，市本级99个预算单位全部按要求公开部门预算和“三公经费”预算，主动支持人大、审计和社会各界的监督，提高预算管理透明度。五是严肃财经纪律，全面细致检查市本级99个预算单位本年预算支出情况，确保财经纪律检查工作不留死角。

【加强干部队伍建设】一是把“两学一做”作为2016年党建工作的重中之重，通过“学”打牢基础，把握“做”这个关键，增强责任意识，引导全体财政干部充分认识到“共产党员”的内涵和实质，让对党忠诚、服从组织、遵守纪律、践行宗旨真正成为坚定信念并内化于心、外化于行。二是进一步加强市财政局与巴楚县财政局之间的联合协作，促进财政事业共同发展，增强兵地融合发展。三是教育干部职工严守政治纪律，在维护祖国统一、民族团结和社会稳定等大是大非问题上清醒坚定、言行一致。四是严格落实党风廉政建设责任制，健全符合财政工作特点和财政部门实际的廉政建设工作机制，加强廉洁自律教育，提高党员干部拒腐防变能力，深入推进廉政风险防控管理，规范财政权力运行，确保财政资金和财政干部两个安全。

（图木舒克市财政局供稿，邓国华执笔）

阿拉尔市

【概况】2016 年，阿拉尔市实现生产总值 279.61 亿元，同比增长 10.5%，其中：第一产业增加值 113.29 亿元，增长 7.1%；第二产业增加值 110.91 亿元，增长 15.8%（其中：工业增加值 69.25 亿元，建筑业增加值 41.7 亿元）；第三产业增加值 55.41 亿元，增长 7.3%（其中：交通运输增加值 6.48 亿元，批发零售贸易 12.78 亿元）。地区人均生产总值 86 721 元。全年完成工业总产值 262.52 亿元。全市年末总人口 32.68 万人，城镇常住居民人均可支配收入 33 794 元，常住居民人均可支配收入 17 737 元。全社会固定资产投资 131.54 亿元，同比下降 22.9%。商品零售价格指数 99.9，居民消费价格指数 100.6。

2016 年，阿拉尔市地方财政收入 8.35 亿元，同比减少 5 100 万元，下降 5.79%，其中：一般公共预算收入 6.30 亿元，减少 3 900 万元，下降 5.81%；政府性基金预算收入 2.05 亿元，减少 1 200 万元，下降 5.74%。上划中央税收收入 1.95 亿元，减少 500 万元，下降 2%。地方财政支出 10.66 亿元，增加 1.03 亿元，增长 10.69%，其中：一般公共预算支出 8.82 亿元，增加 4 600 万元，增长 5.48%；政府性基金预算支出 1.85 亿元，增加5 700万元，增长 44.79%。

【组织财政收入】开展税收分析，抓住税收征管的薄弱环节，不断夯实征管基础，完善和创新征管方式，加大清欠查补力度，挖潜堵漏，加强纳税评估和税务稽查，整顿和规范税收秩序，提升税收征管质量和效率。定期召集税务、农业、商务、建设等相关部门举行税收收入分析会，分析财政收入完成情况，认真研究影响财政收入的各种因素，及时协调处理有关问题，确保各项税收收入和非税收入及时、足额征收入库。

【支持经济发展】在确保工资及时、足额发放，保证机构正常运转的基础上，积极筹措资金完善市政基础设施建设，为争取更多企业落户创造条件；支持招商引资工作，认真落实财政税收扶持政策，培植后续财源，增强财政增收后劲。2016 年投入城区道路新建、扩建等基础设施建设资金 2.39 亿元，出疆棉运费补贴 5 716 万元，阿拉尔税收和经济开发区各项优惠政策兑现 1.56 亿元，拨付职工创业园奖励 2 696 万元，安排辖区各团场税收转移支付资金 9 126 万元，安排城市公共设施发债贴息 4 212 万元，安排涉农贷款增量奖励资金 1 854 万元。

【优化支出结构】一是在强化部门预算管理的基础上，加大财政保障力度，本着“保基本、保重点、保民生、压一般”的原则，区分轻重缓急，统筹安排资金，重点保障行政机关事业单位工资按时发放，各项社保缴费及时缴纳，保证市属机构正常运转，实现社会事业的全面协调发展。二是预算足额安排科教文卫事业支出7 244万元，同比增长12.6%，其中：教育支出同比增长17.53%，投入1 461万元用于改善教育系统教学环境；文化体育与传媒支出同比增长25.25%，大力发展文化体育事业。认真落实医疗、取暖、住房公积金等与群众利益密切相关的各项政策。三是大力压缩一般性支出。坚持厉行节约，严格执行一般性行政经费开支标准，压缩车辆购置经费、会议费、招待费和出国经费，把有限的资金用在“刀刃”上，完成压缩“三公经费”5%的任务。四是加大对农牧团场的支持力度，税收转移支付9 126万元，同比增长60.47%。

【深化财政改革】一是强化预算管理。按照量入为出、收支平衡的原则组织部门预算的编制，在市直属行政事业单位全面实行部门预算管理，规范预算编制和执行程序，预算的约束力进一步增强。二是贯彻国家和自治区政策要求，大力推进国库集中支付制度改革。2016年市财政将预算单位一般公共预算资金、政府性基金预算资金全部纳入国库集中支付范围，认真组织总预算会计核算和财政预算执行，全面、准确、清晰地反映政府收支情况。三是加强政府采购制度体系建设，加大政府集中采购的执行力度，完善政府采购预算编制管理，扩大政府采购范围。四是加强基金收入管理和非税收入管理，收缴范围不断扩大，对不合理的行政事业性收费进行清理并制定收费目录清单，规范财政票据的管理。五是推进财政金财信息化建设步伐，加强财政业务建设，深入开展财政专户清理工作，健全各项内部管理制度，规范各业务工作程序。加强财政管理制度建设，不断完善管理责任制和各项规章制度。六是加强行政事业单位国有资产管理工作，顺利完成行政事业单位国有资产清查工作。

【强化财政监督管理】2016年7月，以加强和完善财政管理为中心，以服务宏观调控、保障财税政策执行为重点，对50余家行政事业单位违规支出“三公经费”、会议费、培训费，私设“小金库”，违规使用专项资金等问题展开重点检查，并对检查中发现的违规违纪问题及时纠正和处理，保障财政资金的安全和有效使用。加大与审计、纪检等相关部门的联合检查，建立健全财政监督各项规章制度，加强业务人员的专业学习，各单位会计核算不断规范，专项资金管理逐步走向正规。

【完善金融扶持政策】主动加大同各大金融机构的工作对接力度，积极争取金融机构的理解支撑，各银行先后在阿拉尔市设立分支机构，成立阿拉尔津汇村镇银行，2016年10月28日开业。成立立中和小额贷款公司、长隆小额贷款公司和华元融资担保有限公司。

【推动企业融资发展】一是推动“银政通”业务发展。2016年，工商银行阿拉尔支行共为14户中小微企业发放贷款3 540万元。二是进一步发挥政府性融资担保机构的作用，为中小企业提供专项担保。阿拉尔市统众融资担保有限公司注册资本由6 000万元增资至1亿元，并更名为新疆新鑫融资担保有限责任公司，业务范围由阿克苏地区扩大到全疆各地。三是制定激励措施，打造普惠金融服务民生。2016年争取自治区涉农贷款增量奖励资金1 855.5万元；阿拉尔市财政拨付16个团2015年创业园贴息资金1 963.44万元，拨付中小微民营企业贷款奖励资金283.24万元，“双百强”民营企业奖励资金484万元。

（阿拉尔市财政局供稿，高萍、赵明秀执笔）

铁门关市

【概况】2016 年，铁门关市实现生产总值 47.69 亿元，增长 12.3%，其中第一产业增加值 8.88 亿元，增长 15.7%；第二产业增加值 32.70 亿元，增长 8.3%；第三产业增加值 6.11 亿元，增长 28.4%。三次产业结构为 18：69：13。全年完成全社会固定资产投资 59.03 亿元，同比下降 4.6%。社会消费品零售总额达 4.98 亿元，增长 15.48%。城镇居民人均支配收入 29 844元，同比增长 13%。

【财政收支情况】2016 年，铁门关市全口径财政收入 9.38 亿元，同比增加 8.68 亿元。地方财政收入 8.77 亿元，完成预算的 102%，同比增加 8.25 亿元。一般公共预算收入 4.02 亿元，完成预算的 135.67%，同比（剔除置换债券收入影响）增长 93%。其中：税收收入 1.27 亿元，完成预算的 158%，同比增长 90%；非税收入 40 万元，完成预算的 117%，同比增长 47%；置换地方政府一般债券收入 2.6 亿元，完成预算的 100%；自治区转移性收入 0.11 亿元。政府性基金预算收入 4.75 亿元，完成预算的 102%。其中：国有土地使用权出让收入 2.35 亿元，完成预算的 104%，置换地方政府专项债务收入 2.4 亿元，完成预算的 100%。全年上划中央税收收入 0.6 亿元，同比增长 237.5%。地方财政支出 8.67 亿元，同比增支 8.17 亿元，完成调整预算 100%。其中一般公共预算支出 4.02 亿元，完成调整预算 100%，政府性基金支出 4.64 亿元，完成调整预算 100%，收支相抵后，年终结余 1 000 万元。

【全力组织财政收入】一是配合税务部门做好“营改增”各项工作，保障税收工作平稳过渡，进一步推动经济提质增效和税企的良性互动。二是加快辖区企业、金融机构变更营业执照及税务登记步伐，协调移动、联通、电信三家通讯公司在铁门关市建立独立机构，扩大铁门关市税收增长潜力。三是在综合治税实施方案的基础上认真落实组织财政收入责任制，强化组织收入措施，加强收入征管，确保财政收入快速增长。四是推动重点工交建商企业落户铁门关市，引导辖区内金融保险企业办理独立纳税资质，逐步安排第二师相关企业将信贷业务转移至铁门关市办理，增强财政收入增长的后劲。

【支持地方经济发展】一是开展经济工业园区调研，着力解决园区企业经营困难，促进园区企业健康发展。二是积极为辖区服装纺织企业服务，拨付 2015—2016 年补贴资金 1 124 万元。三是在自治区对服装纺织生产企业电费财政补贴不覆盖铁门关市的前提下，从财政资金垫付 324 万元用于政策落实，解决企业生产经营困难。

【深化财政体制改革】一是完善预算管理制度，加强全口径预算管理，逐步建立“以财养事”型公共服务制度。二是规范政府采购行为，稳步、有序地扩大政府采购规模和范围，密切监管资金的使用情况，切实用好用活投资建设项目资金。三是推进公务卡改革，将日常报销与公务卡联系起来，做到从源头上控制预算支出。四是促进财政信息公开，制定公开工作说明，明确财政预算信息公开的主体和原则、范围和内容、方式和程序、监督和保障，充分发挥政府门户网站作为信息公开的主渠道作用，及时向社会公布财政数据。五是搭建政府性债务、财政票据、行政事业单位资产等管理平台，为铁门关市的财政发展奠定基础。

【规范政府债务管理】截至2016年底，铁门关市政府性债务余额5.1亿元，针对债务资金大、偿债风险高的特点，一是安排专人对政府债务进行管理，健全铁门关市政府性债务管理体系。二是把铁门关市债务规模控制在本级财力的可承受限度之内，依照“适度举债、讲求效益、加强管理、规避风险”的原则，科学、合理制定政府举债的中长期规划。三是着眼铁门关市实际，将政府债务全部纳入预算管理，以预算约束举债和偿债，建立起政府性债务统计和按月定期报告制度。

【加强财政队伍建设】一是强化与上级财政部门的沟通联系，申请业务指导和政策支持，切实提高财政业务管理水平。二是借助地缘优势，积极派人向巴州、库尔勒财政局学习取经，借鉴其成熟财政管理经验，进一步提高财政业务能力。三是克服人员编制少、业务多等困难，每年选派干部赴内地先进省（市）学习，大力培养一专多能、一职多岗的财政复合型人才，提高业务创新能力。四是借助河北援疆优势，加强与河北省财政厅、保定市财政局合作，申请河北优秀财政干部到铁门关市挂职。

（铁门关市财政局供稿，李斌执笔）

北屯市

【概况】2016年，北屯市实现生产总值（GDP）35.31亿元，按可比价格计算增长12.9%。其中：第一产业增加值5.02亿元，增长6.5%；第二产业增加值17.45亿元，增长11.5%，其中：工业增加值12.77亿元，增长10.7%，建筑业增加值4.68亿元，增长13.7%；第三产业增加值12.84亿元，增长17.9%。三次产业结构比为14∶50∶36。社会消费品零售总额21.48亿元，增长45.5%。全社会固定资产投资57.04元，增长10.04%。城镇常住居民人均可支配收入33 128元，同比增加2 602元，同比增长8.5%。连队常住居民人均可支配收入15 538元，同比增加1 511元，同比增长10.8%。

【财政收支完成情况】2016年，完成全口径财政收入4.15亿元，同比增长26.5%。上划中央“四税”8 974万元，同比增长19.45%。完成地方财政收入2.95亿元，同比增长23.95%。完成一般公共预算收入2.27亿元，同比增长0.44%；完成政府性基金收入6 770万元，同比增长504.46%。

地方财政支出合计5.16亿元，同比增长3.82%。其中：一般公共预算支出3.4亿元，同比增长14.43%；政府性基金预算支出6 770万元，同比增长 504.46%。

【加强预算执行管理】2016 年，积极组织财政收入，认真落实财税优惠政策，厉行节约，严控预算支出管理，加快预算执行，全面提升财政经济运行质量和效益。一是积极筹措资金，在确保机关事业单位人员工资及机构正常运转的基础上，重点支持和保障北屯市党委在政策性增支、民生支出和重点建设项目等方面决策部署的落实。二是增加对公共服务和社会事业的投入，重点对教育、卫生、社保、城市建设等民生支出予以保障。三是强化预算约束，严控“三公”等一般性支出，“三公经费”只减不增。四是加快预算执行，落实支出责任，按月通报预算执行情况，促进财政资金及时发挥推动经济发展的职能作用。

【创新方式支持发展】按照“保障民生，支持重点”的原则，北屯市财政充分发挥服务职能，创新财政投融资支持发展方式，全力保障北屯市党委、政府在经济领域和民生领域的重点工作有效落实。一是制定北屯市精准扶贫资金整合使用管理办法，整合资金 800 万元专项用于支持精准扶贫攻坚工作。二是设立 3 000 万元“双创”风险补偿基金，撬动“双创”贷款 3 亿元，为创业创新者资金需求提供保障。三是创新融资方式，设立 1 200 万元“助保贷”风险补偿资金，撬动建行 1.2 亿元贷款支持北屯市小微企业发展，有效缓解小微企业融资难融资贵问题。四是积极推进 PPP 工作。切实把 PPP 工作作为推动经济发展的重要抓手，强化项目筛选，规范项目实施。2016 年入库项目 25 个，其中，6 个项目已开工建设，4 个项目进入竞争性磋商。进一步完善 PPP 储备库、推介库、执行库三库建设，建立 PPP 咨询服务机构库，选定 4 家国内知名 PPP 咨询服务机构为北屯市 PPP 项目科学、规范、高效运作提供指导和服务。

【深化财政体制改革】一是完善财政预算管理体系和部门预算支出定额标准，提高预算编制水平。二是加大预算统筹力度，将政府性基金收入的 20% 调入一般公共预算统筹使用，增强一般公共预算保障程度。三是对 2015 年北屯市预算执行情况、财政总决算和部门决算及 2016 年财政总预算、部门预算和“三公经费”分别按自治区预决算公开工作的要求进行公开，广泛接受社会监督。四是完成财政总预算会计新、旧科目转换工作，进一步完善财政财务会计核算体系。五是制定《十师北屯市预算管理实施细则》《十师北屯市部门预算管理实施细则（暂行）》《关于明确园区财政管理体制的实施意见》《十师北屯市小微企业助保金贷款风险补偿金管理暂行办法》《第十师北屯市“双创”及专业合作社担保贷款管理办法（试行）》《十师北屯市行业协会商会与行政机关脱钩有关国有资产管理办法（试行）》等制度、办法，切实发挥强化预算管理，支持经济发展的财政管理职能作用。

【推进财政供给侧改革】一是化解产能过剩，积极推进供给侧结构性改革，围绕“三去一降一补”工作部署，制定新建商品房和二手房住房交易实施契税财政全额补贴政策。二是支持屯南煤业化解过剩产能实现脱困发展，完成对屯南煤业关闭矿井人员分流安置费用的测算核定工作。三是切实减轻企业负担，对行政事业性收费，涉企收费进行清理，确保“降费减负”措施的有效落实。四是改革财政资金直补方式，制订十师北屯市政府购买服务工作实施方案，通过政府购买服务方式，实现城市绿化保洁等公共服务社会化管理，丰富公共服务供给方式。

【加强政府性债务管理】按照新预算法要求，制定北屯市政府性债务管理办法、北屯市债务风险化解规划，将政府债务纳入预算实行限额管理，严格控制债务额度，按规定在自治区限额内举债，通过综合评估债务风险，将风险评估和限额管理结合起来，防范债务风险。积极推进政府债务置换工作，2016 年置换存量债务 1 亿元，切实减轻政府偿还压力，节约资金成本。

【强化财政监督管理】按照 2016 年财政局财政监督检查工作实施方案及监督检查计划，组织开展财经纪律大检查。对纳入预算管理或有财政拨款的105个部门和单位2015年以来违反中央八项规定、自治区十项规定、北屯市《党政机关厉行节约反对浪费条例》、设立小金库及重点专项资金管理等进行重点检查，严肃财经纪律，纠正不良行为，增强依法规范使用和管理资金的意识。对29项共计3.89亿元财政项目资金开展绩效评价工作。全面规范和加强行政事业单位国有资产管理，建立准确的行政事业资产信息数据库，对99家行政事业单位进行全面资产清查，为进一步推进资产管理与预算管理、财务管理相结合打下基础。

【加强干部队伍建设】一是认真开展“两学一做”学习教育活动。组织财政干部学习领会习总书记讲话精神，掌握贯彻习总书记的治国理政新理念新思想新战略，牢固树立“四种意识”，树立财政工作新理念，创新财政工作新思路。二是抓党建促业务。规范党组织建设，强化领导班子建设，认真落实“一岗双责”和党风廉政建设责任制。加强干部队伍培训，创新活动载体，开展形式多样的培训学习。2016年累计开展近20余次培训学习，培训人次达2 899人，其中：自培2 847人次，送培52人次。三是扎实开展“访惠聚”“精准扶贫”和“民族团结一家亲”活动。对28户扶贫对象建立帮扶卡，制定帮扶措施，开展慰问帮扶工作。积极开展形式多样的结亲活动，落实自治区民族团结工作各项安排部署。

（北屯市财政局供稿，霍允江执笔）

双河市

【概况】2016年，双河市实现生产总值42.9亿元，其中第一产业12.4亿元，第二产业15.0亿元，第三产业15.5亿元，农牧民（连队常住居民）人均纯收入16 301元，城镇居民收入33 567万元。

【财政收入稳定增长】双河市财税体系建立较晚，税收主要由博乐市税务机构代征。2016年，双河市全口径财政收入2 495万元，其中：一般公共预算收入1 615万元（税收收入1 524万元，非税收入91万元），上级专项转移支付18万元，上划中央税收收入862万元。双河市全口径财政支出2 495万元，其中：一般公共预算支出1 633万元，占支出的65.45%；上划中央税收支出862万元，占支出的34.55%。财政收支平衡无结余。

【健全财税体系】一是建立与双河市相适应的财政预算管理体制，规范第五师双河市“师市合一”财政体制的预算编制、预算执行、总会计核算、决算、人大报告等方面管理，理顺第五师双河市“师市合一”财政体制的管理职能，强化预算管理。二是协调推动工商、国税、地税、国家金库双河市支库机构成立挂牌。双河市财政局于2015年2月批准成立，没有编制，暂时从团场、事业单位抽调4人开展具体业务。三是完成与自治区财政国库收支、预算执行、政府性债务、非税管理、财政监督金财办、信息中心等业务对接，健全双河市财政体系。双河市财政局门户网、协同办公、内网专线开通正常工作。

【加强干部队伍建设】一是组织会计进行网络知识竞赛及“六五”普法考试，参赛率100%，及格率100%。二是落实会计人员继续教育培训，无条件完成培训任务。2016年，五师共举办各类培训班5期，参加培训人员560人。参加兵团组织的培训6期，培训18人，2016年度会计继续教育网络培训1 300人。三是积极开展会计学术交流活动，完成“二刊二鉴”征订工作。

（双河市财政局供稿，张斌执笔）

第五部分

财政机构与人员

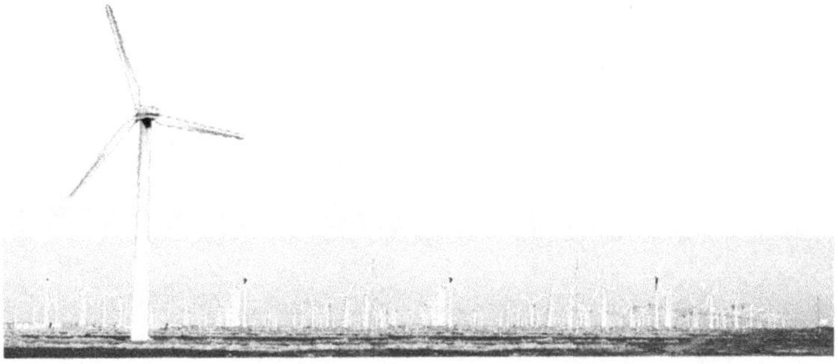

自治区财政厅机构设置及职能

根据新疆维吾尔自治区人民政府办公厅《关于印发新疆维吾尔自治区财政厅主要职责内设机构和人员编制规定的通知》（新政办发〔2010〕49号）文件规定，财政厅主要职责：

1. 贯彻执行国家财政、税收、行政事业单位国有资产管理法规、制度和方针政策；组织起草自治区财政、财务、会计管理、行政事业单位国有资产管理等方面的地方性法规，制定部门规章制度，并监督实施。

2. 根据自治区国民经济和社会发展战略，拟定自治区财政发展战略、中长期财政规划和改革方案并组织实施；分析预测宏观经济形势，参与制定宏观经济政策，提出运用财税政策实施宏观经济调控和综合平衡社会财力的建议；拟订自治区与各地、财政与企业的分配政策，制定调节收入分配的财税政策，完善促进社会事业发展的财税政策。

3. 承担自治区各项财政收支管理责任；负责编制自治区本级预决算草案并组织执行；受自治区人民政府委托向自治区人民代表大会报告自治区级和全区预算及其执行情况，向自治区人大常委会报告决算；组织实施专项资金绩效考核工作；组织制定经费开支标准、定额，负责财政预决算工作；完善自治区对下转移支付制度。

4. 负责组织起草地方性税收立法计划、税收法规草案及其实施细则和税收政策调整方案，按照管理权限拟定减免税规定和对自治区预算影响较大的临时和特殊的地方税减免事项；负责政府非税收入和政府性基金管理；监管财政票据；制定彩票管理政策和有关办法，按规定管理彩票资金。

5. 组织制定自治区国库管理制度、国库集中收付制度，按规定开展自治区国库现金管理工作，管理监督地方国库资金缴拨使用；负责制定自治区政府采购制度并监督管理；管理自治区财政统一发放工资工作。

6. 负责制定自治区行政事业单位国有资产管理规章制度，按规定管理行政事业单位国有资产，拟定和执行需要全区统一规定的开支标准和支出政策；管理自治区财政预算内行政机构、事业单位和社会团体非贸易非经营性用汇。

7. 拟定和执行地方政府性债务管理制度和办法，按规定开展地方政府债券管理工作；管理国债资金，防范财政风险；负责管理政府外债，组织实施外国政府、国际金融组织贷款项目和审核、申报、转贷、签订贷款协定以及资金管理工作；开展中亚区域经济合作工作；承担地方金融企业的国有资产和财务的监管工作。

8. 参与拟定自治区建设投资的有关政策，制定自治区基本建设财务管理制度，负责中央和自治区政府性投资项目财政资金管理工作；承担有关政策性补贴和专项储备资金财政管理工作；管理农业综合开发项目、资金及财务；管理各项财政扶贫资金。

9. 会同自治区有关部门管理中央和自治区财政社会保障和就业及医疗卫生资金，会同自治区有关部门研究制定社会保障资金（基金）政策和有关的财务管理制度，编制自治区社会保障预决算草案。

10. 负责审核和汇总编制全区国有资本经营预决算草案，制定国有资本经营预算的制度和办法，收取自治区本级企业国有资本收益；组织实施企业财务制度，参与制定企业国有资产管理相关制度。

11. 管理和指导全区会计工作，规范会计行为；组织执行国家统一的会计制度，制定补充规定并贯彻执行；组织管理会计人员的业务培训和会计人员从业资格；指导和监督注册会计师和会计师事务所业务工作；指导和监督注册资产评估师和资产评估师事务所业务工作；指导和管理社会审计工作。

12. 监督检查财税法规、政策的执行情况，反映财政收支管理中的重大问题，提出加强财政管理的政策建议；负责自治区财政系统信息化建设（金财工程）规划，并组织实施。

13. 承办自治区人民政府交办的其他事项。

（自治区财政厅人事教育处供稿，王晓江、路瑶执笔）

自治区财政厅领导干部名录

一、财政厅党组成员

党组书记：奥曲尔（2016.01.01—2016.12.29）

自治区人民政府党组成员、财政厅党组副书记：弯海川

党组成员：王彦楼、张立德（2016.01.01—2016.01.31）、张小庚、方章荣、甫拉提·玉素甫江、王春播（财政部援疆干部）

纪检组长：方章荣（2016.01.01—2016.12.29）

自治区纪委驻财政厅纪检组组长：方章荣（2016.12.29—2016.12.31，驻厅纪检组划转自治区纪委后自治区党委重新任命）

二、财政厅行政领导

自治区政协副主席、财政厅厅长：弯海川

副厅长：奥曲尔（2016.01.01—2016.12.29）、王彦楼、张立德（2016.01.01—2016.02.02）、张小庚、甫拉提·玉素甫江、王春播（财政部援疆干部）

总会计师：郑军

自治区农村综合改革领导小组办公室专职副主任（副厅长级）：艾新鲁

自治区农业综合开发办公室主任：马建国（2016.02.02—2016.12.31）

总经济师：郭瑛（2016.02.02—2016.12.31）

副巡视员：马建国（2016.01.01—2016.02.02）、尹芳（2016.01.01—2016.12.29）、王自芳

三、财政厅机关各处室及领导名录

办公室

主任：代万斌

调研员：周萍

副主任：赵晓文、吾其坤·伊沙木丁、陈岩岭

副调研员：张新洲、黄团结、苏建霞

人事教育处

处长：王自芳

副处长：刘艳（正处长级）、丁小生

综合处

处长：吴兰香

调研员：迪丽拜尔·米吉提

副处长：牛芸、胡剑荣

法制税政处

处长：赵永乖

副处长：李庆江

副调研员：马亚萍、马东升

预算处

处长：崔洪波

副处长：夏学军、金星

国库处

处长：王建强

副处长：王新宇、邓光利

副调研员：宋学庆

行政政法处

处长：朱洁

调研员：许纪华

副处长：马新华、卡米里江·玉素甫

副调研员：卢良

教科文处

处长：李小忠

调研员：朱瑞鸿

副处长：王琼

副调研员：段志强

经济建设处

处长：渠慎俭

调研员：赵欣春

副处长：胡方毅、伟力·阿西木、蒋硕

副调研员：陈殊

农业处

处长：杜强

调研员：盛文秀

副处长：牙生·吾斯曼、宋君

社会保障处

处长：王智栋

副处长：刘玉剑、阿布力克木·吐尔逊

副调研员：李红

企业处

处长：张普江

副处长：李咏

副调研员：俞晓刚

涉外处

处长：百合蒂亚·伊明

副处长：杨晓杰、阿米提江·铁力瓦尔德

副调研员：唐娜

行政事业资产监督管理处

调研员：戴荣

副处长：李红霞、吾曼尔·热介浦

副调研员：赵勇辉

会计处

处长：阿布来提·纳曼

调研员：营雪莲

副处长：田雨鑫、闫海涛

副调研员：迪丽努尔·阿瓦提

纪检组、监察室

纪检组副组长：吕文平

监察室副主任：刘伟

机关党委

专职副书记：刘艳（正处长级）

副书记：阿尔达克·亚森

专职工会副主席：郭玉清（副处长级）

离退休干部工作处

处长：杨虎

副处长：热合曼·伊明、邹淼

自治区农村综合改革领导小组办公室

综合体制处

调研员：木合塔尔·吐尔地

副处长：蓝海、王运

副调研员：邓立夫

经济处

处长：蔡琦

副处长：多里昆、白合提亚·白克力

副调研员：施卫星

社会处

处长：卡哈尔·牙生

副处长：曾涛、杨磊

非税收入管理处

副处长：赵恺、刘单立

副调研员：努尔尼沙·阿布都热西提

金融工作处

处长：刘海燕

调研员：白西荣

副处长：努斯莱提·吾甫尔、段学军

四、财政厅所属参照公务员法管理事业单位及领导名录

自治区农业综合开发办公室

副主任：地力木拉提·尼亚孜（正处长级）

综合计划财务处

处长：阿不都艾尼·突拉克

副处长：卢文波

副调研员：尹希斌、施向前

农发项目管理处

处长：杨兆光

调研员：王新涛

副处长：夏淑惠

副调研员：吴双园、岳军峰

农发项目评审处

处长：王定元

副处长：阿吉木·阿布都西库尔

自治区财政扶贫资金管理办公室

主任：地里夏提·木汗买提

调研员：陆海燕

副主任：胡新元、赛锦莲

副调研员：陈继梅

自治区政府采购管理办公室

主任：杨云鹏

调研员：朱玫

副主任：井斌、泰来提·赛依夫拉

副调研员：赵建军

自治区财政监督检查局

局长：王青春

调研员：阿尔达克·阿勒同别克

副局长：谈峰、齐同帅、马磊、杨小炜

副调研员：张蓉

自治区乡镇财政管理局

调研员：刘秀

副局长：王铁农、张延辉、古丽娜西·苏理坦哈孜、桑田、库尔班·斯地克

副调研员：郑胜利

自治区中亚区域经济合作工作处（自治区“塔二”项目办公室综合处）

处长：刘晓星

调研员：闫晓胜

副处长：蔡湘平、卫峄鹏

副调研员：洪涛

自治区财政厅投资评审中心

主任：杨有斌

副主任：李润东

副调研员：甘勇

自治区社会保障基金管理中心

主任：张宏兵（正处长级）

副调研员：王艳茹

自治区财政统发工资管理中心

副主任：周姿淇

自治区财政厅部门预算审核中心

主任：帕尔哈提·艾合买提

副主任：姜波

副调研员：帕尔哈提·吐尔干

自治区财政厅国库支付中心

主任：卢同

副主任：刘虹、段卉

副调研员：米热古力·阿西木

五、财政厅所属和代管事业单位及领导名录

自治区政府采购中心

调研员：董信军

副主任：商春光、木卡地玛·艾比布拉

副调研员：李喜洲、戎占斌

自治区财政票据管理中心

主任：荆华（正处长级）

副主任：颜艳丽

副调研员：陈卫东、冯保铭

自治区财政科学研究所

所长：刘振林

副所长：李骞、王绍华

自治区注册会计师管理中心

主任：祖力甫哈尔·阿布都热甫

副主任：芮鸿斌、迪丽达尔·依沙木丁

自治区财政厅信息网络中心

主任：杨林

副主任：木合塔尔·台外库力、赵重光、陈海滨

自治区会计事务服务中心

主任：牛玉明（副处长级）

副主任：浦拉提·马木提

自治区财政厅机关服务中心

党总支书记：保拉提·巴拉提（正处长级）

主任：张彦辉

副主任：阿巴拜克力·买买提、申海涛

自治区会计干部培训中心（新疆中华会计函授学校、自治区财政厅干部教育中心）

党委书记、副主任：达木·马苏提汗

主任：张礼霞

副主任：张荣光、艾尼瓦尔·艾克帕尔

六、财政厅所属企业及领导名录

自治区融资担保有限责任公司

总经理：荆莉

副总经理：周军、王秦军

总会计师：阿曼古丽·阿迪力

自治区农业信贷融资担保有限责任公司

总经理：荆莉

副总经理：秦晓辉、李海滨

总经理助理：唐新、张煜

新疆再担保（集团）有限公司

总经理：荆莉

副总经理：周军、王秦军

总会计师：阿曼古丽·阿迪力

（自治区财政厅人事教育处供稿，王晓江、路瑶执笔）

自治区财政厅机构设置及人员编制变动情况

一、机构设置变动情况

2016年2月3日，自治区人民政府办公厅《关于组建新疆维吾尔自治区农业信贷融资担保有限责任公司的复函》（新政办函〔2016〕39号），经自治区人民政府同意，就成立自治区农

业信贷融资担保有限责任公司有关事项函复如下：一是原则同意成立自治区农业信贷融资担保有限责任公司，由财政厅牵头负责组建自治区农业信贷融资担保有限责任公司，公司性质为国有控股，实行市场化运作。二是公司注册资本金从中央安排用于支持粮食适度规模经营资金和统筹中央、自治区用于支持现代农业发展的存量资金中解决，在确定财政出资额的前提下，可商请商业银行机构和社会资本等作为发起人，按不超过总股本20%的比例参股。由你厅履行国有资本出资人职责。三是公司按现行委托管理体制由财政厅负责监管。

2016年5月8日，《自治区党委财经领导小组2016年第二次会议纪要（三）》（新党财〔2016〕2号），自治区党委财经领导小组2016年第二次会议同意组建成立自治区再担保（集团）有限公司，注册资金18亿元。其中，自治区财政厅持有的新疆融资担保有限责任公司全部股权作价出资12亿元（估算值）；政府出资6亿元，从上年盘活存量的结余资金中安排，分2年到位，2016年3亿元，2017年3亿元。同意新疆再担保（集团）有限公司由自治区国资委委托财政厅监管。

2016年6月6日，自治区金融工作办公室《关于准予设立新疆再担保（集团）有限公司的批复》（新金函〔2016〕122号），依照《自治区党委财经领导小组2016年第二次会议纪要（三）》（新党财〔2016〕2号）会议精神和《新疆维吾尔自治区融资性担保公司管理暂行办法》（新政办发〔2010〕254号）中相关规定的要求，经研究，批复如下：一是同意设立新疆再担保（集团）有限公司，公司地址为：乌鲁木齐市天山区明德路16号财联大厦8楼。二是新疆再担保（集团）有限公司注册资本为1 537 147 176.83元，由出资方自治区财政厅足额缴纳。三是核准新疆再担保（集团）有限公司经营区域为：全疆范围开展业务。四是核准新疆再担保（集团）有限公司经营范围为：依法开展融资性再担保业务；兼营贷款担保、票据承兑担保、贸易融资担保、项目融资担保、信用证担保及其他融资性担保业务；诉讼保全担保；投标担保、预付款担保、工程履约担保、尾付款如约偿付担保等履约担保业务；与担保业务有关的融资咨询、财务顾问等中介服务；以自有资金进行投资；国家及自治区规定的其他业务。五是原则同意新疆再担保（集团）有限公司章程草案。请该公司在收到设立批复文件后30个工作日内完成工商行政管理部门设立手续，领取营业执照后5日内向我办报告。请该公司面向“三农”提供贷款担保，确保规范运营，维护金融安全稳定，促进经济健康发展。

2016年10月21日，自治区直属机关工作委员会《关于自治区财政厅成立机关纪委的批复》（新直党组字〔2016〕58号），经2016年10月21日区直机关工委书记会议研究决定，同意成立中共新疆维吾尔自治区财政厅机关纪律检查委员会。机关纪委的产生办法、任期、职责等按照《中国共产党党和国家机关基层组织工作条例》和《新疆维吾尔自治区实施〈中国共产党党和国家机关基层组织工作条例〉办法》的相关规定执行。

2016年7月14日，《自治区党委办公厅印发〈关于全面落实自治区纪委向自治区一级党和国家机关派驻纪检机构的方案〉的通知》（新党办发〔2016〕37号），自治区纪委驻自治区财政厅纪检组（编制9名，领导职数1正2副），负责综合监督自治区财政厅、自治区审计厅等2家单位。

二、厅领导班子变动情况

2016年1月31日，《关于张立德、马建国同志免职的通知》（新党干字〔2016〕102号），自治区党委决定：免去张立德同志自治区财政厅党组成员职务；免去马建国同志自治区财政厅副巡视员职务。

2016年2月2日，《新疆维吾尔自治区人民政府干部任免通知》（新政任字〔2016〕46号），自治区人民政府决定：任命马建国同志为自治区农业综合开发办公室主任；任命郭瑛同志为自治区财政厅总经济师（试用期一年）；免去张立德同志自治区财政厅副厅长职务。

2016年12月29日，《关于奥曲尔等3名同志免职的通知》（新党干字〔2016〕847号），自治区党委决定：免去奥曲尔同志自治区财政厅党组书记职务；免去方章荣同志自治区财政厅纪检组组长职务；免去尹芳同志自治区财政厅副巡视员职务。

2016年12月29日，《关于尹芳同志退休的通知》（新党组干字〔2016〕236号），自治区党委研究，同意尹芳同志退休。

2017年1月12日，《新疆维吾尔自治区人民政府干部任免通知》（新政任字〔2016〕238号），自治区人民政府决定：免去奥曲尔同志自治区财政厅副厅长职务。

三、处领导班子变动情况

2016年2月2日，《关于木合塔尔·吐尔地同志职务任免的通知》（新财党组〔2016〕4号），财政厅党组2016年1月21日会议研究决定：木合塔尔·吐尔地同志任农村综合改革领导小组办公室综合体制处调研员，免去其办公室调研员职务。

2016年2月2日，《关于达木·马苏提汗同志任职的通知》（新财党组〔2016〕5号），财政厅党组2016年1月21日会议研究决定：达木·马苏提汗同志任会计干部培训中心党委书记、副主任。任职时间自2014年12月算起。

2016年2月25日，《关于高云勇同志职务任免的通知》（新财党组〔2016〕15号），经研究：高云勇同志任离退休干部工作处副调研员，免去其国库处副调研员职务。

2016年2月29日，《关于刘艳等同志职务任免的通知》（新财党组〔2016〕16号），财政厅党组2016年2月18日会议研究决定：刘艳同志任机关党委专职副书记（正处）、兼人事教育处副处长，免去其社会保障处副处长职务（试用期1年）；卢同同志任国库支付中心主任，免去其国库处副处长职务（试用期1年）；祖力甫哈尔·阿布都热甫同志任注册会计师管理中心主任，免去其人事教育处副处长职务（试用期1年）；阿尔达克·阿勒同别克同志任财政监督检查局调研员，免去其农业处副处长职务；贾玲霞同志任农业综合开发办公室综合计划财务处调研员，免去其农业综合开发办公室综合计划财务处副调研员职务。

2016年3月14日，《关于荆莉等同志任职的通知》（新财党组〔2016〕17号），财政厅党组2016年3月14日会议研究：荆莉同志任自治区农业信贷融资担保有限责任公司总经理；秦晓辉同志任自治区农业信贷融资担保有限责任公司副总经理；李海滨同志任自治区农业信贷融资担保有限责任公司副总经理；唐新同志任自治区农业信贷融资担保有限责任公司总经理助理；张煜同志任自治区农业信贷融资担保有限责任公司总经理助理。

2016年4月13日，《关于吕文平、阮德焰同志任职的通知》（新纪干字〔2016〕31号），2016年4月13日自治区纪委第7次常委会议研究决定，吕文平同志任自治区纪委驻自治区财政厅纪检组副组长。

2016年4月13日，《关于刘振林同志免职的通知》（新纪干字〔2016〕32号），2016年4月13日自治区纪委第7次常委会议研究决定，免去刘振林同志自治区纪委驻自治区财政厅纪检组副组长、监察室主任职务。

2016年4月21日，《关于刘振林、吕文平同志职务任免的通知》（新财党组〔2016〕22号），财政厅党组2016年4月21日会议研究决定：刘振林同志任财政科学研究所所长；免去吕文平同志乡镇财政管理局局长职务。

2016年5月17日，《关于免去李海滨同志职务的通知》（新财党组〔2016〕28号），财政厅党组2016年3月14日会议研究决定：免去李海滨同志农业处副处长职务。

2016年6月3日，《关于库尔班·斯地克同志任职的通知》（新财党组〔2016〕29号），财政厅党组2016年6月3日会议研究决定：库尔班·斯地克同志任乡镇财政管理局副局长（试用期1年）。

2016年5月17日，《关于常戈蓉、荆华同志任职的通知》（新财党组〔2016〕30号），财政厅党组2016年5月9日会议研究决定：常戈蓉同志任非税收入管理处处长；荆华同志任财政票据管理中心主任（正处）。任职时间自2015年2月算起。

2016年6月3日，《关于荆莉等同志任职的通知》（新财党组〔2016〕32号），财政厅党组2016年6月3日会议研究决定：荆莉同志任新疆维吾尔自治区再担保（集团）有限公司总经理；周军同志任新疆维吾尔自治区再担保（集团）有限公司副总经理；王秦军同志任新疆维吾尔自治区再担保（集团）有限公司副总经理；阿曼古丽·阿迪力同志任新疆维吾尔自治区再担保（集团）有限公司总会计师。

2016年9月27日，《关于陈宇等同志任职的通知》（新财党组〔2016〕46号），财政厅党组2016年9月27日会议研究决定：陈宇同志任国库处处长；张宏兵同志任社会保障基金管理中心主任；艾尼瓦尔·艾克帕尔同志任会计干部培训中心副主任。任职时间自2015年9月算起。

2016年9月30日，《关于吴兰香等同志职务任免的通知》（新财党组〔2016〕51号），财政厅党组2016年9月30日会议研究决定：吴兰香同志任综合处处长，免去政府采购管理办公室主任职务；赵永乖同志任法制税政处处长，免去综合处处长职务；崔洪波同志任预算处处长，免去法制税政处处长职务；王建强同志任国库处处长，免去预算处处长职务；朱洁同志任行政政法处处长，免去农业处处长职务；杜强同志任农业处处长，免去政府采购中心主任职务；杨云鹏同志任政府采购管理办公室主任，免去信息网络中心主任职务；王青春同志任财政监督检查局局长，免去投资评审中心主任职务。

2016年11月17日，《关于王新宇等同志职务任免的通知》（新财党组〔2016〕63号），财政厅党组2016年11月17日会议研究决定：王新宇同志任国库处副处长，免去农业综合开发办公室农发项目管理处副处长职务；牙生·吾斯曼同志任农业处副处长，免去教科文处副处长职务；宋君同志任农业处副处长，免去会计处副处长职务；多里昆同志任农村综合改革领导小组办公室经济处副处长，免去社会保障处副处长职务；夏淑惠同志任农业综合开发办公室农发项目管理处副处长，免去中亚区域经济合作工作处副处长职务；王铁农同志任乡镇财政管理局副局长，免去农业综合开发办公室综合计划财务处副处长职务。

2016年11月28日，《关于百合蒂亚·伊明等同志职务任免的通知》（新财党组〔2016〕64号），财政厅党组2016年11月17日会议研究决定：百合蒂亚·伊明同志任涉外处处长（试用期1年），免去行政政法处副处长（正处级）职务；杨有斌同志任投资评审中心主任（试用期1年），免去投资评审中心副主任职务；杨林同志任信息网络中心主任（试用期1年），免去信息网络中心副主任职务；营雪莲同志任会计处调研员，免去教科文处副调研员职务；陆海燕同志任财政扶贫资金管理办公室调研员，免去财政扶贫资金管理办公室副调研员职务；卡米里江·玉素甫同志任行政政法处副处长（试用期1年）；阿布力克木·吐尔逊同志任社会保障处副处长（试用期1年）；闫海涛同志任会计处副处长（试用期1年）；杨磊同志任农村综合改革领导小组办公室社会处副处长（试用期1年）；卢文波同志任农业综合开发办公室综合计划财务处副处长（试用期1年）；杨小炜同志任财政监督检查局副局长（试用期1年）；卫峄鹏同志任中亚区域经济合作工作处副处长（试用期1年）；李润东同志任投资评审中心副主任（试用期1年）；陈海滨同志任信息网络中心副主任（试用期1年）；马东升同志任法制税政处副调研员；段志强同志任教科文处副调研员；努尔尼沙·阿布都热西提同志任非税收入管理处副调研员；陈继梅同志任财政扶贫资金管理办公室副调研员；洪涛同志任中亚区域经济合作工作处副调研员。

2016年10月25日，《关于帕尔哈提·艾合买提同志任职的通知》（和党干〔2016〕175号），和田地委决定，帕尔哈提·艾合买提同志挂职任洛浦县委委员、常委、副书记（挂职时间：2016年10月至2018年12月）。

2016年12月22日，中共新疆维吾尔自治区财政厅机关第七次党员代表大会选举王自芳、艾新鲁、代万斌、达木·马苏提汗、刘艳、杨虎、张普江、阿尔达克·亚森、荆莉、保拉提·巴拉提、祖力甫哈尔·阿布都热甫11名同志为中共新疆维吾尔自治区财政厅机关委员会委员。选举丁小生、马磊、刘伟、阿尔达克·亚森、赵晓文5名同志为中共新疆维吾尔自治区财政厅机关纪律检查委员会委员。

中共新疆维吾尔自治区财政厅机关第七届委员会第一次会议，选举艾新鲁同志为中共新疆维吾尔自治区财政厅机关委员会书记，刘艳同志为中共新疆维吾尔自治区财政厅机关委员会专职副书记，王自芳、阿尔达克·亚森同志为中共新疆维吾尔自治区财政厅机关委员会副书记。

中共新疆维吾尔自治区财政厅机关第一届纪律检查委员会第一次会议，选举阿尔达克·亚森同志为中共新疆维吾尔自治区财政厅机关纪律检查委员会书记。

2016年12月29日，自治区直属机关工作委员会《关于自治区财政厅机关党员代表大会选举结果的批复》（新直党组字〔2016〕126号），自治区直属机关工委研究：同意王自芳、艾新鲁、代万斌、达木·马苏提汗、刘艳、杨虎、张普江、阿尔达克·亚森、荆莉、保拉提·巴拉提、祖力甫哈尔·阿布都热甫11名同志为中共新疆维吾尔自治区财政厅机关委员会委员。同意丁小生、马磊、刘伟、阿尔达克·亚森、赵晓文5名同志为中共新疆维吾尔自治区财政厅机关纪律检查委员会委员。同意艾新鲁同志为中共新疆维吾尔自治区财政厅机关委员会书记，刘艳同志为中共新疆维吾尔自治区财政厅机关委员会专职副书记，王自芳、阿尔达克·亚森同志为中共新疆维吾尔自治区财政厅机关委员会副书记，阿尔达克·亚森同志为中共新疆维吾尔自治区财政厅机关纪律检查委员会书记。

2016年12月31日，《关于刘志刚等6名同志任职的通知》（新纪干字〔2016〕83号），2016年12月31日自治区九届纪委第3次常委会议研究决定：刘志刚同志任自治区纪委驻自治区财政厅纪检组副组长；刘伟同志任自治区纪委驻自治区财政厅纪检组正处级检查员，免去其自治区纪委驻自治区财政厅纪检组监察室副主任职务。

2016年12月31日，《关于吕文平同志免职的通知》（新纪干字〔2016〕110号），2016年12月31日自治区九届纪委第3次常委会议研究决定：免去吕文平同志自治区纪委驻财政厅纪检组副组长职务。

四、厅机关及事业单位人员变动情况

2016年退休厅级干部1人：尹芳

2016年退休处级干部21人：其中在职干部退休19人，分别是程平、张燕玲、朱立群、赵雁、康庭琴、杜曙光、姜爱玲、吴建成、陈宇、高云勇、常戈蓉、贾玲霞、朱玉香、陈永萍、艾则孜·艾山、唐娜、陈玉琳、艾力·吐孙、陆海燕；提前离岗退休2人，分别是盛泽林、王新莉。

2016年，调出5人，辞职2人，退休31人。

（自治区财政厅人事教育处供稿，王晓江、路瑶执笔）

自治区财政厅机关职工基本情况

【概述】截至2016年底，财政厅机关职工405人（不含会培、融资担保公司），其中，男262人、女142人；汉族292人、其他民族113人；行政机关146人，事业单位259人（含参照公务员法管理事业单位151人）；中共党员323人，共青团员3人，民主党派1人，其他78人。

按职务结构分：厅级及以上12人，处级168人，科级128人，一般干部53人，工勤人员44人。

按文化结构分：研究生96人，具有大学本科文化程度的242人，大学专科27人，中专及以下40人。

按年龄结构分：35岁以下人员103人，36—45岁人员141人，46—54岁人员111人，55—59岁人员47人，60岁及以上人员3人。

按参加工作时间分：1971年至1980年参加工作的人员45人，1981年至1990年参加工作的人员103人，1991年至2000年参加工作的人员119人，2001年至2010年参加工作的人员136人，2011年以后参加工作的人员2人。

【新疆维吾尔自治区会计干部培训中心】截至2016年底，新疆会计干部培训中心职工97人，其中，男54人、女43人；汉族64人、其他民族33人；中共党员35人，共青团员1人，民主党派1人，其他60人。

按职务结构分：处级4人，科级25人，一般干部51人，工勤人员17人。

按文化结构分：研究生19人，具有大学本科文化程度的44人，大学专科21人，中专及以下13人。

按年龄结构分：35岁以下人员6人，36—45岁人员24人，46—54岁人员55人，55—59岁人员12人。

按参加工作时间分：1971年至1980年参加工作的人员14人，1981年至1990年参加工作的人员52人，1991年至2000年参加工作的人员22人，2001年至2010年参加工作的人员7人，2011年以后参加工作的人员2人。

【自治区融资担保有限责任公司】截至2016年底，融资担保公司职工39人，其中，男23人、女16人；汉族31人、其他民族8人；中共党员16人，共青团员21人，其他2人。

按职务结构分：处级4人，一般干部35人。

按文化结构分：研究生5人，具有大学本科文化程度的31人，大学专科3人。

按年龄结构分：25岁以下人员5人，26—35岁人员20人，36—45岁人员6人，46—54岁人员7人，55—59岁人员1人。

按参加工作时间分：1971年至1980年参加工作的人员1人，1981年至1990年参加工作的人员4人，1991年至2000年参加工作的人员10人，2001年至2010年参加工作的人员4人，2011年以后参加工作的人员20人。

【自治区农业信贷融资担保有限责任公司】截至2016年底，农担公司职工26人，其中，男12人、女14人；汉族24人、其他民族2人；

中共党员 10 人，共青团员 16 人。

按职务结构分：处级 3 人，一般干部 23 人。

按文化结构分：具有大学本科文化程度的 26 人。

按年龄结构分：25 岁以下人员 9 人，26—35 岁人员 12 人，36—45 岁人员 1 人，46—54 岁人员 4 人。

按参加工作时间分：1981 年至 1990 年参加工作的人员 4 人，2001 年至 2010 年参加工作的人员 3 人，2011 年以后参加工作的人员 19 人。

（自治区财政厅人事教育处供稿，王晓江、路瑶执笔）

自治区财政系统职工基本情况

截至 2016 年底，自治区财政系统职工 10 525人，其中，自治区级 566 人，地州市级 1 651人，县市区级 5 489 人，乡镇级 2 819 人；男 4 879 人，女 5 646 人；汉族 6 860 人，其他民族 3 665 人；中共党员 5 381 人，共青团员 583 人，民主党派 8 人，其他 4 553 人。

按职务结构分：厅级及以上 11 人，处级 336 人，科级 1 698 人，一般干部 7 850 人，工勤人员 630 人。

按文化结构分：研究生 285 人，具有大学本科文化程度的 5 048 人，大学专科 4 106 人，中专及以下 1 086 人。

按年龄结构分：25 岁以下人员 478 人，26—35 岁人员 3 157 人，36—45 岁人员 4 468 人，46—54 岁人员 2 188 人，55—59 岁人员 230 人，60 岁及以上 4 人。

按参加工作时间分：1971 年至 1980 年参加工作的人员 358 人，1981 年至 1990 年参加工作的人员 2 127 人，1991 年至 2000 年参加工作的人员 3 873 人，2001 年至 2010 年参加工作的人员 2 539 人，2011 年以后参加工作的人员 1 628人。

（自治区财政厅人事教育处供稿，王晓江、路瑶执笔）

自治区各地、州、市财政系统领导干部名单

伊犁哈萨克自治州财政局

叶尔夏提·吐尔逊拜	男	哈	50岁	党组副书记、局长
孙 梅	女	汉	54岁	党组成员、副局长
张新民	女	汉	51岁	党组成员、副局长
董 明	男	汉	52岁	党组成员、农发办主任
朱从江	男	汉	47岁	党组成员、副局长（援疆干部）
王东升	男	汉	45岁	党组成员、纪检组长
陈永跃	男	汉	44岁	党组成员、副局长（援疆干部）
阿不都许库·阿不都克里木	男	维	58岁	党组成员、财政监督检查局局长
李树雄	男	汉	58岁	党组成员、农村综合改革办公室主任

乌鲁木齐市财政局

张新平	男	汉	57岁	乌鲁木齐市政协副主席、财政局党组副书记、局长
刘 坤	男	汉	51岁	纪检组长
杨 静	女	汉	50岁	党组成员、副局长
牛 嘉	男	汉	42岁	党组成员、总会计师
刘玉兰	女	汉	52岁	副调研员
沈 琪	男	汉	42岁	采购中心主任
王志俊	男	汉	44岁	国库收付中心主任
张 雷	男	汉	48岁	财政会计职业学校书记
李新鸿	男	汉	53岁	经济技术开发区（头屯河区）财政局党组副书记、局长
王 霞	女	汉	51岁	经济技术开发区（头屯河区）财政局党组书记、副局长
张志刚	男	汉	44岁	经济技术开发区（头屯河区）财政局党组成员、副局长
杨晋萍	女	汉	51岁	经济技术开发区（头屯河区）财政局党组成员、副局长

杨少英	女	汉	54 岁	高新技术产业开发区（新市区）财政局党组书记
王柯南	男	汉	49 岁	高新技术产业开发区（新市区）财政局党组副书记、局长
江　波	男	汉	48 岁	高新技术产业开发区（新市区）财政局副局长
李万刚	男	汉	56 岁	米东区政协副主席、财政局局长
梁江平	男	汉	50 岁	米东区财政局党委书记
马春仁	男	汉	59 岁	水磨沟区财政局党组书记
克拉玛依市财政局				
陈湘阒	男	汉	44 岁	党组副书记、局长
王新民	男	汉	52 岁	党组书记、副局长
党文举	男	汉	45 岁	党组成员、副局长
程先宝	男	汉	44 岁	党组成员、副局长
丁建东	男	汉	42 岁	党组成员、总会计师
王天宇	男	汉	44 岁	党组成员、国库支付中心副主任
蒋斌华	女	汉	49 岁	党组成员、国库支付中心副主任
石河子市财政局				
方　兴	男	汉	45 岁	党组书记、局长
李文溢	男	汉	55 岁	党组成员、副局长
赵生军	男	汉	51 岁	副局长
刘　航	男	汉	50 岁	副局长
武安丽	女	汉	52 岁	会计核算中心主任（副处）
李世平	男	汉	50 岁	南区管委会副主任、财政局局长
李　欣	男	汉	46 岁	开发区财政局局长
王剑文	男	汉	49 岁	开发区财政局副局长
昌吉州财政局				
王国勋	男	汉	54 岁	党组书记、副局长
周　恒	男	汉	55 岁	党组副书记、局长
王　军	男	汉	53 岁	党组成员、纪检组长
童祥斌	女	汉	44 岁	党组成员、副局长（援疆干部）
喜献文	男	回	52 岁	党组成员、副局长
王　泓	女	汉	49 岁	党组成员、副局长
蔡　文	男	汉	48 岁	党组成员、总会计师
李　忠	男	汉	48 岁	党组成员、总经济师
绕　君	女	维	48 岁	乡财局局长
姜　曼	女	汉	51 岁	调研员
刘　瑾	男	汉	55 岁	副调研员

骆　龙	男	汉	52 岁	副调研员
马建福	男	回	53 岁	副调研员
杨凯新	男	汉	59 岁	副调研员

塔城地区财政局

陈长青	男	汉	51 岁	党组副书记、局长
王新立	男	汉	53 岁	党组书记、副局长
王友安	男	汉	51 岁	党组成员、纪检组长
薛建彬	男	汉	49 岁	党组成员、总会计师
陈建新	男	汉	59 岁	党组成员
李新忠	男	汉	41 岁	党组成员、副局长
刘中原	男	汉	55 岁	党组成员、农业开发办主任
任继敏	男	汉	48 岁	党组成员、乡财局局长
陈　斌	男	汉	40 岁	乌苏市副市长、财政局局长

阿勒泰地区财政局

买卫杰	男	回	53 岁	党组书记、局长
于彩云	女	汉	53 岁	党组成员、副局长
梁　汀	男	锡伯族	43 岁	党组成员、金融办主任
巴合提·斯拉木别克	女	哈	50 岁	党组成员、纪检组长
王晶泉	男	汉	42 岁	党组成员、副局长（援疆干部）
张忠实	男	汉	51 岁	党组成员、副局长（援疆干部）
张凤智	男	汉	44 岁	党组成员、农发办主任
纪凤玲	女	汉	54 岁	副调研员

博州财政局

汤　毅	男	汉	52 岁	党组书记、局长
金才福	男	汉	54 岁	党组成员、副局长、调研员
倪仕明	男	汉	46 岁	党组成员、副局长（援疆干部）
达　拉	男	蒙	56 岁	党组成员、副局长、调研员
高学斌	男	汉	39 岁	党组成员、财政监督检查局局长
苏金祥	男	汉	46 岁	党组成员、副局长
杨洪文	男	汉	51 岁	农业综合开发办主任
周效军	男	汉	52 岁	副调研员

吐鲁番市财政局

艾尔肯·哈木提	男	维	55 岁	党组书记、副局长
杜汉伟	男	汉	48 岁	党组副书记、局长
王旭红	男	汉	47 岁	党组成员、副局长
黄　平	男	汉	40 岁	党组成员、副局长（援疆干部）
聂自成	男	汉	58 岁	调研员
玉素甫·杜尕买提	男	维	57 岁	副调研员

赵新凯	男	汉	53岁	托克逊县政协副主席、财政局党组副书记、局长

哈密地区财政局

玉苏甫·瓦依提	男	维	53岁	党组书记、副局长
陈友辉	男	汉	53岁	党组副书记、局长
姚晓明	男	汉	52岁	党组成员、地区会计事务管理中心主任
靳黎明	男	汉	48岁	党组成员、副局长（援疆干部）
茹　飚	男	汉	47岁	党组成员、副局长
李东升	男	汉	50岁	党组成员、副局长
杨　军	男	汉	45岁	党组成员、副局长
闫新勇	女	汉	50岁	副调研员

巴州财政局

才　仁	男	蒙	52岁	党组书记、副局长
张会疆	男	汉	52岁	党组副书记、局长
宋宏林	男	汉	56岁	党组成员、纪检组长
刘大伟	男	汉	53岁	党组成员、监督检查处处长
华正禄	男	汉	53岁	党组成员、总会计师
李江河	男	汉	47岁	党组成员、乡财局局长
华　珊	女	汉	42岁	党组成员、副局长
龙海鸣	男	汉	47岁	党组成员、农发办主任

阿克苏地区财政局

吾麦尔江·乃麦提	男	维	52岁	党组书记、副局长
梁峰源	男	汉	53岁	党组副书记、局长
张海汇	男	汉	43岁	党组成员、副局长
杨寅萍	女	汉	53岁	党组成员、调研员
支中朝	男	汉	58岁	党组成员、副调研员
刘　伟	男	汉	51岁	党组成员、外资办主任
张经民	男	汉	53岁	党组成员、农业综合开发办主任
李　辉	男	汉	56岁	党组成员、农业综合开发办副主任

克孜勒苏自治州财政局

阿地力江·买合苏提	男	柯	52岁	党组书记、副局长
卢兴伟	男	汉	46岁	党组副书记、局长
周　健	女	汉	46岁	党组成员、副局长
阿力甫·库尔班	男	维	47岁	副局长
刘晓俊	女	汉	52岁	党组成员、住房公积金管理中心主任
马江红	女	汉	45岁	党组成员、国资办主任
赵　忠	男	汉	47岁	党组成员、农业综合开发办主任

和田地区财政局

阿不都喀地尔·艾海提	男	维	49岁	党组书记、副局长
蒋成章	男	汉	49岁	党组副书记、局长、地区国有资产监督管理委员会主任
聂建康	男	汉	54岁	党组成员、纪检组长
曾　强	男	汉	52岁	党组成员、副局长
高学军	男	汉	50岁	党组成员、副局长（援疆干部）
李亚珉	男	汉	47岁	党组成员、副局长（援疆干部）
金　琦	男	汉	38岁	党组成员、副局长（援疆干部）
艾斯卡尔·托合提	男	维	49岁	党组成员、副局长
马建疆	男	汉	50岁	党组成员、副调研员
海　燕	女	回	49岁	副调研员

喀什地区财政局

吐鲁洪·麦麦提	男	维	48岁	党组书记、副局长
马　列	女	汉	39岁	党组副书记、局长
米吉提·马木提	男	维	50岁	党组成员、农业综合开发办公室主任
吾布力卡斯木·玉麦尔	男	维	51岁	党组成员、副局长
苏伟光	男	汉	47岁	党组成员、副局长
付阳旭	女	汉	48岁	党组成员、总会计师
陆爱明	男	汉	46岁	党组成员、副局长（援疆干部）
麦文胜	男	汉	48岁	党组成员、副局长（援疆干部）
何燕琼	女	汉	44岁	副调研员

阿拉尔市财政局

周　斌	男	汉	49岁	党组书记、局长
曹新明	男	汉	51岁	副局长
许晓芹	女	汉	49岁	副局长
钱素君	女	汉	47岁	副局长
常瑞霞	女	汉	44岁	副局长

图木舒克市财政局

宋德忠	男	汉	48岁	局长
付礼珍	女	汉	47岁	副局长

五家渠市财政局

邱建江	男	汉	53岁	党组成员、副局长
李广甫	男	汉	52岁	党组成员、副局长
蒋　海	男	汉	42岁	党组成员、副局长
陈　彬	男	汉	58岁	副调研员
路建国	男	汉	52岁	副调研员
刘新峰	男	汉	52岁	副调研员

杨建朝	男	汉	54 岁	会计核算中心主任

北屯市财政局

苏　宇	男	汉	48 岁	局长
刘同波	男	汉	54 岁	副局长、调研员
徐凤梅	女	汉	44 岁	副局长
刘佳波	男	汉	56 岁	副局长（援疆干部）
于德利	女	汉	47 岁	副局长

（自治区财政厅人事教育处供稿，王晓江、路瑶执笔）

关于表彰2016年度“五好党支部”、“优秀共产党员”和“优秀党务工作者”的决定

（2017 年 1 月 22 日　新财机党〔2017〕5 号）

厅属各党组织：

2016 年，厅属各党组织和广大党员高举中国特色社会主义的伟大旗帜，认真学习贯彻党的十八大和十八届三中、四中、五中、六中全会精神、习近平总书记系列重要讲话精神和自治区第九次党代会精神，结合“两学一做”学习教育、“访惠聚”活动开展，坚持服务财政中心工作，以规范党支部建设为抓手，严格“两个责任”落实，以丰富机关文化建设为载体，开展了卓有成效的实践活动。一年来，广大党员干部的政治素质、理论水平和业务能力得到显著提高，基层党组织建设水平进一步提升，圆满完成了各项财政工作任务，涌现出了一批先进集体和个人。

为表彰先进、树立典型，经基层党组织民主推荐、机关党委综合考评、机关党委研究并报厅党组审批，决定对以下 14 个“五好党支部”、73 名“优秀共产党员”和 14 名“优秀党务工作者”予以通报表彰。

一、五好党支部

厅机关第一党支部（办公室）

厅机关第十二党支部（信息网络中心）

厅机关第七党支部（社会保障处、社会保障基金管理中心）

厅机关第五党支部（人事教育处、经济建设处、投资评审中心）

厅机关第四党支部（国库处、国库支付中心、财政统发工资管理中心）

厅机关第二党支部（综合处、非税收入管理处、财政票据管理中心）

厅机关第十八党支部（政府采购中心）

厅机关第十七党支部（融资担保有限责任公司、农业信贷融资担保有限责任公司）

厅机关第八党支部（会计处、行政事业资产监督管理处、会计事务服务中心）

厅机关第十六党支部（财政监督检查局）

注册会计师协会党总支第一党支部（注册会计师管理中心）

离退休干部工作处党总支第二党支部（离退休干部工作处）

厅“访惠聚”工作队党总支第一党支部

厅“访惠聚”工作队党总支第二党支部

二、优秀共产党员

陈小平、胡仕军、张新元、邓寒翌、哈力木拉提·阿布都赛力木、刘湘华、肖蕊、戴文菁、张紫平、刘永强、马晓蓉、卢良、阿不都热依木江·普拉提、刘晓娜、努斯莱提·吾甫尔、刘大军、于定宏、李正勇、陈海滨、贾燕燕、赵珍、何晨曦、张丽红、阿里木江·艾德哈木、祖丽巴哈·哈哈尔、郭庆翔、艾买提江·多力坤、依尔扎提·普拉提、方莹莹、郑胜利、王运、白宗安、王锦华、顾晓丽、李金昊、祖力甫哈尔·阿布都热甫、张晓红、孙卫红、阿不都西库尔·阿不都热依木、李永刚、阿合买提汗·木哈米地、高桂珍、李忠恺、买合木提·沙的尔、李志义、赵庆寿、朱晓联、潘茂义、任克敏、辛玉才、刘炳文、张宪印、桑永盛、玛丽娅·阿不力米提、田雨鑫、赵成、李咏、米热古力·阿西木、张延辉、迪力努尔·阿瓦提、张立宇、米叶赛尔·阿斯拉、阿布都拉·里提甫、彩才巴特、李臣发、艾尼瓦尔·艾克帕尔、贾晓倩、李骞、牛芸、李世鹏、张晓梅、阿丽牙·阿布来孜、马虎林。

三、优秀党务工作者

吾其坤·伊沙木丁、颜艳丽、刘虹、杨有斌、张丽娟、牛玉明、杨云鹏、田作栋、荆莉、李喜洲、邹淼、迪丽达尔·依沙木丁、保拉提·巴拉提、杨虎

望受到表彰的集体和个人珍惜荣誉、再接再厉，“百尺竿头，更进一步”，立足本职，勇创佳绩。厅属各党组织和广大党员干部要以受到表彰的集体和个人为榜样，立足本职，稳中求进、改革创新，为完成 2017 年各项财政工作任务，为迎接党的十九大胜利召开而不懈努力！

关于表彰 2016 年度财政厅“文明处室”的决定

（2017 年 1 月 22 日　新财精〔2017〕1 号）

本厅各处室、厅属各单位：

2016 年，财政厅机关精神文明建设在自治区文明办、区直机关工委文明办的具体指导下，在财政厅党组的正确领导下，紧密围绕财政中心工作，深入贯彻落实习近平总书记系列重要讲话特别是关于新疆工作的重要指示、在第二次中央

新疆工作座谈会上的重要讲话和视察新疆时的重要讲话精神，深入贯彻落实党的十八届六中全会和自治区区第九次党代会精神，紧紧围绕社会稳定和长治久安总目标，深入开展群众性精神文明创建活动。一年来，机关各处室、厅属各单位在抓好财政业务工作的同时，圆满完成机关党建、精神文明建设、社会治安综合治理等各项任务。机关作风进一步改进，服务水平进一步提高，创建工作的质量和层次进一步提升，为推进财政各项事业全面发展打牢思想基础和提供强大的精神动力，涌现出一批工作成绩突出、全面建设过硬的先进单位。

根据《财政厅“文明处室”评选考核办法》的有关规定，经各单位民主推荐、相关部门联合考评、厅精神文明建设领导小组综合评议，并报请财政厅党组批准，决定对评选出的36个“文明处室”进行通报表彰。

望受到表彰的处室和单位珍惜荣誉、戒骄戒躁、开拓进取、再创佳绩。全厅各处室、厅属各单位和全体干部职工要以受到表彰的处室和单位为榜样，践行社会主义核心价值观、增强宗旨、服务意识，弘扬社会正能量，为建设美丽新疆、共圆祖国梦想做出新的贡献！

附件：2016年度财政厅“文明处室”名单

附件：

2016年度财政厅“文明处室”名单

办公室
机关党委
企业处
国库处（国库支付中心、财政统发工资管理中心）
社会保障处（社会保障基金管理中心）
乡镇财政管理局
机关工会联合会
信息网络中心
人事教育处
行政政法处
非税收入管理处
预算处（部门预算审核中心）
经济建设处
纪检监察室
融资担保有限责任公司
政府采购中心
综合处
财政监督检查局
农业处
金融工作处
注册会计师管理中心
投资评审中心
离退休干部工作处
会计处（会计事务服务中心）
法制税政处
中亚区域经济合作工作处
农村综合改革领导小组办公室综合体制处
财政票据管理中心
农村综合改革领导小组办公室经济处
农村综合改革领导小组办公室社会处
教科文处
涉外处
农业综合开发办公室项目评审处
农业综合开发办公室项目管理处
农业综合开发办公室综合计划财务处
行政事业资产监督管理处

关于表彰2016年度考核优秀职工的通知

（2017年1月22日　新财人〔2017〕7号）

本厅各处室、厅属各单位：

2016年，在自治区党委、人民政府的正确领导下，厅党组带领全厅干部职工，紧紧围绕总目标，积极应对经济下行压力，主动认识、适应、把握新常态，凝心聚力、攻坚克难、锐意改革、积极进取，切实发挥了财政在国家治理中的基础和重要支柱作用，为社会稳定和长治久安提供了有力财力保障。

为表彰先进，树立典型，激励干部职工奋发向上的决心和信心，按照自治区年度考核工作要求，经考核评比，厅党组2017年1月19日会议研究，决定对2016年度考核优秀的赵晓文等86名同志予以表彰。

希望受到表彰的同志珍惜荣誉，再接再厉，不断进取，争取更大的成绩。同时，号召全厅干部职工学习先进、立足本职、扎实工作、再创佳绩。

2016年度厅机关考核优秀人员：

渠慎俭、王智栋、刘艳、王定元、卢同、许纪华、戴荣、董信军、赵晓文、陈岩岭、夏学军、杨晓杰、赵恺、曾涛、井斌、谈峰、齐同帅、阿巴拜克力·买买提、芮鸿斌、周军、岳军峰、洪涛、张煜、任守德、汪亚军、周继安、张杰、陈江、陈郁青、历疆、杨洪卿、张剑锋、刘金毅、王媛、杨斌、马磊、贾晶晶、邱文、钱玲玲、齐淑琴、古力米热·艾尼瓦尔、董文、王晓江、王国军、李霆、马凌、姚芳、李玺、洪源、包海平、杜转、苗雷、张文成、汪永治、董亮、茂路、叶斐、宋江梅、施玮、米霞、曾庆福、于翠瑛、吐尼亚孜·哈斯木、井助华、马荣、周红、地力努尔·木合它尔、轩新玉、贺东曦、袁正、木合塔尔·买合木提、徐开宣、张文书、孔祥莉、郭庆伟、朱玲、杜玉枫、林军、潘建国、刘彦德、葛小薇、马润昌、阿依霞、多丽娜、王玲、周蓁蓁。

第六部分

附　　录

2016年度新疆维吾尔自治区国民经济和社会发展统计公报

新疆维吾尔自治区统计局　国家统计局新疆调查总队

2017年4月14日

2016年，面对错综复杂的宏观经济环境和艰巨繁重的改革发展任务，自治区党委、人民政府团结带领全区各族人民，始终坚持以社会稳定和长治久安总目标为引领，坚持稳中求进工作总基调，牢固树立和贯彻五大发展理念，主动引领经济发展新常态，积极推进供给侧结构性改革，着力创新宏观调控，奋力激发市场活力，努力培育创新动力，国民经济在新常态下平稳运行，结构调整出现积极变化，民生事业持续改善，经济社会持续稳定发展，实现了“十三五”良好开局。

一、综合

初步核算，全年实现地区生产总值（GDP）9 617.23亿元（见图1），按可比价计算，比上年增长7.6%。其中，第一产业增加值1 648.97亿元，增长5.8%；第二产业增加值3 585.22亿元，增长5.9%；第三产业增加值4 383.04亿元，增长9.7%。三次产业结构为17.1∶37.3∶45.6（见图2）。按常住人口计算，全年人均地区生产总值40 427元（见图3），增长5.3%，按2016年全年平均汇率折算为6 086美元。

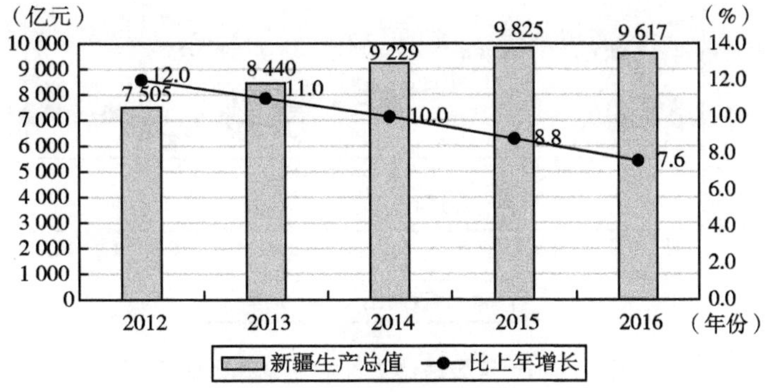

图1　2012—2016年生产总值（GDP）及增速

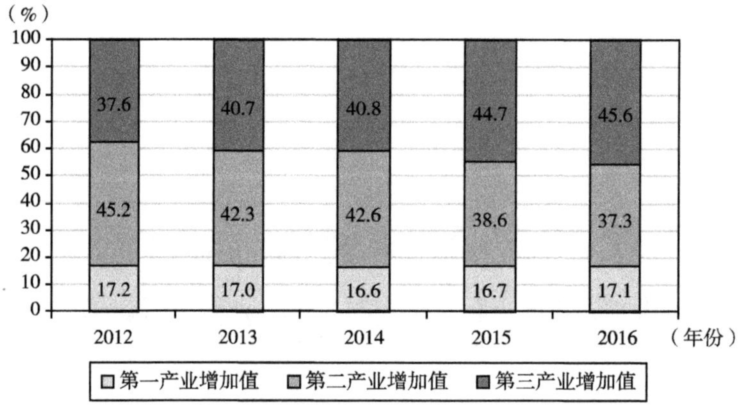

图2　2012—2016年三次产业增加值占地区生产总值比重

全年居民消费价格（CPI）比上年上涨1.4%，其中，食品烟酒价格上涨1.9%。工业生产者出厂价格（PPI）下降5.5%，其中，轻工业上涨1.8%，重工业下降6.6%。工业生产者购进价格下降4.5%。固定资产投资价格下降0.1%。农业生产资料价格下降1.8%。

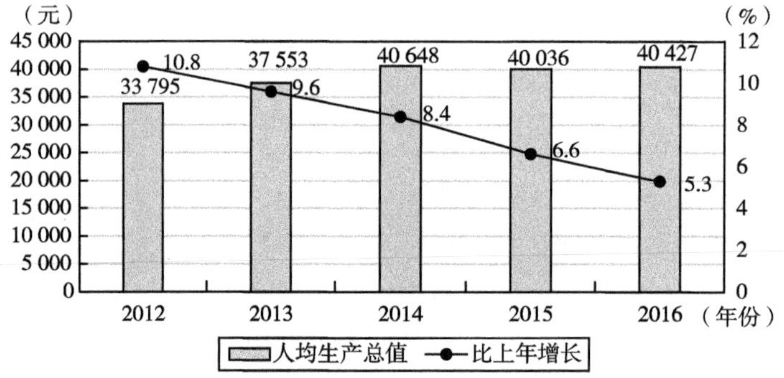

图3　2012—2016年人均生产总值及增速

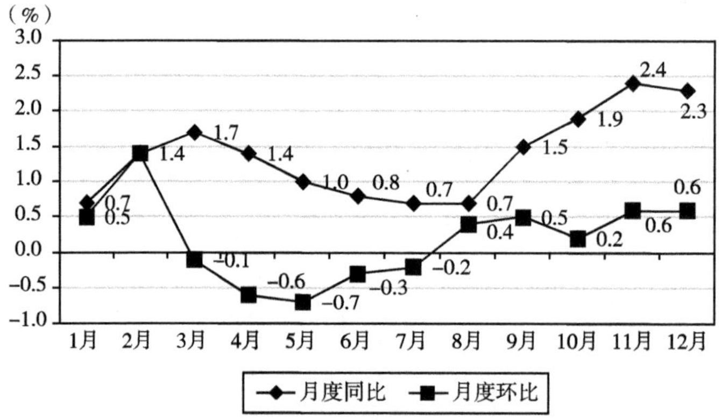

图4　2016年居民消费价格月度变化情况

二、农业

全年实现农林牧渔业总产值2 969.70亿元，按可比价计算，比上年增长6.0%，其中，农业产值2 163.11亿元，增长6.1%；林业产值50.28亿元，增长7.2%；畜牧业产值653.15亿元，增长5.4%；渔业产值22.18亿元，增长6.6%；农林牧渔服务业产值80.98亿元，增长6.9%。

全年农作物播种面积9 348.42万亩，增长1.7%。其中，粮食（含薯类）3 601.70万亩，增长0.3%；棉花3 232.36万亩，同口径对比下降5.2%；油料382.82万亩，增长16.9%；甜菜115.69万亩，增长26.0%；蔬菜489.84万亩，增长0.9%（工业番茄97.02万亩，下降6.8%；工业辣椒76.87万亩，增长4.8%）。特色林果2 475.48万亩，增长3.3%，其中，园林水果1 490.64万亩，增长2.3%。

全年粮食产量（含薯类）1 512.28万吨（见图5），下降0.6%。棉花420万吨，同口径对比增长2.6%。油料75.89万吨，增长20.7%。甜菜554.99万吨，增长23.8%。蔬菜1 966.45万吨，增长0.8%（工业番茄709.03万吨，下降6.9%；工业辣椒214.24万吨，增长8.2%）。特色林果产量1 790.88万吨，增长4.8%，其中，园林水果1 011.02万吨，增长5.2%（见表1）。

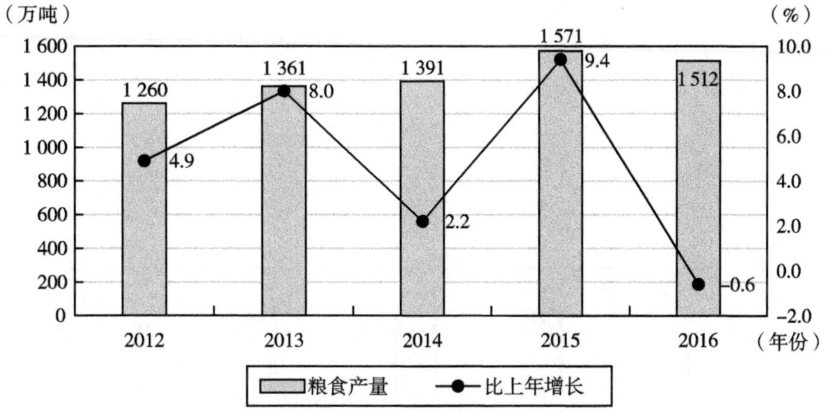

图5　2012—2016年粮食产量及增速

表1　**2016年特色林果产量及变动情况表**

指标	产量（万吨）	比上年增长（%）
特色林果	1 790.88	4.8
水果（含果用瓜）	1 701.26	4.1
#园林水果	1 011.02	5.2
#红枣	326.42	6.9
香梨	128.04	12.3
葡萄	267.58	-2.9
坚果	89.62	22.6

年末猪牛羊存栏4 621.35万头（只），比上年下降1.4%。全年猪牛羊出栏4 341.90万头（只），增长4.5%。猪牛羊肉总产量134.70万吨，增长4.4%，其中，牛肉产量42.48万吨，

增长5.0%；羊肉产量58.32万吨，增长5.2%；猪肉产量33.90万吨，增长2.5%。禽肉产量15.92万吨，增长11.4%。禽蛋产量36.13万吨，增长10.7%。牛奶产量156.08万吨，增长0.2%。水产品产量16.16万吨，增长6.7%。

年末农业机械总动力2 581.96万千瓦，增长4.0%。拥有大中型拖拉机48.68万台，增长3.5%；小型拖拉机26.74万台，下降4.8%。农作物机耕率99.27%，农作物机播率94.49%。化肥施用量（折纯）250.21万吨，增长0.9%。农村用电量108.16亿千瓦时，增长3.9%。

拥有农业产业化经营组织12 682家，比上年增加820家。自治区级以上农业产业化重点龙头企业507家。农产品加工（流通）企业14 165家（其中规模以上企业达到1 030家），增加407家；实现农产品加工（流通）业总产值1 895.02亿元，增长9.6%；自治区级以上休闲观光农业示范点达到183家，其中，国家级示范点达到19家。

三、工业和建筑业

全区规模以上工业企业2 894家，比上年增长6.9%（见图6）。全年规模以上工业实现增加值2 440.94亿元，按可比价计算，增长3.7%。按轻重工业划分，轻工业增加值366.20亿元，增长11.7%；重工业2 074.74亿元，增长2.5%。按石油非石油工业划分，石油工业增加值741.44亿元，下降0.3%；非石油工业1 699.50亿元，增长5.9%。按经济类型划分，公有制经济增加值1 507.78亿元，下降1.1%；非公有制经济933.16亿元，增长13.4%。按隶属关系划分，中央企业增加值1 165.40亿元，下降2.2%；地方企业1 275.54亿元，增长10.6%。按企业规模划分，大型企业增加值1 305.16亿元，下降4.1%；中型企业367.89亿元，增长1.2%；小型企业728.85亿元，增长27.0%；微型企业39.04亿元，下降12.2%。

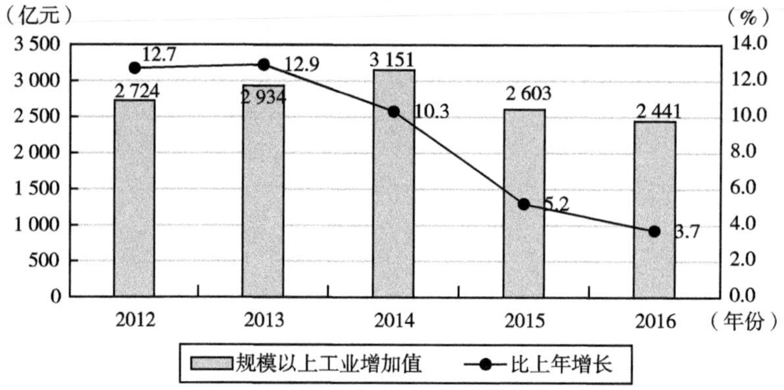

图6 2012—2016年规模以上工业增加值及其增速

在自治区重点监测的十大产业中，石油工业增加值741.44亿元，下降0.3%；有色工业233.18亿元，增长9.2%；电力工业320.46亿元，增长4.6%；化学工业273.02亿元，增长12.1%；钢铁工业11.40亿元，增长9.0%；煤炭工业129.37亿元，增长1.6%；纺织工业80.40亿元，增长47.1%；农副食品加工工业91.49亿元，增长10.0%；装备制造工业101.55亿元，增长5.6%；建材工业120.31亿元，增长3.2%（见图7）。

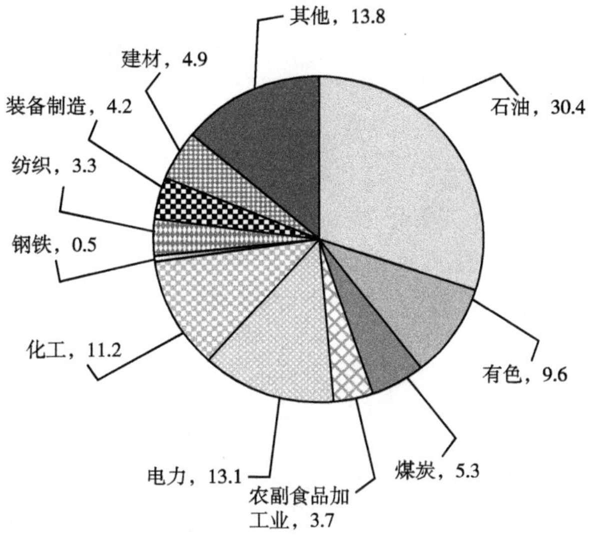

图 7　2016 年规模以上工业增加值中十大重点产业增加值的比重（%）

表 2　　2016 年工业企业主要产品产量及变动情况

产品名称	单位	产量	比上年增长（%）
原油	万吨	2 564.86	-8.2
原煤	万吨	16 073.10	5.6
天然气	亿立方米	291.21	-0.6
原油加工量	万吨	2 402.43	-0.9
发电量	亿千瓦时	2 719.13	9.7
成品糖	万吨	43.93	-0.2
卷烟	亿支	187.00	-7.2
罐头	万吨	83.11	-5.2
#番茄酱	万吨	79.45	-3.7
纱	万吨	113.79	88.9
布	万米	17 617.21	1.6 倍
服装	万件	5 462.47	32.9
轻革	万平方米	480.27	-23.4
机制纸及纸板	万吨	40.48	7.6
化肥（折纯）	万吨	336.39	-0.9
十种有色金属	万吨	651.92	8.2
电解铝	万吨	635.00	8.3
粗钢	万吨	869.45	10.6
钢材	万吨	1 095.77	-2.5
生铁	万吨	849.92	11.9
水泥	万吨	4 233.48	-1.1
变压器	万千伏安	7 409.02	1.3
化学纤维	万吨	68.19	37.9

全年规模以上工业企业产品销售率98.1%，比上年提高0.7个百分点。完成工业品出口交货值68.66亿元，增长6.4%。实现利润总额345.11亿元，下降4.8%。

全年实现建筑业增加值1 049.92亿元，增长9.6%。具有资质等级的总承包和专业承包建筑企业实现利润总额49.15亿元，增长2.1%。

四、固定资产投资

全年完成固定资产投资（不含农户）9 983.86亿元，比上年下降6.9%（见图8）。其中，第一产业投资498.01亿元，增长35.9%；第二产业投资3 879.67亿元，下降25.1%；第三产业投资5 606.18亿元，增长8.1%。在第二产业投资中，工业投资3 738.46亿元，下降26.1%。

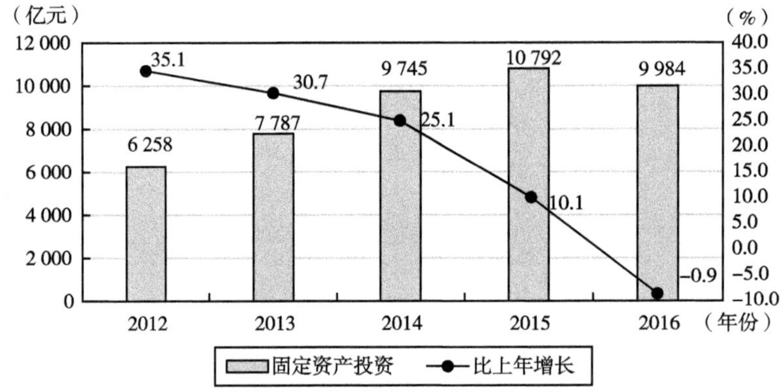

图8　2012—2016年固定资产投资（不含农户）总额及增速

在固定资产投资（不含农户）中，国有及国有控股投资6 519.17亿元，增长3.7%，占固定资产投资（不含农户）的比重为65.3%。民间投资3 411.30亿元，下降21.7%，占固定资产投资（不含农户）的比重为34.2%。基础设施投资3 814.72亿元，下降13.2%，占固定资产投资（不含农户）的比重为38.2%（见图9）。

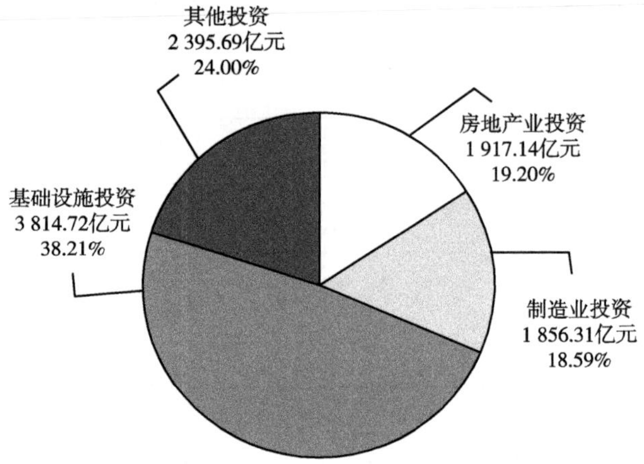

图9　2016年按领域分固定资产投资（不含农户）及其占比

房地产开发投资923.40亿元，下降7.6%，其中，住宅投资518.83亿元，下降14.1%。房屋施工面积11 530.59万平方米，增长0.6%；房屋竣工面积1 695.91万平方米，增长5.4%。商品房销售面积1 828.22万平方米，增长0.2%；商品房销售额846.84亿元，下降0.3%。

五、国内贸易

全年实现社会消费品零售总额2 825.90亿元，比上年增长8.4%，扣除价格因素，实际增长7.9%。按经营地划分，城镇消费品零售额2 569.14亿元，增长8.2%；乡村消费品零售额256.76亿元，增长10.6%（见图10）。

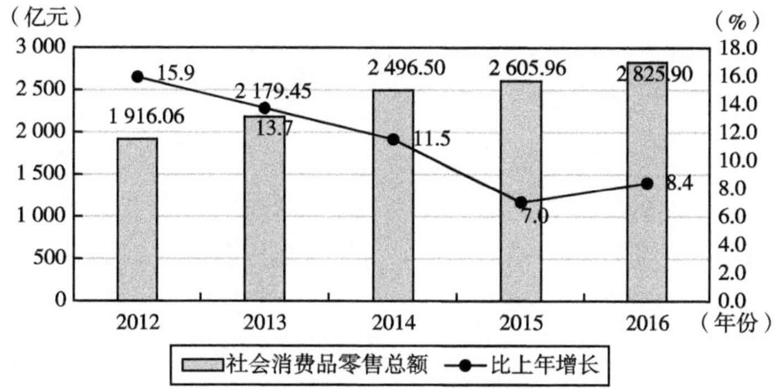

图 10　2012—2016 年社会消费品零售总额及增速

按消费形态划分，餐饮收入 366.71 亿元，增长 11.2%；商品零售 2 459.19 亿元，增长 8.0%。

按规模划分，限额以上单位消费品零售额 1 218.60亿元，增长 6.0%；限额以下单位消费品零售额 1 607.30 亿元，增长 10.3%。

按商品类别划分，限额以上单位粮油、食品类零售额增长 5.2%，烟酒类增长 10.0%，饮料类增长 10.0%，服装、鞋帽、针纺织品类下降 2.5%，家用电器和音像制品类增长 0.5%，汽车类增长 14.2%，金银珠宝类下降 11.9%，石油及制品类下降 3.4%。

全年疆内企业通过网购实现零售额 44.40 亿元，比上年下降 2.6%；新疆本地消费者通过网购实现零售额 437.40 亿元，增长 34.6%，占同期新疆社会消费品零售总额 15.5%。

六、对外经济

全年货物进出口总额 179.63 亿美元，比上年下降 8.7%。其中，出口 159.12 亿美元，下降 9.1%；进口 20.51 亿美元，下降 5.6%。

按登记注册类型划分，国有企业进出口 22.21 亿美元，下降 23.2%；集体企业 0.94 亿美元，下降 6.9%；外商投资企业 1.96 亿美元，下降 22.2%；私营企业 154.44 亿美元，下降 5.9%。

新批准设立外商直接投资企业 74 个，增长 48.0%；外商直接投资合同金额 4.97 亿美元，下降 42.0%；实际利用外商直接投资 4.01 亿美元，下降 11.4%。

七、交通、邮电和旅游

全年完成货运量 79 104.84 万吨，比上年增长 1.9%。其中，铁路货运量 6 901 万吨，增长 10.7%；公路货运量 65 140 万吨，增长 1.0%；民航货运量 18.22 万吨，增长 2.4%；管道货运量 7 045.62 万吨，增长 2.1%。

全年完成客运量 34 961.74 万人，比上年下降 2.4%。其中，铁路客运量 3 188 万人，增长 15.9%；公路客运量 28 993 万人，下降 12.7%；民航客运量 2 780.74 万人，增长 9.6%。

年末铁路营业里程 6 166.40 公里，与上年持平；民航通航里程 22.99 万公里，增长 9.8%；公路线路年末里程 18.21 万公里，增长 2.1%，其中，高速公路 4 395 公里，增长 1.8%。

年末民用汽车保有量 329.94 万辆（包括三轮车和低速货车），增长 10.6%。其中，年末私人汽车保有量 268.05 万辆，增长 14.3%。年末私人轿车保有量 146.19 万辆，增长 12.5%。

全年完成邮电业务总量 564.50 亿元，比上年增长 41.4%，其中，邮政业务总量 27.50 亿元，增长 23.6%；电信业务总量 537 亿元，增长 41.4%。年末固定电话用户 491 万户，下降 3.8%。固定电话普及率每百人 10.8 部。年末移动电话用户 2 132.10 万户，增长 6.9%，其中，移动电话普及率每百人90.30部，增长0.3%。互联网宽带接入用户468.40万户，增长6.9%。

全年接待旅游总人数8 102万人次，增长24.3%。其中，接待入境旅游201万人次，增长19.6%；国内旅游7 901万人次，增长24.5%。实现旅游总消费1 401亿元，增长24.6%。其中，国内旅游消费1 340亿元，增长24.8%；入境旅游消费9.01亿美元，增长23.4%。

八、财政和金融

全年全口径财政收入2 344.62亿元，比上年下降3.9%。地方财政收入1 637.05亿元，下降1.7%。其中，一般公共预算收入1 298.95亿元，下降2.4%。

全年地方财政支出4 496.73亿元，增长7.9%。其中，一般公共预算支出4 138.25亿元，增长8.8%。全年民生财政支出3 090.35亿元，增长9.9%，占一般公共预算支出的74.7%。

年末金融机构（含外资）人民币各项存款余额18 747.64亿元，比上年增长9.5%。其中，非金融企业存款余额5 742.29亿元，增长8.0%；住户存款余额7 498.27亿元，增长10.4%。

年末金融机构（含外资）人民币各项贷款余额14 552.71亿元，比上年增长11.6%。其中，短期贷款4 124.02亿元，增长1.5%；中长期贷款8 548.35亿元，增长13.1%。个人消费贷款1 819.24亿元，增长16.7%。

年末拥有境内上市公司47家，比上年增长9.3%。其中，H股上市公司4家。总股本768.66亿股，增长33.6%；股票市价总值6 605.20亿元，下降4.8%。全年通过发行、配售股票共筹集资金266.44亿元，增长17.8%。拥有法人证券公司2家，证券营业部94家，证券交易额14 499亿元，下降55.6%。拥有期货公司2家，期货营业部8家，期货交易额9 254.10亿元，下降51.8%。

全年保险公司各项保费收入439.90亿元，比上年增长19.7%。其中，人寿险214.75亿元，增长26.7%；财产险153.38亿元，增长7.3%；健康险57.59亿元，增长37.6%；意外伤害险14.18亿元，增长7.6%。

全年各类保险赔款及给付支出154.95亿元，增长13.2%。其中，财产险赔款83.63亿元，增长8.8%；寿险赔付47.77亿元，增长17.4%；健康险赔付19.50亿元，增长26.2%；意外伤害险赔付4.04亿元，增长6.5%。

九、教育和科学技术

年末共有普通高等学校41所。全年研究生教育招生0.67万人，增长3.9%；在校研究生1.92万人，增长6.7%；毕业研究生0.56万人，增长2.2%。本专科招生9.60万人，增长6.4%；在校生31.99万人，增长5.0%；毕业生7.37万人，增长5.8%。

中等职业教育学校167所，全年招生8.89万人，下降0.6%；在校生23.51万人，增长6.1%；毕业生5.49万人，下降15.7%。

普通高中354所，全年招生19.30万人，增长2.8%；在校生53.77万人，增长8.0%；毕业生14.43万人，增长3.8%。

初中1 062所，全年招生29.59万人，下降1.1%；在校生89.48万人，下降1.4%；毕业生30.33万人，增长1.9%。

小学3 526所，全年招生40.51万人，增长1.9%；在校生215.94万人，增长5.4%；毕业生29.71万人，下降1.1%。

特殊教育学校28所，全年招生582人，下降11.6%；在校生3021人，增长6.2%；毕业生350人，增长31.1%。

幼儿园4 643所，全年招生46.79万人，增长20.0%；在幼儿园91.96万人，增长13.5%；毕业幼儿36.17万人，增长6.7%。

小学学龄儿童净入学率99.87%；小学毕业生升入初中升学率99.60%；初中阶段适龄少年

净入学率98.84%；初中毕业升入高中阶段升学率92.15%。

全年安排自治区级科技计划项目1 419项，其中，自治区重大科技专项7项，自治区重点研发专项56项，自治区科技成果转化示范专项465项，自治区创新条件（人才、基地）建设专项708项，自治区区域协同创新专项164项，自治区科技成果转化引导基金19项。共获得省部级以上科技成果182项。

年末拥有县以上部门属研究与技术开发机构120个。其中，自然科学研究与技术开发机构96个，科技信息与文献机构7个，社会与人文科学领域研究与技术开发机构6个，转制科学研究与技术开发机构11个。重点实验室53个，其中，国家重点实验室1个。工程技术研究中心20个，其中，国家级5个，已挂牌的自治区级工程技术中心15个，组建期内的工程技术中心109个。高新技术企业465个。高新技术工业园区18个，其中，国家级2个，自治区级16个。星创天空3个，众创空间16个，科技兴新众创基地7个，科技企业孵化器16个，其中，国家级科技企业孵化器8个。

全年受理专利申请14 105项，其中，受理发明专利申请3 598项，占25.5%；获得专利授权7 116项，其中，获得发明专利授权910项，占12.8%。登记技术合同504项，技术合同成交金额3.99亿元，其中，技术交易额3.85亿元。

十、文化、卫生和体育

年末共有文化馆119个，公共图书馆107个，博物馆90个，艺术表演团体110个。国家综合档案馆111个，开放档案62.75万卷。全区拥有广播电台6座，电视台8座，广播电视台91座，中、短波广播发射台和转播台68座。广播综合人口覆盖率96.82%。电视综合人口覆盖率97.25%。有线电视用户198.39万户，其中，有线数字电视用户193.16万户。广播电视农村直播卫星用户340.67万户。

年末共有医疗卫生机构15 721个，其中，医院、卫生院1 637个，妇幼保健院（所、站）91个，专科疾病防治院（所、站）3个。医院、卫生院拥有床位13.64万张，增长11.0%。卫生技术人员14.44万人，增长6.7%，其中，执业医师和执业助理医师5.09万人，注册护士5.63万人。疾病预防控制中心121个。卫生监督检验机构1个。乡镇卫生院929个，拥有床位2.68万张，乡镇卫生院卫生技术人员2.10万人。82个县（市）开展了新型农村合作医疗试点工作，覆盖农村人口1 129.81万人。实际参加农村合作医疗农民1 125.75万人，参合率为99.64%。

全区运动健儿在国际比赛中荣获金牌1枚，银牌4枚，铜牌2枚。在全国比赛中荣获金牌75枚，银牌94枚，铜牌99枚。

十一、人口与人民生活

年末常住总人口2 398.08万人，其中，城镇人口1 159.47万人，乡村人口1 238.61万人。城镇人口占总人口比重（常住人口城镇化率）为48.35%。全年人口出生率15.34‰，死亡率4.26‰，自然增长率11.08‰。

全年城乡居民人均可支配收入18 354.65元，比上年增长8.9%，扣除价格因素，实际增长7.4%。按常住地分，城镇居民人均可支配收入28 463.43元，比上年增长8.3%，扣除价格因素，实际增长6.8%。其中，工资性收入19 173.37元，增长6.9%；经营净收入2 940.52元，增长9.2%；财产净收入1 279.28元，增长0.9%；转移净收入5 070.26元，增长16.0%。农村居民人均可支配收入10 183.18元，增长8.0%，扣除价格因素，实际增长6.7%。其中，工资性收入2 527.11元，增长18.6%；经营净收入5 641.98元，增长4.5%；财产净收入222.75元，增长6.3%；转移净收入1 791.33元，增长6.2%。

十二、劳动就业和社会保障

年末就业人员 1 263.11 万人。全年通过各种途径实现城镇就业再就业 45.5 万人，其中，就业困难人员实现就业 5.78 万人。城镇登记失业率 3.22%。

年末参加职工基本养老保险 463.31 万人，增长 31.2%，其中，在职人员 330.11 万人，增长 31.9%；离退休人员 133.21 万人，增长 40.0%。参加城乡居民基本养老保险 539.58 万人，增长 1.7%。参加城镇基本医疗保险 687.55 万人，增长 4.7%，其中，城镇职工 386.62 万人，增长 2.7%；城镇居民 300.93 万人，增长 7.3%。参加失业保险 233.62 万人，增长 1.8%。参加工伤保险 257.27 万人，增长 1.5%，其中，参加工伤保险农民工 43.55 万人。参加生育保险 248 万人，增长 2.9%。

年末城市居民最低生活保障人数 78.65 万人，农村居民最低生活保障人数 166.52 万人。年末各类收养性社会服务机构及设施 4 004 个，拥有床位数 7.15 万张，收养人数 2.64 万人。社区服务机构 2 263 个，其中，综合性社区服务中心 308 个。全年销售福利彩票 41.95 亿元，增长 5.4%；筹集公益金 12.61 亿元，增长 8.9%。

十三、资源、环境和安全生产

全区已发现矿种 142 种。查明资源储量的矿种 98 种，其中，能源矿产 7 种，金属矿产 34 种，非金属矿产 57 种。

全年完成造林面积 21.60 万公顷，其中，退耕还林面积 1.30 万公顷。森林覆盖率 4.9%。

全年在监测的 19 个城市中，空气质量超过国家Ⅱ级以上标准城市 16 个，空气质量达到国家Ⅱ级以上标准城市 3 个；城市空气质量好于Ⅱ级的优良天数占 67.0%，首府乌鲁木齐市空气质量好于Ⅱ级的优良天数占 67.2%，比上年提高 2.0 个百分点。在监测的 78 条河流 169 个断面中，Ⅰ ~ Ⅲ类优良水质断面比例为 97.6%，比上年提高 1.7 个百分点；Ⅳ ~ Ⅴ类轻中度污染水质断面比例为 1.2%，降低 1.7 个百分点；劣Ⅴ类重度污染水质断面比例为 1.2%，与上年持平。在监测的 31 座湖库中，Ⅰ ~ Ⅲ类优良水质的湖库比例为 71.0%，比上年提高 7.7 个百分点；Ⅳ ~ Ⅴ类轻中度污染水质湖库比例为 9.7%，降低 3.7 个百分点；劣Ⅴ类重度污染水质的湖库比例为 19.3%，降低 4.0 个百分点。

自治区级以上自然保护区 29 个，其中，国家级自然保护区 13 个，自治区级自然保护区 16 个，保护区总面积 1963.75 万公顷。

年末城市污水处理厂日处理能力 204.60 万立方米，比上年增长 4.3%；城市污水处理率 89.3%，提高 1.9 个百分点。城市生活垃圾无害化处理率为 82.7%，下降 2.77 个百分点。城市集中供热面积 32 572.14 万平方米，增长 18.4%。城市建成区园林绿地面积 3.75 万公顷，增长 3.9%；建成区绿地率为 35.38%，提高 0.64 个百分点；人均公园绿地面积 12.59 平方米，增加 0.96 平方米。

全年共发生各类生产经营性安全事故1 254 起，比上年下降 16.9%；死亡 696 人，下降 26.5%。亿元 GDP 生产安全事故死亡人数 0.072 人，下降 29.4%；工矿商贸十万从业人员生产安全事故死亡人数 2.547 人，下降 23.5%；道路交通万车死亡人数 3.876 人，下降 12.3%；煤矿百万吨死亡人数 0.177 人，增长 90.3%。

注释：

[1] 本公报中数据为初步统计数。

[2] 地区生产总值（GDP）、总产值及各产业增加值绝对数按现价计算，增长速度按可比价格计算。

[3] 科技、卫生、文化、劳动就业、社会保障及环境数据不含兵团。

资料来源：

本公报中主要经济指标数据来源于自治区统计局和国家统计局新疆调查总队，其他数据来源于相关部门。其中，农业机械动力来源于自治区农机局；农业产业化数据来源于自治区农业产业化发展局；林业数据来源于自治区林业厅；利用外资数据来源于自治区商务厅；货物进出口数据来源于乌鲁木齐海关；铁路客货运量及年末营业里程数据来源于乌鲁木齐铁路局；公路客货运量及公路线路年末营业里程数据来源于自治区交通运输厅；民航客货运量来源于中国南方航空股份有限公司新疆分公司；民用汽车数据来源于自治区公安厅；邮政业务数据来源于新疆邮政管理局；电信业务数据来源于自治区通信管理局；旅游数据来源于自治区旅游发展委员会；财政数据来源于自治区财政厅；金融信贷数据来源于中国人民银行乌鲁木齐中心支行；上市公司数据来源于中国证券监督管理委员会新疆监管局；保险业数据来源于中国保监会新疆监管局；教育数据来源于自治区教育厅；艺术表演团体、博物馆、公共图书馆、文化馆数据来源于自治区文化厅；科技数据来源于自治区科技厅；广播、电视、电影数据来源于自治区广播电视总局；档案数据来源于自治区档案局；卫生数据来源于自治区卫生计生委；体育数据来源于自治区体育局；就业与社会保障数据来源于自治区人力资源和社会保障厅；销售福利彩票及筹集公益金数据来源于自治区福利彩票发行中心；矿产资源数据来源于自治区国土资源厅；环境监测及自然保护区数据来源于自治区环境保护厅；安全生产数据来源于自治区安全生产监督管理局。

2016年度新疆维吾尔自治区一般公共财政预算收支决算总表

决算01表

单位：万元

预算科目	预算数	调整预算数	决算数	预算科目	预算数	调整预算数	决算数
一、税收收入	9 485 821	9 364 227	8 691 779	一、一般公共服务支出	3 115 704	3 905 475	3 885 296
增值税	1 627 050	2 033 114	2 602 370	二、外交支出	1 423	1 616	1 616
营业税	2 908 409	2 345 233	1 154 711	三、国防支出	32 540	74 018	52 212
企业所得税	1 039 058	1 016 291	968 678	四、公共安全支出	2 265 478	3 022 006	3 008 839
企业所得税退税				五、教育支出	6 065 091	6 684 838	6 645 228
个人所得税	615 855	622 766	612 267	六、科学技术支出	339 649	451 253	449 816
资源税	709 086	697 397	526 258	七、文化体育与传媒支出	713 900	780 394	776 092
城市维护建设税	562 128	547 456	517 349	八、社会保障和就业支出	3 070 374	5 102 072	5 043 750
房产税	287 277	299 283	321 051	九、医疗卫生与计划生育支出	2 044 754	2 574 138	2 564 294
印花税	149 783	146 214	132 148	十、节能环保支出	260 761	689 827	650 673
城镇土地使用税	211 897	274 588	394 995	十一、城乡社区支出	2 505 430	3 279 784	3 265 695
土地增值税	331 772	343 537	416 860	十二、农林水支出	3 366 236	7 421 690	7 170 202
车船税	130 943	129 713	131 015	十三、交通运输支出	2 946 739	2 765 481	2 691 564
耕地占用税	463 457	475 707	532 122	十四、资源勘探信息等支出	503 685	1 131 652	944 606
契税	448 171	432 803	381 955	十五、商业服务业等支出	303 197	506 911	432 165
烟叶税				十六、金融支出	117 402	213 763	213 593
其他税收收入	935	125		十七、援助其他地区支出			
二、非税收入	3 077 181	3 146 994	4 297 739	十八、国土海洋气象等支出	164 566	627 362	466 423
专项收入	907 459	909 211	936 525	十九、住房保障支出	692 737	1 815 567	1 810 149
行政事业性收费收入	632 225	676 149	683 374	二十、粮油物资储备支出	84 534	289 489	285 897
罚没收入	252 590	269 568	243 795	二十一、预备费	245 616		
国有资本经营收入	184 515	167 695	246 071	二十二、其他支出	1 320 384	873 318	336 864
国有资源（资产）有偿使用收入	782 641	798 826	1 733 839	二十三、债务付息支出	667 018	688 596	679 724
其他收入	317 751	325 545	454 135	二十四、债务发行费用支出		8 405	7 797
本年收入合计	12 563 002	12 511 221	12 989 518	本年支出合计	30 827 218	42 907 655	41 382 495

2016 年度新疆维吾尔自治区一般公共财政预算收支决算总表（续）

决算 01 表

单位：万元

预算科目	决算数	预算科目	决算数
本 年 收 入 合 计	12 989 518	本 年 支 出 合 计	41 382 495
上级补助收入	25 153 483	上解上级支出	95 408
返还性收入	1 096 893	一般性转移支付	24 500
一般性转移支付收入	14 085 957	专项转移支付	70 908
专项转移支付收入	9 970 633		
待偿债置换一般债券上年结余	12 694		
上年结余	1 426 870		
调入资金	871 332	调出资金	367
债务（转贷）收入	8 150 000	债务还本支出	5 498 043
		增设预算周转金	-28
国债转贷收入、上年结余及转补助数		国债转贷拨付数及年终结余	
调入预算稳定调节基金	871 019	安排预算稳定调节基金	1 104 114
接受其他地区援助收入		援助其他地区支出	
省补助计划单列市收入		计划单列市上解省支出	
		待偿债置换一般债券结余	
		年终结余	1 394 517
		减：结转下年的支出	1 498 381
		净结余	-103 864
收入总计	49 474 916	支出总计	49 474 916

2016 年度新疆维吾尔自治区一般公共财政预算收入决算明细表

决算 04 表

单位：万元

预算科目	决算数
税收收入	8 691 779
增值税	2 602 370
国内增值税	1 569 717
国有企业增值税	126 954
集体企业增值税	2 787
股份制企业增值税	1 047 544
联营企业增值税	219
港澳台和外商投资企业增值税	46 478
私营企业增值税	211 358
其他增值税	72 741
增值税税款滞纳金、罚款收入	5 230
残疾人就业增值税退税	-3 566
软件增值税退税	-3 092
宣传文化单位增值税退税	-3 485
森工综合利用增值税退税	
核电站增值税退税	
水电增值税退税	
资源综合利用增值税退税	-13 041
其他增值税退税	-2 693
免抵调增增值税	18 779
成品油价格和税费改革增值税划出	-20 644
营改增试点国内增值税划入	84 148
营改增试点国内增值税划出（地方）	-135 765
营改增试点国内增值税划入（地方）	135 765
改征增值税（项）	1 032 653
改征增值税（目）	1 096 700
中国铁路总公司改征增值税收入	
改征增值税税款滞纳金、罚款收入	499
改征增值税国内退税	-41 744
免抵调增改征增值税	500
营改增试点改征增值税划出	-23 302
营改增试点改征增值税划出（地方）	-93 349
营改增试点改征增值税划入（地方）	93 349
营业税	1 154 711
金融保险业营业税（中央）	
金融保险业营业税（地方）	281 043
交强险营业税	81

续表

预算科目	决算数
其他金融保险业营业税（地方）	280 962
一般营业税	976 196
营业税税款滞纳金、罚款收入	6 337
营业税退税	
营业税划出	-108 865
营业税划出（地方）	-169 438
营业税划入（地方）	169 438
企业所得税	968 678
国有冶金工业所得税	15
国有有色金属工业所得税	
国有煤炭工业所得税	21
国有电力工业所得税	1 082
国有石油和化学工业所得税	799
国有机械工业所得税	
国有汽车工业所得税	
国有核工业所得税	1
国有航空工业所得税	
国有航天工业所得税	
国有电子工业所得税	
国有兵器工业所得税	
国有船舶工业所得税	
国有建筑材料工业所得税	4
国有烟草企业所得税	12 730
国有纺织企业所得税	
国有铁道企业所得税	10
中国铁路总公司集中缴纳的铁路运输企业所得税	5
其他国有铁道企业所得税	5
国有交通企业所得税	23
国有民航企业所得税	155
国有外贸企业所得税	
国有银行所得税	36
其他国有银行所得税	36
国有非银行金融企业所得税	
其他国有非银行金融企业所得税	
国有保险企业所得税	
国有文教企业所得税	
国有电影企业所得税	
国有出版企业所得税	

续表

预算科目	决算数
其他国有文教企业所得税	
国有水产企业所得税	
国有森林工业企业所得税	
国有电信企业所得税	121
国有农垦企业所得税	1 859
其他国有企业所得税	20 568
集体企业所得税	26 970
股份制企业所得税	437 797
跨省合资铁路企业所得税	
其他股份制企业所得税	437 797
联营企业所得税	30
港澳台和外商投资企业所得税	29 272
其他港澳台和外商投资企业所得税	29 272
私营企业所得税	118 558
其他企业所得税	133 630
分支机构预缴所得税	77 820
国有企业分支机构预缴所得税	7 397
股份制企业分支机构预缴所得税	67 908
港澳台和外商投资企业分支机构预缴所得税	2 102
其他企业分支机构预缴所得税	413
总机构预缴所得税	34 614
国有企业总机构预缴所得税	1 254
股份制企业总机构预缴所得税	26 584
港澳台和外商投资企业总机构预缴所得税	6 286
其他企业总机构预缴所得税	490
总机构汇算清缴所得税	3 129
国有企业总机构汇算清缴所得税	1 658
股份制企业总机构汇算清缴所得税	1 423
港澳台和外商投资企业总机构汇算清缴所得税	48
其他企业总机构汇算清缴所得税	
跨市县分支机构预缴所得税	16 533
国有企业分支机构预缴所得税	1 547
股份制企业分支机构预缴所得税	14 429
港澳台和外商投资企业分支机构预缴所得税	334
其他企业分支机构预缴所得税	223
跨市县总机构预缴所得税	17 219
国有企业总机构预缴所得税	3 830
股份制企业总机构预缴所得税	11 677

续表

预算科目	决算数
港澳台和外商投资企业总机构预缴所得税	1 097
其他企业总机构预缴所得税	615
跨市县总机构汇算清缴所得税	12 506
国有企业总机构汇算清缴所得税	6 170
股份制企业总机构汇算清缴所得税	5 366
港澳台和外商投资企业总机构汇算清缴所得税	301
其他企业总机构汇算清缴所得税	669
跨市县分支机构汇算清缴所得税	6 251
国有企业分支机构汇算清缴所得税	897
股份制企业分支机构汇算清缴所得税	5 287
港澳台和外商投资企业分支机构汇算清缴所得税	6
其他企业分支机构汇算清缴所得税	61
分支机构汇算清缴所得税	10 472
国有企业分支机构汇算清缴所得税	257
股份制企业分支机构汇算清缴所得税	9 335
港澳台和外商投资企业分支机构汇算清缴所得税	612
其他企业分支机构汇算清缴所得税	268
企业所得税税款滞纳金、罚款、加收利息收入	6 453
内资企业所得税税款滞纳金、罚款、加收利息收入	6 395
港澳台和外商投资企业所得税税款滞纳金、罚款、加收利息收入	58
企业所得税退税	
国有冶金工业所得税退税	
国有有色金属工业所得税退税	
国有煤炭工业所得税退税	
国有电力工业所得税退税	
国有石油和化学工业所得税退税	
国有机械工业所得税退税	
国有汽车工业所得税退税	
国有核工业所得税退税	
国有航空工业所得税退税	
国有航天工业所得税退税	
国有电子工业所得税退税	
国有兵器工业所得税退税	
国有船舶工业所得税退税	
国有建筑材料工业所得税退税	
国有烟草企业所得税退税	
国有纺织企业所得税退税	
国有铁道企业所得税退税	

续表

预算科目	决算数
国有交通企业所得税退税	
国有民航企业所得税退税	
国有外贸企业所得税退税	
国有银行所得税退税	
其他国有银行所得税退税	
国有非银行金融企业所得税退税	
其他国有非银行金融企业所得税退税	
国有保险企业所得税退税	
国有文教企业所得税退税	
国有电影企业所得税退税	
国有出版企业所得税退税	
其他国有文教企业所得税退税	
国有水产企业所得税退税	
国有森林工业企业所得税退税	
国有电信企业所得税退税	
其他国有企业所得税退税	
集体企业所得税退税	
股份制企业所得税退税	
其他股份制企业所得税退税	
联营企业所得税退税	
私营企业所得税退税	
跨省市总分机构企业所得税退税	
国有跨省市总分机构企业所得税退税	
股份制跨省市总分机构企业所得税退税	
港澳台和外商投资跨省市总分机构企业所得税退税	
其他跨省市总分机构企业所得税退税	
跨市县总分机构企业所得税退税	
国有跨市县总分机构企业所得税退税	
股份制跨市县总分机构企业所得税退税	
港澳台和外商投资跨市县总分机构企业所得税退税	
其他跨市县总分机构企业所得税退税	
其他企业所得税退税	
个人所得税（款）	612 267
个人所得税（项）	611 366
储蓄存款利息所得税	6
其他个人所得税	611 360
个人所得税税款滞纳金、罚款收入	901
资源税	526 258

续表

预算科目	决算数
其他资源税	525 683
资源税税款滞纳金、罚款收入	575
城市维护建设税	517 349
国有企业城市维护建设税	83 844
中国铁路总公司集中缴纳的铁路运输企业城市维护建设税	644
其他国有企业城市维护建设税	83 200
集体企业城市维护建设税	1 880
股份制企业城市维护建设税	290 817
联营企业城市维护建设税	3
港澳台和外商投资企业城市维护建设税	3 763
私营企业城市维护建设税	26 202
其他城市维护建设税	205 184
城市维护建设税税款滞纳金、罚款收入	1 187
成品油价格和税费改革城市维护建设税划出	-95 531
房产税	321 051
国有企业房产税	49 110
集体企业房产税	5 471
股份制企业房产税	196 615
联营企业房产税	10
港澳台和外商投资企业房产税	9 603
私营企业房产税	25 652
其他房产税	28 400
房产税税款滞纳金、罚款收入	6 190
印花税	132 148
其他印花税	130 740
印花税税款滞纳金、罚款收入	1 408
城镇土地使用税	394 995
国有企业城镇土地使用税	57 967
集体企业城镇土地使用税	1 431
股份制企业城镇土地使用税	282 866
联营企业城镇土地使用税	15
私营企业城镇土地使用税	25 580
港澳台和外商投资企业城镇土地使用税	6 333
其他城镇土地使用税	16 387
城镇土地使用税税款滞纳金、罚款收入	4 416
土地增值税	416 860
国有企业土地增值税	67 750
集体企业土地增值税	463

续表

预算科目	决算数
股份制企业土地增值税	251 391
联营企业土地增值税	
港澳台和外商投资企业土地增值税	6 318
私营企业土地增值税	47 358
其他土地增值税	38 495
土地增值税税款滞纳金、罚款收入	5 085
车船税（款）	131 015
车船税（项）	130 966
车船税税款滞纳金、罚款收入	49
耕地占用税（款）	532 122
耕地占用税（项）	526 877
耕地占用税退税	
耕地占用税税款滞纳金、罚款收入	5 245
契税（款）	381 955
契税（项）	379 885
契税税款滞纳金、罚款收入	2 070
烟叶税（款）	
烟叶税（项）	
烟叶税税款滞纳金、罚款收入	
其他税收收入	
非税收入	4 297 739
专项收入	936 525
排污费收入（项）	62 851
排污费收入（目）	62 851
海洋工程排污费收入	
水资源费收入	46 724
三峡电站水资源费收入	
其他水资源费收入	46 724
教育费附加收入（项）	245 341
教育费附加收入（目）	286 240
成品油价格和税费改革教育费附加收入划出	-41 506
中国铁路总公司集中缴纳的铁路运输企业教育费附加	386
教育费附加滞纳金、罚款收入	221
场外核应急准备收入	
地方教育附加收入	191 028
文化事业建设费收入	10 085
残疾人就业保障金收入	65 476
教育资金收入	93 970

续表

预算科目	决算数
农田水利建设资金收入	83 094
育林基金收入	273
森林植被恢复费	55 762
水利建设专项收入	1 125
其他专项收入（项）	80 796
广告收入	47 567
其他专项收入（目）	33 229
行政事业性收费收入	683 374
公安行政事业性收费收入	83 371
外国人签证费	924
外国人证件费	258
公民出入境证件费	8 342
中国国籍申请手续费	
口岸以外边防检查监护费	
户籍管理证件工本费	32
居民身份证工本费	3 649
机动车号牌工本费	65 230
机动车行驶证工本费	1
机动车登记证书工本费	2
机动车抵押登记费	47
机动车安全技术检验费	4 318
驾驶证工本费	1
驾驶许可考试费	474
临时入境机动车号牌和行驶证工本费	
临时机动车驾驶证工本费	
保安员资格考试费	44
消防职业技能鉴定考务考试费	
其他缴入国库的公安行政事业性收费	49
法院行政事业性收费收入	70 971
诉讼费	69 031
其他缴入国库的法院行政事业性收费	1 940
司法行政事业性收费收入	3 360
公证费	3 070
司法考试考务费	275
其他缴入国库的司法行政事业性收费	15
外交行政事业性收费收入	133
护照费	
认证费	

续表

预算科目	决算数
签证费	8
驻外使领馆公证翻译费	
其他缴入国库的外交行政事业性收费	125
工商行政事业性收费收入	6
商标注册收费	
其他缴入国库的工商行政事业性收费	6
商贸行政事业性收费收入	38
证书工本费	
其他缴入国库的商贸行政事业性收费	38
财政行政事业性收费收入	6 170
证书工本费	4 242
考试考务费	1 521
其他缴入国库的财政行政事业性收费	407
税务行政事业性收费收入	
缴入国库的税务行政事业性收费	
审计行政事业性收费收入	61
考试考务费	29
其他缴入国库的审计行政事业性收费	32
人口和计划生育行政事业性收费收入	41 974
社会抚养费	41 733
其他缴入国库的人口和计划生育行政事业性收费	241
外专局行政事业性收费收入	
出国培训备选人员外语考务费、考试费	
其他缴入国库的外专局行政事业性收费	
保密行政事业性收费收入	91
其他缴入国库的保密行政事业性收费	91
质量监督检验检疫行政事业性收费收入	43 705
客运索道运营审查检验和定期检验费	14
压力管道安装审查检验和定期检验费	
压力管道元件制造审查检验费	
特种劳动防护用品检验费	
一般劳动防护用品检验费	
棉花监督检验费	85
锅炉、压力容器检验费	
考试考务费	
计量收费	15 400
特种设备检验检测费	21 287
产品质量监督检验费	6 430

续表

预算科目	决算数
其他缴入国库的质检行政事业性收费	489
出版行政事业性收费收入	
计算机软件著作权登记费	
其他缴入国库的出版行政事业性收费	
安全生产行政事业性收费收入	5
其他缴入国库的安全生产行政事业性收费	5
档案行政事业性收费收入	10
其他缴入国库的档案行政事业性收费	10
贸促会行政事业性收费收入	
其他缴入国库的贸促会行政事业性收费	
宗教行政事业性收费收入	
其他缴入国库的宗教行政事业性收费	
人防办行政事业性收费收入	19 897
防空地下室易地建设费	19 528
其他缴入国库的人防办行政事业性收费	369
文化行政事业性收费收入	232
其他缴入国库的文化行政事业性收费	232
教育行政事业性收费收入	15 015
教师资格考试费	638
普通话水平测试费	196
其他缴入国库的教育行政事业性收费	12 717
公办幼儿园保育费	1 430
公办幼儿园住宿费	34
科技行政事业性收费收入	190
缴入国库的科技行政事业性收费	190
体育行政事业性收费收入	42
兴奋剂检测费	
体育特殊专业招生考务费	
外国团体来华登山注册费	42
其他缴入国库的体育行政事业性收费	
发展与改革（物价）行政事业性收费收入	142
非刑事案件财物价格鉴定费	88
其他缴入国库的发展与改革（物价）行政事业性收费	54
统计行政事业性收费收入	3
统计专业技术资格考试考务费	1
其他缴入国库的统计行政事业性收费	2
国土资源行政事业性收费收入	74 210
土地复垦费	4 035

续表

预算科目	决算数
土地闲置费	1 438
土地登记费	4 868
耕地开垦费	13 086
地质成果资料费	90
其他缴入国库的国土资源行政事业性收费	50 693
建设行政事业性收费收入	49 173
房屋登记费	10 223
城市道路占用挖掘费	4 774
白蚁防治费	
考试考务费	
城镇垃圾处理费	24 359
住房转让手续费	5 063
其他缴入国库的建设行政事业性收费	4 754
知识产权行政事业性收费收入	
专利收费	
专利代理人资格考试报名考务费	
集成电路布图设计保护收费	
其他缴入国库的知识产权行政事业性收费	
环保行政事业性收费收入	3 028
核安全技术审评费	
化学品进口登记费	
城市放射性废物送贮费	18
环境监测服务费	2 669
其他缴入国库的环保行政事业性收费	341
旅游行政事业性收费收入	84
导游人员资格考试费和等级考核费	44
其他缴入国库的旅游行政事业性收费	40
海洋行政事业性收费收入	
海洋废弃物收费	
其他缴入国库的海洋行政事业性收费	
测绘行政事业性收费收入	4 162
测绘成果成图资料收费	1 152
测绘产品质量监督检验费	2 868
测绘仪器检测收费	73
其他缴入国库的测绘行政事业性收费	69
交通运输行政事业性收费收入	11 128
证书工本费	
考试考务费	317

续表

预算科目	决算数
船舶登记费	
船舶及船用产品设施检验费	26
其他缴入国库的交通运输行政事业性收费	10 785
工业和信息产业行政事业性收费收入	1 032
考试考务费	
无线电频率占用费	1 032
其他缴入国库的工业和信息产业行政事业性收费	
农业行政事业性收费收入	59 269
国内植物检疫费	111
农药登记费	1
新兽药审批费	
生产审批费	
已生产兽药品种注册登记费	
农机监理费	1 213
渔业资源增殖保护费	2 768
渔业船舶登记或变更登记费	
海洋渔业船舶船员考试费	
农机产品测试检验费	3
新饲料添加剂质量复核检验费	13
进口饲料添加剂质量复核检验费	
饲料及饲料添加剂委托检验费	28
进口兽药质量标准复核检验费	
进口兽药检验费	
出口兽药检验费	
新兽药质量复核检验费	
兽药委托检验费	41
农作物委托检验费	
渔业船舶和船用产品检验费	
档案保管费	5
工人技术等级考核或职业技能鉴定费	
农药实验费	7
执业兽医资格考试考务费	
草原植被恢复费收入	6 139
其他缴入国库的农业行政事业性收费	48 940
林业行政事业性收费收入	3 284
林权勘测费	14
林权证收费	46
其他缴入国库的林业行政事业性收费	3 224

续表

预算科目	决算数
水利行政事业性收费收入	75 919
河道采砂管理费	2 192
河道工程修建维护管理费	476
长江河道砂石资源费	
考试考务费	
水土保持补偿费	6 833
其他缴入国库的水利行政事业性收费	66 418
卫生行政事业性收费收入	63 822
卫生监测费	4 693
卫生质量检验费	10
预防性体检费	3 657
预防接种劳务费	4
委托性卫生防疫服务费	5
疫情处理费	54
医疗事故鉴定费	47
考试考务费	927
预防接种异常反应鉴定费	
其他缴入国库的卫生行政事业性收费	54 425
食品药品监管行政事业性收费收入	448
药品注册费	
医疗器械产品注册费	
GMP 认证费	60
GSP 认证费	227
药品行政保护费	
中药品种保护费	
药品检验费	140
医疗器械产品检验费	
其他缴入国库的食品药品监管行政事业性收费	21
民政行政事业性收费收入	29 852
婚姻登记证书工本费	708
收养登记费	2
学费	
殡葬收费	29 091
其他缴入国库的民政行政事业性收费	51
人力资源和社会保障行政事业性收费收入	17 615
职业技能鉴定费	4 291
考试考务费	5 800
其他缴入国库的人力资源和社会保障行政事业性收费	7 524

续表

预算科目	决算数
仲裁委行政事业性收费收入	
仲裁收费	
其他缴入国库的仲裁委行政事业性收费	
编办行政事业性收费收入	
缴入国库的编办行政事业性收费	
党校行政事业性收费收入	61
缴入国库的党校行政事业性收费	61
监察行政事业性收费收入	
其他缴入国库的监察行政事业性收费	
外文局行政事业性收费收入	
中国国际化人才外语考试考务费	
其他缴入国库的外文局行政事业性收费	
国资委行政事业性收费收入	
考试考务费	
其他缴入国库的国资委行政事业性收费	
其他行政事业性收费收入	4 871
其他缴入国库的行政事业性收费	4 871
罚没收入	243 795
一般罚没收入	243 564
公安罚没收入	117 875
检察院罚没收入	5 773
法院罚没收入	17 398
工商罚没收入	3 367
新闻出版罚没收入	12
技术监督罚没收入	1 222
税务部门罚没收入	3 235
海关罚没收入	275
食品药品监督罚没收入	1 625
卫生罚没收入	1 423
检验检疫罚没收入	64
证监会罚没收入	
保监会罚没收入	
交通罚没收入	15 416
铁道罚没收入	
审计罚没收入	3 904
渔政罚没收入	28
交强险罚没收入	
物价罚没收入	54

续表

预算科目	决算数
其他一般罚没收入	71 893
缉毒罚没收入	231
罚没收入退库	
国有资本经营收入	246 071
利润收入	76 503
金融企业利润收入	
其他企业利润收入	76 503
股利、股息收入	8 996
金融业公司股利、股息收入	22
其他股利、股息收入	8 974
产权转让收入	6 713
其他产权转让收入	6 713
清算收入	
其他清算收入	
国有资本经营收入退库	
国有企业计划亏损补贴	
工业企业计划亏损补贴	
农业企业计划亏损补贴	
其他国有企业计划亏损补贴	
其他国有资本经营收入	153 859
国有资源（资产）有偿使用收入	1 733 839
海域使用金收入	
地方海域使用金收入	
场地和矿区使用费收入	21
陆上石油矿区使用费	
中央和地方合资合作企业场地使用费收入	
地方合资合作企业场地使用费收入	21
港澳台和外商独资企业场地使用费收入	
专项储备物资销售收入	
利息收入	92 039
国库存款利息收入	21 170
财政专户存款利息收入	5 404

续表

预算科目	决算数
有价证券利息收入	
其他利息收入	65 465
非经营性国有资产收入	678 890
行政单位国有资产出租、出借收入	72 377
行政单位国有资产处置收入	301 852
事业单位国有资产处置收入	74 999
其他非经营性国有资产收入	229 662
出租车经营权有偿出让和转让收入	11 319
无居民海岛使用金收入	
地方无居民海岛使用金收入	
转让政府还贷道路收费权收入	
矿产资源专项收入	714 831
矿产资源补偿费收入	13 229
探矿权、采矿权使用费收入	2 807
探矿权、采矿权价款收入	698 795
排污权出让收入	
其他国有资源（资产）有偿使用收入	236 739
捐赠收入	46 503
国外捐赠收入	
国内捐赠收入	46 503
政府住房基金收入	139 693
上缴管理费用	15 785
计提公共租赁住房资金	97 462
公共租赁住房租金收入	20 652
配建商业设施租售收入	509
其他政府住房基金收入	5 285
其他收入（款）	267 939
主管部门集中收入	3 773
基本建设收入	15 324
差别电价收入	3
其他收入（项）	248 839
本年收入合计	12 989 518

2016 年度新疆维吾尔自治区一般公共财政预算支出决算功能分类明细表

决算 05 表

单位：万元

预算科目	决算数
一般公共服务支出	3 885 296
人大事务	65 088
行政运行	48 983
一般行政管理事务	3 582
机关服务	1 051
人大会议	4 742
人大立法	123
人大监督	411
人大代表履职能力提升	66
代表工作	1 615
人大信访工作	21
事业运行	1 140
其他人大事务支出	3 354
政协事务	48 512
行政运行	38 219
一般行政管理事务	2 438
机关服务	815
政协会议	2 970
委员视察	557
参政议政	154
事业运行	66
其他政协事务支出	3 293
政府办公厅（室）及相关机构事务	1 296 457
行政运行	869 377
一般行政管理事务	120 068
机关服务	62 752
专项服务	1 533
专项业务活动	2 875
政务公开审批	870
法制建设	573
信访事务	12 865
参事事务	683
事业运行	76 049
其他政府办公厅（室）及相关机构事务支出	148 812
发展与改革事务	89 503

续表

预算科目	决算数
行政运行	50 998
一般行政管理事务	14 640
机关服务	883
战略规划与实施	1 372
日常经济运行调节	277
社会事业发展规划	2 119
经济体制改革研究	144
物价管理	3 064
应对气候变化管理事务	
事业运行	3 532
其他发展与改革事务支出	12 474
统计信息事务	37 858
行政运行	21 125
一般行政管理事务	1 404
机关服务	236
信息事务	4 974
专项统计业务	2 286
统计管理	125
专项普查活动	2 122
统计抽样调查	425
事业运行	2 909
其他统计信息事务支出	2 252
财政事务	183 937
行政运行	113 951
一般行政管理事务	14 549
机关服务	1 759
预算改革业务	176
财政国库业务	1 958
财政监察	151
信息化建设	3 754
财政委托业务支出	4 702
事业运行	17 326
其他财政事务支出	25 611
税收事务	200 495
行政运行	110 481
一般行政管理事务	12 734
机关服务	1 890
税务办案	1 871

续表

预算科目	决算数
税务登记证及发票管理	
代扣代收代征税款手续费	16 664
税务宣传	2 020
协税护税	2 849
信息化建设	6 593
事业运行	740
其他税收事务支出	44 653
审计事务	49 242
行政运行	30 440
一般行政管理事务	1 471
机关服务	287
审计业务	5 860
审计管理	185
信息化建设	1 132
事业运行	1 382
其他审计事务支出	8 485
海关事务	1 545
行政运行	91
一般行政管理事务	108
机关服务	
收费业务	
缉私办案	
口岸电子执法系统建设与维护	300
信息化建设	
事业运行	
其他海关事务支出	1 046
人力资源事务	275 178
行政运行	42 915
一般行政管理事务	4 229
机关服务	706
政府特殊津贴	
资助留学回国人员	20
军队转业干部安置	198 818
博士后日常经费	203
引进人才费用	65
公务员考核	75
公务员履职能力提升	272
公务员招考	76

续表

预算科目	决算数
公务员综合管理	20
事业运行	8 138
其他人力资源事务支出	19 641
纪检监察事务	75 984
行政运行	52 608
一般行政管理事务	7 804
机关服务	587
大案要案查处	1 643
派驻派出机构	
中央巡视	
事业运行	556
其他纪检监察事务支出	12 786
商贸事务	226 011
行政运行	47 722
一般行政管理事务	8 635
机关服务	1 361
对外贸易管理	690
国际经济合作	
外资管理	
国内贸易管理	113
招商引资	46 616
事业运行	5 063
其他商贸事务支出	115 811
知识产权事务	4 028
行政运行	1 308
一般行政管理事务	100
机关服务	
专利审批	65
国家知识产权战略	3
专利试点和产业化推进	2 031
专利执法	19
国际组织专项活动	
知识产权宏观管理	415
事业运行	27
其他知识产权事务支出	60
工商行政管理事务	106 268
行政运行	89 917
一般行政管理事务	2 713

续表

预算科目	决算数
机关服务	15
工商行政管理专项	3 066
执法办案专项	1 672
消费者权益保护	939
信息化建设	2 976
事业运行	998
其他工商行政管理事务支出	3 972
质量技术监督与检验检疫事务	112 976
行政运行	31 408
一般行政管理事务	2 788
机关服务	926
出入境检验检疫行政执法和业务管理	335
出入境检验检疫技术支持	26
质量技术监督行政执法及业务管理	43 533
质量技术监督技术支持	1 855
认证认可监督管理	
标准化管理	15
信息化建设	
事业运行	28 211
其他质量技术监督与检验检疫事务支出	3 879
民族事务	17 920
行政运行	11 756
一般行政管理事务	1 248
机关服务	152
民族工作专项	665
事业运行	524
其他民族事务支出	3 575
宗教事务	15 956
行政运行	8 474
一般行政管理事务	835
机关服务	
宗教工作专项	751
事业运行	873
其他宗教事务支出	5 023
港澳台侨事务	2 832
行政运行	1 191
一般行政管理事务	57

续表

预算科目	决算数
机关服务	
港澳事务	
台湾事务	
华侨事务	1 527
事业运行	36
其他港澳台侨事务支出	21
档案事务	31 388
行政运行	13 308
一般行政管理事务	357
机关服务	
档案馆	5 606
其他档案事务支出	12 117
民主党派及工商联事务	9 153
行政运行	7 547
一般行政管理事务	701
机关服务	
参政议政	237
事业运行	40
其他民主党派及工商联事务支出	628
群众团体事务	63 069
行政运行	31 073
一般行政管理事务	4 619
机关服务	97
厂务公开	46
工会疗养休养	972
事业运行	6 407
其他群众团体事务支出	19 855
党委办公厅（室）及相关机构事务	264 140
行政运行	195 655
一般行政管理事务	28 745
机关服务	4 391
专项业务	12 886
事业运行	5 652
其他党委办公厅（室）及相关机构事务支出	16 811
组织事务	446 776
行政运行	55 107
一般行政管理事务	22 799
机关服务	40

续表

预算科目	决算数
事业运行	1 700
其他组织事务支出	367 130
宣传事务	65 982
行政运行	24 676
一般行政管理事务	9 902
机关服务	
事业运行	2 219
其他宣传事务支出	29 185
统战事务	39 517
行政运行	16 130
一般行政管理事务	3 734
机关服务	
事业运行	469
其他统战事务支出	19 184
对外联络事务	87
行政运行	87
一般行政管理事务	
机关服务	
事业运行	
其他对外联络事务支出	
其他共产党事务支出（款）	78 284
行政运行	42 674
一般行政管理事务	9 203
机关服务	
事业运行	1 482
其他共产党事务支出（项）	24 925
其他一般公共服务支出（款）	77 110
国家赔偿费用支出	
其他一般公共服务支出（项）	77 110
外交支出	1 616
外交管理事务	328
行政运行	328
一般行政管理事务	
机关服务	
专项业务	
事业运行	
其他外交管理事务支出	

续表

预算科目	决算数
驻外机构	
驻外使领馆（团、处）	
其他驻外机构支出	
对外援助	
对外成套项目援助	
对外一般物资援助	
对外科技合作援助	
对外优惠贷款援助及贴息	
对外医疗援助	
其他对外援助支出	
国际组织	
国际组织会费	
国际组织捐赠	
维和摊款	
国际组织股金及基金	
其他国际组织支出	
对外合作与交流	938
在华国际会议	
国际交流活动	161
其他对外合作与交流支出	777
对外宣传（款）	
对外宣传（项）	
边界勘界联检	
边界勘界	
边界联检	
边界界桩维护	
其他支出	
其他外交支出（款）	350
其他外交支出（项）	350
国防支出	52 212
现役部队（款）	
现役部队（项）	
国防科研事业（款）	
国防科研事业（项）	
专项工程（款）	
专项工程（项）	
国防动员	31 694
兵役征集	156

续表

预算科目	决算数
经济动员	150
人民防空	8 807
交通战备	20
国防教育	109
预备役部队	1 526
民兵	8 716
其他国防动员支出	12 210
其他国防支出（款）	20 518
其他国防支出（项）	20 518
公共安全支出	3 008 839
武装警察	149 939
内卫	17 431
边防	44 128
消防	60 277
警卫	2 268
黄金	55
森林	5 784
水电	
交通	5 087
其他武装警察支出	14 909
公安	1 749 646
行政运行	983 067
一般行政管理事务	86 199
机关服务	439
治安管理	71 906
国内安全保卫	1 196
刑事侦查	11 291
经济犯罪侦查	350
出入境管理	864
行动技术管理	537
防范和处理邪教犯罪	1
禁毒管理	5 889
道路交通管理	56 196
网络侦控管理	1 785
反恐怖	43 750
居民身份证管理	2 328
网络运行及维护	4 226
拘押收教场所管理	44 076

续表

预算科目	决算数
警犬繁育及训养	4 718
信息化建设	6 208
事业运行	21 690
其他公安支出	402 930
国家安全	72 216
行政运行	59 577
一般行政管理事务	284
机关服务	581
安全业务	3 004
事业运行	
其他国家安全支出	8 770
检察	128 180
行政运行	88 814
一般行政管理事务	2 476
机关服务	174
查办和预防职务犯罪	1 322
公诉和审判监督	418
侦查监督	138
执行监督	176
控告申诉	96
“两房”建设	3 327
事业运行	92
其他检察支出	31 147
法院	227 838
行政运行	142 271
一般行政管理事务	5 168
机关服务	
案件审判	1 937
案件执行	34
“两庭”建设	23 554
事业运行	327
其他法院支出	54 547
司法	86 762
行政运行	58 693
一般行政管理事务	2 193
机关服务	
基层司法业务	1 489
普法宣传	1 590

续表

预算科目	决算数
律师公证管理	126
法律援助	1 844
司法统一考试	181
仲裁	456
社区矫正	3 136
司法鉴定	
事业运行	930
其他司法支出	16 124
监狱	240 145
行政运行	156 844
一般行政管理事务	974
机关服务	
犯人生活	17 643
犯人改造	11 175
狱政设施建设	10 340
事业运行	
其他监狱支出	43 169
强制隔离戒毒	55 947
行政运行	34 076
一般行政管理事务	53
机关服务	
强制隔离戒毒人员生活	3 921
强制隔离戒毒人员教育	3 206
所政设施建设	5 435
事业运行	
其他强制隔离戒毒支出	9 256
国家保密	643
行政运行	558
一般行政管理事务	15
机关服务	
保密技术	4
保密管理	61
事业运行	
其他国家保密支出	5
缉私警察	
行政运行	
一般行政管理事务	
专项缉私活动支出	

续表

预算科目	决算数
缉私情报	
禁毒及缉毒	
网络运行及维护	
其他缉私警察支出	
海警	
公安现役基本支出	
行政运行	
一般管理事务	
维权执法业务	
装备建设和运行维护	
信息化建设及运行维护	
基础设施建设及维护	
其他海警支出	
其他公共安全支出（款）	297 523
其他公共安全支出（项）	297 233
其他消防	290
教育支出	6 645 228
教育管理事务	126 915
行政运行	72 417
一般行政管理事务	13 290
机关服务	3 444
其他教育管理事务支出	37 764
普通教育	5 595 917
学前教育	581 143
小学教育	2 099 491
初中教育	1 494 246
高中教育	570 540
高等教育	443 883
化解农村义务教育债务支出	
化解普通高中债务支出	
其他普通教育支出	406 614
职业教育	442 704
初等职业教育	2 246
中专教育	196 691
技校教育	58 245
职业高中教育	30 584
高等职业教育	107 341
其他职业教育支出	47 597

续表

预算科目	决算数
成人教育	10 284
成人初等教育	187
成人中等教育	879
成人高等教育	4 808
成人广播电视教育	2 737
其他成人教育支出	1 673
广播电视教育	7 784
广播电视学校	7 728
教育电视台	
其他广播电视教育支出	56
留学教育	25
出国留学教育	
来华留学教育	
其他留学教育支出	25
特殊教育	15 437
特殊学校教育	14 704
工读学校教育	
其他特殊教育支出	733
进修及培训	112 978
教师进修	10 712
干部教育	80 337
培训支出	2 490
退役士兵能力提升	
其他进修及培训	19 439
教育费附加安排的支出	220 371
农村中小学校舍建设	12 068
农村中小学教学设施	14 828
城市中小学校舍建设	18 970
城市中小学教学设施	19 488
中等职业学校教学设施	7 344
其他教育费附加安排的支出	147 673
其他教育支出（款）	112 813
其他教育支出（项）	112 813
科学技术支出	449 816
科学技术管理事务	27 222
行政运行	20 318
一般行政管理事务	988
机关服务	596

续表

预算科目	决算数
其他科学技术管理事务支出	5 320
基础研究	15 214
机构运行	438
重点基础研究规划	
自然科学基金	12 522
重点实验室及相关设施	40
重大科学工程	
专项基础科研	
专项技术基础	
其他基础研究支出	2 214
应用研究	45 204
机构运行	19 182
社会公益研究	23 233
高技术研究	
专项科研试制	
其他应用研究支出	2 789
技术研究与开发	242 646
机构运行	1 650
应用技术研究与开发	122 381
产业技术研究与开发	30 147
科技成果转化与扩散	38 456
其他技术研究与开发支出	50 012
科技条件与服务	15 954
机构运行	3 536
技术创新服务体系	1 615
科技条件专项	4 417
其他科技条件与服务支出	6 386
社会科学	7 540
社会科学研究机构	2 836
社会科学研究	4 034
社科基金支出	1
其他社会科学支出	669
科学技术普及	38 311
机构运行	4 293
科普活动	6 190
青少年科技活动	1 249
学术交流活动	967
科技馆站	6 707

续表

预算科目	决算数
其他科学技术普及支出	18 905
科技交流与合作	6 087
国际交流与合作	6 061
重大科技合作项目	
其他科技交流与合作支出	26
科技重大项目	
科技重大专项	
重点研发计划	
其他科学技术支出（款）	51 638
科技奖励	1 405
核应急	
转制科研机构	64
其他科学技术支出（项）	50 169
文化体育与传媒支出	776 092
文化	263 290
行政运行	30 120
一般行政管理事务	4 242
机关服务	1 261
图书馆	17 783
文化展示及纪念机构	7 134
艺术表演场所	1 348
艺术表演团体	48 497
文化活动	8 054
群众文化	46 152
文化交流与合作	1 458
文化创作与保护	4 767
文化市场管理	1 571
其他文化支出	90 903
文物	60 049
行政运行	3 327
一般行政管理事务	122
机关服务	95
文物保护	12 279
博物馆	25 863
历史名城与古迹	5 214
其他文物支出	13 149
体育	55 519
行政运行	5 050

续表

预算科目	决算数
一般行政管理事务	759
机关服务	255
运动项目管理	859
体育竞赛	3 070
体育训练	8 283
体育场馆	11 855
群众体育	13 191
体育交流与合作	1
其他体育支出	12 196
新闻出版广播影视	292 899
行政运行	18 703
一般行政管理事务	245
机关服务	1 832
广播	72 824
电视	75 128
电影	6 354
新闻通讯	1 013
出版发行	60 453
版权管理	790
其他新闻出版广播影视支出	55 557
其他文化体育与传媒支出（款）	104 335
宣传文化发展专项支出	673
文化产业发展专项支出	18 716
其他文化体育与传媒支出（项）	84 946
社会保障和就业支出	5 043 750
人力资源和社会保障管理事务	153 280
行政运行	64 213
一般行政管理事务	9 163
机关服务	1 045
综合业务管理	1 280
劳动保障监察	785
就业管理事务	805
社会保险业务管理事务	1 579
信息化建设	940
社会保险经办机构	33 937
劳动关系和维权	26
公共就业服务和职业技能鉴定机构	3 218
劳动人事争议调解仲裁	200

续表

预算科目	决算数
其他人力资源和社会保障管理事务支出	36 089
民政管理事务	262 966
行政运行	43 059
一般行政管理事务	3 159
机关服务	1 544
拥军优属	7 798
老龄事务	8 699
民间组织管理	69
行政区划和地名管理	4 639
基层政权和社区建设	172 885
部队供应	1 280
其他民政管理事务支出	19 834
财政对社会保险基金的补助	905 583
财政对基本养老保险基金的补助	707 499
财政对失业保险基金的补助	89
财政对基本医疗保险基金的补助	3 141
财政对工伤保险基金的补助	
财政对生育保险基金的补助	
财政对城乡居民基本养老保险基金的补助	186 702
财政对其他社会保险基金的补助	8 152
行政事业单位离退休	2 125 154
归口管理的行政单位离退休	51 325
事业单位离退休	24 377
离退休人员管理机构	18 527
未归口管理的行政单位离退休	49 249
机关事业单位基本养老保险缴费支出	1 480 988
机关事业单位职业年金缴费支出	74 308
对机关事业单位基本养老保险基金的补助	267 906
其他行政事业单位离退休支出	158 474
企业改革补助	52 713
企业关闭破产补助	3 612
厂办大集体改革补助	
其他企业改革发展补助	49 101
就业补助	362 322
就业创业服务补贴	6 075
职业培训补贴	13 223
社会保险补贴	10 182
公益性岗位补贴	66 482

续表

预算科目	决算数
职业技能鉴定补贴	34
特定就业政策支出	
就业见习补贴	129
高技能人才培养补助	
求职创业补贴	110
其他就业补助支出	266 087
抚恤	77 993
死亡抚恤	20 717
伤残抚恤	24 186
在乡复员、退伍军人生活补助	16 569
优抚事业单位支出	5 145
义务兵优待	6 678
农村籍退役士兵老年生活补助	290
其他优抚支出	4 408
退役安置	101 496
退役士兵安置	11 901
军队移交政府的离退休人员安置	82 042
军队移交政府离退休干部管理机构	4 660
退役士兵管理教育	1 158
其他退役安置支出	1 735
社会福利	119 220
儿童福利	23 743
老年福利	37 688
假肢矫形	
殡葬	31 069
社会福利事业单位	23 148
其他社会福利支出	3 572
残疾人事业	80 409
行政运行	12 533
一般行政管理事务	2 340
机关服务	613
残疾人康复	7 856
残疾人就业和扶贫	12 513
残疾人体育	384
其他残疾人事业支出	44 170
自然灾害生活救助	97 802
中央自然灾害生活补助	44 233
地方自然灾害生活补助	6 630

续表

预算科目	决算数
自然灾害灾后重建补助	46 715
其他自然灾害生活救助支出	224
红十字事业	5 778
行政运行	4 704
一般行政管理事务	507
机关服务	25
其他红十字事业支出	542
最低生活保障	605 678
城市最低生活保障金支出	288 905
农村最低生活保障金支出	316 773
临时救助	20 093
临时救助支出	13 075
流浪乞讨人员救助支出	7 018
特困人员供养	12 387
城市特困人员供养支出	926
农村五保供养支出	11 461
补充道路交通事故社会救助基金	
交强险营业税补助基金支出	
交强险罚款收入补助基金支出	
其他生活救助	9 596
其他城市生活救助	4 222
其他农村生活救助	5 374
其他社会保障和就业支出（款）	51 280
其他社会保障和就业支出（项）	51 280
医疗卫生与计划生育支出	2 564 294
医疗卫生与计划生育管理事务	76 349
行政运行	53 522
一般行政管理事务	5 544
机关服务	1 215
其他医疗卫生与计划生育管理事务支出	16 068
公立医院	628 848
综合医院	413 734
中医（民族）医院	115 743
传染病医院	4 832
职业病防治医院	871
精神病医院	5 854
妇产医院	20

续表

预算科目	决算数
儿童医院	
其他专科医院	5 884
福利医院	
行业医院	
处理医疗欠费	
其他公立医院支出	81 910
基层医疗卫生机构	324 359
城市社区卫生机构	34 099
乡镇卫生院	254 280
其他基层医疗卫生机构支出	35 980
公共卫生	389 029
疾病预防控制机构	77 016
卫生监督机构	14 917
妇幼保健机构	40 815
精神卫生机构	111
应急救治机构	2 843
采供血机构	12 348
其他专业公共卫生机构	157
基本公共卫生服务	120 432
重大公共卫生专项	105 663
突发公共卫生事件应急处理	350
其他公共卫生支出	14 377
医疗保障	851 601
行政单位医疗	39 359
事业单位医疗	26 211
公务员医疗补助	14 783
优抚对象医疗补助	2 406
新型农村合作医疗	514 004
城镇居民基本医疗保险	131 929
城乡医疗救助	70 172
疾病应急救助	2 108
其他医疗保障支出	50 629
中医药	8 393
中医（民族医）药专项	7 334
其他中医药支出	1 059
计划生育事务	218 680
计划生育机构	36 785
计划生育服务	25 580

续表

预算科目	决算数
其他计划生育事务支出	156 315
食品和药品监督管理事务	42 209
行政运行	24 522
一般行政管理事务	604
机关服务	30
药品事务	592
化妆品事务	8
医疗器械事务	13
食品安全事务	7 674
事业运行	6 531
其他食品和药品监督管理事务支出	2 235
其他医疗卫生与计划生育支出（款）	24 826
其他医疗卫生与计划生育支出（项）	24 826
节能环保支出	650 673
环境保护管理事务	52 670
行政运行	30 599
一般行政管理事务	2 116
机关服务	4 226
环境保护宣传	290
环境保护法规、规划及标准	366
环境国际合作及履约	
环境保护行政许可	460
其他环境保护管理事务支出	14 613
环境监测与监察	2 973
建设项目环评审查与监督	445
核与辐射安全监督	
其他环境监测与监察支出	2 528
污染防治	187 348
大气	20
水体	112 838
噪声	
固体废弃物与化学品	10 918
放射源和放射性废物监管	334
辐射	
排污费安排的支出	47 892
其他污染防治支出	15 346
自然生态保护	51 969
生态保护	18 643

续表

预算科目	决算数
农村环境保护	20 548
自然保护区	455
生物及物种资源保护	
其他自然生态保护支出	12 323
天然林保护	19 933
森林管护	14 519
社会保险补助	3 926
政策性社会性支出补助	
天然林保护工程建设	1 488
其他天然林保护支出	
退耕还林	151 401
退耕现金	23 383
退耕还林粮食折现补贴	
退耕还林粮食费用补贴	
退耕还林工程建设	81 999
其他退耕还林支出	46 019
风沙荒漠治理	44
京津风沙源治理工程建设	
其他风沙荒漠治理支出	44
退牧还草	30 190
退牧还草工程建设	30 190
其他退牧还草支出	
已垦草原退耕还草（款）	
已垦草原退耕还草（项）	
能源节约利用（款）	27 827
能源节约利用（项）	27 827
污染减排	52 697
环境监测与信息	12 003
环境执法监察	765
减排专项支出	33 423
清洁生产专项支出	3 664
其他污染减排支出	2 842
可再生能源（款）	7 876
可再生能源（项）	7 876
循环经济（款）	18 164
循环经济（项）	18 164
能源管理事务	663

续表

预算科目	决算数
行政运行	
一般行政管理事务	
机关服务	
能源预测预警	
能源战略规划与实施	
能源科技装备	
能源行业管理	
能源管理	
石油储备发展管理	
能源调查	
信息化建设	
农村电网建设	
事业运行	296
其他能源管理事务支出	367
其他节能环保支出（款）	46 918
其他节能环保支出（项）	46 918
城乡社区支出	3 265 695
城乡社区管理事务	487 585
行政运行	178 304
一般行政管理事务	26 398
机关服务	14 650
城管执法	25 481
工程建设标准规范编制与监管	984
工程建设管理	5 591
市政公用行业市场监管	854
国家重点风景区规划与保护	34 781
住宅建设与房地产市场监管	17 028
执业资格注册、资质审查	2
其他城乡社区管理事务支出	183 512
城乡社区规划与管理（款）	28 184
城乡社区规划与管理（项）	28 184
城乡社区公共设施	2 027 763
小城镇基础设施建设	277 267
其他城乡社区公共设施支出	1 750 496
城乡社区环境卫生（款）	276 288
城乡社区环境卫生（项）	276 288
建设市场管理与监督（款）	3 646
建设市场管理与监督（项）	3 646

续表

预算科目	决算数
其他城乡社区支出（款）	442 229
其他城乡社区支出（项）	442 229
农林水支出	7 170 202
农业	1 673 485
行政运行	109 233
一般行政管理事务	8 035
机关服务	1 573
事业运行	311 803
农垦运行	516
科技转化与推广服务	119 092
病虫害控制	53 083
农产品质量安全	4 422
执法监管	8 784
统计监测与信息服务	2 280
农业行业业务管理	251
对外交流与合作	2
防灾救灾	20 707
稳定农民收入补贴	68
农业结构调整补贴	1 817
农业生产支持补贴	333 423
农业组织化与产业化经营	5 434
农产品加工与促销	13 404
农村公益事业	8 418
综合财力补助	
农业资源保护修复与利用	276 663
农村道路建设	119 742
成品油价格改革对渔业的补贴	218
对高校毕业生到基层任职补助	26 246
其他农业支出	248 271
林业	555 759
行政运行	42 776
一般行政管理事务	24 397
机关服务	737
林业事业机构	86 954
森林培育	87 658
林业技术推广	5 030
森林资源管理	9 796
森林资源监测	151

续表

预算科目	决算数
森林生态效益补偿	70 859
林业自然保护区	5 275
动植物保护	9 951
湿地保护	10 034
林业执法与监督	6 457
林业检疫检测	229
防沙治沙	18 349
林业质量安全	
林业工程与项目管理	1 005
林业对外合作与交流	
林业产业化	61
信息管理	56
林业政策制定与宣传	17
林业资金审计稽查	
林区公共支出	90
林业贷款贴息	5 133
成品油价格改革对林业的补贴	
林业防灾减灾	10 592
其他林业支出	160 152
水利	2 023 981
行政运行	54 753
一般行政管理事务	6 448
机关服务	7 153
水利行业业务管理	18 844
水利工程建设	1 268 549
水利工程运行与维护	32 978
长江黄河等流域管理	
水利前期工作	17 679
水利执法监督	2 341
水土保持	7 742
水资源节约管理与保护	10 516
水质监测	302
水文测报	11 547
防汛	38 616
抗旱	3 121
农田水利	312 184
水利技术推广	3 588

续表

预算科目	决算数
国际河流治理与管理	
江河湖库水系综合整治	35 066
大中型水库移民后期扶持专项支出	774
水利安全监督	
水资源费安排的支出	23 406
砂石资源费支出	38
信息管理	397
水利建设移民支出	85
农村人畜饮水	57 857
其他水利支出	109 997
南水北调	
行政运行	
一般行政管理事务	
机关服务	
南水北调工程建设	
政策研究与信息管理	
工程稽查	
前期工作	
南水北调技术推广	
环境、移民及水资源管理与保护	
其他南水北调支出	
扶贫	779 878
行政运行	5 252
一般行政管理事务	7 675
机关服务	
农村基础设施建设	234 200
生产发展	272 233
社会发展	4 255
扶贫贷款奖补和贴息	4 786
“三西”农业建设专项补助	
扶贫事业机构	2 554
其他扶贫支出	248 923
农业综合开发	146 772
机构运行	3 204
土地治理	82 504
产业化经营	21 378
科技示范	
其他农业综合开发支出	39 686

续表

预算科目	决算数
农村综合改革	262 573
对村级一事一议的补助	187 150
国有农场办社会职能改革补助	8 393
对村民委员会和村党支部的补助	40 581
对村集体经济组织的补助	8 910
农村综合改革示范试点补助	6 095
其他农村综合改革支出	11 444
普惠金融发展支出	208 885
支持农村金融机构	18 785
涉农贷款增量奖励	22 580
农业保险保费补贴	135 424
小额担保贷款贴息	19 706
补充小额担保贷款基金	240
其他普惠金融发展支出	12 150
目标价格补贴	1 476 474
棉花目标价格补贴	1 476 406
大豆目标价格补贴	
其他目标价格补贴	68
其他农林水支出（款）	42 395
化解其他公益性乡村债务支出	86
其他农林水支出（项）	42 309
交通运输支出	2 691 564
公路水路运输	1 173 817
行政运行	26 949
一般行政管理事务	4 217
机关服务	2 453
公路新建	223 467
公路改建	142 739
公路养护	292 862
特大型桥梁建设	299
公路路政管理	27 144
公路和运输信息化建设	379
公路和运输安全	133
公路还贷专项	350 934
公路运输管理	30 965
公路客货运站（场）建设	14 853
公路和运输技术标准化建设	
港口设施	500

续表

预算科目	决算数
航道维护	
安全通信	
三峡库区通航管理	
航务管理	
船舶检验	
救助打捞	
内河运输	
远洋运输	
海事管理	
航标事业发展支出	
水路运输管理支出	
口岸建设	5 310
取消政府还贷二级公路收费专项支出	
其他公路水路运输支出	50 613
铁路运输	71 549
行政运行	2
一般行政管理事务	
机关服务	
铁路路网建设	64 800
铁路还贷专项	
铁路安全	6 620
铁路专项运输	
行业监管	
其他铁路运输支出	127
民用航空运输	83 858
行政运行	
一般行政管理事务	
机关服务	
机场建设	67 900
空管系统建设	
民航还贷专项支出	
民用航空安全	
民航专项运输	
其他民用航空运输支出	15 958
成品油价格改革对交通运输的补贴	20 798
对城市公交的补贴	6 142
对农村道路客运的补贴	12 546
对出租车的补贴	1 955

续表

预算科目	决算数
成品油价格改革补贴其他支出	155
邮政业支出	503
行政运行	40
一般行政管理事务	17
机关服务	
行业监管	
邮政普遍服务与特殊服务	166
其他邮政业支出	280
车辆购置税支出	1 191 679
车辆购置税用于公路等基础设施建设支出	816 085
车辆购置税用于农村公路建设支出	370 795
车辆购置税用于老旧汽车报废更新补贴支出	1 293
车辆购置税其他支出	3 506
其他交通运输支出（款）	149 360
公共交通运营补助	107 401
其他交通运输支出（项）	41 959
资源勘探信息等支出	944 606
资源勘探开发	97 719
行政运行	3 098
一般行政管理事务	807
机关服务	252
煤炭勘探开采和洗选	12 759
石油和天然气勘探开采	
黑色金属矿勘探和采选	
有色金属矿勘探和采选	4 604
非金属矿勘探和采选	
其他资源勘探业支出	76 199
制造业	210 762
行政运行	3 460
一般行政管理事务	3 622
机关服务	371
纺织业	104 096
医药制造业	101
非金属矿物制品业	
通信设备、计算机及其他电子设备制造业	
交通运输设备制造业	
电气机械及器材制造业	
工艺品及其他制造业	62

续表

预算科目	决算数
石油加工、炼焦及核燃料加工业	
化学原料及化学制品制造业	
黑色金属冶炼及压延加工业	
有色金属冶炼及压延加工业	
其他制造业支出	99 050
建筑业	68
行政运行	66
一般行政管理事务	
机关服务	
其他建筑业支出	2
工业和信息产业监管	64 522
行政运行	1 535
一般行政管理事务	371
机关服务	
战备应急	
信息安全建设	5 673
专用通信	
无线电监管	36 093
工业和信息产业战略研究与标准制定	
工业和信息产业支持	733
电子专项工程	
行业监管	
技术基础研究	
其他工业和信息产业监管支出	20 117
安全生产监管	49 701
行政运行	22 409
一般行政管理事务	5 537
机关服务	690
国务院安委会专项	
安全监管监察专项	6 560
应急救援支出	1 629
煤炭安全	565
其他安全生产监管支出	12 311
国有资产监管	58 288
行政运行	6 294
一般行政管理事务	555
机关服务	187
国有企业监事会专项	

续表

预算科目	决算数
中央企业专项管理	
其他国有资产监管支出	51 252
支持中小企业发展和管理支出	318 585
行政运行	277
一般行政管理事务	1 298
机关服务	160
科技型中小企业技术创新基金	1 524
中小企业发展专项	138 156
其他支持中小企业发展和管理支出	177 170
其他资源勘探信息等支出（款）	144 961
黄金事务	157
建设项目贷款贴息	
技术改造支出	
中药材扶持资金支出	
重点产业振兴和技术改造项目贷款贴息	
其他资源勘探信息等支出（项）	144 804
商业服务业等支出	432 165
商业流通事务	311 567
行政运行	7 030
一般行政管理事务	1 177
机关服务	
食品流通安全补贴	
市场监测及信息管理	
民贸企业补贴	256
民贸民品贷款贴息	46 138
事业运行	5 628
其他商业流通事务支出	251 338
旅游业管理与服务支出	75 284
行政运行	15 236
一般行政管理事务	3 377
机关服务	621
旅游宣传	5 572
旅游行业业务管理	1 036
其他旅游业管理与服务支出	49 442
涉外发展服务支出	40 843
行政运行	201
一般行政管理事务	

续表

预算科目	决算数
机关服务	
外商投资环境建设补助资金	
其他涉外发展服务支出	40 642
其他商业服务业等支出（款）	4 471
服务业基础设施建设	40
其他商业服务业等支出（项）	4 431
金融支出	213 593
金融部门行政支出	425
行政运行	143
一般行政管理事务	5
机关服务	
安全防卫	
事业运行	122
金融部门其他行政支出	155
金融部门监管支出	784
货币发行	
金融服务	
反假币	
重点金融机构监管	
金融稽查与案件处理	4
金融行业电子化建设	
从业人员资格考试	
反洗钱	
金融部门其他监管支出	780
金融发展支出	182 095
政策性银行亏损补贴	
商业银行贷款贴息	
补充资本金	130 000
风险基金补助	
其他金融发展支出	52 095
金融调控支出	
中央银行亏损补贴	
其他金融调控支出	
其他金融支出（款）	30 289
其他金融支出（项）	30 289
援助其他地区支出	
一般公共服务	

续表

预算科目	决算数
教育	
文化体育与传媒	
医疗卫生	
节能环保	
农业	
交通运输	
住房保障	
其他支出	
国土海洋气象等支出	466 423
国土资源事务	421 247
行政运行	65 760
一般行政管理事务	4 268
机关服务	621
国土资源规划及管理	3 598
土地资源调查	1 174
土地资源利用与保护	1 612
国土资源社会公益服务	
国土资源行业业务管理	298
国土资源调查	686
国土整治	117
地质灾害防治	5 356
土地资源储备支出	8 645
地质及矿产资源调查	281
地质矿产资源利用与保护	256 299
地质转产项目财政贴息	
国外风险勘查	
地质勘查基金（周转金）支出	
事业运行	32 111
其他国土资源事务支出	40 421
海洋管理事务	
行政运行	
一般行政管理事务	
机关服务	
海域使用管理	
海洋环境保护与监测	
海洋调查评价	
海洋权益维护	

续表

预算科目	决算数
海洋执法监察	
海洋防灾减灾	
海洋卫星	
极地考察	
海洋矿产资源勘探研究	
海港航标维护	
海水淡化	
海洋工程排污费支出	
无居民海岛使用金支出	
海岛和海域保护	
事业运行	
其他海洋管理事务支出	
测绘事务	24 042
行政运行	925
一般行政管理事务	15
机关服务	92
基础测绘	16 408
航空摄影	
测绘工程建设	185
事业运行	5 528
其他测绘事务支出	889
地震事务	6 099
行政运行	3 141
一般行政管理事务	86
机关服务	
地震监测	487
地震预测预报	37
地震灾害预防	19
地震应急救援	1 042
地震环境探察	
防震减灾信息管理	10
防震减灾基础管理	20
地震事业机构	1 219
其他地震事务支出	38
气象事务	15 014
行政运行	542
一般行政管理事务	299

续表

预算科目	决算数
机关服务	
气象事业机构	4 875
气象探测	15
气象信息传输及管理	10
气象预报预测	86
气象服务	5 413
气象装备保障维护	1 053
气象基础设施建设与维修	545
气象卫星	
气象法规与标准	
气象资金审计稽查	
其他气象事务支出	2 176
其他国土海洋气象等支出（款）	21
其他国土海洋气象等支出（项）	21
住房保障支出	1 810 149
保障性安居工程支出	1 600 454
廉租住房	3 178
沉陷区治理	
棚户区改造	249 967
少数民族地区游牧民定居工程	43 815
农村危房改造	320 003
公共租赁住房	115 980
保障性住房租金补贴	1 797
其他保障性安居工程支出	865 714
住房改革支出	159 591
住房公积金	158 459
提租补贴	202
购房补贴	930
城乡社区住宅	50 104
公有住房建设和维修改造支出	1 274
住房公积金管理	42 308
其他城乡社区住宅支出	6 522

续表

预算科目	决算数
粮油物资储备支出	285 897
粮油事务	252 048
行政运行	8 409
一般行政管理事务	667
机关服务	734
粮食财务与审计支出	
粮食信息统计	1
粮食专项业务活动	123
国家粮油差价补贴	600
粮食财务挂账利息补贴	11 448
粮食财务挂账消化款	
处理陈化粮补贴	
粮食风险基金	207 994
粮油市场调控专项资金	
事业运行	1 437
其他粮油事务支出	20 635
物资事务	394
行政运行	
一般行政管理事务	
机关服务	
铁路专用线	
护库武警和民兵支出	
物资保管与保养	
专项贷款利息	
物资转移	
物资轮换	
仓库建设	341
仓库安防	
事业运行	
其他物资事务支出	53
能源储备	
石油储备支出	

续表

预算科目	决算数
国家留成油串换石油储备支出	
天然铀能源储备	
煤炭储备	
其他能源储备	
粮油储备	24 985
储备粮油补贴	648
储备粮油差价补贴	
储备粮（油）库建设	18 328
最低收购价政策支出	
其他粮油储备支出	6 009
重要商品储备	8 470
棉花储备	
食糖储备	381
肉类储备	1 946
化肥储备	2 609
农药储备	237
边销茶储备	50
羊毛储备	1 096
医药储备	
食盐储备	5
战略物资储备	
其他重要商品储备支出	2 146
其他支出（类）	336 864
其他支出（款）	336 864
其他支出（项）	336 864
债务付息支出	679 724
地方政府一般债务付息支出	679 724
地方政府一般债券付息支出	393 637
地方政府向外国政府借款付息支出	1 246
地方政府向国际组织借款付息支出	114
地方政府其他一般债务付息支出	284 727
债务发行费用支出	7 797
地方政府一般债务发行费用支出	7 797
本年支出合计	41 382 495

2016年度新疆维吾尔自治区一般公共财政预算收支决算分级表

决算07表

单位：万元

预算科目	决算数合计	省级	地级	其中：地级直属乡镇	县级	乡镇级	预算科目	决算数合计	省级	地级	其中：地级直属乡镇	县级	乡镇级
一、税收收入	8 691 779	359 477	2 466 682		5 865 620		一、一般公共服务支出	3 885 296	697 305	629 564		2 558 427	
增值税	2 602 370	17 075	960 293		1 625 002		二、外交支出	1 616	1 284	332			
营业税	1 154 711	4 912	302 878		846 921		三、国防支出	52 212	26 457	12 414		13 341	
企业所得税	968 678	36 777	356 585		575 316		四、公共安全支出	3 008 839	706 014	626 874		1 675 951	
企业所得税退税							五、教育支出	6 645 228	693 157	799 931		5 152 140	
个人所得税	612 267		138 168		474 099		六、科学技术支出	449 816	102 313	100 279		247 224	
资源税	526 258	300 069	55 790		170 399		七、文化体育与传媒支出	776 092	241 413	195 299		339 380	
城市维护建设税	517 349	644	192 517		324 188		八、社会保障和就业支出	5 043 750	1 362 303	657 073		3 024 374	
房产税	321 051		66 574		254 477		九、医疗卫生与计划生育支出	2 564 294	153 692	442 141		1 968 461	
印花税	132 148		35 084		97 064		十、节能环保支出	650 673	29 417	145 600		475 656	
城镇土地使用税	394 995		74 357		320 638		十一、城乡社区支出	3 265 695	6 593	960 146		2 298 956	
土地增值税	416 860		51 301		365 559		十二、农林水支出	7 170 202	2 675 870	526 018		3 968 314	
车船税	131 015		1 415		129 600		十三、交通运输支出	2 691 564	2 350 605	171 579		169 380	

续表

预算科目	决算数合计	省级	地级	其中：地级直属乡镇	县级	乡镇级	预算科目	决算数合计	省级	地级	其中：地级直属乡镇	县级	乡镇级
耕地占用税	532 122		92 055		440 067		十四、资源勘探信息等支出	944 606	168 180	362 933		413 493	
契税	381 955		139 665		242 290		十五、商业服务业等支出	432 165	98 444	98 202		235 519	
烟叶税							十六、金融支出	213 593	136 391	60 600		16 602	
其他税收收入							十七、援助其他地区支出						
二、非税收入	4 297 739	1 092 431	1 106 551		2 098 757		十八、国土海洋气象等支出	466 423	323 173	38 037		105 213	
专项收入	936 525	157 350	362 600		416 575		十九、住房保障支出	1 810 149	34 645	221 057		1 554 447	
行政事业性收费收入	683 374	130 175	174 995		378 204		二十、粮油物资储备支出	285 897	239 229	13 819		32 849	
罚没收入	243 795	42 002	57 969		143 824		二十一、其他支出	336 864	56 917	105 701		174 246	
国有资本经营收入	246 071	5 978	130 308		109 785		二十二、债务付息支出	679 724	374 936	186 495		118 293	
国有资源（资产）有偿使用收入	1 733 839	742 951	144 581		846 307		二十三、债务发行费用支出	7 797	1 866	2 684		3 247	
其他收入	454 135	13 975	236 098		204 062								
本年收入合计	12 989 518	1 451 908	3 573 233		7 964 377		本年支出合计	41 382 495	10 480 204	6 356 778		24 545 513	

2016 年度新疆维吾尔自治区政府性基金收支决算总表

决算 10 表

单位：万元

预算科目	预算数	调整预算数	决算数	预算科目	预算数	调整预算数	决算数
政府性基金收入	2 941 851	3 017 601	3 342 160	文化体育与传媒支出	600	3 824	3 770
				社会保障和就业支出	3 878	42 024	39 198
				节能环保支出	45 200		
				城乡社区支出	2 242 894	2 876 504	2 507 045
				农林水支出	2 004	6 611	3 304
				交通运输支出	385 000	626 453	596 473
				资源勘探信息等支出	14 684	14 224	7 346
				商业服务业等支出	580	5 750	1 980
				其他支出	84 256	230 884	179 516
				债务付息支出	12 831	212 434	212 434
				债务发行费用支出		2 369	2 369
本年收入合计	2 941 851	3 017 601	3 342 160	本年支出合计	2 791 927	4 021 077	3 553 435
上级补助收入			324 647	上解上级支出			
待偿债置换专项债券上年结余							
上年结余			580 858				
调入资金			1 380	调出资金			506 470
债务（转贷）收入			2 402 000	债务还本支出			2 123 498
省补助计划单列市收入				计划单列市上解省支出			
				待偿债置换专项债券结余			
				年终结余			467 642
收入总计			6 651 045	支出总计			6 651 045

2016 年度新疆维吾尔自治区政府性基金收支决算分级表

决算 14 表
单位：万元

项　目	决算数合计	省级	地级	其中：地级直属乡镇	县级	乡镇级	项　目	决算数合计	省级	地级	其中：地级直属乡镇	县级	乡镇级
国有土地使用权出让收入	2 258 585		776 032		1 482 553		国有土地使用权出让相关支出	2 336 703		834 859		1 501 844	
城市公用事业附加收入	25 315		13 891		11 424		城市公用事业附加相关支出	11 268		814		10 454	
国有土地收益基金收入	639		390		249		国有土地收益基金相关支出	1 149		913		236	
农业土地开发资金收入	29 764	5 733	7 716		16 315		农业土地开发资金相关支出	21 472		10 578		10 894	
新增建设用地土地有偿使用费收入	97 390	97 390					新增建设用地土地有偿使用费相关支出	198 083	66 899	105 172		26 012	
城市基础设施配套费收入	178 394		103 817		74 577		城市基础设施配套费相关支出	139 667		75 598		64 069	
车辆通行费	580 808	580 782	26				车辆通行费相关支出	480 302	480 302				
彩票公益金收入	100 192	100 192					彩票公益金相关支出	159 617	85 757	26 274		47 586	
其他各项政府性基金收入	71 073	36 524	22 949		11 600		其他各项政府性基金相关支出	205 174	137 784	16 975		50 415	
本年收入合计	3 342 160	820 621	924 821		1 596 718		本年支出合计	3 553 435	770 742	1 071 183		1 711 510	

2016 年度新疆维吾尔自治区财政预算资金年终资产负债表

决算 21 表

单位：万元

资产部类					负债部类				
会计科目	期初数		期末数		会计科目	期初数		期末数	
	合计	其中：本级	合计	其中：本级		合计	其中：本级	合计	其中：本级
资产	8 315 107	11 278 117	8 519 606	19 440 264	负债	12 504 912	11 092 852	22 211 984	20 569 503
国库存款	5 097 576	3 804 076	4 698 088	3 480 110	应付短期政府债券	784 055	784 055	814 326	814 326
国库现金管理存款					应付国库集中支付结余	2 370 246	1 290 801	1 855 861	624 520
其他财政存款	580 910	20 322	522 050	13 172	与上级往来	862	862	171 435	171 435
财政零余额账户存款					其中：上级拨付国债转贷资金	20 322	20 322	13 172	13 172
有价证券	12		12		计划单列市与省往来				
在途款	1	1	84	84	其他应付款	357 628	29 378	402 207	95 435
预拨经费	36 697		95 164	3 290	应付代管资金	4 365		5 838	
借出款项	340 404		505 767		应付长期政府债券	8 987 756	8 987 756	18 863 787	18 863 787
应收股利	641		641		借入款项				
与下级往来		481 449		116 926	应付地方政府债券转贷款				
其中：省与计划单列市往来					应付主权外债转贷款				
其他应收款	183 534	8 084	225 808	15 721	其他负债			98 530	
应收地方政府债券转贷款		4 953 663		13 487 141	已结报支出				
应收主权外债转贷款					净资产	-4 189 805	185 265	-13 692 378	-1 129 239
股权投资	2 075 332	2 010 522	2 471 992	2 323 820	一般公共预算结转结余	1 439 564	1 288 604	1 394 517	1 148 045
待发国债					政府性基金预算结转结余	580 858	415 530	467 642	268 870
					国有资本经营预算结转结余	7 589	6 257	38 384	37 412
					专用基金结余	524		524	
					预算稳定调节基金	1 453 399	1 275 000	1 686 494	1 276 086
					预算周转金	24 099	7 500	24 071	7 500
					资产基金	2 075 973	6 964 185	2 472 633	15 810 961
					待偿债净资产	-9 771 811	-9 771 811	-19 776 643	-19 678 113
总　计	8 315 107	11 278 117	8 519 606	19 440 264	总计	8 315 107	11 278 117	8 519 606	19 440 264

2016 年度新疆维吾尔自治区财政总决算收支完成情况表

单位：万元

预算科目	2015 年决算数	2016 年预算数	2016 年决算情况				预算科目	2015 年决算数	2016 年预算数	2016 年决算情况			
			决算数	为预算%	比上年±%	增减额				决算数	为预算%	比上年±%	增减额
一、税收收入	8 617 266	9 364 227	8 691 779	92.82	0.86	74 513.00	一、一般公共服务	3 664 120	3 905 475	3 885 296	99.48	6.04	221 176
增值税	1 407 183	2 033 114	2 602 370	128.00	84.93	1 195 187.00	二、外交	1 663	1 616	1 616	100.00	-2.83	-47
营业税	2 651 157	2 345 233	1 154 711	49.24	-56.45	-1 496 446.00	三、国防	49 774	74 018	52 212	70.54	4.90	2 438
企业所得税	923 355	1 016 291	968 678	95.32	4.91	45 323.00	四、公共安全	2 519 494	3 022 006	3 008 839	99.56	19.42	489 345
个人所得税	555 480	622 766	612 267	98.31	10.22	56 787.00	五、教育	6 479 320	6 684 838	6 645 228	99.41	2.56	165 908
资源税	663 625	697 397	526 258	75.46	-20.70	-137 367.00	六、科学技术	416 433	451 253	449 816	99.68	8.02	33 383
城市维护建设税	517 625	547 456	517 349	94.50	-0.05	-276.00	七、文化体育与传媒	789 609	780 394	776 092	99.45	-1.71	-13 517
房产税	266 187	299 283	321 051	107.27	20.61	54 864.00	八、社会保障和就业	3 718 983	5 102 072	5 043 750	98.86	35.62	1 324 767
契税	419 311	432 803	381 955	88.25	-8.91	-37 356.00	九、医疗卫生	2 440 080	2 574 138	2 564 294	99.62	5.09	124 214
其他税收收入	1 213 343	1 369 884	1 607 140	117.32	32.46	393 797.00	十、节能环保	715 084	689 827	650 673	94.32	-9.01	-64 411
二、非税收入	4 691 198	3 146 994	4 297 739	136.57	-8.39	-393 459.00	十一、城乡社区事务	3 230 432	3 279 784	3 265 695	99.57	1.09	35 263
专项收入	2 453 129	909 211	936 525	103.00	-61.82	-1 516 604.00	十二、农林水事务	6 053 409	7 421 690	7 170 202	96.61	18.45	1 116 793
行政事业性收费收入	635 614	676 149	683 374	101.07	7.51	47 760.00	十三、交通运输	2 707 545	2 765 481	2 691 564	97.33	-0.59	-15 981
罚没收入	268 637	269 568	243 795	90.44	-9.25	-24 842.00	十四、资源勘探电力信息等事务	721 056	1 131 652	944 606	83.47	31.00	223 550
其他收入	1 333 818	1 292 066	2 434 045	188.38	82.49	1 100 227.00	十五、其他支出	4 541 684	5 023 411	4 232 612	84.26	-6.81	-309 072
一般公共预算收入小计	13 308 464	12 511 221	12 989 518	103.82	-2.40	-318 946.00	一般公共预算支出小计	38 048 686	42 907 655	41 382 495	96.45	8.76	3 333 809
基金预算收入小计	3 330 386	3 017 601	3 342 160	110.76	0.35	11 774.00	基金预算支出小计	3 629 900	4 021 077	3 553 435	88.37	-2.11	-76 465
国有资本经营预算收入小计	21 812	38 566	38 816	100.65	77.96	17 004.00	国有资本经营预算支出小计	13 314	31 475	31 395	99.75	135.80	18 081
地方财政收入合计	16 660 662	15 567 388	16 370 494	105.16	-1.74	-290 168.00	地方财政支出合计	41 691 900	46 960 207	44 967 325	95.76	7.86	3 275 425

2016年度新疆维吾尔自治区分地区公共财政预算收支完成情况表

单位：万元

地　区	一般公共预算收入				一般公共预算支出			
	2016年决算数	2015年决算数	比上年±%	增减额	2016年决算数	2015年决算数	比上年±%	增减额
合　计	11 537 610	10 891 124	5.94	646 486	30 902 291	27 746 215	11.37	3 156 076
1. 乌鲁木齐市	3 696 734	3 686 663	0.27	10 071	4 175 602	4 466 709	-6.52	-291 107
2. 克拉玛依市	791 422	749 926	5.53	41 496	995 636	896 640	11.04	98 996
3. 石河子市	388 815	368 259	5.58	20 556	498 628	445 888	11.83	52 740
4. 伊犁州	1 483 653	1 380 889	7.44	102 764	5 732 121	5 111 968	12.13	620 153
伊犁州直	731 819	672 568	8.81	59 251	2 744 664	2 536 964	8.19	207 700
塔城地区	438 264	404 123	8.45	34 141	1 564 463	1 370 425	14.16	194 038
阿勒泰地区	313 570	304 198	3.08	9 372	1 422 994	1 204 579	18.13	218 415
5. 博尔塔拉州	200 671	171 261	17.17	29 410	869 417	758 226	14.66	111 191
6. 昌吉州	1 214 010	1 104 442	9.92	109 568	2 749 708	2 163 946	27.07	585 762
7. 巴音郭楞州	750 847	700 081	7.25	50 766	2 129 360	1 797 775	18.44	331 585
8. 阿克苏地区	848 378	769 712	10.22	78 666	2 868 840	2 527 768	13.49	341 072
9. 克孜勒苏州	115 945	109 721	5.67	6 224	1 191 001	1 008 315	18.12	182 686
10. 喀什地区	637 550	573 702	11.13	63 848	4 902 979	4 201 329	16.70	701 650
11. 和田地区	210 873	186 119	13.30	24 754	2 536 008	2 331 481	8.77	204 527
12. 吐鲁番市	327 874	302 628	8.34	25 246	762 089	716 703	6.33	45 386
13. 哈密地区	567 109	545 273	4.00	21 836	1 120 440	1 007 135	11.25	113 305
14. 五家渠市	174 298	117 059	48.90	57 239	157 840	139 434	13.20	18 406
15. 阿拉尔市	62 997	66 882	-5.81	-3 885	88 160	83 578	5.48	4 582
16. 图木舒克市	28 959	31 040	-6.70	-2 081	53 452	53 854	-0.75	-402
17. 北屯市	22 709	22 634	0.33	75	34 852	30 456	14.43	4 396
18. 铁门关市	13 151	4 833	172.11	8 318	34 525	5 010	589.12	29 515
19. 双河市	1 615			1 615	1 633			1 633

2016 年度新疆维吾尔自治区财政收入分征收部门完成情况表

单位：万元

项目	地方财政收入				上划中央“四税”收入				全口径财政收入			
	2016 年	2015 年	增减额	比上年±%	2016 年	2015 年	增减额	比上年±%	2016 年	2015 年	增减额	比上年±%
一般公共预算收入小计	12 989 518	13 308 464	-318 946	-2.40	7 075 733	7 744 592	-668 859	-8.64	20 065 251	21 053 056	-987 805	-4.69
一、国税部门征收	3 203 332	1 991 161	1 212 171	60.88	5 605 758	6 402 306	-796 548	-12.44	8 809 090	8 393 467	415 623	4.95
增值税	2 602 370	1 407 183	1 195 187	84.93	2 165 978	2 960 171	-794 193	-26.83	4 768 348	4 367 354	400 994	9.18
国内消费税					2 538 337	2 566 168	-27 831	-1.08	2 538 337	2 566 168	-27 831	-1.08
企业所得税	600 956	583 968	16 988	2.91	901 434	875 952	25 482	2.91	1 502 390	1 459 920	42 470	2.91
个人所得税	6	10	-4	-40.00	9	15	-6	-40.00	15	25	-10	-40.00
二、地税部门征收（含国税代征）	5 453 833	6 604 441	-1 150 608	-17.42	1 418 054	1 309 790	108 264	8.27	6 871 887	7 914 231	-1 042 344	-13.17
营业税	1 154 711	2 651 157	-1 496 446	-56.45					1 154 711	2 651 157	-1 496 446	-56.45
企业所得税	333 108	317 723	15 385	4.84	499 662	476 585	23 078	4.84	832 770	794 308	38 463	4.84
个人所得税	612 261	555 470	56 791	10.22	918 392	833 205	85 187	10.22	1 530 653	1 388 675	141 978	10.22
资源税	526 258	663 625	-137 367	-20.70					526 258	663 625	-137 367	-20.70
城市维护建设税	517 349	517 625	-276	-0.05					517 349	517 625	-276	-0.05
房产税	321 051	266 187	54 864	20.61					321 051	266 187	54 864	20.61
印花税	132 148	134 227	-2 079	-1.55					132 148	134 227	-2 079	-1.55
城镇土地使用税	394 995	148 503	246 492	165.98					394 995	148 503	246 492	165.98
土地增值税	416 860	316 033	100 827	31.90					416 860	316 033	100 827	31.90
车船税	131 015	118 355	12 660	10.70					131 015	118 355	12 660	10.70
契税	381 955	419 311	-37 356	-8.91					381 955	419 311	-37 356	-8.91
其他税收	532 122	496 225	35 897	7.23					532 122	496 225	35 897	7.23
三、非税收入	4 297 739	4 691 198	-393 459	-8.39					4 297 739	4 691 198	-393 459	-8.39
四、中央返还跨地区所得税	34 614	21 664	12 950	59.78	51 921	32 496	19 425	59.78	86 535	54 160	32 375	59.78
基金预算收入小计	3 342 160	3 330 386	11 774	0.35					3 342 160	3 330 386	11 774	0.35
国有资本经营预算收入	38 816	21 812	17 004	77.96					38 816	21 812	17 004	77.96
地方财政收入合计	16 370 494	16 660 662	-290 168	-1.74	7 075 733	7 744 592	-668 859	-8.64	23 446 227	24 405 254	-959 027	-3.93

2016 年度新疆维吾尔自治区县级公共财政预算收入排序表

单位：万元

序号	县市名称	数额	序号	县市名称	数额	序号	县市名称	数额
1	哈密市	459 092	35	若羌县	67 660	69	泽普县	26 693
2	石河子市	388 815	36	阿勒泰市	65 000	70	乌恰县	26 411
3	昌吉市	372 738	37	阿拉尔市	62 997	71	白碱滩区	26 084
4	库尔勒市	331 226	38	新源县	59 062	72	察布查尔锡伯自治县	25 056
5	米东区	313 246	39	和布克赛尔蒙古自治县	58 151	73	尼勒克县	24 682
6	库车县	287 506	40	叶城县	56 028	74	尉犁县	23 971
7	天山区	250 600	41	乌鲁木齐县	55 507	75	且末县	23 367
8	水磨沟区	239 230	42	莎车县	55 063	76	洛浦县	23 242
9	新市区	231 663	43	塔城市	54 588	77	北屯市	22 709
10	伊宁市	214 137	44	哈巴河县	53 031	78	英吉沙县	22 374
11	阜康市	209 814	45	疏勒县	45 160	79	岳普湖县	21 790
12	沙依巴克区	203 904	46	伽师县	44 397	80	青河县	21 263
13	喀什市	200 276	47	温宿县	44 250	81	托里县	21 262
14	五家渠市	174 298	48	新和县	42 416	82	于田县	21 071
15	阿克苏市	172 864	49	额敏县	41 425	83	巩留县	20 886
16	克拉玛依区	146 954	50	和静县	41 130	84	阿瓦提县	18 533
17	乌苏市	146 877	51	巴楚县	41 077	85	和田县	18 308

续表

序号	县市名称	数额	序号	县市名称	数额	序号	县市名称	数额
18	霍尔果斯市	131 606	52	霍城县	40 755	86	特克斯县	18 050
19	拜城县	122 291	53	精河县	40 440	87	塔什库尔干塔吉克自治县	17 838
20	鄯善县	115 644	54	伊宁县	40 281	88	和硕县	17 004
21	奎屯市	112 305	55	木垒哈萨克自治县	36 990	89	博湖县	16 000
22	呼图壁县	105 689	56	巴里坤哈萨克自治县	34 879	90	皮山县	14 790
23	博乐市	102 320	57	阿图什市	34 691	91	昭苏县	14 742
24	玛纳斯县	99 686	58	疏附县	33 494	92	铁门关市	13 151
25	沙湾县	92 237	59	焉耆回族自治县	32 633	93	温泉县	12 818
26	沙雅县	88 356	60	布尔津县	31 978	94	乌什县	11 340
27	托克逊县	86 716	61	阿克陶县	30 425	95	吉木乃县	10 866
28	独山子区	86 033	62	达坂城区	30 002	96	策勒县	10 457
29	富蕴县	80 008	63	伊吾县	29 301	97	民丰县	10 044
30	高昌区	79 065	64	图木舒克市	28 959	98	阿合奇县	8 200
31	吉木萨尔县	76 606	65	麦盖提县	28 073	99	裕民县	8 121
32	奇台县	74 799	66	阿拉山口市	27 360	100	乌尔禾区	7 496
33	轮台县	72 994	67	福海县	27 140	101	柯坪县	5 131
34	和田市	68 074	68	墨玉县	27 000	102	双河市	1 615

2016 年度新疆维吾尔自治区县级公共财政预算支出排序表

单位：万元

序号	县市名称	数额	序号	县市名称	数额	序号	县市名称	数额
1	莎车县	765 163	35	吉木萨尔县	267 916	69	哈巴河县	175 885
2	喀什市	632 478	36	伊宁县	266 964	70	塔什库尔干塔吉克自治县	170 987
3	哈密市	620 889	37	水磨沟区	264 236	71	特克斯县	170 314
4	昌吉市	592 884	38	呼图壁县	260 111	72	托里县	164 999
5	叶城县	518 212	39	沙湾县	259 450	73	木垒哈萨克自治县	163 144
6	库车县	502 757	40	玛纳斯县	252 529	74	焉耆回族自治县	160 286
7	石河子市	498 628	41	霍城县	248 364	75	五家渠市	157 840
8	墨玉县	474 496	42	高昌区	247 767	76	尉犁县	157 708
9	库尔勒市	462 624	43	奎屯市	239 658	77	布尔津县	149 714
10	伊宁市	417 431	44	阿瓦提县	237 665	78	且末县	147 140
11	阿克苏市	409 409	45	和静县	231 266	79	若羌县	145 523
12	伽师县	395 502	46	沙依巴克区	229 490	80	独山子区	140 868
13	巴楚县	378 760	47	泽普县	227 844	81	温泉县	139 867
14	米东区	361 119	48	新源县	227 322	82	和布克赛尔蒙古自治县	137 819
15	疏勒县	347 915	49	乌什县	225 154	83	福海县	135 872
16	乌苏市	346 128	50	鄯善县	215 827	84	柯坪县	135 400
17	阿克陶县	344 740	51	策勒县	215 405	85	阿合奇县	135 348

续表

序号	县市名称	数额	序号	县市名称	数额	序号	县市名称	数额
18	阿图什市	344 254	52	岳普湖县	215 151	86	乌鲁木齐县	131 605
19	阜康市	323 744	53	新市区	213 745	87	和硕县	120 172
20	和田市	316 764	54	塔城市	213 612	88	吉木乃县	119 757
21	英吉沙县	315 096	55	克拉玛依区	213 342	89	民丰县	116 410
22	皮山县	311 703	56	察布查尔锡伯自治县	212 646	90	博湖县	115 187
23	疏附县	307 387	57	额敏县	209 627	91	霍尔果斯市	105 332
24	和田县	298 722	58	富蕴县	206 725	92	伊吾县	103 122
25	麦盖提县	295 065	59	精河县	204 428	93	裕民县	101 220
26	沙雅县	283 056	60	新和县	198 042	94	阿拉山口市	98 761
27	奇台县	282 288	61	尼勒克县	196 757	95	阿拉尔市	88 160
28	天山区	280 259	62	昭苏县	196 232	96	白碱滩区	74 933
29	博乐市	276 384	63	巴里坤哈萨克自治县	191 653	97	达坂城区	65 996
30	洛浦县	275 021	64	巩留县	189 011	98	图木舒克市	53 452
31	拜城县	274 774	65	青河县	183 370	99	北屯市	34 852
32	于田县	273 397	66	托克逊县	181 827	100	铁门关市	34 525
33	温宿县	269 283	67	轮台县	179 189	101	乌尔禾区	27 621
34	阿勒泰市	268 949	68	乌恰县	176 455	102	双河市	1 633

2016 年度新疆维吾尔自治区县级公共财政预算赤字排序表

单位：万元

序号	县市	数额
1	阿图什市	-161
2	巴楚县	-370
3	沙湾县	-412
4	博湖县	-541
5	和静县	-900
6	和硕县	-1 717
7	察布查尔锡伯自治县	-1 983
8	且末县	-2 433
9	木垒哈萨克自治县	-2 536
10	焉耆回族自治县	-4 160
11	库尔勒市	-4 838
12	尉犁县	-5 486
13	轮台县	-7 630
14	阿拉尔市	-10 688
15	图木舒克市	-12 410
合计		-56 265

2016 年度乌鲁木齐市一般公共预算收支决算总表

单位：万元

预算科目	决算数	预算科目	决算数	预算科目	决算数	预算科目	决算数
一、税收收入	2 826 415	一、一般公共服务支出	341 993	本年收入合计	3 696 734	本年支出合计	4 175 602
增值税	812 285	二、外交支出		上级补助收入	875 204	上解上级支出	483 340
其中：改征增值税	401 565	三、国防支出	4 997	返还性收入	131 499	一般性转移支付	197 385
营业税	420 828	四、公共安全支出	403 375	增值税和消费税税收返还收入	88 350	体制上解支出	197 385
企业所得税	436 106	五、教育支出	704 992	所得税基数返还收入	43 149	出口退税专项上解支出	
企业所得税退税		六、科学技术支出	94 646	成品油价格和税费改革税收返还收入		成品油价格和税费改革专项上解支出	
个人所得税	230 645	七、文化体育与传媒支出	44 207	其他税收返还收入		专项转移支付	285 955
资源税	6 689	八、社会保障和就业支出	470 654	一般性转移支付收入	230 116	专项上解支出	285 955
城市维护建设税	184 249	九、医疗卫生与计划生育支出	175 664	体制补助收入	21 024	计划单列市上解省支出	
房产税	140 039	十、节能环保支出	117 970	均衡性转移支付收入	20 670		
印花税	56 585	十一、城乡社区支出	846 984	革命老区及民族和边境地区转移支付收入	3 626		
城镇土地使用税	66 294	十二、农林水支出	230 064	县级基本财力保障机制奖补资金收入	2 802		
土地增值税	176 143	十三、交通运输支出	123 460	结算补助收入	2 911		
车船税	38 507	十四、资源勘探信息等支出	269 898	化解债务补助收入			
耕地占用税	109 983	十五、商业服务业等支出	38 780	资源枯竭型城市转移支付补助收入			

续表

预算科目	决算数	预算科目	决算数	预算科目	决算数	预算科目	决算数
契税	148 062	十六、金融支出	660	企业事业单位划转补助收入	13 778		
烟叶税		十七、援助其他地区支出		成品油价格和税费改革转移支付补助收入			
其他税收收入		十八、国土海洋气象等支出	11 333	基层公检法司转移支付收入	30 272		
二、非税收入	870 319	十九、住房保障支出	159 599	义务教育等转移支付收入	22 972		
专项收入	340 778	二十、粮油物资储备支出	1 603	基本养老保险和低保等转移支付收入	4 275		
行政事业性收费收入	110 735	二十一、预备费		新型农村合作医疗等转移支付收入	30 649		
罚没收入	39 532	二十二、其他支出	19 267	农村综合改革转移支付收入	330		
国有资本经营收入	109 059	二十三、债务付息支出	113 689	产粮（油）大县奖励资金收入			
国有资源（资产）有偿使用收入	112 150	二十四、债务发行费用支出	1 767	重点生态功能区转移支付收入			
其他收入	158 065			固定数额补助收入	75 732		
				其他一般性转移支付收入	1 075		
				专项转移支付收入	513 589		
				省补助计划单列市收入			
				接受其他地区援助收入		援助其他地区支出	
				债务（转贷）收入	1 765 705	债务还本支出	1 765 705

续表

预算科目	决算数	预算科目	决算数	预算科目	决算数	预算科目	决算数
						增设预算周转金	
						拨付国债转贷资金数	
				国债转贷收入		国债转贷资金结余	
				国债转贷资金上年结余			
				国债转贷转补助			
				上年结余	26 637		
				调入预算稳定调节基金	2 486	安排预算稳定调节基金	10 362
				调入资金	90 261	调出资金	
				1. 政府性基金调入	67 623	年终结余	22 018
				2. 国有资本经营调入		其中：本级	3 428
				3. 其他调入	22 638	减：结转下年的支出	39 968
						其中：本级	21 378
						净结余	－17 950
						其中：本级	－17 950
本年收入合计	3 696 734	本年支出合计	4 175 602	收入总计	6 457 027	支出总计	6 457 027

2016 年度克拉玛依市一般公共预算收支决算总表

单位：万元

预算科目	决算数	预算科目	决算数	预算科目	决算数	预算科目	决算数
一、税收收入	671 732	一、一般公共服务支出	112 336	本年收入合计	791 422	本年支出合计	995 636
增值税	332 732	二、外交支出		上级补助收入	164 494	上解上级支出	67 613
其中：改征增值税	52 070	三、国防支出	1 029	返还性收入	33 736	一般性转移支付	44 268
营业税	46 188	四、公共安全支出	84 180	增值税和消费税税收返还收入	23 210	体制上解支出	44 268
企业所得税	47 938	五、教育支出	212 515	所得税基数返还收入	10 526	出口退税专项上解支出	
企业所得税退税		六、科学技术支出	14 040	成品油价格和税费改革税收返还收入		成品油价格和税费改革专项上解支出	
个人所得税	27 870	七、文化体育与传媒支出	30 523	其他税收返还收入		专项转移支付	23 345
资源税	17 111	八、社会保障和就业支出	83 628	一般性转移支付收入	67 306	专项上解支出	23 345
城市维护建设税	86 313	九、医疗卫生与计划生育支出	82 917	体制补助收入	5 300	计划单列市上解省支出	
房产税	16 088	十、节能环保支出	16 494	均衡性转移支付收入	5 458		
印花税	5 598	十一、城乡社区支出	143 445	革命老区及民族和边境地区转移支付收入	478		
城镇土地使用税	41 799	十二、农林水支出	27 619	县级基本财力保障机制奖补资金收入	64		
土地增值税	5 770	十三、交通运输支出	17 105	结算补助收入	60		
车船税	5 979	十四、资源勘探信息等支出	36 058	化解债务补助收入			
耕地占用税	20 911	十五、商业服务业等支出	4 464	资源枯竭型城市转移支付补助收入			
契税	17 435	十六、金融支出	42 963	企业事业单位划转补助收入	31 866		
烟叶税		十七、援助其他地区支出		成品油价格和税费改革转移支付补助收入			

续表

预算科目	决算数	预算科目	决算数	预算科目	决算数	预算科目	决算数
其他税收收入		十八、国土海洋气象等支出	7 621	基层公检法司转移支付收入			
二、非税收入	119 690	十九、住房保障支出	7 426	义务教育等转移支付收入	2 644		
专项收入	84 680	二十、粮油物资储备支出	722	基本养老保险和低保等转移支付收入	204		
行政事业性收费收入	12 695	二十一、预备费		新型农村合作医疗等转移支付收入	2 218		
罚没收入	4 641	二十二、其他支出	2 525	农村综合改革转移支付收入	126		
国有资本经营收入	850	二十三、债务付息支出	67 547	产粮（油）大县奖励资金收入			
国有资源（资产）有偿使用收入	11 027	二十四、债务发行费用支出	479	重点生态功能区转移支付收入			
其他收入	5 797			固定数额补助收入	18 888		
				其他一般性转移支付收入			
				专项转移支付收入	63 452		
				省补助计划单列市收入			
				接受其他地区援助收入		援助其他地区支出	
				债务（转贷）收入	479 500	债务还本支出	497 151
						增设预算周转金	-1
						拨付国债转贷资金数	

续表

预算科目	决算数	预算科目	决算数	预算科目	决算数	预算科目	决算数
				国债转贷收入		国债转贷资金结余	
				国债转贷资金上年结余			
				国债转贷转补助			
				上年结余			
				调入预算稳定调节基金	21 208	安排预算稳定调节基金	9 063
				调入资金	112 838	调出资金	
				1. 政府性基金调入	11 104	年终结余	
				2. 国有资本经营调入	180	其中：本级	
				3. 其他调入	101 554	减：结转下年的支出	
						其中：本级	
						净结余	
						其中：本级	
本年收入合计	791 422	本年支出合计	995 636	收入总计	1 569 462	支出总计	1 569 462

2016 年度石河子市一般公共预算收支决算总表

单位：万元

预算科目	决算数	预算科目	决算数	预算科目	决算数	预算科目	决算数
一、税收收入	324 285	一、一般公共服务支出	21 160	本年收入合计	388 815	本年支出合计	498 628
增值税	88 567	二、外交支出		上级补助收入	89 033	上解上级支出	14 909
其中：改征增值税	19 764	三、国防支出	873	返还性收入	10 807	一般性转移支付	4 604
营业税	31 817	四、公共安全支出	45 648	增值税和消费税税收返还收入	8 461	体制上解支出	4 604
企业所得税	53 849	五、教育支出	51 477	所得税基数返还收入	2 346	出口退税专项上解支出	
企业所得税退税		六、科学技术支出	3 400	成品油价格和税费改革税收返还收入		成品油价格和税费改革专项上解支出	
个人所得税	47 607	七、文化体育与传媒支出	7 477	其他税收返还收入		专项转移支付	10 305
资源税	422	八、社会保障和就业支出	57 490	一般性转移支付收入	27 833	专项上解支出	10 305
城市维护建设税	18 268	九、医疗卫生与计划生育支出	14 607	体制补助收入	293	计划单列市上解省支出	
房产税	16 980	十、节能环保支出	5 507	均衡性转移支付收入	4 475		
印花税	4 353	十一、城乡社区支出	161 114	革命老区及民族和边境地区转移支付收入	125		
城镇土地使用税	14 213	十二、农林水支出	18 697	县级基本财力保障机制奖补资金收入			
土地增值税	18 584	十三、交通运输支出	25 986	结算补助收入	172		
车船税	4 860	十四、资源勘探信息等支出	40 518	化解债务补助收入			
耕地占用税	11 740	十五、商业服务业等支出	13 841	资源枯竭型城市转移支付补助收入			
契税	13 025	十六、金融支出	14 454	企业事业单位划转补助收入	285		

续表

预算科目	决算数	预算科目	决算数	预算科目	决算数	预算科目	决算数
烟叶税		十七、援助其他地区支出		成品油价格和税费改革转移支付补助收入			
其他税收收入		十八、国土海洋气象等支出	2 566	基层公检法司转移支付收入			
二、非税收入	64 530	十九、住房保障支出	2 000	义务教育等转移支付收入	1 669		
专项收入	34 346	二十、粮油物资储备支出	572	基本养老保险和低保等转移支付收入	185		
行政事业性收费收入	9 207	二十一、预备费		新型农村合作医疗等转移支付收入			
罚没收入	6 910	二十二、其他支出	10 790	农村综合改革转移支付收入			
国有资本经营收入	758	二十三、债务付息支出	426	产粮（油）大县奖励资金收入			
国有资源（资产）有偿使用收入	12 904	二十四、债务发行费用支出	25	重点生态功能区转移支付收入			
其他收入	405			固定数额补助收入	20 629		
				其他一般性转移支付收入			
				专项转移支付收入	50 393		
				省补助计划单列市收入			
				接受其他地区援助收入		援助其他地区支出	
				债务（转贷）收入	24 800	债务还本支出	

续表

预算科目	决算数	预算科目	决算数	预算科目	决算数	预算科目	决算数
						增设预算周转金	
						拨付国债转贷资金数	
				国债转贷收入		国债转贷资金结余	
				国债转贷资金上年结余			
				国债转贷转补助			
				上年结余	707		
				调入预算稳定调节基金	7 988	安排预算稳定调节基金	7 198
				调入资金	15 676	调出资金	
				1. 政府性基金调入	15 676	年终结余	6 284
				2. 国有资本经营调入		其中：本级	6 284
				3. 其他调入		减：结转下年的支出	6 284
						其中：本级	6 284
						净结余	
						其中：本级	
本年收入合计	388 815	本年支出合计	498 628	收入总计	527 019	支出总计	527 019

2016 年度伊犁州一般公共预算收支决算总表

单位：万元

预算科目	决算数	预算科目	决算数	预算科目	决算数	预算科目	决算数
一、税收收入	1 090 022	一、一般公共服务支出	580 411	本年收入合计	1 483 653	本年支出合计	5 732 121
增值税	309 416	二、外交支出		上级补助收入	3 920 017	上解上级支出	37 852
其中：改征增值税	158 458	三、国防支出	4 499	返还性收入	63 284	一般性转移支付	
营业税	157 668	四、公共安全支出	398 468	增值税和消费税税收返还收入	51 097	体制上解支出	
企业所得税	107 428	五、教育支出	1 127 708	所得税基数返还收入	12 187	出口退税专项上解支出	
企业所得税退税		六、科学技术支出	64 128	成品油价格和税费改革税收返还收入		成品油价格和税费改革专项上解支出	
个人所得税	102 832	七、文化体育与传媒支出	116 100	其他税收返还收入		专项转移支付	37 852
资源税	31 681	八、社会保障和就业支出	720 924	一般性转移支付收入	2 125 614	专项上解支出	37 852
城市维护建设税	46 597	九、医疗卫生与计划生育支出	500 867	体制补助收入	86 827	计划单列市上解省支出	
房产税	34 643	十、节能环保支出	115 438	均衡性转移支付收入	512 371		
印花税	14 501	十一、城乡社区支出	391 949	革命老区及民族和边境地区转移支付收入	167 721		
城镇土地使用税	60 411	十二、农林水支出	1 037 459	县级基本财力保障机制奖补资金收入	232 414		
土地增值税	40 018	十三、交通运输支出	58 901	结算补助收入	61 797		
车船税	20 340	十四、资源勘探信息等支出	75 021	化解债务补助收入			
耕地占用税	106 169	十五、商业服务业等支出	62 427	资源枯竭型城市转移支付补助收入	8 835		
契税	58 318	十六、金融支出	162	企业事业单位划转补助收入	1 162		

续表

预算科目	决算数	预算科目	决算数	预算科目	决算数	预算科目	决算数
烟叶税		十七、援助其他地区支出		成品油价格和税费改革转移支付补助收入			
其他税收收入		十八、国土海洋气象等支出	33 055	基层公检法司转移支付收入	726		
二、非税收入	393 631	十九、住房保障支出	326 691	义务教育等转移支付收入	67 742		
专项收入	72 752	二十、粮油物资储备支出	14 312	基本养老保险和低保等转移支付收入	140 019		
行政事业性收费收入	95 539	二十一、预备费		新型农村合作医疗等转移支付收入	112 963		
罚没收入	34 636	二十二、其他支出	69 597	农村综合改革转移支付收入	9 109		
国有资本经营收入	29 895	二十三、债务付息支出	33 184	产粮（油）大县奖励资金收入	25 334		
国有资源（资产）有偿使用收入	119 694	二十四、债务发行费用支出	820	重点生态功能区转移支付收入	94 883		
其他收入	41 115			固定数额补助收入	603 125		
				其他一般性转移支付收入	586		
				专项转移支付收入	1 731 119		
				省补助计划单列市收入			
				接受其他地区援助收入		援助其他地区支出	
				债务（转贷）收入	819 661	债务还本支出	435 418
						增设预算周转金	-15

续表

预算科目	决算数	预算科目	决算数	预算科目	决算数	预算科目	决算数
						拨付国债转贷资金数	
				国债转贷收入		国债转贷资金结余	
				国债转贷资金上年结余			
				国债转贷转补助			
				上年结余	23 518		
				调入预算稳定调节基金	45 763	安排预算稳定调节基金	123 190
				调入资金	61 227	调出资金	
				1. 政府性基金调入	23 332	年终结余	25 273
				2. 国有资本经营调入	85	其中：本级	5 397
				3. 其他调入	37 810	减：结转下年的支出	37 068
						其中：本级	14 797
						净结余	-11 795
						其中：本级	-9 400
本年收入合计	1 483 653	本年支出合计	5 732 121	收入总计	6 353 839	支出总计	6 353 839

2016 年度伊犁州直一般公共预算收支决算总表

单位：万元

预算科目	决算数	预算科目	决算数	预算科目	决算数	预算科目	决算数
一、税收收入	623 010	一、一般公共服务支出	258 825	本年收入合计	731 819	本年支出合计	2 744 664
增值税	182 568	二、外交支出		上级补助收入	1 939 933	上解上级支出	19 328
其中：改征增值税	102 930	三、国防支出	2 356	返还性收入	42 574	一般性转移支付	
营业税	106 050	四、公共安全支出	203 762	增值税和消费税税收返还收入	34 119	体制上解支出	
企业所得税	59 826	五、教育支出	622 559	所得税基数返还收入	8 455	出口退税专项上解支出	
企业所得税退税		六、科学技术支出	22 490	成品油价格和税费改革税收返还收入		成品油价格和税费改革专项上解支出	
个人所得税	81 282	七、文化体育与传媒支出	49 986	其他税收返还收入		专项转移支付	19 328
资源税	5 894	八、社会保障和就业支出	365 133	一般性转移支付收入	1 116 134	专项上解支出	19 328
城市维护建设税	27 662	九、医疗卫生与计划生育支出	275 378	体制补助收入	32 243	计划单列市上解省支出	
房产税	23 244	十、节能环保支出	47 167	均衡性转移支付收入	282 854		
印花税	8 973	十一、城乡社区支出	153 455	革命老区及民族和边境地区转移支付收入	72 906		
城镇土地使用税	38 489	十二、农林水支出	377 696	县级基本财力保障机制奖补资金收入	119 768		
土地增值税	18 601	十三、交通运输支出	18 828	结算补助收入	58 485		
车船税	12 410	十四、资源勘探信息等支出	58 166	化解债务补助收入			
耕地占用税	16 212	十五、商业服务业等支出	36 825	资源枯竭型城市转移支付补助收入			

续表

预算科目	决算数	预算科目	决算数	预算科目	决算数	预算科目	决算数
契税	41 799	十六、金融支出	47	企业事业单位划转补助收入	539		
烟叶税		十七、援助其他地区支出		成品油价格和税费改革转移支付补助收入			
其他税收收入		十八、国土海洋气象等支出	9 744	基层公检法司转移支付收入	726		
二、非税收入	108 809	十九、住房保障支出	189 969	义务教育等转移支付收入	44 392		
专项收入	35 929	二十、粮油物资储备支出	4 891	基本养老保险和低保等转移支付收入	76 881		
行政事业性收费收入	25 573	二十一、预备费		新型农村合作医疗等转移支付收入	68 117		
罚没收入	20 231	二十二、其他支出	33 136	农村综合改革转移支付收入	5 042		
国有资本经营收入	361	二十三、债务付息支出	13 848	产粮（油）大县奖励资金收入	12 780		
国有资源（资产）有偿使用收入	19 283	二十四、债务发行费用支出	403	重点生态功能区转移支付收入	32 086		
其他收入	7 432			固定数额补助收入	309 311		
				其他一般性转移支付收入	4		
				专项转移支付收入	781 225		
				省补助计划单列市收入			
				接受其他地区援助收入		援助其他地区支出	
				债务（转贷）收入	402 857	债务还本支出	233 847

续表

预算科目	决算数	预算科目	决算数	预算科目	决算数	预算科目	决算数
						增设预算周转金	-15
						拨付国债转贷资金数	
				国债转贷收入		国债转贷资金结余	
				国债转贷资金上年结余			
				国债转贷转补助			
				上年结余	-9 604		
				调入预算稳定调节基金	8 932	安排预算稳定调节基金	108 274
				调入资金	21 979	调出资金	
				1. 政府性基金调入	10 177	年终结余	-10 182
				2. 国有资本经营调入	49	其中：本级	-8 645
				3. 其他调入	11 753	减：结转下年的支出	1 201
						其中：本级	755
						净结余	-11 383
						其中：本级	-9 400
本年收入合计	731 819	本年支出合计	2 744 664	收入总计	3 095 916	支出总计	3 095 916

2016 年度塔城地区一般公共预算收支决算总表

单位：万元

预算科目	决算数	预算科目	决算数	预算科目	决算数	预算科目	决算数
一、税收收入	284 616	一、一般公共服务支出	179 522	本年收入合计	438 264	本年支出合计	1 564 463
增值税	71 941	二、外交支出		上级补助收入	1 000 825	上解上级支出	10 043
其中：改征增值税	32 275	三、国防支出	1 154	返还性收入	13 218	一般性转移支付	
营业税	34 914	四、公共安全支出	108 418	增值税和消费税税收返还收入	10 605	体制上解支出	
企业所得税	32 005	五、教育支出	288 520	所得税基数返还收入	2 613	出口退税专项上解支出	
企业所得税退税		六、科学技术支出	27 613	成品油价格和税费改革税收返还收入		成品油价格和税费改革专项上解支出	
个人所得税	14 306	七、文化体育与传媒支出	35 962	其他税收返还收入		专项转移支付	10 043
资源税	13 926	八、社会保障和就业支出	174 848	一般性转移支付收入	510 387	专项上解支出	10 043
城市维护建设税	11 577	九、医疗卫生与计划生育支出	117 638	体制补助收入	19 914	计划单列市上解省支出	
房产税	6 883	十、节能环保支出	34 692	均衡性转移支付收入	123 659		
印花税	3 820	十一、城乡社区支出	124 924	革命老区及民族和边境地区转移支付收入	42 103		
城镇土地使用税	18 383	十二、农林水支出	309 840	县级基本财力保障机制奖补资金收入	62 405		
土地增值税	18 760	十三、交通运输支出	11 218	结算补助收入	1 736		
车船税	5 052	十四、资源勘探信息等支出	8 686	化解债务补助收入			
耕地占用税	40 497	十五、商业服务业等支出	13 783	资源枯竭型城市转移支付补助收入	4 835		

续表

预算科目	决算数	预算科目	决算数	预算科目	决算数	预算科目	决算数
契税	12 552	十六、金融支出	71	企业事业单位划转补助收入			
烟叶税		十七、援助其他地区支出		成品油价格和税费改革转移支付补助收入			
其他税收收入		十八、国土海洋气象等支出	14 300	基层公检法司转移支付收入			
二、非税收入	153 648	十九、住房保障支出	83 560	义务教育等转移支付收入	13 155		
专项收入	26 351	二十、粮油物资储备支出	4 838	基本养老保险和低保等转移支付收入	35 376		
行政事业性收费收入	41 942	二十一、预备费		新型农村合作医疗等转移支付收入	26 499		
罚没收入	9 502	二十二、其他支出	11 855	农村综合改革转移支付收入	3 165		
国有资本经营收入	21 680	二十三、债务付息支出	12 801	产粮（油）大县奖励资金收入	12 554		
国有资源（资产）有偿使用收入	50 009	二十四、债务发行费用支出	220	重点生态功能区转移支付收入	8 386		
其他收入	4 164			固定数额补助收入	156 600		
				其他一般性转移支付收入			
				专项转移支付收入	477 220		
				省补助计划单列市收入			
				接受其他地区援助收入		援助其他地区支出	
				债务（转贷）收入	219 658	债务还本支出	119 999

续表

预算科目	决算数	预算科目	决算数	预算科目	决算数	预算科目	决算数
						增设预算周转金	
						拨付国债转贷资金数	
				国债转贷收入		国债转贷资金结余	
				国债转贷资金上年结余			
				国债转贷转补助			
				上年结余	26 349		
				调入预算稳定调节基金	24 514	安排预算稳定调节基金	13 403
				调入资金	22 184	调出资金	
				1. 政府性基金调入	7 576	年终结余	23 886
				2. 国有资本经营调入		其中：本级	8 396
				3. 其他调入	14 608	减：结转下年的支出	24 298
						其中：本级	8 396
						净结余	−412
						其中：本级	
本年收入合计	438 264	本年支出合计	1 564 463	收入总计	1 731 794	支出总计	1 731 794

2016 年度阿勒泰地区一般公共预算收支决算总表

单位：万元

预算科目	决算数	预算科目	决算数	预算科目	决算数	预算科目	决算数
一、税收收入	182 396	一、一般公共服务支出	142 064	本年收入合计	313 570	本年支出合计	1 422 994
增值税	54 907	二、外交支出		上级补助收入	979 259	上解上级支出	8 481
其中：改征增值税	23 253	三、国防支出	989	返还性收入	7 492	一般性转移支付	
营业税	16 704	四、公共安全支出	86 288	增值税和消费税税收返还收入	6 373	体制上解支出	
企业所得税	15 597	五、教育支出	216 629	所得税基数返还收入	1 119	出口退税专项上解支出	
企业所得税退税		六、科学技术支出	14 025	成品油价格和税费改革税收返还收入		成品油价格和税费改革专项上解支出	
个人所得税	7 244	七、文化体育与传媒支出	30 152	其他税收返还收入		专项转移支付	8 481
资源税	11 861	八、社会保障和就业支出	180 943	一般性转移支付收入	499 093	专项上解支出	8 481
城市维护建设税	7 358	九、医疗卫生与计划生育支出	107 851	体制补助收入	34 670	计划单列市上解省支出	
房产税	4 516	十、节能环保支出	33 579	均衡性转移支付收入	105 858		
印花税	1 708	十一、城乡社区支出	113 570	革命老区及民族和边境地区转移支付收入	52 712		
城镇土地使用税	3 539	十二、农林水支出	349 923	县级基本财力保障机制奖补资金收入	50 241		
土地增值税	2 657	十三、交通运输支出	28 855	结算补助收入	1 576		
车船税	2 878	十四、资源勘探信息等支出	8 169	化解债务补助收入			
耕地占用税	49 460	十五、商业服务业等支出	11 819	资源枯竭型城市转移支付补助收入	4 000		

续表

预算科目	决算数	预算科目	决算数	预算科目	决算数	预算科目	决算数
契税	3 967	十六、金融支出	44	企业事业单位划转补助收入	623		
烟叶税		十七、援助其他地区支出		成品油价格和税费改革转移支付补助收入			
其他税收收入		十八、国土海洋气象等支出	9 011	基层公检法司转移支付收入			
二、非税收入	131 174	十九、住房保障支出	53 162	义务教育等转移支付收入	10 195		
专项收入	10 472	二十、粮油物资储备支出	4 583	基本养老保险和低保等转移支付收入	27 762		
行政事业性收费收入	28 024	二十一、预备费		新型农村合作医疗等转移支付收入	18 347		
罚没收入	4 903	二十二、其他支出	24 606	农村综合改革转移支付收入	902		
国有资本经营收入	7 854	二十三、债务付息支出	6 535	产粮（油）大县奖励资金收入			
国有资源（资产）有偿使用收入	50 402	二十四、债务发行费用支出	197	重点生态功能区转移支付收入	54 411		
其他收入	29 519			固定数额补助收入	137 214		
				其他一般性转移支付收入	582		
				专项转移支付收入	472 674		
				省补助计划单列市收入			
				接受其他地区援助收入		援助其他地区支出	
				债务（转贷）收入	197 146	债务还本支出	81 572

续表

预算科目	决算数	预算科目	决算数	预算科目	决算数	预算科目	决算数
						增设预算周转金	
						拨付国债转贷资金数	
				国债转贷收入		国债转贷资金结余	
				国债转贷资金上年结余			
				国债转贷转补助			
				上年结余	6 773		
				调入预算稳定调节基金	12 317	安排预算稳定调节基金	1 513
				调入资金	17 064	调出资金	
				1. 政府性基金调入	5 579	年终结余	11 569
				2. 国有资本经营调入	36	其中：本级	5 646
				3. 其他调入	11 449	减：结转下年的支出	11 569
						其中：本级	5 646
						净结余	
						其中：本级	
本年收入合计	313 570	本年支出合计	1 422 994	收入总计	1 526 129	支出总计	1 526 129

2016年度博尔塔拉州一般公共预算收支决算总表

单位：万元

预算科目	决算数	预算科目	决算数	预算科目	决算数	预算科目	决算数
一、税收收入	140 847	一、一般公共服务支出	91 854	本年收入合计	200 671	本年支出合计	869 417
增值税	32 633	二、外交支出		上级补助收入	529 413	上解上级支出	3 277
其中：改征增值税	21 375	三、国防支出	814	返还性收入	6 020	一般性转移支付	
营业税	23 201	四、公共安全支出	64 270	增值税和消费税税收返还收入	4 524	体制上解支出	
企业所得税	11 005	五、教育支出	132 842	所得税基数返还收入	1 496	出口退税专项上解支出	
企业所得税退税		六、科学技术支出	17 493	成品油价格和税费改革税收返还收入		成品油价格和税费改革专项上解支出	
个人所得税	6 996	七、文化体育与传媒支出	38 646	其他税收返还收入		专项转移支付	3 277
资源税	775	八、社会保障和就业支出	91 729	一般性转移支付收入	281 950	专项上解支出	3 277
城市维护建设税	6 172	九、医疗卫生与计划生育支出	53 757	体制补助收入	9 272	计划单列市上解省支出	
房产税	2 998	十、节能环保支出	32 649	均衡性转移支付收入	66 908		
印花税	1 953	十一、城乡社区支出	104 722	革命老区及民族和边境地区转移支付收入	45 848		
城镇土地使用税	3 945	十二、农林水支出	145 592	县级基本财力保障机制奖补资金收入	30 558		
土地增值税	5 288	十三、交通运输支出	3 612	结算补助收入	800		
车船税	2 602	十四、资源勘探信息等支出	22 137	化解债务补助收入			
耕地占用税	35 432	十五、商业服务业等支出	11 650	资源枯竭型城市转移支付补助收入			

续表

预算科目	决算数	预算科目	决算数	预算科目	决算数	预算科目	决算数
契税	7 847	十六、金融支出	10	企业事业单位划转补助收入	47		
烟叶税		十七、援助其他地区支出		成品油价格和税费改革转移支付补助收入			
其他税收收入		十八、国土海洋气象等支出	3 292	基层公检法司转移支付收入			
二、非税收入	59 824	十九、住房保障支出	37 419	义务教育等转移支付收入	5 291		
专项收入	6 390	二十、粮油物资储备支出	706	基本养老保险和低保等转移支付收入	29 855		
行政事业性收费收入	6 383	二十一、预备费		新型农村合作医疗等转移支付收入	11 244		
罚没收入	4 833	二十二、其他支出	9 908	农村综合改革转移支付收入	1 625		
国有资本经营收入	9 715	二十三、债务付息支出	6 106	产粮（油）大县奖励资金收入	3 859		
国有资源（资产）有偿使用收入	26 085	二十四、债务发行费用支出	209	重点生态功能区转移支付收入	9 604		
其他收入	6 418			固定数额补助收入	67 037		
				其他一般性转移支付收入	2		
				专项转移支付收入	241 443		
				省补助计划单列市收入			
				接受其他地区援助收入		援助其他地区支出	
				债务（转贷）收入	220 697	债务还本支出	74 316

续表

预算科目	决算数	预算科目	决算数	预算科目	决算数	预算科目	决算数
						增设预算周转金	
						拨付国债转贷资金数	
				国债转贷收入		国债转贷资金结余	
				国债转贷资金上年结余			
				国债转贷转补助			
				上年结余	2 201		
				调入预算稳定调节基金	2 390	安排预算稳定调节基金	11 263
				调入资金	3 603	调出资金	
				1. 政府性基金调入	466	年终结余	702
				2. 国有资本经营调入		其中：本级	257
				3. 其他调入	3 137	减：结转下年的支出	702
						其中：本级	257
						净结余	
						其中：本级	
本年收入合计	200 671	本年支出合计	869 417	收入总计	958 975	支出总计	958 975

2016 年度昌吉州一般公共预算收支决算总表

单位：万元

预算科目	决算数	预算科目	决算数	预算科目	决算数	预算科目	决算数
一、税收收入	724 855	一、一般公共服务支出	244 566	本年收入合计	1 214 010	本年支出合计	2 749 708
增值税	188 987	二、外交支出		上级补助收入	1 090 627	上解上级支出	26 217
其中：改征增值税	83 005	三、国防支出	2 220	返还性收入	21 245	一般性转移支付	
营业税	80 381	四、公共安全支出	145 562	增值税和消费税税收返还收入	13 707	体制上解支出	
企业所得税	84 767	五、教育支出	379 700	所得税基数返还收入	7 538	出口退税专项上解支出	
企业所得税退税		六、科学技术支出	41 554	成品油价格和税费改革税收返还收入		成品油价格和税费改革专项上解支出	
个人所得税	36 183	七、文化体育与传媒支出	63 347	其他税收返还收入		专项转移支付	26 217
资源税	15 827	八、社会保障和就业支出	179 729	一般性转移支付收入	579 335	专项上解支出	26 217
城市维护建设税	28 193	九、医疗卫生与计划生育支出	216 283	体制补助收入	19 895	计划单列市上解省支出	
房产税	32 572	十、节能环保支出	71 741	均衡性转移支付收入	89 085		
印花税	13 096	十一、城乡社区支出	599 730	革命老区及民族和边境地区转移支付收入	15 904		
城镇土地使用税	51 315	十二、农林水支出	430 183	县级基本财力保障机制奖补资金收入	49 374		
土地增值税	68 025	十三、交通运输支出	18 401	结算补助收入	1 837		
车船税	11 227	十四、资源勘探信息等支出	87 287	化解债务补助收入			
耕地占用税	68 285	十五、商业服务业等支出	46 549	资源枯竭型城市转移支付补助收入			

续表

预算科目	决算数	预算科目	决算数	预算科目	决算数	预算科目	决算数
契税	45 997	十六、金融支出	3 094	企业事业单位划转补助收入	1 139		
烟叶税		十七、援助其他地区支出		成品油价格和税费改革转移支付补助收入			
其他税收收入		十八、国土海洋气象等支出	14 430	基层公检法司转移支付收入			
二、非税收入	489 155	十九、住房保障支出	99 974	义务教育等转移支付收入	13 788		
专项收入	52 002	二十、粮油物资储备支出	2 635	基本养老保险和低保等转移支付收入	83 953		
行政事业性收费收入	111 665	二十一、预备费		新型农村合作医疗等转移支付收入	31 139		
罚没收入	26 348	二十二、其他支出	82 214	农村综合改革转移支付收入	505		
国有资本经营收入	8 523	二十三、债务付息支出	19 724	产粮（油）大县奖励资金收入	13 149		
国有资源（资产）有偿使用收入	273 768	二十四、债务发行费用支出	785	重点生态功能区转移支付收入	5 711		
其他收入	16 849			固定数额补助收入	140 583		
				其他一般性转移支付收入	113 273		
				专项转移支付收入	490 047		
				省补助计划单列市收入			
				接受其他地区援助收入		援助其他地区支出	
				债务（转贷）收入	784 636	债务还本支出	386 125

续表

预算科目	决算数	预算科目	决算数	预算科目	决算数	预算科目	决算数
						增设预算周转金	
						拨付国债转贷资金数	
				国债转贷收入		国债转贷资金结余	
				国债转贷资金上年结余			
				国债转贷转补助			
				上年结余	57 584		
				调入预算稳定调节基金	7 893	安排预算稳定调节基金	37 220
				调入资金	107 131	调出资金	
				1. 政府性基金调入	39 342	年终结余	62 611
				2. 国有资本经营调入	323	其中：本级	44 794
				3. 其他调入	67 466	减：结转下年的支出	65 147
						其中：本级	44 794
						净结余	−2 536
						其中：本级	
本年收入合计	1 214 010	本年支出合计	2 749 708	收入总计	3 261 881	支出总计	3 261 881

2016 年度巴音郭楞州一般公共预算收支决算总表

单位：万元

预算科目	决算数	预算科目	决算数	预算科目	决算数	预算科目	决算数
一、税收收入	529 429	一、一般公共服务支出	205 199	本年收入合计	750 847	本年支出合计	2 129 360
增值税	156 649	二、外交支出		上级补助收入	1 129 063	上解上级支出	22 855
其中：改征增值税	64 183	三、国防支出	1 717	返还性收入	26 990	一般性转移支付	
营业税	70 597	四、公共安全支出	164 913	增值税和消费税税收返还收入	18 608	体制上解支出	
企业所得税	44 157	五、教育支出	414 074	所得税基数返还收入	8 382	出口退税专项上解支出	
企业所得税退税		六、科学技术支出	32 021	成品油价格和税费改革税收返还收入		成品油价格和税费改革专项上解支出	
个人所得税	35 780	七、文化体育与传媒支出	32 576	其他税收返还收入		专项转移支付	22 855
资源税	57 937	八、社会保障和就业支出	254 089	一般性转移支付收入	548 546	专项上解支出	22 855
城市维护建设税	27 334	九、医疗卫生与计划生育支出	159 423	体制补助收入	22 253	计划单列市上解省支出	
房产税	20 753	十、节能环保支出	58 319	均衡性转移支付收入	108 924		
印花税	7 698	十一、城乡社区支出	181 520	革命老区及民族和边境地区转移支付收入	11 049		
城镇土地使用税	46 519	十二、农林水支出	375 138	县级基本财力保障机制奖补资金收入	59 440		
土地增值税	11 641	十三、交通运输支出	16 210	结算补助收入	33 963		
车船税	11 395	十四、资源勘探信息等支出	24 594	化解债务补助收入			
耕地占用税	18 337	十五、商业服务业等支出	38 554	资源枯竭型城市转移支付补助收入			

续表

预算科目	决算数	预算科目	决算数	预算科目	决算数	预算科目	决算数
契税	20 632	十六、金融支出	200	企业事业单位划转补助收入	8 602		
烟叶税		十七、援助其他地区支出		成品油价格和税费改革转移支付补助收入			
其他税收收入		十八、国土海洋气象等支出	14 582	基层公检法司转移支付收入			
二、非税收入	221 418	十九、住房保障支出	137 698	义务教育等转移支付收入	19 682		
专项收入	42 599	二十、粮油物资储备支出	5 822	基本养老保险和低保等转移支付收入	53 570		
行政事业性收费收入	25 865	二十一、预备费		新型农村合作医疗等转移支付收入	25 432		
罚没收入	20 511	二十二、其他支出		农村综合改革转移支付收入	3 649		
国有资本经营收入	70 275	二十三、债务付息支出	12 230	产粮（油）大县奖励资金收入			
国有资源（资产）有偿使用收入	54 214	二十四、债务发行费用支出	481	重点生态功能区转移支付收入	33 348		
其他收入	7 954			固定数额补助收入	168 634		
				其他一般性转移支付收入			
				专项转移支付收入	553 527		
				省补助计划单列市收入			
				接受其他地区援助收入		援助其他地区支出	
				债务（转贷）收入	481 456	债务还本支出	275 071

续表

预算科目	决算数	预算科目	决算数	预算科目	决算数	预算科目	决算数
						增设预算周转金	
						拨付国债转贷资金数	
				国债转贷收入		国债转贷资金结余	
				国债转贷资金上年结余			
				国债转贷转补助			
				上年结余	-15 848		
				调入预算稳定调节基金	6 861	安排预算稳定调节基金	
				调入资金	55 986	调出资金	
				1. 政府性基金调入	17 338	年终结余	-18 921
				2. 国有资本经营调入	3 062	其中：本级	7 956
				3. 其他调入	35 586	减：结转下年的支出	8 784
						其中：本级	7 956
						净结余	-27 705
						其中：本级	
本年收入合计	750 847	本年支出合计	2 129 360	收入总计	2 408 365	支出总计	2 408 365

2016 年度克孜勒苏州一般公共预算收支决算总表

单位：万元

预算科目	决算数	预算科目	决算数	预算科目	决算数	预算科目	决算数
一、税收收入	77 664	一、一般公共服务支出	157 196	本年收入合计	115 945	本年支出合计	1 191 001
增值税	24 914	二、外交支出	328	上级补助收入	1 028 731	上解上级支出	2 351
其中：改征增值税	10 975	三、国防支出	869	返还性收入	4 893	一般性转移支付	
营业税	14 297	四、公共安全支出	87 351	增值税和消费税税收返还收入	4 493	体制上解支出	
企业所得税	6 329	五、教育支出	257 523	所得税基数返还收入	400	出口退税专项上解支出	
企业所得税退税		六、科学技术支出	4 894	成品油价格和税费改革税收返还收入		成品油价格和税费改革专项上解支出	
个人所得税	9 038	七、文化体育与传媒支出	23 191	其他税收返还收入		专项转移支付	2 351
资源税	7 258	八、社会保障和就业支出	152 830	一般性转移支付收入	635 558	专项上解支出	2 351
城市维护建设税	4 021	九、医疗卫生与计划生育支出	98 536	体制补助收入	22 815	计划单列市上解省支出	
房产税	1 026	十、节能环保支出	17 534	均衡性转移支付收入	151 046		
印花税	785	十一、城乡社区支出	63 700	革命老区及民族和边境地区转移支付收入	53 232		
城镇土地使用税	552	十二、农林水支出	189 310	县级基本财力保障机制奖补资金收入	59 060		
土地增值税	1 538	十三、交通运输支出	6 786	结算补助收入	7 752		
车船税	1 523	十四、资源勘探信息等支出	13 484	化解债务补助收入			
耕地占用税	5 351	十五、商业服务业等支出	7 374	资源枯竭型城市转移支付补助收入	1 965		

续表

预算科目	决算数	预算科目	决算数	预算科目	决算数	预算科目	决算数
契税	1 032	十六、金融支出	5	企业事业单位划转补助收入			
烟叶税		十七、援助其他地区支出		成品油价格和税费改革转移支付补助收入			
其他税收收入		十八、国土海洋气象等支出	4 983	基层公检法司转移支付收入			
二、非税收入	38 281	十九、住房保障支出	83 305	义务教育等转移支付收入	14 352		
专项收入	4 816	二十、粮油物资储备支出	2 637	基本养老保险和低保等转移支付收入	51 971		
行政事业性收费收入	19 964	二十一、预备费		新型农村合作医疗等转移支付收入	20 344		
罚没收入	2 613	二十二、其他支出	16 492	农村综合改革转移支付收入	368		
国有资本经营收入		二十三、债务付息支出	2 533	产粮（油）大县奖励资金收入			
国有资源（资产）有偿使用收入	7 220	二十四、债务发行费用支出	140	重点生态功能区转移支付收入	20 701		
其他收入	3 668			固定数额补助收入	231 933		
				其他一般性转移支付收入	19		
				专项转移支付收入	388 280		
				省补助计划单列市收入			
				接受其他地区援助收入		援助其他地区支出	
				债务（转贷）收入	139 706	债务还本支出	74 706

续表

预算科目	决算数	预算科目	决算数	预算科目	决算数	预算科目	决算数
						增设预算周转金	
						拨付国债转贷资金数	
				国债转贷收入		国债转贷资金结余	
				国债转贷资金上年结余			
				国债转贷转补助			
				上年结余	-161		
				调入预算稳定调节基金		安排预算稳定调节基金	18 558
				调入资金	2 234	调出资金	
				1. 政府性基金调入	2 234	年终结余	-161
				2. 国有资本经营调入		其中：本级	
				3. 其他调入		减：结转下年的支出	
						其中：本级	
						净结余	-161
						其中：本级	
本年收入合计	115 945	本年支出合计	1 191 001	收入总计	1 286 455	支出总计	1 286 455

2016 年度阿克苏地区一般公共预算收支决算总表

单位：万元

预算科目	决算数	预算科目	决算数	预算科目	决算数	预算科目	决算数
一、税收收入	655 758	一、一般公共服务支出	328 567	本年收入合计	848 378	本年支出合计	2 868 840
增值税	287 761	二、外交支出		上级补助收入	1 847 776	上解上级支出	23 814
其中：改征增值税	51 271	三、国防支出	1 607	返还性收入	23 807	一般性转移支付	
营业税	54 747	四、公共安全支出	222 867	增值税和消费税税收返还收入	19 194	体制上解支出	
企业所得税	42 735	五、教育支出	628 965	所得税基数返还收入	4 613	出口退税专项上解支出	
企业所得税退税		六、科学技术支出	24 075	成品油价格和税费改革税收返还收入		成品油价格和税费改革专项上解支出	
个人所得税	25 916	七、文化体育与传媒支出	53 501	其他税收返还收入		专项转移支付	23 814
资源税	52 344	八、社会保障和就业支出	346 349	一般性转移支付收入	901 197	专项上解支出	23 814
城市维护建设税	48 661	九、医疗卫生与计划生育支出	261 744	体制补助收入	36 943	计划单列市上解省支出	
房产税	14 210	十、节能环保支出	50 685	均衡性转移支付收入	171 955		
印花税	5 666	十一、城乡社区支出	216 839	革命老区及民族和边境地区转移支付收入	45 502		
城镇土地使用税	27 015	十二、农林水支出	475 778	县级基本财力保障机制奖补资金收入	86 957		
土地增值税	14 985	十三、交通运输支出	12 124	结算补助收入	2 960		
车船税	9 519	十四、资源勘探信息等支出	47 557	化解债务补助收入			
耕地占用税	55 963	十五、商业服务业等支出	33 040	资源枯竭型城市转移支付补助收入			

续表

预算科目	决算数	预算科目	决算数	预算科目	决算数	预算科目	决算数
契税	16 236	十六、金融支出	599	企业事业单位划转补助收入	98		
烟叶税		十七、援助其他地区支出		成品油价格和税费改革转移支付补助收入			
其他税收收入		十八、国土海洋气象等支出	12 261	基层公检法司转移支付收入	173		
二、非税收入	192 620	十九、住房保障支出	119 308	义务教育等转移支付收入	53 513		
专项收入	55 405	二十、粮油物资储备支出	6 856	基本养老保险和低保等转移支付收入	84 517		
行政事业性收费收入	27 435	二十一、预备费		新型农村合作医疗等转移支付收入	67 114		
罚没收入	16 734	二十二、其他支出	5 970	农村综合改革转移支付收入	3 189		
国有资本经营收入	10 377	二十三、债务付息支出	19 734	产粮（油）大县奖励资金收入	4 455		
国有资源（资产）有偿使用收入	68 053	二十四、债务发行费用支出	414	重点生态功能区转移支付收入	17 499		
其他收入	14 616			固定数额补助收入	326 322		
				其他一般性转移支付收入			
				专项转移支付收入	922 772		
				省补助计划单列市收入			
				接受其他地区援助收入		援助其他地区支出	
				债务（转贷）收入	414 161	债务还本支出	223 049

续表

预算科目	决算数	预算科目	决算数	预算科目	决算数	预算科目	决算数
						增设预算周转金	-12
						拨付国债转贷资金数	
				国债转贷收入		国债转贷资金结余	
				国债转贷资金上年结余			
				国债转贷转补助			
				上年结余	6 216		
				调入预算稳定调节基金	1 355	安排预算稳定调节基金	65 878
				调入资金	77 312	调出资金	
				1. 政府性基金调入	4 883	年终结余	13 629
				2. 国有资本经营调入		其中：本级	10 839
				3. 其他调入	72 429	减：结转下年的支出	13 629
						其中：本级	10 839
						净结余	
						其中：本级	
本年收入合计	848 378	本年支出合计	2 868 840	收入总计	3 195 198	支出总计	3 195 198

2016 年度喀什地区一般公共预算收支决算总表

单位：万元

预算科目	决算数	预算科目	决算数	预算科目	决算数	预算科目	决算数
一、税收收入	348 992	一、一般公共服务支出	503 885	本年收入合计	637 550	本年支出合计	4 902 979
增值税	91 637	二、外交支出	4	上级补助收入	4 106 890	上解上级支出	11 281
其中：改征增值税	54 683	三、国防支出	814	返还性收入	13 110	一般性转移支付	
营业税	68 021	四、公共安全支出	367 107	增值税和消费税税收返还收入	8 520	体制上解支出	
企业所得税	22 280	五、教育支出	1 157 710	所得税基数返还收入	4 590	出口退税专项上解支出	
企业所得税退税		六、科学技术支出	17 443	成品油价格和税费改革税收返还收入		成品油价格和税费改革专项上解支出	
个人所得税	32 701	七、文化体育与传媒支出	45 038	其他税收返还收入		专项转移支付	11 281
资源税	2 136	八、社会保障和就业支出	657 226	一般性转移支付收入	2 230 637	专项上解支出	11 281
城市维护建设税	17 350	九、医疗卫生与计划生育支出	438 170	体制补助收入	54 153	计划单列市上解省支出	
房产税	11 285	十、节能环保支出	73 460	均衡性转移支付收入	496 717		
印花税	5 641	十一、城乡社区支出	95 914	革命老区及民族和边境地区转移支付收入	135 699		
城镇土地使用税	22 189	十二、农林水支出	910 496	县级基本财力保障机制奖补资金收入	187 234		
土地增值税	38 422	十三、交通运输支出	21 795	结算补助收入	11 716		
车船税	7 963	十四、资源勘探信息等支出	66 441	化解债务补助收入			
耕地占用税	12 750	十五、商业服务业等支出	36 846	资源枯竭型城市转移支付补助收入			

续表

预算科目	决算数	预算科目	决算数	预算科目	决算数	预算科目	决算数
契税	16 617	十六、金融支出	138	企业事业单位划转补助收入	759		
烟叶税		十七、援助其他地区支出		成品油价格和税费改革转移支付补助收入			
其他税收收入		十八、国土海洋气象等支出	8 690	基层公检法司转移支付收入	278		
二、非税收入	288 558	十九、住房保障支出	453 862	义务教育等转移支付收入	96 692		
专项收入	22 151	二十、粮油物资储备支出	3 820	基本养老保险和低保等转移支付收入	341 859		
行政事业性收费收入	50 518	二十一、预备费		新型农村合作医疗等转移支付收入	166 159		
罚没收入	13 141	二十二、其他支出	41 142	农村综合改革转移支付收入	2 553		
国有资本经营收入		二十三、债务付息支出	2 748	产粮（油）大县奖励资金收入	10 300		
国有资源（资产）有偿使用收入	106 792	二十四、债务发行费用支出	230	重点生态功能区转移支付收入	71 128		
其他收入	95 956			固定数额补助收入	655 390		
				其他一般性转移支付收入			
				专项转移支付收入	1 863 143		
				省补助计划单列市收入			
				接受其他地区援助收入		援助其他地区支出	
				债务（转贷）收入	230 417	债务还本支出	83 251

续表

预算科目	决算数	预算科目	决算数	预算科目	决算数	预算科目	决算数
						增设预算周转金	
						拨付国债转贷资金数	
				国债转贷收入		国债转贷资金结余	
				国债转贷资金上年结余			
				国债转贷转补助			
				上年结余	42 990		
				调入预算稳定调节基金	14 446	安排预算稳定调节基金	14 179
				调入资金	45 538	调出资金	
				1．政府性基金调入	35 110	年终结余	66 141
				2．国有资本经营调入	20	其中：本级	60 054
				3．其他调入	10 408	减：结转下年的支出	66 511
						其中：本级	60 054
						净结余	-370
						其中：本级	
本年收入合计	637 550	本年支出合计	4 902 979	收入总计	5 077 831	支出总计	5 077 831

2016 年度和田地区一般公共预算收支决算总表

单位：万元

预算科目	决算数	预算科目	决算数	预算科目	决算数	预算科目	决算数
一、税收收入	138 917	一、一般公共服务支出	346 396	本年收入合计	210 873	本年支出合计	2 536 008
增值税	40 880	二、外交支出		上级补助收入	2 309 711	上解上级支出	3 786
其中：改征增值税	21 959	三、国防支出	3 413	返还性收入	6 546	一般性转移支付	
营业税	29 248	四、公共安全支出	182 869	增值税和消费税税收返还收入	4 759	体制上解支出	
企业所得税	14 194	五、教育支出	538 284	所得税基数返还收入	1 787	出口退税专项上解支出	
企业所得税退税		六、科学技术支出	12 739	成品油价格和税费改革税收返还收入		成品油价格和税费改革专项上解支出	
个人所得税	15 218	七、文化体育与传媒支出	27 547	其他税收返还收入		专项转移支付	3 786
资源税	2 197	八、社会保障和就业支出	415 202	一般性转移支付收入	1 287 975	专项上解支出	3 786
城市维护建设税	7 164	九、医疗卫生与计划生育支出	261 983	体制补助收入	35 755	计划单列市上解省支出	
房产税	3 945	十、节能环保支出	30 039	均衡性转移支付收入	335 807		
印花税	2 259	十一、城乡社区支出	23 987	革命老区及民族和边境地区转移支付收入	107 434		
城镇土地使用税	2 560	十二、农林水支出	414 094	县级基本财力保障机制奖补资金收入	110 064		
土地增值税	4 619	十三、交通运输支出	7 229	结算补助收入	3 978		
车船税	6 729	十四、资源勘探信息等支出	14 977	化解债务补助收入			
耕地占用税	3 823	十五、商业服务业等支出	13 922	资源枯竭型城市转移支付补助收入			

续表

预算科目	决算数	预算科目	决算数	预算科目	决算数	预算科目	决算数
契税	6 081	十六、金融支出	125	企业事业单位划转补助收入			
烟叶税		十七、援助其他地区支出		成品油价格和税费改革转移支付补助收入			
其他税收收入		十八、国土海洋气象等支出	6 227	基层公检法司转移支付收入	114		
二、非税收入	71 956	十九、住房保障支出	212 895	义务教育等转移支付收入	44 774		
专项收入	9 825	二十、粮油物资储备支出	5 009	基本养老保险和低保等转移支付收入	128 502		
行政事业性收费收入	21 302	二十一、预备费		新型农村合作医疗等转移支付收入	86 803		
罚没收入	12 936	二十二、其他支出	17 934	农村综合改革转移支付收入	467		
国有资本经营收入		二十三、债务付息支出	970	产粮（油）大县奖励资金收入	1 041		
国有资源（资产）有偿使用收入	17 333	二十四、债务发行费用支出	167	重点生态功能区转移支付收入	44 585		
其他收入	10 560			固定数额补助收入	387 405		
				其他一般性转移支付收入	1 246		
				专项转移支付收入	1 015 190		
				省补助计划单列市收入			
				接受其他地区援助收入		援助其他地区支出	
				债务（转贷）收入	122 423	债务还本支出	26 623

续表

预算科目	决算数	预算科目	决算数	预算科目	决算数	预算科目	决算数
						增设预算周转金	
						拨付国债转贷资金数	
				国债转贷收入		国债转贷资金结余	
				国债转贷资金上年结余			
				国债转贷转补助			
				上年结余	4 334		
				调入预算稳定调节基金	402	安排预算稳定调节基金	4 647
				调入资金	2 163	调出资金	
				1. 政府性基金调入	2 163	年终结余	78 842
				2. 国有资本经营调入		其中：本级	－19 604
				3. 其他调入		减：结转下年的支出	99 091
						其中：本级	645
						净结余	－20 249
						其中：本级	－20 249
本年收入合计	210 873	本年支出合计	2 536 008	收入总计	2 649 906	支出总计	2 649 906

2016 年度吐鲁番市一般公共预算收支决算总表

单位：万元

预算科目	决算数	预算科目	决算数	预算科目	决算数	预算科目	决算数
一、税收收入	189 261	一、一般公共服务支出	94 409	本年收入合计	327 874	本年支出合计	762 089
增值税	58 009	二、外交支出		上级补助收入	391 940	上解上级支出	7 140
其中：改征增值税	23 408	三、国防支出	92	返还性收入	8 854	一般性转移支付	
营业税	22 409	四、公共安全支出	49 984	增值税和消费税税收返还收入	5 573	体制上解支出	
企业所得税	15 583	五、教育支出	156 986	所得税基数返还收入	3 281	出口退税专项上解支出	
企业所得税退税		六、科学技术支出	7 309	成品油价格和税费改革税收返还收入		成品油价格和税费改革专项上解支出	
个人所得税	11 261	七、文化体育与传媒支出	23 812	其他税收返还收入		专项转移支付	7 140
资源税	14 916	八、社会保障和就业支出	88 004	一般性转移支付收入	191 663	专项上解支出	7 140
城市维护建设税	9 583	九、医疗卫生与计划生育支出	67 386	体制补助收入	5 668	计划单列市上解省支出	
房产税	7 000	十、节能环保支出	13 678	均衡性转移支付收入	42 333		
印花税	2 842	十一、城乡社区支出	48 561	革命老区及民族和边境地区转移支付收入	3 369		
城镇土地使用税	26 680	十二、农林水支出	87 706	县级基本财力保障机制奖补资金收入	22 381		
土地增值税	3 088	十三、交通运输支出	13 426	结算补助收入	926		
车船税	3 241	十四、资源勘探信息等支出	45 053	化解债务补助收入			
耕地占用税	9 910	十五、商业服务业等支出	4 023	资源枯竭型城市转移支付补助收入			

续表

预算科目	决算数	预算科目	决算数	预算科目	决算数	预算科目	决算数
契税	4 739	十六、金融支出	151	企业事业单位划转补助收入	909		
烟叶税		十七、援助其他地区支出		成品油价格和税费改革转移支付补助收入			
其他税收收入		十八、国土海洋气象等支出	6 579	基层公检法司转移支付收入			
二、非税收入	138 613	十九、住房保障支出	45 715	义务教育等转移支付收入	8 140		
专项收入	14 022	二十、粮油物资储备支出	479	基本养老保险和低保等转移支付收入	21 825		
行政事业性收费收入	44 525	二十一、预备费		新型农村合作医疗等转移支付收入	17 149		
罚没收入	10 892	二十二、其他支出	1 866	农村综合改革转移支付收入	1 066		
国有资本经营收入		二十三、债务付息支出	6 711	产粮（油）大县奖励资金收入			
国有资源（资产）有偿使用收入	44 739	二十四、债务发行费用支出	159	重点生态功能区转移支付收入			
其他收入	24 435			固定数额补助收入	66 689		
				其他一般性转移支付收入	1 208		
				专项转移支付收入	191 423		
				省补助计划单列市收入			
				接受其他地区援助收入		援助其他地区支出	
				债务（转贷）收入	158 983	债务还本支出	147 777

续表

预算科目	决算数	预算科目	决算数	预算科目	决算数	预算科目	决算数
						增设预算周转金	
				待偿债置换一般债券上年结余	12 694	拨付国债转贷资金数	
				国债转贷收入		国债转贷资金结余	
				国债转贷资金上年结余			
				国债转贷转补助			
				上年结余	11 684		
				调入预算稳定调节基金		安排预算稳定调节基金	
				调入资金	23 530	调出资金	
				1. 政府性基金调入	23 031	年终结余	9 699
				2. 国有资本经营调入		其中：本级	2 133
				3. 其他调入	499	减：结转下年的支出	9 699
						其中：本级	2 133
						净结余	
						其中：本级	
本年收入合计	327 874	本年支出合计	762 089	收入总计	926 705	支出总计	926 705

2016 年度哈密地区一般公共预算收支决算总表

单位：万元

预算科目	决算数	预算科目	决算数	预算科目	决算数	预算科目	决算数
一、税收收入	331 097	一、一般公共服务支出	131 909	本年收入合计	567 109	本年支出合计	1 120 440
增值税	88 574	二、外交支出		上级补助收入	445 938	上解上级支出	12 209
其中：改征增值税	35 996	三、国防支出	778	返还性收入	11 251	一般性转移支付	
营业税	48 643	四、公共安全支出	69 272	增值税和消费税税收返还收入	9 144	体制上解支出	
企业所得税	28 819	五、教育支出	160 226	所得税基数返还收入	2 107	出口退税专项上解支出	
企业所得税退税		六、科学技术支出	11 288	成品油价格和税费改革税收返还收入		成品油价格和税费改革专项上解支出	
个人所得税	14 655	七、文化体育与传媒支出	19 185	其他税收返还收入		专项转移支付	12 209
资源税	16 839	八、社会保障和就业支出	144 575	一般性转移支付收入	243 717	专项上解支出	12 209
城市维护建设税	15 906	九、医疗卫生与计划生育支出	66 854	体制补助收入	11 169	计划单列市上解省支出	
房产税	10 501	十、节能环保支出	15 748	均衡性转移支付收入	59 046		
印花税	4 863	十一、城乡社区支出	194 402	革命老区及民族和边境地区转移支付收入	22 220		
城镇土地使用税	15 870	十二、农林水支出	139 195	县级基本财力保障机制奖补资金收入	15 134		
土地增值税	11 327	十三、交通运输支出	14 127	结算补助收入	1 016		
车船税	4 573	十四、资源勘探信息等支出	5 764	化解债务补助收入			
耕地占用税	60 594	十五、商业服务业等支出	9 709	资源枯竭型城市转移支付补助收入			

续表

预算科目	决算数	预算科目	决算数	预算科目	决算数	预算科目	决算数
契税	9 933	十六、金融支出	14 454	企业事业单位划转补助收入	8 285		
烟叶税		十七、援助其他地区支出		成品油价格和税费改革转移支付补助收入			
其他税收收入		十八、国土海洋气象等支出	15 734	基层公检法司转移支付收入			
二、非税收入	236 012	十九、住房保障支出	88 324	义务教育等转移支付收入	4 981		
专项收入	24 704	二十、粮油物资储备支出	1 495	基本养老保险和低保等转移支付收入	16 661		
行政事业性收费收入	14 388	二十一、预备费		新型农村合作医疗等转移支付收入	12 453		
罚没收入	5 719	二十二、其他支出	2 230	农村综合改革转移支付收入	765		
国有资本经营收入	641	二十三、债务付息支出	15 019	产粮（油）大县奖励资金收入			
国有资源（资产）有偿使用收入	136 258	二十四、债务发行费用支出	152	重点生态功能区转移支付收入	3 081		
其他收入	54 302			固定数额补助收入	86 573		
				其他一般性转移支付收入	2 333		
				专项转移支付收入	190 970		
				省补助计划单列市收入			
				接受其他地区援助收入		援助其他地区支出	
				债务（转贷）收入	273 264	债务还本支出	157 443

续表

预算科目	决算数	预算科目	决算数	预算科目	决算数	预算科目	决算数
						增设预算周转金	
						拨付国债转贷资金数	
				国债转贷收入		国债转贷资金结余	
				国债转贷资金上年结余			
				国债转贷转补助			
				上年结余	852		
				调入预算稳定调节基金		安排预算稳定调节基金	
				调入资金	5 586	调出资金	
				1. 政府性基金调入	2 411	年终结余	2 657
				2. 国有资本经营调入		其中：本级	278
				3. 其他调入	3 175	减：结转下年的支出	2 657
						其中：本级	278
						净结余	
						其中：本级	
本年收入合计	567 109	本年支出合计	1 120 440	收入总计	1 292 749	支出总计	1 292 749

2016 年度阿拉尔市一般公共预算收支决算总表

单位：万元

预算科目	决算数	预算科目	决算数	预算科目	决算数	预算科目	决算数
一、税收收入	59 048	一、一般公共服务支出	7 687	本年收入合计	62 997	本年支出合计	88 160
增值税	12 023	二、外交支出		上级补助收入	25 477	上解上级支出	1 672
其中：改征增值税	7 902	三、国防支出	1 000	返还性收入	257	一般性转移支付	
营业税	19 944	四、公共安全支出	2 175	增值税和消费税税收返还收入	257	体制上解支出	
企业所得税	4 380	五、教育支出	3 742	所得税基数返还收入		出口退税专项上解支出	
企业所得税退税		六、科学技术支出	310	成品油价格和税费改革税收返还收入		成品油价格和税费改革专项上解支出	
个人所得税	4 642	七、文化体育与传媒支出	2 088	其他税收返还收入		专项转移支付	1 672
资源税	9	八、社会保障和就业支出	1 215	一般性转移支付收入	17 292	专项上解支出	1 672
城市维护建设税	2 523	九、医疗卫生与计划生育支出	1 104	体制补助收入	259	计划单列市上解省支出	
房产税	1 884	十、节能环保支出	15	均衡性转移支付收入	3 647		
印花税	1 636	十一、城乡社区支出	35 842	革命老区及民族和边境地区转移支付收入			
城镇土地使用税	1 493	十二、农林水支出	4 181	县级基本财力保障机制奖补资金收入	4 309		
土地增值税	1 557	十三、交通运输支出	82	结算补助收入			
车船税	770	十四、资源勘探信息等支出	21 040	化解债务补助收入			
耕地占用税	6 058	十五、商业服务业等支出	5 723	资源枯竭型城市转移支付补助收入			

续表

预算科目	决算数	预算科目	决算数	预算科目	决算数	预算科目	决算数
契税	2 129	十六、金融支出	79	企业事业单位划转补助收入			
烟叶税		十七、援助其他地区支出		成品油价格和税费改革转移支付补助收入			
其他税收收入		十八、国土海洋气象等支出	90	基层公检法司转移支付收入			
二、非税收入	3 949	十九、住房保障支出		义务教育等转移支付收入	265		
专项收入	2 767	二十、粮油物资储备支出		基本养老保险和低保等转移支付收入	2 740		
行政事业性收费收入	522	二十一、预备费		新型农村合作医疗等转移支付收入			
罚没收入	575	二十二、其他支出		农村综合改革转移支付收入			
国有资本经营收入		二十三、债务付息支出	1 787	产粮（油）大县奖励资金收入			
国有资源（资产）有偿使用收入	85	二十四、债务发行费用支出		重点生态功能区转移支付收入			
其他收入				固定数额补助收入	6 072		
				其他一般性转移支付收入			
				专项转移支付收入	7 928		
				省补助计划单列市收入			
				接受其他地区援助收入		援助其他地区支出	
				债务（转贷）收入		债务还本支出	

续表

预算科目	决算数	预算科目	决算数	预算科目	决算数	预算科目	决算数
						增设预算周转金	
						拨付国债转贷资金数	
				国债转贷收入		国债转贷资金结余	
				国债转贷资金上年结余			
				国债转贷转补助			
				上年结余	-10 688		
				调入预算稳定调节基金		安排预算稳定调节基金	
				调入资金	1 358	调出资金	
				1. 政府性基金调入	1 358	年终结余	-10 688
				2. 国有资本经营调入		其中：本级	-10 688
				3. 其他调入		减：结转下年的支出	
						其中：本级	
						净结余	-10 688
						其中：本级	-10 688
本年收入合计	62 997	本年支出合计	88 160	收入总计	79 144	支出总计	79 144

2016 年度图木舒克市一般公共预算收支决算总表

单位：万元

预算科目	决算数	预算科目	决算数	预算科目	决算数	预算科目	决算数
一、税收收入	25 622	一、一般公共服务支出	3 763	本年收入合计	28 959	本年支出合计	53 452
增值税	7 934	二、外交支出		上级补助收入	24 848	上解上级支出	389
其中：改征增值税	5 570	三、国防支出	50	返还性收入	380	一般性转移支付	
营业税	6 837	四、公共安全支出	2 900	增值税和消费税税收返还收入	380	体制上解支出	
企业所得税	2 254	五、教育支出	238	所得税基数返还收入		出口退税专项上解支出	
企业所得税退税		六、科学技术支出	32	成品油价格和税费改革税收返还收入		成品油价格和税费改革专项上解支出	
个人所得税	2 776	七、文化体育与传媒支出	492	其他税收返还收入		专项转移支付	389
资源税	45	八、社会保障和就业支出	638	一般性转移支付收入	22 351	专项上解支出	389
城市维护建设税	1 530	九、医疗卫生与计划生育支出	1 774	体制补助收入	8	计划单列市上解省支出	
房产税	598	十、节能环保支出	296	均衡性转移支付收入	4 577		
印花税	1 120	十一、城乡社区支出	36 260	革命老区及民族和边境地区转移支付收入			
城镇土地使用税	723	十二、农林水支出	615	县级基本财力保障机制奖补资金收入	2 466		
土地增值税	136	十三、交通运输支出	55	结算补助收入			
车船税	326	十四、资源勘探信息等支出	2 560	化解债务补助收入			
耕地占用税	925	十五、商业服务业等支出	2 643	资源枯竭型城市转移支付补助收入			

续表

预算科目	决算数	预算科目	决算数	预算科目	决算数	预算科目	决算数
契税	418	十六、金融支出	108	企业事业单位划转补助收入			
烟叶税		十七、援助其他地区支出		成品油价格和税费改革转移支付补助收入			
其他税收收入		十八、国土海洋气象等支出	476	基层公检法司转移支付收入			
二、非税收入	3 337	十九、住房保障支出	495	义务教育等转移支付收入	53		
专项收入	1 676	二十、粮油物资储备支出		基本养老保险和低保等转移支付收入	2 510		
行政事业性收费收入	540	二十一、预备费		新型农村合作医疗等转移支付收入			
罚没收入	745	二十二、其他支出	2	农村综合改革转移支付收入			
国有资本经营收入		二十三、债务付息支出	48	产粮（油）大县奖励资金收入			
国有资源（资产）有偿使用收入	376	二十四、债务发行费用支出	7	重点生态功能区转移支付收入	6 660		
其他收入				固定数额补助收入	6 077		
				其他一般性转移支付收入			
				专项转移支付收入	2 117		
				省补助计划单列市收入			
				接受其他地区援助收入		援助其他地区支出	
				债务（转贷）收入	7 000	债务还本支出	7 000

续表

预算科目	决算数	预算科目	决算数	预算科目	决算数	预算科目	决算数
						增设预算周转金	
						拨付国债转贷资金数	
				国债转贷收入		国债转贷资金结余	
				国债转贷资金上年结余			
				国债转贷转补助			
				上年结余	-12 447		
				调入预算稳定调节基金		安排预算稳定调节基金	
				调入资金	71	调出资金	
				1. 政府性基金调入	71	年终结余	-12 410
				2. 国有资本经营调入		其中：本级	-12 410
				3. 其他调入		减：结转下年的支出	
						其中：本级	
						净结余	-12 410
						其中：本级	-12 410
本年收入合计	28 959	本年支出合计	53 452	收入总计	48 431	支出总计	48 431

2016 年度五家渠市一般公共预算收支决算总表

单位：万元

预算科目	决算数	预算科目	决算数	预算科目	决算数	预算科目	决算数
一、税收收入	162 772	一、一般公共服务支出	7 743	本年收入合计	174 298	本年支出合计	157 840
增值税	45 231	二、外交支出		上级补助收入	26 333	上解上级支出	1 482
其中：改征增值税	10 442	三、国防支出	840	返还性收入	888	一般性转移支付	
营业税	44 270	四、公共安全支出	7 587	增值税和消费税税收返还收入	888	体制上解支出	
企业所得税	8 043	五、教育支出	13 642	所得税基数返还收入		出口退税专项上解支出	
企业所得税退税		六、科学技术支出	1 930	成品油价格和税费改革税收返还收入		成品油价格和税费改革专项上解支出	
个人所得税	3 943	七、文化体育与传媒支出	2 770	其他税收返还收入		专项转移支付	1 482
资源税		八、社会保障和就业支出	12 901	一般性转移支付收入	20 911	专项上解支出	1 482
城市维护建设税	11 142	九、医疗卫生与计划生育支出	6 754	体制补助收入	33	计划单列市上解省支出	
房产税	5 639	十、节能环保支出	1 380	均衡性转移支付收入	5 506		
印花税	2 994	十一、城乡社区支出	86 000	革命老区及民族和边境地区转移支付收入			
城镇土地使用税	12 496	十二、农林水支出	5 081	县级基本财力保障机制奖补资金收入	5 006		
土地增值税	14 695	十三、交通运输支出	978	结算补助收入			
车船税	615	十四、资源勘探信息等支出	3 998	化解债务补助收入			
耕地占用税	1 914	十五、商业服务业等支出	2 885	资源枯竭型城市转移支付补助收入			

续表

预算科目	决算数	预算科目	决算数	预算科目	决算数	预算科目	决算数
契税	11 790	十六、金融支出		企业事业单位划转补助收入			
烟叶税		十七、援助其他地区支出		成品油价格和税费改革转移支付补助收入			
其他税收收入		十八、国土海洋气象等支出	978	基层公检法司转移支付收入			
二、非税收入	11 526	十九、住房保障支出	743	义务教育等转移支付收入	156		
专项收入	8 828	二十、粮油物资储备支出		基本养老保险和低保等转移支付收入	3 343		
行政事业性收费收入	1 903	二十一、预备费		新型农村合作医疗等转移支付收入			
罚没收入	613	二十二、其他支出		农村综合改革转移支付收入			
国有资本经营收入		二十三、债务付息支出	1 560	产粮（油）大县奖励资金收入			
国有资源（资产）有偿使用收入	162	二十四、债务发行费用支出	70	重点生态功能区转移支付收入			
其他收入	20			固定数额补助收入	6 867		
				其他一般性转移支付收入			
				专项转移支付收入	4 534		
				省补助计划单列市收入			
				接受其他地区援助收入		援助其他地区支出	
				债务（转贷）收入	70 300	债务还本支出	70 300

续表

预算科目	决算数	预算科目	决算数	预算科目	决算数	预算科目	决算数
						增设预算周转金	
						拨付国债转贷资金数	
				国债转贷收入		国债转贷资金结余	
				国债转贷资金上年结余			
				国债转贷转补助			
				上年结余	514		
				调入预算稳定调节基金	7 600	安排预算稳定调节基金	51 406
				调入资金	2 750	调出资金	
				1. 政府性基金调入	1 188	年终结余	767
				2. 国有资本经营调入		其中：本级	767
				3. 其他调入	1 562	减：结转下年的支出	767
						其中：本级	767
						净结余	
						其中：本级	
本年收入合计	174 298	本年支出合计	157 840	收入总计	281 795	支出总计	281 795

2016年度北屯市一般公共预算收支决算总表

单位：万元

预算科目	决算数	预算科目	决算数	预算科目	决算数	预算科目	决算数
一、税收收入	21 331	一、一般公共服务支出	6 056	本年收入合计	22 709	本年支出合计	34 852
增值税	4 398	二、外交支出		上级补助收入	9 543	上解上级支出	22
其中：改征增值税	3 018	三、国防支出	143	返还性收入	145	一般性转移支付	
营业税	6 514	四、公共安全支出	3 783	增值税和消费税税收返还收入	145	体制上解支出	
企业所得税	1 479	五、教育支出	7 551	所得税基数返还收入		出口退税专项上解支出	
企业所得税退税		六、科学技术支出	158	成品油价格和税费改革税收返还收入		成品油价格和税费改革专项上解支出	
个人所得税	1 721	七、文化体育与传媒支出	3 978	其他税收返还收入		专项转移支付	22
资源税	3	八、社会保障和就业支出	2 740	一般性转移支付收入	7 320	专项上解支出	22
城市维护建设税	1 126	九、医疗卫生与计划生育支出	1 593	体制补助收入		计划单列市上解省支出	
房产税	754	十、节能环保支出	295	均衡性转移支付收入			
印花税	289	十一、城乡社区支出	4 315	革命老区及民族和边境地区转移支付收入			
城镇土地使用税	739	十二、农林水支出	2 683	县级基本财力保障机制奖补资金收入			
土地增值税	955	十三、交通运输支出	625	结算补助收入			
车船税	514	十四、资源勘探信息等支出	35	化解债务补助收入			
耕地占用税	1 331	十五、商业服务业等支出	74	资源枯竭型城市转移支付补助收入			

续表

预算科目	决算数	预算科目	决算数	预算科目	决算数	预算科目	决算数
契税	1 508	十六、金融支出		企业事业单位划转补助收入			
烟叶税		十七、援助其他地区支出		成品油价格和税费改革转移支付补助收入			
其他税收收入		十八、国土海洋气象等支出	243	基层公检法司转移支付收入			
二、非税收入	1 378	十九、住房保障支出	50	义务教育等转移支付收入			
专项收入	953	二十、粮油物资储备支出		基本养老保险和低保等转移支付收入	1 800		
行政事业性收费收入		二十一、预备费		新型农村合作医疗等转移支付收入			
罚没收入	411	二十二、其他支出	10	农村综合改革转移支付收入			
国有资本经营收入		二十三、债务付息支出	520	产粮（油）大县奖励资金收入			
国有资源（资产）有偿使用收入	14	二十四、债务发行费用支出		重点生态功能区转移支付收入			
其他收入				固定数额补助收入	5 520		
				其他一般性转移支付收入			
				专项转移支付收入	2 078		
				省补助计划单列市收入			
				接受其他地区援助收入		援助其他地区支出	
				债务（转贷）收入		债务还本支出	
						增设预算周转金	

续表

预算科目	决算数	预算科目	决算数	预算科目	决算数	预算科目	决算数
						拨付国债转贷资金数	
				国债转贷收入		国债转贷资金结余	
				国债转贷资金上年结余			
				国债转贷转补助			
				上年结余	2		
				调入预算稳定调节基金	2 627	安排预算稳定调节基金	
				调入资金	22	调出资金	
				1. 政府性基金调入	22	年终结余	29
				2. 国有资本经营调入		其中：本级	29
				3. 其他调入		减：结转下年的支出	29
						其中：本级	29
						净结余	
						其中：本级	
本年收入合计	22 709	本年支出合计	34 852	收入总计	34 903	支出总计	34 903

2016 年度铁门关市一般公共预算收支决算总表

单位：万元

预算科目	决算数	预算科目	决算数	预算科目	决算数	预算科目	决算数
一、税收收入	12 731	一、一般公共服务支出	2 085	本年收入合计	13 151	本年支出合计	34 525
增值税	2 158	二、外交支出		上级补助收入	1 088	上解上级支出	
其中：改征增值税	1 846	三、国防支出		返还性收入	26	一般性转移支付	
营业税	3 627	四、公共安全支出	506	增值税和消费税税收返还收入	26	体制上解支出	
企业所得税	527	五、教育支出	3 619	所得税基数返还收入		出口退税专项上解支出	
企业所得税退税		六、科学技术支出	43	成品油价格和税费改革税收返还收入		成品油价格和税费改革专项上解支出	
个人所得税	2 294	七、文化体育与传媒支出	189	其他税收返还收入		专项转移支付	
资源税		八、社会保障和就业支出	1 261	一般性转移支付收入	8	专项上解支出	
城市维护建设税	542	九、医疗卫生与计划生育支出	1 083	体制补助收入		计划单列市上解省支出	
房产税	134	十、节能环保支出	6	均衡性转移支付收入			
印花税	234	十一、城乡社区支出	23 763	革命老区及民族和边境地区转移支付收入			
城镇土地使用税	182	十二、农林水支出	317	县级基本财力保障机制奖补资金收入			
土地增值税	63	十三、交通运输支出	56	结算补助收入			
车船税	332	十四、资源勘探信息等支出	4	化解债务补助收入			
耕地占用税	2 520	十五、商业服务业等支出	1 217	资源枯竭型城市转移支付补助收入			

续表

预算科目	决算数	预算科目	决算数	预算科目	决算数	预算科目	决算数
契税	118	十六、金融支出		企业事业单位划转补助收入			
烟叶税		十七、援助其他地区支出		成品油价格和税费改革转移支付补助收入			
其他税收收入		十八、国土海洋气象等支出	98	基层公检法司转移支付收入			
二、非税收入	420	十九、住房保障支出		义务教育等转移支付收入			
专项收入	392	二十、粮油物资储备支出		基本养老保险和低保等转移支付收入			
行政事业性收费收入	13	二十一、预备费		新型农村合作医疗等转移支付收入			
罚没收入	2	二十二、其他支出		农村综合改革转移支付收入			
国有资本经营收入		二十三、债务付息支出	252	产粮（油）大县奖励资金收入			
国有资源（资产）有偿使用收入	13	二十四、债务发行费用支出	26	重点生态功能区转移支付收入			
其他收入				固定数额补助收入	8		
				其他一般性转移支付收入			
				专项转移支付收入	1 054		
				省补助计划单列市收入			
				接受其他地区援助收入		援助其他地区支出	
				债务（转贷）收入	26 000	债务还本支出	26 000

续表

预算科目	决算数	预算科目	决算数	预算科目	决算数	预算科目	决算数
						增设预算周转金	
						拨付国债转贷资金数	
				国债转贷收入		国债转贷资金结余	
				国债转贷资金上年结余			
				国债转贷转补助			
				上年结余	171		
				调入预算稳定调节基金		安排预算稳定调节基金	64
				调入资金	20 179	调出资金	
				1. 政府性基金调入	20 179	年终结余	
				2. 国有资本经营调入		其中：本级	
				3. 其他调入		减：结转下年的支出	
						其中：本级	
						净结余	
						其中：本级	
本年收入合计	13 151	本年支出合计	34 525	收入总计	60 589	支出总计	60 589

2016 年度双河市一般公共预算收支决算总表

单位：万元

预算科目	决算数	预算科目	决算数	预算科目	决算数	预算科目	决算数
一、税收收入	1 524	一、一般公共服务支出	776	本年收入合计	1 615	本年支出合计	1 633
增值税	507	二、外交支出		上级补助收入	18	上解上级支出	
其中：改征增值税	388	三、国防支出		返还性收入		一般性转移支付	
营业税	562	四、公共安全支出	8	增值税和消费税税收返还收入		体制上解支出	
企业所得税	28	五、教育支出	277	所得税基数返还收入		出口退税专项上解支出	
企业所得税退税		六、科学技术支出		成品油价格和税费改革税收返还收入		成品油价格和税费改革专项上解支出	
个人所得税	189	七、文化体育与传媒支出	12	其他税收返还收入		专项转移支付	
资源税		八、社会保障和就业支出	263	一般性转移支付收入	13	专项上解支出	
城市维护建设税	31	九、医疗卫生与计划生育支出	103	体制补助收入		计划单列市上解省支出	
房产税	2	十、节能环保支出	2	均衡性转移支付收入			
印花税	35	十一、城乡社区支出	55	革命老区及民族和边境地区转移支付收入			
城镇土地使用税		十二、农林水支出	124	县级基本财力保障机制奖补资金收入			
土地增值税	6	十三、交通运输支出	1	结算补助收入			
车船税		十四、资源勘探信息等支出		化解债务补助收入			
耕地占用税	126	十五、商业服务业等支出		资源枯竭型城市转移支付补助收入			

续表

预算科目	决算数	预算科目	决算数	预算科目	决算数	预算科目	决算数
契税	38	十六、金融支出		企业事业单位划转补助收入			
烟叶税		十七、援助其他地区支出		成品油价格和税费改革转移支付补助收入			
其他税收收入		十八、国土海洋气象等支出	12	基层公检法司转移支付收入			
二、非税收入	91	十九、住房保障支出		义务教育等转移支付收入			
专项收入	89	二十、粮油物资储备支出		基本养老保险和低保等转移支付收入			
行政事业性收费收入		二十一、预备费		新型农村合作医疗等转移支付收入			
罚没收入	1	二十二、其他支出		农村综合改革转移支付收入			
国有资本经营收入		二十三、债务付息支出		产粮（油）大县奖励资金收入			
国有资源（资产）有偿使用收入	1	二十四、债务发行费用支出		重点生态功能区转移支付收入			
其他收入				固定数额补助收入	13		
				其他一般性转移支付收入			
				专项转移支付收入	5		
				省补助计划单列市收入			
				接受其他地区援助收入		援助其他地区支出	
				债务（转贷）收入		债务还本支出	

续表

预算科目	决算数	预算科目	决算数	预算科目	决算数	预算科目	决算数
						增设预算周转金	
						拨付国债转贷资金数	
				国债转贷收入		国债转贷资金结余	
				国债转贷资金上年结余			
				国债转贷转补助			
				上年结余			
				调入预算稳定调节基金		安排预算稳定调节基金	
				调入资金		调出资金	
				1. 政府性基金调入		年终结余	
				2. 国有资本经营调入		其中：本级	
				3. 其他调入		减：结转下年的支出	
						其中：本级	
						净结余	
						其中：本级	
本年收入合计	1 615	本年支出合计	1 633	收入总计	1 633	支出总计	1 633

2016 年度新疆维吾尔自治区各地、州、市财政收入完成预算表

单位：万元

序号	地州市	预算数	决算数	超（+）短（-）收	决算数为预算数的%
合计		11 567 490	11 537 610	-29 880	99.74
1	乌鲁木齐市	3 871 493	3 696 734	-174 759	95.49
2	克拉玛依市	759 500	791 422	31 922	104.20
3	石河子市	394 037	388 815	-5 222	98.67
4	伊犁州	720 884	731 819	10 935	101.52
5	塔城地区	428 370	438 264	9 894	102.31
6	阿勒泰地区	313 353	313 570	217	100.07
7	博尔塔拉州	188 620	200 671	12 051	106.39
8	昌吉州	1 204 000	1 214 010	10 010	100.83
9	巴音郭楞州	747 500	750 847	3 347	100.45
10	阿克苏地区	775 000	848 378	73 378	109.47
11	克孜勒苏州	115 210	115 945	735	100.64
12	喀什地区	638 287	637 550	-737	99.88
13	和田地区	212 176	210 873	-1 303	99.39
14	吐鲁番地区	317 760	327 874	10 114	103.18
15	哈密地区	599 793	567 109	-32 684	94.55
16	五家渠市	122 980	174 298	51 318	141.73
17	阿拉尔市	78 921	62 997	-15 924	79.82
18	图木舒克市	35 000	28 959	-6 041	82.74
19	北屯市	27 168	22 709	-4 459	83.59
20	铁门关市	13 258	13 151	-107	99.19
21	双河市	4 180	1 615	-2 565	38.64

注：本表财政收入为一般公共预算收入。

2016年度新疆维吾尔自治区各地、州、市财政支出完成预算表

单位：万元

序号	地州市	预算数	决算数	决算数为预算数的%
合计		20 312 826	30 902 291	152. 13
1	乌鲁木齐市	3 632 435	4 175 602	114. 95
2	克拉玛依市	972 715	995 636	102. 36
3	石河子市	434 857	498 628	114. 66
4	伊犁州	1 754 703	2 744 664	156. 42
5	塔城地区	963 451	1 564 463	162. 38
6	阿勒泰地区	807 836	1 422 994	176. 15
7	博尔塔拉州	454 977	869 417	191. 09
8	昌吉州	1 681 310	2 749 708	163. 55
9	巴音郭楞州	1 240 874	2 129 360	171. 60
10	阿克苏地区	1 641 404	2 868 840	174. 78
11	克孜勒苏州	1 062 100	1 191 001	112. 14
12	喀什地区	2 626 422	4 902 979	186. 68
13	和田地区	1 303 174	2 536 008	194. 60
14	吐鲁番地区	555 306	762 089	137. 24
15	哈密地区	832 139	1 120 440	134. 65
16	五家渠市	148 518	157 840	106. 28
17	阿拉尔市	97 083	88 160	90. 81
18	图木舒克市	51 500	53 452	103. 79
19	北屯市	34 584	34 852	100. 77
20	铁门关市	13 258	34 525	260. 41
21	双河市	4 180	1 633	39. 07

注：本表财政支出为一般公共预算支出。

2016 年度新疆维吾尔自治区各地、州、市人均财政收支表

单位：万元

序号	地州市	财政收入				财政支出			
		财政收入（万元）	按财政收入排序	每人平均（元/人）	按人平均排序	财政支出（万元）	按财政支出排序	每人平均（元/人）	按人平均排序
1	乌鲁木齐市	3 696 734	1	14 440	2	4 175 602	2	16 311	9
2	克拉玛依市	791 422	4	18 843	1	995 636	12	23 706	1
3	石河子市	388 815	10	9 720	4	498 628	15	12 466	10
4	伊犁州	731 819	6	2 464	15	2 744 664	5	9 241	16
5	塔城地区	438 264	9	4 662	10	1 564 463	8	16 643	8
6	阿勒泰地区	313 570	12	4 680	9	1 422 994	9	21 239	2
7	博尔塔拉州	200 671	14	4 181	11	869 417	13	18 113	4
8	昌吉州	1 214 010	2	7 883	6	2 749 708	4	17 855	6
9	巴音郭楞州	750 847	5	5 959	7	2 129 360	7	16 900	7
10	阿克苏地区	848 378	3	3 353	13	2 868 840	3	11 339	13
11	克孜勒苏州	115 945	16	1 965	16	1 191 001	10	20 186	3
12	喀什地区	637 550	7	1 414	19	4 902 979	1	10 871	14
13	和田地区	210 873	13	864	20	2 536 008	6	10 393	15
14	吐鲁番地区	327 874	11	5 204	8	762 089	14	12 097	12
15	哈密地区	567 109	8	9 147	5	1 120 440	11	18 072	5
16	五家渠市	174 298	15	13 408	3	157 840	16	12 142	11
17	阿拉尔市	62 997	17	1 909	17	88 160	17	2 672	20
18	图木舒克市	28 959	18	1 810	18	53 452	18	3 341	19
19	北屯市	22 709	19	3 785	12	34 852	19	5 809	18
20	铁门关市	13 151	20	3 288	14	34 525	20	8 631	17
21	双河市	1 615	21	179	21	1 633	21	181	21

2011—2016 年度新疆维吾尔自治区各地、州、市地方财政收入完成表

单位：万元

序号	地州市	2011 年			2012 年			2013 年			2014 年			2015 年			2016 年		
		地方财政收入	一般公共预算收入	政府性基金收入	地方财政收入	一般公共预算收入	政府性基金收入	地方财政收入	一般公共预算收入	政府性基金收入	地方财政收入	一般公共预算收入	政府性基金收入	地方财政收入	一般公共预算收入	政府性基金收入	地方财政收入	一般公共预算收入	政府性基金收入
合计		8 599 732	6 295 390	2 304 342	10 248 598	7 758 245	2 490 353	1 2636 170	9 245 782	3 390 388	13 845 476	10 405 154	3 440 332	13 417 254	10 891 124	2 526 130	14 059 149	11 537 610	2 521 539
1	乌鲁木齐市	2 642 249	2 062 035	580 214	3 177 363	2 520 052	657 311	4 007 126	3 019 047	988 079	4 529 667	3 406 243	1 123 424	4 650 895	3 686 663	964 232	4 669 058	3 696 734	972 324
2	克拉玛依市	570 431	509 650	60 781	686 767	572 603	114 164	808 776	658 258	150 518	856 215	735 481	120 734	830 777	749 926	80 851	838 384	791 422	46 962
3	石河子市	268 233	192 822	75 411	268 908	217 520	51 388	349 058	283 125	65 933	379 484	330 848	48 636	413 595	368 259	45 336	448 210	388 815	59 395
4	伊犁州	783 630	446 529	337 101	968 165	561 683	406 482	1 209 125	685 397	523 728	1 332 894	758 424	574 470	849 827	672 568	177 259	909 905	731 819	178 086
5	塔城地区	325 992	257 936	68 056	391 888	320 435	71 453	457 918	365 532	92 386	505 066	417 002	88 064	461 749	404 123	57 626	494 423	438 264	56 159
6	阿勒泰地区	216 967	200 017	16 950	280 938	254 211	26 727	346 571	305 157	41 414	390 066	330 053	60 013	347 097	304 198	42 899	368 410	313 570	54 840
7	博尔塔拉州	106 915	82 127	24 788	140 901	103 878	37 023	190 449	131 687	58 762	202 025	152 430	49 595	216 367	171 261	45 106	239 276	200 671	38 605
8	昌吉州	866 834	482 221	384 613	1 065 968	642 809	423 159	1 301 829	813 405	488 424	1 509 507	1 000 320	509 187	1 476 005	1 104 442	371 563	1 626 705	1 214 010	412 695
9	巴音郭楞州	632 207	491 289	140 918	792 969	604 892	188 077	930 528	684 768	245 760	1 006 035	745 149	260 886	941 949	700 081	241 868	940 737	750 847	189 890
10	阿克苏地区	840 483	621 052	219 431	925 633	721 656	203 977	1 020 032	749 053	270 979	944 530	763 032	181 498	839 476	769 712	69 764	931 566	848 378	83 188
11	克孜勒苏州	63 604	55 227	8 377	91 566	70 862	20 704	108 926	87 565	21 361	120 211	96 758	23 453	121 391	109 721	11 670	126 379	115 945	10 434
12	喀什地区	558 973	287 506	271 467	503 471	377 973	125 498	622 364	457 940	164 424	636 798	508 040	128 758	756 764	573 702	183 062	788 055	637 550	150 505
13	和田地区	123 668	93 231	30 437	146 697	111 841	34 856	198 163	133 314	64 849	194 749	157 966	36 783	248 907	186 119	62 788	281 401	210 873	70 528
14	吐鲁番地区	240 706	203 580	37 126	296 724	252 207	44 517	398 723	305 428	93 295	414 769	318 212	96 557	372 607	302 628	69 979	373 711	327 874	45 837
15	哈密地区	254 170	235 153	19 017	349 783	303 845	45 938	493 261	401 021	92 240	585 864	495 269	90 595	616 947	545 273	71 674	658 019	567 109	90 910
16	五家渠市	41 749	37 663	4 086	70 508	68 623	1 885	96 426	92 917	3 509	103 168	98 089	5 079	119 319	117 059	2 260	177 654	174 298	3 356
17	阿拉尔市	45 230	26 682	18 548	56 998	32 269	24 729	53 991	39 482	14 509	80 787	50 831	29 956	88 599	66 882	21 717	83 468	62 997	20 471
18	图木舒克市	17 691	10 670	7 021	26 607	14 252	12 355	28 684	18 678	10 006	35 518	23 514	12 004	36 396	31 040	5 356	36 078	28 959	7 119
19	北屯市				6 744	6 634	110	14 220	14 008	212	18 123	17 483	640	23 754	22 634	1 120	29 479	22 709	6 770
20	铁门关市										10	10		4 833	4 833		36 616	13 151	23 465
21	双河市																1 615	1 615	

注：地方财政收入为一般公共预算收入加政府性基金收入。

2011—2016 年度新疆维吾尔自治区各地、州、市地方财政支出完成表

单位：万元

序号	地州市	2011年			2012年			2013年			2014年			2015年			2016年		
		地方财政支出	一般公共预算支出	政府性基金支出	地方财政支出	一般公共预算支出	政府性基金支出	地方财政支出	一般公共预算支出	政府性基金支出	地方财政支出	一般公共预算支出	政府性基金支出	地方财政支出	一般公共预算支出	政府性基金支出	地方财政支出	一般公共预算支出	政府性基金支出
	合计	19 006 478	16 569 526	2 436 952	22 834 476	20 000 562	2 833 914	26 354 473	22 580 331	3 774 142	28 369 435	24 621 082	3 748 491	30 640 383	27 746 215	2 894 168	33 684 984	30 902 291	2 782 693
1	乌鲁木齐市	2 997 068	2 384 851	612 217	3 638 926	2 956 004	682 922	4 576 713	3 532 024	1 044 689	5 158 531	4 048 053	1 110 478	5 442 545	4 466 709	975 836	5 207 606	4 175 602	1 032 004
2	克拉玛依市	707 929	633 033	74 896	818 959	701 753	117 206	952 394	798 114	154 280	1 041 691	938 698	102 993	957 546	896 640	60 906	1 033 162	995 636	37 526
3	石河子市	329 066	252 565	76 501	313 218	269 061	44 157	394 512	331 783	62 729	480 127	395 872	84 255	479 158	445 888	33 270	544 282	498 628	45 654
4	伊犁州	2 069 610	1 697 966	371 644	2 538 446	2 094 391	444 055	2 840 442	2 257 619	582 823	2 921 934	2 322 625	599 309	2 778 540	2 536 964	241 576	2 943 967	2 744 664	199 303
5	塔城地区	980 351	899 382	80 969	1 205 599	1 122 564	83 035	1 324 099	1 195 687	128 412	1 349 951	1 226 806	123 145	1 469 295	1 370 425	98 870	1 626 504	1 564 463	62 041
6	阿勒泰地区	916 750	880 290	36 460	1 095 666	1 046 188	49 478	1 269 581	1 202 811	66 770	1 230 185	1 156 948	73 237	1 272 024	1 204 579	67 445	1 492 511	1 422 994	69 517
7	博尔塔拉州	441 828	410 284	31 544	528 528	478 568	49 960	631 029	561 160	69 869	668 895	610 144	58 751	828 938	758 226	70 712	921 484	869 417	52 067
8	昌吉州	1 566 037	1 213 830	352 207	1 908 585	1 437 355	471 230	2 219 481	1 688 147	531 334	2 494 935	1 941 090	553 845	2 586 891	2 163 946	422 945	3 172 200	2 749 708	422 492
9	巴音郭楞州	1 435 954	1 281 237	154 717	1 708 433	1 501 148	207 285	1 899 709	1 645 105	254 604	1 977 609	1 703 665	273 944	2 086 023	1 797 775	288 248	2 367 551	2 129 360	238 191
10	阿克苏地区	1 817 274	1 576 440	240 834	2 110 480	1 869 077	241 403	2 305 155	1 994 981	310 174	2 309 581	2 110 512	199 069	2 661 708	2 527 768	133 940	2 991 189	2 868 840	122 349
11	克孜勒苏州	566 231	552 425	13 806	748 185	716 335	31 850	791 139	763 175	27 964	875 735	843 127	32 608	1 023 598	1 008 315	15 283	1 204 474	1 191 001	13 473
12	喀什地区	2 666 598	2 409 603	256 995	3 136 298	2 921 788	214 510	3 466 729	3 248 549	218 180	3 787 789	3 632 508	155 281	4 398 047	4 201 329	196 718	5 117 204	4 902 979	214 225
13	和田地区	1 298 498	1 256 735	41 763	1 581 961	1 512 549	69 412	1 733 880	1 649 362	84 518	1 999 130	1 881 776	117 354	2 435 776	2 331 481	104 295	2 634 241	2 536 008	98 233
14	吐鲁番地区	490 983	452 426	38 557	580 712	521 607	59 105	758 907	642 070	116 837	784 756	668 669	116 087	792 926	716 703	76 223	808 133	762 089	46 044
15	哈密地区	588 172	562 908	25 264	722 937	681 438	41 499	935 143	841 539	93 604	1 000 166	894 468	105 698	1 095 988	1 007 135	88 853	1 212 705	1 120 440	92 265
16	五家渠市	53 545	49 656	3 889	86 546	85 556	990	115 543	114 764	779	121 267	120 625	642	139 519	139 434	85	160 593	157 840	2 753
17	阿拉尔市	52 327	34 539	17 788	61 428	48 056	13 372	74 482	58 663	15 819	93 678	64 215	29 463	96 346	83 578	12 768	106 647	88 160	18 487
18	图木舒克市	28 257	21 356	6 901	39 776	27 441	12 335	44 064	33 939	10 125	50 227	38 960	11 267	58 929	53 854	5 075	60 504	53 452	7 052
19	北屯市				9 793	9 683	110	21 471	20 839	632	23 248	22 183	1 065	31 576	30 456	1 120	41 600	34 852	6 748
20	铁门关市										138	138		5 010	5 010		36 794	34 525	2 269
21	双河市																1 633	1 633	

注：地方财政支出为一般公共预算支出加政府性基金支出。

2016 年度新疆维吾尔自治区各地、州、市财政总收入和一般公共预算收入占 GDP 比重表

单位：万元

序号	地区	地方财政总收入	一般公共预算收入	地区生产总值（GDP）	财政总收入占 GDP 比重	一般公共预算收入占 GDP 比重
合计		14 059 149	11 537 610	103 883 492	13.5%	11.1%
1	乌鲁木齐市	4 669 058	3 696 734	24 589 800	19.0%	15.0%
2	克拉玛依市	838 384	791 422	6 489 000	12.9%	12.2%
3	石河子市	448 210	388 815	3 350 000	13.4%	11.6%
4	伊犁州	909 905	731 819	7 820 000	11.6%	9.4%
5	塔城地区	494 423	438 264	5 629 000	8.8%	7.8%
6	阿勒泰地区	368 410	313 570	2 528 300	14.6%	12.4%
7	博尔塔拉州	239 276	200 671	2 345 348	10.2%	8.6%
8	昌吉州	1 626 705	1 214 010	11 182 000	14.5%	10.9%
9	巴音郭楞州	940 737	750 847	9 049 000	10.4%	8.3%
10	阿克苏地区	931 566	848 378	6 846 000	13.6%	12.4%
11	克孜勒苏州	126 379	115 945	1 003 315	12.6%	11.6%
12	喀什地区	788 055	637 550	7 598 594	10.4%	8.4%
13	和田地区	281 401	210 873	2 363 300	11.9%	8.9%
14	吐鲁番地区	373 711	327 874	2 463 581	15.2%	13.3%
15	哈密地区	658 019	567 109	4 497 000	14.6%	12.6%
16	五家渠市	177 654	174 298	1 376 300	12.9%	12.7%
17	阿拉尔市	83 468	62 997	2 787 000	3.0%	2.3%
18	图木舒克市	36 078	28 959	750 000	4.8%	3.9%
19	北屯市	29 479	22 709	368 954	8.0%	6.2%
20	铁门关市	36 616	13 151	418 000	8.8%	3.1%
21	双河市	1 615	1 615	429 000	0.4%	0.4%

第七部分

文件选编

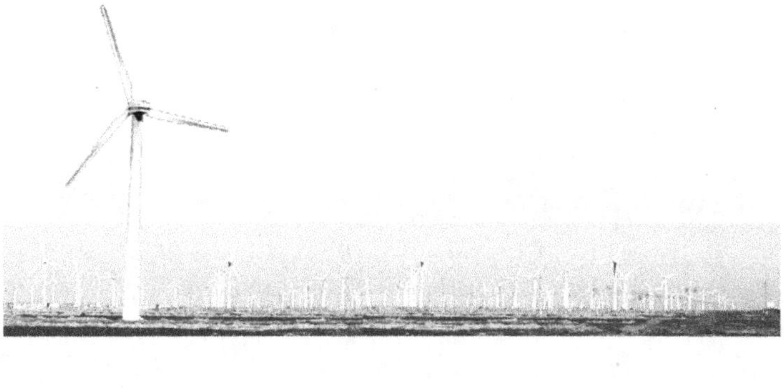

关于印发《新疆维吾尔自治区2015年棚户区改造项目使用开发银行专项贷款管理办法》的通知

（2016年8月31日　自治区财政厅　住房和城乡建设厅　国家开发银行股份有限公司新疆维吾尔自治区分行　新财综〔2016〕39号）

伊犁哈萨克自治州财政局、住房和城乡建设局，各地州市财政局、住房和城乡建设局：

为了规范使用国家开发银行专项贷款支持我区2015年棚户区改造项目建设，经自治区财政厅、住房和城乡建设厅、国家开发银行新疆分行共同研究，制定了《新疆维吾尔自治区2015年棚户区改造项目使用开发银行专项贷款管理办法》。请遵照执行，在执行过程中出现的问题请及时向我们反馈。

附件：新疆维吾尔自治区2015年棚户区改造项目使用开发银行专项贷款管理办法

附件：

新疆维吾尔自治区2015年棚户区改造项目使用开发银行专项贷款管理办法

第一条　根据《财政部 住房城乡建设部关于进一步做好棚户区改造相关工作的通知》（财综〔2016〕11号），我区2015年底以前开工的棚户区改造续建项目，可以继续使用国家开发银行棚户区改造专项贷款。为加强贷款管理，制定本办法。

第二条　新疆维吾尔自治区财政厅（以下简称“财政厅”）、新疆维吾尔自治区住房和城乡建设厅（以下简称“住建厅”）、国家开发银行股份有限公司新疆维吾尔自治区分行（以下简称“开行新疆分行”）、各地州市人民政府（行署）、各县市人民政府，以及各县市人民政府指定的2015年棚户区改造任务承接主体，按以下职责开展工作。

住建厅主要负责提出2015年已开工棚户区改造项目分月贷款需求，并实时了解项目资金使用和建设进度情况；财政厅主要负责贷款资金使用的监督，督促各地将贷款资金逐年纳入财政预算；开行新疆分行主要负责按需求提供贷款规模，负责贷款资金贷后管理；新疆维吾尔自治区国有资产投资经营有限责任公司（以下简称“新疆国投公司”）主要负责贷款资金的提取和支付，归集项目贷款本息；各地州市人民政府（行署）主要负责督促、协调和落实各县市将还本付息等相关支出逐年纳入财政预算；各县市人民政府主要负责将还本付息等相关支出逐年纳入财政预算，确保到期本息按时足额偿还；各县市承接主体主要负责按规定用途使用贷款资金，按期足额向新疆国投公司偿还贷款本息，并接受和配合各方监督管理。

第三条 使用专项贷款应符合的条件：经住建厅确认纳入国家2015年全国棚户区改造计划，并于2015年年底前开工建设的棚户区改造项目；涉及拆迁安置的，地州市及县市人民政府应制定征收（拆迁）补偿方案；按规定完成项目建设规划、可行性研究报告、土地利用证明、环境评价等四项审批、核准或备案手序，并已取得国有土地使用证、建设用地规划许可证、建设工程规划许可证、建设工程施工许可证、项目选址意见书；符合国家及开行对项目资本金比例的要求（不低于20%），落实项目资本金；国家开发银行新疆分行和新疆国投公司要求的其他条件。

第四条 新疆国投公司与开行新疆分行签订《借款合同》及有关附件；住建厅、新疆国投公司、各地州市人民政府（行署）、各县市人民政府、各县市承接主体签订五方《用款协议》。

在签订《借款合同》、《用款协议》前，各地州市人民政府（行署）向新疆国投公司出具文件，明确还本付息等相关支出逐年纳入财政预算予以保障，确保以后年度按期足额偿还贷款本息；各县市人民政府向其指定的承接主体出具文件，明确还本付息等相关支出逐年纳入财政预算予以保障。

第五条 项目贷款一般不超过总投资的80%，贷款期限25年，宽限期3年，具体贷款期限和宽限期以最终评审结果为准。

第六条 新疆国投公司在开行新疆分行开立相关账户。开设贷款资金专户，用于贷款资金的发放和划拨；开设偿债资金专户，专项用于棚改项目还款资金的归集和偿还。县市承接主体在开行开立一般账户，用于承接贷款资金，其中喀什地区、和田地区、克州辖区内县市承接主体在开行喀什分行开立账户；伊犁州辖区内县市承接主体在开行伊犁分行开立账户；其余县市承接主体在开行新疆分行开立账户。

第七条 贷款发放前，项目资本金应先期到位。对各地州市、县市已投入的资本金，县市承接主体需及时将资本金划拨凭证提供给开行新疆分行及各级分行，开行新疆分行及各级分行对资本金凭证的有效性进行审查认定。

第八条 住建厅根据纳入2015年棚户区改造任务并于2015年年底前已开工项目建设进度和资金需求，确定使用开行贷款资金需求。开行新疆分行提供贷款规模。

第九条 财政厅根据住建厅确定的贷款资金需求、开行新疆分行提供的贷款规模，向新疆国投公司下达提取贷款的函。开行将贷款发放至新疆国投公司在开行新疆分行开立的“贷款资金专户”，新疆国投公司将贷款资金拨付到各县市承接主体在开行新疆分行及各级分行开立的一般账户。

第十条 县市承接主体负责项目实施和管理，负责按规定用途使用贷款资金，不得挤占、挪用。开行新疆分行及各级分行负责监管贷款项目的资金支付等贷后管理工作。县市承接主体在支付贷款资金时，按开行新疆分行及各级分行的要求进行资金支付并提供真实有效的资料。

第十一条 各县市人民政府纳入财政预算支出的还本付息资金，在贷款本息到期前20日，足额拨付至承接主体在开行新疆分行及各级分行开立的一般账户。各县市承接主体在贷款本息到期前10日，将到期本息足额向新疆国投公司偿还。对未在规定时间内偿还贷款本息的，财政厅可实施预算扣款，并暂停向所在县市发放后续贷款。

第十二条 新疆国投公司负责向县市承接主体发送本息偿还通知书，并组织其于本息到期前10日将还本付息资金归集到新疆国投公司在开行新疆分行开立的偿债资金专户上。

第十三条 各县市承接主体在贷款合同有效期内，经营发生重大变故或出现合并、改制、关闭、破产等对生产经营产生重大影响的事项，地方政府应及时报告住建厅、财政厅、新疆国投公司和开行新疆分行，由地方政府重新指定承接主体，并与各方重新签订用款协议。

第十四条 各县市承接主体按国家有关基本建设投资项目管理的规定进行财务管理和会计核算，并按程序验收和决算。

第十五条 住建厅会同财政厅、新疆国投公司对项目建设和贷款资金使用情况进行监督检查。

第十六条 本办法自发布之日起实施。财政厅、住建厅、开行新疆分行按各自职责负责解释。原《新疆维吾尔自治区棚户区改造项目使用国家开发银行专项贷款管理办法》（新财建〔2015〕431号）同时废止。

关于印发《新疆维吾尔自治区彩票公益金管理办法》的通知

（2016年8月26日　自治区财政厅　新财综〔2016〕45号）

伊犁哈萨克自治州财政局、民政局、体育局，各地州市财政局、民政局、体育局：

根据《财政违法行为处罚处分条例》（国务院令第427号）、《彩票公益金管理条例》（国务院令第554号、《彩票管理条例实施细则》（财政部　民政部　国家体育总局令第67号）和《财政部关于印发〈彩票公益金管理办法〉的通知》（财综〔2012〕15号）有关规定，结合自治区实际，我们研究完善了《新疆维吾尔自治区彩票公益金管理办法》，现印发给你们，请遵照执行。

附件：新疆维吾尔自治区彩票公益金管理办法

附件：

新疆维吾尔自治区彩票公益金管理办法

第一章　总　　则

第一条　为了规范和加强自治区彩票公益金筹集、分配和使用管理，健全彩票公益金监督机制，提高资金使用效益，根据《彩票公益金管理条例》（国务院令第554号）、《彩票管理条例实施细则》（财政部　民政部　国家体育总局令第67号）和《财政部关于印发〈彩票公益金管理办法〉的通知》（财综〔2012〕15号）有关规定，结合自治区实际，制定本办法。

第二条　本办法适用于自治区本级福利彩票公益金、体育彩票公益金。

第三条　本办法所称彩票公益金，是指从彩票销售收入中按规定比例提取彩票公益金留归自治区部分和逾期未兑奖的彩票奖金。

第四条　彩票公益金纳入政府性基金预算管理，专款专用，结余结转下年继续使用。

第五条　彩票公益金应遵循公益性、公开透明、规范管理和专款专用的原则。

第六条　财政部门负责彩票公益金的监督管理。具体职责：

（一）会同民政、体育等有关部门提出彩票公益金分配政策建议；

（二）负责制定彩票公益金管理办法；

（三）负责审核、汇总彩票公益金年度收支预算、审批决算；

（四）负责对资助项目是否符合公益金的使用范围、资金分配标准、安排项目依据及相关材料进行审核；

（五）负责办理彩票公益金资金拨付手续；

（六）负责对绩效评价报告进行再评价；

（七）负责组织实施对彩票公益金使用情况的监督检查。

第七条　彩票公益金使用部门、单位负责具体项目的实施与管理。具体职责：

（一）负责制定彩票公益金项目管理办法；

（二）负责制定本部门彩票公益金资助项目中远期规划；

（三）负责编制本部门彩票公益金年度收支预算和决算；

（四）负责报送项目申报材料及相关依据；

（五）负责审核申报项目的真实性、科学性；

（六）负责组织实施项目建设与管理；

（七）负责项目资金绩效评价工作。

第二章　收缴管理

第八条　彩票公益金由新疆维吾尔自治区福利彩票发行中心、新疆维吾尔自治区体育彩票管理中心（以下简称“彩票销售机构”）根据国务院批准的彩票公益金分配政策和财政部批准的提取比例，按照每月彩票销售额据实结算后分别上缴中央财政和自治区财政。

逾期未兑奖的彩票奖金由彩票销售机构上缴自治区财政。

第九条　上缴中央财政的彩票公益金，彩票销售机构按照财政部有关规定及时、足额上缴。

第十条　上缴自治区财政的彩票公益金，按照自治区规定程序缴纳。具体缴纳程序如下：

（一）自治区彩票销售机构于次月10日前将应缴自治区彩票公益金，按照自治区政府非税收入收缴管理相关规定，缴入非税收入财政专户，自治区财政及时划缴国库。

（二）自治区彩票销售机构于每月10日前

向自治区财政部门报送《新疆维吾尔自治区彩票机构月度汇总报表》（见附表一）并附《新疆维吾尔自治区非税收入一般缴款书》复印件。

（三）若遇节假日，彩票销售机构缴款时间和报送报表时间以及缴入非税收入财政专户的时间可顺延。

第十一条 财政部门应于每年1月底前，完成对上一年度应缴自治区财政的彩票公益金的清算和征缴工作。

第三章 资金分配

第十二条 自治区留用的彩票公益金在自治区本级与各地之间以及自治区本级各专项之间的分配比例，由自治区财政部门商自治区民政、体育行政主管部门后报自治区人民政府批准确定。

第四章 使用管理

第十三条 本级福彩、体彩公益金使用方向。

（一）本级福彩公益金

1. 为老年人、残疾人、孤儿、革命伤残军人等特殊群体服务的社会福利、优抚事业；支持社区服务；资助其他社会公益、慈善事业；

2. 新建和维修改造本级社会福利事业单位的设施；

3. 引起社会公众关注、有利于弘扬社会主义精神文明、能体现扶弱济困宗旨的其他社会公益事业，以及对有特殊困难人群给予专项资助；

4. 其他符合国家相关部门规定的支出；

5. 经自治区人民政府批准的其他社会公益事业。

（二）本级体彩公益金

1. 开展全民健身活动，主要用于群众性体育活动、国民体质监测和培训社会体育指导员等支出；

2. 弥补大型体育运动会比赛经费不足，主要用于国际、全国和自治区最高级别的大型综合性运动会及重大国际单项体育比赛；

3. 新建和弥补维修体育设施，主要用于全区大众体育设施及专业体育比赛、训练场馆的新建和维修；

4. 其他符合国家相关部门规定的支出；

5. 体育扶贫工程专项支出；

6. 经自治区人民政府批准的其他社会公益事业。

第十四条 各地（州、市）、新疆生产建设兵团的公益金，应按照国家和自治区规定的彩票公益金使用方向，用于社会福利事业、体育事业、助残事业和其他社会公益事业。

第五章 项目管理

第十五条 彩票公益金使用部门、单位，要制定彩票公益金资助项目的中远期规划，并做好资助项目申报工作。

第十六条 本级彩票公益金的申报程序：

（一）对经批准纳入部门预算的自治区民政部门、体育部门直属事业单位的项目，直属事业单位应当向区级民政、体育行政主管部门提交自治区本级彩票公益金项目资金申请报告，自治区民政部门、体育部门汇总、审核，组织评审，提出意见，送自治区财政部门审核。

（二）自治区以下单位申请本级福彩公益金、体彩公益金项目资金，应由同级民政、体育部门会同同级财政部门共同研究确定申报项目，联合行文分别上报自治区民政部门、体育部门和财政部门，由自治区民政部门、体育部门分别将申报项目汇总、审核，组织评审，提出意见，送自治区财政部门审核。

第十七条 各级财政部门应会同有关部门对申请使用彩票公益金项目进行立项审查，逐步建立彩票公益金项目库，推行项目管理，提高资金使用效益。对数额较大的重点投资项目进行财政投资评审。

第十八条 申请本级彩票公益金，申报部门、单位应提交申报项目材料。公益金使用部门、单位提交申请报告，说明申请理由、资金来源和落实情况，以及项目论证材料、相关文件资料。其中，属于基本建设类的项目，应具有项目资金申请报告、基建审批手续和发改委的立项批复文件等要件；属于维修类改造项目，应具有项目资金申请报告、详细工程概算、项目基本概况、总投资额、申请资金数额、配套资金数额及来源等情况说明；属于设备采购类项目，应具有项目资金申请报告、详细的预算标准和依据材料；属于开展活动类项目，应具有项目资金申请报告、相关政策文件、详细的预算标准等。

第十九条 本级彩票公益金申请使用程序：

对经批准纳入部门预算的自治区民政部门、体育部门项目，由自治区民政部门、体育部门审核汇总，送自治区财政部门审核后，报自治区人大常委会议审批。经自治区人民代表大会批准后实施。

其他部门或单位申请使用本级福利、体育彩票项目和资金的，由单位主管部门审核汇总，送自治区财政部门审核后，报自治区人大常委会议审批。经自治区人民代表大会批准后实施。

第二十条 彩票公益金项目一经批准，不得擅自调整。确需进行变更或撤销的项目，应按申报程序重新报批。

第二十一条 彩票公益金资助项目确定并下达后，财政部门要按有关规定及时拨付项目资金，对资金使用情况进行跟踪问效。项目主管部门要明确项目承担单位和项目实施责任人，确保项目进度和工程质量。

第二十二条 项目承担单位要对彩票公益金实行单独核算、专账管理，不得与其他资金混合管理。

第二十三条 使用彩票公益金购置列入政府采购目录的设备、工程和服务，按照政府采购有关规定执行。

第二十四条 使用彩票公益金建设和购置的公益设施、设备、器材等，应由使用部门、单位按照国有资产管理有关规定进行管理。

第二十五条 彩票公益金资助项目凡能通过政府购买服务方式组织实施的，都应以政府购买服务方式向社会购买。

第二十六条 彩票公益金资助项目完成后，项目承担单位要向同级财政部门和主管部门报送彩票公益金使用情况报告和相关验收材料。对彩票公益金重点资助项目应进行审计。

第二十七条 彩票公益金资助的基本建设项目、设施、设备、器材及各类社会公益活动，以“彩票公益金资助—中国福利彩票和中国体育彩票”的标识在显著地方明示。

第二十八条 使用彩票公益金资助建设的设施及购置的物资、设备、器材等财产，由使用部门、单位按照国有资产管理制度规定进行管理，均不得用于盈利性或商业活动。若改变用途和变动产权，所取得的收入，需全额上缴同级财政。

第六章 预（决）算编制

第二十九条 彩票公益金按照政府性基金管理要求，纳入预（决）算管理。

第三十条 彩票公益金预算编制应遵循“以收定支、专款专用、结余结转下年安排使用”的原则。

第三十一条 彩票公益金收支预算按照以下程序编制：

（一）收入预算管理

彩票公益金收入预算，根据彩票销售情况和事业发展需要，分别由自治区民政厅、体育局负责编报和汇总，送财政厅审核确定。

（二）支出预算管理

1. 本级福彩、体彩公益金

自治区财政厅根据彩票销售计划和彩票公益金分配比例，核定自治区民政厅、体育局彩票公益金预算支出指标，列入当年自治区本级部门支出预算。由自治区民政部门、体育部门按照政府性基金预算编制要求和彩票公益金项目库建设管理办法，结合区级一般预算安排情况，编制年度项目支出预算，随部门预算报自治区财政部门审核。

2. 对下项目资助资金

自治区本级福彩、体彩公益金对下项目资助

资金，按照自治区确定的分配方案，列入补助地方支出的彩票公益金预算，由自治区民政部门、体育部门向自治区财政部门提出申请，自治区财政审核后，下达相关地（州、市）。

第三十二条 彩票公益金使用部门、单位编制的彩票公益金支出预算时，按规定应实行政府采购的项目，同时编制政府采购预算。

第三十三条 彩票公益金使用部门、单位编制的彩票公益金支出预算时，属政府购买服务项目的，应编制政府购买服务预算。

第三十四条 自治区财政部门审核彩票公益金使用部门、单位编制的彩票公益金收支预算后，经财政部门领导审批后，并随部门预算报经自治区人民代表大会批准后组织实施和管理。

第三十五条 彩票公益金收支预算一经批复，执行中原则上不做调整，确需调整的，按预算调整的有关政策规定执行。

第三十六条 根据财政资金绩效评价的规定，彩票公益金使用部门、单位应当在编制预算时报送彩票公益金绩效目标报告；年终报送绩效评价报告。

第三十七条 彩票公益金使用部门、单位未按规定及时提供下一年度公益金支出预算及相关材料，未经人民代表大会审议，财政部门不予安排该部门、单位下一年度公益金支出预算。

第三十八条 彩票公益金使用部门、单位按照财政部门统一要求，根据年度彩票公益金预算执行情况，编制彩票公益金决算，报同级财政部门审核。

第七章 资金拨付

第三十九条 彩票公益金按照以下规定进行管理：

（一）各级财政部门应对项目资金实行专项管理、分账核算，并严格按照规定用途使用，不得截留、挤占、挪用，不得用于平衡本级预算；

（二）项目资金支付管理按照财政国库管理制度有关规定执行；

（三）项目资金支出属于政府采购范围的，应当按照政府采购的有关法律制度规定执行。

（四）公益金使用部门应充分发挥资金使用效益，及时安排使用公益金。各级财政部门应通过科学合理编制预算、加快预算执行等有效措施，减少公益金结转和结余资金规模。定期对公益金结余资金进行清理。

（五）自治区下达各地的项目资金形成结余的，如资金下达一年以上仍未开工或项目结束、终止形成的结余资金，自治区财政部门商民政部门、体育部门将结余资金调整用于其他资助项目。因特殊原因暂无法执行的项目资金，经自治区财政部门批准后可以延续使用。

（六）各地安排的公益金，属于无法支出或无需支出的，同级财政部门可收回预算，超过预算确定期一年以上尚未使用的结转资金，原则上收回预算。对跨预算年度的延续项目，要根据项目结转资金情况和年度资金需求情况统筹安排年度预算，非延续项目超过预算确定期限一年以上尚未使用的结转资金以及项目结束、终止形成的结余资金，同级财政部门可收回预算，商有关部门调整安排用于其他亟需安排的项目。因特殊原因形成的项目结余资金，经同级财政部门批准后可以结转下一年度继续使用。连续两年未用完的结转资金，按规定予以收回。

第四十条 各有关部门应当对项目资金实行专项管理，严格按照项目规定的用途使用。项目资金支付按照财政国库管理制度有关规定执行。项目资金支出属于政府采购范围的，按照政府采购有关规定执行。

第四十一条 区直单位申请拨付彩票公益金，由自治区财政部门审核后直接拨付；区级以下部门、单位使用彩票公益金，由自治区财政部门按预算管理级次拨付有关财政部门，再由有关财政部门拨付项目单位。

第四十二条 属于基建项目的，财政部门根据预算及项目建设进度拨付。

第八章　宣传公告

第四十三条　彩票公益金使用部门、单位应在每年3月底前，按规定向同级财政部门报送上一年度公益金使用情况。具体包括：

（一）资助项目组织实施情况；

（二）资助项目资金使用及结余情况；

（三）资助项目社会效益和经济效益；

（四）资助项目绩效评价报告；

（五）同级财政部门要求的送的其他材料。

第四十四条　自治区财政部门于每年4月底前，向自治区人民政府和财政部提交上一年度本行政区域内彩票公益金的筹集、分配和使用情况报告；每年6月底前，向社会公告上一年度本行政区域内彩票公益金的筹集、分配和使用情况。

第四十五条　区级彩票公益金使用部门、单位，于每年6月底前，向社会公告上一年度本部门、单位彩票公益金的使用规模、资助项目、执行情况和实际效果等。

第九章　审计和监督

第四十六条　彩票公益金使用部门、单位应当自觉接受财政、审计、监察等部门和社会监督。

第四十七条　各级财政部门可以聘请有资质的社会中介机构对本辖区上一年度彩票公益金使用情况进行审计，并向社会公告，自觉接受社会监督。

第四十八条　区级彩票销售机构应严格按照本办法规定缴纳彩票公益金，不得拒缴、拖欠彩票公益金。

第四十九条　管理和使用彩票公益金的部门、单位，必须按批准的项目使用计划和预算执行，任何部门和单位不得以任何形式挤占、挪用、截留彩票公益金。

第五十条　违反本办法规定，拒缴、拖欠、截留、挤占、挪用彩票公益金的，依照《财政违法行为处罚处分条例》（国务院令第427号）的有关规定处理。

第十章　附　　则

第五十一条　本办法自2017年1月1日起执行。自治区财政部门2014年10月13日发布的《新疆维吾尔自治区彩票公益金管理办法》（新财综〔2014〕60号）同时废止。

第五十二条　本办法由自治区财政部门、民政部门、体育部门负责解释。

关于印发《新疆维吾尔自治区彩票市场调控资金管理暂行办法》的通知

（2016年9月10日　自治区财政厅　新财综〔2016〕46号）

伊犁哈萨克自治州财政局，各地（州、市）财政局，自治区福利彩票发行中心、体育局体育彩票管理中心：

为进一步推动我区彩票事业持续健康发展，

根据《预算法》、《彩票管理条例》及其实施细则、《财政部关于印发〈彩票市场调控资金管理暂行办法〉的通知》（财综〔2016〕30号）等有关规定，结合自治区实际，我们研究制定了《新疆维吾尔自治区彩票市场调控资金管理暂行办法》（简称《办法》，见附件），现印发给你们，请遵照执行。执行过程中，如遇到问题或需要提出意见建议，请及时与我们联系反馈，我们将适时修改完善《办法》。

附件：新疆维吾尔自治区彩票市场调控资金管理暂行办法

附件：

新疆维吾尔自治区彩票市场调控资金管理暂行办法

第一章　总　　则

第一条　为了规范我区彩票市场调控资金管理和使用，提高资金使用效益，进一步推动自治区彩票事业持续健康发展，根据《预算法》、《彩票管理条例》及其实施细则、《彩票机构财务管理办法》、《中央对地方专项转移支付管理办法的通知》等相关规定，制定本办法。

第二条　本办法所称彩票市场调控资金，是指中央通过对地方转移支付方式分配下达我区的资金，以及自治区筹集资金，专项用于我区彩票市场调控方面的区域之间、机构之间、品种之间协调发展，维护彩票发行销售安全、市场秩序、社会公益形象等方面的补助资金。

第三条　彩票市场调控资金由财政部门、彩票销售机构以及项目主管单位、项目单位按照职责分工分别管理。

第四条　彩票市场调控资金的安排和使用坚持以下原则：

（一）突出重点。根据各地彩票事业发展情况，彩票市场调控资金的安排与使用适当向弱势品种和地区倾斜。

（二）统筹兼顾。从彩票市场协调健康发展的全局出发，结合调控目标及财力状况，统筹考虑品种之间、机构之间、地区之间相关因素的差异，区分轻重缓急，择优安排。

（三）专款专用。严格按照彩票市场调控资金规定的用途使用资金，不得挪作他用，确保资金使用效益。

（四）追踪问效。对彩票市场调控资金安排的项目实行绩效考核和追踪问效。绩效考评结果作为下一年度资金安排和使用的参考依据。

第二章　适用范围与预算申报

第五条　彩票市场调控资金主要用于统筹地区间、机构间，品种间协调发展，具体使用范围包括：

（一）提升彩票销售网点能力。主要用于彩票销售网点形象建设和提升、设备购置和维护、业务培训等。

（二）改善彩票业务设施。主要用于专用机房、灾备机房、彩票开奖场所、兑奖服务场所、彩票存储专用仓库、销售系统等业务设施的升级和改造。

（三）支持地方性游戏的品牌建设、公益宣传、新游戏推广、市场营销等。

（四）支持业务创新。主要用于彩票游戏产品、销售渠道、业务运行等开展试点工作或创新发展等。

（五）规范彩票市场秩序。主要包括查处非法彩票、维护彩票市场秩序必要的会议、差旅以及委托第三方开展相关工作等工作经费。

（六）经财政部门核定与彩票市场调控相关的其他支出。

第六条 彩票市场调控资金不得用于彩票机构人员支出、日常公用支出、办公设备购置或改善，以及没有批准的项目或与彩票事业发展无关的其他项目。

第七条 各地州市彩票销售机构应根据本系统彩票市场发展规划和调控目标，研究提出本地区彩票市场调控资金项目需求和绩效目标报送自治区彩票销售主管部门，自治区彩票销售主管部门汇总后，报自治区财政部门。

公安、工商等相关维护彩票市场秩序的部门和单位使用彩票市场调控资金，用于规范彩票市场秩序等方面支出的，应当按照当地本级财政部门的有关规定编报预算，报自治区财政部门批准后执行。

第三章 预算下达与预算执行

第八条 自治区财政部门在充分听取彩票销售机构意见的基础上，根据中央财政年度转移支付资金和自治区筹集资金数额，以及当年确定的彩票市场调控总体目标，具体安排各地彩票销售机构等部门和单位相关项目资金，并按照预算管理制度有关规定下达预算指标。

第九条 彩票市场调控资金的支付按照国库集中支付制度有关规定执行，属于政府采购范围的，应当按照政府采购的有关法律制度规定执行。

第十条 彩票市场调控资金年度预算批准后，应当严格按照年度批准的预算以及财政部门安排的项目执行，不得擅自扩大支出范围，提高支出标准。预算执行过程中如发生项目变更、终止，确需调整预算的，由彩票销售机构或项目实施单位向自治区财政部门提出调整变更申请，经自治区财政部门批准后执行。

第十一条 自治区财政部门可以根据本地区彩票销售机构业务费收支结余情况，以及当年彩票销售机构业务费支出预算，统筹安排资金用于彩票市场调控相关支出。

第十二条 彩票市场调控资金安排使用时，填列《政府收支分类科目》2290808“彩票市场调控资金支出”科目。

第十三条 自治区财政部门应积极督促各地财政部门和彩票市场调控资金使用单位，进一步规范彩票市场调控资金管理，加大预算执行力度。对当年未用完的彩票市场调控资金，按相关规定结转下一年度继续用于彩票市场调控相关业务支出；连续两年未用完的结转资金，按规定予以收回。

第十四条 彩票市场调控资金使用单位应当加快项目实施，对因情况发生变化导致短期内无法继续实施的项目，应当按相关规定，及时向同级财政部门报告。

第十五条 各地州市彩票销售机构应在每年1月20日前，按规定向当地财政部门报送上一年度市场调控资金使用情况，并同时报自治区彩票销售机构；各地州市财政部门审核汇总后，报自治区财政部门。具体包括：

（一）项目组织实施情况；

（二）项目资金使用和结余情况；

（三）项目社会效益和经济效益；

（四）绩效管理情况；

（五）自治区要求报送的其他材料。

第四章 监督检查与绩效评估

第十六条 彩票市场调控资金应当接受财政、审计部门的监督检查。

第十七条 自治区财政部门应当切实履行监督管理职责，加强对彩票市场调控资金具体项目的落实和监督检查，提高转移支付资金使用效益，做到资金及时足额到位，专款专用。

第十八条 自治区财政部门以及彩票销售机构等资金使用部门和单位应当按规定加强彩票市场调控资金绩效管理，建立健全资金全过程绩效管理机制，提高彩票市场调控资金使用效率。自治区彩票销售机构应当及时了解掌握彩票市场调控资金相关业务开展情况，并作为下一年度汇总申报彩票市场调控资金预算建议的依据。

第十九条 彩票市场调控资金绩效管理应当遵循科学规范、目标导向、推动整合和分级管理的原则，积极推动绩效目标信息公开，主动接受社会监督。

第二十条 对彩票市场调控资金到位不及时或使用资金绩效评价结果较差的使用单位，自治区财政部门应当责成其及时纠正；对违反规定截留、挤占、挪用专项资金的，应当如数追回资金，并按照《财政违法行为处罚处分条例》（国务院令第427号）的有关规定追究相关单位和责任人的法律责任。

第五章　附　　则

第二十一条 各地财政部门可根据本办法，结合本地实际情况，制定具体的实施办法。

第二十二条 本办法自发布之日起施行。

关于贯彻落实自治区商品住房交易契税财政补贴政策的通知

（2016年5月27日　自治区财政厅　住房和城乡建设厅
地方税务局　新财法税〔2016〕14号）

伊犁哈萨克自治州，各州、市人民政府，各行政公署：

按照《自治区党委办公厅　自治区人民政府办公厅印发〈关于做好当前经济工作推进经济持续健康发展的意见〉的通知》（新党办发〔2016〕7号）“继续实施促进商品房消费的财税政策”的要求，报经自治区人民政府批准，结合自治区房地产发展情况，现对新建商品住房和二手房住房交易实施契税财政全额补贴政策，具体要求明确如下：

一、认真落实自治区决策部署

为了进一步活跃自治区房地产市场，促进住房消费，推动经济持续健康发展，自治区党委、人民政府做出了对商品房消费实施契税财政补贴的重要政策决定，各相关部门要高度重视，做好工作安排，切实贯彻落实好自治区的决策部署。

二、严格执行补贴操作程序

为更好地贯彻落实自治区的决策部署，我们研究制定了房产交易契税财政补贴操作办法，请各相关部门认真执行。

（一）补贴对象

1. 购买新建商品住房的纳税人。在2016年3月1日至12月31日期间，购买新建商品住房

（包括签订新建商品住房预售合同、现房合同），并在2016年3月1日至2017年6月30日期间按照税法规定缴纳契税，取得地方税务部门开具的增量房契税完税凭证的纳税人。

2. 购买二手住房的纳税人。在2016年3月1日至12月31日期间，购买二手住房，并按照税法规定缴纳契税，取得地方税务部门开具的存量房契税完税凭证的纳税人。

（二）补贴标准：以购买新建商品住房、二手住房的购房人提供的契税完税凭证为依据，按契税完税凭证上记载的金额予以全额财政补贴。

（三）补贴服务地点：契税补贴申领地点为各地住房城乡建设房屋产权交易中心（所）专设的契税财政补贴服务窗口。

（四）办理补贴所需的材料：申领契税财政补贴时，需携带本人身份证、契税完税凭证原件、购房证明材料原件（包括购房合同、预售登记表（网上签约，仅限预售提供）、本人变更住房的房产证等）。以上材料复印件两份。

（五）补贴资金来源：契税财政补贴资金由各地财政部门安排。财政部门要根据本地区新建商品住房和二手住房交易预计情况，向本地房屋产权交易中心（所）预拨一定额度补贴资金。房屋产权交易中心（所）兑现补贴后，将补贴资金兑付汇总表以及相关证明材料复印件报送当地财政部门核销。

（六）其他事项：房屋产权交易中心（所）开设的契税补贴服务窗口要有明显标志，并在显著位置张贴申请领契税补贴办理程序、所需资料等具体要求。补贴手续办理完成后，房屋产权交易中心（所），应在契税完税凭证原件上加盖房屋产权交易中心（所）财务印章（公章）印证。

二、工作要求

（一）明确工作职责。财政部门要积极筹措资金，及时足额安排预拨补贴资金，保证兑付资金需求；住建部门要审核申请补贴人的房产交易相关信息材料，保证相关购房资料真实有效，并及时兑付补贴资金；地税部门要按照购买的新建商品住房、二手住房，分别开具增量房、存量房契税完税凭证。

（二）加强组织协调。各相关部门要在党委、政府的部署下，建立督办联系机制，研究提出落实自治区政策的具体措施和办法，分析掌握本地区政策执行情况，做好补贴政策组织协调和落实。

（三）加强政策宣传。各相关部门要加大政策宣传力度，采取多种媒体多种方式，积极宣传自治区的决策部署，营造落实政策的良好氛围。

（四）及时反馈情况。各相关部门要认真收集汇总政策落实的各类信息数据，掌握本地房产交易情况和补贴支出情况，积极协调解决政策执行中出现的问题，及时向上级部门反馈情况。

（五）做好舆情防控。各相关部门要认真做好舆情监控防控工作，合理安排办税和补贴申领时间，确保办税大厅、房产交易中心等场所秩序正常。

关于自治区资源税税收优惠政策的通知

（2016 年 8 月 29 日　自治区财政厅　地方税务局
国土资源厅　新财法税〔2016〕18 号）

伊犁哈萨克自治州财政局、地税局、国土局，各地州市财政局、地税局、国土局：

根据财政部、国家税务总局《关于全面推进资源税改革的通知》（财税〔2016〕53 号）及《财政部、国家税务总局关于资源税改革具体政策问题的通知》（财税〔2016〕54 号）文件精神，为全面推进资源税改革，加快生态文明建设，促进资源节约集约利用，现对我区资源税收优惠政策及征收管理规定如下：

一、对依法在建筑物下、铁路下、水体下通过充填开采方式采出的矿产资源，资源税减征 50%。

二、对实际开采年限在 15 年以上的衰竭期矿山开采的矿产资源，资源税减征 30%。

三、对开采低品位矿资源税减征 50%。

四、对开采利用尾矿、废石、废渣、废水、废气免征资源税。

五、征收管理

（一）纳税人同时经营开采应税矿产资源和减免税项目的，应当分别核算应税矿产资源和减免税项目矿产资源的销售额；未分别核算或者不能准确提供应税矿产资源和减免税项目矿产资源销售额的，一并视同销售应税矿产资源计算缴纳资源税。

（二）矿山开采企业向县（市、区）人民政府提出享受资源税税收优惠政策的申请，由县（市、区）人民政府组织财政、地税、国土资源等部门，对矿山开采企业提出的减免税申请进行审核，并出具资质认定文件。矿山开采企业持资质认定文件向主管地税机关办理备案减免，备案减免程序按照国家税务总局发布的《税收减免管理办法》（2015 年第 43 号公告）执行。矿山开采企业享受税收优惠资质必须一年一审核，对审核不符合减免税条件的，不得享受减征免征资源税优惠政策。

六、本规定自 2016 年 7 月 1 日起执行。

附件：《关于自治区资源税税收优惠政策的通知》中所涉及的采掘业名词释义

附件：

《关于自治区资源税税收优惠政策的通知》中所涉及的采掘业名词释义

一、低品位矿即工业品位标准以下，边界品位标准以上的矿石。主要是指在当前技术、经济条件下，主要组成矿产品品位较低，单独开采会导致经济亏损的矿石。

二、工业品位一般指在目前技术经济条件下能够为工业利用提供符合要求的矿石的最低平均品位，其产品的销售收入能够抵偿生产所发生的费用，此即经济平衡品位。

三、边界品位是区分矿石与废石（或称岩石）的临界品位，矿床中高于边界品位的块段为矿石，低于边界品位的块段为废石。

四、尾矿，就是选矿厂将矿石用专用的方法选取有用的组成部分后所排放的废弃物，也就是矿石经选别出精矿后剩余的固体废料。一般是由选矿厂排放的尾矿矿浆经自然脱水后形成的固体矿业废料，是固体工业废料的主要组成部分，其中含有一定数量的有用金属和矿物，可视为一种“复合”的硅酸盐、碳酸盐等矿物材料，并具有粒度细、数量大、成本低、可利用性大的特点。

五、废渣指人类生产过程中排出或投弃的固体、液体废弃物。

六、废水（液）：是指居民活动过程中排出的水及径流雨水的总称。它包括生活污水、工业废水和初雨径流入排水管渠等其他无用水，一般指经过一定技术处理后不能再循环利用或者一级污染后制纯处理难度达不到一定标准的水。

七、废气是指人类在生产和生活过程中排出的有毒有害的气体。特别是化工厂、钢铁厂、制药厂以及炼焦厂和炼油厂等，排放的废气气味大，严重污染环境和影响人体健康。

八、衰竭期矿山是指剩余可采储量下降到原设计可采储量的20%（含）以下或剩余服务年限不超过5年的矿山，以开采企业下属的单个矿山为单位确定。衰竭期矿山的认定，由各地、州、市国土资源部门出具认定报告以及地质储量核实报告。

九、充填开采是指随着回采工作面的推进，向采空区或离层带等空间充填废石、尾矿、废渣、建筑废料以及专用充填合格材料等采出矿产品的开采方法。

十、建筑物下特殊开采技术。建筑物包括城镇建筑物、民房、工农业建筑、公路、桥梁等。

十一、铁路下特殊开采技术。铁路包括国家级铁路、矿区专用铁路等。

十二、水体下中水体包括：地表明水体，如江河、湖海、水库等；松散层含水体，如第三、四纪松散层中的水体和基岩含水体，如砂岩、石灰岩含水层。

关于确定我区资源税改革适用税率和换算比选矿比的通知

（2016年7月12日　自治区财政厅　地方税务局　新财法税〔2016〕24号）

伊犁哈萨克自治州财政局、地税局，各地州市财政局、地税局：

根据《财政部 国家税务总局关于资源税适用税率的批复》（财税〔2016〕69号）、并经自治区人民政府审批同意，确定我区资源税改革适用税率如下：

一、关于适用税率

我区此次资源税改革税目共55个，具体适用税率如下：

（一）财政部和国家税务总局确定核准的15个资源税税目的适用税率。

地区	税目	征税对象	税率
新疆维吾尔自治区	铁矿	精矿	5%
	金矿	金锭	4%
	铜矿	精矿	4%
	铅锌矿	精矿	6%
	镍矿	精矿	4%
	高岭土	原矿	4%
	萤石	精矿	3%
	石灰石	原矿	6%
	硫铁矿	精矿	3%
	氯化钾	精矿	8%
	硫酸钾	精矿	11%
	湖盐	氯化钠初级产品	6%

续表

地区	税目	征税对象	税率
新疆维吾尔自治区	煤层（成）气	原矿	1%
	粘土	原矿	每立方米1元
	砂石	原矿	每立方米1元

（二）自治区人民政府审批确定的40个资源税税目适用税率

地区	税目	征税对象	税率
新疆维吾尔自治区	铬矿	原矿	3%
	锂矿	精矿	2%
	锰矿	原矿	4%
	铍矿	精矿	3%
	其他金属矿产品	原矿	2%—10%
	红柱石	精矿	3%
	花岗岩	原矿加工品	3%
	滑石	精矿	6%
	矿泉水	原矿	3%
	硅灰石	原矿	10%
	菱镁矿	原矿	10%
	白云岩	原矿	10%
	石英岩	原矿	4%
	芒硝	精矿	3%
	钠硝石	精矿	3%
	大理岩	原矿加工品	3%

续表

地区	税目	征税对象	税率
新疆维吾尔自治区	膨润土	原矿	5%
	地热	原矿	4%
	砂岩	原矿	3%
	石膏	原矿	12%
	石棉	原矿	3%
	页岩	原矿	3%
	油页岩	精矿	4%
	玉石	原矿	4%
	云母	原矿	3%
	珍珠岩	原矿	4%
	蛭石	精矿	3%
	玄武岩	原矿	3%
	长石	原矿	3%
	安山岩	原矿	3%
	角闪岩	原矿	3%
	脉石英	原矿	4%
	石英砂	原矿	4%
	陶瓷土	原矿	2%
	辉绿岩	原矿	2%
	石榴子石	原矿	2%
	毒重石	原矿	2%
	宝石	原矿	4%
	蛇纹岩	原矿	2%
	其他非金属矿产品	原矿	2%—10%

二、自治区资源税的换算比和选矿比（共13个）

（一）金矿

换算比1.4；选矿比340 000：1

（二）铅锌矿

换算比1.75；选矿比：铅35：1　锌15：1

（三）铜矿

换算比2.1；选矿比21：1

（四）镍矿

换算比1.9；选矿比12：1

（五）铁矿

换算比1.75；选矿比2.5：1

（六）红柱石

换算比2.14；选矿比24：1

（七）芒硝

换算比1.99；选矿比：3.13：1

（八）蛭石

换算比1.24；选矿比5.42：1

（九）锂矿

换算比2.6；选矿比13.88：1

（十）铍矿

换算比1.8；选矿比64.06：1

（十一）钠硝石

换算比1.28；选矿比18.02：1

（十二）滑石

换算比1.57；选矿比1.1：1

（十三）油页岩

换算比1.39；选矿比36：1

三、资源税换算比计算方法

换算比和折算率原则上应通过原矿售价、原矿品位、精矿售价、精矿品位、选矿比和选矿回收率等计算，也可以通过原矿销售额、加工环节平均成本和利润计算。

计算公式：

换算比＝精矿单位售价÷（原矿单位售价×选矿比）

选矿比＝加工精矿耗用的原矿数量÷精矿数量；或者，选矿比＝精矿品位÷（加工精矿耗用的原矿品位×选矿回收率）

四、本通知自2016年7月1日起执行，此前出台的与本文件不相符的规定，按本文件规定为准执行。

附件：关于自治区55个资源品目的税目注释

附件：

关于自治区55个资源品目的税目注释

一、铁矿

铁（Fe）为银灰色的金属，常见铁的化合物主要为正二价、正三价，个别为正六价，其中正三价的化合物最稳定。铁的密度为7.86g/cm^3，熔点为1 535℃，沸点3 000℃。单质铁是具有光泽的白色金属，有铁磁性，是最重要的基础结构材料，其化学性质为中等活泼性的金属。铁矿指含有可提炼出铁的化合物的岩石或沉积物，铁矿井或铁矿山。铁矿物种类繁多，已发现的铁矿物和含铁矿物约300余种，但具有工业利用价值的主要是磁铁矿、赤铁矿、磁赤铁矿、钛铁矿、褐铁矿和菱铁矿等。

二、金矿

金（Au）呈黄色，具强金属光泽，属铜族元素。金是很不活泼的金属，密度为19.32g/cm^3（20℃时），熔点1 064.43℃，沸点2 807℃，硬度2.2，维斯显微硬度值为50—55kg/mm^2。金的延展性很好，可压成厚度只有0.01微米的金箔，可拉成只有0.5mg/m重的金丝。金的电导率仅次于银和铜，热导率为银的74%。金矿指金矿石或金矿床（山）。金矿石是具有足够含量黄金并可工业利用的矿物集合体；根据矿物中金的结构状态和含金量，可将金矿床中的金矿物分为金矿物、含金矿物和载金矿物三大类。所谓金的独立矿物，系指以金矿物和含金矿物形式产出的金，它是自然界中金最重要的赋存形式，也是工业开发利用的主要对象。

三、铜矿

铜（Cu）是一种紫红色的金属，硬度2.5—3，密度8.5—9g/cm^3，熔点1 083℃，沸点2 567℃。铜的延展性和导热性强，导电性高，还具有良好的化学稳定性和容易与锌、铅、镍、铝、钛等熔成合金的性能。铜矿指可以利用的含铜的自然矿物集合体的总称，铜矿石一般是铜的硫化物或氧化物与其他矿物组成的集合体，与硫酸反应生成蓝绿色的硫酸铜。铜的工业矿物有：自然铜、黄铜矿、辉铜矿、黝铜矿、蓝铜矿、孔雀石等。我国开采的主要是黄铜矿（铜与硫、铁的化合物），其次是辉铜矿和斑铜矿。

四、铅锌矿

是富含金属元素铅和锌的矿产，铅锌广泛用于电气工业、机械工业、军事工业、冶金工业、化学工业、轻工业和医药业等领域。铅是一种蓝灰色金属，新鲜断面具有强烈的金属光泽，硬度1.5，密度10.67—11.34g/cm^3，熔点327.4℃，沸点1 749℃。铅是所有金属中最软的重金属。铅的展性良好，延性甚微，是热和电的不良导体，具有较好的可锻性和抗磨性，并易与锌、锡、砷、锑等制成合金。锌是蓝白色金属，新鲜断面具有金属光泽，硬度2，常温下密度7.19g/cm^3，熔点419.4℃，沸点906℃。锌在常温下发脆，在100℃—150℃时，具有良好的压延性，但继续加热到250℃时，又变为很脆，甚至成为粉末。锌是重要的有色金属原材料，锌在有色金属的消费中仅次于铜和铝。

五、镍矿

镍是银白色金属，属铁族元素。在许多物理化学性质上，镍与同族的铁和钴相似。在各类岩石中，超基性岩镍含量最高，基性岩次之。镍的密度8.8—8.9g/cm^3，硬度为5，熔点1 455℃，沸点3 075℃，具有良好的机械强度和延展性、难熔、在空气中不氧化等特性。镍有磁性，但在加热到365℃时失去磁性。镍的杂质含量对其性能有显著影响。镍和一氧化碳反应可生成羰基镍，其在43℃时沸腾，180℃时分解为镍和一氧化碳。镍矿主要矿物有镍黄铁矿、硅镁镍矿、针镍矿或黄镍矿、红镍矿等。海底的锰结核中镍的储量很大，是镍的重要远景资源。

六、高岭土

高岭土是一种非金属矿产，是一种以高岭石族粘土矿物为主的粘土和粘土岩。因呈白色而又细腻，又称白云土。其质纯的高岭土呈洁白细腻、松软土状，具有良好的可塑性和耐火性等理化性质。其矿物成分主要由高岭石、埃洛石、水云母、伊利石、蒙脱石以及石英、长石等矿物组成。高岭土用途十分广泛，主要用于造纸、陶瓷和耐火材料，其次用于涂料、橡胶填料、搪瓷釉料和白水泥原料，少量用于塑料、油漆、颜料、砂轮、铅笔、日用化妆品、肥皂、农药、医药、纺织、石油、化工、建材、国防等工业部门。高岭石族矿物有高岭石、珍珠石（又称珍珠陶土）、地开石（又称迪开石）、埃洛石（旧称多水高岭石、舒永石）四种，均属层状硅酸盐矿物，其中以高岭石和埃洛石为主。

七、萤石

萤石旧称氟石，属卤化物矿物，是自然界主要的含氟矿物，化学式 CaF_2，理论成分F48.67%，Ca51.33%，钙常被铈、钇代替，钇含量高时，称钇萤石，常见混入物为氯，有时有三氧化二铁、氧化铝、二氧化硅和沥青等混入。萤石属等轴晶系，其晶形具有标型特征，在碱性溶液中结晶时呈立方体，在中性溶液中结晶为菱形十二面体、八面体，偶具四六面体和六八面体，在酸性溶液中形成八面体，大多为粒状、块状集合体。萤石一般呈黄、绿、蓝、紫、红、灰、深灰及黑等色调，加热时褪色，受射线照射可恢复原色，玻璃光泽，硬度4，密度3.18g/cm^3，熔点较低，为1 270℃—1 360℃。

八、石灰石

石灰石主要成分碳酸钙（$CaCO_3$）。石灰和石灰石大量用于建筑材料、工业原料。石灰石直接加工成石料和烧制成生石灰。生石灰吸潮或加水就成为熟石灰，主要成分是 $Ca(OH)_2$，可以称之为氢氧化钙，熟石灰经调配成石灰浆、石灰膏等，用作涂装材料和砖瓦粘合剂。遇稀醋酸、稀盐酸、稀硝酸发生泡沸，并溶解。高温条件下分解为氧化钙和二氧化碳。

九、硫铁矿

硫铁矿一般指二硫化铁，别名为黄铁矿、硫精砂、硫化铁、矿铁矿、硫精矿粉、白铁矿、硫精矿。在橡胶、造纸、纺织、食品、火柴等工业以及农业中均有重要用途。特别是国防工业上用以制造各种炸药、发烟剂等。以硫铁矿为原料制取硫酸，其矿渣可用来炼铁、炼钢。若炉渣含硫量较高，含铁量不高时，可以用作水泥的附属原料——混合料。另外，硫铁矿又常与铜、铅、锌、钼等硫化矿床共生，并含有金、钴、钼及稀有元素硒等，能综合回收利用。

十、氯化钾

氯化钾是钾盐的一种；钾盐是可溶性含钾（K）的盐类矿物。氯化钾化学式为KCl，是一种无色细长菱形或成一立方晶体，或白色结晶小颗粒粉末，外观如同食盐，无嗅、味辣。主要用于低钠盐、矿物质水的添加剂。氯化钾是临床常用的电解质平衡调节药，临床疗效确切，广泛运用于临床各科及无机工业，是制造各种钾盐或碱如氢氧化钾、硫酸钾、硝酸钾、氯酸钾、红矾钾等的基本原料。医药工业用作利尿剂及防治缺钾症的药物。染料工业用于生产G盐，活性染料等。农业上则是一种钾肥。此外，还用于制造枪口或炮口的消焰剂，钢铁热处理剂，以及用于照相。它还可用于医药，科学应用，食品加工，食盐里面也可以以部分氯化钾取代氯化钠，以降低高血压的可能性。

十一、硫酸钾

硫酸钾是由硫酸根离子和钾离子组成的盐，通常状况下为无色或白色结晶、颗粒或粉末。无气味，味辣。质硬。化学性质不活泼。在空气中稳定。密度 2.66g/cm^3。熔点 1 069℃。主要用途有血清蛋白生化检验、凯氏定氮用催化剂、制备其他钾盐、化肥、药物、制备玻璃、明矾等。

十二、湖盐

湖盐是从盐湖中直接采出的盐和以盐湖卤水为原料在盐田中晒制而成的盐。可作食用盐、食物防腐剂，也是制碱、盐酸和氯气的原料，还可提炼金属钠。

十三、煤层（成）气

煤层气是赋存在煤层中的非常规天然气资源，以甲烷为主要成分、以吸附在煤基质颗粒表面为主或游离于煤孔隙中，或溶解于煤层水中的烃类气体，在一定温度压力下，这三种赋存状态的气体的量，处于动态平衡状态。煤层气的成分和含量以及储层物性，都受多种地质因素控制，分布不均一。煤层气气体赋存以吸附气占绝大部分，游离气占一小部分，溶解气只占极少部分。它具有自生自储，与煤资源共伴生，资源量大，分布广等特点。煤层气是一种天然的洁净的气体燃料，且热效率高。煤层气又称煤层甲烷、煤层瓦斯。

十四、粘土

粘土是含沙粒很少、有黏性的土壤，水分不容易从中通过且具有较好的可塑性，一般的粘土都由硅酸盐矿物在地球表面风化后形成。

十五、砂石

指砂粒和碎石的松散混合物。地质学上，把粒径为 0.074—2mm 的矿物或岩石颗粒称为砂。如果砂石中碎石多为砾，称为砂砾石。日常生活中也有人将砂岩称为砂石。

十六、铬矿

铬是银白色金属，具延展性，密度为 7.20g/cm^3，熔点 1 890℃，沸点 2 482℃。具有亲氧性和亲铁性，以亲氧性较强；在还原和硫的逸度较高的情况下才显示亲硫性。在地壳内，绝大部分的铬以尖晶石类的氧化物形式存在，属亲石元素。铬以正三价氧化物最稳定，铬金属具有质硬、耐磨、耐高温、抗腐蚀等特性。

十七、锂矿

锂是稀有金属，又是最轻的碱金属，锂元素有^{6}Li,^{7}Li 两个同位素，常见的为正一价的化合物。金属锂为银白色轻金属，密度为 0.534g/cm^3，熔点为 180.54℃，沸点 1 347℃，硬度 0.6. 比铅软，富延展性，可溶于液氧。

十八、锰矿

锰是银白色脆性金属，密度 7.3g/cm^3，熔点 1 244℃，沸点 2 097℃；纯锰在常温下较稳定，不被氧、氮、氢侵蚀。锰矿石主要有氧化锰矿和碳酸锰矿，氧化锰矿中的六方锰矿具有放电性。

十九、铍矿

铍（Be）为稀有轻金属，致密的铍呈浅灰色，粉状为深灰色，密度 1.85g/cm^3，熔点

1 284℃，有良好的耐腐蚀性和高温强度，热导率大，具有良好的辐射透过性和对中子慢化、反射及红外线的反射性能。铍的氧化物无色、无味，易挥发，容易使人中毒。

二十、其他金属矿产品

我区除上述及国家税务总局列举的五种金属矿产品以外的其他金属矿产品。

二十一、红柱石

红柱石，蓝晶石，矽线石属岛状结构硅酸盐矿物，统称红柱石类（族）矿物，是 Al_2SiO_5 的同质多象变体，它们物质成分相同，但由于成矿时经受的温度和压力不同，遂形成不同的矿物晶体，色灰白、褐、红，硬度 7，在高温下分解成为富铝红柱石，体积膨胀 4%—5.4%。红柱石具有在高温下一次性膨胀转化为莫来石后不再收缩的特性，是优质的耐火原料。它有良好的化学稳定性，抗化学腐蚀、抗磨、热导率高、高温下有良好的物理性能。

二十二、花岗岩

花岗岩包括建筑用花岗岩和饰面用花岗岩。饰面用花岗岩具一定装饰性能，物理化学性质稳定，结构致密，质地坚硬和能加工成一定尺寸板材的岩石，有花岗石饰面石材、大理石饰面石材和板石饰面石材三大类，它们都是饰面石材的商品名称，与岩石学中的“花岗岩”、“人理岩”和“板岩”的概念完全不同。花岗石是指可以加工成饰面石材的，硬度 6—7 的各类岩浆岩和以硅酸盐矿物为主的变质岩，常见的如辉石岩、角闪岩、辉绿岩、蛇纹岩、流纹岩、玄武岩、安山岩、辉长岩、斜长岩、闪长岩、正长岩、花岗岩、白岗岩、霞石正长岩、霓霞岩、混合岩化片麻岩、混合花岗岩、变质硅质砾岩等。

二十三、滑石

滑石是一种具有链状结构的含水镁质硅酸盐矿物，常含少量铁、铝、镍，硬度 1，密度 2.7—2.8g/cm³，单斜晶系，晶体呈六方和菱形板状、叶片状或致密块状集合体（致密块状滑石称块滑石）。淡绿或白色，微带浅黄，浅褐包，质软，珍珠光泽，具滑腻感而有润滑性，膨胀率低。滑石受热时有明显的热效应，在 120℃—220℃时失去吸附水，600℃开始失去部分结构水，1 050℃时结构水全部脱出。滑石焙点约1 550℃。滑石对油脂有吸附能力，化学性质稳定，有高的绝缘和耐热性质。滑石含大量有机质时呈黑色，称为黑滑石，镁质粘土又称滑石粘土，是一种由极微细的滑石构成的黑色粘土，往往与海泡石成横向变化，海泡石埋深过大时常相变为滑石粘土。镁质粘土是中国传统的一种陶瓷原料。

二十四、矿泉水

矿泉水是在特定地质环境条件下自然形成的一种液态矿产资源，是从地下深处自然涌出或经人工揭露的未受污染的地下矿水。它含有一定的矿物盐、微量元素或二氧化碳等特殊组分或气体成分。在通常情况下，其化学成分、流量、水温等在天然波动范围内相对稳定。矿泉水因未受污染，含有多种对人体有益的微量元素，已日益得到广泛的应用，主要用于医疗和饮用。

二十五、硅灰石

硅灰石是具有链状结构的硅酸盐矿物，单斜和三斜晶系，片状，放射状和纤维状集合体，色白，有时白中带灰色、红色，玻璃—珍珠光泽，具绝缘、耐热、化学性能稳定、耐碱、防腐等特点，硬度 4.5—5.0，热膨胀系数低，在 25℃—800℃之间热膨胀系数为 6.5×10^{-6} mm/mm/℃，吸收率小于 4c%，绝缘性好、电导率低，吸油率低，溶于酸，加入盐酸煮沸，可产生絮状硅胶。

二十六、菱镁矿

菱镁矿又称菱苦土，是含镁的碳酸盐矿物。

菱镁矿化学式 $MgCO_3$，常含少量的铁、锰、硅、钙等杂质。晶体少见，集合体呈粒状或致密块状、层状、脉状、囊状等形态，白、灰或黄色，玻璃光泽，参差状或贝壳状断口，性脆，不易与水和碳酸结合，具高硬度、抗化学腐蚀性强、电阻率高等特性。

二十七、白云岩

白云岩是一种以碳酸盐矿物白云石为主要组分的碳酸盐岩。白云岩含白云石约95%，另含少量方解石、粘土矿物、石膏等杂质，外貌似石灰岩，滴稀盐酸缓慢微弱发泡，风化表面糖粒状并有刀砍状溶沟。白云岩经区域变质形成白云石大理岩，其化学式与理论化学成分和白云岩相同，以重结晶的白云石为主组成，含有少量蛇纹石、透闪石、透辉石、方解石等变质矿物。岩石呈粒状，致密块状，玻璃光泽。颜色白至灰白色，性脆，解理面光滑，硬度3.5—4。

二十八、石英岩

玻璃用的硅质原料矿床有石英岩。石英含量大于90%的砂岩称为石英砂岩，碎屑以单晶石英为主，磨圆度与分选性好，含少量长石，岩屑与重矿物，胶结物有次生加大现象。是石英砂岩或硅质岩经区域变质或接触变质形成的变质岩，灰白色、灰褐色，油脂光泽，性脆，硬度大，抗腐蚀能力强。

二十九、芒硝

自然界含钠硫酸盐矿物有14种，同前主要使用的有芒硝、无水芒硝，钙芒硝和白钠镁矾。芒硝为含水的硫酸钠矿物。单斜晶系，晶体呈短柱状、针状和薄板状，集合体呈粒状，块状、皮壳状、纤维状，透明至半透明，一般为无色、白色、灰色、浅黄、浅绿等色，玻璃光泽。

三十、钠硝石

钠硝石为含钠硝酸盐矿物，又称智利硝石，常含有氯化钠，硫酸钠及碘酸钙等混入物，属三方晶系．菱面体晶型，集合体粒状、块状、皮壳状、纤维束状、犬牙状、蜂窝状，空气中变成粉状。白色、无色，含杂质而呈淡灰、淡黄或红褐色，玻璃光泽，透明全半透明，性脆，硬度1.5—2，有微咸和冷感，易潮解，极易溶于水，其溶解度随温度增加而增大，在0℃。100份水中溶解70份的硝酸钠；15℃时可溶解80份；68℃时可溶解125份。

三十一、大理岩

大理岩是一个商业名称，是天然饰面石材的一大门类，与岩石学中的“大理岩”在概念上完全不同。大理石是指可以加工成饰面石材的，硬度3—5的各类碳酸盐岩或镁质硅酸盐岩以及它们的变质岩，常见的如石灰岩、泥灰岩、白云岩、大理岩、白云石大理岩、蛇纹石大理岩、镁橄榄石、角岩等符合饰面石材工业指标要求者，均可能形成大理石饰面石材矿床。

三十二、膨润土

膨润土又名斑脱岩，膨士岩，是一种主要由蒙脱石组成的粘土岩。蒙脱石属层状结构硅酸盐矿物。膨润土是火山灰空落水解或凝灰岩及玻璃质火山岩水解的产物。膨润土色白、灰白、淡绿、粉红色，硬度为1，多为块状和土状构造，具极强吸水性，吸水后体积可膨胀10—30倍，在水中壁悬浮和胶凝状，还具良好的阳离子交换性，粘结力和耐火性。

三十三、地热

地热是地热能或地热（能）资源的简称。地热（能）资源是指能够为人类经济开发和利用的地球内部的热能资源。是新能源和可再生能源中的一种。地球是个大热库，蕴藏着巨大的热能。全球地热能源潜在资源约 4×10^6MW/h，相当于现在全球耗能总量的45万倍。在地壳内部各种地质因素（如年轻火山作用、断裂作用、现代造山运动等）的影响下，地球内部的巨大热能通过载热介质—地热流体（地热水，地热蒸汽）、热干岩以及炽热的熔岩等被带到地表，或存近地震处汇聚成藏，形成地热田，成为目前钻探技术可及深度上的（最深可达 5 000 米），人类能够经济开发利用的地热（能）资源。

三十四、砂岩

砂岩又称型砂，铸造用硅砂，指铸造业中制造砂型及砂芯等的原砂。它主要由能耐高温而粒度比较均匀的矿物（如石英、橄榄石、锆石）颗粒组成。砂根据石英及泥类（小于 0.022 毫米的颗粒）以及矿物的种类和含量分为石英砂、石英长石砂、粘土砂和特种砂（橄榄石砂、锆石砂）四类。

三十五、石膏

石膏，又称二水石膏，为含水硫酸盐矿物，石膏属单斜晶系。晶体板状或柱状，常见燕尾双晶，集合体致密块状或纤维状，白色，因杂质而呈灰、红、褐色，一般不透明，但个别晶体透明度极高，玻璃光泽，硬度 2，加热到 80℃以上开始失水成熟石膏：二水石膏中呈不透明致密块状集合体者称普通石膏（简称普膏）；呈无色透明晶体者称透石膏；呈纤维状集合体者称纤维石膏；细晶粒状块体称雪花石膏；石膏中混入的粘土物质大于 15% 者称泥膏。硬石膏能溶于盐酸，具良好的隔音、隔热性能。

三十六、石棉

广义的石棉有两类，均属链状结构的硅酸盐矿物。一类是蛇纹石族矿物的纤维状变种，称蛇纹石石棉或温石棉。另一类是角闪石族矿物中碱性角闪石矿物的纤维状变种。通常具不同色调的蓝色，故称蓝石棉（属淘汰矿种）。由于工业上主要应用的是温石棉，它使用范围广，用量大，所以温石棉也就被简称为石棉。温石棉具空心管状构造，纤维极细，具极好的纤维性和劈分性，纤维柔软，富弹性，有较好的可纺织性和较大的抗拉强度，熔点高，不燃烧，具有绝热、绝缘、耐腐蚀、耐碱、耐酸的能力，导热系数小，但加热时强度下降。

三十七、页岩

页岩是一种沉积岩，成分复杂，但都具有薄页状或薄片层状的节理，主要是由粘土沉积经压力和温度形成的岩石，但其中混杂有石英、长石的碎屑以及其他化学物质。

三十八、油页岩

油页岩又称油母页岩，是内陆湖海或滨海潟湖深水还原条件下，由低等植物和矿物质形成的一种腐泥物质，是高灰分的腐泥煤。凡泥煤灰分为 50%—70% 称油页岩，含有类似天然石油的页岩油。油页岩主要由有机质和矿物质组成，有机质的化学成分主要是碳、氧、氮以及有机硫等。油页岩学性质与石油很接近。

三十九、玉石

玉石亦称闪石玉、和田玉，是以透闪石—阳起石系列矿物为主要组分的隐晶质致密集合体玉石。晶体丰要纤维状，显微镜下纤维呈毛毡状及卷缠状、束状、簇状结构。常见者为深浅不同的绿色调，还有纯白、灰、蓝灰以及黄和棕红色。其颜色取决于组成矿物的颜色。软玉的绿色与翡翠不同，欠美观。软玉质地细腻，用手触摸有滑感。

四十、云母

云母是含钾、镁、铁、锂等元素具层状构的含水铝硅酸盐族矿物的总称。常含少量的铝、镁、铁、氟、铬、钒、锂等元素，单斜晶系，假六方片状，常呈板状集合体。薄片透明无色，厚时带黄、绿，棕色，玻璃—珍珠光泽，薄片具弹性，有较高的电绝缘性和耐热、抗酸碱、抗压能力，剥分性好，硬度 2.5—3。

四十一、珍珠岩

珍珠岩为火山喷发的酸性熔岩流经急速冷却而形成的玻璃质岩石，含结合水2%—6%，色浅灰、灰绿、淡绿，具珍珠—油脂光泽，因具圆弧形冷凝裂纹，状似珍珠而得名。

四十二、蛭石

蛭石是一种天然、无毒的矿物质，在高温作用下会膨胀的矿物。它是一种比较少见的矿物，属于硅酸盐。其晶体结构为单斜晶系，从外形上它看上去像云母。蛭石是一定的花岗岩水合时产生的。它一般与石棉同时产生。蛭石是一种与蒙脱石相似的粘土矿物，为层状结构的硅酸盐。一般由黑云母经热液蚀变或风化形成。把蛭石加热到300℃时，它能膨胀20倍并发生弯曲。蛭石一般为褐、黄、暗绿色，有油一样的光泽，加热后变成灰色。蛭石可用作建筑材料、吸附剂、防火绝缘材料、机械润滑剂、土壤改良剂等等，用途广泛。

四十三、玄武岩

玄武岩是一种基性喷出岩，由火山喷发出的岩浆在地表冷却后凝固而成的一种致密状或泡沫状结构的岩石，属于岩浆岩。其岩石结构常具气孔状、杏仁状构造和斑状结构，有时带有大的矿物晶体，未风化的玄武岩主要呈黑色和灰色，也有黑褐色、暗紫色和灰绿色的。

四十四、长石

长石是长石族矿物的总称，是钾、钠、钙以及钡的无水架状结构铝硅酸盐。按化学组成的不同可分为正长石亚族（又称钾长石亚族）、斜长石亚族和钡长石亚族。长石种类数十种，工业上用的主要是钾长石和钠长石；另外斜长石和天河石优质者是玉石材料。

四十五、安山岩

安山岩是中性的钙碱性喷出岩，是造山带内分布最广的一种火山岩。与闪长岩成分相当。呈深灰、浅玫瑰、暗褐等色。斑状结构。安山岩的色率一般为20—35，手标本上呈灰、黑、红、紫、褐等色，蚀变后呈绿色、斑状结构。斑晶主要为斜长石及暗色矿物。其中斜长石以中长石、拉长石为主，常具环带及熔蚀结构。常见暗色矿物有辉石（普通辉石、紫苏辉石）、角闪石和黑云母。基质主要为交织结构及安山结构（玻基交织结构），由斜长石（更长石、中长石为主）微晶、辉石、绿泥石、安山质玻璃等组成，碱性长石、石英少见，仅个别填充于微晶间隙中。副矿物以磷灰石及铁的氧化物为主。气孔、块状构造，有的气孔被方解石、石英、绿泥石等充填，形成杏仁构造。

四十六、角闪岩

角闪岩又名斜长角闪岩，是主要由角闪石和斜长石组成的区域变质岩，是由富铁白云质泥灰岩和其他基性岩石，在中温至高温区域变质条件下，形成的岩石，具有块状或微显片理构造。角闪石岩是一种超铁镁岩（深色矿物占优势）。真正的角闪石岩中除普通角闪石外，几乎不含其他矿物，它们可能是辉石和橄榄石的蚀变产物。变质的角闪岩是通过变质作用形成而分布相当广泛和变化很大的一组岩石。典型的角闪岩是中粒到粗粒，由普通角闪石和斜长石组成。角闪岩是可能由变质前的各种类型的岩石形成的。镁铁质火成岩（例如玄武岩和辉长岩）和沉积白云岩可能是角闪岩的原岩。

四十七、脉石英

脉石英是石英（SiO_2）的集合体，呈乳白、灰白、白色，油脂光泽，致密块状，比重2.65左右，熔点1 700℃以上，耐温性好，耐酸碱性好，导热性差，高绝缘，低膨胀，化学性能稳定，硬度大于7。石英砾石成分以脉石英为主，少量为石英岩、伟晶岩、硅质岩等，直径一般2—10厘米，也有十几至几十厘米不等，杂乱无序，次棱角状，表面一般有一层黄褐色“薄皮”。脉石英砾石含量10%—50%不等。脉石英常与水晶共生，国内外产水晶的地区都有脉石英产出，石英脉矿体多呈脉状、鸡窝状、透镜状，有的是分叉，长数米至数百米，厚数十厘米至数十米，规模以小型为主，均产于变质岩、榴辉岩的构造裂隙或两者接触带内属于原生矿。

四十八、石英砂

玻璃用的硅质原料矿床有石英砂、石英砂岩、石英岩三种。石英砂粒和硅质岩屑含量大于90%的砂称为石英砂，石英砂粒及硅质岩屑的主要成分为二氧化硅。石英砂矿有海砂、湖砂、河砂三种。石英砂的物质成分因其母岩而有差异，石英砂的粒度及纯度因其自然搬运与淘洗的情况而不同。石英砂，呈白色、黄白色、乳白色，含有少量长石、云母，电气石、岩屑、微量重矿物和粘土类矿物。

四十九、陶瓷土

陶瓷粘土是适用于作陶瓷原料用的粘土总称。主要由高岭土组成。其特点是一般具有高的粘结力、可塑性和良好的烧结性能，在1 360℃时能烧成白色的坯，烧结温度和耐火度间隔大，焙烧后无疤痕和斑点。它是制造各种工业技术陶瓷、建筑卫生陶瓷和日用陶瓷的主要原料。

五十、辉绿岩

成分相当于辉长岩的浅成岩。显晶质，细—中粒，暗灰、灰黑色、深灰、灰黑色。主要由辉石和基性长石（与辉长岩成分相当的浅成岩类）组成，含少量橄榄石、黑云母、石英、磷灰石、磁铁矿、钛铁矿等。基性斜长石常蚀变为钠长石、黝帘石、绿帘石和高岭石；辉石常蚀变为绿泥石、角闪石和碳酸盐类矿物。因绿泥石的颜色而整体常呈灰绿色。按次要矿物的不同，可分为橄榄辉绿岩、石英辉绿岩，含沸石、正长石等的，称碱性辉绿岩等。

五十一、石榴子石

石榴子石化学通式为A_3B_2〔Si_4O_3〕，晶体属等轴晶系的族岛状结构硅酸盐矿物的总称。石榴子石按成分特征，通常分为铝系和钙系两个系列。钙铁榴石中含Ti（TiO_2达4.60%—16.44%）较高的变种称钛榴石。作激光材料的人造钇铝榴石Y_3Al_2〔Al_4O_3〕是钇、铝分别置换钙、硅的结果。石榴子石晶体形态特征明显，多呈菱形十二面体、四角三八面体或二者的聚形集合体呈粒状。石榴子石硬度6.5—7.5。

五十二、毒重石

毒重石是除重晶石（$BaSO_4$）外，自然界另一种主要含钡矿物。具有比重大、硬度低、吸收X射线和γ射线等特性，广泛应用于油气钻探、化工、轻工、冶金、建材、医药等工业部门，特别是化工产品制造中的优质钡原料。

五十三、宝石

指那种经过琢磨和抛光后，可以达到珠宝要求的石料或矿物装嵌。是色泽美丽、硬度高、在大气和化学药品作用下不起变化的贵重矿石。也有少数是天然单矿物集合体。

五十四、蛇纹岩

蛇纹岩主要是原岩中的橄榄石和辉石发生蛇纹石化所形成。主要组成矿物为蛇纹石、纤维蛇纹石等，具有较强的耐热性。蛇纹岩多以深绿、黑绿、黄绿色为主，并有蛇皮状的青、绿色斑纹，色泽艳丽。蛇纹岩质地致密坚硬细腻，具可雕性、耐火性、抗腐蚀、隔音隔热等特点。块状蛇纹岩硬度为2.5—3.5，蛇纹岩在酸性介质中可以分解，释放出Mg、Si及各种微量元素。

五十五、其他非金属矿产品

我区除上述及国家税务总局列举的七种非金

属矿产品以外的其他非金属矿产品。

参考资料：1. 邵厥年、陶维屏主编．矿产资源工业要求手册（2014 年修订本），北京：地质出版社，2014 年。

2. 任觉世主编．工业矿产资源开发利用手册，武汉：武汉工业大学出版社出版，1993 年。

3. 百度百科。

关于印发新疆维吾尔自治区重点建设项目税收管理规定的通知

（2016 年 9 月 5 日　自治区财政厅　国家税务局　地方税务局
新财法税〔2016〕30 号）

伊犁哈萨克自治州财政局、国税局、地税局，各地州市财政局、国税局、地税局：

为进一步加强自治区重点建设项目管理，避免税收流失，维护税收征管秩序，根据相关法律法规及《新疆维吾尔自治区税收保障办法》有关规定，经自治区人民政府批准同意，我们制定了新疆维吾尔自治区重点建设项目税收管理规定，现将具体内容通知如下：

一、适用范围和纳税人

自治区重点建设项目（以下简称“重点建设项目”）是指在新疆维吾尔自治区境内投资建设的公路、铁路、水利、电力、管道及其他基础设施建设工程项目。

纳税人是指承担上述重点建设项目的施工单位，包括总承包人和分包人。

二、税收管理

（一）重点建设项目的税收征收管理按照项目跨区域情况确定主管税务机关。

1. 跨地（州、市）重点建设项目由自治区国税局直属税务局、自治区地税局直属征收局负责征收管理。

2. 各地（州、市）辖区内跨县（市、区）的重点建设项目，由所在地（州、市）税务部门确定主管税务机关负责征收管理。

3. 县（市、区）区域内重点建设项目由属地税务部门负责征收管理。

（二）自治区国税部门负责征收的税种为增值税、企业所得税；自治区地税部门负责征收的税种为城市维护建设税、教育费附加、地方教育费附加、印花税、耕地占用税。

（三）自治区国税局负责统一收集重点建设项目相关信息，按项目建设区域向自治区地税局、有关地（州、市）国税局清分信息。

三、项目报验

承担重点建设项目的施工单位应向项目确定的主管税务机关办理报验登记，提供分包方信息。

四、协税护税

为加强重点建设项目税收管理，构建税收共治格局，实行跨部门协税护税合作。

（一）相关部门和建设单位

负责承担重点建设项目管理的相关部门，包括自治区发展和改革委员会、自治区住房和城乡建设厅及其他具有重点建设项目管理职责的相关部门。

负责承担重点建设项目建设的相关单位，包括自治区交通运输厅（自治区交通建设管理局）、乌鲁木齐铁路局、自治区水利厅、国网新疆电力公司、中国石油天然气股份有限公司西部管道分公司及其他实施重点建设项目建设职责的部门和企业单位。

（二）项目信息共享

自治区国税局、自治区地税局搭建信息共享平台，定期与各相关部门和建设单位交换重点建设项目信息，主要包括工程项目信息、施工单位信息、各地项目工程量以及其他涉税信息。

（三）税源控管

1. 施工单位应向项目确定的主管税务机关预缴税款，取得预缴税款完税证明。

2. 建设单位应在施工单位提供预缴税款完税证明后，支付工程款，配合主管税务机关做好税源控管工作。

3. 城市维护建设税、教育费附加、地方教育费附加由国税部门在征收预缴税款环节代征。

4. 印花税由纳税人根据《中华人民共和国印花税暂行条例》规定向主管地税机关申报缴纳。

五、税款划分

跨区域重点建设项目以县（市、区）为单位解缴税款，依照各区域项目工程量和施工进度将税款划分至涉税地国库，项目主管税务机关具体负责税款划分和入库工作。

税款分配要坚持“公平、公正、公开”原则，并由负责分税的主管税务机关向各相关地政府财政部门定期通报分税情况。

六、其他

各地（州、市）辖区内跨县（市、区）的重点建设项目，依照此办法组织实施。

本规定由新疆维吾尔自治区税务部门负责解释。

关于明确草地耕地占用税有关问题的通知

（2016 年 10 月 19 日　自治区财政厅　地方税务局　畜牧厅
新财法税〔2016〕34 号）

伊犁哈萨克自治州财政局、地税局、畜牧局，各地州市财政局、地税局、畜牧局：

为进一步加强耕地占用税征收管理，结合我区草地管理利用实际情况，现就草地征收耕地占用税有关问题明确如下：

一、根据《财政部 国家税务总局关于占用

草地苇地征收耕地占用税政策的通知》（财税〔2014〕20号）第一条“用于农业生产并已由相关行政主管部门发放使用权证的草地，属于耕地占用税的征税范围”的规定，占用“未利用地中的其他草地”，从事建房或者非农业建设，该其他草地已发放过使用权证，并已由单位或个人实际使用或者草原管理部门已认定为牧草地的草地，属于耕地占用税征收范围。

二、各级畜牧部门需提供以下认定为牧草地的相关资料：（1）办理草原征占用（临时占用）的《草原承包合同书》复印件；（2）《草原使用证》复印件或《草原使用证》发放存根复印件；（3）《征占用草原补偿协议》等用于农业生产的证明文件资料。

三、纳税人因建设项目施工、地质勘查等需要临时占用草场的，实行“先纳税、后用地”，由畜牧部门办理草地临时占用手续前，通知用地人向主管地税部门缴纳耕地占用税。

关于印发《新疆维吾尔自治区边境地区转移支付资金管理办法》的通知

（2016年1月19日　自治区财政厅　新财预〔2016〕4号）

财政局：

为进一步加强边境事务管理，提高边境地区转移支付资金使用效益，根据《财政部关于印发〈边境地区转移支付资金管理办法〉的通知》（财预〔2015〕122号），结合自治区实际，现将重新修订后的《新疆维吾尔自治区边境地区转移支付资金管理办法》印发给你们，请认真遵照执行。

各级财政部门要高度重视，切实做好资金和项目管理工作，将边境地区转移支付政策落到实处。

附件：新疆维吾尔自治区边境地区转移支付资金管理办法

附件：

新疆维吾尔自治区边境地区转移支付资金管理办法

第一章 总 则

第一条 为进一步规范边境地区转移支付资金管理，提高资金使用效益，促进边境地区经济和社会事业协调发展，制定本办法。

第二条 本办法所称边境地区转移支付资金，是指中央、自治区财政设立，支持边境地区用于边境事务管理、改善边境地区民生、促进边境贸易发展的一般性转移支付资金。

第三条 边境地区转移支付资金的管理应当遵循明确用途、突出重点、公开透明、注重实效的原则。

第二章 资金分配和下达

第四条 自治区财政厅根据中央资金安排情况，下达边境地区转移支付资金。各地财政部门可以根据本地区实际情况，从自有财力中安排资金加强边境事务管理，并与自治区财政厅下达的转移支付资金一并分配。

第五条 自治区财政厅按照国土面积、农村人口、陆地边境线长度、行政村个数、边境一类口岸人员通关量和过货量、边境贸易额、边境贸易企业户数等因素，结合各地管理和使用转移支付资金的绩效评价和监督检查结果，分配边境地区转移支付资金。

第六条 自治区财政厅在收到财政部当年边境地区转移支付资金及下一年度边境地区转移支付预算时，在30日内下达各地财政部门。

第七条 各地财政部门在安排边境地区转移支付资金时，应当根据本地实际情况，确定补助范围，同时考虑对县市财政部门管理和使用转移支付资金情况的绩效评价结果。

各地财政部门应在收到自治区当年边境地区转移支付资金及下一年度边境地区转移支付预算后，连同自行安排部分，在30日内下达县市财政部门。

第八条 各地财政部门要提高预算编制的完整性，将自治区财政厅提前下达的边境地区转移支付预算，全额列入年初预算。

第三章 资金管理和使用

第九条 边境地区转移支付资金的使用实行自治区、地、县分级管理。

第十条 自治区财政厅负责制定新疆维吾尔自治区边境地区转移支付资金管理办法；向各地财政部门分配、下达转移支付资金；组织实施对各地财政部门管理和使用转移支付资金的绩效评价和监督检查。

第十一条 各地财政部门负责审核、汇总、编制、上报本地区边境地区转移支付资金年度项目；安排、下达转移支付资金；组织实施绩效评价和监督检查。

第十二条 县市财政部门负责管理和使用边境地区转移支付资金；编制本县市边境地区转移支付资金年度项目；组织项目实施及转移支付资金使用的绩效评价。

第十三条 各地财政部门要加强对边境地区转移支付资金的管理，按照实施中期财政规划要求，编制边境地区转移支付资金使用三年规划，提出明确的绩效目标，提高资金使用效益。

第十四条 边境地区转移支付资金主要用于以下方面：

（一）边境事务管理。主要用于国门建设及其周边环境整治，界桩、界碑的树立和维护，界河河堤及河道整治，建立对边民和民兵的补助机制等。

（二）改善边境地区民生。主要用于在全国统一的“两免一补”政策基础上，提高农村义务教育阶段寄宿制学生生活费补助标准，扩大补助范围；实施“整村推进”，建设群众文化活动室、改造村民危旧房；建立和完善村卫生室制度，加强道路、桥梁、人畜安全饮水设施、敬老院、乡村中小学等公益性基础设施建设；强化基层政权建设，改善基层政府办公条件等。

（三）支持边境贸易发展和边境小额贸易企业能力建设。主要用于促进边境小额贸易企业发展以及加强各地政府支持边境小额贸易企业发展能力建设等，包括为边贸企业创造良好的生产经营环境，安排贷款贴息，支持企业技术培训、科研、创新、人才引进、提升服务水平等能力建设；弥补因中央边境小额贸易政策调整造成的部分口岸所在地政府财政减收。

（四）一类口岸运转。主要用于维持边境一类口岸正常运转，支持改善通关条件等。

第十五条 对于支持边境贸易发展和边境小额贸易企业能力建设转移支付资金，各级政府不得违法违规安排用于与企业（及其投资者、管理者）缴纳税收、非税收入以及进出口贸易额、过货量等挂钩的财政奖励和补贴等，不得调剂用于其他边境事项。各地财政部门在安排边境一类口岸和边境小额贸易企业能力建设转移支付资金时，应当征求相关部门的意见。

第四章 绩效评价和监督检查

第十六条 自治区财政厅按照财政部的统一部署，对各地财政部门管理和使用边境地区转移支付资金情况实施绩效评价。各地财政部门负责组织所属县市财政部门对边境地区转移支付资金管理和使用情况实施绩效评价。

第十七条 自治区财政厅根据工作需要，每年至少对地级财政部门管理和使用边境地区转移支付资金情况进行一次监督检查。地级财政部门对县级财政部门管理和使用边境地区转移支付资金进行不定期监督检查。

第十八条 各地财政部门要将每年绩效评价和监督检查结果于次年 1 月 15 日前上报自治区财政厅。

第十九条 自治区财政厅将把各地财政部门绩效评价和监督检查情况作为年度资金分配的重要因素。

第五章 附 则

第二十条 对边境地区转移支付资金管理和使用中发现的违规行为，依照《中华人民共和国预算法》、《财政违法行为处罚处分条例》（国务院令第 427 号）等有关规定追究法律责任。

第二十一条 各地财政部门应当依据本办法，结合实际情况，制定本地区边境地区转移支付资金管理的具体规定，报自治区财政厅备案。

第二十二条 本办法自公布之日起施行。《新疆维吾尔自治区边境地区转移支付资金管理办法》（新财预〔2013〕131 号）同时废止。

关于印发《自治区地方政府性债务信息公开暂行办法》的通知

（2016年2月2日　自治区财政厅　新财预〔2016〕7号）

伊犁哈萨克自治州财政局，各地州市财政局：

为提高地方政府性债务透明度，接受社会对地方政府性债务管理工作的监督，促进依法行政，根据《预算法》、《国务院关于加强地方政府性债务管理的意见》（国发〔2015〕43号）、《中华人民共和国政府信息公开条例》等有关规定，制定了《自治区地方政府性债务信息公开暂行办法》。现印发给你们，请遵照执行。

附件：自治区地方政府性债务信息公开暂行办法

附件：

自治区地方政府性债务信息公开暂行办法

第一章　总　　则

第一条　为提高地方政府性债务透明度，接受社会对地方政府性债务管理工作的监督，促进依法行政，根据《预算法》、《国务院关于加强地方政府性债务管理的意见》（国发〔2015〕43号）、《中华人民共和国政府信息公开条例》等有关规定，制定本办法。

第二条　本办法所称地方政府性债务是指地方政府及所属部门、事业单位及融资平台公司等企业因公益性项目建设举借的政府性债务。

第三条　自治区各级人民政府应按照“统一领导，分级管理”的原则组织开展本地区政府债务信息公开工作。各级财政部门负责汇总公开本地区及本级地方政府性债务情况，上一级财政部门负责指导下一级财政部门开展债务信息公开工作。

第四条　地方政府性债务信息公开应遵循准确、完整、真实的原则。各级财政部门对公开的债务信息准确性、完整性、真实性负责。

第五条　地方政府性债务信息公开必须符合国家法律法规有关规定。

第六条　各级财政部门应按年度主动公开政府性债务信息，以及其他确有必要公开的债务相关事项。

第二章　公开的范围和内容

第七条　地方政府性债务信息公开的范围包括政府债务和政府或有债务。

第八条　各级财政部门汇总本级及本地区政府性债务情况进行公开，具体内容：

（一）本级及本地区政府性债务总体情况，包括：年初债务余额、当年举借额、当年偿还额、年末债务余额等；

（二）新增债务项目举借方式、期限、融资成本、资金投向、还款计划、偿债资金来源及项目推进情况等；

（三）本级及本地区债务率、逾期债务率、偿债率、新增债务率等债务风险情况；

（四）本级及本地区年度债务报告；

（五）其他应公开的事项。

第九条　各级财政部门应建立健全债务信息公开保密审查机制，明确审查程序，落实审查责任。

第三章　公开的方式和时间要求

第十条　自治区、地、县各级财政部门对本地区政府性债务信息，依法履行保密审查程序后，在同级财政门户网站上向社会公开。

第十一条　政府性债务总体情况等债务信息应于每年2月底前予以公开。

第十二条　新增政府性债务相关信息应于债务形成20日内予以公开，债务项目推进情况应根据项目进度予以公开或依申请予以公开。

第十三条　年度债务报告、年度政府债务限额及其他需要公开事项应在同级人大批复当年债务限额20日内予以公开。

第四章　监督和保障

第十四条　各级财政部门应加强债务信息公开制度建设，应安排专人负责债务信息公开有关事项，建立并落实债务信息公开责任制。财政部门主要负责人是本地区债务信息公开的第一责任人。

第十五条　自治区财政厅要加强对各地州债务信息公开的业务指导，并按有关法律法规要求，做好协调、督促和核查工作。各地州财政部门要加强对市县财政部门债务信息公开工作的指导，并按有关法律法规要求，做好协调、督促和核查工作，如有不实或不合规情况要求其及时更正。

第十六条　公民、法人或其他组织认为财政部门未依法履行债务信息公开义务或公开虚假信息的，可以向上级财政监督检查部门举报。收到举报的部门应及时调查处理。

第十七条　各级财政部门如有违反本办法、未依法履行债务信息公开义务或公开债务信息不实，经查实后仍不及时更正的，予以全区通报，并按照有关规定追究相关人员责任。

第五章　附　　则

第十八条　各级财政部门可参照本办法制定本地区政府性债务信息公开实施细则。

第十九条　本办法由自治区财政厅负责解释，自发布之日起执行。

关于自治区全面推开营业税改征增值税试点有关预算管理问题的通知

（2016 年 6 月 17 日　自治区财政厅　国税局　地税局　中国人民银行乌鲁木齐中心支行　新财预〔2016〕68 号）

伊犁哈萨克自治州财政局、国税局、地税局，各地州市财政局、国税局、地税局，中国人民银行新疆各地州市中心支行：

根据《国务院关于印发全面推开营改增试点后调整中央与地方增值税收入划分过渡方案的通知》（国发〔2016〕26 号）、《财政部 国家税务总局 人民银行关于全面推开营业税改征增值税试点有关预算管理问题的通知》（财预〔2016〕74 号）和《财政部 国家税务总局关于全面推开营业税改征增值税试点的通知》（财税〔2016〕36 号）精神，自 2016 年 5 月 1 日起，全面推开营业税改征增值税（以下简称“营改增”）试点，同时调整中央与地方增值税收入划分办法。为做好相关预算管理，现就有关问题通知如下：

一、关于收入划分

营改增全面试点后，相应改变增值税收入划分办法，所有行业或企业缴纳的国内增值税，包括原增值税（含免抵调增增值税）、改征增值税（含免抵调增改增值税）收入，均纳入中央和地方共享范围，由中央与地方实行 50∶50 比例分享。

纳税人兼有适用一般计税方法计税的销售服务、无形资产、不动产，及销售货物、应税劳务的，按照销项税额的比例划分应税税额，分别作为改征增值税和原增值税收入，由中央与地方按 50∶50 比例分享。

补缴和按政策规定退库的原增值税、改征增值税和营业税，统一执行新的收入划分办法，由中央与地方按 50∶50 比例分享或负担。相应的税款滞纳金、罚款收入按照上述原则确定归属。

根据自治区人民政府《关于进一步完善分税制财政管理体制的通知》（新政发〔2004〕76 号），自治区本级分享农发行新疆分行及各分支机构缴纳的改征增值税入库级次不做调整，按上述收入划分办法执行，由中央与自治区本级按 50∶50 比例分享或负担。中央财政按照核定比例定期分配自治区的铁路运输企业改征增值税，由自治区本级分享。

二、关于收入缴库

原增值税收入调整分享比例后，缴库科目不变，列“国内增值税”科目（1010101 项）下的相关科目，预算级次填列“中央 50%，地方 50%”。营业税改征的增值税收入全部列“改征增值税”（1010104 项）下的相关科目，预算级次填列“中央 50%，地方 50%”。补缴的营业税列“营业税”（10103 款）下的相关科目，预算级次填列“中央 50%，地方 50%”。入地方库50%部分，根据自治区人民政府《关于进一步完善分税制财政管理体制的通知》（新政发〔2004〕76号）相关规定，维持原财政体制，入库级次不变。具体缴库流程按照《中华人民共和国国家金库条例实施细则》有关规定执行，采用电子缴库方式的，按照财税库银税收收入电子缴库有关规定执行。

三、关于收入退库

营改增全面试点后，原增值税、改征增值税和营业税退库流程不变，预算级次填列“中央50%，地方50%”。

根据《财政部 国家税务总局关于全面推开营业税改征增值税试点的通知》（财税〔2016〕36号），营改增全面试点后，服务贸易出口适用增值税零税率的，采用免抵退税或免退税办法，退税资金由中央国库统一退付。税务部门审核通过的免抵税额，以正式文件通知同级国库办理调库。调库的具体办法是：按零税率应税服务的免抵税数额，按50∶50比例分别调增中央和地方改征增值税收入，同时按100%调增中央出口退税。各级国库依据税务部门开具的更正（调库）通知书、收入退还书等凭证和文件办理相关业务。

关于石脑油和燃料油生产乙烯、芳烃类产品有关增值税退税，继续由中央国库统一退付，待形成共享增值税收入后，其中应由地方负担的50%部分，年终通过结算上解中央。

四、关于铁路运输企业改征增值税

中国铁路总公司及部分分支机构缴纳的铁路运输企业改征增值税，在税收缴款书预算科目栏填列“中国铁路总公司改征增值税收入”（101010403目），预算级次填列“中央50%、中央50%（待分配）”。国库部门将其中50%列入“中国铁路总公司改征增值税待分配收入”（101010402目），50%列入“中国铁路总公司改征增值税收入”（101010403目）。列入“中国铁路总公司改征增值税待分配收入”（101010402目）部分，由中央财政按照核定的比例定期分配后列入相关地方收入科目。

中国铁路总公司及部分分支机构缴纳的铁路运输企业改征增值税退库，按照上述预算科目和级次办理。

五、关于收入调库

中央与地方增值税收入划分过渡方案自2016年5月1日起施行，为便于中央与地方办理相关调库事宜，之前下发的《关于全面推行营业税改征增值税试点有关问题的通知》（新财预〔2016〕53号）暂执行至5月31日，在此期间各地入库的原增值税、改征增值税和营业税，由中央和自治区财政分别发起，会同人民银行国库部门办理。具体调库数额以2016年5月份金库收入报表为依据计算确定，由自治区财政厅和人民银行乌鲁木齐中心支行联合发文通知（以下简称“联合发文”）。

原增值税调库由财政部驻新疆财政监察专员办事处填写更正（调库）通知书，填列“营改增试点国内增值税划出”科目，通过自治区分库进行调库。自治区财政厅依据联合发文，及时将原增值税更正至各地（州、市）国库，各地（州、市）以下国库是否调库及具体调库方式，由各地（州、市）自行确定。

改征增值税调库，由各地（州、市）及以下财政部门，按照联合发文的调库数据，填写更正（调库）通知书，填列“营改增试点改征增值税划出”和“营改增试点改征增值税划入”科目，会同同级人民银行办理调库。营业税调库比照上述方法办理。具体流程按照《新疆维吾尔自治区财政厅 中国人民银行乌鲁木齐中心支行 新疆维吾尔自治区国家税务局 新疆维吾尔自治区地方税务局 乌鲁木齐海关转发〈财政部 中国人民银行 国家税务总局 海关总署关于启用更正（调库）通知书的通知〉的通知》（新财库〔2011〕69号）办理。

六、科目设置

（一）调整部分科目说明

将“改征增值税”（101010401 目）的科目说明调整为“中央与地方共用收入科目。反映实施营业税改征增值税试点期间由营业税改征的增值税。”

将“中国铁路总公司改征增值税待分配收入”（101010402 目）科目说明修改为“中央收入科目。反映待分配的中国铁路总公司及部分分支机构缴纳的铁路运输企业营业税改征增值税地方分享 50% 部分。统计改征增值税数额时不计入本科目，以免重复。中央财政期末分配后该科目余额为零。”

将“改征增值税国内退税”（101010429 目）的科目说明调整为“中央与地方共用收入退库科目。反映国家税务总局按照即征即退政策审批退库的改征增值税。”

将“免抵调增改征增值税”（101010461 目）的科目说明调整为“中央与地方共用收入科目。反映实行‘免、抵、退’税办法按免抵数额调增的改征增值税。”

将“营业税”（10103 款）下原所有科目说明中的“中央收入科目”、“地方收入科目”，统一调整为“中央与地方共用收入科目”。

（二）增设部分科目

增设“中国铁路总公司改征增值税收入”（101010403 目），科目说明为“中央与地方共用收入科目。反映中国铁路总公司及部分分支机构缴纳的铁路运输企业营业税改征增值税，不包括铁路建设基金营业税改征增值税。”

增设“营改增试点国内增值税划出”（101010162 目），科目说明为“中央专用科目。反映全面推开营改增试点后，因调整中央与地方增值税收入划分比例，由中央国库划至省级国库的原国内增值税收入。以负数记录。”

增设“营改增试点国内增值税划入”（101010163 目），科目说明为“地方收入科目。反映全面推开营改增试点后，因调整中央与地方增值税收入划分比例，省级国库收到中央国库划入的原国内增值税收入。”

增设“营改增试点改征增值税划出”（101010462 目），科目说明为“地方专用科目。反映全面推开营改增试点后，因调整中央与地方增值税收入划分比例，由省级国库划至中央国库的改征增值税收入。以负数记录。”

增设“营改增试点改征增值税收入”（101010463 目），科目说明为“中央收入科目。反映全面推开营改增试点后，因调整中央与地方增值税收入划分比例，中央国库收到省级国库划入的改征增值税收入。”

增设“营业税划出”（1010330 项），科目说明为“地方专用科目。反映全面推开营改增试点后，由省级国库划至中央国库的营业税收入。以负数记录。”

增设“营业税划入”（1010331 项），科目说明为“中央收入科目。反映全面推开营改增试点后，中央国库收到省级国库划入的营业税收入。”

各级财税部门，人民银行国库部门要认真做好改征增值税的收入收缴工作，明确区分改征增值税与原增值税收入，确保试点顺利实施。同时要加强监督检查，严禁发生违法违规行为。

除上文另有规定外，本通知自 2016 年 6 月 1 日起执行，《关于营业税改征增值税试点有关预算管理问题的通知》（新财预〔2013〕75 号）、《关于全面推行营业税改征增值税试点有关问题的通知》（新财预〔2016〕53 号）同时废止。

关于进一步明确阿克苏地区阿瓦提县　乌什县柯坪县纳入南疆财政补助政策范围的通知

（2016 年 8 月 12 日　自治区财政厅　新财预〔2016〕90 号）

阿克苏地区财政局：

根据第二次中央新疆工作座谈会精神，为进一步加大对阿克苏地区的财政支持力度，促进南疆地区经济及社会事业发展。经报请自治区人民政府同意，2011 年我厅将你地区阿瓦提县、乌什县、柯坪县纳入南疆地区财政补助政策范围，2015 年延续执行。由于 2015 年下发的文件在执行过程中容易引起误解，为进一步明确阿瓦提等三个县享受南疆地区财政补助相关政策，现将有关事宜通知如下：

一、一般性转移支付的补助政策。柯坪县、乌什县享受南疆地区一般性转移支付政策，自治区给予全额补助（含调整工资、津贴补贴等一般性转移支付）。阿瓦提县应由县级承担的配套资金部分，由自治区本级和地区本级各承担一半。

二、专项转移支付的补助政策。柯坪县、乌什县享受南疆地区专项转移支付补助政策，不再承担配套资金，由自治区本级给予全额补助。阿瓦提县应由县级承担的配套资金部分，由自治区本级和地区本级各承担一半。

三、社会养老保险的财政补助政策。柯坪县、乌什县享受南疆地区社会保险财政补助政策。阿瓦提县应由县级承担的配套资金部分，由自治区本级和地区本级各承担一半。

自治区财政厅 2015 年下发的《关于将阿克苏地区阿瓦提县　乌什县　柯坪县纳入南疆地区财政补助政策范围的通知》（新财预〔2015〕127 号）停止执行。

关于印发《财政部驻新疆专员办与新疆自治区财政厅预算监管工作联动机制方案》的通知

（2016 年 8 月 30 日　自治区财政厅　财政部驻新疆财政监察专员办事处
新财预〔2016〕95 号）

伊犁哈萨克自治州财政局，各地州市财政局：

根据自治区财政厅、财政部驻疆专员办《预算监管工作第一次联席会议纪要》（财联席纪〔2016〕1 号）要求，我们制定了《财政部驻新疆专员办与新疆自治区财政厅预算监管工作联动机制方案》，现印发给你们，请遵照执行。

附件：财政部驻新疆专员办与新疆自治区财政厅预算监管工作联动机制方案

附件：

财政部驻新疆专员办与新疆自治区财政厅预算监管工作联动机制方案

为进一步深化财税体制改革和预算管理制度改革，贯彻落实中央财税政策、强化转移支付资金管理、实现地方政府债务监管等全过程、常态化监管，按照《财政部关于专员办加强财政预算监管工作的通知》（财预〔2014〕352 号）、《关于配合财政部驻各地财政监察专员办事处加强财政预算监管工作的通知（财办预〔2014〕64 号）、《财政部关于建立统计报告制度推动中央稳增长财政政策落实的通知》（财预〔2016〕34 号）、《财政部关于专员办进一步加强财政预算监管工作的意见》（财预〔2016〕38 号）等精神，财政部驻新疆财政监察专员办事处与新疆自治区财政厅共同制定此方案。具体内容如下：

一、建立沟通协调机制

（一）建立双方负责人联席会议机制。相互通报工作计划、工作要点，重点监管事项及其实施情况；研究解决监管工作中遇到的重大问题和主要困难。

（二）双方分管领导作为总联系人，负责开展双方沟通协调工作，重点负责落实双方负责人联席会议上安排部署的具体事项。财政厅总联系人为副厅长王彦楼同志，驻厅纪检组组长方章荣同志配合。专员办总联系人为办公室主任刘勇同志。

（三）每年至少召开2次负责人联席会议。会前两星期，由双方共同商定会议具体内容形式及研究事项等。

（四）双方各自办公室负责总体协调沟通联络；各处室负责人作为联络员，负责日常业务综合沟通协调工作。财政厅办公室负责总体协调，办公室主任为第一联络人，财政厅预算处负责业务对接牵头工作，双方各处室联络员指定一名副处级以上干部，负责日常业务综合沟通协调工作。

（五）双方对口业务处室指定联络员负责具体业务工作的沟通协调，联络人员要根据变动情况随时更新，保障联络工作顺利开展。

（六）根据工作安排和工作推进情况，及时组织召开年度财政监管工作座谈会、重大监管事项或专业业务协调会。

二、建立财政资金共同监管机制

（七）建立财政资金联合监管模式。财政厅将各项财政资金的安排、分配和使用情况及时报备专员办，专员办根据财政部有关规定和实际工作需要，与财政厅共同研究确定重大资金监管事项、制定监管制度措施。采取联合组队、共同委托外部机构参与实施等方式对重要资金实施联合监管，及时整改处理重大违规违纪问题。

（八）按照财政部有关规定，财政厅对各地、州、市、县财政部门、使用管理财政资金的自治区、地、州、市、县主管部门以及项目实施单位提供的资料和情况进行全面初审，专员办对财政厅初审过的资料和情况进行抽审。

（九）对联合监管中发现的重大问题，由专员办和财政厅沟通后报告财政部、自治区党委、政府，并向当地政府及有关部门通报。

（十）各地、州、市、县财政部门、使用管理财政资金的自治区、地、州、市主管部门以及项目实施单位应及时准确完整提供有关资料和情况，积极支持配合专员办和财政厅开展财政监管工作。

三、建立重大问题共同研究机制

（十一）建立重大课题共同研究制度，开展重要政策和业务的交流研讨。针对财政运行和监管中发现的重大问题开展联合研究，为财政部和自治区党委、政府提出政策建议。

四、建立业务对接机制

（十二）按财政部分工划分，建立相关处室之间业务工作对接机制，加强监管事项协调配合，协商解决预算监管工作中存在的问题，共同管好、用好中央预算资金，确保中央预算资金发挥最大效益。

（十三）对财政部授权开展的中央补助资金申报审核项目，实行事前申报会审机制。根据财政部有关规定，制定审核任务清单，共同商定具体审核办法，明确双方审核职责，规范申报内容、时间、流程，联合开展会审和实地抽查。

（十四）综合运用非现场监管、点对点监管和动态跟踪监管等方式，共同加强对中央转移支付资金执行情况的监控，强化执行过程控制和绩效管理。逐步实现中央预算收入、中央转移支付资金管理以及公共投资项目实施的动态监管，加强地方债务、会计信息、金融风险监督的衔接沟通，推进财政监管工作的良性互动。

五、建立资源信息共享机制

（十五）建立文件抄送、信息资料交流、情况通报制度，及时共享相关制度规定、中央转移支付资金指标分配下达指标文件、预算收支报表及分析等基础信息。

（十六）加强双方相关信息系统的互联互通建立完善两部门间信息交流共享机制。逐步建立中央转移支付资金全流程、中央重大项目和地方政府债务数据为支撑的业务信息共享平台。开辟信息共享通道或专栏，定期交流重要资金、重大项目、地方债等工作情况及存在问题。进一步充实和完善双方门户网站的内容和功能，对可公开的国家政策文件和行政服务内容、流程等信息予以充分公开透明。

六、建立人员交流机制

（十七）建立专员办与财政厅及地、州、市、县财政部门人员交流机制。每年互派人员以借调、挂职等方式到对方单位交流工作，相互交流学习工作经验，了解工作流程，熟悉财政管理具体业务。

关于印发《自治区财政存量资金管理暂行办法》的通知

（2016年8月26日　自治区财政厅　新财预〔2016〕96号）

伊犁哈萨克自治州财政局、各地州市财政局，自治区各委、办、厅、局，自治区高级人民法院，自治区人民检察院：

为建立自治区财政存量资金管理长效机制，规范和加强财政存量资金管理，提高财政资金使用效益，根据国务院和财政部关于做好财政存量资金管理的要求，结合我区实际，我们制定了《自治区财政存量资金管理暂行办法》。现印发给你们，请遵照执行。

请各地州市参照本办法规定，结合地方工作实际，制定本地区结余资金的具体管理办法，同时指导所属县市做好财政存量资金管理工作。

附件：自治区财政存量资金管理暂行办法

附件：

自治区财政存量资金管理暂行办法

第一章　总　　则

第一条　为建立自治区财政存量资金管理长效机制，规范和加强财政存量资金管理，提高财政资金使用效益，根据《国务院办公厅关于进一步做好盘活财政存量资金工作的通知》（国办发〔2014〕70号）和《财政部关于推进地方盘活财政存量资金有关事项的通知》（财预〔2015〕15号）的相关要求，结合我区实际，制定本办法。

第二条　本办法所称财政存量资金，包括以下内容：

（一）一般公共预算、政府性基金预算、上级专项转移支付及国有资本经营预算结转结余资金等财政结转结余资金，部门预算结转结余资金。

结转资金，指预算安排的项目支出年终未执行完毕，需要在下年按原用途继续使用的资金。

结余资金，是指年度预算执行终了，预算收入实际完成数（不含一般公共预算收入中作为超收收入直接补充预算稳定调节基金的部分）扣除预算支出和结转资金后的净结余资金，以及项目执行完毕或者项目不再执行剩余的资金。

（二）预算稳定调节基金、预算周转金和偿债准备金。

（三）财政专户资金（不包含教育收费资金和粮食风险基金）。

（四）其他财政存量资金。

第三条 各级财政部门负责本地区及本级政府财政存量资金管理工作。各部门预算单位负责本部门单位的部门预算结转结余资金管理工作。

第二章 财政结转结余资金管理

第四条 一般公共预算结转结余资金，是指未下达下级财政或本级部门预算单位、尚留在本级财政的一般公共预算支出的结转结余资金，不包括上级专项转移支付的结转资金。

（一）一般公共预算结余资金，全部补充预算稳定调节基金。

（二）一般公共预算结转资金，结转两年以上的，不得再行结转，应作为结余资金管理，全部补充预算稳定调节基金。

（三）未满两年的一般公共预算结转资金应加快执行，不需按原用途使用的，应按规定统筹用于经济社会发展急需资金支持的领域。调整用途的一般公共预算结转资金，其结转时间应按初次安排预算的时间计算，不得重新计算。

第五条 政府性基金预算结转资金，是指未下达下级财政或本级部门预算单位、尚留在本级财政的政府性基金预算支出的结转资金，不含上级专项转移支付的结转资金。

政府性基金预算结转资金规模较大的，应调入一般公共预算补充预算稳定调节基金。每一项政府性基金结转资金规模不得超过该项基金当年收入的30%。

第六条 上级专项转移支付结转资金，是指未下达下级财政或本级部门预算单位、尚留在本级财政的上级专项转移支付的结转资金，包括一般公共预算专项转移支付结转资金和政府性基金预算专项转移支付结转资金。

（一）未分配到本级部门预算单位或下级财政，且结转两年以上的，应交回上级财政。

（二）未满两年的专项转移支付结转资金，同级财政可在不改变资金类级科目用途的基础上，调整用于同一类级科目下的其他项目。

（三）专项转移支付结转资金交回、收回或用途调整有关情况应及时汇总报送上级财政部门和业务主管部门备案。

第七条 国有资本经营预算结转结余资金，是指未下达下级财政或本级部门、尚留在本级财政的国有资本经营预算的结转结余资金。

（一）国有资本经营预算结转结余资金，已结转两年的，作为结余资金管理，全部调入一般公共预算的，优先用于民生项目支出。

（二）未满两年但调整用途的国有资本经营预算结转资金，其结转时间应按初次安排预算的时间计算，不得重新计算。

第三章 预算稳定调节基金、预算周转金、偿债准备金和财政专户资金管理

第八条 预算稳定调节基金，是指政府财政安排用于弥补以后年度预算资金不足的储备资金。

各级财政要合理控制预算稳定调节基金规模。预算稳定调节基金在编制年度预算时，调入后规模不超过当年本级一般公共预算支出总额的5%；超过5%的，各级财政应用于冲减赤字或化解政府债务支出。

第九条 预算周转金，是指政府财政为调剂预算年度内季节性收支差额，保证及时用款而设置的库款周转资金。

各级财政可以设置预算周转金，但要严格控

制预算周转金额度。各级财政设置的预算周转金的额度不得超过本级一般公共预算支出总额的1%。

第十条 偿债准备金，是各级财政为确保政府债务按期偿还设立的专用资金。

（一）各级政府不得新设各种形式的偿债准备金，确需偿债的，分年度纳入预算安排。

（二）对已经设立的各类偿债准备金，要纳入预算管理，优先用于偿还到期政府存量债务。

第十一条 财政专户资金，是指经财政部审核并报国务院批准保留的财政专户内的各类资金。

（一）各级财政部门要按总预算会计制度规定及专户资金规定用途对具体项目进行明细专户核算。

（二）除法律法规和国务院另有规定外，不得将财政专户资金借出周转使用或转出专户进行保值增值。

（三）严禁违规将财政资金从国库转入财政专户并虚列支出，或将财政资金支付到预算单位实有资金银行账户。

（四）各级财政应定期组织清理本级财政专户结转结余资金，并按一般公共预算结转结余资金管理的原则处理。

第四章　部门预算结转结余资金管理

第十二条 部门预算结转结余资金，是指部门单位所有财政性资金的结转结余，包括本级财政拨入经费，上级主管部门拨入的财政性资金，下级附属单位上缴的、无隶属关系的其他部门单位划转的各类财政资金形成的结转结余，既包括国库集中支付额度结余，也包括已经拨付到部门单位实有资金账户的财政性资金。

第十三条 部门单位应按照基本支出和项目支出对结转结余资金分别进行明细核算，并与单位会计账表及部门决算报表相关数据保持一致。

第十四条 部门预算基本支出结转资金，是部门单位年末基本支出未形成实际支出的剩余资金，包括人员经费结转和日常公用经费结转。

部门预算基本支出结转经财政部门批准后用于次年本部门基本运转，主要解决增人增资等原因增加的人员经费和日常公用经费，不得在人员经费和日常公用经费间调剂使用。

第十五条 部门预算项目支出结转结余资金，是部门单位年末项目支出预算未形成实际支出的剩余资金，包括结转资金和结余资金两部分。

第十六条 部门预算项目支出结余资金，由同级财政统一收回预算，统筹安排。

第十七条 部门预算项目支出结转资金为下列情形的，应作为结余资金管理：

（一）已结转两年的项目支出结转资金（含基本建设支出），包括预算指标结转、国库集中支付额度结转及已拨付至部门实有资金账户的项目支出结转。

（二）已结转一年的项目支出，一直未动用的、项目已完成或终止形成的剩余资金，应作为结余资金管理。

第十八条 部门跨年度安排预算的项目支出，有结转资金的，在编制下一年度预算时，应根据项目上年结转资金情况和下年项目年度资金需求情况，统筹安排。

第十九条 连续两年预算执行率达不到80%的政府性基金预算项目支出，本级财政调剂用于急需资金的建设项目和公共事业发展支出。

第二十条 按照《基本建设项目竣工财务决算管理暂行办法》（财建〔2016〕503号）文件规定，基本建设项目完工后应在规定的时间内及时办理竣工财务决算，项目完工后一年仍未完成竣工财务决算批复的，视同项目已竣工，项目单位应将项目结转的资金（含项目质保金）缴回财政，由财政统一安排。

第五章　严控财政存量资金规模

第二十一条 细化预算编制，严控代编预算。

（一）早编、细编项目支出预算，将预算细化到支出功能项级科目和支出经济分类款级科目，落实到具体单位。

（二）对确需代编预算的事项，应报同级政府批准，并在当年6月30日前下达；逾期未下达的，收回同级财政总预算统筹使用。

（三）对跨年度项目，按照中期财政规划的要求编制滚动预算，分年度安排支出预算。

（四）政府采购项目支出预算，必须按照采购资金分年度支付要求，制定分年度预算安排计划，需分年度支付的质保金不得一次性提前安排。

第二十二条 建立财政存量资金与预算安排统筹结合的机制。

（一）对预算执行进度慢、绩效差的项目，在编制下一年度预算时暂缓安排或不安排预算。

（二）对连续年度安排预算的项目支出，在编制下一年度预算时，根据项目上年结转资金情况和下年度资金需求情况，统筹安排预算。

（三）对结余资金规模大、执行不力的部门，按一定比例相应核减其下年项目支出规模。

（四）对上年末财政存量资金规模较大的地区，按一定比例相应核减对其下年转移支付规模。

第二十三条 实施财政存量资金定期清理机制

（一）定期组织清理本级财政结转结余资金，摸清底数、分类处理，保证年末财政结转结余资金占财政支出的比重不超过9%。

（二）每月末对未下达的专项资金进行梳理分析，对超过当年9月底仍未落实到具体项目和实施单位的，收回本级总预算用于本年急需安排的项目。

（三）工作任务已完成或已确定无法执行的项目结余资金，及时收回本级总预算统筹安排。

（四）从严控制一般公共预算结转项目，专项业务费等一般性支出项目资金不结转，其他项目资金严格按规定程序办理结转。

第二十四条 实行结余资金定期通报制度。年度预算执行中，财政部门定期通报本级各部门结转结余资金情况，督促部门加快资金拨付，减少年末结转项目，提高预算执行的均衡性和有效性。

第六章 职责分工

第二十五条 财政部门的责任

（一）预算管理部门：负责制定自治区财政存量资金管理的制度、办法；负责定期清理、按期通报结转结余资金的有关情况；负责办理年终结转结余预算调整事项。

（二）国库管理部门：负责自治区本级财政存量资金相关业务的账务处理；负责年度国库集中支付额度结余资金的对账、审核、确认工作。

（三）对口管理部门：负责对部门的结转结余资金的年终对账、审核、确认和历年国库集中支付额度结余资金下达工作；负责部门结转结余资金的清理工作，提出安排使用和调整变更的审核意见；负责部门预算编制中结余资金安排使用的审核；负责结转结余资金审核拨付，会同部门提出消化部门实有资金账户结余资金的意见；督促部门预算单位加强结转结余资金管理，对部门预算单位结转结余资金的制度建设、责任落实和执行结果等情况进行日常监督检查；按期通报各对口部门国库集中支出额度结余资金的使用情况；负责指导部门做好结转结余资金会计核算等相关业务工作。

（四）财政监督检查部门：负责对财政部门结转结余资金管理的情况进行监督检查，同时会同财政对口管理部门对相关预算单位执行、落实国家和自治区结转结余资金管理有关规定进行监督检查。

第二十六条 部门单位的责任。各部门负责本部门及所属单位结转结余资金的对账、清算审核和汇总工作；对形成的结转结余资金的原因进行分析说明；提出本部门及所属单位结转结余资金的预算安排、调整使用的申请；提出本部门及所属单位消化结余资金的建议；监督和管理所属单位结转结余资金的安排使用。

第七章 附 则

第二十七条 部门单位在结转结余资金管理中违反本办法规定的，财政部门应当责成其进行纠正，并通过调减部门预算等方式将有关资金收回财政。

第二十八条 各地州市财政部门在结转结余资金管理中违反本办法规定的，自治区将在全区通报批评，责成其予以纠正，并视情况严重程度，适当扣减下年转移支付资金。

第二十九条 各地州市参照本办法规定，结合地方工作实际，制定本地区结余资金的具体管理办法，同时指导所属县市做好财政存量资金管理工作。

第三十条 本办法由自治区财政厅负责解释。

第三十一条 本办法自公布之日起施行。

关于自治区机关事业单位实施养老保险制度改革有关预算管理问题的通知

（2016 年 8 月 29 日　自治区财政厅　新财预〔2016〕98 号）

自治区各委、办、厅、局，自治区高级人民法院、自治区人民检察院，伊犁哈萨克自治州财政局、各地州市财政局：

为做好自治区机关事业单位养老保险制度改革（以下简称养老保险改革）预算管理工作，保障改革顺利实施，根据《中华人民共和国预算法》及中央和自治区关于推进机关事业单位养老保险制度改革的要求，现就有关预算管理问题通知如下：

一、机关事业单位养老保险经费来源及负担机制

（一）机关事业单位养老保险费主要包括：基本养老保险个人缴费、基本养老保险单位缴费，职业年金个人缴费、职业年金单位缴费，财政对基本养老保险基金收支缺口的补助资金。

（二）机关事业单位养老保险改革所需经费中财政负担部分，由自治区财政和各地、县财政分别负担，列入本级一般公共预算支出。对各地机关事业单位养老保险改革经费缺口，自治区财政按现行对下财政体制予以适当补助。

（三）机关事业单位缴纳基本养老保险费，采取不同的保障方式。其中全额预算拨款单位，由同级财政安排资金予以保障；差额预算拨款单位，采取单位自筹和财政补助相结合的方式予以保障。

（四）机关事业单位的职业年金缴费，应区分单位类型采取不同的资金安排方式。其中：全额预算拨款单位，单位缴费根据单位提供的信息采取记账方式，每年按照国家统一公布的记账利率计算利息，工作人员退休前本人职业年金账户的累计储存额由同级财政拨付资金记实；差额预算拨款单位应采取单位自筹和财政补助相结合的方式，定期将应缴职业年金单位缴费缴入工作人员职业年金个人账户。

（五）基本养老保险个人缴费和职业年金个人缴费由机关事业单位从工作人员工资中代扣代缴。

二、预算科目设置

从2016年1月1日起，在《政府收支分类科目》中增设以下科目：

（一）一般公共预算支出科目

1. 在“社会保障和就业支出”（208类）下增设“机关事业单位基本养老保险缴费支出”科目（2080505项），反映机关事业单位实施养老保险制度由单位缴纳的基本养老保险费支出。

2. 在“社会保障和就业支出”（208类）下增设“机关事业单位职业年金缴费支出”科目（2080506项），反映机关事业单位实施养老保险制度由单位实际缴纳的职业年金支出。

3. 在“社会保障和就业支出”（208类）下增设“对机关事业单位基本养老保险基金的补助”科目（2080507项），反映各级财政部门对机关事业单位基本养老保险基金收支缺口的补助。

（二）社会保险基金预算科目

1. 在“社会养老保险基金收入”（102类）下增设“机关事业单位基本养老保险基金收入”科目（10211款），反映机关事业单位基本养老保险基金的各项收入。下设三个项级科目，分别是“机关事业单位基本养老保险费收入”（01项）；反映机关事业单位和工作人员缴纳的基本养老保险费；“机关事业单位基本养老保险基金财政补助收入”（02项），反映财政对基本养老保险基金的缺口补助；“其他机关事业单位基本养老保险基金收入”（99项），反映基本养老保险基金的利息、滞纳金等收入。

2. 在“社会养老保险基金支出”（209类）下增设“机关事业单位基本养老保险基金支出”科目（20911款），反映机关事业单位基本养老保险基金支出。

3. 将现有科目中“基本养老保险基金收入”（10201款）科目名称修改为“企业职工基本养老保险基金收入”，并将项级科目名称也作相应调整；将“基本养老保险基金支出”（20901款）科目名称修改为“企业职工基本养老保险基金支出”，并将项级科目名称也作相应调整。

（三）支出经济分类科目

1. 在经济分类科目“工资福利支出”（301类）下增设“机关事业单位基本养老保险缴费”科目（30108款）；反映机关事业单位缴纳的基本养老保险费。由单位代扣的基本养老保险个人缴费，不在此科目反映。

2. 在经济分类科目“工资福利支出”（301类）下增设“职业年金缴费”科目（30109款），反映机关事业单位实际缴纳的职业年金支出。由单位代扣的职业年金个人缴费，不在此科目反映。

3. 将现有“社会保障缴费”（30104款）科目名称修改为“其他社会保障缴费”，反映单位为职工缴纳的基本医疗、失业、工伤、生育等社会保险费，残疾人就业保障金，军队（含武警）为军人缴纳的伤亡、退役医疗等社会保险费。

三、账务处理

（一）基本养老保险账务处理

1. 机关事业单位按规定缴纳基本养老保险单位缴费时，增加当期支出：

借：经费（事业）支出（各行业事业单位借记相应支出科目）

贷：应付职工薪酬

基本养老保险个人缴费由机关事业单位代扣代缴，按现行行政事业单位会计制度相关规定办理。

2. 财政部门从一般公共预算中安排基本养老保险单位缴费支出和对基本养老保险基金收支

缺口进行补助时，总预算会计核算增加一般公共预算支出：

借：一般公共预算支出

贷：国库存款

（二）职业年金账务处理

1. 全额预算拨款单位应增设“应缴职业年金缴费”备查簿，记录全额预算拨款单位当期及累计应缴工作人员职业年金，并建立职业年金个人台账，平时按照应缴职业年金缴费数额和国家公布的记账利率记账，不实际缴款。在工作人员退休前，单位将累计应缴职业年金和利息缴入职业年金个人账户，增加当期支出，同时相应冲减“应缴职业年金缴费”台账：

借：经费（事业）支出（各行业事业单位借记相应支出科目）

贷：应付职工薪酬

单位应定期将本单位当期应缴职业年金缴费台账的本期发生额和期末余额报经本级人力资源社会保障部门审核后报同级财政部门。

2. 差额预算拨款单位应按规定及时足额缴纳工作人员职业年金，增加当期支出：

借：经费（事业）支出（各行业事业单位借记相应支出科目）

贷：应付职工薪酬

职业年金个人缴费，由机关事业单位代扣代缴，按现行行政事业单位会计制度相关规定处理。

3. 财政部门从一般公共预算中安排职业年金单位缴费时，总预算会计核算增加一般公共预算支出：

借：一般公共预算支出

贷：国库存款

4. 财政部门应建立职业年金台账制度，及时准确核算本级财政应缴的职业年金缴费。全额预算拨款单位按月将本单位应缴职业年金情况报同级人力资源社会保障部门审核后，同级财政内部社保部门据此登记分单位的应缴职业年金缴费台账。实际缴纳职业年金缴费时，相应冲减应缴职业年金缴费台账数额。

四、其他预算管理问题

由于政策实际执行时间和国务院规定的政策起始时间有一个错后期，为不影响退休人员生活，在政策实际执行前，机关事业单位已退休人员的退休费已按老办法和原资金渠道计发。正式启动养老保险后，各级财政部门和机关事业单位应准确计算从2014年10月1日起单位和工作人员应缴纳的基本养老保险费和本单位已发放并列支的退休费，区分财政供款方式和负担比例，并在2016年当年采取过渡期的特殊办法，对本级政府预算和部门预算作相应处理。从2017年起，财政与单位账务处理全部恢复正常。

（一）基本养老保险

1. 2014年10月1日至2015年12月31日，基本养老保险缴费与退休费发放之间的清算，均不对财政及单位的收支作调整。各单位应按清算结果据实记录基本养老保险个人缴费与基本养老保险单位缴费台账。

2. 2016年1月1日至单位正式启动养老保险，过渡期内退休人员工资已在财政列支，需要进行缴费清算。年末各单位应根据清算结果，将退休费支出调整为基本养老保险单位缴费和工资福利支出。

3. 单位正式启动养老保险后，退休人员退休费统一由社保机构发放，财政部门统一收回年初预算安排退休费的剩余预算指标，同时按清算结果安排2016年基本养老保险单位缴费及年初预算预扣缴费。各单位相应列入基本养老保险单位缴费和工资福利支出。

（二）职业年金

1. 全额拨款单位：年初个人预扣部分，财政根据清算结果安排预算。职业年金单位缴费部分暂不安排预算，如有新增退休人员，财政按其2014年10月到退休时应缴费金额一次性安排预算。各单位相应列入职业年金单位缴费和工资福利支出。

2. 差额拨款单位：职业年金单位缴费部分及个人预扣部分，财政根据清算结果，按照对差额拨款单位的补助政策安排预算。各单位相应列入职业年金单位缴费和工资福利支出。

关于印发《自治区政府债券资金管理奖惩暂行办法》的通知

（2016年9月18日　自治区财政厅　新财预〔2016〕105号）

伊犁哈萨克自治州财政局，各地州市财政局：

为切实管好、用好自治区地方政府债券资金，规范政府债券的举借、使用管理，强化政府债券转贷执行工作，根据《预算法》、《国务院关于加强政府性债务管理的意见》（国发〔2014〕43号）以及《关于加强自治区地方政府性债务管理的意见》（新政发〔2014〕82号）等相关规定，结合我区实际，自治区研究制定了《自治区政府债券资金管理奖惩暂行办法》，现印发给你们，请认真遵照执行。

附件：自治区政府债券资金管理奖惩暂行办法

附件：

自治区政府债券资金管理奖惩暂行办法

第一章　总　　则

第一条　根据《预算法》、《国务院关于加强政府性债务管理的意见》（国发〔2014〕43号）以及《关于加强自治区地方政府性债务管理的意见》（新政发〔2014〕82号）等相关规定，为切实管好、用好地方政府债券资金，提高资金使用效益，特制定本办法。

第二条　本办法所指政府债券资金是自治区通过发行地方政府债券募集的债券资金，包括新增政府债券资金和置换政府债券资金。

第三条　本办法所指奖惩对象为使用地方政府债券资金的各地、州（市）财政部门。

第二章　债券举借

第四条　从2015年1月1日起，自治区各级政府及其所属部门不得以任何方式举借债务，确需举借债务的应在自治区确定的债务限额内，通过自治区发行地方政府债券的方式举借。除法律另有规定外，地方政府及其所属部门不得为任何单位和个人的债务以任何方式提供担保。

第三章 债券资金使用

第五条 自治区转贷各地的新增一般债券资金只能用于公益性资本支出，主要用于保障性住房、普通公路、水利、城市地下管网、智慧城市建设等重大公益性项目建设。

第六条 新增专项债券只能用于有一定收益的公益性项目，必须有对应的政府性基金作为偿债来源，主要用于棚户区改造、廉租房、公共租赁住房、农村基础设施建设等。

第七条 新增一般债券、专项债券均不得用于经常性支出和楼堂馆所等中央、自治区明令禁止的项目支出。

第八条 自治区每年确定的具备指定用途新增债务限额，各地要严格按照规定用途安排债券项目。

第九条 自治区转贷各地的置换债券资金，要严格按照以下10个方面管理使用。

1. 只能用于清理甄别认定的存量政府债务本金和经自治区人民政府批准的可转化的或有债务本金。

2. 置换债券资金要纳入预算管理，并一一对应到具体政府存量债务项目。

3. 不能用于偿付债务利息、上新项目和安排经常性支出。

4. 不能偿还应由企事业单位等自身收益偿还的或有债务和非政府性债务。

5. 要出具债权债务解除凭证，资金要直接支付给债权人，不能拨付债务人偿债；确需转拨的，必须经上级财政部门同意后才能转拨，转拨时限不得超过1个月。

6. 要及时、足额、真实地支付给债权人；不能挪用，通过任何形式将资金倒账到财政或其他部门单位实有账户。

7. 不能回补融资平台公司以及债务单位已偿还的资金。

8. 债券资金不能混用，即置换一般债券资金只能偿还一般债务，置换专项债券资金只能用于偿还专项债务。

9. 清理甄别认定的或有债务，未经自治区人民政府批准转化为政府债务的，不能进行置换。

10. 提前置换以后年度到期的政府债务，必须征得债权人的同意，签订同意提前解除债权债务关系凭证。

第十条 各地州市财政部门要按照转贷协议明确的还款期限，在还本付息到期5日前，将还本付息资金缴入自治区国库。

第四章 债券资金执行

第十一条 各地收到自治区转贷的新增债券资金后，5日内要及时转贷县市。县市财政部门要在一个月内将资金拨付完毕，加快项目推进工作。

第十二条 新增债券资金不得拨付单位实有账户或财政专户，虚列支出，年底不准形成结转结余，避免资金沉淀，提高资金使用效益。

第十三条 各地收到自治区转贷的置换债券资金后，要在3个工作日内完成转贷县市工作。各地本级及县市置换债券资金要在30日内完成存量债务置换工作，年底不准形成结转结余。

第五章 奖惩规定

第十四条 违法违规举债和担保的，按照《预算法》第九十四条、第九十五条规定，对负有直接责任的主管人员和其他直接责任人员进行处理，对相关地区及有关部门、单位在全区范围内予以通报批评，并降低该地区政府债务限额，当年不予审批发行新增政府债券。

第十五条 违反规定使用新增债券的，责令其限期整改，未在规定时间完成整改的，自治区除收回违规债券资金外，还将调减该地区新增政府债务限额，并按国家有关规定将该地区列入地方政府债务管理负面名单。情节严重的，依照《财政违法行为处罚处分条例》相关规定，对相关责任人员进行处理。

第十六条 未严格执行置换债券资金使用10项规定的，责令其限期整改，未按规定整改的，除收回违规债券资金外，后续还将暂停该地区置换债券发行，并按国家有关规定将该地区列入地方政府债务管理负面名单。情节严重的，依照《财政违法行为处罚处分条例》相关规定，对相关责任人员进行处理。

第十七条 未按时还本付息的，按照财政部《2015年地方政府一般债券预算管理办法》等，按逾期支付额和逾期天数，以当期债券票面利率的两倍计算罚息。

第十八条 各地收到自治区转贷新增债券资金后，1个月内未拨付资金的，按照《国务院关于深化预算管理制度改革的决定》，在全区范围通报批评，3个月内未形成实际支出的，自治区将收回资金，并减少下年度新增债券额度。

第十九条 各地收到自治区转贷置换债券资金后，1个月内未完成置换工作的，按照《国务院关于深化预算管理制度改革的决定》，在全区范围通报批评，并收回未置换债券资金，暂停后续置换债券发行。

第二十条 对严格按照国家及自治区债务管理相关规定，积极主动作为，合法合规推进债务管理工作，制度建设完善、债务风险控制较好、机构及人员配备到位以及各类专项检查中未发现违法违规问题的地区，自治区将在每年政府债务限额分配、新增债券及置换债券等方面予以倾斜。

第六章 附 则

第二十一条 各地财政部门应当依据本办法，结合实际情况，制定本地区地方政府债券资金管理奖惩办法，加强对所属县市的管理监督。

第二十二条 本办法由自治区财政厅负责解释，本办法自2016年10月1日起执行。

关于印发《自治区专项转移支付管理暂行办法》的通知

（2016年9月23日　自治区财政厅　新财预〔2016〕111号）

自治区各委、办、厅、局，自治区高级人民法院、自治区人民检察院：

为进一步深化预算改革，规范和加强财政专项转移支付资金管理，保障专项转移支付资金安全，提高资金使用效益，建立和完善自治区财政资金规范化、制度化、法制化运行机制，根据《中华人民共和国预算法》、《财政部关于印发中央对地方专项转移支付管理办法的通知》（财预〔2015〕230号）等有关规定，我厅制定了《自治区专项转移支付管理暂行办法》，现印发执行。

附件：自治区专项转移支付管理暂行办法

附件：

自治区专项转移支付管理暂行办法

第一章　总　　则

第一条　为进一步加强自治区对下专项转移支付管理，提高财政资金使用的规范性、安全性和有效性，促进经济社会协调发展，依据《中华人民共和国预算法》和国务院、自治区人民政府有关规定，制定本办法。

第二条　本办法所称自治区专项转移支付，是指自治区人民政府为实现特定的经济和社会发展目标无偿给予各地州（市）人民政府，由接受转移支付的政府按照自治区人民政府规定的用途安排使用的预算资金。

第三条　专项转移支付预算资金来源包括一般公共预算、政府性基金预算和国有资本经营预算。

第四条　按照事权和支出责任划分，专项转移支付分为以下几类：

（一）属于自治区事权，自治区委托各地州（市）实施的专项转移支付。

（二）属于自治区与各地州（市）共同事权，自治区将应分担部分委托各地州（市）实施的专项转移支付。

（三）属于各地州（市）事权，自治区为鼓励和引导各地州（市）按照自治区的政策意图办理事务的专项转移支付。

（四）属于各地州（市）事权，自治区为帮助各地州（市）应对因自然灾害等发生的增支，应对和处理影响区域大、影响面广的突发事件的专项转移支付。

第五条　自治区财政厅是专项转移支付的归口管理部门，自治区各主管部门和各地州（市）人民政府按照职责分工共同做好专项转移支付管理工作。

自治区财政厅负责拟定专项转移支付总体管理制度，制定或者会同自治区主管部门制定具体专项转移支付的资金管理办法；审核专项转移支付设立、调整事项；组织实施专项转移支付预算编制及执行；组织开展专项转移支付绩效管理和监督检查等工作。

自治区各主管部门协同自治区财政厅制定具体专项转移支付的资金管理办法；协同自治区财政厅具体管理专项转移支付。

各地州（市）人民政府有关部门做好组织实施工作。

第六条　专项转移支付管理应当遵循规范、公平、公开、公正的原则。

第二章　设立、调整和退出

第七条　设立专项转移支付应当同时符合以下条件：

（一）有明确的法律、行政法规、国务院及自治区人民政府规定作为依据；

（二）有明确的绩效目标、资金需求、资金用途、主管部门和职责分工；

（三）有明确的实施期限，且实施期限一般不超过5年；

（四）不属于市场竞争机制能够有效调节的事项。

第八条　设立专项转移支付，必须报经自治区党委、自治区人民政府批准。

第九条　不得重复设立绩效目标相近或资金用途类似的专项转移支付。

第十条　专项转移支付到期后自动终止。确需延续的，应当按照本办法第八条规定的程序重新申请设立。

第十一条 专项转移支付经批准设立后，财政厅应当制定或者会同自治区主管部门制定资金管理办法，做到每一个专项转移支付对应一个资金管理办法。自治区基建投资专项应当根据具体项目制定资金管理办法。未制定资金管理办法的专项转移支付，不得分配资金，并限期制定。逾期未制定的，对应项目予以取消。

第十二条 资金管理办法应当明确规定政策目标，部门职责分工，资金用途，补助对象，分配方法，资金申报条件，资金申报、审批和下达程序，实施期限，绩效管理，监督检查等内容，做到政策目标明确、分配主体统一、分配办法一致、审批程序唯一、资金投向协调。资金管理办法应当及时公开（涉及国家秘密的内容除外）。

第十三条 建立健全专项转移支付定期评估机制。自治区财政厅每年编制年度预算前，会同自治区各主管部门对专项转移支付项目进行评估。评估重点事项主要包括：

（一）是否符合法律、行政法规、国务院和自治区人民政府有关规定；

（二）政策是否到期或者调整；

（三）绩效目标是否已经实现或需要调整、取消；

（四）资金用途是否合理，是否用于市场竞争机制能够有效调节的领域；

（五）是否按要求制定资金管理办法。

第十四条 建立健全专项转移支付项目退出机制。财政厅根据专项转移支付评估结果，区分情形分别予以取消、调整或整合：

（一）不符合法律、行政法规和国务院有关规定的，予以取消。

（二）因政策到期、政策调整、客观条件发生变化等已无必要继续实施的，予以取消。

（三）市场竞争机制能够有效调节的，予以取消；可由市场竞争机制逐步调节的，规定一定实施期限实行退坡政策，到期予以取消。

（四）绩效目标已经实现、绩效低下、绩效目标发生变动或者实际绩效与目标差距较大的，予以取消或者调整。

（五）委托类专项具备由自治区直接实施条件的，调整列入自治区本级支出。

（六）属于各地州（市）事权的专项转移支付，可以列入一般性转移支付由各地州（市）统筹安排的，适时调整列入自治区一般性转移支付。

（七）政策目标接近、资金投入方向类同、资金管理方式相近的，予以整合。

第三章 预算编制和资金分配

第十五条 自治区财政厅每年编制下一年度自治区本级部门预算时，同时部署专项转移支付预算编制工作，明确具体要求和报送期限等。

第十六条 专项转移支付预算应当分地区、分项目编制，并遵循统筹兼顾、量力而行、保障重点、讲求绩效的原则。

第十七条 属于自治区事权专项转移支付，自治区应当足额安排预算。

第十八条 属于自治区与各地共担事权的专项转移支付，应当明确分担标准或比例，由自治区和各地州（市）按各自应分担数额安排资金。

同一专项转移支付对不同地区可以根据各地财政状况，采取有区别的分担比例，但不同专项转移支付对同一地区的分担比例应当逐步统一规范。

第十九条 专项转移支付预算总体增长幅度应当低于自治区对各地州（市）一般性转移支付预算总体增长幅度。

第二十条 专项转移支付预算不得编列属于自治区本级的支出。需要由自治区单位直接实施的项目，应当在年初编制部门预算时列入自治区本级支出。

第二十一条 专项转移支付资金分配可以采取因素法、项目法、因素法与项目法相结合等方法。

（一）因素法是指根据与支出相关的因素并

赋予相应的权重或标准，对专项转移支付资金进行分配的方法。

专项转移支付资金分配采取因素法的，应当主要选取自然、经济、社会、绩效等客观因素，并在资金管理办法中明确相应的权重或标准。

（二）项目法是指根据相关规划、竞争性评审等方式将专项转移支付资金分配到特定项目的方法。

专项转移支付资金分配采取项目法的，应当主要采取竞争性评审的方式，通过发布公告、集体决策等程序择优分配资金。

第二十二条 除涉及自治区重大工程、跨地区投资项目等重点项目外，自治区分配专项转移支付资金应当以因素法为主。

第二十三条 除专项转移支付资金具体管理办法有明确规定外，各地、各部门不得从专项转移支付资金中提取工作经费。

第二十四条 对分配到企业的专项转移支付资金，应当遵循以下规定：

（一）各级财政部门应当在事前明确补助机制的前提下，事中或事后采取贴息、先建后补、以奖代补、保险保费补贴、担保补贴等补助方式。

（二）财政部门和主管部门应当在资金下达前将分配方案通过互联网等媒介向社会公示，公示期一般不少于7日（涉及国家秘密的内容除外）。

（三）创新专项转移支付支持企业发展的方式，逐步减少无偿补助，采取投资基金管理等市场化运作模式，鼓励与金融资本相结合，发挥撬动社会资本的杠杆作用。

第二十五条 自治区财政厅应当在每年12月15日前将下一年度专项转移支付预计数提前下达各地州（市）财政部门，并抄送自治区主管部门。各地州（市）财政部门应当在接到预计数后30日内下达所属县市财政部门，同时将下达文件报自治区财政厅备案。地、县两级财政部门应当将上级财政部门提前下达的专项转移支付预计数编入本级政府预算。

（一）按照项目法分配的专项转移支付，提前下达的预计数与其前一年度执行数之比原则上不低于70%，并应当明确下一年度组织实施的项目。

（二）按因素法分配且金额相对固定的专项转移支付，提前下达的预计数与其前一年度执行数之比应当不低于90%。

第二十六条 自治区财政厅应当在自治区人民代表大会批准年度预算草案后20日内向社会公开专项转移支付分地区、分项目情况（涉及国家秘密的内容除外）。

第四章 资金下达、拨付和使用

第二十七条 自治区财政厅应当在自治区人民代表大会审查批准自治区预算后30日内，印发下达专项转移支付预算文件，下达各地州（市）财政部门，同时抄送自治区主管部门。

（一）对自然灾害等突发事件处理的专项转移支付，应当及时下达预算。

（二）对据实结算等特殊项目的专项转移支付，一般采取先预拨后清算的方式。当年难以清算的，可以下年清算。

（三）确需实行分期下达预算的，应当合理设定分期下达数，最后一期的下达时间一般不迟于9月30日。

第二十八条 自治区财政厅应当将专项转移支付资金分配结果在下达专项转移支付预算文件印发后20日内向社会公开（涉及国家秘密的内容除外）。

第二十九条 各地州（市）财政部门接到专项转移支付后，应当分别在本级人民代表大会批准预算后的30日和60日内正式分解下达本级有关部门和所属县市财政部门，同时将资金分配结果报自治区财政厅备案。

第三十条 县级财政部门接到专项转移支付后，应当及时分解下达资金。

（一）对上级财政部门分配时已明确具体补

助对象及补助金额的，县级财政部门应当在7个工作日内下达本级有关部门。

（二）对上级财政部门分配时尚未明确具体补助对象或补助金额的，县级财政部门应当在接到专项转移支付后30日内分解下达到位，同时将资金分配结果及时报送上级财政部门备案。

（三）对于补助到企业的专项转移支付资金，县级财政部门应当按照具体企业进行统计归集。

第三十一条 专项转移支付应当按照下达预算的科目和项目执行，不得截留、挤占、挪用或擅自调整。

各地、县财政部门可以在不改变资金类级科目用途的基础上，结合本级资金安排情况，加大整合力度，将支持方向相同、扶持领域相关的专项转移支付整合使用，报同级政府批准并逐级上报后，由各地州（市）财政部门会同主管部门及时上报自治区财政厅和自治区主管部门备案。

第三十二条 专项转移支付应当通过各级财政部门下达。除财政部门外，各部门、各单位不得直接向下级政府部门和单位下达专项转移支付资金。

第三十三条 专项转移支付的资金支付按照国库集中支付制度有关规定执行。严禁违规将专项转移支付资金从国库转入财政专户，或将专项转移支付资金支付到预算单位实有资金银行账户。

第三十四条 预算单位应当加快项目实施，及时拨付资金。对因情况发生变化导致短期内无法继续实施的项目，预算单位应当及时向同级财政部门报告，由同级财政部门按规定收回统筹使用或者上交自治区财政。

第三十五条 各级财政部门应当加强专项转移支付的执行管理，做到动态监控专项转移支付的分配下达和使用情况。对各地州（市）未按规定及时分配下达或者闲置沉淀的专项转移支付，自治区财政厅可以采取调整用途、收回资金等方式，统筹用于自治区经济社会发展亟需资金支持的领域。各地州（市）对县（市）未按规定及时拨付使用或者闲置沉淀的专项转移支付资金，也应采取上述方式予以处理。

第三十六条 各级财政部门应当及时清理盘活专项转移支付结转结余资金。

（一）对结余资金和连续两年未用完的结转资金，预算尚未分配到部门（含企业）和下级政府财政部门的，由同级财政部门在办理上下级财政结算时向上级财政部门报告，上级财政部门在收到报告后30日内办理发文收回结转结余资金；已分配到部门（或企业）的，由该部门（或企业）同级政府财政部门在年度终了后60日内收回统筹使用。

（二）对不足两年的结转资金，参照第三十四条、第三十五条执行。

第五章 执行监管和预算绩效

第三十七条 各级财政部门和主管部门应当加强专项转移支付的执行监管和跟踪问效管理，对自治区财政拨付的每笔资金都要实行动态跟踪和检查监督，每项资金都要有执行情况和结果反馈。

第三十八条 自治区财政厅在印发资金拨付文件时，同步下发自治区专项转移支付资金预算执行情况反馈表，要求各地州市按规定时间反馈资金安排使用情况。

（一）对未及时按要求反馈情况的，自治区财政暂缓下达相关专项转移支付资金。

（二）对执行进度明显偏缓的进行通报批评，并要求立即整改。未按要求整改的，自治区财政收回资金。

第三十九条 分配管理专项转移支付资金的部门以及使用专项转移支付资金的部门、单位及个人，应当依法接受审计部门的监督，对审计部门审计发现的问题，应当及时制定整改措施并落实。

第四十条 各级财政部门和主管部门应当加强专项转移支付预算绩效管理，建立健全全过程预算绩效管理机制，提高财政资金使用效益。

第四十一条 各级财政部门和主管部门应当加强专项转移支付绩效目标管理，逐步推动绩效目标信息公开，接受社会公众监督。

（一）有关部门、单位申请使用专项转移支付时，应当按要求提交明确、具体且一定时期可实现的绩效目标，并以细化、量化的绩效指标予以描述。

（二）各级财政部门和主管部门应当加强对绩效目标的审核，将其作为预算编制和资金分配的重要依据，并将审核确认后的绩效目标予以下达。

第四十二条 各级财政部门和主管部门应当加强专项转移支付预算执行中的绩效监控，重点监控是否符合既定的绩效目标。预算支出绩效运行与既定绩效目标发生偏离的，应当及时采取措施予以纠正；情况严重的，调整、暂缓或者停止该项目的执行。

第四十三条 各级财政部门和主管部门应当按照要求及时开展专项转移支付绩效评价工作，积极推进中期绩效评价，并加强对绩效评价过程和绩效评价结果的监督，客观公正地评价绩效目标的实现程度。

第四十四条 各级财政部门和主管部门应当加强对专项转移支付绩效评价结果的运用。及时将绩效评价结果反馈给被评价单位，对发现的问题督促整改；将绩效评价结果作为完善财政政策、预算安排和分配的参考因素；将重点绩效评价结果向本级政府报告；推进绩效评价结果信息公开，逐步建立绩效问责机制。

第六章 责任追究

第四十五条 各级财政部门和主管部门要按照“谁拨款谁负责、谁使用谁上报、谁违规谁担责”的原则，切实承担起资金分配、执行监管的主体责任。

（一）属于资金分配下达环节出现的问题由自治区财政厅及相关主管部门负责。

（二）属于资金支付使用环节出现的问题由各地、县财政及相关部门承担责任。

第四十六条 各级财政部门和主管部门及其工作人员、使用专项转移支付资金的部门、单位及个人有下列行为之一的，依照预算法等有关法律法规予以处理、处罚，并视情况提请同级政府进行行政问责：

（一）专项转移支付资金分配方案制定和复核过程中，有关部门及其工作人员违反规定，擅自改变分配方法、随意调整分配因素以及向不符合条件单位（或项目）分配资金的；

（二）以各种手段骗取专项转移支付资金的；

（三）滞留、截留、挤占、挪用专项转移支付资金的；

（四）擅自超出规定的范围或者标准分配或使用专项转移支付资金的；

（五）未履行管理和监督职责，致使专项转移支付资金被骗取、截留、挤占、挪用，或资金闲置沉淀的；

（六）拒绝、干扰或者不予配合有关专项转移支付的预算监管、绩效评价、监督检查等工作的；

（七）对提出意见建议的单位和个人、举报人、控告人打击报复的；

（八）其他违反专项转移支付管理的行为。

第四十七条 对被骗取的专项转移支付资金，由各地、县政府有关部门自行查出的，由同级财政部门收回。由自治区有关部门查出的，由各地州（市）财政部门追回并及时上缴自治区财政厅。

第七章 附 则

第四十八条 本办法由自治区财政厅负责解释。

第四十九条 各地州（市）财政部门可参照本办法，结合本地实际，制定本地区专项转移支付管理办法，做好相关工作。

第五十条 本办法自发布之日起施行。

关于印发《自治区财政资金使用跟踪反馈管理暂行办法》的通知

（2016 年 9 月 30 日　自治区财政厅　新财预〔2016〕113 号）

自治区各委、办、厅、局，自治区高级人民法院，自治区人民检察院，伊犁哈萨克自治州财政局、各地州市财政局：

为加强财政资金使用管理，加快执行进度，切实提高资金使用效益，防止财政资金挤占、截留、挪用、闲置，实现对财政资金运行的跟踪监督。根据中央及自治区财政专项资金管理的要求，结合我区实际，我们制定了《自治区财政资金使用跟踪反馈管理暂行办法》。现印发给你们，请遵照执行。

附件：自治区财政资金使用跟踪反馈管理暂行办法

附件：

自治区财政资金使用跟踪反馈管理暂行办法

第一章　总　　则

第一条　为加强财政资金使用管理，加快执行进度，切实提高资金使用效益，防止财政资金挤占、截留、挪用、闲置，实现对财政资金运行的跟踪监督。根据《中华人民共和国预算法》、《国务院关于深化预算管理体制改革的决定》等法律法规的要求，结合自治区实际，制定本办法（以下简称《办法》）。

第二条　财政资金使用跟踪反馈制度，是加强财政资金全过程管理与监督，提高支出效率，强化财政部门和用款单位双方责任，保证财政资金合法合规使用的一项制度。

第三条　本《办法》所称财政资金范围，是指由自治区财政按照政策规定、制度办法的要求，安排的各类财政性资金。包括一般公共预算资金和政府性基金。

第四条　本《办法》适用对象为自治区财政厅承担资金管理拨付职能的处室、自治区本级各部门单位、各地县财政部门。

第二章　原则、内容和方式

第五条　从 2016 年起自治区拨付的所有财政性资金均纳入跟踪反馈范围，主要遵循以下原则：

（一）谁拨款谁负责。各级财政部门作为资

金拨付的管理和执行部门，对资金拨付后的支出使用、跟踪监督和信息反馈负责。

（二）谁使用谁报送。具体使用财政资金的部门单位和各地州市，要按照同级或上级财政部门发出的指令，定期反馈资金使用情况。

（三）谁违规谁担责。各级财政部门和各部门单位，要对资金使用、跟踪监督和信息反馈中发现的违法违规违纪行为，承担相应的法律责任和行政责任。

第六条 财政资金使用反馈的内容包括：

（一）各类财政专项资金拨付时间、支出进度等；

（二）上级下达的财力性资金，包括：均衡性转移支付、县级基本财力保障机制奖补资金、一次性财力补助资金、指定专门用途的一般性转移支付资金等拨付时间、支出进度。

（三）财政资金是否按指定的用途使用，调整资金使用用途是否履行规定的程序；

（四）对无法执行的资金及时提出收回意见等。

第七条 基本支出按人员经费和公用经费两个项目类别汇总后按月反馈，专项支出按照拨付资金文号和项目名称，明确项目资金使用进度逐项、逐笔反馈。

第八条 财政资金使用采取由用款单位直接反馈和由用款单位的主管部门或地州市财政集中反馈两种方法。拨付自治区本级部门单位的资金，根据预算管理级次，由用款单位直接反馈或用款单位的主管部门集中向自治区财政厅反馈。下达各地县的资金，由各地财政部门按照财政分级管理的要求，汇总用款单位及县市资金使用情况，集中向自治区财政厅反馈。

第三章　工作流程

第九条 自治区财政厅资金管理处室在办理财政资金拨付文件时，要随同资金拨付文件下发自治区财政资金使用情况跟踪反馈单。

第十条 反馈单主要内容包括：拨付资金的文号、时间、项目名称和拨付金额、执行情况、反馈时间、资金拨付处室主要负责人、分管负责人、具体经办人等。

第十一条 本级部门单位及各地财政部门收到自治区财政厅下发的资金拨付文件和财政资金使用情况反馈单后，要认真填写相关内容并经主要领导签字、加盖公章后，按时间要求报送自治区财政厅。

第十二条 自治区财政厅相关处室在收到本级部门单位及各地财政部门报送的财政资金使用各项反馈信息后，要进行统计汇总，认真分析项目资金管理使用中存在的问题，撰写情况报告，提出加强管理的措施意见。

第四章　工作要求

第十三条 建立工作台账。自治区财政厅资金管理处室要建立资金跟踪反馈台账，连续记载各类财政资金使用的时间、金额、支出进度和责任落实等情况，对用款单位的资金使用情况实行动态管理。

第十四条 实行三级负责制。财政资金跟踪反馈工作实行自治区、地州市、县市财政纵向三级负责制，按工作流程逐级上报每一笔财政资金使用情况，并对上报内容的真实性、准确性负责；同时，各级财政要与部门单位做好横向资金使用反馈工作，财政内部及部门单位都必须明确主要负责人、分管负责人、具体经办人等。

第十五条 建立长效机制。财政资金使用全过程反馈能够有效解决当前存在的跟踪问效不够、资金效益不高等问题，各级财政及各部门要将此项工作作为一项制度性安排，做到常抓不懈。

第五章　责任追究

第十六条 按照“谁主管谁负责、谁制定谁负责、谁拨付谁负责、谁审批谁负责、谁监督谁负责”的要求，各部门、各地州市要强化支出责任，层层分解和传导责任，将监管责任落实到每笔资金、每一个责任人。

第十七条 资金拨付环节出现的问题，财政部门要承担主要责任；资金使用环节出现的问题，项目主管部门要承担主要责任。对审计、财政监督中发现的资金滞拨、挤占、截留、挪用等问题，要按照责任分工严肃追责，一追到底。

第十八条 自治区本级部门单位及各地财政部门要在规定的时间，按要求反馈资金使用情况。对在规定的时间未反馈情况的，自治区将暂缓下达资金，约谈责任领导，要求限期整改；对未按要求完成整改的，在全区通报，并收回资金。

第十九条 自治区财政厅资金管理处室要加强对财政资金使用的动态跟踪和检查监督，将财政资金使用跟踪反馈工作纳入处室内控制度建设，财政监督检查局要对处室内控制度建设情况进行督察；预算处要对资金管理处室落实责任、工作推进等情况进行考核，对工作不力、责任落实不到位的处室进行通报批评。并将考核情况纳入年终机关效能考核。

第六章 附 则

第二十条 各地财政部门要参照自治区做法，加强对本级部门单位及所属县市区的责任落实和追究工作。组织本级部门单位及县市做好财政资金使用跟踪反馈工作。

第二十一条 本办法由自治区财政厅负责解释。

第二十二条 本办法自2016年11月1日起试行。

关于印发《自治区地方政府一般债务预算管理办法》的通知

（2016年12月22日 自治区财政厅 新财预〔2016〕142号）

伊犁哈萨克自治州财政局、各地州市财政局：

为规范自治区地方政府一般债务预算管理，根据《中华人民共和国预算法》、《关于加强自治区地方政府性债务管理的意见》（新政发〔2014〕82号）、《地方政府一般债务预算管理办法的通知》（财预〔2016〕154号）等有关规定，制定了《自治区地方政府一般债务预算管理办法》，现印发给你们，请认真遵照执行。

附件：自治区地方政府一般债务预算管理办法

附件：

自治区地方政府一般债务预算管理办法

第一章 总 则

第一条 为规范地方政府一般债务预算管理，根据《中华人民共和国预算法》、《关于加强自治区地方政府性债务管理的意见》（新政发〔2014〕82号）、《地方政府一般债务预算管理办法的通知》（财预〔2016〕154号）等有关规定，制定本办法。

第二条 本办法所称地方政府一般债务（以下简称“一般债务”），包括地方政府一般债券（以下简称“一般债券”）、地方政府负有偿还责任的国际金融组织和外国政府贷款转贷债务（以下简称“外债转贷”）、清理甄别认定的截至2014年12月31日非地方政府债券形式的存量一般债务（以下简称“非债券形式一般债务”）。

第三条 一般债务收入、安排的支出、还本付息、发行费用纳入一般公共预算管理。

第四条 除外债转贷外，一般债务收入通过发行一般债券方式筹措。

自治区人民政府为新疆维吾尔自治区一般债券的发行主体，具体发行工作由自治区财政厅负责。自治区各地县确需发行一般债券的，应当纳入自治区一般债务预算管理，由自治区人民政府统一发行并转贷给各地县人民政府。

第五条 一般债务收入应当用于公益性资本支出，不得用于经常性支出。

第六条 一般债务应当有偿还计划和稳定的偿还资金来源。

一般债务本金通过一般公共预算收入（包含调入预算稳定调节基金和其他预算资金）、发行一般债券等偿还。

一般债务利息通过一般公共预算收入（包含调入预算稳定调节基金和其他预算资金）等偿还，不得通过发行一般债券偿还。

第七条 非债券形式一般债务应当在国务院规定的期限内置换成一般债券。

第八条 加强地方政府债务管理信息化建设，一般债务预算收支纳入本级财政预算管理信息系统，一般债务管理纳入全国统一的管理信息系统。

第九条 外债转贷预算管理办法另行制定。

第二章 一般债务限额和余额

第十条 自治区财政厅在财政部下达的一般债务限额内，根据债务风险、财力状况等因素并统筹考虑自治区公益性项目建设需求等，提出自治区本级及各地县当年一般债务限额方案，报自治区人民政府批准后下达各地县财政部门。

各地财政部门应当于每年10月15日之前，提出由自治区代发本地区下一年度一般债券和安排公益性资本支出项目的建议，经本级政府批准后按程序报自治区财政厅。

第十一条 各地县人民政府应当在一般债务限额内举借一般债务，一般债务余额不得超过本地区一般债务限额。

各地县申请自治区代发行一般债券偿还到期一般债务本金计划，由自治区财政厅统筹考虑各地县实际需求提出，报自治区人民政府批准后按规定组织实施。

第三章 预算编制和批复

第十二条 增加举借一般债务收入，以下内容应当列入预算调整方案：

各地县人民政府从自治区人民政府转贷的一

般债务收入，应当在一般公共预算收入合计线下反映，列入“地方政府一般债务转贷收入”下对应的预算科目。

第十三条 增加举借一般债务安排的支出应当列入预算调整方案，包括本级支出和转贷下级支出。一般债务支出应当明确到具体项目，纳入财政支出预算项目库管理，并与中期财政规划相衔接。

一般债务安排本级的支出，应当在一般公共预算支出合计线上反映，根据支出用途列入相关预算科目；转贷下级支出应当在一般公共预算支出合计线下反映，列入“债务转贷支出”下对应的预算科目。

第十四条 一般债务还本支出应当根据当年到期一般债务规模、一般公共预算财力等因素合理预计、妥善安排，并列入年度预算草案。

一般债务还本支出应当在一般公共预算支出合计线下反映，列入“地方政府一般债务还本支出”下对应的预算科目。

第十五条 一般债务利息和发行费用应当根据一般债务规模、利率、费率等情况合理预计，并列入一般公共预算支出统筹安排。

一般债务利息、发行费用支出应当在一般公共预算支出合计线上反映。一般债务利息支出列入“地方政府一般债务付息支出”下对应的预算科目，发行费用支出列入“地方政府一般债务发行费用支出”下对应的预算科目。

第十六条 增加举借一般债务和相应安排的支出，各地县财政部门负责具体编制一般公共预算调整方案，由本级政府提请本级人民代表大会常务委员会批准。

第十七条 一般债务由自治区转贷各地州市政府的，自治区财政厅应当在本级人民代表大会或其常务委员会批准后，及时将一般债务转贷的预算下达有关地州市财政部门。

一般债务由各地州市转贷县市政府的，各地州市财政部门应当在本级人民代表大会或其常务委员会批准后，及时将一般债务转贷的预算下达有关县市财政部门。

接受一般债务转贷的下级政府在本级人民代表大会或其常务委员会批准后，应当及时与上级财政部门签订转贷协议。

第四章 预算执行和决算

第十八条 各地、县财政部门应当依据预算调整方案及一般债券发行规定的预算科目和用途，使用一般债券资金。确需调整支出用途的，按照规定程序办理。

第十九条 各地、县财政部门应当按照转贷协议约定，及时向自治区财政厅缴纳本地区或本级应当承担的还本付息、发行费用等资金。

第二十条 各地、县财政部门未按时足额向自治区财政厅缴纳一般债券还本付息、发行费用等资金的，自治区财政厅将按照相关规定通过财政预算扣款的方式扣回。

第二十一条 预算年度终了，各地县财政部门编制一般公共预算决算草案时，应当全面、准确反映一般债务收入、安排的支出、还本付息和发行费用等情况。

第五章 非债券形式一般债务纳入预算管理

第二十二条 各地、县财政部门应当将非债券形式一般债务纳入本地区一般债务限额，实行预算管理。

对非债券形式一般债务，应当在国务院规定的期限内，由政府、债权人、债务人通过合同方式，约定置换成一般债券的时限，转移偿还义务。偿还义务转移给地方政府后，地方财政部门应当根据相关材料登记总预算会计账。

第二十三条 对非债券形式一般债务，债务人为地方政府及其部门的，应当在国务院规定的期限内置换成一般债券；债务人为企事业单位或个人，且债权人同意在国务院规定的期限内置换成一般债券的，地方政府应当予以置换，债权人不同意在国务院规定的期限内置换成一般债券的，不再计入地方政府债务，由债务人自行偿还，对应的一般债务限额由自治区财政厅按照程序予以调减。

第六章　监督管理

第二十四条　各地、县财政部门应当按照法律、法规和自治区规定，向社会公开一般债务限额、余额、期限结构、使用、偿还等情况，主动接受监督。

第二十五条　各地、县财政部门应当建立和完善本地区政府一般债务管理相关制度，加强对本地区一般债务的管理和监督，督促本地区规范一般债务的举借、使用、偿还等行为，发现违反法律法规和财政管理规定的行为，及时报告自治区财政厅。

第二十六条　违反本办法规定情节严重的，自治区财政厅将按相关规定暂停代发相关地区一般债券。违反法律、行政法规的，依法追究有关人员责任；涉嫌犯罪的，移送司法机关依法处理。

第七章　附　　则

第二十七条　本办法由自治区财政厅解释。

第二十八条　本办法自印发之日起30日后施行。

关于印发《自治区地方政府专项债务预算管理办法》的通知

（2016年12月22日　自治区财政厅　新财预〔2016〕143号）

伊犁哈萨克自治州财政局、各地州市财政局：

为规范自治区地方政府专项债务预算管理，根据《中华人民共和国预算法》、《关于加强自治区地方政府性债务管理的意见》（新政发〔2014〕82号）、《地方政府专项债务预算管理办法的通知》（财预〔2016〕155号）等有关规定，制定了《自治区地方政府专项债务预算管理办法》，现印发给你们，请认真遵照执行。

附件：自治区地方政府专项债务预算管理办法

附件：

自治区地方政府专项债务预算管理办法

第一章　总　　则

第一条　为规范地方政府专项债务预算管理，根据《中华人民共和国预算法》、《关于加强自治区地方政府性债务管理的意见》（新政发〔2014〕82号）、《地方政府专项债务预算管理办法的通知》（财预〔2016〕155号）等有关规定，制定本办法。

第二条　本办法所称地方政府专项债务（以下简称“专项债务”），包括地方政府专项债券（以下简称“专项债券”）、清理甄别认定的截至2014年12月31日非地方政府债券形式的存量专项债务（以下简称“非债券形式专项债务”）。

第三条　专项债务收入、安排的支出、还本付息、发行费用纳入政府性基金预算管理。

第四条　专项债务收入通过发行专项债券方式筹措。

自治区人民政府为新疆维吾尔自治区专项债券的发行主体，具体发行工作由自治区财政厅负责。自治区各地县确需发行专项债券的，应当纳入自治区政府性基金预算管理，由自治区人民政府统一发行并转贷给各地县人民政府。专项债务收入应当用于公益性资本支出，不得用于经常性支出。

第五条　专项债务应当有偿还计划和稳定的偿还资金来源。

专项债务本金通过对应的政府性基金收入、专项收入、发行专项债券等偿还。

专项债务利息通过对应的政府性基金收入、专项收入偿还，不得通过发行专项债券偿还。

第六条　专项债务收支应当按照对应的政府性基金收入、专项收入实现项目收支平衡，不同政府性基金科目之间不得调剂。执行中专项债务对应的政府性基金收入不足以偿还本金和利息的，可以从相应的公益性项目单位调入专项收入弥补。

第七条　非债券形式专项债务应当在国务院规定的期限内置换成专项债券。

第八条　加强地方政府债务管理信息化建设，专项债务预算收支纳入本级财政预算管理信息系统，专项债务管理纳入全国统一的管理信息系统。

第二章　专项债务限额和余额

第九条　自治区财政厅在财政部下达的专项债务限额内，根据债务风险、财力状况等因素并统筹考虑本地区公益性项目建设需求等，提出自治区本级及各地县当年专项债务限额方案，报自治区人民政府批准后下达各地县财政部门。

各地县财政部门应当于每年10月15日之前，提出由自治区代发本地区下一年度专项债券和安排公益性资本支出项目的建议，经本级政府批准后按程序报自治区财政厅。

第十条　各地县应当在专项债务限额内举借专项债务，专项债务余额不得超过各地县专项债务限额。

各地县申请自治区代发行专项债券偿还到期专项债务本金计划，由自治区财政厅统筹考虑各地县实际需求提出，报自治区人民政府批准后按规定组织实施。

第三章　预算编制和批复

第十一条　增加举借专项债务收入，以下内容应当列入预算调整方案：

各地县人民政府从自治区人民政府转贷的专项债务收入，应当在政府性基金预算收入合计线下反映，列入“地方政府专项债务转贷收入”下对应的政府性基金债务转贷收入科目。

第十二条 增加举借专项债务安排的支出应当列入预算调整方案，包括本级支出和转贷下级支出。专项债务支出应当明确到具体项目，纳入财政支出预算项目库管理，并与中期财政规划相衔接。

专项债务安排本级的支出，应当在政府性基金预算支出合计线上反映，根据支出用途列入相关预算科目；转贷下级支出应当在政府性基金预算支出合计线下反映，列入“债务转贷支出”下对应的政府性基金债务转贷支出科目。

第十三条 专项债务还本支出应当根据当年到期专项债务规模、政府性基金财力、调入专项收入等因素合理预计、妥善安排，并列入年度预算草案。

专项债务还本支出应当在政府性基金预算支出合计线下反映，列入“地方政府专项债务还本支出”下对应的政府性基金债务还本支出科目。

第十四条 专项债务利息和发行费用应当根据专项债务规模、利率、费率等情况合理预计，并列入政府性基金预算支出统筹安排。

专项债务利息、发行费用支出应当在政府性基金预算支出合计线上反映。专项债务利息支出列入“地方政府专项债务付息支出”下对应的政府性基金债务付息支出科目，发行费用支出列入“地方政府专项债务发行费用支出”下对应的政府性基金债务发行费用支出科目。

第十五条 增加举借专项债务和相应安排的支出，各地县财政部门负责具体编制政府性基金预算调整方案，由本级政府提请本级人民代表大会常务委员会批准。

第十六条 专项债务由自治区转贷各地州市政府的，自治区财政厅应当在本级人民代表大会或其常务委员会批准后，及时将专项债务转贷的预算下达有关地州市财政部门。

专项债务由各地州市转贷县市政府的，各地州市财政部门应当在本级人民代表大会或其常务委员会批准后，及时将专项债务转贷的预算下达有关县市财政部门。

接受专项债务转贷的下级政府在本级人民代表大会或其常务委员会批准后，应当及时与上级财政部门签订转贷协议。

第四章 预算执行和决算

第十七条 各地县财政部门应当依据预算调整方案及专项债券发行规定的预算科目和用途，使用专项债券资金。确需调整支出项目的，应当由各地州市政府向自治区财政厅提出申请，按照规定程序办理。

第十八条 各地县财政部门应当按照转贷协议约定，及时向自治区财政厅缴纳本地区或本级应当承担的还本付息、发行费用等资金。

第十九条 各地县财政部门未按时足额向自治区财政厅缴纳专项债券还本付息、发行费用等资金的，自治区财政厅将按相照关规定通过财政预算扣款的方式扣回。

第二十条 预算年度终了，各地县财政部门编制政府性基金预算决算草案时，应当全面、准确反映专项债务收入、安排的支出、还本付息和发行费用等情况。

第五章 非债券形式专项债务纳入预算管理

第二十一条 各地县财政部门应当将非债券形式专项债务纳入本地区专项债务限额，实行预算管理。

对非债券形式专项债务，应当在国务院规定的期限内，由政府、债权人、债务人通过合同方式，约定置换成专项债券的时限，转移偿还义务。偿还义务转移给地方政府后，地方财政部门应当根据相关材料登记总预算会计账。

第二十二条 对非债券形式专项债务，债务人为地方政府及其部门的，应当在国务院规定的期限内置换成专项债券；债务人为企事业单位或个人，且债权人同意在国务院规定的期限内置换成专项债券的，地方政府应当予以置换，债权人不同意在国务院规定的期限内置换成专项债券的，不再计入地方政府债务，由债务人自行偿还，对应的专项债务限额由自治区财政厅按照程序予以调减。

第六章　监督管理

第二十三条　各地县财政部门应当按照法律、法规和自治区规定，向社会公开专项债务限额、余额、期限结构、使用、项目收支、偿还等情况，主动接受监督。

第二十四条　各地县财政部门应当建立和完善本地区政府专项债务管理相关制度，加强对本地区专项债务的管理和监督，督促本地区规范专项债务的举借、使用、偿还等行为，发现违反法律法规和财政管理规定的行为，及时报告自治区财政厅。

第二十五条　违反本办法规定情节严重的，自治区财政厅将按相关规定暂停代发相关地区专项债券。违反法律、行政法规的，依法追究有关人员责任；涉嫌犯罪的，移送司法机关依法处理。

第七章　附　　则

第二十六条　本办法由自治区财政厅负责解释。

第二十七条　本办法自印发之日起30日后施行。

关于印发《新疆维吾尔自治区政府债券定向承销发行兑付办法》的通知

（2016年2月14日　自治区财政厅　新财库〔2016〕13号）

新疆维吾尔自治区政府债券承销团成员，中央国债登记结算有限责任公司、中国证券登记结算有限责任公司，上海证券交易所、深圳证券交易所：

为做好新疆维吾尔自治区政府债券定向承销发行兑付工作，根据财政部有关规定，新疆维吾尔自治区财政厅制定了《新疆维吾尔自治区政府债券定向承销发行兑付办法》，现印发给你们，请遵照执行。

附件：新疆维吾尔自治区政府债券定向承销发行兑付办法

附件：

新疆维吾尔自治区政府债券定向承销发行兑付办法

第一章　总　　则

第一条　为规范新疆维吾尔自治区政府债券定向承销发行兑付管理，根据《预算法》、《关于印发〈地方政府一般债券发行管理暂行办法〉的通知》（财库〔2015〕64号）、《关于印发〈地方政府专项债券发行管理暂行办法〉的通知》（财库〔2015〕83号）、《财政部关于做好2016年地方政府债券发行工作的通知》（财库〔2016〕22号）和《财政部 中国人民银行 银监会关于2015年采用定向承销方式发行地方政府债券有关事宜的通知》（财库〔2015〕102号），以及有关法律法规规定，制定本办法。

第二条　本办法所称采用定向承销方式发行地方政府债券，是指新疆维吾尔自治区政府面向地方政府存量债务中特定债权人，采取簿记建档方式发行地方政府债券，用以置换本地区地方政府相应的存量债务。

第三条　新疆维吾尔自治区政府以定向承销方式发行的政府债券，分为一般债券和专项债券。一般债券的期限为3年、5年、7年和10年，单一期限债券发行规模不得超过定向承销发行规模的30%；专项债券期限分为3年、5年、7年、10年，7年和10年期债券总发行规模不得超过定向承销发行规模的50%。定向承销方式和公开发行方式的地方债规模之和不得超过财政部下达的当年本地区地方政府债券限额。

第四条　采用定向承销方式发行的地方政府债券发行后可通过试点商业银行柜台市场进行流通，但暂不可在银行间市场和交易所市场等二级市场进行现券交易。可纳入中央国库现金管理和试点地区地方国库现金管理的抵（质）押品范围，纳入中国人民银行常备借贷便利（SLF）、中期借贷便利（MLF）、抵押补充贷款（PSL）的抵（质）押品范围，纳入商业银行质押贷款的抵（质）押品范围，并按规定在交易场所开展回购交易。

第五条　新疆维吾尔自治区政府债券定向承销发行时间等要素由新疆维吾尔自治区财政厅确定。

第二章　发行与上市

第六条　新疆维吾尔自治区政府债券定向承销发行承销团（以下简称“承销团”）由新疆维吾尔自治区政府存量债务中定向置换债务对应的债权人组成。新疆维吾尔自治区财政厅在承销团成员中择优选择主承销商，确定1家主承销商为簿记管理人。承销团成员应在中央国债登记结算有限责任公司（以下简称国债登记公司）已开户，且具备投标资格。

第七条　新疆维吾尔自治区财政厅与承销团成员签署地方政府债券承销协议，与簿记管理人签署簿记管理人协议，明确双方权利和义务。承销团成员可以签署授权委托书，委托其在新疆维吾尔自治区的自治区级（一级）分行签署并履行地方政府债券承销协议。

第八条　新疆维吾尔自治区政府债券定向承销发行承销团成员通过新疆维吾尔自治区财政厅指定渠道获取新疆维吾尔自治区经济运行等相关信息。新疆维吾尔自治区财政厅参照公开发行地方政府债券的信息披露工作相关要求，向承销团成员披露当期新疆维吾尔自治区政府债券定向承销发行兑付相关制度办法、债券基本信息等情况。

第九条 新疆维吾尔自治区政府债券定向承销发行采用簿记建档发行方式。参与簿记建档的机构为新疆维吾尔自治区政府债券定向承销发行承销团成员。新疆维吾尔自治财政厅于发行日邀请相关部门派出观察员、监督员现场监督簿记建档过程。

第十条 簿记管理人是受新疆维吾尔自治区财政厅委托，负责簿记建档具体运行的主承销商。新疆维吾尔自治区财政厅会同簿记管理人，通过财政部国债发行招投标系统的承销子系统进行簿记。其他主承销商可派员参加现场簿记活动。

第十一条 簿记管理人应当切实履行相关职责，包括但不限于以下内容：

（一）与新疆维吾尔自治区财政厅协商确定簿记建档规则，提出簿记建档发行时间安排和发行流程方案。

（二）根据向承销团成员的询价情况，与新疆维吾尔自治区财政厅和其他主承销商商议决定发行利率区间。

（三）配合新疆维吾尔自治区财政厅组织簿记建档工作，维护簿记现场秩序。

（四）完整、真实记录和说明簿记建档过程中各重要事项的决策过程，并妥善保管相关文件。

第十二条 簿记建档结束后，新疆维吾尔自治区财政厅及时披露新疆维吾尔自治区政府债券定向发行结果（包括债券发行量、期限、利率等）。

第十三条 簿记建档结束后下一个工作日，根据承销团实际配售额度，新疆维吾尔自治区财政厅按规定组织签订债权解除协议。

债权解除后下一工作日，新疆维吾尔自治区财政厅通知登记托管机构按实际配售额度，确立承销团成员地方债债权，并开始计息。

第十四条 新疆维吾尔自治区财政厅3年期债券按发行面值的0.5‰向承销团成员支付发行费；5年期、7年期、10年期债券按发行面值的1‰向承销团成员支付发行费。

第十五条 在债权解除协议签订后5个工作日内（含第5个工作日），新疆维吾尔自治区财政厅办理发行费拨付。

在债权解除协议签订后3个工作日内（含第3个工作日），向国债登记公司支付发行登记费；在还本付息日/兑付日日终前，向国债登记公司支付代理还本付息服务费。

第三章 还本付息

第十六条 3年期、5年期、7年期新疆政府一般债券和专项债券按年付息，到期后一次性还本；10年期新疆政府一般债券和专项债券按半年付息，到期一次性还本。

第十七条 国债登记公司应当不迟于还本付息日前11个工作日将还本付息信息通知新疆财政厅。

第十八条 新疆维吾尔自治区财政厅应当不迟于还本付息日前1个工作日，将债券还本付息资金划至国债登记公司账户。确保还本付息资金于还本付息日足额划至各债券持有人账户。

第四章 法律责任和罚则

第十九条 国债登记公司因管理不善或操作不当，给其他方造成经济损失的，应当承担赔偿责任，并追究相关责任人法律责任。

第二十条 新疆维吾尔自治区政府违反本办法第十四条、第十八条规定，未按时足额向承销团成员支付定向承销发行费，或者未按时足额向相关机构缴纳应还本息等资金的，按逾期支付额和逾期天数，以当期债券票面利率的两倍折成日息向承销团成员支付违约金，或者向债券持有人支付罚息。计算公式为：

违约金或罚息 = 逾期支付额 ×（票面利率 × 2 ÷ 当前计息年度实际天数）× 逾期天数。

第五章 附　　则

第二十一条 本办法下列用语的含义：

（一）簿记建档日，是指新疆维吾尔自治区政府债券定向承销发行文件规定的新疆维吾尔自治区财政厅组织簿记建档的日期。

（二）债权解除日，是指新疆维吾尔自治区政府债券定向承销发行文件规定签订债权解除协议的日期（簿记建档日后1个工作日）。

（三）还本付息日，是指新疆维吾尔自治区政府债券定向承销发行文件规定的投资者应当收到本金或利息的日期。

第二十二条 本办法由新疆维吾尔自治区财政厅负责解释。

第二十三条 本办法自公布之日起施行。

关于印发《新疆维吾尔自治区政府一般债券发行兑付办法》的通知

（2016年2月14日 自治区财政厅 新财库〔2016〕14号）

新疆维吾尔自治区人民政府债券承销团成员，中央国债登记结算有限责任公司，中国证券登记结算有限责任公司，上海证券交易所，深圳证券交易所：

为做好新疆维吾尔自治区政府一般债券发行兑付工作，根据财政部有关规定，新疆维吾尔自治区财政厅制定了《新疆维吾尔自治区政府一般债券发行兑付办法》，现印发给你们，请遵照执行。

附件：新疆维吾尔自治区政府一般债券发行兑付办法

附件：

新疆维吾尔自治区政府一般债券发行兑付办法

第一章 总 则

第一条 为规范新疆维吾尔自治区政府一般债券（以下简称“新疆政府一般债券”）的发行兑付管理，根据《预算法》、《国务院关于加强地方政府性债务管理的意见》（国发〔2014〕43号）、《财政部关于印发〈地方政府一般债券发行管理暂行办法〉的通知》（财库〔2015〕64号）和《财政部关于做好2016年地方政府债券发行工作的通知》（财库〔2016〕22号）的要求，制定本办法。

第二条 本办法所称新疆维吾尔自治区（以下简称“新疆”）政府一般债券，是指以新疆人民政府作为债务人，承担为没有收益的公益性项目发行的、约定一定期限内主要以一般公共预算收入还本付息的政府债券。

第三条 新疆政府按照市场化原则，依法自行组织本地区一般债券发行、利息支付和本金偿还。债券发行、支付利息和偿还本金等事项由新疆财政厅具体办理。

第四条 新疆政府一般债券采用记账式固定利率附息形式，期限为 3 年、5 年、7 年和 10 年，根据资金需求和债券市场状况等因素合理确定，单一期限债券的发行规模不超过一般债券当年发行规模的 30%。债券发行后可按规定在全国银行间债券市场和证券交易所债券市场（以下简称交易场所）上市流通。

第二章 发行与上市

第五条 公开发行的新疆政府一般债券采用市场化招标发行方式。参与投标机构为新疆政府债券承销团成员。

第六条 经新疆财政厅委托，中债资信评估有限责任公司对 2016—2018 年新疆政府债券开展债项信用评级，并在债券存续期内每年开展年度跟踪评级。

第七条 新疆财政厅不迟于新疆政府一般债券招标日 5 个工作日前（含第 5 个工作日），通过新疆财政厅门户网站、中国债券信息网向社会公布新疆政府债券发行文件、债券基本信息、信用评级报告等，并披露新疆财政经济运行、财政收支以及债务等情况。

在新疆政府一般债券存续期内，持续披露新疆财政经济运行情况、跟踪评级报告和影响偿债能力的重大事项。

第八条 新疆财政厅于招标日借用财政部国债发行招投标系统组织招投标工作，由新疆纪检委驻财政厅纪检组派监督员现场监督招投标过程。参与投标机构为新疆政府债券承销团成员。

第九条 新疆财政厅不迟于发行日日终，通过新疆财政厅门户网站、中国债券信息网及时向社会公布债券发行结果。

第十条 招标发行结束后至缴款日为新疆政府一般债券发行分销期。中标的承销团成员可于分销期内在交易场所采取场内挂牌和场外签订分销合同的方式向符合规定的投资者分销。承销团成员间不得分销，非承销团成员在分销期内不得转让通过分销获得的一般债券债权额度。

第十一条 新疆政府一般债券的债权确立实行见款付券方式。承销团成员不迟于缴款日将发行款缴入国家金库新疆维吾尔自治区分库。新疆财政厅不迟于债权登记日（即缴款日次一个工作日）中午 12：00 前，将发行款入库情况通知中央国债登记结算有限责任公司（以下简称“国债登记公司”）办理债权登记和托管，并委托国债登记公司将涉及中国证券登记结算有限责任公司（以下简称“证券登记公司”）上海、深圳分公司分托管的部分，于债权登记日通知证券登记公司上海、深圳分公司。如新疆财政厅在发行款缴款截止日期前未足额收到中标承销团成员应缴发行款，将不迟于债权登记日 15：00 前通知国债登记公司。国债登记公司办理债权登记和托管时，对新疆财政厅未收到发行款的相应债权暂不办理债权登记和托管；对涉及证券登记公司上海、深圳分公司分托管的部分，国债登记公司应不迟于债权登记日 16：00 前书面通知证券登记公司上海、深圳分公司，后者办理债权登记和托管时，对新疆财政厅未收到发行款的相应债权暂不办理债权登记和托管。对于未办理债权确认的部分，新疆财政厅根据发行款收到情况另行通知国债登记公司处理。国债登记公司如在债权登记日 15：00 前，未收到新疆财政厅关于不办理全部或部分债权登记的通知，证券登记公司上海、深圳分公司未在债权登记日 16：00 前，收到国债登记公司关于不办理全部或部分托管债权的通知，即办理全部债权登记和托管手续。

第十二条 新疆财政厅发行 3 年期新疆政府债券，向承销团成员支付的发行费为发行面值的 0.5‰；发行 5 年期、7 年期、10 年期新疆政府债券，向承销团成员支付的发行费为发行面值的1‰。

第十三条 在确认承销团成员已足额缴纳发行款后，新疆财政厅不迟于缴款日后5个工作日办理发行费拨付。

在债券缴款日后3个工作日内，向中央国债登记公司支付发行登记服务费；在付息日/兑付日日终前，向中央国债登记公司支付代理还本付息服务费。

第十四条 新疆政府一般债券于上市日起，按规定在交易场所上市流通。

第三章 还本付息

第十五条 3年、5年、7年期新疆政府一般债券按年付息，到期一次性还本；10年期新疆政府一般债券按半年付息，到期一次性还本。

第十六条 新疆财政厅不迟于新疆政府一般债券还本付息日前5个工作日通过新疆财政厅门户网站、中国债券信息网公布还本付息事项，并按照有关规定办理新疆政府一般债券还本付息。

第十七条 国债登记公司应当不迟于还本付息日前11个工作日将还本付息信息通知新疆财政厅。

第十八条 新疆财政厅应当不迟于还本付息日前2个工作日，将证券登记公司托管的债券还本付息资金划至国债登记公司账户；不迟于还本付息日前1个工作日，将国债登记公司托管的债券还本付息资金划至国债登记公司账户。国债登记公司应当于还本付息日前2个工作日日终前将证券交易所市场债券还本付息资金划至证券登记公司账户。国债登记公司、证券登记公司应按时拨付还本付息资金，确保还本付息资金于还本付息日足额划至各债券持有人账户。

第四章 法律责任和罚则

第十九条 承销团成员违反本办法第十一条规定，未按时足额缴付新疆政府一般债券发行款的，按逾期支付额和逾期天数，以当期债券票面利率的两倍折成日息向新疆财政厅支付违约金。违约金计算公式为：

违约金 = 逾期支付额 ×（票面利率 ×2 ÷ 当前计息年度实际天数）× 逾期天数

其中，当前计息年度实际天数指自起息日起对月对日算一年所包括的实际天数，下同。

第二十条 国债登记公司、证券登记公司等机构，因管理不善或操作不当，给其他方造成经济损失的，应当承担赔偿责任，并追究相关责任人法律责任。

第二十一条 新疆政府违反本办法第十三条、第十八条规定，未按时足额向承销团成员支付发行费，或者未按时足额向相关机构缴纳应还本付息等资金的，按逾期支付额和逾期天数，以当期债券票面利率的两倍折成日息向承销团成员支付违约金，或者向债券持有人支付罚息。计算公式为：

违约金或者罚息 = 逾期支付额 ×（票面利率 ×2 ÷ 当前计息年度实际天数）× 逾期天数

第五章 附　　则

第二十二条 本办法下列用语的含义：

（一）招标日，是指新疆政府一般债券发行文件规定的新疆财政厅组织发行招投标的日期（T日）。

（二）缴款日，是指新疆政府一般债券发行文件规定的承销团成员将认购新疆政府一般债券资金缴入国家金库新疆分库的日期，为招标日后第一个工作日（即T+1日）。

（三）债权登记日，是指新疆政府一般债券发行文件规定的地方财政部门按约定方式通知登记结算机构办理债权确认的日期，为招标日后第二个工作日（即T+2日）。

（四）上市日，是指新疆政府一般债券按有关规定开始在交易场所上市流通的日期，为招标日后第三个工作日（即T+3日）。

（五）还本付息日，是指新疆政府一般债券发行文件规定的投资者应当收到本金或利息的日期。

第二十三条 本办法由新疆财政厅负责解释。

第二十四条 本办法自公布之日起施行。

关于印发《新疆维吾尔自治区政府专项债券发行兑付办法》的通知

（2016 年 2 月 14 日 自治区财政厅 新财库〔2016〕15 号）

新疆维吾尔自治区人民政府债券承销团成员，中央国债登记结算有限责任公司，中国证券登记结算有限责任公司，上海证券交易所，深圳证券交易所：

为做好新疆维吾尔自治区政府专项债券发行兑付工作，根据财政部有关规定，新疆维吾尔自治区财政厅制定了《新疆维吾尔自治区政府专项债券发行兑付办法》，现印发给你们，请遵照执行。

附件：新疆维吾尔自治区政府专项债券发行兑付办法

附件：

新疆维吾尔自治区政府专项债券发行兑付办法

第一章 总 则

第一条 为规范新疆维吾尔自治区政府专项债券（以下简称“新疆政府专项债券”）的发行兑付管理，根据《预算法》、《国务院关于加强地方政府性债务管理的意见》（国发〔2014〕43 号）、《财政部关于印发〈地方政府专项债券发行管理暂行办法〉的通知》（财库〔2015〕83 号）和《财政部关于做好 2016 年地方政府债券发行工作的通知》（财库〔2016〕22 号）的要求，制定本办法。

第二条 本办法所称新疆维吾尔自治区（以下简称“新疆”）政府专项债券，是指以新疆人民政府作为债务人，承担为有一定收益的公益性项目发行的、约定一定期限内主要以公益性项目对应的政府性基金或专项收入还本付息的政府债券。

第三条 新疆政府按照市场化原则，依法自行组织本地区专项债券发行、利息支付和本金偿还。债券发行、支付利息和偿还本金等事项由新疆财政厅具体办理。

第四条 新疆政府专项债券采用记账式固定

利率附息形式，期限为3年、5年、7年和10年，根据项目建设、运营、回收周期和债券市场状况等因素合理确定，7年和10年期债券的合计发行规模不超过专项债券全年发行规模的50%。债券发行后可按规定在全国银行间债券市场和证券交易所债券市场（以下简称“交易场所”）上市流通。

第二章　发行与上市

第五条　公开发行的新疆政府专项债券采用市场化招标发行方式。参与投标机构为新疆政府债券承销团成员。

第六条　经新疆财政厅委托，中债资信评估有限责任公司对2016—2018年新疆政府债券开展债项信用评级，并在债券存续期内每年开展年度跟踪评级。

第七条　新疆财政厅不迟于新疆政府专项债券招标日5个工作日前（含第5个工作日），通过新疆财政厅门户网站、中国债券信息网向社会公布新疆政府债券发行文件、债券基本信息、信用评级报告等，并披露新疆财政经济运行、财政收支以及债务等情况。

在新疆政府专项债券存续期内，持续披露新疆财政经济运行情况、跟踪评级报告和影响偿债能力的重大事项。

第八条　新疆财政厅于招标日借用财政部国债发行招投标系统组织招投标工作，派监督员现场监督招投标过程。参与投标机构为新疆政府债券承销团成员。

第九条　新疆财政厅不迟于发行日日终，通过新疆财政厅门户网站、中国债券信息网及时向社会公布债券发行结果。

第十条　招标发行结束后至缴款日为新疆政府专项债券发行分销期。中标的承销团成员可于分销期内在交易场所采取场内挂牌和场外签订分销合同的方式向符合规定的投资者分销。承销团成员间不得分销，非承销团成员在分销期内不得转让通过分销获得的专项债券债权额度。

第十一条　新疆政府专项债券的债权确立实行见款付券方式。承销团成员不迟于缴款日将发行款缴入国家金库新疆维吾尔自治区分库。新疆财政厅不迟于债权登记日（即缴款日次一个工作日）中午12：00前，将发行款入库情况通知中央国债登记结算有限责任公司（以下简称“国债登记公司”）办理债权登记和托管，并委托国债登记公司将涉及中国证券登记结算有限责任公司（以下简称“证券登记公司”）上海、深圳分公司分托管的部分，于债权登记日通知证券登记公司上海、深圳分公司。如新疆财政厅在发行款缴款截止日期前未足额收到中标承销团成员应缴发行款，将不迟于债权登记日15：00前通知国债登记公司。国债登记公司办理债权登记和托管时，对新疆财政厅未收到发行款的相应债权暂不办理债权登记和托管；对涉及证券登记公司上海、深圳分公司分托管的部分，国债登记公司应不迟于债权登记日16：00前书面通知证券登记公司上海、深圳分公司，后者办理债权登记和托管时，对新疆财政厅未收到发行款的相应债权暂不办理债权登记和托管。对于未办理债权确认的部分，新疆财政厅根据发行款收到情况另行通知国债登记公司处理。国债登记公司如在债权登记日15：00前，未收到新疆财政厅关于不办理全部或部分债权登记的通知，证券登记公司上海、深圳分公司未在债权登记日16：00前，收到国债登记公司关于不办理全部或部分托管债权的通知，即办理全部债权登记和托管手续。

第十二条　新疆财政厅发行3年期以下期限的新疆政府专项债券，向承销团成员支付的发行费为发行面值的0.5‰；发行5年期、7年期和10年期新疆政府专项债券，向承销团成员支付的发行费为发行面值的1‰。

第十三条　在确认承销团成员已足额缴纳发行款后，新疆财政厅不迟于缴款日后5个工作日拨付发行费。

在债券缴款日后3个工作日内，向中央国债登记公司支付发行登记服务费；在付息日/兑付日日终前，向中央国债登记公司支付代理还本付息服务费。

第十四条 新疆政府一般债券于上市日起，按规定在交易场所上市流通。

第三章 还本付息

第十五条 3 年、5 年、7 年期新疆政府专项债券按年付息，到期一次性还本；10 年期新疆政府专项债券按半年付息，到期一次性还本。

第十六条 新疆财政厅不迟于新疆政府专项债券还本付息日前 5 个工作日通过新疆财政厅门户网站、中国债券信息网公布还本付息事项，并按照有关规定办理新疆政府专项债券还本付息。

第十七条 国债登记公司应当不迟于还本付息日前 11 个工作日将还本付息信息通知新疆财政厅。

第十八条 新疆财政厅应当不迟于还本付息日前 2 个工作日，将证券登记公司托管的债券还本付息资金划至国债登记公司账户；不迟于还本付息日前 1 个工作日，将国债登记公司托管的债券还本付息资金划至国债登记公司账户。国债登记公司应当于还本付息日前 2 个工作日日终前将证券交易所市场债券还本付息资金划至证券登记公司账户。国债登记公司、证券登记公司应按时拨付还本付息资金，确保还本付息资金于还本付息日足额划至各债券持有人账户。

第四章 法律责任和罚则

第十九条 承销团成员违反本办法第十一条规定，未按时足额缴付新疆政府专项债券发行款的，按逾期支付额和逾期天数，以当期债券票面利率的两倍折成日息向新疆财政厅支付违约金。违约金计算公式为：

违约金 = 逾期支付额 ×（票面利率 ×2 ÷ 当前计息年度实际天数）× 逾期天数

其中，当前计息年度实际天数指自起息日起对月对日算一年所包括的实际天数，下同。

第二十条 国债登记公司、证券登记公司等机构，因管理不善或操作不当，给其他方造成经济损失的，应当承担赔偿责任，并追究相关责任人法律责任。

第二十一条 新疆政府违反本办法第十三条、第十八条规定，未按时足额向承销团成员支付发行费，或者未按时足额向相关机构缴纳应还本付息等资金的，按逾期支付额和逾期天数，以当期债券票面利率的两倍折成日息向承销团成员支付违约金，或者向债券持有人支付罚息。计算公式为：

违约金或者罚息 = 逾期支付额 ×（票面利率 ×2 ÷ 当前计息年度实际天数）× 逾期天数

第五章 附 则

第二十二条 本办法下列用语的含义：

（一）招标日，是指新疆政府专项债券发行文件规定的新疆财政厅组织发行招投标的日期（T 日）。

（二）缴款日，是指新疆政府专项债券发行文件规定的承销团成员将认购新疆政府专项债券资金缴入国家金库新疆分库的日期，为招标日后第一个工作日（即 T+1 日）。

（三）债权登记日，是指新疆政府专项债券发行文件规定的地方财政部门按约定方式通知登记结算机构办理债权确认的日期，为招标日后第二个工作日（即 T+2 日）。

（四）上市日，是指新疆政府专项债券按有关规定开始在交易场所上市流通的日期，为招标日后第三个工作日（即 T+3 日）。

（五）还本付息日，是指新疆政府专项债券发行文件规定的投资者应当收到本金或利息的日期。

第二十三条 本办法由新疆财政厅负责解释。

第二十四条 本办法自公布之日起施行。

关于印发《新疆维吾尔自治区政府债券定向承销发行簿记建档规则》的通知

（2016年2月24日　自治区财政厅　新财库〔2016〕16号）

新疆维吾尔自治区政府债券定向承销团成员，中央国债登记结算有限责任公司、中国证券登记结算有限责任公司，上海证券交易所、深圳证券交易所：

为做好新疆维吾尔自治区政府债券定向承销发行工作，根据财政部有关规定，经新疆维吾尔自治区人民政府同意，新疆维吾尔自治区财政厅制定了《新疆维吾尔自治区政府债券定向承销发行簿记建档规则》，现印发给你们，请遵照执行。

附件：新疆维吾尔自治区政府债券定向承销发行簿记建档规则

附件：

新疆维吾尔自治区政府债券定向承销发行簿记建档规则

第一条　新疆维吾尔自治区政府债券定向承销发行使用“财政部国债发行招标系统的承销子系统”（以下简称“承销子系统”）向新疆维吾尔自治区政府债券定向承销团成员（以下简称“承销团成员”）簿记建档发行，采用单一价格申购方式，申购标的为利率。

第二条　债券申购。

（一）申购利率。申购利率变动幅度为0.01%。申购区间为簿记建档日前1至5个工作日（含第1个和第5个工作日）中国债券信息网公布的中债银行间固定利率国债收益率曲线中，相同待偿期的国债收益率算数平均值与该平均值上浮30%（四舍五入计算到0.01%）之间。当期新疆维吾尔自治区政府债券定向承销发行的发行票面利率，将按照从低到高原则，对有效申购逐笔购入，直至全部募完为止的最后一笔申购额的利率确定。各承销团成员按面值承销。

（二）申购量。根据财政部门与银行贷款对应债权人双方核定一致确认的待置换的银行贷款额进行申购。单一利率申购量最低为1万元。单一利率申购量必须为1万元的整数倍。

（三）申购。各承销团成员通过承销子系统或传真申购意向函提出申购。簿记管理人及时接受承销团成员申购，并做好有关书面记录和相关文件保管工作。

第三条　配售原则。

簿记管理人根据各承销团成员申购额，按集中配售原则进行配售，确保配售额与发行额完全一致。新疆维吾尔自治区财政厅和簿记管理人按有关规定确认本期债券的发行结果，并由簿记管理人据此完成簿记建档工作。

第四条 债权登记。

（一）簿记建档结束后下一个工作日，承销团成员根据实际配售额度，按新疆维吾尔自治区财政厅规定组织签订债权解除协议。

（二）债权解除后下一个工作日，新疆维吾尔自治区财政厅通知中央国债登记结算有限责任公司（以下简称国债登记公司）按实际配售额度，确立承销团成员地方债券债权，由国债登记公司、中国证券登记结算有限责任公司分别承担定向承销方式发行的新疆维吾尔自治区政府债券在全国银行间债券市场、证券交易所债券市场的分登记托管职责。

第五条 应急处理。

承销子系统客户端出现技术问题，承销团成员可以在规定时间内将内容齐全的“新疆维吾尔自治区政府债券定向承销发行应急申购书”（以下简称“应急申购书”）或“新疆维吾尔自治区政府债券定向承销发行债权托管应急申请书”（以下简称“债权托管应急申请书”）（格式附后）传真至国债登记公司，委托国债登记公司代为申购或托管债权。

（一）承销团成员如需进行应急申购（或债权托管），应及时通过拨打簿记建档场内电话向簿记管理人报告。

（二）应急时间以国债登记公司收到应急申购书（或债权托管应急申请书）的时间为准。应急申购截止时间为当期新疆维吾尔自治区政府债券定向承销发行申购截止时间，债权托管应急申请截止时间为当期新疆维吾尔自治区政府债券定向承销发行债权托管截止时间。

（三）应急申购书（或债权托管应急申请书）录入承销子系统后，申请应急的承销团成员将无法通过承销子系统申购（或托管债权）。应急申购书（或债权托管应急申请书）录入承销子系统前，该承销团成员仍通过承销子系统申购（或托管债权）。

（四）如承销团成员既通过承销子系统申购（或托管债权），又进行应急申购（或债权托管），或进行多次应急申购（或债权托管），以最后一次有效申购（或债权托管）为准；如承销团成员应急申购（或债权托管）内容与通过承销子系统申购（或托管债权）的内容一致，不做应急处理。

（五）除新疆维吾尔自治区财政厅通知延长应急申购时间外，晚于申购截止时间的应急申购为无效申购。

（六）国债登记公司确认申购时间内其负责维护的承销子系统或通讯主干线运行出现问题时，新疆维吾尔自治区财政厅将通过中债发行业务短信平台（010－88170678），通知经备案的承销团成员联系人、申购操作人，延长应急申购时间至申购截止时间后一小时。通知内容为“〔簿记建档场内通知〕××年×期新疆维吾尔自治区政府债券定向承销发行应急申购时间延长一小时”。

第六条 其他事项。

（一）承销团成员未按核实确认的待置换的银行贷款额进行申购的，新疆维吾尔自治区财政厅有权取消其下一年度新疆维吾尔自治区政府债券承销团成员的申请资格。

（二）为加强债券发行现场管理，确保发债过程公平、规范、有序进行，簿记建档现场的发行工作人员、监督员，由新疆维吾尔自治区财政厅等相关机构派员担任。

（三）执行中如有变动，以新疆维吾尔自治区政府债券定向发行文件为准。

（四）本规则自公布之日起施行。

附：1. 新疆维吾尔自治区政府债券定向承销发行应急申购书

2. 新疆维吾尔自治区政府债券定向承销发行债权托管应急申请书

附 1：

新疆维吾尔自治区政府债券定向承销发行应急申购书

业务凭单号：A01

新疆维吾尔自治区财政厅：

由于“财政部国债发行招投标系统承销子系统”远程终端出现故障，现以书面形式发送20××年新疆维吾尔自治区政府债券（×期）定向承销应急申购书。我单位承诺：本应急申购书由我单位授权经办人填写，内容真实、准确、完整，具有与系统投标同等效力，我单位自愿承担应急投标所产生的风险。

申购方名称：

托管账号：

申购日期：　　年　　月　　日【要素 1】

债券代码：　　　　　　　　【要素 2】

申购利率（　%）		申购量（亿元）	
申购利率 1【要素 3】		申购量【要素 4】	
申购利率 2		申购量	
申购利率 3		申购量	
申购利率 4		申购量	
申购利率 5		申购量	
申购利率 6		申购量	
申购利率 7		申购量	
申购利率 8		申购量	
合计			

（注：栏不够可自行添加）

电子密押：________ ________ ________ ________（16 位数字）

经办人签字或盖章：

联系电话：

复核人签字或盖章：

联系电话：

单位印章

注意事项：

1. 单位印章应与申购方名称相符；业务凭单填写须清晰，不得涂改。

2. 本应急凭单进行电子密押计算时共有 4 项要素，其中要素 1 在电子密押器中已默认显示，如与应急凭单不符时，请手工修正密押器的要素 1；要素 2—4 按应急凭单所填内容顺序输入密押器，输入内容与应急凭单填写内容必须完全一致。

3. 1 号发行室电话：010－66061801、1802、1803、1804

传真：010－63949558

2 号发行室电话：010－66061771、1772、1773、1774

传真：010－63949559

3 号发行室电话：010－88170531、0532、0533、0534

传真：010－63949556

5 号发行室电话：010－88170571

传真：010－88170901

6 号发行室电话：010－88170580

传真：010－88170902

7 号发行室电话：010－88170588

传真：010－88170903

8 号发行室电话：010－88170590

传真：010－88170904

附 2：

新疆维吾尔自治区政府债券定向承销发行债权托管应急申请书

业务凭单号：A02

新疆维吾尔自治区财政厅：

由于“财政部国债发行招投标系统承销子系统”远程终端出现故障，现以书面形式发送20××年新疆维吾尔自治区政府债券（×期）定向承销债权托管应急申请书。我单位承诺：本债权托管应急申请书由我单位授权经办人填写，内容真实、准确、完整，具有与系统申请同等效力，我单位自愿承担应急申请所产生的风险。

申请方名称：

托管账号：

申请日期：　　年　　月　　日【要素 1】

债券代码：　　　　　　　　【要素 2】

托管机构	债权托管面值（亿元）
中央国债登记公司【要素 3】	
证券登记公司（上海）	
证券登记公司（深圳）	
合计【要素 4】	

电子密押：________ ________ ________ ________

（16 位数字）

经办人签字或盖章：

联系电话：

复核人签字或盖章：

联系电话：

单位印章

注意事项：

1. 单位印章应与申购方名称相符；业务凭单填写须清晰，不得涂改。

2. 本应急凭单进行电子密押计算时共有 4 项要素，其中要素 1 在电子密押器中已默认显示，如与应急凭单不符时，请手工修正密押器的要素 1；要素 2—4 按应急凭单所填内容顺序输入密押器，输入内容与应急凭单填写内容必须完全一致。

3. 1 号发行室电话：010－66061801、1802、1803、1804

传真：010－63949558

2 号发行室电话：010－66061771、1772、1773、1774

传真：010－63949559

3 号发行室电话：010－88170531、0532、0533、0534

传真：010－63949556

5 号发行室电话：010－88170571

传真：010－88170901

6 号发行室电话：010－88170580

传真：010－88170902

7 号发行室电话：010－88170588

传真：010－88170903

8 号发行室电话：010－88170590

传真：010－88170904

关于印发《新疆维吾尔自治区本级国库现金管理实施细则（试行）》的通知

（2016年9月19日　自治区财政厅　中国人民银行乌鲁木齐中心支行
新财库〔2016〕93号）

各相关银行业金融机构：

根据《财政部 中国人民银行关于确定2016年地方国库现金管理试点地区的通知》（财库〔2016〕62号），自治区财政厅和中国人民银行乌鲁木齐中心支行联合制定了《新疆维吾尔自治区本级国库现金管理实施细则（试行）》，报经自治区人民政府同意，已报财政部和人民银行总行备案，现印发给你们，请遵照执行。执行中发现问题，请及时向自治区财政厅、人民银行乌鲁木齐中心支行反馈。

附件：新疆维吾尔自治区本级国库现金管理实施细则（试行）

附件：

新疆维吾尔自治区本级国库现金管理实施细则（试行）

第一章　总　　则

第一条　为深化财政国库管理制度改革，盘活财政存量资金，规范国库现金管理行为，增强财政政策与货币政策协调性，根据《中华人民共和国预算法》、《中华人民共和国国家金库条例》、《财政部 中国人民银行印发〈地方国库现金管理试点办法〉的通知》（财库〔2014〕183号）等法律法规及有关规定，制定本细则。

第二条　本实施细则所称国库现金，是指新疆维吾尔自治区人民政府（以下简称“自治区人民政府”）存放在区级国库的财政资金。

本实施细则所称自治区本级国库现金管理，是指在确保国库现金安全和资金支付需要的前提下，为提高财政资金使用效益，运用金融工具有效运作自治区本级库款的管理活动。

第三条　自治区本级国库现金管理遵循以下三项原则：

（一）安全性、流动性、收益性相统一的原则。在确保资金安全，财政支出支付流动性需求基础上，实现财政资金保值、增值。

（二）公开、公平、公正原则。自治区本级国库现金管理应公开、公平、公正开展操作，确保资金安全。

（三）协调性原则。自治区本级国库现金管理应充分考虑对市场流动性的影响，与货币政策操作保持协调性。

第四条 自治区本级国库现金管理操作工具为商业银行定期存款，定期存款期限在1年期以内（不含1年期）。

本实施细则所称商业银行定期存款（以下简称国库定期存款），是指将暂时闲置的自治区国库现金按一定期限存放商业银行，商业银行提供足额质押品并向新疆维吾尔自治区财政厅（以下简称自治区财政厅）支付利息。

第五条 自治区财政厅会同中国人民银行乌鲁木齐中心支行（以下简称“人行乌鲁木齐中心支行”）共同开展国库现金管理工作。建立必要的协调机制，包括季度、月度例会制度以及每期操作之前进行必要的沟通，确定相关事宜。

第六条 自治区财政厅负责国库现金流量预测，在分析预测的基础上确定规模，报经自治区人民政府批准后实施，在计划实施过程中适时调整。

第二章 商业银行定期存款操作

第七条 本实施细则所称商业银行，是指国有商业银行、股份制商业银行、城市商业银行、农村商业银行和邮政储蓄银行在自治区境内的法人银行或分行。

第八条 商业银行参与自治区本级国库现金管理操作应符合下列条件：

（一）依法开展经营活动，近3年内在经营活动中无重大违法违规记录。

（二）财务稳健、资本充足率、不良贷款率、拨备覆盖率、流动性覆盖率、流动性比例等指标达到监管标准。

（三）内部管理机制健全，信息系统运行安全稳定，具有较强的风险控制能力，近3年内未发生金融风险及重大违约事件。

第九条 自治区财政厅根据预测结果商人行乌鲁木齐中心支行制定国库现金管理分月操作计划。每月25日前，自治区财政厅、人行乌鲁木齐中心支行将商定好的下月操作计划分别报财政部、中国人民银行总行备案。每次操作前5个工作日，将具体操作信息报财政部、中国人民银行总行备案。执行中有调整的，及时上报更新操作信息。

第十条 自治区国库现金管理采取公开招标方式。每次国库现金管理运作时，根据当期运作规模、商业银行参与投标情况以及评标结果进行办理相关手续。

第十一条 国库现金管理商业银行定期存款公开招标工作由自治区本级国库现金管理招标小组负责，小组成员由自治区财政厅、人行乌鲁木齐中心支行和自治区审计厅等部门人员构成。自治区财政厅和人行乌鲁木齐中心支行共同负责招标的组织实施工作。

每次公开招标前3个工作日，通过自治区财政厅网站、人行乌鲁木齐中心支行网站公告信息，招标完成当日及时公布经招标小组成员一致确认的结果。

第十二条 自治区本级国库现金管理商业银行定期存款利率，以操作当日同期限金融机构人民币存款基准利率为基础，根据新疆市场利率定价自律机制协商的浮动水平来确定。

第十三条 为确保自治区本级国库资金安全，原则上当期确定的存款银行不少于5家，单家存款银行参与当期国库现金管理定期存款运作的额度不得超过当期定期存款总额度的25%。单一存款银行存放的自治区本级国库现金管理定期存款余额不得超过该银行一般性存款余额的10%，不得超过自治区本级国库现金管理定期存款余额的20%。

第十四条 存款银行应于每月月初3个工作日内向自治区财政厅、人行乌鲁木齐中心支行报送截止到上月底的一般性存款余额及已存国库现金管理存款余额占上月底一般性存款余额的比例等信息（格式见附件1）。

第十五条 自治区本级国库现金管理应严格

控制银行存款比例，防范资金风险。在每次开展国库现金管理操作前，各商业银行要报送一般性存款余额的相关信息，不符合规定比例的商业银行，不得参与当期国库现金管理定期存款业务。

第三章　定期存款质押和资金划拨

第十六条　存款银行必须向自治区财政厅提供足额质押品。质押品为可流通国债和地方债，质押的国债面值数额为获得国库定期存款金额的105%，质押地方债面值数额为获得国库定期存款金额的115%。

存款银行应按规定在“国库定期存款”一级负债科目下设置“新疆维吾尔自治区本级国库现金管理”账户，用于核算存入、归还的自治区级国库定期存款。

存款银行应将“国库定期存款”增设及科目变动情况报人行乌鲁木齐中心支行备案。该科目纳入一般存款范围缴纳存款准备金。

第十七条　自治区财政厅在中央国债登记结算有限责任公司开设新疆维吾尔自治区本级国库现金管理质押账户，用于登记自治区财政厅收到的存款银行质押品质权信息。人行乌鲁木齐中心支行负责办理具体质押操作。

第十八条　存款银行确定后，自治区财政厅、人行乌鲁木齐中心支行与各存款银行签订存款协议，明确各方权利义务以及应承担的法律责任等。

第十九条　存款银行应在确认中标后2个工作日内向人行乌鲁木齐中心支行办理具体质押操作。

第二十条　自治区财政厅在确认存款银行足额质押后，向人行乌鲁木齐中心支行发送划拨资金凭证，人行乌鲁木齐中心支行收到划款凭证后须在2个工作日内将资金划拨至存款银行。

第二十一条　存款银行收到划拨资金后，应于收款当日向自治区财政厅开具定期存款单，载明存款银行名称、账号、存款金额、利率以及期限等要素内容。

第二十二条　自治区本级国库现金定期存款存续期内，自治区财政厅负责对存款银行质押品实施管理，确保足额质押。

存款银行按照规定及时向自治区财政厅、人行乌鲁木齐中心支行报备国库定期存款收款账户信息。

第二十三条　存款银行应于存款到期日足额汇划存款本息。本金和利息分别汇划，不得并笔。其中：本金划入自治区本级国库；利息作为自治区本级一般公共预算收入，同时缴入自治区本级国库，纳入自治区本级财政预算管理。

存款银行应按月向自治区财政厅、人行乌鲁木齐中心支行出具国库定期存款对账单进行对账。

第二十四条　存款本息划回自治区本级国库，人行乌鲁木齐中心支行将存款本息划回信息通知自治区财政厅，对质押品进行解押。

第二十五条　人行乌鲁木齐中心支行按规定设置“国库现金管理”资产类科目，核算存款银行定期存款操作、到期收回以及余额。该余额纳入自治区本级国库库存表反映（格式见附件2）。

第二十六条　人行乌鲁木齐中心支行根据自治区本级国库现金管理资金划拨情况，于次1个工作日向自治区财政厅提供当期国库定期存款资金划出、存款到期本息划回明细表（格式见附件3-1、附件3-2）。

第二十七条　人行乌鲁木齐中心支行按月、按年、按存款银行向自治区财政厅提供国库定期存款操作、存款到期、余额和利息收入等报表及电子信息（格式见附件4-1、附件4-2），并进行对账。

第二十八条　自治区本级国库定期存款属于自治区人民政府财政库款。除法律另有规定外，任何单位不得扣划、冻结、查询自治区财政厅在存款银行的国库现金管理定期存款。

第二十九条　任何单位和个人不得借开展国库现金管理业务干预金融机构正常经营，不得将国库现金管理与银行贷款挂钩。

第三十条　存款银行必须加强对国库定期存

款资金运用管理，防范资金风险，不得将国库定期存款资金投向国家有关政策限制的领域，不得以国库定期存款资金赚取高风险收益。

第四章 管理监督与法律责任

第三十一条 自治区财政厅会同人行乌鲁木齐中心支行对商业银行参与自治区本级国库现金管理活动进行监督管理。

第三十二条 自治区财政厅在自治区本级国库现金管理中的主要职责：

（一）会同人行乌鲁木齐中心支行制定自治区本级国库现金管理相关制度；

（二）建立国库现金流量预测体系，测算自治区本级国库现金流量，提出国库现金管理规模建议并上报自治区人民政府；

（三）会同人行乌鲁木齐中心支行组织制定自治区本级国库现金管理分月操作计划，对分次实施计划进行动态调整，并具体实施自治区本级国库现金管理操作；

（四）组织实施国库现金管理公开招标，会同人行乌鲁木齐中心支行组织对存款银行参与国库现金管理活动实施监督管理；

（五）在中央结算公司开设省级国库现金管理质押账户，并在国库定期存款存续期内，负责对存款银行质押品实施管理；

（六）按要求做好向财政部信息报送及国库现金管理开展情况报告工作；

（七）负责出具资金划拨凭证，及时通知承办银行将到期资金划回国家金库新疆维吾尔自治区分库；

（八）做好国库现金管理其他工作。

第三十三条 人行乌鲁木齐中心支行在自治区本级国库现金管理中的主要职责：

（一）会同自治区财政厅制定自治区本级国库现金管理相关制度；

（二）会同自治区财政厅制定自治区本级国库现金管理分月操作计划，并具体实施自治区本级国库现金管理操作；

（三）办理国库现金管理相关资金的划拨、国债或地方债质押等操作；

（四）向自治区财政厅提供国库现金定期存款操作相关报表及信息；按要求向中国人民银行总行报告国库现金管理开展情况及相关信息；

（五）会同自治区财政厅对存款银行参与国库现金管理活动实施监督管理；

（六）发现存款银行有特殊重大事项等可能影响国库资金安全的，及时通知自治区财政厅。

（七）负责对违约承办银行按《金融违法行为处罚办法》有关规定进行处罚。

（八）做好国库现金管理其他工作。

第三十四条 存款银行在自治区本级国库现金管理中的主要职责：

（一）按要求与自治区财政厅、人行乌鲁木齐中心支行签订定期存款协议；

（二）按规定提供足额质押品；

（三）在存款到期日，按时足额缴清到期存款本息；

（四）按有关规定向自治区财政厅提供定期存款单，向自治区财政厅、人行乌鲁木齐中心支行报送国库定期存款相关报表等信息；定期与自治区财政厅进行国库定期存款相关信息的对账；

（五）出现特殊重大事项等可能影响国库资金安全的，及时通知自治区财政厅及人行乌鲁木齐中心支行；

（六）接受自治区财政厅、人行乌鲁木齐中心支行针对参与国库现金管理活动实施监督管理。

第三十五条 存款银行违反存款协议规定，未及时、足额汇划自治区本级国库定期存款本息的，由自治区财政厅通知人行乌鲁木齐中心支行不予解除质押品并按有关规定执行，同时会同人行乌鲁木齐中心支行全力追缴财政资金。

第三十六条 存款银行出现以下行为或情形之一的，自治区财政厅会同人行乌鲁木齐中心支行视情节轻重，决定暂停以至取消其参与自治区本级国库现金管理活动。

（一）未按规定及时足额质押或及时汇划到期本息违约两次以上；

（二）出现重大违法违规，导致财务恶化或引起信用危机的；

（三）存在弄虚作假等严重不正当竞争行为的；

（四）没有按照签订的协议承诺履行相应的义务，拒不接受监督检查的；

（五）可能危及国库资金安全的其他情况。

第三十七条 存款银行未按规定办理国库现金管理定期存款业务，造成国库现金管理风险或损失的，应承担相应法律责任。

第三十八条 自治区财政厅、人行乌鲁木齐中心支行按有关要求向财政部、中国人民银行总行报告自治区本级国库现金管理开展情况。

第五章 附 则

第三十九条 本细则由自治区财政厅、人行乌鲁木齐中心支行负责解释。

第四十条 本细则自印发之日起施行。

附件：1. 商业银行一般性存款余额表（略）

2. 国家金库新疆分库库存日报表（略）

3. 新疆维吾尔自治区本级国库现金管理商业银行定期存款资金划出明细表、国库现金管理商业银行定期存款本息划回明细表（略）

4. 地方国库现金管理定期存款月（年）报表（分地区）、地方国库现金管理定期存款月（年）报表（分银行）（略）

关于印发《新疆维吾尔自治区关于免除查验没有问题外贸企业吊装移位仓储费用全面试点工作的实施方案》的通知

（2016年9月7日 自治区财政厅 口岸管理办公室 中华人民共和国乌鲁木齐海关 新疆出入境检验检疫局 发展和改革委员会 交通运输厅 商务厅 财政部驻新疆财政监察专员办 新财行〔2016〕235号）

伊犁哈萨克自治州财政局、口岸办、发展和改革委、交通运输局、商务局，各地、州、市财政局、口岸办（委）、发展和改革委、交通运输局、商务局，乌鲁木齐海关各隶属海关、办事处（筹），新疆出入境检验检疫局各分支局：

根据财政部等六部委《关于免除查验没有问题外贸企业吊装移位仓储费用全面试点工作的通知》（财行〔2016〕10号）要求，现将《新疆维吾尔自治区关于免除查验没有问题外贸企业吊装移位仓储费用全面试点工作的实施方案》印发给你们，请认真贯彻执行。

附件：新疆维吾尔自治区关于免除查验没有问题外贸企业吊装移位仓储费用全面试点工作的实施方案

附件：

新疆维吾尔自治区关于免除查验没有问题外贸企业吊装移位仓储费用全面试点工作的实施方案

根据财政部等六部委《关于免除查验没有问题外贸企业吊装移位仓储费用全面试点工作的通知》（财行〔2016〕10号）要求，确定从2016年4月1日起在全疆范围内开展对进出口环节海关查验没有问题的外贸企业免除吊装移位仓储费用全面试点工作，免除费用由中央财政承担，同时加大对有问题企业的处罚力度，在国家具体实施方案出台前，为做好试点免除查验服务费工作，制定本实施方案。

一、总体要求

认真贯彻《国务院关于改进口岸工作支持外贸发展的若干意见》（国发〔2015〕16号）精神，落实财行〔2016〕10号文件要求，促进相关惠企政策落地，减轻外贸企业负担，促进进出口稳定增长；鼓励企业守法诚信经营，建立健全“守法诚信受益，违法违规惩戒”机制；推进口岸通关便利化改革，进一步提高查验的针对性、有效性，支持外贸稳定发展。

二、试点范围

（一）口岸范围和进出口货物范围

口岸范围：试点免除外贸查验服务费范围为全疆各陆路边境口岸。

进出口货物范围：包括集装箱（重箱）货物和箱式货柜车运输货物。

（二）免除查验服务费范围

限定于外贸企业在海关查验环节发生、与海关查验工作直接相关的吊装、移位、仓储费用。

吊装费是指外贸企业将海关确定需要查验的集装箱等货物从码头、堆场、货栈等海关监管场所短距离吊装、托运至海关指定查验场地以便海关实施查验作业所产生的费用。

移位费是指将海关确定查验的集装箱等货物从海关监管场所短距离运输至海关指定查验场地，并按照海关查验指令要求，将相关货物掏出箱体，以便海关实施查验作业所产生的费用。

仓储费是指对海关确定需要查验的货物，已运至指定地点并开始查验后，按照海关查验工作规程，在1天内不能完成查验作业，且在口岸免费堆存期之外所产生的仓储费用。

特殊情况下，因查验工作需要而产生的非报关单查验、二次查验（或多次）或复查复验产生的吊装、移位、仓储费用，经各现场海关查验部门确认查验没有问题的，属于此次试点范围。

（三）查验没有问题的范围

限定于海关查验后正常放行的情形。

（四）不适用免除的情况

对查验有问题（包括一箱/车多单中，一单有问题的）的不列入免除费用范围。

对集装箱空箱货物和固体废物货物查验发生的相关费用，不列入免除费用范围。

对发生在企业自用场地由海关提供便利化查验优惠服务、不发生向第三方支付吊装、移位、仓储费用的，不纳入免除费用范围。

对于外贸企业未按照海关查验工作规程要求及时到场陪同查验以及在海关放行后未及时提取货物产生的吊装、移位、仓储相关费用，不纳入免除费用范围。

其他与海关查验工作非直接相关的费用，不

纳入免除费用范围。

（五）查验有问题加大处罚力度

对货运渠道通关环节查获案件加大行政处罚力度，对查验、审单等通关环节发现的案件，应当根据海关有关规定，按照相应处罚幅度的上限进行处罚；对于从轻、减轻情节的认定，应根据海关总署规定的认定条件，严格审查、从严掌握，不得放宽从轻、减轻的适用条件。

三、实施办法

（一）确定免除费用的标准

各口岸所在地州级口岸管理部门（或当地政府指定的相关部门）负责与物价、财政等部门综合考虑当地实际情况，针对不同地区及查验方式，在充分论证、科学测算基础上，合理确定免除费用的具体标准。各口岸免除费用的具体标准，应于　月　日前分别报自治区口岸办、自治区发展改革委、自治区财政厅、财政部驻新疆财政监察专员办事处备案。

试点费用标准不得高于各口岸经营服务单位试点前公布实施的服务项目收费标准。

海关指定认可的陆路边境口岸查验场所名单，由乌鲁木齐海关负责提供。

（二）规范免除费用的操作方式

免除费用的具体操作办法要规范合理，以不改变口岸现有吊装、移位、仓储作业和收费流程等市场运作链条为前提，符合当地实际，既要方便快捷、具有可操作性，又要保证进出口企业切实得到政策实惠。

（三）资金管理要求

财政部将根据试点工作开展情况预拨部分资金，年底根据试点工作开展实际情况进行结算。对中央下达的免除费用资金，财政部门要认真审核、严格把关、规范支付、科学管理。资金拨付要在充分考虑查验服务企业承受能力基础上定期拨付。财政部驻新疆财政监察专员办事处要按照财政部要求，对免除费用资金管理使用情况实施监管。

（四）监督检查措施

各地州口岸管理部门会同有关部门，负责对统计数据真实性、配套服务费免收情况进行监督检查，确保财政资金使用安全规范，切实产生预期效果。各相关企业要守法经营，准确统计相关数据，不得弄虚作假，发现虚报、瞒报等情形的，责令限期改正；情节严重者，将依有关法律法规追究责任。

四、配套措施

（一）建立各负其责、齐抓共管的工作机制

在自治区级管理部门层面，自治区口岸办牵头制定试点总体方案，建立检查督促工作机制，实施定期检查、通报制度。自治区财政厅牵头负责免除费用资金的审核、支付、结算等相关工作。乌鲁木齐海关牵头负责海关查验相关数据的统计、审核和提供，落实对有问题企业加大处罚力度等相关措施。自治区发展改革委牵头负责加强进出口环节经营服务性收费监管相关工作。自治区商务厅、自治区发展改革委、自治区交通运输厅分别负责规范口岸经营服务企业服务行为的相关工作。

为扎实推进上述改革试点任务落实，各地财政、价格、交通运输、商务、口岸管理等部门，以及海关、出入境检验检疫检查查验机构，要参照自治区级主管部门的工作分工，建立各负其责、相互协调、密切配合的工作机制，共同推进试点任务落实。

（二）加强进出口环节经营性服务和收费的监督管理

要深入推进口岸经营服务管理体制改革，破除各种形式的垄断，引入竞争机制，推进服务市场化，提高服务效率和水平。要依法整治强制服务、乱收费等行为，畅通社会监督举报机制，建立公开、透明、合理的服务收费机制。要督促口岸经营服务企业依法依规提供吊装、移位、仓储等服务，不得在配合开展查验工作中强制服务和收费，并不断提高装卸、储运技术设备的科技创新，改进服务模式，提高信息化水平和作业效能，切实为外贸企业提供优质服务。

（三）优化口岸通关环境

海关、出入境检验检疫检查查验机构要进一步加强合作和协调配合，推进口岸查验模式创新，优化监管流程，提高通关效率。同时注重提高非侵入、非干扰式查验比例。对固体废物等关检双方能够实施一次查验的货物，均采取一次查验方式，避免重复开箱。要切实落实对有问题企业的处罚措施，形成“守法有利、违法惩戒”口岸查验管理机制，促进外贸企业守法经营。

（四）加强基础工作

要充分考虑相关方面的实际情况，细化和完善相关工作流程，既要方便外贸企业和口岸经营服务企业，又要有利于海关查验单位、口岸管理部门等实施管理。自治区口岸办要结合自治区电子口岸平台建设，联合乌鲁木齐海关研究开发通过信息化手段实现统计、核算、支付等功能的应用系统，具备条件时实施。

（五）全面向社会公开

要畅通进出口企业和社会各界了解国家惠企政策内容的渠道，努力扩大政策知晓面，让更多守法企业享受到国家惠企政策的红利，并主动接受社会监督。

五、实施细则

请各地口岸管理部门（或当地政府指定的相关部门）商海关、物价、财政、交通运输、商务、铁路、仓储企业、口岸查验服务企业等，按照当地实际，研究提出具体操作实施细则，于2016年10月20日前报自治区口岸办、财政厅、乌鲁木齐海关、自治区出入境检验检疫局、自治区发展改革委、自治区交通运输厅、自治区商务厅、财政部驻新疆财政监察专员办事处备案。

关于印发《改进加强自治区财政科技项目和资金管理的意见》的通知

（2016年3月3日　自治区财政厅　科技厅　新财教〔2016〕14号）

自治区各委、办、厅、局，伊犁哈萨克自治州财政局、科技局，各地州市财政局、科技局：

为贯彻落实《国务院关于改进加强中央财政科研项目和资金管理的若干意见》（国发〔2014〕11号）和国务院《关于深化中央财政科技计划（专项、基金等）管理改革的方案》（国发〔2014〕64号）精神，实施创新驱动发展战略，深化科技体制改革，进一步推进和加强自治区财政科技计划管理改革，自治区财政厅、自治区科技厅制定了《关于改进加强自治区财政科技项目和资金管理的意见》，经自治区人民政府同意，现印发给你们，请认真贯彻落实。

附件：关于改进加强自治区财政科研项目和资金管理的意见

附件：

关于改进加强自治区财政科研项目和资金管理的意见

为深入贯彻党的十八大、十八届三中全会精神和习近平总书记系列重要讲话精神，全面落实第二次中央新疆工作座谈会和自治区党委八届八次全委（扩大）会议精神，根据《中共中央国务院关于深化体制改革加快实施创新驱动发展战略的若干意见》和《国务院关于改进加强中央财政科研项目和资金管理的若干意见》，按照自治区党委、自治区人民政府《关于实施创新驱动发展战略加快创新型新疆建设的意见》，为深入推进财政科研项目和资金管理改革，提高项目预算管理的科学性和财政科研经费使用绩效，进一步激发科研人员的积极性和创作性，不断发挥科技对经济社会发展的支撑引领作用，加快推进创新型新疆建设，现提出如下意见：

一、改进加强科研项目和资金管理的总体要求

（一）总体目标。

通过深化改革，加快建立适应科技创新规律、统筹协调、职责清晰、科学规范、公开透明、监管有力的科研项目和资金管理机制，使科研项目和资金配置更加聚焦自治区经济社会发展重大需求，基础研究、应用开发、重大共性关键技术研究、成果转化、人才培养、科研平台建设能力显著增强，财政资金使用效益明显提升，科研人员的积极性和创造性充分发挥，科技对经济社会发展的支撑引领作用不断增强，为实现创新型新疆建设提供有力保障。

（二）基本原则。

——坚持遵循规律。结合我区经济社会发展和科技创新实际，遵循科学研究、技术创新和成果转化规律，实行分类管理，提高科研项目和资金管理水平。突出企业技术创新决策、投入、组织和成果转化的主体地位。

——坚持改革创新。推进政府职能转变，发挥好财政科技投入的引导激励作用和市场配置各类创新要素的导向作用。加强管理创新和统筹协调，对科研项目和资金管理各环节进行系统化改革，以改革释放创新活力。

——坚持公正公开。强化科研项目和资金管理信息公开，加强科研诚信建设和信用管理，着力营造以人为本、公平竞争、充分激发科研人员创新热情的良好环境。

——坚持规范高效。明确科研项目、资金管理和执行各方的职责，优化管理流程，建立健全决策、执行、评价相对分开、互相监督的运行机制，提高管理的科学化、规范化、精细化水平。

二、加强科研项目和资金配置的统筹协调

（一）优化整合各类科技计划。科技计划的设立，应当更加聚焦自治区经济社会发展重大需求，按照政府职能转变的要求，优化整合自治区各类科技计划，对定位不清、重复交叉、实施效果不好的，要通过撤、并、转等方式进行必要调整和优化。建立各类科技计划的绩效评估、动态调整和终止机制。明确功能定位，科学组织安排科研项目，提升项目层次和质量，合理控制项目数量。

（二）建立健全统筹协调与决策机制。建立由自治区科技厅牵头，财政厅、发展改革委等相关部门参加的科技计划（专项、基金等）管理部门联席会议制度，制定议事规则，负责审议科技发展战略规划、科技计划（专项、基金等）的布局与设置、重点任务和指南、战略咨询与综

合评审委员会的组成、专业机构的遴选择优等事项。自治区科技厅要充分发挥对全区科技工作的规划引领和统筹协调作用，加强对科技创新工作的顶层设计和整体部署，提出科技发展优先领域、重点任务和重大项目。自治区财政厅要加强科技预算安排的统筹，做好各类科技计划年度预算方案的综合平衡。涉及自治区经济社会发展的重大科技事项，按程序报自治区人民政府决策。

（五）切实加强对基层科技工作指导和协调。加强对基层科技资源配置和管理工作的指导和协调，建立健全自治区科技厅与地（州、市）的厅地会商机制。在科技计划中，体现“民生优先，基层重要”的原则，加大对基层科技项目的支持力度，加大对基层科技成果的奖励，鼓励和支持基层开展国际科技合作，积极培训基层科技创新人才，有效集成政策、人才、项目、资金等科技资源，共同推动地州市重大科技工作，提升区域创新能力。

（六）建设自治区科技管理信息系统。科技行政管理部门会同有关部门在现有各类科技计划科研项目数据库基础上，建立统一的自治区科技计划项目管理信息平台。统筹建立科技管理信息系统，将优化整合后的各类科技计划纳入平台集中管理。加强科技资源的优化配置和统筹协调，实现科研项目数据资源的互联互通，并向社会开放。

三、实行科研项目分类管理

（七）基础前沿科研项目突出创新导向。基础、前沿类科研项目要立足原始创新，充分尊重专家意见，通过同行评议、公开择优的方式确定研究任务和承担者，激发科研人员的积极性和创造性。引导支持企业增加基础研究投入，与科研院所、高等学校联合开展基础研究，推动基础研究与应用研究的紧密结合。对优秀人才和团队给予持续支持，加大对青年科研人员的支持力度。项目主管部门要减少项目执行中的检查评价，发挥好学术咨询机构、协会、学会的咨询作用，营造“鼓励探索、宽容失败”的实施环境。

（八）公益性科研项目聚集重大需求。公益性科研项目要重点解决制约公益性行业发展的重大科技问题，强化需求导向和应用导向。行业主管部门应当充分发挥组织协调作用，提高项目的系统性、针对性和实用性，及时协调解决项目实施中存在的问题，保证项目成果服务社会公益事业发展。加强对基础数据、基础标准、种质资源等工作的稳定支持，为科研提供基础性支撑。

（九）市场导向类项目突出企业主体。明晰政府与市场的边界，充分发挥市场对技术研发方向、路线选择、要素价格、各类创新要素配置的导向作用，政府主要通过制定政策、营造环境，引导企业成为技术创新决策、投入、组织和成果转化的主体。对于政府支持企业开展的产业重大共性关键技术研究等公共科技活动，在立项时要加强对企业资质、研发能力的审核，鼓励产学研协同攻关。对于政府引导企业开展的科研项目，主要由企业提出需求、先行投入和组织研发，政府采用“后补助”及间接投入等方式给予支持，形成主要由市场决定技术创新项目和资金分配、评价成果的机制以及企业主导项目组织实施的机制。

（十）重大专项突出自治区战略发展导向。聚焦自治区重大战略任务和重大产业发展部署，聚焦新疆实现社会稳定和长治久安、加快丝绸之路经济带核心区建设、解决民生和增加就业等重大战略需求，聚焦对产业竞争力整体提升具有全局性影响、带动性强的关键共性技术。成立自治区重大科技专项协调指导小组，采取政府直接组织开展、政府支持开展、政府鼓励开展等三类组织方式，提升实施效果。

四、改进科研项目管理流程

（十一）改革项目指南制定和发布机制。项目主管部门要结合科技计划的特点，针对不同项目类别和要求编制项目指南，市场导向类项目指南要充分体现产业需求；项目指南发布前要充分征求科研单位、企业、相关部门、地方、协会、学会等有关方面意见，建立由各方参与的项目指南论证机制。每年固定时间发布项目指南，并通过多种方式扩大项目指南知晓范围。自指南发布日到项目申报受理截止日，原则上不少于60天，保证科研人员有充足时间申报项目。

（十二）规范项目立项。项目申请单位应当认真组织项目申报，根据科研工作实际需要选择项目合作单位。项目主管部门要完善公平竞争的项目遴选机制，通过公开择优、定向择优等方式确定项目承担者；要规范立项审查行为，健全立项管理的内部控制制度，对项目申请者及其合作方的资质、科研能力等进行重点审核，加强项目查重，避免一题多报或重复资助，杜绝项目打包和“拉郎配”；要规范评审专家行为，提高项目评审质量，推行网络评审和视频答辩评审，合理安排会议答辩评审，评审意见应当及时反馈项目申请者。从受理项目申请到反馈立项结果原则上不超过120个工作日。完善项目审批流程查询机制，使项目申请者能够及时查询立项工作进展，实现立项过程可申诉、可查询、可追溯。

（十三）明确项目过程管理职责。项目承担单位负责项目实施的具体管理。项目主管部门要健全服务机制，积极协调解决项目实施中出现的新情况新问题，针对不同科研项目管理特点组织开展巡视检查或抽查，对项目实施不力的要加强督导，对存在违规行为的要责成项目承担单位限期整改，对问题严重的要暂停项目实施。

（十四）加强项目验收和结题审查。项目完成后，项目承担单位应当及时做好总结，编制项目决算，按时提交验收或结题申请，无特殊原因未按时提出验收申请的，按相关管理办法处理。项目主管部门应当及时组织开展验收或结题审查，并严把验收和审查质量。根据不同类型项目，可以采取同行评议、第三方评估、用户测评等方式，依据项目任务书组织验收，将项目验收结果纳入自治区科技报告。

五、改进科研项目资金管理

（十五）规范项目预算编制和评审。项目申请单位应当按规定科学合理、实事求是地编制项目预算，并对仪器设备购置、合作单位资质及拟外拨资金进行重点说明。改进预算编制方法，完善预算编制指南和评估评审工作细则，健全预算评估评审的沟通反馈机制。评估评审工作的重点是项目预算的目标相关性、政策相符性、经济合理性，在评估评审中不得简单按比例核减预算。除以定额补助方式资助的项目外，应当依据科研任务实际需要和财力可能核定项目预算，不得在预算申请前先行设定预算控制额度。劳务费预算应当结合当地实际以及相关人员参与项目的全时工作时间等因素合理编制。

（十六）及时拨付项目资金。项目主管部门要合理控制项目和预算评估评审时间，加强项目立项和预算下达的衔接，及时批复项目和预算。相关部门和单位要按照财政国库管理制度相关规定，结合项目实施和资金使用进度，及时合规办理资金支付。

（十七）规范直接费用支出管理。科学界定与项目研究直接相关的支出范围，各类科技计划的支出科目和标准原则上应保持一致。调整劳务费开支范围，将项目临时聘用人员的社会保险补助纳入劳务费科目中列支。进一步下放预算调整审批权限，同时严格控制会议费、差旅费、国际合作与交流费，项目实施中发生的三项支出之间可以调剂使用，但不得突破三项支出预算总额。

（十八）完善间接费用和管理费用管理。间接费用用于补偿项目承担单位为项目实施所发生的间接成本和绩效支出，项目承担单位应当建立健全间接费用的内部管理办法，合规合理使用间接费用，结合一线科研人员实际贡献公开公正安排绩效支出，体现科研人员价值，充分发挥绩效支出的激励作用。项目承担单位不得在核定的间接费用或管理费用以外再以任何名义在项目资金中重复提取、列支相关费用。

（十九）改进项目结转结余资金管理办法。项目在研期间，年度剩余资金可以结转下一年度继续使用。项目完成任务目标并通过验收后形成的结余资金，财政拨款结余资金按照自治区财政结余资金管理办法处理，其他结余资金按规定在一定期限内由单位统筹安排用于科研活动的直接支出，并将使用情况报项目主管部门；未通过验收和整改后通过验收的项目，或承担单位信用评价差的，结余资金按原渠道收回。

（二十）建立和完善绩效评价制度。建立健全第三方评估机制，提高资金使用效益。对不同类型的科研项目，明确相应的绩效目标，重点加强重大科技计划和专项的综合绩效评价，逐步扩大科研机构绩效评价范围，建立周期性评估制度，并将结果作为改进管理、延续设立、调整或中止的重要依据。

六、加强科研项目和资金监管

（二十一）规范科研项目资金使用行为。科研人员和项目承担单位要依法依规使用项目资金，不得擅自调整外拨资金，不得利用虚假票据套取资金，不得通过编造虚假合同、虚构人员名单等方式虚报冒领劳务费和专家咨询费，不得通过虚构测试化验内容、提高测试化验支出标准等方式违规开支测试化验加工费，不得随意调账变动支出、随意修改记账凭证、以表代账应付财务审计和检查。项目承担单位要建立健全科研和财务管理等相结合的内部控制制度，规范项目资金管理，在职责范围内及时审批项目预算调整事项。对于从中央财政以外渠道获得的项目资金，按照国家有关财务会计制度规定以及相关资金提供方的具体要求管理和使用。

（二十二）改进科研项目资金结算方式。科研院所、高等学校等事业单位承担项目所发生的会议费、差旅费、小额材料费和测试化验加工费等，要按规定实行“公务卡”结算；企业承担的项目，上述支出也应当采用非现金方式结算。项目承担单位对设备费、大宗材料费和测试化验加工费、劳务费、专家咨询费等支出，原则上应当通过银行转账方式结算。

（二十三）完善科研信用管理。建立覆盖指南编制、项目申请、评估评审、立项、执行、验收全过程的科研信用记录制度，由项目主管部门委托专业机构对项月承担单位和科研人员、评估评审专家、中介机构等参与主体进行信用评级，并按信用评级实行分类管理。各项目主管部门应共享信用评价信息。建立“黑名单”制度，将严重不良信用记录者记人“黑名单”，阶段性或永久取消其申请自治区财政资助项目或参与项目管理的资格。

（二十四）加大对违规行为的惩处力度。建立完善覆盖项目决策、管理、实施主体的逐级考核问责机制。有关部门要加强科研项目和资金监管工作，严肃处理违规行为，按规定采取通报批评、暂停项目拨款、终止项目执行、追回已拨项目资金、取消项目承担者一定期限内项目申报资格等措施，涉及违法的移交司法机关处理，并将有关结果向社会公开。建立责任倒查制度，针对出现的问题倒查项目主管部门相关人员的履职尽责和廉洁自律情况，经查实存在问题的依法依规严肃处理。

七、加强相关制度建设

（二十五）建立健全信息公开制度。除涉密及法律法规另有规定外，项目主管部门应当按规定向社会公开科研项目的立项信息、验收结果和资金安排情况等，接受社会监督。项目承担单位应当在单位内部公开项目立项、主要研究人员、资金使用、大型仪器设备购置以及项目研究成果等情况，接受内部监督。

（二十六）建立自治区科技报告制度。科技厅会同有关部门制定科技报告的标准和规范，建立自治区科技报告共享服务平台，实现自治区科技资源持续积累、完整保存和开放共享。对自治区财政资金支持的科研项目，项目承担者必须按规定提交科技报告，科技报告提交和共享情况作为对其后续支持的重要依据。

（二十七）改进专家遴选制度。充分发挥专家咨询作用，项目评估评审应当以同行专家为主，吸收区外高水平专家参与，评估评审专家中一线科研人员的比例应当达到75%左右。扩大企业专家参与市场导向类项目评估评审的比重。推动学术咨询机构、协会、学会等更多参与项目评估评审工作。建立专家数据库，实行评估评审专家轮换、调整机制和回避制度。对采用视频或会议方式评审的，公布专家名单，强化专家自律，接受同行质询和社会监督；对采用通讯方式评审的，评审前专家名单严格保密，保证评审公正性。

（二十八）完善激发创新创造活力的相关制度和政策。完善科研人员收入分配政策，健全与岗位职责、工作业绩、实际贡献紧密联系的分配激励机制。健全科技人才流动机制，鼓励科研院所、高等学校与企业创新人才双向交流，完善兼职兼薪管理政策。加快推进事业单位科技成果使用、处置和收益管理改革，完善和落实促进科研人员成果转化的收益分配政策。加强知识产权运用和保护，落实激励科技创新的税收政策，推进科技评价和奖励制度改革，制定导向明确、激励约束并重的评价标准，充分调动项目承担单位和科研人员的积极性创造性。

八、明确和落实各方管理责任

（二十九）项目承担单位要强化法人责任。项目承担单位是科研项目实施和资金管理使用的责任主体，要切实履行在项目申请、组织实施、验收和资金使用等方面的管理职责，加强支撑服务条件建设，提高对科研人员的服务水平，建立常态化的自查自纠机制，严肃处理本单位出现的违规行为。科研人员要弘扬科学精神，恪守科研诚信，强化责任意识，严格遵守科研项目和资金管理的各项规定，自觉接受有关方面的监督。

（三十）有关部门要落实管理和服务责任。自治区科技厅要会同有关部门根据本意见精神制定科技工作重大问题会商与沟通的工作规则；项目主管部门和财政部门要制定或修订各类科技计划管理制度。各有关部门要建立健全本部门内部控制和监管体系，加强对所属单位科研项目和资金管理内部制度的审查；督促指导项目承担单位和科研人员依法合规开展科研活动，做好经常性的政策宣传、培训和科研项目实施中的服务工作。

关于印发《新疆维吾尔自治区“天山众创行动”专项资金管理暂行管理办法》的通知

（2016年9月10日　自治区财政厅　科学技术厅　新财教〔2016〕229号）

伊犁哈萨克自治州财政局、科技局，各地州市财政局，科技局，自治区各有关部门：

为落实《自治区人民政府办公厅关于发展众创空间推进大众创新创业的实施意见》（新政办发〔2015〕115号）要求，加强自治区财政“天山众创行动”专项资金管理，提高资金使用效益，根据国家和自治区有关财务管理规定，自治区财政厅、科学技术厅共同制定了《新疆维吾尔自治区“天山众创行动”专项资金管理暂行办法》，现予印发，请认真贯彻执行。

附件：新疆维吾尔自治区“天山众创行动”专项资金管理暂行办法

附件：

新疆维吾尔自治区“天山众创行动”专项资金管理暂行办法

第一章 总 则

第一条 为落实《自治区人民政府办公厅关于发展众创空间推进大众创新创业的实施意见》（新政办发〔2015〕115号）要求，加强自治区财政“天山众创行动”专项资金管理（以下简称专项资金），提高资金使用效益，根据国家和自治区有关财务管理规定，制定本办法。

第二条 本办法所称自治区“天山众创行动”是指为推进大众创业、万众创新，在自治区加快构建一批众创空间、星创天地、科技企业孵化器等新型服务平台，激发各类创新创业人才活力，营造科技创新创业良好生态环境。

众创空间是指为创业者提供低成本的工作空间、网络空间、社交空间和资源共享空间的新型创业服务平台；科技企业孵化器是指以促进科技成果转化、培养高新技术企业和企业家为宗旨的科技创业服务载体；星创天地是指发展现代农业的众创空间，是新型农业创新创业一站式开放性综合服务平台。

第三条 专项资金由自治区财政预算安排，主要用于支持在自治区科技厅备案的自治区级众创空间、星创天地和科技企业孵化器（以下简称“创服机构”）的运营和发展。专项资金主要采用后补助方式，通过绩效评价，对运行良好的创服机构的运行费用给予一定补贴。

第四条 专项资金由自治区财政厅和科技厅共同管理。自治区财政厅主要负责专项资金预算管理和资金拨付，会同自治区科技厅监督专项资金使用情况，组织开展绩效评价。自治区科技厅主要负责具体组织实施，包括创服机构的备案，编制专项资金计划，监督检查运营情况，开展评价及考核等。

第五条 专项资金的使用和管理遵守国家有关法律、行政法规和相关规章制度，遵循政府引导、讲求绩效、择优支持、公开透明的原则。

第二章 开支范围与补贴标准

第六条 专项资金的开支范围包括运行费用补贴和综合服务管理支出。

第七条 运行费用补贴主要用于补助创服机构的运行费用，主要包括：

（一）基本运维费，包括运行场地租赁及水、电、暖、物业、宽带接入等支出。

（二）服务能力支出，包括公共软硬件购置和检验检测、研发设计、成果转化、知识产权、工商注册、财务法务咨询等公共服务能力建设和运行支出。

（三）创新创业活动支出，包括举办投资路演、创新大讲堂、创业训练营、创业辅导培训、专题论坛讲座等活动支出；创服机构辅导队伍、从业人员培训相关支出。

（四）科技金融服务支出，包括科技与金融对接平台建设及运行支出；设立种子基金并提供融资服务等支出。

第八条 运行费用补贴采取因素法开展绩效

评价，依据绩效评价结果确定补贴标准。评价因素包括：创服机构的场地面积、服务对象的数量和质量、创新创业活动数量和质量、服务功能的全面性和专业性、创业辅导队伍的规模和素质、金融服务能力和可持续发展能力等。

第九条 创服机构绩效评价结果分为优秀、良好、一般和差四个等次，不同等次的补贴额度依次递减，绩效评价结果为差的创服机构不予补贴。众创空间和科技企业孵化器每年平均运行费用补贴为30万元，星创天地每年平均运行费用补贴为15万元。创服机构享受运行费用补贴最多不超过三次；连续两年绩效评价差或不参加绩效评价的，取消自治区级创服机构备案资格。

第十条 综合服务管理支出主要采取政府购买公共服务方式，由主管部门委托第三方机构开展创服机构的培训交流、绩效评价、统计分析等。每年根据实际需要和年度预算，由自治区科技厅提出预算方案，报自治区财政厅审核确定。

第三章 申请与拨付

第十一条 创服机构每年1月30日前向自治区科技厅委托的第三方机构提交运行费用补贴资金申请材料；第三方机构对申请材料进行审查，并组织专家开展绩效评价，形成专家绩效评价结论，同时依据绩效评价结果提出补贴经费安排建议。绩效评价工作每年第一季度完成。

第十二条 自治区科技厅对绩效评价结果向社会公示。根据绩效评价结果和第三方机构提出的补贴经费安排建议，提出专项资金预算安排建议，报自治区财政厅批复。自治区财政厅根据批复结果，按照国库集中支付管理要求及时拨付资金。

第四章 监督管理

第十三条 创服机构要建立健全内部财务制度，严格按照本办法规定的开支范围使用资金，不得以任何借口挪作他用，确保专款专用。对弄虚作假、骗取专项资金或不按规定用途使用资金的创服机构，追回已拨付资金，取消其备案资格，并予以通报。涉嫌犯罪的依法移送司法机关处理。

第十四条 自治区财政厅、自治区科技厅定期或不定期对创服机构的运行情况和资金使用情况监督检查。

第五章 附　　则

第十五条 本办法由自治区财政厅、科技厅负责解释。

第十六条 本办法自2016年10月10日起执行。

关于印发《新疆维吾尔自治区大型体育场馆免费、低收费开放补助资金暂行管理办法》的通知

（2016年9月9日　自治区财政厅　体育局　新财教〔2016〕232号）

伊犁哈萨克自治州财政局、体育局，各地州市财政局，体育局：

为规范和加强自治区大型体育场馆免费低收费开放专项资金管理，提高资金使用效益，根据

《财政部 国家体育总局关于印发〈大型体育场馆免费低收费开放补助资金暂行管理办法〉的通知》（财教〔2014〕54号）有关规定，结合我区实际，制定了《新疆维吾尔自治区大型体育场馆免费、低收费开放补助资金暂行管理办法》，现印发给你们，请遵照执行。

附件：新疆维吾尔自治区大型体育场馆免费、低收费开放补助资金暂行管理办法

附件：

新疆维吾尔自治区大型体育馆免费、低收费开放补助资金暂行管理办法

第一章 总 则

第一条 为规范和加强我区大型体育场馆向社会免费或低收费开放补助资金（以下简称“补助资金”）的管理与使用，提高资金使用效益，根据《中华人民共和国预算法》、《中华人民共和国体育法》、《财政部 国家体育总局关于印发〈大型体育馆免费低收费开放补助资金管理办法〉的通知》（财教〔2014〕54号）等法律法规和财政管理有关规定，结合我区大型体育场馆向社会免费或低收费开放工作的实际，制定本办法。

第二条 补助资金由中央和自治区财政设立，用于支持和鼓励体育部门所属大型体育场馆（以下简称“体育场馆”）向社会免费或低收费开放。补助资金的年度预算，根据体育场馆对社会免费或低收费开放完成情况、成本支出情况，以及中央和自治区财政财力情况确定。

第三条 补助资金的管理和使用坚持统一管理、突出重点、合理安排、专款专用、注重绩效的原则。

第四条 补助资金的管理和使用严格执行国家和自治区法律法规和财务规章制度，并接受财政、审计、体育行政部门的监督和检查。

第二章 补助范围和标准

第五条 补助资金补助范围为：已向社会免费、低收费开放的体育部门所属大型体育场馆，即观众座位数20 000个（含20 000个）以上的体育场、座位数3 000个（含3 000个）以上的体育馆、座位数1 500个（含1 500个）以上的游泳馆（跳水馆）。

第六条 补助资金分为补贴资金和奖励资金两部分。补贴资金对体育场馆向社会免费、低收费开放给予适当补贴；奖励资金对体育场馆提高公共体育服务能力、提升服务质量和服务水平给予适当奖励。

第七条 补贴标准根据体育场馆向社会免费、低收费开放后基本公共体育服务情况及成本支出情况，并结合体育场馆的类型和规模等因素核定，具体标准见“大型体育场馆免费低收费开放补助资金补贴标准表”（附表1）。

第八条 补贴资金由中央和自治区按照8：2比例分担，自治区配套资金由自治区本级和各地财政分级负担，具体分担比例为：

1. 乌鲁木齐市、克拉玛依市、石河子市所需配套资金由各地自行承担。

2. 喀什地区、和田地区、克孜勒苏柯尔克孜自治州所需配套资金由自治区本级承担。

3. 阿克苏地区柯坪县、乌什县所需配套资金由自治区本级全额承担，阿瓦提县所需配套资金，由自治区本级和阿克苏地区本级各承担一半。

4. 其他地州市所需资金由自治区本级和各地按照7∶3比例分担。

各地可以根据实际情况提高补助标准，高于基本补助标准部分，所需资金由地方财政自行负担。

第九条 奖励资金由自治区财政部门根据当年中央资金到位情况，结合体育场馆基本公共服务考核、运营综合评价情况、上年度公共体育服务情况、接待健身人次、体育健身活动举办情况、体育培训开展情况等因素，商自治区体育局统筹核定。

第十条 补助资金用于体育场馆免费或低收费开展基本公共体育服务项目所需支出，包括体育场馆日常维护、能源费用、公益性体育活动举办、设施设备更新、运营环境改善等。

第十一条 补助资金不得用于支付各种罚款、捐款、赞助、投资等支出，不得用于编制内在职人员和离退休人员工资及津补贴、基本建设、大型维修改造等支出，不得用于偿还债务。

第三章 资金申报和审批

第十二条 符合条件的体育场馆应当提出申请并填写“大型体育场馆免费低收费开放情况表”（附表2），于每年1月20日前逐级报送至自治区财政厅、体育局。自治区财政厅、体育局负责审核汇总申报材料，并对申请单位进行体育场馆基本公共服务考核和运营综合评价，填写“大型体育场馆免费低收费开放情况汇总表”（附表3），连同补助资金申请报告于每年1月30日前报财政部和国家体育总局。凡越级上报的一律不予受理。

第十三条 自治区体育局在审核汇总各地申报文件基础上提出当年补助资金分配方案建议报送自治区财政厅。

第十四条 自治区财政厅综合考虑中央年度补助资金预算情况、各地州（市）补助资金申请情况及其财力状况，审核确定当年补助资金分配方案。根据财政部下达预算后30日内将补助资金下达各地州（市）财政部门。

第四章 资金管理和使用

第十五条 各地州（市）财政部门收到自治区财政厅下达的补助资金预算后，应当在15日内下达到体育场馆。各地州（市）财政部门应当及时将预算下达情况抄送同级体育行政部门。

第十六条 补助资金支付应当按照财政国库管理制度有关规定执行。补助资金使用过程中涉及政府采购的，按照政府采购有关规定执行。

第十七条 体育场馆应当严格按照本办法使用补助资金，加强补助资金管理，专款专用，分账核算，并妥善保存有关原始票据及凭证备查。补助资金的各项支出应当严格执行国家有关财务规章制度规定的开支范围及开支标准。

第十八条 补助资金形成的资产属于国有资产，其管理、使用和处置按照国有资产管理的有关规定执行。

第十九条 补助资金的结转和结余管理，按照财政拨款结转和结余资金管理有关规定执行。

第二十条 体育场馆应当在下一年度1月20日前向自治区财政厅、体育局报告补助资金使用情况，自治区财政厅、体育局审核汇总后，于1月30日前连同当年的补助资金申请报告及表格一并报财政部和国家体育总局。

第五章 监督检查和绩效评价

第二十一条 各地州（市）级财政部门和体育行政部门应当建立健全补助资金的监督检查和绩效评价制度。

自治区财政厅、体育局对各地州（市）受补助和奖励单位补助资金的使用情况进行监督检查和绩效评价，并将结果报送财政部和国家体育总局。

自治区财政厅、体育局可以根据工作开展情况，适时组织或委托有关机构进行监督检查，检查结果作为以后年度补助资金预算安排的重要参考依据。

第二十二条 体育场馆应当建立健全内部监督约束机制，提高补助资金管理和使用的安全性、有效性、规范性。

第二十三条 对于违反规定截留、挪用补助资金，或者报送虚假材料骗取补助资金等行为，依照《财政违法行为处罚处分条例》等国家有关规定追究法律责任。涉嫌犯罪的，依法移送司法机关处理。

第六章 附 则

第二十四条 本办法自印发之日起施行。

附表：1. 大型体育场馆免费低收费开放补助资金补贴标准表

2. 大型体育场馆免费低收费开放情况表

3. 大型体育场馆免费低收费开放情况汇总表

附表1

大型体育场馆免费低收费开放补助资金补贴标准表

场馆名称	场馆类别	座位数（个）	补贴标准（万元）
体育场	甲类	60 000 及以上	350
	乙类	40 000—59 999	250
	丙类	2 000—39 999	130
体育馆	甲类	10 000 及以上	300
	乙类	6 000—9 999	200
	丙类	3 000—5 999	100
游泳馆	甲类	6 000 及以上	500
	乙类	3 000—5 999	300
	丙类	1 500—2 999	150

附表 2

大型体育场馆免费低收费开放情况表

填报单位：　　　　　　　　　　　　　　　　　　　　　　　　填报时间：

一、基本情况			
场馆名称		座位数（个）	
场馆类型	□体育场□体育馆□游泳（跳水）馆	场馆类别	□甲类□乙类□丙类
单位性质	□事业单位（□财政补助□经费自理）□企业		
运营单位名称		上级主管单位	
建成年份		投资总额（万元）	
用地面积（m^2）		室外场地面积（m^2）	
建筑面积（m^2）		室内场地面积（m^2）	
二、上一年度对外开放情况			
全年对外开放天数（天）			
周对外开放时间（小时）			
公休日、法定节假日、学校寒暑假期间、每天开放时间（小时）			
户外公共区域及户外健身器材是否全年免费开放（小时）	□是　　□否	每天开放时间（小时）	
对学生、老年人、残疾人是否免费、低收费开放	□是　　□否		
全民健身日是否全面免费开放	□是　　□否		
举办体育赛事活动数量		其中免费举办公益性体育赛事活动数量	
举办其他体育、文化等活动数量		其中免费举办体育讲座、展览等数量	
体育健身技能培训人次		其中免费培训人次	
运动健身指导人次		其中免费体质测试人次	
三、上一年度收支情况			
收入合计（万元）			
支出合计（万元）			
户外公共区域及户外健身是否全年免费开放成本支出（万元）			

填表人：　　　　　　　　　　　　　　联系方式：

附表 3

大型体育场馆免费低收费开放情况汇总表

填报单位：　　　　　　　　　　　　　　　　　　　　　　　　　　　　填报时间：

场馆类型	场馆类别	场馆名称	座位数（个）	收入合计（万元）	支出合计（万元）	户外公共区域及户外健身器材免费开放成本支出（万元）	是否达到基本公共服务要求	综合评价得分	综合评价核心指标得分
总计		（个）							
体育场	合计	（个）							
	甲类	小计　（个）							
	乙类	小计　（个）							
	丙类	小计　（个）							
体育馆	合计	（个）							
	甲类	小计　（个）							
	乙类	小计　（个）							
	丙类	小计　（个）							
游泳馆	合计	（个）							
	甲类	小计　（个）							
	乙类	小计　（个）							
	丙类	小计　（个）							

关于印发《新疆维吾尔自治区文物保护专项经费暂行管理办法》的通知

（2016年9月9日　自治区财政厅　文物局　新财教〔2016〕233号）

伊犁哈萨克自治州财政局、文物局，各地州市财政局，文物局：

为了规范和加强自治区文物保护专项补助资金（以下简称专项经费）的管理与使用，提高资金使用效益，根据《中华人民共和国文物保护法》、《中华人民共和国预算法》、《财政部 国家文物局关于印发〈国家文物保护专项补助资金管理办法〉的通知》（财教〔2013〕116号）等法律法规和财政管理的有关规定，结合我区文物保护工作的实际制定了《新疆维吾尔自治区文物保护专项经费暂行管理办法》印发给你们，请遵照执行。

附件：新疆维吾尔自治区文物保护专项经费暂行管理办法

附件：

新疆维吾尔自治区文物保护专项经费暂行管理办法

第一章　总　　则

第一条　为了规范和加强自治区文物保护专项经费（以下简称“专项经费”）的管理与使用，提高专项经费使用效益，根据《中华人民共和国文物保护法》、《中华人民共和国预算法》、《财政部 国家文物局关于印发〈国家文物保护专项补助资金管理办法〉的通知》（财教〔2013〕116号）等法律法规和财政管理的有关规定，结合自治区文物保护工作的实际，制定本办法。

第二条　专项经费由自治区财政为支持全区文物保护工作、促进文物事业发展而设立的具有专门用途的专项经费。专项经费的年度预算，根据自治区文物保护工作总体规划、年度工作计划及自治区财政财力情况确定。

第三条　专项经费的分配和管理实行集体研究、专家评审、绩效评估等工作机制。专项经费使用遵循“保护为主、抢救第一、合理利用、加强管理”的文物工作方针，坚持“统筹安排、分级负责、保障重点、专款专用、注重实效”的原则。

第四条 专项经费的管理和使用应当严格执行国家法律法规和财务规章制度，并接受财政、审计、文物等部门的监督和检查。

第二章 补助范围和支出内容

第五条 专项经费的补助范围主要包括：

（一）文物保护单位保护。主要用于自治区公布的自治区级文物保护单位的维修、保护与展示，包括：保护规划和方案编制、评审，文物本体维修保护，管理用房、安防、消防、防雷等保护性设施建设，文物本体保护范围内的保存环境治理，陈列展示，维修保护资料整理和报告出版等。

具有重大价值的新发现不可移动文物的抢救性保护，在公布为相应级别的文物保护单位之前，可申请专项经费给予补助。

（二）考古发掘。主要用于经批准的考古发掘项目，包括：考古调查、勘探和发掘，考古资料整理以及报告出版，重要考古遗迹现场保护以及重要出土文物现场保护与修复等。

（三）可移动文物保护。主要用于国有文物收藏单位馆藏文物的保护，包括：预防性保护，保护方案设计，文物技术保护（含文物本体修复），数字化保护，资料整理以及报告出版等。

（四）博物馆建设。主要用于全区各级博物馆业务能力提升，包括：安防，消防，展览提升，文物征集，库房改造，馆舍维修，运行评估，免费开放绩效考评等。

（五）文物保护管理体系建设。主要用于文物“四有”工作、鉴定建档、数字化保护、信息平台及项目库建设、专业人员培训、专项调研及项目督查检查验收等。

（六）文物保护宣传与交流，包括重大文物活动宣传、刊物出版，专题片制作，学术活动，科学研究等。

（七）抢救性保护。主要用于因自然灾害等不可抗拒因素，导致文物本体严重受损的抢救性保护工作。

（八）自治区财政厅和自治区文物局批准的其他项目。

第六条 专项经费支出内容包括：

（一）文物维修保护工程支出，主要包括勘测费、规划及方案设计费、材料费、设备费、施工费、监理费、劳务费、测试化验加工费、管理费以及资料整理和报告出版费等。

（二）文物考古调查、发掘支出，主要包括调查勘探费、测绘费、发掘费、发掘现场安全保卫费、青苗补偿费、劳务费、考古遗迹现场保护费、出土文物保护与修复费以及资料整理和报告出版费等。

（三）文物安防、消防及防雷等保护性工程支出，主要包括规划及方案设计费、材料费、设备费、劳务费、施工费、监理费以及资料整理和报告出版费等。

（四）文物技术保护支出，主要包括方案设计费、测试化验加工费、材料费、设备费、劳务费、专家咨询费以及资料整理和报告出版费等。

（五）文物陈列布展支出，主要包括方案设计费、材料费、设备费、劳务费、施工费、监理费、专家咨询费以及资料整理和报告出版费等。

（六）文物保护管理体系建设支出，主要包括规划及方案设计费、材料费、设备费、资料整理及培训费等。

（七）文物保护宣传与交流支出，主要包括印刷费、咨询费、差旅费、邮电费、劳务费、委托业务费、其他商品服务支出等。

第七条 专项资金不得用于支付各种罚款、捐款、赞助、投资等支出，不得用于各种工资福利性支出，不得用于偿还债务，不得用于国家规定禁止列入的其他支出。

第三章 项目申报与审批

第八条 项目实施单位应当按照要求，根据行政隶属关系和规定程序逐级申报。

项目实施单位，应当在每年9月30日前向地州（市）财政局和文物局报送下一年度项目实施方案和项目申请报告，由地州（市）财政局和文物局对申报的项目进行审核汇总后，在每年10月31日前联合行文报送至自治区财政厅和自治区文物局。项目实施单位主管部门属于非文物系统的，应当由其主管部门审核同意后逐级报送至自治区财政厅和自治区文物局。

第九条 项目实施单位应当按照要求提供专项经费申请报告、保护方案及项目预（概）算文本。

第十条 自治区文物局组织专家对各地州（市）申报的项目进行评审，依据国家有关方针政策、自治区中长期文物保护规划和项目的轻重缓急，结合有关部门和地方文物保护工作情况，对项目进行合理排序，在每年11月15日前向自治区财政厅报送至下一年度专项经费分配方案，按照规定于自治区人大批准预算后30日内将专项经费下达自治区文物局、各地州（市）财政局。

第四章 专项经费管理

第十一条 按规定批准使用的专项经费应当按照预算及国库管理规定办理预算下达和专项经费拨付手续。

（一）用款单位属区级单位的，原则上实行国库集中支付，由自治区财政厅将款项直接拨付到用款单位。

（二）用款单位属地州（市）县单位的，由自治区财政厅向地州（市）财政局拨付专项经费；地州（市）财政局收到专项资金后，应按照专项经费具体用款项目及要求，在15个工作日内将专项经费拨付到用款单位。

第十二条 专项经费使用单位必须严格执行财务规章制度和会计核算办法，各项支出必须严格控制在批准的范围及开支标准内，按专项经费使用方案确保专款专用。

第十三条 专项经费实施过程中确因不可抗力或其他特殊情况致使项目不能依约完成、需要调整的，按照规定程序报请自治区文物局和自治区财政厅予以调整或变更。未经批准，不得随意调整变更实施项目。

第十四条 项目实施单位使用专项经费形成的资产属于国有资产，其管理、使用和处置按照国家国有资产管理的有关规定执行。知识产权、专利等无形资产的管理，应当按照国家相关知识产权和专利法律法规执行。专项研究成果（含专著、论文、研究报告、总结、鉴定证书及成果报道等），均应注明“自治区文物保护专项经费项目”。

第十五条 专项经费使用单位在预算年度结束后，应及时编制专项经费年度决算报表，报送本级财政部门。

第十六条 专项经费使用单位使用完毕专项经费后，应及时对项目经费使用情况进行财务决算，并向同级文体（文物）行政部门提出验收申请。同级文体（文物）行政部门应及时组织经费使用单位进行项目验收，并根据经费使用情况进行检查。

第五章 监督检查

第十七条 自治区财政厅、自治区文物局负责对专项经费管理使用情况进行监督检查和绩效评价，必要时可以委托第三方机构实施。检查或评价结果作为以后年度专项经费预算安排的重要参考依据。

第十八条 各地州（市）财政部门和文体（文物）行政部门应当按照各自职责，建立健全专项经费管理使用的监督检查机制和绩效评价制度。项目实施单位应当建立健全内部监督约束机制，确保专项经费管理和使用安全、规范。

第十九条 凡有下列行为之一，自治区财政厅和自治区文物局给予通报批评、停止拨款、暂停核批新项目、收回专项经费等处理，并依照《财政违法行为处罚处分条例》等国家和自治区有关规定追究法律责任。涉嫌犯罪的，依法移送司法机关处理。

（一）编报虚假预算，套取财政资金；

（二）截留、挤占、挪用专项资金；

（三）违反规定转拨、转移专项资金；

（四）提供虚假财务会计资料；

（五）擅自变更补助范围和支出内容；

（六）未按规定处理专项资金购置的固定资产和成批施工材料；

（七）因管理不善，给国家财产和资金造成损失和浪费；

（八）不按期报送专项资金年度决算、财务验收报告和报表；

（九）其他违反国家和自治区财经纪律的行为。

第六章　附　　则

第二十条　本办法自发布之日起实施。

关于印发《新疆维吾尔自治区“上海合作组织科技伙伴计划”专项经费管理暂行办法》的通知

（2016 年 9 月 19 日　自治区财政厅　科学技术厅　新财教〔2016〕234 号）

伊犁哈萨克自治州财政局、科技局，各地州市财政局，科技局，自治区各有关部门：

为规范和加强新疆维吾尔自治区“上海合作组织科技伙伴计划”（以下简称“伙伴计划”）专项资金管理，提高资金使用效益，根据《国务院关于改进加强中央财政科研项目和资金管理的若干意见》（国发〔2014〕11 号），财政部、科技部《国际科技合作与交流专项经费管理办法》（财教〔2007〕428 号），《关于改进加强自治区财政科技项目和资金管理的意见》（新财教〔2016〕14 号）和国家、自治区有关财务管理规定，自治区财政厅、科学技术厅共同制定了《新疆维吾尔自治区“上海合作组织科技伙伴计划”专项经费管理暂行办法》，现印发给你们，请遵照执行。

附件：新疆维吾尔自治区“上海合作组织科技伙伴计划”专项经费管理暂行办法

附件：

新疆维吾尔自治区“上海合作组织科技伙伴计划”专项经费管理暂行办法

第一章 总 则

第一条 为规范和加强新疆维吾尔自治区“上海合作组织科技伙伴计划”（以下简称“伙伴计划”）专项资金管理，提高资金使用效益，根据《国务院关于改进加强中央财政科研项目和资金管理的若干意见》（国发〔2014〕11号），财政部、科技部《国际科技合作与交流专项经费管理办法》（财教〔2007〕428号），新疆财政厅、科技厅《关于改进加强自治区财政科技项目和资金管理的意见》（新财教〔2016〕14号）和国家、自治区有关财务管理规定，制定本办法。

第二条 “伙伴计划”专项经费（以下简称“专项经费”）指自治区设立的由自治区财政预算安排的专项经费。

第三条 专项经费主要用于支持自治区境内具有独立法人资格的科研院所、高等学校、各类园区、内资或内资控股企业。

第四条 专项经费由自治区财政厅和科技厅共同管理，自治区科技厅主要负责具体组织实施。

第五条 专项经费支持的主要领域包括：环境和能源、生命科学与健康、农业、信息技术、水资源、材料、空间技术与应用、装备制造、食品、减灾防灾。

主要支持的项目包括：开展联合研究和先进技术示范与推广；共建技术转移中心；举办先进适用技术培训；共建数据共享及应用平台；共建联合实验室（联合研究中心）；共建农业科技示范园；共建高新技术产业园。专项经费不支持属于基本建设支出范围的国际合作与交流项目。

第六条 专项经费项目的组织实施按照“集中力量、突出重点、政府引导、合理配置、专款专用”的原则，紧密围绕《新疆丝绸之路经济带核心区建设行动计划（2014—2020年）》和《新疆维吾尔自治区中长期（2006—2020年）科学技术发展规划纲要》的重点任务与要求，立足自治区经济、社会发展和国家安全的重大需求，围绕成员国共同面对的社会经济发展中的科技问题，开展联合研究开发活动，有效发挥科技合作在中亚对外开放中的先导和带动作用，增强新疆在中亚科技方面的影响力，促进新疆科技进步和区域竞争力的提高。

第二章 专项经费开支范围

第七条 专项经费主要用于支付在项目组织实施过程中发生的，与“伙伴计划”科技合作与交流直接相关的各项费用。其开支范围主要包括：设备费、材料费、测试化验加工费、燃料动力费、技术引进费、差旅费、会议费、国际合作与交流费、出版/文献/信息传播/知识产权事务费、劳务费、专家咨询费、管理费用等。

（一）设备费：是指在项目研究开发过程中购置或试制专用仪器设备，对现有仪器设备进行升级改造，以及租赁外单位仪器设备而发生的费用。专项经费严格控制设备购置费支出。

（二）材料费：是指在项目研究开发过程中消耗的各种原材料、辅助材料等低值易耗品的采购及运输、装卸、整理等费用。

（三）测试化验加工费：是指在项目研究开发过程中支付给外单位（包括项目承担单位内

部独立经济核算单位）的检验、测试、化验及加工等费用。

（四）燃料动力费：是指在项目研究开发过程中相关大型仪器设备、专用科学装置等运行发生的可以单独计量的水、电、气、燃料消耗费用等。

（五）技术引进费：是指在项目组织实施过程中用于引进必要的国外先进适用技术经费。

（六）差旅/会议/国际合作与交流费：差旅费是指在项目研究开发过程中开展科学实验（试验）、科学考察、业务调研、学术交流等所发生的境内差旅费、市内交通费用等；会议费是指组织开展学术研讨、咨询以及协调项目或课题等活动而发生的会议费用；国际合作与交流费是指项目研究人员出国及外国专家来华工作的费用。以上相关支出可由科研人员结合科研活动实际需要编制预算并按规定统筹安排使用。相关开支标准应当按照国家和自治区有关规定执行。

（七）出版/文献/信息传播/知识产权事务费：是指在项目研究开发过程中，需要支付的出版费、资料费、专用软件购买费、文献检索费、专业通信费、专利申请及其他知识产权事务等费用。

（八）劳务费：是指在项目研究开发过程中支付给项目研究开发过程中支付给参与项目或课题研究的研究生、博士后、访问学者以及项目聘用的研究人员、科研辅助人员等的劳务性费用，以及聘请海外专家来华进行合作研发、技术培训、业务指导、讲学等支出的劳务性费用。项目聘用人员的劳务费开支标准，参照自治区科学研究和技术服务业从业人员平均工资水平，根据其在项目研究中承担的工作任务确定，其社会保险补助纳入劳务费科目列支。支付给海外专家的劳务费标准应当与国内同等水平人员的标准相一致。

（九）专家咨询费：是指在项目研究开发过程中支付给临时聘请的咨询专家的费用。专家咨询费不得支付给参与科技计划及其项目、项目管理相关的工作人员。专家咨询费的开支标准应当按照国家和自治区有关规定执行。

（十）管理费：是指在项目研究开发过程中对使用本单位现有仪器设备及房屋，日常水、电、气、暖消耗，以及其他有关管理费用的补助支出。管理费实行总额控制，由项目承担单位管理和使用，核定比例严格按照《新疆维吾尔自治区科技专项经费管理办法》执行。

第八条 项目在研究开发过程中发生的除上述费用之外的其他支出（如托运费、租赁费等），应当在申请预算时单独列示，单独核定。

第三章 申请和立项

第九条 申请专项经费应具备以下条件：

（一）项目承担单位与外方合作单位具有良好合作基础，且与外方合作单位签订了合作协议或者意向书。

（二）外方合作单位具有较强的技术实力或者较高的科研水平，并有一定人员、资金或设备投入。特殊情况下，外方合作单位可以技术投入（包括知识产权、专有技术和资料）的方式参与合作。

（三）科技厅根据对外科技合作政策认为应当具备的其他申请条件。

第四章 项目预算的编制与审批

第十条 项目申请单位在申请立项、编制项目申报材料的同时，应当编制项目经费预算。科技厅在对征集项目进行筛选、凝练、整合时，应对项目申请单位提出的项目经费预算提出审核意见。

第十一条 项目预算编制要求：

（一）项目预算的编制应当根据课题研究的合理需要，坚持目标相关性、政策相符性和经费合理性原则。

（二）项目预算编制时应当编制来源预算与支出预算。

来源预算除申请专项经费外，有自筹经费来

源的，应当提供出资证明及其他相关财务资料。自筹经费包括单位的自有货币资金，专项用于该项目研究的其他货币资金等。项目承担单位在项目实施前已有的仪器设备、图书资料、实验材料等非货币形式的投入不能作为项目自筹资金的组成部分。

支出预算应当按照经费开支范围确定的支出科目和不同经费来源编制，同一支出科目一般不得同时列支专项经费和自筹经费。支出预算应当对各项支出的主要用途和测算理由等进行详细说明。

（三）有多个单位共同承担一个课题的，应当同时编列各单位承担的主要任务、经费预算等。

（四）项目预算书应当由项目负责人协助项目承担单位财务部门共同编制。

（五）编制项目预算时，应当同时申报项目承担单位的现有组织实施条件和资源，以及从单位外部可能获得的共享服务，并针对项目实施可能形成的科技资源和成果，提出社会共享的方案。

第十二条 项目预算按有关要求经项目组织单位审核汇总后报送科技厅。

科技厅、财政厅组织专家或委托中介机构对重大项目预算进行独立评审或评估，并对预算评审或评估结果进行审核。对于项目预算存在重大异议的，应当按照程序进行复评。

第十三条 科技厅按照财政科技经费管理的要求，提出项目预算安排建议，会同财政厅审定会签后，由科技厅向项目申请单位下达项目立项批复和预算批复。经批准的项目预算应当纳入科研项目预算管理数据库统一管理，分年度滚动安排。

第五章 项目预算执行

第十四条 科技厅根据下达的项目预算，与项目组织单位、课题承担单位签订项目（课题）预算责任书。项目（课题）预算书是预算执行、监督检查和财务验收的重要依据。

第十五条 实行招标投标管理的项目（课题），其经费预算的确定按国家招投标的有关规定执行。

第十六条 专项经费的拨付，按照财政国库集中支付管理的有关规定执行。经费使用中涉及政府采购的，按照政府采购有关规定执行。

第十七条 项目承担单位应当严格按照下达的项目预算执行，一般不予调整，确有必要调整时，应当遵循《新疆维吾尔自治区科技专项经费管理办法》规定的预算调整程序核批。

第十八条 项目承担单位应当严格按照本办法的规定，制定内部管理办法，建立健全内部控制制度，加强对专项经费的监督和管理，对专项经费及其自筹经费分别进行单独核算。

第十九条 项目承担单位应当严格按照本办法规定的项目经费开支范围和标准办理支出。严禁使用项目经费支付各种罚款、捐款、赞助、投资等，严禁以任何方式变相谋取私利。

第二十条 项目承担单位应当按照规定编制项目经费年度财务决算报告。项目经费下达之日起到年度终了不满三个月的项目，当年可不编报年度决算，其经费使用情况在下一年度的年度决算报表中编制反映。项目决算报告由项目承担单位财务部门会同项目负责人编制。项目决算报告由项目组织单位审核汇总后，于次年的 3 月 20 日前报科技厅。

第二十一条 项目结转结余资金按照自治区财政科技项目结转结余资金管理规定处理。

第二十二条 项目计划下达后，由于各种原因导致项目变更、中止、撤消，项目组织单位应向科技厅提出书面申请报告，经科技厅审核批准后，停止项目预算的拨款。需要变更项目的，按照项目立项程序重新报批后，方能按项目预算进行拨款。

第二十三条 预算执行过程实行重大事项报告制度。在项目实施期间，出现项目计划任务调整、项目负责人变更或调动单位、项目承担单位变更等影响经费预算执行的重大事项，项目负责人、项目承担单位应当及时报项目组织单位及科技厅批准。

第二十四条 专项经费形成的固定资产属国有资产，一般由项目承担单位进行管理和使用，自治区有权调配用于相关科学研究开发。专项经费形成的知识产权等无形资产的管理，按照国家有关规定执行。

专项经费形成的大型科学仪器设备、科学数据、自然科技资源等，按照国家有关规定开放共享，以减少重复浪费，提高资源利用率。

第七章 监督检查

第二十五条 财政厅、科技厅对专项经费拨付使用的情况进行监督检查。

第二十六条 科技厅会同财政厅组织专家或委托中介机构对专项经费的使用和管理进行专项财务检查或中期评估。专项财务检查和中期评估结果，将作为调整项目或课题预算安排，按进度核拨经费的重要依据。

第二十七条 项目完成后，项目组织单位应当及时向科技厅提出财务验收申请，财务验收是进行项目验收的前提。科技厅负责组织对项目进行财务审计和财务验收。

第二十八条 存在下列行为之一的，不得通过财务验收：

（一）编报虚假预算，套取国家财政资金；

（二）未对专项经费进行单独核算；

（三）截留、挤占、挪用专项经费；

（四）违反规定转拨、转移专项经费；

（五）提供虚假财务会计资料；

（六）未按规定执行和调整预算；

（七）虚假承诺，自筹经费不到位；

（八）其他违反国家财经纪律的行为。

第二十九条 项目通过验收后，各项目承担单位应当在一月内及时办理财务结账手续。项目经费如有结余予以收回，不得归项目组成员所有，长期挂帐，严禁用于发放奖金和福利支出。

第三十条 科技厅应当结合财务审计和财务验收，逐步建立科研项目经费的绩效评价制度。

第三十一条 专项经费管理建立承诺机制。项目承担单位法定代表人、项目负责人在编报预算时，应当共同签署承诺书，保证所提供信息的真实性，并对信息虚假导致的后果承担责任。

第三十二条 专项经费管理建立信用管理机制。科技厅对项目组织单位、项目承担单位、项目负责人、中介机构和评审评议专家在专项经费管理方面的信誉度进行评价和记录。

第三十三条 对于预算执行过程中，不按规定管理和使用专项经费、不及时编报决算、不按规定进行会计核算的单位，科技厅将会同财政厅予以停拨经费或通报批评，情节严重的可以终止项目或课题。对于未通过财务验收，存在弄虚作假、截留、挪用、挤占专项经费等违反财经纪律的行为，科技厅、财政厅可以取消有关单位或个人今后三年内申请自治区科技计划的资格。同时建议有关部门给予纪律处分。构成犯罪的，依法移送司法机关追究刑事责任。

第八章 附　　则

第三十四条 本办法由科技厅、财政厅负责解释。

第三十五条 本办法自 2016 年 10 月 20 日起执行。

关于印发《新疆维吾尔自治区区级文艺院团政府购买演出管理办法》的通知

（2016 年 9 月 21 日　自治区财政厅　新财教〔2016〕238 号）

自治区文化厅：

为进一步推进自治区级文艺院团体制机制创新，理顺各院团经费保障渠道，充分发挥财政资金的使用效益，结合当前实际，自治区财政厅制定了《新疆维吾尔自治区区级文艺院团政府购买演出管理办法》，现印发给你们，请遵照执行。

附件：新疆维吾尔自治区区级文艺院团政府购买演出管理办法

附件：

新疆维吾尔自治区区级文艺院团政府购买演出管理办法

第一条　为进一步推进自治区级文艺院团体制机制创新，理顺各院团经费保障渠道，保证各院团演出活动的正常运转，调动演职人员的积极性，提升演出质量，增强其公共文化服务能力，自治区建立区级文艺院团政府购买演出机制。为保障该机制的顺利运行，特制定本管理办法。

第二条　政府购买演出的范围包括：自治区党委、人大、政府、政协、国家有关部委安排的由各院团参加的重大节庆演出、文化交流、慰问演出和文化惠民等政治性、公益性演出等活动。

第三条　政府购买演出补助标准见下表：

序号	演出类型	大型（100 人以上、90 分钟以上）		中型（80 人左右、60 分钟左右）		小型（20—40 人、40 分钟以下）
		新创编	二次创编	新创编	二次创编	
1	歌舞类	27	18	18	14	9
2	歌剧话剧类	26	—	20	—	9
3	乐团类	30	20	23	17	9
4	杂技类	26	—	17	—	9
5	传统艺术传承类	30	18	21	15	9
6	文化惠民演出	单场 1.5 万元				

第四条 政府购买演出补助资金优先用于自治区级文艺院团在职人员绩效工资发放和缴纳基本养老保险、职业年金，并可用于演出活动所产生的节目创作、演出服装购置、演出设备租用和维护等开支。不得用于与艺术演出无关的接待、基本建设投资等方面的费用。

第五条 政府购买演出补助资金纳入自治区本级财政预算，根据自治区级文艺院团每年演出场次据实安排。

第六条 自治区级文艺院团应于每年10月15日前，统计上年10月至当年9月期间实际政府购买演出场次，填报“自治区级文艺院团政府购买演出场次统计表”（见附表），并提供县级及以上宣传部门出具的演出证明材料，报自治区文化厅；自治区文化厅应于每年10月25日前，根据审核汇总后自治区级文艺院团实际政府购买演出场次以及本办法制定的政府购买演出补助标准，提出政府购买演出预算申请报自治区财政厅；自治区财政厅审核后，按程序列入下年预算。

第七条 建立政府购买演出机制后，自治区级文艺院团应按照自治区规范津贴补贴以及事业单位人员养老保险有关政策，确保在职人员绩效工资的发放和基本养老保险、职业年金的缴纳。在此基础上，自治区级文艺院团内部可建立和完善奖励机制。

第八条 建立政府购买演出机制后，各院团开展的商业演出仍按照市场化管理经营。

第九条 政府购买演出补助专项资金的使用应遵守国家和自治区的法律法规以及财政、财务规章制度和财经纪律。任何单位和个人不得虚报、滞留、截留、挤占、挪用专项资金。自治区财政厅将会同审计、监察等部门进行监督检查，对发现的违法违规行为，将收回专项资金。

第十条 本办法由自治区财政厅负责解释。

第十一条 本办法自发布之日起30日后实施。原《关于印发〈新疆维吾尔自治区区级文艺院团政府购买演出暂行办法〉的通知》（新财教〔2016〕363号）同时废止。

附：自治区级文艺院团政府购买演出场次统计表（略）

关于印发《新疆维吾尔自治区非物质文化遗产保护专项资金暂行管理办法》的通知

（2016年9月23日　自治区财政厅、文化厅　新财教〔2016〕240号）

伊犁哈萨克自治州财政局、文体局，各地州市财政局，文体局：

为了进一步加强自治区非物质文化遗产保护工作，规范和加强非物质文化遗产专项资金的管理与使用，提高专项资金使用效益，根据《中华人民共和国预算法》《国家非物质文化遗产保护专项资金管理暂行办法》（财教〔2006〕71号）以及《新疆维吾尔自治区非物质文化遗产保护条例》等法律法规和财政管理的有关规定，结合我区非物质文化遗产保护工作的实际，我们制定了《新疆维吾尔自治区非物质文化遗产保护专项资金管理暂行办法》现印发给你们，请遵照执行。

附件：新疆维吾尔自治区非物质文化遗产保护专项资金管理暂行办法

附件：

新疆维吾尔自治区非物质文化遗产保护专项资金管理暂行办法

第一章 总 则

第一条 为了进一步加强自治区非物质文化遗产保护工作，规范和加强非物质文化遗产专项资金的（以下简称"专项资金"）管理与使用，提高专项资金使用效益，根据《中华人民共和国预算法》《国家非物质文化遗产保护专项资金管理暂行办法》（财教〔2006〕71号）以及《新疆维吾尔自治区非物质文化遗产保护条例》等法律法规和财政管理的有关规定，结合我区非物质文化遗产保护工作实际，制定本办法。

第二条 专项资金的来源为自治区财政拨款。专项资金的年度预算，根据自治区非物质文化遗产保护年度工作计划及自治区财政财力情况核定。

第三条 专项资金的管理和使用应当坚持统一管理、分级负责、合理安排、专款专用的原则。

第四条 专项资金的管理和使用要严格执行国家和自治区有关法律法规及财务规章制度，并接受财政、审计和文化等相关部门的监督检查。

第二章 专项资金的分类及开支范围

第五条 专项资金分为保护项目补助经费和组织管理经费两大类。

第六条 保护项目补助经费专项资金是指对自治区名录项目及其他重大项目进行保护、保存、研究、传承等方面所发生的支出，包括自治区名录项目保护传承经费和其他重大项目保护补助经费。

（一）自治区名录项目保护传承经费的主要开支范围包括：理论及技艺研究费、传承人及传习活动补助费、民俗活动补助费、资料抢救整理及出版费、文化生态区保护补助费等。

（二）其他重大项目保护补助经费的主要开支范围包括：自治区名录项目以外的重大课题研究补助费、资料抢救整理及出版费等。

第七条 组织管理经费是指为保证非物质文化遗产保护工作正常开展所发生的各项支出，主要包括普查经费、宣传出版经费和专家咨询经费等。

第三章 专项资金的申报与审批

第八条 专项资金由地州（市）文化行政部门和财政部门逐级申报，地州（市）文化行政部门和财政部门应当在每年8月31日前对项目单位申报的项目材料进行审核、汇总后，在每年9月30日前向自治区文化厅和自治区财政厅联合行文报送下一年度项目实施方案和项目申请报告。项目申报单位属于自治区本级的直接报送至文化厅。凡越级上报或单方面上报的均不受理。

第九条 自治区文化厅负责组织专家对各地州（市）申报的项目实施方案进行论证和评审，项目论证评审应按照公开、公正、公平的原则组织实施。对申报项目进行合理排序，在每年10月31日前向自治区财政厅报送至下一年度专项资金配方案。

自治区直属单位和地、县申报项目时出现同一名录的，鼓励联合申报，同时遵循属地优先原则。

第四章　专项资金的拨付

第十条　地州（市）财政部门收到专项资金补助通知后，按时将经费拨付用款单位。

第十一条　专项资金使用单位必须严格执行财务规章制度和会计核算办法，各项支出必须严格控制在批准的范围及开支标准内，按专项资金使用方案，确保专款专用。

第十二条　专项资金实施过程中确因不可抗力或其他特殊情况致使项目不能依约完成、需要调整的，按照规定程序报请自治区财政厅和自治区文化厅予以调整或变更。未经批准，不得随意调整变更实施项目。

第十三条　专项资金使用单位在预算年度结束后，应及时编制专项资金年度决算报表，报送本级财政部门。

第十四条　专项资金使用单位使用完毕专项经费后，应及时对项目专项资金使用情况进行财务决算，并向同级文化行政部门提出验收申请。同级文化行政部门应及时组织验收组，对项目实施单位专项资金使用和项目实施情况进行检查和验收。

第十五条　用专项资金购置的固定资产应按照国有资产管理的有关规定，纳入使用单位的固定资产帐户进行核算与管理。

纳入政府采购目录的项目应按照政府采购的有关规定执行。

第五章　专项资金的监督与检查

第十六条　自治区财政厅、自治区文化厅负责对专项资金的管理使用情况进行监督检查和绩效评价，必要时可以委托第三方机构实施。检查或评价结果作为以后年度专项资金预算安排的重要参考依据。

第十七条　各地州（市）财政部门和文化行政部门应当按照各自职责，建立健全专项资金管理使用的监督检查机制和绩效评价制度。项目实施单位应当建立健全内部监督约束机制，确保专项资金管理和使用安全、规范。

第十八条　凡有下列行为之一，自治区财政厅和自治区文化厅给予通报批评、停止拨款、暂停核批新项目、收回专项资金等处理，并依照《财政违法行为处罚处分条例》等国家和自治区有关规定追究法律责任。

（一）编报虚假预算，套取财政资金；

（二）截留、挤占、挪用专项资金资金；

（三）违反规定转拨、转移专项资金；

（四）提供虚假财务会计资料；

（五）擅自变更补助范围和支出内容；

（六）不按规定上报专项资金使用情况的；

（七）不按期报送专项资金年度决算、财务验收报告和报表的；

（八）其他违反国家和自治区财经纪律的行为。

第六章　附　　则

第十九条　本办法自发布之日起30日后实施。

附：自治区级非物质文化遗产名录项目补助资金申报表

附：

自治区级非物质文化遗产名录项目补助资金申报表

申报单位公章：

申报补助项目名称			
资金申报单位名称			
联系地址		邮政编码	
申报项目负责人（联系人）		联系电话	
开户名称			
开户银行			
开户账号			
已采取的保护措施			
补助资金使用内容			

项目支出明细预算		金额（万元）
	合　计	

注：金额以万元为单位。

关于印发《新疆维吾尔自治区集中连片特困地区乡村教师生活补贴补助资金管理暂行办法》的通知

（2016年9月27日　自治区财政厅　教育厅　新财教〔2016〕271号）

喀什地区、和田地区、克孜勒苏柯尔克孜自治州、阿克苏地区财政局、教育局：

为贯彻落实《中共中央 国务院关于加快发展现代农业 进一步增强农村发展活力的若干意见》（中发〔2013〕1号）和《教育部 财政部关于落实2013年中央1号文件要求对在连片特困地区工作的乡村教师给予生活补助的通知》（教财函〔2013〕106号）精神，落实乡村教师差别化政策，提高乡村教师生活待遇，进一步稳定乡村教师队伍，自治区财政设立集中连片特困县乡村教师生活补贴补助资金，为加强资金管理，提高资金使用效益，根据国家和自治区有关规定，自治区财政厅、教育厅制定了《新疆维吾尔自治区集中连片特困地区乡村教师生活补贴补助资金管理暂行办法》，现印发给你们，请遵照执行。

附件：新疆维吾尔自治区集中连片特困地区乡村教师生活补贴补助资金管理暂行办法

附件：

新疆维吾尔自治区集中连片特困地区乡村教师生活补贴补助资金管理暂行办法

第一条　为加强和规范自治区集中连片特困县乡村教师生活补贴补助资金（以下简称“补助资金”）管理，提高资金使用效益，提高乡村教师生活待遇，根据国家和自治区有关规定，制定本办法。

第二条　补助资金是由自治区财政通过一般公共预算安排、用于补助自治区集中连片特困县乡村教师的资金。

第三条　补助资金由自治区财政厅、自治区教育厅共同管理。自治区财政厅负责补助资金中期财政规划和年度预算编制，会同自治区教育厅分配下达资金，对资金使用情况进行监督和绩效管理；自治区教育厅负责基础数据统计，审核各地申报材料，提出资金需求测算方案，推动组织实施工作，会同自治区财政厅做好资金使用情况监督和绩效管理工作。

第四条 补助资金补助对象为自治区集中连片特困地区的乡村公办中小学和幼儿园在编在岗教师，含三年服务期内的特岗教师（以下简称“乡村教师”），具体是指市区、县城以外的乡村教师。

第五条 补助资金发放的原则：

（一）以岗定补，按月发放。生活补助按照岗位确定，凡在乡村学校（幼儿园）岗位上工作的在编在岗教师均可享受，且生活补助费按月发放。离开乡村学校（幼儿园）工作岗位者，从次月起取消生活补助。

（二）区分标准，突出重点。自治区财政按教师每人每月200元标准予以补助。各地财政、教育部门在具体实施过程中，要区分标准，突出重点，杜绝平均主义。要坚持向边远乡镇、条件艰苦乡镇、山区乡镇的学校（幼儿园）、村小和教学点倾斜。要综合考虑本地乡村教师交通距离远近、生活条件艰苦程度等因素，原则上按照300元、200元、100元三个档次区分标准，确定具体生活补助额度。

（三）公开公正，阳光操作。在实施生活补助时，做到生活补助范围、对象、条件、档次标准公开，通过当地教育部门、报刊、网站和学校公开栏等便于公众知晓的方式，按年度进行公示，并设立监督举报电话，受理教师投诉，全过程接受社会监督。

第六条 下列人员不享受乡村教师生活补助：

（一）上年度年终考核等级为不合格的在编在岗教师；

（二）因违反教师职业道德、政治纪律等原因，受到警告、记过、降低专业技术职务或撤消专业技术职务等级处分期间的教师；

（三）在编不在岗教师（含因借调、调动、长期病事假等不在岗教师，但因公外出培训者除外）；

（四）离退休教师；

（五）在乡村学校支教但已享受自治区“三区人才计划教师专项计划”支教教师补助的教师。

第七条 每年由自治区教育厅在编制部门预算时根据相关统计资料人数提出资金申请，经自治区财政厅审核后列入下一年度预算。

第八条 补助资金支付应当按照国库集中支付有关规定执行。

第九条 补助资金结余，由各地财政部门按有关规定使用。

第十条 补助资金应当专款专用，及时发放，对于滞留、截留、挤占、挪用、虚列、套取补助资金以及疏于管理的，按照《财政违法行为处罚处分条例》给予严肃处理。

第十一条 自治区财政厅、自治区教育厅对补助资金管理使用情况适时开展监督检查和绩效评价。监督检查、绩效评价和预算监管结果作为分配教育专项资金的重要参考依据。

自治区各级财政和教育部门应当按照各自职责，建立健全补助资金管理使用的监督检查和绩效评价制度。相关学校应当建立健全内部监督约束机制，确保补助资金管理和使用安全、规范。

第十二条 本办法由自治区财政厅和教育厅负责解释。请各地教育、财政部门根据本办法尽快研究制订本地乡村教师生活补助实施方案，报送自治区教育厅、财政厅审核备案。

第十三条 本办法自公布之日起30日后施行。

关于印发《新疆维吾尔自治区特殊教育补助资金管理暂行办法》的通知

（2016年9月27日 自治区财政厅 教育厅 新财教〔2016〕272号）

伊犁哈萨克自治州财政局、教育局，各地州市财政局、教育局：

根据《财政部 教育部关于印发〈特殊教育补助资金管理办法〉的通知》（财教〔2015〕463号）精神，为加强和规范特殊教育补助资金管理，提高资金使用效益，支持特殊教育发展，根据国家和自治区有关规定，自治区财政厅、教育厅制定了《新疆维吾尔自治区特殊教育补助资金管理暂行办法》，现予印发，请遵照执行。

附件：新疆维吾尔自治区特殊教育补助资金管理暂行办法

附件：

新疆维吾尔自治区特殊教育补助资金管理暂行办法

第一条 根据《财政部 教育部关于印发〈特殊教育补助资金管理办法〉的通知》（财教〔2015〕463号）精神，为加强和规范特殊教育补助资金（以下简称“补助资金”）管理，提高资金使用效益，支持特殊教育发展，按照国家和自治区有关规定，制定本办法。

第二条 补助资金是由中央和自治区财政通过一般公共预算安排、用于支持特殊教育发展的资金。

第三条 补助资金由自治区财政厅、自治区教育厅共同管理。自治区财政厅负责组织补助资金中期财政规划和年度预算编制，会同自治区教育厅分配下达资金，对资金使用情况进行监督和绩效管理；自治区教育厅负责指导各地编制项目规划，审核各地申报材料，提出资金需求测算方案，推动组织实施工作，会同自治区财政厅做好资金使用情况监督和绩效管理工作。

第四条 补助资金使用管理遵循“中央引导、突出重点、区级统筹、规范透明”的原则。

第五条 补助资金支持范围为自治区独立设置的特殊教育学校和招收较多残疾学生随班就读的义务教育阶段学校。补助资金主要用于以下方面：

（一）支持特殊教育学校改善办学条件，为特殊教育学校配备特殊教育教学专用设备设施和仪器等。

（二）支持特教资源中心（教室）建设，为资源中心和义务教育阶段普通学校的资源教室配备必要的特殊教育教学和康复设备。

（三）支持向重度残疾学生接受义务教育提供送教上门服务，为送教上门的教师提供必要的交通补助；支持探索教育与康复相结合的医教结合实验，配备相关仪器设备，为相关人员提供必要的交通补助。

第六条 补助资金按因素法分配到各地，主要分配因素包括：义务教育阶段特殊教育学生数等事业发展情况、人均可用财力、工作努力程度等。各因素数据通过相关统计资料和各地申报材料获得。

第七条 各地财政和教育部门应当在每年2月15日前，向自治区财政厅和教育厅提出当年补助资金申报材料。申报材料主要包括：

（一）上年度资金使用管理情况。主要包括上年度资金安排与分配情况、工作进展情况、资金效益和有关建议意见等。上年度各地安排支持特殊教育发展方面的专项资金统计表及相应预算文件。

（二）本年度工作方案。主要包括当年工作目标和绩效目标、重点任务和资金预算安排、执行计划及时间表，绩效目标要明确、具体、可考核。

补助资金申报材料作为开展绩效评价和资金分配的依据之一。逾期不提交申报材料的，在分配当年资金时，相关因素作零分处理。

第八条 自治区财政厅、自治区教育厅接到中央补助资金预算后，应当30日内按照预算级次合理分配、及时下达预算，将预算发文抄送财政部驻新疆财政监察专员办事处。自治区财政厅和教育厅每年在自治区人民代表大会批准自治区本级财政预算后90日内，下达自治区本级资金预算。

各级财政和教育部门应当在收到上级补助资金预算文件后的30日内，将项目落实到具体单位。并做好组织实施工作。严禁用于偿还债务、弥补其他项目资金缺口，严禁套取、截留、挤占和挪用。

第九条 补助资金支付应当按照国库集中支付有关规定执行。

第十条 自治区财政厅、自治区教育厅应当统筹组织、指导协调相关管理工作，建立健全项目管理制度，督促县级财政和教育部门将补助资金落实到项目。

支持特殊教育学校改善办学条件，应当优先支持未达到《特殊教育学校建设标准》和《三类特殊教育学校教学与医疗康复仪器设备配备标准》的学校；资源中心应当设立在30万人口以下且未建立特殊教育学校的县，资源教室应当优先设立在招收较多残疾学生随班就读且在当地学校布局调整规划中长期保留的义务教育阶段学校；“医教结合”实验项目应当优先选择具备整合教育、卫生、康复等资源的能力，能够提供资金、人才、技术等相应支持保障条件的地区和学校。

第十一条 各地教育和财政部门应当督促项目单位严格执行项目预算，加快项目实施进度，确保项目如期完成。

项目实施中涉及政府采购的，应当严格执行政府采购有关法律法规及制度。项目实施完成后，应当及时办理验收和结算手续，同时办理固定资产入账手续。未经验收或验收不合格的设施设备不得交付使用。

第十二条 项目预算下达后，因不可抗力等客观原因导致项目无法实施时，各地财政和教育部门应向自治区财政厅和教育厅提出申请，履行项目变更和预算调整审批手续。

第十三条 项目实施完成后，若有结余资金，由各地财政部门按有关规定使用。

第十四条 自治区财政厅和教育厅对补助资金管理使用情况适时开展监督检查和绩效评价。监督检查、绩效评价和预算监管结果作为分配补助资金的重要参考依据。

自治区各级财政和教育部门应当按照各自职责，建立健全补助资金管理使用的监督检查和绩效评价制度。项目单位应当建立健全内部监督约束机制，确保补助资金管理和使用安全、规范。

第十五条 自治区各级财政部门要按照财政预决算公开的要求做好信息公开工作。自治区财政厅、自治区教育厅应当通过网站等方式及时公开自治区年度项目遴选办法和结果、资金安排情况及工作进展等情况。各地教育部门应当将项目名称、立项时间、实施进展、经费使用和验收结果等信息予以全程公开。

第十六条 补助资金应当专款专用，对于滞留、截留、挤占、挪用、虚列、套取补助资金以及疏于管理影响目标实现的，按照《财政违法行为处罚处分条例》给予严肃处理。

第十七条 本办法由自治区财政厅、自治区教育厅负责解释。

第十八条 本办法自印发之日起30日后施行。

关于印发《新疆维吾尔自治区改善普通高中学校办学条件补助资金管理暂行办法》的通知

（2016年9月23日 自治区财政厅 教育厅 新财教〔2016〕273号）

伊犁哈萨克自治州财政局、教育局，各地州市财政局、教育局：

为贯彻落实国家和自治区《中长期教育改革和发展规划纲要（2010—2020年）》有关精神，根据《财政部 教育部关于印发〈改善普通高中学校办学条件补助资金管理办法〉的通知》（财教〔2015〕420号）精神，为加强和规范改善贫困地区普通高中基本办学条件专项资金管理，自治区财政厅、自治区教育厅制定了《新疆维吾尔自治区改善普通高中学校办学条件补助资金管理暂行办法》，现予印发，请遵照执行。

附件：新疆维吾尔自治区改善普通高中学校办学条件补助资金管理暂行办法

附件：

新疆维吾尔自治区改善普通高中学校办学条件补助资金管理暂行办法

第一条 为加强和规范改善普通高中学校办学条件补助资金（以下简称“补助资金”）管理，提高资金使用效益，支持改善贫困地区普通高中学校基本办学条件，按照国家和自治区有关规定，根据《财政部 教育部关于印发〈改善普通高中学校办学条件补助资金管理办法〉的通知》（财教〔2015〕420号）精神，制定本办法。

第二条 补助资金是由中央和自治区财政设立、通过一般公共预算安排、用于改善贫困地区普通高中学校基本办学条件的资金。

第三条 补助资金由自治区财政厅、自治区教育厅共同管理。自治区财政厅负责组织补助资金中期财政规划和年度预算编制，会同自治区教育厅分配下达资金，对资金使用情况进行监督和绩效评价；自治区教育厅负责指导地方编制改善普通高中学校基本办学条件项目规划，审核地方申报材料，推动组织实施工作，运用信息化等手段加强项目管理，会同自治区财政厅做好资金使用情况监督和绩效评价工作。

第四条 补助资金使用管理遵循"总量控制、突出重点、区级统筹、规范透明"的原则。

第五条 补助资金支持范围为贫困地区普通高中学校。

本办法的贫困地区是指集中连片特困地区、国家扶贫开发工作重点县以及其他贫困县。乌鲁木齐市、克拉玛依市所辖区原则上不列入本办法所指的贫困地区。

本办法的普通高中学校是指教学、生活设施等不能满足基本需求、尚未达到国家基本办学条件标准的公办普通高中学校、完全中学或十二年一贯制学校的高中部。

第六条 补助资金主要用于支持普通高中学校校舍改扩建、配置图书和教学仪器设备以及体育运动场等附属设施建设。严禁用于偿还债务；严禁用于平衡预算、发放人员经费。

第七条 补助资金按因素法分配到各地，具体分配因素包括：普通高中学校在校生数、人均可用财力、基本办学条件相关指标、工作努力程度等。各因素数据通过相关统计资料和各地资金申报材料获得。

第八条 各地财政和教育部门应当在每年2月15日前，向自治区财政厅、自治区教育厅提出当年补助资金申报材料，并抄送财政部驻本省财政监察专员办事处。主要包括：

（一）上年度补助资金安排使用情况工作总结，主要内容包括上年度补助资金使用情况、年度绩效目标完成情况、各地财政投入情况、主要管理措施、问题分析及对策。

（二）当年工作计划，主要包括当年工作目标和绩效目标、重点任务和资金安排计划，绩效目标要明确、具体、可考核。

（三）上年度各地财政安排改善普通高中学校办学条件方面的专项资金统计表及相应预算文件。

第九条 补助资金申报材料作为开展绩效评价和资金分配的依据之一。逾期不提交申报材料的，在分配当年资金时，相关因素作零分处理。

第十条 自治区财政厅、自治区教育厅接到中央补助资金预算后，应当30日内按照预算级次合理分配、及时下达预算，将预算发文抄送财政部驻新疆财政监察专员办事处。

第十一条 各地财政和教育部门应当在收到上级补助资金预算文件后的30日内，按照项目规划将资金科学合理地分配到学校，落实到具体项目。并做好组织实施工作。

第十二条 补助资金应优先满足基本需要，支持已列入当地学校布局规划、拟长期保留或新建的学校，优先建设、购置教学和学生生活最急需的基本设备和设施。要注重投入效益，防止项目过于分散。严禁超标准建设和豪华建设。

第十三条 补助资金支付应当按照国库集中支付有关规定执行。

第十四条 自治区财政厅和自治区教育厅统筹组织、指导协调相关管理工作，督促各地财政和教育部门将补助资金落实到项目，加强项目库建设和管理。

第十五条 各地教育和财政部门应当督促普通高中学校严格执行项目预算，加快项目实施进度，确保项目如期完成。

属于基本建设的项目，应当严格履行基本建设程序，严格执行相关建设标准和要求，确保工程质量；属于政府采购范围的项目，应当严格执行政府采购法律制度规定。项目实施完成后，应当及时办理验收和结算手续，同时办理固定资产入账手续。未经验收或验收不合格的建设项目和设施设备不得交付使用。

第十六条 项目预算下达后，因不可抗力等客观原因导致项目无法实施时，各地财政和教育部门应向自治区财政厅和自治区教育厅提出申请，履行项目变更和预算调整审批手续。

第十七条 项目实施完成后，若有结余资金，由各地财政部门按有关规定执行。

第十八条 自治区财政厅、自治区教育厅根据各地补助资金管理使用情况，适时开展监督检查和绩效评价。监督检查和绩效评价结果作为分配补助资金的重要参考依据。

自治区各级财政和教育部门应当按照各自职责，建立健全补助资金管理使用的监督检查和绩效评价制度。普通高中学校应当建立健全内部监督约束机制，确保补助资金管理和使用安全、规范。

第十九条 自治区各级财政部门要按照财政预算公开的要求做好信息公开工作。各地特别是县级教育部门应当通过当地媒体、部门网站等方式，向社会公开普通高中学校改造年度资金安排、工作进展等情况。

获得补助资金支持的学校，应当将支持项目名称、立项时间、实施进展、经费使用和验收等信息通过校内公告栏予以全程公开，有条件的可以通过学校门户网站公开。

第二十条 补助资金应当专款专用，对于滞留、截留、挤占、挪用、虚列、套取补助资金以及疏于管理影响目标实现的，按照《财政违法行为处罚处分条例》等有关规定给予严肃处理。

第二十一条 各地财政和教育部门可以依据本办法，制定地方补助资金管理和使用的具体办法或者实施细则。

第二十二条 本办法自公布之日起30日后施行。

关于印发《新疆维吾尔自治区普通高中国家助学金管理办法》的通知

（2016年9月23日　自治区财政厅　教育厅　新财教〔2016〕274号）

伊犁哈萨克自治州财政局、教育局，各地州市财政局、教育局：

根据《财政部 教育部关于建立普通高中家庭经济困难学生国家资助制度的意见》（财教〔2010〕356号）和《财政部 教育部关于印发普通高中国家助学金管理暂行办法的通知》（财教〔2010〕461号）精神，为加强普通高中国家助学金管理，确保资助工作顺利实施，自治区财政厅、教育厅制定了《新疆维吾尔自治区普通高中国家助学金管理办法》，现印发给你们，请遵照执行。

附件：新疆维吾尔自治区普通高中国家助学金管理办法

附 件：

新疆维吾尔自治区普通高中国家助学金管理办法

第一章　总　　则

第一条　根据《财政部 教育部关于建立普通高中家庭经济困难学生国家资助制度的意见》（财教〔2010〕356 号）和《财政部 教育部关于印发普通高中国家助学金管理暂行办法的通知》（财教〔2010〕461 号）精神，为加强普通高中国家助学金管理，确保资助工作顺利实施，特制定本办法。

第二条　本办法适用于根据国家有关规定批准设立、实施普通高中学历教育的全日制普通高中学校和完全中学的高中部。

第三条　普通高中国家助学金的资助对象为具有正式注册学籍的普通高中在校生中的家庭经济困难学生。

第四条　普通高中国家助学金资助面为：对南疆四地州按照 100% 给予补助，其他地州是按照在校生的 30% 进行补助。在确定资助面时适当向农村地区、贫困地区倾斜。

第五条　普通高中国家助学金所需资金由中央和自治区共同出资设立。其中：中央与自治区按照 8∶2 比例分担，自治区所承担的资金中，自治区直属中学、南疆三地州、以及阿克地区乌什县、柯坪县所需配套资金由自治区本级全额补助；阿克苏阿瓦提县应由县级承担的配套资金部分，由自治区本级和阿克苏地区本级各承担一半，乌鲁木齐市、克拉玛依市、石河子市所需配套资金由当地自行承担，其他地县由自治区本级和地县 7∶3 比例分担。

第二章　资助标准与申请条件

第六条　普通高中国家助学金平均资助标准为每生每学年 2 000 元，用于资助家庭经济困难学生的学习和生活费用开支，具体标准由各地及自治区本级学校结合实际在 1 000—3 000 元范围内确定，可以分为 2—3 档。

第七条　国家助学金的基本申请条件：

1. 热爱祖国，拥护中国共产党的领导；维护祖国统一，反对民族分裂。
2. 遵守宪法和法律，遵守学校规章制度。
3. 诚实守信，道德品质优良。
4. 勤奋学习，积极上进。
5. 家庭经济困难，生活俭朴。

第三章　名额分配与预算下达

第八条　自治区财政厅、教育厅将根据国家下达的助学金分配名额及预算，提出本年度自治区普通高中助学金的资金和资助名额，并联合下达各地（州、市）财政、教育部门，各地（州、市）财政、教育部门将预算及资助名额下达至各县（市、区）财政、教育部门。各县（市、区）财政、教育部门负责将国家助学金分配名额和经费预算下达到所属各普通高中学校。

第四章　评　　审

第九条　国家助学金按学年申请和评定，按学期发放。

第十条　各普通高中于每年 9 月 30 日前受理家庭经济困难学生提出的申请，学生需提交

"新疆维吾尔自治区普通高中国家助学金申请表"（见附1）及相关证明材料。证明材料包括：孤儿、残疾和烈士子女相关证明、农村和城镇低保证原件和复印件、家庭所在村或街道民政部门出具的家庭经济困难证明材料，以及能证明其家庭经济困难的其他有关材料等。

第十一条 各普通高中要根据本办法的规定，结合下达的资助名额，按照公开、公平、公正的原则，对学生提交的"新疆维吾尔自治区普通高中国家助学金申请表"及相关材料，组织由学校领导、班主任和学生代表组成的评审小组进行认真评审，提出资助名单和资助档次，并在学校内进行不少于7天的公示，同时，须公布当地教育局和本校的监督电话。公示无异议，填报"新疆维吾尔自治区普通高中国家助学金领取表"（见附2）后，即可发放国家助学金。

每年11月15日前，学校将受资助名单、资助形式和评审公示情况报同级教育、财政部门备案。各县（市、区）要逐级填报"新疆维吾尔自治区普通高中国家助学金资助情况汇总表"（见附3），于每年11月底前上报自治区教育厅、财政厅。

第五章 助学金发放、管理与监督

第十二条 各普通高中要把资助家庭经济困难学生作为一项重要的工作任务，实行校长负责制，校长为第一责任人，指定专门机构，确定专职人员，具体负责此项工作。学校要制定国家助学金具体实施办法，要为每位受助学生分别办理银行储蓄卡，直接将国家助学金发放到受助学生手中，一律不得以现金形式发放，也不得以实物或服务等形式，抵顶或扣减国家助学金。为学生办理银行储蓄卡，不得向学生收取卡费或押金等费用，也不得从学生享受的国家助学金中抵扣。

各普通高中要建立专门档案，将学生申请表、受理结果、资金发放等有关凭证和工作情况分年度建档备查。

第十三条 各地教育行政部门和普通高中要加强学生学籍管理，统筹利用现有中小学电子学籍信息系统，建立完善普通高中学生电子学籍及学生资助信息系统，确保学生资助信息真实、可靠。

第十四条 各级财政、教育部门和普通高中要切实加强国家助学金的管理，严格执行国家相关财经法规和本办法的规定，对国家助学金实行分账核算，专款专用，不得截留、挤占、挪用，同时接受财政、审计、纪检监察、主管机关等部门的检查和监督。对于挤占挪用资金、弄虚作假套取资金等行为，按照《财政违法行为处罚处分条例》（国务院令第427号）有关规定严肃处理。

第六章 附 则

第十五条 民办普通高中学校要按照国家有关规范办学，其招收的符合本办法规定申请条件的普通高中学生，也可以申请国家助学金，具体办法由各地教育、财政部门根据当地实际情况制定。

第十六条 各级财政、教育部门要进一步落实、完善鼓励捐资助学的相关优惠政策措施，积极引导和鼓励企业、社会团体及个人等面向普通高中设立奖学金、助学金。

第十七条 助学金结余资金由各地财政部门按有关规定执行。

第十八条 本办法由新疆维吾尔自治区财政厅、教育厅负责解释。

第十九条 本办法自公布之日起30日后施行。《自治区财政厅 教育厅关于印发〈新疆维吾尔自治区普通高中国家助学金管理暂行办法〉的通知（新财教〔2011〕11号）同时废止。

附：1. 新疆维吾尔自治区普通高中国家助学金申请表
2. 新疆维吾尔自治区普通高中国家助学金领取表
3. 新疆维吾尔自治区普通高中国家助学金资助情况汇总表

附 1：

新疆维吾尔自治区普通高中国家助学金申请表

学校名称：

<table>
<tr><td>姓名</td><td></td><td>性别</td><td></td><td>出生年月</td><td colspan="2"></td><td rowspan="3"></td></tr>
<tr><td>民族</td><td></td><td>政治面貌</td><td></td><td>入学时间</td><td colspan="2"></td></tr>
<tr><td>年级班级</td><td colspan="3"></td><td>身份证号码</td><td colspan="2"></td></tr>
<tr><td rowspan="7">家庭成员情况</td><td>姓　名</td><td>年龄</td><td colspan="2">与本人关系</td><td colspan="3">工作或学习单位</td></tr>
<tr><td></td><td></td><td colspan="2"></td><td colspan="3"></td></tr>
<tr><td></td><td></td><td colspan="2"></td><td colspan="3"></td></tr>
<tr><td></td><td></td><td colspan="2"></td><td colspan="3"></td></tr>
<tr><td></td><td></td><td colspan="2"></td><td colspan="3"></td></tr>
<tr><td></td><td></td><td colspan="2"></td><td colspan="3"></td></tr>
<tr><td></td><td></td><td colspan="2"></td><td colspan="3"></td></tr>
<tr><td rowspan="3">家庭经济状况</td><td>户籍性质</td><td colspan="3">□农村　　□非农业</td><td>主要收入来源</td><td colspan="2"></td></tr>
<tr><td>家庭住址及邮编</td><td colspan="3"></td><td>联系电话</td><td colspan="2"></td></tr>
<tr><td>家庭人口总数</td><td></td><td>家庭年收入</td><td></td><td>人均年收入</td><td colspan="2"></td></tr>
<tr><td>申请国家助学金的主要理由</td><td colspan="7">申请人签名：　　　　　　年　　月　　日</td></tr>
<tr><td>班级审核意见</td><td colspan="7">班主任签字：　　　　　　年　　月　　日</td></tr>
<tr><td>学校审核意见及公示结果</td><td colspan="7">负责人签字：　　　　　　（公章）
年　　月　　日</td></tr>
</table>

附 2：

新疆维吾尔自治区普通高中国家助学金领取表

学校名称： 日期： 年 月 日

学生姓名	性别	民族	所在班级	资助金额（元）	经办教师签名	学生签名	备注

附 3：

新疆维吾尔自治区普通高中国家助学金资助情况汇总表

填报单位：

地区名称	国家助学金资金落实情况					国家助学金资助情况						
	合计	中央资金	自治区资金	市级资金	县级资金	现有在校生			资助人数			资助比例
						合计	公办学校	民办学校	合计	公办学校	民办学校	
××地（州、市）合计												
××县（市、区）小计												

关于印发《新疆维吾尔自治区支持学前教育发展资金管理暂行办法》的通知

（2016 年 9 月 22 日　自治区财政厅　教育厅　新财教〔2016〕275 号）

伊犁哈萨克自治州财政局、教育局，各地州市财政局、教育局：

为规范和加强中央财政支持学前教育发展资金管理，提高资金使用效益，扩大学前教育资源，提高幼儿资助水平，根据《财政部 教育部关于印发〈中央财政支持学前教育发展资金管理办法〉的通知》（财教〔2015〕222 号）精神，自治区财政厅、教育厅制定了《新疆维吾尔自治区支持学前教育发展资金管理暂行办法》，现印发给你们，请遵照执行。

附件：新疆维吾尔自治区支持学前教育发展资金管理暂行办法

附件：

新疆维吾尔自治区支持学前教育发展资金管理暂行办法

第一章　总　　则

第一条　为规范和加强中央和自治区财政支持学前教育发展资金（以下简称“学前教育发展资金”）的管理，提高资金使用效益，按照国家、自治区有关规定，根据《财政部 教育部关于印发〈中央财政支持学前教育发展资金管理办法〉的通知》（财教〔2015〕222 号）精神，制定本办法。

第二条　本办法所称学前教育发展资金，是由中央和自治区财政设立，通过一般公共财政预算安排、用于奖补支持各地州市扩大学前教育资源、开展幼儿资助的资金。

第三条　学前教育发展资金由自治区财政厅、自治区教育厅共同管理。自治区财政厅负责组织学前教育发展资金中期财政规划和年度预算编制，会同自治区教育厅分配及下达资金，对学前教育发展资金使用情况进行监督检查；自治区教育厅负责制定学前教育专项计划，为预算编制和资金分配提供基础数据，会同自治区财政厅对项目执行情况进行专项检查，共同做好项目管理。

第四条　学前教育发展资金分配使用管理遵循“总量控制，突出重点，区级统筹，规范透明”的原则。向农村、边远、贫困地区倾斜。

第二章　资金使用范围

第五条　学前教育发展资金分为两类，即"扩大资源"类项目资金和"幼儿资助"类项目资金。前者用于奖补支持各地多种渠道扩大普惠性学前教育资源，后者用于奖补支持各地健全幼儿资助制度。

第六条　"扩大资源"类项目资金由自治区财政厅、自治区教育厅统筹用于以下几方面支出：

（一）支持在农村和城乡结合部新建、改扩建公办幼儿园、改善办园条件等；

（二）通过政府购买服务、奖励等方式支持普惠性民办幼儿园发展；

（三）支持企业事业单位、城市街道、农村集体举办的幼儿园向社会提供普惠性服务；

（四）支持农民工随迁子女在流入地接受学前教育；

（五）支持在偏远农村地区实施学前教育巡回支教试点。

第七条　"幼儿资助"类项目资金用于资助普惠性幼儿园在园家庭经济困难儿童、孤儿和残疾儿童接受学前教育。

第八条　学前教育发展资金严禁用于偿还债务；严禁用于平衡预算。

第三章　资金分配与拨付

第九条　自治区财政厅和教育厅根据资金总量和学前教育改革发展工作需要，分别确定"扩大资源"和"幼儿资助"两类项目资金的规模。

第十条　"扩大资源"类项目资金按照因素法进行分配。分配因素包括基础与绩效因素、投入与努力因素和改革与管理因素三类。其中：

基础与绩效因素，指学前教育事业发展目标及其实现情况。主要包括在园幼儿数、民办幼儿园在园幼儿数、人均可用财力等子因素。各子因素数据根据相关事业发展统计资料获得。

投入与努力因素，指学前教育投入情况。主要包括上年度各地学前教育生均一般公共财政预算支出、社会力量投入（主要是民办学校举办者投入、社会捐赠等）总量等子因素。各子因素数据通过相关教育经费统计数据获得。

改革与管理因素，指推进学前教育改革、加强资金管理等情况。主要根据推进学前教育综合改革、学前教育发展资金管理和使用、制度建设、工作总结材料上报等情况综合核定，由自治区教育厅会同自治区财政厅组织考核获得计量数据。

第十一条　"幼儿资助"类项目资金按因素法进行分配。具体分配时，分配因素包括在园幼儿规模、资助制度建立健全、各地财政幼儿资助投入及实施效果。

第十二条　自治区财政厅、自治区教育厅接到中央补助资金预算后，应当30日内按照预算级次合理分配、及时下达预算，将预算发文抄送财政部驻新疆财政监察专员办事处。

第十三条　各地财政和教育部门收到上级预算文件后的30日内，按预算级次分解下达资金，并将资金分配结果应当同时录入学前教育相关管理信息系统。

第十四条　各级财政部门拨付学前教育发展资金，要严格执行国库集中支付制度，确保专款专用。

第十五条　项目实施完成后，若有结余资金，由各地财政部门统筹安排。另有规定的，按有关规定执行。

第四章　资金申报

第十六条　各地财政和教育部门应当在每年2月15日前，向自治区财政厅、自治区教育厅报送当年学前教育发展资金申报材料。

第十七条　学前教育发展资金申报材料主要内容包括：

（一）上年度学前教育"扩大资源"类项目资金使用情况工作总结及当年工作计划，工作总结内容包括上年度学前教育事业发展工作基础，综合改革及相关制度建立情况，为扩大资源所采取的措施、学前教育发展资金安排使用情况、工作成效及存在问题，各地学前教育投入及增长情况（不含幼儿资助资金投入）等；工作计划内容包括工作目标、重点任务、主要措施和资金安排计划等。

（二）上年度“幼儿资助”类项目资金使用情况工作总结及当年工作计划，包括幼儿资助制度建立健全和落实、各地财政幼儿资助投入、工作成效等情况，以及当年完善制度、工作措施和资金安排等方面的计划。

（三）上年度各地财政对学前教育各项投入的预算文件。

第十八条 学前教育发展资金申报材料是资金分配的重要依据。逾期不提交申报材料的地州，在分配当年资金时，“扩大资源”类项目资金中的“改革与管理”因素作零分处理。

第五章 资金管理和监督

第十九条 自治区财政厅和教育厅根据各省工作进展情况，对学前教育发展资金适时组织开展绩效评价。

“扩大资源”类项目资金，自治区各级财政和教育部门要根据学前教育发展目标和各地实际，统筹确定扩大学前教育资源的方式和资金比例，采取适宜的资金管理方式，厉行勤俭节约，反对铺张浪费。加强项目库建设和管理。属于基本建设的项目，要严格履行基本建设程序，项目完成后要及时办理竣工决算和资产移交等手续。属于政府采购范围的项目，应该严格执行政府采购法律制度规定。

“幼儿资助”类项目资金，自治区各级财政和教育部门要向贫困地区倾斜，合理确定资助范围和资助标准，建立幼儿资助管理信息系统和动态调整机制，通过减免保育教育费、补助伙食费等方式，确保家庭经济困难幼儿接受普惠性学前教育。

第二十条 自治区各级财政和教育部门要明确职责，分级管理，加强监督，提高资金使用效益。

财政部门主要负责制定适合当地实际的专项资金管理办法、相关支出补助标准、多渠道扩大资源和幼儿资助等管理制度，安排专项资金预算并按时拨付、会同有关部门和单位按规定实施政府采购，监督检查专项资金使用情况，对本地资金管理中的重大事项组织调研、核查和处理。

教育部门主要负责指导本地和幼儿园编制学前教育发展规划，提出年度专项资金预算建议，参与制定专项资金管理办法、相关支出补助标准、多渠道扩大资源和幼儿资助等管理制度。建立健全相关管理信息系统，提供学前教育基础数据，负责指导项目实施和管理工作，指导督促幼儿园建立健全财务管理制度和专项资金管理办法。

第二十一条 自治区各级教育和财政部门应定期沟通交流项目实施成效，及时采取措施，解决项目实施中存在的困难，加快项目实施进度，确保项目质量。

第二十二条 自治区各级财政部门要按照财政预算公开的总体要求做好信息公开工作。特别是县级教育部门应当通过当地媒体、部门网站等方式，向社会公示扩大学前教育资源总体规划、年度资金安排等情况。

获得学前教育发展资金支持的幼儿园，应当将支持项目名称、立项时间、实施进展、经费使用和验收等信息通过园内公告栏予以全程公开，有条件的还可通过幼儿园门户网站公开。

第二十三条 对于滞留、截留、挤占、挪用、虚列、套取学前教育发展资金以及疏于管理的，按照《财政违法行为处罚处分条例》等有关规定给予严肃处理。

第六章 附 则

第二十四条 本办法由自治区财政厅、自治区教育厅负责解释。

第二十五条 本办法自公布之日起30日后施行。《自治区财政厅 教育厅关于印发〈自治区财政扶持城市学前教育发展奖补资金管理暂行办法〉的通知》（新财教〔2012〕453号）同时废止。

关于印发《新疆维吾尔自治区公办义务教育阶段学校班主任津贴补助资金管理暂行办法》的通知

（2016年9月27日 自治区财政厅 教育厅 新财教〔2016〕276号）

伊犁哈萨克自治州财政局、教育局，各地州市财政局、教育局：

为进一步稳定教师队伍，提高教师待遇水平，自治区财政设立公办义务教育阶段学校班主任津贴补助资金，为加强资金管理，提高资金使用效益，根据国家和自治区有关规定，自治区财政厅、教育厅制定了《新疆维吾尔自治区公办义务教育阶段学校班主任津贴补助资金管理暂行办法》，现予印发，请遵照执行。

附件：新疆维吾尔自治区公办义务教育阶段学校班主任津贴补助资金管理暂行办法

附件：

新疆维吾尔自治区公办义务教育阶段学校班主任津贴补助资金管理暂行办法

第一条 为加强和规范自治区公办义务教育阶段学校班主任津贴补助资金（以下简称“补助资金”）管理，提高资金使用效益，根据国家和自治区有关规定，制定本办法。

第二条 补助资金是由自治区财政通过一般公共预算安排、用于补助自治区公办义务教育阶段学校班主任的资金。

第三条 补助资金由自治区财政厅、自治区教育厅共同管理。自治区财政厅负责补助资金中期财政规划和年度预算编制，会同自治区教育厅分配下达资金，对资金使用情况进行监督和绩效管理；教育厅基础数据统计，审核地方申报材料，提出资金需求测算方案，推动组织实施工作，会同财政部做好资金使用情况监督和绩效管理工作。

第四条 补助资金补助对象为自治区公办义

务教育阶段学校在编在岗班主任，含担任班主任的三年服务期内的特岗教师。

第五条 补助资金由自治区各级财政共同承担，其中：自治区财政对南疆三地州和阿克苏地区的柯坪县、乌什县、阿瓦提县全额补助，乌鲁木齐市、石河子市、克拉玛依市不予补助，其他地州补助70%。

第六条 补助资金发放的原则

（一）结合实际，统筹发放。补助资金应纳入到义务教育阶段学校绩效工资的奖励性绩效工资范围内，根据《自治区义务教育学校教师绩效考核工作指导意见》，合理使用。

（二）以岗定补，按月发放。补助资金按照岗位确定，自治区公办义务教育阶段学校班主任岗位上工作的在编在岗教师均可享受，并按月发放。离开班主任工作岗位者，从次月起取消补助。

（三）区分标准，突出重点。自治区财政按教师每人每月120元，每年补助10个月的标准予以补助。各地财政、教育部门在具体实施过程中，要区分标准，突出重点，杜绝平均主义，要综合考虑学生人数、学校艰苦程度等多种因素，区分不同档次。

（四）公开公正，阳光操作。做到补助范围、对象、条件、档次标准公开，通过当地教育部门、报刊、网站和学校公开栏等便于公众知晓的方式，按年度进行公示，并设立监督举报电话和网上举报信箱，受理教师投诉，全过程接受社会监督。

第七条 下列人员不享受班主任津贴补助：

（一）上年度年终考核等级为不合格的在编在岗班主任；

（二）因违反教师职业道德、政治纪律等原因，受到警告、记过、降低专业技术职务或撤消专业技术职务等级处分期间的班主任；

（三）在编不在岗班主任（含因借调、调动、长期病事假等不在岗教师，但因公外出培训者除外）；

（四）离退休班主任；

（五）在乡村学校支教但已享受自治区“三区人才计划教师专项计划”支教教师补助的班主任。

第八条 每年由自治区教育厅在编制部门预算时根据相关统计资料人数提出资金申请，经自治区财政厅审核后列入下一年度预算。

第九条 补助资金支付应当按照国库集中支付有关规定执行。

第十条 补助资金结余，由各地财政部门按有关规定使用。

第十一条 补助资金应当专款专用，及时发放，对于滞留、截留、挤占、挪用、虚列、套取补助资金以及疏于管理影响目标实现的，按照《财政违法行为处罚处分条例》给予严肃处理。

第十二条 自治区财政厅、自治区教育厅对补助资金管理使用情况适时开展监督检查和绩效评价。监督检查、绩效评价和预算监管结果作为分配教育专项资金的重要参考依据。

自治区各级财政和教育部门应当按照各自职责，建立健全补助资金管理使用的监督检查和绩效评价制度。相关学校应当建立健全内部监督约束机制，确保补助资金管理和使用安全、规范。

第十三条 本办法由自治区财政厅和教育厅负责解释。请各地教育、财政部门根据本办法研究制订本地区班主任津贴补助资金管理办法或实施细则，报送自治区教育厅、财政厅审核备案。

第十四条 本办法自公布之日起30日后施行。

关于印发《新疆维吾尔自治区农村义务教育薄弱学校改造补助资金管理办法》的通知

（2016年9月27日　自治区财政厅　教育厅　新财教〔2016〕277号）

伊犁哈萨克自治州财政局、教育局，各地州市财政局、教育局：

根据《财政部 教育部关于印发〈农村义务教育薄弱学校改造补助资金管理办法〉的通知》（财教〔2015〕3号）精神。

按照自治区《自治区全面改善义务教育薄弱学校基本办学条件实施方案（2014—2018年）》的要求，为规范和加强农村义务教育薄弱学校改造补助资金管理，提高资金使用效益，支持做好全面改善贫困地区义务教育薄弱学校基本办学条件工作，财政厅、教育厅制定了《农村义务教育薄弱学校改造补助资金管理办法》，现予印发，请遵照执行。

附件：新疆维吾尔自治区农村义务教育薄弱学校改造补助资金管理办法

附件：

新疆维吾尔自治区农村义务教育薄弱学校改造补助资金管理办法

第一章　总　　则

第一条　为规范和加强农村义务教育薄弱学校改造补助资金（以下简称薄改补助资金）管理，提高资金使用效益，支持全面改善贫困地区义务教育薄弱学校基本办学条件工作，按照国家和自治区有关规定，根据《财政部 教育部关于印发〈农村义务教育薄弱学校改造补助资金管理办法〉的通知》（财教〔2015〕3号）精神，制定本办法。

第二条　薄改补助资金是由中央和自治区财政设立、通过一般公共财政预算安排、用于改善贫困地区义务教育薄弱学校基本办学条件的资金。

第三条　薄改补助资金由自治区财政厅、自治区教育厅共同管理。自治区财政厅负责专项资金中期财政规划和年度预算编制，会同自治区教育厅分配及下达资金，对资金使用情况进行监督和绩效评价；自治区教育厅负责薄弱学校改造计划规划编制，指导和推动薄弱学校改造计划的实施工作，运用信息化等手段加强项目管理，会同自治区财政厅做好资金使用情况监督和绩效评价工作。

第四条 薄改补助资金使用管理遵循“总量控制、突出重点，奖补结合、区级统筹，公平公正、规范透明”的原则。

第五条 各地财政要结合自身财力，增加对改善贫困地区义务教育薄弱学校基本办学条件的经费投入。

第二章 资金使用范围

第六条 薄改补助资金支持范围为自治区贫困地区薄弱学校。

本办法的贫困地区是指集中连片特困地区县、国家扶贫开发工作重点县、贫困的民族县和边境县，以及其他贫困县。乌鲁木齐市、克拉玛依市所辖区原则上不列入本办法所指的贫困地区。

本办法的薄弱学校是指教学、生活设施条件等不能满足基本需求的农村义务教育阶段学校（含县城义务教育阶段学校）。

第七条 薄改补助资金支持的薄弱学校必须是已列入当地学校布局规划、拟长期保留的农村义务教育阶段公办学校。

非义务教育阶段公办学校、小学附设的学前班或者幼儿园、完全中学和十二年一贯制学校的高中部、民办学校、地市及以上城市义务教育阶段学校以及因打造“重点校”而形成的超大规模学校不纳入支持范围。

第八条 薄改补助资金用于“校舍及设施建设类”和“设备及图书购置类”两类项目。

（一）“校舍及设施建设类”项目主要包括：

1. 新建、改建和修缮必要的教室、实验室、图书室，以及农村小学必要的运动场等教学设施；

2. 新建、改建和修缮农村小学必要的学生宿舍、食堂（伙房）、开水房、厕所、澡堂等生活设施，以及必要的校园安全等附属设施；

3. 现有县镇“大班额”义务教育学校（小学班额超过56人、初中班额超过66人的义务教育学校）必要的扩容改造；

4. 在宽带网络接入学校的条件下建设校园内信息化网络基础设施。

（二）“设备及图书购置类”项目主要包括：

1. 购置必要的教学实验仪器设备、音体美器材等教学仪器设备；

2. 为宿舍、食堂（伙房）、水房等公共生活设施配置必要的家具、设备，以及必要的校园安保设备等；

3. 购置适合中小学生阅读的图书；

4. 购置计算机、投影仪等必要的多媒体教学设备和信息化网络设备等。

第九条 以下内容不得列入薄改补助资金使用范围：

（一）独立建筑的办公楼、礼堂、体育馆、塑胶跑道、游泳馆（池）、教师周转宿舍等；

（二）一次性投入低于5万元的校舍维修和零星设备购置项目；

（三）教育行政部门机关及直属非教学机构的建设和设备购置等；

（四）其他超越基本办学条件范畴的事项。

第十条 薄改补助资金严禁用于偿还债务；严禁用于平衡预算、发放人员津补贴以及冲抵地方应承担的校舍维修改造长效机制、公用经费等支出。

第三章 资金分配与拨付

第十一条 薄改补助资金按因素法分配到各地，分配因素包括基础因素、投入因素、绩效因素和管理因素四类。其中：

基础因素，下设标准化验收的时间，贫困人口数及贫困发生率、人均可用财力、义务教育学生数及基本办学条件经费理论缺口数等子因素。各子因素数据通过相关统计资料获得。

投入因素，下设生均财政义务教育支出水平、财政教育经费投入增长率、财政义务教育教育经费投入增长率等子因素。各子因素数据通过相关统计资料和各地申报材料获得。

绩效因素，由自治区教育厅会同自治区财政厅依据各地全面改善薄弱学校基本办学条件实施方案年度任务完成情况及相关标准，组织考核获得计量数据。

管理因素，主要包括工程开工及竣工情况、各类数据录入审核等业务工作管理，以及资金监督管理等情况。由教育厅会同财政厅组织考核获得计量数据。

第十二条 自治区财政厅、自治区教育厅在接到中央薄改补助资金预算后，根据各地财政和教育部门上一年度在自治区本级编制部门预算时填报的下一年度《自治区农村义务教育薄弱学校改造计划专项资金建设计划申报表》（以下简称《建设计划》），在30日内按照预算级次合理分配、及时下达预算，将预算发文抄送财政部驻新疆财政监察专员办事处。

第十三条 各地财政和教育部门应当在收到上级补助资金预算文件后的30日内，按照项目规划将资金科学合理地分配到学校，落实到具体项目，并做好组织实施工作。

第十四条 各地财政和教育部门应当按照下达的《建设计划》组织项目实施，并及时将资金分配结果、项目执行情况录入全国薄弱学校改造计划管理信息系统，加强项目信息化管理。

第十五条 自治区财政厅、自治区教育厅根据全区薄弱学校基本办学条件改善任务和完成时限等因素，合理分配中央、地方财政资金，做到规范分配、合理使用，确保资金分配公平公正，切实防范廉政风险。

第四章 资金申报

第十六条 自治区财政厅、自治区教育厅每年11月15日前，根据当年预算安排情况测算下达各地下一年度薄改补助资金控制数。

第十七条 各地财政和教育部门收到下一年度控制数后，应当在每年12月10日前，向自治区财政厅、自治区教育厅提出下一年度薄改补助资金申报材料。

第十八条 各地财政和教育部门报送的申报材料包括：

（一）各地财政、教育部门根据按照薄改补助资金控制数，填报的下一年度“自治区农村义务教育薄弱学校改造计划专项资金建设计划申报表”。

（二）当年薄改补助资金安排使用情况工作总结，主要内容包括当年全面改善薄弱学校基本办学条件工作落实情况及绩效目标完成情况、薄改补助资金安排使用情况、地方财政投入情况、主要管理措施、问题分析及对策。

（三）下一年度工作计划，主要包括当年工作目标和绩效目标、重点任务和资金安排计划，绩效目标要明确、具体、可考核。

（四）当年各地财政安排改善薄弱学校办学条件方面的专项资金统计表及相应预算文件。

（五）当年全面改善贫困地区义务教育薄弱学校基本办学条件工作完成情况。

第十九条 各地教育和财政部门在填报《建设计划》时，要坚持“实用、够用、安全、节俭”的原则，把满足基本需要放在首位，优先建设、购置教学和学生生活最急需的基本设备和设施。要注重投入效益，做到改一所，成一所，防止项目过于分散。

严禁超标准建设和豪华建设。严禁将资金向少数优质学校集中，拉大教育差距。严禁举债改善义务教育薄弱学校基本办学条件。

第二十条 各地教育和财政部门在填报《建设计划》时，应当与农村义务教育经费保障机制的校舍维修改造长效机制、中西部农村初中校舍改造工程和地方实施的其他义务教育项目资金相互衔接，统筹安排，避免重复支持。

第二十一条 薄改补助资金申报材料作为开展绩效评价和资金分配的依据之一。逾期不提交申报材料的，将暂不安排相关资金。

第五章　资金管理与绩效评价

第二十二条　薄改补助资金要严格执行国库集中支付制度，确保专款专用。

第二十三条　自治区教育厅、自治区财政厅对薄改补助资金实施目标管理。各地教育和财政部门要统筹组织、指导协调项目管理工作，督促专项资金落实到项目。各地教育和财政部门应当建立薄改补助资金项目库，实行项目管理，确保薄改补助资金使用可检查、可监控和可考核。

第二十四条　除高寒和高海拔地区外，薄改补助资金支持的校舍及设施建设类项目原则上应当在资金下达后两年内完成。

项目完成后要及时办理验收和结算手续，同时办理固定资产入账手续。未经验收或验收不合格的建设项目和设施设备不得交付使用。

第二十五条　项目预算下达后，因不可抗力等客观原因导致项目无法实施时，各地财政和教育部门应向自治区财政厅、自治区教育厅提出申请，履行项目变更和预算调整审批手续。

第二十六条　项目实施完成后，若有结余资金，由各地财政和教育部门按相关规定统一管理和使用；项目资金不足的，由各地财政和教育部门统筹安排弥补。

第二十七条　自治区财政厅、自治区教育厅根据各省份薄弱学校改造计划工作进展情况，适时组织开展绩效评价或再评价，绩效评价结果作为分配资金的依据。绩效评价工作方案另行制定。

第二十八条　各地财政和教育部门要结合实际开展薄弱学校改造计划资金使用的绩效评价工作，将绩效评价结果作为资金分配的重要依据。

第二十九条　实施薄改补助资金支持的项目，应当执行政府采购等法律制度的有关规定，落实有关政策要求，规范采购行为。实施薄改补助资金支持的校舍及设施建设类项目，属于基本建设的，应当履行基本建设程序，严格执行相关建设标准和要求，新建项目要符合抗震设防和综合防灾要求，确保工程质量。

第六章　资金监督检查

第三十条　明确资金监管职责。自治区各级财政和教育部门要明确职责，加强协作。财政部门主要负责专项资金的预算安排、资金拨付、管理和监督；教育部门主要负责基础数据的真实性、准确性和完整性，项目规划的编报和年度项目遴选申报、专项资金使用管理和监督检查。

第三十一条　建立信息公开制度。自治区各级财政部门要按照财政预算公开的总体要求做好信息公开工作。各地特别是县级教育部门应当通过当地媒体、部门网站等方式，向社会公示薄弱学校改造计划总体规划、年度资金安排、工作进展等情况。其中，年度资金安排应包括项目学校名单、项目内容和资金额度，在县级教育部门的门户网站公示时间不少于1年。

对薄改补助资金支持的项目，项目学校应当全程公开从立项、实施情况到验收的相关信息。

第三十二条　建立监督检查制度。实行自治区重点检查、各地定期巡查、县级经常自查的监督检查机制。

自治区各级财政部门应当将薄改补助资金管理使用情况列入重点监督检查范围，加强专项资金的监督检查。自治区各级教育部门应当对薄改补助资金的使用管理及效果进行定期检查。

各学校应当强化内部监管，自觉接受外部监督，配合审计机关将薄弱学校改造计划资金使用情况纳入每年重点审计内容，进行全过程跟踪审计。

有条件的地方，还可以通过政府购买服务，聘请具备资质的社会中介组织参与监督检查。

第三十三条　对于报送虚假信息、骗取薄改补助资金的，一经查实，自治区财政将相应扣减下一年度资金；情节严重的，取消该地区分配薄改补助资金的资格，并在全区范围内予以通报。

第三十四条 建立责任追究制度。专项资金实行“谁使用、谁负责”的责任追究机制。对于滞留、截留、挤占、挪用、虚列、套取专项资金、违规乱收费以及疏于管理，影响目标实现的，按照《财政违法行为处罚处分条例》等有关规定给予严肃处理。

第七章 附 则

第三十五条 各地财政和教育部门可以依据本办法，制定地方薄改补助资金管理和使用的具体办法或者实施细则。

第三十六条 本办法自公布之日起30日后施行。

附：自治区农村义务教育薄弱学校改造计划专项资金建设计划申报表（略）

关于印发《自治区高等院校伙食补助专项资金使用管理暂行办法》的通知

（2016年9月27日 自治区财政厅 教育厅 新财教〔2016〕285号）

伊犁哈萨克自治州财政局、教育局，乌鲁木齐市财政局、教育局，克拉玛依市财政局、教育局，昌吉州财政局、教育局，阿克苏地区财政局、教育局，巴音郭楞蒙古自治州财政局、教育局，哈密市财政局、教育局，自治区各高等院校：

为进一步做好自治区普通高校学生伙食工作，规范和加强自治区高等院校伙食补助专项资金管理，自治区财政厅、教育厅制定了《自治区高等院校伙食补助专项资金使用管理暂行办法》，现予印发，请遵照执行。

附件：自治区高等院校伙食补助专项资金使用管理暂行办法

附件：

自治区高等院校伙食补助专项资金使用管理暂行办法

为进一步做好自治区普通高校学生伙食工作，规范和加强自治区高等院校伙食补助专项资金管理，根据国家和自治区有关财政财务管理规定，制定《自治区高等院校伙食补助专项资金使用管理暂行办法》（以下简称“伙食补助专项资金”）。

第一条 设立自治区高等院校伙食补助专项资金是贯彻自治区党委、人民政府关于稳定学校食堂饭菜价格水平、建立高校食堂价格调控长效机制的重要举措，目的是对学生食堂基本伙食进行补贴，降低食堂原材料及用工成本，控制饭菜价格上涨。

第二条 伙食补助专项资金由自治区财政专项拨款及高校配套资金两部分组成。自治区财政按照每生每月 20 元，每年 10 个月标准进行拨付，高校按照每生每月 20 元，每年 10 个月标准落实配套资金。

第三条 每年自治区教育厅在编制部门预算时根据高校人数提出资金申请，经自治区财政厅审核后列入下一年度预算。

第四条 各级财政在收到伙食补助专项资金后应及时下达高校，确保伙食补助专项资金及时用于食堂补贴。

第五条 自治区本级财政拨付的伙食补助专项资金全部补助到学生食堂，学校配套的伙食补助资金的 75% 用于学生食堂补助、25% 用于困难学生补助。

第六条 用于困难学生补助的 25% 伙食补助专项资金直接充值于困难学生饭卡。

第七条 伙食补助专项资金具体开支范围。

（一）食堂大宗原材料，包括米、面、油、肉、蛋、菜等的采购；

（二）食堂设备更新及水、电、暖、煤等成本支出。

第八条 伙食补助专项资金高校主管后勤、财务的校领导、财务处、后勤管理办公室、监察审计处等组成联合管理小组，负责伙食补助专项资金的使用管理工作。

财务处负责对伙食补助专项资金单独设置账务，编制预算，单独进行核算，专款专用，接受有关部门的审计检查。后勤管理办公室负责伙食补助专项资金的具体使用。监察审计处负责对伙食补助专项资金的使用情况是进行校内监督。

第九条 伙食补助专项资金应做到专款专用，保证学生食堂饭菜价格的稳定。高校应随时掌握学生食堂饭菜价格和质量变化情况，确保伙食补助专项资金起到平抑饭菜价格的作用，使学生享受到伙食补助专项资金带来的实惠。

第十条 对于弄虚作假、截留、挪用、挤占伙食补助专项资金的，按照《财政违法行为处罚处分条例》给予严肃处理。

第十一条 本办法由自治区财政厅、教育厅负责解释。

第十二条 本办法自发布之日起实施。

关于印发《高校少数民族预科学生学费和住宿费补助资金管理暂行办法》的通知

（2016 年 9 月 27 日　自治区财政厅　教育厅　新财教〔2016〕286 号）

伊犁哈萨克自治州财政局、教育局，乌鲁木齐市财政局、教育局，克拉玛依市财政局、教育局，昌吉州财政局、教育局，阿克苏地区财政局、教育局，巴音郭楞蒙古自治州财政局、教育局，哈密市财政局、教育局，自治区各高等院校：

为加强和规范高校少数民族预科学生学费和住宿费补助资金管理，促进我区高等教育教学质量的提高，培养高校少数民族高素质人才，减轻少数民族预科学生家庭经济困难，自治区对高校少数民族预科生实施学费和住宿费补助政策。根据国家和自治区有关财政财务管理规定，制定《高校少数民族预科学生学费和住宿费补助资金管理暂行办法》，现印发给你们，请遵照执行。

附件：高校少数民族预科学生学费和住宿费补助资金管理暂行办法

附件：

高校少数民族预科学生学费和住宿费补助资金管理暂行办法

第一条 本办法所称高校是指根据国家有关规定批准设立、实施高等学历教育的全日制普通高等学校、高等职业学校（含高等专科学校、民办高等学校）。

第二条 高校少数民族预科学生学费和住宿费补助标准为每生每年4 000元，主要用于少数民族预科新生的学费和住宿费补助，所需资金由自治区本级财政全额承担。高校学费和住宿费收费标准高于本补助标准的，不足部分由学生家庭承担。

第三条 少数民族预科学生学费和住宿费补助政策仅针对在新疆高校就读的新疆籍少数民族预科新生。未按照学校教育教学要求完成预科学习或预科成绩不达标而留级（重读）的学生，不再享受此政策。

第四条 享受补助政策的基本条件

（1）热爱社会主义祖国，拥护中国共产党的领导；

（2）遵守宪法和法律，自觉遵守学校规章制度；

（3）自觉维护民族团结，反对民族分裂，维护祖国统一；

（4）诚实守信，道德品质优良；

（5）勤奋学习，积极上进，能完成正常学业。

第五条 各高校应在9月20日之前将少数民族预科新生人数及学费、住宿费收费标准上报自治区教育厅。

第六条 每年自治区教育厅在编制部门预算时根据各高校统计上报的当年实际报到的少数民族预科学生人数，提出资金申请，经自治区财政厅审核后列入下一年度预算。

第七条 自治区财政厅对教育厅资金预算分配方案予以审核，并下达学费、住宿费补助资金。各级财政、教育部门在收到补助资金后应及时下达学校，确保学校正常运转。

第八条 少数民族预科学生学费和住宿费补助工作实行学校主管领导负责制，主管领导对上报数据的真实性和补助资金的使用、管理负主要责任。各高校要加强财务管理，建立规范的预、决算制度。

第九条 各高校要完善学籍信息管理系统，建立少数民族预科学生信息档案，确保受助学生信息的完整性和准确性。

第十条 各高校要加强对少数民族预科生学费、住宿费补助资金使用情况的监督检查，并接受财政、审计和纪检监察部门的检查。对虚报学生人数，骗取财政补助资金或挤占、挪用、截留补助资金等的，按照《财政违法行为处罚处分条例》（国务院令第427号）规定严肃处理。

第十一条 本办法由自治区财政厅、教育厅负责解释。

第十二条 本办法自发布之日起施行。

关于印发《新疆维吾尔自治区中等职业教育学生住宿费和教材费补助资金管理暂行办法》的通知

（2016年10月28日 自治区财政厅 教育厅 人力资源和社会保障厅
新财教〔2016〕289号）

伊犁哈萨克自治州财政局、教育局、人力资源和社会保障局，各地州市财政局、教育局、人力资源和社会保障局：

根据财政部、教育部、人力资源社会保障部《关于新疆南疆四地州实施高中阶段免费政策有关问题的通知》（财教〔2014〕374号）和《关于自治区中等职业教育工作会议的会议纪要》（新政阅〔2010〕151号）文件精神，自治区对就读于中等职业院校且生源地为南疆四地州和其他边境县、贫困县的学生给予住宿费和教材费补助。为规范和加强对中等职业学校学生住宿费和教材费补助专项资金的管理，结合自治区实际，自治区财政厅、教育厅、人力资源和社会保障厅制定了《新疆维吾尔自治区中等职业教育学生住宿费和教材费补助资金管理暂行办法》，现予印发，请遵照执行。

附件：新疆维吾尔自治区中等职业教育学生住宿费和教材费补助资金管理暂行办法

附件：

新疆维吾尔自治区中等职业教育学生住宿费和教材费补助资金管理暂行办法

第一条 为大力发展职业教育，加大对南疆四地州，其他边境县、贫困县的支持力度，中央和自治区财政设立中等职业教育学生住宿费和教材费补助专项资金。为规范和加强专项资金管理，根据国家和自治区有关财政财务管理规定，制定本办法。

第二条 本办法所称中等职业学校是指政府有关部门根据国家有关法律规定批准设立并备案，实施中等学历教育的各类职业学校，包括公办和民办普通中专、成人中专、职业高中、技工学校、职业技术学院附属中专部等。

第三条 中等职业教育住宿费和教材费补助资金用于生源地南疆四地州和其他边境县、贫困县具有全日制正式学籍的一、二、三年级的中等职业学校学生。

住宿费和教材费补助标准为每生每年900元，其中，住宿费600元，教材费300元。

第四条 中央财政承担生源地为南疆四地州的中等职业教育学生免教科书补助资金；南疆四地州学生住宿费补助资金和其他边境县、贫困县学校住宿费和教材费补助资金由自治区本级财政承担。政策实施后，各中等职业学校不得向享受政策的学生收取住宿费和教材费等相关费用。

第五条 中等职业教育住宿费和教材费补助资金用于保障中等职业学校正常运转经费，是学校综合预算的重要组成部分。各中等职业学校要加强对资金的科学化、精细化管理，将资金管理纳入学校的总体预算。

第六条 教材费补助资金只能用于前述地县接受全日制中等职业教育学生的课本等费用，不得用于其他支出。住宿费用开支范围包括：学生宿舍的建设、修缮、水电、取暖等，不得用于教师福利待遇、偿还债务等方面的开支。

第七条 自治区财政厅、教育厅、人力资源和社会保障厅接到中央补助资金预算后，于30日内按照预算级次合理分配、及时下达预算，同时将预算发文抄送财政部驻新疆财政监察专员办事处。各级财政、教育、人力资源和社会保障部门在收到补助资金后应及时下达学校，确保学校正常运转。

第八条 各中等职业学校校长是资助资金的第一责任人，对资助工作负主要责任。学校要制定本校住宿费和教材费补助资金管理实施办法，细化支出范围与标准，建立规范的财务管理制度。学校各部门要加强协作，财务部门要加强资金的管理，实行专款专用，专账核算，建立健全会计账簿，规范会计核算；资助部门要结合实际，实事求是地上报本校符合条件的学生人数及相关信息；学籍部门要及时为学生注册学籍，确保学生学籍信息的真实性和准确性。

第九条 各中等职业学校要定期对资金使用情况向校内公布，要对享受住宿费和教材费补助政策的学生进行不少于5天的公示，使广大学生家长知晓党和政府的惠民政策。学校要自觉接受师生、群众和财政、审计、监察等部门的检查和监督。

第十条 各中等职业学校要对享受住宿费和教材费补助政策的学生进行毕业跟踪，建立毕业生就业统计和跟踪服务制度。

第十一条 各级财政、教育、人力资源和社会保障等部门要严格管理，加强监督，定期组织检查，对不按规定使用资金的，要依法严肃查处，并追究相关单位和人员的责任；对资金拨付不到位，管理制度不健全，存在截留、滞留、挤占、挪用经费的地区或学校，自治区有关部门将按照国家有关法律法规严肃处理，追究相关责任人的行政责任。

第十二条 本办法由财政厅、教育厅、人力资源和社会保障厅负责解释。

第十三条 本办法自发布之日起实施。

关于印发《新疆维吾尔自治区中等职业学校免学费补助资金管理暂行办法》的通知

（2016年10月28日　自治区财政厅　教育厅　人力资源和社会保障厅
新财教〔2016〕290号）

伊犁哈萨克自治州财政局、教育局、人力资源和社会保障局，各地州市财政局、教育局、人力资源和社会保障局：

为加强和规范自治区中等职业学校免学费补助资金专项资金管理，确保免学费政策顺利实施，根据《财政部 教育部 人力资源社会保障部关于印发〈中等职业学校免学费补助资金管理办法〉的通知》（财教〔2013〕84号）精神，结合自治区实际，自治区财政厅、教育厅、人力资源和社会保障厅制定了《新疆维吾尔自治区中等职业学校免学费补助资金管理暂行办法》，现予印发，请遵照执行。

附件：新疆维吾尔自治区中等职业学校免学费补助资金管理暂行办法

附件：

新疆维吾尔自治区中等职业学校免学费补助资金管理暂行办法

第一条　为了规范中等职业学校免学费补助资金管理，确保免学费政策顺利实施，根据《财政部 教育部 人力资源社会保障部关于印发〈中等职业学校免学费补助资金管理办法〉的通知》（财教〔2013〕84号）等有关财政财务管理规定，制定本办法。

第二条　本办法所称中等职业学校是指经政府有关部门依法批准设立，实施全日制中等学历教育的公办和民办中等职业学校（含技工学校、高职高专学校附属中等职业教育机构）。

第三条　中等职业学校免学费补助资金是指中等职业学校全日制教育学生享受免学费政策后，为弥补学校运转出现的经费缺口，由财政核拨的补助资金。

第四条　中等职业学校免学费补助资金由中央、自治区本级财政共同承担。学生免学费补助经费为每生每学年2 000元核定，中央财政和自治区本级财政按8：2比例分担。根据价格主管部门批准的中等职业学校各专业原收费标准予以补助。

第五条 对公办中等职业学校免学费资金的补助方式为：第一、二、三学年学校因免除学费导致学校运转出现的经费缺口，由财政按照享受免学费政策学生人数和免学费标准补助学校。免学费年限最长三年。

第六条 对民办中等职业学校学生的补助方式为：对一、二、三年级符合免学费条件的学生，按照当地同类型同专业公办中等职业学校免学费标准给予补助。学费标准高出公办学校免学费标准部分由学生家庭负担；低于公办学校免学费标准的，按照民办学校实际学费标准予以补助。

第七条 自治区财政厅、教育厅、人力资源和社会保障厅接到中央补助资金预算后，于30日内按照预算级次合理分配、及时下达预算，同时将预算发文抄送财政部驻新疆财政监察专员办事处。各级财政、教育、人力资源社会保障部门在收到补助资金后应及时下达学校，确保学校正常运转。

第八条 中等职业学校应当根据本办法受理学生申请，组织初审，并通过全国中等职业学校学生管理信息系统和全国技工院校电子注册和统计信息管理系统报至同级学生资助管理机构审核、汇总。学生资助管理机构将审核结果在相关学校内进行不少于5个工作日的公示。

第九条 中等职业学校免学费工作实行学校法人代表负责制，校长是第一责任人，对学校免学费工作负主要责任。中等职业学校应当加强财务管理，建立规范的预决算制度，按照预算管理的要求，编制综合预算，收支全部纳入学校预算管理，年终应当编制决算。

第十条 中等职业学校要设立专门学生资助机构并配备专职人员具体负责资助工作，要建立健全学生信息档案，做好系统的审核、维护、监管工作，以保证享受免学费政策的学生信息完整和准确。中等职业学校要强化新生电子学籍注册和在校生学籍异动管理，严格区分学历教育与非学历教育、全日制与非全日制学生，不得以虚假学生信息注册学生学籍，不得将培训性质等非学历教育学生注册为学历教育学籍，不得为同一学生以不同类型的高中阶段教育身份分别注册学籍、或以不同类型职业学校身份分别向教育部门和人力资源社会保障部门注册学生学籍。

第十一条 中等职业学校要对享受免学费政策的学生进行毕业后跟踪建立就业统计和跟踪服务制度。

第十二条 各级财政、教育和人力资源社会保障部门要加强对中等职业学校免学费补助资金使用情况的监督检查。未经教育主管部门、人力资源社会保障部门和同级财政部门批准，各类中等职业学校不得借联合办学的名义，随意设立分校或校外办学点；不得以联合招生合作办学名义进行乱招生、乱收费；严禁以各种名义虚假招收非全日制学生，骗取免学费等财政补助资金。对虚报学生人数、骗取财政补助资金或挤占、挪用、截留免学费补助资金等违规行为，一经查实，将按照《财政违法行为处罚处分条例》（国务院令第427号）等有关规定，收回财政补助资金，并在全疆予以通报批评，追究直接责任人和相关领导责任，同时取消学校其他有关职业教育专项资金的申报资格。涉嫌犯罪的，依法移交司法机关。

第十三条 每年春季学期开学前，各地教育部门和人力资源社会保障部门要对中等职业学校办学资质进行全面清查并公示，对年检不合格的学校，取消其享受免学费补助资金的资格。要根据《中华人民共和国民办教育促进法》的规定，加强对民办中等职业学校的监督，纳入免学费补助范围的民办学校名单由自治区教育厅、人力资源和社会保障厅负责审定并向社会公布。

第十四条 本办法由自治区财政厅、教育厅、人力资源和社会保障厅负责解释。

第十五条 本办法自发布之日起实施。

关于印发《新疆维吾尔自治区科技成果转化引导基金暂行办法》的通知

（2016 年 12 月 28 日　自治区财政厅、科学技术厅　新财教〔2016〕347 号）

各地州财政局、科技局、自治区本级有关部门（单位）：

为贯彻落实《中华人民共和国促进科技成果转化法》和自治区财政厅、科技厅下发《改进加强自治区财政科研项目和资金管理的意见》（新财教〔2016〕14 号），加速推动科技成果转化与应用，引导社会力量和各级政府加大科技成果转化投入，经自治区人民政府《关于设立新疆维吾尔自治区科技成果转化引导基金的批复》（新政函〔2016〕305 号），同意设立新疆科技成果转化引导基金（以下简称“引导基金”）。

为规范引导基金的管理，根据《国家科技成果转化引导基金管理暂行办法》（财教〔2011〕289 号）、《国家科技成果转化引导基金设立创业投资子基金管理暂行办法》（国科发财〔2014〕229 号）、《国家科技成果转化引导基金贷款风险补偿管理暂行办法》（国科发资〔2015〕417 号）、《政府投资基金暂行管理办法》（财预〔2015〕210 号），结合自治区实际，我们制定了《新疆维吾尔自治区科技成果转化引导基金管理暂行办法》。现予印发，请遵照执行。

附件：新疆维吾尔自治区科技成果转化引导基金管理暂行办法

附件：

新疆维吾尔自治区科技成果转化引导基金管理暂行办法

第一章　总　　则

第一条　为推动科技成果转化与应用，引导社会力量和各级政府加大科技成果转化投入，根据《国家科技成果转化引导基金管理暂行办法》（财教〔2011〕289 号）、《国家科技成果转化引导基金设立创业投资子基金管理暂行办法》（国科发财〔2014〕229 号）、《国家科技成果转化引导基金贷款风险补偿管理暂行办法》（国科发资〔2015〕417 号）、《政府投资基金暂行管理办法》（财预〔2015〕210 号），自治区统筹资金设立新疆科技成果转化引导基金（以下简称

"引导基金")。为规范引导基金的管理，特制定本办法。

第二条 引导基金的资金来源为自治区财政拨款、投资收益和社会捐赠。

第三条 引导基金以设立创业投资子基金、科技贷款风险补偿和绩效奖励等方式，重点支持在我区实施的科技成果的转化。

第四条 引导基金遵循引导性、间接性、非营利性和市场化原则。

第二章 科技成果转化项目库

第五条 自治区科技厅、财政厅建立新疆科技成果转化项目库（以下简称"成果库"），为引导基金的运行提供信息和项目运作支持。

第六条 成果库由科技厅委托具有资质的科技中介服务机构负责管理和运行。

第七条 成果库的内容包括：

（一）承担国家（行业、部门）、自治区、地州市的应用型科技计划（专项、项目）产生的成果，应当提交成果信息，经自治区科技厅审核后，进入成果库；

（二）企业事业单位利用自筹资金开展应用型研究产生的成果，由完成单位自愿申请，经自治区科技厅审核后，进入成果库；

（三）自治区区外机构（单位）、引导基金参股子基金管理机构、符合条件的科技中介服务机构，可以向自治区科技厅推荐成果，推荐成果经科技厅审核后，进入成果库。

第八条 成果库的建设和运行实行统筹规划、分层管理、开放共享、动态调整。

第九条 成果库中的科技成果摘要信息，除涉及国家安全、重大社会公共利益和商业秘密外，可向社会公开。

第三章 引导基金的管理、运行与监督

第十条 引导基金由科技厅会同财政厅成立引导基金管理委员会（以下简称"管委会"），负责确定引导基金的资金筹集、支持方向，决策引导基金管理使用中的重大事项。委托国有创业投资管理公司为受托机构，根据授权代行出资人职责，负责引导基金的日常经营管理工作。成立专家咨询委员会，由法律、财务、科技、创业投资、银行信贷等领域的专家组成，负责对受托机构提交的尽职调查报告和子基金设立方案、贷款风险补偿方案等提供咨询建议和指导性意见。

第十一条 管委会主要工作职能包括：

（一）审议并批准引导基金资金使用方案；

（二）审定子基金的合作投资机构和科技贷款合作机构；

（三）审议子基金管理机构资质；

（四）审定引导基金、子基金服务机构目录，包括商业银行、会计师事务所、律师事务所等；

（五）审定引导基金管理费用与资金使用方案；

（六）审议《子基金年度会计报告》和《子基金年度运行情况报告》等；

（七）其他决策事项。

第十二条 受托机构的主要职能包括：

（一）向管委会提交引导基金的资金使用方案；

（二）受管委会委托，受理子基金的设立申请；

（三）对拟参股子基金开展尽职调查、入股谈判，签订子基金章程或合伙协议；

（四）代表引导基金以出资额为限对子基金行使出资人权利并承担相应义务；

（五）向子基金派遣代表，监督子基金的运营管理、投资决策、收益分配等；

（六）定期向管委会报告引导基金和子基金投资运作情况及其他重大事项；

（七）承办管委会交办的其他事项。

第十三条 管委会应当选聘服务机构目录中的银行做为托管银行。托管银行依据托管协议负责账户管理、资金清算等事务，对投资活动实施动态监管。应向受托机构出具监管报告，对重大

事项出具报告。

托管银行应当符合以下条件：成立时间在5年以上的全国性股份制商业银行；具有专门的基金托管机构和创业投资基金托管经验；无重大过失以及受行政主管机关或司法机关处罚的不良记录。

第十四条 引导基金建立公示制度。

第四章 创业投资子基金

第十五条 引导基金与符合条件的投资企业或创业投资管理企业（以下简称“投资机构”）共同发起设立创业投资子基金（以下简称“子基金”），为转化科技成果的企业提供股权投资。

鼓励各地、州、市及国家级高新区、经济技术开发区等发起建立科技成果转化引导基金子基金，自治区引导基金作为母基金，参股符合条件的子基金。

第十六条 子基金应在自治区注册，募集资金总额不低于1个亿人民币，且以货币形式出资，经营范围为创业投资业务，组织形式为公司制或有限合伙制。

第十七条 引导基金对子基金的参股比例不高于子基金总额的20%，且始终不作为第一大股东或最大出资人，子基金的其余资金应依法募集。

第十八条 在中国大陆境内注册的投资企业或创业投资管理企业可以作为申请者，向受托机构申请设立子基金。多家投资机构拟共同发起子基金的，应推举一家机构作为申请者。

第十九条 申请者为投资企业的，其注册资本或净资产应不低于5 000万元；申请者为创业投资管理企业的，其注册资本应不低于500万元。

第二十条 申请者应当确定一家创业投资管理企业作为拟设立的子基金的管理机构。该管理机构应具备以下条件：

（一）在自治区注册，主要从事创业投资业务；

（二）具有完善的创业投资管理和风险控制流程，规范的项目遴选和投资决策机制，健全的内部财务管理制度；

（三）至少有3名具备5年以上创业投资或相关业务经验的专职高级管理人员；

（四）应参股子基金或认缴子基金份额，且出资额不得低于子基金总额的1%；

（五）企业及其高级管理人员无重大过失，无受行政主管机关或司法机关处罚的不良记录。

第二十一条 申请者向受托机构提交的申请应包括以下材料：

（一）子基金组建或增资方案；

（二）主要出资人的出资承诺书或出资证明；

（三）会计师事务所出具的投资机构近期的审计报告；

（四）申请者过往投资项目材料和过往投资业绩证明材料；

（五）其他应当提交的资料。

第二十二条 受托机构收到申请后，应对申请材料进行审查，向基金管委会提交尽职调查报告和子基金设立方案等。

第二十三条 子基金的投资资金由管委会选聘服务机构目录中的银行作为托管银行开设托管账户。存续期内产生的股权转让、分红、清算等资金应进入子基金托管账户，不得循环投资。

第二十四条 子基金投资于成果库中科技成果的企业的资金应不低于子基金总额的60%，单个项目投资不超过子基金总额的20%。投资于自治区区内企业的资金一般不低于子基金总额的80%。

第二十五条 子基金不得从事以下业务：

（一）投资已上市企业（所投资企业上市后，子基金所持股份未转让及其配售部分除外）；

（二）从事担保、抵押、委托贷款、房地产（包括购买自用房地产）等业务；

（三）投资于股票、期货、企业债券、信托

产品、理财产品、保险计划及其他金融衍生品；

（四）进行承担无限连带责任的对外投资；

（五）吸收或变相吸收存款，以及发行信托或集合理财产品的形式募集资金；

（六）向任何第三方提供资金拆借、赞助、捐赠等；

（七）其他国家法律法规禁止从事的业务。

第二十六条 引导基金以出资额为限对子基金债务承担责任。子基金清算出现亏损时，首先由子基金管理机构以其对子基金的出资额承担亏损，剩余部分由引导基金和其他出资人按出资比例承担。

第二十七条 子基金的存续期一般不超过8年，在子基金股权资产转让或变现受限的情况下，经子基金出资人协商一致，最多可延长2年。

第二十八条 子基金存续期内，鼓励子基金的股东（出资人）或其他投资者购买引导基金所持子基金的股权或份额。同等条件下，子基金的股东（出资人）优先购买。

注册之日起4年内（含4年）购买的，以引导基金原始出资额转让；4年至6年内（含6年）购买的，以引导基金原始出资额及从第5年起按照转让时中国人民银行公布的1年期贷款基准利率计算的利息之和转让；6年以上仍未退出的，将与其他出资人同股同权在存续期满后清算退出。

第二十九条 出现下列情况之一时，引导基金要选择退出，且无需经由其他出资人同意：

（一）子基金方案获得基金管委会批准后，未按规定程序完成设立手续超过一年的；

（二）引导基金向子基金账户拨付资金后，子基金未开展投资超过一年的；

（三）子基金投资项目不符合本办法规定的政策目标的；

（四）子基金未按照章程或合伙协议约定投资的；

（五）子基金管理机构发生实质性变化的。

第三十条 引导基金投资子基金的所得收入上缴国库（包括引导基金退出时应收回的原始投资及应取得的收益、子基金取得的剩余财产清偿收入等），纳入财政预算管理。

第三十一条 受托机构向子基金派出代表，担任子基金的董事、监事或企业顾问，在子基金中行使如下权利：

（一）参与任免子基金管理机构主要成员的决策；

（二）参与子基金的投资决策；

（三）监督子基金运营管理、投资决策、收益分配等合法、合规性；

（四）查阅、复制子基金的财务账册、投资文件等经营管理文件；

（五）参与审定子基金的年度管理报告、年度财务审计报告；

（六）引导基金与其他投资人约定的其他权益。

第三十二条 子基金存续期满时，子基金出资各方按照出资比例或相关协议获取投资收益。子基金的年平均收益率不低于子基金出资时中国人民银行公布的一年期贷款基准利率的，引导基金可将其不超过20%的净收益奖励子基金管理机构。

第三十三条 子基金实施过程中涉及信息提供的单位，应当保证所提供信息的真实性，并对信息虚假导致的后果承担责任。

第三十四条 子基金设立后，应接受科技、财政、审计管理部门对基金的运作情况进行监督。

第三十五条 子基金应当在公司章程或合伙人协议等载明本章规定的相关事项。

第三十六条 投资基金管理机构应严格遵守《私募投资基金监督管理暂行办法》（证监会〔2014〕105号令）及有关规定。

第三十七条 符合条件的子基金可申请国家科技成果转化引导基金创业投资子基金的支持。

第五章　科技贷款风险补偿

第三十八条　科技贷款风险补偿是指引导基金对合作商业银行发放用于成果库中科技成果的贷款给予一定的风险补偿。

第三十九条　科技成果转化贷款应符合以下条件：

（一）　向年销售额1亿元以下的科技型中小企业发放的用于科技成果转化和产业化的贷款；

（二）贷款期限为1年期（含1年）以上。

第四十条　引导基金按照政府引导、共同支持、风险共担、适当补偿的原则，与设立贷款风险补偿资金的各地、州、市联合实施贷款风险补偿工作。

第四十一条　受托机构通过招标确定合作商业银行，报管委会批准后，与合作商业银行签订贷款风险补偿合作协议。

第四十二条　对合作商业银行年度风险补偿按照合作商业银行当年实际发放的科技成果转化贷款额进行核定，最高不超过当年实际发生的科技成果转化贷款额的2%。

第四十三条　合作商业银行地、州、市分行向地、州、市科技局报送在当地发生的科技成果转化贷款项目，科技局对符合条件的贷款项目给予确认，同时报送受托机构。合作商业银行在自治区境内的法人银行或分行汇总、审核经确认的成果转化贷款项目情况，向受托机构提交贷款风险补偿申请，经科技厅、财政厅审核，受托机构向管委会提交科技贷款风险补偿方案，批准后，引导基金拨付补偿额。

第六章　绩效奖励

第四十四条　设立绩效奖励资金，对于转化科技成果做出突出贡献的企业、科研院所、高等院校、中介服务机构，给予一次性资金奖励。

第四十五条　奖励对象所转化的科技成果应同时符合如下条件：

（一）利用财政资金形成的科技成果；

（二）在培育战略性新兴产业和支撑当前自治区重点行业、关键领域发展中发挥了重要作用；

（三）未曾获得中央和地方财政用于科技成果转化方面的资金支持。

第四十六条　组织专家或委托中介机构对申请绩效奖励的项目的经济效益和社会效益进行评价，依据评价结果提出奖励对象和额度提交管委会审定。

第四十七条　绩效奖励资金应当分别用于以下方面：

（一）获奖企业的研究开发活动；

（二）获奖科研机构、高等院校的研究开发、成果转移转化活动；

（三）获奖科技中介服务机构的技术转移活动；

（四）获奖单位对创造科技成果和提供技术服务的科研人员的奖励。

第七章　附　　则

第四十八条　本办法由自治区科技厅、财政厅负责解释。

第四十九条　本办法自发布之日起施行。

关于印发《新疆丝绸之路西行国际货运班列财政补贴资金管理暂行办法》的通知

（2016年6月22日　自治区财政厅　经济和信息化委员会　新财建〔2016〕178号）

有关地州市财政局、经济和信息化委员会：

为了支持新疆丝绸之路西行国际货运班列正常运行，加快推动中欧班列新疆集结中心建设，自治区财政安排专项资金用于西行班列补贴。为规范西行班列补贴资金管理，制定《新疆丝绸之路西行国际货运班列财政补贴资金管理暂行办法》。现印发给你们，请遵照执行，执行过程中存在问题，请及时向我们反馈。

附件：新疆丝绸之路西行国际货运班列财政补贴资金管理暂行办法

附件：

新疆丝绸之路西行国际货运班列财政补贴资金管理暂行办法

第一条　为了支持新疆丝绸之路西行国际货运班列（以下简称“西行班列”）正常运行，加快推动中欧班列新疆集结中心建设，自治区财政安排专项资金用于西行班列补贴。为规范西行班列补贴资金管理，制定本办法。

第二条　自治区财政厅会同自治区经信委负责西行班列补贴资金的使用、管理和监督。

第三条　自治区财政对西行班列的补贴范围：国外段运费补贴；对西行班列始发站和集结站的仓储、装卸补贴；对承担西行班列组织开行任务平台公司（以下简称“平台公司”）的运营补贴。

纺织服装产品西行班列不纳入本办法规定的补贴范围，待自治区经信委组织完成测试后，报自治区纺织服装带动就业领导小组办公室另行研究确定。

第四条　自治区财政对西行班列的补贴对象：运费补贴资金支付给实际承担运费的企业；对西行班列始发站和集结站仓储、装卸补贴和平台公司运营补贴，支付给平台公司。

第五条　西行班列补贴标准按以下原则确定：参照内地省市中欧班列运费补贴标准；对铁路直接向西出口运输与向东铁海联运至目的地的总运费差价予以适当补贴；按照保本、不盈利的经营战略，在完成工作任务的基础上，对平台公司合理、必要的运营费用给予适当补贴。

第六条 西行班列补贴标准为：新疆至俄罗斯班列运输的新疆本地产品，根据实际发车数量，按不超过 3 500 美元/车的标准给予一次性运费补贴；新疆至欧盟、土耳其、伊朗、格鲁吉亚等班列运输的新疆本地产品，按不超过 4 000 美元/车的标准给予一次性运费补贴；对返程国际货运班列，按不高于去程补贴标准的 50% 给予一次性运费补贴；对从内地运抵新疆，在新疆报关报检，集结发运至欧洲的货物，按不超过 2 000 美元/车的标准给予一次性运费补贴；对区内中欧班列始发站和集结站在仓储、装卸方面按照不超过 2 000 元（人民币）/车的标准安排补贴资金；平台公司运营补贴根据其承担组织西行班列开行成效及主要工作成本，予以适当补贴。

第七条 根据班列开行情况、铁路运价变化、外币汇率波动等因素，财政厅会同经信委对西行班列运费补贴标准按季度进行相应调整。班列运行从测试阶段至形成定期稳定开行，逐步降低运费补贴标准直至取消运费补贴。

第八条 自治区鼓励地州市政府对组织班列开行的平台公司和始发站、集结站仓储、装卸等给予适当补贴。

第九条 补贴资金按以下要求申报：

1. 西行班列运费补贴：发货企业每季度结束后将补贴资金申请报告、铁路货票、运输合同复印件报自治区经信委。

2. 西行班列始发站和集结站仓储、装卸补贴：平台公司每季度结束将西行班列始发站和集结站仓储、装卸工作情况、企业国际联运运单复印件，以及资金申请文件报自治区经信委。

3. 内地货物集结补贴：对从内地运抵新疆，在新疆报关报检，集结发运至欧洲的货物，按照西行班列运费补贴程序申报。

4. 平台公司运营费用补贴：每年度结束后，平台公司向自治区经信委、财政厅报送全年组织班列开行工作完成情况，以及资金申请报告报自治区经信委。

第十条 补贴资金按以下程序审核拨付：

自治区财政厅将年度预算安排的西行班列补贴资金预算指标下达自治区经信委。自治区经信委收到发货企业及平台公司报送的资金申请报告及有关资料后进行严格审核，并商自治区财政厅同意后，将审核结果以文件形式报送自治区财政厅备案；按照自治区国库集中支付的程序，自治区经信委报送用款计划；自治区财政厅批复用款计划后，经信委向财政厅报送直接支付申请；财政厅复核后按国库集中支付方式将资金拨付至补贴对象。

第十一条 自治区经信委要严格财务管理与核算，按规定向财政厅报送补贴资金绩效评价报告；自治区财政厅会同经信委、审计厅等部门对补贴资金使用情况进行检查；平台公司和相关企业自觉接受和配合监督检查。

第十二条 本办法自发布之日起实施，由自治区财政厅、经信委负责解释。

关于印发《新疆维吾尔自治区纺织服装产业专项补贴资金管理办法》的通知

（2016年9月6日　自治区财政厅　新财建〔2016〕346号）

伊犁哈萨克自治州，各州、市人民政府，各行政公署：

为进一步落实自治区发展纺织服装产业带动就业各项补贴政策，经自治区人民政府同意，现将《新疆维吾尔自治区纺织服装产业专项补贴资金管理办法》印发给你们，请遵照执行。

附件：新疆维吾尔自治区纺织服装产业专项补贴资金管理办法

附件：

新疆维吾尔自治区纺织服装产业专项补贴资金管理办法

根据自治区人民政府《关于发展纺织服装产业带动就业的意见》（新政发〔2014〕50号）精神，对自治区纺织服装企业新招录新疆籍员工岗前培训、社会保险以及产品出疆运输费用等给予专项补贴。为加强财政补贴资金管理，提高资金使用效益，特制定本办法。

第一章　企业资格

第一条　凡在新疆境内依法工商登记注册、纳税和生产化纤、棉纺织（含粘胶）、毛纺织、麻纺织、丝织、服装、家纺、产业用纺织品等产品，并在自治区发展纺织服装产业带动就业领导小组办公室（以下简称“自治区纺就办”）备案，独立核算的地方纺织服装生产企业（棉纱、棉布出疆运费补贴含兵团企业）均可申报自治区纺织服装产业专项补贴。企业正式在册、缴纳社保职工人数20人以下或新疆籍员工比例低于50%的不得享受各项补贴政策。

第二章　补贴内容及标准

第二条　补贴内容

1. 以新疆地产棉花（含粘胶纤维）为原料生产并销往内地的纱线类产品（包括棉纱、棉/粘混纺纱、粘胶纱以及其他纱线）和织布类产品（包括梭织、针织本色坯布、色织布和印染布）出疆运费补贴。

2. 各类毛纺呢绒、纱线（含绒线）和麻纺纱线、布类产品（含混纺产品）出疆运费补贴。

3. 服装、巾被类、家用套件类、毯类（地毯）、袜类、手套类以及产业用纺织品等终端产品出疆运费补贴。

4. 企业生产用电费用补贴。

5. 2014 年 1 月 1 日以后企业从金融机构取得的用于纺织服装产品生产的固定资产贷款、流动资金贷款和 2016 年 1 月 1 日以后取得的设备融资租赁贷款贴息。

6. 企业新招录新疆籍员工的岗前培训费用补贴。

7. 企业为新招录新疆籍员工缴纳的各项社会保险费用补贴。

第三条 补贴标准

1. 纱线、织布类产品运费补贴。南疆地区生产的纱线类产品（包括棉纱、棉/粘混纺纱、粘胶纱）32 支以上（含 32 支）每吨补贴 1 000 元，32 支以下每吨补贴 900 元；其他地区 32 支以上（含 32 支）纱线类产品（包括棉纱、棉/粘混纺纱、粘胶纱）每吨补贴 800 元，32 支以下纱线类产品每吨补贴 700 元。60 支以上（含 60 支）的纱线类产品（包括棉纱、棉/粘混纺纱、粘胶纱）补贴标准统一增加 100 元。织布类产品（包括机织本色坯布、色织布和印染布，针织本色、染色坯布）每吨补贴 1 000 元。在 2016 年 10 月 1 日之后新注册的纺纱企业生产 32 支以下产品补贴标准减半。

当实际出疆运费低于补贴标准时，以自治区核定的实际出疆运费予以补贴。核定实际运费标准另行通知。

2. 毛纺呢绒类、麻纺布类，毛纺（含绒线）、麻纺纱线类产品运费补贴。毛纺呢绒类、麻纺布类产品每吨补贴 1 000 元；毛纺（含绒线）、麻纺纱线：南疆四地州每吨补贴 900 元，其他地（州、市）每吨补贴 800 元。

当实际出疆运费低于补贴标准时，以自治区核定的实际出疆运费予以补贴。核定实际运费标准另行通知。

3. 服装、家纺、产业用纺织品出疆运费补贴。对南疆四地州生产服装、家纺、产业用纺织品的企业按同期实现出疆产品销售额的 4% 给予运费补贴（其中包括进疆面料补贴），对其他地区的企业按 3% 给予运费补贴。

4. 电费补贴。享受电费补贴资格的企业可向所在地经信部门提出申请，由自治区经信委会同国网新疆电力公司共同核准后，报自治区纺就办和财政厅备案。按自治区确定的纺织服装生产企业到户综合电价 0.38 元/千瓦时为基准，以用户实际用电价格 0.35 元/千瓦时为起点，差额电价部分 0.03 元/千瓦时作为补贴标准。

5. 贷款贴息。按照企业从金融机构实际贷款的 2% –4% 给予贴息，其中：固定资产贷款、南疆四地州设备融资租赁贷款给予 2% 贴息，流动资金贷款给予 4% 贴息。2017 年起，企业纺织项目固定资产贷款、生产性流动资金贷款贴息率分别下调 0.5%；服装、家纺、针织、产业用纺织品等终端产品固定资产贷款和生产性流动资金贷款贴息率不变。2017 年起，设备融资租赁贷款南疆四地州给予 2% 贴息，其他地区给予 1.5% 贴息。

6. 岗前培训补贴。南疆地区企业按照每人 2 400 元的补贴标准以及自治区纺就办核定的就业人数给予一次性补贴。其他地区企业按每人 1 800 元的标准以及自治区纺就办核定的就业人数给予一次性补贴。

7. 社会保险补贴。对纺织、化纤等生产类企业新招录的新疆籍员工，按企业实际缴纳或代缴的社会保险费用之和的 50% 给予补贴；对服装、家纺、针织、地毯、产业用纺织品等终端产品生产类企业新招录新疆籍员工，按实际缴纳社会保险费用之和给予全额补贴。社会保险补贴期限为劳动合同实际履行期限，最长不超过三年。

第三章 申 报

第四条 各县市纺织服装企业补贴资金审核领导小组根据本办法规定的补贴内容，自行设计补贴资金申报审核表（可参照原有各项补贴资金管理办法附表），要求企业填报并提供有关证明材料。

第五条 企业根据本办法规定和当地纺织服装企业补贴资金审核领导小组要求，向所在地补贴资金审核领导小组申请补贴资金，同时提供补贴申报材料。

第四章 资金审核和拨付

第六条 县（市）人民政府成立纺织服装企业补贴资金审核领导小组，由分管财政工作的县（市）领导负责，安排部署补贴资金的审核、资金申请、拨付等工作。审核领导小组对审核材料的真实准确性承担主体责任。县（市）经信、财政、人社、国税部门各安排一名审查专员，具体负责组织企业补贴资金的审核、资金拨付及其他相关工作。审查专员名单由地州（市）发展纺织服装产业带动就业领导小组办公室汇总后，报自治区纺就办备案。

第七条 每年3月份，地州（市）发展纺织服装产业带动就业领导小组办公室以书面形式向自治区纺就办提交上年度补贴资金清算结果（清算表见附表1），并提出本年度上半年的补贴资金预拨申请（申请表见附表2），由自治区纺就办审核并上报自治区人民政府审定后，由自治区财政厅向各地州（市）预拨补贴资金。各地州（市）收到预拨资金后，及时拨付到所属县（市）。各县（市）收到补贴资金后，可根据当地实际情况按季或半年对企业进行补贴。

每年8月份，地州（市）发展纺织服装产业带动就业领导小组办公室以书面形式向自治区纺就办提交下半年补贴资金预拨申请，由自治区纺就办审核并上报自治区人民政府审定后，由自治区财政厅预拨下半年补贴资金，各地州（市）、县（市）按要求完成预拨资金拨付工作。

第八条 县（市）纺织服装企业补贴资金审核领导小组成员单位工作职责：县（市）经信部门负责企业产量、销售量、库存量等基本情况的审核；县（市）财政部门负责补贴资金量的审核；县（市）国税部门负责对企业申报资料中增值税专用发票复印件与防伪税控系统中七项信息进行一致性审核；县（市）人社部门负责企业用工相关情况的审核；县（市）供电部门负责企业生产用电数量的审核。县（市）经信、人社、国税、供电公司等部门要深入纺织企业，对企业产量、销售量、用工及用电情况进行核实，了解企业的运行情况，确保享受各项补贴的资料、票据、数据的真实性，并对各自职责范围内的审核结果负责。

第九条 县（市）纺织服装企业补贴资金审核领导小组负责对企业所上报的资料、票据和补贴金额的真实性进行审核确认，由审查专员在审核记录上签字、所在部门盖章，将审核结果向社会公示后，财政部门按照国库集中支付的有关规定将补贴资金拨付到企业。县（市）负责保存所有补贴资金的申报和审核材料，以备核查。

第五章 督查及处罚

第十条 自治区纺就办会同自治区财政厅、经信委、国税局、人社厅等部门对各县（市）补贴资金审核及拨付情况进行全覆盖核查。

第十一条 补贴资金必须专款专用。任何单位和个人不得以任何理由、任何形式截留、挪用。违反规定行为的，依照《财政违法行为处罚处分条例》（国务院令427号）的规定处罚。

第十二条 对弄虚作假、骗取财政补贴资金的企业，一经查实将收回拨付的财政补贴资金，并取消该企业享受自治区发展纺织服装产业各项补贴政策的资格；相关审核部门审核把关不严，上报资料、票据、数据不真实，一经查实将依法追究相关部门负责人和经办人员的责任；触犯刑律的，移交司法机关处理。

第十三条 本《办法》执行期限为2016年1月1日至2018年12月31日。原《新疆维吾尔自治区纺织服装企业贷款财政贴息管理暂行办法》（新财建〔2014〕430号）、《新疆维吾尔自治区服装、家纺等纺织深加工产品出疆运费和进疆面料运费补贴资金管理暂行办法》（新财建〔2014〕431号）、《新疆维吾尔自治区毛纺、麻纺产品出疆运费补贴资金管理暂行办法》（新财建〔2014〕432 号）、《关于提高出疆棉纱棉布运费补贴标准有关问题的通知》（新财建〔2014〕434 号）、《自治区纺织服装生产企业电费财政补贴暂行管理办法》（新财建〔2014〕587 号）、《自治区纺织服装企业新招录新疆籍员工岗前培训补贴资金管理暂行办法》（新财建〔2015〕16 号）、自治区纺织服装企业新招录新疆籍员工社会保险补贴资金管理暂行办法》（新财建〔2015〕17 号）停止执行。

附表：1. ______年度新疆纺织服装产业专项补贴资金清算表（略）

2. ______年度______半年新疆纺织服装产业专项补贴资金预拨申请表（略）

关于印发《新疆维吾尔自治区工业企业结构调整专项奖补资金管理细则》的通知

（2016 年 9 月 9 日　自治区财政厅　新财建〔2016〕354 号）

伊犁哈萨克自治州财政局，各地州市财政局：

为贯彻中央、国务院化解过剩产能工作精神，促进我区钢铁、煤炭化解过剩产能工作顺利开展，保证中央专项奖补资金使用安全。根据《财政部关于印发〈工业企业结构调整专项奖补资金管理办法〉的通知》（财建〔2016〕253 号）、《财政部关于加强工业企业结构调整专项奖补资金使用管理的通知》（财建〔2016〕321 号），以及中央和自治区关于化解钢铁、煤炭行业过剩产能方面的安排部署和政策制度等，制定《新疆维吾尔自治区工业企业结构调整专项奖补资金管理细则》。现印发给你们，请遵照执行。

附件：新疆维吾尔自治区工业企业结构调整专项奖补资金管理细则

附 件：

新疆维吾尔自治区工业企业结构调整专项奖补资金管理细则

第一条　为贯彻中央、国务院化解过剩产能工作精神，加快我区钢铁、煤炭化解过剩产能工作，保证中央专项奖补资金使用安全。根据《财政部关于印发〈工业企业结构调整专项奖补资金管理办法〉的通知》（财建〔2016〕253号）、《财政部关于加强工业企业结构调整专项奖补资金使用管理的通知》（财建〔2016〕321号），以及中央和自治区关于化解钢铁、煤炭行业过剩产能方面的安排部署和政策制度等，制定本管理细则。

第二条 本办法所称工业企业结构调整专项奖补资金（以下简称“专项奖补资金”），是指中央财政安排拨付我区，用于支持我区推动钢铁、煤炭行业化解过剩产能工作的奖补资金。

第三条 各地州市人民政府（行署）对本地区化解过剩产能、处置僵尸企业工作负总责，多渠道筹集并落实好化解过剩产能所需资金，鼓励企业多退出产能，稳妥做好职工分流安置。

第四条 专项奖补资金在钢铁、煤炭行业间分配，根据自治区去产能的实际情况，一年一定。

第五条 专项奖补资金在各地州间的分配，按照：化解产能任务量所占权重为50%，安置职工人数所占权重为30%，困难程度所占权重20%。

第六条 专项奖补资金专项用于2016年1月1日以后钢铁、煤炭行业化解过剩产能相关支出。

第七条 专项奖补资金主要用于国有企业职工分流安置工作，也可统筹用于符合条件的非国有企业职工分流安置。专项奖补资金主要用于：

（一）企业为退养职工按规定需缴纳的职工养老和医疗保险费，以及需发放的基本生活费和内部退养工伤职工的工伤保险费；

（二）解除、终止劳动合同按规定需支付的经济补偿金和符合《工伤保险条例》规定的工伤保险待遇；

（三）清偿拖欠职工的工资、社会保险等历史欠费；

（四）弥补行业企业自行管理社会保险收不抵支形成的基金亏空，以及欠付职工的社会保险待遇。

第八条 专项奖补资金拨付流程：

根据专项奖补资金分配方案，自治区财政厅将专项奖补资金拨付至有关地州市财政局。地州市财政局在收到自治区财政下拨的专项奖补资金后，行业主管部门牵头，审计、财政、监察、劳动人事等部门共同成立审核小组，按照自治区人力资源和社会保障厅《关于做好钢铁煤炭行业过剩产能企业职工安置工作实施方案》中规定的职工安置的补助标准、支出范围、补助对象等进行审核，根据审核结果及时将专项奖补资金拨付至承担化解过剩产能任务的县市或企业。并将资金分配结果在所在地人民政府网站上向全社会公示，公示时间不少于1个月。

专项奖补资金的安排使用，首先按照自治区人力资源和社会保障厅《关于做好钢铁煤炭行业过剩产能企业职工安置工作实施方案》用于职工安置。

第九条 专项奖补资金支付按照财政国库管理制度有关规定执行。各地不得截留、挪用专项奖补资金，不得从专项奖补资金中提取工作经费、管理费或奖励费等各类费用，也不得将专项奖补资金用于平衡地方财力。专项奖补资金年度如有结余，可结转下年继续使用。

第十条 各地要加强专项奖补资金基础管理工作。承担化解钢铁、煤炭行业过剩产能任务的市县政府和企业要建立化解过剩产能任务和分流安置职工情况的专项档案，及时收集整理专项奖补资金使用、人员安置、化解产能、债务处理等文件和影像资料，特别是化解产能过程的照片和视频资料，为核查、审计等工作提供依据。各地及相关企业应建立资金发放全流程档案，保存专项奖补资金发放流程的相关资料，每一环节发放责任人和接收人均需签字留档备查。

第十一条 自治区经信委、发改委、财政厅、审计厅对专项奖补资金使用情况进行监督检查。对违反本办法规定，虚报、冒领、截留、挤占、挪用专项奖补资金的单位和个人，按照《财政违法行为处罚处分条例》（国务院令第427

号）等有关规定进行处理。

第十二条 本管理细则自发布之日起施行，各地州市可结合实际工作的需要制定更加具体的专项奖补资金管理使用办法，向社会公开并报自治区财政厅备案。本管理细则由自治区财政厅进行解释。

关于印发《新疆维吾尔自治区农业科技推广与服务专项资金管理办法（试行）》的通知

（2016 年 3 月 1 日　自治区财政厅　新财农〔2016〕9 号）

伊犁哈萨克自治州财政局，各地州市财政局，自治区农口各厅、局、院，新疆农业大学：

为提高资金使用效益和项目管理水平，发挥科技在农业现代化建设中的推动作用，促进农业提质增效和农民增收，自治区财政厅与自治区党委农办结合自治区实际，共同制定了《新疆维吾尔自治区农业科技推广与服务专项资金管理办法（试行）》，现印发给你们，请认真执行。

附件：1. 新疆维吾尔自治区农业科技推广与服务专项资金管理办法（试行）

2. 自治区农业科技推广与服务项目申请书

3. 自治区农业科技推广与服务项目汇总表

附件 1：

新疆维吾尔自治区农业科技推广与服务专项资金管理办法（试行）

第一章　总　　则

第一条 为加强农业科技推广与服务专项资金管理各项工作，提高资金使用效益，根据国家和自治区有关政策及规定，特制定本办法。

第二条 自治区农业科技推广与服务专项资金由自治区财政预算安排，用于支持推广先进适用、高产优质、安全环保的农业技术，增强农业科技服务能力，加快农业科技成果转化，促进农业提质增效和农民增收，发挥科技在农业现代化建设中的创新驱动作用。

第二章　支持对象和范围

第三条 农业科技推广与服务专项资金支持

对象是各级各类农业技术推广服务单位，农业科研院所和大中专院校，家庭农场、农民合作社等农业经营主体，有农业科技创新和推广服务能力的涉农企业等。

第四条 专项资金申请单位除具备上述规定条件外，还应具备以下条件：

（一）有较强的组织管理水平和开展农业科技推广与服务的实践经历；对带动农业结构调整、推动农村产业融合发展、促进农业提质增效和农民增收的主动性较强。

（二）涉农企业申请专项资金要有明确的农业技术力量协作单位。

（三）单位诚实守信，社会反映较好，没有违反财政专项资金管理的不良纪录和违法乱纪行为，有严格的财务管理制度、健全的财务管理机构和合格的财务人员。

第五条 自治区农业科技推广与服务专项资金主要支持农业新技术、新品种、新模式，农业高产创建集成技术，节本增效农业技术，资源节约集约利用、农业环境保护和生态有机农业技术，农业机械化、信息化新技术，农产品产地初加工技术等的引进、示范、推广；农业实用科技知识进村入户；国家和自治区政策确定的其他相关农业科技推广和服务。

第六条 专项资金不支持农业技术还未成熟配套、不具备大面积推广条件的项目，不支持有知识产权纠纷的项目，不支持低水平重复建设项目。

第七条 农业科技推广与服务专项资金的主要支出范围：技术性材料、种子种苗、农资、小型仪器设备等技术物化投入品的购置补助，试验示范用农地租赁和整理，技术示范推广、宣传培训、咨询服务等费用补助，以及与农业科技推广与服务相关的其他支出。

农业科技推广与服务资金不得支出的范围：行政事业单位的人员工资、办公费等基本支出，建造办公场所、购置车辆和通讯器材的支出，基础性农业科研等支出，购买农业科技成果和专利的支出，项目论证、咨询评审等前期费用支出，有关部门监督、检查等费用支出，以及与农业科技推广与服务工作无关的其他支出。

第八条 农业科技推广与服务专项资金支持方式可采取财政补助、以奖代补、奖补结合、先建后补等形式进行，以提高支持的针对性和实际效果。

第三章 申报和审定程序

第九条 由自治区党委农办会同自治区财政厅于每年年底制定印发新的年度自治区农业科技推广与服务项目申报通知和指南，明确项目申报的重点领域、支持的重点技术及组织申报程序，并提出相应要求。

第十条 自治区级项目由自治区主管部门（自治区有关厅、局、院）组织申报；各地项目由地州市主管部门（地州市党委农办）会同当地财政局共同组织申报。项目申报要按照当年项目申报通知要求和申报指南进行，并按照申报程序报送“自治区农业科技推广与服务项目申请书”。各项目主管部门对本地区、本单位组织申报项目的公平性、合规性、真实性负责。

第十一条 项目申报要以正式文件形式（地州市项目由地州市党委农办和财政局联合行文，挂财政文号），连同“自治区农业科技推广与服务项目申请书”一式4份，分别报送自治区党委农办、自治区财政厅。

第十二条 自治区党委农办会同自治区财政厅对上报的项目进行汇总和初选，组织专家评审并按照一定比例筛选，确定年度拟上项目并编制“自治区农业科技推广与服务项目计划”，批准后组织实施。

第十三条 项目申请实施周期为一年。对项目实施绩效突出、管理规范、审计和项目验收合格后又符合新的年度申报条件的，经申报审定后，在第二年可连续立项支持，但要从严控制延续项目个数。项目一般最多延续一年。

第十四条 各地和自治区有关单位年度项目个数、补助资金规模安排与上年度项目实施绩效、规范化管理和检查验收等情况直接挂钩，并综合考虑各地主要农产品生产能力、农业增加值、农业科技推广服务水平和科技成果转化潜力等因素，实行因素法分配。凡项目管理不力、绩效评价不客观、未按时组织项目验收的，相应调减第二年所在地方和部门项目个数和补助资金规模。

第四章 项目组织实施

第十五条 项目正式立项后，承担单位要依据项目申请书明确的内容，科学制定项目实施方案并经项目主管部门批准后实施。项目实施方案的主要内容：实施地点和范围、目标任务和考核内容、技术示范推广措施、进度安排、补助资金使用方向、组织和技术保障措施等。项目申请书和实施方案是项目实施、督促检查、绩效评价、财务审计和验收等的主要依据。

第十六条 各项目主管部门要加强对项目实施的日常工作检查指导，督促项目承担单位按照项目申请书和实施方案认真组织实施，督促资金及时落实到位，强化目标考核和绩效评价，做好到期项目验收有关工作等。自治区党委农办、自治区财政厅要根据项目实施进展情况，组织人员对项目资金使用情况和项目进展情况进行不定期抽查。

第十七条 项目承担单位不得擅自更改项目实施内容，因特殊原因要求更改的，要向主管部门提出项目更改申请报告，逐级上报，由自治区党委农办会同自治区财政厅批准后执行。

第五章 资金拨付、管理和监督

第十八条 自治区财政厅根据本年度“自治区农业科技推广与服务项目计划”，及时将资金拨付到项目承担单位。

第十九条 项目承担单位要对项目专项资金单独设账核算、实行专款专用，严格按照国家和自治区有关规定使用，任何单位和个人不得挤占、挪用和违规提取管理费等。对虚报冒领、挤占挪用和其他违法违规行为，依照有关规定追究法律责任。

第二十条 项目承担单位要主动接受同级和上级财政、审计等部门对专项资金使用的监督检查。对不按规定使用资金，项目执行中管理不善、执行不力、验收未通过的，项目承担单位和项目主持人要限期整改达标，限期内整改仍未达标的，三年内不得申报新的项目，并将其纳入自治区农业财政管理黑名单。对在项目申请或项目执行中弄虚作假的单位，要收缴资金，并追究当事人和有关责任人的直接责任，取消该单位今后申报项目的资格，触犯法律的，依法追究其法律责任。

第二十一条 每年10月20日前，各项目主管部门对各项目实施情况形成绩效评价综合报告，并以正式文件报自治区党委农办、自治区财政厅。

第二十二条 项目完成后，承担单位要形成工作总结和资金使用情况报告，并向相应主管部门提出项目验收申请。项目主管部门按照程序安排财务部门或者委托社会机构对项目资金使用情况开展专项审计，符合验收要求后，向自治区党委农办提出验收申请，经批复后按照规定程序组织验收。验收结果报自治区党委农办、自治区财政厅备案。

第六章 附　　则

第二十三条 本办法自发布之日起执行。各地可根据本办法，结合当地实际制定具备实施细则。

第二十四条 本办法由自治区财政厅与自治区党委农办共同负责解释。

附件2：

自治区农业科技推广与服务项目

申　请　书

项目名称：________________________________

项目承担单位：________________________________（盖章）

项目主管部门：________________________________（盖章）

项目申报时间：________________________________

中共新疆维吾尔自治区委员会农村工作办公室
新　疆　维　吾　尔　自　治　区　财　政　厅　印制

填　写　说　明

1. 申请书由项目承担单位填写，一式四份，并由项目主管部门（地州市党委农办或自治区有关单位）按照规定程序申报。项目申请批准立项后，一份留存自治区党委农村工作办公室，一份留存自治区财政厅，一份留存项目主管部门，一分留存项目所在地或单位经费管理部门，项目承担单位留复印件。

2. 必须按本申请书要求逐条认真填写，内容要真实、准确，字迹要工整、清晰，表达要简明、严谨。

3. 计量单位一律用1984年国务院公布的中华人民共和国法定计量单位。

一、项目基本情况

<table>
<tr><td colspan="2">项目名称</td><td colspan="3"></td></tr>
<tr><td colspan="2">与项目指南对应的编号：</td><td colspan="3">（注：申请资金不得超过对应编号栏规定额度）</td></tr>
<tr><td colspan="2" rowspan="2">当年总投资（万元）</td><td rowspan="2"></td><td>申请自治区补助资金（万元）</td><td rowspan="2"></td></tr>
<tr><td>自筹资金（万元）</td></tr>
<tr><td colspan="5">项目实施地点：</td></tr>
<tr><td rowspan="6">项目承担单位</td><td>名称</td><td colspan="3"></td></tr>
<tr><td>单位性质</td><td colspan="3"></td></tr>
<tr><td>法人代表</td><td colspan="3"></td></tr>
<tr><td>地址和邮编</td><td colspan="3"></td></tr>
<tr><td>法人代表联系方式</td><td colspan="3"></td></tr>
<tr><td>单位联系电话</td><td colspan="3"></td></tr>
<tr><td colspan="5">项目概述（包括项目单位情况简述，项目主要目标任务、主要技术支撑、筹资渠道及产生的效益情况等）（300字以内）：</td></tr>
<tr><td colspan="5">项目主要考核指标（100字以内）：</td></tr>
</table>

二、项目建设的可行性

支撑项目的技术简述（包括主要技术特点，已经示范推广的效果，如有相应成果转化签定证书或应用证明请复印附后）（300字以内）：
项目实施地基本条件简述（包括资源、经济社会和基础设施条件）（200字以内）：
项目预期经济、社会、生态效益简述（150字以内）：

三、项目建设内容

<table>
<tr><td colspan="4">项目实施范围、期限、主要实施内容和技术方案、组织保障措施（400 字以内）：</td></tr>
<tr><td colspan="4">项目负责人基本情况</td></tr>
<tr><td>姓　名</td><td>单位</td><td>职务及职称</td><td>联系方式</td></tr>
<tr><td></td><td></td><td></td><td></td></tr>
<tr><td colspan="4">项目申请资金拟支出范围（支出内容主要是：材料费、仪器设备费、劳务和咨询费、差旅费、资料信息费、会议费、培训费、技术协作费等）：</td></tr>
</table>

四、审定和责任承诺

<table>
<tr><td>组织申报主管部门（地州市党委农办，自治区有关厅、局、院）审查意见：

（盖章）
年　月　日</td></tr>
<tr><td>地州市财政局或自治区有关厅、局、院财务部门审查意见：

（盖章）
年　月　日</td></tr>
</table>

续表

自治区党委农办、自治区财政厅审定意见： 经组织专家组筛选、审定，批准该项目立项，补助资金金额以年度《自治区农业科技推广与服务项目计划》通知为准。 请项目主管部门通知并指导项目承担单位按照此申请书相关内容和批准的补助资金，科学编制实施方案，有序推进实施，确保按期完成任务和组织验收。 （盖章） 年　　月　　日
项目主管部门责任承诺： 本人作为项目实施的主管部门负责人，承诺严格按照《新疆维吾尔自治区农业科技推广和服务专项资金管理办法（试行）》加强项目规范化管理，积极推动项目实施，强化项目督查和绩效评价，按期完成各项任务，确保达到立项预期目的。 主管单位负责人签字： 联系人： 联系方式： 项目承担单位责任承诺： 本人作为项目承担单位法人代表，承诺一定严格依照项目申请书，科学制定项目实施方案，落实各项措施，接受项目监管，确保按期完成任务，并按规定程序及时总结和申请验收。 法人代表签字： 单位盖章

相关权利和义务：

1. 本项目的申请、批准立项、组织实施、检查验收和监管等必须严格按照《新疆维吾尔自治区农业科技推广与服务专项资金管理办法（试行）》执行。

2. 各项目主管部门在组织申报项目时要做到公开、公平、公正，按照一定程序确定所申请的项目，并确保在本地或本部门不存在异议。

3. 项目申请书由项目承担单位按要求客观真实填写，不得缺失填写内容。自治区农业科技推广与服务项目汇总表由相应项目主管部门填写，并连同各申请书一并上报。

4. 项目批准立项后，项目承担单位要按照申请书和批准的补助资金，尽快制定和细化实施方案，经项目主管部门审定后，认真组织实施。项目实施任务完成后，要向项目主管部门及时提出验收申请。

5. 项目承担单位必须于每年10月15日前向项目主管部门提交项目实施、资金使用情况的绩效报告，各项目主管部门要以本地或本部门为单位形成项目综合绩效报告，并于每年10月20日前报自治区党委农办。

6. 项目承担单位因客观原因致使项目无法实施时，自治区党委农办有权提出中止项目，所造成的经济损失及后果由项目承担单位负责。

7. 项目承担单位要按照《新疆维吾尔自治区农业科技推广与服务专项资金管理办法》（试行）规定的资金使用支出范围使用补助资金。

8. 项目立项后，因特殊原因需变更有关实施内容，项目承担单位要向相应主管部门申请，由主管部门报经自治区党委农办、自治区财政厅审核同意后方可变更。

9. 项目主管部门要负责督促检查承担单位按照实施方案有序推进项目实施。

10. 各地各部门的经费管理部门要负责监督、保证、指导经费的合理使用和管理。

11. 项目实施完成后，乙方要及时总结，提出验收申请，经项目主管部门审核并报自治区党委农办同意后，主要由项目主管部门或委托相关机构组织验收，验收结果报自治区党委农办、自治区财政厅备案。

12. 本申请书经批准之日起生效。

附件3：

自治区农业科技推广与服务项目汇总表

项目主管单位（盖章）：　　　　　　　　　　汇总日期：

序号	项目名称	对应项目指南编号	承担单位	联系人及联系方式	实施地点	主要实施内容（100字以内）	主要考核指标	申请经费（万元）

关于印发《新疆维吾尔自治区财政扶贫资金使用监督管理办法（试行）》的通知

（2016 年 6 月 16 日　自治区财政厅　扶贫开发办公室　审计厅
新财农〔2016〕74 号）

伊犁哈萨克自治州财政局、扶贫开发领导小组办公室、审计局，各地（州、市）财政局、扶贫开发领导小组办公室、审计局，自治区有关单位：

为贯彻落实精准扶贫精准脱贫战略，发挥财政扶贫资金的主导作用和聚集效应，保证资金规范安全运行，支持贫困县集中资源打赢脱贫攻坚战，根据《国务院办公厅关于支持贫困县开展统筹整合使用财政涉农资金试点的意见》（国办发〔2016〕22 号）和有关法律、法规，结合自治区实际，制定了《新疆维吾尔自治区财政扶贫资金使用监督管理办法（试行）》，业经自治区党委财经领导小组研究通过。现印发给你们，请遵照执行。

附件：新疆维吾尔自治区财政扶贫资金使用监督管理办法（试行）

附件：

新疆维吾尔自治区财政扶贫资金使用监督管理办法（试行）

为贯彻落实精准扶贫精准脱贫战略，发挥财政扶贫资金的主导作用和聚集效应，保证资金规范安全运行，支持贫困县集中资源打赢脱贫攻坚战，制定本办法。

一、监管原则

（一）明确责任，分级监管

自治区负责制定财政扶贫资金使用监管办法，组织开展专项审计检查；组织督查巡查；组织开展资金绩效评价工作。

各地和贫困县要承担财政扶贫资金使用和监管的主要责任，根据本办法制定实施细则，切实履行监管职责。

（二）依法监管，追究责任

将财政扶贫资金管理使用纳入自治区脱贫攻坚考核问责范围，严格依法依规处理违规违纪问题，追究责任。

（三）突出重点，细化内容

对所有财政扶贫资金实行监督管理，对重点项目和资金进行专项检查，切实保证资金使用规范、有效。开展延伸检查，不仅对资金的整体情况进行监督，还要延伸到具体的项目，对到户资金、个人补贴的使用和发放、资金效益、脱贫结果进行监督考核。

（四）拓宽渠道，多方监督

各地和贫困县要根据自治区脱贫攻坚责任分工和考核督查问责机制，开展多层次、多种形式的检查。广泛宣传，接受社会监督，引入第三方独立开展检查评审，形成督查、巡查、专项检查、社会监督相互衔接、相互配合支撑的监督体系。

二、监管范围

中央及地方各级财政安排用于脱贫攻坚的农业生产发展资金、农村基础设施建设资金，自治区安排的教育、医疗、卫生、文化等一般性转移支付中可用于脱贫攻坚的社会事业发展资金，对口援疆省市的涉农援助资金（以下简称“财政扶贫资金”）。

非贫困县落实贫困村建档立卡贫困户脱贫攻坚任务使用的财政扶贫资金，参照本办法监督管理。

三、监管内容和方式

（一）开展督查工作

自治区扶贫开发领导小组根据相关文件规定，组织开展综合督查和专项检查。对重点地区、重点县市脱贫攻坚全面情况进行综合督查，一般每年1次。对脱贫攻坚重点工作进行专项督查，根据需要不定期开展。

督查内容包括财政扶贫资金管理使用情况。对督导中发现的问题及时督促纠正，问题严重的向自治区报告。

（二）开展巡查工作

自治区配合国务院扶贫领导小组开展巡查，或组织开展自治区级的巡查。巡查重点内容包括：贪占挪用扶贫资金、违规安排扶贫项目、贫困识别严重失实、弄虚作假数字脱贫等。巡查组提出巡查问题的处理建议，向自治区扶贫开发领导小组报告。各地根据巡查组反馈意见进行整改并报告情况。整改情况要及时公开，接受社会监督。

（三）开展专项检查

1. 县级专项检查。县级扶贫开发领导小组要制定财政扶贫资金监管细则，明确资金监管责任主体，组织财政、审计等部门开展经常性的监督检查。

县级审计部门将财政扶贫资金审计纳入年度审计工作计划，按季度对财政扶贫资金的使用情况、规范性、有效性开展审计，向县级扶贫开发领导小组提交审计报告。

县级财政部门对财政扶贫资金管理和使用的规范性、安全性、有效性负责，要严格预算管理制度，规范资金拨付程序，跟踪了解资金使用情况，督促落实项目和资金执行进度，做好资金绩效评价工作。按照财政监督检查制度，开展经常性的检查，及时向县级扶贫开发领导小组报告情况。

2. 地州市专项检查。地州市根据脱贫攻坚工作的职责任务，认真履行监督管理、考核督查、问责处理等职责。由地州市扶贫开发领导小组办公室、财政、审计部门对县级财政扶贫资金管理使用情况开展经常性检查，检查结果和处理情况报告自治区扶贫开发领导小组办公室、自治区财政厅、审计厅。

3. 自治区专项检查。自治区扶贫开发领导小组对县级资金使用情况每年至少开展2次专项检查，督促整改。

（四）召开联席工作会议

县级扶贫开发领导小组每月召开1次联席工作会议，财政部门、审计部门汇报资金使用及审计检查情况，梳理分析存在问题和原因，提出改进措施，督促各部门落实整改。

地州市扶贫开发领导小组每季度召开1次联席工作会议，汇总通报县级资金管理使用情况，督促县级进行整改。

自治区扶贫开发领导小组每半年召开1次联席工作会议，汇总通报地州市、县级资金管理使用情况，督促各地和县级进行整改。

（五）实行公开公示制度

财政扶贫资金使用方案要向社会公开，接受社会监督。县级扶贫开发领导小组办公室要在本地政府门户网站和主要媒体常年公开财政扶贫资金的来源、用途、项目建设等情况。公示时间与项目实施期一致，及时更新。

落实到村和到户、到人的财政扶贫资金，由村委会在村级政务公开栏公示。公示时间与项目实施期一致。

项目公示内容主要包括：项目名称和内容、实施地点、资金额度、责任单位等。

到户资金公示的内容包括：户主姓名、家庭地址、补助项目、补助标准及金额。

到人资金公示的内容包括：受益人姓名、家庭地址、受益项目、补助标准及金额。

县级财政、审计部门设立并公开举报电话和邮箱，认真受理举报事项。

（六）实行实名制

到户资金和对个人的补助要落实到建档立卡的贫困户，实名记录和公示相关信息。到户资金反映户主姓名、家庭地址、补助项目、补助标准及金额。对个人的补助要记录受益人姓名、家庭地址、受益项目、补助标准及金额。

（七）利用信息系统实现动态监管

自治区财政与自治区贫困户建档立卡信息系统建立对接，实现信息共享和动态监管。

（八）拓宽监督渠道

各级扶贫开发领导小组办公室通过公开公示方式，广泛宣传脱贫攻坚政策措施和资金使用方案，接受社会监督。组织动员住村工作组、村委会参与监督，引导贫困人口参与项目监管，引入第三方独立开展监督检查。

（九）监管重点

1. 资金使用范围。财政扶贫资金使用要符合脱贫攻坚政策，必须符合脱贫攻坚责任书、脱贫攻坚规划、年度脱贫攻坚任务要求。

财政扶贫资金不得用于下列各项支出：行政事业单位基本支出；各种奖金、津贴和福利补助；弥补企业亏损；修建楼堂馆所及职工住宅；弥补预算支出缺口；交通工具及通讯设备；城市基础设施建设；其他与脱贫攻坚无关的支出。

2. 资金分配程序。年度财政扶贫资金分配使用必须经过县级扶贫开发领导小组研究，确定具体资金使用方案。资金使用方案必须落实到脱贫攻坚的具体项目，明确项目实施单位及其责任，确定项目完成时限和绩效目标。到户资金和对个人的补助资金必须落实到建档立卡的贫困户，制定实施方案，明确责任主体。

资金使用方案确定后，县级党委、人民政府或授权县级扶贫开发领导小组印发文件，并组织实施。资金使用方案文件上报地（州、市）扶贫开发领导小组办公室，抄送地（州、市）财政部门。地（州、市）扶贫开发领导小组办公室汇总后报送自治区扶贫开发领导小组办公室，抄送自治区财政厅。

调整资金使用方案，必须经过县扶贫开发领导小组统一研究，将调整方案报告地（州、市）和自治区扶贫开发领导小组办公室，抄送上级财政部门。

3. 资金拨付程序。项目实施单位向县级财政部门提出用款计划，财政部门根据财政扶贫资金使用方案进行审核，由经办人和负责人签署意见，按照规定程序拨款。应付资金必须在3个工作日内拨付到位。

根据相关法规，必须进行招投标、政府采购、签订合同的，财政部门支付资金时，要对相关资料和凭证的真实性和有效性进行审核，审核无误后支付资金。

对于不符合规定程序、无法提供完整、真实凭证资料的，不得支付资金。使用现金的严格按照制度规定办理，强化安全保障措施，严格操作流程，不得由他人代签代领。不得设立财政专户转移资金。不得以拨代支将资金划入已有的财政专户。

4. 资金台账设立情况。县级财政局、乡镇财政所和村委会都要设立财政扶贫资金台账，按照自治区统一制定的格式，完整、准确、及时地统计反映扶贫资金来源、额度、资金支持项目内容、项目及资金执行情况、资金结余和结转情况。

县级财政部门于每月3日前向地州市财政报送扶贫资金台账，地州市汇总后于每月5日前报送自治区财政厅。

自治区财政厅汇总统计全区财政扶贫资金，反映资金总况。及时了解财政扶贫资金执行情况，督促地州和县市加快资金执行进度。

5. 绩效考评工作。县级财政部门要结合财政扶贫资金使用方案，对资金的管理使用开展绩效评价，向地（州、市）财政局和自治区财政厅提交评价报告。地（州、市）财政部门检查指导县级财政扶贫资金绩效评价工作，对存在的问题督促整改。自治区财政厅对各地州市和县级财政扶贫资金绩效评价工作加强指导，进行重点检查和抽查。

四、责任追究

（一）依法依规处理，严肃追究责任

对于财政扶贫资金监督检查中发现的问题，严格按照国家和自治区法规追究相关单位和人员责任，涉嫌犯罪的移交司法机关依法惩处。

对督查巡查发现的问题，按照脱贫攻坚督查巡查责任追究办法处理。

（二）通报批评，公开曝光

对于违法违规违纪使用财政扶贫资金，资金管理制度不完善、监管工作不到位、延压滞留资金、监督检查走过场、掩盖问题、提供虚假情况的，由实施监管的部门向同级党委、人民政府、扶贫开发领导小组、财政、审计部门报告情况。问题严重的，报告上级有关部门。

各级党委、人民政府和监管部门对违规违纪的单位，通报批评，对负责人诫勉谈话。

对性质恶劣、影响重大的典型案例，公开曝光，起到威慑和警示作用。

（三）责令整改，完善制度

对于监督检查中发现的问题，责成县市限期整改，完善相关制度措施，及时反馈落实整改情况。

关于印发《新疆维吾尔自治区农产品产地初加工补助项目资金使用及监督管理办法》的通知

（2016年7月19日　自治区财政厅　农业厅　农业产业化发展局
新财农〔2016〕76号）

各地（州、市）财政局、农业局、产业化发展局：

为进一步推进自治区农业品产地初加工项目建设，加强资金管理，我们制定了《自治区农产品产地初加工补助项目资金使用及监督管理办法》，现印发给你们，请遵照执行。

附件：自治区农产品产地初加工补助项目资金使用及监督管理办法

附件：

自治区农产品产地初加工补助项目资金使用及监督管理办法

第一章　总　　则

第一条　为切实加强农产品产地初加工补助项目（以下简称“补助项目”）资金管理，保证资金规范安全运行，提高资金使用效益，根据《中华人民共和国预算法》及中央、自治区有关资金管理规定制定本办法。

第二条　本办法所称项目资金，是指统筹整合中央和自治区各级财政用于补助项目的资金。

第三条　项目资金监管实行分级监管的原则。自治区负责制定资金使用及监管办法，组织开展专项审计检查、资金绩效考评工作。各地（州、市）负责对县级的监督检查和指导工作。县级人民政府对补助项目资金的规范安全使用和资金绩效负主体责任。

第二章　监管内容和要求

第四条　资金使用范围。项目资金按照建设任务要求，专项用于当年研究确定的补助项目建筑主体和设备采购，专款专用。不得用于其他与项目建设无关的支出。

第五条　资金分配程序。每年5月前，自治区农产品产地初加工补助项目协调小组（以下简称“协调小组”）根据各地年度补助项目建设需求，以及统筹整合和中央、自治区项目资金情况，会商自治区有关部门，确定补助项目的建设内容、资金整合方案和具体补助标准，将建设任务和资金切块下达各地州。

各地州协调小组将建设任务及项目资金，自行分解到所属县市。各县级协调小组根据上级下达的建设任务和项目资金，制定年度项目实施方案，落实补助项目实施单位及责任，明确完成时限和绩效目标，实施方案上报地州协调小组。地州协调小组对县市上报的补助项目实施方案进行批复，并上报自治区协调小组。

年度执行中，需调整补助项目实施方案的，必须经过县级领导小组研究确定，上报经地（州、市）领导小组审核批准后执行。调整方案报自治区协调小组办公室备案。

第六条　资金拨付程序。补助项目实施单位根据建设进度、支付资金需求，向县级财政部门提出用款计划，并提供支付资金所需的相关凭证、资料，财政部门审核无误后批准用款计划，按规定程序及时支付资金。对于不符合规定程序、无法提供完整、真实凭证资料的，不得支付资金。补助项目实施中涉及政府采购事项的，必须严格按照政府采购相关规定执行。

第七条　实行公开公示制度。县级领导小组办公室要在本地政府门户网站和主要媒体公布补助项目建设内容、建设数量、补助资金金额等情况，接受社会监督。公示时间与项目实施期一致，及时更新。

落实到户和个人的产地初加工补助项目，由村委会在村级政务公开栏公示，主要包括：享受补助的户主姓名家庭住址、项目内容、资金额度等。公示时间与项目实施期一致。

各级领导小组办公室要设立并公开举报电话，接受举报。

第八条 资金绩效考评。县级领导小组组织开展资金绩效评价，于每年10月15日上报将绩效评价报告，地州级领导小组办公室汇总形成本地州绩效评价报告后，于10月30日前上报自治区领导小组办公室。绩效评价结果与下年资金分配挂钩。

第三章 监管方式

第九条 县市级专项检查。县市级领导小组办公室对补助项目资金管理和使用的规范性、安全性、有效性负责，严格预算管理制度，规范资金拨付程序，及时拨付资金，跟踪了解资金使用情况，督促项目实施，提高资金使用效益；组织财政、审计等部门按季度对资金的使用情况、规范性、有效性开展检查。

第十条 地州市专项检查。地州级领导小组办公室履行监督管理、考核督查、问责处理等职责，组织相关部门对各县市资金管理使用情况进行专项检查。

第十一条 自治区专项检查。自治区领导小组办公室对各地州、县市资金使用情况开展不定期专项检查。

第十二条 召开联席工作会议。各级领导（协调）小组适时召开联席工作会议，汇总通报县级补助项目实施情况和资金管理使用情况，及时发现存在的问题，督促县级进行整改。

第四章 责任追究

第十三条 检查中发现问题的，由上级领导小组责成责任单位限期整改，问题严重的根据《财政违法行为处罚处分条例》（国务院令427号）追究相关单位和相关人员责任，涉嫌犯罪的移交司法机关依法惩处。

第五章 附 则

第十四条 本办法自2016年7月25日起执行。

关于印发《新疆维吾尔自治区农村富余劳动力转移就业以奖代补资金管理暂行办法》的通知

（2016年4月19日 自治区财政厅 自治区人力资源和社会保障厅
新财社〔2016〕37号）

伊犁哈萨克自治州财政局、人力资源和社会保障局，各地（州、市）财政局、人力资源和社会保障局：

为贯彻落实《关于贯彻落实〈中共中央、国务院关于打赢脱贫攻坚战的决定〉的意见》（新党发〔2016〕2号）、《自治区党委自治区人民政府关于进一步促进就业创业工作的意见》（新党发〔2015〕3号）等文件精神，切实加强我区农村富余劳动力转移就业工作，我们研究制定了《新疆维吾尔自治区农村富余劳动力转移就业以奖代补资金管理暂行办法》，现印发给你们，请及时转发各相关单位和劳务输出机构，并认真遵照执行。

联系人及联系电话：

自治区财政厅

阿不都热依木江·普拉提　0991－2837132

自治区人力资源和社会保障厅

李宏武　0991－3689700

附件：新疆维吾尔自治区农村富余劳动力转移就业以奖代补资金管理暂行办法

附件：

新疆维吾尔自治区农村富余劳动力转移就业以奖代补资金管理暂行办法

第一章　总　　则

第一条　为了进一步促进农村富余劳动力转移就业，扩大长期稳定转移就业规模，增加农民工资性收入，根据《关于贯彻落实〈中共中央、国务院关于打赢脱贫攻坚战的决定〉的意见》（新党发〔2016〕2号）、《国务院关于进一步做好新形势下就业创业工作的意见》（国发〔2015〕23号）、《自治区党委自治区人民政府关于进一步促进就业创业工作的意见》（新党发〔2015〕3号）等文件精神，制订本办法。

第二条　农村富余劳动力转移就业以奖代补资金奖励对象为成功实现农村富余劳动力有组织转移就业的乡镇、村等基层组织、公共就业服务机构、劳务派遣机构、劳务经纪人等机构和个人（以下简称“组织实施单位”）。

第三条　奖励补助资金主要用于从事劳务输出工作的劳务输出机构在劳务输出过程中所发生的相关费用支出，不得用于新建培训基地（中心）等基本建设支出，严禁用于有关管理部门购置交通工具支出以及与农村劳动力转移就业无关的其他开支。

第四条　奖励补助资金申报、审核及资金分配坚持公开、公正、公平、透明的原则。

第五条　坚持促进农民增收，成功转移就业人数与奖励补助资金相挂钩的原则。

第二章　奖励条件和标准

第六条　奖励条件：符合以下三个条件的组织实施单位可给予奖励：

组织实施单位实现农村富余劳动力成功转移到本县（市）以外县（市）和疆内其他地州市（含兵团和团场）、内地就业并从事合法职业；

农村富余劳动力转移就业后与用工单位签订劳动合同的（其中：3个月以上6个月以内无法签订正式劳动合同的，签订集体劳动合同或劳务协议也可作为依据）；

被转移农村富余劳动力工资收入不低于就业地最低工资标准，农民收入明显提高。

第七条　奖励标准：

（一）支持扶贫部门认定的建档立卡贫困家庭劳动力就近就地从事家政服务、养老服务、社区照料服务、病患陪护服务等家庭服务行业就业。对成功推荐、介绍、组织农村富余劳动力转移到本县市范围内的家庭服务业行业就业的组织实施单位，按下列标准给予奖励：

1. 转移就业时间3个月以上6个月以内的，按每人10元标准给予奖励；

2. 转移就业时间6个月以上1年以内的（包括稳定就业1年以上，下同），按每人20元标准给予奖励。

（二）支持农村富余劳动力在疆内就地就近

转移就业、有组织跨地区转移就业、长期稳定转移就业。对成功推荐、介绍、组织农村富余劳动力转移到本县市以外县市和疆内其他地州就业的组织实施单位，按下列标准给予奖励：

1. 转移就业时间3个月以上6个月以内的，按每人20元标准给予奖励；其中扶贫部门认定的建档立卡贫困家庭劳动力的，再增加10元，按每人30元标准给予奖励；

2. 转移就业时间6个月以上1年以内的，按每人30元标准给予奖励；其中扶贫部门认定的建档立卡贫困家庭劳动力的，再增加10元，按每人40元标准给予奖励；

3. 南疆四地州（包括喀什地区、和田地区、克孜勒苏柯尔克孜自治州、阿克苏地区）农村富余劳动力有组织、成规模转移到疆内其他地州就业9个月以上的，按照每人100元标准给予奖励。

（三）支持新疆农村富余劳动力有序、有组织到内地就业。对成功推荐、介绍、组织农村富余劳动力转移到内地就业的组织实施单位，按下列标准给予奖励：

1. 3个月以上6个月以内的，按每人40元标准给予奖励；其中扶贫部门认定的建档立卡贫困家庭劳动力的，再增加10元，按每人50元标准给予奖励；

2. 6个月以上1年以内的，按每人60元标准给予奖励，其中扶贫部门认定的建档立卡贫困家庭劳动力的，再增加10元，按每人70元标准给予奖励。其中：有组织、成规模转移内地企业就业9个月时间以上的，按照每人300元标准给予奖励。

自治区农村富余劳动力有组织到内地就业实行先预拨一定比例的补助资金，成功转移就业验收结算的办法，预拨资金用于县级人民政府有关部门组织的成规模转移到内地企业就业有关支出。

（四）鼓励夫妻家庭到内地就业。夫妻家庭同时以有组织形式到内地企业就业，时间在9个月以上的，每对夫妻每年给予1 000元奖励，通过银行、信用社等代理金融机构，直接支付到家庭或个人账户，代理金融机构不得以任何形式向家庭或个人收取账户管理费用。

第三章　奖励资金的申报

第八条　农村富余劳动力转移就业奖励资金的申请原则上实行一年上报一次。组织实施单位每年年末向乡（镇）财政所、人力资源社会保障事务所上报奖励资金申请报告、结婚证复印件、劳动合同复印件（集体劳动合同或劳务协议复印件）、转移就业人员名单及地址、联系方式和转移就业人员领取劳动报酬签名单等基础资料。

第九条　乡（镇）财政所、人力资源社会保障事务所对组织实施单位上报的基础资料进行严格审核确认，并于12月1日之前将当地农村富余劳动力转移就业材料汇总上报到县（市）财政局、人力资源和社会保障局。

第十条　县（市）财政局、人力资源和社会保障局收到乡（镇）政府审核盖章的农村富余劳动力转移就业奖励资金申请报告及相关资料后，及时对有关资料的真实性进行审核确认，并于当年12月15日前将分乡（镇）农村富余劳动力转移就业材料汇总上报地州市财政局、人力资源和社会保障局（同时需要附各乡镇审核盖章的农村富余劳动力转移就业情况统计表）。

第十一条　地州市财政局、人力资源和社会保障局收到县（市）财政局、人力资源和社会保障局审核盖章的农村富余劳动力转移就业奖励资金申请报告及相关资料后，及时对相关材料进行审核确认，并于当年12月30日前将分县（市）农村富余劳动力转移就业材料汇总上报自治区财政厅、人力资源和社会保障厅（同时需要附各县市财政局、人力资源和社会保障局审核盖章的统计表）。

第十二条　自治区财政厅、人力资源和社会保障厅对各地州市上报的年度农村富余劳动力转移就业统计报表进行核实（其中：有组织、成规模转移到内地企业就业的数据以《自治区农村富余劳动力有组织转移就业到内地就业实名制登记信息系统》的数据为准），并随机抽查部分地州市实地核查基础资料和报表的真实性。

各级财政、人力资源和社会保障部门要制定通用格式的维汉文正式劳动合同、集体劳动合同或劳务协议。同时，要保证上报数据准确无误，并落实实名统计制度，抽查核实率应达到30%以上。有条件的地区，可以加快推进社会保障卡在转移就业领域的推广应用工作，建立健全转移就业登记与社会保险登记、劳动用工备案之间的业务协同和信息共享机制。

第四章　奖励资金的审核拨付

第十三条　自治区根据各地上报的农村富余劳动力转移就业情况统计表和报告，进行认真测算和审核确认后，及时将奖励补助资金拨付给各地。各地收到补助资金后，在10个工作日内，将补助资金拨付至县（市）财政部门，县（市）级财政部门在15个工作日内，将补助资金全部拨付至组织实施单位。补助资金原则上实行社会化发放，县级财政部门根据县级人力资源和社会保障部门提供的账号信息和名单，通过银行、信用社等代理金融机构，将奖励补助资金直接拨付至组织实施单位账户。

第十四条　农村富余劳动力转移就业以奖代补资金申报、审定工作坚持层层上报、审核的原则。各级财政、人力资源和社会保障部门各负其责，县级人力资源和社会保障部门严格审核基层上报的基础资料，县级财政部门根据人力资源和社会保障部门审核通过的人数测算补助资金，并以当地财政局、人力资源和社会保障局的名义共同上报上级财政、人力资源和社会保障部门审定。

第十五条　地州市全年转移就业农村富余劳动力人数不足2 000人的以及本县（市）内转移就业的，依照本办法有关标准由当地政府给予奖励，自治区不予补助。

第五章　奖励资金的监督检查

第十六条　各地财政、人力资源和社会保障部门对乡（镇）、县（市）申报的农村富余劳动力转移就业奖励资金申报依据、资金使用情况进行定期不定期的监督检查，并将检查结果进行通报，接受社会监督。

第十七条　各地财政、人力资源和社会保障部门每年向自治区财政厅、人力资源和社会保障厅报告上年度奖励资金管理使用情况，自治区财政厅、人力资源和社会保障厅每年对各地州市奖励资金的管理使用进行联合监督检查、考核评估。

第十八条　农村富余劳动力转移就业以奖代补资金建立公示制度，公示时间不少于7天，严格按照公开透明原则，在村委会公示有组织转移就业人员名单及相关信息，主动公开县级监管部门的投诉举报电话，接受群众监督举报，对没有建立公示制度的县市，不安排当年以奖代补资金。对虚报冒领奖励资金，不按规定审核、申报和使用奖励资金的，按有关规定严肃处理，对违反有关规定申报资金或虚报冒领的劳务输出机构，三年内取消其申请奖励资金资格，并按规定查处。

第十九条　补助资金要专款专用，各地严格按规定使用，不得擅自扩大支出范围，不得以任何形式挤占、挪用、截留和滞留，不得向组织实施单位收取任何管理费用。对虚报冒领、挤占挪用、贪污浪费等违纪违法的单位和个人，除追回资金外，按照有关法律法规严肃查处。涉嫌犯罪的，移交司法机关处理。

第六章　附　　则

第二十条　自治区对2015年农村富余劳动力转移就业以奖代补资金按照《关于印发〈新疆维吾尔自治区农业富余劳动力转移就业以奖代补资金管理暂行办法〉的通知》〈新财社

〔2009〕123号）有关标准审核拨付。各地在2016年5月1日之前，将2015年度有关农村富余劳动力转移就业以奖代补资金申请报告报送自治区财政厅、自治区人力资源和社会保障厅。

第二十一条 本办法自发布之日起执行，本办法由自治区财政厅、自治区人力资源和社会保障厅负责解释，原《关于印发〈新疆维吾尔自治区农业富余劳动力转移就业以奖代补资金管理暂行办法〉的通知》（新财社〔2009〕123号）同时废止。

附：××××地州市农村富余劳动力转移就业情况统计表

附：

××××地州市农村富余劳动力转移就业情况统计表

单位：人、万元

项目 \ 县市	转移到本县市内从事家政服务业就业的贫困劳动力人数			转移到疆内就业人数												合计	按标准计算后申请资金数	备注
	小计	3个月以上6个月以内人数	6个月以上1年以内人数	小计	3个月以上6个月以内人数	其中：贫困家庭劳动力人数	6个月以上1年以下人数	其中：贫困家庭劳动力人数	小计	3个月以上6个月以内人数	其中：贫困家庭劳动力人数	6个月以上1年以下人数	其中：贫困家庭劳动力人数	南疆地区农业富余劳动力有组织、成规模转移到疆内其他地州就业9个月以上的人数	夫妻家庭同时以有组织形式到内地企业就业，时间在9个月以上的对数			
合计																		

财政局：（公章） 局领导签字：

人力资源和社会保障局：（公章） 局领导签字：

关于印发《新疆维吾尔自治区人身意外伤害保险资金管理暂行办法》的通知

（2016年12月23日　自治区财政厅　人力资源和社会保障厅
新财社〔2016〕261号）

伊犁哈萨克自治州财政局、人力资源和社会保障局，各地州市财政局、人力资源和社会保障局：

为加强和规范自治区人身意外伤害保险资金管理，提高资金使用效益。根据《预算法》、《关于建立和实施人身意外伤害保险的通知》（新人社发〔2016〕140号）和财政专项资金管理有关规定，我们制定了《新疆维吾尔自治区人身意外伤害保险资金管理暂行办法》，现印发给你们，请遵照执行。

附件：新疆维吾尔自治区人身意外伤害保险资金管理暂行办法

附件：

新疆维吾尔自治区人身意外伤害保险资金管理暂行办法

第一章　总　　则

第一条　为规范和加强自治区人身意外伤害保险资金管理，提高资金使用的安全性和有效性，根据有关法律法规和自治区专项资金管理有关规定，制定本办法。

第二条　本办法所称人身意外伤害保险资金是指，自治区各级财政通过公共财政预算安排，用于支持被保险人员（具有新疆户籍的居民、参加自治区城镇职工和城乡居民基本医疗保险的非新疆户籍居民和援疆工作人员，不包括兵团户籍人口。以下简称“被保险人员”）缴纳人身意外伤害保险费而设立的资金。

第三条　人身意外伤害保险资金管理遵循公开、公正、规范的原则，实行分账核算，专项管理，专款专用。各地州市财政在地州市级社会保障基金财政专户中设立“人身意外伤害保险缴费户”子账户，用于办理本地区各县市区资金的汇集、支付等业务。

第四条　各地州市人身意外伤害保险缴费户年终结余全额结转下一年度使用，不得挪作他用。产生的利息，计入人身意外伤害保险资金中，统筹用于下年度被保险人员缴费支出。

第二章 人身意外伤害保险资金的筹集

第五条 各地财政部门每年根据本地区开展人身意外伤害保险工作实际，按照规定的筹资标准，以当地社保经办机构认定的被保险人数建立健全人身意外伤害保险资金保障机制。

被保险人人数认定，户籍人口以户籍所在地为准，非新疆户籍参保人员以参保关系所在地为准，援疆工作人员以援疆工作所在地为准。

第六条 筹资标准根据经济社会发展水平和物价水平适时调整，确保被保险人员赔付水平不降低。

第七条 自治区财政按因素法对各地人身意外伤害保险缴费进行补助，分配因素主要包括筹资标准、被保险人数、各地财力状况和绩效评价情况等。

第八条 自治区财政对下补助人数按照《新疆统计年鉴》和城镇职工基本医疗保险和城乡居民基本医疗保险等有关统计数据核定。各地实际被保险人数超过自治区认定补助人数的部分，由各地财政自行负担。

第三章 人身意外伤害保险资金的支付

第九条 自治区财政按照《预算法》和预算管理有关规定，在自治区人大批复预算后六十日内正式拨付下达补助资金。

第十条 各县市区财政部门于每年12月20日前，将本地区人身意外伤害保险资金，包括自治区财政对各地的人身意外伤害保险补助资金和各地自行负担的人身意外伤害保险资金，一并上缴到地州市级人身意外伤害保险缴费户。

第十一条 各地州市财政根据自治区社会保险经办机构与商业保险公司的委托协议，于每年1月20日前，将本地区人身意外伤害保险资金支付到受托商业保险公司指定的账户。

保险公司收到各地区缴纳的保费后，分别给各地州市开具人身意外伤害保险缴费凭证。

第十二条 保险公司人身意外伤害保险在一个会计年度的盈利率控制在4%以内，超过4%的，滚存至下一年度使用，出现政策性亏损的由自治区调整筹资标准解决，非政策性亏损由保险公司自行承担。

第四章 监督检查

第十三条 自治区财政部门将会同自治区人社部门适时对人身意外伤害保险资金管理情况进行监督检查。对未按要求编制人身意外伤害保险资金预算，未按规定时间支付资金的地区，给予通报批评并适当扣减下年度自治区补助资金，且承担影响本地区被保险人享受相关待遇的责任。

第十四条 对截留、挤占、挪用资金的单位和个人，按照《财政违法行为处罚条例》（国务院令第427号）等有关规定处理。情节严重的，追究有关单位和人员责任，构成犯罪的，移交司法机关处理。

第五章 附 则

第十五条 本办法自印发之日起实施，由自治区财政厅、人力资源和社会保障厅负责解释。

关于印发《新疆维吾尔自治区中小企业公共服务平台网络建设专项资金管理暂行办法》的通知

（2016年8月9日　自治区财政厅　经济和信息化委员会　新财企〔2016〕85号）

伊犁哈萨克自治州财政局、经济和信息化委员会，各地州市财政局、经济和信息化委员会，自治区各行业管理办公室，有关服务机构：

为促进我区中小企业公共服务平台网络建设，规范中小企业公共服务平台网络建设专项资金的使用管理，提高资金使用效益，根据《中华人民共和国预算法》、《财政部 工业和信息化部关于印发〈工业转型升级资金管理暂行办法〉的通知》（财建〔2012〕567号）和《工业和信息化部财政部关于2013年中小企业服务体系发展专项资金项目申报指南的通知》（工信厅联企业〔2012〕298号）、《关于印发新疆中小企业公共服务平台网络建设项目管理办法和新疆中小企业公共服务平台网络窗口平台项目建设指南的通知》（新经信企业〔2013〕540号）等有关规定，结合我区实际，制定了《新疆维吾尔自治区中小企业公共服务平台网络建设专项资金管理暂行办法》，现印发给你们，请遵照执行。

附件：新疆维吾尔自治区中小企业公共服务平台网络建设专项资金管理暂行办法

附件：

新疆维吾尔自治区中小企业公共服务平台网络建设专项资金管理暂行办法

第一章　总　　则

第一条　为促进我区中小企业公共服务平台网络建设，规范中小企业公共服务平台网络建设专项资金的使用管理，提高资金使用效益，根据《中华人民共和国预算法》、《财政部 工业和信息化部关于印发〈工业转型升级资金管理暂行办法〉的通知》（财建〔2012〕567号）和《工业和信息化部财政部关于2013年中小企业服务体系发展专项资金项目申报指南的通知》（工信厅联企业〔2012〕298号）、《关于印发新疆中小企业公共服务平台网络建设项目管理办法和新疆中小企业公共服务平台网络窗口平台项目建设指南的通知》（新经信企业〔2013〕540号）等有关规定，制定本办法。

第二条 本办法所称中小企业公共服务平台网络建设主要包括：按照工业和信息化部办公厅、财政部办公厅《关于2013年中小企业公共服务平台网络建设方案的批复》（工信厅联企业〔2013〕130号）批复的“自治区枢纽平台与分布在全区的9个地州市的综合窗口平台和19个产业集聚区窗口服务平台”的建设。

第三条 本办法所称中小企业公共服务平台网络建设专项资金（以下简称“专项资金”）是指由中央和自治区财政预算安排的，专项用于支持我区中小企业公共服务平台网络项目建设的资金。

第四条 专项资金的使用管理应遵循公开、规范、安全、有效的原则，有利于改善中小企业公共服务平台网络建设环境，促进中小企业公共服务平台网络健康有序发展，充分发挥财政资金的引导作用，确保资金使用规范、有效。

第二章 支持范围和方式

第五条 专项资金主要用于以下方面：

（一）自治区枢纽平台建设，主要用于开发建设平台网络管理运营系统、网络在线服务和呼叫系统及共享数据资源中心、改造装修办公场所和服务场地、购置软硬件服务设施等。

（二）综合窗口服务平台和产业聚集区窗口服务平台建设（以下简称“两类窗口平台”），主要用于改造装修服务场所、购置服务设施、设备和软件，以及与枢纽平台互联互通的软硬件设备等。

（三）建设期间项目建设所需的专项业务开支。开支范围：项目可研报告费、环评、安评费、项目设计费、招标代理费、监理费、审计、资料费、会务费、差旅费、办公费、水电暖费、交通费、通讯费、建设期间发生的配套设施维护费以及直接用于项目建设的其他费用。

第六条 专项资金采用预拨付补助方式。自治区经信委、财政厅于每年6月底前根据项目建设方案预拨资金，次年根据项目实际情况进行调整。

每个项目累计补助额度原则上不超过项目新增投入总额的80%，自治区枢纽平台补助资金原则不超过新增投入总额的90%。

第三章 项目审核与批复

第七条 新疆中小企业公共服务平台网络建设工作领导小组办公室（以下简称“领导小组办公室”）负责全区中小企业服务平台网络建设项目组织实施、项目进度、资金使用、监督管理等工作。

第八条 各地州市经信委负责审核中小企业公共服务平台网络承建单位建设方案和资金预算，并对申报平台网络建设项目提供的相关资料的真实性、合法性负责。

第九条 按照“集中申报、审核评审，统一批复”的原则，领导小组办公室对自治区枢纽服务平台、两类窗口平台的建设方案进行审核，需要时对项目进行实地核查。审核通过后下达书面批复。

已经批复的中小企业公共服务平台网络建设项目单位无法承担平台网络建设或建设内容有重大调整的，地州市经信委应及时上报自治区经信委和财政厅，经自治区经信委和财政厅批准后，调整项目承建单位及建设内容，并上报工信部和财政部备案。

经正式批复的建设方案和项目调整备案作为平台网络建设资金拨付和项目验收的重要依据。

第十条 对中小企业公共服务平台网络建设中需招标采购的软硬件设备，应严格按照政府采购有关规定，履行招标程序。

第四章 监督管理与检查

第十一条 项目承建单位要严格按照项目批准的用途使用专项资金，不得擅自改变项目和用途；项目资金必须按来源渠道和项目分别设账，单独核算，按照财务管理、预算管理和审计的有关规定管理和使用资金。

第十二条 从项目建设开始至竣工，项目承建单位按要求每季度末通过“中小企业公共服务平台网络建设情况报送系统”（网址：http://www.sme.gov.cn）将项目建设情况报自治区经信委。

第十三条 按照属地化管理原则，各地州市经信部门负责本地州市两类窗口平台项目建设的监督管理，12月25日前将本年度项目实施情况、资金使用情况、存在的问题及建议等总结上报自治区经信委和财政厅，作为下一年度项目资金审批的重要依据。

第十四条 项目实施单位应在项目竣工后委托有资质的会计事务所对项目资金使用情况进行专项审计，并在项目竣工后15日内向地州市经信委提出项目验收申请。地州市经信委对项目进行初验，于10个工作日内向领导小组办公室提交验收申请报告。领导小组办公室负责进行项目验收，形成项目验收总报告，报国家工业和信息化部、财政部备案。

第十五条 领导小组办公室负责对中小企业公共服务平台网络建设专项资金的使用情况进行监督检查。检查内容包括：项目执行情况、资金使用情况和财务管理情况。监督检查采用项目单位自查、地州市管理部门检查、委托第三方中介机构专项审计及自治区财政厅、经信委重点抽查等方式。

第十六条 各地州市经信部门要按照本办法的要求，负责对辖区内项目执行情况及资金使用情况进行监督检查，并开展绩效评价及评价报告公示工作，于每年9月30日前将评价报告上报自治区经信委和财政厅，自治区经信委和财政厅将全区绩效评价情况进行公示。项目承担单位应自觉接受、配合审计部门和财政监督机构的审计和检查。

第十七条 对弄虚作假、不按规定用途使用专项资金，或违反本办法规定截留、挤占、挪用专项资金的单位和个人，将追回全部已拨付专项资金，并追究有关责任人员的责任。

第五章 附 则

第十八条 本办法由自治区财政厅和经信委负责解释。

关于印发《新疆维吾尔自治区国有企业改革成本专项资金管理暂行办法》的通知

（2016年10月21日 自治区财政厅 新财企〔2016〕130号）

伊犁哈萨克自治州财政局、各地州市财政局，各有关单位：

为进一步推动区属国有企业改革改制进程，规范国有企业改革成本资金的管理，提高资金使用效益，我厅研究制定了《新疆维吾尔自治区国有企业改革专项资金管理暂行办法》，现印发给你们，请严格遵照执行。

附件：新疆维吾尔自治区国有企业改革成本专项资金管理暂行办法

附件：

新疆维吾尔自治区国有企业改革成本专项资金管理暂行办法

第一章　总　　则

第一条　为进一步推动区属国有企业改革改制进程，规范国有企业改革成本资金的管理，提高资金使用效益，依据《中华人民共和国预算法》及相关法律、法规规定，结合我区实际，制定本办法。

第二条　国有企业改革成本资金是由自治区人民政府批准设立、自治区财政预算安排的，专项用于经自治区批准的区属国有企业改制、重组、关闭破产、主辅分离、辅业改制、分离社会职能等改革成本支出。

第三条　国有企业改革成本资金由自治区财政厅管理。自治区财政厅负责安排国有企业改革成本资金预算；负责专项资金预算管理、资金审核和资金拨付；负责组织专项资金监督检查和绩效评价工作。

第四条　国有企业改革成本资金采取无偿补助方式。

第二章　资金使用范围

第五条　专项资金使用范围：

（一）经自治区批准的区属国有改制、重组、关闭破产企业的破产费用、职工安置费、拖欠费用等改革成本支出；

（二）符合条件的国有企业办中小学、职教幼教、医院等退休人员享受事业单位待遇补差支出；

（三）自治区本级、南疆三地州及其他贫困县参加城镇职工养老保险并于 1995 年 12 月 31 日以前退休人员生活补贴支出；

（四）按照国家、自治区有关规定支付的资产评估、审计等费用支出；

（五）自治区确定的其他改革成本支出。

第三章　专项资金的审核与拨付

第六条　区属国有企业破产费用、职工安置费、拖欠费用等改革支出资金的核拨。

（一）在职职工经济补偿金、离退休职工等人员安置费用由自治区人力资源和社会保障厅按照国家和自治区规定审核，自治区财政厅根据审核批复拨付资金。

在职职工经济补偿金，由破产管理人（清算组）依据人社部门的批复向财政厅申请资金，财政厅依据批复意见一次性拨付；离休、退休人员及遗属、遗孀安置费用由管理机构按年申报，自治区财政厅逐年拨付。

（二）改制、重组、关闭破产企业拖欠职工债权，由自治区财政厅委托中介机构按照有关政策进行审计，审计结果向全体职工公示不少于 7 个工作日。公示无异议，自治区财政厅根据审计结果一次性拨付资金。

（三）清算期间职工生活费按照原自治区企业兼并破产工作协调小组办公室《关于调整区属国有破产企业清算期间职工基本生活费发放标准的通知》（〔2006〕9 号）规定，由管理人（清算组）按季报自治区财政厅核拨。

第七条　国有企业分离办社会职能退休人员待遇补差资金的核拨。

区属国有企业办中小学、职教幼教、医院退休人员待遇补差资金，由各地州（市）财政局或区本级退休人员管理部门根据相关政策规定按年度申报，人社部门审批后，自治区财政厅依据审核结果，直接将补助资金下达申请单位。

第八条 1995 年 12 月 31 日以前退休人员生活补贴资金的核拨。

由各地州（市）财政局或区本级退休人员管理部门依据相关政策规定及补助标准，按年度申报，人社部门审批后，自治区财政厅依据审核结果，将补助资金下达申请单位。

第九条 资产评估、审计等费用的核拨。

因区属国有企业关闭破产、改制、重组及资金检查等事项发生的资产评估、审计等费用，由自治区财政厅审核拨付资金。

第十条 自治区确定的其他改革成本资金的核拨。

自治区确定的其他改革成本资金，自治区财政厅根据有关规定，对资金使用单位提出的资金申请进行审核后拨付。

第十一条 自治区财政厅根据国库集中支付的有关规定下达专项资金。加大一般转移支付和提前下达资金规模。各地州财政部门应按规定及时、足额将专项资金拨付到资金使用单位。

第十二条 资金使用单位要严格按照国家有关财政政策和财务制度，加强专项资金的管理和核算，专款专用，建立项目明细账进行专账核算。对补助给个人的资金，应及时足额发放至个人手中。

第四章 监督检查和绩效评价

第十三条 对自治区国有企业改革成本专项资金的监督检查实施审计制度，财政厅按照本办法规定，委托中介机构进行审计。国有企业改革成本专项资金审计办法另行制定。

第十四条 按年度对专项资金进行绩效评价。自治区财政厅负责对国有企业改革成本专项资金实施绩效评价。资金的绩效评价工作与资金审计工作相结合，主要内容包括专项资金的预算执行，使用效果，存在的问题和政策建议等方面。

第十五条 资金使用单位应自觉接受、配合上级部门开展的审计、监督、检查和绩效评价工作。

第十六条 对骗取、挤占、挪用专项资金的单位和个人，依据《财政违法行为处罚处分条例》（国务院第 427 号令）等法律法规进行处罚，并追究相关责任人的责任。

第五章 附 则

第十七条 本办法由自治区财政厅负责解释。

第十八条 本办法自发布之日起执行。

关于印发《新疆维吾尔自治区国有企业改革成本专项资金审计监督暂行办法》的通知

（2016 年 10 月 21 日 自治区财政厅 新财企〔2016〕131 号）

各有关单位：

为规范自治区国有企业改革成本专项资金的管理和使用，进一步提高资金使用效益，根据《中华人民共和国预算法》、财政部关于加强财政专项资金管理的有关要求和《自治区国有企业改革成本专项资金管理办法》（新财企〔2016〕130号），我厅制定了《新疆维吾尔自治区国有企业改革成本专项资金审计监督暂行办法》，现予以执行。

附件：新疆维吾尔自治区国有企业改革成本专项资金审计监督暂行办法

附件：

新疆维吾尔自治区国有企业改革成本专项资金审计监督暂行办法

第一条 为规范自治区国有企业改革成本专项资金的管理和使用，进一步提高资金使用效益，根据《中华人民共和国预算法》、财政部关于加强财政专项资金管理的有关要求，结合财政专项资金管理的实际，制定本办法。

第二条 本办法所称的专项资金，是指由自治区人民政府批准设立的、自治区财政预算安排的，专项用于经自治区批准的区属国有企业改制、重组、关闭破产、主辅分离、辅业改制、分离社会职能等改革成本支出。

第三条 本办法适用于经国务院批准、由全国企业兼并破产和职工再就业工作领导小组下达关闭破产计划、享受《国务院关于在若干城市试行国有企业破产有关问题的通知》及其配套政策的国有企业关闭破产项目；经自治区国有企业改革领导小组批准的区属政策性破产改制项目。

第四条 专项资金的审计监督工作，由自治区财政厅依据《关于加强区属国有企业破产清算工作的意见》（新政办发〔2013〕81号）、《新疆维吾尔自治区国有企业政策性破产资产与财务管理暂行办法》（新财企〔2004〕9号）和《自治区国有企业改革成本专项资金管理办法》（新财企〔2016〕130号）等规定，委托中介机构进行审计，并签订委托协议。

第五条 专项资金审计，采取以下方式

（一）破产改制企业清算未终结的，原则上一年审计一次；审计过程中发现问题较多的，进行跟踪审计；

（二）破产改制企业清算终结，半个月内进行清算终结审计；

（三）财政部门根据工作需要安排的其他审计。

第六条 专项资金审计监督内容具体包括

（一）专项资金的使用情况；

（二）财务管理是否规范；

（三）财政部门确定的其他审计监督事项。

第七条 财政部门职责

（一）根据年初预算安排的国有企业改革成本资金，制定年度审计计划；

（二）负责通知资金使用单位配合中介机构开展工作；

（三）负责向中介机构提供所需相关资料，并对所提供资料的真实性、合法性负责；

（四）根据审计结果，出具整改意见，并督促资金使用单位进行整改。

第八条 资金使用单位职责

（一）负责按要求提供审计工作所需资料，配合中介机构开展审计工作，并对所提供资料的真实性、合法性负责；

（二）对审计工作涉及需要核实或取证的问题，不得拒绝、隐匿或提供虚假资料，不得实施

影响审计人员独立审计的行为；

（三）根据财政部门出具的整改意见，及时进行整改，并将整改结果报送财政部门。

第九条 中介机构职责

（一）按照相关政策及委托方要求，组织审计人员依法开展审计工作，对审计报告的真实性、准确性、合法性负责；

（二）独立完成审计业务，不得以任何形式将专项资金审计业务再委托给其他机构。对确需聘请有关专家共同完成委托审计业务的，需事先征得财政部门同意；

（三）对审计工作实施中遇到的重大问题应及时向财政部门报告，主动接受财政部门工作指导；

（四）中介机构应按照行业规程、规范出具项目审计报告；

（五）未经财政部门批准，中介机构及参与审计有关人员，不得以任何形式对外提供、泄漏或公开审计项目的有关情况。

第十条 对出具虚假报告的中介机构，财政部门将会同相关行业主管部门，依据国家及自治区有关规定给予处罚。

第十一条 资金使用单位在审计过程中拒不配合，对审计结果整改不到位的，视情节采取缓拨、停拨、收回财政资金等措施。

第十二条 对骗取、挤占、挪用专项资金的单位和个人，依据《财政违法行为处罚处分条例》（国务院第427号令）等法律法规进行处罚，并追究相关责任人的责任。

第十三条 专项资金审计费用，从自治区国有企业改革成本专项资金中支出。

第十四条 本办法由自治区财政厅负责解释。

第十五条 本办法自发布之日起执行。

关于继续缓征职业安全卫生培训考核费通知

（2016年2月2日 自治区财政厅 发展和改革委员会 新财非税〔2016〕2号）

伊犁哈萨克自治州财政局、发改委、安监局，各地州市财政局、发改委，安监局：

为认真贯彻落实好《自治区党委办公厅、自治区人民政府办公厅印发〈关于应对经济下行压力做好当前经济工作的意见〉的通知》（新党办发〔2015〕13号）文件要求，主动应对经济新常态，激发实体经济活力，现将关于继续缓征由自治区设立的职业安全卫生培训考核费问题通知如下：

一、自2016年1月1日起，在全自治区范围内，继续缓征职业安全卫生培训考核费。

二、对缓征的职业安全卫生培训考核费，各地（州、市）和有关部门不得以任何理由拖延或者拒绝执行，不得以其他名目或者转为经营服务性收费方式变相继续收费。

三、各地（州、市）财政、发改、审计部门要加强监督检查，对缓征期继续违规收费的部门和单位，要予以严肃查处，并追究责任人的行政责任。

关于继续缓征风景名胜区资源有偿使用费的通知

（2016年2月3日　自治区财政厅　发展和改革委员会　住房和城乡建设厅　新财非税〔2016〕3号）

伊犁哈萨克自治州财政局、发展改革委、住房和城乡建设局，各地州市财政局、发展改革委、住房和城乡建设局：

为认真贯彻落实好《自治区党委办公厅、自治区人民政府办公厅印发〈关于应对经济下行压力做好当前经济工作的意见〉的通知》（新党办发〔2015〕13号）文件要求，主动应对经济新常态，激发实体经济活力，现将关于继续缓征由自治区设立的风景名胜区资源有偿使用费问题通知如下：

一、自2016年1月1日起，对在《新疆维吾尔自治区风景名胜区资源有偿使用费和风景名胜区门票收入管理办法》（新财非税〔2011〕35号）文件确定的国家级和自治区级风景名胜区内，从事经营活动的单位和个人，继续缓征风景名胜区资源有偿使用费。

二、对缓征的风景名胜区资源有偿使用费，各地（州、市）和有关部门不得以任何理由拖延或者拒绝执行，不得以其他名目或者转为经营服务性收费方式变相继续收费。

三、各地（州、市）财政、发展改革委、审计部门要加强监督检查，对缓征期继续违规收费的部门和单位，要予以严肃查处，并追究责任人的行政责任。

关于印发《新疆维吾尔自治区排污权出让收入管理实施暂行办法》的通知

（2016年2月18日　自治区财政厅　发展和改革委员会　工商行政管理局　新财非税〔2016〕4号）

伊犁哈萨克自治州财政局、发展改革委、环境保护局，各地州市财政局、发展改革委、环境保护局：

根据自治区人民政府《新疆维吾尔自治区排污权有偿使用和交易试点工作暂行办法》（新

政办发〔2015〕164号）和财政部、国家发展改革委、环境保护部《排污权出让收入管理暂行办法》（财税〔2015〕61号）有关规定，我们制定了《新疆维吾尔自治区排污权出让收入管理实施暂行办法》，现印发给你们，请遵照执行。

附件：新疆维吾尔自治区排污权出让收入管理实施暂行办法

附件：

新疆维吾尔自治区排污权出让收入管理实施暂行办法

第一章 总 则

第一条 为了加强和规范排污权出让收入管理，建立健全环境资源有偿使用制度，充分发挥市场机制作用促进污染物减排，根据《中华人民共和国环境保护法》、《国务院办公厅关于进一步推进排污权有偿使用和交易试点工作的意见》（国办发〔2014〕38号）、财政部 国家发展改革委 环境保护部《排污权出让收入管理暂行办法》（财税〔2015〕61号）和《新疆维吾尔自治区排污权有偿使用和交易试点工作暂行办法》（新政办发〔2015〕164号）等规定，结合自治区实际，制定本办法。

第二条 本办法适用于经自治区人民政府批准开展排污权有偿使用和交易试点的地区和重点行业（以下简称试点地区）的排污权出让收入征收、使用和管理。其他地区开展排污权有偿使用和交易，其排污权出让收入管理参照本办法执行。

第三条 本办法所称污染物，是指国家作为约束性指标进行总量控制的污染物，以及试点地区选择对本地区环境质量有突出影响的其他污染物。

试点地区要严格按照国家和自治区确定的污染物减排要求，将污染物总量控制指标分解到企、事业单位，不得突破总量控制上限。

第四条 本办法所称排污权，是指排污单位按照国家或自治区规定的污染物排放标准，以及污染物排放总量控制要求，经核定允许其在一定期限内排放污染物的种类和数量。排污权的核定按排污许可证管理有关规定执行。

总装机容量30万千瓦以上火电厂（含自备电厂）、石油开发单位以及自治区排污许可证管理办法实施后，由国家和自治区环境保护主管部门负责竣工环保验收的新建项目排污权由自治区环境保护厅核定；其他排污单位的排污权由地州市环境保护部门或由其委托的县级环境保护部门核定，并以排污许可证形式予以确认。

第五条 本办法所称初始排污权是指按照排污许可证规定有总量控制要求的现有排污单位，其已建成或通过审批的建设项目经环境保护部门核定，取得的排污权。

第六条 本办法所称排污权出让收入，是指政府以有偿出让方式配置排污权取得的收入，包括采取定额出让方式出让排污权收取的“排污权使用费”和“通过公开交易方式出让排污权取得的收入”。

“排污权使用费”是指排污单位依法取得初始排污权指标并按规定的征收标准缴纳的费用。

“通过公开交易方式出让排污权取得的收入”是指政府储备的排污权指标，以公开挂牌、拍卖、协议转让或法律法规规定的其他方式出让给排污单位所取得的收入。

第七条 本办法所称现有排污单位，是指本办法实施之日起已通过环评审批或已投入生产的排污单位，以及排污权有效期满后重新核定排污权的排污单位。

第八条 排污权出让收入属于政府非税收入，全额上缴地方国库，纳入地方财政预算管理。

第九条 排污权出让收入的征收、使用和管理应当接受自治区财政、发展改革委、审计部门和上级环境保护部门的监督检查。

第二章 征收缴库

第十条 试点地区各级人民政府采取定额出让或通过市场公开出让（包括拍卖、挂牌、协议等）方式出让排污权。

对现有排污单位取得的初始排污权，实行定额出让方式。

对新建项目排污权和改建、扩建项目新增排污权，以及现有排污单位为达到污染物排放总量控制要求新增排污权，通过市场公开出让方式。

第十一条 采取定额出让方式出让排污权的，排污单位应当按照排污许可证确认的污染物排放种类、数量和规定征收标准缴纳排污权使用费。

试点初期对现有排污单位暂缓征收排污权使用费。对在2016年6月底之前自愿缴纳排污权使用费的排污单位，可按征收标准的50%征收，直至全面开征排污权使用费后五年。对在2017年6月底之前自愿缴纳排污权使用费的排污单位，可按征收标准的80%征收，直至全面开征排污权使用费后五年。

第十二条 排污权使用费的征收标准由自治区发展改革委、财政、环境保护部门根据环境资源稀缺程度、经济发展水平、污染治理成本等因素确定。

第十三条 排污权有效期原则上为五年。有效期满后，排污单位需要延续排污权的，应当按照有排污权核定权限的环境保护部门重新核定的排污权，继续缴纳排污权使用费。

第十四条 缴纳排污权使用费金额较大、一次性缴纳确有困难的排污单位，经具有相应管理权限的环境保护部门和财政部门批准，可分期缴纳，首次缴款不得低于应缴总额的40%，缴纳期限不得超过5年。

第十五条 现有排污单位将无偿取得的排污权进行交易的，应按规定征收标准足额补缴排污权使用费。

第十六条 通过市场公开交易方式出让排污权的，出让底价为排污权交易基准价。排污权交易基准价由自治区价格、财政、环境保护部门参照排污权使用费的征收标准确定。

第十七条 自治区和试点地区应当建立排污权储备制度，将储备排污权适时投放市场，调控排污权市场，重点支持战略性新兴产业、重大科技示范等政府鼓励类项目建设。储备排污权主要来源包括：

（一）预留初始排污权；

（二）通过市场交易回购排污单位的富余排污权；

（三）政府投入资金进行污染治理形成的富余排污权；

（四）排污单位破产、关停、被取缔、迁出本行政区域以及不再排放实行总量控制的污染物等原因，由具有相应管理权限的环境保护部门收回其无偿取得的排污权。

第十八条 排污单位通过市场公开出让方式购买政府出让的排污权的，应当一次性缴清款项，或者按照排污权交易合同的约定缴款。

第十九条 排污权出让收入由县级以上环境保护部门征收或委托其所属的排污权交易储备机构代征。

负责征收排污权使用费的环境保护部门，应当根据排污许可证确认的排污单位排放污染物种类、数量和规定征收标准，以及分次缴款办法，确定排污单位应缴纳的排污权使用费数额，并予以公告。

（一）自治区环境保护厅核发排污许可证的

排污单位，其排污权使用费，以及自治区储备的排污权出让收入，由自治区环境保护厅负责征收或委托其所属的排污权交易储备机构代征。

（二）地州市环境保护部门核发排污许可证的排污单位，其排污权使用费，以及地州市储备的排污权出让收入，由地州市环境保护部门负责征收或委托其所属的排污权交易储备机构代征。

（三）受地州市环境保护部门委托，由县级环境保护部门核发排污许可证的排污单位，其排污权使用费，以及县市区储备的排污权出让收入，由县级环境保护部门负责征收或委托其所属的排污权交易储备机构代征。

各级环境保护部门在征收排污权出让收入时，要使用自治区财政厅统一印制的财政票据，并按有关规定及时足额缴入国库。

第二十条 排污单位应按照环境保护行政主管部门开具的《新疆维吾尔自治区初始排污权有偿使用费核定通知单》或排污权交易合同规定的事项，在7日内缴纳排污权出让收入。

第二十一条 排污权出让收入在政府收支分类科目中列103类07款15项“排污权出让收入”，作为地方收入科目。

第二十二条 各级环境保护部门及委托的排污权交易机构要严格按规定范围、标准、时限或排污权交易合同约定征收和代征排污权出让收入，确保将排污权出让收入及时征缴到位。

第二十三条 任何单位和个人均不得违反本办法规定，擅自改变排污权出让收入的征收范围和标准，也不得违反排污权交易基准价出让排污权。

严禁违规对排污单位减免、缓征排污权出让收入，或者以先征后返、补贴等形式变相减免排污权出让收入。

第二十四条 各级环境保护部门应当定期向社会公开污染物总量控制、排污权核定、排污权出让方式、价格和收入、排污权回购和储备等信息。

第三章 使用管理

第二十五条 排污权出让收入纳入一般公共预算，统筹用于污染防治。

第二十六条 政府回购排污权、排污权交易平台建设和运行维护等排污权有偿使用和交易相关工作经费，由地方同级财政预算予以安排。

第二十七条 政府回购排污权包括三种方式：

（一）政府为调控排污权交易市场，通过交易平台以市场价回购排污权；

（二）排污单位通过排污权交易取得的排污权，当其因减排措施形成的富余排污权，通过排污权交易市场出售无法成交的情况下，可由排污单位申请，试点区域由地（州、市）环境保护部门负责以交易基准价回购，非试点区域由自治区环境保护厅负责以交易基准价回购；

（三）排污单位破产、关停、被取缔、迁出本行政区域时，其通过排污权交易取得的排污权，在排污权交易市场出售无法成交的情况下，可由排污单位申请，试点区域由地（州、市）环境保护部门负责以交易基准价回购，非试点区域由自治区环境保护厅负责以交易基准价回购。

第二十八条 相关资金支付按照财政国库管理制度有关规定执行。

第四章 法律责任

第二十九条 单位和个人违反本办法规定，有下列情形之一的，依照《财政违法行为处罚处分条例》和《违反行政事业性收费和罚没收入收支两条线管理规定行政处罚暂行规定》等国家、自治区有关规定追究法律责任；涉嫌犯罪的，依法移送司法机关处理：

（一）擅自减免排污权出让收入或者改变排污权出让收入征收范围、对象和标准的；

（二）隐瞒、坐支应当上缴的排污权出让收入的；

（三）滞留、截留、挪用应当上缴的排污权出让收入的；

（四）不按照规定的预算级次、预算科目将排污权出让收入缴入国库的；

（五）违反规定使用排污权出让收入的；

（六）其他违反国家财政收入管理规定的行为。

第三十条 排污单位不按规定缴纳排污权出让收入并提供有效缴款凭证的，各级环境保护部门不予核发或换发排污许可证。

第三十一条 有偿取得排污权的单位，不免除其法定污染治理责任和依法缴纳排污费等其他税费的义务。

第三十二条 排污权出让收入征收、使用管理有关部门的工作人员违反本办法规定，在排污权出让收入征收和使用管理工作中营私舞弊、玩忽职守、滥用职权的，依法给予处分；涉嫌犯罪的，依法移送司法机关。

第五章 附 则

第三十三条 本办法由自治区财政厅会同自治区发展改革委、环境保护厅负责解释。

第三十四条 本办法自发布之日起施行。

关于调整自治区交通技术监控资料记录的公安交警罚没收入分成比例的通知

（2016年2月24日 自治区财政厅 公安厅 新财非税〔2016〕5号）

伊犁哈萨克自治州财政局、公安局，各地州市财政局、公安局：

为进一步规范自治区公安交警电子罚没收入收缴管理，理顺关系，简化操作，经研究，现将自治区交通技术监控资料记录的公安交警罚没收入（以下简称“罚没收入”）分成方式调整为：

一、罚没收入自治区与处罚地按20%：80%的比例分成。

二、《关于全区公安交警罚没收入实行罚缴分离和电子收缴的通知》（新财非税〔2014〕20号）文件中关于罚没收入分成的相关规定不再执行。

三、各地财政部门应严格按照《关于进一步明确非税收入分成资金划缴方式的通知》（新财库〔2013〕29号）文件要求，将应缴入自治区的分成资金按时足额缴入自治区财政国库。

四、本通知自2016年3月1日起执行。

特此通知。

关于公布2016年新疆维吾尔自治区涉企行政事业性收费和政府性基金目录清单的通知

（2016年4月7日　自治区财政厅　发展和改革委员会
新财非税〔2016〕9号）

伊犁哈萨克自治州财政局、发展和改革委员会，各地州市财政局、发展和改革委员会，自治区党委各部、委，自治区人民政府各委、办、厅、局，各直属机构，各社会团体、大专院校：

为贯彻落实《自治区党委办公厅　自治区人民政府办公厅印发〈关于做好当前经济工作推进经济持续健康发展的意见〉的通知》（新党办发〔2016〕7号）精神，降低企业财税成本，严格公布执行自治区涉企行政事业性收费和政府性基金目录，确保企业拒缴目录外收费，有效制止各种涉企乱收费，激发企业活力，推动自治区经济平稳增长，现公布《2016年新疆维吾尔自治区涉企行政事业性收费和政府性基金目录清单》（见附件），并就有关要求通知如下：

一、各地（州、市）财政部门、发展改革委要向社会公布本地（州、市）实施的涉企行政事业性收费和政府性基金目录清单，并及时更新内容。

二、各执收部门应向社会公布本单位的涉企收费项目目录，包括收费明细项目、收费政策内容、收费标准等。

三、目录清单之外的，企业可拒绝缴纳，并可向自治区财政厅、发展改革委举报和投诉。

如执行中行政事业性收费和政府性基金项目发生变化，自治区财政厅、发展改革委将及时更新目录清单内容。

新疆维吾尔自治区财政厅（非税收入管理处）

负责人：常戈蓉　0991－2359880

刘单立　0991－2845575

附件：2016年新疆维吾尔自治区涉企行政事业性收费和政府性基金目录清单（略）

关于停征自治区重大水利工程建设基金的通知

（2016年6月7日　自治区财政厅　发展和改革委员会　新财非税〔2016〕17号）

新疆电力公司、巴州电力公司、新疆石油管理局、天富热电公司：

为贯彻落实《自治区党委办公厅、自治区人民政府办公厅印发〈关于做好当前经济工作推进经济持续健康发展的意见〉的通知》（新党办发〔2016〕7号）精神，为企业发展营造良好环境，降低企业财税成本，经研究，决定从2016年4月1日起，停止向电力用户征收自治区重大水利工程建设基金。基金停征后的销售电价调整事宜，由自治区发展改革委另行安排。

特此通知。

关于调整会计从业资格考试费分成比例有关问题的通知

（2016年6月21日　自治区财政厅　新财非税〔2016〕18号）

伊犁哈萨克自治州财政局，各地州市财政局：

为做好会计从业资格考试工作，合理分担考试成本，提高考试费使用效益，进一步完善分级财政管理体制，体现各级政府间财权与事权对应的原则，现就会计从业资格考试费分成划缴有关问题通知如下：

一、会计从业资格考试报名费每人10元，全额上缴自治区国库；考试费每人90元（3科目），其中20元上缴自治区财政国库，70元缴入同级财政国库。

二、会计从业资格考试报名考试费按照就地缴款、分级划解、及时结算的原则办理。各级财政部门应将涉及分成的非税收入及时划解、结算，不得拖延、滞压、隐瞒、截留。分成资金的划缴按《关于进一步明确非税收入分成资金划缴方式的通知》（新财库〔2013〕29号）规定执行。

三、本通知自印发之日起执行。

关于公布2016年新疆维吾尔自治区涉企行政事业性收费和政府性基金项目目录清单的通知

（2016年7月11日　自治区财政厅、发展和改革委员会
新财非税〔2016〕20号）

伊犁哈萨克自治州财政局、发展和改革委员会，各地州市财政局、发展和改革委员会，自治区党委各部、委，自治区人民政府各委、办、厅、局，各直属机构，各社会团体、大专院校：

为适时公布涉企收费，现将核定的《2016年新疆维吾尔自治区涉企行政事业性收费和政府性基金项目目录清单》（见附表）进行公布，并就有关要求通知如下：

一、各地（州、市）财政部门、发展改革委要向社会公布本地（州、市）实施的涉企行政事业性收费和政府性基金目录清单，并及时更新内容。

二、各执收部门应向社会公布本单位的涉企收费项目目录，包括收费明细项目、收费政策内容、收费标准等。

三、目录清单之外的，企业拒绝缴纳，并可向自治区财政厅、发展改革委举报和投诉。

如执行中行政事业性收费和政府性基金项目发生变化，自治区财政厅、发展改革委将及时更新目录清单内容。

新疆维吾尔自治区财政厅（非税收入管理处）

负责人：常戈蓉　0991－2359880

刘单立　0991－2845575

附表：2016年新疆维吾尔自治区涉企行政事业性收费和政府性基金项目目录清单

附表：

2016年新疆维吾尔自治区涉企行政事业性收费和政府性基金项目目录清单

序号	部门	收费项目名称	批准级次	资金管理方式	政策依据及收费标准	备注
行政事业性收费项目						
一	公安					
		1. 机动车号牌工本费	中央	缴入地方国库	价费字［1992］240号、财预字［1994］37号、计价格［1994］783号、发改价格［2004］2831号、新计价费［2005］450号	
		2. 机动车行驶证工本费	中央	缴入地方国库	价费字［1992］240号、财预字［1994］37号、计价格［1994］783号、发改价格［2004］2831号、新计价费［2005］450号	
		3. 机动车登记证书工本费	中央	缴入地方国库	财综［2001］67号、新财综字［2001］26号、计价格［2001］1979号、发改价格［2004］2831号、新计价费［2005］450号	
		4. 驾驶证工本费	中央	缴入地方国库	价费字［1992］240号、新价非字［1992］163号、财预字［1994］37号、发改价格［2004］2831号、新计价费［2005］450号	
		5. 临时入境机动车号牌和行驶证工本费	中央	缴入地方国库	财综［2008］36号、新财非税［2008］30号、发改价格［2008］1575号	
		6. 临时机动车驾驶许可工本费	中央	缴入地方国库	同上	
		7. 机动车抵押登记费	中央	缴入地方国库	财综［2001］67号、新财综［2001］26号、计价格［2001］1979号、新计价费［2005］450号	
		8. 机动车安全技术检验费	中央	缴入地方国库	价费字［1992］240号、财预字［1994］37号、发改价格［2004］2831号、新计价费［2005］450号、新发改收费［2010］631号	

续表

序号	部门	收费项目名称	批准级次	资金管理方式	政策依据及收费标准	备注
二	司法					
		9. 公证费（限于行政机关）	中央	缴入地方国库	计价费［1997］285 号、计价费［1998］814 号、新财预［2004］52 号、新价非字［1998］50 号、新计价非［2001］822 号	
三	法院					
		10. 诉讼费	中央	缴入地方国库	新财预［2002］20 号、财行［2003］275 号、国务院令第 481 号、新发改收费［2007］1998 号、新发改收费［2008］149 号	
四	质检					
		11. 产品质量监督检验收费	中央	缴入地方国库	—	
		（1）产品质量监督检验费（含核发工业产品生产许可证的产品质量检验）	中央	缴入地方国库	［1992］价费字 496 号，计价格［1996］1500 号、新价非字［1999］34 号、发改价格［2003］1793 号、新财预［2009］202 号	从 2015 年 11 月 1 日起取消产品质量监督检验费中的“定期检验费”（新财非税［2015］20 号）
		（2）棉花监督检验	中央	缴入地方国库	技监局监发［1990］182 号、新标发字［1990］17 号、新财预［2004］52 号、新计价费［2004］675 号、新财非税［2007］8 号、新财预［2009］202 号	
		（3）计量器具产品质量检验	中央	缴入地方国库	新计价费［2003］13 号、新财预［2009］202 号	
		12. 特种设备检验检测收费	中央	缴入地方国库	财综［2001］10 号、新财预［2004］52 号、新发改收费［2007］2167 号、发改价格［2009］3212 号、新发改收费［2010］269 号、新财非税［2011］4 号、新发改收费［2011］1738 号	
		（1）机电类特种设备检验收费	中央	缴入地方国库	同上	
		（2）承压类特种设备检验收费	中央	缴入地方国库	同上	
		（3）专项检验检测收费	中央	缴入地方国库	同上	
		（4）特种设备行政许可、鉴定评审收费	中央	缴入地方国库	同上	

续表

序号	部门	收费项目名称	批准级次	资金管理方式	政策依据及收费标准	备注
		13. 工业产品生产许可证收费	中央	缴入地方国库	价费字［1992］127号、价费字［1992］317号、价费字［1993］135号、计物价［1993］2182号、计价格［1994］238号、计价格［1994］507号、计价格［1995］99号、计价格［1995］339号、计价格［1995］1029号、计价格［1999］1707号、新财预［2000］120号、新财综［2002］29号、发改价格［2003］1793号、新财非税［2007］4号、财综［2011］7号、新财非税［2011］7号、新财非税［2015］2号	从2015年1月1日起暂停征收（新财非税［2015］2号）
		14. 计量收费	中央	缴入地方国库	新财综［2002］22号、新财预［2003］1号、新计价费［2003］421号、新发改价费［2005］84号、新发改收费［2006］244号、发改价格［2008］74号、新财非税［2015］2号、财税［2015］102号、新财非税［2016］19号	
		（1）计量标准考核	中央	缴入地方国库	同上	
		（2）计量考评员、计量检定员考核费	中央	缴入地方国库	同上	小微企业免征（新财非税［2015］2号）
		（3）制造计量器具许可证	中央	缴入地方国库	同上	
		（4）修理计量器具许可证	中央	缴入地方国库	同上	小微企业免征（新财非税［2015］2号）
		（5）国内计量器具新产品定型鉴定和样机试验	中央	缴入地方国库	同上	
		（6）国内计量器具新产品标准物质定级鉴定审查	中央	缴入地方国库	同上	
		（7）计量检定	中央	缴入地方国库	新发改收费［2007］1702号、发改价格［2008］74号、发改价格［2009］234号、新发改收费［2010］1541号、新财非税［2011］4号	
五	人防					
		15. 防空地下室易地建设费	中央	缴入地方国库	中发［2001］9号、计价格［2000］474号、新计价房［2001］1410号、新财预［2003］1号、新财非税［2015］1号	从2015年1月1日起对非营利性及营利性养老及医疗机构免征和减半收取该收费项目。（新财非税［2015］1号）

续表

序号	部门	收费项目名称	批准级次	资金管理方式	政策依据及收费标准	备注
		16. 平时使用人防工程收费	地方	缴入地方国库	新价非字［1992］138号	
六	发展改革					
		17. 非刑事案件财物价格鉴定费	中央	缴入地方国库	财综［2004］56号、新财综［2004］98号	
七	国土					
		18. 矿产资源补偿费	中央	缴入中央和地方国库	国务院令第150号、自治区人民政府令第47号	
		19. 土地复垦费	中央	缴入地方国库	《土地管理法》、新财预［2000］120号、新计价房［2001］500号、新财非税［2007］8号	
		20. 土地闲置费	中央	缴入地方国库	《土地管理法》、新计价房［2001］500号、新财预［2003］1号	
		21. 土地登记费	中央	缴入地方国库	国土（籍）字［1990］93号、新财预［2000］120号、新财综字［2000］95号、新计价房［2001］500号	对小微企业免征（财税［2014］101号）
		22. 非农业建设征拨未利用土地管理费	中央	缴入地方国库	新政发［1985］89号、价费字［1992］597号、财预字［1994］37号、新政办［1994］116号、新财综字［2000］95号、计价格［2001］585号、新计价房［2002］470号、新财非税［2007］8号	
		23. 临时用地管理费	中央	缴入地方国库	同上	
		24. 采挖用地管理费	中央	缴入地方国库	同上	
		25. 耕地开垦费	中央	缴入地方国库	《土地管理法》、新计价房［2001］500号、新财预［2003］1号	
		26. 地质成果资料费	中央	缴入地方国库	价费字［1992］251号、新价非字［1993］34号、新财预［2004］52号	
		27. 探矿权使用费	中央	缴入地方国库	国务院令第240号、财综字［1999］74号、财综字［1999］183号	
		28. 采矿权使用费	中央	缴入地方国库	国务院令第240号、财综字［1999］74号、财综字［1999］183号	
		29. 探矿权、采矿权价款收入	中央	缴入中央和地方国库	国务院令第240号、国务院令第241号、财综字［1999］74号、财综字［1999］183号、财建［2006］394号、新财建［2006］262号	

续表

序号	部门	收费项目名称	批准级次	资金管理方式	政策依据及收费标准	备注
八	住建					
		30. 房屋登记费	中央	缴入地方国库	财预字［1994］37号、新政办［1994］116号、发改价格［2008］924号、新发改医价［2008］823号、财税［2015］68号	小微企业免征（财税［2014］101号）
		31. 城市道路占用挖掘修复费	中央	缴入地方国库	建城［1993］410号、新政办［1999］38号、《城市道路管理条例》、新财预［2004］52号、财税［2015］68号	
		32. 白蚁防治费	中央	缴入地方国库	价费字［1992］179号、财预［2002］584号、新财预［2003］1号、财税［2015］68号	
		33. 城镇污水处理费	中央	缴入中央和地方国库	财综字［1997］111号、计价格［1999］1192号、国发［2000］36号、计价格［2002］515号、新财预［2009］202号、财税［2014］151号	
		34. 城镇垃圾处理费	中央	缴入地方国库	计价格［2002］872号，财政部公告2014年第80号	
		35. 房屋转让手续费	中央	缴入地方国库	财税［2015］68号、新财非税［2015］2号、新发改收费［2015］1805号	小微企业免征（新财非税［2015］2号）
九	环保					
		36. 城市放射性废物送贮费	中央	缴入地方国库	价费字［1992］178号、计价格［1999］750号、新价非字［1999］44号、国办发［2001］93号、新财预［2003］1号、新发改收费［2007］577号	
		37. 环境监测服务费	中央	缴入地方国库	价费字［1992］178号、新价非字［1992］112号、国办发［2001］93号、新财预［2002］20号、财税［2014］101号	小微企业免征（财税［2014］101号）
		38. 排污收费	中央	缴入中央和地方国库	财综［2003］38号、国务院令第369号、四部委令第31号、新计价费［2004］30号、新发改收费［2012］1919号、新发改收费［2015］363号	
十	测绘					
		39. 测绘成果成图资料收费	中央	缴入地方国库	价费字［1992］176、新财预［2004］52号	
		40. 测绘产品质量监督检验收费	中央	缴入地方国库	价费字［1992］176号、新价非字［2000］50号、新财预［2004］52号	

续表

序号	部门	收费项目名称	批准级次	资金管理方式	政策依据及收费标准	备注
		41. 测绘仪器检测收费	中央	缴入地方国库	价费字［1992］176 号、新财预［2004］52 号	
		42. 测绘标志维护补贴费	地方	缴入地方国库	新财综字［1997］61 号、新价非字［1997］46 号	
十一	交通					
		43. 船舶登记费	中央	缴入地方国库	价非字［1992］191 号、新财预［2009］202 号、财税［2014］101 号	对小微企业免征（财税［2014］101 号，对100 总吨以下内河船和500 总吨以下海船予以免收）
		44. 船舶及船用产品设施检验费	中央	缴入地方国库	计价费［1998］800 号、财综［2003］81 号、新财预［2009］202 号	
		45. 公路及其附属设施损坏赔偿费	地方	缴入地方国库	新价非字［1998］68 号	
十二	工信					
		46. 无线电频率占用费（非手机用户）	中央	缴入地方国库	财预字［1994］37 号、新政办［1994］116 号、计价费［1998］218 号、新价非字［1998］19 号、计价格［2002］605 号、计办价格［2002］682 号、新计价费［2002］900 号、发改价格［2003］2300 号、发改价格［2004］1945 号、《电信条例》、财建［2002］640 号、发改价格［2005］2812 号、发改价格［2007］3643 号	
十三	农业					
		47. 农药登记费	中央	缴入地方国库	价费字［1992］452 号、计价费［1996］1718 号、新计价费［1996］42 号、新财预［2000］120 号、计价格［2001］523 号	
		48. 渔业资源增殖保护费	中央	缴入地方国库	价费字［1992］452 号、新计价费［1996］42 号、新财非税［2015］2 号	小微企业免征（新财非税［2015］2 号）
十四	农机					
		49. 农机产品测试检验费	中央	缴入地方国库	新财非税［2007］8 号、发改价格［2010］2363 号	

续表

序号	部门	收费项目名称	批准级次	资金管理方式	政策依据及收费标准	备注
		54. 农药试验费	中央	缴入地方国库	价费字［1992］452号	
		55. 草原补偿费	地方	缴入地方国库	《草原法》、新财综字［1998］94号、新价非字［1999］3号、新政函［2010］91号、新发改收费［2010］2679号	
		56. 草原安置补助费	地方	缴入地方国库	同上	
		57. 临时使用草原补偿费	地方	缴入地方国库	同上	
		58. 草原植被恢复费	中央	缴入地方国库	财综［2010］29号、发改价格［2010］1235号、新财非税［2012］7号、新发改收费［2014］1769号	
十六	林业					
		59. 野生动植物进出口管理费	中央	缴入地方国库	价费字［1992］196号、新价非字［1992］132号、新财预［2000］120号、财综字［2000］75号、计价格［2000］1004号、新计价费［2000］1465号、新财非税［2015］20号	暂停征收（新财非税［2015］20号）
		60. 森林植物检疫费	中央	缴入地方国库	价费字［1992］196号、新价非字［1992］132号、新财预［2000］120号、新财非税［2015］20号	暂停征收（新财非税［2015］20号）
		61. 林权证	中央	缴入地方国库	财综［2001］43号、计价格［2001］1998号、新计价费［2001］1552号、新财非税［2015］20号	小微免征（新财非税［2015］2号）
十七	水利					
		62. 河道采砂管理费	中央	缴入地方国库	新水政资字［1991］3号、价费字［1992］181号、新价非字［1992］92号、新政办［1992］100号、新政发［1992］125号、新价非字［1993］9号、财预字［1994］37号	
		63. 河道工程修建维护管理费	中央	缴入地方国库	价费字［1992］181号、新财预［2000］120号、财预字［1994］37号、财综［2003］89号	
		64. 水资源费	中央	缴入中央和地方国库	价费字［1992］181号、财预字［1994］37号、财综［2003］89号、新计价费［2005］89号、财综［2008］79号、发改价格［2009］1779号、新财非税［2010］3号	

续表

序号	部门	收费项目名称	批准级次	资金管理方式	政策依据及收费标准	备注
		50. 农机监理费	中央	缴入地方国库	价费字［1992］452号、新财预［2000］120号、新计价费［2005］450号、新发改收费［2010］631号、新发改收费［2010］1954号、新财非税［2016］19号	2016年5月1日起，对拖拉机号牌（含号牌架、固定封装置）费、拖拉机行驶证费、拖拉机登记证费、拖拉机驾驶证费、拖拉机安全技术检验费免征范围扩大到所有企业和个人
十五	畜牧					
		51. 动物及动物产品检疫费	中央	缴入的国库	价费字［1992］452号、新计价费［1996］42号、《动物防疫法》、新财预［2003］1号、发改价格［2003］2353号、新计价费［2004］108号、新财综［2004］5号、新发改收费［2008］2402号、发改价格［2011］2021号、新发改收费［2011］3656号、新财非税［2015］20号	暂停征收（新财非税［2015］20号）
		52. 饲料添加剂登记注册费	中央	缴入地方国库	价费字［1992］452号、计价费［1997］41号、新财预［2003］1号	
		53. 检验检测费	中央	缴入地方国库	新财预［2009］202号	
		（1）新饲料添加剂质量复核检验费	中央	缴入地方国库	价费字［1992］452号、新计价费［1996］42号	
		（2）进口饲料添加剂质量复核检验费	中央	缴入地方国库	同上	
		（3）饲料及饲料添加剂委托检验费	中央	缴入地方国库	价费字［1992］452号、新计价费［1996］42号、新价非字［1996］83号	
		（4）进口兽药质量标准复核检验费	中央	缴入地方国库	价费字［1992］452号、《兽药管理条例》、新计价费［1996］42号	
		（5）进口兽药检验	中央	缴入地方国库	同上	
		（6）出口兽药检验	中央	缴入地方国库	同上	
		（7）新兽药质量复核检验费	中央	缴入地方国库	同上	
		（8）兽药委托检验费	中央	缴入地方国库	同上	

续表

序号	部门	收费项目名称	批准级次	资金管理方式	政策依据及收费标准	备注
		65. 水土保持补偿费	中央	缴入中央和地方国库	财综［2014］8 号、新财非税［2015］10 号	
十八	卫生计生					
		66. 卫生监测费	中央	缴入地方国库	价费字［1992］314 号、新价非字［1996］96 号、新财综字［1999］67 号、新价非字［2000］51 号、国办发［2002］57 号、新财预［2004］52 号	
		67. 委托性卫生防疫服务费	中央	缴入地方国库	价费字［1992］314 号、新财预［2004］52 号	
		68. 医疗事故鉴定费	中央	缴入地方国库	价费字［1992］314 号、新计价费［2002］1522 号、发改价格［2003］501 号、财综［2003］27 号、新财预［2004］52 号、发改价格［2007］2749 号	
十九	食品药品					
		69. 药品注册费	中央	缴入地方国库	财税［2015］2 号，新财非税［2015］15 号	
		（1）补充申请注册费	中央	缴入地方国库	同上	
		（2）再注册费	中央	缴入地方国库	同上	
		（3）药品注册加急费	中央	缴入地方国库	同上	
		70. 医疗器械产品注册费	中央	缴入地方国库	同上	
		（1）首次注册费	中央	缴入地方国库	同上	
		（2）变更注册费	中央	缴入地方国库	同上	
		（3）延续注册费	中央	缴入地方国库	同上	
		（4）医疗器械产品注册加急费	中央	缴入地方国库	同上	
		71. GMP 认证费	中央	缴入地方国库	财税［2015］2 号，新财非税［2015］15 号、发改价格［2004］59 号、新计价费［2004］928 号	

续表

序号	部门	收费项目名称	批准级次	资金管理方式	政策依据及收费标准	备注
		72. GSP 认证费	中央	缴入地方国库	财税［2015］2 号，新财非税［2015］15 号、发改价格［2004］59 号、新计价费［2004］928 号	
		73. 中药品种保护费	中央	缴入地方国库	价费字［1993］178 号、财综字［1999］5 号、财税［2015］2 号，新财非税［2015］15 号	
		74. 药品检验收费	中央	缴入地方国库	发改价格［2003］213 号、新计价费［2003］887 号、财税［2015］2 号，新财非税［2015］15 号	
		75. 医疗器械、制药机械检验费	中央	缴入地方国库	价费字［1992］534 号、财税［2015］2 号，新财非税［2015］15 号	
政府性基金项目						
1	各有关部门	新型墙体材料专项基金	中央	缴入地方国库	国发［1992］66 号、财综［2007］3 号、新财非税［2007］1 号、财综［2007］77 号、新财非税［2008］17 号	
2		民航发展基金	中央	缴入中央国库	财综［2012］17 号、新财非税［2012］3 号	2016 年 1 月 1 日至 2020 年 12 月 31 日，继续征收民航发展基金
3		铁路建设基金	中央	缴入中央国库	国发［1992］37 号、财工字［1996］371 号、财综［2007］3 号、新财非税［2007］1 号	
4		育林基金	中央	缴入地方国库	《森林法》、经重［1988］122 号、林财字［1991］74 号、（91）财农字第 333 号、（93）财农字第 144 号、财综［2009］32 号、新财非税［2016］7 号	自 2016 年 2 月 1 日起，征收标准降为零（新财非税［2016］7 号）
5		森林植被恢复费	中央	缴入地方国库	《森林法》、财综［2002］73 号、新财综［2003］28 号、新财非税［2011］34 号	
6		水利建设基金	中央	缴入地方国库	财综［2011］2 号、新政发［2011］107 号	小微企业免征（新财非税［2015］3 号）
7		中央水库移民扶持基金	中央	缴入中央国库	国发［2006］17 号、财综［2006］29 号、新财非税［2006］30 号，监察部、人事部、财政部令第 13 号、财企［2012］315 号、财税［2016］11 号、新财非税［2016］6 号	将大中型水库移民后期扶持基金、跨省（区、市）大中型水库库区基金、三峡水库库区基金合并为中央水库移民扶持基金（新财非税［2016］6 号）

续表

序号	部门	收费项目名称	批准级次	资金管理方式	政策依据及收费标准	备注
8		地方水库移民扶持基金	中央	缴入地方国库	国发［2006］17号、财综［2007］26号、新财非税［2007］11号、财综［2009］51号、财综函［2010］10号、财税［2016］11号、新财非税［2016］6号	将省级大中型水库库区基金、小型水库移民扶助基金合并为地方水库移民扶持金（新财非税［2016］6号）
9		新菜地开发建设基金	中央	缴入地方国库	《土地法》、《国家建设征用土地条例》、［1985］农（土）字第11号	自2016年2月1日起，征收标准降为零（新财非税［2016］7号）
10		城市公用事业附加	中央	缴入地方国库	（64）财预王字第380号、（78）财预26号、（78）建发城584号、财综［2007］3号、新财非税［2007］1号	
11		文化事业建设费	中央	缴入地方国库	国发［1996］37号、财税字［1997］95号、国办发［2006］43号、财综［2007］3号、新财非税［2007］1号、新政发［2010］130号、新财非税［2011］3号	小微企业免征（新财非税［2015］3号）
12		国家电影事业发展专项资金	中央	缴入中央和地方国库	国办发［2006］43号、财教［2006］115号、财综［2007］3号、新财非税［2007］1号、财税［2015］91号	
13		教育费附加	中央	缴入地方国库	《教育法》、国务院令第60号、国发［1986］50号、国发明电［1994］2号、23号、［1992］财预字第111号、国发［2010］35号、财税［2010］103号	小微企业免征（新财非税［2016］6号）
14		地方教育附加	中央	缴入地方国库	《教育法》、财综函［2010］8号、新政发［2010］71号、新财非税［2010］33号、财综［2010］98号、财综函［2011］15号、新政发［2011］24号、新财非税［2011］6号	小微企业免征（新财非税［2016］6号）
15		残疾人就业保障金	中央	缴入地方国库	《残疾人保障法》、财税［2015］72号、财综［2001］16号、新政发［2005］98号、新政办发［2008］73号、新政办发［2008］215号	小微企业免征（新财非税［2015］3号）
16		城市基础设施配套费	中央	缴入地方国库	计价格［2001］585号、财综函［2002］3号、新发改医价［2006］1731号、新政办发［2015］147号	
17		可再生能源发展基金	中央	缴入中央国库	财综［2011］115号、财建［2012］102号	

续表

序号	部门	收费项目名称	批准级次	资金管理方式	政策依据及收费标准	备注
18		废弃电器电子产品处理基金	中央	缴入中央国库	财综［2012］34号、财综［2012］48号、财综［2012］80号	
19		车辆通行费（限于政府还贷）	地方	缴入地方国库	交公路发［1994］686号、《收费公路条例》（国务院令第417号）、新财预［2009］202号、新交综［2015］148号、新政函［2010］278号、新政办函［2013］211号	

关于调整自治区森林植被恢复费征收标准等有关问题的通知

（2016年8月26日　自治区财政厅　林业厅　新财非税〔2016〕22号）

伊犁哈萨克自治州财政局、林业局，各地州市财政局、林业局：

为促进自治区节约集约利用林地、培育和恢复森林植被，加快构建反映市场供求和资源稀缺程度、体现自然价值和代际补偿的资源有偿使用和生态补偿制度，确保自治区总体森林植被面积不减少、质量不降低，根据《财政部 国家林业局关于调整森林植被恢复费征收标准引导节约集约利用林地的通知》（财税〔2015〕122号）规定，现就调整自治区森林植被恢复费征收标准等有关问题通知如下：

一、自治区森林植被恢复费征收标准具体如下：

（一）郁闭度0.2以上的乔木林地（含采伐迹地、火烧迹地）、竹林地、苗圃地，每平方米10元；灌木林地、疏林地、未成林造林地，每平方米6元；宜林地，每平方米3元。

（二）国家和省级公益林林地以及纳入天然林保护工程的林地，按照第（一）款规定征收标准2倍征收。

（三）城市规划区的林地，按照第（一）、（二）款规定征收标准的2倍征收。

（四）城市规划区外的林地，按使用林地建设项目性质实行不同征收标准。属于公共基础设施、公共事业和国防建设项目的，按照第（一）、（二）款规定征收标准征收；属于经营性建设项目的，按照第（一）、（二）款规定征收标准2倍征收。

公共基础设施建设项目包括：公路、铁路、机场、港口码头、水利、电力、通讯、能源基地、电网、油气管网等建设项目。公共事业建设项目包括：教育、科技、文化、卫生、体育、环境和资源保护、防灾减灾、文物保护、社会福利、市政公用等建设项目。经营性建设项目包括：商业、服务业、工矿业、仓储、城镇住宅、旅游开发、养殖、经营性墓地等建设项目。

二、对农村居民按规定标准建设住宅，农村集体经济组织修建乡村道路、学校、幼儿园、敬老院、福利院、卫生院等社会公益项目以及保障性安居工程，免征森林植被恢复费。法律、法规规定减免森林植被恢复费的，从其规定。

三、加强森林植被恢复费征收管理。自治区各级林业主管部门要严格按规定的范围、标准征收森林植被恢复费，确保及时、足额征缴到位。任何单位和个人均不得违反规定，擅自减免或缓征森林植被恢复费，不得自行改变森林植被恢复费的征收对象、范围和标准。要向社会公开各类建设项目占用征收林地及森林植被恢复费征收使用情况，提高透明度，接受社会监督。

四、做好组织实施和宣传工作。各地要高度重视调整森林植被恢复费征收标准工作，及时通过政府网站和公共媒体等渠道，加强森林植被恢复费政策宣传解读，及时发布信息，做好舆论引导工作，统一思想、凝聚共识，营造良好的舆论氛围。

五、除收费标准调整外，自治区森林植被恢复费的征收使用管理，仍执行《新疆维吾尔自治区森林植被恢复费征收使用管理实施细则》（新财非税〔2011〕34号）的规定。

六、本通知自发布之日起执行。

关于调整我区矿产资源补偿费费率的通知

（2016年9月27日　自治区财政厅　新财非税〔2016〕25号）

自治区国土资源厅，伊犁哈萨克自治州财政局，各地州市财政局：

为配合推进我区矿产资源税改革工作，根据财政部、国家税务总局《关于全面推进资源税改革的通知》（财税〔2016〕53号）及自治区财政厅、自治区地税局《关于确定我区资源税改革使用税率和换算比选矿比的通知》（新财法税〔2016〕24号）文件有关规定，经研究决定，从2016年7月1日起，将自治区已实施资源税改革的铁矿、金矿等55个资源税品目（具体见附件）的矿产资源补偿费费率调整为零。

特此通知。

附件：资源税品目

附件：

资源税品目

自治区财政厅、地税局《关于确定我区资源税改革适用税率和换算比选矿比的通知》（新财法税〔2016〕24号）文件确定实施资源税改革的资源品目：

（一）财政部和国家税务总局确定核准的15个

地区	资源品目
新疆维吾尔自治区	铁矿
	金矿
	铜矿
	铅锌矿
	镍矿
	高岭土
	萤石
	石灰石
	硫铁矿
	氯化钾
	硫酸钾
	湖盐
	煤层（成）气
	粘土
	砂石

（二）自治区人民政府审批确定的40个

地区	税目
新疆维吾尔自治区	铬矿
	锂矿
	锰矿
	铍矿
	其他金属矿产品
	红柱石
	花岗岩
	滑石

续表

地区	税目
新疆维吾尔自治区	矿泉水
	硅灰石
	菱镁矿
	白云岩
	芒硝
	钠硝石
	大理岩
	膨润土
	地热
	砂岩
	石膏
	石棉
	页岩
	油页岩
	玉石
	云母
	珍珠岩
	蛭石
	玄武岩
	长石
	安山岩
	角闪岩
	脉石英
	石英砂
	陶瓷土
	辉绿岩
	石榴子石
	毒重石
	宝石
	蛇纹岩
	其他非金属矿产品

关于印发《自治区关于加强户外广告资源有偿使用费征管的指导意见》的通知

（2016年11月1日　自治区财政厅、发展和改革委员会、工商行政管理局
新财非税〔2016〕27号）

伊犁州财政局、发展改革委、工商局，各地州市财政局、发展改革委、工商局：

为深入挖掘自治区国有资源、资产有偿使用非税收入增收潜力，加强规范城市户外广告资源有偿使用费的征收使用管理，根据国家、自治区有关规定，我们研究制定了《自治区关于加强户外广告资源有偿使用费征管的指导意见》，现印发你们，请遵照执行。

特此通知。

附件：自治区关于加强户外广告资源有偿使用费征管的指导意见

附件：

自治区关于加强户外广告资源有偿使用费征管的指导意见

为加强和规范自治区户外广告资源有偿使用费的征收使用管理，根据《财政部关于加强政府非税收入管理的通知》（财综〔2004〕53号）、《财政部关于印发〈政府非税收入管理办法〉的通知》（财税〔2016〕33号）、《关于进一步加强和规范自治区非税收入管理的意见》（新财非税〔2015〕24号）有关规定，现提出如下意见：

一、积极开展户外广告资源有偿使用费征收工作

户外广告资源是城市公共空间资源，属国有资源、资产。广告经营者占用城市公共空间资源，设置户外广告并获取经济收益，应当缴纳有偿使用费。这是政府对城市公共空间资源所有权的重要体现。

近年来，随着经济社会的发展，乌鲁木齐、喀什、阿克苏等地市从实际出发，在加强户外广告设置和经营管理、规范户外广告资源有偿使用方面开展了积极探索，并取得了初步成效。但与此同时，一些地方还存在对户外广告资源有偿使用费认识不清、管理不到位的现象，扰乱了市场秩序，进而导致财政资金流失。

为进一步挖掘政府非税收入增收潜力，加大国有资源、资产类非税收入征缴力度，加强和规范自治区户外广告资源有偿使用费的征收使用管理，各地可研究确定开展户外广告资源有偿使用费的征收管理，进一步优化配置和高效利用城市公共资源，增强政府调控能力，促进城市建设持续健康发展。

二、户外广告资源有偿使用费的征收范围

城市户外广告的主要内容包括：

①利用户外场所、空间、设施发布的，以展示牌、电子显示装置、灯箱、霓虹灯为载体的广告；

②利用交通工具、水上漂浮物、升空器具、充气物、模型表面绘制、张贴、悬挂的广告；

③在地下铁道设施，城市轨道交通设施，地下通道，以及车站、码头、机场候机楼内外设置的广告；

④其他形式的户外广告。

按照利用国有资源（资产）“谁使用、谁受益、谁交费”的原则，户外广告资源有偿使用费的征收对象为非公益类户外广告发布所在建筑或场地的产权所有人。在非公共产权建筑物、设施、场地上有偿设置经营性户外广告的，暂不缴纳户外广告资源有偿使用费。

三、户外广告资源有偿使用费的征收和使用管理

城市户外广告有偿使用收入是政府通过出让公共资源经营权而取得的收入，是城市公共资源有偿使用收入的一部分，属国有资源（资产）有偿使用收入，应全额纳入地方财政一般公共预算管理，实行“收支两条线”。

各级财政部门是户外广告资源有偿使用收入的征收主管机关，可直接征收，也可按方便征缴原则，委托有户外广告审批权、管理权的职能部门负责征收，并及时足额缴入本级财政国库，防止国有资源（资产）有偿使用收益流失。户外广告资源有偿使用收入应主要用于城市基础设施维护、管理和建设等支出。

各地户外广告资源有偿使用费的征收标准，由同级价格、财政部门根据实际情况，研究确定。

四、征缴户外广告有偿使用收入的基本原则

一要因地制宜。按照各地城市发展的经济体量，由各地人民政府自主研究确定是否征收户外广告资源有偿使用费，按市场规律办事，不搞“一刀切”。二要切实尊重合约。对已发布的城市非公益类户外广告，在其合同履行期内的，不应再征收户外广告资源有偿使用费，不搞重复收费。三要坚持特殊扶持。对中小微企业、个体户、以及其他符合扶持政策的特殊群体，可适当采取减、免、缓征户外广告资源有偿使用费政策，降低其参与经济活动的成本。

五、加强组织协调，确保工作落实

各地、各有关部门要高度重视户外广告资源有偿使用收入管理工作，按照“统一规划、统一经营运作、统一管理”的原则，建立协调机制，明确部门职责分工，规范户外广告资源有偿使用收入管理。

各级财政部门可按照本《指导意见》规定，制定具体的户外广告资源有偿使用费征收使用管理办法，规范收支管理程序，确保收入应缴尽缴，支出按规定用途使用。制定的资金征收使用管理办法，应报自治区财政厅备案。

各级工商行政管理部门要进一步加强对户外广告的监督管理，规范户外广告市场秩序。

监察、财政、审计等部门要加强对资金收缴和使用的监督检查。对违反户外广告资源有偿使用费征收使用管理规定的单位和个人，按照《违反行政事业性收费和罚没收入收支两条线管理规定行政处分暂行规定》（国务院令第 281 号）和《财政违法行为处罚处分条例》（国务院令第 427 号）等有关规定，追究相关责任人的责任。

关于印发《新疆维吾尔自治区残疾人就业保障金征收使用管理办法》的通知

（2016年11月23日　自治区财政厅　国家税务局　地方税务局　残疾人联合会
新疆生产建设兵团财务局　新财非税〔2016〕28号）

伊犁哈萨克自治州财政局、地方税务局、国家税务局、残疾人联合会，各地州市财政局、地方税务局、国家税务局、残疾人联合会，兵团各师财务局：

为保障残疾人权益，促进残疾人就业，规范自治区残疾人就业保障金的征收使用管理，经自治区人民政府批准，现将《新疆维吾尔自治区残疾人就业保障金征收使用管理办法》印发给你们，请遵照执行。

附件：新疆维吾尔自治区残疾人就业保障金征收使用管理办法

附件：

新疆维吾尔自治区残疾人就业保障金征收使用管理办法

第一章　总　　则

第一条　为了规范残疾人就业保障金（以下简称“保障金”）的征收使用管理，促进残疾人就业，根据《中华人民共和国残疾人保障法》、《残疾人就业条例》、《财政部、国家税务总局、中国残疾人联合会关于印发〈残疾人就业保障金征收使用管理办法〉的通知》（财税〔2015〕72号）、《新疆维吾尔自治区实施〈中华人民共和国残疾人保障法〉办法》以及自治区人民政府关于保障金征收管理的有关规定，经自治区人民政府同意，并结合自治区实际，制定本办法。

第二条　保障金是为保障残疾人权益，由未按规定安排残疾人就业的机关、团体、企业、事业单位和民办非企业单位（以下简称“用人单位”）缴纳的资金。

第三条　保障金的征收、使用和管理，适用本办法。

第四条　本办法所称残疾人，是指持有《中华人民共和国残疾人证》上注明属于视力残疾、听力残疾、言语残疾、肢体残疾、智力残疾、精神残疾和多重残疾的人员，或者持有《中华人民共和国残疾军人证》（1—8 级）的人员。

第五条 保障金的征收、使用和管理应当接受财政部门的监督检查和审计机关的审计监督。

第二章 征收缴库

第六条 用人单位应当按照本单位在职职工总人数 2% 的比例安排残疾人就业。达不到上述规定比例的，应当缴纳保障金。

第七条 用人单位将残疾人录用为在编人员或依法与就业年龄段内的残疾人签订 1 年以上（含 1 年）劳动合同（服务协议），且实际支付的工资不低于当地最低工资标准，并足额缴纳社会保险费的，方可计入用人单位所安排的残疾人就业人数。

用人单位安排 1 名持有《中华人民共和国残疾人证》（1—2 级）或《中华人民共和国残疾军人证》（1—3 级）的人员就业的，按照安排 2 名残疾人就业计算。

用人单位跨地区招用残疾人的，应当计入所安排的残疾人就业人数。

第八条 保障金按上年用人单位安排残疾人就业未达到规定比例的差额人数和本单位在职职工年平均工资之积计算缴纳。计算公式如下：

保障金年缴纳额 =（上年用人单位在职职工人数 ×2% − 上年用人单位实际安排的残疾人就业人数）× 上年用人单位在职职工年平均工资。

用人单位在职职工，是指用人单位在编人员或依法与用人单位签订 1 年以上（含 1 年）劳动合同（服务协议）的人员。季节性用工应当折算为年平均用工人数。以劳务派遣用工的，计入派遣单位在职职工人数。季节性用工折算为年平均用工人数计算公式如下：年平均用工人数 = 季节性用工人数 ×（用工月数 ÷12）。

用人单位安排残疾人就业未达到规定比例的差额人数，以公式计算结果为准，可以不是整数。

上年用人单位在职职工年平均工资，按用人单位上年在职职工工资总额除以用人单位在职职工人数计算。

第九条 保障金由用人单位所在地的县（市、区）级地方税务局负责征收。没有分设地方税务局的县（市、区），由国家税务局负责征收。

第十条 保障金采取按季申报，按季缴纳。

保障金申报按以下程序办理：

每年 2 月 10 日前，用人单位持本单位上年度残疾职工名单、残疾职工身份证（复印件）和中华人民共和国残疾人证或中华人民共和国残疾军人证（复印件）、用人单位与残疾职工签订的劳动合同（服务协议）、为残疾职工缴纳社会保险费的清单，上年度本单位安排的残疾人就业人数到地税登记地所在的残疾人就业服务机构进行审核，用人单位报送信息要真实完整。对未在规定时限申报的用人单位，视为未安排残疾人就业。

县（市、区）级残疾人就业服务机构对用人单位申报安排残疾人就业情况进行审核认定后，于 3 月 10 日前将此信息提供给自治区残疾人联合会，自治区残疾人联合会审核、确认、汇总后，于 3 月 20 日前将汇总信息传输至自治区地税局（国税局）。

季度终了后 15 日内，用人单位应向所在地的县（市、区）级地税局（国税局）申报缴纳保障金。在申报时，用人单位应当提供经残疾人就业服务机构审核认定的实际安排残疾人就业人数，并提供本单位上年度在职职工人数、在职职工年平均工资等资料，保证信息的真实性和完整性。

县（市、区）级地税局（国税局）根据用人单位申报信息，以及残疾人就业服务机构审核确认的用人单位实际安排残疾人就业人数，按照保障金缴纳额计算公式，核定用人单位当年应缴纳的保障金总额及分季度缴纳金额，按季征收。

年度内用人单位信息（单位职工总人数、

安排残疾人就业人数）如发生变更，应及时向县（市、区）级残疾人就业服务机构、以及县（市、区）级地税局（国税局）申报进行调整。

第十一条 县（市、区）级地税局（国税局）、县（市、区）级残疾人就业服务机构应当定期对用人单位申报信息的真实性进行检查。发现用人单位申报不实、少缴纳保障金的，应当催报并追缴保障金。

第十二条 各级残疾人就业服务机构应当配合地税局（国税局）做好保障金征收工作。

第十三条 县（市、区）级地税局（国税局）在征收保障金时，应当向用人单位开具税收票证。

第十四条 县（市、区）级地税局（国税局）征收的保障金按以下比例就地缴入各级国库：自治区级40%，地（州、市）级20%，县（市、区）级40%。

第十五条 税务部门征收保障金时，填制“中华人民共和国税收通用缴库书”，预算科目编码填列为1030142，名称填列“残疾人就业保障金收入”，预算级次分别填写“自治区级40%、地（州、市）级20%、县（市、区）级40%”，收款国库分别填写“自治区金库”、“地（州、市）金库”和“县（市、区）金库”。

征收的保障金在税收会统核算时，分别统计在《税收电月报》第279行“其他收入”项目和“入库税收明细月报表”第76行“残疾人就业保障金”项目中，同时在“税收资金平衡月报表”的“入库其他收入”、“应征其他收入”、“待征其他收入”项目中反映。

第十六条 县（市、区）级地税局（国税局）要积极采取财税库银税收收入电子缴库横向联网方式征缴保障金。

各级财政、税务、残联、人民银行等部门要建立信息沟通、共享机制。

第十七条 自工商登记注册之日起3年内，对安排残疾人就业未达到规定比例、在职职工总数20人以下（含20人）的小微企业，免征保障金。

第十八条 用人单位遇不可抗力自然灾害或其他突发事件遭受重大直接经济损失，可以申请减免或者缓缴保障金。

用人单位申请减免保障金的最高限额不得超过1年的保障金应缴额，申请缓缴保障金的最长期限不得超过6个月。

批准减免或者缓缴保障金的用人单位名单，各级财政部门应当每年公告一次。公告内容应当包括批准机关、批准文号、批准减免或缓缴保障金的主要理由。

具体减免的办理程序，由自治区财政厅另行规定。

第十九条 县（市、区）级地税局（国税局）应当严格按照规定的范围、标准和时限要求征收保障金，确保保障金及时、足额缴入各级国库。

第二十条 任何单位和个人均不得违反本办法规定，擅自减免或缓征保障金，不得自行改变保障金的征收对象、范围和标准。

第二十一条 各县（市、区）要建立用人单位按比例安排残疾人就业及缴纳保障金公示制度。

县（市、区）级地税局（国税局）负责每年向社会公布本县（市、区）用人单位缴纳保障金情况。

县（市、区）残疾人联合会负责每年定期向社会公布本县（市、区）用人单位应安排残疾人就业人数、实际安排残疾人就业人数和未按规定安排残疾人就业人数。

第二十二条 石河子市、图木舒克市、阿拉尔市、五家渠市、北屯市、铁门关市、可克达拉市、双河市、昆玉市等师市合一的地市保障金由同级地税局（国税局）负责征收。征收的保障金按自治区10%、地市90%比例，分级次就地缴入各级国库。

新疆生产建设兵团所属国家机关、社会团体和企事业单位，以及兵团所辖垦区内各类机构单位的保障金，由新疆生产建设兵团残疾人联合会（或其所属机构）负责征收。

第三章　使用管理

第二十三条　保障金纳入地方一般公共预算统筹安排，主要用于支持残疾人就业和保障残疾人生活。支持方向包括：

（一）残疾人职业培训、职业教育和职业康复支出。

（二）残疾人就业服务机构提供残疾人就业服务和组织职业技能竞赛（含展能活动）支出。补贴用人单位安排残疾人就业所需设施设备购置、改造和支持性服务费用。补贴辅助性就业机构建设和运行费用。

（三）残疾人从事个体经营、自主创业、灵活就业的经营场所租赁、启动资金、设施设备购置补贴和小额贷款贴息。各种形式就业残疾人的社会保险缴费补贴和用人单位岗位补贴。扶持农村残疾人从事种植、养殖、手工业及其他形式生产劳动。

（四）奖励超比例安排残疾人就业的用人单位，以及为安排残疾人就业做出显著成绩的单位或个人。

对超比例安排残疾人就业的用人单位，按人数依照本地公布的当年单位和职工社会保险缴费基数的最低标准，对单位负担部分予以奖励，所需资金由同级财政予以安排。

（五）对从事公益性岗位就业、辅助性就业、灵活就业收入达不到当地最低工资标准、生活确有困难的残疾人的救济补助。

（六）经县（市、区）级以上人民政府及其财政部门批准用于促进残疾人就业和保障困难残疾人、重度残疾人生活等其他支出。

第二十四条　地方各级残疾人联合会所属残疾人就业服务机构的正常经费开支，由地方同级财政预算统筹安排。

第二十五条　各地要积极推行政府购买服务，按照政府采购法律制度规定选择符合要求的公办、民办等各类就业服务机构、承接残疾人职业培训、职业教育、职业康复、就业服务和就业援助等工作。

第二十六条　各级残疾人联合会、财政部门每年向社会公布保障金用于支持残疾人就业和保障残疾人生活支出情况，接受社会监督。

第四章　法律责任

第二十七条　单位和个人违反本办法规定，有下列情形之一的，依照《财政违法行为处罚处分条例》和《违反行政事业性收费和罚没收入收支两条线管理规定行政处分暂行规定》等国家有关规定追究法律责任；涉嫌犯罪的，依法移送司法机关处理：

（一）擅自减免保障金或者改变保障金征收范围、对象和标准的；

（二）隐瞒、坐支应当上缴的保障金的；

（三）滞留、截留、挪用应当上缴的保障金的；

（四）不按照规定的预算级次、预算科目将保障金缴入国库的；

（五）违反规定使用保障金的；

（六）其他违反国家财政收入管理规定的行为。

第二十八条　用人单位未按规定缴纳保障金的，按照《残疾人就业条例》的规定，由保障金征收机关提交财政部门，由财政部门予以警告，责令限期缴纳；逾期仍不缴纳的，除补缴欠缴数额外，还应当自欠缴之日起，按日加收5‰的滞纳金。滞纳金按照保障金入库预算级次缴入国库。

第二十九条　保障金征收、使用管理有关部门的工作人员违反本办法规定，在保障金征收和使用管理工作中滥用职权、玩忽职守、徇私舞弊的，依法给予处分；涉嫌犯罪的，依法移送司法机关。

第五章　附　　则

第三十条　本办法由自治区财政厅会同自治

区地方税务局、自治区国家税务局、自治区残疾人联合会、新疆生产建设兵团财务局负责解释。

第三十一条 本办法自2016年1月1日起施行。

关于公布2016年新疆维吾尔自治区行政事业性收费基金项目目录清单的通知

（2016年12月22日 自治区财政厅 发展和改革委员会 新财非税〔2016〕30号）

自治区党委各部、委、办，自治区人民政府各委、办、厅、局，各直属机构，各社会团体、大专院校，伊犁哈萨克自治州财政局、发改委，各地州市财政局、发改委：

为提高行政事业性收费和政府性基金政策透明度，加强社会监督，有效制止各种乱收费，按照国务院、财政部、国家发展改革委和自治区党委、自治区人民政府有关规定，现公布《2016年新疆维吾尔自治区行政事业性收费基金目录清单》（见附件）。

特此通知。

附件：2016年新疆维吾尔自治区行政事业性收费基金项目目录清单

附件：

2016年新疆维吾尔自治区行政事业性收费基金项目目录清单

序号	部门	收费项目名称	缴库级次	立项依据及收费标准	是否涉企	减免缓优惠政策
行政事业性项目						
一	公安					
		1. 外国人签证收费	缴入中央和地方国库	价费字［1992］240号、新价非字［1992］163号、财预字［1994］37号、公通字［2000］99号、计价格［2003］392号	否	
		（1）非对等国家签证、证件收费	缴入中央和地方国库	同上	否	

续表

序号	部门	收费项目名称	缴库级次	立项依据及收费标准	是否涉企	减免缓优惠政策
一	公安					
		(2) 对等国家签证、证件收费	缴入中央和地方国库	同上	否	
		2. 外国人证件费	缴入中央和地方国库	价费字［1992］240号、财预字［1994］37号、公通字［2000］99号、发改价格［2004］1267号、财综［2004］32号、财综［2004］60号、发改价格［2004］2230号	否	
		(1) 外国人永久居留申请费	缴入中央和地方国库	同上	否	
		(2) 外国人永久居留证费	缴入中央和地方国库	同上	否	
		3. 公民出入境证件费	缴入中央和地方国库	价费字［1992］240号、价费字［1993］164号、财预字［1994］37号、公通字［2000］99号、计价格［2002］1097号	否	
		(1) 护照（延期、加页、加注、合定）	缴入中央和地方国库	计价格［2000］293号	否	
		(2) 出入境通行证	缴入中央和地方国库	财综［2008］9号、新财非税［2008］15号	否	
		(3) 往来（含前往）港澳通行证（含签注）	缴入中央和地方国库	计价格［2002］1097号	否	
		(4) 大陆居民往来台湾通行证（含签注）	缴入中央和地方国库	价费字［1993］164号、计价格［2001］1835号、新发改收费［2016］964号	否	
		(5) 台湾居民往来大陆通行证（含签注）	缴入中央和地方国库	价费字［1993］164号、计价格［2001］1835号、发改价格［2004］334号	否	
		(6) 台湾同胞定居证	缴入地方国库	价费字［1993］164号、发改价格［2004］2839号	否	
		(7) 华侨回国定居证	缴入地方国库	同上	否	
		4. 居民身份证工本费	缴入中央和地方国库	价费字［1992］240号、新价非字［1993］41号、计价格［1995］873号、计价格［1997］1485号、财预字［1994］37号、发改价格［2003］2322号、财综［2004］8号、新发改收费［2006］593号、新财非税［2006］23号、财综［2007］34号	否	

续表

序号	部门	收费项目名称	缴库级次	立项依据及收费标准	是否涉企	减免缓优惠政策
一	公安					
		5. 机动车号牌工本费	缴入地方国库	价费字［1992］240号、财预字［1994］37号、计价格［1994］783号、发改价格［2004］2831号、新计价费［2005］450号	是	
		（1）号牌（含临时）	缴入地方国库	同上	是	
		（2）号牌专用固定装置	缴入地方国库	同上	是	
		（3）号牌架	缴入地方国库	同上	是	
		6. 机动车行驶证工本费	缴入地方国库	价费字［1992］240号、财预字［1994］37号、计价格［1994］783号、发改价格［2004］2831号、新计价费［2005］450号	是	
		7. 机动车登记证书工本费	缴入地方国库	财综［2001］67号、新财综字［2001］26号、计价格［2001］1979号、发改价格［2004］2831号、新计价费［2005］450号	是	
		8. 驾驶证工本费	缴入地方国库	价费字［1992］240号、新价非字［1992］163号、财预字［1994］37号、发改价格［2004］2831号、新计价费［2005］450号	是	
		9. 临时入境机动车号牌和行驶证工本费	缴入地方国库	财综［2008］36号、新财非税［2008］30号、发改价格［2008］1575号	是	
		10. 临时机动车驾驶许可工本费	缴入地方国库	同上	是	
		11. 超标电动自行车号牌工本费	缴入地方国库	新财非税［2014］10号、新发改收费［2014］738号	是	
		12. 超标电动自行车行驶证工本费	缴入地方国库	新财非税［2014］10号、新发改收费［2014］738号	是	
		13. 机动车抵押登记费	缴入地方国库	财综［2001］67号、新财综［2001］26号、计价格［2001］1979号、新计价费［2005］450号	是	
		14. 机动车安全技术检验费	缴入地方国库	价费字［1992］240号、财预字［1994］37号、发改价格［2004］2831号、新计价费［2005］450号、新发改收费［2010］631号	是	
		15. 驾驶许可考试费	缴入地方国库	财综［2001］年67号、新财综［2001］26号、计价格［2001］1979号、新计价费［2005］450号、新财非税［2012］8号	否	

续表

序号	部门	收费项目名称	缴库级次	立项依据及收费标准	是否涉企	减免缓优惠政策
一	公安					
		16. 保安员资格考试费	缴入中央和地方国库	财综［2011］60号、新财非税［2011］27号、新发改收费［2013］2329号	否	
二	法院					
		17. 诉讼费	缴入地方国库	新财预［2002］20号、财行［2003］275号、国务院令第481号、新发改收费［2007］1998号、新发改收费［2008］149号	是	
三	司法					
		18. 公证费（限于行政机关）	缴入地方国库	计价费［1997］285号、计价费［1998］814号、新财预［2004］52号、新价非字［1998］50号、新计价非［2001］822号	是	
		19. 司法考试考务费	缴入中央和地方国库	新财综［2002］18号、财综［2002］6号、计价格［2002］154号、新财非税［2009］20号、新财预［2009］202号、新财非税［2014］11号	否	
四	外交					
		20. 签证费	缴入地方国库	价费字［1992］198号、计价格［1999］466号、新财预［2000］120号、新财预［2004］470号、财综［2003］45号、新财预［2009］202号	否	
		21. 因公出（国）境证明	缴入地方国库	新价非字［1994］43号	否	
		22. 签证代办费	缴入地方国库	新价非字［1994］43号、计价格［1999］466号	否	
五	财政					
		23. 收费票据工本费	缴入地方国库	计价费［1998］374号、新价非字［2000］1号、计价格［2001］604号、新财预［2003］1号	否	
		24. 财政考试考务费	缴入国库			
		（1）会计从业资格报名费、考试费	缴入地方国库	新财综字［2001］7号、新财预［2003］1号、计价格［2002］1575号	否	
		（2）注册会计师考试报名费、考务费	缴入中央和地方国库	计价格［2001］527号、新财预［2003］1号	否	
		（3）会计专业技术资格考试考务费	缴入中央和地方国库	计价格［2000］1567号、新财预［2003］1号	否	

续表

序号	部门	收费项目名称	缴库级次	立项依据及收费标准	是否涉企	减免缓优惠政策
六	质检					
		25. 产品质量监督检验收费	缴入地方国库	—	是	
		(1) 产品质量监督检验费（含核发工业产品生产许可证的产品质量检验）	缴入地方国库	[1992] 价费字 496 号，计价格 [1996] 1500 号、新价非字 [1999] 34 号、发改价格 [2003] 1793 号、新财预 [2009] 202 号	是	从 2015 年 11 月 1 日起取消产品质量监督检验费中的“定期检验费”收费项目。(财税 [2015] 102 号)
		(2) 棉花监督检验	缴入地方国库	技监局监发 [1990] 182 号、新标发字 [1990] 17 号、新财预 [2004] 52 号、新计价费 [2004] 675 号、新财非税 [2007] 8 号、新财预 [2009] 202 号	是	
		(3) 计量器具产品质量检验	缴入地方国库	新计价费 [2003] 13 号、新财预 [2009] 202 号	是	
		26. 特种设备检验检测收费	缴入地方国库	财综 [2001] 10 号、新财预 [2004] 52 号、新发改收费 [2007] 2167 号、发改价格 [2009] 3212 号、新发改收费 [2010] 269 号、新财非税 [2011] 4 号、新发改收费 [2011] 1738 号	是	
		(1) 机电类特种设备检验收费	缴入地方国库	同上	是	
		(2) 承压类特种设备检验收费	缴入地方国库	同上	是	
		(3) 专项检验检测收费	缴入地方国库	同上	是	
		(4) 特种设备行政许可、鉴定评审收费	缴入地方国库	同上	是	
		27. 工业产品生产许可证收费	缴入地方国库	价费字 [1992] 127 号、价费字 [1992] 317 号、价费字 [1993] 135 号、计物价 [1993] 2182 号、计价格 [1994] 238 号、计价格 [1994] 507 号、计价格 [1995] 99 号、计价格 [1995] 339 号、计价格 [1995] 1029 号、计价格 [1999] 1707 号、新财预 [2000] 120 号、新财综 [2002] 29 号、发改价格 [2003] 1793 号、新财非税 [2007] 4 号、财综 [2011] 7 号、新财非税 [2011] 7 号	是	从 2015 年 1 月 1 日起暂停征收（新财非税 [2015] 2 号）

续表

序号	部门	收费项目名称	缴库级次	立项依据及收费标准	是否涉企	减免缓优惠政策
六	质检					
		28. 计量收费	缴入地方国库	新财综［2002］22号、新财预［2003］1号、新计价费［2003］421号、新发改价费［2005］84号、新发改收费［2006］244号、发改价格［2008］74号、新财非税［2015］2号、财税［2015］102号	是	
		（1）计量标准考核	缴入地方国库	同上	是	
		（2）计量授权考核	缴入地方国库	同上	是	2016年5月1日起，免征范围扩大到所有企业和个人（新财非税［2016］19号）
		（3）社会公用计量标准证书	缴入地方国库	同上	是	同上
		（4）标准物质定级证书	缴入地方国库	同上	是	同上
		（5）计量考评员、计量检定员考核费	缴入地方国库	同上	是	计量考评员考核费免征（新财非税［2015］2号）
		（6）计量考评员、计量检定员证书	缴入地方国库	同上	是	计量考评员证书费2016年5月1日起，免征范围扩大到所有企业和个人（新财非税［2016］19号）
		（7）制造计量器具许可证	缴入地方国库	同上	是	
		（8）修理计量器具许可证	缴入地方国库	同上	是	2016年5月1日起，免征范围扩大到所有企业和个人（新财非税［2016］19号）
		（9）国内计量器具新产品型式批准证书	缴入地方国库	同上	是	2016年5月1日起，免征范围扩大到所有企业和个人（新财非税［2016］19号）

续表

序号	部门	收费项目名称	缴库级次	立项依据及收费标准	是否涉企	减免缓优惠政策
六	质检					
		(10) 国内计量器具新产品定型鉴定和样机试验	缴入地方国库	新财综［2002］22号、新财预［2003］1号、新计价费［2003］421号、新发改价费［2005］84号、新发改收费［2006］244号、发改价格［2008］74号、新财非税［2015］2号、财税［2015］102号	是	
		(11) 国内计量器具新产品标准物质定级鉴定审查	缴入地方国库	同上	是	
		(12) 计量检定	缴入地方国库	新发改收费［2007］1702号、发改价格［2008］74号、发改价格［2009］234号、新发改收费［2010］1541号、新财非税［2011］4号	是	
七	贸促会					
		29. 认证代办费	缴入地方国库	［1992］价费字236号、计价格［1999］1165号、计价格［1999］466号	否	
		30. 代办外国领事认证费（含加急）	缴入地方国库	同上	否	
八	宗教事务					
		31. 清真食品认证费	缴入中央国库	财综字［2000］60号、新财预［2003］1号、计价格［2000］1174号	否	
九	人防					
		32. 防空地下室易地建设费	缴入地方国库	中发［2001］9号、计价格［2000］474号、新计价房［2001］1410号、新财预［2003］1号	是	从2015年1月1日起对非营利性及营利性养老及医疗机构免征和减半收取该收费项目。（新财非税［2015］1号）
		33. 平时使用人防工程收费	缴入地方国库	新价非字［1992］138号	是	
十	教育					
		34. 普通高中学费	缴入财政专户	教财［1996］101号、新价非字［1999］32号、新计价费［2000］29号、教材［2003］4号、新发改收费［2007］1497号、新发改收费［2009］1932号	否	

续表

序号	部门	收费项目名称	缴库级次	立项依据及收费标准	是否涉企	减免缓优惠政策
十	教育					
		35. 普通高中住宿费	缴入财政专户	教财［1996］101号、新价非字［1999］32号、新计价费［2000］29号、教材［2003］4号、新发改收费［2007］1497号、新发改收费［2009］1932号	否	
		36. 中等职业学校学费	缴入财政专户	教财［1996］101号、新价非字［2000］29号、教材［2003］4号、新计价费［2004］557号	否	
		37. 中等职业学校住宿费	缴入财政专户	教财［1996］101号、新价非字［2000］29号、教材［2003］4号、新计价费［2004］557号、新发改收费［2009］2555号	否	
		38. 高等学校学费	缴入财政专户	教财［1996］101号、教材［2003］4号、新价非字［2000］28号、新计价费［2002］916号、新价非字［1998］61号、新价非字［2000］15号、新价非字［2000］52号、新价非字［2001］760号、新发改收费［2007］1078号、新发改收费［2008］398号、新发改收费［2008］990号、新发改收费［2009］1390号、新发改收费［2009］2237号、新发改收费［2009］2366号、新发改收费［2010］995号	否	
		39. 高等学校住宿费	缴入财政专户	教财［1996］101号、教材［2003］4号、新价非字［2000］28号、新价非字［2000］66号、新计价费［2002］916号	否	
		40. 高等学校委托培养费	缴入财政专户	教财［1996］101号、新价非字［2000］28号、教材［2003］4号	否	
		41. 函大、电大、夜大及短训班培训费	缴入财政专户	教财［1992］42号、价费字［1992］367号、计价格［2002］838号	否	
		42. 外国自费来疆中、小学生学费	缴入财政专户	教外来［1998］7号、新发改收费［2009］383号	否	
		43. 义务教育阶段借宿费	缴入财政专户	教财［1996］101号、新价非字［1999］32号、新价非字［2000］17号、新计价费［2002］566号、新计价费［2004］1384号、新发改收费［2007］1836号	否	
		44. 区内高中班学生学习生活费	缴入财政专户	新发改收费［2009］46号	否	
		45. 区内初中班伙食费	缴入财政专户	新发改收费［2009］2622号	否	

续表

序号	部门	收费项目名称	缴库级次	立项依据及收费标准	是否涉企	减免缓优惠政策
十	教育					
		46. 高等教育自学考试考务费	缴入财政专户	价费字［1992］367 号、新价非字［1994］13 号、发改价格［2003］2161 号、新价非字［2000］1468 号、新计价费［2004］878 号、财综［2004］6 号	否	
		47. 全国计算机应用技术证书考试考务费	缴入财政专户	财综［1999］110 号，发改价格［2003］2161 号、新价非字［2000］1468 号	否	
		48. 在职人员攻读专业硕士学位报名考试考务费	缴入财政专户	新计价费［2001］1231 号、计价格［2001］1226 号、发改价格［2004］2839 号	否	
		49. 高考（含成人高考）考试考务费	缴入财政专户	价费字［1992］367 号、新计价费［2002］562 号、发改价格［2003］2161 号、发改价格［2005］1245 号	否	
		50. 研究生招生考试考务费	缴入财政专户	财综字［1995］16 号、计价格［1995］346 号，新价非字［2000］27 号、发改价格［2003］2161 号	否	
		51. 大学英语四、六级考试考务费	缴入财政专户	教财［1996］101 号、价费字［1992］367 号、新发改收费［2007］383 号、发改价格［2008］3699 号、新发改收费［2009］2863 号	否	
		52. 全国外语水平考试考务费	缴入财政专户	同上	否	
		53. 计算机等级考试考务费	缴入财政专户	发改价格［2003］2161 号、新财综［2004］41 号、新计价费［2002］1317 号、新发改收费［2011］4229 号	否	
		54. 同等学历人员申请硕士学位水平全国统一考试报名费	缴入财政专户	计价格［2000］545 号、新价非字［2000］62 号	否	
		55. 全国网络统考考试费	缴入财政专户	财综［2006］4 号，发改价格［2006］279 号	否	
		56. 成人高等教育教学质量抽查考试费（正考）	缴入财政专户	新发改价费［2005］174 号	否	
		57. 普通高中学业水平考试	缴入财政专户	新价非字［1998］70 号、新财非税［2011］8 号	否	
		58. 中考收费	缴入财政专户	新价非字［1996］36 号、新价非字［1998］32 号、新发改收费［2011］1092 号	否	

续表

序号	部门	收费项目名称	缴库级次	立项依据及收费标准	是否涉企	减免缓优惠政策
十	教育					
		59. 各种学科竞赛报名考试费	缴入财政专户	新计价费［2001］1704 号	否	
		60. 中国汉语水平考试（HSK）	缴入财政专户	国家教育委员会令第 21 号、新计价费［2002］639 号、新计价费［2004］525 号	否	
		61. 少数民族汉语水平考试（MHK）	缴入财政专户	教民［1997］9 号、新发改收费［2010］500 号	否	
		62. 高校非计算机专业计算机等级考试收费	缴入财政专户	新计价费［2004］63 号	否	
		63. 教师资格教育教学能力考试收费	缴入国库	新财非税［2011］11 号、新发改收费［2011］1024 号	否	
		64. 普通话水平测试费	缴入国库	财综［2003］53 号、发改价格［2003］2160 号、新计价费［2004］75 号	否	
		65. 新疆区内初中班招生测试费	缴入国库	新财综［2004］72 号、新计价费［2004］1103 号	否	
		66. 公共英语考试收费	缴入财政专户	教财［1996］101 号、新价非字［2000］1468 号、新计价费［2002］1317 号、发改价格［2003］2161 号、新财综［2004］41 号	否	
		（1）全国公共英语等级考试三、四、五级	缴入财政专户	同上	否	
		（2）全国公共英语等级考试一级 B、一级、二级	缴入财政专户	同上	否	
		67. 高等教育自学考试护理专业实验费、考核费	缴入地方国库	新财综字［1995］21 号	否	
		68. 中小学教师继续教育报名、培训、考核费	缴入地方国库	新计价费［2002］1316 号	否	
		69. 公办幼儿园收费	缴入财政专户	发改价格［2011］3207 号、新发改收费［2013］3624 号	否	
		（1）公办幼儿园收费—保育教育费	缴入财政专户	同上	否	
		（2）公办幼儿园收费—住宿费	缴入财政专户	同上	否	

续表

序号	部门	收费项目名称	缴库级次	立项依据及收费标准	是否涉企	减免缓优惠政策
十一	科技					
		70. 计算机上岗报名费、培训费、考试费、证书工本费	缴入地方国库	新价非字［1994］23 号、新价非字［1995］97 号	否	
十二	体育					
		71. 自治区境内攀登山峰收费	缴入地方国库	新价非字［1992］110 号、价费字［1999］207 号、财综［2004］7 号、新发改函［2008］56 号、新财预［2009］202 号	否	
十三	广电					
		72. 全国广播电视新闻采编人员、播音员、主持人资格考试、考务费	缴入地方国库	新财非税［2005］34 号、财综［2005］33 号、发改价格［2005］1518 号、新发改收费［2008］758 号、财综［2008］37 号、新财非税［2008］29 号、发改价格［2008］1539 号	否	
十四	发展改革					
		73. 非刑事案件财物价格鉴定费	缴入地方国库	财综［2004］56 号、新财综［2004］98 号	是	
十五	统计部门					
		74. 统计专业职称资格考试报名费	缴入中央和地方国库	价费字［1992］105 号、新财预［2003］1 号	否	
		75. 统计从业资格考试费及证书工本费	缴入地方国库	国家统计局令第 10 号、新财非税［2006］19 号、新发改收费［2007］942 号、新财非税［2007］27 号	否	
十六	国土资源					
		76. 土地复垦费	缴入地方国库	《土地管理法》、新财预［2000］120 号、新计价房［2001］500 号、新财非税［2007］8 号	是	从 2015 年 1 月 1 日对非营利性养老和医疗机构建设全额免征行政事业性收费，对营利性养老和医疗机构建设减半收取行政事业性收费（新财非税［2015］1 号）

续表

序号	部门	收费项目名称	缴库级次	立项依据及收费标准	是否涉企	减免缓优惠政策
十六	国土资源					
		77. 土地闲置费	缴入地方国库	《土地管理法》、新计价房［2001］500号、新财预［2003］1号	是	从2015年1月1日对非营利性养老和医疗机构建设全额免征行政事业性收费，对营利性养老和医疗机构建设减半收取行政事业性收费（新财非税［2015］1号）
		78. 土地登记费	缴入地方国库	国土（籍）字［1990］93号、新财预［2000］120号、新财综字［2000］95号、新计价房［2001］500号	是	对小微企业企业免征（财税［2014］101号）从2015年1月1日对非营利性养老和医疗机构建设全额免征行政事业性收费，对营利性养老和医疗机构建设减半收取行政事业性收费（新财非税［2015］1号）
		79. 非农业建设征拨未利用土地管理费	缴入地方国库	新政发［1985］89号、价费字［1992］597号、财预字［1994］37号、新政办［1994］116号、新财综字［2000］95号、计价格［2001］585号、新计价房［2002］470号、新财非税［2007］8号	是	
		80. 临时用地管理费	缴入地方国库	同上	是	
		81. 采挖用地管理费	缴入地方国库	同上	是	
		82. 耕地开垦费	缴入地方国库	《土地管理法》、新计价房［2001］500号、新财预［2003］1号	是	从2015年1月1日对非营利性养老和医疗机构建设全额免征行政事业性收费，对营利性养老和医疗机构建设减半收取行政事业性收费（新财非税［2015］1号）

续表

序号	部门	收费项目名称	缴库级次	立项依据及收费标准	是否涉企	减免缓优惠政策
十六	国土资源					
		83. 地质成果资料费	缴入地方国库	价费字［1992］251号、新价非字［1993］34号、新财预［2004］52号	是	
		84. 土地评估师考试、考务费	缴入地方国库	发改价格［2005］147号	否	
		85. 国土部门证书工本费	缴入地方国库	新财综字［2000］95号、新计价房［2001］500号	是	
		（1）国有土地使用证	缴入地方国库	同上	是	
		（2）集体土地所有证	缴入地方国库	同上	是	
		（3）土地他项权利证明书	缴入地方国库	同上	是	
		（4）临时用地许可证	缴入地方国库	同上	是	
		（5）土地勘界许可证	缴入地方国库	同上	是	
		86. 探矿权、采矿权使用费	缴入地方国库	国务院令第240号、财综字［1999］74号、财综字［1999］183号	是	
		87. 探矿权、采矿权价款收入	缴入中央和地方国库	国务院令第240号、国务院令第241号、财综字［1999］74号、财综字［1999］183号、财建［2006］394号、新财建［2006］262号	是	
十七	住房城乡建设					
		88. 房屋登记费	缴入地方国库	财预字［1994］37号、新政办［1994］116号、发改价格［2008］924号、新发改医价［2008］823号、新财非税［2015］23号	是	小微企业免征（财税［2014］101号）
		89. 城市道路占用	缴入地方国库	建城［1993］410号、新政办［1999］38号、《城市道路管理条例》、新财预［2004］52号、新财非税［2015］23号	是	
		90. 城市道路挖掘修复费	缴入地方国库	建城［1993］410号、新政办［1999］38号、《城市道路管理条例》、新财预［2004］52号、新财非税［2015］23号	是	
		91. 白蚁防治费	缴入地方国库	价费字［1992］179号、财预［2002］584号、新财预［2003］1号、新财非税［2015］23号	是	

续表

序号	部门	收费项目名称	缴库级次	立项依据及收费标准	是否涉企	减免缓优惠政策
十七	住房城乡建设					
		92. 城镇污水处理费	缴入中央和地方国库	财综字［1997］111 号、国发［2000］36 号、新财预［2009］202 号、财税［2014］151 号、发改价格［2015］119 号	是	
		93. 商品房购销合同工本费	缴入地方国库	新财综字［1997］92 号、新计价房［1997］30 号	是	
		94. 城镇垃圾处理费	缴入地方国库	计价格［2002］872 号，财政部公告 2014 年第 80 号	是	
		95. 房屋转让手续费	缴入地方国库	新财非税［2015］23 号、新发改医价［2015］1805 号	是	
十八	知识产权					
		96. 专利代理人资格考试报名考务费	缴入地方国库	价费字［1992］332 号、新价非字［1992］124 号、新财预［2003］1 号	是	
十九	环保部门					
		97. 城市放射性废物送贮费	缴入地方国库	价费字［1992］178 号、计价格［1999］750 号、新价非字［1999］44 号、国办发［2001］93 号、新财预［2003］1 号、新发改收费［2007］577 号	是	
		98. 环境监测服务费	缴入地方国库	价费字［1992］178 号、新价非字［1992］112 号、国办发［2001］93 号、新财预［2002］20 号	是	小微企业免征（财税［2014］101 号）
		99. 自然保护区资源保护管理费	缴入地方国库	新价非字［1990］50 号、新价非字［1992］112 号、国办发［2001］93 号、新发改收费［2005］1239 号、《自治区自然保护区管理条例》	是	
		100. 排污收费	缴入中央和地方国库	财综［2003］38 号、国务院令第 369 号、四部委令第 31 号、新计价费［2004］30 号、新发改收费［2012］1919 号、新发改收费［2015］363 号	是	
		（1）污水排污	缴入中央和地方国库	同上	是	
		（2）废气排污	缴入中央和地方国库	同上	是	
		（3）固体废物及危险废物排污	缴入中央和地方国库	同上	是	
		（4）噪声超标排污	缴入中央和地方国库	同上	是	

续表

序号	部门	收费项目名称	缴库级次	立项依据及收费标准	是否涉企	减免缓优惠政策
二十	旅游					
		101. 旅游考试考务费	缴入中央和地方国库			
		(1) 导游人员资格报名考试费	缴入地方国库	新财综［2002］67号、新计价费［2003］2094号、新财非税［2006］31号、财综［2006］31号、发改价格［2006］2051号、新财非税［2007］8号	否	
		(2) 中、高级导游人员等级考核、考务费	缴入中央和地方国库	财综［2006］31号、发改价格［2006］2051号、新发改收费［2009］2580号	否	
		(3) 特级导游人员等级考核、考务费	缴入地方国库	财综［2006］31号、发改价格［2006］2051号、新发改收费［2007］571号	否	
二十一	测绘					
		102. 测绘成果成图资料收费	缴入地方国库	价费字［1992］176、新财预［2004］52号	是	
		103. 测绘产品质量监督检验收费	缴入地方国库	价费字［1992］176号、新价非字［2000］50号、新财预［2004］52号	是	
		104. 测绘仪器检测收费	缴入地方国库	价费字［1992］176号、新财预［2004］52号	是	
		105. 测绘标志维护补贴费	缴入地方国库	新财综字［1997］61号、新价非字［1997］46号	是	
二十二	交通部门					
		106. 交通考试考务费	缴入地方国库	—	否	
		(1) 船员适任证书考试（含海船及内河船员）费	缴入地方国库	计价格［2001］2717号、财预［2003］470号、财预［2003］559号	否	
		(2) 经营性道路客货运输驾驶员从业资格考试费	缴入地方国库	财综［2010］39号、新财非税［2010］19号发改价格［2010］1615号	否	
		107. 船舶登记费	缴入地方国库	价非字［1992］191号、交财发［1997］93号、新财预［2004］52号、财预［2003］559号、新财预［2009］202号	是	对小微企业企业免征（财税［2014］101号，对100总吨以下内河船和500总吨以下海船予以免收）

续表

序号	部门	收费项目名称	缴库级次	立项依据及收费标准	是否涉企	减免缓优惠政策
二十二	交通部门					
		108. 船舶及船用产品设施检验费	缴入地方国库	价非字［1993］17号、计价费［1998］800号、财综［2003］81号、新财预［2009］202号	是	
		109. 公路及其附属设施损坏赔偿费	缴入地方国库	新价非字［1998］68号	是	
二十三	工业和信息产业					
		110. 无线电频率占用费（非手机用户）	缴入地方国库	财预字［1994］37号、新政办［1994］116号、计价费［1998］218号、新价非字［1998］19号、计价格［2002］605号、计办价格［2002］682号、新计价费［2002］900号、发改价格［2003］2300号、发改价格［2004］1945号、《电信条例》、财建［2002］640号、发改价格［2005］2812号、发改价格［2007］3643号	是	
		111. 考试考务费	缴入地方国库			
		计算机软件专业技术资格和水平考试、考务费	缴入地方国库	发改价格［2003］2148号	否	
二十四	农业部门					
		112. 国内植物检疫费	缴入地方国库	价费字［1992］452号、新计价费［1996］42号、新财预［2003］1号、新财综［2004］5号、新财非税［2016］19号	是	2016年5月1日起，免征范围扩大到所有企业和个人（新财非税［2016］19号
		（1）国内植物检疫费—调运检疫	缴入地方国库	同上	是	
		（2）国内植物检疫费—产地检疫	缴入地方国库	同上	是	
		113. 农药登记费	缴入地方国库	价费字［1992］452号、计价费［1996］1718号、新计价费［1996］42号、新财预［2000］120号、计价格［2001］523号	是	
		（1）农药登记费—正式登记	缴入地方国库	同上	是	

续表

序号	部门	收费项目名称	缴库级次	立项依据及收费标准	是否涉企	减免缓优惠政策
二十四	农业部门					
		(2) 农药登记费—变更使用范围登记	缴入地方国库	价费字［1992］452号、计价费［1996］1718号、新计价费［1996］42号、新财预［2000］120号、计价格［2001］523号	是	
		(3) 农药登记费—临时登记	缴入地方国库	同上	是	
		114. 农药试验费	缴入地方国库	价费字［1992］452号	是	
二十五	农机部门					
		115. 农机产品测试检验费	缴入地方国库	新财非税［2007］8号、发改价格［2010］2363号、	是	
		116. 农机监理费	缴入地方国库	价费字［1992］452号、新财预［2000］120号、新计价费［2005］450号、新发改收费［2010］631号、新发改收费［2010］1954号	是	
		(1) 机动车牌证工本费	缴入地方国库	同上	是	2016年5月1日起，免征范围扩大到所有企业和个人（新财非税［2016］19号
		(2) 机动车安全技术检验费	缴入地方国库	同上	是	2016年5月1日起，免征范围扩大到所有企业和个人（新财非税［2016］19号
		(3) 驾驶许可考试收费	缴入地方国库	同上	是	
		117. 拖拉机驾驶员培训费	缴入地方国库	新计价费［2002］1040号、新发改收费［2009］2001号	否	
二十六	畜牧部门					
		118. 动物及动物产品检疫费	缴入地方国库	价费字［1992］452号、新计价费［1996］42号、《动物防疫法》、新财预［2003］1号、发改价格［2003］2353号、新计价费［2004］108号、新财综［2004］5号、新发改收费［2008］2402号、发改价格［2011］2021号、新发改收费［2011］3656号	是	暂停征收（财税［2015］102号）

续表

序号	部门	收费项目名称	缴库级次	立项依据及收费标准	是否涉企	减免缓优惠政策
二十六	畜牧部门					
		119. 新兽药审批费	缴入地方国库	价费字［1992］452号、新计价费［1996］42号、《兽药管理条例》、新财预［2000］120号、新财非税［2016］19号	是	2016年5月1日起，免征范围扩大到所有企业和个人（新财非税［2016］19号
		120. 饲料添加剂登记注册费	缴入地方国库	价费字［1992］452号、计价费［1997］41号、新财预［2003］1号	是	
		121.《兽药典》、《兽药规范》和兽药专业标准收载品种生产审批费	缴入地方国库	价费字［1992］452号、新计价费［1996］42号、《兽药管理条例》、新财预［2003］1号、新财非税［2016］19号	是	2016年5月1日起，免征范围扩大到所有企业和个人（新财非税［2016］19号
		122. 已生产兽药品种注册登记费	缴入地方国库	同上	是	同上
		123. 检验检测费		新财预［2009］202号	是	
		（1）新饲料添加剂质量复核检验费	缴入地方国库	价费字［1992］452号、新计价费［1996］42号	是	
		（2）进口饲料添加剂质量复核检验费	缴入地方国库	同上	是	
		（3）饲料及饲料添加剂委托检验费	缴入地方国库	价费字［1992］452号、新计价费［1996］42号、新价非字［1996］83号	是	
		（4）进口兽药质量标准复核检验费	缴入地方国库	价费字［1992］452号、《兽药管理条例》、新计价费［1996］42号	是	
		（5）进口兽药检验	缴入地方国库	同上	是	
		（6）出口兽药检验	缴入地方国库	同上	是	
		（7）新兽药质量复核检验费	缴入地方国库	同上	是	
		（8）兽药委托检验费	缴入地方国库	同上	是	
		124. 执业兽医资格考试考务费	缴入国库	财综［2009］71号、新财非税［2009］34号、发改价格［2009］3104号	是	
		125. 草原补偿费	缴入地方国库	《草原法》、新财综字［1998］94号、新价非字［1999］3号、新政函［2010］91号、新发改收费［2010］2679号	是	
		126. 草原安置补助费	缴入地方国库	同上	是	

续表

序号	部门	收费项目名称	缴库级次	立项依据及收费标准	是否涉企	减免缓优惠政策
二十六	畜牧部门					
		127. 临时使用草原补偿费	缴入地方国库	《草原法》、新财综字［1998］94号、新价非字［1999］3号、新政函［2010］91号、新发改收费［2010］2679号	是	
		128. 草原植被恢复费	缴入地方国库	财综［2010］29号、发改价格［2010］1235号、新财非税［2012］7号、新发改收费［2014］1769号	是	
		129. 渔业资源增值保护费	缴入地方国库	财综［2012］97号、计价格［1994］400号、价费字［1992］452号、新计价费［1996］42号	是	
二十七	林业部门					
		130. 野生动植物进出口管理费	缴入地方国库	价费字［1992］196号、新价非字［1992］132号、新财预［2000］120号、财综字［2000］75号、计价格［2000］1004号、新计价费［2000］1465号	是	暂停征收（财税［2015］102号）
		131. 森林植物检疫费	缴入地方国库	价费字［1992］196号、新价非字［1992］132号、新财预［2000］120号	是	暂停征收（财税［2015］102号）
		132. 林权勘测费	缴入地方国库	财综［2001］43号、计价格［2001］1998号、新计价费［2001］1552号、新计价费［2003］420号	是	2016年5月1日起，免征范围扩大到所有企业和个人（新财非税［2016］19号
		133. 林权证	缴入地方国库	财综［2001］43号、计价格［2001］1998号、新计价费［2001］1552号	是	
二十八	水利部门					
		134. 河道采砂管理费	缴入地方国库	新水政资字［1991］3号、价费字［1992］181号、新价非字［1992］92号、新政办［1992］100号、新政发［1992］125号、新价非字［1993］9号、财预字［1994］37号	是	
		135. 河道工程修建维护管理费	缴入地方国库	价费字［1992］181号、新财预［2000］120号、财预字［1994］37号、财综［2003］89号	是	
		136. 水资源费	缴入中央和地方国库	价费字［1992］181号、财预字［1994］37号、财综［2003］89号、新党发［2004］15号、自治区人民政府令第128号、财综［2008］79号、发改价格［2009］1779号、新财非税［2010］3号、新发改农价［2015］1724号	是	

续表

序号	部门	收费项目名称	缴库级次	立项依据及收费标准	是否涉企	减免缓优惠政策
二十八	水利部门					
		137. 水土保持补偿费	缴入中央和地方国库	财综［2014］8 号、新财非税［2015］10 号	是	
二十九	卫生计生					
		138. 卫生监测费	缴入地方国库	价费字［1992］314 号、新价非字［1996］96 号、新财综字［1999］67 号、新价非字［2000］51 号、国办发［2002］57 号、新财预［2004］52 号	是	
		139. 预防性体检费	缴入地方国库	价费字［1992］314 号、新财预［2004］52 号、国办发［2002］57 号、财综［2008］47 号	否	
		140. 预防接种劳务费	缴入地方国库	同上	否	
		141. 委托性卫生防疫服务费	缴入地方国库	价费字［1992］314 号、新财预［2004］52 号	是	
		142. 医疗事故鉴定费	缴入地方国库	价费字［1992］314 号、新计价费［2002］1522 号、发改价格［2003］501 号、财综［2003］27 号、新财预［2004］52 号、发改价格［2007］2749 号	是	
		143. 预防接种异常反应鉴定费	缴入地方国库	财综［2008］70 号、发改价格［2008］3295 号、新财非税［2008］33 号	否	
		144. 卫生考试考务费	缴入中央和地方国库	—	否	
		（1）卫生专业技术资格考试费	缴入中央和地方国库	计价格［2001］2043 号、新计价费［2001］1609 号、新财预［2003］1 号	否	
		（2）医师资格考试费	缴入中央和地方国库	财综字［1999］176 号、计价格［1999］2267 号、新财综字［1999］115 号、新价非字［2000］30 号、新财预［2003］1 号、财综［2011］94 号、新财非税［2011］28 号	否	
		（3）医学博士外语考试	缴入地方国库	财综［2003］79 号、新财综［2004］2 号、新计价费［2004］364 号、发改价格［2007］2749 号	否	
		（4）护士执业资格考试考务费	缴入中央和地方国库	财综【2012】59 号、新财非税【2012】4 号	否	
		145. 社会抚养费	缴入地方国库	国务院令第 357 号，财规［2003］275 号	否	

续表

序号	部门	收费项目名称	缴库级次	立项依据及收费标准	是否涉企	减免缓优惠政策
三十	食品药品监督					
		146. 药品注册费	缴入地方国库	财税［2015］2号，新财非税［2015］15号	是	
		（1）补充申请注册费	缴入地方国库	同上	是	
		（2）再注册费	缴入地方国库	同上	是	
		（3）药品注册加急费	缴入地方国库	同上	是	
		147. 医疗器械产品注册费	缴入地方国库	同上	是	
		（1）首次注册费	缴入地方国库	同上	是	
		（2）变更注册费	缴入地方国库	同上	是	
		（3）延续注册费	缴入地方国库	同上	是	
		（4）医疗器械产品注册加急费	缴入地方国库	同上	是	
		148. GMP认证费	缴入地方国库	财税［2015］2号，新财非税［2015］15号、发改价格［2004］59号、新计价费［2004］928号	是	
		149. GSP认证费	缴入地方国库	财税［2015］2号，新财非税［2015］15号、发改价格［2004］59号、新计价费［2004］928号	是	
		150. 中药品种保护费	缴入地方国库	价费字［1993］178号、财综字［1999］5号、财税［2015］2号，新财非税［2015］15号	是	
		151. 药品检验收费	缴入地方国库	发改价格［2003］213号、新计价费［2003］887号、财税［2015］2号，新财非税［2015］15号	是	
		152. 医疗器械、制药机械检验费	缴入地方国库	价费字［1992］534号、财税［2015］2号，新财非税［2015］15号	是	
三十一	民政					
		153. 婚姻登记费	缴入中央和地方国库	财预字［1994］37号、新政办［1994］116号、新价非字［1996］110号、计价格［2001］523号、财综［2002］7号、新财综［2002］17号、《婚姻登记条例》	否	
		154. 收养登记费	缴入地方国库	价费字［1992］349号、《收养法》、财预字［1994］37号、新政办［1994］116号、计价格［2001］523号、新计价费［2001］1418号	否	

续表

序号	部门	收费项目名称	缴库级次	立项依据及收费标准	是否涉企	减免缓优惠政策
三十一	民政					
		155. 殡葬收费	缴入地方国库	新价费字［1999］22 号、新财预［2009］202 号	否	
三十二	人社					
		156. 职业技能鉴定费	缴入地方国库	财综函［2001］4 号、财综［2004］65 号、新财综［2004］119 号、新计价费［2003］803 号、新计价费［2004］482 号、新财非税［2007］8 号	否	
		157. 考试考务费（含报名费）	缴入中央和地方国库	—	否	
		(1) 专业技术人员计算机能力考试、考务费	缴入中央和地方国库	计价格［2001］1969 号、新计价费［2001］1550 号、新财预［2003］1 号	否	
		(2) 价格鉴证师执业资格考试、考务费	缴入中央和地方国库	新财综字［2000］42 号、财综字［2000］27 号、新财预［2003］1 号、新计价费［2004］1448 号、发改价格［2004］1108 号	否	
		(3) 注册城市规划师资格考试、考务费	缴入中央和地方国库	新财综字［2000］42 号、财综字［2000］27 号、计价格［2000］546 号、新财预［2003］1 号	否	
		(4) 专业技术人员职称外语等级考试、考务费	缴入中央和地方国库	新财预［2003］1 号、新计价费［2004］1448 号、发改价格［2004］1108 号	否	
		(5) 经济专业技术资格考试、考务费	缴入中央和地方国库	同上	否	
		(6) 执业药师、执业中药师资格考试、考务费	缴入中央和地方国库	同上	否	
		(7) 监理工程师、造价工程师资格考试、考务费	缴入中央和地方国库	同上	否	
		(8) 出版专业技术人员职业资格考试、考务费	缴入中央和地方国库	计价格［2002］1698 号、新财预［2003］1 号	否	
		(9) 注册安全工程师执业资格考试、考务费	缴入中央和地方国库	新计价费［2005］503 号、发改价格［2007］2016 号	否	
		(10) 注册设备监理师执业资格考试、考务费	缴入中央和地方国库	同上	否	
		(11) 投资建设项目管理师职业水平考试、考务费	缴入中央和地方国库	财综［2006］22 号、发改价格［2006］1577 号、新财非税［2006］32 号、新发改收费［2007］494 号、发改价格［2008］2666 号	否	

续表

序号	部门	收费项目名称	缴库级次	立项依据及收费标准	是否涉企	减免缓优惠政策
三十二	人社					
		(12) 注册化工工程师执业资格考试费	缴入中央和地方国库	发改价格［2009］1003 号、财税［2015］68 号	否	
		(13) 外销员从业资格考试、考务费	缴入中央和地方国库	发改价格［2004］1108 号	否	
		(14) 注册公用设备工程师执业资格考试费	缴入中央和地方国库	发改价格［2009］1003 号、财税［2015］68 号	否	
		(15) 注册土木（岩土）工程师执业资格考试报名费	缴入地方国库	计价格［2002］2546 号、财税［2015］68 号	否	
		(16) 注册土木工程师（港口与航道工程）执业资格考试费	缴入中央和地方国库	发改价格［2009］1003 号、财税［2015］68 号	否	
		(17) 注册土木工程师（水利水电工程）执业资格考试、考务费	缴入地方国库	同上	否	
		(18) 注册电气工程师执业资格考试费	缴入中央和地方国库	发改价格［2009］1003 号、财税［2015］68 号	否	
		(19) 环境影响评价工程师职业资格考试费	缴入中央和地方国库	财综［2007］41 号、发改价格［2007］1925 号、新财非税［2007］29 号	否	
		(20) 助理社会工作师职业水平考试、考务费	缴入中央和地方国库	财综［2007］61 号、发改价格［2008］278 号、新财非税［2008］5 号	否	
		(21) 社会工作师职业水平考试、考务费	缴入中央和地方国库	同上	否	
		(22) 翻译专业资格（水平）考试、考务费	缴入中央和地方国库	发改价格［2004］1086 号、发改价格［2009］1586 号、新发改收费［2010］123 号	否	
		(23) 注册建造师执业资格考试、考务费	缴入地方国库	发改价格［2007］1467 号、财综［2007］35 号、新财非税［2007］25 号、财税［2015］68 号	否	
		(24) 注册环保工程师执业资格考试、考务费	缴入中央和地方国库	财综［2006］37 号、新财非税［2006］34 号、发改价格［2007］551 号、发改价格［2009］2599 号	否	
		(25) 房地产估价师考试	缴入中央和地方国库	财税［2015］68 号	否	
		(26) 一级、二级注册结构工程师考试	缴入中央和地方国库	财税［2015］68 号	否	

续表

序号	部门	收费项目名称	缴库级次	立项依据及收费标准	是否涉企	减免缓优惠政策
三十二	人社					
		(27) 注册机械工程师职业资格基础考试	缴入中央和地方国库	财税［2015］68号	否	
		(28) 注册冶金工程师执业资格基础考试	缴入中央和地方国库	财税［2015］68号	否	
		(29) 注册采矿/矿物工程师执业资格基础考试	缴入中央和地方国库	财税［2015］68号	否	
		(30) 注册石油天然气工程师执业资格基础考试	缴入中央和地方国库	财税［2015］68号	否	
		(31) 一级、二级注册建筑师考试	缴入中央和地方国库	财税［2015］68号	否	
		(32) 管理咨询师职业水平考试、考务费	缴入中央和地方国库	财综［2007］18号、新财非税［2007］21号、发改价格［2009］3059号	否	
		(33) 咨询工程师（投资）职业资格考试	缴入中央和地方国库	财税［2015］69号	否	
		(34) 投资建设项目管理师职业水平考试	缴入中央和地方国库	同上	否	
		(35) 招标师职业资格考试	缴入中央和地方国库	同上	否	
		(36) 注册测绘师资格考试	缴入中央和地方国库	同上	否	
		(37) 一、二级注册计量师资格考试	缴入中央和地方国库	同上	否	
		(38) 一级注册消防工程师资格考试	缴入中央和地方国库	同上	否	
		158. 机关、事业单位工人技术等级岗位证书	缴入地方国库	计价格［1995］611号、财综字［1995］61号、新财预［2003］1号、新计价费［2004］1646号	否	
		159. 专业技术职务任职资格评审费	缴入地方国库	新价非字［1991］66号、新价非字［1992］100号、新价非字［1995］56号	否	
		160. 各类专业技术人员继续教育收费	缴入地方国库	新计价费［2004］518号	否	
		161. 机关事业单位技术工人培训考核收费	缴入地方国库	新计价费［2004］1646号	否	
		162. 职业技能培训费	缴入地方国库	新计价费［2004］480号	否	

续表

序号	部门	收费项目名称	缴库级次	立项依据及收费标准	是否涉企	减免缓优惠政策
三十二	人社					
		163. 劳动能力鉴定费	缴入地方国库	新政办［1991］22号、新发改收费［2007］1636号、新发改收费［2009］799号	是	
		164. 基本医疗保险IC卡工本费	缴入地方国库	新计价费［2001］1373号、新财综字［2001］31号、新财综［2002］71号、新计价费［2002］1228号	否	
		165. 职业安全卫生培训、考核费	缴入地方国库	新价非字［2000］48号	否	缓征（新财非税［2016］2号）
		166. 社会保障卡补换卡费	缴入地方国库	新财非税［2012］10号、新人社函［2012］255号	否	
三十三	各有关部门					
		167. 明传电报收费	缴入地方国库	(94) 财综字第135号、计价格［1995］31号、新财预［2003］1号	否	
		168. 政府信息公开收费	缴入地方国库	财综［2008］44号、新财非税［2008］27号、发改价格［2008］1828号	否	
		169. 行政执法人员培训费	缴入地方国库	新财非税［2005］12号、新发改收费［2005］993号	否	
		170. 执法证件工本费	缴入地方国库	新财综字［1998］29号、新价非字［1998］23号	否	
		171. 案卷材料复制费	缴入地方国库	新财非税［2016］16号	否	
政府性基金项目						
1	各有关部门	新型墙体材料专项基金	缴入地方国库	国发［1992］66号、财综［2007］3号、新财非税［2007］1号、财综［2007］77号、新财非税［2008］17号	是	
2		民航发展基金	缴入中央国库	财综［2012］17号、新财非税［2012］3号	是	
3		铁路建设基金	缴入中央国库	国发［1992］37号、财工字［1996］371号、财综［2007］3号、新财非税［2007］1号	是	
4		森林植被恢复费	缴入地方国库	《森林法》、财综［2002］73号、新财综［2003］28号、新财非税［2011］34号、新财非税［2016］22号	是	

续表

序号	部门	收费项目名称	缴库级次	立项依据及收费标准	是否涉企	减免缓优惠政策
政府性基金项目						
5		水利建设基金	缴入地方国库	财综［2011］2号、新政发［2011］107号	是	小微企业免征（新财非税［2016］6号）
6		大中型水库移民后期扶持基金	缴入中央国库	国发［2006］17号、财综［2006］29号、新财非税［2006］30号，监察部、人事部、财政部令第13号、财企［2012］315号	是	
7		大中型水库库区基金	缴入中央国库	国发［2006］17号、财综［2007］26号、新财非税［2007］11号、财综［2009］51号、财综函［2010］10号	是	
8		城市公用事业附加	缴入地方国库	（64）财预王字第380号、（78）财预26号、（78）建发城584号、财综［2007］3号、新财非税［2007］1号	是	
9		文化事业建设费	缴入地方国库	国发［1996］37号、财税字［1997］95号、国办发［2006］43号、财综［2007］3号、新财非税［2007］1号、新政发［2010］130号、新财非税［2011］3号	是	小微企业免征（新财非税［2015］3号）
10		国家电影事业发展专项资金	缴入中央和地方国库	国办发［2006］43号、财教［2006］115号、财综［2007］3号、新财非税［2007］1号、财税［2015］91号	是	
11		教育费附加	缴入地方国库	《教育法》、国务院令第60号、国发［1986］50号、国发明电［1994］2号、23号、［1992］财预字第111号、国发［2010］35号、财税［2010］103号、新财非税［2016］6号	是	小微企业免征（新财非税［2016］6号）
12		地方教育附加	缴入地方国库	《教育法》、财综函［2010］8号、新政发［2010］71号、新财非税［2010］33号、财综［2010］98号、财综函［2011］15号、新政发［2011］24号、新财非税［2011］6号、新财非税［2016］6号	是	小微企业免征（新财非税［2016］6号）
13		旅游发展基金	缴入中央国库	旅办发［1991］124号、国发［1995］57号、财外字［1996］396号、财行［2001］24号、财综［2006］3号、财综［2007］3号、新财非税［2007］1号、财综［2010］123号	是	

续表

序号	部门	收费项目名称	缴库级次	立项依据及收费标准	是否涉企	减免缓优惠政策
政府性基金项目						
14		残疾人就业保障金	缴入地方国库	《残疾人保障法》、财综字［1995］5号、财综［2001］16号、新政发［2005］98号、新政办发［2008］73号、新政办发［2008］215号、新财非税［2016］28号	是	小微企业免征（新财非税［2015］3号）。2016年起纳人一般公共预算管理
15		城市基础设施配套费	缴入地方国库	计价格［2001］585号、财综函［2002］3号、新政办发［2006］88号、新发改医价［2006］1731号、新政办发［2015］147号	是	
16		可再生能源发展基金	缴入中央国库	财综［2011］115号、财建［2012］102号	是	
17		废弃电器电子产品处理基金	缴入中央国库	财综［2012］34号、财综［2012］48号、财综［2012］80号	是	
18		车辆通行费（限于政府还贷）	缴入地方国库	交公路发［1994］686号、《收费公路条例》、新财预［2009］202号、新交综［2009］33号、新政函［2010］271号、新交综［2012］41号、新交综［2012］84号	是	

关于印发《欧投行贷款“新疆乌鲁木齐市既有公共建筑节能改造”项目财务管理办法》的通知

（2016年9月19日　自治区财政厅　新财外〔2016〕7号）

乌鲁木齐市财政局：

为做好欧投行贷款“新疆乌鲁木齐市既有公共建筑节能改造”项目的资金使用及财务管理工作，我厅制定了《欧投行贷款“新疆乌鲁木齐市既有公共建筑节能改造”项目财务管理办法》，现印发给你们，请遵照执行。

附件：欧投行贷款“新疆乌鲁木齐市既有公共建筑节能改造”项目财务管理办法

附件：

欧投行贷款“新疆乌鲁木齐市既有公共建筑节能改造”项目财务管理办法

第一章 总 则

第一条 为加强欧投行贷款“新疆乌鲁木齐市既有公共建筑节能改造”项目（以下简称“项目”）财务管理工作，规范财务管理行为，提高资金使用效益，根据《财政部关于印发国际金融组织贷款赠款项目财务管理暂行办法的通知》（财际〔2011〕10号）和本项目的《贷款协定》、《项目协议》、《转贷协议》、《再转贷协议》，以及欧投行、财政部的有关规定制定本办法。

第二条 本项目投资总额为69 627万元人民币，其中：利用欧投行贷款4 000万欧元（折合人民币27 122万元，汇率按1：6.7805计算），占项目总投资的39%；国内配套资金42 505万元，占项目总投资的61%。贷款期限20年，含宽限期4年。项目关账日为2022年12月3日。偿还贷款本金及支付贷款利息遵照《转贷协议》条款三执行。

第三条 自治区财政厅与财政部签署《转贷协议》后，与乌鲁木齐市人民政府签署《再转贷协议》。乌鲁木齐市人民政府授权乌鲁木齐市财政局作为其债务代表人，负责本贷款使用、管理、监督及债务偿还工作。

第四条 本办法适用于使用本贷款的财政部门和项目单位。

第二章 机构职责

第五条 自治区财政厅是自治区政府外债项目的归口管理部门，对项目的评估论证、对外磋商、谈判签约、转贷、资金使用、招标采购、债务偿还、信息统计、绩效评价实施全过程财务监督管理。主要职责包括：（1）组织和协调项目贷款对外工作，参与外方的考察、评估，协助办理法律文件签署和生效手续；（2）作为自治区人民政府的债权债务代表与乌鲁木齐市人民政府签订《再转贷协议》；（3）负责管理贷款欧元指定账户；（4）负责向欧投行提款报账及向项目实施者支付贷款资金；（5）明确转贷机制，落实还款责任，负责向财政部还本付息付费和向乌鲁木齐市财政局收取项目到期债务；（6）监督检查项目资金的使用落实情况；（7）监督检查项目招投标工作；（8）监督检查项目实施单位和有关机构履行相应职责，确保项目按照法律文件的规定执行；（9）对项目财务管理活动进行指导与监督；（10）审定项目年度资金使用计划及年度采购计划等。

第六条 乌鲁木齐市财政局是项目的归口管理部门及执行单位，主要职责：（1）按照贷款法律文件、欧投行和国内要求，落实项目资金，组织（监督）项目采购，开展项目活动，监测和推进项目进度和绩效，审核项目进度报告、财务报告、审计报告和完工报告等；（2）按照国家相关法律法规、财会制度和欧投行财务管理的要求，建立健全项目财务管理制度和完整的会计核算体系，制定并落实贷款项目的各项管理细则，确保贷款资金使用的安全、规范、有效；（3）配合和协助国内相关部门及欧投行开展项目检查、评价和审计工作；（4）根据财政厅下发的拨款划账通知书落实贷款债务，筹措和落实还贷资金，按时向自治区财政厅还本付息付费，确保足额偿还债务；（5）负责审核、汇总项目的提款报账申请材料，并向自治区财政厅提款报账；（6）会同自治区财政厅指导、监督项目单位贷款资金、配套资金、还贷资金的落实和使用，以及项目财务管理工作；（7）审核项目用款计划、采购计划并编制还款计划等并报自治区财政厅；（8）负责核实项目检查或审计中发现的问题，督促有关部门整改落实，并向自治区财政厅和审计部门报告整改结果；（9）配合做好项目绩效评价、后评估和资产移交工作。

第七条 乌鲁木齐市城建国际合作项目办公室（以下简称“项目办”）是本项目的具体管理部门，主要职责：（1）配合做好项目贷款资金、配套资金的落实、使用工作；（2）审查项目年度资金使用计划及年度采购计划等并报市财政局；（3）负责审查项目提款报账材料等并报市财政局；（4）做好本项目联络协调工作；（5）核查项目资金使用情况，协助推进项目有效实施；（6）负责核实项目检查或审计中发现的问题，督促落实整改，并向市财政局和相关审计部门报告整改结果；（7）配合做好项目绩效评价、项目后评估、资产移交等财政部门及外方提出的与项目管理相关的各项工作。

第八条 乌鲁木齐市建筑节能墙体材料革新办公室（以下简称“节能墙改办”）是本项目具体执行单位，主要职责：（1）按照贷款法律文件、欧投行及国内要求，有效组织本项目的顺利实施，协调自治区和乌鲁木齐市两级机关事务管理局落实项目配套资金，组织项目采购，编制和提交项目进度报告（含财务、环境管理计划、采购计划、经审计的财务报告）、完工报告和竣工报告等；（2）管理本项目人民币专项资金账户，核算贷款资金；（3）按照国家财会制度和贷款项目会计管理规定，健全财务会计制度，负责项目具体的财务管理和会计核算工作；（4）负责编制项目年度资金使用计划及年度采购计划并报项目办；（5）根据项目建设进度编制并向项目办提交提款报账申请材料；（6）按照贷款法律文件、欧投行及国内要求编制和提供各类报告及其他相关材料；（7）配合做好和协助国内相关部门及欧投行开展项目检查、评价及审计工作；（8）会同两级机关事务管理局及相关单位对项目资产进行验收，办理竣工财务决算、提交项目竣工报告，做好工程档案移交存档工作；（9）项目竣工后，对项目实施情况进行全面总结和评价；（10）完成财政部门及欧投行安排的与项目管理相关的其他工作。

第三章　项目资金管理

第九条 自治区财政厅按《转贷协议》要求开立欧元指定账户，专项核算本项目的贷款资金。自治区财政厅根据项目进度向欧投行提出提款申请。

第十条 本项目贷款只能用于《项目协议》《贷款协定》规定的合格费用。对不符合欧投行要求和国家规定的支付申请，自治区财政厅不予付款。

第十一条 乌鲁木齐市财政局、项目单位应及时筹集、落实项目配套资金。

第十二条 乌鲁木齐市财政局应对每笔报账申请进行实地核查。自治区财政厅将根据项目实施情况，对报账资金使用的真实性、合法性等情况进行现场抽查。

第十三条 本项目涉及欧投行贷款的采购活动应遵守欧投行制定的《采购计划》。《采购计划》的调整，必须逐级征得乌鲁木齐市财政局和自治区财政厅同意后再上报欧投行，欧投行正式批复后方可调整。

第十四条 自治区财政厅、乌鲁木齐市财政局及墙改办应登记项目债务台账，并于每次提款报账时核对债务数据。

第十五条 乌鲁木齐市财政局应每季度向自治区财政厅报送项目执行进度报告。内容包括：项目建设进度、投资完成量、合同完成情况进度、贷款支付进度、存在问题和建议，以及下阶段工作计划等。

第十六条 贷款使用过程中，有关调整贷款规模、变更项目建设内容、改变贷款资金用途和支付比例、延长贷款关账日期等涉及贷款法律文件内容变更的，原则上不予延期，项目确需延期，乌鲁木齐市财政局应在关账日前8个月，以正式文件向自治区财政厅提出申请，由自治区财政厅报财政部，经财政部与欧投行协商同意后方可办理贷款法律文件的变更。

第四章 提款报账管理

第十七条 项目贷款的使用在满足欧投行《项目协议》及《项目分配通知》中提出的支付条件后，方能申请项目合同中实际已发生的费用，以及未来180天预计开支的费用。

第十八条 乌市财政局向财政厅提款报账时，需提交贷款提款进度表(附表1)、提款报账支付信息明细表(附表2)、支付申请表(附表3)、项目开支表(附表4)以及欧投行、国家、自治区关于提款报账规定的其他单证。对符合欧投行规定的报账材料，自治区财政厅将贷款资金拨付至节能墙改办项目人民币账户，并向乌市财政局下发拨款及划账通知书（附表5）。

第十九条 乌市财政局根据以上拨款及划账通知书，向项目单位下发拨款划账通知书，落实贷款债务。

第二十条 乌鲁木齐市财政局及各项目单位在首次提款前需向自治区财政厅报送提款签字人签字真样。

第五章 会计核算

第二十一条 本项目会计核算参照《财政部关于印发〈世界银行贷款项目会计核算办法〉的通知》（财际字〔2000〕13号）执行。

第六章 审计及监督

第二十二条 乌鲁木齐市财政局、项目单位应积极配合自治区财政、审计部门及国际金融组织开展项目检查及审计。

第二十三条 乌鲁木齐市财政局应于每年10月31日前将有质量保证的第三方审计报告（上一年度）提交欧投行和自治区财政厅，并积极落实《审计报告》中的整改意见。

第二十四条 项目单位委托的项目审计机构或审计人员需获得欧投行认可。

第七章 附 则

第二十五条 本办法由自治区财政厅负责解释。

第二十六条 本办法自印发之日起执行。

附表1：

欧投行贷款“新疆乌鲁木齐市既有公共建筑节能改造”项目贷款提款进度表

填报单位（签章）：　　　　年　　月　　日　　　　单位/币种：元/人民币；元/欧元

序号	类别	贷款额度	贷款支付比例	累计已收到财政厅支付贷款资金（截至上次提款报账）	本次提款报账金额		未提取贷款余额（截至上次提款报账）
		欧元		欧元	人民币	约合欧元	欧元
1	2	3	4	5	6	7	8 =3 －5
1							
2							
3							
	合　计						

附表2：

欧投行贷款“新疆乌鲁木齐市既有公共建筑节能改造”项目提款报账支付信息明细表

填报单位（签章）：　　　　年　　月　　日　　　　申请书号：

序号	收款单位名称	支付金额（人民币元）	收款单位开户银行	收款账号	开户行行号
1					
2					
3					
4					
5					
	合　计				

备注：本申请书一式四联：自治区财政厅、乌市财政局、项目办、项目单位各执一联

经办人签名：____________

附表 3：

Form of Disbursement Request 支付申请表

Date 日期：

Please proceed with the following disbursement 请办理以下支付：

Loan Name 贷款名称：

Signature Date 签字日期：

Contract FI number 框架贷款编号：

* Project Name 项目名称：

Provincial Department of Finance（"PDF"）：
省级财政厅

* Project Ref. No 项目编号：

Currency & amount requested 申请币种和金额	
Currency 币种	Amount 金额
EUR 欧元	

Proposed disbursement date：
预订支付日期：

INTEREST利率		
	Int. rate basis（Art. 3.01） 利率基础（3.01 款）	
	Rate（% or Spread） 利率（%或者利差）	
	Frequency（Art. 3.01） 支付频率（3.01 款）	Semi - annual 每半年一次
	Payment Dates（Art. 5.01） 支付日期（5.01 款）	

CAPITAL本金		
	Repayment frequency 偿还频率	Semi - annual 每半年一次
	Repayment methodology（Art. 4.01） 偿还方式（4.01 款）	Equal instalments 等额偿还
	First repayment date 首次还本日	
	Maturity Date 到期日	

Reserved for the EIB 欧投行填写	（contract currency） （合同币种）
Total Credit Amount： 贷款总额	500 000 000 EUR 欧元
Disbursed to date： 已提取贷款额	
Balance for disbursement： 贷款余额	
Current disbursement： 本次提款额	
Balance after disbursement： 本次提款后贷款余额	
Disbursement deadline： 支付截止日	
Total allocations to date： 已分配贷款额	
Conditions precedent： 先决条件	Yes / No 是/否

* As described in the PAN 如项目资金分配通知中所述

The PDF and the Borrower hereby confirm that:
省财政厅和借款人在此确认:

(i) there are sufficient funds available to finance the Project and

该项目融资资金充裕;且

(ii) the final beneficiary has incurred expenses equivalent to the amount requested for disbursement in implementing the Project, or it will incur during the upcoming (6) months expenses equivalent to the amount requested for disbursement in implementing the Project.

(see expenditures tables in Annex 1).

最终受益方已发生的开支与支付申请金额一致,或者最终受益方在未来6个月中即将发生的开支金额与请求支付的金额相等(见附件1开支表)

PDF's name:
省级财政厅名称

PDF's account to be credited:
省级财政厅账户
Acc. No. ……………………………………………
账号

(please, provide IBAN format in case of disbursements in EUR, or appropriate format for the relevant currency)
(如以欧元进行支付,请提供IBAN格式,若用其他币种支付,则提供相应格式)

Bank name, address, BIC Code: ………………
银行名称,地址,BIC码

Please transmit information relevant to request to:
请将相关信息发送至:

The authorised representatives of the Borrower (name and signature):
借款人授权代表(姓名、签字)

附表4:

China Climate Change Framework Loan – European Investment Bank
中国气候变化框架贷款—欧洲投资银行

Provincial Depsrtment of Finance 省级财政厅:
* Project Reference 项目号:
* Project Name 项目名称:
* Loan Amount 贷款金额:
* As described in the PAN 如项目分配通知中描述

Summary statement of supporting evidence of payment in CNY for the_disbursement of EUR
第_次欧元支付的人民币开支凭证汇总表

Supply Contracts 供应合同				Contract Amounts 合同金额			European Investment Bank financing 欧投行融资				Forecast expenditur 预计支出 over next 180 days 未来 180 日
Name of supplier 供货商名称	Contract No. 合同号	Date 日期	Descri-ption 描述	Initial balance 期初余额	Already disbursed 已支付	Balance 余额	Invoicalblll amounts wathout tax 不含税发票或账单余额	No. of Invoice or blll 发票或账单号	Description of Invoicalblll 发票/账单描述	Date of payment to supplier 供货商支付日期	
				CNY	CNY	CNY	CNY				CNY
TOTAL 总计				0. 00	0. 00	0. 00	0. 00				
							Total justified expenditures in CNY (including forecast): 合理开支总计（人民币）:				0. 00

The authorised representative of the BORROWER at PDF level (name and signature):
省级财政厅借款人授权代表（姓名、签字）

The representative of the Final Beneficiary (name and signature):
最终受益人代表（姓名、签字）

Annex 1: Expenditures tables.
附件 1: 开支表
Annex 2: If not already provided to the Bank, evidence of the authority of persons to sign Disbursement Request, together with authenticated specimen signature of such persons.
附件 2: 如尚未提交给欧投行，主管机关应提交支付申请表并附授权后提款签字人的样本附表5：

欧投行贷款“新疆乌鲁木齐市既有公共建筑节能改造”
项目拨款及划账通知书

新财外〔20××〕×号

乌鲁木齐市财政局：

根据《再转贷协议》和你单位报来的提款申请，提款申请书号：________，现拨付你单位欧行贷款__________元人民币，请按此通知办理收账及对下级债务人的划账手续。

序号	收款单位名称	支付金额（人民币元）	收款单位开户银行	收款账号	开户行行号	汇率	折欧元
1							
2							
3							
4							
5							
	合　计						

关于印发《世界银行贷款乌鲁木齐城市交通改善项目（二期）财务管理办法》的通知

（2016年12月22日　自治区财政厅　新财外〔2016〕12号）

乌鲁木齐市财政局：

为做好世界银行贷款乌鲁木齐城市交通改善项目（二期）的资金使用和财务管理工作，我厅制定了《世界银行贷款乌鲁木齐城市交通改善项目（二期）财务管理办法》，现印发给你们，请遵照执行。

附件：世界银行贷款乌鲁木齐城市交通改善项目（二期）财务管理办法

附件：

世界银行贷款乌鲁木齐城市交通改善项目（二期）财务管理办法

第一章 总 则

第一条 为加强世界银行贷款“新疆乌鲁木齐城市交通改善项目（二期）”（以下简称“项目”）财务管理工作，规范财务管理行为，提高资金使用效益，根据《财政部关于印发国际金融组织贷款赠款项目财务管理暂行办法的通知》（财际〔2011〕10号）和本项目的《贷款协定》、《项目协议》、《转贷协议》，以及世界银行、财政部的有关规定制定本办法。

第二条 本项目投资总额为32.74亿元人民币，其中：利用世行贷款1.4亿美元（汇率按项目批复时1美元=6.1元人民币计算，约合8.54亿元人民币），占总投资的26.1%。配套资金24.2亿元。贷款期限30年，其中：宽限期5年，还贷期25年。项目采用浮动利差贷款、等额本金偿还方式。先征费率0.25%，承诺费率0.25%。项目关账日为2021年12月31日。

第三条 自治区财政厅与财政部签署《转贷协议》后，与乌鲁木齐市人民政府签署《再转贷协议》。乌鲁木齐市人民政府授权乌鲁木齐市财政局（以下简称“市财政局”）作为其债务代表人，负责本贷款使用、管理、监督及债务偿还工作。

第四条 本办法适用于使用本贷款的财政部门和项目单位。

第二章 机构职责

第五条 自治区财政厅履行以下职责：（1）组织和协调项目贷款对外工作，参与外方的考察、评估和磋商谈判，协助办理法律文件签署和生效手续；（2）作为自治区人民政府的债权债务代表与乌鲁木齐市人民政府签订《再转贷协议》；（3）负责管理贷款美元指定账户；（4）负责向世界银行提款报账及贷款资金的支付、回补；（5）明确转贷机制，落实还款责任，负责向财政部还本付息付费和向市财政局收取项目到期债务；（6）监督检查项目资金的使用落实情况；（7）监督检查项目实施单位和有关机构履行相应职责，确保项目按照法律文件的规定执行；（8）对项目财务管理活动进行指导与监督；（9）审定项目年度资金使用计划、年度国内外培训考察计划及年度采购计划等；（10）负责“世行客户联系系统”中电子版提款报账材料的审核、上报工作。

第六条 乌鲁木齐市财政局履行以下职责：（1）按照贷款法律文件、世行和国内要求，落实项目资金，监督项目采购，监测和推进项目进度和绩效，审核项目进度报告、财务报告、审计报告和完工报告等；（2）按照国家相关法律法规、财务制度和世行财务管理的要求，建立健全项目财务管理制度和完整的会计核算体系，制定并落实贷款项目的各项管理细则，确保贷款资金使用的安全、规范、有效；（3）配合和协助国内相关部门及世行开展项目检查、评价和审计工作；（4）根据财政厅下发的拨款划账通知书落实贷款债务，筹措和落实还贷资金，按时还本付息付费，确保足额偿还债务；（5）负责审核、汇总项目的提款报账材料，并向自治区财政厅申请提款报账；（6）会同自治区财政厅指导、监督项目单位贷款资金、配套资金、还贷资金的落实和使用，以及项目财务管理工作；（7）审核项目用款计划、采购计划并编制还款计划等，报自治区财政厅；（8）负责核实项目检查或审计中发现的问题，向自治区财政厅和审计部门报告整改结果；（9）配合做好项目绩效评价、项目后评估和资产移交工作；（10）负责为项目单位财务人员提供必要的业务技能培训，包括世行贷款业务、财务政策，国内有关制度规定、办法，以及其他有利于提高财务人员业务水平和工作技能的培训等。

第七条 乌鲁木齐市城市综合交通项目研究中心（交通改善项目管理办公室，以下简称"项目办"）履行以下职责：（1）负责项目具体执行，负责做好项目贷款资金、配套资金的落实、使用工作；（2）编制项目年度贷款资金使用计划、年度配套资金使用计划、年度国内外培训考察计划、年度采购计划及年度还款计划等并报财政部门审批；（3）负责准备、审查承包商/乌鲁木齐市市政工程建设处/乌鲁木齐市城市交通投资有限责任公司提交的提款报账材料，并报市财政局；（4）做好本项目联络协调工作；（5）核查项目资金使用情况、项目进展情况；（6）负责核实项目检查或审计中发现的问题，并向市财政局和相关审计部门报告整改结果；（7）配合做好项目绩效评价、项目后评估、资产移交工作；（8）负责组织世行贷款及部分配套资金支持的土建、设备及供货安装、咨询服务的采购程序，以及世行贷款支持的 BRT 车辆采购工作；（9）负责每年对采购计划进行更新；（10）负责一体化公交走廊子项中智能调度系统、自动售检票系统、安全门系统、安检系统、道路监控系统，交通综合信息平台子项，机构能力加强子项的实施工作；（11）配合乌鲁木齐市城市交通投资有限责任公司做好财务管理、报告工作；（12）编制并提交项目进度报告（含财务、环境、社会、监测等内容）；（13）负责完成"世行客户联系系统"电子版提款报账材料的填报工作。

第八条 乌鲁木齐市城市交通投资有限责任公司履行以下职责：（1）按照国家财务会计制度和贷款项目会计管理规定，负责项目的财务管理和会计核算，建立健全内部财务会计制度，定期向市财政局和自治区财政厅报送项目进度报告、财务报告等；（2）管理本项目人民币专项资金账户，用于核算贷款资金、还本付息付费资金；（3）根据项目建设进度及提款报账要求向项目办提交的提款报账申请材料；（4）配合国内相关部门及世行开展项目检查、评价及审计工作；（5）会同两级机关事务管理局及相关单位对项目资产进行验收，办理竣工财务决算、提交项目竣工报告，做好工程档案移交存档工作；（6）负责国内资金的支付，对项目办/乌鲁木齐市市政工程建设处审核后的支付申请和发票等单据进行复核，按照程序支付给承包商。

第九条 乌鲁木齐市市政工程建设处履行以下职责：（1）负责一体化公交走廊建设子项中道路、站台土建工程的实施工作；（2）配合做好财务管理、进度报告等工作，对所负责的项目支付申请和发票等单据进行审核，并提交至项目办；（3）配合做好项目实施计划、资金使用计划工作。

第十条 各项目单位和有关部门应根据《中华人民共和国会计法》及项目管理要求，设置财务会计机构，不能设置专门财务管理机构的项目管理单位，应设置专职财务管理人员，并保持人员的相对稳定，适时对财务人员进行培训，以提高其业务素质。因某种原因调动或离职，必须将本人所经管的财务会计工作，全部移交接替人员；没有办清移交手续的，不得调动或离职。

第三章 项目资金管理

第十一条 本项目专用账户周转金限额为 1 300 万美元，自治区财政厅按《贷款协定》开立美元指定账户，专项核算本项目的贷款资金。

自治区财政厅根据项目提款报账进度向世界银行提出提款申请。

第十二条 本项目贷款只能用于《贷款协定》、《项目协议》规定的用途，支付已经发生的项目合格费用，或世界银行已经同意、即将发生的项目费用；对不符合世界银行要求和国家规定的支付申请，自治区财政厅将不予付款。

第十三条 市财政局、项目单位应及时筹集、落实项目配套资金，并按季向自治区财政厅报送配套资金到位情况表。

第十四条 市财政局对报账额度达到一定标准（土建、货物等合同价达到或等于前审额度的1/2、对单次咨询、培训等达到2/3）的报账材料进行实地核查。自治区财政厅将根据项目实施情况，对报账材料的真实性进行现场抽查。

第十五条 本项目的货物、土建等采购活动应遵守世界银行制定的《采购指南》。本项目《采购计划》的调整，必须逐级征得市财政局和自治区财政厅同意后再上报世界银行，世界银行正式批复后方可调整。

第十六条 国内外培训及考察活动，应严格按照国家及自治区的有关规定执行。市财政局依据项目实施计划编制项目国内外培训、考察年度计划，报自治区财政厅审定。国内外培训、考察应按照国内现行规定的标准执行。

第十七条 自治区财政厅、市财政局及项目单位须登记项目债务台账，并于每次提款报账时核对债务数据。

第十八条 市财政局应每季向自治区财政厅报送项目执行进度报告。建立和完善项目实施进展情况通报制度，督促项目单位定期报送项目进展情况，包括建设进度、投资完成量、贷款支付进度、存在问题和建议等。

第十九条 贷款使用过程中，有关调整贷款规模、变更项目建设内容、改变贷款资金用途和支付比例、延长贷款关账日期等涉及贷款法律文件内容变更的，原则上不予延期，项目确需延期，市财政局应在关账日前8个月，以正式文件向自治区财政厅提出申请，由自治区财政厅报财政部，经财政部与世界银行协商同意后方可办理贷款法律文件的变更。

第四章 提款报账管理

第二十条 项目贷款的使用采取提款报账制，即借款人须先开展项目活动，然后向世界银行申请贷款。

第二十一条 市财政局及各项目单位在首次提款前需向自治区财政厅报送提款签字人签字真迹。

第二十二条 项目贷款的支付方式采取以下三种：偿还支付、直接支付、特别承诺支付。

（一）偿还支付：是指项目单位已用自有资金支付已经发生的合格费用，要求世界银行用贷款资金回补支付的事宜。偿还支付适用于下列情况：项目单位已经用自有资金向承包商、供货商或咨询服务商等支付工程款、货款或咨询费等，要求自治区财政厅回补世界银行贷款应承担部分。

（二）直接支付：分为世界银行直接支付和专用账户直接支付两种。

1. 世界银行直接支付：是指项目合格费用发生后，由世界银行将款项直接支付给第三方（承包商、供货商、咨询服务方），世行直接支付的最低限额为130万美元。

2. 专用账户直接支付：是指项目合格费用发生后，由自治区财政厅专用账户将款项直接支付给第三方（承包商、供货商、咨询服务方）。专用账户直接支付的最低限额为50万美元。

（三）特别承诺支付：借款人通过国际招标方式购置大型设备或大宗货物时，特别承诺由世界银行以书面形式签发，用以承诺支付指定的金额，特别承诺一经发出，不可撤销。特别承诺支付只适用于自治区财政厅向世界银行直接办理的申请（信用证申请）。

第二十三条 项目采购方法和合同前审的限值按世行批准的项目采购计划执行。

第二十四条 合格费用及支付类别额度。

市财政局、项目单位应根据世界银行《通则》第二条、《世界银行项目支付指南》和这类说明中适用于本项目的内容提取贷款资金，用于支付以下表格中的合格费用。项目贷款资金支付的合格费用类别，每个类别贷款分配额和各类别合格费用支付百分比如下：

[支付类别\提供的贷款金额（单位：美元）\使用银行贷款支出的百分比（含税）\(1) 土建工程、货物、非咨询类服务、咨询顾问服务、培训与研讨会、附加运营成本\138 790 000\100%\(2) 承诺费\860 000\根据总则 2.07 (c) 节本协议第 2.04 节及第 2.05 节的应付金额\(3) 先征费\350 000\根据总则 2.07 (b) 节本协议第 2.03 节的应付金额\(4) 利率上限或利率双限利息\0\根据本协议第 2.98 (c) 节的到期应付金额\总金额\140 000 000\\]

第二十五条 提款报账应提交的支持文件

（一）市财政局向自治区财政厅申请提款时需提交的材料：

1. 项目贷款提款进度表（表 1，略）；

2. 项目偿还支付提款申请书（表 2，略）或项目直接支付提款申请书（表 3，略）。提款申请书均应由市财政局、项目单位授权提款签字人签字并加盖公章；

3. 项目提款报账支付信息明细表（表 4，略）；

4. 项目前审合同提款支付摘要表（表 5，略）或项目提款支付 SOE 表 A（土建、货物、咨询服务未经世行前审的合同支出项，表 6，略）、项目提款支付 SOE 表 B（考察、培训未经世行前审的合同支出项，表 7，略）。提款报账合同金额如在世行前审限值以上填写摘要表，合同金额如在世行前审限值以下填写 SOE 表 A 或 SOE 表 B。摘要表和 SOE 表按支付类别分别填报；

5. 市财政局的现场核查报告（若需要）；

6. 项目单位提交的提款单证复印件。

（二）项目单位应提交的提款单证：

第一类 土建、货物和非咨询类服务合同：

土建工程：

1. 初设批文（每个合同首次报账时提供）；

2. 合同以及合同中关于付款条款规定需提交的文件；

3. 世界银行对合同不反对意见批准电传（前审合同）；

4. 开工报告批文每个合同首次报账时提供）；

5. 工程进度报告（必须有监理工程师签字）；

6. 发票；

7. 银行支付凭证（直接支付不需提供）；

8. 银行对账单（直接支付不需提供）。

货物采购：

1. 合同以及合同中关于付款条款规定需提交的文件；

2. 世界银行对合同不反对意见批准电传（前审合同）；

3. 设备验收单；

4. 发票；

5. 银行支付凭证（直接支付不需提供）；

6. 银行对账单（直接支付不需提供）。

国内外询价采购：

1. 询价函；

2. 三家或三家以上供货商报价单；

3. 询价采购说明（货比三家采购说明）；

4. 合同以及合同中关于付款条款规定的需提交的文件；

5. 设备装运单；

6. 设备验收单；

7. 发票；

8. 银行支付凭证（直接支付不需提供）；

9. 银行对账单（直接支付不需提供）。

第二类 咨询服务、培训、考察、会议

咨询服务：

1. 咨询服务大纲；

2. 咨询预算；

3. 咨询名单；

4. 邀请函；

5. 咨询建议书；

6. 对咨询单位建议书的评审说明；

7. 合同或协议；

8. 世界银行对合同不反对意见批准电传（前审合同）；

9. 咨询合格证明；

10. 发票；

11. 银行支付凭证（直接支付不需提供）；

12. 银行对账单（直接支付不需提供）。

国内培训：

1. 培训通知文件；

2. 培训任务大纲；

3. 培训预算；

4. 培训人员名单；

5. 合同或协议（自办培训时不需提交）；

6. 发票或费用汇总表（加盖单位财务章）；

7. 培训总结；

8. 银行支付凭证；

9. 银行对账单。

国内考察：

1. 考察任务大纲；

2. 考察预算；

3. 考察通知；

4. 考察人员名单、地点；

5. 发票或费用汇总表（加盖单位财务章）；

6. 考察总结。

国外培训、考察：

1. 出国申请报告；

2. 培训、考察预算；

3. 外办送审单；

4. 对方邀请函，出访路线；

5. 国外培训、考察总结；

6. 各项费用原始凭据。

以上提款单证须真实反映，市财政局、项目办对所提供报账材料的真实性负责，并承担提供不真实报账材料所关联的相关责任。

第二十六条 每份合同首次提款报账时提交过的合同等单证，在下一次提款报账时不再重复提交。市财政局向自治区财政厅只需提交一式一套完整材料。市财政局须保存一套完整材料。

第二十七条 提款报账程序及资金拨付程序

1. 项目单位提出提款报账申请，经市财政局审核汇总后，提交自治区财政厅审查。

2. 对符合世界银行规定的报账材料，属于偿还支付的，自治区财政厅将贷款资金回补至乌鲁木齐市城市交通投资有限责任公司指定的项目账户，并向市财政局下发“拨款及划账通知书”（表8）；属直接支付的，自治区财政厅将贷款资金直接支付至供应商、承包商或咨询服务方等，并向市财政局下发“拨款及划账通知书”。

3. 市财政局根据以上拨款及划账通知书，向项目单位回补贷款资金并下发拨款划账通知书，落实贷款债务。

第二十八条 提款报账及资金回补时间要求

1. 市财政局接到项目单位提交的提款报账申请后，对符合要求的申请应在5个工作日内完成审核并报自治区财政厅。

2. 自治区财政厅对符合要求的申请应在5个工作日内完成审核工作，并办理资金回补及支付手续。上述时间不包括大额提款报账现场核查所需时间。

3. 市财政局接到自治区财政厅“拨款及划账通知书”后应在3个工作日内对项目单位下发拨款划账通知书。

第二十九条 市财政局应按照贷款支付类别控制项目总额度。

第三十条 追溯报账，项目单位在2015年6月1日（含）之后，本项目《贷款协定》、《项目协议》签署日之前发生的合格费用可进行提款。追溯金额不超过折合2 800万美元。

第五章　会计核算

第三十一条　本项目会计核算按照《财政部关于印发〈世界银行贷款项目会计核算办法〉的通知》财际字〔2000〕13号文件执行。

第六章　审计及监督

第三十二条　为项目提供审计的机构，应按照世界银行和国内相关规定，对项目进行审计并提供审计报告。

第三十三条　市财政局、项目单位应积极配合上级财政部门、审计部门及世界银行，在规定的时间提供财务报表、会计资料等相关项目财务资料。

第七章　附　　则

第三十四条　办法由自治区财政厅负责解释。

第三十五条　本办法自印发之日起执行。

关于调整自治区本级分散采购和变更采购方式审批程序有关事项的通知

（2016年9月18日　自治区财政厅　新财购〔2016〕30号）

自治区各委、办、厅、局，大专院校、社会团体，自治区政府采购中心，各政府采购代理机构：

为进一步规范自治区本级政府分散采购和变更采购方式的审批管理，加强内控管理监督，根据《中华人民共和国政府采购法实施条例》、《政府采购非招标采购方式管理办法》（财政部第74号令），现将自治区本级政府分散采购和变更采购方式审批程序做如下调整：

一、分散采购审批有关事项

（一）分散采购的申请范围

属于政府集中采购目录以内、采购限额标准以上的项目，本应实行政府集中采购，但由于不可预见、突发性、涉密性等特殊情况，无法实施集中采购的，采购人可提出分散采购申请。

（二）分散采购的审批程序

1. 采购人需提供政府采购分散采购的正式书面申请，内容包括：采购人名称、采购项目名称、项目预算金额、项目概况、申请分散采购和拟采用采购方式的原因等项目基本情况说明。属于不可预见、突发性等特殊情况需提供佐证文件或情况说明。属于涉密项目的需提供上级部门或自治区保密管理部门的涉密认定意见。

2. 分散采购申请经主管部门审核同意、签署意见并盖章后，送财政厅政府采购管理办公室（以下简称“采购办”），进行初审。

3. 采购预算金额达到20万元以上（含20万元）的，须填制“自治区区级政府分散采购项目和资金确认表”（附件1），由财政厅相关业务处确认项目和资金。属于自筹资金的需由采购单位出具自筹资金承诺函（附件2）。

4. 申请材料完整合规的，由采购办文书员进行收文登记，采购办领导签署意见后交分散采购经办岗对相关申请进行汇总，交初审岗初审无误后，提交采购办办务会复核，集体研究确定采购方式和组织形式，对采购预算金额未达到30万元且办务会复核通过的分散采购项目，采购办做出书面批复，对采购预算金额达到30万元以上（含30万元）的分散采购申请，报请分管厅领导审批。

5. 分管厅领导审批后，采购办做出书面批复，并监督采购人按批复要求办理政府采购相关事宜；对于不适宜分散采购的申请，将申请退回采购人，并要求其按规定的政府集中采购程序办理采购事宜。

二、变更采购方式审批有关事项

（一）变更采购方式的申请范围

采购人采购公开招标数额标准以上的货物或者服务，符合政府采购法第二十九条、第三十条、第三十一条、第三十二条规定情形或者有需要执行政府采购政策等特殊情况的，采购人可提出变更采购方式申请。

（二）变更采购方式的审批程序

1. 采购活动开始前，采购人拟变更采购方式的，填写“政府采购方式变更审批表”签字盖章后，经主管部门审核同意签字盖章后，送采购办审批，提供以下材料，并对材料真实性负责：

（1）采购人名称、采购项目名称、项目概况等项目基本情况说明；

（2）项目预算金额及资金来源证明；

（3）拟申请采用的采购方式和理由。

2. 采购项目下达至政府集中采购机构（政府采购代理机构）后，采购人有变更采购方式意向、政府集中采购机构（政府采购代理机构）确认符合变更采购方式条件的，政府集中采购机构（政府采购代理机构）也需签署意见说明情况签字盖章。

公开招标的货物服务项目招标过程中提交投标文件或者经评审实质性响应招标文件要求的供应商只有两家时，采购人、采购代理机构应暂停项目、封存资料，报经本级财政部门批准后，择日与该两家供应商进行竞争性谈判采购。申请转为竞争性谈判需提供以下材料：

（1）采购人名称、采购项目名称、项目概况等项目基本情况说明；

（2）项目预算金额及资金来源证明；

（3）拟申请采用的采购方式和理由；

（4）在省级以上财政部门指定媒体上发布招标公告的证明材料；

（5）对招标文件和招标过程是否有供应商质疑及质疑处理情况的说明；

（6）评审委员会出具的招标文件没有不合理条款的论证意见；

（7）项目报名登记表、开标一览表、参与供应商同意变更方式的书面意见。

以上资料提供复印件。

3. 对符合变更采购方式规定的，采购办经办岗、分管办领导、办领导同意后，报请分管厅领导审批同意后，做出书面批复，对不符合变更采购方式规定的，退回申请，并要求其按规定方式和程序办理政府采购事宜。

4. 申请变更为单一来源方式采购的，按单一来源采购有关规定进行单一来源公示。

三、相关管理事项

（一）属于进口设备申请分散采购的，应先按有关规定办理购置进口设备审批手续。

（二）对已批复需要委托政府采购代理机构代理的分散采购项目，采购人应严格按照政府采购相关规定办理具体采购事宜。

（三）对已批复为采购人自行组织采购的项目，必须按照批复规定的采购方式组织实施，并做好相关资料的归档工作。

（四）各采购人应严格执行本通知的有关规定，属于本通知规定的审批范围之内的项目，未经批准擅自执行的，将按政府采购相关法律法规予以处理。

本通知自发布之日起执行。《关于进一步加强自治区本级分散采购和变更采购方式审批有关事项的通知》（新财购〔2014〕32号）同时废止。

附件：1. 自治区本级单位申请政府分散采购项目资金确认表

2. 政府采购自筹资金落实、支付承诺函

附件1：

自治区本级单位申请政府分散采购项目资金确认表

单位名称		采购金额	
项目名称		资金来源	
联系人		联系电话	
请　处（室）对该政府采购项目和资金给予确认 政府采购办 年　月　日			
业务处对该政府采购项目资金的确认意见	签　章 年　月　日		

附件 2：

政府采购自筹资金落实、支付承诺函

自治区财政厅：

我单位本次政府采购____________________项目，需使用自筹资金____________万元。

采购活动结束后，我单位承诺：依据采购合同约定，按时向通过政府采购程序确定的中标供应商支付采购资金，由于不及时支付资金所产生的一切后果和纠纷，均由我单位自行负责。

承诺单位公章

年　　月　　日

本承诺函一式四份，采购单位、财政厅相关处室、财政厅采购办、自治区政府采购中心各一份。

关于调整政府集中采购计划备案程序的通知

（2016 年 9 月 18 日　自治区财政厅　新财购〔2016〕31 号）

自治区各委、办、厅、局，大专院校，人民团体，自治区政府采购中心：

为贯彻《政府采购法实施条例》有关精神，提高政府采购工作效率，促进采购单位做好政府采购工作，现就调整政府集中采购计划备案程序有关事项通知如下：

一、政府集中采购计划的编制主体

采购单位对本单位政府集中采购计划的完整性、准确性承担第一责任，采购单位的主管预算单位负责对本部门所属单位的政府集中采购计划进行指导、监督和督促落实。

二、政府集中采购计划的编制依据

1. 当年度自治区区级政府集中采购目录和分散采购限额标准。

2. 财政厅批复的本部门、本单位的部门预算。

三、政府集中采购计划的内容

政府集中采购计划应包括采购项目的名称、具体构成、采购数量、技术规格、服务要求、使用时间、项目预算金额、资金来源及构成、拟采取的采购方式及原因等内容。

对拟采购进口产品、拟申请采用公开招标以外方式采购、车辆采购和落实政府采购政策功能等内容，应单独在集中采购计划中标明。

四、政府集中采购计划的备案程序

（一）采购单位应根据财政部门批复的部门预算做好政府集中采购计划的前期准备工作，及时做好市场调研、需求整理、专家论证、采购单位内部审核等相关工作。

（二）采购单位根据前期准备工作情况、结合资金到位等相关情况，向主管预算单位报送“自治区区级单位政府集中采购计划执行申报表”（附件1），经主管预算单位同意后，向财政厅相关业务处室报送“财政厅业务处政府采购计划审批表”（附件2）。

涉及使用自筹资金的，采购单位需出具政府采购自筹资金落实、支付承诺函（附件3）。

（三）采购单位将财政厅相关业务处室审核同意的政府集中采购计划交政府采购管理办公室（以下简称采购办）备案。

不涉及采购进口产品、变更采购方式、车辆采购和落实政府采购政策功能等内容的政府集中采购计划，采购办备案盖章后，采购单位可将政府集中采购计划直接提交至自治区政府采购中心办理集中采购相关手续。

涉及采购进口产品的政府集中采购计划，严格按照《财政部关于印发〈政府采购进口产品管理办法〉的通知》（财库〔2007〕119 号）和《关于政府采购进口产品管理有关问题的通知》（财办库〔2008〕248 号）的规定，履行审核手续。

涉及变更采购方式的，严格按照《关于调整自治区本级政府分散采购和变更采购方式审批有关问题的通知》（新财购〔2016〕30 号）的规定，履行审核手续。

涉及车辆采购的，按照国家和自治区车辆控购相关要求，办理车辆控购审核手续。

涉及落实政府采购政策功能的，按照国家和自治区相关政策和要求执行。

附件：1. 自治区区级单位政府集中采购计划执行申报表

2. 财政厅业务处政府采购计划审批表

3. 政府采购自筹资金落实、支付承诺函

附件1：

自治区区级单位政府集中采购计划执行申报表

财政厅主管业务处名称：

<table>
<tr><td colspan="8">缴款单位名称：（公章）</td><td>组织机构代　　码</td><td colspan="2"></td></tr>
<tr><td colspan="8" rowspan="2">实际用户名称：</td><td>联系人</td><td colspan="2" rowspan="2"></td></tr>
<tr><td>联系电话</td></tr>
<tr><td rowspan="2">序号</td><td rowspan="2">品目名称</td><td rowspan="2">主要技术参数</td><td rowspan="2">数量</td><td colspan="4">资金来源（万元）</td><td rowspan="2">推荐采购方式</td><td rowspan="2">交货或完工时间</td><td rowspan="2">备注</td></tr>
<tr><td>合计</td><td>预算内</td><td>预算外</td><td>自筹</td></tr>
<tr><td></td><td></td><td></td><td></td><td colspan="4"></td><td></td><td></td><td></td></tr>
<tr><td></td><td></td><td></td><td></td><td colspan="4"></td><td></td><td></td><td></td></tr>
<tr><td></td><td></td><td></td><td></td><td colspan="4"></td><td></td><td></td><td></td></tr>
<tr><td></td><td></td><td></td><td></td><td colspan="4"></td><td></td><td></td><td></td></tr>
<tr><td></td><td></td><td></td><td></td><td colspan="4"></td><td></td><td></td><td></td></tr>
<tr><td></td><td></td><td></td><td></td><td colspan="4"></td><td></td><td></td><td></td></tr>
<tr><td colspan="11">主管单位审核意见（签章）：</td></tr>
</table>

注：1. 采购单位依据上半年/下半年政府采购计划，需执行采购时，填制此表。

2. “品目名称”一栏填写纳入《新疆维吾尔自治区区级××××年度政府集中采购目录》范围以内限额标准以上的项目。“主要技术参数”中填写采购品目的主要技术指标。

3. 此表一式三份报财政厅相关业务处（一份业务处留存、一份采购单位留存、一份随计划审批表送采购办）。

附件2：

财政厅业务处政府采购计划审批表

年　　月　　日

<table>
<tr><td colspan="2">缴款单位名称</td><td colspan="6"></td><td colspan="2">组织机构代码</td><td colspan="2"></td></tr>
<tr><td colspan="2">实际用户名称</td><td colspan="4"></td><td>联系人</td><td colspan="2"></td><td>联系电话</td><td colspan="2"></td></tr>
<tr><td rowspan="3">序号</td><td rowspan="3">目录代码</td><td rowspan="3">品目名称</td><td rowspan="3">主要技术参数</td><td rowspan="3">数量</td><td colspan="5">（　　）年度采购预算（万元）</td><td rowspan="3">采购任务编号</td><td rowspan="3">备注</td></tr>
<tr><td rowspan="2">合计</td><td colspan="2">预算内</td><td rowspan="2">预算外</td><td rowspan="2">自筹</td></tr>
<tr><td>预算科目</td><td>金额</td></tr>
<tr><td></td><td></td><td></td><td></td><td></td><td></td><td></td><td></td><td></td><td></td><td></td><td></td></tr>
<tr><td></td><td></td><td></td><td></td><td></td><td></td><td></td><td></td><td></td><td></td><td></td><td></td></tr>
<tr><td></td><td></td><td></td><td></td><td></td><td></td><td></td><td></td><td></td><td></td><td></td><td></td></tr>
<tr><td></td><td></td><td></td><td></td><td></td><td></td><td></td><td></td><td></td><td></td><td></td><td></td></tr>
<tr><td></td><td></td><td></td><td></td><td></td><td></td><td></td><td></td><td></td><td></td><td></td><td></td></tr>
<tr><td></td><td></td><td></td><td></td><td></td><td></td><td></td><td></td><td></td><td></td><td></td><td></td></tr>
<tr><td></td><td></td><td></td><td></td><td></td><td></td><td></td><td></td><td></td><td></td><td></td><td></td></tr>
<tr><td></td><td></td><td></td><td></td><td></td><td></td><td></td><td></td><td></td><td></td><td></td><td></td></tr>
<tr><td></td><td></td><td></td><td></td><td></td><td></td><td></td><td></td><td></td><td></td><td></td><td></td></tr>
<tr><td></td><td></td><td></td><td></td><td></td><td></td><td></td><td></td><td></td><td></td><td></td><td></td></tr>
<tr><td></td><td></td><td></td><td></td><td></td><td></td><td></td><td></td><td></td><td></td><td></td><td></td></tr>
</table>

业务处名称：（盖章）　　　　　　　　　　业务处经办人：　　　　　　　　　　处领导：

注：1. 此表由各业务处依据《新疆维吾尔自治区××××年度政府集中采购目录》对各单位上报政府采购计划审定后填制。

2. “采购任务编号”由政府采购办统一编制填写。

附件3：

政府采购自筹资金落实、支付承诺函

自治区财政厅：

我单位本次政府采购________________________项目，需使用自筹资金____________万元。

采购活动结束后，我单位承诺：依据采购合同约定，按时向通过政府采购程序确定的中标供应商支付采购资金，由于不及时支付资金所产生的一切后果和纠纷，均由我单位自行负责。

承诺单位公章

年　　月　　日

本承诺函一式四份，采购单位、财政厅相关处室、财政厅采购办、自治区政府采购中心各一份。

关于印发《新疆维吾尔自治区2016—2018年度政府集中采购目录和分散采购限额标准》的通知

（2016年9月18日　自治区财政厅　新财购〔2016〕32号）

自治区各委、办、厅、局，各大专院校，社会团体，伊犁哈萨克自治州财政局，各地州市财政局，自治区政府采购中心，各政府采购代理机构：

为进一步提高政府采购质量和效率，根据《中华人民共和国政府采购法实施条例》、财政部颁发的《政府采购品目分类表》及国家和自治区有关规定，我们对政府集中采购目录及限额标准进行了调整和修订，现印发你们，请遵照执行。

一、自治区区级国家机关、事业单位、团体组织（以下简称“采购人”），使用财政性资金（含以财政性资金作为还款来源的借贷资金）或非财政性资金（与财政性资金无法分割的），采购列入集中采购目录范围和达到分散采购限额标准以上的货物类、工程类、服务类的项目时，必须实行政府采购。

二、列入集中采购目录范围的采购项目，采购人必须委托集中采购机构（自治区政府采购中心）组织采购。采购人因特殊原因，确需按分散采购形式采购的，根据《关于调整自治区本级政府分散采购和变更采购方式审批有关事项的通知》（新财购〔2016〕30号）规定办理。

三、列入集中采购目录范围内的项目，货物类同类项目达到150万元（含150万元）、工程类同类项目达到300万元（含300万元）、服务类同类项目达到150万元（含150万元），应当以公开招标的方式实施政府采购。达到公开招标数额标准的货物、服务项目，因特殊情况确需采用非招标方式采购的，按照《关于调整自治区本级政府分散采购和变更采购方式审批有关事项的通知》（新财购〔2016〕30号）规定办理。

四、在集中采购目录范围内，标注＊号的项目，属区本级政府协议定点采购项目。采购人采购协议供货和定点采购范围内的项目时，应严格按照自治区财政厅《关于印发〈自治区区级政府采购协议供货和定点采购管理（暂行）办法〉的通知》（新财购〔2007〕22号文件）规定办理。

五、不属于自治区区级2016—2018年政府集中采购目录范围内的货物类、工程类、服务类，但达到分散采购限额标准的采购项目，要按自治区区级2016—2018年度分散采购限额标准（附件3）执行。属于分散采购范围的货物类、工程类、服务类项目，采购限额未达到公开招标标准的，采购人可自行组织采购，也可委托采购代理机构采购，按照政府采购相关规定组织实施。采购限额达到公开招标标准的项目，采购人须委托政府采购代理机构或集中采购机构（自治区政府采购中心）组织实施。受委托的政府采购代理机构和自治区政府采购中心要按照规定的政府采购方式和程序组织招投标等采购事宜。达到公开招标限额标准以上的分散采购项目，如有特殊情况需采取公开招标以外方式的，按照《关于调整自治区本级政府分散采购和变更采购方式审批有关事项的通知》（新财购〔2016〕30号）规定办理，经批准后采购人方可实施采购。

六、政府采购原则上要求购买国内产品和服务，凡国内产品能够满足需要的，都要采购国内产品。确需购买进口产品的，采购人应根据国家和自治区相关规定和程序办理相关核准手续后执行。

七、属于环境标志产品、节能产品和计算机、打印机、空调、照明产品（包括双端荧光灯、自镇流荧光灯、单端荧光灯、管型荧光灯镇流器）、电视机、电热水器、显示器、便器、水嘴等九大类政府强制采购产品的采购，必须优先选择国家财政部、环境保护部、国家发展和改革委员会等有关部门最新发布的“环境标志产品政府采购清单”和“节能产品政府采购清单”（清单在《新疆政府采购网》上公布）中的产品。

八、自治区本级各部门（单位）对本部门（单位）2016—2018年度政府采购预算的编报、政府采购计划上报及执行和采购合同的履行，要严格按照自治区财政厅《关于调整政府集中采购计划备案程序的通知》（新财购〔2016〕31号）的相关规定执行。

九、自治区本级行政事业单位采购属于《关于印发新疆维吾尔自治区本级行政事业单位通用办公设备、办公家具配置及最低使用年限标准（暂行）的通知》（新财资管〔2015〕72号）规定的产品，严格按照资产配置标准执行，各级政府机关工作人员不得随意在计算机办公设备及系统中安装、升级或卸载软件。

十、根据《关于印发新疆维吾尔自治区党政机关会议定点管理实施细则的通知》（新财行〔2015〕39号）规定，自治区本级各单位召开的各类会议，除采用电视电话、网络视频方式以及在本单位或本系统内部会议室、礼堂、宾馆、招待所、培训（会议）中心举办的以外，必须在每年招标确定的定点宾馆召开并办理政府采购相关手续。

十一、对列入部门集中采购目录的，由部门或系统实施部门集中采购，部门或系统可自行组织，也可委托采购代理机构，具体程序如下：

（一）各有关主管部门或采购单位实施部门集中采购，必须向财政部门上报部门集中采购审核表，先经财政厅对口业务处室审核，再报经政府采购办备案。

（二）各有关主管部门自行组织采购的，必须符合下列条件，并应制定内部的相关管理办法：

1. 具有独立承担民事责任的能力；

2. 具有编制招标文件和组织招标的能力和条件，有与采购项目规模和复杂程度相适应的专业人员。

（三）各有关主管部门在上报部门集中采购审核表时应事先选择采购活动组织实施机构（自行组织或委托采购代理机构）。自行组织实施的，政府采购办确定采购方式后下达部门组织实施采购；选择采购代理机构的，需在新疆政府采购网发布委托采购代理机构公告并将确定的采购代理机构报政府采购办，由政府采购办将项目下达给确定的采购代理机构组织实施采购。

（四）各有关主管部门在实施部门集中采购时需变更采购方式的，按照《关于调整自治区本级政府分散采购和变更采购方式审批有关事项的通知》（新财购〔2016〕31号）规定办理。

（五）实行部门集中采购的单位除上述品目的专业设备外，其他采购项目仍按原有程序办理政府采购事宜。

十二、政府购买服务的品目以自治区人民政府发布的政府购买服务目录为准。属于政府购买服务及政府和社会资本合作项目的采购，按政府采购相关程序办理。

十三、根据《政府采购法》的规定，对属于政府集中采购和目录以内，分散采购限额标准以上的采购行为，要接受财政、监察、审计等部门的监督。

十四、各地、州、市应根据本集中采购目录和采购限额标准，适当扩大集中采购目录范围，并根据当地实际情况制定合适的采购限额标准，报自治区财政厅备案。

十五、本《集中采购目录和分散采购限额标准》由自治区财政厅负责解释。

自治区财政厅政府采购管理办公室受理有关政府采购的举报和投诉。联系电话：0991－2816875，0991－2831742。

十六、原《新疆维吾尔自治区2016—2018年政府集中采购目录和分散采购限额标准》（新财购〔2015〕51号）同时废止。

附件：1. 新疆维吾尔自治区区级2016—2018年政府集中采购目录

2. 新疆维吾尔自治区区级2016—2018年部门集中采购目录

3. 新疆维吾尔自治区区级2016—2018年分散采购限额标准

附件1：

新疆维吾尔自治区区级2016—2018年政府集中采购目录

编码	品目名称	备注
A	**货物**	
A02	通用设备	
A0201	计算机设备及软件	
* A020101	计算机设备	
A020102	计算机网络设备	
* A02010202	交换设备	单次采购金额1万元以上，年累计采购金额3万元以上
A02010502	磁盘阵列	
A020106	输入输出设备	
* A02010601	打印设备	
* A0201060901	扫描仪	
* A0201080301	通用应用软件	指商品化，单次采购金额0.5万元以上年累计采购金额3万元以上无需研发的操作系统、数据库、中间件、财务软件、防病毒软件
A0202	办公设备	
* A02081001	传真机	
* A020201	复印机	
* A020202	投影仪	
A020204	照相机及器材	
* A02020401	照相机	
* A02020402	镜头及器材	
A020209	文印设备	
* A031806	数码印刷机	
A0203	车辆	
A020301	载货汽车	
A020305	乘用车（轿车）	
* A02030501	轿车	
* A02030502	越野车	
* A02030503	商务车	
* A020306	客车	
A020307	专用车辆	
A020504	锅炉	
A02051228	电梯	
* A02061504	不间断电源（UPS）	单次采购金额10万元以上年累计采购金额50万元以上
A020618	生活用电器	
A02061801	制冷电器	
* A0206180101	电冰箱	
* A0206180203	空调机	
* A0206180301	洗衣机	
A02061908	室内照明灯具	单次采购金额10万元以上年累计采购金额50万元以上
A020713	卫星定位导航系统	单次采购金额0.5万元以上，年累计采购金额3万元以上
A020714	地理信息系统	
A0208	通信设备	单次采购金额10万元以上，年累计采购金额50万元以上
A020807	电话通信设备	单次采购金额10万元以上，年累计采购金额50万元以上
A0209	广播、电视、电影设备	单次采购金额20万元以上，年累计采购金额100万元以上
* A02091001	电视机	
* A02091102	通用摄像机	

编码　　　　　　　　品目名称　　　　备　注

A02091299　　　　语音语言实验室设备

单次采购金额 20 万元以上，年累计采购金额 100 万元以上

A0210　　　　　　仪器仪表

单次采购金额 20 万元以上，年累计采购金额 100 万元以上

A03　　　　　　　专用设备

A0309　　　　　　工程机械

单次采购金额 20 万元以上，年累计采购金额 100 万元以上

A0310　　　　　　农业和林业机械

单次采购金额 20 万元以上，年累计采购金额 100 万元以上

A031005　　　　　园林机械

单次采购金额 20 万元以上，累计采购金额 100 万元以上

A0320　　　　　　医疗设备

单次采购金额 20 万元以上，年累计采购金额 100 万元以上

A0325　　　　　　政法、检测专用设备

A032501　　　　　消防设备

单次采购金额 20 万元以上，年累计采购金额 100 万元以上

A032504　　　　　安全、检查、监视、报警设备

单次采购金额 20 万元以上，年累计采购金额 100 万元以上

A0334　　　　　　专用仪器仪表

单次采购金额 20 万元以上，累计采购金额 100 万元以上

A033401　　　　　农林牧渔专用仪器

单次采购金额 20 万元以上，累计采购金额 100 万元以上

A033409　　　　　水文仪器设备

单次采购金额 20 万元以上，累计采购金额 100 万元以上

A033412　　　　　教学专用仪器

编码　　　　　　　　品目名称　　　　备　注

单次采购金额 20 万元以上，累计采购金额 100 万元以上，大专院校、科研院所，科研所需仪器除外

A0336　　　　　　体育设备

单次采购金额 20 万元以上，年累计采购金额 100 万元以上

A0338　　　　　　道路清扫设备

单次采购金额 20 万元以上，年累计采购金额 100 万元以上

A06　　　　　　　家具用具

单次采购金额 10 万元以上，年累计采购金额 50 万元以上

A070301　　　　　被服

单次采购金额 10 万元以上，年累计采购金额 50 万元以上

A090403　　　　　教具

单次采购金额 10 万元以上，年累计采购金额 50 万元以上

A99　　　　　　　其他货物（财政部门要求的项目）

B　　　　　　　工程

B01　　　　　　　建筑物施工

B0104　　　　　　行政单位用房施工

B0106　　　　　　事业单位用房施工

B0107　　　　　　社会团体用房施工

B0111　　　　　　居住用房施工

B0112　　　　　　体育和娱乐用房施工

B021501　　　　　室外体育和娱乐设施工程施工

以上项目投资预算 50 万元以上（含 50 万元）的，纳入集中采购

B07　　　　　　　装修工程

投资预算 50 万元以上（含 50 万元），与建筑物、构筑物、新建、改建、扩建无关的单独的装修工程

B08　　　　　　　修缮工程

投资预算 50 万元以上（含 50 万元），与建筑物、构筑物、新建、改建、扩建无关的单独的修缮工程，文物保护建筑修缮除外

编码　　品目名称　　备　注

B99　　其他工程（财政部门要求的项目）

C　　**服务**

C02　　信息技术服务

C0201　　软件开发服务

单次采购金额50万元以上的项目（含50万元）

C0202　　信息系统集成实施服务

单次采购金额50万元以上的项目（含50万元）

C0301　　网络线路租赁服务

单次采购金额50万元以上的项目（含50万元）

编码　　品目名称　　备　注

*C0503　　车辆维修和保养服务

*C0601　　会议服务（一、二、三类会议）

C0814　　印刷和出版服务

*C081401　　印刷服务

C081402　　出版服务　单次采购金额达20万元以上

*C15040201　　机动车保险服务（交强险除外）

C99　　其他服务（财政部门要求的项目）

附件2：

新疆维吾尔自治区区级2016—2018年部门集中采购目录

部门	品目	备注
政法系统	警械设备	
武警消防系统	消防设备	
地质矿产勘查开发局煤田地质局	地质勘探、钻采及人工地震仪器	
畜牧厅	疫苗、冻精、耳标	
农业厅	植保器械、种子设备	
大专院校、科研院所	科研仪器设备	

附件3：

新疆维吾尔自治区区级2016—2018年分散采购限额标准

各部门各单位采购未列入集中采购目录、部门集中采购目录的项目时，单项或批量金额达10万元以上的货物服务项目、50万元以上的工程项目应按《政府采购法》、《政府采购法实施条例》以及相关政策规定执行。

其中单项采购金额达150万元（含150万元）以上的货物、服务项目，单项金额达300万元的工程项目，按照公开招标的方式进行。

关于加强自治区政府采购评审专家管理有关事项的通知

（2016年9月18日　自治区财政厅　新财购〔2016〕33号）

自治区各委、办、厅、局，各大专院校，社会团体，伊犁哈萨克自治州财政局，各地州市财政局，自治区政府采购中心，各政府采购代理机构：

为规范政府采购评审专家评审行为，提高政府采购工作质量，依照《中华人民共和国政府采购法实施条例》和相关规定，现就加强自治区政府采购评审专家管理有关事项通知如下：

一、加强评审专家履职记录和评价管理

负责抽取评审专家的集中采购机构、采购代理机构或采购单位应在评审活动结束后5个工作日内，对评审专家的工作纪律、职业道德等职责履行情况，按照“好、中、差”等次进行记录。

二、评审专家履职评价标准

评审专家在评审过程中自觉遵守法律法规规定，严守评审工作纪律，业务水平高，自觉抵制并报告供应商的违法行为，自觉抵制并举报评审过程中有关人员的非法干预行为，高质量的完成评审工作的，记录为“好”。

评审专家在评审过程中无违法违规、违反评审工作纪律、违背职业道德行为，按规定完成评审工作的，记录为“中”。

评审专家有下列情形之一的，记录为“差”：

（一）不遵守评审纪律，影响评审程序正常进行；

（二）询问采购人代表倾向性意见；

（三）拒绝在评审报告上签字且没有书面提出意见及理由；

（四）违反政府采购法律、法规等规定的其他评审行为。

对记录为“差”的需提供相关佐证资料。

三、涉嫌违法情形的记录和反馈

集中采购机构、采购代理机构或采购单位发现评审专家在评审过程中有下列情形之一的，应当在评审活动结束后5个工作日内，将违法情形和佐证资料书面向同级财政部门反馈：

（一）未按照采购文件规定的评审程序、评审方法和评审标准进行独立评审；

（二）泄露评审文件、评审情况和在评审中获悉的商业秘密；

（三）与供应商存在利害关系应回避而未回避；

（四）收受贿赂或获取其他不正当利益；

（五）评审工作中有明显倾向或者歧视现象。

四、专家履职情况追溯

集中采购机构、采购代理机构、采购单位在处理质疑过程中或财政部门在审查处理投诉举报

和监督检查过程中，发现评审专家存在违规情形的，将对其履职情况记录调整为“差”，并注明原因。

五、违规专家的处理

评审专家有下列情形之一的，财政部门将其从评审专家库中除名：

（一）一个自然年度内履职评价记录为“差”达三次的；

（二）拒不履行协助答复供应商质疑和配合处理投诉、举报等法定义务；

（三）以评审专家名义从事有损政府采购公信力的活动；

（四）受到刑事处罚或行政处罚。

六、本通知自发文之日起开始实施

关于印发《新疆维吾尔自治区政府采购代理机构管理（暂行）办法》的通知

（2016 年 9 月 18 日　自治区财政厅　新财购〔2016〕35 号）

自治区各委、办、厅、局，大专院校，社会团体，伊犁哈萨克自治州财政局、各地州市财政局，各政府采购代理机构：

为加强政府采购代理机构监督管理，规范政府采购行为，提高政府采购工作效率和质量，根据《中华人民共和国政府采购法》、《中华人民共和国政府采购法实施条例》、《政府采购非招标采购方式管理办法》（财政部第 74 号令）等有关法律法规，制定了《新疆维吾尔自治区政府采购代理机构管理（暂行）办法》，现印发你们，请遵照执行。

附件：新疆维吾尔自治区政府采购代理机构管理（暂行）办法

附件：

新疆维吾尔自治区政府采购代理机构管理（暂行）办法

第一章　总　则

第一条　为加强政府采购代理机构监督管理，规范政府采购行为，提高政府采购工作效率和质量，根据《中华人民共和国政府采购法》、《中华人民共和国政府采购法实施条例》、《政府采购非招标采购方式管理办法》（财政部第 74 号令）等有关法律法规，制定本办法。

第二条 本办法所称政府采购代理机构是指在中国政府采购网登记注册，在新疆范围内依法接受采购人委托，从事政府采购货物、工程和服务采购代理业务的社会中介机构（以下简称“代理机构”）。

第三条 自治区各级财政部门对注册地在新疆范围内的政府采购代理机构，以及在自治区财政部门备案的外省（市、区）政府采购代理机构的监督管理适用本办法。

第四条 未在中国政府采购网登记注册的代理机构，不得在新疆范围内从事政府采购代理业务。

第五条 采购代理机构应当建立完善的政府采购内部监督管理制度，具备开展政府采购业务所需的评审条件和设施。

第二章 代理机构注册登记程序

第六条 工商注册地在新疆范围内的代理机构，拟从事政府采购代理业务的，直接登录中国政府采购网政府采购代理机构栏目进行网上注册登记，登记信息包括：机构名称、法人代表名称、注册地址、联系方式、专职人员、主体标识码等情况，并上传营业执照、组织机构代码证、税务登记证副本、社会保险登记证书等相关证明资料，并同时向自治区财政厅提交人员、场地证明、管理制度、营业执照复印件等资料。

代理机构注册信息在网上公示，接受社会监督。

第七条 代理机构登记信息发生变化的，应当自行登陆中国政府采购网维护和更新。

第八条 工商注册地在新疆外的政府采购代理机构，拟在新疆开展政府采购代理业务的，应当将在新疆的场地证明、人员证明、管理制度和营业执照复印件报自治区财政厅备案。

第九条 代理机构递交纸质资料后，自治区财政厅政府采购管理办公室应当在5—10个工作日内对相关资料进行审核，符合要求的，应当审核通过，不符合要求的，告知代理机构修改后重新提交。

第三章 代理业务的取得

第十条 代理机构可承揽的政府采购业务范围包括：集中采购目录以外，采购人按照规定委托代理机构代理的采购项目；集中采购目录以内，因特殊原因，由采购人提出申请，经财政部门批准，委托代理机构代理的采购项目。

第十一条 代理机构承揽集中采购目录以内的项目、集中采购目录以外达到公开招标限额标准的项目，应根据采购人在新疆政府采购网上发布的委托采购信息的具体要求，向采购人进行报名并提供代理采购的实施方案。委托采购信息公告时间不少于五个工作日。

采购人应当根据代理机构实施方案、业绩、价格等相关因素进行综合评定后，将选定的代理机构报财政部门审核认定。

代理机构必须严格按照财政部门批准的采购方式办理采购事宜。

第十二条 代理机构代理政府采购项目必须与采购人签订委托协议，应当明确代理采购的范围、权限、期限、收费标准和方式等具体事项。

采购人和采购代理机构应当按照委托代理协议履行各自义务，采购代理机构不得超越代理权限。

第十三条 采购代理机构不得以不正当手段获取政府采购代理业务，不得与采购人、供应商恶意串通操纵政府采购活动。

采购代理机构工作人员不得接受采购人或者供应商组织的宴请、旅游、娱乐，不得收受礼品、现金、有价证券等，不得向采购人或者供应商报销应当由个人承担的费用。

第四章 采购文件制作

第十四条 采购代理机构应当根据政府采购政策、采购预算、采购需求等编制采购文件，对采购文件中存在的不合法、不合规内容应当予以纠正，并负责做好解释工作。

采购需求应当符合法律法规以及政府采购政策规定的技术、服务、安全等要求。政府向社会公众提供的公共服务项目，应当就确定采购需求征求社会公众的意见。除因技术复杂或者性质特殊，不能确定详细规格或者具体要求外，采购需求应当完整、明确。必要时，应当就确定采购需求征求相关供应商、专家的意见。

采购文件应当由采购人签字确认。

第十五条 所有采购文件封面必须载明答疑人姓名和电话，以方便供应商对项目有关问题的咨询。答疑人应当熟悉采购项目情况，一般应明确为采购单位的项目负责人，也可以是代理机构负责该项目的工作人员。

第十六条 代理机构应合理设置岗位、完善内部制约机制，做到编制采购文件与审核采购文件的人员相分离。

第五章 信息公告发布

第十七条 代理机构应在财政部门指定的信息媒体上发布项目信息公告，包括：采购公告、变更（延期）公告、中标（成交）公告等，公告内容、格式、期限等均应严格按照政府采购相关法律法规规定执行。

第十八条 发布采购公告时应提供与采购人签订的委托协议、拟发布公告的纸质件和电子件，属于集中采购目录范围内的项目还需提供财政部门出具的《分散采购项目批复通知》。

发布变更公告时，应提供采购公告打印件、变更公告纸质版和电子件。

发布中标（成交）公告时，应提供采购公告打印件、中标（成交）公告纸质版和电子件，并一并提供采购文件电子件。

第十九条 代理机构发布公告时，应当于发布前一个工作日将相关资料递交至自治区财政厅政府采购管理办公室。

第二十条 出现中标无效情形的，代理机构应将中标无效原因、采购结果等相关情况在财政部门指定的政府采购信息发布媒体上进行公示。

第六章 评审专家抽取

第二十一条 代理机构应在开标前半天或前一天（特殊情况不得超过两天）提出专家抽取申请，从财政部门设立的政府采购评审专家库中抽取评审专家。

第二十二条 评审专家抽取应当遵循随机、保密、管理和使用相分离的原则。采取以随机抽取为主、选择性抽取为辅的方式。

随机抽取，是指代理机构在政府采购评审专家库相应品目内随机确定评审专家的行为。

选择性抽取，是指代理机构根据项目情况，提供评审专家候选人名单，并从名单内随机确定评审专家的行为。

选择性抽取只适用于在专家库相应品目内随机抽取不能满足需求的个别政府采购项目。

第二十三条 代理机构抽取专家前，应当按照项目情况确定拟抽取评审专家的品目、人数、构成等内容，并按照评审专家有关回避的规定，确定应当回避的评审专家范围。

第二十四条 评审委员会、磋商小组、谈判小组、询价小组由采购人代表和有关技术、经济等方面的专家组成，其中技术、经济等方面的专家不得少于成员总数的2/3。达到公开招标限额的采购项目评标委员会成员人数为五人以上（含五人）单数。技术复杂、专业性强的采购项目，评审专家中应当包含一名法律专家。

第二十五条 采购人不得以专家身份参与本部门或者本单位采购项目的评审，代理机构工作人员不得参加由本机构代理的政府采购项目的评审。

第二十六条 对技术复杂、专业性强的采购项目，通过随机方式难以确定合适评审专家的，由代理机构提出申请说明选择性抽取理由，按照项目所需评审专家人数以大于等于1：3的比例提供候选人名单，候选人名单应当包括候选人的姓名、工作单位、文化程度、职称或者专业水平、联系方式等相关信息。

经财政部门同意后，代理机构可在采购人纪检部门等相关部门的监督下从推荐的候选人名单中进行随机抽取。

第二十七条 采购项目评审中出现评审专家临时缺席、回避等情况导致评审现场专家数量不符合法定标准的，代理机构应当按规定补抽评审专家。如无法及时补齐专家，要立即停止评审工作，封存采购文件和所有投标或响应文件，择期重新组建评审委员会进行评审。

第七章 开标、评标和定标

第二十八条 代理机构应在采购公告规定的时间、地点组织开标。代理机构在投标截止时间前接收供应商提交的投标（响应）文件，应当签收和妥善保管，任何单位和个人不得在开标前开启投标（响应）文件。在采购文件要求提交投标（响应）文件的截止时间之后送达的投标（响应）文件为无效投标（响应）文件，代理机构应予以拒收。

第二十九条 招标文件要求投标人提交投标保证金的，投标保证金不得超过采购项目预算金额的2%。投标保证金应当以支票、汇票、本票或者金融机构、担保机构出具的保函等非现金形式提交。投标人未按照招标文件要求提交投标保证金的，投标无效。

采购人或者采购代理机构应当自中标通知书发出之日起5个工作日内退还未中标供应商的投标保证金，自政府采购合同签订之日起5个工作日内退还中标供应商的投标保证金。

竞争性谈判或者询价采购中要求参加谈判或者询价的供应商提交保证金的，参照前两款的规定执行。

第三十条 代理机构应在组织项目评审前宣布评审纪律和评审工作规则，除授权代表外，采购人可以委派纪检监察等相关人员进入评审现场，对评审工作实施监督，但不得超过2人。

采购人代表不得担任评审委员会组长。采购人需要在评审前介绍项目背景和技术需求的，应当事先提交书面介绍材料，介绍内容不得存在歧视性、倾向性意见，不得超出采购文件所述范围，书面介绍材料作为采购项目文件随其他文件一并存档。

代理机构应要求投标供应商、评审专家和相关工作人员签订廉洁自律承诺书。

代理机构和有关工作人员在开标前不得向他人透露已获取采购文件的潜在投标供应商名称和数量以及可能影响公平竞争的其他情况。

第三十一条 代理机构必须严格依照政府采购规定设置具体评分标准和评分方法。采用综合评分法的，评审标准中的分值设置应当与评审因素的量化指标相对应。采用最低评标价法的，投标文件满足招标文件全部实质性要求且投标报价最低的供应商为中标候选人。

招标文件中没有规定的评标标准不得作为评审的依据。

第三十二条 代理机构应当对评审数据进行核对，对畸高、畸低的重大差异评分可以提示评审委员会复核或书面说明理由。代理机构要对评审专家的专业技术水平、职业道德素质和评审工作等情况进行评价，并向财政部门反馈。

第三十三条 项目评审结束后所有投标（响应）文件均由代理机构统一负责保管。代理机构应指定专人负责记录开标和评审过程，对开标、评标及专家抽取等工作现场应进行全过程录音录像，记录和录音录像资料作为采购项目文件必须随其他文件一并存档。

代理机构对政府采购项目每项采购活动的采购文件应当妥善保存，不得伪造、变造、隐匿或者销毁。采购文件的保存期限为从采购结束之日起至少15年。

采购文件包括采购活动记录、采购预算、招标文件、专家抽取及签到资料、投标（响应）文件（正本）、评标标准、评审报告、定标文件、合同文本、保证金资料、验收证明、质疑答复、投诉处理决定及其他有关文件、资料。

第三十四条 评审工作结束后代理机构负责整理评审报告，并在五个工作日内向采购人报送评审报告。

第三十五条 中标（成交）供应商确定后，代理机构应将中标结果在财政部门指定的信息媒体上公告并向中标供应商发出中标通知书。公告内容应当包括采购人和采购代理机构的名称、地址、联系方式，项目名称和项目编号，中标或者成交供应商名称、地址和中标或者成交金额，主要中标或者成交标的的名称、规格型号、数量、单价、服务要求以及评审专家名单。

在发布中标（成交）公告时，采购文件应一并进行公示。

第八章 质疑和投诉的处理

第三十六条 供应商对政府采购活动事项有疑问的，可以向代理机构提出询问，代理机构应当及时作出答复，但答复的内容不得涉及商业秘密。供应商认为采购文件、采购过程和中标、成交结果使自己的权益受到损害的，可以在知道或者应知其权益受到损害之日起7个工作日内，以书面形式向代理机构提出质疑。代理机构应当在收到供应商的书面质疑后7个工作日内作出答复，并以书面形式通知质疑供应商和其他有关供应商，但答复的内容不得涉及商业秘密。

第三十七条 代理机构答复质疑，必须严格按照政府采购及其他相关法律法规、招标文件等规定内容做出，质疑处理过程及结果均不得违反政府采购规定。

第三十八条 质疑供应商对代理机构的答复不满意或者代理机构未在规定的时间内作出答复的，可以在答复期满后15个工作日内向同级财政部门投诉。代理机构应按照财政部门规定的时间及内容提交书面答复、相关证据、依据和其他材料。

第九章 考核管理

第三十九条 财政部门负责对代理机构进行日常监督管理，并组织定期和不定期检查。定期检查按照财政部安排每年进行一次，不定期检查根据工作需要进行。代理机构应在当年7月15日前、次年1月15日前向财政部门报送半年、全年政府采购项目开展情况明细统计表和政府采购工作总结。财政部门将综合检查情况和代理机构资料、总结报送情况等内容，将检查结果在财政部门指定的政府采购信息媒体上予以公布。

第四十条 财政部门主要就下列内容对代理机构进行检查：

（1）有关政府采购法律、法规和规章的执行情况。有无违法违规行为；

（2）采购内容、采购方式和采购程序的执行情况。是否按规定的采购内容和采购方式执行，采购程序是否合法合规；

（3）内部监督管理制度建立情况。是否建立规范的管理制度和岗位工作纪律要求，管理及操作环节是否权责明确；

（4）从业人员的职业素质和专业技能情况。是否遵守有关法律法规和有关规章制度，是否开展内部培训和参加财政部门组织的有关业务培训；

（5）业务基础工作和档案管理情况。项目相关公告发布情况，保证金管理情况，档案管理制度是否规范，采购文件、项目执行资料归档情况；

（6）服务质量及从业人员的廉洁自律情况。是否及时向委托单位提供服务，是否公平公正对待参加采购活动的供应商。是否制定廉洁自律规定，是否按规定签订廉洁自律承诺书，是否有不廉洁行为等；

（7）业绩情况和其他材料报送情况。是否按规定时间和要求将相关材料报送财政部门；

（8）法律法规规定的其他内容。

第十章 监督检查

第四十一条 各级财政部门应当按照政府采购监督管理职责，对代理机构执行政府采购法律、法规的情况，包括采购范围、采购方式、采购程序、代理业绩以及代理机构人员职业素质和专业技能等方面进行监督检查，加强监管档案管理，建立不良行为公示制度。必要时，可组织相关部门对采购活动全过程进行现场监督。

第四十二条 县级以上财政部门（含县级）应当依法处理处罚代理机构的违法违规行为，并予以公告，重大违法违规行为的处理结果，应当逐级上报自治区财政厅政府采购管理办公室，在中国政府采购网站进行公示。

第十一章 附 则

第四十三条 本办法由自治区财政厅负责解释。

第四十四条 本办法自发布之日起施行。《新疆维吾尔自治区政府采购代理机构管理（暂行）办法》（新财购〔2014〕29号）同时废止。

关于加强政府采购监督管理工作的通知

（2016年9月18日 自治区财政厅 新财购〔2016〕36号）

自治区各委、办、厅、局，大专院校，人民团体，伊犁哈萨克自治州财政局、各地州市财政局，各政府采购代理机构：

为规范政府采购监督管理，提高政府监管工作的效率和水平，维护政府采购市场良好秩序，根据《中华人民共和国政府采购法》、《中华人民共和国政府采购法实施条例》等法律法规规定，现就进一步加强政府采购监管工作通知如下。

一、监管工作的重要性

政府采购监督管理是指各级人民政府财政部门依法对政府采购活动履行的监督检查，包括受理投诉、举报等案件，对政府采购当事人进行检查考核，对政府采购项目随机抽查等内容。政府采购监督管理是当前对政府采购活动进行约束的最有效、最主要的手段，是维护政府采购市场良好秩序、发挥政府采购节约财政资金、维护国家和社会公共利益、保护政府采购当事人合法权益、促进廉政建设的重要保障。各级财政部门应当把开展好政府采购监管工作作为解决政府采购中存在的突出问题的重要手段，加大监管力度，落实监管措施，推动政府采购活动健康、有序发展。

二、监管主体、对象及内容

（一）监管主体。各级财政部门是对政府采购活动进行监督管理的部门，依法履行对本级政府采购活动的监督管理职责，审计、监察等部门依职责对政府采购活动进行监督管理。

（二）监管对象。各级采购人、政府采购代理机构、供应商、评审专家等政府采购当事人为政府采购监管对象，在参加政府采购活动中的行为均应受到监管。

（三）监管内容。对政府采购活动的监督管理内容应当包括：采购需求、采购方式、信息公告发布、专家抽取、专家评审、采购组织、合同签订、履约验收、档案管理等各个方面。

三、监管工作要求

（一）高度重视监督管理工作。各级财政部门应当把政府采购监管工作作为政府采购日常管理的重点内容，不断完善政府采购监督管理体系，加大监督管理工作力度，形成事前监督、事中监督、事后监督的完整监督管理模式。开展监督管理工作前，应当制定详细的工作计划，对工作内容、工作要求、工作方式、问题处理、结果运用等都作出明确规定，确保监督管理工作顺利开展。

（二）定期检查与随机抽查相结合。各级财政部门对政府采购活动的监督管理，应当坚持以定期检查为主、随机抽查为辅的监管方式。每年开展对社会代理机构的监督检查，每两年对集中采购机构进行考核。检查（考核）内容应当包括从采购需求确定到合同履约验收等政府采购活动的各个环节。对采购人、供应商、评审专家等采购主体的考核，可在对代理机构检查的过程中一并进行，也可根据工作需要有针对性的开展检查。在定期检查的同时，各级财政部门应当根据受理投诉、举报案件的情况以及实际工作需要，不定期抽取政府采购项目进行检查。

（三）建立双随机的检查工作机制。对检查对象、检查人员的确定应当按照“双随机”的原则进行，即随机选取被检查对象和检查项目，随机抽取工作人员组成检查工作小组。检查中，应当合理确定随机抽查的比例和频次，对投诉举报多、管理混乱，或有严重违法违纪等情况的领域，应当加大随机抽查力度。

（四）加大违规处罚信息公开力度。各级财政部门在监管过程中，要依法公开对政府采购供应商、采购代理机构、评审专家的行政处罚决定，并按规定将相关信息层报自治区财政厅政府采购管理办公室，统一上传至中国政府采购网开设的“政府采购严重违法失信行为记录名单”，推动建立政府采购供应商、采购代理机构、评审专家不良行为记录制度，加强对政府采购违法失信行为的曝光和惩戒。

（五）建立监管工作责任追究机制。对应当监管的内容不监管或监管不到位的，责令相关部门及人员进行整改，拒不改正的，依法由主管部门作出行政处理。对在监管过程中滥用职权，玩忽职守，徇私舞弊的，依法给予行政处分；构成犯罪的依法追究刑事责任。

关于规范政府采购行政处罚和信用记录查询及使用工作有关问题的通知

（2016 年 9 月 18 日　自治区财政厅　新财购〔2016〕37 号）

自治区各委、办、厅、局，大专院校，社会团体，伊犁哈萨克自治州财政局、各地州市财政局，各政府采购代理机构：

为规范政府采购行政处罚行为，推进政府采

购诚信体系建设，根据《中华人民共和国政府采购法》、《中华人民共和国政府采购法实施条例》、《财政部关于在政府采购活动中查询及使用信用记录有关问题的通知》（财库〔2016〕125号）有关规定，现就规范政府采购行政处罚及信用记录查询及使用工作有关问题通知如下：

一、行政处罚工作要求

（一）各级财政部门对发现的违法违规问题，应当依照监督管理职责进行调查核实，对事实认定清楚、证据确凿充分的，依照法律法规规定作出处罚。对事实认定不清、证据不足的，应当记录在案，以备后查。

（二）各级财政部门在政府采购行政处罚工作中要做到证据确凿充分，适用法律法规正确。调查程序要符合政府采购法律法规及其他相关法律规定，不得采纳违反法定程序获得的证据。处理过程中依法保障当事人的陈述权、申辩权和要求听证权，做到处罚程序合法。地州（市）级以上财政部门应做好行政复议案件的受理与处理工作，依法纠正错误的行政处罚。

（三）各级财政部门依法对参加政府采购活动的供应商、采购代理机构、评审专家作出的禁止参加政府采购活动、禁止代理政府采购业务、禁止参加政府采购评审活动等行政处罚决定，要严格按照相关法律法规条款的规定进行处罚，相关行政处罚决定在全国范围内生效。

（四）各级政府财政部门要依法公开对政府采购供应商、采购代理机构、评审专家的行政处罚决定，并按规定将相关信息层报自治区财政厅政府采购管理办公室，统一上传至中国政府采购网开设的“政府采购严重违法失信行为记录名单”，推动建立政府采购供应商、采购代理机构、评审专家不良行为记录制度，加强对政府采购违法失信行为的曝光和惩戒。

（五）各级集中采购机构、社会代理机构、采购人、评审专家、供应商等政府采购当事人，对发现的政府采购违法违规问题，应当主动向同级政府采购监管部门报告，并协助调查处理，任何单位和个人不得对违法违规行为隐报、瞒报。对违法违规行为隐报、瞒报或有其他包庇行为的，一经核实，由财政部门依照政府采购相关规定进行处理。

二、结果的查询及使用

（一）各级财政部门在政府采购活动中应积极推进信用信息的共享和使用，研究制定符合本地本部门实际情况的具体操作程序和办法，落实相关工作要求，及时将信用信息使用情况反馈至自治区财政厅。

（二）各级财政部门、采购人、采购代理机构应当通过“信用中国”网站（http://www.creditchina.gov.cn）、中国政府采购网（http：//www.ccgp.gov.cn）等渠道查询相关主体信用记录，并采取必要方式做好信用信息查询记录和证据留存，信用信息查询记录及相关证据应当与其他采购文件一并保存。

（三）信用记录的使用。

1. 采购人或者采购代理机构应当在采购文件中明确信用信息查询的查询渠道及截止时点、信用信息查询记录和证据留存的具体方式、信用信息的使用规则等内容。采购人或者采购代理机构应当对供应商信用记录进行甄别，对列入失信被执行人、重大税收违法案件当事人名单、政府采购严重违法失信行为记录名单及其他不符合《中华人民共和国政府采购法》第二十二条规定条件的供应商，应当拒绝其参与政府采购活动。

两个以上的自然人、法人或者其他组织组成一个联合体，以一个供应商的身份共同参加政府采购活动的，应当对所有联合体成员进行信用记录查询，联合体成员存在不良信用记录的，视同联合体存在不良信用记录。

2. 各级财政部门应当在评审专家选聘及日常管理中查询有关信用记录，对具有行贿、受贿、欺诈等不良信用记录的人员不得聘用为评审专家，已聘用的应当及时解聘。

依法自行选定评审专家的，采购人或者采购代理机构应当查询有关信用记录，不得选定具有行贿、受贿、欺诈等不良信用记录的人员。

3. 采购人委托采购代理机构办理政府采购事宜的，应当查询其信用记录，优先选择无不良信用记录的采购代理机构。

4. 采购人及采购代理机构应当妥善保管相关主体信用信息，不得用于政府采购以外事项。

关于印发《新疆维吾尔自治区集中采购机构考核管理办法》的通知

（2016 年 9 月 18 日　自治区财政厅　新财购〔2016〕38 号）

自治区各委、办、厅、局，大专院校，社会团体，伊犁哈萨克自治州财政局、各地州市财政局，各集中采购机构：

为加强政府采购集中采购机构的监督管理，规范政府采购行为，提高政府采购工作效率和质量，根据《中华人民共和国政府采购法》和《中华人民共和国政府采购法实施条例》等有关法律法规，制定了《新疆维吾尔自治区集中采购机构考核管理办法》，现印发给你们，请遵照执行。

附件：新疆维吾尔自治区集中采购机构考核管理办法

附件：

新疆维吾尔自治区集中采购机构考核管理办法

第一章　总　　则

第一条　为进一步加强对政府集中采购机构的监督管理，提高集中采购活动的效率，保障集中采购机构的工作服务质量，根据《中华人民共和国政府采购法》、《中华人民共和国政府采购法实施条例》等相关规定，结合我区实际，制定本办法。

第二条　本办法所称集中采购机构，是指自治区各级人民政府依法设立的承担集中采购任务的专门机构。

对部门集中采购机构进行考核的，可参照本办法执行。

第三条　全区各级财政部门负责同级集中采购机构的监督考核工作，自治区财政厅负责对考核工作进行统一领导和组织部署，各级财政部门具体分工负责。监督考核结果应当在自治区财政厅指定的政府采购信息发布媒体上公布。

第四条 集中采购机构监督考核工作，应当坚持依法办事、客观公正、实事求是、廉洁奉公的原则。

第二章 考核内容

第五条 执行政府采购法律、法规和规章制度的情况，有无违纪违法行为。

第六条 采购范围、采购方式和采购程序的执行情况。包括采购任务完成情况，是否按规定的采购方式执行，采购程序是否合法，有无违反法律法规规定的情形。

第七条 政府采购人员的职业素质和专业技能，包括：政府采购法律知识水平、确定采购需求、编制采购文件的能力、有无违反廉洁自律规定等。

第八条 是否建立完善的内部监督管理制度。包括是否建立岗位工作纪律要求，工作岗位设置是否合理，管理操作环节是否权责明确，是否建立内部监督制约体系。

第九条 集中采购机构从业人员的职业素质和专业技能情况。包括是否遵守有关法律、规章制度，是否开展内部培训和参加财政部门组织的培训等。

第十条 基础工作情况，包括政府采购档案管理制度执行情况，采购公告和中标（成交）公告发布情况，采购文件、采购结果和合同备案情况，采购方式变更报批情况，质疑答复及投诉举报情况，有关收费和资金管理情况，有关报表数据报送情况等。

第十一条 采购价格、资金节约率情况。包括实际采购价格是否低于采购预算和市场同期平均价格等。

第十二条 服务开展情况，包括是否及时向采购人提供服务，是否在规定的时间内及时组织采购人和中标（成交）供应商签订采购合同，是否及时会同采购人对采购项目进行验收，采购人对集中采购机构服务态度和质量的满意度，是否公平公正对待参加采购活动的供应商等。

第十三条 集中采购机构及其从业人员的廉洁自律情况，包括是否制定廉洁自律规定，是否有接受采购人或供应商宴请、旅游、娱乐、礼品、回扣、有价证券等行为，是否在采购人或供应商处报销应该由个人负担的费用以及其他不廉洁行为等。

第十四条 质疑处理情况，包括：是否依法受理质疑，是否在法定期限内答复质疑，质疑答复内容是否合法合理。

第十五条 法律法规规定或政府采购监管部门认为应当考核的其他内容。

第三章 考核要求及程序

第十六条 财政部门应当组织考核小组对集中采购机构进行考核，考核小组可以邀请纪检监察、审计部门人员参加。必要时邀请采购人和供应商参加。

第十七条 集中采购机构的考核分定期考核和随机抽查考核两种。

定期考核为全面考核，原则上每两年进行一次，由自治区财政厅统一制定考核工作方案。

随机抽查考核由各级财政部门根据本级集中采购工作需要不定期进行，也可以按照上级财政部门的统一部署进行。

第十八条 集中采购机构定期考核，实行定性考核与定量考核相结合并以定量考核为主。对集中采购机构采购次数、金额和信息发布等进行定量考核，对采购质量、采购效率和服务水平进行定性综合考核。定性考核应征求被考核机构同级财政部门和其他政府采购监督部门意见，也可以征求采购人、供应商意见。

第十九条 定期考核开始前，财政部门应当根据考核工作的总体要求，制定详细的考核内容和评分标准，并在考核工作开始前十五天以文件形式通知集中采购机构。

集中采购机构接到考核通知后，应按考核要

求提前进行自我检查，形成自查报告，并做好有关考核所需文件、数据及资料的整理工作，以备考核小组检查。

第二十条 在考核工作中，集中采购机构与考核小组存在意见分歧的，应当进行协商。协商有困难的，应各自以书面形式将意见报财政部门。财政部门应当按规定予以答复或处理。

第二十一条 财政部门应当根据考核中发现的问题，向集中采购机构提出改进建议。集中采购机构应当按照财政部门的建议进行整改。

第四章 考核结果及责任

第二十二条 考核小组要在考核工作结束后五个工作日内形成书面考核意见。

书面考核意见由考核小组集体研究决定，重大事项和情况，应向财政部门请示或报告。

第二十三条 财政部门要综合考核小组意见和采购人、供应商的意见后作出正式考核报告。考核报告应告知设立集中采购机构的同级人民政府或其指定的代管部门，并抄送集中采购机构。

第二十四条 对考核优良的集中采购机构，财政部门要给予通报表彰。

第二十五条 对考核不合格或存在问题较多的集中采购机构，财政部门应责令其限期整改并书面报告整改结果。

第二十六条 集中采购机构在考核中虚报业绩、隐瞒真实情况，或者无正当理由拒绝按照财政部门考核意见及时整改的，由财政部门或者其行政主管部门给予通报批评，情节严重的，可责令停止1—3个月的代理采购业务（此期间业务由采购人委托其他采购代理机构办理），并进行内部整顿。其中涉及集中采购机构领导或工作人员的，由行政主管部门或监察机关依法依纪追究直接责任人员的责任。

第二十七条 发生下列情形的，对集中采购机构应当责令其限期整改并予以通报批评。对直接负责的主管人员和其他直接责任人，由其行政主管部门或检察机关给予行政处分。

（一）应当采取规定方式而擅自采取其他方式采购；

（二）擅自提高采购标准；

（三）以不合理条件对供应商实行差别待遇或歧视待遇；

（四）在招标过程中违规与投标人进行协商谈判；

（五）拒绝有关部门依法实施监督检查。

第二十八条 发生下列情形的，对集中采购机构应当予以通报批评。情节严重的，可责令停止1—3个月的代理采购业务，进行内部整顿。

（一）未按规定在财政部门指定媒体上发布政府采购信息；

（二）按规定应当在财政部门指定媒体发布采购公告和中标（成交）公告而发布率不足95%；

（三）按规定应当在财政部门备案的采购文件、采购结果和合同的备案率不足90%；

（四）未经财政部门批准擅自改变采购方式；

（五）质疑答复满意率、服务态度和质量满意度较低；

（六）违反本办法规定的其他考核内容。

第二十九条 集中采购机构工作人员有下列情形的，将追究有关直接责任人的责任，并且视情节给予短期离岗学习、调离、辞退等处分。构成犯罪的，依法追究刑事责任。

（一）与政府采购供应商串通；

（二）在采购过程中，接受贿赂或获取其他不正当利益；

（三）违反政府采购及招标投标法律、法规和规章制度等情节严重并造成较大影响；

（四）在有关部门依法实施监督检查中提供虚假情况；

（五）由于个人工作失误，给采购人、供应

商造成重大经济损失或不良影响。

第三十条 财政部门或考核小组在考核工作中要严格遵守本办法规定，对弄虚作假、徇私舞弊或滥用职权的，要依法依纪追究有关人员的责任。

第五章 附 则

第三十一条 本办法由自治区财政厅负责解释。

第三十二条 本办法自发布之日起实施。

关于印发《新疆维吾尔自治区易地扶贫搬迁资金监督管理办法（试行）》的通知

（2016年9月5日 自治区财政厅 发展和改革委员会 扶贫开发办公室 审计厅 新财扶〔2016〕38号）

伊犁哈萨克自治州财政局、发改委、扶贫办、审计局，各地州市财政局、发改委、扶贫办、审计局：

为规范易地扶贫搬迁资金的使用管理，提高资金使用效益，根据国家发改委等五部委《关于印发“十三五”时期易地扶贫搬迁工作方案的通知》（发改地区〔2016〕2769号）精神及自治区党委、人民政府有关要求，我们研究制定了《新疆维吾尔自治区易地扶贫搬迁资金监督管理办法（试行）》。现印发给你们，请遵照执行。

附件：新疆维吾尔自治区易地扶贫搬迁资金监督管理办法（试行）

附件：

新疆维吾尔自治区易地扶贫搬迁资金监督管理办法（试行）

第一章 总 则

第一条 为进一步加强和规范自治区易地扶贫搬迁资金监督管理，保障资金安全，提高资金使用效益，根据《关于印发“十三五”时期易地扶贫搬迁工作方案的通知》（发改地区〔2015〕2769号）和自治区有关规定，结合易地扶贫搬迁工作实际，制定本办法。

第二条 本办法所称易地扶贫搬迁资金，包括国家发改委安排用于易地扶贫搬迁的中央预算内投资、国家专项建设基金、地方政府债券资金、自治区统筹整合的相关资金、长期政策性贷款资金、贴息资金。

第三条 易地扶贫搬迁按照市场化运作原则，自治区扶贫开发投资有限责任公司（以下简称“自治区扶投公司”）为省级投融资平台，是易地扶贫搬迁资金的自治区级管理责任主体。县（市）级人民政府按照要求，设立易地扶贫搬迁承接平台，负责承接、使用、管理易地扶贫搬迁资金，是本行政区内易地扶贫搬迁资金的管理责任主体。

第四条 国家发改委安排用于易地扶贫搬迁的中央预算内投资，按照中央预算内投资有关规定进行管理。自治区扶投公司承接和承贷的易地扶贫搬迁资金，从自治区投融资平台到县（市）承接平台，实行专户存储、专账核算、物理隔离、封闭运行管理。

第五条 易地扶贫搬迁资金应接受自治区发改、财政、扶贫、审计等部门监督和群众监督，分别按照职能职责履行易地扶贫搬迁资金监督责任。

第二章 资金使用规定

第六条 易地扶贫搬迁资金按照政府投资有关规定进行管理，各项目实施单位应建立健全管理制度、规范管理程序、完善管理手续。

第七条 易地扶贫搬迁资金实行投资计划管理，由自治区发改委，根据自治区“十三五”易地扶贫搬迁规划、批准的易地扶贫搬迁年度总体实施方案，下达年度投资计划。

第八条 自治区扶投公司应根据自治区“十三五”易地扶贫搬迁规划和年度投资计划，结合人民银行对易地扶贫搬迁贷款利率政策，按照资金成本最小化原则承接和承贷易地扶贫搬迁资金，并承担“统贷统还”责任。

第九条 易地扶贫搬迁资金使用范围包括：易地扶贫搬迁住房建设及必要的附属设施，以及水、电、路、气、网等基本生产生活设施，配套建设教育、卫生、文化等公共服务设施等。

第十条 易地扶贫搬迁资金从自治区到县（市）、县（市）到项目单位，应按照项目实施方案，及时拨付资金。

第三章 监督管理

第十一条 各级审计部门应将易地扶贫搬迁资金作为重大民生资金，强化审计监督力度，促进资金安全和规范使用。

第十二条 各级发改部门按照《易地扶贫搬迁中央预算内投资管理办法》（发改区域〔2016〕1202号），对中央预算内投资用于易地扶贫搬迁资金进行监督。

第十三条 各级发改部门按照《易地扶贫搬迁专项建设基金监督管理暂行办法》（发改区域〔2016〕409号），对易地扶贫搬迁专项建设基金进行监督。

第十四条 自治区发改部门按照自治区“十三五”易地扶贫搬迁规划，以及自治区人民政府批准的年度实施总体方案，对自治区扶投公司向金融机构融资，并向县（市）拨付易地扶贫搬迁贷款资金进行监督。

第十五条 自治区财政部门按照财政预算管理和地方政府债券资金管理有关规定，对作为资本金，注入到自治区扶投公司的地方政府债券资金进行监督。

第十六条 自治区发改部门会同自治区扶贫部门，按照政府投资项目管理规定，对易地扶贫搬迁工程项目应履行的审批程序、建设规模标准、投资概算控制等进行监督。

第十七条 自治区发改部门会同自治区扶贫部门，按照易地扶贫搬迁政策规定，对搬迁对象选择程序、选择精准性等进行监督。

第十八条 自治区扶贫部门和财政部门，要建立贴息审核管理制度，加强与金融机构工作对接，对贴息资金的使用实行严格的逐笔审核。实现台账管理制度，做到审核记录、账目清楚，每笔搬迁贷款和贴息可复核、可追溯。

第十九条 自治区发改委、扶贫办会同有关部门，建立督促检查和绩效考核制度，分年度、分阶段委托第三方对搬迁项目进行绩效评价，评价结果作为下一年度项目安排的重要因素。

第二十条 各地州市党委、政府根据易地扶贫搬迁规划和年度实施方案，应组织相关部门对县级易地扶贫搬迁资金管理使用情况开展经常性检查，认真履行监督管理、考核督查、问责处理等职责。

第二十一条 县级扶贫开发领导小组对实施的易地扶贫搬迁工程项目概况、投资概算、资金来源、工程项目建设进度和资金使用情况、监督部门及受理联系方式等，要在本地政府门户网站和村级政务公开栏公告公示，接受群众监督。对群众反映的易地扶贫搬迁资金问题，监督部门应认真组织调查办理，并适时将调查办理情况向群众反馈。

第四章 责任追究

第二十二条 各监督职能部门对易地扶贫搬迁资金监督发现的问题，应及时责令问题责任单位和责任人整改，情节较重的，应及时转请纪检监察部门依法依纪严肃追究问责处理。

第二十三条 有下列情形之一的，按照国家和自治区有关规定，对当事责任人进行应有的问责处理。

（一）违反资金管理规定，未按照专户存储、专账核算、物理隔离、封闭运行管理易地扶贫搬迁资金的。

（二）编制虚假材料，虚报骗取、违规套取易地扶贫搬迁资金的。

（三）截留、挪用、贪污易地扶贫搬迁资金的。

（四）对各监督职能部门监督提出的整改意见无正当理由不整改或整改不到位的。

（五）其他违法、违规、渎职、失职等行为，造成易地扶贫搬迁资金损失的。

第五章 附 则

第二十四条 本办法由自治区财政厅会同自治区发改委、自治区扶贫办、自治区审计厅负责解释。

第二十五条 本办法自印发之日起施行。

关于印发《自治区财政厅内部控制基本规定》的通知

（2016年6月28日 自治区财政厅 新财监〔2016〕23号）

本厅各处室，厅属各单位：

为进一步推进自治区财政厅内部控制工作，经厅长办公会议研究同意，现将《自治区财政厅内部控制基本规定》印发给你们，请认真贯彻执行。

附件：自治区财政厅内部控制基本规定

附件：

自治区财政厅内部控制基本规定

第一章　总　　则

第一条　为贯彻落实依法治国基本方略，充分发挥财政在国家治理中的基础和重要支柱作用，根据财政部《关于加强财政内部控制工作的若干意见》（财监〔2015〕86号）和有关法律、行政法规以及《行政事业单位内部控制规范（试行）》的要求，结合自治区财政厅工作实际，制定本规定。

第二条　本规定所称内部控制是指：财政部门自身对财政工作可能发生（或曾经发生）的各类风险制定有效办法措施进行事前防范、事中控制的日常管理过程和长效管理机制。

第三条　本规定适用于自治区财政厅机关各处室（局）、厅属各单位（以下简称“各处室单位”）。

第四条　内部控制目标：

（一）正确贯彻落实党中央、国务院、财政部和自治区党委、人民政府的决策部署，有效履行财政职能，提高工作质量和效率。

（二）各项财政政策与规章制度符合国家法律法规规定并得到认真贯彻执行。

（三）廉洁勤政，防范舞弊和预防腐败，保障财政资金安全、有效；保障财政干部安全、有为。

第五条　内部控制建立和实施原则：

（一）全面性原则。内部控制贯穿于自治区财政厅各项业务流程和每个工作环节，覆盖各处室单位和岗位，并由全体干部职工参与。

（二）制衡性原则。分事行权、分岗设权、分级授权，在管理架构、机构设置及职责分配、业务流程等方面实现决策、执行、监督既相互协作又相互制约。

（三）权责对等原则。各处室单位各岗位人员在决策、执行、监督、改进和反馈过程中行使的权力与承担的责任相一致。

（四）重要性原则。内部控制应在全面控制的基础上，重点关注主要业务、关键环节、重要岗位和重大风险。

第六条　内部控制组织管理架构：

（一）建立财政厅内部控制委员会（以下简称“内控委”）。厅长、党组书记任内控委主任，相关厅领导任内控委副主任，财政监督检查局、办公室、人事教育处、纪检监察室、机关党委和法制税政处、预算处、国库处、综合处、非税收入管理处、政府采购办、信息网络中心等处室主要负责人为内控委委员。

内控委下设办公室（以下简称“内控办”）。内控办设在财政监督检查局，成员单位由办公室、人事教育处、纪检监察室、机关党委组成。内控办主任由分管厅领导兼任，财政监督检查局、办公室、人事教育处、纪检监察室、机关党委各派一位处级干部担任副主任。

（二）各处室单位设置内控管理岗和内控管理联络员。各处室单位的内控管理岗由一位处级干部担任，内控管理联络员由处室单位综合岗位干部担任。

第七条　牢固树立内控理念，将内控制度作为政治纪律、组织纪律、廉洁纪律、工作纪律的拓展和延伸，使内控意识贯穿于干部职工的日常工作中，并成为一种自觉和必然的工作准则。保持积极进取的精神状态，主动作为，坚决杜绝庸、懒、散和消极应付等不作为现象。

第二章　内部控制方法

第八条　不相容岗位（职责）分离控制。

不相容岗位（职责），是指如果由一个人担任，既可能发生错误和舞弊行为，又可能掩盖其错误和舞弊行为的岗位。

关键岗位应具备双保险机制，建立人员 A/B 角制度，不同职务层级之间形成传帮带的机制，建立人才梯队。关键岗位应实行定期轮换制度。

第九条　授权控制。

建立与组织机构、财政业务及管理相适应的内部授权管理体系，明确授权主体、范围与权限，规范授权管理与监督程序，科学分配权力，确保各处室单位及关键岗位人员在授权范围内开展工作。

第十条　流程控制。

通过规范工作流程使所有业务控制在流程中解决，形成顺向相互支撑、有效制衡，逆向真实反馈、有效监督的完整体系。

第十一条　信息化管理控制。

以信息化促管理，将财政业务流程规范、操作规范、资金监控、账户管理等方面融入信息化建设工作中，最大限度减少人为操纵因素。

第三章　内部控制主要内容

第一节　法律风险控制

第十二条　法律风险是指各处室单位及个人在履行行政职责、实施行政行为过程中，未遵循有关法律、行政法规等规定，引发法律不利后果的可能性。

第十三条　按照法律、行政法规和财政部以及自治区党委、人民政府有关决定、命令，严格遵守法定权限和程序，起草上报地方性财政法规、规章草案，审核其他涉及财政工作的法规文件、制定财政规范性文件和有关制度，将依法行政、依法理财观念内化为日常工作制度和流程。

第十四条　建立财政规章制度执行情况的监督和反馈机制，完善后续评估制度，根据评估结果及时修改完善、清理废止。

第十五条　建立重大决策合法性审查制度，健全科学民主决策机制，提高决策的内部公开性、科学性，重大政策制定与调整实行集体决策并由内部法制机构进行法律风险评估。需要公开征求意见的应采取适当形式公开征求意见。

第十六条　建立法律顾问制度，以内部法制机构工作人员为主，可以聘请法律专家、律师，提供法律咨询和法律意见，处理财政法律事务。

第十七条　加强财政行政许可管理制度建设，严格依法设立财政行政许可事项，优化工作流程，规范工作程序，加大信息公开力度，建立健全监督制约机制，最大限度减少行政裁量权。

第十八条　全面落实财政执法责任制，进一步梳理执法依据，分解执法职权，确定执法责任，规范执法流程和行为，建立权责明确、行为规范、监督有效、保障有力的财政行政执法机制。

第十九条　完善财政行政复议和应诉工作的协商机制，依法及时化解行政争议。

第二节　政策制定风险控制

第二十条　政策制定风险是指因调查研究不扎实、决策层次较低、统筹考虑不够等，导致政策不符合实际、碎片化、不可持续等的可能性。

第二十一条　全面领会和准确把握中央方针政策，明确制定政策的目标。结合工作需要不断丰富各方面的知识，跟踪研究宏观经济运行和重大政策变化。

第二十二条　牢固树立全局意识、大局意识、可持续意识和中长期观念，把握发展规律，推进经济社会持续健康发展。坚持社会主义市场经济改革取向和现代国家治理理念，处理好政府和市场的关系。

第二十三条　坚持顶层设计和问题导向相结合，既立足于解决当前突出问题，更着眼于建立长效机制和可持续发展，增强政策的前瞻性、科学性。

第二十四条　加强调查研究，全面掌握现实情况，综合考虑全区的差异程度，提高政策的指导性和可操作性。

第二十五条　健全政策制定层级把关制度，明确政策制定各环节的权责，最大限度减少自由裁量权。完善政策制定集体协商机制，加强信息沟通和统筹协调，对政策的科学性、可行性进行充分论证。

第二十六条　提高政策信息透明度，充分了解政策实施过程中利益相关方和社会公众的意见和建议，建立政策实施后评估机制，全面、客观评估政策执行效果，及时调整完善。

第三节　预算编制风险控制

第二十七条　预算编制风险是指因相关规章制度和工作机制不完善、执行不到位和预算安排依据不充分等，导致预算不科学、不准确、不细化等的可能性。

第二十八条　推进中期财政规划管理，建立跨年度预算平衡机制，强化规划对年度预算的约束。健全项目支出预算管理制度，改进项目库管理，规范预算项目设置，完善重大项目事前评审机制和绩效评估机制。

第二十九条　预算编制应根据年度经济社会发展目标、国家及自治区宏观调控总体要求和跨年度预算平衡的需要，参考上一年预算执行情况、有关支出绩效评价结果和本年度收支预测，并按照规定程序征求有关方面意见。

第三十条　健全支出定额标准体系。进一步完善以定额标准为基础的预算编制体系，做到合理配置、集约节约。加强预算编制审核，完善预算编制规程，明确预算编制职能分工与权责划分，加强厅内预算管理相关处室单位之间的沟通协调。推进预算编制与预算执行、结转结余资金管理和部门决算的有机结合，提高年初预算到位率。

第三十一条　强化全口径预算管理，将各项政府性收入和支出全部纳入预算。厘清一般公共预算、政府性基金预算、国有资本经营预算和社会保险基金预算的功能定位，明确收支范围，加强统筹协调，避免资金安排交叉重复。

第三十二条　构建和完善资产管理与预算管理、政府采购管理、财政国库管理之间有机衔接、有效制衡的工作机制和业务流程。建立健全以配置流程和配置标准为核心的行政事业资产配置管理体系。加强行政事业单位资产配置预算管理，规范资产有偿使用及处置行为。

第三十三条　结合事权和支出责任划分，优化转移支付结构。建立一般性转移支付增长机制，科学设置均衡性转移支付测算因素、权重。清理、整合、规范专项转移支付，严格控制新设专项，健全专项转移支付定期评估和退出机制，改进和完善专项资金分配办法，推进专项项目审批权下放。

第三十四条　规范地方政府债务管理，建立地方政府债务风险评估和预警机制、应急处置机制以及责任追究制度，推行权责发生制的政府综合财务报告制度。

第四节　预算执行风险控制

第三十五条　预算执行风险是指因相关管理制度和政策措施不完善等，导致预算刚性不足、部分支出进度较慢、资金安全性和效益不高等的可能性。

第三十六条　硬化预算约束，支出必须以经批准的预算为依据。减少和规范预算调整事项，不同预算科目、预算级次或者项目间的预算资金确需调剂使用的，按照有关程序和规定办理。

第三十七条　及时批复部门预算，严格按照财政预算、用款计划、项目进度、有关合同和规定程序及时办理资金支付。提高提前通知转移支付预计数的比例，加快转移支付预算下达进度。

第三十八条　健全资金支付规章制度，完善内部岗位职责，建立各岗位间协调制约机制。建立贯穿资金支付全流程的动态监控机制，及时发现并解决资金支付中的风险问题。

第三十九条　加强结转结余资金管理，加大结转结余资金统筹使用力度，建立健全预算编制与结转资金管理相衔接的约束机制。

第四十条 健全预算支出责任制度，加强预算执行情况的通报和考核。建立健全预算执行分析机制，及时研究解决存在的问题，提出改进措施。

第四十一条 建立完善全过程预算绩效管理机制，将绩效评价结果作为调整支出结构、完善财政政策和科学安排预算的重要依据。

第五节 公共关系风险控制

第四十二条 公共关系风险是指在新闻宣传、舆论引导、信息公开以及对外财经交流合作等活动中，由于言行不当、沟通不力等，导致损害部门声誉、形象甚至国家利益的可能性。

第四十三条 建立事前有预案、事中有应对、事后有跟踪的财政舆情管理机制，密切关注社会舆情热点，加强舆论引导。

第四十四条 严肃新闻宣传纪律。未经授权不得参加各种研讨会和接受记者采访，不得发表与党中央、国务院和财政部及自治区党委、人民政府方针政策以及财政厅决定相违背的言论。严格遵守新闻稿件报批制度。

第四十五条 按照“以公开为原则，不公开为例外”的要求，依法、及时、全面、准确公开财政信息。健全政府信息公开申请办理的协调制度和会商机制，对没有明确规定的复杂、敏感、疑难申请，及时研究提出处理意见。

第四十六条 按照统一领导、归口管理、分级负责的原则开展财政对外工作，严格执行国家和自治区以及厅内有关规定，自觉维护国家利益。严格按审批权限履行批准手续，重大事项、重要表态要按程序及时报告请示，不得越级越权行事。完善涉外事务的协调机制和责任制度，加强协调配合和信息共享。

第四十七条 建立公共关系应急管理机制，制定相应的应急处置或补救方案，预防或减少对部门声誉、形象和国家利益等的负面影响。

第六节 机关运转风险控制

第四十八条 机关运转风险是指日常工作中，在公文处理、档案管理、保密、安全保卫等方面存在隐患，导致影响机关正常运转的可能性。

第四十九条 完善收文批分制度，提高收文批分的准确性和时效性。严格按照批分意见承办公文，严禁推诿扯皮。

第五十条 公文办理中，严格按照职责分工征求有关方面的意见，必要时可向社会公开征求意见。公文起草应符合国家法律法规和党的路线方针政策，所提政策措施和意见建议切实可行。对会签、征求意见公文回复意见或表态要统筹考虑，充分说明理由。公文审核、签发、印制、分发、存档要严格执行现行的相关规定。

第五十一条 参加自治区党委、人民政府研究重大问题的会议前，加强厅内统筹协调，认真、全面准备意见材料。参加自治区有关部门的会议，要全面了解情况和有关业务，表态要有理有据。参加会议后，要及时报告会议情况，涉及其他处室单位的事项要向相关处室单位书面通报，重大事项向分管厅领导或主要厅领导书面报告。

第五十二条 强化档案分类管理，完善档案的收集、整理、保管、利用等制度和流程，实现档案管理的电子化、规范化，维护档案完整与安全，确保业务和管理活动有案可查。

第五十三条 完善保密规章制度，构建处室单位主要负责人、保密员、直接责任人“三位一体”的保密责任制和责任追究机制。加强各类保密设备的使用管理。加强保密要害处室单位、部位管理。定期或不定期开展保密检查，及时通报发现的问题，督促被检查处室单位整改。

第五十四条 制定安全突发事件处置预案，健全重要部位、重点环节的防控制度，加强督促检查，强化和落实责任。健全群访事件处置协调机制，做好突发事件预防及与厅外相关单位的联系工作。

第七节 信息系统管理风险控制

第五十五条 信息系统管理风险是指在信息

系统建设和运行维护过程中，未完全遵循信息化建设制度、规划和标准或安全措施不到位、运行维护不规范，导致系统碎片化、系统故障、数据丢失、信息泄露、信息化辅助管理决策能力弱化的可能性。

第五十六条 信息系统建设坚持归口管理，实行统筹规划、统一建设，从财政改革发展全局出发，协调配合、分工合作、整合资源、实现一体化，发挥信息化建设对财政业务管理和辅助决策的支撑与促进作用。

第五十七条 强化流程控制，将业务流程固化在业务生产系统和办公自动化系统中，健全信息系统预警机制，加强风险揭示和自动控制。

第五十八条 建立财政数据应用与管理机制，促进信息对称和数据公开，实现处室单位间信息共享；加强信息搜集，强化数据中心建设，实现财政厅与自治区本级预算单位、自治区财政与各地财政间的数据贯通。

第五十九条 加强信息安全管理，做好信息安全分级和等级保护工作，强化信息系统运行维护安全和灾备管理，加强信息系统权限管理，实现信息及系统操作留痕、存取可控、存储有效和数据完整。

第八节 岗位利益冲突风险控制

第六十条 岗位利益冲突风险是指在履行岗位职责过程中，因私人利益与公共利益发生抵触或矛盾，导致权力滥用、权力寻租、以权谋私等行为从而影响公共利益的可能性。

第六十一条 根据国家法律法规和有关制度规定，完善岗位设置，健全干部轮岗交流、回避等制度，落实休假制度，建立防止岗位利益冲突的制度体系。

第六十二条 各处室单位按照职责分工确定岗位，明确各岗位办理业务和事项的权限范围、审批程序和相关责任，确保不相容岗位（职责）相互分离，对资金分配和政策制定等高风险岗位的权力进行规范、严格监管，形成相互制约、相互监督的工作机制。

第六十三条 按照干部管理权限确定不同职务层级的交流对象，采取平职交流与提拔交流相结合、集中交流与个别交流相结合的方式，优化单位干部结构，提高干部的素质和能力。领导干部交流时，按规定需开展经济责任审计和履行干部选拔任用工作职责离任检查的，应开展审计和检查。

第九节 其他内部风险控制

第六十四条 完善人事管理制度、规范人员招录、教育培养、选拔任用、干部监督等人事管理工作。

第六十五条 强化内部财务管理，建立财务授权审批制度和重大财务事项报告制度，加强财务监督。

第六十六条 加强内部采购与购买服务管理，规范流程和行为，实行采购与购买服务事项审批制度，强化管理、监督和绩效评价。

第六十七条 加强内部资产管理，明确资产调剂、租借、对外投资、处置等程序、审批权限和责任，采取资产记录、实物保管、定期盘点、账实核对等措施，确保资产安全完整。

第六十八条 建立健全内部监督检查制度，按照大监督管理机制要求，业务处室要加强日常监督，监督局要加强对相关处室单位的财务收支、业务工作等的监督。

第四章 内部控制职责分工

第六十九条 内控委负责研定财政厅内部控制政策规定，审定重大风险和重要业务流程的管理制度及内控机制，部署内部控制的重大事项和管理措施，指导和督促各处室单位建立和完善内部控制制度、程序和管理措施。

第七十条 内控办承担内控委日常工作。主要职责包括：

（一）拟定内部控制基本规定；

（二）拟定内控工作监督评价实施办法，对各处室单位的内部控制情况实施监督评价，报告内部控制体系运行情况；

（三）对风险事件进行调查，并提出初步处理意见；

（四）组织对内部控制中存在的问题进行研究并制定解决方案。

第七十一条 各处室单位负责本处室单位职责范围内的内控管理工作：

（一）各处室单位主要负责人对本处室单位职责范围内的内控管理负总责。

（二）各处室单位内控管理联络员负责与内控办的工作联络，配合内控办的有关工作安排。

第五章 内部控制检查和报告

第七十二条 建立内部控制检查情况定期披露制度，各处室单位结合本处室单位内部实际情况，组织开展本处室单位内控日常检查，针对发现的各种风险事件或内控薄弱环节，及时提出解决措施或建议并向内控办报告。每年3月底前，各处室单位要向内控办报告上一年度内部控制工作情况。

第七十三条 内控办组织开展定期检查和不定期检查，及时发现内控薄弱环节、查找原因、堵塞漏洞。定期检查一年一次，检查的主要内容包括各处室单位内控制度建设、执行、风险事件应对及处理等情况。不定期检查的内容由内控办根据内控管理需要确定。

第六章 附 则

第七十四条 各处室单位根据本规定和财政部相关规定，梳理完善内部制度和工作流程，并针对重要岗位、关键环节制定风险防控措施，不断推进和扎实做好财政内部控制工作。

第七十五条 本规定自2016年7月1日起实施。

关于印发《新疆维吾尔自治区政府和社会资本合作引导基金管理暂行办法》的通知

（2016年5月25日 自治区财政厅 新财金〔2016〕26号）

伊犁哈萨克自治州财政局、各地州市财政局，自治区有关行业主管部门：

为贯彻落实自治区党委、人民政府关于推广运用PPP模式，加大基础设施及公共服务领域建设的工作部署，根据自治区人民政府办公厅《关于在公共服务领域加快推行政府和社会资本合作模式的指导意见》（新政办发〔2015〕127号）要求，自治区财政厅制定了《新疆维吾尔自治区政府和社会资本合作引导基金管理暂行办法》，现印发给你们，请遵照执行。

附件：新疆维吾尔自治区政府和社会资本合作引导基金管理暂行办法

附件：

新疆维吾尔自治区政府和社会资本合作引导基金管理暂行办法

第一章　总　　则

第一条　为加快推广运用政府和社会资本合作（PPP）模式，促进自治区基础设施和公共服务领域投融资机制创新，助推更多PPP项目落地，根据《关于在公共服务领域加快推行政府和社会资本合作模式的指导意见》（新政办发〔2015〕127号）及《政府投资基金暂行管理办法》（财预〔2015〕210号）有关规定，设立自治区政府和社会资本合作引导基金，并制定本办法。

第二条　本办法所称自治区政府和社会资本合作引导基金（以下简称“PPP基金”）是由自治区人民政府出资引导设立，按照市场化方式运作管理，集中投向自治区政府和社会资本合作项目的引导基金。

第三条　PPP基金的基本目标是运用市场手段，发挥财政资金杠杆作用，带动和引导社会资本参与政府和社会资本合作项目投资运营，促进PPP模式的推广运用，有效增加社会公共产品和公共服务供给。

第四条　PPP基金应按照“政府引导、市场运作，科学决策、保本微利”的原则运作。为提升决策效率，引入适度竞争，PPP基金采取分期设立方式运作管理。

第五条　PPP基金资金来源主要包括财政预算资金，社会募集资金等。其中：财政预算资金安排的政府出资规模为基金总规模的10%，社会募集资金规模为基金总规模的90%。

第二章　基金的管理架构

第六条　PPP基金的管理架构由政府主管部门、政府出资人代表和基金管理公司组成。

第七条　自治区财政厅受自治区人民政府委托履行政府出资人职责，为PPP基金的政府主管部门。主要职责包括：

1. 提出PPP基金设立方案，包括基金政策目标、募集规模、出资结构、重点投向、收益分配及管理方式等，报自治区人民政府审批。

2. 制定PPP基金管理制度。

3. 审定基金管理公司设立方案并实施过程监督。

4. 审核政府出资人代表与基金管理公司拟签的合作协议。

5. 监督PPP基金投资运营情况。

6. 选择基金托管银行。

第八条　自治区财政厅委托自治区属国有及国有控股企业作为PPP基金的政府出资人代表，代行政府出资人职责。主要职责包括：

1. 分期发起设立基金。

2. 审定基金管理公司章程或合伙协议。

3. 批准基金管理公司拟定的年度投资计划。

4. 监督基金运营管理，定期对基金投资运行情况进行绩效评价，控制基金运营风险。

5. 向自治区财政厅报告基金投资运营管理情况。

6. 承办财政厅交办的其他事项。

第九条　基金管理公司由出资人分别确定各自出资机构，共同设立，负责基金运营管理，主要职责包括：

1. 负责基金募集和投资运营管理。

2. 制定公司的基本管理制度，并报政府出资人代表备案。

3. 制定公司年度投资计划。

4. 项目的投后管理。

5. 办理登记备案手续。

6. 向政府出资人代表报告基金投资运营情况。

第三章　基金管理

第十条　PPP 基金暂定 10 年，到期后如仍有项目未退出，经出资人同意可延展 2 年。

第十一条　PPP 基金采取优先与劣后的结构，其他出资人为优先级，自治区财政厅为劣后级。

第十二条　基金采取公司制或有限合伙企业组织形式。

第十三条　基金采取股权、债权、垫付资金等方式投向 PPP 项目，实行市场化运作、专业化管理。股权和债权投资方式不能同时使用。

1. 股权投资。基金通过股权方式对项目进行投资，带动社会资本参与政府和社会资本合作项目。基金持有单个项目公司股份不超过项目资本金的 50%。

2. 债权投入。基金通过借款方式对项目公司提供流动性支持，以债权投入方式支持项目建设运营。基金对单个项目债权投入不超过项目总投资额的 30%，原则上不超过 30 亿元。

3. 垫付资金。基金通过垫付资金方式对列入国家及自治区发展规划的 PPP 项目进行支持，基金对单个项目垫付资金不超过项目总投资额的 30%，原则上不超过 30 亿元。

股权投入及债权投入方式期限为 10 年，可延展 2 年。垫付资金最长期限为 5 年，中央安排的国家资本金到位后，即归还基金管理公司。

第十四条　PPP 基金成立由 5 名委员组成的投资决策委员会，负责项目投资、管理、退出的相关决策。

1. 投资决策委员会由政府出资人代表、社会资本出资人、基金管理公司相关人员组成。其中：政府出资人代表委派 1 名，社会资本出资人委派 2 名，基金管理公司委派 2 名。

2. 投资决策委员会召开项目审查会议，到会人数、表决权数须同时达到应到人数、应到表决权数半数以上，表决事项获得与会全部表决权三分之二以上同意的予以通过。

3. 基金管理公司负责对项目进行前期可行性审查，出具审查报告。审查报告主要内容包括项目情况及拟投入金额、期限、方式、回报、退出机制等初步方案。

4. 自治区财政厅将拟上会项目可行性审查报告提交给基金各出资人，投资决策委员会表决通过的项目，在会议决议上签字确认。

第十五条　申请使用 PPP 基金的项目，必须是通过财政承受能力论证，并经过县级以上政府批准实施的 PPP 项目。

第十六条　PPP 基金的申报管理

1. 申请 PPP 基金的项目原则上由项目实施机构或项目公司（以下简称“申请人”）按属地申报。县市项目须向同级财政部门申请，经地州市财政局审核后，报自治区财政厅。地州市项目经地州市财政局审核后，报自治区财政厅。自治区本级各部门及其所属单位实施的 PPP 项目，经自治区本级部门审核后，报自治区财政厅。

2. 自治区财政厅负责对申请基金的 PPP 项目属性予以认定，对不符合 PPP 特征的项目予以剔除，将通过认定的项目推荐给投资决策委员会。

3. 投资决策委员会审定通过的项目，基金管理公司与基金的申请人签订协议，明确投入规模、投入方式、投入期限、收益回报、回购机制、权利和义务等。

4. 申请人向基金管理公司申请使用引导基金时，应填报政府引导基金申报表，同时附报项目环境评估报告、可行性研究报告、立项审批书、实施方案、项目合同等资料，并确保上报资料的真实性和完整性。

第十七条 财政出资人和其他出资人根据项目投资决策决议约定的出资金额同步出资。财政出资人先行出资，其他出资人在其后的10个工作日内出资。

第十八条 PPP基金收益主要包括：

1. 项目股权投资分红及转让增值收益。

2. 项目债权投入产生的投资收益。

3. 项目垫付资金产生的投资收益。

4. 其他收益。

第十九条 实行股权投资的项目，PPP基金按股权的比例享有收益；实行债权投入或垫付资金投入方式的项目，基金按约定的固定回报率获取收益，最高不超过同期银行贷款基准利率的1.1倍。

第二十条 基金收益的分配

1. 基金出资人的回报采取固定收益加浮动收益的办法，固定收益按照同期银行贷款基准利率的1.1倍确定。

2. 基金每年所得收益，首先用于分配优先级出资人的固定收益；收益超过固定收益的剩余部分为浮动收益，由优先级出资人与劣后级出资人协商后进行分配。劣后级出资人应获得的基金固定收益让利给优先级出资人。

3. 基金年度收益不足以分配优先级出资人的固定收益部分，由自治区财政厅予以补足。

第二十一条 PPP基金根据不同投资运作方式退出。

1. 股权投资退出。股权投资优先由社会资本方或协议约定的回购方回购，社会资本方或协议约定的回购方不回购的，由同级政府方回购。退出价格按照协议约定或市场化原则确定。

2. 债权投入退出。PPP基金对项目建设运营提供的债权投入，由项目公司按照协议约定实现到期债务清偿和债权退出。

3. 垫付资金退出。PPP基金对项目提供的垫付资金投入，由项目公司按照协议约定归还垫付资金及利息后退出。

第二十二条 PPP基金清算形成的净收益或净亏损，按出资人协议、基金章程等相关规定进行分配或分担。

1. 清算后形成的净收益，先按出资人约定的固定收益进行分配；超额部分根据各出资人出资比例进行分配。财政出资收益部分可用于奖励基金管理公司。

2. 清算后形成的净亏损，先由基金管理公司以其出资额为限承担损失；再由劣后出资人以其出资额为限承担风险；剩余部分由其他出资人根据现行法律法规和协议约定进行分担。

第二十三条 PPP基金按照不超过实际到位资金的0.1%向基金管理公司支付管理费，具体支付比例由出资人共同协商确定。

第二十四条 PPP基金存续期满，基金管理公司组织对基金进行清算，清算结果经中介机构鉴证后报股东会或合伙人会议审定，并报政府出资人代表备案。财政出资形成的清算收入全额上缴国库。

第四章 风险控制

第二十五条 PPP基金须选择在自治区有分支机构，执业质量好、信誉度高的商业银行进行托管。自治区财政厅按照本办法第十七条规定，将资金拨付托管银行，实行专户管理。

第二十六条 托管银行依据托管协议约定负责账户管理、资产保管、监督管理、资金清算、会计核算等日常业务，对资金安全实施动态监管。

第二十七条 基金管理公司对运营管理的基金实行分账核算，对自有资产与基金资产实行分块管理，严格控制内部风险。

第二十八条 基金托管银行应于会计年度结束1个月内，分别向基金管理公司和政府出资人代表报送上年度资金托管报告。托管银行发现资金异动应及时报告。

第二十九条 基金管理公司应于会计年度结束3个月内，向政府出资人代表和其他出资人分别提交基金年度运行情况报告和经社会审计机构审计的年度会计报告。

第三十条 政府出资人代表应于会计年度结束后4个月内，向自治区财政厅转报经审核确认的基金年度运行情况报告和经社会审计机构审计的年度会计报告。

第三十一条 PPP基金不得从事抵押、股票、期货、债券、商业性房地产等投资活动；不得列支对外赞助、捐赠等支出；不得从事国家法律法规明确的禁止性业务。

第五章 监督管理

第三十二条 政府出资人代表应与其他出资人在基金章程或合伙协议中约定，有下列情况之一的，自治区财政出资可无需其他出资人同意，选择提前退出：

1. 未按基金章程或合伙协议约定开展投资运营活动。

2. 与基金管理公司签订合作协议超过1年，基金管理公司未按约定程序和时间要求完成设立手续。

3. 基金设立之日起满1年未开展投资业务。

4. 基金投资领域和方向不符合政策目标。

5. 其他不符合约定的情形。

第三十三条 政府出资人代表、基金管理公司、托管银行应当主动接受自治区审计厅、财政厅的审计监督，任何人不得以任何理由阻挠和拒绝提供有关材料，或提供虚假不实的材料。

第三十四条 政府出资人代表应定期对PPP基金投资运营绩效进行考核评价。自治区财政厅对政府出资人履职情况进行评估，必要时可委托审计机构实施审计检查。

第三十五条 政府出资人代表应严格履行PPP基金投资运营风险监控职责，当PPP基金投向偏离规定范围或运营发生违法违规问题时，应按照协议责令纠正或终止与基金管理公司合作。

第三十六条 政府出资人代表、基金管理公司和基金管理人员在运营管理中出现违法违规行为，依照相关法律法规予以处理。涉嫌犯罪的，移交司法机关依法追究刑事责任。

第六章 附 则

第三十七条 本办法由自治区财政厅负责解释。

第三十八条 本办法自印发之日起实施。

关于印发《新疆维吾尔自治区政府和社会资本合作模式奖补资金管理暂行办法》的通知

（2016年5月30日　自治区财政厅　新财金〔2016〕29号）

伊犁哈萨克自治州财政局、各地州市财政局，自治区有关行业主管部门：

为积极推广PPP模式，加大基础设施和公共服务领域建设，推进项目落地，拉动全区固定资产投资，自治区财政厅（PPP中心）研究制定了《新疆维吾尔自治区政府和社会资本合作模式奖补资金管理暂行办法》，经自治区人民政府同意，现印发给你们，请遵照执行。

附件：新疆维吾尔自治区政府和社会资本合作模式奖补资金管理暂行办法

附件：

新疆维吾尔自治区政府和社会资本合作模式奖补资金管理暂行办法

第一条 为积极推广政府和社会资本合作（PPP）模式，推进自治区PPP项目实施、加快项目落地，根据《新疆维吾尔自治区人民政府办公厅关于在公共服务领域加快推进政府和社会资本合作模式的指导意见》（新政办发［2015］127号）要求，制定本办法。

第二条 PPP项目奖补资金旨在通过以奖代补方式，支持和鼓励各地各部门积极推广运用PPP模式，加快推进项目落地实施，引导项目规范操作。

第三条 本办法所称奖补资金分为项目奖补资金和综合奖补资金两种方式。

第四条 项目奖补资金，奖励对象为项目实施机构，主要为鼓励自治区各级PPP项目加快签约落地和规范有序实施。

第五条 项目奖补资金，由自治区财政厅按照当年项目落地情况，确定奖补金额，资金可用于PPP项目咨询费用等支出。获得奖补资金的项目应具备以下条件：

（一）项目实施进度，新建项目需签订正式合同并已开工建设；存量项目需规范实施转型，并已实际化解地方政府存量债务规模。

（二）项目实施程序，符合国家和自治区推广PPP模式的规定要求。

第六条 综合奖补资金，奖励对象为各地州市政府和自治区行业主管部门，主要为鼓励并调动各地各部门推广PPP模式积极性。

第七条 综合奖补资金，由自治区财政厅按照PPP工作推进情况、项目落地投资情况、项目个数等因素统筹分配，资金可用于PPP工作中前期各项费用的支出。主要分配因素如下：

（一）PPP工作推进情况，所占权重50%，评价因素包括：各地对推广PPP模式工作力度及项目组织管理情况；定期报告制度执行情况；项目台账管理情况；PPP综合信息平台管理情况；自治区安排部署的其他事项执行情况等。

（二）落地PPP项目数与全年计划任务数占比，所占权重30%。

（三）落地PPP项目投资规模全区占比，所占权重20%，评价因素包括：落地项目投资规模占全区落地项目总投资规模比例；落地项目投资规模占当地当年一般公共预算支出比例；政府投资规模与落地项目总投资规模比例。

对超额完成计划任务的各地州市政府和自治区行业主管部门，自治区财政厅将在奖补资金上给予适当的倾斜。

第八条 奖补资金由自治区财政厅根据全区PPP项目年度任务计划、工作进展情况、项目推进情况，按年确定奖补资金规模，列入年度财政预算。

第九条 奖补标准

（一）项目奖补资金：

新建项目：投资规模超过10亿元的项目奖励80万元，10亿元（含10亿元）至3亿元的项目奖励50万元，3亿元（含3亿元）至1亿元的项目奖励30万元，1亿元（含1亿元）至

3 000万元的项目奖励 20 万元，3 000 万元（含 3 000 万元）以下的项目不予奖励。其中，南疆四地州的项目，在上述每档奖励标准基础上增加 10 万元。

存量项目：对规范实施转型的 PPP 存量项目，按项目能实际化解地方政府存量债务的规模，参照新建设项目的奖励标准酌情进行奖励。

（二）综合奖补资金：（自治区年度奖补资金规模－当年应付项目奖补资金）×按因素法测算的百分比。

第十条 对纳入财政部 PPP 示范项目名单的项目，项目奖补资金最高为 100 万元，且无需扣除中央奖励资金金额，鼓励各地积极争取纳入国家 PPP 示范项目，发挥示范效应。

第十一条 奖补资金拨付程序

（一）项目奖补资金：自治区财政厅每月根据财政部 PPP 综合信息平台、自治区 PPP 项目动态管理平台及定期报告制度反映的情况，进行审核，并按照奖补标准拨付奖补资金。

（二）综合奖补资金：自治区财政厅于每年 11 月 20 日前，按照年度奖补资金使用情况和因素法测算结果，拟定综合奖补资金拨付计划，每年 11 月 30 日前拨付各地综合奖补资金。

第十二条 各级财政部门要切实履行财政职能，做好奖补资金的审核、拨付和监督管理工作，保证奖补政策落到实处，切实发挥资金激励效应，加快自治区 PPP 项目落地实施。

第十三条 自治区财政厅将不定期对各地 PPP 项目和奖补资金使用情况进行监督检查和绩效评价。对奖补资金未按规定使用、开工建设项目获得奖励后进度停滞、套取奖补资金等情况，将追回奖励资金。

第十四条 本办法由自治区财政厅负责解释，自公布之日起实施。

关于印发《自治区本级政府和社会资本合作项目联评联审工作规程（试行）》的通知

（2016 年 9 月 26 日　自治区财政厅　新财金〔2016〕58 号）

自治区各相关委、办、厅、局：

为简化 PPP 项目审批流程、提高审查工作效率，加快推进本级政府和社会资本合作项目（以下简称“PPP 项目”），按照《财政部关于印发政府和社会资本合作模式操作指南（试行）的通知》（财金〔2014〕113 号）规定，研究制定了《自治区本级政府和社会资本合作项目联评联审工作规程（试行）》。经自治区人民政府同意，现印发给你们，请遵照执行。

附件：自治区本级政府和社会资本合作项目联评联审工作规程（试行）

附件：

自治区本级政府和社会资本合作项目联评联审工作规程（试行）

为加强自治区本级政府和社会资本合作项目（以下简称“PPP 项目”）在部门间的协调和保障工作，统筹安排项目对价资源，简化审批流程，提高工作效率，加快项目落地实施，根据《自治区关于加快推进政府和社会资本合作促进经济社会发展的指导意见》（新政办发〔2015〕127 号），现制定自治区本级项目联评联审工作规程。

一、联评联审的涵义

PPP 项目联评联审是指在项目识别、准备、采购、执行和移交等全生命周期中，发生涉及多个部门、多级政府，需要统一协调的重大事项时，通过项目相关部门和地方政府参加的联席评审会议，沟通各方情况、统筹对价资源、协调保障政策，形成保障项目推进的意见。

联评联审会议由自治区财政厅（PPP 工作中心，下同）组织，向自治区人民政府 PPP 工作领导小组负责。

二、联评联审的主要事项

（一）项目投资立项、环评审批、规划和用地等审批环节的重大事项。

（二）在项目前期准备阶段，统筹安排项目用地、规划调整、特许经营、价格调整、资产调配、财政补贴等对价资源。

（三）项目执行阶段，政府方与社会资本方合同约定的价格调整等对价资源、项目产出及绩效发生重大调整，并涉及两个（含两个）以上政府部门职责的事项。

（四）自治区党委、人民政府安排的需要协调的其他事项。

三、联评联审的工作程序

（一）申请。自治区本级 PPP 项目主管部门、审批部门、项目所在地政府或社会资本方，均可向自治区财政厅书面提出开展联评联审工作的申请。自治区财政厅认为需要进行联评联审的事项，也可启动联评联审工作机制。

（二）响应。自治区财政厅接到申请后，在 5 个工作日内做出是否开展联评联审的决定。决定开展的，在不超过 10 个工作日内，组织召开联评联审会议。

（三）评议。联评联审会议由自治区财政厅组织召开，邀请自治区相关部门负责人、项目所在地政府及其相关部门负责人、自治区 PPP 专家顾问等参加，共同评议项目有关事项。

（四）落实。形成一致意见的，由自治区财政厅拟写项目联评联审意见，经参会相关部门会签后，报自治区人民政府 PPP 工作领导小组审定。未形成一致意见的，由自治区财政厅进行专项协调。

自治区财政厅负责督导各相关部门和地方政府，按自治区人民政府 PPP 工作领导小组决定落实各项工作。

四、参加联评联审的部门及工作职责

（一）自治区财政厅。自治区 PPP 工作领导小组下设 PPP 工作中心，设在财政厅。负责项目物有所值验证、财政承受能力论证，提出财政补贴安排意见，组织项目绩效评价工作。负责组织自治区 PPP 项目联评联审工作，向自治区人

民政府报告 PPP 项目联评联审意见。

（二）自治区发展与改革委员会。具体负责项目审批、核准、备案及价格调整等工作。

（三）项目审批部门。自治区国土资源厅、环境保护厅、住房和城乡建设厅等部门按照职能，配合做好相关审批和支持保障工作。

（四）项目主管部门。自治区住房和城乡建设厅、交通运输厅、水利厅、民政厅、人力资源和社会保障厅、教育厅、科技厅、农业厅、文化、卫生和计划生育委员会等行业主管部门，具体负责 PPP 项目联评联审工作的发起、运营监管、特许经营权的授予等工作。

（五）其他参加联评联审单位，根据项目情况确定。

五、其他事项

本规程从印发之日起执行，由自治区财政厅负责解释。

关于印发《新疆维吾尔自治区本级政府和社会资本合作项目操作规程》的通知

（2016 年 9 月 26 日　自治区财政厅　新财金〔2016〕59 号）

自治区各有关委、办、厅、局：

根据《关于在公共服务领域加快推进政府和社会资本合作模式的指导意见》（新政办发〔2015〕127 号）精神，为加快自治区本级政府和社会资本合作（以下简称“PPP”）项目有序推进，厘清自治区有关部门职责，规范 PPP 项目操作流程，自治区财政厅研究制定了新疆维吾尔自治区本级政府和社会资本合作项目操作规程。经自治区人民政府同意，现印发给你们，请遵照执行。

附件：新疆维吾尔自治区本级政府和社会资本合作项目操作规程

附件：

新疆维吾尔自治区本级政府和社会资本合作项目操作规程

为保证自治区本级政府和社会资本合作（以下简称“PPP”）项目有序推进，明确自治区有关部门职责，规范操作流程，按照国务院及财政部工作要求，结合自治区实际，制定本规程。

一、项目前期准备

1. 项目征集。自治区财政厅会同发改委向自治区交通、住建、环保、教育、水利、医疗、文化、民政、体育等行业主管部门征集潜在PPP项目。社会资本可以项目建议书方式直接向自治区财政厅推荐潜在项目。

2. 项目筛选。自治区财政厅会同发展改革部门和主管部门对潜在项目进行筛选，制定项目年度和中期开发计划。项目列入年度开发计划后，主管部门（项目发起方）要向自治区财政厅报送产出说明、初步实施方案等材料，存量项目需提交存量资产的历史资料。项目实施机构（政府授权行政或事业单位，下同）应严格履行项目基本建设管理程序，尽快完成项目的规划选址、用地、环评、核准或备案事项。自治区发改委已经批准立项的项目优先列入年度开发计划。

3. 项目初步评估。发改部门批准立项后，主管部门向自治区财政厅明确提出项目对价安排意见。自治区财政厅会同发改委、主管部门对项目初步实施方案开展初步物有所值评价和财政承受能力论证，初步明确项目对价资源。

不需要安排财政补贴的项目，涉及投资规模小于1亿元的项目，投资立项、规划用地、环评审批、可行性研究、对价资源安排等前期工作完备的项目，可以省略初步实施方案编制程序、针对初步实施方案的物有所值评价和财政承受能力论证程序，由主管部门直接委托编制实施方案，开展项目前期工作。

社会资本方直接向自治区财政厅递交初步实施方案，PPP工作中心会商主管部门形成项目开发一致意见后，参照政府方发起项目的工作程序，由主管部门（或其指定实施机构）负责完成项目前期各项审批工作。

4. 实施方案编制。通过初步评估的项目，由主管部门（或项目实施机构）选择专业咨询机构，按照初步评估明确的对价资源，编制项目实施方案，报自治区财政厅。

5. 实施方案审核。自治区财政厅组织行业主管部门以及行业专家、财务专家、法律专家对项目实施方案开展物有所值和财政承受能力验证，由自治区财政厅（PPP工作中心）向行业主管部门出具论证报告；未通过验证的项目，可在实施方案调整后重新验证，重新验证仍未通过的，不再采用政府和社会资本合作模式。

6. 实施方案报批。通过验证的项目，由行业主管部门报自治区人民政府批准，并由实施机构实施项目。

二、项目采购阶段

7. 公开发布信息。PPP项目实施机构应在财政部综合信息平台、自治区PPP工作中心信息平台或自治区政府采购网等指定媒体，发布项目需求、采购和采购结果等应公开内容。

8. 实施项目采购。项目实施机构按照政府采购、招投标有关法律、法规及办法规定，履行项目采购程序，确定社会资本方。自治区财政厅在资格预审和采购环节，向实施机构派出专家，指导采购工作。

9. 签署协议。项目采购完成后，项目实施机构应与社会资本方签署项目实施协议。协议应按财政部的要求规范制订，明确政府和项目公司的权利义务与风险分担，防止企业债务向政府转移。实施机构应将拟签协议报自治区财政厅审核。自治区财政厅会同行业主管部门，从协议内容是否全面、规范、有效等方面，对拟签协议进行核对和确认，无异议后，实施机构方可与社会资本方签署项目实施协议。

三、项目实施阶段

10. 设立项目公司。项目实施机构监督社会资本按照合同约定，按时足额出资设立项目公司，政府可指定国有公司作为出资人代表，依法参股项目公司。项目公司成立后，应由项目公司与项目实施机构重新签署PPP项目合同，或签署关于承继PPP项目合同的补充合同，并保证按时完成项目融资。

11. 项目履约管理。主管部门、实施机构应根据项目合同约定，监督社会资本履行融资、建造、运营、维护和移交等合同义务，定期监测项目产出绩效指标，编制季报和年报，报自治区财政厅备案。政府有支付义务的，自治区财政厅按合同约定和主管部门绩效考评意见向项目公司支付费用，并执行约定的奖励条款或惩处措施。设置超额收益分享机制的，项目公司应向政府支付超额收益。需要进行合同调整的，应提出合同修订建议，由自治区财政厅审查后报自治区人民政府批准后执行。

12. 项目违约处理。实施机构或社会资本未按照PPP项目合同履行约定义务的，应承担相应违约责任，包括停止侵害、消除影响、支付违约金、赔偿损失和解除PPP项目合同等。项目公司发生严重违约情形或危及社会安全和公共利益时，主管部门会同项目实施机构临时接管项目，直至启动项目提前终止程序项目。

13. 项目中期评估。行业主管部门、实施机构每三年对PPP项目进行中期评估，分析项目运行状况、反映存在风险、制定应对措施，并报自治区财政厅备案。并针对收益差的项目研究制定动态补贴机制。

四、项目移交阶段

14. 组建项目移交组。项目合作期满，实施机构或政府指定的其他机构应组建项目移交工作组，根据项目合同约定与社会资本或项目公司确认移交情形和补偿方式，制定资产评估和性能测试方案，代表政府收回项目合同约定的项目资产。

15. 开展项目资产评估和性能测试。项目移交工作组应委托具有相关资质的资产评估机构，按照项目合同约定的评估方式，对移交资产进行资产评估，作为确定补偿金额的依据。

项目移交工作组应严格按照性能测试方案和移交标准对移交资产进行性能测试。性能测试结果不达标的，移交工作组应要求社会资本或项目公司进行恢复性修理、更新重置或提取移交维修保函。

16. 移交项目资料。社会资本或项目公司应将满足性能测试要求的项目资产、知识产权和技术法律文件，连同资产清单移交项目实施机构或政府指定的其他机构，办妥法律过户和管理权移交手续。社会资本或项目公司应配合做好项目运营平稳过渡相关工作。

17. 项目绩效评价。项目移交完成后，自治区财政厅应组织行业主管部门及专家对项目产出、成本效益、监管成效、可持续性、政府和社会资本合作模式应用等进行绩效评价，并按相关规定公开评价结果。

第八部分

大 事 记

2016 年

一　月

1月4日，财政厅党组书记、副厅长奥曲尔参加自治区基层宣讲工作会议暨冬季大宣讲动员会。

1月6日，自治区政协副主席、人民政府党组成员、财政厅厅长弯海川，财政厅党组书记、副厅长奥曲尔参加自治区党委经济工作会议和自治区党委扶贫开发工作会议。

1月8日，自治区政协副主席、人民政府党组成员、财政厅厅长弯海川，财政厅党组书记、副厅长奥曲尔参加自治区党委稳定工作会议。

1月9日，财政厅党组成员、副厅长甫拉提·玉素甫江参加内地高等学校支援新疆第七次协作计划工作部署会议。

1月18日，召开自治区财政工作会议，自治区政协副主席、人民政府党组成员、财政厅厅长弯海川作主题报告，财政厅党组书记奥曲尔主持会议。

1月22日，财政厅总会计师郑军参加第三批“访惠聚”活动领队、组长培训会议。

1月26日，财政厅党组成员、副厅长王春播参加自治区党委改革办研究全面深化改革小组2016年扶贫工作专题会议。

1月29日，全面启动自治区本级国库集中支付授权支付业务电子化工作。

1月31日，自治区政协副主席、人民政府党组成员、财政厅厅长弯海川参加自治区党委常委（扩大）会议，传达中央新疆办协调小组全会精神，研究政法工作有关事宜。

二　月

2月2日，财政厅党组成员、副厅长张小庚参加2016年自治区审计工作会议。

2月3日，财政厅党组书记、副厅长奥曲尔参加2016年自治区党政军迎新春座谈会。

2月4日，自治区财政厅召开机关工作总结表彰大会。自治区政协副主席、财政厅厅长弯海川作厅机关2015年度工作总结讲话。

2月17日，财政厅党组成员、副厅长王彦楼参加自治区研究重点产业专项资金改革工作会议。

2月18日，财政厅党组成员、副厅长王彦楼参加自治区研究2016年及“十三五”时期铁路项目建设有关工作会议。

2月24日，自治区党委召开自治区“访惠聚”活动总结表彰暨动员送行大会。自治区政协副主席、人民政府党组成员、财政厅厅长弯海川参加会议，财政厅党组书记、副厅长奥曲尔、总会计师郑军、农村综合改革领导小组办公室专职副主任艾新鲁、农业综合开发办公室主任马建国、财政厅总经济师郭瑛一同参加。

2月25日，自治区党委在和田市召开自治区推进和田地区脱贫攻坚加快发展座谈会。自治区政协副主席、人民政府党组成员、财政厅厅长弯海川参加会议。

2月25日，财政厅总会计师郑军、副巡视员王自芳带队，财政厅共计70人，分11个组，赴和田洛浦县参加“访惠聚”驻村工作。

2月26日，财政厅党组书记、副厅长奥曲尔参加驻疆企业合资合作属地注册揭牌仪式。

2月29日，财政厅党组任命祖力甫哈尔·阿布都热甫同志任注册会计师管理中心主任（试用期1年）。

三　月

3月1日，自治区政协副主席、人民政府党组成员、财政厅厅长弯海川参加自治区党委常委（扩大）会议，研究民生建设年相关工作，安排部署民族团结进步年工作。

3月1日，自治区人大财经委一行来财政厅开展调研座谈，财政厅党组书记、副厅长奥曲尔介绍财政工作。

3月4日，自治区财政厅组织召开加强政府债务管理工作座谈会，自治区政协副主席、人民政府党组成员、财政厅厅长弯海川出席会议并讲话。弯海川副主席对加强政府债务管理提出四点要求：一是建立清晰的政府债务管理政策和制度体系；二是建立完整的政府债务管理工作操作体系；三是建立完善的分级岗位责任体系；四是建立和完善考核奖励惩戒体系。

3月4日，财政厅总经济师郭瑛参加自治区妇联“靓丽女性　幸福家庭”纪念三八国际妇女节106周年大会。

3月9日，财政厅党组成员、副厅长王春播参加自治区研究纺织服装产业聚集发展和印染产业发展工作。

3月16日，新疆农业信贷融资担保有限责任公司正式揭牌成立。自治区政协副主席、人民政府党组成员、财政厅厅长弯海川出席揭牌仪式并讲话，自治区财政厅党组书记奥曲尔主持揭牌签约仪式。

3月22日，新疆发行第一批地方政府一般债券共四期186.5亿元和定向承销地方政府债券共12期115.5亿元，其中：定向承销一般债券70.8亿元、定向承销专项债券44.7亿元。

3月28日，自治区政协副主席、人民政府党组成员、财政厅厅长弯海川参加国务院第四次廉政工作电视电话会议。

3月28日，自治区政协副主席、人民政府党组成员、财政厅厅长弯海川参加自治区民族团结进步年动员大会。

3月30日，财政部、国家税务总局召开全面推开营改增试点视频动员会，自治区财政厅设置新疆分会场。自治区政协副主席、人民政府党组成员、财政厅厅长弯海川参加会议。

3月30日，农村综合改革领导小组办公室专职副主任艾新鲁、财政厅总经济师郭瑛参加全国全面推开营改增改革试点动员部署视频会议。

3月31日，自治区政协副主席、人民政府党组成员、财政厅厅长弯海川参加自治区工业经济“稳增长、调结构、增效益”电视电话会议。

四　月

4月7日，自治区党委副书记、自治区主席雪克来提·扎克尔召开会议研究交通厅交通项目融资事宜。自治区政协副主席、人民政府党组成员、财政厅厅长弯海川参加会议。

4月11日，国务院召开专题座谈会，研究中央和地方增值税收入划分有关问题。自治区政协副主席、人民政府党组成员、财政厅厅长弯海川参加会议。

4月12日，自治区政协副主席、人民政府党组成员、财政厅厅长弯海川，财政厅党组书记、副厅长奥曲尔参加中央新疆办调研组来疆就兵团深化改革进行调研座谈会。

4月16日，自治区召开兵团财务（财政）工作座谈会议，专题研究兵团改革发展财务（财政）相关问题。自治区政协副主席、人民政府党组成员、财政厅厅长弯海川参加会议。

4月19日，自治区财政厅印发新疆维吾尔自治区农村富余劳动力转移就业以奖代补资金管理暂行办法，提高奖励标准，推动农村富余劳动力转移就业。

4月21日上午，自治区政协副主席、人民政府党组成员、财政厅厅长弯海川参加自治区“两学一做”学习教育工作会议。

4月27日上午，自治区财政厅召开“两学一做”学习教育工作会议，自治区政协副主席、人民政府党组成员、财政厅厅长弯海川参加会议，并对财政厅“两学一做”学习教育工作安排部署。

4月27日，自治区财政厅会同自治区国税局、地税局印发《自治区营业税改征增值税试点工作实施方案》，大力推进“营改增”试点工作。

4月28日，自治区政协副主席、财政厅厅长弯海川一行赴和田地区洛浦县，看望慰问“访民情、惠民生、聚民心”住村工作队员。

4月29日，自治区政协副主席、人民政府党组成员、财政厅厅长弯海川参加新疆全面推开营改增试点工作推进会。

五　月

5月5日，财政厅党组书记、副厅长奥曲尔陪同自治区党委副书记、自治区主席雪克来提·扎克尔赴乌鲁木齐市调研经济发展、民族团结、社区建设等工作。

5月5日，根据《新疆维吾尔自治区关于社会保险支持实体经济平稳健康发展的通知》（新人社发〔2016〕44号），从2016年5月1日起自治区企业职工基本养老保险单位缴费比例由20%降低至19%，失业保险单位缴费比例由1.5%降低至1%，期限为2年。

5月6日，财政厅党组书记、副厅长奥曲尔，财政厅党组成员、副厅长王彦楼，农业综合开发办公室主任马建国参加全区扶贫工作以及PPP工作视频会议。

5月11日，自治区政协副主席、人民政府党组成员、财政厅厅长弯海川参加自治区固定资产投资和重点项目建设工作推进会议。

5月17日，自治区党委第八巡视组财政厅，开展巡视工作。

5月18日，自治区政协副主席、人民政府党组成员、财政厅厅长弯海川参加自治区党委中心组“民族团结进步年”暨全国宗教工作会议精神专题学习。

5月22日，农业综合开发办公室主任马建国赴浙江参加全国农业开发工作会议。

5月25日，财政厅党组成员、副厅长甫拉提·玉素甫江参加人力资源保障部部分省份养老保险顶层设计工作座谈会。

5月25日，自治区财政厅印发《新疆维吾尔自治区政府和社会资本合作引导基金管理暂行办法》（新财金〔2016〕26号），通过运用市场手段，发挥财政资金杠杆作用，带动和引导社会资本参与政府和社会资本合作项目投资运营。

5月27日，财政厅党组成员、副厅长甫拉提·玉素甫江参加自治区医改工作电视电话会议。

六　月

6月3日，自治区政协副主席、人民政府党组成员、财政厅厅长弯海川，财政厅党组书记、副厅长奥曲尔参加自治区稳定和经济工作电视电话会议。

6月3日，财政厅党组成员、副厅长张小庚陪同广东省省长朱小丹一行赴喀什调研援疆工作。

6月14日，自治区政协副主席、人民政府党组成员、财政厅厅长弯海川参加自治区推进克州脱贫攻坚、富民固边座谈会。

6月15日，财政厅党组成员、副厅长甫拉提·玉素甫江参加研究自治区机关事业单位人员养老保险制度改革工作会议。

6月16日，自治区政协副主席、人民政府党组成员、财政厅厅长弯海川参加自治区高校建设工作会议。

6月16日，新疆再担保（集团）有限公司

揭牌成立，财政厅党组成员、副厅长王彦楼参加揭牌仪式。

6月17日，自治区政协副主席、人民政府党组成员、财政厅厅长弯海川参加自治区金融支持纺织服装产业发展金企对接会议和自治区发展纺织服装产业带动就业领导小组2016年第二次会议。

6月17日，自治区财政厅会同相关部门制定《自治区扶贫小额信贷贴息及风险补偿资金管理办法》（新政办发〔2016〕88号）。通过金融机构为有劳动能力、有贷款意愿、有就业创业潜质的建档立卡贫困户，提供的单笔在5万元以下，3年以内，免抵押、免担保的基准利率贷款，助力脱贫攻坚。

6月20日，自治区财政厅印发《关于加强公立医院财务和预算管理的实施意见》（新财社〔2016〕77号），全方位实施公立医院预算管理。

6月22日，自治区召开统筹整合使用财政涉农资金试点电视电话会议暨推进扶贫小额信贷工作动员培训会议。自治区政协副主席、人民政府党组成员、财政厅厅长弯海川，自治区农业综合开发办公室主任马建国参加会议。

6月24日，自治区农业综合开发办公室主任马建国参加水利部副部长周文学一行来疆就跨界河流水资源利用和保护项目工作座谈会。

6月26日，自治区政协副主席、人民政府党组成员、财政厅厅长弯海川参加自治区庆祝中国共产党成立95周年大会。

6月28日，自治区财政厅印发《自治区财政厅内部控制基本规定》（新财监〔2016〕23号），对内控适用范围及控制目标、内控工作的组织架构、制度体系、内控的主要要素和应遵循的原则、专项风险内部控制的种类、方法、主要内容以及职责分工等进行明确。

6月30日，自治区政协副主席、人民政府党组成员、财政厅厅长弯海川，财政厅党组成员、副厅长王彦楼参加新疆资源税改革启动仪式。

七　月

7月1日，根据《关于提高全区困难群众基本生活救助标准的通知》（新民发〔2016〕131号），从2016年7月1日起城市低保标准提高20元/月，全区各地城市低保标准不低于376元/月；农村低保标准提高462元/年，全区各地农村低保标准不低于2 855元/年。

7月8日，财政厅总经济师郭瑛参加自治区PPP项目推荐会议。

7月22日，财政厅总经济师郭瑛参加棉花目标价格改革试点调研督导座谈会。

7月26日，财政厅党组成员、副厅长甫拉提·玉素甫江参加研究降低社会保险费率支持实体经济发展相关工作会议。

7月27日，财政厅党组成员、副厅长张小庚参加自治区推进嵌入式社会结构和社区环境工作协调会议。

7月28日，财政厅党组成员、副厅长张小庚参加自治区研究支持外贸重点企业发展，促进外贸稳定增长座谈会。

7月29日，自治区财政厅会同人民银行乌鲁木齐中心支行印发《新疆维吾尔自治区政府采购信用担保及支持中小企业质押融资试点工作实施方案（试行）》（新财购〔2016〕25号），明确政府采购信用担保的工作程序和相关要求，在自治区和各地州市推行政府采购信用担保试点。

7月31日，自治区财政厅建立和完善财政涉农资金统筹整合使用工作的体制机制，在脱贫攻坚任务重的25个贫困县开展涉农资金整合试点。

八　月

8月1日，自治区政协副主席、人民政府党组成员、财政厅厅长弯海川参加自治区固边兴边座谈会。

8月10日，财政厅党组成员、副厅长王彦

楼参加自治区研究清理办公用房工作会议。

8月18日，财政厅党组成员、副厅长王春播参加第四届丝绸之路新疆文化创意产业博览会开幕式。

8月22日，自治区政协副主席、人民政府党组成员、财政厅厅长弯海川参加自治区人民政府与北京银行签署全面战略合作协议签约仪式。

8月23日，财政厅党组成员、副厅长王彦楼参加自治区工业企业结构调整专项奖补资金方案工作会议。

8月24日，农村综合改革领导小组办公室专职副主任艾新鲁参加自治区研究高校PPP建设有关工作会议。

8月26日，财政厅党组成员、副厅长王彦楼参加2016年自治区“短平快”项目促就业目标任务落实签约会。

8月31日，自治区农村综合改革领导小组办公室专职副主任艾新鲁参加人社部、财政部关于机关事业单位调整基本工作标准和增加离退休人员离休费实施工作电视电话会议。

8月31日，自治区财政厅、地税局、国土资源厅联合印发了《关于自治区资源税税收优惠政策的通知》（新财法税〔2016〕18号），全面推进资源税改革，促进资源节约集约利用。

九　月

9月2日，财政厅党组会议研究决定，成立机关纪委，由机关党委副书记兼任机关纪委书记，从机关处室调配2名工作人员从事机关纪检工作。

9月6日，自治区政协副主席、人民政府党组成员、财政厅厅长弯海川，财政厅党组成员、副厅长王彦楼参加研究落实中央和自治区领导批示、促进新疆纺织服装产业发展工作会议。

9月8日，根据《关于自治区2016年调整退休人员基本养老金有关问题的通知》（新人社发〔2016〕119号），从2016年1月1日起，提高企业和机关事业单位退休人员待遇标准，涉及全区企业退休人员91.4万人，每人每月平均提高189元，提高7.5%，月人均基本养老金由2 534元提高到2 723元；机关事业单位退休人员36万人，每人每月平均提高282元，提高6%，月人均基本养老金由4 750元提高到5 032元。

十　月

10月8日，自治区农业综合开发办公室主任马建国赴宁夏银川参加全国农业开发工作会议。

10月9日，自治区财政安排资金75.21亿元，顺利完成全疆128.9万名机关事业单位人员从原来的单位保障或财政保障模式改为社会保险模式。

10月14日，财政厅党组书记、副厅长奥曲尔参加自治区边境管控工作电视电话会议。

10月14日，财政厅党组书记、副厅长奥曲尔，自治区农村综合改革领导小组办公室专职副主任艾新鲁参加南疆学前双语教育干部支教工作动员电视电话会议。

10月15日，根据《国务院办公厅转发人力资源社会保障部、财政部关于调整机关事业单位工作人员基本工资标准和增加机关事业单位离休人员离休费三个实施方案的通知》（国办发〔2016〕62号）精神，调整机关事业单位人员工资标准，增加机关事业单位离休人员离休费，自2016年7月1日起执行。

10月16日，自治区政协副主席、人民政府党组成员、财政厅厅长弯海川参加自治区“民族团结一家亲”活动动员大会和自治区党委常委会议。

10月19日，自治区财政厅、地税局、畜牧厅联合印发《关于明确草地耕地占用税有关问题的通知》（新财法税〔2016〕34号），就草地征收耕地占用税有关问题进行明确。

10月20日，自治区纪委驻财政厅纪检组组长、财政厅党组成员方章荣参加自治区党委决策部署落实情况监督检查工作视频会议。

10月24日，财政厅党组成员、副厅长甫拉提·玉素甫江参加自治区全民体检工作电视电话会议。

10月24日，自治区财政厅制定《自治区中小微企业政银担风险补偿资金管理暂行办法》（新政办发〔2016〕150号），通过发挥财政资金的导向和放大作用，引导和鼓励政策性融资担保机构、金融机构加大对中小微企业的信贷支持力度，缓解中小微企业融资难问题。

10月25日，自治区政协副主席、人民政府党组成员、财政厅厅长弯海川率新疆代表团随中国代表团参加在巴基斯坦首都伊斯兰堡举行的中亚区域经济合作第十五次部长级会议和中亚区域经济合作本年度第二次高官会。

十一月

11月8日，财政厅党组成员、副厅长王彦楼参加全国环保系统“十三五”时期对口援疆工作会议。

11月9日，财政厅党组成员、副厅长甫拉提·玉素甫江赴喀什参加内地高校新疆籍少数民族毕业生就业创业暨农村富余劳动力转移就业工作推进会。

11月10日，自治区财政厅采取地州交叉检查的方式，对全区12个地州2011年、2012年创建的部分自治区规范化财政所和2016年各地申报自治区规范化财政所的76个乡镇财政所乡镇财政资金监管工作进行综合抽查检查。

11月18日，自治区政协副主席、人民政府党组成员、财政厅厅长弯海川参加自治区财政工作电视电话会议。

11月23日，自治区政协副主席、人民政府党组成员、财政厅厅长弯海川，财政厅党组成员、副厅长王彦楼参加自治区经济工作协调调度会议。

11月30日，财政厅党组成员、副厅长张小庚参加南疆四地州农村学前三年免费双语教育经费保障政策传达视频会议。

十二月

12月5日，财政厅党组成员、副厅长张小庚参加新疆边境防控设施建设工作座谈会。

12月9日，财政厅党组成员、副厅长王彦楼参加自治区推进电气化新疆工作会议。

12月14日，自治区财政厅举行“民族团结一家亲”联谊活动。

12月21日，自治区党委召开常委会议，传达中央领导批示精神，传达学习中央经济工作会议、全国高校思想政治工作会议、中央农村工作会议、扶贫工作会议精神和习近平总书记在第一届全国文明家庭表彰大会上的重要讲话精神，研究我区贯彻意见。自治区政协副主席、人民政府党组成员、财政厅厅长弯海川参加会议。

12月23日，财政厅党组成员、副厅长王彦楼参加自治区研究组织收入工作会议和研究自治区2017年公路项目投资工作会议。

12月28日，自治区政协副主席、人民政府党组成员、财政厅厅长弯海川，财政厅党组书记、副厅长奥曲尔，财政厅党组成员、副厅长王彦楼参加自治区党委经济工作会议。

12月28日，自治区财政厅印发《关于进一步清理规范地方财政专户的通知》（新财库〔2016〕133号），加强对存量财政专户的规范管理，明确除非税收入、社保基金、国际贷款赠款、退耕还林、粮食风险基金等保留的财政专户外，其余全部撤销。

12月29日至30日，自治区政协副主席、人民政府党组成员、财政厅厅长弯海川参加全国财政工作会议。

12月30日，财政厅党组成员、副厅长王彦楼参加新疆银行开业大会。

中国法院2024年度案例

国家法官学院　最高人民法院司法案例研究院 / 编

合同纠纷

中国法制出版社
CHINA LEGAL PUBLISHING HOUSE

《中国法院2024年度案例》通讯编辑名单

刘晓虹　北京市高级人民法院
王　凯　北京市高级人民法院
张　倚　天津市高级人民法院
徐翠翠　河北省高级人民法院
崔铮亮　山西省高级人民法院
杨智勇　内蒙古自治区高级人民法院
周文政　辽宁省高级人民法院
苏　浩　吉林省高级人民法院
王　妍　黑龙江省高级人民法院
牛晨光　上海市高级人民法院
缪　芳　江苏省高级人民法院
左一凡　江苏省高级人民法院
谷昔伟　江苏省南通市中级人民法院
宋婉龄　江苏省无锡市中级人民法院
杨　治　浙江省高级人民法院
蒋　莹　浙江省高级人民法院
刘伟玲　安徽省高级人民法院
林冬颖　福建省高级人民法院
李智芹　江西省高级人民法院
李　宁　山东省高级人民法院
张　琦　河南省高级人民法院
宋淼军　湖北省高级人民法院
黄　娅　湖北省宜昌市中级人民法院
唐　竞　湖南省高级人民法院
李　雪　广东省高级人民法院
邹尚忠　广西壮族自治区高级人民法院
韦丹萍　广西壮族自治区高级人民法院
黄文楠　海南省高级人民法院
吴　小　重庆市高级人民法院
任　梦　四川省高级人民法院
杨俊杰　云南省高级人民法院
赵鸿章　云南省昆明市中级人民法院
颜　源　贵州省高级人民法院
戚　雷　贵州省贵阳市中级人民法院
王丽萍　西藏自治区高级人民法院
郑亚非　陕西省高级人民法院
张旦旦　甘肃省高级人民法院
王　晶　青海省高级人民法院
康　莹　宁夏回族自治区高级人民法院
石孝能　新疆维吾尔自治区高级人民法院
洪超胜　新疆维吾尔自治区高级人民法院生产建设兵团分院

序

党的二十大擘画了全面建成社会主义现代化强国、以中国式现代化全面推进中华民族伟大复兴的宏伟蓝图，强调全面依法治国是国家治理的一场深刻革命，必须更好发挥法治固根本、稳预期、利长远的保障作用，在法治轨道上全面建设社会主义现代化国家。为落实习近平总书记“一个案例胜过一打文件”的重要指示精神，人民法院始终把完善中国特色案例制度，加强司法案例研究作为推进全面依法治国、支撑和服务中国式现代化的重要途径，通过发布具有普遍指导意义的典型案例，统一法律适用、提高审判质效，提升司法公信力，努力让人民群众在每一个司法案件中感受到公平正义。为更好满足社会各界和人民群众多元化司法需求，把习近平法治思想落实到人民法院审判工作全过程各方面，人民法院案例库于2024年2月27日正式上线并向社会开放，这是进一步完善中国特色案例制度的重要举措，是最高人民法院推出的新的“公共法律服务产品”。

“中国法院年度案例系列”丛书以及时记录人民法院司法审判工作新发展、新成就为己任，通过总结提炼典型案例的裁判规则、裁判方法和裁判理念，发挥案例鲜活生动、针对性强的优势，以案释法，以点带面，有针对性地阐释法律条文和立法精神，促进社会公众通过案例更加方便地学习法律，领悟法治精神，发挥司法规范、指导、评价、引领的重要作用，大力弘扬社会主义核心价值观，积极服务人民法院案例库建设，加强案例库案例研究，促进统一法律适用、提升审判质效，丰富实践法学研究，增强全民法治意识和法治素养，展现新时代我国法治建设新成就。

“中国法院年度案例系列”丛书自2012年编辑出版以来，已连续出版13年，受到读者广泛好评。为更加全面地反映我国司法审判执行工作的发展进程，顺应审判执行实践需要，响应读者需求，丛书于2014年度新增金融纠纷、行政纠纷、刑事案例3个分册，2015年度将刑事案例调整为刑法总则案例、刑法分则案例2个分册，2016年度新增知识产权纠纷分册，2017年度新增执行案例分册，2018年度将刑事案例扩充为4个分册，2022年度将土地纠纷（含林地纠纷）分册改为土地纠纷（含环境资源纠纷）分册。自2020年起，丛书由国家法官学院与最高人民法院司法案例研究院共同编辑，每年年初定期出版。在全国各级人民法院的大力支持下，丛书编委会现编辑出版《中国法院2024年度案例系列》丛书，共23册。

“中国法院年度案例系列”丛书以开放务实的态度、简洁明快的风格，在编辑过程中坚持以下方法，努力让案例书籍“好读有用”：一是高度提炼案例内容，控制案例篇幅，每个案例字数基本在3000字左右；二是突出争议焦点，尽可能在有限的篇幅内为读者提供更多有效、有益的信息；三是注重释法说理，大多数案例由法官撰写“法官后语”，高度提炼、总结案例的指导价值，力求引发读者思考，为司法审判提供借鉴，为法学研究提供启迪。

“中国法院年度案例系列”丛书编辑工作坚持以下原则：一是以研究案例库案例为首要任务。自今年起，“中国法院年度案例系列”丛书优先选用人民法院案例库案例作为研究对象，力求对案例库案例裁判要旨的基本内涵、价值导向、法理基础、适用要点等进行深入分析，增强丛书的权威性、参考性。二是广泛选编案例。国家法官学院和最高人民法院司法案例研究院每年通过各高级人民法院从全国各地法院汇集上一年度审结的典型案例近万件，使该丛书有广泛的精选基础，通过优中选优，可提供给读者新近发生的全国各地多种类型的典型性、疑难性案例。三是方便读者检索。丛书坚持以读者为本，做到分卷细化，每卷案例主要根据案由（罪名）分类编排，每个案例用一句话概括裁判规则、裁判思路、裁判理念、裁判方法或焦点问题作为主标题，让读者一目了然，迅速找到目标案例。

中国法制出版社始终全力支持“中国法院年度案例系列”丛书的出版，给了编者们巨大的鼓励。2024年，丛书将继续提供数据库增值服务。购买本书，扫描前勒口二维码，即可在本年度免费查阅往年同类案例数据库。我们在此谨表谢忱，并希望通过共同努力，逐步完善，做得更好，探索出一条充分挖掘好、宣传好人民法院案例库案例和其他典型案例价值的新路，为广大法律工作者和社会公众提供权威、鲜活、精准的办案参考、研究素材，更好地服务司法审判实践、服务法学教育研究、服务法治中国建设。

“中国法院年度案例系列”丛书既是法官、检察官、律师等法律工作者的办案参考和司法人员培训辅助教材，也是社会大众学法用法的经典案例读本，同时也为教学科研机构开展案例研究提供了良好的系列素材。当然，编者们在编写过程中也难以一步到位实现最初的编写愿望，客观上会存在各种不足甚至错误，欢迎读者批评指正。我们诚心听取各方建议，立足提质增效，不断拓宽司法案例研究领域，创新司法案例研究方法，助推实现中国特色司法案例研究事业的高质量发展。

国家法官学院　最高人民法院司法案例研究院

2024 年 5 月

目　录

Contents

一、缔约过失责任纠纷

1. 交易附加价值存在缔约过失时的责任承担 ………… 1
——医药公司诉某医院合同案

二、预约合同纠纷

2. 双方仅达成合意未成功订立本约时，立约定金的性质认定及其定金罚则适用 ………… 7
——张某某诉商贸公司合同案

三、确认合同效力纠纷

3. 民法典实施后无权处分并不构成法律规定的导致合同无效的理由 ………… 12
——李某甲诉李某乙、解某某确认合同无效案

4. 确认之诉中原告是否具备“诉的利益”的判断 ………… 18
——李某诉朱某确认合同效力案

5. 转让快递末端网点经营权的效力认定 ………… 23
——陈某某诉罗某某确认合同无效案

6. “背靠背”合伙协议效力的认定 ………… 26
——路某某诉餐饮管理公司、刘某某确认合同效力案

四、债权人代位权纠纷

7. 债权人代位权的行使及效果 …… 31
——冯某某诉叶某甲债权人代位权案

五、债权人撤销权纠纷

8. 债权人撤销权的行使要件分析 …… 37
——投资合伙企业诉张某某债权人撤销权案

9. 债权人无权撤销财产受让人的处分行为 …… 41
——董某诉庞甲等债权人撤销权案

10. 债务人转让财产行为损害债权人利益的认定标准及撤销 …… 45
——魏某某诉娄甲债权人撤销权案

11. 债权人撤销权诉讼中影响债权实现的判断标准与行使期间的正确认定 …… 52
——建工公司诉孙某甲、孙某乙债权人撤销权案

六、债权转让合同纠纷

12. 债权人豁免上市公司债务通谋虚伪意思表示的认定 …… 58
——甲保理公司诉乙投资公司、丙公司债权转让合同案

七、债务转移合同纠纷

13. 委托付款不应认定为债务转移 …… 63
——木业公司诉建设公司、投资公司债务转移合同案

14. 债务转移的条件：必须征得原债权人的明确同意 …… 67
——李某某诉程某某债务转移合同案

八、债权债务概括转移合同纠纷

15. 涉快递网点转让纠纷的法律问题 …………………………………… 71
——某服务部诉苏某债权债务概括转移案

九、债务加入纠纷

16. 第三人向债权人表示愿意加入债务，债权人未在合理期限内明确拒绝的，构成债务加入 …………………………………… 76
——董某某诉车某某、简某债务加入案
17. 《中华人民共和国民法典》施行后，债务转移与债务加入的认定 ……… 81
——家具公司诉机械公司债务加入案

十、拍卖合同纠纷

18. 拍卖标的重新拍卖时，拍卖通知程序的合法性应结合合同约定、竞买人知情权及平等参与权是否得到保障等予以认定 ……………… 86
——郑某某诉拍卖公司、开发公司拍卖合同案

十一、建设用地使用权合同纠纷

19. 建设用地使用权出让合同中受让人延期竣工责任的法律适用及认定标准 …………………………………… 93
——某局某分局诉投资发展公司建设用地使用权出让合同案

十二、赠与合同纠纷

20. 受赠人未履行赡养义务的，赠与合同可撤销 ………………………… 99
——李某甲诉李某乙、曾某某赠与合同案

十三、借款合同纠纷

21. 金融机构应当对网签借款合同电子证据的真实性承担举证责任 ········ 103
——某银行武汉某支行诉某物流公司、刘某借款合同案

十四、保证合同纠纷

22. 债权人可以合同未约定但多次经办业务的员工为联系人向公司请求承担保证责任 ········ 109
——A 管理委员会诉投资融资担保公司保证合同案

23. 保证人在债务履行期间偿还债务行为的定性 ········ 113
——吕某某、董某某诉张某某保证合同案

24. 刑事退赔程序启动后担保责任承担问题 ········ 117
——常某某诉张某保证合同案

十五、租赁合同纠纷

25. 租赁合同守约方约定解除权行使的限制 ········ 124
——A 村民委员会诉塑料公司租赁合同案

26. 租赁房屋无法办理特殊证照情形下的损失承担主体认定 ········ 130
——综合门诊诉天津某酒店、天津某公司房屋租赁合同案

27. 继续性合同保证期间起算的认定 ········ 134
——设备租赁公司诉敬某某等租赁合同案

28. 合同履行中债务加入与职务行为的正确区分与认定 ········ 140
——孟某某诉某超市有限公司、刘某某房屋租赁合同案

29. 中标后未签订租赁合同应结合履行情况认定租赁关系 ········ 145
——某医院诉海鲜公司等租赁合同案

十六、定金合同纠纷

30. 定金罚则的适用应以合同明确约定为前提 …………………………………… 153
——安某诉王某某定金合同案

十七、融资租赁合同纠纷

31. 机动车“售后回租”式融资租赁法律关系的认定 ………………………… 157
——天津某公司诉唐某等融资租赁合同案

32. 租赁标的物之所有权仅担保租金债权实现之功能，双方签订的租赁合同不具有继续性合同的特征，应认定为融资租赁合同关系 ………… 163
——汽车服务公司厦门分公司诉商贸公司融资租赁合同案

十八、保理合同纠纷

33. 有追索权保理合同关系成立的要件认定 ……………………………………… 167
——商业保理公司诉园林建设公司等保理合同案

34. 保理追索权与票据追索权行使顺序及受偿方式 …………………………… 172
——保理公司深圳分公司诉控股公司票据追索权案

十九、承揽合同纠纷

35. 不影响外观设计下的手工艺作品还原度偏差不构成违约 ……………… 178
——文化发展公司、旅游开发公司诉文化艺术公司承揽合同案

二十、建设工程施工合同纠纷

36. 幼儿园租赁场地未取得消防验收证明系违反法律、行政法规的强制性规定 ……………………………………………………………………… 183
——教育咨询公司诉房地产开发公司建设工程施工合同案

37. 合同当事人不诚信行使先履行抗辩权应承担违约责任 …………………… 189
——Z集团诉A社区居民委员会、B经济合作社建设工程施工合同案

二十一、运输合同纠纷

38. 消费者享有对保价服务的知情权和选择权 ………………………………… 196
——黄某某诉贸易公司公路货物运输合同案

39. 运输合同中的保价协议效力认定 ……………………………………… 200
——电子商务公司诉物流公司、贸易公司公路货物运输合同案

40. 货物运输合同违约方应当向守约方支付因保管货物以及防止损失扩大而支出的合理费用 ………………………………………… 206
——王某甲诉运输公司等公路货物运输合同案

41. 逾期付款损失的正确认定 ……………………………………………… 210
——刘某诉Z公司、L公司运输合同案

二十二、委托合同纠纷

42. 售后返租模式下任意解除权的阻却行使条件 ………………………………… 215
——胡某某诉商业管理公司委托合同案

二十三、委托理财合同

43. 自然人之间的委托理财合同及保底条款并不当然无效 …………………… 221
——赵某某诉吴某某委托理财合同案

二十四、物业服务合同纠纷

44. 业主、物业使用人等都有义务负责支付物业服务费用 …………………… 225
——物业管理公司诉房地产开发公司等物业服务合同案

二十五、中介合同纠纷

45. 中介人违反如实报告义务的责任规则在“吃差价”案件中的适用方法 …… 231
——房产经纪公司第一分公司诉王某某中介合同案

46. 利用中介“跳单”未签合同需支付中介费标准的认定 …… 236
——张某某诉宋某中介合同案

二十六、合伙合同纠纷

47. 合伙人对内行使追偿权，不以合伙清算为必要前提条件 …… 241
——廖某诉南宁某公司等合伙合同案

二十七、服务合同纠纷

（一）旅游合同纠纷

48. 民刑交叉中，以单位名义签订合同实施犯罪的，被害人能否另行提起民事诉讼及单位主体的责任承担 …… 246
——李某诉Z旅行社旅游合同案

（二）餐饮服务合同纠纷

49. 餐饮服务合同中公司员工代理行为的责任承担 …… 251
——某餐厅诉投资公司等餐饮服务合同案

（三）网络服务合同纠纷

50. 新业态下服务合同中违约责任的认定 …… 255
——文化传媒公司诉文化科技公司网络服务合同案

51. 网络平台封禁用户账号合理性的认定 …… 259
——李某诉科技公司网络服务合同案

52. 网络公司通过算法综合形成的商品检索默认排序是否侵犯消费者权益 …… 262
——朱某某诉网络公司网络服务合同案

（四）教育培训合同纠纷

53. 实际控制人与公司构成人格混同的应承担连带清偿责任 …… 266
——曾某某诉文化传媒公司、刘某某教育培训合同案

54. 消费者对具有人身属性的教学服务合同享有解除权 …… 271
——杨某某诉普拉提健身馆教育培训服务合同案

（五）网络主播经纪服务合同

55. 直播时长未达约定违约损失应如何认定 …… 275
——文化传媒公司诉吴某某合同案

56. 主播合同违约金的认定 …… 280
——传媒公司诉连某某合同案

57. 合理预见规则在主播经纪合同违约金认定中的应用 …… 285
——文化传媒公司诉张某某其他合同案

二十八、演出合同纠纷

58. “穿透式”审判思维在法律关系认定中的运用及合同效力释明权的行使 …… 291
——娱乐传媒公司诉文化传媒工作室、宋某某合同案

二十九、准合同纠纷

59. 涉经营协议关系中超市收取管理费是否构成不当得利的正确认定 …… 296
——刘某诉某百货超市不当得利案

一、缔约过失责任纠纷

1

交易附加价值存在缔约过失时的责任承担

——医药公司诉某医院合同案

【案件基本信息】

1. 裁判书字号

福建省漳州市中级人民法院（2022）闽06民终3749号民事判决书

2. 案由：合同纠纷

3. 当事人

原告（上诉人）：医药公司

被告（被上诉人）：某医院

【基本案情】

某医院自2019年10月至2020年6月向医药公司采购各种中药药品，货款一直未结清。2020年6月，医药公司对公司财务报表进行审计后，账面反映：截至2020年6月15日向某医院的应收账款为334274.94元，并委托会计师事务所于2020年6月16日就此应收账款向某医院发出询证函，某医院于2020年6月18日盖章确认医药公司应收账款金额为334274.94元。2021年7月27日，医药公司收到某医院转账货款10504元。之后，某医院未再付款，现结欠医药公司货款合计323770.94元。

某医院则认为，医药公司起诉欠款323770.94元数额不准确。其依据的询证函在未经我院收货部门核对、未经我医院负责人确认签名的情况下，由财务盖章，依据不足。医药公司应提供全部送货单进行核对，才能确认准确的数额。此外，医药公司在购销中存在欺诈行为，导致我院损失196223.29元，应由医药公司承担相应的责任。该损失系医药公司欺诈行为导致，医药公司之前与我院协商时已承诺承担部分损失5万元，但承担损失数额双方未谈妥现医药公司全额起诉，完全违背诚实信用原则，据此我院要求就欺诈损失由医药公司承担196223.29元的50%。另外，双方未约定付款日期以及逾期利息，也未正式出具结欠条，医药公司起诉要求利息没有依据。综上，我院要求驳回医药公司本案的诉讼请求，或者由双方核对准确的数额，并由医药公司承担欺诈行为相应的损失数额，余款再由我院分期支付。

经查：1. 2019年8月13日，医药公司销售人员高某平与某医院药剂科负责人洪某某的聊天记录显示，洪某某询问中药粉是不是可以报销，高某某答复对的，此后洪某芬告知高某某“那我等下发中药粉给你，你把中药的医保编码发给我下，我得对应才可以让病人报销”，高某某答复“好的，我晚点发个医保目录给你，你们按中药饮片就可以报销了”，随后高某某微信向洪某某发送了医保编码。2. 自2019年8月起，某医院陆续向医药公司采购鱼腥草（破壁）、丹参粉、天麻粉、陈皮粉、黄芪粉、三七粉等中药药品。医药公司向某医院发送一份《询证函》，记载（摘要）：截至2020年6月15日，医药公司与某医院的往来款项为应收账款334274.94元。此后，某医院于2021年7月27日向医药公司付款10504元。3. 医疗保障局组织的医保基金监管专项检查组至某医院现场检查，认定某医院存在中药粉剂串换医保项目收费等违规行为，涉及本案合项下医药公司供货的鱼腥草（破壁）43566元、黄芪粉6569.4元、天麻粉40744.65元、丹参粉21948.3元、陈皮粉19416.54元等。某医院因此被医保部门追回196233.29元。

【案件焦点】

某医院因串换药品套取医保基金产生的退款损失 196223.29 元，医药公司是否应承担责任。

【法院裁判要旨】①

福建省漳州市芗城区人民法院经审理认为：首先，高某某作为医药公司的销售人员，与某医院的药剂科负责人洪某某就本案买卖合同事务进行磋商，在洪某某询问中药粉是不是可以报销时，高某某明确答复对的，告知洪某某按中药饮片就可以报销，并将医保目录编码发送给洪某某，上述对话发生于双方磋商订立合同过程中，高某某该行为违背了基于诚信原则产生的如实告知相对方相关真实信息等先合同义务，上述行为发生于高某某执行工作任务过程中，该民事法律行为依法对医药公司发生效力。其次，某医院向医药公司购买案涉药品后，在诊疗活动中将鱼腥草（破壁）、丹参粉、天麻粉、陈皮粉、黄芪粉等中药粉剂串换医保项目按照中药饮片进行收费，医保中心上述收费进行追回，共涉及片仔癀供货药品的鱼腥草（破壁）、黄芪粉等合计 132244.89 元（43566 元+88678.89 元），某医院上述损失客观存在。最后，某医院作为医疗机构，其应当知晓何种药品可以医保基金支付，也可以向医保管理部门问询药品医保基金支付事宜，但其对案涉中药粉剂是否可以医保基金支付未尽审慎义务，仅因高某某答复可以按中药饮片报销便将案涉中药粉剂串换列入医保目录的中药饮片予以医保基金支付，其应当对其因此被医保管理部门勒令退回的 132244.89 元承担主要责任；医药公司在磋商订立本案买卖合同过程中，提供虚假情况，告知某医院中药粉剂可以按中药饮片进行医保报销，该行为违背了基于诚信原则产生的如实告知相对方相关真实信息等先合同义务，与某医院的损失存在一定因果关系，应当对某医院上述损失承担次要责任，承担上述损失的 30%即 39673.47 元。

---

① 本书【法院裁判要旨】适用的法律法规等条文均为案件裁判当时有效，下文不再对此进行提示。

福建省漳州市芗城区人民法院依照《中华人民共和国民法典》第一百七十条、第四百六十五条、第五百条、第五百七十七条、第五百七十九条、第五百九十五条，《最高人民法院关于审理买卖合同纠纷案件适用法律问题的解释》第十八条的规定，判决如下：

一、被告某医院应于本判决发生法律效力之日起十日内偿还原告医药公司药品货款284097.47元；

二、被告某医院应从2022年5月20日起至还清款项之日止，以尚欠货款本金为基数，以全国银行间同业拆借中心公布的一年期贷款市场报价利率为基础加计50%向原告医药公司计付逾期付款损失；

三、驳回原告医药公司的其他诉讼请求。

医药公司不服一审判决，提起上诉。

福建省漳州市中级人民法院经审理认为：二审法院同意一审法院裁判意见。一审判决认定事实清楚，适用法律正确，应予维持。依照《中华人民共和国民事诉讼法》第一百七十七条第一款第一项之规定，判决如下：

驳回上诉，维持原判。

【法官后语】①

本案是由于中药粉剂能否用中药饮片进行报销引发的争议，实际上是关于中药粉本身的附加价值的争议。

在买卖合同的缔约协商过程中，除标的物本身的价值外，标的物的附加价值也是考虑的因素。标的物的附加价值，如是否属于学区房、能否被用于申请政府有关补贴等，常常关系到标的物的价格这一核心条款。由于交易附加价值并不构成对标的物本身价值直接影响，能否成立缔约过失需要进一步认定。

如果在交易附加价值层面出现缔约过失，需要从主观和客观两个方面进行考虑。

---

① 本书【法官后语】对此类法律问题涉及的法律规范等内容进行了时效性更新，下文不再对此进行提示。

1. 主观层面：存在一般过失

对于交易附加价值的磋商，买方存在着核心诉求，其希望通过本次交易取得标的物，从而用于其他用途。但是能否实现买方交易诉求的关键核心是标的物的基本情况以及附加价值是否符合买方的需求。

买方需求能否实现，除要考虑标的物本身的附加价值外，还要考虑买方自身的条件，如其自身是否符合申领补贴的要求，其子女是否符合学区房的适用条件等。因此，对于标的物的附加价值能否符合买方心中所愿，则并非卖方主观上“严守诚信”便可以实现，卖方对其产生的判断，则可能存在“过失”的情形。

在本案中，“中药粉”如何报销，怎么报销，可能受限于医保部门、医院的实践操作与地方政策。因此难以评价卖方医药公司存在主观故意，更遑论主要归责于卖方。

2. 客观方面：违背最低限度的诚信判断

缔约过失的客观方面为“违背诚实信用原则”，本质上是先合同义务的违反。但是当一方当事人追求标的物附加价值的时候，甚至是该标的物附加价值关系到价格等核心要素的时候，另一方当事人对于附加价值的情况判断以及告知，是否还是诚实信用原则的覆盖范围呢？

对于标的物的附加价值，取决于买方的自身条件以及标的物本身，而卖方对于诚实信用原则的遵守，限于标的物本身基本情况以及自身所处的行业交易习惯。而对于买方自身条件能否成就，则是买方自身的判断范畴，如果在磋商过程中，卖方对买方条件的判断，应当仅仅限于一般人理解中最低限度的诚信判断。

本案中，买方某医院由于对医保报销的实践处于信息优势地位，因此对于“中药粉”的报销应当由买方某医院主动获取承担。而卖方医药公司对于“中药粉”如何报销，应当基于最低限度的诚信回答，即采取一般人的理解。在一般人的观念中，“中药饮片”与“中药粉”，一个是片状固体，另一个是粉末状，二者有着最基本的形态不同，如果卖方采取一般人的理解，对于能否用

"中药饮片"的名义报销"中药粉"这一报销事项存疑，不应当给出明确的指向性的回答。因此，在本案中，卖方虽不具有主观故意，仅有过失行为，但其行为客观上违背了诚实信用原则。在这种情形下，由于卖方的认知仅仅具有最低限度的一般人理解程度，其对损害结果的发生并不具有重大影响，故需要承担次要责任。

编写人：福建省漳州市芗城区人民法院　林银木　许奕圣　邹燕玲

二、预约合同纠纷

2

双方仅达成合意未成功订立本约时，立约定金的性质认定及其定金罚则适用

——张某某诉商贸公司合同案

【案件基本信息】

1. 裁判书字号

北京市第二中级人民法院（2022）京02民终11160号民事判决书

2. 案由：合同纠纷

3. 当事人

原告（上诉人）：张某某

被告（被上诉人）：商贸公司

【基本案情】

2022年3月2日，商贸公司与张某某签订《定车协议》，约定：张某某向商贸公司定购4.2米的冷藏车，付款方式为定金18000元整，张某某需每月按时向融资租赁公司缴纳融资租赁费5500元，如因购车方个人原因导致本协议不能继续履行，销售单位有权利不退还定金，并由购车方赔偿销售单位车款总额的10%。同年3月3日，张某某向商贸公司缴纳定金18000元，商贸公司（任

佃帅）给张某某出具收据一张，内容为“张某某定车定金18000元（违约不退）”。此后，张某某以商贸公司故意隐瞒不给张某某上五险一金等为由，要求判令解除张某某与商贸公司的《定车协议》；退还定金18000元。

【案件焦点】

案涉18000元是否为定金，张某某是否有权要求商贸公司返还上述款项。

【法院裁判要旨】

北京市房山区人民法院经审理认为：依法成立的合同，受法律保护，对双方当事人都有约束力。根据查明的事实，张某某、商贸公司签订《定车协议》，系双方的真实意思表示，不违反法律、行政法规的强制性规定，合法有效。现张某某要求解除张某某、商贸公司签订的协议，商贸公司亦同意，该院不持异议。至于合同解除的时间，以该院将起诉状副本送达商贸公司之日，即2022年5月30日为准。合同解除后，尚未履行的，终止履行；已经履行的，根据履行情况和合同性质，当事人可以请求恢复原状或者采取其他补救措施，并有权请求赔偿损失。关于定金，债务人履行债务的，定金应当抵作价款或者收回。给付定金的一方不履行债务或者履行债务不符合约定，致使不能实现合同目的的，无权请求返还定金；收受定金的一方不履行债务或者履行债务不符合约定，致使不能实现合同目的的，应当双倍返还定金。本案中，张某某作为给付定金的一方，现提出解除协议致使不能实现协议目的，而其所提供的证据不足以证实其所主张的要求退还定金的诉讼请求，故其无权要求返还定金。

北京市房山区人民法院依据《中华人民共和国民法典》第四百六十五条、第五百零九条、第五百六十三条、第五百六十五条、第五百六十六条、第五百八十六条、第五百八十七条之规定，判决如下：

一、确认张某某与商贸公司于2022年3月2日签订的《定车协议》于2022年5月30日解除；

二、驳回张某某的其他诉讼请求。

张某某不服一审判决，提起上诉。

北京市第二中级人民经审理认为：《中华人民共和国民法典》第五百八十六条第一款规定，当事人可以约定一方向对方给付定金作为债权的担保。定金合同自实际交付定金时成立。第五百八十七条规定，债务人履行债务的，定金应当抵作价款或者收回。给付定金的一方不履行债务或者履行债务不符合约定，致使不能实现合同目的的，无权请求返还定金；收受定金的一方不履行债务或者履行债务不符合约定，致使不能实现合同目的的，应当双倍返还定金。由此可知，定金合同系为担保主合同的履行而签订的一种担保合同。

本案中，双方当事人均认可，张某某系为应聘货运司机前往商贸公司，在商贸公司的建议下，与商贸公司签订了《定车协议》，该《定车协议》系由商贸公司提供的合同文本，未注明张某某欲购车辆具体信息、车辆总价款、车辆交付方式等车辆买卖合同必备条款，仅注明品牌与型号以及乙方需向融资租赁公司每月支付5500元左右的融资费，亦未注明融资租赁公司为何。特别在定金18000元后，以括号形式注明此款项为办理相关手续费用，不含车价。综合上述情况，张某某与商贸公司达成购车的合意，18000元并非定金，不应适用定金罚则。现张某某要求解除该合同，商贸公司亦同意，一审法院以本案起诉书送达日期即2022年5月30日作为合同解除日期并无不当，法院予以确认。

合同解除后，尚未履行的，终止履行；已经履行的，根据履行情况和合同性质，当事人可以请求恢复原状或者采取其他补救措施，并有权请求赔偿损失。鉴于解除该合同对商贸公司造成一定损失，法院酌定张某某向商贸公司赔偿2000元，商贸公司应退还张某某剩余款项16000元。

综上，张某某的上诉理由部分成立，法院予以相应支持；一审法院认定事实有误，依照《中华人民共和国民事诉讼法》第一百七十七条第一款第三项之规定，判决如下：

一、撤销北京市房山区人民法院（2022）京0111民初5075号民事判决；

二、商贸公司于本判决生效后10日内退还张某某16000元；

三、驳回张某某的其他诉讼请求。

【法官后语】

定金是指为担保合同的订立、成立生效、履行，当事人一方向对方给付的一定金钱或替代物。定金担保可以发生在合同的订立、成立或生效、履行等不同的阶段。从学理上划分，定金的类型分为违约定金、立约定金、成约定金、解约定金、证约定金。具体到正式的法律渊源中，我国定金的规定仅在《中华人民共和国民法典》中以违约定金的形态出现，《中华人民共和国民法典》没有立约定金的相关规定。而在司法实践中，本合同未成立，能否认定定金合同成立、立约定金的构成要件及立约定金罚则的适用条件也是常见的争议问题。

本案中，张某某系为应聘货运司机前往商贸公司，在商贸公司的建议下，与商贸公司签订《定车协议》，该《定车协议》系由商贸公司提供的合同文本，未注明张某某欲购车辆具体信息、车辆总价款、车辆交付方式等车辆买卖合同必备条款，仅注明品牌与型号以及乙方需向融资租赁公司每月支付5500元左右的融资费，亦未注明融资租赁公司为何，显然该协议系双方之间就购买车辆形成的意向，并非双方就购买车辆事宜达成的正式合同。特别在定金18000元后，以括号形式注明此款项为办理相关手续费用，因此18000元并非违约定金，而应该理解为立约定金。

立约定金又称为订约定金，是指当事人为保证以后正式订立合同而专门订立的定金。立约定金的功能相较于违约定金具有双重的属性：其一在于对于本合同的顺利签订起到担保的作用；其二在于当事人就合同磋商尚未完成，从而为双方之间保留了“不缔约”的自由。立约定金在交付时，本合同尚未成立，其存在的主要目的就是担保本合同的成立。同时，立约定金的生效时间早于本合同，一般在本合同尚不具备完全签订的条件下，采用立约定金一方面能够有利于当事人之间对本合同的签订作出努力，激发出市场活力，同时，在缔约失败时，能够一定程度减轻当事人的经济负担。因此，立约定金出现在预约合同中较多，其具有独立属性，并不依赖于本合同的成立而成立，且与本合同是否发生法律效力并无关联。

立约定金是否同违约定金一样适用定金罚则呢？笔者认为，适用罚则的构成要件应该有如下几个方面：一是立约定金合同的成立并生效。意思表示是一切法律行为的一般成立要件。立约定金合同系当事人协商一致的成果，采用书面形式，在主合同成立生效之前实际交付。二是因一方原因致主合同无法订立，且归责事由归咎于一方。三是不履行义务方存在过错，如双方就主合同未签订系对于主合同的内容无法协商一致造成，则不能使用立约定金罚则。

立约定金适用过错责任，主要理由有；一是参照《最高人民法院关于审理商品房买卖纠纷案件适用法律若干问题的解释》第四条的规定系房屋买卖中立约定金的适用规则，适用的是过错原则，为了保证法律适用的一致性，立约定金的适用应当参照此规定。二是适用严格原则，将违背公平原则。立约定金的主要功能是担保本合同的签订，但是本合同是否能够顺利签订需要当事人双方对本合同的相关内容进一步磋商。如果适用严格责任，就会存在不平等、非合理性等条款的存在，从而迫使另一方当事人被迫接受，当事人之间的权利义务将有失均衡。

准确定性立约定金，是法官审理立约定金合同纠纷最为关键的一步。在审查当事人之间的民事法律关系是否为立约定金合同纠纷时，要紧紧围绕其定义以及构成要件进行界定；应当采用过错责任原则，考虑当事人在协商过程中是否存在过错，进而判断是否适用定金罚则。本案中，就购车事宜双方进一步磋商后未达成购车协议时，不能判定双方任何一方存在过错，因此不适用定金罚则，应对当事人要求返还定金的诉请予以支持。

编写人：北京市房山区人民法院　徐敏敏

三、确认合同效力纠纷

3

民法典实施后无权处分并不构成法律规定的导致合同无效的理由

——李某甲诉李某乙、解某某确认合同无效案

【案件基本信息】

1. 裁判书字号

北京市第三中级人民法院（2022）京03民终11725号民事判决书

2. 案由：确认合同无效纠纷

3. 当事人

原告（上诉人）：李某甲

被告（被上诉人）：李某乙、解某某

【基本案情】

李某甲育有两子，长子李某、次子李某乙，2003年11月29日，李某甲、李某、李某乙进行了分家，分家证明上写明位于北京市平谷区的房屋5间及3间西平房归二儿子李某乙所有。2001年12月25日，李某乙与张某某登记结婚，后2004年12月24日双方签订离婚协议，未对涉案房产进行处置。2005年7月15日，李某乙与解某某登记结婚，2015年9月7日双方协议离婚，双方签

订的离婚协议中约定：平谷区房屋正房东边2间归李某乙所有，平谷区正房5间及偏房4间归解某某所有。经现场勘察，涉案房产有正房共7间（以柱子进行划分），西偏房共4间。

李某甲将李某乙、解某某诉至法院，主张涉案房屋正房东边2间和偏房4间中的一间，在分家时并未分给李某乙，属于其个人财产，李某乙无权在与解某某离婚协议中约定归自己或解某某所有。涉案房屋正房西边5间及其余偏房3间，属于在2003年11月29日分家时李某甲附赡养义务赠与李某乙的财产，李某乙不赡养父母时，父母有权收回相应房产所有权。李某乙与解某某恶意串通，以离婚名义订立财产分割协议，违背公序良俗，损害了李某甲的合法权利，故请求法院确认李某乙与解某某在离婚协议中关于涉案房屋中正房东边2间归李某乙，正房5间及偏房4间归解某某的约定无效。

李某乙辩称，其与解某某为了贷款买楼，所以办理了假离婚手续。由于是假离婚，所以离婚协议中有关财产的约定是无效的，不是其真实意思表示，同意李某甲的诉讼请求。

解某某辩称，其与李某乙的离婚协议书是真实有效的，二人办理了离婚手续，不存在假离婚。二人之所以在离婚协议书中约定正房5间及偏房4间归解某某所有，是因为孩子归解某某抚养。二人在离婚协议中对房屋的约定并未损害李某甲权益。综上，不同意李某甲的诉讼请求。

【案件焦点】

李某乙与解某某签订的《离婚协议》中关于房屋归属的约定是否有效。

【法院裁判要旨】

北京市平谷区人民法院经审理认为：关于李某甲主张李某乙与解某某之间签订的《离婚协议》存在恶意串通、违背公序良俗之情形，其提交的微信转账证明、证人证言等证据尚未达到法律规定的对该事实存在的可能性能够排除合理怀疑的证明标准，故对李某甲的该主张，法院不予采纳。李某甲主张撤销赠与一节，因本案系确认合同效力纠纷，李某甲是否可以撤销赠与本案无关。

关于李某乙主张其与解某某系因为买房假离婚的事实，法院认为李某乙与解某某均是具备完全民事行为能力的成年人，应当清楚在婚姻登记机关进行离婚登记的法律后果，离婚协议书系双方自愿签订，解某某对假离婚的事实不予认可，双方婚姻关系已经解除。即使双方在婚姻关系解除后，李某乙有向解某某转账的事实，但转账发生的原因有多种，并不能以此证明双方在签订离婚协议时意思表示不真实，故对李某乙的上述主张法院不予采信。

根据查明的事实，双方均认可房屋5间（从西往东数）及3间西平房（从北往南数）在2003年11月29日以分家的形式分给了李某乙。2015年7月15日李某乙、解某某签订的离婚协议书约定平谷区×××号房屋正房5间（从西往东数）及偏房4间归解某某所有。该协议中将偏房中的尚属于李某甲的一间（最南边一间）也进行了处分。但根据《最高人民法院关于适用〈中华人民共和国民法典〉时间效力的若干规定》，民法典施行前成立的合同，适用当时的法律、司法解释的规定合同无效而适用民法典的规定合同有效的，适用民法典的相关规定。而根据《中华人民共和国民法典》的规定，无权处分并不构成法律规定的导致合同无效的理由。李某甲可另案主张自己的权益。

北京市平谷区人民法院依据《中华人民共和国民法典》第一百四十三条、《最高人民法院关于适用〈中华人民共和国民法典〉时间效力的若干规定》第八条、《最高人民法院关于适用〈中华人民共和国民事诉讼法〉的解释》第九十条之规定，判决如下：

驳回原告李某甲的全部诉讼请求。

李某甲不服一审判决，提起上诉。

北京市第三中级人民法院经审理认为：本案中，李某甲主张李某乙与解某某之间签订的《离婚协议》存在恶意串通，应当认定涉及房屋分割的部分无效。对此主张，李某甲并没有提交充分有效的证据证明李某乙与解某某确实存在为故意侵占李某甲房产的目的而相互合谋、串通的行为，该《离婚协议》中关于房产的分割也不属于违背公序良俗的内容。虽然《离婚协议》中对不属于李某乙和解某某的部分房产也进行了约定，属于无权处分，但无权处分行为直接影响的是《离婚协议》中约定内容能否履行的问题而并不影响《离婚协议》本身的效力。若《离婚协议》的履行侵害到了属于李某甲的房产权益，其有权另案提出主张。

关于李某乙称其与解某某是假离婚，《离婚协议》并非双方的真实意思表示。对此，法院认为李某乙作为完全民事行为能力人，应当清楚签订《离婚协议》以及在婚姻登记机关办理离婚登记的法律后果，虽然其提交了部分证据证明双方在离婚之后还存在经济及生活方面的交往，但并不足以证明其在签订《离婚协议》时是被欺骗或胁迫的，故法院对李某乙的上述意见不予采信。关于李某甲是否有权基于赡养约定而主张撤销赠与房产的问题，属于另一法律关系，与本案无关。

北京市第三中级人民法院依照《中华人民共和国民事诉讼法》第一百七十条第一款第一项之规定，判决如下：

驳回上诉，维持原判。

【法官后语】

《中华人民共和国民法典》删除了原《中华人民共和国合同法》第五十一条关于无权处分的规定，吸收《最高人民法院关于审理买卖合同纠纷案件适用法律问题的解释》（法释〔2012〕8号）第三条的内容，在《中华人民共和国民法典》第五百九十七条中作出关于出卖人无权处分情形下买卖合同效力、违约责任承担的增补规定。且该规定可以类推适用于其他无权处分并订立有偿合同的情形。由此，无权处分他人财产，经权利人追认或者无处分权人事后取得处分权的，合同仍然有效；未经权利人追认或者无权处分人事后亦未取得处分权的情形下，相关合同不再无效，也属有效合同。这一合同效力的变化实质上是保护了与无权处分人订立合同的善意相对人的合法权利。本案则体现了无权处分订立的合同仍然有效这一《中华人民共和国民法典》新增内容。

1. 无权处分合同的效力认定

无权处分，是指没有处分权而处分他人财产。关于无权处分所订立合同的效力，学界主要存在“合同无效说”“效力未定说”“完全有效说”三种观点。

“合同无效说”以“给付不能理论”为基础，认为在缔结合同时，由于处分人对标的物没有所有权或处分权，因此，属于以“不能履行的给付”为合同标的的情形，应当认定合同无效。“效力未定说”认为无权处分情形下缔结的合同效力处于未定状态。无处分权的人处分他人财产，经权利人追认或者无处分权的人订立合同后取得处分权的，该合同有效。在权利人拒绝追认和处分人事后未取得权利的情形下，该合同无效。判断权利人可否从相对人处取回标的物，应当依据善意取得制度。“完全有效说”认为无权处分人订立的合同属于负担行为，该合同之效力不以处分人对标的物享有所有权或处分权为要件，也不当然地受双方主观上是否善意的影响，该合同是确定有效的。

根据《中华人民共和国民法典》第五百九十七条之规定，我国立法机关实际上已经采纳了“完全有效说”。第五百九十七条规定，“因出卖人未取得处分权致使标的物所有权不能转移的，买受人可以解除合同并请求出卖人承担违约责任。法律、行政法规禁止或者限制转让的标的物，依照其规定”。由于追究违约责任是以存在有效合同为前提，该规定即承认了买卖合同的效力不受有无处分权之影响。

“完全有效说”的妥当性体现在其区分了负担行为和处分行为两个概念。负担行为有效不以负担义务者有处分权为必要条件，负担行为是物权变动的原因，不产生物权变动的结果。处分行为有效才以处分人有处分权为必要条件，处分行为产生物权变动的结果。无权处分属于负担行为，无权处分合同有效但不产生处分财产权利的转移。这样的规定较为妥善地解决了交易安全与所有权安全的平衡问题以及合同效力和善意取得问题。

值得注意的是，《中华人民共和国民法典》第五百九十七条的适用范围不仅限于出卖人无权处分所订立的买卖合同。对于出租他人之物、以他人之物设定权利负担等无权处分行为，也可以根据《中华人民共和国民法典》第六百四十六条关于“法律对其他有偿合同有规定的，依照其规定；没有规定的，参照适用买卖合同的有关规定”对《中华人民共和国民法典》第五百九十七条进行类推适用。

综上,《中华人民共和国民法典》明确了无权处分并不必然导致合同无效。在符合《中华人民共和国民法典》第一百四十三条“(一)行为人具有相应的民事行为能力;(二)意思表示真实;(三)不违反法律、行政法规的强制性规定,不违背公序良俗”的情况下,无权处分订立的合同有效。

本案中,李某乙与解某某签订的《离婚协议》虽然对不属于李某乙和解某某的部分房产进行了约定,属于无权处分,但无权处分行为直接影响的是《离婚协议》中约定的内容能否履行的问题,并不影响离婚协议本身的效力。李某甲据此主张涉案《离婚协议》无效的理由不能成立。

2. 无权处分之违约救济方式

无权处分合同中的善意相对人因权利人未追认或者无权处分人事后亦未取得处分权致使标的物所有权不能转移的,可以要求解除合同并要求无权处分人承担违约责任。承认无权处分合同有效的情况下,善意相对人的救济方式有两个方面:解除合同和要求无权处分人承担违约责任。违约责任通常包括继续履行、采取补救措施或者赔偿损失。无权处分情况下则以要求无权处分人赔偿损失为最常见的违约责任主张方式。应当注意的是,违约救济是一个比违约责任外延更大的概念,赔偿损失属于违约责任范畴,但解除合同则显难谓之违约责任,而属于违约救济方式。

本案中,李某乙与解某某签订的《离婚协议》将属于李某甲的部分房产约定归解某某所有,该《离婚协议》有效,但因李某甲系二人处分的部分房产的所有人,李某甲主张二人无权处分,反对将相关房产归解某某所有,故李某乙与解某某无权处分不发生物权变动结果。由于相关房产所有权不能转移,解某某可以向李某乙要求解除《离婚协议》和承担违约责任。

本案为适用《中华人民共和国民法典》承认无权处分合同有效性的典型案例。本案例准确分析了无权处分合同效力,较好地平衡了不动产所有人、合同善意相对人的权益,增加无权处分行为风险成本,有利于促进形成诚信履约的市场交易秩序。

编写人:北京市平谷区人民法院 刘东遥

4

确认之诉中原告是否具备“诉的利益”的判断

——李某诉朱某确认合同效力案

【案件基本信息】

1. 裁判书字号

北京市石景山区人民法院（2022）京 0107 民初 3744 号民事裁定书

2. 案由：确认合同效力纠纷

3. 当事人

原告：李某

被告：朱某

第三人：甲房地产公司、乙房地产公司

【基本案情】

甲房地产公司注册资本为 1000 万元，现任法定代表人为朱某。经多次股权变动，2015 年 12 月 11 日，朱某成为甲房地产公司的唯一股东，持股 100%。

李某与朱某于 2018 年 12 月 29 日，分别签署两份协议。一份名称为《转让协议》，其主要内容为“转让方：朱某 受让方：李某，1. 转让方同意将甲房地产公司的股权 850 万元转让给受让方；2. 受让方同意接受转让方在甲房地产公司中的股权 850 万元”。另一份名称为《甲房地产公司股权转让协议》，其内容为“甲方（转让方）朱某，乙方（受让方）李某。1. 甲方将其持有甲房地产公司中的 85%的股权（即 850 万元出资）转让给乙方。2. 乙方同意接受上述转让的股权。3. 甲乙双方确定的转让价格为一元。”两份合同，一份股权转让对价为 0 元，另一份为 1 元。朱某认可相关协议的真实性，并认为相关协议均为合法有效。

2018 年 12 月 29 日，甲房地产公司出具一份决定，内容为“甲房地产公司朱某决定将名下股权 85%转让给李某持有”。

后乙房地产公司就甲房地产公司的股东资格、股权所有问题，将朱某、甲房地产公司诉至北京二中院。判决朱某持有的甲房地产公司 85%的股权归乙房地产公司所有并协助办理股权变更登记。在二中院作出前述民事判决书后，案件生效前（存在二审案件），甲房地产公司的股东由朱某（持股 100%）变更为朱某（持股 15%）、李某（持股 85%）。根据甲房地产公司的工商档案材料显示，股权变更的依据为 2018 年 12 月 29 日朱某与李某所签署的《转让协议》。

因当事人不服前述判决向北京高院提起上诉，北京高院作出终审民事判决书，在该判决法院认为部分载明“朱某等转让股权行为是在一审判决之后作出的，而一审判决已经认定诉争 85%股权应归属于乙房地产公司，而朱某在股权归属未决的情况下将股权转让给案外人，违背了诚实信用原则。鉴于朱某名下仍持有甲房地产公司 15%股权，且法院认定在 2018 年 12 月 29 日《转让协议》签订前，朱某名下的甲房地产公司 85%股权的相关谈话的意思表示，故法院确认朱某现仍持有甲房地产公司 15%股权系上述 85%股权的一部分，应归属于乙房地产公司所有……同时，乙房地产公司如对另外 70%股权主张权利，应当另行解决。”该判决主文为“一、撤销二中院原审民事判决；朱某持有的甲房地产公司 15%股权归乙房地产公司所有并协助办理股权变更登记。”在北京高院判决生效后，按照判决进行履行，现甲房地产公司的股东为乙房地产公司（持股 15%），李某（持股 85%）。法定代表人仍为朱某。

另查明，乙房地产公司就《转让协议》效力问题，另行向二中院提起确认合同无效纠纷，要求确认朱某与李某之间的《转让协议》无效，该案立案时间早于本案立案时间，且朱某在该案中提出管辖权异议。就《转让协议》的效力问题，李某、乙房地产公司在不同案件中的诉讼请求相互冲突。

【案件焦点】

在被告朱某认可合同真实有效的情况下，原告李某仍提起确认合同有效的诉讼，其是否具备诉的利益。

【法院裁判要旨】

北京市石景山区人民法院经审理认为：诉的利益又被称之为权利保护利益，其主要意义在于阻止依当事人诉讼目的，将无须国家给予权利保护的案件纳入实体审理，从而避免不必要或无意的司法资源消耗。当事人要求法院明确某一争议的民事法律关系是否存在或者存在的具体状态，是确认之诉的基本特点，正是基于该特点，在确认之诉中，是否具有诉的利益，需要从权利是否受到现实威胁，确认是否适合消除危险两个方面进行考虑。一方面，受威胁的必须是原告法律上的利益，且原告的权利状况必须因此处于不确定的状态。另一方面，所作出的相关判决，必须适合消除原告权利所面临的，当前的不安全性。而对合同效力确认属于法院依职权审查的范畴，乙房地产公司已经另行在二中院就合同效力问题提出诉讼，且二中院案件的立案时间早于本案，两个案件则均指向同一合同的效力问题。在本案中，原告李某提出确定合同有效的主张，被告朱某通过自认的方式，认可协议的真实性与效力，其并未对李某的权利进行否认，并未导致李某的权利状态处于不确定的状态，亦并未就效力问题产生法律纷争。因而在本案中，李某作为原告并不具备诉的利益。

综上，北京市石景山区人民法院依照《中华人民共和国民事诉讼法》第一百二十二条、《最高人民法院关于适用〈中华人民共和国民事诉讼法〉的解释》第二百零八条之规定，裁定如下：

裁定驳回起诉。

宣判后，双方当事人均未上诉，裁定现已发生效力。

【法官后语】

关于诉的利益，《中华人民共和国民事诉讼法》虽并未明确规定，但在司法实践中却又大量被法官裁判运用，无不凸显出该理论的重要性。诉的利益为大陆法系民事诉讼理论上的概念，是指对于具体的诉讼请求，是否具有进行本案判决的必要性和实效性（判决所能够实现的实际效果）。[①] 在德国的法律体系下，也被称之为“权利保护之必要”。

一般而言，任何人都有权向司法机关寻求权利救济，但并不意味着法院任何时候都会启动自身的司法权力，究其原因在于要避免司法资源被不正当消耗或者成为不诚信当事人的诉讼工具。在不同的诉讼类型中，对于是否享有诉的利益的判断标准并不相同。基于本案在诉讼类型中属于确认之诉，本文将对确认之诉中，原告是否具有“诉的利益”的判断标准进行梳理：

第一，原告的权利是否受到现实危险。即原告起诉所主张的权利，有被法律保护的必要性。原告与被告之间存在真实的对抗，双方对于权利义务的确定、履行等存在严重的分歧，原告的权利具有不确定性且受到现实危险，因而需要司法权力的介入，以保护自身的合法权利。

在本案中，李某主张确认合同有效，朱某亦认可合同有效，且双方按照合同进行了履行，在李某、朱某之间，李某的权利没有受到来自朱某的任何现实危险，其不具有诉的利益。除要考察权利是否受到现实危险外，还要考察当事人是否存在滥用诉权或非诚信诉讼的情况。在本案关联案件诉讼中，朱某、李某采取了不诚信的行为，即在二审尚未作出裁判前，将一审判决至乙房地产公司名下的股权进行了变更，导致乙房地产公司无法全部获得相应的甲房地产公司股权。而在乙房地产公司就朱某、李某之间的合同提起确认无效的诉讼后，李某、朱某又在法院提起针对同一合同确认有效的诉讼，其目的昭然若揭，当然更不具备诉讼的利益。

第二，确认之诉的客体一般指向法律上的利益。确认之诉所针对的是与当事人有关的法律关系或者实体权利。也正因如此，才会导致当事人寄希望于确认之诉将一个不确定的法律关系固定下来，进而明确自身的权利、义务，并按照法定或约定的方式进行履行。单一的事实一般不会导致当事人权利义务的变化，因而无法成为确认之诉的客体。在我国的司法实践中，也存在这样的案例，

---

① 张卫平：《诉的利益：内涵、共用与制度设计》，载《法学评论》2017 年第 4 期。

原告要求法院确认涉案工程结算款的金额。但是金额的多少是一个事实问题，因而法院认为原告不具备诉讼利益，裁定驳回起诉。[①] 需要注意的是，在确认之诉中，仍存在确认事实的例外之情形，如确认或否认亲子关系等。

第三，能否通过确认之诉消除危险。当事人选择不同的诉讼类型提起诉讼，是当事人权利的选择。但这种选择的背后，更加强调确认之诉是能够一次性解决双方之间纠纷的，而不是还需要通过其他后续的诉讼才能解决。从诉的类型上看，尤其是确认之诉与给付之诉的关系上来看，在给付之诉中，往往包含着确认之诉，确认之诉此时对给付之诉具有辅助性。即在确定履行权利义务之前，需要对双方之间的权利义务状态进行确认。但当事人在可以提起给付之诉的情形下，没有提起给付之诉，而是对给付请求权提出确认之诉，就不具有确认之诉中诉的利益。[②] 因为此种行为，在客观上加重了被告和法院的负担，造成了被告和法院的不利益。此时，原告便不再具有诉的利益。

此外，针对无诉的利益的案件的处理方式，实践中存在不予审理、判决驳回诉讼请求和裁定驳回起诉三种不同做法。[③] 诉的利益问题，从诉讼程序的角度上讲，其本质是诉的条件问题，即原告不具备诉的利益，便意味着其起诉不符合法定的关于起诉的条件。在确认之诉的环境下，诉的利益理论更侧重于程序性的问题，因而在作出处理时，应尽量避免从实体上判决驳回诉讼请求。但是，对于恶意诉讼的情形，是否采取判决驳回的方式，还有待进一步论证、研究。同时，在立案登记制背景下，立案审查阶段从主客观上均很难识别出当事人是否具备诉的利益，只能是通过案件的审理才能判断原告是否具备诉的利益。因此，裁定驳回起诉应当成为最为常见的处理方式。

编写人：北京市石景山区人民法院　车玉龙

---

① 万永福、翟维玲、杨伟：《仅请求确认事实的起诉中诉的利益认定》，载《人民法院报》2019年12月19日。

② 张卫平：《诉的利益：内涵、共用与制度设计》，载《法学评论》2017年第4期。

③ 田晔：《民事诉讼中确认之诉“诉的利益”的实证考察与制度完善》，载《法律适用》2022年第10期。

5

转让快递末端网点经营权的效力认定

——陈某某诉罗某某确认合同无效案

【案件基本信息】

1. 裁判书字号

重庆市第五中级人民法院（2022）渝05民终4199号民事判决书

2. 案由：确认合同无效纠纷

3. 当事人

原告（被上诉人）：陈某某

被告（上诉人）：罗某某

【基本案情】

罗某某与案外人成某于2020年9月27日签订的《A小区快递区域承包合同》。邮政管理局颁发的《快递末端网点备案回执》记载：快递公司，快递末端网点名称为快递公司某区子服务点，网点负责人为成某。《末端网点信息查询》记载：有效日期至2025年9月22日。

2021年3月11日，陈某某与罗某某签订《转让合同》，约定罗某某将位于A小区快递公司分部经营权转让给陈某某，转让费12万元（包含车辆转让费20000元），陈某某于当日交定金2万元，于2021年3月18日交清剩余尾款10万元，因陈某某个人原因未在规定时间内交齐尾款，定金不退。

陈某某于2021年3月11日向罗某某支付定金2万元，于3月18日向罗某某支付10万元。2021年3月25日，罗某某退还陈某某2万元。罗某某将A小区快递公司分部交给陈某某经营至今。2021年4月16日，罗某某将一辆小型普通客车过户给陈某某。陈某某要求确认《转让合同》无效并返还转让费，故诉至法院。

【案件焦点】

案涉《转让合同》是否因违反《中华人民共和国邮政法》的相关强制性规定而无效。

【法院裁判要旨】

重庆市江津区人民法院经审理认为：根据《中华人民共和国邮政法》第五十一条、第五十二条、第五十三条之规定，经营快递业务，应当取得快递业务经营许可，申请快递业务经营许可，应当符合企业法人条件，申请人凭快递业务经营许可证向工商行政管理部门依法办理登记后，方可经营快递业务。因陈某某与罗某某均为自然人，罗某某没有证据证明其享有 A 小区快递公司分部经营权，也无证据证明罗某某将 A 小区快递公司分部经营权转让给陈某某获得了相关公司的授权或事后追认，《转让合同》违反了《中华人民共和国邮政法》的效力性强制性规定，应当认定为无效合同。

重庆市江津区人民法院依照《中华人民共和国民法典》第一百五十三条、第一百五十七条之规定，判决如下：

一、确认陈某某与罗某某于 2021 年 3 月 11 日签订的《转让合同》无效；

二、罗某某于判决生效之日起 7 日内返还陈某某转让费 11 万元，抵扣已经返还的 2 万元，实际还应返还 9 万元；

三、陈某某于判决生效之日起 7 日内将 A 小区快递公司分部（含案涉小型普通客车一辆、电脑一台、打印机一台、两个工作手机、快递专用把枪两把、贴标签器两个、电子秤一个、货架、监控）返还给罗某某；

四、驳回陈某某的其他诉讼请求。

罗某某不服一审判决，提起上诉。

重庆市第五中级人民法院经审理认为：《快递暂行条例》第十八条规定："经营快递业务的企业及其分支机构可以根据业务需要开办快递末端网点，并应当自开办之日起20日内向所在地邮政管理部门备案。快递末端网点无需办理营业执照。”末端网点的经营仍然是由《中华人民共和国邮政法》规定的企业法人在经营，只是在具体经营方式上由自然人处理具体事务，仍然应当认定经营主体为企业法人。在合同有效的前提下，即使罗某某没有证据证明其将A小区快递公司分部经营权转让给陈某某获得了相关公司的授权或事后追认，也只能导致案涉转让可能无法履行，但在二审中，陈某某坚持合同无效的意见并不同意变更诉讼请求，其诉讼请求法院无法支持。

重庆市第五中级人民法院依照《中华人民共和国民事诉讼法》第一百七十七条第一款第二项之规定，判决如下：

一、撤销重庆市江津区人民法院（2021）渝0116民初23545号民事判决；

二、驳回陈某某的诉讼请求。

【法官后语】

在电商时代，快递是制造与消费之间的一道桥梁，两者同频共振，在一定程度上改变了人们的消费模式，满足了人们日益增长的生活需求。作为快递业的“最后一公里”，快递末端网点的数量也迅速增加，覆盖面不断扩大。相应地，快递末端网点经营权转让的现象也十分普遍，由此引发的合同纠纷也逐渐增多。对于该转让行为的效力，司法实践中存在分歧。从法律视角认定末端网点经营、流转的合法性，不仅关系着相关主体的合法权益，也关系着快递业的整体发展。

经营快递网点是否需要办理快递业务经营许可，这是一二审法院存在的主要分歧。根据法律法规的相关规定，应当得出经营快递网点不需要经营许可的结论。主要有以下几点考量：首先，《中华人民共和国邮政法》的效力层级高于《快递暂行条例》，前者规定了经营快递业务，应当取得快递业务经营许可，申请快递业务经营许可，应当符合企业法人条件。《中华人民共和国邮政法》对经营快递业务的规定属于法律的强制性规定，对此并无太大争议。其次，快递末端网点系经营快递业务的企业或分支机构根据业务需要，在特定区域设立的固定经营场所，其经营主体仍然是《中华人民共和国邮政法》规定的企业法人，但在具体经营过程中，由自然人来处理相关事务。快递经营企业设置多少快递网点、在何处设置快递网点，都属于其自主经营的范畴，不需要再另行申请经营许可。同样，经营快递网点同样不需要再申请经营许可。再次，《中华人民共和国邮政法》和《快递暂行条例》的规定并不冲突。《快递暂行条例》规定了快递末端网点无须办理营业执照，和《中华人民共和国邮政法》的规定并不矛盾。通过上述两个规定，都无法得出经营快递业务需要经营许可的结论。最后，至于合同中约定的转让快递网点需要快递经营企业同意的问题，最多也是快递网点转让合同的履行不能问题，和合同本身的效力并无关联。因此，快递末端网点经营权转让，不因违反《中华人民共和国邮政法》的强制性规定而无效，人民法院应当充分尊重当事人的意思表示，认可快递末端网点经营权转让合同的效力。

《中华人民共和国邮政法》之所以要求快递业务的经营需要取得行政许可，主要目的在于加强对快递行业的监督管理，保证邮政安全。而《快递暂行条例》第十八条规定"快递末端网点无需办理营业执照"，意在放宽对快递末端网点经营的法律限制，为人民群众的生活提供更多便利。近年来，政府一直在强调要深化"放管服"改革，为人民群众经商办企提供更多自由，培育壮大市场主体。司法也应当响应改革要求，为市场经济环境下的交易与流转提供法治保障，构建良好的营商环境。

编写人：重庆市第五中级人民法院　柳光洪　王旺旺　侯彦竹

6

"背靠背"合伙协议效力的认定

——路某某诉餐饮管理公司、刘某某确认合同效力案

【案件基本信息】

1. 裁判书字号

黑龙江省哈尔滨市中级人民法院（2022）黑 01 民终 8073 号民事裁定书

2. 案由：确认合同效力纠纷

3. 当事人

原告（被上诉人）：路某某

被告（上诉人）：餐饮管理公司、刘某某

【基本案情】

2020年7月，原告为被告刘某某装修咖啡店时与被告相识。其间，被告刘某某向原告介绍其经营的咖啡店前景乐观，并向原告提出合伙经营咖啡店。于是，原、被告于2020年7月5日签订了《经营合伙协议书》，约定原告出资7万元转至刘某某账号为0943银行卡，投资占比10%，原告一直向被告要求参与咖啡店的经营与管理，但被告总以各种理由拒绝原告接触咖啡店。直至今年春节前夕，原告才得知咖啡店已经倒闭。为此，原告多次向被告追索投资款。在追索过程中，原告又结识了与原告相同遭遇的徐某华、王某翼、文某杰。

原告认为，原、被告并非真实的合伙关系。被告以经营咖啡店为由，与多人分别签订《经营合伙协议书》，故意阻断合伙人之间的联系；故意让原告及其他投资人无法参与咖啡店的经营管理，从而由其一人独控所有投资款。其实质是以合伙形式掩盖集资的目的。为维护自身权益，原告路某某向法院起诉，请求确认原、被告签订的《经营合伙协议书》无效；二被告共同偿还投资款7万元；二被告共同承担资金占用损失7350元；诉讼费由二被告承担。

被告辩称，原告起诉被告返还投资款7万元及资金占用费7350元，无事实及法律依据。原告与被告签订的《经营合伙协议书》是双方的真实意思表示，该份合伙协议书应认定合法有效。

【案件焦点】

1. 原、被告签订的《经营合伙协议书》是否有效；2 关于原告所主张的资金占用损失被告是否应予支付。

【法院裁判要旨】

黑龙江省哈尔滨市南岗区人民法院经审理认为：

1. 关于原、被告签订的《经营合伙协议书》是否有效的问题

法院认为：第一，合伙最主要的特征为全体合伙人意思表示一致，实现共同的事业目的。本案中，原告路某某等人分别与餐饮管理公司、刘某某签订合伙协议书，但餐饮管理公司、刘某某未按照合伙规则与原告路某某等人共同签订合伙协议，且原告路某某等人互不认识，合伙人存在不确定性，二被告的融资行为违背了合伙的人合性基本原则和市场经济秩序。第二，综合分析，路某某等人并未实际参与经营决策，无法实现共同经营、共同劳动，无法就合伙事务共同作出决定，二被告亦未举证证明存在全体合伙人推选二被告作为合伙事务执行人的情况。故二被告与路某某等人并未形成真实有效的合伙关系。因此，原、被告双方签订的《经营合伙协议书》应属无效。被告餐饮管理公司作为合同相对人、刘某某作为实际收款人，应将原告路某某投资的 7 万元予以返还。

2. 关于原告所主张的资金占用损失被告是否应予支付的问题

路某某在签订合伙协议书时，明知签订的系合伙协议书，却忽视了解其他合伙人的情况，路某某签订合伙协议书存在过错，故路某某主张被告支付资金占用损失，法院不予支持。

综上所述，对原告路某某的主张，法院部分予以支持。依照《中华人民共和国民法典》第一百五十三条、第一百五十七条，《中华人民共和国民事诉讼法》第六十七条之规定，判决如下：

一、路某某与餐饮管理公司之间签订的《经营合伙协议书》无效；

二、餐饮管理公司、刘某某于本判决生效后 7 日内返还路某某投资款 70000 元；

三、驳回原告路某某的其他诉讼请求。

刘某某、餐饮管理公司不服，提起上诉。

二审审理中，刘某某、餐饮管理公司提出撤回上诉的请求，黑龙江省哈尔滨市中级人民法院裁定准许其撤回上诉。

【法官后语】

法院在对合同性质进行认定时，应探求当事人真意和交易本质，对合同进

行“穿透式”定性。“背靠背”合伙名义上属个人合伙，但实质上系向不特定主体融资。法院应在确定合同性质的基础上，进一步审查合同效力、履行、法律责任等情况。

融资鼓励创新，但创新在拓宽融资方式、提高经营能力之外，也在一定程度上隐藏着法律风险，可能给投资者带来经济损失。正如本案的交易模式，笔者之所以称之为“背靠背”合伙，是因为这种交易模式类似合伙，但从本质上分析又并非合伙。合伙是指两个以上合伙人为了共同的事业目的，订立的共享收益、共担风险的协议。合伙人在合伙前通常相互比较信任，建立在对彼此人身高度信赖的基础之上，充满了人合性特点。而从本案来说，刘某某为了获得融资，在公共场所发布融资广告，慕名而来的投资者通过签订合伙协议，取得合作项目的合伙份额。投资者无须参与项目的经营管理，投资者仅知道与刘某某系合伙关系，但不知道是否有其他合伙人的存在，也不知道其他合伙人的信息，投资者与投资者系“背靠背”的合伙。与合伙的基本特征相较，这种“背靠背”的合伙似乎已经超出了我们对合伙的认知，更类似于众筹融资交易。

关于众筹融资交易的效力判断，主要是考察是否违反《中华人民共和国民法典》合同无效的规定。合同无效主要包括：同谋虚假的意思表示无效，违反法律、行政法规强制性规定的无效，违背公序良俗的无效，恶意串通损害他人合法权益的无效。从合同无效的情形中探求众筹融资交易的效力，主要涉及众筹融资交易是否违反法律、行政法规的强制性规定，是否违背公序良俗。现行法律、行政法规的规定没有对众筹融资交易的规定。众筹融资交易是否违背公序良俗呢？2015 年 7 月，中国人民银行、银监会、证监会等部门联合发布了《关于促进互联网金融健康发展的指导意见》，指导意见中有股权众筹融资的说明。股权众筹融资“主要是指通过互联网形式进行公开小额股权融资的活动”。股权众筹融资涉及四方主体，中小微企业、公共投资者、统筹平台、资金托管机构。众筹平台是为投融资双方提供中介服务的网络平台。网络平台能够为投融资双方搭建高效廉价的信息沟通桥梁，使双方的供需获得匹配、促成交易。

网络平台还建立了配套制度，为投融资双方的交易安全提供了基础性保障，降低双方的信赖成本。资金托管机构为公共投资者的资金进行第三方托管，保障交易安全。股权众筹融资系新型金融业务模式，笔者认为国家创设发展的股权众筹融资与本案“背靠背”合伙的众筹融资交易在交易形式上类似，都是投资方通过出资，从融资方处获得项目的相应权益。但区别也是明显的，股权众筹融资受到第三方监管，充分保障了投资者的权益；众筹融资交易则无第三方监管，融资方对款项的使用是自由的，投资者的权益随时可能受到损害。因此，本案中“背靠背”的合伙并非法律意义上的合伙，实质上系众筹融资交易，融资方在公开场所募集资金扰乱了金融秩序，给投资方带来的不是投资收益，更可能是投资风险，违背了《中华人民共和国民法典》公序良俗的无效规定。市场有风险，投资需谨慎，没有控制风险的前提，就没有投资者所追求的收益。通过梳理本案，警惕投资者遵守法律秩序，有效防范风险，保护自己辛苦获得的财富遭受损失。

编写人：黑龙江省哈尔滨市南岗区人民法院　张艳　梁超　张一坤

四、债权人代位权纠纷

7

债权人代位权的行使及效果

——冯某某诉叶某甲债权人代位权案

【案件基本信息】

1. 裁判书字号

北京市丰台区人民法院（2022）京 0106 民初 204 号民事判决书

2. 案由：债权人代位权纠纷

3. 当事人

原告：冯某某

被告：叶某甲

第三人：王某某

【基本案情】

王某某与叶某甲为母女关系。冯某某与案外人叶某乙形成债权债务关系。2018 年，冯某某将叶某乙、王某某诉至北京市石景山区人民法院，要求判令二被告共同偿还原告借款本金 2000 万元。该院判决：判令二被告共同偿还原告借款本金及利息。王某某提起上诉，2019 年 11 月 18 日，北京市第一中级人民法院判决：维持北京市石景山区人民法院（2018）京 0107 民初 14582 号民事判决偿还本金的判决，调整利息利率。后王某某就该案向北京市高级人民法院申请再审，北京市高级人民法院于2020年7月27日作出（2020）京民申2937号民事裁定书，驳回王某某的再审申请。

2020年9月17日，北京市石景山区人民法院作出（2020）京0107执283号执行裁定书，载明在执行过程中，被执行人王某某名下银行存款520200元已予以划扣并发还冯某某，冯某某申请终结本次执行程序，法院对被执行人采取了限制高消费措施，据此本次执行程序应当终结，故裁定对（2018）京0107民初14582号判决书的本次执行程序终结。

后冯某某以王某某、叶某乙为被告、以叶某甲为第三人诉至北京市平谷区人民法院，要求判决：1. 判令撤销王某某、叶某乙对叶某甲无偿赠与资金13480670元的行为；2. 判令叶某甲将其受赠与财产（13480670元范围内）返还冯某某。3. 拍卖叶某甲名下房产用于抵偿王某某、叶某乙欠付冯某某的部分钱款及利息；4. 王某某、叶某乙及叶某甲连带承担冯某某支付的律师费用10万元；5. 本案诉讼费、保全费由王某某、叶某乙及叶某甲连带承担。该院作出（2020）京0117民初7455号民事判决书，认为王某某向叶某甲进行多笔大额转账的行为存在转移财产、逃避债务之嫌，其行为明显减损了债务偿还能力，影响了冯某某的债权实现。现冯某某作为债权人主张撤销王某某对叶某甲的赠与款项的行为于法有据，应当认定其撤销权成立。但结合王某某、叶某甲提供的证据可以证明万信公司并未实际收取王某某直接支付的200万元房款，故该笔200万元不能视为王某某对叶某甲的赠与，对于冯某某主张撤销该笔款项赠与行为的诉讼请求一审法院不予支持，对于冯某某主张撤销王某某对叶某甲赠与的其余款项11480670元一节，法院予以支持。对于冯某某要求叶某甲将其受赠款项直接向冯某某返还的诉讼请求。根据合同被撤销后应对因该合同取得的财产予以返还的规定，叶某甲理应向王某某返还相关款项。《中华人民共和国合同法》第七十三条规定，因债务人怠于行使其到期债权，对债权人造成损害的，债权人可以向人民法院请求以自己的名义代位行使债务人的债权，但该债权专属于债务人自身的除外。代位权纠纷与本案审理的撤销权纠纷并非同一法律关系，且叶某甲对王某某所负的返还义务系经由本案审理后方得以明确，冯某某于本案中主张行使代位权依据不足，法院不予支持。判决：撤销王某某向叶某甲赠与款项 11480670 元的行为；王某某于判决生效后七日内向冯某某支付律师费 100000 元；驳回冯某某的其他诉讼请求。后冯某某、王某某不服一审判决，上诉至北京市第三中级人民法院，该院于 2021 年 12 月 14 日作出（2021）京 03 民终 15235 号民事判决书，判决：驳回上诉，维持原判。

冯某某于 2021 年 8 月 23 日提起债权人代位权纠纷，王某某、叶某甲、冯某某起诉认为，王某某、叶某乙明知对原告有到期债务尚未偿还，在已经承诺将涉案房产作为抵押的情况下，擅自出卖涉案抵押房屋获取巨额利益，并在短时间内向其女儿叶某甲转账远超其正常生活所需的巨额钱款，其逃避债务的主观恶意明显，导致自身责任财产减少，清偿债务能力降低，直接造成原告的债权无法实现这一实际损害后果。现法院已经判决撤销被告王某某对第三人叶某甲赠与款项的行为，因此，叶某甲已经负有向王某某返还全部赠与款项的义务。

【案件焦点】

1. 冯某某债权人代位权是否成立；2. 叶某甲、王某某抗辩未怠于行使债权是否成立。

【法院裁判要旨】

北京市丰台区人民法院经审理认为：因债务人怠于行使其债权或者与该债权有关的从权利，影响债权人的到期债权实现的，债权人可以向人民法院请求以自己的名义代位行使债务人对相对人的权利，但是该权利专属于债务人自身的除外。代位权的行使范围以债权人的到期债权为限。债权人行使代位权的必要费用，由债务人负担。人民法院认定代位权成立的，由债务人的相对人向债权人履行义务，债权人接受履行后，债权人与债务人、债务人与相对人之间相应的权利义务终止。

本案中，冯某某对王某某享有的合法、到期债权的事实已经北京市第一中级人民法院作出（2019）京 01 民终 9991 号民事判决书予以确认，且冯某某经过申请强制执行，仅执行到位 520200 元，与生效判决确认的双方债权数额相差甚远。后对于王某某、叶某乙向叶某甲无偿赠与资金的行为，北京市第三中级人民法院作出（2021）京 03 民终 15235 号民事判决书，判决撤销王某某向叶某甲赠与款项 11480670 元的行为。故叶某甲应于该判决生效之日向王某某返还 11480670 元。该到期债权不属于王某某专属于自身的债权。现冯某某主张王某某怠于行使对叶某甲享有的到期债权已影响其债权的实现，王某某、叶某甲以王某某不存在怠于行使对叶某甲的债权以及叶某甲对王某某有还款行为进行抗辩。

对于第一项王某某不存在怠于行使对叶某甲的债权的抗辩，王某某提交案件受理通知书予以佐证。法院认为，该起诉行为发生于本案债权人代位权之后，不影响冯某某代位权的行使。且庭审中，王某某、叶某甲对双方之间的债务还款情况，均表示目前每月由叶某甲向王某某偿还 15000 元，叶某甲有能力就多还。该还款计划相对于北京市第三中级人民法院（2021）京 03 民终 15235 号民事判决书所确认的撤销赠与款项 11480670 元的数额，必将严重影响债权人债权的实现。故对该项抗辩，法院不予采信。

对于第二项叶某甲对王某某有还款行为的抗辩。基于代位权诉讼对代位标的的保全性能，债权人提起代位权诉讼后，在债权人请求范围相对人亦不能再向债务人履行给付，否则将不能对抗债权人。本案中，叶某甲、王某某主张叶某甲向王某某还款 98500 元及 115000 元。上述款项的支付均在本案债权人代位权纠纷诉讼之后发生，且基于叶某甲与王某某的母女身份关系，二人未提交充分证据证明该转款是否为偿还本案借款。经本庭询问，王某某亦表示上述款项均用于个人生活开销，并未支付冯某某。故对该项抗辩意见，法院不予采信。

在代位权诉讼中，债权人行使代位权的请求数额超过债务人所负债务额或者超过次债务人对债务人所负债务额的，对超出部分人民法院不予支持。北京市第三中级人民法院（2021）京 03 民终 15235 号民事判决书所确认的撤销赠与款项 11480670 元。因此王某某对叶某甲享有的债权为 11480670 元，故对冯某某要求叶某甲代王某某向其支付 13480670 元的诉讼请求，合理部分，法院予以支持；不合理部分，法院不予支持。冯某某主张的律师费，并非其实现债权的必要费用，且无合同约定及法律依据，故对该项诉讼请求，法院不予支持。

北京市丰台区人民法院依据《中华人民共和国民法典》第五百三十五条、第五百三十七条，《最高人民法院关于适用〈中华人民共和国民事诉讼法〉的解释》（2022 年修正）第九十条之规定，判决如下：

一、被告叶某甲于本判决生效之日起 10 日内代第三人王某某向原告冯某某支付款项 11480670 元；

二、原告冯某某接受履行后，原告冯某某与第三人王某某，第三人王某某与被告叶某甲之间相应的权利义务终止；

三、驳回原告冯某某的其他诉讼请求。

宣判后，双方当事人均未上诉，判决现已发生效力。

【法官后语】

1. 债权人代位权概述

债权人代位权系合同的保全方式之一，旨在防止债务人积极地不当行为而减少其财产权益或者增加责任财产负担，或者因其消极地怠于行使权利而危及财产权益，由此影响债权人的债权实现。债权人代位权需满足以下构成要件：第一，债权人对债务人存在合法有效的到期债权；第二，债务人对次债务人存在合法有效的到期债权；第三，债务人的怠于行使权利影响债权人债权的实现；第四，代位标的为非专属于债务人自身的权利。具体到本案，债权人冯某某对王某某享有的合法、到期债权的事实已经法院判决予以确认；债务人王某某对次债务人叶某甲的债权亦经法院生效判决确认，该债权也不是专属于债务人自身的权利。

2. 怠于行使到期债权的认定标准

如何认定怠于行使到期债权是判定债权人代位权是否成立的关键。只有当债务人怠于行使到期债权，影响其自身的清偿能力，进而影响债权人的债权实现时，方可认定债务人怠于行使到期债权，也就是说，需同时满足二重因果关系。具体到本案，债权人冯某某对王某某享有合法有效的到期债权，经冯某某申请强制执行，仍不足以清偿其债权，后经法院生效判决认定，王某某对次债务人叶某甲享有到期合法债权，王某某怠于行使其对叶某甲的到期债权，此时，债务人王某某清偿能力明显不足，影响到其自身的清偿能力，进而导致无法向冯某某清偿到期债务。本案中，王某某抗辩称其通过诉讼方式向叶某甲主张债权，且叶某甲也实际向王某某偿还债务，首先王某某起诉要求叶某甲偿还债务系在冯某某起诉之后，其次，根据债权人代位权的权利性质，相对人应直接向债权人履行给付义务，其在债权人提起代位权诉讼后对债务人的给付在代位权判决给付的数额范围不能对抗债权人，因此，对于叶某甲及王某某的抗辩意见，不予采纳。

3. 债权人代位权的行使效果

代位权成立的，由债务人的相对人向债权人履行义务，债权人接受履行后，债权人与债务人、债务人与相对人之间相应的权利义务终止。需要注意的是，在相对人履行之前，债权人对债务人的债权、债务人对相对人的权利仍然存在，只是此时债务人不得向相对人行使债权，债权人得以生效判决接受相对人的清偿。

编写人：北京市丰台区人民法院　谭静琦　张亚兴

五、债权人撤销权纠纷

8

债权人撤销权的行使要件分析

——投资合伙企业诉张某某债权人撤销权案

【案件基本信息】

1. 裁判书字号

北京市第三中级人民法院（2022）京03民终17287号民事判决书

2. 案由：债权人撤销权纠纷

3. 当事人

原告（上诉人）：投资合伙企业

被告（被上诉人）：张某某

第三人：李某、刘某

【基本案情】

2018年12月7日，法院对投资合伙企业与商贸公司借款合同纠纷一案作出判决书，判决商贸公司须向投资合伙企业偿还借款本金240余万元及利息等。2019年9月23日，法院就投资合伙企业起诉张某某股东损害公司债权人利益责任纠纷一案作出判决书，判决张某某对商贸公司的债务承担连带责任。上述两份判决书生效后均因被执行人名下无可供执行财产被裁定终结执行程序。

2019年4月29日，张某某与李某签订《存量房买卖合同》，约定张某某将其名下房屋以415万元出售给李某，签订合同当日支付5万元，办理完央产房上市买卖申请审批后支付15万元，6月30日前支付50万元，过户前2日以银行托管方式支付345万元（包含户口保证金10万元）。同日，李某与和交易居间方齐家公司签订《确认书》，约定李某须支付居间费1万元。

2019年11月4日，因李某不具有购房指标，涉案房屋依李某指示过户至刘某名下，为办理过户张某某与刘某于2019年5月6日签订《存量房买卖合同》及《补充协议》，将户口保证金变更为20万元。

另查明，李某付款情况如下：于2019年4月29日、5月6日和6月25日分别向张某某转账5万元、15万元和55万元，于11月4日向张某某指定的柯某某转账320万元。张某某和李某均称剩余20万元系户口保证金，在户口迁出后通过现金方式交付，经法院分别询问，二人对现金交付时间、地点等情况陈述基本一致。柯某某出庭作证称其与张某某系朋友关系，与李某不相识，2005年左右张某某因参与赌博向其借款，柯某某的朋友受其所托为张某某出赌码，赌码价值折合320万元；其自2005年开始多次催要，直至张某某出售案涉房屋还款，应其要求买方李某将购房款320万元支付至其账户。

投资合伙企业认为案涉房屋交易中存在未进行资金托管、现金付款等诸多瑕疵，李某直接向张某某支付的房款仅75万元，刘某未支付房款，因此张某某与李某签订的《存量房买卖合同》属以明显不合理的低价转让财产，与刘某签订的《存量房买卖合同》属无偿转让，故请求撤销两份合同。

【案件焦点】

投资合伙企业是否有权行使债权人撤销权，撤销张某某与李某以及张某某与刘某签订的《存量房买卖合同》。

【法院裁判要旨】

北京市朝阳区人民法院经审理认为：就张某某与李某之间签订的《存量房买卖合同》。首先，该合同关系约定的房屋交易对价为415万元，结合李某的银行流水、柯某某的证人证言等全案证据综合判断，李某已实际支付 415 万元购房款具有高度盖然性，该价格符合交易当时的市场价格，并不存在交易对价明显不合理的情况。张某某和李某均称通过现金方式交付房款 20 万元虽不符合一般交易习惯，但结合合同约定、双方陈述、房屋过户情况来看，并无相反证据对此予以推翻。张某某与柯某某之间关于 320 万元债权债务的性质及效力，并非案件的争议焦点，且不足以影响李某已经实际对外支付房款的事实，故对于投资合伙企业，企业主张李某仅支付房款 75 万元，该交易属于以明显不合理价格转让财产的意见不予采信。其次，对于购房人李某而言，其客观上难以知晓房屋出售方张某某的债权债务情况，且张某某与李某之间签订《存量房买卖合同》发生在确认投资合伙企业对张某某享有债权的判决书作出之前，现并无证据表明李某就投资合伙企业对张某某享有债权的情况知情。

就张某某与刘某之间签订的《存量房买卖合同》。该合同系李某因不具备购房指标，在其要求下为办理房屋过户所签署。张某某与李某进行房屋买卖交易，将房屋登记至李某名下，或刘某名下，或其他主体名下，对于投资合伙企业的债权实现并无实质影响，因此该合同的签订并不会对投资合伙企业的债权实现造成损害。

故北京市朝阳区人民法院认为，投资合伙企业要求撤销案涉两份《存量房买卖合同》缺乏事实和法律依据，故判决如下：

驳回投资合伙企业的全部诉讼请求。

投资合伙企业不服判决提起上诉。

北京市第三中级人民法院经审理认为：同意一审法院裁判意见，判决如下：

驳回上诉，维持原判。

【法官后语】

债权人撤销权是指当债务人无偿处分或以不合理的对价交易导致其财产权益减少或责任财产负担不当加重，对债权人的债权实现有影响时，债权人请求法院撤销债务人所实施行为的一项民事权利，其立法目的在于通过赋予债权人对债务人损害债权行为的撤销权，恢复债务人的责任财产，维护债权人的合法权益。在案件审理中需要在债权人债权保护、债务人财产管理自由和相对人交易安全保护之间寻求平衡。

对比《中华人民共和国合同法》第七十四条①与《中华人民共和国民法典》第五百三十八条、第五百三十九条②有关债权人撤销权行使要件的规定可以看出，相较于《中华人民共和国合同法》,《中华人民共和国民法典》规定的债权人撤销标的有所扩张且在表述上有所调整，但基本的行使要件基本一致，可以概括为以下四个方面：

1. 首要要件：债权人对债务人存在合法有效的债权。

2. 标的要件：债务人存在诈害行为。按照《中华人民共和国民法典》的规定，诈害行为包括两类：一类是无偿处分行为，另一类是以不合理价格交易的行为。相较于《中华人民共和国合同法》,《中华人民共和国民法典》对于前者增加了放弃债权担保情形并增加了“等”字；对于后者增加放弃债权担保、恶意延长其到期债权的履行期限的情形。

3. 主观要件：诈害性的判断。此时需要分类进行判断：(1) 对于债务人以放弃其债权、放弃债权担保、无偿转让财产等方式无偿处分财产时不要求主观要件，即不要求债权人对债务人的主观恶意进行举证，因为债务人的无偿处分行为损及债权人的债权实现，当然推定债务人具有主观恶意；(2) 对于债务人延长其到期债权的履行期限的问题，有时是正常的商业交易或合乎情理的需要，故须举证明证债务人主观上有明显的恶意，从而平衡债务人合理的权利处分自由；(3) 对于以不合理价格进行交易的行为，原则上不能直接推定债务人具有

---

① 《中华人民共和国合同法》第七十四条第一款规定：因债务人放弃其到期债权或者无偿转让财产，对债权人造成损害的，债权人可以请求人民法院撤销债务人的行为。债务人以明显不合理的低价转让财产，对债权人造成损害，并且相对人知道该情形的，债权人也可以请求人民法院撤销债务人的行为。

② 《中华人民共和国民法典》第五百三十八条规定：债务人以放弃其债权、放弃债权担保、无偿转让财产等方式无偿处分财产权益，或者恶意延长其到期债权的履行期限，影响债权人的债权实现的，债权人可以请求人民法院撤销债务人的行为。第五百三十九条规定，债务人以明显不合理的低价转让财产、以明显不合理的高价受让他人财产或者为他人的债务提供担保，影响债权人的债权实现，债务人的相对人知道或者应当知道该情形的，债权人可以请求人民法院撤销债务人的行为。

恶意，债权人撤销权需以债务人有恶意为成立要件，以相对人有恶意为行使要件，其中债务人主观恶意的判断标准在于交易对价明显不合理，而判断相对人主观恶意的落脚点在其对影响债权人债权实现的事实是知道或应当知道。

4. 实质要件：影响债权人债权的实现。相较于《中华人民共和国合同法》规定的“对债权人造成损害”，《中华人民共和国民法典》将其修改为“影响债权人的债权实现”，降低了诈害行为与债权实现之间因果关系程度的要求。

具体到本案，李某和张某某均认可是因为李某无购房资质才另行与刘某签订房屋买卖合同，因此判断投资合伙企业是否有权撤销李某与张某某之间的《存量房买卖合同》是本案的前提和核心。投资合伙企业对张某某的债权已经生效判决确认，且张某某处分其名下房屋的行为必然会对投资合伙企业债权的实现产生影响，故本案的审理要点应围绕前述要件2和要件3展开。从要件2来看，合同约定的交易价格415万元符合当时的市场价格，且从证据上看李某已实际支付415万元具有高度盖然性。从要件3来看，一方面，张某某与李某签订合同的时间发生在判决张某某须对商贸公司的债务向投资合伙企业承担连带责任之前；另一方面，李某客观上难以知晓张某某的债权债务情况，现有证据不能证明李某存在恶意，故法院最终认定投资合伙企业要求行使债权人撤销权缺乏法律依据。

编写人：北京市朝阳区人民法院　薛泓

9

债权人无权撤销财产受让人的处分行为

——董某诉庞甲等债权人撤销权案

【案件基本信息】

1. 裁判书字号

北京市第三中级人民法院（2022）京03民终5226号民事判决书

2. 案由：债权人撤销权纠纷

3. 当事人

原告（被上诉人）：董某

被告（上诉人）：庞甲、庞乙、刘某

【基本案情】

庞甲为庞乙、刘某之女。

2006年11月14日，坐落于顺义区×区×号楼×层1-302房屋（以下简称302房屋）登记至庞乙、庞甲名下，房屋共有情况为按份共有。

庞乙、刘某称：302房屋首付由双方共同财产支付，2015年将房屋贷款还清。2015年4月17日，302房屋解除抵押登记。2015年5月，庞乙购置位于顺义区某小区501房屋，贷款90万元，贷款到期日为2029年5月22日。

2015年9月25日，庞甲、曲某登记结婚。

2016年9月22日，302房屋登记至庞甲名下单独所有，登记原因为赠与。庞乙、刘某称2016年北京房价上涨，为购置第三套房产将302房屋赠与庞甲以腾出购房资格，但因故第三套房产未买成。

2016年11月至2017年6月，董某多次向曲某出借款项，借款期限均为一个月。

2018年5月28日，302房屋登记至庞乙名下单独所有，登记原因为赠与。庞乙、刘某称，因庞乙个人原因夫妻感情破裂，遂协商离婚事宜，因501房屋有贷款要还，刘某无还款能力，提出自己要原属于双方的302房屋，基于此，庞甲于2018年5月28日将302房屋赠回给庞乙、刘某。

2020年8月10日，302房屋登记至刘某名下单独所有，登记原因为夫妻间房屋转移。

2020年8月11日，庞乙、刘某签署《离婚协议书》，协议书载明：婚后共同财产归男方所有的：501房屋。婚后共同财产归女方所有的：302房屋。

2020年8月15日，庞乙、夏某登记结婚。

2020年12月1日，北京市朝阳区人民法院出具（2019）京0105民初31181号民事判决书，判决曲某、庞甲偿还董某借款本金86万元。二审维持一审判决。董某申请强制执行，因未发现曲某、庞甲有可供执行的财产，北京市朝阳区人民法院于2021年9月3日出具执行裁定书，裁定终结本次执行程序。

【案件焦点】

债权人能否撤销财产受让人再次处分财产的行为。

【法院裁判要旨】

北京市顺义区人民法院经审理认为：庞甲于2016年9月22日取得涉诉房屋所有权。生效判决认定庞甲、曲某应偿还2016年11月至2017年6月所借董某的借款86万元。2018年5月28日，在86万元债务到期未清偿的情况下，庞甲将涉诉房屋赠与他人，且该86万元债务经强制执行未获清偿。无论庞甲等人是否存在恶意，该无偿转让财产行为损害了债权人债权，应予以撤销。债权人撤销权的边界止于债务人，财产受让人再次处分财产的行为，不属于撤销权的权能范围。董某在本案中以“债权人撤销权”为由，主张撤销庞乙与刘某之间的财产分割没有法律依据，法院不予支持。

北京市顺义区人民法院依照《中华人民共和国合同法》第七十四条，《最高人民法院关于适用〈中华人民共和国民法典〉时间效力的若干规定》第一条，《最高人民法院关于适用〈中华人民共和国民事诉讼法〉的解释》第九十条之规定，判决如下：

一、撤销庞甲将302房屋赠与庞乙、刘某的行为；

二、庞甲支付董某律师费损失12000元，于本判决生效之日起7日内执行；

三、驳回董某的其他诉讼请求。

被告庞甲、庞乙、刘某不服一审判决，提起上诉。

北京市第三中级人民法院经审理认为：本案中，董某对曲某享有的债权系经过法院生效判决确认的合法债权，且法院生效判决亦确认该债权系庞甲与曲某的夫妻共同债务，该项“夫妻共同债务”之确认系性质判断，并不依据判决作出的时间进行区分，此为其一。其二，上述夫妻共同债务发生后，庞甲将名下房产无偿赠与庞乙、刘某，系无偿处分行为。该房屋由庞乙赠与庞甲时，庞甲与曲某已经登记结婚，夫妻在婚姻关系存续期间因赠与所得的财产，归夫妻共同所有。即使该房产系庞甲个人所有，其亦应以名下责任财产清偿债务，将涉案房产无偿转让庞乙的行为，明显减损了庞甲的责任财产。其三，董某之债权未能得到清偿。一审法院判决并无不当，法院予以维持。

北京市第三中级人民法院认为一审判决认定事实清楚，适用法律正确，应予维持。依照《中华人民共和国民事诉讼法》第一百七十七条第一款第一项之规定，判决如下：

驳回上诉，维持原判。

【法官后语】

因债务人放弃其到期债权或者无偿转让财产，对债权人造成损害的，债权人可以请求人民法院撤销债务人的行为。债权人撤销权采取的是“入库规则”，即债权人撤销的是债务人的行为，本案中，法院撤销了债务人将房屋无偿赠与他人的行为，但债权人撤销权的边界止于债务人，故驳回了债权人撤销财产受让人再次处分行为的诉求。债权人如何正确行使撤销权，如何发挥撤销权债权保全功能是审判实践中经常遇到的一项重要课题。

撤销权是形成权和请求权的复合。债务人的行为被撤销后，相对人因该行为取得的财产，应当返还，由于债务人财产不会自动返还，债权人可以要求相对人返还。如果被转移的财产不能通过执行返还，撤销权判决就沦为一纸空文，只有包含返还财产内容，才能通过撤销诈害行为，实现责任财产恢复。撤销权判决包含返还财产内容，是撤销权效力的应有之义。

理论界和实务界争论较多的是撤销权是否具备直接回复物权的效果。法院判决撤销了债务人与相对人之间的合同，基于合同的物权变动自然也失去基础，物权应回复到之前的状态。撤销权如仅仅及于债权而不及于物权变动，撤销权维护责任财产的效果将大打折扣。在撤销权具备回复物权效果的前提下，在主债权的执行程序中可以直接执行被相对人“占有”的财产。最高人民法院发布的第23批指导性案例“东北电气发展股份有限公司与国家开发银行股份有限公司、沈阳高压开关有限责任公司等执行复议案”中，从强制执行程序的角度回应了撤销权判决的实现路径问题，即债权人可以作为申请执行人，相对人可以作为被执行人，债权人可以申请相对人直接返还债务人在相对人处的财产。

实践中还会发生更加复杂的情况，例如，相对人以无偿或明显不合理低价取得财产后，又将财产转让给第三人。再如本案中的情况，相对人取得财产后，将财产以离婚后财产分割的形式将财产分割给夫妻一方。为破解该问题，有的债权人诉请撤销连环转让行为，本案中原告诉请实质也是撤销连环转让（分割）行为。但因限于撤销的对象为“债务人的行为”，不能在一个案件中直接解决相对人再次转让或分割财产的行为。但如相对人以无偿或明显不合理低价转让财产，第三人亦不符合善意取得条件的，债权人可在人民法院已经作出撤销债务人转让财产行为的判决生效后，请求该第三人向债务人返还财产，由此得以实现债权保全。

法院在审理该类案件时，可对债权人如何行使撤销权进行释明，在财产未被再次转移情况下，告知债权人是否要求相对人向其返还财产等，进而作出具有给付内容的判决，便于债权人申请强制执行。对于债权人而言，需要注意的是在发现债务人有无偿处分、不合理低价转让财产的情况下，需要尽快申请财产保全，防止财产再次转移时第三人基于善意取得该财产。

编写人：北京市顺义区人民法院　张翔鹏

10

债务人转让财产行为损害债权人利益的认定标准及撤销

——魏某某诉娄甲债权人撤销权案

【案件基本信息】

1. 裁判书字号

山东省济南市中级人民法院（2022）鲁01民终868号民事判决书

2. 案由：债权人撤销权纠纷

3. 当事人

原告（被上诉人）：魏某某

被告（上诉人）：娄甲

第三人：娄乙

【基本案情】

自2013年2月13日起，至2015年5月26日，阿胶制品公司（法定代表人为娄甲）向魏某某借款八笔共计56万元，双方约定年利率为12%。2021年6月9日，经平阴县人民法院（2021）鲁0124民初1227号民事调解书认定：阿胶制品公司、娄甲、常某共欠魏某某本息86.1358万元，并约定了还款期限及违约金，但被告未按照约定的期限履行还款义务。

2021年5月18日，魏某某到A小区调查时，得知如下事实，娄甲原先在某村拥有宅基地住房一处，后来该村进行建设总体规划，实行拆除旧房换购新房政策，对旧房宅基地进行打分确定宅基补偿额，娄甲名下的宅基地在本次打分中被评为108.3分，宅基补偿额为162450元。2020年4月29日，娄乙在村部选房一处，即A小区0102室，并享受了娄甲所应得的拆迁补偿款162450元。娄乙为此支付房款120709.28元。娄甲及娄乙均非某村集体经济组织成员。

2020年4月30日，娄乙与代建人社区建设指挥部、所属村民委员会三方签订《A小区新房入住与旧房拆除合同》，将应属娄甲所应分得的A小区0102室（建筑面积118.18平方米，总价款为283159.28元）新房登记在其女即娄乙名下。

2021年5月18日，原告到A小区调查时，得知以上事实，遂诉至法院，请求撤销债务人娄甲无偿转让财产的行为。

法院另查明，1981年，娄甲五兄弟经协商自愿将现有五处宅子分居。1988年4月5日娄甲与王某某登记结婚。案涉拆迁房屋于1999年12月17日经房地产管理局确权发证，所有权人为娄甲，共有人一栏未进行备注。一审期间，娄甲提交的由政府及村民委员会出具的《评估结果安置补偿告知书》载明娄甲户清点勘测、评估总得分108.3分，折合款项价值162450元。

【案件焦点】

1. 第三人取得涉案房产是否是基于被告转让所得；2. 被告将其应分得的房产转让在第三人名下的行为是否损害了原告债权的实现；3. 撤销权是否已经消灭。

【法院裁判要旨】

山东省平阴县人民法院经审理认为：根据原告方提交的通话录音显示：被告认可案涉房产系其所有，第三人亦认可选择的实物补偿，其实际支付房款120709.28元。综上，案涉房产系被告所有，第三人取得该房产系基于被告转让所得。

债务人无偿转让财产，对债权人造成损害的，债权人可以请求撤销债务人的行为。被告将其所应分得的案涉房产转让在第三人名下，但第三人并未支付合理对价，应系其无偿转让，原告提供的通话录音足以证明该项事实。原告对被告享有债权，经法院调解生效并已进入执行程序，被告亦未提供证据证明其有履行债务的能力或其他可供执行的财产。从以上情况分析，被告将其房产无偿转让给第三人的行为，损害了原告债权实现的权利，具有一定的主观恶意。原告要求撤销转让行为中所涉房产价值并未多于被告应负的债务，其主张符合法律规定，法院予以支持。被告及第三人辩称，案涉房产系第三人合法购买所得，与被告无关，不存在转让的任何问题。

经审查，法院认为，案涉拆迁安置补偿有两种方式：一种即货币补偿；另一种是实物安置。本案中，被告系被拆迁房屋的所有者，系补偿的对象，并非第三人，但被告未领取补偿款，而是由第三人将被告所得评估分及相应的补偿款162450元登记在第三人名下，第三人在村里选房一处，其所签合同即新房入住与旧房拆除合同，第三人在村中没有旧房可以拆除，该旧房拆除系被告所有，综合上述事实，结合原告提供的录音资料显示，可以证实被告为逃避债务，将案涉房产转移至第三人名下，案涉房产总价款共计283159.28元，系被告出资162450元及第三人出资120709.28元共同购买所得，在录音资料中原告代理人亦陈述里面至少有被告的一部分，村里的补偿应归被告所有，故案涉房产应系被告及第三人共同共有之财产。原告主张系被告个人所有，被告及第三人主张系第三人个人所有，均与事实不符，法院不予采信。

根据《中华人民共和国合同法》第五十五条的规定，具有撤销权的当事人自知道或者应当知道撤销权事由之日起一年内没有行使撤销权的撤销权消灭。经审查，法院认为，2021年5月18日原告才知晓案涉房产的转让事实，并未超过一年的撤销权的行使期限。

山东省平阴县人民法院判决如下：

一、撤销被告娄甲与第三人娄乙之间的房屋（A小区0102室）转让行为；

二、驳回原告魏某某的其他诉讼请求。

娄甲不服一审判决，提起上诉。

山东省济南市中级人民法院经审理认为：根据一审中娄甲提交的《评估结果安置补偿告知书》记载的内容“如选择货币化安置，请您户接到告知书2日内到村部结算领取；如选择实物安置，请您户接到告知书2日内到村部选房”，结合娄甲户未领取162450元补偿款的事实及娄乙与魏某某代理人通话记录的内容，一审法院认定娄甲户最终选择的安置方式为实物安置并无不当，法院予以确认。娄甲一审中提交的购房合同系新房入住与旧房拆除合同，旧房拆除与新房入住存在直接关联，娄甲并未提交证据证实娄乙具有涉案房屋的购房资格，娄乙主张任何人均可购买涉案房屋，但其未提交证据予以证实。另外，娄乙认可案涉房屋的购房款中包含娄甲户的162450元拆迁补偿款，其在村中选房后将涉案房屋登记在自己名下，故涉案宅基地之上的房屋拆迁与娄乙购买涉案房屋的资格与行为具有直接关联。因此，在无其他证据证实娄乙向娄甲支付过相应价款、娄甲有履行案涉债务的能力或其他可供执行财产的情况下，一审法院认定娄甲将其对涉案房屋所占份额全部无偿转让给娄乙的行为损害了魏某某的债权，其转让行为应予撤销并无不当，法院予以确认。一审中，娄甲提交的村民委员会出具的两份证明，均无单位负责人及制作证明材料人员签字或盖章，且两份证明自相矛盾，证明内容亦与县自然资源局、镇人民政府、村民委员会出具的《评估结果安置补偿告知书》的内容矛盾，故法院对上述证明未予采信并无不当，法院予以确认。

山东省济南市中级人民法院依照《中华人民共和国民事诉讼法》第一百七十七条第一款第一项之规定，判决如下：

驳回上诉，维持原判。

【法官后语】

随着市场经济的发展，各种经济活动日益频繁，法律关系日益复杂。在实践中，一些债务人违背诚实信用原则，为逃避债务，将财产无偿或者以不合理的低价转让给亲戚朋友，恶意损害债权人利益，使得债权人“赢得了官司，拿不到钱”。在此情况下，法院作出撤销判决，使财产恢复到行为以前的状态，对保障债权人利益具有极为重要的意义。

债权人撤销权，是指债权人对于债务人所实施的危害债权的行为，可请求法院予以撤销的权利。债权人撤销权制度和债权人代位权制度，成为债权保障的核心制度，对债权的实现具有重大意义。《中华人民共和国民法典》第五百三十八条到第五百四十二条对该权利及权利行使的范围、费用承担、行使期间、行使效果作出了相关规定。

债权人撤销权的成立要件可分为客观要件与主观要件。客观要件为债务人实施了危害债权的行为，应具备的条件为：债务人实施了使自己的财产减少的行为；债务人的行为发生在债权成立之后并发生法律效力；债务人的行为有害债权，即债务人的行为足以减少其一般财产使债权不能完全受偿。因债权人撤销权制度是对合同相对性原则的突破，其效力涉及合同债务之外的第三人，对交易安全，及债务人活动自由或私法自治精神构成威胁，所以法律必须划分债务人的自由空间与债权人对债务人行为干涉的范围，即为“债务人的行为是否有害于债权”。主观要件为，如果债务人所实施的行为为有偿行为，需要受让人具有恶意；如果债务人所实施的行为为无偿行为，则不以债务人和第三人的恶意为要件。

具体到本案，从客观要件分析：首先需认定债务人娄甲是否实施了使自己的财产减少的行为，债务人与第三人均认为系第三人自主购房，与债务人没有关系。法院通过审查，认定债务人娄甲户的旧房经评估得分，折价款为162450元未被领取，购房合同系新房入住与旧房拆除合同，旧房拆除与新房入住存在直接关联，未有证据证实第三人具有涉案房屋的购房资格。且案涉房屋的购房款中包含娄甲户的162450元拆迁补偿款，第三人在村中选房后将涉案房屋登记在自己名下，故，涉案宅基地之上的房屋拆迁与第三人购买涉案房屋的资格与行为具有直接关联。法院认定债务人将其对涉案房屋的所占份额转让给第三人的事实。故而，债务人实施了使自己的财产减少的行为，且该行为发生在债权成立之后，在无其他证据证实被告有履行案涉债务的能力或其他可供执行财产的情况下，已经具备了债权人撤销权成立的客观要件。从主观要件分析：因无任何证据证明第三人向被告支付过相应价款，可以认定债务人将其对涉案房屋所占份额全部无偿转让给第三人，在此情况下不以债务人及第三人是否恶意为主观要件。故此债务人将其对涉案房屋所占份额全部无偿转让给第三人的行为损害了原告的债权，其转让行为应予撤销。

撤销权判决执行的现实思考。学界对债权人撤销权的性质，具体分为：请求权说，此说认为请求撤销之诉为给付支付，债权人有直接请求第三人返还财产的权利；形成权说认为，撤销之诉为形成之诉，撤销行为后的利益复归于债务人；折中说认为，债权人撤销权兼具请求权和形成权两种性质，就撤销债务人与第三人间的行为具有形成之诉的性质，就请求第三人将财产返还于债务人而言，具有给付之诉的性质。撤销权性质的不同，直接影响债权人撤销之诉能否直接作为执行的依据。最高人民法院发布的第23批指导性案例中的指导案例118号从执行程序的角度作出了回答，该案例认为，撤销权判决可以强制执行，并确认了债权人的申请执行人地位、相对人（第三人）的被执行人地位以及相对人对债权人的直接返还义务。但是，该指导案例只提供了特定案情下撤销权判决的实现方案，对于普遍性撤销权判决的执行力问题仍然有待探讨。关于撤销权判决是否有强制执行力问题，司法实践中做法不一。否定其执行力的观点认为，撤销权判决的主文并未规定给付义务，或者给付内容不明确，驳回执行申请；肯定判决执行力的理由是原判决已明确规定了相对人的返还义务，可以执行，有些裁判认，返还是撤销权判决的应有之义，即使判决主文未明确表述返还内容，亦不可否认其执行力。

《中华人民共和国民法典》第五百三十八条至第五百四十二条未对撤销后的返还作出相关规定。司法实践中，多数撤销权判决判项中亦只对债务人与受让人间的行为作出撤销，未明确表述返还内容。当债务人的财产已经实际转移情况下，只有受让人返还财产，恢复债务人的财产，才能真正保障债权人的利益。多数债权人撤销权案件中，存在债务人与受让人系亲属、朋友关系，存在串通的情形，受让人不主动返还债务人财产，债务人亦怠于主张返还，因此债权人的债权并不能得到保障。有学者认为不能仅仅依靠行使撤销权，应与代位权相配合。实践中，有些法院允许当事人一并提起债权人撤销权之诉和债权人代位权之诉，但有些法院认为债权人代位权的前提是债务人怠于行使其债权，在撤销权判决作出并生效之前，债权人代位权不能成立，故而对债权人撤销权之诉和债权人代位权之诉不予一并受理。在此情形下，债权人仍面临着即使拿到撤销判决，仍拿不到钱的困境。

笔者认为，应当赋予撤销权判决强制执行力。因我国审执分离的体系，执行程序需要“给付内容明确”的标准，在审判实务中应统一裁判标准，在判决主文部分将返还内容作为独立的判项予以表述。即使原告未提出返还请求，法院亦可通过释明等方式，引导当事人继续对返还的范围及内容进行主张举证，对方当事人亦可对此提出反驳和答辩，在此基础上，法院在作出撤销行为判项后，继续对返还内容进行判决。以便债权人申请强制执行，真正实现权益保障。

当今，债务人通过规避、耍赖、转移财产等各种手段逃避债务履行屡见不鲜，损害了司法权威。通过法律手段保护债权的实现，保障生效裁判文书的实现刻不容缓，否则，生效裁判文书将成为一纸空文。同时，为更好地发挥债权人撤销制度对债权的保障功能，亦应统一裁判及执行立案的标准，让债权人的利益真正得以实现。

编写人：山东省平阴县人民法院　赵芳

11

债权人撤销权诉讼中影响债权实现的判断标准与行使期间的正确认定

——建工公司诉孙某甲、孙某乙债权人撤销权案

【案件基本信息】

1. 裁判书字号

山东省淄博市中级人民法院（2022）鲁03民终2422号民事判决书

2. 案由：债权人撤销权纠纷

3. 当事人

原告（上诉人）：建工公司

被告（被上诉人）：孙某甲、孙某乙

【基本案情】

两被告系父女关系，2021年3月18日，两被告签订股权转让协议1份。协议约定，孙某甲将其持有的生物科技公司股权500万元依法转让给孙某乙，转让价格零元。2021年3月18日，生物科技公司召开股东会，股东会决议同意公司股东孙某甲将其所持500万元股权依法转让给孙某乙，其他股东放弃优先购买权，孙某甲不再属于该公司股东。上述股权转让协议及其股东会议决议后经公司登记机关变更登记，孙某乙已变更为该公司股东。原告提供2020年12月19日孙某甲签字的借条1份，内容：今借现金伍拾万元整。根据原告陈述，该款项由原告通过网上银行转账至其财务人员王某个人账号，在企业网上银行摘要一栏显示为“往来款”。2020年12月23日转款人说明1份，证明该款项转入王某账号后，王某提出现金50万元交给公司，由原告公司经理荆某于

2020年12月19日下午交给借款人孙某甲。被告孙某甲提供的2020年9月25日离婚协议书显示：孙某甲与其前妻宋某某双方共计拥有房产折合总计8253899元，其中某处房产，金额40万元，归孙某甲；双方共计持有公司股份包括工贸公司、生物科技公司等股份共计5475.8万元，孙某甲拥有50%。2021年3月9日的离婚补充协议书（微信版）亦显示，孙某甲对上述股份及资产仍享有30%的收益分配权。另，在法院同时审理的另案孙某甲与孙某乙股权转让合同（2021年3月签订）纠纷中，孙某甲在收到孙某乙股权（标的公司工贸公司）转让款97.5万元后，无正当理由退回。

【案件焦点】

债权人撤销权诉讼中影响债权实现的判断标准与行使期间的正确认定。

【法院裁判要旨】

山东省淄博市张店区人民法院经审理认为：依据《中华人民共和国民法典》第五百三十八条的规定，在债务人无偿处分财产的情况下，债权人撤销权成立的判断标准为客观行为标准，即是否存在无偿处分财产而影响债权人债权实现的客观行为，而不考虑债务人是否存在损害债权人的主观故意。根据法院前已查明的事实，债务人孙某甲在实施无偿处分其案涉股权时的2021年3月时间阶段，除其拥有房产、持有公司巨额股份外，还尚有股权转让款97.5万元，足以具备清偿案涉债权的能力。就现时间阶段而言，孙某甲仍持有的公司股份、房产、股权转让款，也足以具备清偿本案债务的能力。因此，债权人行使本案撤销权，不符合上述法律规定的情形。

据此，依照《中华人民共和国民法典》第五百三十八条，《中华人民共和国民事诉讼法》第四十条第二款、第六十七条、第一百二十二条的规定，判决如下：

驳回原告建工公司的诉讼请求。

建工公司不服一审判决，提起上诉。

山东省淄博市中级人民法院经审理认为：上诉人行使的是债权人撤销权，

虽然上诉人和孙某甲均认可双方的借款关系，孙某甲亦向上诉人出具借现金 50 万元的借条，但上诉人没有充分证据证实向孙某甲进行了现金交付，在现有证据条件下，双方之间借贷关系的真实性法院无法予以判定，对于双方之间的债权债务关系双方可自愿处分。此外，即使双方债权债务关系真实存在，如一审所述，孙某甲和孙某乙之间的股权转让行为是否影响了上诉人债权实现，是上诉人撤销权是否成立的重要条件。根据 2020 年 9 月 25 日孙某甲与其前妻宋某某的离婚协议，孙某甲享有工贸公司等多家公司股份共计 5475.8 万元的 50%计 2737.9 万元，上诉人主张的欠款仅有 50 万元，上诉人尚无充分证据证实孙某甲不具备清偿本案债务的能力，上诉人要求撤销孙某甲与孙某乙股权转让合同的事实依据及法律依据均不足。

据此，山东省淄博市中级人民法院依照《中华人民共和国民事诉讼法》第一百七十七条第一款第一项之规定，判决如下：

驳回上诉，维持原判。

【法官后语】

本案系债权人撤销权诉讼，主要解决和厘清债务人无偿处分财产的行为达到什么条件和程度，债权人方能行使撤销权，以及“影响债权人债权实现”的判断标准和行使期间的正确认定问题。

债权人撤销权是指当债务人无偿处分或以不合理的对价交易导致其财产权益减少或责任财产负担不当加重，对债权人的债权实现有影响时，债权人可以请求人民法院撤销债务人所实施行为的一项民事权利。债权人撤销权作为专属于债权人的权利具有附属性，债权的有效存在，是债权人撤销权产生的前提，债权不存在、无效或者因得以清偿而消灭、因超过时效而丧失胜诉权的，撤销权将不存在或消灭。同时债权人撤销权亦不得脱离债权而单独转让，债权转移时相应的撤销权也随之转移。

首先，债权人撤销权成立的判断标准为客观行为标准不考虑主观故意。《中华人民共和国民法典》第五百三十八条规定：“债务人以放弃其债权、放弃债权担保、无偿转让财产等方式无偿处分财产权益，或者恶意延长其到期债权的履行期限，影响债权人的债权实现的，债权人可以请求人民法院撤销债务人的行为。”依上述法律规定，在债务人无偿处分财产权益的情况下，债权人撤销权成立的判断标准为客观行为标准，即只要存在无偿处分财产的客观行为即可，而不考虑债务人是否存在损害债权人的主观故意。同时，《中华人民共和国民法典》规定的“债务人无偿处分财产行为”的撤销条件为“影响债权人的债权实现”，该判断标准比原合同法规定的“损害债权人的债权”判断标准要求更高。换言之，即使债务人无偿处分财产的行为损害到债权人的债权，但如果不影响债权人的债权实现的，债权人亦不能行使撤销权。因此，虽然本案债务人实施了无偿转让其股权的行为，客观上可能会损害其债权，但是否能够达到影响其债权实现的程度，人民法院仍应继续审查。

其次，诈害债权行为或影响债权实现的行为的行使期间的判定标准应当符合双重标准，即行为时标准和撤销权行使时标准。诈害债权行为是指债务人损害债权人债权实现的行为，比如债务人以明显不合理的低价转让财产、以明显不合理的高价受让他人财产或者为他人的债务提供担保等。以什么样的时间节点判断债务人实施的无偿转移财产的行为，会影响到债权人债权的实现，也是撤销权之诉的关键问题。从撤销权之诉的立法目的分析，基准时间节点应当符合双重标准，即行为时标准和撤销权行使时标准。第一个行为时标准意味着在债务人实施积极减少其财产的行为时已经陷入无资力，方得成立诈害或影响债权实现的行为。如果债务人行为时尚有足以清偿债务的财产，未对债权实现造成障碍，即使其后因经济或其他原因的变动致使其财产不足以清偿，亦不成立诈害债权行为。第二个标准就是撤销权行使时标准。债权人行使撤销权时，诈害或影响债权实现的行为仍在持续中，因此即使行为时具有诈害性，但如果行使撤销权时，因债务人的经营或经济状况好转导致其责任财产增加或者升值，足以清偿债权时，债权人也不得行使撤销权。本案中，根据法院之前已查明的事实，债务人孙某甲在实施无偿处分其涉案股权的时间阶段内，除其拥有房产、持有公司巨额股份外，还尚有股权转让款 87.6 万元，足以具备清偿涉案债权的能力。就债权人行使撤销权时的现阶段而言，债务人孙某甲仍持有的公司股份、房产、股权转让款，也足以具备清偿本案债务的能力。因此，债权人行使本案撤销权，依债务人当时和现时之财力，能够清偿原告涉案债权，故不符合上述权利行使期间的判定标准。

最后，从法律设立债权人撤销权制度的目的与宗旨综合分析判断，法院亦不赞同原告的诉讼主张。法律设立债权人撤销权制度的主要目的在于维持债务人的责任财产，以此作为保护债权人的手段之一，而非为了追究债务人的责任。债权人撤销权制度，其突破合同相对性，是对债务人与第三人之间法律关系和交易自由的干预，应当慎重和从严把握。人民法院必须在债权人债权保护、债务人资产处分自由以及第三人交易安全之间做出价值选择与利益衡量。就本案而言，债务人的无偿处分行为可能会损害债权人涉案债权或其他债权，但依当时及现阶段债务人的资力，足以具备清偿涉案债务的能力。在此情况下，其经济生活自由权和财产处分权不应受到干涉。故单就本案所诉的30万元债权看，若其诉求得到支持，势必重新恢复债务人孙某甲在标的公司的股东身份以及股权，从而打破业已稳定的公司经营管理秩序和股权架构体制。这既不利于交易安全，从实践来看亦非最好的选择。因此，从诉讼经济、社会成本和民事秩序稳定的角度来考虑，若债权人依普通的民事救济制度和手段即可保护其债权利益的，法院对其主张的撤销权依法不应予以支持。

司法实践中的诈害债权行为除放弃债权、放弃债权担保、无偿转让财产等之外往往比较隐蔽，具体审判实践中应当透过形式看清交易实质。比如，债务人向他人无偿转让财产，虽然表面上约定了一个合理的价款，但约定的支付价款的期限非常遥远，这种交易实质上就是无偿转让；又如债务人放弃债权担保，将本来有履行能力的主体的担保换为无履行能力主体的担保，这些行为其实质均是无偿处分财产权益，应当用穿透式思维认真审查判断。同时对于债务人减损财产权益损害债权人利益的诈害债权行为，司法实践中有时会发生竟合，即既可能违反《中华人民共和国民法典》第五百三十八条的规定，同时亦可能违反《中华人民共和国民法典》第一百五十四条关于行为人与相对人恶意串通，损害他人合法权益的民事法律行为无效的规定。依据《中华人民共和国民法典》第一百五十五条、第一百五十七条的规定，恶意串通行为无效与诈害处分财产行为被撤销两项制度的法律后果基本相同：无效的或者被撤销的民事法律行为自始没有法律约束力；民事法律行为无效、被撤销或者确定不发生效力后，行为人因该行为取得的财产，应当予以返还；不能返还或者没有必要返还的，应当折价补偿。[①] 在上述情形下，债权人可以自主选择其权利救济路径。如果主张行为无效，债权人应当证明行为人与相对人之间具有恶意串通的故意和行为；如果主张撤销，债权人应当证明债务人处分财产权益的诈害债权行为影响其债权实现。

本案中，虽然法院对债权人诉称的涉案债权存有较多疑问，诸如作为一家公司，其财务应当规范、合规，对外出借款项，不通过留痕明显、有据可查的银行转账方式而通过现金方式支付，并且现金支付方式，还要先转账至其职工名下，再提出现金交付，如此烦琐复杂的方式实属反常，违背常理。但考虑到即使上述债权确实存在，因达不到债权人撤销权的法定构成要件，故涉案债务人与债权人可自愿处分，法院对此亦不应再作否定性评价。

编写人：山东省淄博市张店区人民法院　徐金辉　刘晓辉

---

① 最高人民法院民法典贯彻实施工作领导小组主编：《中华人民共和国民法典合同编理解与适用（一）》，人民法院出版社2020年版，第532页。

六、债权转让合同纠纷

12

债权人豁免上市公司债务通谋虚伪意思表示的认定

——甲保理公司诉乙投资公司、丙公司债权转让合同案

【案件基本信息】

1. 裁判书字号

上海金融法院（2022）沪74民终1728号民事判决书

2. 案由：债权转让合同纠纷

3. 当事人

原告（上诉人）：甲保理公司

被告（被上诉人）：乙投资公司、丙公司

【基本案情】

丁股份公司为深交所上市的公司。2019年12月30日，甲保理公司（债权转让方）、乙投资公司（债权受让方）、丁股份公司（债务人）签订《债权转让协议》，约定：甲保理公司将对丁股份公司的部分应收账款债权1400万元转让给乙投资公司，乙投资公司买断式受让债权；该债权为甲保理公司与丁股份公司签署《债务处置协议》项下的甲保理公司承诺对于丁股份公司减免的1400万元债权；债权转让支付对价为1400万元，乙投资公司付清转让对价之日起，

乙投资公司受让全部债权。协议同时约定各方均有严格保密义务，且该协议相较其他法律性文件效力优先。丙公司签署《保证合同》，同意为甲保理公司在《债权转让协议》项下的债权提供连带保证。同日，甲保理公司（债权人）与丁股份公司（债务人）签订《债务处置协议》，约定：甲保理公司同意对丁股份公司减免 1400 万元。审理中，甲保理公司、乙投资公司、丙公司均确认，上述《债权转让协议》《保证合同》《债务处置协议》等一揽子协议系当事人各方为避免上市公司丁股份公司退市而努力协商后签订。在前述合同签署之前，丁股份公司董事长曾微信回复甲保理公司，表示同意不免除前述金额，由第三方支付、担保。2020 年 2 月 3 日，丁股份公司发布《关于签订部分债务豁免协议的公告》，载明前述《债务处置协议》主要内容。同月 19 日，丁股份公司发布《丁股份公司关于对深圳证券交易所问询函的回复公告》载明："甲保理公司债务豁免事项预计将减少的利息费用 1400 万元……确认为公司 2019 年营业外收入。"丁股份公司 2019 年年度报告显示，2019 年归属于上市公司的净利润为 778 万余元。丁股份公司当年未退市。

2020 年 12 月，甲保理公司向丁股份公司破产管理人申报确认 1400 万元债权。但丁股份公司管理人认为，甲保理公司已将该债权转让给乙投资公司，故对该笔债权不予确认。甲保理公司遂基于《债权转让合同》提起诉讼，要求乙投资公司支付债权转让价款 1400 万元，丙公司承担连带责任。

【案件焦点】

当事人通过签署《债权转让协议》《债务处置协议》《保证合同》等系列协议，所达成的真实合意为何。

【法院裁判要旨】

上海市静安区人民法院经审理认为：综合考量公示公信、维护金融市场秩序、保护公众投资者、信赖利益衡量等，《债务处置协议》有效。甲保理公司已经免除债务，故已经实际无法履行《债权转让协议》，亦无法再要求支付债权转让价款。

上海市静安区人民法院判决如下：

驳回甲保理公司的诉讼请求。

甲保理公司不服一审判决，提起上诉。

上海金融法院经审理认为：本案应从文义、体系、合同目的及其履行等角度具体分析当事人的真实意思。首先，从文义解释角度，《债权转让协议》《债务处置协议》作出了相互衔接的约定，《债权转让协议》的意思表示优先于《债务处置协议》。在保密范围、期限以及解密等方面，《债权转让协议》约定的保密程度明显高于《债务处置协议》。其次，从《债权转让协议》本身整体约定来看，《债权转让协议》对转让价款、履行期限和顺序、债转之后乙投资公司负担风险以及双方在债转中各自的权利、义务进行了详细约定。《债权转让协议》签订的基础并非已经实际减免的债权，而是甲保理公司对外形式上承诺减免的债权。丁股份公司管理人亦确认债权转让的事实。当事人的真实主观意思体现于《债权转让协议》，故与之表面意思冲突的《债务处置协议》系通谋的虚伪意思表示。最后，结合缔约过程中丁股份公司的意思表示，当事人的共同主观目的是对外表面签署并公示《债务处置协议》，增加丁股份公司的收入，使其净资产转负为正，避免丁股份公司因财务指标不符而被强制退市，对内则是甲保理公司不免除丁股份公司债务，仍享有债权，同时丁股份公司提供其他增信措施，即乙投资公司通过受让债权而对甲保理公司负有支付债权转让价款义务，丙公司通过提供连带保证而对甲保理公司负有连带保证责任。以上解释也符合签约各方理性经济人的根本属性。金融市场秩序的维护、公众投资者的保护问题，可以在追究涉案当事人证券虚假陈述责任中予以解决。

上海金融法院依照《中华人民共和国民事诉讼法》第一百七十七条第一款第二项之规定，判决如下：

一、撤销上海市静安区人民法院（2021）沪 0106 民初 21850 号民事判决；

二、乙投资公司支付甲保理公司债权转让款 1400 万元。

【法官后语】

在“保壳”的关键时点，上市公司与债权人签署债务豁免协议，系上市公司增加营业性收入、使净资产转负为正，避免因财务指标不符而被强制退市的常见手段。但债务豁免协议往往是债务人与债权人等相关主体之间系列协议中的一个显名协议，极有可能是通谋的虚伪意思表示。本案即是相关主体为避免上市公司退市签署系列协议而引发的债权转让合同纠纷。甲保理公司因向上市公司管理人申报债权被拒，转而基于《债权转让协议》要求债权受让人乙投资公司支付债权转让价款。而甲保理公司的上述请求能否成立，则取决于其是否仍然享有债权。进言之，《债务处置协议》是否系当事人之间的通谋虚伪意思表示。

审理中，各方当事人陈述《债权转让协议》《债务处置协议》《保证合同》等一揽子协议系各方为避免丁股份公司退市而努力协商后签订。故，二审法院穿透式审理前述系列协议，纠正一审法院适用合法解释方法认定《债务处置协议》有效的裁判思路，遵循私法自治、诚实信用原则，依次适用文义解释、体系解释、目的解释等方法，认定当事人的真实合意。首先，意思表示解释始于文义解释。《债权转让协议》《债务处置协议》明确约定，无论何种情形前者效力均优先于后者。再结合两者保密条款的约定，前者系隐藏协议，后者是显名协议，不言而喻。其次，为避免上市公司退市而作出的商业安排，由前述两份协议以及保证合同组合而成，相关条款构成了一个体系，故应进行体系解释。效力优先的《债权转让协议》对债转要素条款进行了详细约定，甲保理公司截至本案诉讼仍享有债权，故与之表面意思冲突的《债务处置协议》自然系通谋的虚伪意思表示。再次，退一步而言，假定两份协议的效力存在多种解释的可能，那么可以从主观目的、客观目的解释角度再作深入分析、判断。从主观目的角度而言，当事人在缔约磋商过程中明确了协议之间的内在逻辑。从客观目的角度而言，乙投资公司与甲保理公司的利益存在冲突，在不能兼顾的情况下，应当选择合乎公平、诚信原则的解释。具体而言，客观目的解释又包含合法解释、无矛盾解释、弃权严格解释等规则。一审判决优先适用了合法解释规则，即确认两份协议均为有效协议。但是，该合法解释规则适用的前提是通过文义解释、体系解释、主观目的解释不能确定合同意义的情况。法院不能依合法解释规则为合同构造另外一种意义并陷入履行障碍。最后，从理性经济人的角度，也应当采取不利于豁免受益方的解释。

法院生效裁判进行多维度、依次递进分析，最终认定《债务处置协议》为通谋的虚伪意思表示，《债权转让协议》为隐藏的真实意思。虽然隐藏的意思表示本质上为脱法行为，但对该行为尚不宜在合同效力层面进行否定性评价，而应随本案信息的披露在证券虚假陈述侵权纠纷中作出否定性评价。

编写人：上海金融法院　李鹏

七、债务转移合同纷纷

13

委托付款不应认定为债务转移

——木业公司诉建设公司、投资公司债务转移合同案

【案件基本信息】

1. 裁判书字号

湖北省武汉市中级人民法院（2022）鄂01民终11425号民事判决书

2. 案由：债务转移合同纠纷

3. 当事人

原告（被上诉人）：木业公司

被告（上诉人）：建设公司

被告：投资公司

【基本案情】

2014年10月24日，建设公司作为承包方与投资公司旗下全资子公司甲酒店签订《装饰工程施工承包合同书》，约定由建设公司以“包工、包料、包工期、包质量、包安全”方式承包该酒店室内装饰工程。2014年12月2日，建设公司因承建甲酒店工程需要与木业公司签订《木制品订购合同》，约定酒店木业工程具体数量和金额按实际结算。木业公司按约履行了供货义务，共计收

到货款 135 万元。2015 年 7 月 5 日，建设公司现场项目负责人对酒店木业工程量决算单及汇总表进行签字确认，认可木业公司工程量总计金额为 2066164.72 元。2015 年 7 月 15 日，投资公司、建设公司、木业公司就酒店项目资金及支付、完工工期等问题达成《会议纪要》，约定项目所欠木业公司货款共 71 万元，全部由投资公司负责支付，建设公司向投资公司出具支付 71 万元材料款授权委托书；木业公司仍应负责履行所供材料的保修义务，确保使用质量；木业公司应向投资公司提供普通销售发票 71 万元。同日，建设公司授权其员工朱某办理支付木业公司 71 万元剩余货款事宜。2016 年 2 月 4 日，甲酒店向木业司转账支付货款 20 万元。后木业公司再未收到任何货款。2020 年 7 月 20 日，木业公司向投资公司出具《催款函》，要求投资公司尽快支付剩余货款，投资公司时任法定代表人黄某在催款函上签字。因催要无果，木业公司将建设公司、投资公司作为共同被告起诉要求支付货款及逾期付款利息。

【案件焦点】

1. 建设公司、投资公司、木业公司三方签订的《会议纪要》是否应认定为债务转移；2. 木业公司的主张是否超过诉讼时效；3. 违约责任应如何承担。

【法院裁判要旨】

湖北省武汉市汉阳区人民法院经审理认为：关于焦点一，第一，三方签订的《会议纪要》并无债务转让或转移的表述，而是“乙方向甲方出具支付 71 万元材料款授权委托书”，即由建设公司出具授权委托书委托投资公司付款，投资公司仅是付款义务的履行主体。第二，《会议纪要》中也没有建设公司退出原债权债务关系或由木业公司与投资公司达成新的债权债务关系的意思表示。第三，债务转移需经债权人明确同意。这种同意应是对债务人变更的同意。《会议纪要》中虽然有债务承担的表述，但原合同当事人未发生变化，不应认定为债务转移。

关于焦点二，木业公司向投资公司法定代表人及股东催款表明其一直在向投资公司主张权利。结合木业公司提交的催款函、通话录音、案涉项目涉多起诉讼来看，木业公司所述一直在催款但投资公司均拖延不予支付的事实具有高度盖然性。

关于焦点三，本案系因第三人代为履行不符合约定引起的纠纷。建设公司与木业公司已经进行了结算，后通过《会议纪要》对欠款 71 万元进行了确认，甲酒店支付 20 万元后，投资公司再未向木业公司付款。投资公司不履行债务构成违约的情况下，原债务人建设公司应向木业公司承担责任。木业公司要求投资公司共同承担责任的诉讼请求，无法律依据，依法不予支持。木业公司还要求支付逾期付款利息，因合同及《会议纪要》中对付款期限和违约责任都无约定，木业公司在催款过程中也未就利息进行主张，对该诉讼请求亦不予支持。

湖北省武汉市汉阳区人民法院依照《中华人民共和国合同法》第六十五条、第八十四条、第一百零七条、第一百零九条，《中华人民共和国民事诉讼法》第一百四十五条之规定，判决如下：

一、被告建设公司向原告木业公司支付货款 510000 元，于判决生效之日起 10 日内付清；

二、驳回原告木业公司的其他诉讼请求。

建设公司不服一审判决，提起上诉。

湖北省武汉市中级人民法院经审理认为：同意一审法院裁判意见，依照《中华人民共和国民事诉讼法》第一百七十七条第一款第一项之规定，判决如下：

驳回上诉，维持原判。

【法官后语】

买卖合同纠纷中，货款支付方式往往成为争议起源，尤其涉及多方当事人的情况下，厘清当事人之间成立债务转移、第三人代为履行或是债的加入等何种法律关系对于认定履行义务的主体尤为重要。《中华人民共和国民法典》第五百五十一条、第五百二十三条、第五百五十二条分别对债务转移、第三人代为履行、债的加入进行了规定，其中第五百五十二条关于债的加入系民法典新增的条款。

根据上述规定，债务转移与第三人代为履行、债的加入主要存在以下区别：

1. 三者的构成要件不同

债务人的变更会给债权的实现带来风险，债务转移需要经过债权人明确同意，这种同意是债权人对债务转移本身的同意，是对第三人成为新的债务人、原债务人不再对转移部分的债务承担责任的同意，不能仅是对第三人代为履行债务的同意。而且，债务转移需要债务人与第三人就债务转移有约定，第三人明确同意由其取代原债务人或者加入合同关系成为债务人。第三人代为履行是由债权人与债务人达成协议，不能约束第三人，第三人仅同意代为履行债务。债的加入是第三人明确作出加入债的关系中与原债务人一起承担债务的意思表示，无须债权人或债务人明确同意。

2. 三者的承担主体不同

债务转移中债务人经将自己的合同义务转移给第三人承担，债务人自己退出与债权人之间的合同关系，债权人可直接请求第三人履行义务及承担违约责任。第三人代为履行是当事人约定由第三人履行债务，但债务人未退出与债权人之间的合同关系，第三人只是履行债务的辅助人而不是合同的当事人，债权人不能直接向第三人请求履行债务，只能要求债务人承担第三人不履行的违约责任。债的加入中原债务人并不脱离债的关系，第三人在其愿意承担的债务范围内与债务人对债权人承担连带清偿责任。

实践中，当债务转移与第三人代为履行、债的加入意思表示不清晰时，考虑到债权人对债务人履行能力的信赖，从保护债权人利益出发，债务人不应轻易从债务中脱离，所以应审慎认定债务转移。而第三人代为履行与债的加入、保证担保存在争议时，则要看第三人是否有明确加入债务的意思表示，比如承诺向债权人履行债务、与债务人约定共同承担债务，应认定为债的加入。如仅约定委托第三人付款且债务人未明确退出债权债务关系的，应认定为第三人代为履行。如以债务人届期未履行作为第三人履行债务前提条件的，则应认定为保证担保。

本案中，建设公司、木业公司、投资公司三方签订《会议纪要》，约定建设公司委托投资公司向木业公司付款，木业公司法定代表人在《会议纪要》上签字。三方当事人对此行为属于何种法律关系存在三种不同的理解。建设公司认为构成债务转移，其不应再履行付款义务；木业公司认为投资公司构成债的加入，应由投资公司、建设公司共同承担付款责任；而投资公司则认为其系第三人代为履行债务，在其无法履行债务时建设公司应向木业公司履行付款义务。

根据《会议纪要》的内容看，由建设公司出具授权委托书委托投资公司付款，其中对于建设公司退出原债权债务关系不再承担付款责任、投资公司同意接收债务并自愿加入债务承担连带责任均无明确意思表示，因此，建设公司、木业公司及投资公司三方之间不应认定为债务转移、债的加入关系，应认定为第三人代为履行债务。同时，因建设公司与投资公司之间存在委托付款的法律关系，木业公司向投资公司催款，应当视为对建设公司的催款。因此，投资公司未履行付款义务构成违约的情况下，木业公司只能要求原债务人建设公司承担支付货款责任，不应要求投资公司与建设公司共同承担责任。

因此，在审理过程中，应基于保护债权人利益考量，综合全案证据来认定当事人之间成立债务转移、第三人代为履行或是债的加入，从而认定履行义务的主体。

编写人：湖北省武汉市汉阳区人民法院　尹思源

14

债务转移的条件：必须征得原债权人的明确同意

——李某某诉程某某债务转移合同案

【案件基本信息】

1. 裁判书字号

河北省保定市中级人民法院（2022）冀06民终3755号民事判决书

2. 案由：债务转移合同纠纷

3. 当事人

原告（被上诉人）：李某某

被告（上诉人）：程某某

【基本案情】

2017年至2019年，程某某介绍李某某向易县体验中心分多次存款共计141000元，后易县公安局立案侦查体验中心公司涉嫌非法吸收公众存款之事。当时程某某代县体验中心偿还李某某21000元后，为李某某书写了本案的借条。2019年9月12日，程某某为李某某出具借条，内容为：出借人李某某，借款人程某某，今向东市村李某某借到现金120000元，借款人程某某。同日，程某某又为李某某出具收到条一张，内容为：今收到李某某现金120000元，收款人程某某。以上借条、收条均有程某某签名捺印。以上借条、收条书写于同一张纸张上，背面有程某某书写的"2020年5月15日还款肆万元整，2021年5月8日还款壹万元整，程某某"。经李某某多次催要，程某某至今未偿还7万元借款。易县人民法院（2019）冀0633刑初304号刑事判决书中未体现案涉款项。李某某请求判令被告偿还原告借款70000元。程某某抗辩主张案涉债务是其替体验中心偿还部分款项并非其所负债务，不应承担责任。

【案件焦点】

李某某与体验中心之间的原始债务是否已经转由程某某承担。

【法院裁判要旨】

河北省保定市易县人民法院经审理认为：原告与体验中心原系民间借贷合同关系，但在易县公安局立案侦查相关公司涉嫌非法吸收公众存款之事后，被告自愿偿还原告21000元并为原告出具120000元的借条。该借条并未体现体验中心应承担偿还责任，应系体验中心将其债务转移至被告处，原、被告对此均无异议，且被告之后偿还原告50000元，故本案系债务转移合同纠纷且债务转移有效，被告应偿还原告借款 70000 元。

河北省保定市易县人民法院依照《中华人民共和国民法典》第五百五十一条第一款、第六百七十五条之规定，判决如下：

被告程某某于本判决生效之日起 15 日内偿还原告李某某借款 70000 元。

程某某不服一审判决，提起上诉。

河北省保定市中级人民法院经审理认为：第三人与债权人订立的债务转移合同不必经债务人同意即可生效。同时，根据《中华人民共和国民法典》第五百五十二条债务加入的规定，程某某也应对所承诺的债务承担清偿责任。据此，不论程某某出具借条的性质是原债务人免责的债务转移还是连带责任的债务加入，其均应对所承诺的债务承担清偿责任。体验中心不是本案必要的共同诉讼参加人。

河北省保定市中级人民法院依照《中华人民共和国民事诉讼法》第一百七十七条第一款第一项之规定，判决如下：

驳回上诉，维持原判。

【法官后语】

债务转移又叫债务承担，是指原来的债务由第三人偿还。债务转移的条件是必须得到债权人的明确同意。本案，案件双方对原告与体验中心原系民间借贷合同关系及被告已自愿偿还原告 21000 元并为原告出具 120000 元的借条的事实均无争议。程某某在出具借款凭证时对于由自己承担体验中心所负李某某借款债务的法律后果认识清晰，意思表示真实明确并无误解，此后也实际清偿了部分债务，因此，程某某承担债务的意思表示与债权人同意的意思表示均明确。根据《中华人民共和国民法典》第五百五十一条的规定，债务转移要求第三人须就债务的转移与债权人或者债务人意思表示一致，其方式可以是第三人与债权人或债务人订立债务转移合同。在第三人与债权人订立债务转移合同的情况下，第三人代债务人履行债务对债务人并无不利，债务人一般不会反对，即使债务人反对，而第三人自愿代其履行，债权人又愿意接受第三人履行的，自无使债务转移合同归于无效的必要。故程某某应按借款凭证的约定对所承诺的债务承担清偿责任。

另外，根据《中华人民共和国民法典》第五百五十二条关于债务加入的规定，第三人向债权人表示愿意加入债务，债权人未在合理期限内明确拒绝的，债权人可以请求第三人在其愿意承担的债务范围内和债务人承担连带债务。据此，程某某亦应按借款凭证的约定对所承诺的债务承担清偿责任。

综上，不论程某某出具借条的性质是原债务人免责的债务转移还是连带责任的债务加入，其向债权人出具借条的行为都是对原始债务承担清偿责任的意思表示，且债权人明确表示同意，故程某某应对所承诺的债务承担清偿责任。

编写人：河北省保定市易县人民法院　章红彬

八、债权债务概括转移合同纠纷

15

涉快递网点转让纠纷的法律问题

——某服务部诉苏某债权债务概括转移案

【案件基本信息】

1. 裁判书字号

广西壮族自治区隆安县人民法院（2022）桂 0123 民初 1156 号民事判决书

2. 案由：债权债务概括转移纠纷

3. 当事人

原告（反诉被告）：某服务部

被告（反诉原告）：苏某

【基本案情】

原告某服务部是某物流公司某部的快递网点加盟商，取得了某物流公司的特许经营权。2022 年 3 月 2 日，原告某服务部与被告苏某签订物流转让协议，约定原告某服务部将上述快递网点转让给被告苏某，转让费为 160000 元。协议签订后，原告某服务部向被告苏某指定的第三人交付了部分用于经营快递网点的财产，并协助被告指定的第三人取得某物流公司的特许经营权。后被告苏某以原告未将双方签订的协议约定的义务履行完毕为由拒绝支付尾款，原告某服务部诉至法院要求被告苏某支付尾款并支付利息。在本案审理中，被告苏某以原告某服务部虚报利润及虚构存在补贴的事实，签订协议过程中存在欺诈的故意，被告苏某基于该补贴及利润才与原告某服务部签订转让协议为由提起反诉，要求撤销物流转让协议合同，返还转让费。

【案件焦点】

1. 在签订协议过程中，原告某服务部是否存在欺诈行为；2. 被告苏某拒绝支付尾款是否是有效行使先履行抗辩权。

【法院裁判要旨】

广西壮族自治区隆安县人民法院经审理认为：关于在签订协议过程中，原告是否存在欺诈行为的问题。本案中，关于补贴，该补贴是根据各授权网点的经营情况发放的临时性扶持补贴。在2020年11月至2021年9月，原告到某物流广西分公司南宁网点打卡，并获得了相应的扶持补贴。后根据某物流公司的政策，停止了原告等网点扶持补贴的发放。由于在2021年9月之后，原告没有到南宁网点打卡，因此对某物流公司停止发放扶持补贴的事实不知情，错误地认为只要打卡即持续获得该补贴，在签订协议前告知被告仍可获得相应的扶持补贴。据此原告不存在告知对方虚假情况或是隐瞒真实情况之故意。另外，根据一般规律，被告受让案涉物流网点时主要考虑该网点是否具有经营价值等综合因素，而是否存在补贴可能是考虑的因素之一，并非主要因素，因此是否存在补贴显然不会让被告陷入错误的意思表示而签订案涉物流转让协议。据此，原告的前述行为，不属于法律规定的欺诈行为。关于盈利，众所周知，从事经营活动是否盈利不仅受到市场经济规律影响，还受到其他客观因素以及经营者自身的主客观因素的影响。被告作为具有完全民事行为能力的成年人，应对市场经济规律有一定的认知，其不能以实际经营案涉物流网点后的盈利无法达到原告告知的盈利情况，从而反推原告对其实行了欺诈。被告未能提供证据证实原告故意隐瞒盈利真实情况或故意告知虚假盈利情况，诱使被告做出错误的意思表示。据此，原告某服务部前述行为，不属于前述法律规定的欺诈行为。据此，被告的反诉诉讼请求，缺乏事实和法律依据，法院不予支持。

关于被告拒绝支付尾款是否是有效行使先履行抗辩权的问题。本案中，案涉三轮摩托车至今未办理产权变更手续能否归责于原告，首先，被告未能提供证据证实原告怠于履行合同义务；其次，被告已经接收案涉物流网点以及三轮摩托车等资产，并实际经营案涉网点物流业务，故在履行合同过程中，被告有义务积极配合原告某服务部办理案涉三轮摩托车产权变更手续。然而，本案诉讼形成前，原告经营者提出将该三轮摩托车办理产权变更手续，但被告却以某服务部存在欺诈以及违约行为予以拒绝协助办理，被告的行为已构成违约。

广西壮族自治区隆安县人民法院依照《中华人民共和国民法典》第一百四十八条、第五百零二条、第五百零九条、第五百二十六条、第五百七十七条，《最高人民法院关于适用〈中华人民共和国民事诉讼法〉的解释》第九十条之规定，判决如下：

一、被告苏某于本案判决生效之日起 15 日内向原告某服务部支付款项 60000 元；

二、被告苏某于本案判决生效之日起 15 日内向原告某服务部支付利息（以尚欠款项 60000 元为基数，自 2022 年 8 月 17 日起至实际支付之日止，按一年期市场报价利率计付）；

三、驳回被告苏某全部反诉诉讼请求。

宣判后，双方当事人均未上诉，判决现已发生效力。

【法官后语】

在涉转让快递网点的案件中，当事人明知受让快递网点可能存在亏损的情况，自愿承受风险签订快递网点转让协议，受让快递网点，后因快递业务政策调整，导致网点不能达到受让前的利润效果，此种风险属于商业风险，应由当事人自行承担。同时，如果以转让方未完全履行约定义务而拒绝支付转让款的，需要辨别转让方是否已经履行了主义务，如果已经履行了主义务，那么受让方则不能行使先履行抗辩权。

1. 欺诈行为和正常商业风险的区分

根据《中华人民共和国民法典》第一百四十八条“一方以欺诈手段，使对方在违背真实意思的情况下实施的民事法律行为，受欺诈方有权请求人民法院或者仲裁机构予以撤销”之规定，欺诈构成的要件是：(1) 有告知对方虚假情况或是隐瞒真实情况的行为；(2) 有欺诈的故意；(3) 受欺诈方因欺诈而陷入错误认识；(4) 受欺诈方作出了错误的意思表示。商业风险，是指在商业活动中，由于各种主客观因素的影响而随机出现或必然出现的、对经营主体利益损害的可能性。商业风险有以下特点：第一，属于商业活动中的固有风险；第二，法律推定当事人能预见且有所预见；第三，商业风险由当事人自行承担。在本案中，被告作为一个具有完全行为能力的成年人，应当对受让案涉物流网点后可能存在的交易风险以及可能要承担的交易风险后果有足够的心理预期，对受让该网点后可能出现亏损的经营状况也应由其自行承担。因此根据商业风险的特点，被告受让该物流网点后，该物流网点的实际经营状况没有达到其预期，是属于正常的商业风险。被告以其在经营期间没有能达到原告经营的利润反推原告对其进行欺诈，从而签订案涉协议，不应得到支持。另外，对于被告反驳原告在签订协议过程中存在欺诈的行为即虚构存在补贴的事实诱导被告签订协议的反诉理由，协议应予撤销。根据欺诈的构成要件，原告没有告知被告虚假盈利情况或者隐瞒存在补贴的事实的行为；且被告没有证据证明原告存在欺诈的主观故意。对于被告是否因原告的行为陷入错误认识而受让该物流网点，如上所述，被告并不是因为存在补贴才与原告签订的案涉转让合同，即便是有该因素的存在，也不是双方签订转让合同的主要因素，综上，原告的行为不属于欺诈行为。被告受让该物流网点符合商业风险条件，双方签订的转让合同合法有效，双方应恪守合同约定。

2. 先履行抗辩权的行使条件

《中华人民共和国民法典》第五百二十六条规定：“当事人互负债务，有先后履行顺序，应当先履行债务一方未履行的，后履行一方有权拒绝其履行请求。先履行一方履行债务不符合约定的，后履行一方有权拒绝其相应的履行请求。”

需要说明的是以上所称的义务，是指合同中约定的主给付义务并非从给付义务。因此，如果先履行一方已经履行了主给付义务而未履行从给付义务的，后履行一方一般不能行使先履行抗辩权。本案中，根据双方签订的物流转让协议约定，原告需履行的是将原告服务部全部资产交付（包括货车产权变更手续，以及将在某物流科技公司特许经营权的经营者变更手续）、签订协议之日起15个工作日内办交接手续给被告两项主要债务。笔者认为，本案原告办理特许经营权、押金30000元变更手续是主给付义务，而货车、三轮车的过户登记、交付电脑、办公用品是从给付义务。本案中，原告依约将特许经营权、押金30000元、货车变更至被告名下，并且已经交付了电脑及办公用品，已经履行了主给付义务。关于三轮车未能在十五日内办理过户登记是属于从给付义务，且是由于被告不配合办理，原告在事实上无法完全行使合同约定的前期给付义务。因此，被告不能行使先履行抗辩权，拒绝支付尾款60000元。

近年来我国快递业发展迅猛，针对快递网点的经营权转让活动日益增多，由此引发的涉快递网点转让合同纠纷案件也逐渐增多。在审理此类案件的过程中，可能会涉及商业风险及违约行为的问题。需要辨别受让人是否认识到受让风险，结合商业风险的含义及特点，认定是否属于商业风险或是受到欺诈做出错误的意思表示，从而认定合同效力。在转让合同履行过程中后，应注意区分主合同义务及附随义务，再结合抗辩权的特点，确定当事人的违约责任归属。

编写人：广西壮族自治区隆安县人民法院　梁艳丹

九、债务加入纠纷

16

第三人向债权人表示愿意加入债务，债权人未在合理期限内明确拒绝的，构成债务加入

——董某某诉车某某、简某债务加入案

【案件基本信息】

1. 裁判书字号

广西壮族自治区南宁市中级人民法院（2022）桂01民终11525号民事判决书

2. 案由：债务加入纠纷

3. 当事人

原告（被上诉人）：董某某

被告（上诉人）：车某某、简某

【基本案情】

原告董某某系五金建材的供应商，被告车某某因房地产项目施工的需要，向原告订购五金建材，原告将被告车某某订购的货物送到指定工地后，被告简某在送货清单、送货单上签字确认。2020年9月6日至2020年11月12日，原告共送货20次，送货金额共计110081元，原告将每一份送货清单、送货单拍照发送给被告车某某核对。2020年12月9日，被告车某某向原告支付4万元货

款。2020 年 12 月 10 日，原告发送文字信息给被告车某某“车总共欠材料款 110081 元。于 2020 年 12 月 9 日转银行卡 40000 元整，下（尚）欠货款 70081 元整”，被告车某某回复“好”。之后，原告多次通过微信向被告车某某催款未果。2021 年 6 月 16 日，被告车某某（甲方）与原告董某某（乙方）签署一张《欠条》，载明“因甲方向乙方采购五金建材建筑材料。现经甲、乙双方对账核算，截至 2020 年 11 月 16 日甲方尚欠乙方货款 75000 元。货款定于 2021 年 7 月 15 日前付清，如到期未付清则按银行间同业拆借利率 LPR 的 4 倍支付利息，并可向欠条签订地人民法院起诉。欠款人需承担诉讼费、保全费、保全保函费、律师费等全部费用。欠款人：车某某，证明人：简某”。之后，被告简某出具一份《保证书》给原告，载明：“经简某和董某某双方协商，欠款 75000 元于 2021 年 8 月 20 日之前付清，如到期不付或没付清，由简某自行承担付款并承担全部法律责任及诉讼费用。保证人：简某。”2021 年 8 月 24 日，被告简某通过微信支付 1 万元给原告。此后，原告多次催讨，被告车某某均未支付剩余货款，原告遂起诉至法院，提出前述诉讼请求。

【案件焦点】

1. 被告车某某与简某应否共同承担付款责任；2. 被告尚欠货款金额；3. 原告主张的逾期付款违约金、律师费、保全保险费应否支持。

【法院裁判要旨】

广西壮族自治区南宁市邕宁区人民法院经审理认为：本案主要涉及以下几个问题。

1. 关于被告车某某与简某应否共同承担付款责任的问题

原告根据被告车某某的订购向其供应五金建材，被告车某某收货后支付了部分货款，双方于 2020 年 6 月 16 日对 2020 年 9 月 6 日至 2020 年 11 月 12 日产生的货款进行对账，被告车某某出具《欠条》给原告，双方已形成买卖合同关系，被告车某某应当承担向原告支付货款的义务。

被告简某向原告出具《保证书》，表明被告简某自愿承担案涉货款的付款责任，应视为对本案债务的加入。被告车某某、简某辩称简某的上述承诺属于债务转移，应当由简某承担本案债务，车某某无须再承担本案债务。法院认为，债务转移必须经债权人同意。在本案中，被告简某签署的《保证书》中并未明确约定由简某承担付款责任即免除被告车某某的债务承担，且从签署《保证书》后原告的行为来看，原告一直在向被告车某某催讨欠款，表明原告始终将被告车某某视为债务人，因此，简某自愿承担债务系并存的债务承担，并未免除原债务人车某某的付款责任，被告简某与被告车某某之间不构成债务转移，而是简某对本案债务的加入。故对于被告的上述答辩意见，法院不予采纳。

2. 关于被告尚欠货款金额的问题

2021年6月16日，被告车某某出具《欠条》给原告，确认尚欠原告75000元，原告解释其中5000元为利息，被告车某某明知尚欠原告货款70081元，仍出具《欠条》确认尚欠75000元，故法院对原告有关被告车某某未能及时结清剩余货款而自愿给付原告5000元利息的解释予以采信，认定《欠条》中所确认的70000元为被告车某某尚欠的货款，5000元为被告车某某自愿给付原告的利息。出具《欠条》后被告简某支付了1万元，剩余货款60000元及利息5000元，两被告应结清给原告。

3. 关于原告主张的逾期付款违约金、律师费、保全保险费问题

《欠条》约定利息按银行间同业拆借利率LPR的4倍计算，并约定到期未付清货款，车某某自愿承担诉讼费、保全费、保全保函费、律师费等全部费用。故原告诉请被告支付逾期付款违约金、律师费4500元、保全保险费1000元，有事实和法律依据，法院予以支持。

广西壮族自治区南宁市邕宁区人民法院依据《中华人民共和国民法典》第四百六十五条、第五百零九条第一款、第五百五十二条、第五百七十七条、第五百九十五条、第六百二十八条之规定，判决如下：

一、被告车某某、简某支付原告董某某货款60000元、利息5000元，合计65000元；

二、被告车某某、简某支付原告董某某逾期付款利息（计算方式：1. 以货

款70000元为基数，自2021年7月16日起至2021年8月24日止，按年利率15.4%计算；2. 以货款60000元为基数，自2021年8月25日起，按年利率15.4%，计算至被告付清货款60000元之日止)；

三、被告车某某、简某支付原告董某某律师服务费4500元、保全保险费1000元。

车某某、简某不服一审判决，提起上诉。

广西壮族自治区南宁市中级人民法院经审理认为：同意一审法院裁判意见，依照《中华人民共和国民事诉讼法》第一百七十七条第一款第一项、第一百八十二条之规定，判决如下：

驳回上诉，维持原判。

【法官后语】

本案争议的焦点在于被告简某向原告出具《保证书》的行为属于债务转移还是债务加入。综合本案具体案情，笔者认为当事人双方出具《保证书》的行为属于债务加入。主要理由如下：

债务转移是由第三人取代原债务人承担全部债务，在债务全部转移的情况下，原债务人脱离原来的合同关系，且债务转移必须经债权人同意。债务加入是第三人与债务人约定加入债务并通知债权人，或者第三人向债权人表示愿意加入债务，债权人未明确表示拒绝的，债权人可以请求第三人在其愿意承担的债务范围内和债务人承担连带债务。在本案中，被告简某签署的《保证书》中并未明确约定由简某承担付款责任并免除被告车某某的债务承担，且从签署《保证书》后原告的行为来看，原告一直在向被告车某某催讨欠款，表明原告始终将被告车某某视为债务人，因此，简某自愿承担债务系并存的债务承担，并未免除原债务人车某某的付款责任，被告简某与被告车某某之间不构成债务转移，而是构成简某对本案债务的加入。故被告简某应在本案债务范围内与被告车某某共同承担付款责任。

笔者选择本案作为年度案例，主要出于三个方面的考量：

第一，债务转移与债务加入的主要区别在于原债务人是否脱离合同关系，而原债务人是否脱离合同关系主要是看债权人、债务人及第三人的共同意思表示。因此债务人要转移债务给第三人时，首先要与债权人协商，取得债权人的明确同意，订立相关的债务转移协议，通过书面协议来体现各方的真实意思表示，避免口说无凭或债权人矢口否认而产生不利后果。

第二，债务转移与债务加入不同，债务转移的构成要件相对于债务加入而言更加严苛，因为债务承担人偿债能力的有无与高低直接关系到债权人的债权能否实现，原债务人转移其债务实质上是属于处分债权人的权利，如任由债务人转移债务，则无异于允许其自由处分债权人的权利，更有甚者，原债务人与第三人串通，将债务转移给不具备偿债能力的第三人，致使债权人实现债权的目的落空，损害债权人的合法权益。因此在审查类似案件时，应遵循债权人同意主义规则，在没有特别约定原债务人脱离合同关系的情况下，笔者认为应当优先认定为债务加入。

第三，由于审查债务转移的严苛性，笔者希望通过本案例提示读者在订立债务转移协议时，关于债务转移的表述要尽量清晰，如在合同中写明“本合同中某方义务全部转移给第三人承担，原债务人不再承担本合同债务”等内容，让债权人清楚知晓债务转移后对其可能产生的法律结果，并自愿承担该不利后果，以免因为表述不明确引发争议。

综上所述，笔者选取本案作为案例，旨在提出债务转移和债务加入的区别，并提醒大众在订立或履行债务转移协议时要审慎注意。

编写人：广西壮族自治区南宁市邕宁区人民法院　梁哲　钟小瑜

17

《中华人民共和国民法典》施行后，债务转移与债务加入的认定

——家具公司诉机械公司债务加入案

【案件基本信息】

1. 裁判书字号

江苏省无锡市中级人民法院（2022）苏02民终5202号民事判决书

2. 案由：债务加入纠纷

3. 当事人

原告（上诉人）：家具公司

被告（被上诉人）：机械公司

【基本案情】

家具公司、机械公司与上海某公司签订两份《三方协议》，约定机械公司向家具公司购买古董家具总价350万元，由上海某公司以其所欠机械公司的债权人民币350万元代为支付给家具公司，货款支付完毕后，上海某公司对机械公司的350万元债务也即履行完毕；如上海某公司逾期支付，则应按金额每日千分之二支付逾期违约金。上述协议签订后，家具公司及时将所售家具交给了机械公司。但是，机械公司及上海某公司均未付款。家具公司曾于2018年向上海某公司提起法律诉讼并强制执行，但因上海某公司没有付款能力而执行未果。家具公司认为，《三方协议》明确上海某公司负有代付义务，但并不因此免除机械公司的付款义务。上海某公司作为第三人代机械公司支付货款的行为构成债务加入，应与机械公司承担连带责任。机械公司则认为《三方协议》的约定

系债务转移，案涉350万元家具款的债务已由机械公司转移到上海某公司，现家具公司无权要求机械公司付款。

【案件焦点】

家具公司是否有权要求机械公司支付货款350万元。

【法院裁判要旨】

江苏省江阴市人民法院经审理认为：家具公司现要求机械公司给付案涉价款350万元的诉讼请求，缺乏事实和法律依据。理由有三点：1. 从合同文义看，对于机械公司向家具公司购买家具产生的350万元债务，债权人家具公司同意机械公司以对上海某公司的债权来支付，上海某公司亦同意将原欠机械公司的债务350万元代机械公司支付给家具公司，上海某公司向家具公司支付完毕后，其对机械公司的350万元债务亦履行完毕。上述约定实质是经债权人家具公司同意，作为债务人的机械公司将350万元债务全部转移给上海某公司，由上海某公司取代机械公司的债务人地位，对家具公司承担付款义务，这符合《中华人民共和国合同法》第八十五条规定的债务转移的构成要件。这一点在家具公司起诉上海某公司债权转让合同纠纷一案中，家具公司起诉状的事实理由部分已对此予以了确认。本案中，家具公司对自己已经认可的事实予以否认，违反了禁止反言原则，法院不予采信。2. 上海某公司未向家具公司付款的行为属于逾期支付货款的违约行为。《三方协议》中已明确约定，若上海某公司逾期支付约定的款项，则应按金额每日千分之二支付逾期违约金。由此可知，如上海某公司未按约向家具公司给付货款的后果为上海某公司承担逾期付款违约金。三方并未约定，如上海某公司未付款，机械公司应对此承担连带清偿责任。3. 按照有关司法解释的规定，民法典施行前的法律事实引起的民事纠纷案件，适用当时的法律、司法解释的规定，但是法律、司法解释另有规定的除外。机械公司、家具公司、上海某公司签订的两份《三方协议》均在《中华人民共和国民法典》实施之前形成，三方之间因此产生的纠纷应适用《中华人民共和国合同法》的规定。因此家具公司认为本案应适用《中华人民共和国民法典》中债务加入的法律规定的主张，法院不予采纳。综上，法院认为债务转移后，案涉350万元家具款的债务人应系上海某公司而非机械公司，因此家具公司无权要求机械公司向其给付家具款350万元。法院对家具公司的该项诉讼请求，依法予以驳回。

据此，江苏省江阴市人民法院依照《中华人民共和国民法总则》第一百七十六条，《中华人民共和国合同法》第八十条，《最高人民法院关于适用〈中华人民共和国民法典〉时间效力的若干规定》第一条第二款，《中华人民共和国民事诉讼法》第六十七条第一款之规定，判决如下：

驳回家具公司的全部诉讼请求。

后家具公司不服一审判决，提起上诉。

江苏省无锡市中级人民法院经审理认为：一审判决认定事实清楚，适用法律正确，应予维持。依照《中华人民共和国民事诉讼法》第一百七十七条第一款第一项之规定，判决如下：

驳回上诉，维持原判。

【法官后语】

债务转移是指不改变债务的内容，债务人将债务全部或者部分地转移给第三人。债务转移早在《中华人民共和国合同法》第八十四条中已作出规定：债务人将合同的义务全部或者部分转移给第三人的，应当经债权人同意。而《中华人民共和国民法典》第五百五十一条在承袭上述规定外，还增加了第二款规定：债务人或者第三人可以催告债权人在合理期限内予以同意，债权人未作表示的，视为不同意。该规定将债务人的“同意”缩限为“明示的同意”。

债务加入是指第三人加入债务中，作为新的债务人和原债务人一起向债权人负有连带债务。在《中华人民共和国民法典》颁布之前，我国法律并没有明确规定“债务加入”的内容。在司法实践中，对于相关债务纠纷的处理，也多与保证责任、债务转移发生混淆，从而引起较大争议。《中华人民共和国民法典》第五百五十二条增加了债务加入制度，该条文规定：第三人与债务人约定加入债务并通知债权人，或者第三人向债权人表示愿意加入债务，债权人未在合理期限内明确拒绝的，债权人可以请求第三人在其愿意承担的债务范围内和债务人承担连带债务。通过明确对“并存的债务承担”予以立法规范，填补了合同法的相关空白，更有效地保障了债权人权利的实现。

债务转移和债务加入对于债权人而言，最大的区别在于原债务人是否能脱离于债务的履行。在司法实践中，第三人与债权人约定承担债务，未明确债务人是否退出原债务关系的，如何认定约定的性质究竟是债务转移还是债务加入，对债权人的利益有重大影响。笔者结合两者的区别对如何正确厘清债务转移和债务加入提出相应的司法裁判思路：

1. 坚持谨慎认定债务转移的原则

笔者认为，语言是人们意志的反映。言辞的明确性、具体性直接影响对第三人行为的定性。日常生活中，双方或者三方的协议当事人习惯采用的口语化表述“×××代替×××履行（承担）债务”此类表述，而“代替”这一用语相对于债务转移并不具有等价性和充分性。“代替”的含义至少包含第三人履行、债务加入或者债务转移等情形。第三人的法律地位则要结合其他情况进行判断。如本案中，三方协议中约定“上海某公司代机械公司支付给家具公司”，但是该约定的内容尚不足以认定三方之间系债务加入或债务转移关系，尚需辅助其他的案件事实等内容予以查明。值得注意的是，根据法工委在《中华人民共和国民法典解读》中的观点，在债务转移与债务加入的意思表示不明确时，考虑到债权人对债务人资力与履行能力的信赖，从保护债权人利益的价值出发，债务人不应轻易地从原债务中脱离，可以推定为债务加入，即债务人应当继续对债权人承担清偿责任。由此可见，司法实践中对于债务转移苛以更加严格的认定标准。

2. 是否需要债权人的明确同意

债务转移因第三人完全取代债务人而承担其全部债务，债务人脱离原债之关系，从而可能影响债权的实现，因此需要经过债权人明确同意始生效力，债权人默示、未作表示的情况下应视为不同意债务转移。而债务加入于债权人并无不利，故通常无须债权人同意，但在第三人与债务人订立合同场合，应通知债权人，以便于其对第三人行使债权。本案中，上海某公司结欠机械公司货款350万元，而机械公司又结欠家具公司货款350万元，三方之间存在实践中常见的“三角债关系”。而案涉《三方协议》系由上海某公司、机械公司、家具公司三方共同签订确认的，因此满足了债务转移中关于债权人知晓并明确表示同意的构成要件。

3. 原债务人是否脱离了案涉债务

基于原债务人是否脱离了原债权债务关系判断，若脱离了原债权债务关系则为债务转移，承担债务的主体为第三人，若未脱离则属于债务加入，承担债务的主体为第三人和原有债务人，这是债务加入与债务转移的最大区别。司法实践中，除借助协议主文认定外，还需要综合考虑债务实际履行情况、违约责任承担、债权人主张情况等多方面进行综合考量。本案中，结合《三方协议》中约定案涉350万元家具款，家具公司同意由上海某公司代机械公司支付给家具公司。再结合协议中约定若上海某公司逾期付款，应由上海某公司而非机械公司承担逾期付款违约金。再有，家具公司仅起诉上海某公司要求支付欠款，且在该案的“事实和理由”部分，家具公司对案涉债务转移，由上海某公司向其承担付款责任的事实予以确认，法院依法认定案涉350万元家具款的债务人已从机械公司转移至上海某公司，机械公司无须对案涉款项承担清偿责任。

债务转移和债务加入存在构成要件、法律效果等诸多不同，简要而言为两点：一是是否需要债权人同意；二是债务人是否免责。在日常实务中，因约定不明引发争议的情况时常发生，牵扯到债权人、债务人、第三方的切身利益。司法实践在对两者辨别时，既要根据当事人所签协议的文本含义，更要综合债务履行情况、催款情况、责任主张情况等多方面加以谨慎考量。

编写人：江苏省江阴市人民法院　丁蔚　王芳　王崇阳

十、拍卖合同纠纷

18

拍卖标的重新拍卖时，拍卖通知程序的合法性应结合合同约定、竞买人知情权及平等参与权是否得到保障等予以认定

——郑某某诉拍卖公司、开发公司拍卖合同案

【案件基本信息】

1. 裁判书字号

福建省厦门市中级人民法院（2022）闽 02 民终 4087 号民事判决书

2. 案由：拍卖合同纠纷

3. 当事人

原告（上诉人）：郑某某

被告（上诉人）：拍卖公司、开发公司

第三人（上诉人）：杨某某

【基本案情】

2021 年 5 月 13 日，开发公司就 31 处市直管公房非住宅项目（包括本案讼争的房屋）五年租赁权在公共资源交易网发布网络竞价公告，载明代理机构为拍卖公司，报名时间为 2021 年 6 月 4 日，竞价时间为 2021 年 6 月 10 日等。

2021 年 6 月 4 日，拍卖公司（甲方）分别与郑某某、杨某某（讼争房屋原

承租人）（乙方）签订《竞价协议书》。两份《竞价协议书》均约定：甲方受开发公司委托，定于2021年6月10日9：30在市公共资源市场配置竞价系统采用网络电子竞价的方式举行31处市直管公房非住宅（包括讼争房屋）五年租赁权竞价会。第五条约定：乙方参加标的竞价应缴纳标的相应的竞价保证金70000元；竞价保证金应在2021年6月4日16：30时前汇至甲方指定账户，竞价保证金以到账为准。第七条约定：发生下列情形之一的，主持人有权中止、终结竞价活动或在竞价活动结束后宣布结果为无效：（1）系统服务器所处互联网络或中心网络出现故障的；（2）系统服务器硬件或软件等出现故障的；（3）其他甲方认为需要中止或终结竞价活动的情形。竞价活动中止、终结或竞价结果为无效的，甲方可择期按其他公开、公平、公正的方式重新竞价，相关事宜将另行通知各竞价人。同日，郑某某、杨某某分别向拍卖公司支付竞价保证金70000元，竞价标的均为讼争房屋。

2021年6月10日，拍卖公司在市公共资源交易平台组织讼争房屋竞价时，郑某某以7370元/月竞得。杨某某因竞价系统显示“保证金余额不足，无法参加竞价会”而未能参与竞价。

杨某某将上述情况微信通知拍卖公司，并于2021年6月10日向开发公司、拍卖公司发送《关于对竞价会提出异议的函》，载明杨某某在16：35时打开竞价系统，系统显示“保证金余额不足，无法参加竞价会”，拍卖公司工作人员告知杨某某保证金已缴纳到位，但是系统却反复显示余额不足，造成杨某某失去竞价资格。以上情况存在排斥潜在投标人的行为，请求重新竞价。

2021年6月11日，拍卖公司向开发公司发送《关于竞价标的重新组织竞价的说明函》，载明由于系统录入有问题，杨某某保证金未能反映在该场竞价会内，导致杨某某无法出价。建议该标的此次报价作废，择期重新组织竞价。2021年6月11日，开发公司向市公共资源交易中心发送《关于申请重新竞价的函》，申请该中心对讼争房屋在6月11日16：30重新配置组织竞价予以批准。

2021年6月11日15：39时，拍卖公司微信通知郑某某，该公司组织讼争房屋在6月11日16：30于公共资源网重新竞价，请郑某某准时参加。郑某某微信回复称其6月10日已中标，不同意重新竞价。除微信通知外，拍卖公司还以电话通知郑某某上述重新竞价事宜，郑某某亦表示不同意。

2021年6月11日15：43时，拍卖公司微信通知杨某某，该公司组织讼争房屋在6月11日16：30于公共资源网重新竞价，请杨某某准时参加。杨某某知悉并同意。

2021年6月11日，拍卖公司在市公共资源交易平台组织讼争房屋重新竞价时，杨某某以7370元/月竞得。郑某某拒绝参与竞价。

2021年6月11日，拍卖公司与开发公司、杨某某签订《成交结果确认书》，确认杨某某以7370元/月竞得标的。

2021年7月5日，开发公司与杨某某签订《市直管非住宅房屋公开招租租赁合同》，约定：开发公司将讼争房屋出租给杨某某，租赁期5年，自2021年7月1日起至2026年6月30日止，第一年每月租金7370元，第二年起每月租金以前一年为基础递增5%。

2021年9月8日，拍卖公司退还郑某某竞价保证金70000元。

【案件焦点】

1. 竞买人因不可归责于其自身的原因未能参加竞价，拍卖人是否有权宣布竞价结果无效；2. 再次拍卖通知程序的合法性如何认定。

【法院裁判要旨】

福建省厦门市思明区人民法院经审理认为：拍卖公司分别与郑某某、杨某某签订《竞价协议书》。杨某某依约缴纳竞价保证金后，因竞价系统显示“保证金余额不足，无法参加竞价会”而未能参与第一次竞价，根据《竞价协议书》第七条第二款的约定，杨某某因不可归责于其自身的原因未能参加竞价，拍卖公司有权宣布第一次竞价结果无效，并可择期重新竞价。但重新竞价时，拍卖公司仅以电话和微信方式通知郑某某、杨某某重新竞价的时间，且通知时间距竞价时间不足1小时，拍卖公司在郑某某对重新竞价有异议且明确表示拒绝重新竞价的情况下，未依法发布拍卖公告，其组织的第二次竞价违反了《中华人民共和国拍卖法》第四十五条、第四十六条、第四十七条关于“拍卖人应当于拍卖日七日前发布拍卖公告”“拍卖公告应当通过报纸或者其他新闻媒介发布”的规定。郑某某诉请撤销第二次竞价后形成的《成交结果确认书》及《厦门市直管非住宅房屋公开招租租赁合同》，予以支持。郑某某其余请求不予支持。

福建省厦门市思明区人民法院依照《中华人民共和国民法典》第五百零九条，《中华人民共和国拍卖法》第三条、第四十五条、第四十六条、第四十七条，《中华人民共和国民事诉讼法》第六十七条之规定，判决如下：

一、撤销拍卖公司与开发公司、杨某某于2021年6月11日签订的《成交结果确认书》；

二、撤销开发公司与杨某某于2021年7月5日签订的《厦门市直管非住宅房屋公开招租租赁合同》；

三、驳回郑某某的其他诉讼请求。

郑某某、拍卖公司、开发公司、杨某某不服一审判决，分别提起上诉。

福建省厦门市中级人民法院经审理认为：《竞价协议书》第七条第二款约定系统服务器所处互联网络或中心网络出现故障或系统服务器硬件或软件等出现故障的，主持人有权中止、终结竞价活动或在竞价活动结束后宣布结果为无效。杨某某于2021年6月4日11点47分37秒报名缴纳竞价保证金后，因竞价系统显示“保证金余额不足，无法参加竞价会”而未能参与第一次竞价，在案无证据表明上述系统问题系郑某某主张的拍卖公司未及时将杨某某的保证金录入系统所致。一审判决认定杨某某因不可归责于其自身原因未能参加竞价并无不当。杨某某对竞价过程中出现的问题提出异议后，拍卖公司向开发公司发送函件，建议讼争房屋租赁权此次报价作废，择期重新组织竞价。开发公司向厦门市公共资源交易中心发送函件，申请讼争房屋重新配置组织竞价，并获批。郑某某主张拍卖公司无权宣布第一次竞价无效依据不足，不予采纳。郑某某请求拍卖公司与其签订《成交结果确认书》、开发公司与其签订《厦门市直管非住宅房屋公开招租租赁合同》缺乏充分依据，一审判决未予支持并无不当。

各方当事人二审确认法律未规定同一场竞价会的部分标的重新竞价应当遵循的程序。在法律未作规定的情况下，讼争房屋租赁权重新竞价程序应按照当事人的约定予以认定。拍卖公司与郑某某、杨某某分别签订的《竞价协议书》第七条第二款均约定竞价活动中止、终止或竞价结果无效的，拍卖公司可择期按其他公开、公平、公正的方式重新竞价，相关事宜将另行通知各竞价人。讼争房屋等31处市直管公房非住宅项目五年租赁权已在厦门市公共资源交易网发布网络竞价公告，竞价人应知晓竞价标的具体情况。讼争房屋租赁权重新竞价仅变更竞价时间，拍卖公司按《竞价协议书》的约定通知竞价人郑某某、杨某某，未再次通过报纸或者其他新闻媒介发布拍卖公告，不宜认定违反竞价程序。拍卖公司以微信、电话方式通知郑某某重新竞价相关事宜，以微信方式通知杨某某重新竞价相关事宜，二人获得参加重新竞价的同等机会，通知时间距竞价时间不足1小时不足以构成导致竞价人无法参加竞价的程序瑕疵。郑某某主张拍卖公司只是微信通知郑某某第二次竞价的时间，未告知第一次竞价无效的原因，但微信聊天记录、电话录音材料体现拍卖公司已告知郑某某因网络问题，讼争房屋重新组织竞价，并告知若不竞价，视同放弃，且拍卖公司是否告知第一次竞价无效的原因并非郑某某参加重新竞价的障碍。郑某某得知重新竞价相关事宜后，未参与重新竞价。杨某某以7370元/月竞得，应认定拍卖公司、开发公司与杨某某于2021年6月11日签订的《成交结果确认书》、开发公司与杨某某于2021年7月5日签订的《厦门市直管非住宅房屋公开招租租赁合同》合法有效。郑某某以其第一次竞价已以最高价中标为由主张拍卖公司再组织第二次竞价存在程序违法依据不足，郑某某据此请求撤销上述《成交结果确认书》《厦门市直管非住宅房屋公开招租租赁合同》缺乏法律及合同依据，不予支持。一审判决认定撤销2021年6月11日《成交结果确认书》、2021年7月5日《厦门市直管非住宅房屋公开招租租赁合同》有误，予以纠正。

福建省厦门市中级人民法院依照《中华人民共和国民事诉讼法》第一百七十七条第一款第二项之规定，判决如下：

一、撤销厦门市思明区人民法院（2021）闽0203民初15616号民事判决第一、二、三项；

二、驳回郑某某的上诉请求；

三、驳回郑某某的诉讼请求。

【法官后语】

我国关于拍卖人通知程序的规定散见于《中华人民共和国拍卖法》第四十五条、第四十七条，《最高人民法院关于人民法院民事执行中拍卖、变卖财产的规定》第八条、第九条、第十一条，《最高人民法院关于人民法院委托评估、拍卖工作的若干规定》第五条，《最高人民法院关于人民法院网络司法拍卖若干问题的规定》第十二条、第十六条、第二十六条，《最高人民法院关于冻结、拍卖上市公司国有股和社会法人股若干问题的规定》第十四条。上述条款对发布拍卖公告的时间、方式及拍卖公告的内容作出规定，但除对网络司法拍卖流拍后再次拍卖时发布拍卖公告的时间作出规定外，并未规定再次拍卖通知的其他程序。在现行法律对再次拍卖通知程序缺位的情况下，再次拍卖的通知程序是否合法合理应当综合以下几个因素进行判断。

1. 拍卖人的通知程序是否违反合同约定

当事人的意思自治是民事活动的指导原则，民事主体有权根据自己的主观意志来决定民事法律关系的设立、变更和终止。在法律未对再次拍卖的通知程序作出完善规定的情况下，拍卖人与竞买人签订的合同是认定当事人权利义务的重要依据。

本案讼争房屋等31处市直管公房非住宅项目五年租赁权在市公共资源交易网发布网络竞价公告，竞价标的具体情况已充分披露。杨某某依约缴纳竞价保证金后，因竞价系统显示“保证金余额不足，无法参加竞价会”而未能参与讼争房屋的第一次竞价，拍卖公司宣布讼争房屋第一次竞价无效后，组织重新竞价。拍卖公司与郑某某、杨某某分别签订的《竞价协议书》第七条“特别约定与网络竞价风险提示”均约定：“竞价活动中止、终结或竞价结果为无效的，甲方可择期按其他公开、公平、公正的方式重新竞价，相关事宜将另行通知各竞价人。”拍卖公司在重新竞价时采用微信、电话的方式通知竞价人郑某某、杨某某，而未通过报纸或者其他新闻媒介发布拍卖公告的方式，并未违反《竞价协议书》约定的“其他公开、公平、公正的方式”，故应认定拍卖公司的通知程序未违反合同约定。

2. 竞买人的知情权是否得到保障

竞买人的知情权包括对拍卖时间、拍卖地点、拍卖标的、拍卖标的展示时间及地点、参与竞买应当办理的手续等情况的知晓、了解。竞买人的知情权是否得到保障应结合首次拍卖程序、再次拍卖程序进行审查。

对本案中，因首次竞价时，讼争房屋的具体情况已经通过厦门市公共资源交易网发布网络竞价公告的方式进行公示，郑某某、杨某某应知晓讼争房屋的相关信息。郑某某、杨某某亦分别与拍卖公司签订《竞价协议书》，参加讼争房屋租赁权的竞价。在首次竞价已充分披露竞价标的的情况下，重新竞价仅变更竞价时间，其他事项不变。拍卖公司采用微信、电话的方式通知郑某某、杨某某重新竞价时间等，虽然通知的时间距竞价时间不足1小时，但并不影响竞买人的知情权，亦不足以构成导致竞价人无法参加竞价的程序瑕疵，故应认定竞买人的知情权并未受到侵害。

3. 所有竞买人是否享有平等参与竞买的权利

保障竞买人平等参与竞买的权利是《中华人民共和国拍卖法》第四条规定的公开、公平、公正、诚实信用原则的体现。竞买人平等参与竞买的权利是否得到保障应从再次拍卖时拍卖人通知方式、通知时间、通知内容等进行审查。

本案拍卖公司向郑某某、杨某某通知重新竞价事宜时，对二人采取的通知方式一致，通知内容相同，并未区别对待。郑某某、杨某某得知的重新竞价信息是相同的，二人参加重新竞价的机会也是同等的。拍卖公司的通知行为并未影响郑某某、杨某某参加重新竞价的同等机会，故二人享有的参与竞买的平等权利并未被剥夺。在此情况下，任何一人放弃参与竞买的权利，应自行承担相应的法律后果。

编写人：福建省厦门市中级人民法院　陈璟

十一、建设用地使用权合同纠纷

19

建设用地使用权出让合同中受让人延期竣工责任的法律适用及认定标准

——某局某分局诉投资发展公司建设用地使用权出让合同案

【案件基本信息】

1. 裁判书字号

天津市第二中级人民法院（2021）津02民终10418号民事判决书

2. 案由：建设用地使用权出让合同纠纷

3. 当事人

原告（被上诉人）：某局某分局

被告（上诉人）：投资发展公司

【基本案情】

2013年2月16日，某局某分局（出让人）与投资发展公司（受让人）签订《出让合同》，约定将位于天津市津南区的土地出让给投资发展公司，面积为15582.6平方米，土地出让金为16850000元，宗地用途为商服用地。按照《出让合同》约定，投资发展公司须在2016年2月16日之前竣工并取得《建设工程规划验收合格证》，未能按照合同约定日期竣工或延建约定日期竣工的，每延期 1 日，投资发展公司应当向某局某分局支付相当于土地出让金 0.2‰的违约金。后某局某分局将涉案宗地交付给投资发展公司。2014 年 12 月 15 日，与投资发展公司签订一份《天津市国有建设用地使用权出让合同补充合同》，将原《出让合同》中的竣工时间调整为 2017 年 2 月 15 日之前竣工。2017 年 5 月 31 日，某局某分局与投资发展公司再次签订一份《天津市国有建设用地使用权出让合同补充合同》，将原《出让合同》及《补充合同》中的竣工时间调整为 2019 年 2 月 16 日之前竣工。截至 2020 年 1 月 24 日，投资发展公司自建设项目开工后尚未竣工。

某局某分局另提出如下诉讼请求：要求投资发展公司支付某局某分局自 2019 年 2 月 17 日至 2020 年 1 月 23 日的违约金 1149170 元。投资发展公司对某局某分局的上述主张不同意。

【案件焦点】

1. 某局某分局与投资发展公司签订的《出让合同》属于行政协议还是民事协议，适用何种法律关系调整；2. 当事人选用示范合同文本订立合同，相关合同条款是否属于格式条款，是否因此无效；3. 投资发展公司未在合同约定期限内完成对出让土地的开发建设，是否应对此承担违约责任、其主张的免责事由抗辩能否成立。

【法院裁判要旨】

天津市津南区人民法院经审理认为：1. 投资发展公司与某局某分局签订的《出让合同》以及两份《补充合同》合法有效，某局某分局依照上述合同约定要求投资发展公司支付相应的违约金，属于人民法院民事案件的受理范围，投资发展公司主张该协议为行政协议，缺乏依据，不予支持；2. 投资发展公司未按照合同约定将受让宗地建设项目于 2019 年 2 月 16 日前竣工，投资发展公司的行为已构成违约，应按合同约定承担违约责任；3. 关于投资发展公司主张配套设施不健全、规划调整、停工令等原因导致不能按期竣工的抗辩意见，根据双方签订的《补充合同》如投资发展公司认为仍存在符合双方约定的非主观原因导致不能按时竣工的情形，可向某局某分局申请延建。但现无证据证明投资发展公司提出过申请，且在收到缴纳违约金通知书后，亦未就有关原因进行书面说明，推知投资发展公司对于通知书载明的违约事实并未持异议。滨涪提交的停工通知统计表及相关政府部门发布的停工文件，不能证明上述文件要求对投资发展公司施工造成了实质影响。故对投资发展公司的上述抗辩意见，均不予采纳。某局某分局主张的违约金符合合同约定，予以支持。

天津市津南区人民法院依据《中华人民共和国合同法》第六十条、第一百零七条、第一百一十四条，《最高人民法院关于适用〈中华人民共和国合同法〉若干问题的解释（二）》第二十九条，《最高人民法院关于适用〈中华人民共和国民法典〉时间效力的若干规定》第一条第二款，《中华人民共和国民事诉讼法》第六十四条第一款、第一百四十二条之规定，判决如下：

一、投资发展公司于本判决生效后 10 日内给付某局某分局违约金 686146.05 元（计算方式为以土地出让金 16850000 元为基数，自 2019 年 2 月 17 日起至 2019 年 8 月 19 日止，按照中国人民银行发布的同期同类贷款利率计算，自 2019 年 8 月 20 日起至 2020 年 1 月 23 日止，按照全国银行间同业拆借中心公布的贷款市场报价利率计算）；

二、驳回某局某分局的其他诉讼请求；

三、驳回投资发展公司的全部反诉请求。

投资发展公司不服一审判决，提起上诉。

天津市第二中级人民法院经审理认为：1.《出让合同》基础文本虽由某局某分局提供，但有关竣工时间以及违约金具体标准等均系在提示横线上填写，均为个性化协商内容，投资发展公司在订立合同时即为明知，系双方自愿达成，故对投资发展公司主张违约金条款属于格式条款而无效一节不予支持。2. 关于违约责任天数，投资发展公司主张因停工令影响应核减相应的违约天数，并就此提供了政府公布的相关文件。对此，法院分析认为其中甲工程及乙工程两份文件，前份文件明确规定所有在建工程一律停止施工，持续时间为 47 天，后份文件虽仅停止各类土方作业和水泥搅拌及浇筑作业，但持续时间长达 182 天，势必影响整体工程施工。此外，考虑到上述停工因素并非投资发展公司自身原因所致，且相关停工期间在《补充合同》所约定的竣工时间之前，故综合以上情况，法院认为相关受停工文件影响的229天应在投资发展公司的违约责任期间中予以扣减。其他事项，二审法院同意一审法院裁判意见。

天津市第二中级人民法院依据《中华人民共和国合同法》第六十条、第一百零七条、第一百一十四条，《最高人民法院关于适用〈中华人民共和国合同法〉若干问题的解释（二）》第二十九条，《最高人民法院关于适用〈中华人民共和国民法典〉时间效力的若干规定》第一条第二款，《中华人民共和国民事诉讼法》第六十四条第一款、第一百四十二条之规定，判决如下：

一、撤销天津市津南区人民法院（2021）津0112民初8285号民事判决；

二、投资发展公司于本判决生效后10日内给付某局某分局违约金216709.73元（计算方式为以土地出让金16850000元为基数，支付自2019年2月17日起至2020年1月23日止，已核减229天，按照同期全国银行间同业拆借中心公布的贷款市场报价利率计算）；

三、驳回某局某分局在一审的其他诉讼请求；

四、驳回投资发展公司在一审的反诉请求；

五、驳回投资发展公司的其他上诉请求。

【法官后语】

1. 建设用地使用权出让合同的法律性质

自行政协议被纳入行政诉讼受案范围以来，审判实务中存在对建设用地使用权出让合同纠纷到底属于民事诉讼受案范围还是行政诉讼受案范围的理论分歧，该分歧直接影响了法院对该类案件的法律关系、审理程序、法律适用及裁判标准的选择和认定。

对此，笔者认为建设用地使用权出让合同属于民事合同。理由为：首先，从现有法律规定看，《中华人民共和国民法典》中将建设用地使用权规定在物权编第三分编用益物权项下，并明确规定设立建设用地使用权必须订立建设用地使用权出让合同，据此表明建设用地使用权出让合同是受民法所调整的民事合同。同时在《民事案由规定》中，亦将建设用地使用权出让合同纠纷作为民事案件案由予以明确。而在《中华人民共和国行政诉讼法》及《最高人民法院关于适用〈中华人民共和国行政诉讼法〉的解释》列举的行政协议类型中并未明确载明建设用地使用权出让合同，也未将此明确界定为行政协议，故将建设用地使用权出让合同认定为行政协议，缺乏法律依据。其次，从合同内容看，合同标的建设用地使用权系物权，国家以土地所有权人的身份出让其所有的土地时，其法律地位，与土地使用者的法律地位平等，属于特殊的民事主体，双方订立合同亦要遵循平等、自愿、等价有偿的民事基本原则，符合民事法律关系的基本特征。当事人因合同效力、履行、变更、终止、解除、违约责任等产生的纠纷，理应适用民事法律规范。虽然在合同履行中，行政机关对于涉及容积率确定、红线划定、土地收回等事项需要履行行政管理职责，但均需对此作出相应的具体行政行为，与出让合同本身没有必然联系，如当事人对此存在异议，则应针对具体行政行为通过行政诉讼程序予以解决。

2. 采用范本合同条款是否属于格式条款

因实践中政府与土地受让人均需按照《国有建设用地使用权出让合同》示范文本签订合同，而该示范文书系政府事前制定的，故在相关案件中，另一方当事人往往会主张合同内的条款属于格式条款而无效。

对此，我们认为采用范本合同签订出让合同，合同内的具体条款不属于格式条款。理由为：《中华人民共和国民法典》第四百九十六条规定，格式条款是当事人为了重复使用而预先拟定，并在订立合同时未与对方协商的条款。故，格式条款应同时具备三个构成要件：1. 预先拟定；2. 反复使用；3. 未经协商。而合同示范文本，则是由工商行政管理机关和业务主管部门根据长期实践，反复优选、评审、经过法定程序而正式规定下来的合同文书格式，一般由必备条款、选择条款和约定条款三部分构成。两者对比而言，从预先拟定的角度，两者合同内容都系合同一方预先制定，但示范合同仅是为订约双方提供了相关条款的参考，不具有强制效力，合同签订双方在签订时对是否适用条款具有选择权和决定权，与格式条款具有合同约束力不同。从未与对方协商的角度，格式条款在合同签订时即不具有与对方协商的可能，无法对条款内容做个性化的更改和变更；但示范合同文本对于双方合同标的具体情况、履行方式、金额、标准、期限等内容并未载明，由合同双方协商后再填入，给予当事人充分的自主协商权利，与格式条款明显不同。

3. 土地受让人延期竣工的法律后果及免责事由

根据我国相关法律规定，已动工开发但开发建设用地面积占应动工开发建设用地总面积不足三分之一或者已投资额占总投资额不足百分之二十五，中止开发建设满一年的国有建设用地，可以被认定为闲置土地，土地出让人存在闲置土地情形的，相应的行政机关可以向其征缴土地闲置费或无偿收回国有建设用地使用权。据此，土地受让人需及时就其受让的土地进行开发建设，尽快完成竣工属于法律规定的义务。同时，因《国有建设用地使用权出让合同》的民事合同属性，在认定当事人的违约责任时，亦应考虑其违约行为是否存在受不可抗力等因素影响，如导致违约后果的因素确为不可归责于行为人时，应根据法律规定及合同约定，对行为人的违约责任予以相应免除或减轻。

另，需要说明：在审理该类案件时，应明确建设用地使用权出让合同纠纷属于民事法律关系调整范畴，减少当事人立案难、多次诉讼的诉累问题。引导政府及开发建设方在土地建设时遵循平等、自愿、公平、诚信的基本原则，树立契约精神，促使双方自觉履行合同义务。规范企业对土地的开发建设行为，切实维护企业的合法权益；既要对其违约行为予以规制，又要考虑其生产经营中的实际困难，就客观的影响因素在其责任中予以免除，裁判结果要平衡考量企业责任承担与继续生产经营间的关系。充分发挥审判职能，助力法治营商环境不断优化，为经济社会健康发展创造良好的法治环境。

编写人：天津市第二中级人民法院　薛晨　胡浩

十二、赠与合同纠纷

20

受赠人未履行赡养义务的，赠与合同可撤销

——李某甲诉李某乙、曾某某赠与合同案

【案件基本信息】

1. 裁判书字号

福建省厦门市中级人民法院（2022）闽02民终3102号民事判决书

2. 案由：赠与合同纠纷

3. 当事人

原告（反诉被告、上诉人）：李某甲

被告（反诉原告、被上诉人）：李某乙、曾某某

【基本案情】

李某乙、曾某某系李某甲的父母。2010年4月1日，李某乙、曾某某将坐落于湖里区的房屋赠与李某甲，并签订《赠与合同》，且经公证处公证。该《赠与合同》约定，如遇拆迁，对于该房屋拆迁应得的补偿安置的钱物（安置房）全部归李某甲所有；受赠人李某甲表示自愿接受上述赠与；如遇拆迁，赠与房屋的拆迁补偿事宜由受赠人全权代为办理。后该赠与房产未办理房屋权属变更手续。

2020年，因蔡塘片区旧村改造项目建设需要，上述李某甲受赠房屋被征收并拆除，李某乙作为被征收人因此取得房屋征收补偿款共计829820元，市场价值数百万元的拆迁安置房则由李某甲取得（尚未办理产权）。上述补偿款分两笔各414910元由李某乙领取。李某乙、曾某某将拆迁补偿款中的229820元转账支付给李某甲，剩余600000元未支付。李某甲请求法院判令：李某乙、曾某某将剩余拆迁补偿款600000元支付给李某甲。

李某乙、曾某某在庭审中称，李某乙、曾某某因病经常需要住院治疗，此前住院治疗期间李某甲从未前往探望，日常生活中李某甲对老人也不闻不问。李某甲提交了一张照片，照片上为李某乙、曾某某及四个儿子、儿媳的合影。李某甲拟证明原、被告一起参加家庭聚会，并非自分家后双方再无往来。庭审中，双方当事人均申请证人出庭作证，其中李某甲申请其二哥李安和出庭作证，李某乙、曾某某则申请大儿子和小儿子出庭作证，两方证人证言对于李某甲是否履行了赡养义务陈述不一。

李某乙、曾某某向法院提出反诉请求：1. 撤销李某乙、曾某某与李某甲于2010年4月1日签订的《赠与合同》；2. 李某甲向李某乙、曾某某返还拆迁补偿款229820元。

【案件焦点】

案涉《赠与合同》能否撤销。

【法院裁判要旨】

福建省厦门市湖里区人民法院经审理认为：《中华人民共和国民法典》第六百六十三条第一款第二项规定，对赠与人有扶养义务而不履行的，赠与人可以撤销赠与。该“扶养”是指一定亲属间在经济上相互扶助和供养的法律责任。“扶养”的外延涵盖了“赡养”。故李某甲关于其对李某乙、曾某某应尽的是赡养义务，而不是扶养义务的抗辩理由不能成立。

《中华人民共和国老年人权益保障法》第十四条第一款规定，赡养人应当履行对老年人经济上供养、生活上照料和精神上慰藉的义务，照顾老年人的特殊需要。因此，赡养人的赡养义务显然不单指经济上的供养，还应包括上述法律规定的生活上照料和精神上慰藉的义务。

本案中，李某乙、曾某某主张李某甲未履行赡养义务，因该主张属于消极事实，显然无法通过举证予以证明。李某甲对于其已履行赡养义务的积极事实有义务提供证据加以证明。李某甲仅提交了一张其与父母及兄弟等家人的合影，该证据显然不足以证明其对父母履行了生活上照料和精神上慰藉的赡养义务。因此，李某乙、曾某某依法有权要求撤销赠与合同。

关于本案撤销权是否归于消灭的问题。《中华人民共和国民法典》第六百六十三条第二款规定的“赠与人的撤销权，自知道或者应当知道撤销事由之日起一年内行使”，旨在敦促赠与人依法及时行使撤销权。李某甲未履行赡养义务一直处于持续状态，李某乙、曾某某在被李某甲起诉之后，反诉行使撤销权，没有超过法定撤销权除斥期间。

福建省厦门市湖里区人民法院依照《中华人民共和国民法典》第六百六十三条第一款第三项、第二款，《中华人民共和国老年人权益保障法》第十四条第一款，《最高人民法院关于适用〈中华人民共和国民法典〉时间效力的若干规定》第一条第三款，《中华人民共和国民事诉讼法》第六十七条第一款、第一百四十三条之规定，判决如下：

一、驳回李某甲的诉讼请求；

二、撤销李某乙、曾某某与李某甲于2010年4月1日签订的《赠与合同》；

三、李某甲于本判决生效之日起10日内返还李某乙、曾某某拆迁补偿款229820元。

李某甲不服一审判决，提起上诉。

福建省厦门市中级人民法院经审理认为：同意一审法院裁判意见，并依照《中华人民共和国民事诉讼法》第一百七十条第一款第一项的规定，判决如下：

驳回上诉，维持原判。

【法官后语】

受赠人对赠与人有扶养义务而不履行的，赠与人有权行使法定撤销权。其要点在于：一是受赠人对赠与人有扶养义务；二是受赠人对赠与人有扶养能力，而不履行对赠与人的扶养义务。如果受赠人没有扶养能力或者丧失了扶养能力的，不产生赠与人撤销赠与的权利。需要特别指出的是，这里的“扶养”应当作广义解释，不应当仅仅理解为《中华人民共和国民法典》第一千零五十九条第一款规定的“夫妻有相互扶养的义务”等同辈之间的照顾义务，也包括对长辈的“赡养”以及对晚辈的“抚养”等关系的照顾义务。

《中华人民共和国老年人权益保障法》第十四条第一款规定，赡养人应当履行对老年人经济上供养、生活上照料和精神上慰藉的义务，照顾老年人的特殊需要。因此，如果子女对年迈的父母未尽精神上慰藉的义务，情节严重的，应认定为未履行赡养义务。

关于撤销权的除斥期间。《中华人民共和国民法典》第六百六十三条规定，赠与人应自知道或者应当知道撤销原因之日起一年内行使撤销权。此一年的期限为除斥期间，不发生中止、中断或延长，赠与人超过此一年未行使的，撤销权归于消灭。《中华人民共和国民法典》第一百五十二条第二款规定：“当事人自民事法律行为发生之日起五年内没有行使撤销权的，撤销权消灭。”本条的规定也受该条款的约束，即赠与人应自知道或者应当知道撤销原因之日起一年内行使撤销权，自撤销事由发生之日起五年内没有行使撤销权的，撤销权消灭。

我国民法典关于撤销权行使除斥期间的规定，旨在敦促赠与人依法及时行使撤销权。但本案的特别之处在于：首先，从庭审查明情况来看，李某甲未履行赡养义务一直处于持续状态，从常理分析，就是因为李某甲长期不履行赡养义务，才导致李某乙、曾某某最终决定行使撤销权；其次，在李某甲未起诉李某乙、曾某某履行赠与合同之前，李某乙、曾某某尚未起诉主张撤销赠与，而在李某甲起诉李某乙、曾某某之后，李某乙、曾某某基于李某甲起诉行为违反了精神上慰藉的赡养义务，故反诉行使撤销权，在一年除斥期间内。

编写人：福建省厦门市湖里区人民法院　李福清

十三、借款合同纠纷

21

金融机构应当对网签借款合同电子证据的真实性承担举证责任

——某银行武汉某支行诉某物流公司、刘某借款合同案

【案件基本信息】

1. 裁判书字号

湖北省武汉市蔡甸区人民法院（2022）鄂 0114 民初 2651 号民事判决书

2. 案由：借款合同纠纷

3. 当事人

原告：某银行武汉某支行

被告：物流公司、刘某

【基本案情】

2017 年 12 月 19 日，某支行与物流公司签订《借款合同》，约定：某支行向物流公司提供借款 186000 元，借款期限自 2017 年 12 月 19 日至 2018 年 12 月 19 日，利率为固定利率，即 LPR 利率加 287.75 基点，贷款逾期的罚息利率为贷款利率上浮 50%等。《借款合同》为物流公司法定代表人刘某用其手机，在某银行手机 APP 上签订。2017 年 12 月 19 日，某支行向物流公司发放贷款

186000元，截至2022年4月20日，被告物流公司尚欠贷款本金168930.17元，利息、罚息21527.38元。某支行遂诉至法院，请求判令物流公司偿还借款本金以及利息、逾期罚息合计190457.55元，刘某对物流公司债务承担连带清偿责任。诉讼中，刘某对物流公司借款无异议，但认为《借款合同》打印件上无其本人签字，原始《借款合同》中并无共同借款人的约定，刘某不应作为共同借款人对借款承担连带偿还责任。

【案件焦点】

刘某在《借款合同》中是否为物流公司的共同借款人，应否对物流公司的债务承担连带偿还责任。

【法院裁判要旨】

湖北省武汉市蔡甸区人民法院经审理认为：依照《最高人民法院关于适用〈中华人民共和国民法典〉时间效力的若干规定》第一条第二款“民法典施行前的法律事实引起的民事纠纷案件，适用当时的法律、司法解释的规定，但是法律、司法解释另有规定的除外”的规定，引起本案的法律事实发生在民法典施行前，故应适用《中华人民共和国合同法》的相关规定。某支行与物流公司以电子方式签订的《借款合同》，某支行虽无法提供该合同原件，但刘某在庭审中自认该《借款合同》系其作为物流公司法定代表人用本人手机办理，且对贷款事实无异议，故该《借款合同》系当事人真实意思表示，内容不违反法律、行政法规的强制性规定，合法有效。某支行按照约定发放贷款，且还款期限已经届满，依照《中华人民共和国合同法》第二百零六条的规定，物流公司应按照《借款合同》约定偿还借款本息，物流公司未按照约定时间足额还款构成违约，某支行请求物流公司立即偿还下欠的借款本金、利息、逾期罚息，依法应予以支持。关于刘某是否为《借款合同》约定的共同借款人问题。首先，根据《最高人民法院关于民事诉讼证据的若干规定》第十五条第二款“当事人以电子数据作为证据的，应当提供原件。电子数据的制作者制作的与原件一致的副本，或者直接来源于电子数据的打印件或其他可以显示、识别的输出介质，视为电子数据的原件”的规定，某支行提供的《借款合同》为打印件，其中虽载明刘某为共同借款人，但该打印件落款处无当事人的签字确认，刘某在抗辩中对《借款合同》中共同借款人内容予以否认，案涉《借款合同》从证据性质来看属于电子证据，某支行未能提供该电子证据的原件，亦无法证实打印版《借款合同》直接来源于原始电子数据；其次，经法院调查，某支行因操作平台更新，无法在终端上重新操作贷款流程以显示借款合同内容，不能证明刘某在办理案涉贷款时电子合同上有其作为共同借款人的条款；最后，《借款合同》虽为某支行针对不特定多数借款人的格式合同，但某支行在诉讼中并未就该行小微快贷业务模式作出明确说明和提供相关证据，法院不能在某支行无法提供合同原件且刘某对共同借款人条款有异议的情况下认定《借款合同》上存在刘某作为共同借款人的内容。因此，依据《中华人民共和国民事诉讼法》第六十七条第一款“当事人对自己提出的主张，有责任提供证据。”《最高人民法院关于适用〈中华人民共和国民事诉讼法〉的解释》第九十条第二款“在作出判决前，当事人未能提供证据或者证据不足以证明其事实主张的，由负有举证证明责任的当事人承担不利的后果。”某支行未能提供《借款合同》电子证据原件，对其提供的《借款合同》打印件真实性无法进行验证，故不能证明刘某在案涉贷款中系共同借款人，某支行应承担举证不能的法律后果。对于刘某系《借款合同》共同借款人的事实不予确认，故某支行请求刘某对物流公司债务承担连带清偿责任，法院不予支持。

湖北省武汉市蔡甸区人民法院判决如下：

一、被告物流公司于本判决生效之日起 7 日内向原告某支行偿还借款 168930.17 元及截至 2022 年 4 月 20 日的利息、罚息 21527.38 元，并向原告某支行支付自 2022 年 4 月 21 日起至实际借款清偿之日止的利息、罚息（以未偿还本金 168930.17 元为基数，按照年利率 10.76625%计算）；

二、驳回原告某支行的其他诉讼请求。

宣判后，双方当事人均未上诉，判决现已发生效力。

【法官后语】

随着互联网金融蓬勃兴起，因电子合同履行引发的金融借款纠纷也日益增多。网络金融借款合同与传统借款合同的根本不同之处在于合同的形式为电子合同而非纸质合同，合同的非实质化易使双方当事人对合同订立或者合同内容的真实性产生争议。本案中，当事人就合同对共同借款人有无约定形成争议，某支行提供的借款合同打印件中虽有共同借款人条款，但该打印件无借款人签名，某支行也无法就合同真实性提供可供核验的证明，最终某支行因举证不能导致其相关诉讼请求未能得到法院支持。由此案可以看出，金融机构在大力拓展互联网金融业务的同时，对于网络电子合同的存证和诉讼中电子证据的举证证明责任及方式未能给予应有的重视，对互联网交易模式下的新型诉讼应对不足，有待进一步完善管理之必要。

1. 对网络借款电子合同真实性承担举证责任的主体

金融机构在借款合同纠纷中的诉讼地位和网络借款交易的特点决定了金融机构应当对网络借款电子合同的真实性承担举证证明责任。首先，在金融借款合同纠纷案件中，金融机构主体地位通常是原告，其提起诉讼请求借款人承担因借款合同履行所负的债务，基于"谁主张，谁举证"的基本原则，金融机构对于借款合同成立和履行的事实负有举证义务。其次，网络借款电子合同由借贷双方在线上签订，一般都是在金融机构手机软件或金融机构网站中进行，手机程序和网站均由金融机构控制和维护，借款人无法掌握合同原始文本，只能通过自己的终端展示手机程序或网站中的合同内容，无法保证合同内容在诉讼时仍被保存或未被修改。例如，在本案中因银行交易平台系统更新，原合同内容在诉讼时已无法通过电子终端进行展示。鉴于金融机构在网络交易中的控制主导地位和技术上的优势，对借款电子合同真实性的举证责任依法应由金融机构承担。

2. 电子合同真实性的审查与判断

电子合同的本质是电子数据，《最高人民法院关于民事诉讼证据的若干规定》第十五条规定，"当事人以电子数据作为证据的，应当提供原件。电子数据的制作者制作的与原件一致的副本，或者直接来源于电子数据的打印件或其他可以显示、识别的输出介质，视为电子数据的原件”。在司法实践中，金融机构和法院均存在将电子证据书证化的诉讼习惯，金融机构通常不会将借款合同以电子形式提交，而是会将自身系统中打印出的借款合同以书证的形式提交给法院审查，因此，法院对证据的审查首先应该是审查合同打印件是否直接来源于电子数据，能否视为证据原件。在当事人对真实性存在争议的情况下，人民法院还需对形成电子合同的电子数据的真实性进行审查判断。审查判断的标准主要包括：(1) 硬、软件环境正常运行、安全完整；(2) 存储介质、载体保管完整可靠；(3) 保存、传输、提取过程适当等。电子证据的审查具有很强的专业性，需要借助专业机构和相应的技术手段支持方能完成。2018 年实施的《最高人民法院关于互联网法院审理案件若干问题的规定》将电子签名、可信时间戳、哈希值校验、区块链等新技术引入取证存证领域。尤其是区块链技术具有可追溯、难以篡改的技术特征，以区块链技术对互联网金融合同进行存证、取证势必成为未来互联网金融纠纷诉讼的重要手段，金融机构在从事互联网金融业务时，应当主动通过新技术的应用加强电子证据的固定存证工作，以避免将来发生纠纷时出现举证不能的情形。

3. 金融机构业务规则能否认定为合同条款问题

本案中，某银行制定了小微快贷业务相关管理办法，根据办法规定，借款企业需和企业主作为共同借款人与银行签订借款合同。故而实践中有观点认为，根据该规定可以当然推定企业主就是借款合同中的共同借款人。此种观点看似合理，但实则回避了民事诉讼法对电子证据的审查要求，弱化了金融机构的举证责任，损害了金融机构与借款人之间诉讼地位的平等性。其一，该管理办法系金融机构内部的业务规则并非法律法规，不具有普遍约束力；其二，该规则并未在合同中被列为通用条款或合同附件，对合同当事人不能产生法律约束力，也不能适用合同漏洞的填补原则将业务规则作为交易习惯对合同内容进行补充；其三，尽管金融机构有业务规则，但金融机构的分支机构在经营中能够做到完全合规实际上并不尽然。综上，金融机构业务规则不能当然认定为合同条款。

金融机构在无法直接证明借款合同内容时，可以将业务规则和实际操作相结合，对合同签订流程环节进行重复演示，以增强法官对金融机构证明内容的内心确认。在本案中，某支行既无法直接证明其电子合同证据的真实性，也未能设法以其他方式予以辅助证明，最终只能承担不利的法律后果。

编写人：湖北省武汉市蔡甸区人民法院　李兵

十四、保证合同纠纷

22

债权人可以合同未约定但多次经办业务的员工为联系人向公司请求承担保证责任

——A 管理委员会诉投资融资担保公司保证合同案

【案件基本信息】

1. 裁判书字号

湖北省荆州市中级人民法院（2023）鄂 10 民终 630 号民事判决书

2. 案由：保证合同纠纷

3. 当事人

原告（被上诉人）：A 管理委员会

被告（上诉人）：投资融资担保公司

【基本案情】

2018 年 12 月 6 日，原告 A 管理委员会（甲方）与案外人科技公司（乙方）签订一份《借款合同》，约定由甲方出借给乙方 3000 万元。同日，被告向原告出具《担保函》，载明："我公司愿为科技公司向贵委申请的财政资金借款 3000 万元提供连带责任担保，担保最高限额 3000 万元，担保期限为 6 个月"。其后，原告与案外人先后签订四份《借款展期协议书》，最后一份展期协议约定还款期限为2020年5月27日。与上述《借款展期协议书》相对应，被告先后出具四份《担保函》，其中最后一份载明："我公司愿为科技公司向贵委申请的财政资金借款展期提供连带责任担保，担保最高限额3000万元，担保期限为2021年5月27日"。

2019年7月11日，在原告与另外三位借款人签订的借款合同中，均约定被告公司的联系人系李某某，并约定有联系电话和电子邮箱。但在本案的借款合同中未作约定。2021年5月27日，原告工作人员向上述三份合同中约定的李某某电子邮箱发送过要求被告履行保证责任的通知。

2021年7月6日，原告的法律顾问通过特快专递向被告邮寄催款律师函，收件人为李某某，联系方式为上述合同中约定的号码，地址为被告工商登记的注册地址，该邮件于2021年7月7日收寄，2021年7月10日被退回。被告工作人员李某某认可其于2021年7月6日接到快递员的电话，称有一封关于科技公司的文件需要其签收，其在电话中对快递员称该笔业务不是其经办的，故而自行决定拒收了该邮件。李某某二审中认可其在2020年左右知晓大正公司为案涉科技公司3000万借款提供了担保。

2021年11月25日、26日，原告再次通过特快专递向被告邮寄催款律师函，收件人为被告的法定代表人，地址同前次邮件一致，邮件面单封面均备该公司3000万借款催款律函。根据物流查询显示，上述邮件分别于2021年12月1日、2021年12月2日签收。

被告以原告未在保证期间内向其请求承担保证责任为由，主张免除其保证责任。

【案件焦点】

保证合同未约定李某某为联系人，A管理委员会在保证期间内向其发送电子邮件和快递请求被告公司承担保证责任是否有效。

【法院裁判要旨】

湖北省荆州市沙市区人民法院经审理认为：原告分别于2021年7月6日、

11 月 25 日、11 月 26 日以专递的形式向被告邮寄催款函，后两封邮件均显示已被签收，收件人为被告时任法定代表人，收件地址为公司注册地址，应视为原告已在保证期间内请求被告承担担保责任。

湖北省荆州市沙市区人民法院根据《中华人民共和国民法典》第六百九十三条的规定，判决如下：

被告对案外人尚欠原告的借款本金 30000000 元及违约金承担连带保证责任。

被告公司不服一审判决，提起上诉。

湖北省荆州市中级人民法院经审理认为：上诉人主张李某某不是案涉借款担保业务的经办人和联系人，向其发送电邮不产生请求承担保证责任的法律效果。邮件的收件人为公司，地址为公司工商登记住所地，电话信息栏为“李某某 139××××××××”，李某某为公司的员工，电话为其本人使用的有效号码。尽管案涉借款合同未明确约定联系人及联系方式，但结合李某某系 2019 年间公司为管委会出借的案外三笔借款合同中约定的联系人，以及其后多次代表公司与管委会实际联系担保业务的相关事宜的事实，能够表明双方系通过员工李某某建立联系。管委会在寄送催款邮件时，在收件人电话信息栏填写李某某的电话号码具有合理性，也符合双方此前的交易习惯。再次，该封邮件的收件人是公司而非李某某，李某某作为公司员工应当知晓邮件的重要性。即使其并非案涉借款担保业务的经办人和联系人，也应当及时向公司请示汇报而不能自行决定拒收邮件。况且其在二审中明确承认，其知晓公司为案涉借款提供了担保，该封邮件被李某某以不属于其业务为由拒收，并不能否认债权人在保证期间届满前已经向保证人表达了请求承担保证责任的意思表示。即债权人有足够的理由和事实依据向李某某发送电邮和快递要求公司承担保证责任，其作为债权人已在法定期间内恪尽及时主张权利的注意义务，被告公司的抗辩理由不能成立。

湖北省荆州市中级人民法院依照《中华人民共和国民事诉讼法》第一百七十七条第一款第一项的规定，判决如下：

驳回上诉，维持原判。

【法官后语】

“保证”是为了提升经济活力、激发市场主体潜力而设立的一种债权保障制度，规定保证期间的根本目的在于敦促债权人及时行使权利，避免保证人因债权人的过分拖延而产生设立保证时预期之外的损失。保证的双方均应以追求限期的债权保障为基本善意，而人民法院也应以此价值取向来评判各方的行为是否符合保证的制度目的。

根据《中华人民共和国民法典》第六百九十三条第二款的规定，债权人应在保证期间内请求保证人承担保证责任，否则保证人不再承担保证责任。该条款强调了保证期间的重要性，但是未明确保证人请求的具体方式和标准。从字面意义来理解，请求是一种作出意思表示的行为，且此种意思表示明显必须是以保证人作为相对方。按照民事活动的相对性原则，意思表示需到达对方并为对方所理解，判断债权人是否在期限内完成合乎标准的请求，可参照民法典关于意思表示的有关规定，以保证人知道或者应当知道债权人的请求为判断原则。在相对人作为法人的情形下，法定代表人虽然是法人法定的意思表示接收者，但实际经济活动中，法定代表人不可能对公司各项工作事无巨细地予以掌握。现代健康的公司制度也要求公司减少对法定代表人的个人依赖，各项事务具体的负责人或者业务员能够作为公司对外接收意思表示的联系人。

目前，在我国法律尚无关于债权人如何请求保证人承担保证责任的明确规定，我们可以从设立保证制度和保证期限的制度目的去理解请求在实际操作中的争议。本案中，保证人与债权人存在不同债务人一系列的保证关系，案涉保证虽未约定具体的联系人和联系方式，但在其他类似保证中约定有具体的业务员来负责双方之间的保证业务，并实际以此业务员作为联系人来处理有关保证的事宜。债权人以快递的方式作出请求，邮件的收件地址是被告公司的注册登记地址，以该业务员的电话作为邮件的联系方式，既是基于对专门从事担保业务保证人的专业性信赖，也是对法人接受意思表示基于善意的灵活处理，具有高度的合理性和交易惯性，不违背保证制度和保证期限的制度目的。保证人以债权人作出请求的邮件所载联系人不适格为由的抗辩，不应得到支持。

编写人：湖北省荆州市沙市区人民法院　廖兆铭

23

保证人在债务履行期间偿还债务行为的定性

——吕某某、董某某诉张某某保证合同案

【案件基本信息】

1. 裁判书字号

浙江省绍兴市中级人民法院（2021）浙06民终176号民事判决书

2. 案由：保证合同纠纷

3. 当事人

原告（被上诉人）：吕某某、董某某

被告（上诉人）：张某某

【基本案情】

2013年1月8日，两原告（债权人、甲方）与被告张某某、案外人物流公司（担保人、丙方）、案外人俞某英及进出口公司（债务人、乙方）签订《租赁协议书》一份，约定：债权债务，甲乙双方均予以确认，债务本金总额为690万元，利息总额为150万元。债务清偿方案。1. 丙方于2013年1月31日前以现金方式先归还甲方董某某本金200万元及利息28万元。2. 剩余本金490万元及利息122万元，共计612万元转为房屋租金，丙方将其实际控制的进出口公司名下的房产租赁给甲方，如果丙方无法将上述控制的房产交付给甲方租赁经营，或者第三方对甲方租赁经营的房产提出异议，或者交付的房产不清洁，导致甲方无法租赁使用上述房产的，甲方有权向乙方追偿债权，丙方和关联方对乙方的债务承担连带责任担保，担保的范围包括债务的本金、利息、违约金、诉讼费、律师费及其他一切费用；担保的期限为主债务履行期限届满之日起两

年。因上述债权债务纠纷，本案原告吕某某、董某某于 2017 年 6 月 15 日向法院起诉俞某英，要求其归还借款本息 94.6156 万元等。2018 年 9 月 6 日，吕某某、董某某再次向法院起诉：要求进出口公司偿还本息 4650214 元，俞某英承担共同还款责任，后该案于 2019 年 2 月 20 日作出一审判决，俞某英、进出口公司不服，向绍兴市中级人民法院提起上诉，于 2019 年 4 月 18 日在绍兴市中级人民法院达成调解。2020 年 3 月 11 日，原告向法院提起诉讼，要求被告张某某对原告尚未实现的债权 2519201.25 元（其中本金 1848432.79 元，利息 670768.46 元）承担保证责任。另，原、被告双方在庭审中确认本案所涉租赁物原告方租赁到 2017 年 4 月底，2017 年 5 月 1 日起不再租赁。

【案件焦点】

被告张某某在债务履行期间内偿还债务行为的性质；原告主张权利有无超过保证期间和诉讼时效。

【法院裁判要旨】

浙江省绍兴市越城区人民法院经审理认为：涉案《租赁协议书》明确载明本案被告张某某系担保人身份，且亦明确约定由丙方即担保人于 2013 年 1 月 31 日前以现金方式先归还原告董某某本金 200 万元及利息 28 万元，余下本金 490 万元及利息 122 万元，共计 612 万元转为房屋租金，由丙方将其实际控制的进出口公司名下的三处房产以租金抵偿债务，从以上约定可以看出，当时各方当事人明确约定了本案被告张某某如何承担保证责任的方式并实际履行了一段时间，被告在庭审中也认可协议书约定的清偿 228 万元的履行内容系其作为担保人履行偿还义务，故本案不存在保证期限超过的情形。自 2017 年 5 月 1 日起被告不再履行偿还义务，原告要求保证人以货币方式清偿剩余债务的请求，运用诉讼时效的规定，原告起诉未超过诉讼时效，故对被告辩称“保证期限届满，被告张某某无须承担保证责任”的意见不予采纳。综上，原告吕某某、董某某与被告张某某的保证合同关系，各方主体适格，意思表示真实，内容不违反法律、行政法规的强制性规定，应认定合法有效，各方当事人均应当遵循诚实信用原则，全面、适当地履行合同义务，故对于两原告要求被告张某某对进出口公司的2519201.25元债务承担连带保证责任的诉请于法有据，予以支持。

浙江省绍兴市越城区人民法院依照《中华人民共和国担保法》第十八条、第二十一条之规定，判决如下：

被告张某某对进出口公司的2519201.25元债务向原告吕某某、董某某承担连带清偿责任，于本判决生效之日起30日内履行。

张某某不服一审判决，提起上诉。

浙江省绍兴市中级人民法院经审理认为：同意一审法院裁判意见。依照《中华人民共和国民事诉讼法》第一百七十条第一款第一项之规定，判决如下：

驳回上诉，维持原判。

【法官后语】

对本案件中被告在债务履行期限内偿还债务的行为，究竟属于哪一种民事法律行为，不同的认定将产生完全不同的结果。第一种意见认为属于履行保证责任行为；第二种意见认为是债务加入，虽然协议中约定张某某系担保人身份，但债务履行期限未满，保证责任尚未开始，其偿还债务系作为债务承担者加入原债权债务中；第三种意见是张某某已履行的228万元是债务加入，对后面剩余债务应是承担保证责任。结合本案债权人、债务人、担保人在签订租赁协议书时约定的债务偿还方式，并考量当事人的真实意思表示及衡平各方利益，笔者认为张某某的行为属于履行保证责任。

《中华人民共和国民法典》第六百八十一条规定将保证人承担保证责任的前提条件由“债务人不履行债务”修改为“债务人不履行到期债务或发生当事人约定的情形”，而“发生当事人约定的情形”一般如主债务人在履行期限届满之前明确表示或者以自己的行为表明不履行合同义务时，债权人可以请求保证人承担保证责任。而本案中，各方当事人对债务的履行方式作出了特殊约定，明确债务由丙方及其实际控制的房产以租金抵债方式进行偿还，而丙方是担保人，其中包含本案被告张某某，该情形与《中华人民共和国民法典》第六百八十一条规定精神相契合，应当可以看出各方当事人签订协议时主债务人已没有履行能力或是主债务人已明确表示不履行债务，债务履行期限实质上已经提前到期，而保证人自愿放弃了期限利益，提前承担了保证责任。根据合同意思自治原则，只要不损害他人利益，保证人完全可以提前清偿债务。本案被告张某某在债务履行期间内偿还债务的行为，应当认定为履行保证责任。

法律规定保证期间，主要是为了督促债权人依法定方式主张权利，但法律并未禁止保证人在债务履行期限内履行保证责任。保证期间和保证责任是两个不同的概念，保证期间是保证人和债权人约定的履行保证责任的有效期间，是法律概念，履行保证责任时间不是法律概念，是保证人作出履行保证责任这一民事法律行为的时间，两者没有必然联系，只是在发生时间上，履行保证责任的时间一般情况下发生在保证期间内或晚于保证期间，但在特殊情况下，履行保证责任时间有可能早于保证期间，法律并未禁止保证人在债务履行期限内履行保证责任。

保证责任的本质在于保证人为债务人履行义务，如果一味要求在债务履行期限届满后经债权人催讨保证人才还款，虽然保障了保证人的抗辩权，但也消耗了更多的社会成本，而保证人放弃期限利益主动代偿，不仅符合保证责任的本质要求，且有助于节约资源、提升效率，于债权人、债务人、社会整体均有利，如果不视为履行保证责任，而是债务加入或是第三人代为履行债务，更加加重了保证人的责任，对保证人明显不公平。另外，在确定当事人的行为系某一种民事法律关系之前，除尊重当事人的意思表示外，还要全面考量案件背后的原因，本着平衡债权人、保证人、债务人等利益的考量，兼顾本案各当事人的特殊关系，认定被告张某某承担保证责任更有利于保护保证人的权益。保证人放弃期限利益主动代偿债务，保证期间就不再有相关作用了，诉讼时效制度具有的作用开始发挥。笔者认为张某某在签订租赁协议书时作为担保人身份自愿向债权人履行债务，可以推定吕某某、董某某在协议签订之时，已经向担保人张某某主张了权利，保证人提前履行了保证责任，保证期间已经不再有作用了，从而转化为审查保证债务的诉讼时效。

编写人：浙江省绍兴市越城区人民法院　王丽萍

24

刑事退赔程序启动后担保责任承担问题

——常某某诉张某保证合同案

【案件基本信息】

1. 裁判书字号

山东省聊城市中级人民法院（2023）鲁15民终3126号民事判决书

2. 案由：保证合同纠纷

3. 当事人

原告（被上诉人）：常某某

被告（上诉人）：张某

【基本案情】

常某某与张某系朋友关系。常某某通过张某介绍，于2020年4月2日与案外人严某通过微信方式签订买卖合同，约定由严某向常某某出售布料两吨，每吨价格为36万元，常某某于当日通过银行转账方式向严某支付45万元，严某未按照约定向常某某交付布料。

2020年9月6日，常某某（甲方）与张某（乙方）签订协议书，该协议书载明：经乙方介绍甲方和严某认识，甲方与严某于2020年4月2日通过微信签订了一份买卖布料的协议，严某以每吨36万元的价格出售给甲方两吨布料，甲方先付给严某45万元（人民币）剩余27万元待布料到货验收合格后再付给严某。乙方自愿为本次的买卖交易做担保（乙方保证甲方能够按时收到货物，如收不到乙方自愿对返还甲方货款事宜承担连带责任保证）。到交货日期后严某迟迟未能交货，货款也无法追回，经甲乙双方协商乙方自愿承担担保责任，乙方代严某返还货款。双方经过协商达成协议如下以共同遵守：1. 乙方于2020年5月5日分两次返还给甲方人民币6万元货款，剩余39万元货款乙方保证于2020年11月1日之前返还甲方人民币9万元，后所剩余货款于2021年5月1日之前还清。2. 乙方必须保证在协议书签订的时间内履行。3. 本协议一式两份，签字生效后甲乙双方不得反悔，如日后有异议可通过冠县人民法院进行民事诉讼。该协议由常某某、张某签字捺印予以确认。

常某某提交的（2020）津0114刑初258号刑事判决书证实，严某因涉嫌诈骗罪于2020年4月10日被天津市公安局武清分局刑事拘留，于2020年9月27日被天津市武清区人民法院认定构成诈骗罪判处有期徒刑十三年，并处罚金人民币30万元，责令退赔548.3万元，其中退赔常某某45万元。该刑事判决书认定严某共实施诈骗7起（包含对常某某实施的诈骗），涉案金额548.3万元（包含骗取常某某45万元）。2020年12月29日，天津市武清区法院依据上述判决向常某某退赔8321.7元。

根据常某某提交的银行转账明细及其陈述，2020年5月5日，张某通过案外人刘洋银行账户向常某某支付50000元，通过案外人王芳银行账户向常某某支付10000元，共计60000元，即上述协议载明的第一项还款情况。

根据张某的提交的情况说明及转账明细，自2020年4月13日起至2022年5月11日止，张某通过支付宝、微信、银行转账三种方式向常某某共计转账371100元。常某某称，张某于2020年4月13日向其支付的320000元系张某代朋友向其支付的购买无纺布的货款，于2020年5月4日向其支付的5000元系代张某支付的电费，该费用已转给案外人，于2020年5月25向其支付的1000元系张某委托其接待朋友支付的饭费，于2020年6月6日向其支付的3700元系张某在冠县的厂房用彩钢瓦做隔断所产生的费用，于2020年6月13日向其支付的5800元系张某委托其代为支付的做布料检测的费用，上述款项均不是张某承担担保责任向其支付的款项，且常某某上述主张与微信聊天记录基本吻合。常某某认可张某提交的剩余转账凭证所支付的款项系为承担担保责任所支付的款项，共计35600元。

根据常某某与张某的约定，张某应在45万元的范围内承担连带担保责任，扣除常某某认可的张某已偿还的95600元及严某退赔的8321.7元，张某尚应对剩余346078.3元承担连带责任保证。

通过常某某与张某之间自2020年3月21日至2022年3月10日的微信聊天记录，二人之间除涉案纠纷外还有其他经济往来。

常某某为主张本案权利，支出律师费5000元。

【案件焦点】

1. 如何认定常某某与张某签署的《协议书》的效力；2. 刑事退赔程序启动后保证人责任如何承担。

【法院裁判要旨】

山东省聊城市冠县人民法院经审理认为：本案的争议焦点为：一、在签订案涉买卖合同一方严某的行为已被刑事判决认定构成诈骗罪的前提下，该买卖合同的效力应如何认定；二、张某为案涉买卖提供连带责任担保所签署的保证合同是否有效及保证责任应如何承担；三、如认定保证合同有效且张某应当承担连带责任保证的情况下，民事判决与刑事退赔的交叉问题应如何解决。

关于焦点一，常某某与严某订立的买卖合同，尽管生效的刑事判决认定严某的行为构成诈骗罪，但从民法的视角观察，无非是严某的行为属于性质严重的欺诈，当该欺诈行为的程度与结果超过了刑法容忍的限度，就被纳入刑法的调整范围，但这并不影响在民法视角下将该行为认定为欺诈，在认定合同效力时，应根据《中华人民共和国民法典》等法律法规的规定对合同效力进行审查判断，以保护合同中无过错一方当事人的合法权益，以维护交易秩序。案涉买卖合同相对方严某以欺诈手段，使常某某在违背真实意思的情况下所实施的民事法律行为，签订了涉案买卖合同，故涉案合同属于法律规定的可撤销的合同，在常某某一方未行使撤销权的前提下，涉案合同有效。

关于焦点二，张某辩称涉案保证合同的签订系受到了常某某的胁迫，但其并未提交证据证实该事实，根据常某某与张某的在2020年9月6日前后几天微信聊天记录，双方交流时语气平和亦未提及张某所称受到常某某胁迫的相关情况，且双方在之后长达一年多时间里通过微信交流频繁，多次提及如何拓展新业务、商议共同挣钱的事宜，亦未提及受到胁迫签订协议的事宜。虽原、被告双方对于就该协议书的已还款数额主张存在较大差异，但原、被告对于协议书签署前后的还款情况均一致认可，案涉刑事判决书作出后亦存在双方一致认可的还款情况。因此，在张某对其关于案涉协议书系受常某某胁迫所签署的主张无相关证据予以佐证的情况下，综合分析上述情况，在买卖合同有效的前提下，不能认定涉案协议书存在张某主张的无效或可撤销的情形。故，常某某要求张某按照涉案协议书对于未付款项承担连带保证责任的诉求应予支持，张某应连带承担的还款额为346078.3元。涉案担保协议书对利息、律师费均未作出约定，故对常某某要求张某支付涉案款项利息及律师费的诉讼请求法院不予支持。

关于焦点三，严某诈骗案与本案所涉主体不同，即使生效刑事判决已判令追缴退赔的明确数额的前提下，常某某仍可依据民事关系向张某主张权利，但在刑事退赔存在可能性的前提下，为避免刑事退赔与担保责任的重合，出现常某某重复受偿的问题，在常某某后续无论是通过刑事退赔或是保证责任承担累计接收到45万元货款时，张某即在承担担保责任的范围内享有获得刑事判决退赔款的权利。

综上，山东省聊城市冠县人民法院依照《中华人民共和国合同法》第八条、第五十四条、第六十条，《中华人民共和国担保法》第十八条、第二十一条，《最高人民法院关于适用〈中华人民共和国民法典〉时间效力的若干规定》第一条，《中华人民共和国民事诉讼法》第六十七条之规定，判决如下：

一、被告张某于本判决生效后10日内连带偿还原告常某某货款346078.3元；

二、被告张某在承担担保责任的范围内于原告常某某足额接受450000元货款时即时享有接受（2020）津0114刑初258号刑事判决退赔款的权利；

三、驳回原告常某某的其他诉讼请求。

张某不服一审判决，提起上诉。

山东省聊城市中级人民法院经审理认为：上诉人张某称严某与常某某订立的买卖合同系以合法形式掩盖非法目的，系无效合同。从案情看，该买卖合同订立过程中，严某存在欺诈行为，而非以合法形式掩盖非法目的。根据《中华人民共和国合同法》第五十四条之规定，一方以欺诈手段使对方在违背真实意思的情况下订立的合同，受损害方有权请求人民法院或者仲裁机构变更或者撤销。故该买卖合同属于可撤销的合同，因常某某未行使撤销权，该合同仍然有效。张某称在和常某某签订《协议书》提供保证担保的过程中受到了恐吓、胁迫，但是张某未提交证据佐证该主张，且从张某和常某某的微信聊天看，常某某催要剩余390000元时，张某表现出积极筹款的意思，并未提出任何异议。故双方签订的《协议书》系双方真实意思表示，未违反法律、行政法规的强制性规定，协议合法有效。张某称已实际向常某某支付了371100元，对于其中的335500元（共五笔，分别为320000元、5000元、1000元、3700元、5800元），常某某一审和二审均作了解释，该解释与双方的微信聊天记录相吻合，且该五笔款项的支付均发生在《协议书》签订之前，张某在《协议书》中明确认可返还常某某450000元，并没有提及扣除以上335500元，故该五笔金额并非张某承担保证责任向常某某支付的款项，一审法院认定剩余35600元（371100元-335500元）为张某承担保证责任的金额并予以扣除有事实根据。一审法院最终认定张某对剩余346078.3元承担保证责任并无不当。综上，上诉人张某的上诉理由不能成立，法院对其上诉请求，不予支持；一审判决认定事实清楚，适用法律适当，应予维持。

山东省聊城市中级人民法院依照《中华人民共和国民事诉讼法》第一百七十五条、第一百七十六条、第一百七十七条第一款第一项、第一百八十二条之规定，判决如下：

驳回上诉，维持原判。

【法官后语】

本案主要涉及保证协议的效力、刑事退赔程序启动后保证人责任如何承担的问题。

1. 关于保证协议的效力问题

保证合同是为担保主债务的履行而订立，系主债权债务合同的从合同，只有主债务存在时，保证合同的存在才有意义，保证合同的成立以主合同的存在为前提。因此，认定本案保证协议的效力，首先应对主合同的效力作出认定。从审判实践看，当事人构成犯罪必然导致合同无效的裁判观点，既不利于实现打击犯罪和保护被害人的刑法目的，也不符合民法典有关鼓励交易、意思自治等精神的规定。人民法院对合同效力的认定，无论合同是否涉及犯罪，都应当以民事法律关于民事法律行为效力的规定作为裁判依据。虽然生效的刑事判决认定案外人严某的行为构成诈骗罪，但从民法的视角观察，无非是严某的行为属于性质严重的欺诈，当该欺诈行为的程度与结果超过了刑法容忍的限度，就被纳入刑法的调整范围，但这并不影响民法视角下将该行为认定为欺诈。存在欺诈情形的合同属于民法规定的可撤销合同，在有权行使撤销权的一方未行使撤销权的前提下，合同有效。在主合同有效的前提下，如从合同系该合同当事人的真实意思表示，则从合同亦当然产生法律效力。

2. 关于刑事退赔程序启动后保证人责任如何承担的问题

因民事诉讼与刑事诉讼在价值取向、诉讼目的、诉讼原则、证据认定标准、责任构成要件等方面均存在较大的差异，刑事法律关系与民事法律关系、刑事责任与民事责任是两种不同的法律关系与法律责任，两者在一般情况下不能相互替代，应遵循分别受理、分别审理的原则。如果民事案件与刑事案件的当事人并不相同，只不过在法律事实上有牵连，由于在不同的当事人之间分别存在民事法律关系和刑事法律关系，此时民事案件和刑事案件应当分别受理、审理。在民事诉讼的被告方不是刑事诉讼当事人的情形下，尽管刑事案件确定了追赃，如刑事被害人对刑事被告人之外的民事主体提起的民事诉讼，应避免民事权利人（同时为刑事被害人）双重受偿，追赃款应从民事责任人的责任范围中予以扣减，因罪犯是民事责任的最终的责任人，民事案件的责任人承担完民事责任后有权向罪犯追偿。具体到本案，常某某虽可依据民事关系向张某主张权利，但在刑事退赔存在可能性的前提下，为避免刑事退赔与担保责任的重合，出现常某某重复受偿的问题，在常某某后续无论是通过刑事退赔或是保证责任承担累计接收到45万元货款时，张某即在承担担保责任的范围内享有获得刑事判决退赔款的权利。

综上，常某某诉请担保人张某承担保证责任，理应予以支持，债务人严某的刑事犯罪并不能成为担保人规避担保责任的借口。本案判决张某承担担保责任更符合公平、正义的原则，更有利于保护善意债权人的合法利益，维护商事交易的秩序。

编写人：山东省冠县人民法院　王冉冉　刘千

十五、租赁合同纠纷

25

租赁合同守约方约定解除权行使的限制

——A村民委员会诉塑料公司租赁合同案

【案件基本信息】

1. 裁判书字号

山东省淄博市中级人民法院（2021）鲁03民终2499号民事判决书

2. 案由：租赁合同纠纷

3. 当事人

原告（被上诉人）：A村民委员会

被告（上诉人）：塑料公司

【基本案情】

A村民委员会、塑料公司于2014年6月16日签订《房屋租赁合同》一份，该合同约定，塑料公司租赁A村民委员会的院落，租赁期限自2014年7月1日至2035年6月30日，租用年限为21年，租赁价格为每年172000元，塑料公司应于每年7月10日前一次性交清当年租金。合同第七条约定“有下列情形之一，出租方有权解除本合同：1. 承租方不交付或者不按约定超期交付租金达一个月以上”，第八条约定“合同履行期间，如一方违约终止合同须向守约方支付违约金，违约金数为未履行部分总额的20%”。该合同虽名为《房屋租赁合同》，但其租赁标的物仅为涉案院落的土地。

2019年7月29日，A村民委员会曾向塑料公司发出通告，主要内容为要求塑料公司停止违约行为并于8月12日前拆除违约安装的生产设备、履行合同补交前期所欠租赁费及罚款。2019年8月9日，双方签订《村企合作具体协议》一份，主要内容为指定两条生产线用于村委生产，提供3间办公室用于村委办公和管理。2019年8月28日，塑料公司向A村民委员会缴纳了前期所欠的2018年、2019年度租金。2019年11月2日，双方及案外人某置业公司签订《三方协议》，主要内容为某置业公司委托塑料公司加工PVC-U管材，生产过程由某村委会监督管理，加工费由某置业公司支付。其间，2019年10月至12月，派出所曾多次接到110指令到塑料公司厂区门口出警，接处警登记表上记录的处警情况均是劝解、建议协商或诉讼处理。2020年7月1日，塑料公司向某村委会及案外人某置业公司、街道办致函，对租赁费是否应当缴纳及如何缴纳提出方案。2020年8月11日，双方及案外人某置业公司签订《协议书》一份，主要内容是对前述《租赁合同》《村企合作具体协议》《三方协议》在履行过程中存在的违约等情况再次确认，并载明为了更好合作生产，减少损失达成该协议。该协议第二条约定“对于甲方（塑料公司）拖欠丙方（某村委会）的土地租赁费，待合同修订好后，经村三资管理服务中心审核后，可向乙方借款支付，或以其他方式另行支付”，第三、四条约定“甲方资产、设备等评估后，另行协商处理，乙方（某置业公司）有优先购买权”“针对目前甲方经营情况非常困难，甲乙双方在共享现有资源的基础上自负盈亏、独立自主经营”，第六条约定“合作期间公共区域由乙方投资修复，双方可共同使用，合作期满或终止应评估作价”。第七条约定“丙方负责协助甲乙双方相关合作沟通及力所能及的服务工作”。2020年11月，A村民委员会以塑料公司对《租赁合同》违约为由向法院提起诉讼。

二审期间，塑料公司提交民事起诉状一份，系2021年7月5日某塑胶公司

（塑料公司的经营合作方）起诉本案原、被告等返还原物纠纷一案（该案正在审理中）的起诉状，主张该诉状反映了某村委会的侵权事实，某村委会强行侵占其公司，导致其无法控制和经营，其对支付租赁费享有先履行抗辩权，某村委会在交还公司场地后，才有权利向其主张租赁费。

【案件焦点】

1. 双方签订的《房屋租赁合同》是否应当解除；2. 被告是否违约，是否应当支付租金并支付违约金。

【法院裁判要旨】

山东省淄博市临淄区人民法院经审理认为：关于焦点一，原、被告签订的房屋租赁合同，是双方当事人真实意思表示，不违反法律、行政法规的效力性强制性规定，合法有效，双方均应当按照约定全面履行自己的义务。合同法规定，当事人可以约定一方解除合同的条件，解除合同的条件成就时，解除权人可以解除合同。本案中，合同第七条约定承租方不交付或者不按约定超期交付租金达一个月以上出租方有权解除合同，至原告起诉之日，被告已逾期达三个月以上，故原告有权向法院提起诉讼，请求解除双方签订的合同。被告关于合同解除权是当事人的私权利，原告请求法院判令解除合同于法无据的抗辩理由不能成立。根据2019年《全国法院民商事审判工作会议纪要》的精神，合同约定的解除条件成就时，守约方依此为由请求解除合同的，人民法院还应当审查违约方的违约程度是否显著轻微，是否影响守约方合同目的的实现，根据诚实信用原则确定合同应否解除。首先，2020年7月1日，被告塑料公司向原告及案外人某置业公司、街道办致函，对租赁费是否应当缴纳及如何缴纳提出了方案，8月11日，原、被告及案外人某置业公司签订《协议书》，就土地租赁费如何支付已达成了意向性约定，且某置业公司已经进驻涉案场地经营，从这些事实来看，原告的合同目的并非不能实现。其次，如前所述，本案虽名为《房屋租赁合同》但实际标的物为土地，该涉案土地上还存在办公室、厂房、设备等其他资产，该资产并非原告所有，原告也未对合同解除后的后果提出诉求。原告虽认为被告逾期未交租赁费且有多起未执结案件，并以此为由提起诉讼，但如果仅据此解除合同，必然会导致房、地分离的情况发生，使得附着在土地上的资产大幅贬值，企业更加无法经营，资产更加难以处置，依附于该资产、土地上的其他合同更加难以履行，由此造成的损失与租赁费相比较无疑会更大。综上，法院认为双方签订的《房屋租赁合同》在本案中不应被解除。

关于焦点二，法院虽认为涉案合同不应解除，但并非说被告齐鲁武峰不存在违约行为。被告理应按合同约定支付租赁费。由于原告在本案中未对其损失进行举证，因此，法院酌定违约金以被告到期应付租金 172000 元为基数，自 2020 年 7 月 10 日起，以全国银行间同业拆借中心公布的贷款市场报价利率为基础、参照逾期罚息利率标准上浮百分之三十计算。

综上所述，山东省淄博市临淄区人民法院依照《中华人民共和国合同法》第八条、第六十条第一款、第九十三条第二款、第一百零七条、第一百一十四条，《最高人民法院关于适用〈中华人民共和国民法典〉时间效力的若干规定》第一条第二款的规定，判决如下：

一、被告塑料公司向原告 A 村民委员会支付租金 53000 元于本判决生效后十日内付清；

二、被告塑料公司向原告 A 村民委员会支付违约金（172000 元为基数，自 2020 年 7 月 10 日起，以全国银行间同业拆借中心公布的贷款市场报价利率为基础、参照逾期罚息利率标准上浮 30%计算至实际付清之日止），与上述第一项同时付清；

三、驳回原告 A 村民委员会其他诉讼请求。

宣判后，塑料公司不服，提起上诉。

山东省淄博市中级人民法院经审理认为：一审判决认定事实清楚，适用法律正确，应予维持。依照《中华人民共和国民事诉讼法》第一百七十条第一款第一项之规定，判决如下：

驳回上诉，维持原判。

【法官后语】

本案涉及租赁合同中守约方约定解除权行使的限制问题。

《中华人民共和国民法典》第五百六十二条规定：当事人协商一致，可以解除合同。当事人可以约定一方解除合同的事由。解除合同的事由发生时，解除权人可以解除合同。该条规定了合同当事人的约定解除。其中包括合议解除和约定解除权两种情形。约定解除权是指当事人以合同条款的形式，在合同成立以后未履行或未完全履行之前，由一方当事人在约定解除合同的事由发生时享有解除权，并据此通过行使解除权，使合同关系归于消灭。约定解除权符合合同自由原则。约定解除权的事由，是当事人双方在合同中约定的或在其后另订的合同中约定解除权产生的事由。《中华人民共和国民法典》第七百二十二条规定：承租人无正当理由未支付或者迟延支付租金的，出租人可以请求承租人在合理期限内支付；承租人逾期不支付的，出租人可以解除合同。本案中，双方当事人在合同第七条约定承租方不交付或者不按约定超期交付租金达一个月以上出租方有权解除合同，至原告起诉之日，被告已逾期达三个月以上，故原告有权向法院提起诉讼，请求解除双方签订的合同。

审判实践中，当事人在合同中约定解除权行使事由的，人民法院原则上应当尊重当事人的意思自治，严格把握自由裁量权的行使，不应轻易否定当事人约定的效力。但是，当符合合同约定的解除事由发生时，合同是否当然可以解除？2019年《全国法院民商事审判工作会议纪要》第四十七条规定：合同约定的解除条件成就时，守约方以此为由请求解除合同的，人民法院应当审查违约方的违约程度是否显著轻微，是否影响守约方合同目的的实现，根据诚实信用原则确定合同应否解除。违约方的违约程度显著轻微，不影响守约方合同目的的实现，守约方请求解除合同的，人民法院不予支持；反之，则依法予以支持。人民法院虽认定约定解除事由明确且事由已经实际发生，对合同约定解除仍应进行必要限制，强化对违约行为严重程度的主动审查。诚实信用原则是民商法的基本原则，贯穿于整个民商事交易的始终。对于当事人行使合同约定解除权，不能完全根据合同文本机械地确定合同是否解除，而应根据诚实信用原则，综合考虑以下因素进行确定：一是考察违约方的过错程度。考察违约方的过错程度是轻微过失、严重过失还是故意，如果仅是轻微过失，一般不宜认定解除合同。二是考察违约行为形态。如当事人在合同中作出诸如“任何一方违约，对方就有权解除合同”的约定，就要对“违约行为”进行适当限制，避免合同因一方当事人的轻微违约行为而解除。如果约定的事由是拒绝履行等重大违约行为，认定解除相对容易。如果约定的违约行为针对的是附随义务，则需要谨慎认定。三是考察违约行为的后果。如果一方已经履行了合同的主要义务，违约方的违约程度显著轻微，即便违约也不影响合同目的的实现，则不能轻易认定合同解除。

《全国法院民商事审判工作会议纪要》之所以对约定解除权的行使作出限制，除必须审视违约行为是否导致合同目的落空结果外，还考虑虽然合同是当事人协商一致的产物，但如果解除合同事由约定过于宽泛，无形中将大大增加合同解除的概率。如果任由当事人约定的解除权事由发生即承认当事人行使合同解除权的效力，显然是对“当事人意思自治”的过于放任，也与“促进交易”这一合同立法的核心价值相悖。再者，如果对当事人约定的解除权事由不作深入审查，极易产生变相鼓励解除权人滥用合同解除权，借机谋取不当利益或造成违约方过高损失的投机行为，诱发合同履行的道德风险。因此，立足于公平正义的解释立场以及对当事人利益平衡的考虑，对于违约方违约程度显著轻微的情形，即使形式上符合当事人事先约定的行使合同解除权的事由，仍有必要对守约方行使约定解除权加以限制，这样才能更好地平衡当事人之间的利益关系，维护交易安全。

编写人：山东省淄博市临淄区人民法院　刘海红　张英泽

26

租赁房屋无法办理特殊证照情形下的损失承担主体认定

——综合门诊诉天津某酒店、天津某公司房屋租赁合同案

【案件基本信息】

1. 裁判书字号

天津市第二中级人民法院（2022）津 02 民终 6351 号民事判决书

2. 案由：房屋租赁合同纠纷

3. 当事人

原告（上诉人）：综合门诊

被告（被上诉人）：天津某酒店、天津某公司

第三人：健康管理公司

【基本案情】

天津某公司系天津市河西区某房产所有权人。2020 年 1 月 1 日，天津某公司将该房屋委托其下设分公司天津某酒店用于经营酒店和对外出租。2011 年 8 月，政府规划部门批准天津某公司对于该房产的改扩建工程。2022 年 2 月 7 日，天津某公司取得新不动产权证书。2021 年 3 月，综合门诊与天津某酒店签订《房屋租赁合同》，约定：天津某酒店将位于天津市河西区某房产的六楼部分区域出租给综合门诊作为商业使用；综合门诊承租该房屋用于医疗及健康管理服务，公司服务项目包括心电图检查、非线性功能检测、妇科检查、基因检测、慢病调理、物理调理、用药指导等；房屋租赁期限为 2021 年 4 月 15 日至 2026 年 4 月 14 日；合同约定租赁期限内，若综合门诊需依该房屋作为经营场所向工商管理部门办理营业执照等证照而需要天津某酒店协助时，天津某酒店

向综合门诊提供办理证照所需由天津某酒店提供的有关文件及情况说明，供工商管理等部门参考及审核。2021 年 3 月 10 日，综合门诊取得营业执照，获得法人主体资格。2021 年 4 月至起诉前，综合门诊未能成功办理医疗机构执业许可证。2021 年 9 月，综合门诊以天津某酒店无法提交合法产权证明导致其无法办理医疗机构执业许可证从而造成财产损失为由起诉至法院，要求赔偿因无法办理医疗机构执业许可证而造成的运营损失。

【案件焦点】

租赁房屋无法办理医疗机构许可证情形下的损失由何方承担。

【法院裁判要旨】

天津市河西区人民法院经审理认为：综合门诊与天津某酒店于 2021 年 3 月签订的《房屋租赁合同》系双方当事人真实意思表示，不违反法律、行政法规的强制性规定，合法有效。《房屋租赁合同》约定综合门诊为办理营业执照等证照的主体，天津某酒店需要为其办理证照提供协助义务。《房屋租赁合同》约定综合门诊承租涉诉房屋用于经营医疗机构。而实际上涉诉房屋所处的位置不符合办理医疗机构执业许可证的条件，综合门诊如将涉诉房屋作为经营场所则无法取得医疗机构执业许可证。综合门诊法定代表人及其他股东具有经营健康咨询、保健、医疗科技企业的经历，对上述问题应当知悉。结合本案双方陈述、举证情况无法证明综合门诊在投入运营资金前尽到审慎注意义务，故应承担因其经营决策造成的风险与损失。被告天津某酒店作为出租人，其在房屋租赁合同中的主要义务是为承租人提供质量合格、设施完好的房屋，并为承租人使用房屋提供便利、协助。本案中，被告天津某酒店已履行了涉诉房屋交付义务以及办理证照的协助义务。综上所述，综合门诊所提要求赔偿运营损失的诉讼请求，缺乏事实和法律依据，人民法院不予支持。

天津市河西区人民法院判决如下：

驳回综合门诊的诉讼请求。

综合门诊不服一审判决，提起上诉。

天津市第二中级人民法院经审理认为：天津某酒店已经提供质量合格、设施完好的房屋，履行了出租人的义务。此外，综合门诊未提供相应行政审批部门出具的相关证明，无法证明其未取得医疗执业许可证系因案涉房屋不具备产权证书所导致。故其要求天津某酒店、天津某公司赔偿运营损失的主张不能成立。

天津市第二中级人民法院判决如下：

驳回上诉，维持原判。

【法官后语】

医疗机构执业许可证是国家卫生行政管理部门批准医疗机构从事医疗执业活动的有效证明。由于医疗机构运营过程中产生的医疗废物需要单独的清理区域、运输路线、转运出口等原因，因此行政审批部门对于医疗机构经营场所的地理位置、所在楼层、出入口均提出了较为严格的要求。同理，食品经营许可证等特殊证照对于经营场所的审核要求也要远远高于营业执照等普通证照。因而在日常生产经营活动中，许多符合经营其他行业机构的房屋并不具备办理特殊证照的条件。但由于相关知识、信息具有一定专业性，许多房屋出租人、承租人在签订房屋租赁合同前对此类信息往往了解不多且法律风险预判不足，导致承租人在签约后无法成功办理相关特殊证照，无法正常经营从而造成财产损失。出租人、承租人因损失的承担问题极易产生纠纷乃至成讼。面对此类案件，如何平衡出租人、承租人的利益，如何确定因无法办理特殊证照导致的损失承担主体是主审法官需要考虑、解决的核心问题。在审判实践中可以从以下三个方面进行分析：

第一，出租人是否履行了合同约定义务。《中华人民共和国民法典》第七百零八条规定，出租人应当按照约定将租赁物交付承租人，并在租赁期限内保持租赁物符合约定的用途。出租人的主要义务是向承租人交付质量合格、设施完好的房屋，并为承租人使用房屋提供便利、协助。如出租人未充分履行其法定、约定义务从而导致承租人财产损失，则需要对损失承担法律责任。然而，如承租人、出租人在签订合同前已经对相关特殊证照的办理要求进行了初步了解，且对因此可能产生的法律风险作出预估，在房屋租赁合同中明确约定租赁房屋应具备办理相关特殊证照的条件，并将提供符合办理特殊证照条件的房屋作为出租人的义务，则出租人应对承租人的损失承担赔偿责任。同理，如承租人可以举证证明出租人曾对其作出过类似承诺，亦可判决出租人承担赔偿损失的法律责任。本案中，双方对于上述问题未进行明确约定，且出租人依约履行了交付房屋、协助办理证照的义务，因此想要确定承租人损失的承担主体就需要进一步分析以确定双方的法律责任。

第二，承租人在选择租赁房屋前对相关信息是否尽到审慎注意义务。承租人作为证照办理主体，在签订房屋租赁合同前，应该提前了解其从事行业的各项准入要求，特别是相关特殊证照的办理要求、审批标准，并在投入大量运营资金前做好调研工作，充分了解租赁房屋能否用于经营相关机构的前提下作出理性、科学的经营决策。但在本案中，综合门诊在房屋交付后乃至与出租人产生纠纷后，对租赁房屋无法办理医疗机构执业许可证的具体原因仍不知其详，可以证明其对于损失的产生存在一定程度的过错。

第三，出租人、承租人对于相关特殊证照审核标准的知晓程度或应当知晓程度。主审法官既要从出租人、承租人法律地位的角度分析双方履约情况，还要对出租人、承租人认知能力进行比较，才能够更为合理的确定损失承担主体。结合本案案情，综合门诊法定代表人及其他股东具有经营健康咨询、保健、医疗科技企业的经历，对医疗机构执业许可证的办理要求应当知悉。被告天津某酒店营业执照登记的经营范围为酒店、餐饮、物业服务、房屋租赁等，现有证据也无法证明其此前具有将房屋出租给医疗机构的经历，如要求其在签订房屋租赁合同前，对于承租人需要办理的医疗机构执业许可证的审核标准、流程全部知悉，且对承租人作出事前提示，该要求未免过于严苛。通过比较不难发现，综合门诊对于医疗机构执业许可证审核标准的认知能力或应当具备的认知能力均高于天津某酒店。承租人在知晓或应当知晓的情况下未能成功办理医疗机构执业许可证，其应对由此产生的财产损失承担相应的法律责任。

通过上述三方面分析，无法认定天津某酒店对综合门诊运营损失的产生存在过错，综合门诊应承担因自身经营决策造成的财产损失。需要说明的是，在审判中运用上述裁判思路不仅要做到“定分”，即对出租人、承租人之间权利义务、法律责任进行较为合理的分配，还要争取做到“止争”，引导、规范本案当事人，以及其他房屋租赁合同主体未来的投资、经营等商业行为，从而尽可能避免此类纠纷的大量出现。

编写人：天津市河西区人民法院 喻聪

27

继续性合同保证期间起算的认定

——设备租赁公司诉敬某某等租赁合同案

【案件基本信息】

1. 裁判书字号

福建省晋泉州市中级人民法院（2023）闽05民终1551号民事裁定书

2. 案由：租赁合同纠纷

3. 当事人

原告（被上诉人）：设备租赁公司

被告（上诉人）：劳务公司

被告：敬某某、杨某

【基本案情】

劳务公司系一人独资公司，杨某系唯一股东。2020年1月2日，劳务公司与敬某某签署《外脚手架施工合同》，约定劳务公司将某工程的外脚手架以包工包料的形式分包给敬某某。2020年7月24日，设备租赁公司与敬某某、劳务公司、杨某签订《租赁合同》，约定设备租赁公司向敬某某出租钢管等材料，劳务公司对敌某某所租物资财产及租金支付承担连带保证责任，约定租赁期限为租赁物发出日至归还日，按实际天数计算；租金每月支付一次，应在下月20号之前付清，如逾期15日未付款应按欠款的3‰支付违约金。合同订立后，设备租赁公司依约向敌某某交付租赁物。2020年7月24日至11月11日，所交付的租赁物共产生租金、杂费1601363.29元。截至2022年2月28日，扣除已支付的押金139000元和租金4万元，敌某某尚欠设备租赁公司租金1422363.29元。因催讨未果，设备租赁公司遂诉至法院，请求：1. 判令敌某某支付截至2022年2月28日产生的租金1422363.29元；2. 判令敌某某支付违约金（违约金利率均按日万分之五计算，以每一期产生的租金金额从每一期租金应支付日期起算）；3. 判令敌某某支付律师费2万元；4. 判令敌某某承担保函费3748.76元；5. 判令劳务公司、杨某对敌某某应承担的上述第1-4项义务承担连带责任。

敌某某辩称，对设备租赁公司主张的租金金额无异议，但因为设备租赁公司未经其同意即拆除钢管架子，导致其与发包商产生矛盾，无法获得承包款，故因为设备租赁公司的违约行为，其可以不需要支付该租金；另外，应由劳务公司承担主要责任，其承担次要责任。

劳务公司、杨某共同辩称，设备租赁公司作为债权人未在保证期间内及时行权，其就已过保证期间的部分案涉债务不再承担保证期间。根据法律规定，设备租赁公司与其未约定保证期间，本案保证期间应为主债务履行期限届满之日起6个月。其次，分期履行合同的保证期间应从每一期债务到期日分别起算，本案《租赁合同》约定租金支付方式为每月支付一次，每期具体支付时间为当月最后一天，该《租赁合同》属于分期履行合同，应根据案涉合同约定从每一期租金到期日分别起算。设备租赁公司未提供证据证明在曾保证期间要求其承担保证责任，应当依法承担举证不能的法律后果，视为未行权。设备租赁公司起诉前未向其主张保证责任，至起诉时，其已免除对2021年9月20日之前的案涉债务保证责任，设备租赁公司无权就该部分债务要求其承担保证责任。

【案件焦点】

设备租赁公司向劳务公司主张各期租金的保证责任是否已经过保证期间。

【法院裁判要旨】

福建省晋江市人民法院经审理认为：根据《中华人民共和国民法典》第六百九十二条“保证期间是确定保证人承担保证责任的期间，不发生中止、中断和延长。债权人与保证人可以约定保证期间，但是约定的保证期间早于主债务履行期限或者与主债务履行期限同时届满的，视为没有约定；没有约定或者约定不明确的，保证期间为主债务履行期限届满之日起六个月。债权人与债务人对主债务履行期限没有约定或者约定不明确的，保证期间自债权人请求债务人履行债务的宽限期届满之日起计算”规定，本案中，设备租赁公司与劳务公司未约定保证期间，本案保证期间应为主债务履行期限届满之日起 6 个月。因双方在《租赁合同》约定租金支付方式为每月支付一次，应在下月 20 号之前付清当月租赁费，如逾期 15 日未付款则要支付违约金，故该《租赁合同》属于分期履行合同。敬某某拖欠的 2020 年 7 月 24 日至 2022 年 2 月 28 日的租金属于同一租赁合同项下分期支付的租金，具有整体性，该期间的租金自最后一期租金应付期限届满之日即 2022 年 3 月 21 日起开始计算保证期间。设备租赁公司于 2022 年 5 月 9 日起诉向保证人劳务公司主张权利，仍在保证期间内。劳务公司关于部分租金债务的保证期间已过的辩解说法，于法无据，不予采纳。福建省晋江市人民法院判决如下：

一、敬某某应于本判决生效之日起 10 日内向设备租赁公司支付截至 2022 年 2 月 28 日产生的租金 1422363. 29 元及相应违约金（截至 2022 年 5 月 7 日的违约金 248840 元以及自 2022 年 5 月 8 日起至实际清偿之日止以 1422363. 29 元为基数、按照日万分之五进行计算的违约金）；

二、敬某某应于本判决生效之日起 10 日内向设备租赁公司支付律师费 2 万元、保函费 3748. 76 元；

三、劳务公司对敬某某应承担的上述第一、二项债务承担连带清偿责任，其承担清偿责任后，有权向敬某某追偿；

四、杨某对劳务公司的上述第三项义务承担连带清偿责任。

劳务公司不服一审判决，提起上诉，但未在法定期限内预交二审案件受理费，也未提出减交、缓交或免交受理费的申请。福建省泉州市中级人民法院遂裁定如下：本案按上诉人劳务公司自动撤回上诉处理。

【法官后语】

关于本案的争议问题，2020年7月至2022年2月产生的各期租金是否已超过保证期间？对此的裁判，主要涉及分期履行合同保证期间的起算问题，是以每一笔债务到期之日为起算点还是以最后一期债务履行期限届满之日为起算点？如何正确地计算保证期间的起算点，对于债权能否顺利实现意义重大。

1. 保证期间的起算能否参照适用诉讼时效起算规则

《中华人民共和国民法典》第六百九十三条规定，“保证期间是确定保证人承担保证责任的期间，不发生中止、中断和延长。债权人与保证人可以约定保证期间，但是约定的保证期间早于主债务履行期限或者与主债务履行期限同时届满的，视为没有约定；没有约定或者约定不明确的，保证期间为主债务履行期限届满之日起六个月。债权人与债务人对主债务履行期限没有约定或者约定不明确的，保证期间自债权人请求债务人履行债务的宽限期届满之日起计算”，当主债务是分期还款之债，有多个履行期时，实务中就会出现不同的理解适用。

第一种意见认为，保证期间从每一期债务到期日分别起算，担保合同是从合同，具有从属性，从属于主合同债务合同。债务分期履行，其在一定期限内各期之债均是独立的，在担保约定不明时，亦因其从属性应是对每期债务的担保。

第二种意见认为，保证期间的起算点为最后一期债务到期之日，债务分期履行并不影响债务的整体性，作为从债务的担保之债亦有不可分性。2004年以后，最高人民法院的民事判决又多数采纳了从最后一笔还款期届满之日起算的观点。经查询我国裁判文书网的相关案例，笔者发现，采用第二种观点的比例较高，主要理由是参照分期履行债务的诉讼时效起算规定，即《中华人民共和国民法典》第一百八十九条“当事人约定同一债务分期履行的，诉讼时效期间自最后一期履行期限届满之日起计算”，诉讼时效期间的起算点是最后一期履行期限届满之日，而非从每一期债务履行期限届满时分别起算。在分期履行的债务中，法官从保护债权人的角度出发，注重债务的整体性，因此在计算保证期间时，采取了以最后一期债务到期之日为保证期间起算点的观点。

2. 参照适用诉讼时效起算规定的法理依据

理论上，保证期间与诉讼时效制度是两个不同的诉讼制度。前者是权利的存续期间，期间届满的法律效果为实体权利的消灭；后者是权利的保护期间，期间届满的法律效果并不引起实体权利的消灭，但将丧失胜诉权。除此以外，两者在期间长短、期间能否变更、能否由当事人约定、法院能否主动审查等方面还存在很大不同。但两种制度在时间先后及制度功能上同样存在一定的衔接关系。首先，保证期间的价值功能在于通过促使债权人尽快行使权利，避免保证人无限期等待，使保证关系尽快结束，以此保护保证人的利益；诉讼时效的价值功能在于督促权利人及时行使权利，维护交易安全，可见两种制度的设计初衷相同，都是为了防止权利人在权利上睡眠，避免因为时间久远证据灭失以致纠纷。所以保证期限的起算参照适用诉讼时效的规定具有一定的理论基础，但不应简单机械地参照诉讼时效的起算规则来确认保证期间的起算点，而应注意区分保证期间与诉讼时效的不同之处和不同的适用情形。

3. 参照适用诉讼时效规定应区分的不同适用情形

（1）应注意保证期间有约定起算和法定起算之分

《中华人民共和国民法典》第一百九十七条规定，当事人对诉讼时效期间、计算方法、中止中断等的约定无效。可见诉讼时效制度具有法定性和强制性，不允许当事人通过意思自治否定诉讼时效期间，以维护社会交易秩序的稳定。而《中华人民共和国民法典》第六百九十二条则明确保证期间可以约定，只有没有约定起算的情况下才适用法定起算。如果保证合同约定的保证期间早于或等于主债务履行期限的，视为没有约定。基于保证期间实行约定优先原则，只要当事人约定同一租赁合同分期支付租金，其保证期间就应当自每一期租金期限届满之日的次日起算。只有在当事人没有约定分期支付租金，或者虽然约定分期支付租金但保证人又作出概括性承诺，才自租赁合同期限届满之日起算保证期间。

（2）应注意分期履行合同之债有分期给付债务和定期给付债务之分

《中华人民共和国民法典》第一百八十九条诉讼时效规定中的“同一债务”仅针对同一笔债务的分期给付债务。也就是说保证期间的起算参照适用这一诉讼时效起算规定，应同样针对同一笔债务的分期给付债务。即在保证期间的计算上，应注意区分基于同一合同项下的定期给付债务和同一笔债务的分期给付债务。前者是当事人约定在履行过程中重复出现、按照固定的周期给付的债务，其最大特点是债务的发生有先后，存在多个债务，各个债务之间都是独立的，后者是在债务发生后，当事人分批分期履行的债务，如分期付款、分期交付等。二者的主要区别在于，债务人的给付总额在债的关系成立时是否确定。在定期给付债务中，当事人需要在一定的时间段内不间断地作出履行，债务总额在债务成立时一般不确定；而分期给付债务的给付总额在债务成立时即已确定，不会随着时间的延续而发生变化，是一个债务的分批分次履行。这样的区分，是为了更好地参照适用，即定期给付债务的每一笔债务单独承担保证责任，保证期限从每一笔应履行的时间起算；分期给付债务的保证期间从最后一期债务到期之日起算。

另外，在定期给付债务的保证期间起算点问题上，笔者认为，还应视权利人的请求权而定：一是当权利人就给付全部租金提起诉讼时，保证期间应从最后一期租金履行期限届满之日起算；二是当权利人分期起诉时，保证期间应从每一期履行期限届满之日分别起算，但对于属于连续不间断数期债务的起诉，保证期间从该数期内最后一期债务履行期限届满之日起算。

综上，本案中，租赁公司与劳务公司未约定保证期间，本案债务的保证期间为主债务履行期限届满之日起6个月。因双方在《租赁合同》约定租金支付方式为每月支付一次，应在下月20号之前付清当月租金，该《租赁合同》属于同一债务的分期履行合同。敬某某拖欠的2020年7月24日至2022年2月28日的租金属于同一租赁合同项下分期支付的租金，具有整体性，该期间的租金自最后一期租金应付期限届满之日即2022年3月21日起开始计算保证期间。租赁公司于2022年5月9日起诉向保证人劳务公司主张权利，仍在保证期间内。

编写人：福建省晋江市人民法院　杨燕萍

28

合同履行中债务加入与职务行为的正确区分与认定

——孟某某诉某超市有限公司、刘某某房屋租赁合同案

【案件基本信息】

1. 裁判书字号

山东省淄博市中级人民法院（2022）鲁03民终1283号民事判决书

2. 案由：房屋租赁合同纠纷

3. 当事人

原告（上诉人）：孟某某

被告（被上诉人）：某超市有限公司、刘某某

【基本案情】

2021年5月21日，原告与被告某超市有限公司签订房屋租赁合同。合同约定：由原告孟某某承租被告某超市有限公司商铺，房屋建筑面积为110平方米。商铺坐落于某超市有限公司的超市入口处左侧，租赁期限自2021年6月11日至2022年4月10日，租赁费41666元，房屋押金2000元。2021年5月18日、19日原告依照被告某超市有限公司的要求，将10000元、33600元通过工商银行转账到被告刘某某银行账户。被告某超市有限公司为原告出具收款收据，收款收据记载收到原告租赁押金2000元、租金41666元。2021年6月11日被

告某超市有限公司将房屋交付给原告承租使用，原告开始装修，装修费用17000余元。

2021年6月23日，被告某超市有限公司、刘某某通知原告，被告某超市有限公司的超市不再经营，租赁给原告的房屋将收回不再出租，并要求终止租赁合同。2021年6月23日，被告刘某某向原告出具欠条一份，欠条内容："因租赁合同中止，今欠孟某某商户租金43600元整，欠装修费用合计17000元整，两项合计60600元整。按双方约定，于2021年8月31日前付清所有欠款"。2021年6月26日，被告刘某某出具书面承诺，具体内容："双方另行约定，欠款方于2021年7月5日前付款人民币肆万元整，双方即账款两清，如2021年7月5日前不能付清账款，仍按照原约定于2021年8月31日前付清人民币60600元整"。欠条出具后，两被告一直未付款。

【案件焦点】

合同履行中债务加入与职务行为的正确区分与认定。

【法院裁判要旨】

山东省淄博市张店区人民法院经审理认为：原告与被告某超市有限公司签订的房屋租赁合同属实有效，该合同对双方具有约束力，合同签订后，原告按约承租被告某超市有限公司商铺，在原告装饰承租的商铺后，被告某超市有限公司单方终止租赁合同，原告请求解除与被告某超市有限公司签订的房屋租赁合同，符合法律规定，予以支持。被告某超市有限公司法定代表人刘某某为原告出具欠条、承诺返还原告租赁费、装修费，被告某超市有限公司至今未履行返还义务，原告请求其返还房屋租金43600元、装修费用17000元，予以支持。被告某超市有限公司未按约履行返还义务，属于违约行为，原告请求自2021年9月1日起至实际清偿之日止的利息损失（以60600元为基数，以全国银行间同业拆借中心公布的贷款市场报价利率上浮50%计算）符合法律规定，予以支持。原告主张被告刘某某承担偿付责任，法院认为，被告刘某某系被告某超市有限公司的法定代表人，其在书面承诺"双方另行约定，欠款方于2021年7月

5日前付款人民币肆万元整，双方即账款两清”文字中明确表明是欠款方的承诺，而非个人承诺，欠款方显然是被告某超市有限公司，故被告刘某某的行为属于职务行为，原告请求被告刘某某属于债务加入，其个人应向原告承担偿付责任的理由不成立，法院不予采信。原告请求被告某超市有限公司偿付保全责任险费用500元、律师费3000元，原、被告双方无明确约定，原告请求支付法院不予支持。被告某超市有限公司、刘某某未到庭参加诉讼视为放弃诉讼权利。

据此，依据《中华人民共和国民法典》第五百六十三条第二项、第五百七十七条、第五百七十九条、第七百零三条，《中华人民共和国民事诉讼法》第六十四条、第一百四十四条之规定，判决如下：

一、解除原告孟某某与被告某超市有限公司签订的房屋租赁合同；

二、被告某超市有限公司于本判决生效之日起10日内返还原告孟某某房屋租金43600元、装修费用17000元及利息损失（以60600元为基数，自2021年9月1日起至实际清偿之日止，按全国银行间同业拆借中心公布的贷款市场报价利率上浮50%计算）；

三、驳回原告孟某某请求被告刘某某承担责任及其他诉讼请求。

孟某某不服一审判决，提起上诉。

山东省淄博市中级人民法院经审理认为：关于刘某某应否在本案中承担责任问题。本案各方当事人对于一审判决解除涉案房屋租赁合同，某超市有限公司返还房屋租金43600元、装修费用17000元及利息损失的判项，均未提出异议，法院予以确认。从涉案欠条看，记载的“欠款人”“承诺人”均为刘某某，并注明了其本人的身份证号码，显然系以个人名义出具。刘某某承诺以分期付款的形式偿还涉案欠款，其自愿加入涉案债务的意思表示明确。依据《最高人民法院关于适用〈中华人民共和国民法典〉有关担保制度的解释》第三十六条第二款“第三人向债权人提供的承诺文件，具有加入债务或者与债务人共同承担债务等意思表示的，人民法院应当认定为民法典第五百五十二条规定的债务加入。”的规定，应当认定为债务加入，刘某某对涉案债务应当承担连带清偿责任。一审判决以刘某某属于职务行为为由，认定其不应承担责任不当，法院予以更正。

据此，山东省淄博市中级人民法院依照《中华人民共和国民法典》第五百六十三条第二项、第五百七十七条、第五百七十九条、第七百零三条，《中华人民共和国民事诉讼法》第六十四条、第一百四十四条之规定，判决如下：

一、维持山东省淄博市张店区人民法院（2021）鲁0303民初7381号民事判决第一项，即：解除孟某某与某超市有限公司签订的房屋租赁合同；

二、撤销山东省淄博市张店区人民法院（2021）鲁0303民初7381号民事判决第三项，即：驳回孟某某请求刘某某承担责任及其他诉讼请求；

三、改判山东省淄博市张店区人民法院（2021）鲁0303民初7381号民事判决第二项为：某超市有限公司于本判决生效之日起10日内返还孟某某房屋租金43600元、装修费用17000元及利息损失（以60600元为基数，自2021年9月1日起至实际清偿之日止，按全国银行间同业拆借中心公布的贷款市场报价利率上浮50%计算）。刘某某对该项债务承担连带清偿责任；

四、驳回孟某某其他的诉讼请求。

【法官后语】

本案的争议焦点为合同履行中债务加入与职务行为的正确区分与认定问题。《中华人民共和国民法典》首次明文规定债务加入，但司法实践中对于债务加入与职务行为的正确区分与认定仍存有争议，本案即为如此。一审法院认为被告刘某某的书面承诺行为属于职务行为，二审法院则认为被告刘某某承诺以分期付款的形式偿还涉案欠款，其自愿加入涉案债务的意思表示明确，应当认定为债务加入，并据此改判。因而厘清两者的区别及认定有利于司法实践中正确处理此类案件。

《中华人民共和国民法典》第五百五十二条规定，第三人与债务人约定加入债务并通知债权人，或者第三人向债权人表示愿意加入债务，债权人未在合理期限内明确拒绝的，债权人可以请求第三人在其愿意承担的债务范围内和债务人承担连带债务。本条是《中华人民共和国民法典》关于并存的债务承担的规定，并存的债务承担，学理上又称为债务加入，是指债务人并不脱离原合同关系，第三人加入债的关系后，与债务人共同向债权人履行债务。在债务加入的情形下，原债务人并不能全部或者部分免除承担债务的责任，在此基础上增加一个第三人对债权人履行债务，不仅对债权人没有风险，反而增加了债权实现的安全性。因此，在债务加入的情形下，无须同债务转移一样征得债权人的同意。并存的债务承担不仅在学理上有重要地位，在实践中也普遍存在，属于市场经济中客观存在的重要交易类型。根据上述法律规定，债务加入的构成要件主要包括：一是债权人与债务人之间的债权债务关系有效存在；二是在债务人不免除其在上述债权债务关系中应承担债务的基础上，第三人与债务人约定第三人作为新债务人加入该债权债务关系来承担债务；三是将此债务加入的情形通知债权人，或者第三人向债权人表示愿意加入债务，债权人未在合理期限内明确拒绝。至于通知的主体和通知的形式，法律并未予以明确规定。根据《中华人民共和国民法典合同编理解与适用（一）》对本条的释义，债务人或者第三人都可以作为通知的主体，书面或者口头通知都可以；四是第三人在其愿意承担的债务范围内与债务人承担连带债务。在符合上述要件的情况下，就发生并存的债务承担的法律后果。债权人可以请求第三人在其愿意承担的债务范围内和债务人承担连带责任。

《中华人民共和国民法典》第六十一条规定，依照法律或者法人章程的规定，代表法人从事民事活动的负责人，为法人的法定代表人。法定代表人以法人名义从事的民事活动，其法律后果由法人承受。法人章程或者法人权力机构对法定代表人代表权的限制，不得对抗善意相对人。根据本条第二款的规定，法定代表人以法人名义从事的民事活动，其法律后果由法人承受，该款的适用应以第一款为前提，即法定代表人只有在法律或者法人章程规定的权限范围内以法人名义从事的民事活动，其法律后果才由法人承受。判断代表人行为是否应当归属于法人时，首先应当着眼于是否为职务行为，并应当结合本条第一款和第三款的规定加以衡量。法定代表人对外的职务行为即为法人行为，其后果由法人承担。

综上可以看出，在债务加入的情形下，本质上是为保障债权人债权实现而额外提供的增信措施，这时原债务人仍要承担全部的债务履行义务，只是增加一个人来共同履行债务，应该说增加了债权实现的可能性，对债权的实现更有保障，是一种有利于债权人的行为，因而法律规定无须经过债权人的同意但应当通知债权人；同时原债务人并不脱离原合同关系亦不能免除承担债务的责任，原债务人仍要承担全部的债务履行义务，只是在此基础上第三人加入债的关系，与原债务人共同向债权人履行债务。而职务行为是指法定代表人在法律或者法人章程规定的权限范围内以法人名义从事的民事活动，其法律后果由法人承受。

本案中，从涉案欠条看，记载的“欠款人”“承诺人”均为刘某某，并注明了其本人的身份证号码，显然系以个人名义出具，而非以法人名义出具。刘某某承诺以分期付款的形式偿还涉案欠款，其自愿加入涉案债务的意思表示明确。依据《最高人民法院关于适用〈中华人民共和国民法典〉有关担保制度的解释》第三十六条第二款“第三人向债权人提供的承诺文件，具有加入债务或者与债务人共同承担债务等意思表示的，人民法院应当认定为民法典第五百五十二条规定的债务加入”的规定，应当认定为债务加入，刘某某对涉案债务应当承担连带清偿责任。

编写人：山东省淄博市张店区人民法院　刘晓辉
山东省淄博市中级人民法院　荣明潇

29

中标后未签订租赁合同应结合履行情况认定租赁关系

——某医院诉海鲜公司等租赁合同案

【案件基本信息】

1. 裁判书字号

山东省枣庄市中级人民法院（2022）鲁04民终1070号民事判决书

2. 案由：租赁合同纠纷

3. 当事人

原告（被上诉人）：某医院

被告（上诉人）：海鲜公司、餐饮公司

被告：杜某、刘某

【基本案情】

2020 年 12 月，某医院通过某工程项目管理公司对其餐厅经营权租赁项目对外公开招标。2020 年 12 月 30 日，海鲜公司发出投标函，承诺对招标文件的所有条款完全予以确认，并无条件接受。后海鲜公司中标。2021 年 1 月 8 日，某医院向海鲜公司出具了《中标通知书》。《某医院餐厅经营权租赁项目竞争性谈判文件》中"招标人须知"约定：招标人和中标人应当自中标通知书发出之日起 10 天内，根据招标文件和中标人的投标文件订立书面合同。中标人无正当理由不与招标人订立合同，在签订合同时向招标人提出附加条件，或者不按照招标文件要求提交履约保证金的，取消其中标资格，投保保证金不予退还。……未经出租方书面同意，承租方不得将租赁房屋转租、转让、转借，不得利用租赁房屋进行违法活动，否则出租方有权解除合同。海鲜公司中标后，并未就某医院餐厅经营权与其订立书面合同。2021 年 3 月 15 日，海鲜公司（甲方）与餐饮公司（乙方）签订《变更协议书》。协议约定：甲方于 2021 年 3 月 15 日将某医院餐厅经营权变更为餐饮公司经营接手。接手后餐厅的一切事务由乙方负责，盈亏与甲方无关。《变更协议书》签订之日至今，某医院餐厅一直由餐饮公司经营。餐饮公司没有缴纳租赁费，也没有缴纳水、电费。另查明，餐饮公司系杜某个人独资的有限责任公司。

【案件焦点】

1. 某医院与海鲜公司是否建立了租赁关系；2. 案涉《变更协议书》的性质；某医院与餐饮公司是否建立了租赁关系；3. 某医院一审请求海鲜公司、餐饮公司搬离案涉餐厅并返还海鲜公司、餐饮公司支付占用某医院餐厅期间的租金是否具有事实依据。

【法院裁判要旨】

山东省枣庄市市中区人民法院经审理认为：某医院与海鲜公司通过招投标程序达成的某医院餐厅经营权租赁项目的招投标协议，系双方真实意思表示，内容不违反法律法规的强制性规定，应属合法有效。双方均应按招投标协议内容严格履行各自的义务。海鲜公司在中标后，没有与某医院订立书面合同，且未经某医院许可，将某医院餐厅经营权转租给餐饮公司、杜某，违反了协议约定，构成违约。餐饮公司、杜某没有经过招投标程序、未经某医院许可而经营某医院餐厅属于无权经营。餐饮公司、杜某应将矿业餐厅返还某医院并支付经营餐厅期间的租金。关于租金，餐饮公司、杜某于 2021 年 3 月 15 日接手餐厅经营至今。因此，2021 年 3 月 15 日至 8 月 19 日的租金应由餐饮公司、杜某给付某医院；2021 年 1 月 18 日至 3 月 15 日的租金应由海鲜公司给付某医院；某医院诉请的电费 38889 元和水费 2410. 8 元，证据不充分，一审法院不予支持。某医院可待证据充分后另行主张该项权利。

山东省枣庄市市中区人民法院依照《中华人民共和国民法典》第五百零二条、第五百零九条、第五百七十七条、第七百一十六条第二款之规定，判决如下：

一、餐饮公司、杜某于本判决生效后十日内共同搬离某医院餐厅，并将餐厅返还某医院；

二、海鲜公司于本判决生效后十日内给付某医院经营餐厅期间的租金 21552. 51 元［（16 万元÷12 个月×1 个月）+（16 万元÷365 天×25 天）］；

三、餐饮公司、杜某于本判决生效后十日内共同给付某医院经营某医院餐厅期间的租金 68420. 09 元［自 2021 年 3 月 15 日起至 2021 年 8 月 19 日止，（16 万元÷12 个月×5 个月）+（16 万元÷365 天×4 天）］；

四、驳回某医院对刘某的诉讼请求和其余的诉讼请求。

海鲜公司、餐饮公司不服一审判决，均提起上诉。

山东省枣庄市中级人民法院经审理认为：关于某医院与海鲜公司是否建立了租赁关系，《中华人民共和国民法典》第七百零七条规定："租赁期限六个月以上的，应当采用书面形式。当事人未采用书面形式，无法确定租赁期限的，视为不定期租赁。”第四百九十条规定：“当事人采用合同书形式订立合同的，自当事人均签名、盖章或者按指印时合同成立。在签名、盖章或者按指印之前，当事人一方已经履行主要义务，对方接受时，该合同成立。法律、行政法规规定或者当事人约定合同应当采用书面形式订立，当事人未采用书面形式但是一方已经履行主要义务，对方接受时，该合同成立。”按照以上法律规定及案涉《某医院餐厅经营权租赁项目竞争性谈判公告》签订合同“招标人和中标人应当自中标通知书发出之日起10天内，根据招标文件和中标人的招标文件订立书面合同。中标人无正当理由不与招标人订立合同，在签订合同时向招标人提出附加条件，或者不按照招标文件要求提交履约保证金的，取消其中标资格，投标保证金不予退还”的内容，中标人海鲜公司中标后应当自接到《中标通知书》之日起10天内，即2021年1月9日至18日与招标人某医院签订书面租赁合同。虽然海鲜公司与某医院未签订书面租赁合同，但某医院已将租赁物即案涉餐厅实际交付给海鲜公司且在网上发文称某医院餐厅与海鲜公司合作的事宜，海鲜公司接收餐厅后又与餐饮公司签订了《变更协议书》，将涉案餐厅转租给餐饮公司经营，某医院与海鲜公司以实际行为履行了合同，应当认定海鲜公司与某医院建立了租赁关系。《某医院餐厅经营权租赁项目竞争性谈判公告》《中标通知书》及相关投标文件、附件系双方当事人的真实意思表示，内容不违反法律、行政法规的强制性效力性规定，应为合法有效。根据《某医院餐厅经营权租赁项目竞争性谈判公告》第二章技术要求一、招标条件2“租赁期限为3年”的内容记载，能够认定双方约定的租赁期限为3年，根据本案双方实际履行的情况，二审法院认定案涉合同租赁期限自2021年1月18日起至2024年1月17日止。

关于某医院与餐饮公司是否建立了租赁关系，从海鲜公司（甲方）与餐饮公司（乙方）于2021年3月15日签订的《变更协议书》内容可知，该协议系转租合同。根据合同相对性原则，在租赁合同中，承租人将租赁物进行转租的，出租人和承租人为租赁合同的权利义务主体，双方的法律地位并不因转租行为的加入而发生任何变化，双方租赁合同的内容亦不因转租合同的加入而发生任何变化，除非经出租人与承租人协商变更合同内容，转租行为并不增加或减少租赁合同中出租人与承租人的权利义务。综上分析，海鲜公司与餐饮公司存在转租关系，某医院与餐饮公司之间不存在租赁合同关系，某医院对餐饮公司的请求无事实依据，应予驳回。

关于某医院一审请求海鲜公司、餐饮公司搬离案涉餐厅并返还租金 93333.31 元是否具有事实依据，案涉《中标通知书》中约定中标人海鲜公司向招标人某医院缴纳租赁费用 16 万元/年。海鲜公司未按照约定支付租金，构成违约，应承担违约责任。某医院请求海鲜公司支付自 2021 年 1 月 18 日至 8 月 19 日的租金具有事实依据，法院予以支持。此期间的租金数额为 93808.21 元（16 万元÷365 天×214 天），某医院主张 93333.31 元属于自行处分自己的民事权利，不违反法律规定。

根据《中华人民共和国民法典》第七百一十六条、第七百一十八条规定及当事人在《某医院餐厅经营权租赁项目竞争性谈判公告》中的约定，海鲜公司转租应征得某医院书面同意。本案海鲜公司将案涉餐厅转租给餐饮公司，海鲜公司未提交证据证明已经某医院书面同意，从餐饮公司提交的《供餐协议书》能够认定某医院已于 2021 年 4 月 23 日应当知道承租人海鲜公司转租，某医院于 2021 年 9 月 9 日以向一审法院提起诉讼的方式对海鲜公司转租提出异议，说明某医院不同意转租，某医院有权解除合同。某医院未行使合同解除权，其请求海鲜公司搬离案涉餐厅并将餐厅交付某医院无事实依据，二审法院不予支持。

山东省枣庄市中级人民法院依照《中华人民共和国民法典》第四百九十条、第五百零二条、第五百七十七条、第七百二十一条，《中华人民共和国民事诉讼法》第一百七十七条第一款第二项之规定，判决如下：

一、撤销山东省枣庄市市中区人民法院（2021）鲁 0402 民初 4914 号民事判决；

二、海鲜公司于本判决生效之日起 10 日内支付某医院自 2021 年 1 月 18 日起至 2021 年 8 月 19 日止的租金 93333.31 元；

三、驳回某医院的其他诉讼请求。

【法官后语】

本案主要涉及餐厅租赁权中标后，出租人与承租人未按约定签订书面租赁合同，承租人又将租赁物转租给次承租人的情况下，出租人与承租人之间租赁合同关系是否建立的问题。

合同行为存在我们生活和社会经济发展的方方面面，小到购买生活用品，大到进行大宗货物跨国交易，都离不开合同行为，合同的相关立法，也趋于更加完善，更加便利交易与鼓励交易，促进市场经济繁荣，《中华人民共和国民法典》中关于合同的内容几乎占据了半壁江山，足以看出调整合同关系的重要性以及复杂性。审判实践中关于合同纠纷一般首先要判断的就是合同效力问题，对此法律有明确规定和判断标准，一般而言，满足双方当事人民事行为能力适格，意思表示真实，且内容不违反法律法规的强制性规定，合同即成立并生效。

合同成立的实质判断标准是意思表示一致，法律规定当事人可以采用书面形式如合同书等，也可以是口头形式或者其他形式来订立合同，把当事人的内心意思表示以一定的形式表示出来。《中华人民共和国民法典》第四百九十条规定："当事人采用合同书形式订立合同的，自当事人均签名、盖章或者按指印时合同成立……"但在纷繁复杂的现实交易中，合同的订立不一定形式要件完备，存在一定缺陷的合同是较为普遍的，如出现当事人均未签名捺印，或者只有部分当事人签名捺印，又或者法律规定或约定了采用书面形式订立而当事人未采用的情况，那么以上情况下合同是不是未成立或者无效呢？通常情况下应该是的，但《中华人民共和国民法典》第四百九十条第一款第二句和第二款亦规定了"在签名、盖章或者按指印之前，当事人一方已经履行主要义务，对方接受时，该合同成立。法律、行政法规规定或者当事人约定合同应当采用书面形式订立，当事人未采用书面形式但是一方已经履行主要义务，对方接受时，该合同成立"的情况，此规则在学理上被称为履行治愈规则，是指欠缺法定或者约定形式要件的合同，因当事人履行的事实而补正地使本来无效的合同成为有效合同。是否满足履行治愈规则的判断问题是审判实践中的关键。在审判实践中，当合同不符合形式要件时，法官不宜直接认定合同未成立或者无效，要仔细审查全案证据，通过合同义务是否履行、履行的主要义务还是次要义务、对方是否接受、双方是否就合同标的达成过一致等来考察当事人的意思表示是否取得一致，取得一致的应当认定合同成立。

本案中，最大的争议焦点之一就是某医院与海鲜公司是否建立了租赁关系。案涉餐厅经营权招标公告中约定招标人和中标人应当自中标通知书发出之日起10天内订立书面合同。《中华人民共和国民法典》中亦规定租赁期限六个月以上的，应当采用书面形式。当事人未采用书面形式，无法确定租赁期限的，视为不定期租赁。海鲜公司中标后自接到《中标通知书》之日起10天内未与某医院签订书面租赁合同，欠缺形式要件。但某医院已将租赁物即案涉餐厅实际交付给海鲜公司且在网上发文称某医院餐厅与海鲜公司合作的事宜，即履行了租赁合同的主要义务交付租赁物餐厅，海鲜公司接收餐厅后又与餐饮公司签订了《变更协议书》，将涉案餐厅转租给餐饮公司经营，即表示其接受了某医院履行的主要义务，应当认为双方意思表示取得一致，均以实际行为履行了案涉租赁合同，那么该合同应当是成立并生效的，对双方具有约束力。后海鲜公司未经某医院书面同意，将餐厅经营权转租给餐饮公司，根据合同相对性原则，海鲜公司与餐饮公司存在转租关系，某医院与餐饮公司之间不存在租赁关系，三方均应根据各自的合同关系行使权利和履行义务。某医院基于租赁合同关系对餐饮公司的请求无依据。某医院可以依据租赁合同向海鲜公司请求支付租金，但因某医院未行使因海鲜公司擅自转租的合同解除权，其不能请求海鲜公司搬离并交付案涉餐厅。

综上，欠缺租赁合同形式要件下认定租赁关系的关键是根据证据审查是否符合履行治愈规则，是否履行了主要合同义务，且不同合同类型的主要义务不同，如本案租赁合同的出租方主要义务是交付租赁物，房屋买卖合同的主要义务是交付房屋，再审查对方是否接受，有些合同还需要对合同标的是否达成一致进行审查等。现代市场交易便捷快速，欠缺形式要件的合同也较为常见，若因此简单判定违约，否定合同关系将不利于交易稳定性和安全。本案双方虽未按照约定签订租赁合同，但通过审查全案证据，综合某医院已将案涉餐厅实际交付给海鲜公司且在网上公告双方合作事宜，以及海鲜公司与餐饮公司签订协议将餐厅经营权进行转租的事实，最终认定双方均以实际行动履行了合同，意思表示达成一致，从而认定双方建立了租赁关系，维护了市场交易的稳定性，保障交易安全，有利于鼓励交易，促进交易便利，优化营商环境，维护市场健康诚信。

编写人：山东省枣庄市中级人民法院　贾礼丽

十六、定金合同纷纷

30

定金罚则的适用应以合同明确约定为前提

——安某诉王某某定金合同案

【案件基本信息】

1. 裁判书字号

北京市第二中级人民法院（2022）京 02 民终 7924 号民事判决书

2. 案由：定金合同纠纷

3. 当事人

原告（被上诉人）：安某

被告（上诉人）：王某某

【基本案情】

2019 年 10 月，安某与王某某口头达成协议，约定安某租用王某某位于北京市丰台区的库房，用于存放货物。安某通过微信方式向王某某转账支付定金 2 万元，王某某向安某出具收条，写明：今收到安某库房定金人民币贰万元整。王某某 2019 年 10 月 11 日。后因涉案库房所在地无法办理营业执照，安某向王某某表示因不能实现其需求，故不再承租涉案库房，并要求王某某退还支付的 2 万元定金，王某某不同意，故安某起诉。安某主张在整个事件过程中，王某某没有任何损失，在双方协商退还定金过程中，王某某也没有提出其有任何损失的主张，而是寻找各种理由，拒绝退还定金。王某某主张安某单方表示不再续租，并要求返还定金，但定金是基于双方的真实意思表示，安某违约在先，其无权请求返还定金。

【案件焦点】

案涉2万元是否为定金性质，是否应适用定金罚则。

【法院裁判要旨】

北京市丰台区人民法院经审理认为：安某与王某某之间口头建立的租赁库房的合同，系双方当事人真实意思表示，且未违反有关法律法规的强制性规定，应为有效。安某与王某某协商租赁库房时，双方并未就承租的时限、面积、价格、违约条款等作出具体约定，仅在有承租意愿时即向王某某支付了定金。在发现涉案库房所在地无法办理营业执照，无法实现承租库房的目的时，安某即表示不再承租，因双方对承租涉案库房并未作出明确具体的约定，亦未实际履行，故无法认定各方是否存在违约行为，因此，安某要求王某某退还定金的请求，理由正当，一审法院予以支持。王某某关于安某存在违约，不租赁涉案库房，不同意退还定金的辩称，未提供相应的证据予以佐证，一审法院不予采信。综上所述，安某要求王某某退还定金2万元的诉讼请求，一审法院予以支持。

北京市丰台区人民法院依照《中华人民共和国民法典》第六条之规定，判决如下：

王某某于判决生效之日起10日内退还安某定金2万元。如果未按判决指定的期间履行给付金钱义务，应当依照《中华人民共和国民事诉讼法》第二百六十条之规定，加倍支付迟延履行期间的债务利息。

王某某不服一审判决，提起上诉。

北京市第二中级人民法院经审理认为：《最高人民法院关于适用〈中华人民共和国民法典〉时间效力的若干规定》第一条第二款规定，民法典施行前的法律事实引起的民事纠纷案件，适用当时的法律、司法解释的规定，但是法律、司法解释另有规定的除外。本案事实发生于《中华人民共和国民法典》施行前，应适用当时的法律、司法解释的规定。《中华人民共和国担保法》第八十九条规定，当事人可以约定一方向对方给付定金作为债权的担保。债务人履行债务后，定金应当抵作价款或者收回。给付定金的一方不履行约定的债务的，无权要求返还定金；收受定金的一方不履行约定的债务的，应当双倍返还定金。第九十条规定，定金应当以书面形式约定。当事人在定金合同中应当约定交付定金的期限。定金合同从实际交付定金之日起生效。《最高人民法院关于适用〈中华人民共和国担保法〉若干问题的解释》第一百一十五条规定，当事人约定以交付定金作为订立主合同担保的，给付定金的一方拒绝订立主合同的，无权要求返还定金；收受定金的一方拒绝订立合同的，应当双倍返还定金。第一百一十八条规定，当事人交付留置金、担保金、保证金、订约金、押金或者订金等，但没有约定定金性质的，当事人主张定金权利的，人民法院不予支持。本案中，安某与王某某口头达成租赁库房的意向，安某向王某某支付了2万元，王某某仅向安某出具了收条载明收到库房定金2万元，双方并未明确约定该2万元具有签订库房租赁合同的担保性质，即王某某并未明确告知安某不租赁库房该定金不退。后安某未实际租赁王某某的库房，根据前述法律规定，王某某无权主张定金权利，其应当向安某返还该笔款项。王某某没有证据证明涉案2万元系双方明确约定的具有担保性质的定金，其上诉主张安某违约、无权请求返还定金，没有事实和法律依据，法院不予支持。因此，安某要求王某某退还2万元合理有据，一审法院予以支持，处理正确。

北京市第二中级人民法院判决如下：

驳回上诉，维持原判。

【法官后语】

《中华人民共和国民法典》第五百八十六条规定当事人可以约定一方向对方给付定金作为债权的担保。定金合同自实际交付定金时成立。定金的数额由当事人约定；但是，不得超过主合同标的额的百分之二十，超过部分不产生定金的效力。实际交付的定金数额多于或者少于约定数额的，视为变更约定的定金数额。第五百八十七条约定，债务人履行债务的，定金应当抵作价款或者收回。给付定金的一方不履行债务或者履行债务不符合约定，致使不能实现合同目的的，无权请求返还定金；收受定金的一方不履行债务或者履行债务不符合约定，致使不能实现合同目的的，应当双倍返还定金。根据上述法律条文，定金合同具有要物性，且数额约定应符合法定比例要求，定金合同适用定金罚则，且定金本质上具有预付款功能。

定金和预付款均为合同一方预先给付对方的钱物，但二者的法律性质、效力和目的存在较大差别。第一，二者目的不同。给付定金的目的是保证合同订立、履行或解除。而预付款的目的在于表明履行合同的诚意，或为对方的合同履行提供资金，属于提前履行部分债务，履行合同约定的付款义务。第二，二者性质不同。定金合同是主合同的从合同，主合同无效，定金合同随之无效。而预付款是主合同内容的一部分。第三，二者效力不同。双方当事人约定定金的，并且在合同履行前交付定金，定金额合同或条款生效。定金的作用在于担保主合同订立或履行，若收取定金当事人违约，则应适用定金罚则，双倍返还定金。不同于定金，预付款不具有惩罚性质，仅具有履行合同中约定的预付款义务的效力。接受预付款一方违约时，仅需退还相同数额的款项即可。

本案中，虽然安某与王某某口头达成租赁库房的意向，且安某向王某某支付款项，王某某出具的收条载明“收到库房定金 2 万元”，但是双方并未明确约定该 2 万元具有签订库房租赁合同的担保性质，也没有明确约定定金罚则。在约定不明的情况下，应探究当事人在订立合同时的真实意思表示，但现有证据无法证明在出具收条、转账时双方赋予了 2 万元款项担保合同订立的法律意义，因此，该笔款项不能被认定为定金。

由于定金本身具有预付款的作用，且许多当事人在签订合同时关注点在于文字表述“定金”和“订金”的差别，而忽略对定金具体法律性质的约定，在实践中往往存在因缺乏明确约定而导致的法律适用争议，且法律适用标准也有待统一。认定给付款项的性质，主要依据双方的合同约定，如果约定不明，则应结合证据查明当事人在订立合同时有无证据证明双方有约定款项具有担保合同订立或履行性质的意思表示。如无相关证据，则应推定为预付款。

编写人：北京市第二中级人民法院　钱丽红　薛瑞

十七、融资租赁合同纠纷

31

机动车“售后回租”式融资租赁法律关系的认定

——天津某公司诉唐某等融资租赁合同案

【案件基本信息】

1. 裁判书字号

广西壮族自治区南宁市中级人民法院（2022）桂01民终950号民事判决书

2. 案由：融资租赁合同纠纷

3. 当事人

原告（被上诉人）：天津某公司

被告（上诉人）：唐某

被告：广州某公司、张某

【基本案情】

2018年6月4日，天津某公司（出租人）与唐某（承租人）签订《汽车融资租赁合同》，约定：唐某向天津某公司租赁一辆奥迪车，购车款为182000元，融资额为149690.25元，融资首付款为44044元，租赁期限为36个月，自出租人交付租赁车辆之日起算，每期租金5640.36元，唐某确认天津某公司支付的购车款中44044元直接转为融资租赁的首付款，剩余购车款137956元支付至某融资租赁公司银行账户。《汽车融资租赁合同》主要载明：天津某公司根据唐某的要求向唐某购买车辆并租给唐某使用；租赁车辆不发生现实的占有转移，天津某公司向唐某交付租赁物的方式为占有改定，自天津某公司支付租赁物转让价款之日，视为占有改定完成；天津某公司在支付唐某租赁车辆转让价款后，即取得车辆的所有权；租赁期内如唐某连续二期未向天津某公司支付租金或累计三期未按时向天津某公司支付租金，天津某公司有权解除合同，控制车辆，唐某应同时付清租金余额及其他应付款项；天津某公司还有权收取违约金并追索律师费等。同日，天津某公司与唐某签订《抵押合同》，约定唐某以租赁车辆为《汽车融资租赁合同》项下全部债务提供担保；抵押担保范围为主合同项下全部租金、违约金及律师费等费用。

2014年9月18日，案涉车辆登记至唐某名下，购入价为293300元；2018年9月28日，该车辆办理了抵押登记，抵押权人为天津某公司。

2018年6月6日，天津某公司向某融资租赁公司支付了三笔款项，分别为137956元、6985.25元、2000元，备注均为“车款1860015唐某”。后唐某向天津某公司支付14期租金78965.04元。截至起诉之日，唐某已欠20期租金计112807.2元，剩余未到期租金2期计11280.72元，未付租金共计124087.92元。庭审中，天津某公司确认唐某于2021年4月9日另还款1410元。

另查明，2018年1月15日，天津某公司与某融资租赁公司签订的《代理合作协议》、天津某公司与某融资租赁公司、张某签订的《连带责任保证合同》约定某融资租赁公司、张某需对唐某欠付的租金、违约金、律师费等承担连带清偿责任。天津某公司为本案支出律师费2500元。

再查明，某融资租赁公司于2020年12月11日变更企业名称为广州某公司。

【案件焦点】

天津某公司与唐某之间是否成立融资租赁合同关系。

【法院裁判要旨】

广西壮族自治区南宁市青秀区人民法院经审理认为：依据《最高人民法院

关于审理融资租赁合同纠纷案件适用法律问题的解释》第二条“承租人将其自有物出卖给出租人，再通过融资租赁合同将租赁物从出租人处租回的，人民法院不应仅以承租人和出卖人系同一人为由认定不构成融资租赁法律关系”之规定，本案符合售后回租的融资租赁模式，应属融资租赁合同纠纷。《汽车融资租赁合同》未违反法律、行政法规的强制性规定，合法有效。唐某逾期未支付剩余租金，构成违约，依据相关合同约定，唐某需支付剩余租金 122677.92 元（124087.92 元-1410 元）及相应违约金、律师费；广州某公司、张某对唐某前述欠付的租金、违约金、律师费承担连带清偿责任；天津某公司对唐某名下案涉车辆，有权以折价或拍卖、变卖所得价款优先受偿。

广西壮族自治区南宁市青秀区人民法院照《中华人民共和国民法典》第三百八十六条、第五百七十七条、第七百五十二条，《最高人民法院关于审理融资租赁合同纠纷案件适用法律问题的解释》第二条、第九条，《最高人民法院关于适用〈中华人民共和国民法典〉时间效力的若干规定》第一条第三款以及《中华人民共和国民事诉讼法》第六十四条第一款、第一百四十四条之规定，判决如下：

一、唐某向天津某公司支付剩余租金 122677.92 元；

二、唐某向天津某公司支付违约金（计算方式：以 124087.92 元为基数，自 2019 年 9 月 6 日起至 2021 年 4 月 8 日止，按年利率 15.4%计付；以 122677.92 元为基数，自 2021 年 4 月 9 日至实际清偿之日止，按年利率 15.4%计付）；

三、唐某向天津某公司支付律师费 2500 元；

四、广州某公司、张某对唐某的上述第一项、第二项、第三项债务承担连带清偿责任，广州某公司、张某承担责任后，有权向唐某追偿；

五、为实现上述债权，天津某公司对唐某名下案涉车辆有权以折价或拍卖、变卖所得价款优先受偿；

六、驳回天津某公司的其他诉讼请求。

唐某不服一审判决，提起上诉。

广西壮族自治区南宁市中级人民法院经审理认为：从标的物性质及物权

变动情况来看，本案标的物为车辆，属于动产，而动产系以交付作为物权变动的生效条件。《汽车融资租赁合同》约定交付车辆的方式为占有改定，自天津某公司支付转让价款之日，视为占有改定完成，天津某公司取得车辆所有权。天津某公司按约支付了转让价款，而唐某确认收到了价款并实际占有使用了案涉车辆。据此，应认定天津某公司以占有改定的方式取得了车辆所有权。

从本案标的物价值及租金总额来看，唐某于2014年购入案涉车辆的价格为293300元，于2018年6月4日与天津某公司在合同中约定的转让价款为182000元，符合交易常理，案涉车辆估值并不存在虚高的情形。唐某依约需支付租金247096.96元［44044元（首付租金）+203052.96元（36期租金）］，则转让价款与租金的差额为65096.96元（247096.96元-182000元）。该差额应是天津某公司的利润及其他应支付的费用，亦不存在畸高，处于融资租赁业务利润的合理范围内。

从双方的权利义务来看，案涉车辆真实存在，并不存在虚构的情形。天津某公司按约支付了融资款，唐某亦确认收到融资款并占有使用车辆，且实际向天津某公司支付了8期租金。据此，双方的履约行为符合“售后回租”的交易特征。基于上述分析，唐某与天津某公司之间的关系应认定为融资租赁合同关系。

广西壮族自治区南宁市中级人民法院依照《中华人民共和国民事诉讼法》第一百七十七条第一款第一项的规定，判决如下：

驳回上诉，维持原判。

【法官后语】

售后回租，是指承租人为了实现融资的目的，将其自有物的所有权转让给出租人，再从出租人处租回使用，并按期向出租人支付租金的交易方式。与传统融资租赁交易模式存在出卖人、出租人、承租人三方主体不同，“售后回租”式融资租赁交易中仅有出租人、承租人两方主体，承租人即出卖人，出租人即买受人，交易角色发生重叠。因该差异，导致机动车“售后回租”式融资租赁合同关系极易与附机动车抵押担保的借款合同关系产生混淆。如何准确识别机动车“售后回租”式融资租赁合同，笔者认为应根据《最高人民法院关于审理融资租赁合同纠纷案件适用法律问题的解释》（2020年修正）第一条第一款之规定，具体从以下几个方面进行判断：

1. 机动车是否真实且权属清晰

融资租赁具有“融资”与“融物”双重属性，确认租赁物真实是认定融资租赁合同关系成立的首要条件。案件审理过程中，通常由出租人举证证明机动车真实存在、权属清晰，一般要求出租人在合同签订前就机动车购买凭证、登记证书等材料进行形式审查。具体到本案，人民法院根据现有证据查明案涉机动车系唐某于2014年12月以293300元的价格购买并登记在自己名下，且唐某与天津某公司签订了《抵押合同》，为机动车办理了抵押登记，由此说明案涉机动车真实存在且权属清晰，符合售后回租标的物真实的基本特征。

2. 机动车所有权是否发生实质性转移

根据我国现有法律规定，“动产交付，不动产登记”是发生物权变动效力的认定标准，但值得注意的是，在“售后回租”式融资租赁合同关系中，现实交付并不是认定动产租赁物所有权发生转移的唯一标准。考虑到税费负担、手续烦琐等原因，实务中，动产租赁物往往以“占有改定”形式完成交付，应当认定租赁物所有权已经发生实质性转移，承租人仅以动产租赁物一直处在其占有之下为由主张租赁物所有权未发生转移的，不应得到支持。即便是机动车、船舶等特殊动产，仍以交付作为所有权变动的生效要件，未办理变更登记仅丧失对抗善意第三人的效力，而非直接否定物权变动效力。天津某公司与唐某签订的《汽车融资租赁合同》中明确约定天津某公司以占有改定的方式取得案涉机动车的所有权，且天津某公司已完成转让款支付。因此，唐某以其未向天津某公司转移机动车的占有、机动车未办理变更登记为由主张所有权未发生转移，缺乏事实和法律依据，不应得到支持。

3. 机动车价值与租金构成是否具有合理性

机动车在“售后回租”式融资租赁合同中需起到担保租赁债权实现的作

用。因此，机动车的价值应合理，若明显低于转让价格，则机动车不具备担保租赁债权实现的功能，不能认定当事人之间构成融资租赁合同关系。机动车的价值是否合理，笔者认为关键是需以理性的视角，结合该机动车目前的使用情况、当前市场流通的定价及交易行情等进行考量。此外，还需考量租金的构成是否合理，根据《中华人民共和国民法典》第七百四十六条的规定，融资租赁合同的租金，除当事人另有约定外，应当根据购买租赁物的大部分或者全部成本以及出租人的合理利润确定。换言之，融资租赁合同的租金一般由购买成本与合理利润构成，其中购买成本应依照购买租赁物所支出的价款及手续费、服务费等其他费用予以确定，购买成本所占比重应显著高于利润。若约定的租金总额远高于购买成本，则会出现利润远高于购买成本的情形，导致购买成本与利润比重失衡，不能认定租金构成合理。具体到本案，唐某于2014年以293300元购买机动车，于2018年6月4日与天津某公司签订合同约定以182000元转让机动车。案涉机动车并不存在“低值高卖”的情形，能够为天津某公司提供有效的物权担保。同时，唐某依约需向天津某公司支付租金247096.96元，租金与转让价款之间的差额为65096.96元，利润并不存在畸高的情形，处于融资租赁业务利润的合理范围内。因此，可以认定本案机动车价值与租金构成合理。

编写人：广西壮族自治区南宁市中级人民法院　莫智钧　陆琪珏

32

租赁标的物之所有权仅担保租金债权实现之功能，双方签订的租赁合同不具有继续性合同的特征，应认定为融资租赁合同关系

——汽车服务公司厦门分公司诉商贸公司融资租赁合同案

【案件基本信息】

1. 裁判书字号

福建省厦门市湖里区人民法院（2022）闽0206民初1317号民事判决书

2. 案由：融资租赁合同纠纷

3. 当事人

原告（反诉被告）：汽车服务公司厦门分公司

被告（反诉原告）：商贸公司

【基本案情】

2017年1月23日，汽车服务公司厦门分公司与商贸公司签订《汽车租赁合同》及《车辆销售协议（B类）》，约定汽车服务公司厦门分公司为商贸公司提供汽车融资租赁服务，由商贸公司向汽车服务公司厦门分公司租赁K3 1.6ATGL天窗版车辆一辆，租金3300元，租期自2017年1月23日至2020年1月23日，租期为36期。2017年1月24日，汽车服务公司厦门分公司将案涉车辆交付给商贸公司并签署《车辆交接清单》。商贸公司依约支付保证金13000元，后因商贸公司未按期支付租金，双方对交易产生争议，故诉至法院。

【案件焦点】

案涉的《汽车租赁合同》是否为融资租赁合同。

【法院裁判要旨】

福建省厦门市湖里区人民法院经审理认为：本案属于民法典施行前的法律事实引起的民事纠纷案件，根据《最高人民法院关于适用〈中华人民共和国民法典〉时间效力的若干规定》第一条第二款的规定，本案应适用当时的法律、司法解释的规定进行审理。从汽车服务公司厦门分公司与商贸公司签订的《汽车租赁合同》和《车辆销售协议》的约定来看，商贸公司订立合同的目的并非仅为占有和使用案涉车辆，还包括取得车辆的所有权。《汽车租赁合同》约定的租金形式上是使用车辆的对价，实质上不仅包括车辆的购买价格，还包括出租人提供资金融通作用支出的必要费用及正常利润；《车辆销售协议》还约定，商贸公司不得提前退租，并应于租赁期满后一个月内完成车辆过户手续，逾期还需支付违约金，说明案涉车辆对出租人汽车服务公司厦门分公司而言，主要承担担保租金债权实现之功能，《汽车租赁合同》不具有继续性合同的特征，在合同正常履行到期，商贸公司付清剩余合同价款后，车辆所有权转移归承租人商贸公司所有，因此双方之间的权利义务符合融资租赁的法律特征，应认定为融资租赁合同关系。

根据《中华人民共和国合同法》第二百四十八条的规定，承租人应当按照约定支付租金，承租人经催告后在合理期限内仍不支付租金的，出租人可以要求支付全部租金；也可以解除合同，收回租赁物。商贸公司主张其已支付全部租金，但仅提交了 33 期租金的支付记录，汽车服务公司厦门分公司自认商贸公司已支付 35 期租金、第 36 期租金尚欠 676 元未支付，商贸公司未按时足额支付租金和尾款，系违约行为，其要求支付购车尾款 10000 元、汽车服务公司厦门分公司返还案涉车辆并配合办理过户手续的主张，缺乏事实和法律依据，法院不予支持。汽车服务公司厦门分公司有权要求商贸公司支付全部租金或要求解除合同、收回租赁物，但只能择一主张。因案涉合同已经于 2020 年 1 月 23 日到期，已无须解除。汽车服务公司厦门分公司于 2021 年 8 月 20 日自行收回案涉车辆，符合双方约定。关于汽车服务公司厦门分公司主张商贸公司支付自拖欠租金之日至 2021 年 8 月 20 日的租金，因商贸公司已经支付大部分租金，尚欠租金及尾款共计仅一万余元，汽车服务公司厦门分公司自认其已将案涉车辆以近四万元的价格出售，考虑到汽车服务公司厦门分公司收回租赁物的价值已超过商贸公司欠付的租金及其他费用，且商贸公司支付的保证金尚在汽车服务公司厦门分公司处，因此对于汽车服务公司厦门分公司主张的租金及滞纳金，法院不予支持。

福建省厦门市湖里区人民法院判决如下：

一、驳回汽车服务公司厦门分公司的诉讼请求；

二、驳回商贸公司的反诉诉讼请求。

宣判后，双方当事人均未上诉，判决现已发生效力。

【法官后语】

融资租赁作为一种二十世纪八十年代引进的较新的交易模式，近年来发展迅速，融资租赁公司及相应的融资租赁业务不断的增多。《中华人民共和国合同法》第二百三十七条对融资租赁合同进行定义，其是指出租人根据承租人对出卖人、租赁物的选择，向出卖人购买租赁物，提供给承租人使用，承租人支付租金的合同。而《中华人民共和国民法典》第七百三十五条也延续了对于融资租赁合同的这一定义。对于融资租赁合同，在裁判过程当中应当与一般租赁合同进行区分，从而适用对于融资租赁合同的专门规定。对于融资租赁合同与一般租赁合同的区分，可以从以下几个方面入手：

第一，融资租赁合同与一般租赁合同租赁物的来源并不相同，一般租赁合同的租赁物系出租人自有，而融资租赁合同则是出租人出资购买，同时系根据承租人的意愿进行购买。第二，租赁物之所有权是否具有担保功能。对于融资租赁合同，出租人虽对租赁物享有所有权，但出租人之所有权仅具有担保之功能，其系出租人收取租金之保障。而一般租赁合同，出租人对于租赁物的所有权并无担保之功能。第三，合同是否具有继续性之特征。一般租赁合同具有继续性之特征，租金及租赁的期限随着时间因素的变化而变化。而融资租赁合同，租金的总额事先是确定的，并不会因为“租期”的变化而变化，所谓“租期”实质上就是分期履行的期数。第四，租金的对价不同。对于一般租赁合同，租金是承租人占有适用租赁物的对价；而对于融资租赁合同，租金不仅包括租赁物购买价格，同时还包括出租人提供资金融通作用支出的必要费用及正常利润。

本案中，从双方签订的《汽车租赁合同》和《车辆销售协议》来看，商贸公司订立合同的目的并非仅为占有和使用案涉车辆，还包括取得车辆的所有权。同时，《汽车租赁合同》约定的租金实质上不仅包括车辆的购买价格，还包括出租人提供资金融通作用支出的必要费用及正常利润；《车辆销售协议》还约定，商贸公司不得提前退租，并应于租赁期满后一个月内完成车辆过户手续，逾期还需支付违约金，说明案涉车辆对出租人汽车服务公司厦门分公司而言，主要承担担保租金债权实现之功能，《汽车租赁合同》不具有继续性合同的特征，在合同正常履行到期，商贸公司付清剩余合同价款后，车辆所有权转移归承租人商贸公司所有，因此双方之间的权利义务符合融资租赁的法律特征，应认定为融资租赁合同关系。

编写人：福建省厦门市湖里区人民法院　刘路英

十八、保理合同纠纷

33

有追索权保理合同关系成立的要件认定

——商业保理公司诉园林建设公司等保理合同案

【案件基本信息】

1. 裁判书字号

浙江省嘉兴市中级人民法院（2022）浙04民终2329号民事判决书

2. 案由：保理合同纠纷

3. 当事人

原告（被上诉人）：商业保理公司

被告（上诉人）：园林建设公司

被告：吕某某、史某、张某某

【基本案情】

商业保理公司是一家可以提供保理融资服务的商业保理公司，园林建设公司是一家园林景观建设公司，园林建设公司曾为某置业公司等发包人进行园林工程施工，施工完成后，发包人仅开具了部分工程费用发票，但未与其进行结算，亦未付清工程款，因而形成了园林建设公司对发包人的应收账款。吕某某系园林建设公司的股东及法定代表人，史某、张某某系园林建设公司股东。

2021年1月，商业保理公司与园林建设公司先后签订2份《国内保理业务合同》。2份《国内保理业务合同》均约定园林建设公司将其应收账款转让给商业保理公司，向商业保理公司申请办理国内保理业务，双方就保理融资服务范围、额度、方式，园林建设公司据以产生应收账款债权的基础交易合同、应收账款债权转让等事宜进行约定，还约定双方之间的保理业务系有追索权保理，并明确了有追索权保理的释义。双方还就上述保理合同约定的应收账款签订了《应收账款转让登记协议》，并办妥应收账款转让登记。商业保理公司于2份《国内保理业务合同》签订当日向园林建设公司发放保理融资款3484352.72元。

2021年1月22日，商业保理公司又与吕某某、史某、张某某签订《最高额保证担保合同》，约定吕某某、史某、张某某为园林建设公司在从2021年1月21日到2022年1月20日与商业保理公司签订的所有融资业务合同项下债务的履行提供最高额保证，并约定了保证范围、保证期间等内容。

嗣后，经商业保理公司催讨，园林建设公司逾期未承担回购应收账款等义务，吕某某、史某、张某某亦未按约承担保证责任。

为此，商业保理公司诉至浙江省桐乡市人民法院，请求判令园林建设公司返还商业保理公司融资款本金3484352.72元，并支付利息、逾期利息、律师代理费等；请求判令吕某某、史某、张某某承担相应连带保证责任等。

【案件焦点】

商业保理公司与园林建设公司保理合同关系是否成立。

【法院裁判要旨】

浙江省桐乡市人民法院经审理认为：保理合同是应收账款债权人将现有的或者将有的应收账款转让给保理人，保理人提供资金融通、应收账款管理或者催收、应收账款债务人付款担保等服务的合同。当事人约定有追索权保理的，保理人可以向应收账款债权人主张返还保理融资款本息或者回购应收账款债权，也可以向应收账款债务人主张应收账款债权。本案中，根据原告与被告园林建设公司签订的2份《国内保理业务合同》及相关附件，可知双方约定的是有追索权保理，原告有权要求被告园林建设公司返还保理融资款本息或者回购应收账款债权。被告园林建设公司抗辩称，本案中所涉应收账款系工程款，该款项未实际结算，无法实现转让和回购。法院认为，《中华人民共和国民法典》已明确规定保理合同中可转让的应收账款包括“现有的或者将有的”。本案中，原告提供了被告园林建设公司与案外人的多份《工程施工合同》等基础交易合同、被告园林建设公司开具的增值税发票等信息，上述基础交易合同中均约定了具体的工程内容，工期、合同暂定价款、付款进度、双方的权利义务及违约责任等，被告园林建设公司在庭审中陈述上述基础交易合同所涉的工程其均已进行施工，被告园林建设公司还向基础交易相对方开具了相应的增值税发票。综上，法院认为被告园林建设公司对上述基础交易相对方的债权是可预期、可确定的，原告与被告园林建设公司之间的保理合同关系依法成立，法院对被告园林建设公司的上述抗辩意见法院不予采纳。原告有权要求被告园林建设公司返还保理融资款本金3484352.72元，支付利息373888.5元和相应逾期利息，以及律师费90900元、保全保险费8040元。

本案保理合同成立，《最高额保证担保合同》亦合法有效，商业保理公司诉请要求吕某某、史某、张某某对园林建设公司的上述债务承担连带清偿责任，理由充分，法院予以支持。

综上，浙江省桐乡市人民法院依照《中华人民共和国民法典》第六百八十八条、第六百九十条、第七百六十一条、第七百六十二条、第七百六十六条，《中华人民共和国民事诉讼法》第六十七条、第一百四十七条之规定，判决如下：

一、被告园林建设公司于本判决生效之日起10日内返还原告商业保理公司保理融资款3484352.72元，并支付利息373888.5元，逾期利息（以未还本金为基数，其中的204017.83元自2021年7月16日起、335313.01元自2021年7月21日起、763341.33元自2021年9月11日起、1310958.33元自2022年1月12日起、870722.22元自2022年1月18日起，按每日万分之五的利率计算至实际清偿之日止）；

二、被告园林建设公司于本判决生效之日起10日内支付原告商业保理公司实现债权的律师费90900元、保全保险费8040元；

三、被告吕某某、史某、张某某对被告园林建设公司的上述第一项、第二项债务承担连带清偿责任；

四、驳回原告商业保理公司其余诉讼请求。

园林建设公司不服一审判决，提起上诉。

浙江省嘉兴市中级人民法院经审理认为：园林建设公司以其应收账款债权向商业保理公司申请办理国内保理业务，园林建设公司向商业保理公司出具《应收账款转让清单明细》，并承诺无瑕疵地拥有上述应收账款债权。园林建设公司向商业保理公司提供了园林建设公司与发包方签订的工程施工合同以及开具的增值税发票，在庭审中园林建设公司亦承认其承建了这些项目且均已进行施工。由此表明，案涉保理业务中的应收账款债权确实存在，而园林建设公司上诉称其与发包方之间的债权债务并未形成，该说法显然不实，故不予采信。案涉保理合同有效成立，商业保理公司有权依照合同主张权利。园林建设公司的上诉理由不能成立，其上诉请求应予驳回。一审认定事实清楚，适用法律正确，本案应予维持。

浙江省嘉兴市中级人民法院依照《中华人民共和国民事诉讼法》第一百七十七条第一款第一项之规定，判决如下：

驳回上诉，维持原判。

【法官后语】

《中华人民共和国民法典》第七百六十一条规定："保理合同是应收账款债权人将现有的或者将有的应收账款转让给保理人，保理人提供资金融通、应收账款管理或者催收、应收账款债务人付款担保等服务的合同。"据此，保理合同关系成立的两个要件是：存在应收账款转让；存在保理服务。如果不涉及应收账款转让，只涉及融资，那么该类合同符合借款合同关系的成立要件，而非保理合同的成立要件，当然，上述应收账款可以是"现有的"，也可以是"将有的"。本案中，园林建设公司与案外人之间的园林建设施工合同关系真实、有效，园林建设公司提供的施工合同、增值税发票等材料均证明园林建设公司的应收账款债权（园林建设工程款债权）真实存在。商业保理公司与园林建设公司签订了《应收账款转让登记协议》，并在相关部门已办妥应收账款转让登记。此外，本案中，园林建设公司另抗辩称，商业保理公司未提供保理服务，根据《中华人民共和国民法典》第七百六十一条的规定，一般情况下，对保理人而言，其提供的保理服务主要为资金融通及应收账款管理或催收，是否提供资金通融服务，亦是保理业务和其他普通的债权转让之间的一大区别。本案中，商业保理公司向园林建设公司发放了融资款，即提供了资金融通的服务，符合构成保理合同的要件。综上，本案中，商业保理公司与园林建设公司之间既非借款合同关系，亦非其他普通的债权转让，而是构成了保理合同关系。

本案中，还涉及保理业务中两个重要的概念，即“有追索权保理”和“无追索权保理”。《中华人民共和国民法典》第七百六十六条规定：“当事人约定有追索权保理的，保理人可以向应收账款债权人主张返还保理融资款本息或者回购应收账款债权，也可以向应收账款债务人主张应收账款债权。保理人向应收账款债务人主张应收账款债权，在扣除保理融资款本息和相关费用后有剩余的，剩余部分应当返还给应收账款债权人。”第七百六十七条规定：“当事人约定无追索权保理的，保理人应当向应收账款债务人主张应收账款债权，保理人取得超过保理融资款本息和相关费用的部分，无需向应收账款债权人返还。”由此可知，两者的主要区别在于，是否能直接向应收账款债权人主张返还保理融资款本息或者回购应收账款债权。本案中，商业保理公司与园林建设公司之间已在合同中明确约定双方的保理业务是有追索权保理，且合同对有追索权保理的含义进行了明确解释。因此，商业保理公司向园林建设公司主张返还保理融资款，是具有请求权基础的。

《中华人民共和国民法典》对于保理合同的规定，系我国首次以法律的形式将保理规则予以确认。《中华人民共和国民法典》第七百六十一条至第七百六十九条对保理合同的定义、内容及形式、虚构应收账款的效力、应收账款转让通知主体及方式、有无追索权保理人的权利等进行集中规定。《中华人民共和国民法典》中对于保理规则的规定，使我国的保理业务实现了从无名合同到有名合同的转变，是适应新形势下社会主义市场经济特别是金融行业发展的重大举措，有助于促进金融供给侧结构性改革，破解中小企业融资困局，保障保理业的健康发展；它具有实质性推进我国民商事法治现代化进程的多重法律意义。

本案通过对保理合同中应收账款转让的效力，应收账款的真实性、确定性，有追索权保理双方的权利义务等内容的认定，对审理保理合同纠纷的基本裁判规则进行了实践运用和梳理。对于今后同类案件的审理，以及指导市场主体规范地进行保理业务，均具有借鉴意义。

编写人：浙江省桐乡市人民法院　吕佳瑜

34

保理追索权与票据追索权行使顺序及受偿方式

——保理公司深圳分公司诉控股公司票据追索权案

【案件基本信息】

1. 裁判书字号

上海金融法院（2022）沪74民终18号民事判决书

2. 案由：票据追索权纠纷

3. 当事人

原告（被上诉人）：保理公司深圳分公司

被告（上诉人）：控股公司

【基本案情】

2018年6月1日，保理公司深圳分公司与案外人实业公司签订有追索权

《保理合同》，实业公司将已发生但未到期应收账款无条件转让给保理公司深圳分公司。同日，保理公司深圳分公司与实业公司、上海公司签订《应收账款转让协议》，上海公司对该应收账款转让均无异议并愿意无条件付款。上海公司以实业公司为收款人，控股公司为出票人/承兑人电子商业承兑汇票支付该应收账款。实业公司将该汇票背书于保理公司深圳分公司。保理公司深圳分公司在票据到期日提示付款被拒付。

保理公司深圳分公司为此以保理合同纠纷将实业公司、上海公司、林某某、宋某某及控股公司诉至广东省深圳市福田区人民法院。该院立以（2018）粤0304民初38092号案件。该案判决确认保理公司深圳分公司与实业公司、上海公司间《应收账款转让协议》，与实业公司间《保理合同》均有效。判决支持了保理公司深圳分公司要求支付应收账款、逾期利息等各项诉请，但认为保理公司深圳分公司向控股公司主张票据权利，与该案并非同一法律关系；且保理公司深圳分公司作为持票人基于票据追索权的主张对象除控股公司外，还可包括上海公司、实业公司等票据债务人，其票据责任可能与该案责任存在交叉重合之处，保理公司深圳分公司要求控股公司基于票据承担连带保证责任的诉求不适宜在该案中一并处理，保理公司深圳分公司可另循法律途径解决。被告保理公司深圳分公司在案件生效后未申请执行，另以票据追索权纠纷提起诉讼即本案。

【案件焦点】

1. 原告在提起保理合同之诉后再提起票据之诉是否构成重复诉讼，是否违反“一事不再理”原则；2. 原告在保理合同纠纷一案胜诉后再行提起票据之诉能否获得支持。

【法院裁判要旨】

上海市青浦区人民法院经审理认为：对于第一项争议焦点。原告在福田法院就基础关系提起保理合同之诉即前案与本案的票据之诉，系不同的诉讼标的；原告在前案中是以保理合同的各当事人即实业公司、上海公司等为被告，本案被告虽在前案中亦为被告但其应当承担的票据责任在前案中并未处理，原告实际在前案中未取得对本案被告的诉讼效果，而本案中原告仅起诉了作为票据承兑人的被告，两案的诉讼对象不同；在保理合同纠纷案件中，原告的诉请为支付应收账款，而在本案中则是主张票据款，两案诉请亦不相同，而本案判决结果亦不会否认前案的判决结果；故原告就本案提起诉讼不构成重复诉讼，并不违反一事不再理原则。

对于第二项争议焦点。前案已确认了《保理合同》项下基础交易合同真实，该《保理合同》合法有效，对各方当事人均有约束力。实业公司基于《保理合同》、《应收账款转让协议》等将债权让与原告并将涉案票据背书转让给原告，原告按保理融资比例支付保理融资款金额，该金额虽低于涉案票据金额，但依据保理特点，原告在取得票据金额后扣除保理合同项下各项债权的剩余部分会按保理合同约定与案外人实业公司进行结算，因此原告支付保理融资款的行为，应视为原告已履行支付票据对价义务，故原告系该票据的合法持有人，享有票据持有人的各项权利。涉案票据背书连续，原告作为票据持有人在票据到期日提示付款被拒后可依法向其前手、出票人、承兑人等票据义务人进行追索。

上海市青浦区人民法院判决：

一、被告应于本判决生效之日起10日内支付原告电子商业承兑汇票款19746100元；

二、被告应于本判决生效之日起10日内支付原告以19746100元为基数，自2018年12月9日起至2019年8月19日，按照中国人民银行同期贷款基准利率计算，自2019年8月20日起至清偿之日止，按照全国银行间同业拆借中心公布的贷款市场报价利率计算的利息；

三、被告履行上述第一、二项付款义务的金额应相应减少上海公司在（2018）粤0304民初38092号案中对原告的清偿责任；

四、驳回原告的其余诉讼请求。

控股公司不服一审判决，提起上诉。

上海金融法院经审理认为：一审判决认定事实清楚，适用法律正确，应予维持。依照《中华人民共和国民事诉讼法》第一百七十七条第一款第一项之规定，判决如下：

驳回上诉，维持原判。

【法官后语】

随着我国经济快速发展，获取资金是经济主体开展生产经营，推动生产再扩大的主要需求。有追索权保理作为新型融资手段，应收账款债权人将未到期应收账款转让于保理商，即可取得大部分货款用于再生产，当应收账款到期无法全部受偿时，保理商即可向债权人要求回购应收账款。不同于传统金融借款，保理融资门槛低、审核简便、放款快，保理受到经济主体尤其是中小微企业的广泛欢迎。《中华人民共和国民法典》新设保理合同一章对保理合同相关情况进行规定。商业承兑汇票按汇票载体分为纸质和电子，按付款时间分为即付票据和远期票据。承兑人出具远期票据后至付款日期间前无须向持票人支付票据款，纸质商业汇票给予6个月的到期日，电子商业承兑汇票的到期日最长为1年，商业承兑汇票的付款周期实际为承兑人起到了融资作用，因而成为经济主体交易支付的主要手段。保理商受让以远期商业汇票支付的应收账款，如本案原告所受让债权，保理商同时作为持票人在票据到期后提示付款被拒付。保理商是否只能行使票据追索权，还是有权在保理追索权和票据追索权中予以选择，现行法律对此并无具体规定。司法实践对此也有不同观点。有观点认为，票据债权成立后，保理债权就消灭，保理商只能以持票人行使票据债权，不能再基于应收账款未受偿行使保理追索权。有观点认为两种债权并存，保理商可任意行使一种债权。保理商究竟如何行使权利？

1. 保理债权与票据债权属于不同之诉

保理合同之诉与票据之诉，系不同的诉讼标的；在保理合同之诉中，保理商系基于应收账款受让人要求债务人支付应收账款，基于保理追索权要求债权人回购应收账款，而在票据追索权中保理商系作为持票人要求票据当事人支付票据款，两者的诉讼对象不同；保理合同纠纷的诉请为支付应收账款，票据追索权中则为票据款，诉请亦不相同，故两诉并不相同。

2. 有明确意思表示时依约定

保理商与债权人间先建立保理合同关系，债权人因取得保理融资款而向原告转让应收账款及相应的商业承兑汇票，此时保理商对债权人享有两种债权，即保理债权（向债务人的付款请求权、向债权人的债权回购权）和票据债权（票据付款请求权和追索权）。如何行使上述债权，应先审查当事人间是否有明确的意思表示，根据当事人的意思表示确定权利行使顺序。如明确受让票据后保理债权消灭，则保理商就不得在收取票据后再行使保理追索权。本案明确约定了当汇票出现无法正常使用等情况，不免除上海公司在保理合同项下的标的应收账款支付义务，因此原告在票据拒付后仍可行使保理债权。

3. 无意思表示或意思表示不明时享有选择权

如当事人就此无意思表示或意思表示不明时，保理商可自行选择先行使何项债权。票据法虽规定了持票人在付款请求权得不到实现后可行使追索的权利，但并无法律规定债权人在票据付款请求权无法实现时只能依据票据法继续行使追索权或票据法上规定的其他权利。当保理商先行使保理债权时，如债务人及债权人在该案中提出票据返还主张，应在处理保理债权同时，明确保理商的票据返还义务，当应收债权清偿后，保理商应返还票据，否则保理商也会因在票据项下的不当得利而无法实际掌握款项。当保理商同时提起保理和票据两诉时，如债务人、债权人明确提出已通过票据偿付债务时，则可驳回保理商的保理诉讼，而在票据之诉中予以处理。

4. 优先行使票据追索权

在约定不明时，债权人与债务人对基础交易是达成以票据进行结算的。从票据性质来说，票据本就为支付、结算工具，如不先穷尽票据权利，则无法实现票据作用。当票据追索权穷尽，保理商仍未能得到清偿即可表明了保理人作为应收账款的受让人未能获得应收账款的对价，基础合同权利义务并未消灭，保理商当然可行使保理追索权。票据追索权时效较基础债权时效较短，且基于票据无因性，票据追索权审理也较快，有利于保理商自身利益的尽快实现。

5. 保理追索权与票据追索权的重复受偿

保理关系、票据关系总体上均基于应收账款基础关系，当其中部分主体实际承担责任后，保理商的上述请求权发生整体消灭的法律效果，故可从外部关系上免除其他主体对保理商的责任。从“先保理、后票据”的交易关系来看，票据属于应收账款的支付工具，保理商通过票据追索权获得的款项实际属于保理关系中应收账款的回款。就保理关系而言，若该回款超出保理融资金额，《保理合同》有明确约定的，可按照合同约定清算；合同无明确约定的，则根据《中华人民共和国民法典》第七百六十六条的规定，该回款在扣除保理融资款本息和相关费用后有剩余的，剩余部分应当返还给应收账款债权人。

编写人：上海市青浦区人民法院　陈建东

十九、承揽合同纠纷

35

不影响外观设计下的手工艺作品还原度偏差不构成违约

——文化发展公司、旅游开发公司诉文化艺术公司承揽合同案

【案件基本信息】

1. 裁判书字号

黑龙江省齐齐哈尔市中级人民法院（2022）黑02民终2001号民事判决书

2. 案由：承揽合同纠纷

3. 当事人

原告（反诉被告、上诉人）：文化发展公司、旅游开发公司

被告（反诉原告、上诉人）：文化艺术公司

【基本案情】

2021年5月9日，文化发展公司、旅游开发公司共同与文化艺术公司签订两《彩灯工程施工合同》，约定由文化艺术公司设计并交付彩灯作品，用于龙沙公园举办的A彩灯灯展项目，总价款为3100000元；2021年6月25日前完成灯组制作安装并调试完毕，展出期为2021年7月1日至2021年10月15日。合同文本后附效果图。文化发展公司和旅游开发公司后支付3020000元。2021年6月15日，文化发展公司与文化艺术公司签订《彩灯工程施工合同补充协

议》，约定将原“红船记忆”灯组调换至他处，原“红船记忆”灯组位置替换为“音乐派”灯组，新增总价款 95000 元。2021 年 6 月 29 日，文化艺术公司派驻于龙沙公园彩灯灯展项目的负责人在会议记录上签名，该记录载明“29 日晚试灯，有问题整改后交灯，按协议时间来看 7 月 1 日不能开展”。A 彩灯灯展项目于 2021 年 7 月 10 日开展。

【案件焦点】

彩灯灯组成品在尺寸上的偏差是否构成违约。

【法院裁判要旨】

黑龙江省齐齐哈尔市龙沙区人民法院经审理认为：会议记录载明“按协议时间来看 7 月 1 日不能开展”，并明确体现 2021 年 7 月 1 日不能如期开展，由文化艺术公司项目负责人签署；且该会议记录的形成时间亦已超过约定制作完工时间 2021 年 6 月 25 日，故文化艺术公司在灯组的交付期限方面存在违约。依据公平原则，按合同总价款 3100000 元、约定展期 107 天计算每日灯展价款为 28971.96 元，延期 9 天，确认损失责任为 260747.64 元。至于雀之灵等六组灯展的尺寸是否约定的问题，法院认为，既然 A 彩灯灯展项目已经实际展出，则证明灯展尺寸并未对展出效果构成负面影响；基于民间工艺的制作习惯，尺寸偏差在不足以影响外观设计的情况下，属于可以按照实际需求进行调整的许可空间，故“合理偏差”不应视为违约行为。在文化艺术公司提出的反诉请求中，各方均在庭审中认可尚有 80000 元定作款未支付，但文化发展公司与旅游开发公司认为《彩灯工程施工合同补充协议》约定的 95000 元包含于《彩灯工程施工合同》的总价款之内。而从双方的实际履行角度审视，《彩灯工程施工合同》中约定的灯展为 50 组，基于补充协议，又制作了“音乐派”灯组。另外，在理论层面上，补充协议是对主合同约定内容的补充，该协议中明确约定 95000 元为“新增总价款”，应确认为尚未支付的定作款。两相冲抵，文化艺术公司仍应向文化发展公司与旅游开发公司支付违约金 41574.39 元。

黑龙江省齐齐哈尔市龙沙区人民法院依照《中华人民共和国民法典》第七

条、第一百七十七条、第一百七十八条第一款、第五百零九条第一款、第二款、第五百四十三条、第五百七十七条、第五百七十九条、第五百八十五条第一款、《中华人民共和国民事诉讼法》第六十七条第一款之规定，判决如下：

一、文化艺术公司于本判决生效后立即支付文化发展公司、旅游开发公司违约金 41574.39 元；

二、驳回文化发展公司与旅游开发公司的其他诉讼请求。

文化发展公司、旅游开发公司、文化艺术公司不服原审判决，提起上诉。

黑龙江省齐齐哈尔市中级人民法院经审理认为：在二审审理中，文化艺术公司自认在 2021 年 6 月 26 日完成安装，已经超过合同约定的完工期限。关于文化发展公司与旅游开发公司认为部分灯组尺寸不符合合同约定的问题，彩灯属于非物质文化传承民间定制类手工艺产品，其制作安装的实际成品与效果图之间的还原度会有差异，文化艺术公司不应就此承担责任。

黑龙江省齐齐哈尔市中级人民法院依据《中华人民共和国民事诉讼法》第一百七十七条第一款第一项之规定，判决如下：

驳回上诉，维持原判。

【法官后语】

本案的争议焦点为，手工艺作品的实物成品在尺寸规格上与合同约定效果存在偏差是否构成违约。

1. 手工艺作品实物偏差的“容忍限度”

手工艺作品的完成效果与制作人员的加工习惯、使用材料的材质硬度、制作工序等技术因素有关，其成品属于特定物而非种类物。依据定作合同中对手工艺加工产品的外观效果和尺寸标准等内容与实物的偏差而主张违约责任，应综合考虑合同目的的实现与偏差范围的界限。按照《中华人民共和国民法典》第五百七十七条中规定，违约表现为不履行合同义务和履行合同义务不符合约定两种形式，具体包含当事人主观上不符合诚实信用原则而存在履约过错、行为上未达到全面履行状态以及结果上致使合同目的不能实现或不能完全实现三个方面的表征要素。合同文本中的“效果图”，仅限于对加工成品外观呈现的约定，而非抽样标准。除制作人非基于超出合理限度而压缩成本、自身工艺无法达到呈现效果、严重违反加工工序或制作方法等损害定作人合同利益的情形外，不宜“过度”追求手工艺成品与“效果图”的盖然相同。当手工艺作品的使用价值符合时的缔约目的与预期效果时，单纯要求每件成品均应与约定的标准严格一致，不符合手工艺品的制作规律。定作人单纯依据尺寸的约定来主张作品违约，往往为利用相对方的缔约疏漏而降低定作人支付对价的成本，有违公平原则和诚信原则。非基于主观过错的还原度偏差，在不足以影响外观设计的情况下，属于可以按照实际需求进行调整的许可空间，不应认定承揽方违约。

2. 手工艺作品的违约认定标准

合同约定内容为各相对方在缔约时的一致意思表示，行为人在履约过程中应受其真实表意的约束，否则应当负担违约责任。确认有工艺作品的加工成品是否符合合同约定，还应当置于《中华人民共和国民法典》第七百七十一条就标的、数量、质量、报酬、承揽方式、材料的提供、履行期限、验收标准和方法等承揽合同内容的表述为依据。以手工艺作品个体而言，当成品效果存在以下情形之一时，承揽人应当负担违约责任：(1) 成品材质与约定不符；(2) 加工用料明显低于同质产品的制作惯例；(3) 显著改变外观设计；(4) 制作程序与承揽约定不符；(5) 因作品固有质量瑕疵而在使用期限内无法满足合同目的的完整实现；(6) 存在危及人身安全或财产安全的危险情形。

3. 使用效果对违约责任的认定“倒推”

手工艺作品的使用效果是检验对合同目的实现程度的标准。已经交付并投入使用的手工艺作品，在使用功能上能够满足合同目的的实现的客观需要，则即便在规格方面存在还原度的差异，亦属于合格产品；反之，则承揽人应当在手工艺作品对合同目的完整实现的“阻却范围”内负担相应的违约责任。本案中，文化艺术公司为文化发展公司、旅游开发公司所制作的彩灯作品经验收并开园展览，即已达到合同约定的使用目的，其成品在尺寸上的“出入”不足以影响游园展示的合同效果，故不构成手工艺作品的制作违约。

一般而言，基于手工艺作品系特定物的固有属性，其成品质量是否符合合同约定无法通过鉴定程序予以认定。故对于无法实现或无法完全实现合同目的的初步举证责任在于定作人，而证明加工成品的实质合约则在于承揽人。本案例为明确手工艺作品的质量认定、保护技艺承揽人的合法利益和规范手工艺产品的交易秩序提供了实践样板，具有十分重要的意义。

编写人：黑龙江省齐齐哈尔市龙沙区人民法院 孙宝光

二十、建设工程施工合同纠纷

36

幼儿园租赁场地未取得消防验收证明系违反法律、行政法规的强制性规定

——教育咨询公司诉房地产开发公司建设工程施工合同案

【案件基本信息】

1. 裁判书字号

山东省潍坊市中级人民法院（2022）鲁 07 民终 7942 号民事判决书

2. 案由：建设工程施工合同纠纷

3. 当事人

原告（上诉人、反诉被告）：教育咨询公司

被告（上诉人、反诉原告）：房地产开发公司

【基本案情】

2017 年 12 月 4 日，房地产开发公司作为出租方（甲方）与作为承租方的教育咨询公司（乙方）签订《幼儿园协议书》，上述合同签订后，房地产开发公司按约向教育咨询公司交付上述房屋、场地及设施，教育咨询公司开始经营幼儿园。法定代表人教育咨询公司负责人，业务范围为 3–6 岁学前教育。业务主管单位：教育局。

2021 年 6 月，上级政府印发《关于进一步推动民办幼儿园规范高质量发展的实施意见》，要求：对申请设立民办幼儿园的，要严格核查抗震安全、消防验收、安保设施等证明材料。同时，市教育和体育局通知要求辖区民办幼儿园按规定到行政审批服务局办理换证事宜，即将《学前机构登记注册合格证》变更为《中华人民共和国民办教育办学许可证》。建筑面积大于 1000 平方米的，应当办理消防设计审核、消防验收手续。

教育咨询公司分别于 2021 年 8 月 16 日、2021 年 9 月 6 日向房地产开发公司发出《公函》二份，要求其提供相关的消防验收材料、并配合办理民办教育办学许可证：若不能按时办理该手续，幼儿园将面临两个问题：(1) 无法获得普惠性幼儿园每生每年 710 元的补贴；(2) 按照“先审批后招生，不审批不招生”的文件要求，若不能及时审批领证，将面临无证办园的处境。房地产开发公司回函称“幼儿园已于 2020 年参加了市教育局组织委托第三方进行的消防验收”，并向教育咨询公司发出四份《催款函》催要租赁费。双方多次沟通，但协商未果，遂致诉讼纷争。

【案件焦点】

1. 教育咨询公司与房地产开发公司签订《幼儿园协议书》的效力如何认定；2. 是否属于违反法律、行政法规的强制性规定而无效，是否能够通过继续履行而治愈该合同瑕疵。

【法院裁判要旨】

山东省安丘市人民法院经审理认为：第一，教育咨询公司没有构成根本违约，房地产开发公司反诉要求解除合同，于法无据，不予采纳；继续履行合同，符合合同约定和法律规定，更有利于节约资源和社会发展。第二，房地产开发公司有义务也有能力提供相应的消防验收、工程合格资料，以保证幼儿园正常运转；房地产开发公司能够履行协助义务；教育咨询公司要求房地产开发公司履行协助义务，符合法律规定。综上所述，民事主体从事民事活动，应当遵循诚信原则，秉持诚实，恪守承诺。教育咨询公司要求房地产开发公司履行协助义务，于法有据，依法应予支持。但房地产开发公司要求解除合同，缺乏事实依据和法律支撑，依法不予支持。

山东省安丘市人民法院依照《中华人民共和国民法典》第七条、第八条、第五百零九条、五百六十三条、五百八十五条、七百零三条之规定，判决如下：

一、房地产开发公司向教育咨询公司提供租赁幼儿园房屋相应的建设工程竣工消防验收证明材料，并配合教育咨询公司办理有关幼儿园教育办学许可证，于本判决生效之日起10日内履行完毕；

二、教育咨询公司支付房地产开发公司租赁费22万元，于本判决生效之日起10日内履行完毕；

三、教育咨询公司分别自2021年6月1日起以欠款11万元为基数计算利息至2021年11月30日、自2021年12月1日起以欠款22万元为基数计算利息至2022年2月16日、自2022年2月17日起以欠款17万元为基数计算利息至实际给付之日止，均按同期全国银行间同业拆借中心公布的贷款市场报价利率向某房地产开发有限公司支付违约金，于本判决生效之日起10日内履行完毕；

四、驳回教育咨询公司的其他诉讼请求；

五、驳回房地产开发公司的其他反诉请求。

教育咨询公司、房地产开发公司不服一审判决，提起上诉。

山东省潍坊市中级人民法院经审理认为：根据《中华人民共和国民法典》第一百五十三条的规定：违反法律、行政法规的强制性规定的民事法律行为无效。具体到本案，该规则之适用尚需从形式、实质、法益三个方面综合考量案涉幼儿园协议所违反法律、行政法规者是否属于合同违反效力性强制性规定。首先，确定存在形式上的强制性规定。案涉讼争问题涉及《中华人民共和国城乡规划法》《中华人民共和国消防法》以及公安部《建设工程消防监督管理规定》等法律和行政法规，其中所违反的具体条款表述为："建设单位或者个人应当向城市、县人民政府城乡规划主管部门或者省、自治区、直辖市人民政府确定的镇人民政府申请办理建设工程规划许可证""建设单位应当向公安机关消防机构申请消防验收""建设单位应当在建设工程竣工后向出具消防设计审核意见的公安机关消防机构申请消防验收”“未经消防验收或者消防验收不合格的，禁止投入使用”。据此，相关法律和行政法规条款表述均为“应当”及“禁止”，故上述规定系强制性规定，而非指导性规定或任意性规定。但表述为“应当”的规范尚不能仅仅依据表述字样的形式标准审查，而应对案涉幼儿园协议的内容予以实质性审查并据此判断是否违反效力性强制性规定。其次，合同内容违反强制性规定。教育咨询公司与房地产开发公司所签《幼儿园协议》，该案涉幼儿园协议之标的物即双方租赁约定的幼儿园场地及设施，既未经过公安机关消防机构的消防验收，更未取得建设工程规划许可证。根据前述相关法律和行政法规的强制性规定，该太阳城幼儿园场地及设施系属违反了未经消防验收或者消防验收不合格的建设工程“禁止”投入使用的效力性强制性规定。分言之，案涉幼儿园协议之标的物，在未取得建设工程规划许可证的情况下，因其违反《中华人民共和国规划法》之效力性强制性规定而致合同之租赁约定无效；在未经公安机关消防机构消防验收的情况下而用作开办幼儿园场地，因其违反《中华人民共和国消防法》之效力性强制性规定而致合同之幼儿园经营约定无效。最后，依法益考量合同系属无效。案涉幼儿园场地及设施既无规划许可，更无消防验收证明，教育咨询公司与房地产开发公司之间幼儿园协议的合同自由之法益，不能置于所开办幼儿园应保护法益之上——因为该应保护之法益系所有入园幼儿之利益，属于社会公共利益之范畴。案涉幼儿园协议违反了强制性规范所禁止的对不特定当事人利益的侵害，而非合同一方或双方的法律行为，而教育咨询公司与房地产开发公司所签《幼儿园协议书》之法律行为置案涉幼儿园入园不特定人之利益于被侵害危险，此为效力性强制性规范所不能容忍的。案涉幼儿园协议虽已履行，但其所违反的强制性规定断非能够通过履行而被治愈的合同瑕疵，法律、行政法规之效力性强制性规定所规范者即从根本上违反社会公共利益的案涉法律行为。综上所述，教育咨询公司与房地产开发公司所签《幼儿园协议书》因违反了《中华人民共和国规划法》《中华人民共和国消防法》及住建部《建设工程消防设计审查验收管理暂行规定》等法律和行政法规的效力性强制性规定而无效，法院依法确认《幼儿园协议》无效。本案二审期间，法庭分别向教育咨询公司和房地产开发公司释明案涉合同无效及法律后果，教育咨询公司和房地产开发公司均未变更诉讼请求，故合同被确认无效后返还财产或者赔偿损失的范围难以确定，对案涉协议无效后的返还财产或赔偿损失，教育咨询公司与房地产开发公司按法律规定，依双方过错及责任，另行主张。

山东省潍坊市中级人民法院根据《中华人民共和国民法典》第一百五十三条，《中华人民共和国民事诉讼法》第一百七十七条第二款、第一百五十六之规定，判决如下：

一、撤销山东省安丘市人民法院（2021）鲁0784民初740号民事判决；

二、确认房地产开发公司与教育咨询公司签订的《幼儿园协议》无效；

三、驳回教育咨询公司诉讼请求；

四、驳回房地产开发公司反诉请求。

【法官后语】

案涉《幼儿园协议书》自2017年12月签订后，在幼儿园场地及设施未取得消防验收证明的实际情况下幼儿园开办经营至双方讼争发生之时，其间，众多儿童在该幼儿园接受学前教育，却身处未经消防验收的幼儿园场地之中，其消防安全及人身危险无时不在，此诚不能为广大在幼儿园的儿童及其家长所能容忍和接受。案涉讼争的起因，乃是2021年6月上级政府下发文件，要求对民办幼儿园严格核查消防验收，同时教育行政主管部门要求教育咨询公司就案涉幼儿园更换办理民办教育办学许可证。至此，案涉幼儿园一直未取得消防验收证明的问题才得以暴露。案涉幼儿园不仅没有取得消防验收证明，更没有取得建设工程规划许可证，所以，案涉幼儿园一直或将长期处于非法开办经营状态，且不能解决消防隐患问题，而在园幼儿始终身处人身及生命危险中。本案例对幼儿园消防安全及整改具有一定的现实指导意义。

1. 幼儿园开办经营必须严格遵守其办学目的和宗旨

房地产开发企业与幼儿园开办经营机构在各有目的、各取所需的前提下合作开办经营幼儿园，这与学前教育的宗旨及目的背道而驰，也与教育行政主管部门对学前教育的规划、建设、管理不相符。这种合作办学模式，在近年房地产市场开发领域绝非个例，尤其是在房地产市场竞争日趋激烈以及房地产市场持续低迷的现实情况下，开发商利用业主追求居住生活便利的心理，以在所开发的小区开办经营幼儿园为招牌拉动其房屋销售。房地产开发企业所追求的并非幼儿园办学质量，甚至完全忽视幼儿园场地及设施之安全，幼儿园完全成为其拉动销售的“噱头”。幼儿园开办经营机构利用房地产开发企业的逐利心态，而在幼儿园场地及设施达不到办学条件的情况下，就仓促合作开办经营幼儿园，其目的是依其民办教育收取高额入园费及获取普惠性幼儿园补贴。在这种情况下，如果教育行政主管部门再疏于或难于进行监管，那么，房地产开发企业与幼儿园开办经营机构的合作办学模式就从根本上违背了学前教育之办学目的和宗旨。

2. 幼儿园消防安全系法律、行政法规之强制性规定

根据《中华人民共和国消防法》等法律和行政法规，幼儿园应系消防管理规定的人员密集场所，未经消防验收应禁止投入使用即禁止开办幼儿园。根据《建设工程消防设计审查验收管理暂行规定》（住建部令51号）规定，幼儿园为特殊建设工程，建设单位申请消防设计审查的，应该提交建设工程规划许可文件。据此，开办经营幼儿园有两个逻辑前提，一个是幼儿园场地及设施须取得消防验收证明，另一个是幼儿园场地及设施须取得建设工程规划许可，而建设工程规划许可又是申请消防验收的必要条件。通常，房地产开发企业的幼儿园场地及设施项目未批先建，仓促上马，一般没有先行取得规划许可，结果是断难通过消防验收。在这种情况下，房地产开发企业与幼儿园开办经营机构合作办学就完全违反了法律、行政法规的强制性规定。从合同形式上，幼儿园场地及设施的租赁约定系属无效；从合同实质上，房地产开发企业与幼儿园开办经营机构的系属违法甚至是非法合作办学之情形。

3. 未取得消防验收证明的幼儿园损害社会公共利益

房地产开发企业与幼儿园开办经营机构合作办学均有其合同利益：幼儿园开办经营机构通常只考虑其开办幼儿园投入及经营收入，房地产开发企业通常

只考虑依托幼儿园而拉动其销售。通常情况下，房地产开发企业和幼儿园开办经营机构过度关注各自的经济利益，却极少关心幼儿园场地及设施消防安全尤其是在园儿童之安全，这实有违社会之良知及社会之责任。依法益综合考量，房地产开发企业和幼儿园开办经营机构的合同自由之法益，均不能置于损害法律所应保护的社会公共利益之上——幼儿园所应保护法益系所有入园幼儿之利益，属于社会公共利益之范畴。在园幼儿既是祖国的未来，也关系着千家万户的未来，社会和公众关注幼儿学前教育和成长，也关注幼儿人身安全，如果幼儿园未经消防验收即开办经营，则存在安全事故的风险极大。幼儿园场地及设施没有建设工程规划许可进而不能消防验收，这构成了对不特定当事人利益的侵害，从根本上违反社会公共利益。

编写人：山东省潍坊市中级人民法院　尹洪阳

37

合同当事人不诚信行使先履行抗辩权应承担违约责任

——Z 集团诉 A 社区居民委员会、B 经济合作社建设工程施工合同案

【案件基本信息】

1. 裁判书字号

山东省高级人民法院（2023）鲁民再 125 号民事判决书

2. 案由：建设工程施工合同纠纷

3. 当事人

原告（上诉人）：Z 集团

被告（被上诉人）：A 社区居民委员会、B 经济合作社

【基本案情】

2009 年 7 月 28 日，B 经济合作社（发包人）与 Z 集团（承包人）签订了建设工程施工合同，约定 Z 集团承建“某大学校区后勤社会化配套 2 号楼工程”，合同还约定“发包人收到承包人发票后方可拨付工程款”。

签订合同后，Z 集团进行施工。2009 年 12 月 20 日，案涉工程竣工验收合格。2012 年 6 月 14 日，经审计，工程审定值 25402356.19 元，双方予以确认。B 经济合作社已付工程款 1200 万，尚欠 6180578.07 元。Z 集团多次要求 B 经济合作社支付工程款，B 经济合作社既未支付工程款，亦未要求 Z 集团开具相应发票。

Z 集团提起诉讼，要求 B 经济合作社支付工程款 6812356.19 元以及逾期付款违约金 12062668.96 元。B 经济合作社抗辩，双方合同约定“先开票、后付款”，因 Z 集团未开具发票，B 经济合作社可以不支付工程款，且不构成违约。二审诉讼期间，B 经济合作社向 Z 集团支付了欠付工程款 6812356.19 元。

【案件焦点】

B 经济合作社应否承担逾期支付工程款违约责任。

【法院裁判要旨】

山东省青岛市崂山区人民法院经审理认为：因双方建设施工合同约定发包人收到承包人发票后方可拨付工程款，并且根据崂山区相关文件要求，B 经济合作社账务已由崂山区中韩街道办事处财政经管审计中心进行代管，项目款项需在发票等手续齐全的情况下才能完成审批对外支付，而 Z 集团一直未向 B 经济合作社提供发票，亦未起诉，已支付的 1250 万元工程款仅开具 1100 万元的发票，所以 B 经济合作社并非无故不按时支付工程款，故 Z 集团要求 B 经济合作社支付起诉之前的逾期付款违约金，一审不予支持。

山东省青岛市崂山区人民法院判决如下：

驳回 Z 集团的诉讼请求。

Z 集团不服一审判决向青岛市中级人民法院提起上诉。

山东省青岛市中级人民法院经审理认为：根据建设工程施工合同性质，支付工程款是合同主要义务，开具发票系合同附随义务，A 社区居民委员会、B 经济合作社不能仅以未开具发票为由拒付工程款。山东省青岛市中级人民法院判决如下：

B 经济合作社应当按照同期同类贷款利率（2019 年 8 月 20 日之后按照同期全国银行间同业拆借中心公布的贷款市场报价利率）的 1.3 倍支付逾期付款违约金。

山东省检察院向山东省高级人民法院抗诉，山东省高级人民法院依法再审。

山东省高级人民法院经审理认为：本案争议焦点是 B 经济合作社应否承担逾期支付工程款违约责任。该焦点问题涉及两项内容：一是先履行抗辩权的设立；二是先履行抗辩权的行使。

1. 先履行抗辩权的设立

第一，案涉施工合同约定："发包人收到承包人发票后方可拨付工程款"，该约定系双方真实意思表示，不违反法律、行政法规的强制性规定，合法有效。第二，本案双方当事人已将给付发票确定为合同义务，故不应仅视为系根据诚实信用原则或者法律规定产生的附随义务，本案给付发票义务系平等民事主体之间一种基于合同约定而产生的给付义务。第三，《中华人民共和国合同法》第六十七条规定："当事人互负债务，有先后履行顺序，先履行一方未履行的，后履行一方有权拒绝其履行要求。先履行一方履行债务不符合约定的，后履行一方有权拒绝其相应的履行要求。"首先，Z 集团负有交付发票的合同义务，B 经济合作社负有支付工程款的合同义务，双方互负债务。其次，法律规定两项债务须有先后履行顺序，但未明确两项债务须处于对价关系，即先履行抗辩权的设立并不以对价给付为限。本案中，虽然支付工程款和给付发票并非对价给付，但应尊重当事人意思自治，不宜因此否定设立先履行抗辩权。特别是 B 经济合作社提交了当地农村集体经济组织资产和财务管理规定，并主张根据财务制度，其只有按规定提交发票后，相关部门才能完成审批并对外付款，说明给付发票与支付工程款之间具有一定的牵连关系。最后，双方债务有先后履行顺序，Z 集团应先交付发票，B 经济合作社再支付工程款。基于以上分析，双方约定“发包人收到承包人发票后方可拨付工程款”，符合《中华人民共和国合同法》第六十七条关于先履行抗辩权的规定。

2. 先履行抗辩权的行使

根据上述法律规定，负有先履行义务一方届期未履行或者履行不符合约定，后履行一方可行使先履行抗辩权，有权拒绝履行相应债务，且不成立违约责任。B 经济合作社依据“发包人收到承包人发票后方可拨付工程款”约定，提出先履行抗辩权抗辩。法院认为，当事人应当依法、诚信行使先履行抗辩权，本案需要对当事人行使先履行抗辩权的时间、方式进行审查，以确定抗辩权是否发生法律效力。

第一，双方施工合同第 27. 3 款约定：“工程竣工结算后拨款至工程结算价款的 95%，剩余 5%保修期满支付。”2012 年 6 月 14 日，案涉工程完成结算审核，双方对工程结算值无异议。此时，因工程款数额已经确定，Z 集团可以开具相应发票并交付给 B 经济合作社，B 经济合作社亦应依约向 Z 集团给付工程款。同时，因双方约定“发包人收到承包人发票后方可拨付工程款”，如 Z 集团未履行给付发票义务或给付的发票不符合合同约定，B 经济合作社可以行使先履行抗辩权，暂不履行给付相应工程款义务。

第二，根据 Z 集团提交的《工程拨款明细表》，B 经济合作社于 2014 年支付 300 万元工程款，于 2016 年、2017 年、2018 年各支付 100 万元工程款，上述事实表明 Z 集团在结算审核完成后要求 B 经济合作社履行给付工程款义务。虽然 Z 集团未按约定向 B 经济合作社给付全部发票，但其已要求 B 经济合作社履行给付工程款义务。此时，鉴于先履行抗辩权的行使仅起到暂时中止履行合同义务的效果，并不直接消灭合同义务，在先履行义务人存在违约并通知后履行义务人履行主合同义务的情形下，后履行义务人应当通过明示方式行使先履行抗辩权，以促成双方合同的全面履行。本案中，B 经济合作社没有提交自结算审核完成后至本案一审诉讼前，其要求 Z 集团履行给付发票义务的证据，其第一次明确行使先履行抗辩权是在一审诉讼期间。B 经济合作社没有明示要求 Z 集团履行给付发票义务，而是在数年之间分次履行部分债务，故本案不宜认定B经济合作社在一审诉讼前存在行使先履行抗辩权的意思表示，其于一审诉讼时第一次明确行使先履行抗辩权，此时距工程结算审核完成已长达7年之久，不应认定B经济合作社依法、诚信行使先履行抗辩权，因此本案不发生行使先履行抗辩权的法律效力，其不承担逾期付款违约责任的抗辩不能成立，故判决如下：

B经济合作社应向Z集团支付相应逾期付款违约金。

【法官后语】

《中华人民共和国合同法》第六十七条以及《中华人民共和国民法典》第五百二十六条规定了先履行抗辩权，先履行抗辩权主要有两方面意义：一是较好地贯彻了当事人意思自治原则，将合同义务行使顺序交由当事人安排；二是保障了当事人的履行顺序利益，先履行一方不履行义务，后履行得以拒绝履行义务。买卖合同中约定“款到提货”或“交款提货”，建设工程施工合同中的“先开票后付款”，均属此类。司法实践中，应首先审查当事人是否依法设立了先履行抗辩权，再审查当事人行使先履行抗辩权的方式，确定是否产生法定效果。

1. 关于先履行抗辩权的设立

依照《中华人民共和国民法典》第五百二十六条规定，先履行抗辩权的设立应符合三个要件：一是需双方互负债务。构成先履行抗辩权，需要双方当事人互负债务。先履行抗辩权可以存在于合同对价关系当中，即两项主给付关系之中。本案中，支付工程款属于主给付义务，给付发票属于从给付义务，两者处于非对价关系。《中华人民共和国民法典》第五百二十六条仅规定当事人互负两项债务，没有规定两项债务处于对价关系。当从给付义务的履行与当事人合同目的的实现具有密切关系时，可以成立先履行抗辩权。双方关于非对价义务之间成立先履行抗辩权的约定，可以看作合同一方当事人自愿承担更多负担，并同意强化对方权利。除非存在法定无效情况，否则应当尊重当事人意思自治，依法予以确认。二是互负的债务须有先后履行顺序。如果两项债务无先后履行顺序，则适用同时履行抗辩权。至于两项债务的先后顺序可以是约定形成，亦可法定。三是先履行一方未履行或者不完全履行债务。先履行一方未履行，既包括先履行一方在履行期限届满前未履行债务，也包括先履行一方的履行行为不符合约定或法定标准，即不完全履行的情形。

本案系建设工程施工合同纠纷，承包人交付合格工程以及发包人支付工程款，属于主给付义务，而交付发票具有附随于主给付义务的性质，以辅助当事人实现利益最大化，一般可认为系一种基于诚实信用原则或者法律规定产生的附随义务。两者并不具有对价关系，承包人未开具发票，发包人一般不能援引先履行抗辩权。具体到本案，当事人在施工合同中明确约定“发包人收到承包人发票后方可拨付工程款”的内容，表明双方已将给付发票明确为合同给付义务，而不应仅视为系根据诚实信用原则或者法律规定产生的附随义务，应当认定为系平等民事主体之间一种基于合同约定而产生的从给付义务。虽然发票给付义务和工程款支付义务不属于对价给付，但在当事人已经明确约定履行顺序的情况下，应当尊重当事人的意思自治，保障当事人的履行利益，在没有严重违反公共利益或公序良俗等无效原因的情况下，应当依法确认当事人约定了先履行抗辩权。

2. 关于先履行抗辩权的行使

司法实践中，先履行抗辩权的审查难点是当事人行使先履行抗辩权的方式以及法律后果。当事人在履行期限届至时，拒绝履行自己的合同义务。这种拒绝履行合同义务的行为，可以表述为“保留自己的给付”，也可以表述为“中止履行合同义务”。本案的问题是：先履行一方未依约履行，后履行一方一直沉默。至双方产生诉讼，先履行一方主张后履行一方构成违约是，后履行一方才抗辩，其行使先履行抗辩权，不构成违约。对此，是否产生先履行抗辩权的行使效力，应当结合诚实信用原则，区分情形处理：第一种情形，先履行一方已经构成违约，但未要求后履行一方履行债务，后履行一方行使先履行抗辩权无须明示。如先履行一方为瑕疵履行，依诚实信用原则，后履行一方行使先履行抗辩权应当通知对方，给与先履行一方解释、补救措施，防止损失的扩大，因为先履行一方可能不知道其履行的效果。第二种情形，先履行一方已经构成违约，并要求后履行一方履行，后履行一方行使先履行抗辩权拒绝履行的，需要明示，否则不产生相应的法律后果。

本案符合第二种情形，根据《中华人民共和国民法典》第五百二十六条规定，负有先履行义务一方届期未履行或者履行不符合约定，后履行一方可行使先履行抗辩权，有权拒绝履行相应债务，且不成立违约责任。此时，鉴于先履行抗辩权的行使仅起到暂时中止履行合同义务的效果，并不直接消灭合同义务，在Z集团存在违约并通知B经济合作社履行主合同义务的情形下，B经济合作社应当通过明示方式行使先履行抗辩权，以促成双方合同的全面履行。因B经济合作社长期不履行合同义务，且不向Z集团明确行使先履行抗辩权，直至诉讼时才明示行使，表明B经济合作社此前并无行使先履行抗辩权的意思表示，因其怠于行使权利，本案认定不能产生先履行抗辩权的法律效力。

综上，本案裁判根据诚实信用原则，确立了先履行抗辩权的两个裁判规则：一是当事人可以在非对价合同关系中设立先履行抗辩权，在没有严重违反公共利益或公序良俗等无效原因的情况下，应当尊重当事人的意思自治。二是明晰了先履行抗辩权的行使限度：遵循诚实信用原则。在先履行义务人存在违约情形且明确要求后履行义务人履行合同义务时，根据诚实信用原则要求，后履行义务人应当明示行使先履行抗辩权，否则应承担违约责任。

编写人：山东省高级人民法院　张磊

二十一、运输合同纠纷

38

消费者享有对保价服务的知情权和选择权

——黄某某诉贸易公司公路货物运输合同案

【案件基本信息】

1. 裁判书字号

北京市第三中级人民法院（2022）京03民终13802号民事判决书

2. 案由：公路货物运输合同纠纷

3. 当事人

原告（被上诉人）：黄某某

被告（上诉人）：贸易公司

【基本案情】

黄某某于2021年7月18日使用贸易公司物流服务寄运4件物品（跑步机1台、电视机1台、冰箱1台、洗衣机1台），物品价值共计30136元。黄某某共计支付费用2787.5元，其中包含为购买保护运输物品支付的木架费用1100元。物品被揽收后，等待打木架包装，之后贸易公司的快递员杨某在未告知黄某某的情况下，自行下单填写运单信息，下单过程中，系统强制要求保价，在未问询保价金额的情况下，擅自选择最低档保价金额2000元。在运输过程中所有木架破损，部分物品纸箱破损，气泡保护膜破损，收货时4件物品均损坏。黄某某要求贸易公司赔偿物品损坏费用30136元并退还运输费2787.5元。

【案件焦点】

贸易公司是否可以依据保价条款的约定向黄某某承担赔偿责任。

【法院裁判要旨】

北京市朝阳区人民法院经审理认为：黄某某与贸易公司存在运输合同关系，该合同关系系双方当事人的真实意思表示，内容不违反法律及行政法规的强制性规定，应属合法有效。自接收货物之日起，物流公司就应当承担保证货物安全、完好的义务，除因不可抗力、货物本身性质或合理损耗外，承运人应当对在运输过程中货物的毁损、灭失承担赔偿责任。货物的毁损、灭失的赔偿额，当事人有约定的，按照其约定，没有约定或者约定不明确的，按照交付或者交付时货物到达地的市场价格计算。本案中，物流承运的货物出现毁损，承运人应当承担赔偿责任。贸易公司虽然主张黄某某进行了2000元的保价，但根据黄某某与快递员的微信对话，快递员并未明确告知保价收费及相应的权利义务。快递费和木架费均由快递员代为收取，而非黄某某直接操作缴纳，故贸易公司称黄某某自行选择2000元保价服务的意见，法院不予采信。跑步机和电视机损毁严重，且均是半年之内购买，黄某某要求贸易公司按购买价赔付的请求，法院予以支持。冰箱和洗衣机的毁损程度较轻且不影响正常使用，黄某某要求其赔付所有价款的诉请，法院不予支持。贸易公司承运后造成了货物损失，黄某某请求退还为运输货物支出的运输费及木架费等，有事实和法律依据，法院予以支持。

北京市朝阳区人民法院判决如下：

一、被告贸易公司于本判决生效之日起10日内赔偿原告黄某某损失21448元；

二、被告贸易公司于本判决生效之日起10日内退还原告黄某某运输费及木架费2787.5元；

三、驳回原告黄某某的其他诉讼请求。

贸易公司不服一审判决，提起上诉。

北京市第三中级人民法院经审理认为：首先，根据黄某某与贸易公司员工的微信聊天记录，贸易公司员工未明确告知黄某某《快件服务协议》及其中保价服务、赔偿服务等内容，亦未明确告知黄某某其收取的费用中包括保价费用，现贸易公司以黄某某已选择保价服务并缴纳保价费用为由主张其以2000元保价金额为限承担赔偿责任，缺乏依据，二审法院不予采信。其次，根据黄某某提供的证据，案涉货物交付时存在不同程度的毁损，结合案涉货物交付时的现状、购买时间、购买价格，一审判决贸易公司赔偿黄某某损失21448元并无明显不当，二审法院予以维持。贸易公司上诉主张一审判决的赔偿金额明显高于黄某某的实际损失，依据不足，二审法院难以采信。最后，关于运输费及木架费，系由贸易公司员工一并代为收取，现贸易公司未将案涉货物安全、完好运输到约定地点，且根据黄某某提供的证据，案涉货物签收时已经没有木架保护，故一审判决贸易公司退还黄某某运输费及木架费2787.5亦无不当，二审法院亦予以维持。贸易公司上诉主张其不应退还运输费及木架费，亦缺乏依据，二审法院亦不予采信。

北京市第三中级人民法院判决如下：

驳回上诉，维持原判。

【法官后语】

本案涉及消费者对保价服务是否应享有相比于快递服务同等的知情权与选择权的问题。《中华人民共和国消费者权益保护法》第八条第一款规定，消费者享有知悉其购买、使用的商品或者接受的服务的真实情况的权利。第九条第一款规定，消费者享有自主选择商品或服务的权利。消费者选择快递公司的寄件服务，并支付相应的快递费。保价服务虽然基于运输合同出现，但因附属合同的性质、就邮寄标的物损毁、灭失、短少进行赔偿的目的以及另行收费的特点，消费者应就保价服务的内容即保价金额、保价理赔条件、收费标准享有知情权。本案中，消费者在不知情的情况下，由快递公司快递员自行操作选择了保价服务，侵犯了消费者的知情权和选择权。

实践中，就保价协议或保价条款还存在另外一种争议情形，即保价条款的效力。消费者通过手机、网页下单时，快递公司会根据消费者填写的寄件的预估金额弹出是否保价的提示，提示的内容包含保价金额、赔偿标准等内容，消费者只有勾选“同意”才能进行保价，但一旦勾选“同意”即视为消费者认可保价条款的全部内容，因此在就赔偿金额引发争议时，保价条款的效力会成为争议焦点。一种观点认为，保价条款属于典型的格式条款，保价条款免除了快递公司的义务，排除了消费者要求全额赔付的权利，应属无效；另一种观点认为，如快递公司就保价条款的相应内容通过加黑、加粗、特殊颜色标记等方式进行了提示，且快递公司不存在故意、重大过失导致寄件受损等情形，应视为保价条款是双方的真实意思表示，应属合法有效。

保价条款是快递公司为重复使用而在未与消费者协商的情况下自行拟定，属于格式条款。关于保价条款效力的认定，首先，快递公司应当采用足以引起消费者注意的文字、符号、字体等特别标识对减轻其责任的条款向消费者履行提示说明义务，否则消费者可主张保价条款不属于双方约定的内容。其次，如快递公司履行了提示说明义务，则应适用《中华人民共和国民法典》关于格式条款无效认定的有关规定，即提供格式条款一方是否存在“不合理地免除或者减轻其责任、加重对方责任、限制对方主要权利”“排除对方主要权利”的行为，存在前述行为则格式条款无效。最后，如何认定“不合理地免除或者减轻其责任、加重对方责任、限制对方主要权利”“排除对方主要权利”，《中华人民共和国邮政法》第四十七条第一款第一项规定，保价的给据邮件丢失或者全部损毁的，按照保价额赔偿；部分损毁或内件短少的，按照保价额与邮件全部价值的比例对邮件的实际损失予以赔偿。第三款规定，邮政企业因故意或重大过失造成给据邮件损失，或者未履行前款规定义务的，无权援用第一款的规定限制赔偿责任。可见，快递公司存在故意或重大过失，则不适用限制赔偿责任的规定，换言之，快递公司存在故意或重大过失的情况下，保价条款的约定就是不合理地免除或减轻快递公司的赔偿责任、限制了寄件人获得赔偿的范围，应属无效条款。因此保价条款并不因其是格式条款而当然无效，仍应根据具体案情加以分析。

编写人：北京市朝阳区人民法院　王贺情　刘奇琦

39

运输合同中的保价协议效力认定

——电子商务公司诉物流公司、贸易公司公路货物运输合同案

【案件基本信息】

1. 裁判书字号

北京市第二中级人民法院（2022）京02民终12956号民事判决书

2. 案由：公路货物运输合同纠纷

3. 当事人

原告（上诉人）：电子商务公司

被告（被上诉人）：物流公司

被告：贸易公司

【基本案情】

2021年1月1日，原被告三方共同签订《物流协议》，约定由丙方为乙方提供中小件到仓物流服务。合同明确“甲方仅按本补充协议约定承担代收及扣除款项的责任，不对乙丙方间的货物物流服务等承担任何责任”。乙方的义务包含“如实告知托运物信息，否则乙方将视其为普通货物提供运输服务，由此造成的甲乙双方及第三方的所有损失由甲方承担”。

《物流协议》第五条以加黑方式约定了“保价及赔付：乙方托运的所有货物需进行保价，已保价货物自丙方接收乙方货物后，在丙方转运运输过程中，

由于丙方原因造成货物丢失或全部损毁、灭失（物流包装材料破损除外）的，丙方将按照货物的声明价值和实际损失的比例进行赔偿，最高不超过货物的实际损失。若乙方未填写声明价值或乙方未支付保价费用的，丙方将按照未保价货物的标准进行赔偿。未保价货物的赔偿标准为：按货物实际损失赔偿，但每单最高额不超过损失货物运费的三倍。本合同所称运输货物的‘实际价值’是指运输货物本身的成本价格，不包括基于运输货物可能获得的收益、利润、实际用途、市场机会等任何直接、间接价值，或特殊商业价值……因运输货物的自然性质、内在缺陷或合理损耗造成的运输货物毁损灭失、延误派送、无法派送的，丙方不承担赔偿责任……对于非丙方原因造成的货物毁损、灭失的，保险公司拒赔或部分拒赔时的拒赔部分丙方不负责赔偿”。

2021 年 10 月 11 日，电子商务公司通过物流公司预约下单系统预约了“特快到仓”服务，在预约系统中“保价服务”显示“是”，保价声明价值分别为 1699 元、1699 元、50 元、50 元、50 元，合计 3548 元；保价费用分别为 8.49 元、8.49 元、0.25 元、0.25 元、0.25 元。之后该批货物在运输途中发生火灾，全部毁损。

后消防部门出具火灾事故认定书，认定该起火灾起火原因可以排除车辆故障及电气故障引发火灾的可能，可以排除人为纵火引发火灾的可能，可以排除外来火源引发火灾的可能，不能排除冷藏车厢内货物自燃引发火灾的可能。保险公司认为本事故不属于保单约定的保险责任，不予理赔。电子商务公司按照产品的名称、数量与单价主张损失 1065600 元。

【案件焦点】

赔偿金额的认定，即报价协议是否属于格式条款，是否有效。

【法院裁判要旨】

北京市大兴区人民法院经审理认为：《中华人民共和国民法典》第八百三十三条规定：“货物的毁损、灭失的赔偿额，当事人有约定的，按照其约定；没有约定或者约定不明确，依据本法第五百一十条的规定仍不能确定的，按照交付或者应当交付时货物到达地的市场价格计算。法律、行政法规对赔偿额的计算方法和赔偿限额另有规定的，依照其规定”。本案双方约定了“保价及赔付标准”，故应按照双方约定确认货物的毁损、灭失的赔偿额。

但电子商务公司认为该条款属于格式条款无效。法院结合本案《物流协议》对于“保价及赔付”的约定内容及加黑的形式，就电子商务公司要求确认该条款无效的主张不予支持。

本案中，电子商务公司作为长期供货商，明知自己的供货实际价值较高，但既未按照《物流协议》的约定“对需要采取特殊保管措施的高值货物，如珠宝、黄金、奢侈品等明确告知并提示承运方”，亦未按照货物总价值填写声明价值。即在运输合同履行初期自行选择了少交保价费而承担更高的运输风险。现风险实际发生，货物灭失，电子商务公司要求物流公司赔付全部货物价款有失公平。电子商务公司称保价声明价值按照单价进行确认，包装箱上明确了规格、名称和型号，物流公司作为长期合作方应知悉实际运输货物的价值远远高于声明价值，该主张缺乏事实与法律依据，法院难以支持。故北京市大兴区人民法院判决如下：

一、本判决生效后10日内，物流公司赔偿电子商务公司货物损失3548元；

二、驳回电子商务公司的其他诉讼请求。

电子商务公司不服一审判决，提起上诉。

北京市第二中级人民法院经审理认为：确认一审法院认定的事实和证据。且二审庭审中，经询双方均认可已合作多年。

《物流协议》第五条第一款之约定，属于与电子商务公司有重大利害关系条款。关于物流公司是否尽到了提示、说明义务，应从以下几个方面分析：首先，提示、说明义务应以合理的方式，达到“足以引起对方注意”的程度。《物流协议》全文共计七条，条文数量较少，第五条“保价及赔付”标题字号明显较大，足以引起对方注意。其次，电子商务公司作为商主体，在经营中应当对合同内容审慎审查，本案涉及的相关合同内容显然未超出其注意义务范围。再次，双方并非首次签订合同进行合作，根据相关证据，双方已合作多年，之前亦签订过类似合同，对双方合同内容和方式应当具有清醒的认知。最后，提示、说明义务的目的在于接受格式合同的一方能够充分理解条款内容；结合双方商务往来经历及电子商务公司曾未按照单价填写“声明价值”的情形，可以认定电子商务公司对上述条款内容知晓并理解。综上，物流公司已尽到提示、说明义务。《物流协议》第五条第一款应作为本次事故的赔偿标准。

电子商务公司另称即使保价条款成立，二被告在其进行保价申报时未对填写标准进行说明、提示，误导其错误填写产品单价作为保价金额。就此，法院认为，双方并非首次合作，从电子商务公司以往的申报情况看，不存在对保价申报页面的误解，从保价金额的文义上进行解释，也不足以产生是“产品单价”的误解。综上，关于电子商务公司该项上诉主张，无论从文义解释还是合作历史来看，均不能得出可以产生误导的结论。故北京市第二中级人民法院判决如下：

驳回上诉，维持原判。

【法官后语】

本案双方的争议焦点在于，运输合同订立双方能否按照保价条款确定彼此的权利义务，故本案审理的核心在于保价条款是否属于格式条款，以及该保价条款是否因其格式合同属性而无效。

《中华人民共和国民法典》第四百九十六条规定，格式条款是当事人为了重复使用而预先拟定，并在订立合同时未与对方协商的条款。采用格式条款订立合同的，提供格式条款的一方应当遵循公平原则确定当事人之间的权利和义务，并采取合理的方式提示对方注意免除或者减轻其责任等与对方有重大利害关系的条款，按照对方的要求，对该条款予以说明。提供格式条款的一方未履行提示或者说明义务，致使对方没有注意或者理解与其有重大利害关系的条款的，对方可以主张该条款不成为合同的内容。

本案被告系某知名物流公司，其与原告签订的《物流协议》系该物流公司为了与众多电子商务公司约定物流运输服务而预先拟定的，被其重复利用的制式合同，因此，其中的保价条款属于格式条款。

审判活动中，法官判断格式合同和格式条款是否无效，应从以下几点综合评判合同提供方是否尽到如下义务：(1) 公平拟约的义务，是指格式合同的提供人在拟定格式条款的内容时，应当根据公平的原则和意欲订立的格式合同类型的性质，合理地确定双方当事人之间的权利和义务，以使格式合同预先确定的利益关系均衡、风险分担合理。(2) 合理、适当的提示义务，是指格式合同的提供人应以合理、适当的方式提示对方当事人注意免除或者限制其责任的条款，以使对方当事人能够在知悉和了解免责或限责条款内容的前提下，作出是否订立格式合同的选择决定。(3) 给予说明的义务，是指接受格式合同的一方当事人，对格式条款合同中设定的免除或者限制对方责任的条款，提出说明要求时，提供标准合同的一方当事人，应当按照对方的要求，对该条款予以说明。其内容应当包括：该条款的基本含义；该条款的存在给对方带来风险和负担的大小及其可能性。

首先，公平拟约的义务。承运人在制定保价条款时，是否考虑到了合同双方的利益平衡？保价条款的设计是否合理地分配了货物运输过程中可能出现的风险？

在现代社会的公路货物运输过程中，承运方对于托运方托运的货物价值并不知情，一旦发生货损，双方如何确定赔偿金额就会产生争议。因此“保价”服务孕育而生。保价服务的出现，是为了解决货物在运输过程中出现损失时赔偿金额的确定问题，它体现了市场经济中收益与风险、权利与义务相一致的原则。“货运保价”是非强制性的，是一种商业行为，符合市场经济的一般规则，即收益和风险、权利和义务相一致。基于保价，承运方虽收取一定比例的保价费用，但其风险亦随之加大，责任加重。托运方如缴纳少额的保价费，其风险却随之大大地减轻，甚至消失。本案中，原告作为长期需要托运货物的公司法人而言，其对货物运输中可能有的风险是明了的，但其却为了省下小额的保价费用，即作出了由自己来承担风险的选择。托运方在明知其托运的货物价值较大，却不选择保价，或虽然选择了保价，但未按照货物实际价值保价应当承担自行选择的风险。而一旦风险成为现实，托运人又要求承运人以较小的货运收益承担较大的损失是有违公平和诚实信用的，也不利于维护交易的秩序和安全。

其次，关于合理、适当的提示义务，是评判承运人是否采取了有效措施来确保托运人注意到保价条款。

在实际操作中，承运人通过加黑加粗高亮下划线等方式向缔约对方进行明显的视觉提示，使得托运人能够轻易识别出保价条款，从而有机会在签订合同前对其进行充分的考量，这种做法符合合理提示的要求。本案中，物流公司对于保价服务以及赔付标准等进行了加黑加粗操作，声明价值由托运人填写，与保价费用以及赔付标准相对应。应认定为物流公司尽到了合理、适当的提示义务。

再次，对于给予说明的义务，承运人是否在托运人提出要求时，对保价条款进行了充分的解释？

保价条款的说明应当涵盖条款的基本含义、风险和负担的大小及其可能性。如果承运人能够提供这样的说明，那么他们就履行了这一义务。本案中，原告电子商务公司作为商主体，在经营中应当对合同内容审慎审查，物流运输对其电子商务必不可缺，故本案涉及的相关合同内容显然未超出其注意义务范围，不应对物流公司过于苛责。

最后，我们需要考虑的是市场经济原则和合同自由原则。

保价服务作为一种商业行为，是基于双方自愿的原则进行的。托运人有权选择是否进行保价，而承运人则根据保价费用承担相应的风险。这种安排符合市场经济的基本规则，即权利与义务相一致、收益与风险相匹配。

如果我们以“霸王条款”或“格式条款”轻易将其否定，置双方签订的合同、约定的权利义务于不顾，那么会助长托运人在托运货物时不认真、不如实填写运输单据的行为；不会有人参加保价缴纳保费；托运人在降低自己的成本的同时增加了自己的利润，而风险全部由承运方承担，这样无法体现公平和诚实信用的价值取向，也不利于运输业的发展。

综上所述，保价条款在货物运输合同中的有效性取决于承运人是否履行了公平拟约、合理提示和充分说明的义务。法官在审理此类案件时，对保价条款的有效性分析应当综合考虑合同的公平性、双方的意思自治以及市场经济的原则，以确保裁决的公正性和合理性。更好地平衡承运人和托运人之间的权益，推动建立一个更加公平、透明的运输市场环境。

本案例不仅有助于我们理解和适用合同法中关于格式合同的规定，而且对于促进运输服务业的健康发展、维护交易秩序和安全具有重要的示范作用。

编写人：北京市大兴区人民法院　李惠卿

40

货物运输合同违约方应当向守约方支付因保管货物以及防止损失扩大而支出的合理费用

——王某甲诉运输公司等公路货物运输合同案

【案件基本信息】

1. 裁判书字号

广西壮族自治区崇左市中级人民法院（2022）桂 14 民终 742 号民事判决书

2. 案由：公路货物运输合同纠纷

3. 当事人

原告（反诉被告、上诉人）：王某甲

被告（反诉原告、被上诉人）：田某某、王某乙

被告（被上诉人）：运输公司

原审反诉被告：于某某、赵某某

【基本案情】

王某甲与于某某之间长期存在洋葱货物买卖关系，两人采用如下模式交易：王某甲需要购买货物洋葱时，就通过电子信息方式通知于某某在当地组织货源，后于某某接受王某甲的委托再转委托物流信息部找车运输，物流信息部接受于某某转委托后，联系货车并装车由司机将货物运至监管中心，运输费用在货物到达后由王某甲支付给司机，货款由王某甲不定时结算给于某某。2020 年 12 月 17 日，于某某在甘肃省永昌县组织一批洋葱 35.56 吨价值 103124 元，按照交易习惯接受王某甲的委托，委托甘肃省武威市工作人员赵某某联系货车，赵某某接受于某某的转委托联系到司机田某某并收取信息费 200 元后，通过找车

网电子平台形成公路货物运输合同并发送给王某甲、田某某，以王某甲为托运人、田某某为承运人达成公路货物运输合同。协议达成后，田某某、王某乙于12月18日装货完毕并驾驶登记车主为运输公司的货车出发凭祥市，于12月21日上午7时31分到达目的地监管中心，后告知收货人林某某货物已到达。因王某甲接收货物的某国货车未到达监管中心，导致其没有及时接收货物。后经田某某两次联系林某某处理押车费问题，林某某明确表示不予支付押车费。12月23日，田某某经监管中心同意，缴纳了监管费用400元后将货物洋葱运出该中心另行处理。后林某某回复同意给付田某某押车费500元，此时货物已运出监管中心。12月24日，田某某报警咨询货物应当如何处理，民警告知可将货物拉去仓库存储，然后通过诉讼途径解决争议。12月25日，田某某将货物运至仓库存放，并联系赵某某告知存储情况；于某某发送短信息转告田某某，林某某表示已决定起诉处理，洋葱已经掉价不接收货物，让田某某自己想办法。2021年1月7日，田某某、王某乙为避免损失扩大，将案涉货物变卖得款35130元。留置期间，田某某、王某乙支付了保管费、装卸费等留置费用3310元。

另查明，林某某接受王某甲的委托全权处理此次货物运输事项。王某乙与田某某共同出资购买案涉货车并以王某乙名义将车挂靠于运输公司名下从事货物运输；运输公司收取每年1000元的挂靠管理费，不参与具体运输业务的安排、管理，也不收取运输费用。王某乙跟车全程参与此次货物运输事项。

【案件焦点】

1. 案涉公路货物运输合同的违约方是谁，如何承担责任；2. 双方当事人损失数额应当如何确定；3. 运输公司应否对王某甲损失承担连带赔偿责任。

【法院裁判要旨】

广西壮族自治区凭祥市人民法院经审理认为：第一，关于案涉公路货物运输合同的违约方、违约责任应当如何确定的问题。本案中，王某甲与田某某达成了《货物运输协议》，约定了运输费用、支付时间、交付时间和地点等，逾期交付则要承担违约责任。田某某在合同约定的期限内，将货物运到指定地点，及时向收货人发出货物到达的通知，履行了承运人的义务，属于守约方。王某甲因其接收货物的某国车辆未到达监管中心，因而未按约定时间接收货物，也未支付运输费用，后又以货物洋葱价格下降为由明确表示不接收货物，构成违约，应当承担支付田某某、王某乙运输费用、监管费用并赔偿停运损失（押车费）的违约责任。田某某依法可以对运输的货物洋葱行使留置权，在货物洋葱开始变质腐烂的情况下，田某某、王某乙参照市场价格将货物洋葱变卖，并支付了合理费用 3310 元，该费用应由王某甲承担。

第二，关于双方损失数额应当如何确定问题。法院认为，王某甲提供的证据已经证明其购买货物洋葱价款为 103124 元，应予认定。因王某甲违约拒不接收货物并支付运输费用，田某某、王某乙依法行使留置权并变卖货物洋葱得款 35130 元，而田某某、王某乙并未将该款返还给王某甲，造成王某甲损失，应予认定王某甲货物洋葱损失为 35130 元，田某某、王某乙应当返还该款并支付利息。其余货物洋葱损失 67994 元，应由王某甲自行承担。法院认为，田某某、王某乙已依约将洋葱运输至目的地，王某甲应依约支付运输费用，运输费用 13000 元由双方协商确认，应予认定；监管中心收取的监管费用 400 元应由王某甲负担；根据田某某、王某乙运输车辆停运时间为两天半及停运人数为 2 人，结合本案运输费用数额并参照行业停运损失计算标准每天 800 元，可以酌情认定停运损失为 800 元/天×2. 5 天 = 2000 元；田某某、王某乙为防止损失扩大而采取留置措施、变卖货物，支付的合理费用 3310 元，应由王某甲承担。因此，田某某、王某乙的损失数额应予确认为 18710 元。

第三，关于运输公司应否对王某甲损失承担连带赔偿责任问题。法院认为，田某某驾驶的车辆虽然挂靠在运输公司名下，但本案系公路货物运输合同纠纷，签订合同的双方当事人为田某某与王某甲，并无证据证明运输公司在合同签订时作为一方当事人参与到本案所涉公路货物运输合同中，从合同相对性的角度来看，田某某与王某甲签订的公路货物运输合同仅对田某某和王某甲产生效力。故王某甲主张运输公司承担连带赔偿责任，于法无据，法院不予支持。

综上所述，广西壮族自治区凭祥市人民法院依照《中华人民共和国合同法》第八条、第一百零七条、第一百零九条、第一百一十九条、第三百一十五条，《中华人民共和国物权法》第二百三十条、第二百三十六条，《最高人民法院关于适用〈中华人民共和国民法典〉时间效力的若干规定》第一条第二款的规定，判决如下：

一、田某某、王某乙于本判决生效之日起10日内返还王某甲洋葱货款35130元并支付利息（利息计算：以35130元为基数，从2021年1月21日起至债务清偿之日止，按全国银行间同业拆借中心公布的一年期贷款市场报价利率计算）；

二、驳回王某甲对运输公司的诉讼请求；

三、驳回王某甲对田某某、王某乙的其他诉讼请求；

四、王某甲于本判决生效之日起10日内支付田某某、王某乙运输费用、监管费用、停运损失费、留置费用18710元；

五、驳回田某某、王某乙对于某某、赵某某的反诉请求；

六、驳回田某某、王某乙对王某甲的其他反诉请求。

王某甲不服一审判决，提起上诉。

广西壮族自治区崇左市中级人民法院经审理认为：同意一审法院裁判意见，依照《中华人民共和国民事诉讼法》第一百七十七条第一款第一项之规定，判决如下：

驳回上诉，维持原判。

【法官后语】

违约方应当向守约方支付因保管货物以及防止损失扩大而支出的合理费用。《中华人民共和国民法典》第五百九十一条第二款规定，当事人因防止损失扩大而支出的合理费用，由违约方负担。《中华人民共和国民法典》第五百九十一条沿袭了上述规定，仅作个别文字修改。本案中，王某甲与田某某达成了《货物运输协议》，约定了运输费用、支付时间、交付时间和地点等，逾期交付则要承担违约责任。田某某在合同约定的期限内，将货物运到指定地点，及时向收货人发出货物到达的通知，履行了承运人的义务。王某甲因其接收货物的某国车辆未到达监管中心，因而未按约定时间接收货物，也未支付运输费用，构成违约。保管货物期间，田某某、王某乙向监管中心支付监管费用 400 元；为防止损失扩大而采取留置措施、变卖货物，支付的合理费用 3310 元；因未能接单运货产生停运损失费 2000 元。以上损失，应当由王某甲承担。

守约方因违约方的违约行为对运输的货物享有留置权。《中华人民共和国民法典》第八百三十六条规定：托运人或者收货人不支付运输费用、保管费或者其他运输费用的，承运人对相应的运输货物享有留置权，但是当事人另有约定的除外。《中华人民共和国民法典》第八百三十六条沿袭了上述规定，仅作个别文字修改。本案中，当田某某依约将案涉货物洋葱运至交付地点后，王某甲作为收货人在接到田某某的提货通知后未明确告知其卸货、提货时间，也未实际到监管中心接收货物，后又以货物洋葱价格下降为由明确表示不接收货物，同时提出不支付运输费用、保管费用以及其他运输费用等，王某甲未依约定时间接收货物并支付运输费用，双方经协商也未对停运损失达成一致，田某某依法可以对运输的货物洋葱行使留置权。

本案主要涉防止损失扩大而支出合理费用以及留置权规则的适用，该案判决有利于惩治违约行为，营造诚实守信的营商环境。

编写人：广西壮族自治区崇左市凭祥市人民法院　阮小燕

41

逾期付款损失的正确认定

——刘某诉 Z 公司、L 公司运输合同案

【案件基本信息】

1. 裁判书字号

山东省淄博市中级人民法院（2022）鲁 03 民终 3552 号民事判决书

2. 案由：运输合同纠纷

3. 当事人

原告（被上诉人）：刘某

被告（上诉人）：Z公司

被告：L公司

【基本案情】

2016年12月3日，Z公司作为系争工程项目的总承包人，与中标的劳务分包单位L公司签订《工程劳务分包合同书》，约定由L公司承包系争工程路基工程施工二标的劳务施工，分包合同书对施工范围、工期、工程质量、合同总价、支付方式以及双方的权利、义务、违约责任等事项进行了约定。合同签订后，L公司组织施工，完工交付Z公司，Z公司支付部分工程款，因双方对工程结算事项分歧较大，尚未进行结算。

2017年6月28日，L公司与刘某签订《工程承包合同协议书》，约定刘某负责L公司工地上的土石方路基施工运输，协议书对工程价款、结算及支付方式等内容进行了约定。双方口头约定材料款参考市场价格据实结算，于2019年6月8日、2019年10月14日、2020年1月8日相继进行结算，确认应支付刘某材料款及土方运费13005818.77元、772645.38元、29826元，合计13808290.15元，其间L公司多次向刘某付款共计7495500元。2019年5月1日，L公司向Z公司出具“法人授权委托书”，载明L公司与刘某确认的结算金额委托Z公司支付，今后有关刘某在本项目的分配款项支付一并由Z公司汇入刘某账户，刘某同时作为被授权单位作出书面声明，表示认可上述委托收款事宜，同意承担由此产生的一切经济责任纠纷。Z公司于2020年1月20日向刘某尾号为3572的账户转存50万元。

刘某于2021年1月19日诉至周村区人民法院，为申请保全措施支付财产保全责任保险费14531.98元，法院于2021年7月28日作出（2021）鲁0306民初269号民事判决，判令Z公司和L公司共同向刘某支付工程款5812791元、赔偿刘某欠付工程款利息损失以及经济损失14531.98元。宣判后Z公司提起上诉，二审法院认为一审审理过程中，合议庭组成人员人民陪审员未按照法律规定回避，裁定撤销判决，发回重审。

【案件焦点】

对逾期付款损失的正确认定。

【法院裁判要旨】

山东省淄博市周村区人民法院经审理认为：Z 公司是系争工程的承包人，其将承包的系争工程以劳务分包的名义违法转包给 L 公司施工，违反了法律禁止性规定，故 Z 公司与 L 公司签订的《工程劳务分包合同书》无效。刘某与 L 公司签订《工程承包合同协议书》，实为工程土石方运输劳务合同，合同依法成立，应当受到法律保护。刘某依约完成合同约定的系争工程项下土石方运输劳务义务，双方已结算，L 公司同意支付刘某未付价款 5812791 元，法院予以准许。Z 公司是系争工程的承包人，因其与 L 公司签订的《工程劳务分包合同书》无效，应当对刘某所诉价款承担共同还款责任。L 公司、Z 公司欠付价款给刘某造成利息损失，双方没有约定计付标准，应按照同期同类贷款利率或者同期贷款市场报价利率计息。故法院以应付价款为基数，按全国银行间同业拆借中心公布的一年期贷款市场报价利率，自刘某起诉之日 2021 年 1 月 19 日起计息至款项实际给付之日，刘某所诉超出部分，法院不予支持。案涉诉讼标的数额较大，刘某申请财产保全需提供相应巨额的财产担保，其作为自然人负担能力有限，为取得第三方保函而支付的保险费用属必要的合理支出，由此造成经济损失 14531.98 元，应由 L 公司及 Z 公司赔偿。

据此，山东省淄博市周村区人民法院判决如下：

一、L 公司、Z 向刘某支付价款 5812791 元，支付欠付价款利息（以下欠款项 5812791 元为基数，自 2021 年 1 月 19 日起至实际给付之日止按照同期全国银行间同业拆借中心公布的一年期贷款市场报价利率计算），赔偿刘某经济损失 14531.98 元；

二、驳回刘某的其他诉讼请求。

Z 公司不服一审判决，提起上诉，主张其并非涉案买卖合同的相对方，不应对刘某欠付款项以及损失承担责任。

山东省淄博市中级人民法院经审理认为：本案刘某提供证据仅能证明其是

在L公司履行《工程劳务分包合同书》约定的劳务作业中，向L公司提供建筑材料并负责运输，不存在分包的事实，刘某以实际施工人身份要求Z公司承担本案付款义务，无事实及法律依据，同时，Z公司代L公司付款的行为并不产生付款义务主体变更的法律后果，亦不能突破合同相对性。刘某与L公司达成的建筑材料买卖及运输合同依法成立并生效，当事人应当按照约定全面履行自己的义务，L公司认可尚欠刘某材料款及运输费用5812791元，即应向刘某支付所诉款项。L公司与刘某约定每月L公司收到Z公司计量款后付清上月结算单的全部金额，因L公司未及时与Z公司结算，Z公司未再向L公司付款，故法院以L公司委托Z公司向刘某付款的时间2020年1月20日的次日起计算逾期付款损失。L公司与刘某未约定逾期付款违约金或者该违约金的计算方法，刘某主张逾期付款损失的款项包括运输费用，对此，根据法律规定，法院确认计算标准为全国银行间同业拆借中心公布的一年期贷款市场报价利率上浮50%，刘某所诉超出部分，不予支持。

据此，山东省淄博市中级人民法院判决如下：

L公司向刘某支付价款5812791元，赔偿逾期付款损失（以下欠款项5812791元为基数，自2021年1月19日起至实际给付之日止按照同期全国银行间同业拆借中心公布的贷款市场报价利率上浮50%计算）以及经济损失14531.98元。

【法官后语】

本案主要涉及逾期付款损失的认定问题。

合同履行过程中，往往会因为主观或者客观因素出现逾期付款违约的情况，守约方在这种情形下可以主张逾期付款损失或者逾期付款违约金。逾期付款损失是指因为违约方逾期付款行为给另一方造成的损失，逾期付款违约金是指合同双方在订立合同时就约定好的，若一方出现逾期付款的违约行为，需要向另一方支付一定的金额。但需要注意的是，逾期付款损失和逾期付款违约金一般情况下不能同时主张，但是在约定的逾期付款违约金数额低于造成损失的时候，法院或者仲裁机构可根据当事人的请求予以增加违约金数额。本案主要涉及的是逾期付款损失的认定问题。

根据《中华人民共和国民法典》第五百八十四条的规定，当事人一方不履行合同义务或者履行合同义务不符合约定，造成对方损失的，损失赔偿额应当相当于因违约造成的损失，包括合同履行后可以获得的利益；但是，不得超过违约一方订立合同时预见到或者应当预见到的因违约可能造成的损失。由此可见，《中华人民共和国民法典》对于违约损失赔偿适用的是完全赔偿原则，包括直接损失和可得利益损失两个方面。直接损失一般包括合同标的物的损毁灭失、守约方为准备履行合同支出的费用、为减少违约损失支出的费用等；可得利益一般是指合同正常履行情况下，在合理预期内能够获得的利润。未约定逾期付款违约金时，逾期付款损失额的计算可以依照《最高人民法院关于审理买卖合同纠纷案件适用法律问题的解释》第十八条第四款的规定，对违约损失的起算时间、适用标准需要人民法院根据个案的实际情况予以酌定，如在本案中，Z公司与刘某约定每月Z公司收到L公司计量款后付清上月刘某结算单的全部金额，因L公司未及时与Z公司结算，Z公司未再向L付款，故逾期付款损失的起算时间二审法院确定在2020年1月20日，即L公司委托Z公司向刘某付款的时间。又因违约行为发生在2019年8月20日之后，按照上述规定，确认计算标准为全国银行间同业拆借中心公布的一年期贷款市场报价利率上浮50%。

司法实践中对于逾期付款损失大致有以下几个标准：一是以合理预期内可以预见的损失为标准，此标准源于《中华人民共和国民法典》第五百八十四条规定的但书规定。需要注意的是此标准的时间节点是合同订立时，而非违约行为发生时；二是以是否控制损失扩大为标准，此标准体现在《中华人民共和国民法典》第五百九十一条第一款，守约方需要采取适当措施防止损失扩大，否则不得就扩大的损失请求赔偿，但需要明确一点，若采取了适当措施仍未控制损失扩大，守约方可以就扩大损失部分请求赔偿；三是过错相抵的标准，《中华人民共和国民法典》第五百九十二条第二款对此进行了规定，当事人一方违约造成对方损失，对方对损失的发生有过错的，可以减少相应的损失赔偿额。

编写人：山东省淄博市中级人民法院　荣明潇　杨富元

山东省淄博市周村区人民法院　张蓓

二十二、委托合同纠纷

42

售后返租模式下任意解除权的阻却行使条件

——胡某某诉商业管理公司委托合同案

【案件基本信息】

1. 裁判书字号

广西壮族自治区南宁市中级人民法院（2021）桂01民终12208号民事判决书

2. 案由：委托合同纠纷

3. 当事人

原告（上诉人）：胡某某

被告（被上诉人）：商业管理公司

第三人：房地产开发公司

【基本案情】

2018年5月10日，胡某某与房地产开发公司签订《南宁市商品房买卖合同》，约定，胡某某向房地产开发公司购买地下室商业及幼儿园地下一层B1234号房屋。同日，胡某某（甲方，委托方）与商业管理公司（乙方，受托方）签订《商铺委托经营合同》一份，约定：甲方将其购买的地下一层B1234号商铺，建筑面积4.31平方米，委托乙方代为经营管理有关事宜。

签订合同后，胡某某向商业管理公司缴纳委托经营管理费 44449 元。其后，商业管理公司将该项目建成，部分摊位已实际出租且对外营业。截至案件开庭审理之日，商业管理公司未向胡某某支付过案涉商铺的收益金。

胡某某向法院提出诉讼请求：1. 解除胡某某与商业管理公司签订的《商铺委托经营合同》；2. 商业管理公司向胡某某退还商铺委托经营管理费 44449 元并支付利息。商业管理公司认为合同第三条中明确约定该委托为不可撤销，说明双方通过合同的约定已经排除任意解除权。

【案件焦点】

1. 胡某某对《商铺委托经营合同》是否享有任意解除权；2. 商业管理公司在合同履行中是否存在不履行管理等合同义务的行为，合同应否解除；3. 商业管理公司应否退还委托管理费及利息。

【法院裁判要旨】

广西壮族自治区南宁市兴宁区人民法院经审理认为：双方签订合同的第三条约定“甲方不可撤销地授权乙方，以甲方的名义与第三方签订该商铺《租赁合同》，以及办理其他租赁或与房屋经营管理相关的一切事宜的权利”，该约定是双方对于合同解除权行使作出的特别约定，应认定为对任意解除权的约定排除适用，该约定未损害国家利益、社会公共利益及他人的合法利益，未违反法律、行政法规的强制性规定，应属合法有效的合同条款。胡某某仍基于合同任意解除权主张解除合同，不予支持。

广西壮族自治区南宁市兴宁区人民法院判决如下：

驳回胡某某的诉讼请求。

胡某某不服一审判决，提起上诉。

广西壮族自治区南宁市中级人民法院经审理认为：根据《中华人民共和国民法典》第九百三十三条“委托人或者受托人可以随时解除委托合同。因解除合同造成对方损失的，除不可归责于该当事人的事由外，无偿委托合同的解除方应当赔偿因解除时间不当造成的直接损失，有偿委托合同的解除方应当赔偿对方的直接损失和合同履行后可以获得的利益”规定，委托合同双方可以随时解除委托合同，胡某某要求解除双方的委托合同法律依据充分。从双方《商铺委托经营合同》第三条的约定内容看，显然约定的是胡某某授权商业管理公司对外出租商铺及办理商铺经营管理事务、胡某某认可商业管理公司对外签订合同效力的意思表示，并非胡某某放弃对《商铺委托经营合同》本身的任意解除权，故胡某某依照法律规定的合同解除权要求解除与商业管理公司的委托合同，应当予以支持。

广西壮族自治区南宁市中级人民法院依照《中华人民共和国民事诉讼法》第一百七十七条第一款第二项和《中华人民共和国民法典》第九百二十四条、第九百二十八条、第九百三十三条之规定，判决如下：

一、撤销广西壮族自治区南宁市兴宁区人民法院（2021）桂0102民初118号民事判决；

二、解除胡某某与商业管理公司的《商铺委托经营合同》；

三、商业管理公司退还胡某某委托经营管理费31114.3元；

四、驳回胡某某的其他诉讼请求。

【法官后语】

商铺返租是近年来兴起的房地产营销手段，开发商将一个商业项目分割成众多个小面积产权商铺出售给小业主，同时，与小业主签订返租合同，承诺在一定期限内，商铺由开发商或第三方企业统一经营管理，在约定时间内支付给小业主一定的租金回报。对于普通投资者来说，商铺售后返租是一个诱人的“蛋糕”，投资者在收铺后的一定期限内，可以拿到高额的投资回报，不仅跑赢通货膨胀带来的消费物价变动趋势，而且比投资住宅、写字楼的回报要高很多。因此，商铺返租类案件更易呈现出高发性、群体性、区域性的特点，审理该类案件时更需审慎对待，应从以下几个方面循序渐进予以考量。

1. 从约定的民事权利义务内容区分隶属的法律关系

商铺返租是开发商为了促进销售，在销售商铺时与买方缔结形成的民事权利义务关系，是一种常见的市场行为，根据缔结形成的民事权利义务内容，一般可归属为不同的合同种类，以下为常见的合同种类，在司法实务中极易产生混淆：(1) 租赁合同。租赁合同的法律关系特征在于出租人负有向承租人交付租赁物的义务，承租人以支付租金为代价对租赁物享有限制性占有、使用、收益的权利，交付环节的约定是租赁合同法律关系的重要特征，故此时商铺售后返租合同的内容往往表现为买受人在签订商铺购买合同的同时，一并签署商铺返租协议，协议的签订在一定程度上具有强制性、依附性，买受人基于商铺买卖合同享有出租人的权利义务，开发商或开发商准许入围的第三方企业享有承租人的权利义务，且约定“到期后向买受人返还商铺”“到期后继续延长租赁期限”，租赁收益为固定、稳定收益，不因是否对外租赁而影响收益，此种返租合同具备租赁合同法律关系的要件特征。(2) 委托合同。在返租的本质下，此时协议双方对于租赁、收益等主要民事权利义务的约定与租赁合同无异，但基于委托合同的法律要件特征，委托合同的主要合同内容在于受托人接受委托人的委托，基于委托人的授权以委托人的名义对外作出民事行为，而民事行为是否成立并生效，并不当然取决于受托人，故对应民事行为亦不能当然产生收益，故此时返租协议约定的收益并非固定或稳定的收益，而是视实际对外租赁情况产生的不确定的、浮动收益，这是返租协议具备委托合同特征的关键之处。(3) 民间借贷合同。与租赁合同相对应，此类型的返租合同中，开发商为了快速回笼资金，实现资本利用率的最大化，往往以返租的形式掩盖借贷的目的，对于交付条件、租赁期限等未作明确约定甚至未予约定，买受人自始不参与商铺的交付、返还，商铺仅仅是买受人参与投资的形式，实质是开发商对于买受人到期还本付息的高回报承诺。

具体到本案中，胡某某与商业管理公司签订的返租协议，约定前两年免除收益金，第三年按固定金额收取收益金，从第四年开始视商业管理公司对外租赁的实际情况收取浮动收益金，说明约定的收益金并非固定、稳定的；而且，商业管理公司作为开发商默许的第三方企业，与胡某某明确约定了商铺交付条件、交付期限、返还条件等权利义务。从上述不同法律关系的厘定来看，该返租协议应认定为委托合同。

2. 从隶属的法律关系抽离不同的解除要件

租赁合同、委托合同、民间借贷合同在《中华人民共和国民法典》的法律体例中属于有名合同，应适用民法典关于合同通则的规定，意即解除合同应符合约定和法定情形，约定解除权的情形各异，法定解除权包含了任意解除权、根本违约情况下守约方的解除权、合同因客观原因无法继续履行情况下双方的解除权。而任意解除权以法律明确规定为前提，对于租赁合同、委托合同，民法典赋予了任意解除权，如《中华人民共和国民法典》第七百三十条“当事人对租赁期限没有约定或约定不明确，依据本法第五百一十条的规定仍不能确定的，视为不定期租赁，当事人可以随时解除合同”、第九百三十三条“委托人或者受托人可以随时解除委托合同”；对于民间借贷合同，则需对是否符合约定解除条件、是否构成根本违约予以认定，继而审查解除合同的条件是否成就。如上所述，本案返租协议应认定为委托合同，在审查解除合同条件是否成就时，应根据委托合同的特殊性，对于委托合同中双方当事人享有的任意解除权予以确认。

3. 从不同解除要件判断具体解除权的行使

任意解除权不以当事人违约为前提，而是完全按照一方当事人自己的意愿而单独解除合同，对任意解除权的排除放弃是涉及当事人的重大权利事项，对该事项应约定具体、明确，不存在理解上的歧义，否则，不当然产生排除适用的法律后果，如存在理解上的歧义，亦应结合上下文义、合同条款体例等作出准确推定，不能因合同内容出现“不可撤销”等含糊词义而当然推定当事人作出排除适用任意解除权的重大意思表示。

具体到本案，虽然合同有“不可撤销”的表述，但从合同的前后文义来看，该表述的后半段文义表述为“甲方不得以任何理由予以干涉，且应当无条件认可乙方所代理对外签订的合同的效力”，说明该条款的表述重点在于委托方对于受托方对外签订合同效力的肯定，目的在于保护交易的安全性和稳定性，不应脱离具体文义而片面得出放弃权利的结论；而且，从合同的履行情况来看，虽然一审时商铺的经营情况尚可，但随着时间推移，仅数月后的二审诉讼中，商铺的经营情况迅速急转直下，商业管理公司视经营情况亦长期无法兑现收益金的承诺，在商业管理公司无法逆转萧条局面的情况下，买受人行使任意解除权，自行盘活商铺，复苏项目经济，亦不失为折中之举。因此，二审认定委托人未排除适用任意解除权，并支持委托人的合同解除请求，符合双方约定及合同履行的客观实际。

编写人：广西壮族自治区南宁市兴宁区人民法院　农慧兰

二十三、委托理财合同

43

自然人之间的委托理财合同及保底条款并不当然无效

——赵某某诉吴某某委托理财合同案

【案件基本信息】

1. 裁判书字号

江苏省镇江市中级人民法院（2022）苏 11 民终 3716 号民事判决书

2. 案由：委托理财合同纠纷

3. 当事人

原告（上诉人）：赵某某

被告（被上诉人）：吴某某

【基本案情】

赵某某与吴某某系朋友关系。2020 年 3 月，赵某某、吴某某签订协议，协议约定：赵某某于 2020 年 3 月 12 日将股票资金账户总计 50 万元整交由吴某某操盘，操作时间自 2020 年 3 月 12 日至 2022 年 3 月 12 日。在上述时间内赵某某不得对吴某某操作有任何干涉，瞎指挥影响吴某某操作；约定期满后如有盈利双方平分；约定期满后如本金不足，吴某某需无条件地把本金补齐后再把账户交给赵某某。

上述协议签订后，赵某某将其股票账户交由吴某某操盘处理。2020 年 4 月

10日，吴某某向赵某某发送微信消息称："兄弟：股市投资风险和收益并存。你投资，我尽心帮你操作，盈亏都是你投资人的。如果盈了，我们兄弟之间，你怎么奖励我都行。兄弟之间的感情是永远的！"赵某某于同日回复称："好吧，反正你谨慎操作尽快让我回本。"2022年3月15日，赵某某查询上述股票账户交易明细，查询得知该账户的股票市值为0元，余额为12671.85元。2022年6月17日，赵某某向法院提起诉讼，要求吴某某按照协议约定补足本金。

【案件焦点】

1. 赵某某与吴某某签订的案涉协议是否有效；2. 赵某某是否有权要求吴某某按照协议约定补足本金。

【法院裁判要旨】

江苏省句容市人民法院经审理认为：赵某某与吴某某之间的协议符合委托合同法律关系的特征，属于委托理财合同。协议中约定的保底条款，违背了公平原则及委托关系中责任承担规则，违背了金融市场的投资风险本质及交易规则，属于无效条款。赵某某的诉请无法律依据，法院不予支持。

江苏省句容市人民法院判决如下：

驳回赵某某的诉讼请求。

赵某某不服一审判决，提起上诉。

江苏省镇江市中级人民法院经审理认为：本案中，吴某某是基于与赵某某的朋友关系，临时性、偶然性为其理财，并非以理财为业。吴某某的受托理财的行为本质上与金融机构及非金融机构代客理财有着本质的区别。因此，吴某某与赵某某签订以委托理财为内容的协议，其主体资格并不违法。

至于双方协议中约定的保底条款的效力认定问题。本案中，吴某某具有一定的投资理财经验，对保底条款潜在的风险也具备相应的认知能力。且双方于2020年4月10日微信聊天后，于4月19日补签协议，也说明双方均充分认识到收益的分配和风险的承担问题。因此，保底条款是双方的真实意思表示，是自身意思和价值判断相一致的结果，并不导致当事人之间权利义务的严重失衡。

另外，赵某某与吴某某约定保底条款，仅在当事人之间发生效力，通常并不会扰乱金融秩序，损害国家利益和社会公共利益。因此，双方约定的保底条款并不违反法律和行政法规的强制性规定，应当认定合法有效。一审判决认定协议无效并驳回赵某某的全部诉讼请求不当，应当予以纠正。

江苏省镇江市中级人民法院依照《中华人民共和国民法典》第三条、第一百四十三条，《最高人民法院关于适用〈中华人民共和国民法典〉时间效力的若干规定》第一条第三款以及《中华人民共和国民事诉讼法》第一百七十七条第一款第二项、第一百八十二条之规定，判决如下：

一、撤销江苏省句容市人民法院（2022）苏 1183 民初 3989 号民事判决；

二、吴某某于判决生效后 10 日内给付赵某某 487328. 15 元；

三、驳回赵某某的其他诉讼请求。

【法官后语】

首先，委托理财是指委托人和受托人约定，委托人将其资金、证券等金融性资产委托受托人，由受托人在证券、期货等金融市场从事股票、债券等金融工具的组合投资、管理，并按期支付委托人一定比例收益的资产管理活动。由于理财业务是资产管理业务的一部分，涉及金融安全、属于国家特许经营业务，金融机构及非金融机构违反特许经营的规定而作为受托人与他人订立的委托理财合同应当认定为无效。但是对于自然人之间订立的委托理财合同，是否也属于当然无效的合同，理论界和实务界观点不一。实践中，大部分法院对自然人之间订立的委托理财合同的效力予以认可，偶发性的自然人之间的民间委托理财，委托人并非来自不特定的社会对象，未扰乱金融市场秩序，不存在合同无效的情形，故应当认定合同有效。

此外，保底条款是指无论委托理财盈利或者亏损，委托人均收回部分或者全部投资标价甚至获取收益的条款。对于自然人之间的委托理财合同中保底条款的效力问题，司法实务界也存在不同的观点。天津市中级人民法院等多地法院对保底条款持有效说，认为受托人在未付出本金的情况下，具有通过委托理财方式获得高额收益的可能性，因此保底条款不存在权利义务失衡的情况，不违反公平原则。也有一些地方的法院，从委托理财合同性质出发，认为一方将投资风险完全转嫁至另一方，不符合民法的公平原则。例如，有法院认为“保底条款违背了民法公平原则及委托关系中责任承担的规则，故应属无效约定”。还有一些法院认为，委托理财合同中的保底条款违背市场经济规律和资本市场基本原则，会诱导投资者将非理性的资金投入资本市场，扰乱金融市场的交易秩序。例如，广东省高级人民法院在（2020）粤民再 251 号案件中认为“该民间理财协议中的保底条款将诱导大量投资者非理性地将资金投入资本市场，影响市场的稳定，扰乱金融市场的基本交易秩序”。陕西省高级人民法院在（2021）陕民申 72 号案件中认为“保底条款完全排除和转嫁了其应承担的风险，违背了‘谁投资、谁收益、谁担风险’的市场投资基本准则，与社会公众对金融投资风险的基本认知不符”。

综上，目前对于自然人之间达成的委托投资理财合同及保底条款的效力，各地法院仍存在较为明显对立的观点及分歧，同案不同判的情况也较为普遍。

本案中，在综合考虑双方合同的性质、当事人的身份、合同签订的背景等多重因素后，法院认为，首先，个人委托理财与金融或非金融机构委托理财不同，前者涉及资金数量一般比较小，对金融市场影响不大，而且刑法及其他行政法律法规对于私募基金、非法集资等行为已经有所规定，基本上是可以控制个人委托理财风险的。目前尚无法律法规明确禁止自然人之间的委托理财交易。根据民法的私法性质、尊重当事人的意思自治及促进和鼓励交易的原则，应当肯定自然人进行委托理财的主体资格。

其次，赵某某与吴某某作为具有一定理财经验的行为人，对于保底条款潜在的风险也具备一定的认知能力，双方均能够充分认识到收益的分配和风险的承担问题。因此，案涉协议及保底条款是双方的真实意思表示，是经过充分的衡量后作出的价值判断，系对自身权利和义务的处分，并不导致权利义务的严重失衡，应当予以尊重。故最终认定案涉协议及保底条款未违反法律和行政法规的强制性规定，吴某某应该按照约定向赵某某履行返还本金的义务。

编写人：江苏省镇江市中级人民法院　吴润泽

二十四、物业服务合同纠纷

44

业主、物业使用人等都有义务负责支付物业服务费用

——物业管理公司诉房地产开发公司等物业服务合同案

【案件基本信息】

1. 裁判书字号

广西壮族自治区岑溪市人民法院（2022）桂0481民初918号民事判决书

2. 案由：物业服务合同纠纷

3. 当事人

原告：物业管理公司

被告：梁某某、房地产开发公司、商业管理公司、黄某某

【基本案情】

2018年11月16日，某小区业主委员会与原告物业管理公司签订《某小区物业服务合同》，该合同约定由原告对某小区的物业提供物业管理服务，合同期限为五年。其中，第四条对物业管理服务费用约定标准为：商业用房按2元/月/平方米，并约定业主应于交房之日起缴纳物业服务费用，物业收取相关费用按半年缴纳，业主与物业使用人约定由物业使用人缴纳服务费，从其约定，业主负连带缴纳责任，业主与物业使用人之间有交费约定的，业主应以书面形式

告知物业管理公司。

另查明，2017 年 6 月 1 日，房地产开发公司（甲方）与商业管理公司（乙方）签订《商业经营管理委托协议》，该协议约定房地产开发公司开发的某小区建材装饰市场项目委托乙方经营管理。合作期限自 2017 年 6 月 1 日起至 2025 年 5 月 30 日止。庭审中，甲方也认可乙方所实现的托管行为是其委托行为。2017 年 11 月 7 日，商业管理公司（甲方）与梁某某（乙方）签订《租赁协议》，该协议主要内容为：甲方将 1111、1112、1131、1132 号商铺出租给被告乙方作为经营场地使用，租赁期限为 5 年。其中，物业费约定为：乙方应承担及支付物业费按 1 元/平方米/月计付，并约定签订本协议时乙方应预付 3 个月的物业费。梁某某在签订承租协议后并没有向原告或商业管理公司缴纳物业费。

上述商铺的建设单位和首次登记的产权人均为房地产开发公司，黄某某分别于 2021 年 2 月 5 日、2021 年 2 月 7 日经转移登记成为上述商铺的所有权人，但目前房地产开发公司尚未将该商铺交付给黄某某使用。

再查明，2018 年 8 月 21 日，原告与该小区前物业服务公司签订《某小区物业管理项目交接协议》，正式接管小区物业管理服务直至现在。从 2018 年 8 月 21 日起至 2022 年 1 月 31 日止，按商铺产权登记面积 2 元平方米/月计算，本案租赁诉争的商铺面积为 214.17 平方米，按物业合同约定核算应支付的物业服务管理费为 17704.72 元。原告经向被告催促未果，诉至法院，提出其诉讼请求。

【案件焦点】

1. 原告与各被告之间是否存在物业服务关系；2. 对原告主张的物业费应该由哪一个被告承担责任或者哪几个被告共同承担责任。

【法院裁判要旨】

广西壮族自治区岑溪市人民法院经审理认为：本案原、被告之间的物业管理服务的法律事实发生于《中华人民共和国民法典》施行前的法律事实持续至《中华人民共和国民法典》施行后，该法律事实引起的民事纠纷案件，根据

《最高人民法院关于适用〈中华人民共和国民法典〉时间效力的若干规定》第一条第三款的规定，应适用《中华人民共和国民法典》的规定，但是法律、司法解释另有规定的除外。根据民法典第九百三十九条规定：建设单位依法与物业服务企业签订前期物业管理合同，以及业主委员会与业主大会依法选聘的物业服务人签订的物业服务合同，对业主具有法律约束力。本案中，业主委员会依法选聘的物业服务人签订的《某小区物业服务合同》，该合同是双方当事人的真实意思表示，应属有效合同，对该小区业主具有法律约束力。原告有依合同约定或者法律、法规规定以及相关行业规范提供维修、养护、管理和维护等物业服务的义务，被告房地产开发公司作为商铺的业主有依合同约定按 2 元/平方米/月缴纳物业服务费的义务。虽然，房地产开发公司在出租期间将涉案商铺分别转让给黄某某（新业主)，但根据庭审查明，房地产开发公司尚未将转让商铺交给新业主，商铺收益仍归房地产开发公司，根据权利和义务对等的基本原则，该物业费用仍应由房地产开发公司缴纳。被告梁某某租赁商铺产生的物业费的计算应以不动产登记机关记载的商铺产权面积为准，即法院核算为 214. 17 平方米。至于由谁负责交付物业费用问题。因作为业主的房地产开发公司委托商业管理公司对其物业进行托管，并由其将涉案商铺出租给被告梁某某进行承租，并在租赁合同中约定由承租者按 1 元/平方米/月支付物业费，且庭审中房地产开发公司也认可商业管理公司与梁某某实施的民事行为，故本案商业管理公司与梁某某就物业费承担所作的约定，应视为业主房地产开发公司与承租人梁某某的约定。根据《物业管理条例》第四十一条的规定，业主与物业使用人约定由物业使用人交纳物业服务费用的，从其约定，业主负连带交纳责任。故承租人梁某某对其承租的商铺应按其与业主的约定在使用期间按 1 元/平方米/月支付物业费用给原告。由于原告从 2018 年 8 月 21 日才接管该小区物业，故其计算物业管理费时间应从其接管日起计算，经法院计算至 2022 年 1 月 31 日止为 8852. 36 元。由于房地产开发公司作为该商铺业主，虽然在租赁期间转让上述租赁商铺，但并未交付给买受人。根据法律规定房地产开发公司对梁某某该部分物业费承担连带清偿责任。由于原告与该小区业主委员会签订的合同约定商铺按 2 元/平方米/月支付物业费，对差额部分物业费 8852.36 元（相差按 1 元/平方米/月计算部分）应由业主房地产开发公司承担。

广西壮族自治区岑溪市人民法院依照《中华人民共和国民法典》第九百三十七条、第九百三十九条、第九百四十四条，《物业管理条例》第四十一条，《最高人民法院关于适用〈中华人民共和国民法典〉时间效力的若干规定》第一条第三款，《中华人民共和国民事诉讼法》第六十七条、第一百四十七条及《最高人民法院关于适用〈中华人民共和国民事诉讼法〉的解释》第九十条的规定，判决如下：

一、被告梁某某应支付从 2018 年 8 月 21 日起至 2022 年 1 月 31 日止尚欠的物业服务管理费 8852.36 元给原告物业管理公司；

二、被告房地产开发公司对被告梁某某上述应支付物业服务管理费承担连带清偿责任；

三、被告房地产开发公司应支付从 2018 年 8 月 21 日起至 2021 年 7 月 21 日止所欠物业服务管理费 8852.36 元给原告物业管理公司；

四、驳回原告物业管理公司的其他诉讼请求。

【法官后语】

本案是一起典型的物业服务合同纠纷案，物业服务合同是指物业服务人在物业服务区域内，为业主提供建筑物及其附属设施的维修养护、环境卫生和相关秩序的管理维护等物业服务，业主支付物业费的合同。本案审理的关键在于原告主张的物业费应该由哪一个被告承担或哪几个被告共同承担？一审判决最终物业费是由业主房地产开发公司和承租人（物业使用人）梁某某承担，无须黄某某（新业主）和商业管理公司（物业管理者）承担，笔者赞同此观点。

首先，业主负有向物业服务人支付物业费的法定义务。根据《中华人民共和国民法典》第九百四十四条第一款“业主应当按照约定向物业服务人支付物业费。物业服务人已经按照约定和有关规定提供服务的，业主不得以未接受或者无需接受相关物业服务为由拒绝支付物业费”以及《物业管理条例》第四十一条“业主应当根据物业服务合同的约定缴纳物业服务费用”的规定，我国法律已经明确规定，业主负有向物业服务人支付物业费的法定义务。但在司法实践中，前期物业服务合同一般由建设单位与物业服务人签订，普通物业服务合同一般由业主委员会与物业服务人签订，业主均不是物业服务合同的直接签订主体。在此情况下，由业主向物业服务人直接支付物业费而不是由合同签订主体支付物业费一定程度上超越了合同的相对性，也造成部分业主以自己不是合同相对人为由拒绝支付物业的纠纷。但根据《中华人民共和国民法典》第九百三十九条“建设单位依法与物业服务人订立的前期物业管理合同，以及业主委员会与业主大会依法选聘的物业服务人订立的物业服务合同，对业主具有法律约束力”的规定，该物业服务合同，对业主仍有约束力，业主依然负有向物业服务人支付物业费的法定义务。

在本案中，原告物业管理公司是经过该小区业主大会依法召开，经过合法程序投票选举出来的，最终与该小区业主委员会签订了《某小区物业服务合同》，该合同是双方当事人的真实意思表示，属有效合同，对该小区全体业主均具有约束力。房地产开发公司作为该小区的业主，《某小区物业服务合同》对其具有约束力。原告有依合同约定或者法律、法规规定以及相关行业规范提供维修、养护、管理和维护等物业服务的义务，被告房地产开发公司作为商铺的业主有依合同约定按2元/平方米/月缴纳物业服务费的义务。虽然房地产开发公司在出租期间将涉案商铺分别转让给黄某某（新业主），但根据庭审查明，房地产开发公司尚未将转让商铺交付给新业主黄某某，商铺收益仍归房地产开发公司，根据权利和义务对等的基本原则，该物业费用仍应由业主房地产开发公司缴纳，不应该由新业主黄某某承担。

其次，承租人（物业使用人）有义务负责支付物业服务费用。《物业管理条例》第四十一条规定：“……业主与物业使用人约定由物业使用人交纳物业服务费用的，从其约定，业主负连带交纳责任。”本案中，作为业主的房地产开发公司委托商业管理公司对其物业进行托管，并由商业管理公司将涉案商铺出租给被告梁某某进行承租，并在租赁合同中约定由承租者按1元/平方米/月支付物业费，且庭审中房地产开发公司也认可商业管理公司与梁某某实施的民事行为，故本案商业管理公司与梁某某就物业费承担所作的约定，应视为业主房地产开发公司与承租人（物业使用人）梁某某的约定，依据《物业管理条例》第四十一条规定，故承租人梁某某对其承租的商铺应按其与业主的约定在其使用期间按1元/平方米/月支付物业费用给原告，对差额部分物业费，即相差按1元/平方米/月计算部分应由业主房地产开发公司承担。并且笔者认为，因商业管理公司在本案只是与房地产开发公司存在托管关系，其既不是业主，也不是物业使用人，原告要求其共同承担物业费，没有事实及法律依据。

最后，分析本案的意义。本案具有一定的特殊性，对于哪一方需要支付物业费？涉及多方主体——新旧业主、受委托方（物业管理公司）、物业使用人，案件的审判方法和处理结果对于司法实践有一定的参考意义。《中华人民共和国民法典》及相关的法律法规完善了物业服务合同的规定，以法律的形式确定了业主委员会与业主大会依法选聘的物业服务人签订的物业服务合同，对业主具有约束力。对于其物业使用人，根据其与业主的约定或者与物业服务企业的约定，应当承担相应的物业服务费用。这样有利于规范物业服务合同，保护业主、物业服务企业、物业使用人等各方当事人的合法权益，推动我国物业服务行业健康有序地发展。

编写人：广西壮族自治区岑溪市人民法院　李洁萍

二十五、中介合同纠纷

45

中介人违反如实报告义务的责任规则在“吃差价”案件中的适用方法

——房产经纪公司第一分公司诉王某某中介合同案

【案件基本信息】

1. 裁判书字号

上海市第二中级人民法院（2022）沪02民终1217号民事判决书

2. 案由：中介合同纠纷

3. 当事人

原告（反诉被告、被上诉人）：房产经纪公司第一分公司

被告（反诉原告、上诉人）：王某某

【基本案情】

房产经纪公司第一分公司负责人杨某（乙方）与案外人汤某某（甲方）签订《动迁房预售预购定金协议》（以下简称《预购协议》），约定杨某以150.5万元的价格向汤某某购买案涉房屋。该协议第七条还约定：“自本协议签订之日起，本协议中约定的乙方，可以为乙方本人也可以为乙方指定的任意第三方，直至房屋过户，乙方有权转让或出租该房屋，所得利益由乙方收取并支配，房

价溢出部分归乙方所得，同样不足部分也由乙方补足，甲方需无条件配合并履行本协议。”杨某在法院审理中自述，《预购协议》签订后，其仅向汤某某支付定金 5 万元。房产经纪公司第一分公司即在其中介系统内以 165 万元价格挂牌出售案涉房屋。

此后，房产经纪公司第一分公司员工曾某某向前来咨询购房的王某某告知，案涉房屋以 158 万元价格出售。王某某在房产经纪公司第一分公司媒介居间下与汤某某签订《房地产买卖居间协议》，约定案涉房屋转让价 158 万元，中介佣金 2.8 万元由王某某支付。王某某按约定向汤某某支付了全额购房款，案涉房屋完成合同网签、过户登记并交付使用。汤某某得款后向杨某返还 5 万元，并另行支付了 7 万元。

嗣后，王某某曾因该 7 万元与房产经纪公司第一分公司员工丁某某交涉，丁某某提及案涉房屋 158 万元购房款中，售房人汤某某实际得款 151 万元，房产经纪公司第一分公司赚取 7 万元，丁某某等业务员亦从该 7 万元中分取提成。

双方当事人后因中介报酬支付及差价赔偿诉至法院。王某某诉称，房产经纪公司第一分公司先行与售房人签订《预购协议》，在获知房源伊始就为赚取差价做准备，恶意侵害购房人利益，违反诚信原则。作为中介人，房产经纪公司第一分公司违反如实报告义务，构成欺诈，不得请求支付报酬，并应向王某某赔偿差价损失，并按中介佣金的三倍支付惩罚性赔偿。房产经纪公司第一分公司辩称，《预购协议》与本案法律关系无关，案涉差额款系由售房人自愿给付房产经纪公司第一分公司，与王某某无关，并要求王某某支付佣金 2.8 万元。

【案件焦点】

1. 房产经纪公司第一分公司在中介过程中是否尽到如实报告义务，其收取的 7 万元的性质；2. 如何认定房产经纪公司第一分公司行为应承担的法律责任。

【法院裁判要旨】

上海市嘉定区人民法院经审理认为：中介人促成合同成立的，委托人应当按照约定支付报酬。王某某与案外人汤某某签订房屋买卖合同并已完成过户、交付，故房产经纪公司第一分公司已完成全部中介服务，王某某理应根据约定支付佣金。对于王某某的反诉请求，购置房产属于重大财产权属的处分，王某某对于其自身行为、所购标的及价格应清楚明知。现王某某在买卖合同履行完毕后以出卖人实际得款少于其支付的房款为由主张差价返还并支付惩罚性赔偿款，缺乏依据，不予支持。

据此，上海市嘉定区人民法院判决如下：

一、王某某支付房产经纪公司第一分公司佣金 2.8 万元；

二、对王某某的全部反诉请求。

一审宣判后，王某某提起上诉，并于二审中撤回要求以差价损失 7 万元为基数计算利息及按中介佣金三倍支付惩罚性赔偿的上诉请求。

上海市第二中级人民法院经审理认为：对于争议焦点一，房产经纪公司第一分公司作为中介人对委托人负有如实报告房屋售价的义务，但其却从未向王某某报告真实售价，而是按更高价格推介房源，除取得中介佣金外，还赚取房价差额，系违反如实报告义务。《预购协议》不具备实际履行的条件，亦不具有购买房屋的真实意思表示，仅作为房产经纪公司第一分公司赚取房价差额的手段，无法成为收取该款的合法依据。结合《预购协议》的签订时间、内容、目的与房价差额款的流向、中介合同约定的居间方式等情况，案涉 7 万元的性质并非房产经纪公司第一分公司先后主张的转售溢价、追加的中介报酬、违约金，而应认定为房价差价。对于争议焦点二，房产经纪公司第一分公司在媒介居间过程中对委托人王某某故意隐瞒房屋真实售价，从中赚取差价。王某某购房系用于自住，若房产经纪公司第一分公司如实报告售价，其无理由超额付款。因此，房产经纪公司第一分公司的行为损害王某某的利益，王某某作为委托人要求不予支付中介报酬，并要求房产经纪公司第一分公司参照 7 万元差价金额赔偿损失，具有依据，予以支持。

据此，上海市第二中级人民法院判决如下：

一、撤销一审判决，改判房产经纪公司第一分公司赔偿王某某损失 7 万元；

二、对房产经纪公司第一分公司的诉讼请求不予支持；

三、对王某某的其余反诉请求不予支持。

【法官后语】

实践中，房产中介机构“吃差价”案件并不鲜见，违反市场秩序、有损群众利益，亟待加以规范。以个案为纽带，适用《中华人民共和国民法典》回应民生关切，是司法服务保障民生的具体体现。本案获评2022年度上海法院十大涉民生典型案例。

《中华人民共和国民法典》将“居间合同”更名为“中介合同”，并重申中介人的如实报告义务及义务违反责任。本案旨在激活与细化《中华人民共和国民法典》关于中介人如实报告义务的责任规则在房产中介“吃差价”案件中的适用方法，其基本思路为：

其一，秉持事实查明基础上的穿透式审查理念，结合证明妨碍的一般原理，综合在案证据证明力，查明“吃差价”事实，审查认定预购协议等手段行为的目的与效力。

（1）甄别手段行为。《预购协议》等“吃差价”手段行为通常隐于幕后，查明该项事实时可结合证明妨碍的一般原理，如购房人仅提供该协议复印件或主要条文，而中介人未否认协议存在，此时可结合证明妨碍原理认定协议内容。同时，结合在案书证、视听资料、电子数据、证人证言、当事人的陈述等证据，综合评判其证明力，以便甄别手段协议的目的与效力。

（2）查证事实要点。在该类案件中，“吃差价”的基础事实通常可以分解为事实要点束，并据此认定，该类事实要点具体包括房源信息获取途径、手段行为参与主体、手段行为客观效果、差价所得实现途径、差价钱款实际流向、中介机构主观故意等节点事实。

其二，根据《中华人民共和国民法典》第九百六十二条的规定，结合查明的事实，审查认定中介人违反如实报告义务的责任构成要件是否成立。

（1）对于行为要件，明确何种事实属于因故意隐瞒可产生责任的“重要事实”。就此，对于房产中介机构，反映案涉房屋交易主体、交易标的、交易条件、交易成本等直接制约合同订立、履行的事项宜可认定为《中华人民共和国民法典》第九百六十二条第二款规定的“重要事实”。

（2）对于损害要件，明确委托人利益受损要件的主体与性质。第一，从主体上看，本案中，房产经纪公司第一分公司辩称，其收取房价差额系经售房人同意，由售房人自愿支付，追索差价的权利应属于售房人而非购房人。此与二手房买卖多采媒介居间方式的现状不符。在二手房买卖中，中介人通常接受买卖双方委托，且存在约定由购房人支付全额中介费的情况。因此，《中华人民共和国民法典》第九百六十二条第二款规定的“损害委托人利益”应理解为损害房屋买卖双方中任何一方的利益即符合该要件。第二，从性质上看，《中华人民共和国民法典》第九百六十二条第二款后段规定了不得请求支付报酬与承担损害赔偿责任等两种责任方式，其损害要件的性质宜作一定区分。对于“不得请求支付报酬”，其损害要件宜认定为亦兼具行为意义，亦即，即便委托人尚未发生实际损失，但若中介人的行为在性质上能够损害委托人利益的，亦可认定中介人丧失报酬请求权，此时利益受损要件兼具行为意义。例如，即便中介人因外部原因实际未收得差价，仅依据《中华人民共和国民法典》该款前段故意隐瞒行为及委托人利益受损的高度可能性，亦可认定中介人责任。但若无实际损害结果，无从产生损害赔偿责任，因为违约赔偿损失责任系以受害人受有损失为成立条件，故对于《中华人民共和国民法典》该款后段规定的“赔偿责任”，仅具结果意义。

其三，在查明案件事实，认定中介人责任构成要件成立的基础上，认定中介人责任方式的构成。

（1）丧失报酬请求权

中介机构不得请求支付报酬系“吃差价”的基础责任，如前所述，该种责任方式的损害要件可以兼具行为意义，故即便房屋买受人因故尚未付出差价，亦不影响根据该款规定认定中介机构丧失报酬请求权。

（2）参照差价金额赔偿损失

赔偿责任系属结果责任，购房人因房产中介机构“吃差价”而受有损失，即具备成立中介人责任的损害结果要件。只要购房人实际付出差价，即便中介人因售房人反悔等外部原因实际未收得差价，亦不影响该要件成立。其原因在于，基于一般理性人的分析，若房产中介机构如实报告房屋出卖人独立确定的售价，房屋买受人没有理由超额付款，由于房产中介机构“吃差价”行为的介入，导致购房人以高于售房人要求售价的价格购买，故以差价金额为参照认定房产中介机构赔偿责任，具有合理性。

（3）承担惩罚性赔偿

目前实践中对于房产中介机构“吃差价”是否可依据《中华人民共和国消费者权益保护法》第五十五条第一款适用惩罚性赔偿，观点尚不统一。在请求权基础层面，既往观点的分歧体现为请求权竞合说与请求权聚合说的对立，两种观点在司法实践中均有裁判支持。鉴于该问题目前存在较大争议，如需适用，宜结合在案事实查明程度、具体案情等情况加以认定。

综上，在房产中介机构“吃差价”案件中适用《中华人民共和国民法典》如实报告义务的责任规则，宜以事实查明为基础，以要件审查为纽带，以责任构成为依归，将程序法上证据规则与实体法上责任规则结合适用，通过中介人如实报告义务责任规则的适用，落实司法服务保障民生的精神与要求。

编写人：上海市第二中级人民法院　王晓梅　叶戈

46

利用中介“跳单”未签合同需支付中介费标准的认定

——张某某诉宋某中介合同案

【案件基本信息】

1. 裁判书字号

北京市第二中级人民法院（2022）京02民终8840号民事判决书

2. 案由：中介合同纠纷

3. 当事人

原告（被上诉人）：张某某

被告（上诉人）：宋某

第三人：科技发展公司

【基本案情】

原告张某某称，2019年5月6日，原、被告双方签订《看房确认书》（租赁）双方约定原告向被告提供三套房源，并撮合被告与第三人达成租赁意向，协助其签订房屋租赁合同后，被告应向原告支付月租金的100%作为佣金，另约定如果被告无论以何种方式与业主私下成交，均视为原告完成了居间服务，被告应向原告支付月租金的100%作为佣金。原告带被告看完上述房源之后，被告与第三人私下成交，经原告多次催要后仍拒不向原告支付佣金。故诉至法院要求被告向其应该支付1个月租金333333元，按照被告提供的鉴定材料中甲科技发展公司与乙餐饮管理公司《房屋租赁合同》2019年08-15号记载的年租金为参考计算。

被告宋某辩称，原、被告从来没有签订过《看房确认书》，不存在居间服务合同关系。在本案审理之前，被告从未见过《看房确认书》，也从未在《看房确认书》上签字。经被告申请委托第三方鉴定机构对《看房确认书》上的宋某的签名进行鉴定，鉴定结论为《看房确认书》落款处宋某签名并非本人所写。原告的主张没有事实及法律依据，请求法院驳回原告的诉讼请求。另，原告与被告之间不同于一般的居间合同关系，《看房确认书》是原告伪造的，假如原告居间成功，也应当向出租人主张费用，而不应当向被告主张。

【案件焦点】

1. 被告宋某利用房屋租赁中介原告张某与第三人私下成交，是否仍需向中介支付服务费用；2. 在无法证明是否签署书面中介合同情况下，如何认定被告宋某“跳单”后应向原告张某某支付佣金的标准。

【法院裁判要旨】

北京市西城区人民法院经审理认为：根据法院查明的事实，原告为被告介绍房源、带看房屋且被告最终以其自认担任法定代表人的公司与出租方签订了《房屋租赁合同》，故原告为被告提供了居间服务，双方之间存在事实上的居间服务关系。被告不应避开原告单独与第三人签约。被告虽表示系第三人通过原告或主动要了被告联系方式且第三人要求直接签订租赁合同，但是并未对此提交证据，结合原告及第三人陈述的被告直接向第三人门卫人员要了第三人电话等情况，对于被告该意见，法院不予采信。同时，即使第三人要求被告私下签约，被告亦不应避开居间人单独与第三人签约。关于原告主张被告支付佣金，法院认为，居间人促成合同成立的，委托人应当按照约定支付报酬，对居间人的报酬没有约定或者约定不明确，根据居间人的劳务合理确定。本案中，现有证据可证明原告为被告提供了居间服务，但因无法认定《看房确认书》系被告签署，故无法确认按照《看房确认书》佣金标准支付佣金，但被告应根据居间人的劳务合理确定佣金费用，法院综合本案实际情况，酌情确定由被告支付原告佣金 5 万元，对原告主张超过部分不予支持。

北京市西城区人民法院判决如下：

一、本判决生效之日起 7 日内，被告宋某支付原告张某某佣金 5 万元；

二、驳回原告张某某的其他诉讼请求。

被告宋某不服一审判决，提起上诉。

北京市第二中级人民法院经审理认为：同意北京市西城区人民法院裁判意见。北京市第二中级人民法院依照《中华人民共和国民事诉讼法》第一百七十七条第一款第一项之规定，判决如下：

驳回上诉，维持原判。

【法官后语】

中介合同中，居间人促成合同成立的，委托人应当按照约定支付报酬。现有证据不能证明存在书面居间服务合同，其他证据亦不能确定中介费金额，在可认定双方存在中介合同关系时，可依据中介方的劳务合理确定中介费。具体来说：

第一，在无合同约定的情况下，委托人是否应支付居间人中介费。

本案中，经过鉴定，认定《看房确认书》为非被告签名，结合原告其他证据，亦不能认定《看房确认书》被告签名为本人书写。但是，根据查明事实，可以认定原告为被告租赁涉案房屋提供了居间服务，同时被告私下由其担任法定代表人的公司与出租方签订了《房屋租赁合同》，即被告存在“跳单”。但因现有证据不能显示双方对中介费数额进行约定，原告亦未全程参与居间服务的过程。那么，被告的“跳单”行为是否应支付中介费？事实上，通过原告居间，被告签订《房屋租赁合同》的目的已经达成。被告避开原告私下与出租方达成交易，不符合诚信原则、公平原则和社会主义核心价值观。故虽然不能认定双方有关于中介服务的书面约定，被告亦应支付原告中介费用。

第二，如认定委托人应支付居间人中介费，中介费数额如何确定。本案中，现有证据可证明原告为被告提供了中介服务，而被告私下与出租方成交，但因无法认定《看房确认书》系被告签署，属于对居间人的报酬没有约定或者约定不明确，故无法确认按照《看房确认书》佣金标准支付佣金，被告应根据居间人的劳务合理确定佣金费用。本案中，原告介绍被告与第三人认识，提供了交易机会，三方进行过一次面谈，后原告在微信中询问被告交易进度，原告并未参与合同签订磋商的重要过程，故原告对交易达成的参与度比例较低，相应地，中介费标准亦应较低。同时考虑被告“跳单”行为的不可提倡性，酌情在较低标准的基础上适当上调中介费标准。

结合本案涉及的房屋租赁居间问题，无合同约定的中介费标准具体可参考以下标准：

1. 根据中介方为中介活动付出的劳动量确定。付出的劳动量越大，报酬自然也应越多。如中介方促成交易参与度较高，如已经基本达成交易并签订合同时，委托人“跳单”，应支付较高费用，如中介方仅介绍双方认识，应支付较低费用。

2. 根据委托人与相对人之间合同成交额或实际获益情况。如中介方促成合同的标的、实际解决委托的重要程度等情形，也可作为确定中介方报酬的依据。

3. 根据以往相同或类似的中介报酬确定。以房屋租赁为例，实践中，中介费标准以达成房屋租赁合同中1个月租金为准的情况占较大比例，故中介费不宜超过与出租方签订的《房屋租赁合同》1个月租金标准。

4. 根据委托人与相对人是否存在过失。如按照诚信原则，考虑委托人“跳单”行为的不可提倡性，酌情在相应标准基础上适当上调中介费标准。

作为委托人在接受中介服务时，既要维护自身合法权益，也应充分尊重中介服务成果。在没有书面中介合同或者中介合同未明确约定报酬事项的情况下，法官根据中介方实际劳务情况确定合理的中介报酬有利于促进实现良好市场秩序。

编写人：北京市西城区人民法院　卢震

二十六、合伙合同纠纷

47

合伙人对内行使追偿权，不以合伙清算为必要前提条件

——廖某诉南宁某公司等合伙合同案

【案件基本信息】

1. 裁判书字号

广西壮族自治区南宁市中级人民法院（2022）桂01民终2600号民事判决书

2. 案由：合伙合同纠纷

3. 当事人

原告（上诉人）：廖某

被告（被上诉人）：南宁某公司、刘某某、蒙某某

【基本案情】

蒙某某系南宁某公司员工。2019年12月25日，蒙某某与廖某签订了一份《合作经营协议》并加盖南宁某公司的公章。2020年3月1日，南宁某公司与廖某签订《项目合作协议》，约定南宁某公司以项目的生产资质、原公司租赁的场地使用权、进原料与销售渠道等作为出资，廖某以整套的生产设备与生产技术作为出资，各占项目股份50%；项目采取南宁某公司、廖某和财务各自记账制度，每月28号进行对账，三方共同确认后签字存档；合作项目债务由合作

项目的财产偿还，合作财产不够偿还的，由合作人按照各自出资比例承担债务；特别更正，蒙某某于2019年12月29日在没有经过南宁某公司授权同意，自行与廖某签订的合伙协议无效，协议一式三份全部作废。刘某某在该协议上签字并加盖南宁某公司公章。自2021年4月起，南宁某公司与廖某不再履行上述协议，但因合伙项目场地被案外人铲平，相关财务资料及凭证遗失，双方一直未就合伙事项进行清算。

2021年6月17日，案外人麻某某将廖某诉至法院，请求解除双方签订的《装载机租赁合同》并赔偿装载机购机款82000元、支付尚欠租金78000元。田林县人民法院作出（2021）桂1029民初1050号生效民事判决书，判决查明：2020年3月24日麻某某将案涉装载机交付廖某，由廖某自行装运至合同约定的施工地点。该院以廖某在租赁期内未尽妥善保管义务导致机械灭失为由，判决解除麻某某与廖某之间签订的《装载机租赁合同》，同时判决廖某向麻某某支付租赁物灭失损失82000元及剩余13个月租金78000元，共计160000元。案件受理费1750元，由廖某负担。

因案外债务负担协商不成，廖某诉至法院，要求解除《合作经营协议》，同时要求刘某某、南宁某公司、蒙某某赔偿廖某加工设备费280000元、设备安装费、搬迁费、各种费用支出295000元、装载机灭失损失82000元、装载机租金损失45000元及另案受理费损失1750元。

二审法院审理过程中，向刘某某、南宁某公司发出限期举证通知书，要求其于收到通知书之日起5日内递交南宁某公司与廖某合伙期间债权债务相关凭据，然而刘某某、南宁某公司逾期未能提交。廖某在二审期间申请案外人麻某某作为证人出庭作证，根据麻某某陈述，廖某、蒙某某共同到场查看装载机情况，而后麻某某与廖某签订租赁合同，蒙某某于2020年3月24日将装载机运输到案涉合伙项目场地使用。

【案件焦点】

1. 合伙债务如何确定；2. 合伙财产未经清算，合伙人能否对内行使追偿权。

【法院裁判要旨】

广西壮族自治区宾阳县人民法院经审理认为：对于廖某主张刘某某、南宁某公司、蒙某某赔偿山沙加工设备费 280000 元、装载机灭失导致的损失 82000 元、装载机租金损失 45000 元及（2021）桂 1029 民初 1050 号案件受理费损失 1750 元的问题，虽然廖某提供了黄某顺、梁某新、韦某昌出具的证明及田林县人民法院作出的（2021）桂 1029 民初 1050 号民事判决书欲证明其主张，但证明实质为证人证言，因该三人均未出庭作证，故对证明内容不予采信。同时，田林县人民法院作出（2021）桂 1029 民初 1050 号民事判决书未认定案涉的装载机系蒙某某拉走，故廖某主张刘某某、南宁某公司、蒙某某共同赔偿上述损失缺乏事实依据，不予支持。

广西壮族自治区宾阳县人民法院依照《中华人民共和国民法典》第九百六十七条、第九百六十九条、第九百七十八条，《最高人民法院关于民事诉讼证据的若干规定》第一条，《最高人民法院关于适用〈中华人民共和国民事诉讼法〉的解释》第九十条之规定，判决如下：

驳回廖某的全部诉讼请求。

廖某不服一审判决，提起上诉，提出由刘某某、南宁某公司、蒙某某承担装载机灭失损失 82000 元、租金损失 45000 元及案件受理费损失 1750 元的上诉主张。

广西壮族自治区南宁市中级人民法院经审理认为：廖某基于合伙合同关系向合伙人行使追偿权应满足以下条件：（1）案涉债务属于合伙债务；（2）廖某以其个人财产清偿了合伙债务；（3）廖某所清偿的合伙债务数额超过其应承担的份额。案涉合伙关系终止后，廖某与南宁某公司未进行合伙清算，且由于合伙经营场所被案外人破坏，原始财务凭证及相关会计资料难以提供的可能性较大，而南宁某公司也未能在限定时间内提交证据证明合伙期间债权债务情况，故针对廖某提出的主张，如确属合伙债务应当由合伙人分担的，可直接予以审查、认定。根据（2021）桂 1029 民初 1050 号民事判决书查明内容及廖某二审提交的证据，可以认定案涉装载机系用于合伙项目经营。由于（2021）桂 1029

民初1050号民事判决书已判决廖某个人承担全部责任，故廖某有权就合伙债务中承担超出其合伙份额的部分向南宁某公司追偿。在未能查实过错主体的情况下，案涉装载机在合伙项目经营期间灭失，灭失的损失应由合伙人共同承担，南宁某公司应根据《项目合作协议》的约定承担装载机灭失损失82000元的50%，即41000元。《项目合作协议》明确约定廖某以整套的生产设备与生产技术作为合伙出资，廖某选择租赁案外人机械设备供合伙经营使用，应自行承担租赁设备期间产生的租金。南宁某公司应按其责任承担的比例分担另案受理费，即448.44元（41000/160000×1750=448.44元）。

广西壮族自治区南宁市中级人民法院依照《中华人民共和国民事诉讼法》第一百七十七条第一款第二项、第一百八十二条之规定，判决如下：

一、撤销一审判决；

二、南宁某公司向廖某赔偿装载机灭失损失41000元；

三、南宁某公司向廖某赔偿案件受理费损失448.44元；

四、驳回廖某的其他诉讼请求。

【法官后语】

《中华人民共和国民法典》第九百七十三条规定："合伙人对合伙债务承担连带责任。清偿合伙债务超过自己应当承担份额的合伙人，有权向其他合伙人追偿。"该规定虽然为合伙人就合伙债务行使对内追偿权提供了法律依据，但在具体适用过程中，由于规定内容并未明确合伙人行使追偿权是否以合伙终止、合伙财产清算为前提条件，故使得该问题成为案件处理的焦点。一种观点认为，合伙债务的分担与合伙财产的分割应遵循同一原则，根据《中华人民共和国民法典》第九百六十九条第二款关于"合伙合同终止前，合伙人不得请求分割合伙财产"以及《中华人民共和国合伙企业法》第二十一条第一款关于"合伙人在合伙企业清算前，不得请求分割合伙企业的财产"的规定，合伙关系尚未终止、合伙未经清算，合伙人不得对其他合伙人行使追偿权。另一种观点则认为，合伙系商事行为，遵循"法无禁止即自由"的基本原则，《中华人民共和国民法典》第九百七十三条并未规定合伙终止、合伙财产清算为行使对内追偿权的必经程序，且《中华人民共和国合伙企业法》第二十一条约束的对象不包括个人合伙，故合伙人只要满足《中华人民共和国民法典》第九百七十三条规定的条件即可行使对内追偿权，不应以合伙清算为前提条件。本案的处理即采纳了第二种观点，判决在双方未进行合伙清算且清算困难的情况下，允许合伙人对内行使追偿权，给类似纠纷的处理提供了借鉴，具有一定的典型意义。

笔者认为，个人合伙具有高度的人合性，合伙人在对彼此人身高度信赖的基础上建立合伙关系，各方仅依约定行使权利、履行义务，而对于合伙事宜的约定、管理往往存在不清晰、不规范的问题，这也是个人合伙与合伙企业之间存在的一个明显区别。诚然，对于个人合伙合同纠纷的处理，先清算后分配利润、分担债务是“一次性解决纠纷”理念下最理想的合伙关系终止处理方式，但参照《中华人民共和国合伙企业法》第二十一条的规定，强制要求个人合伙的利润分配和债务分担必须经过清算程序，则个人合伙将陷入僵局，无益于个案正义的实现和纠纷的化解。以本案为例，廖某、南宁某公司之间实际的合伙记账方式与双方的书面约定并不一致，各方并未依约记录账目、按期对账。在各方均负有管理账目职责的情况下，由于案外人原因导致合伙账目灭失，进行清算的可能性极小，且难以通过举证责任分配的方式认定清算不能的责任归属何方。如坚持要求当事人先清算后分担债务，将导致合伙事项陷入僵局，与“一次性解决纠纷”的司法初衷相悖。此外，从社会效果层面来看，合伙债务未经清算即由各合伙人分担，不仅没有影响合伙体本身的稳定性，反而更有利于保障债权人权利的实现。由于廖某个人支付能力较弱，故在本案诉讼发生时，案外人麻某某尚未能够在另案中完全实现其债权。而经过本案诉讼，南宁某公司分担了部分债务，麻某某实现债权的可能性也因此得到了显著的提升。

综上，个人合伙中的合伙人债务追偿不应以清算为前提，在同时满足《中华人民共和国民法典》第九百七十三条规定的三个条件的情况下，即债务属于合伙债务、以个人财产清偿了合伙债务、所清偿的合伙债务数额超过应承担的份额，合伙人就有权对内行使追偿权。

编写人：广西壮族自治区南宁市中级人民法院　陆琪珏

二十七、服务合同纠纷

（一）旅游合同纠纷

48

民刑交叉中，以单位名义签订合同实施犯罪的，被害人能否另行提起民事诉讼及单位主体的责任承担

——李某诉Z旅行社旅游合同案

【案件基本信息】

1. 裁判书字号

北京市第二中级人民法院（2021）京02民终6287号民事判决书

2. 案由：旅游合同纠纷

3. 当事人

原告（上诉人）：李某

被告（上诉人）：Z旅行社

第三人：Z旅行社山东分公司

【基本案情】

房某原系Z旅行社济南第一营业部负责人。2017年3月，房某与Z旅行社

签订《协议书》，约定房某加盟Z旅行社，作为Z旅行社济南第一门市的负责人，协议有效期为2017年3月20日起至2018年3月19日止。2018年6月29日，Z旅行社决定免去房某的Z旅行社济南第一营业部负责人职务。截至李某起诉时，Z旅行社济南第一营业部仍未注销。

2019年6月22日，房某以Z旅行社山东分公司的名义与李某于山东省济南市李某的家中签订《旅游服务合同》，约定：线路名称为日本三年多次签证；李某支付旅游费用1000元；Z旅行社根据出行游客个人资料有权要求游客缴纳出境保证金，因个人情况不同，故有可能收取归国保证金，汇款至对公账户；2019年7月12日出签，保证金6万元（以到账金额为准）；联系人为房某。

随后李某共计向房某银行账户转账60000元。后房某为李某办理了日本签证。2020年7月10日，山东省利津县人民法院就房某涉嫌诈骗罪事宜，判决如下：房某犯诈骗罪，责令房某退赔李某5.9万元等。房某不服该判决，提起上诉。山东省东营市中级人民法院作出裁定，维持一审判决。

2020年11月26日，山东省滨州市公安局滨城分局彭李派出所出具《情况说明》，显示Z旅行社山东分公司负责人2019年8月末向派出所报警，称其持有的Z旅行社山东分公司十一本团队境外旅游合同丢失，并提供了包括案涉合同在内的若干合同编号。

李某提出如下诉讼请求：1. 判令Z旅行社返还李某保证金59000元；2. Z旅行社赔偿利息损失（以59000元为基数，自2019年8月5日至实际付清之日止，按银行贷款利率计算）。Z旅行社、Z旅行社山东分公司以不存在有效合同且刑事判决责令房某退赔为由不同意李某的诉讼请求。

【案件焦点】

1. 李某是否有权起诉Z旅行社；2. Z旅行社向李某赔偿的归责路径；3. Z旅行社应如何承担责任。

【法院裁判要旨】

北京市西城区人民法院经审理认为：首先，房某已被法院认定构成诈骗罪，并判令退赔李某 5.9 万元。相关诉讼法司法解释所禁止的是在刑事诉讼过程中被害人向被告人提起附带民事诉讼，并未禁止刑事诉讼结束后被害人可以另行针对其他应负责任的民事主体提起民事诉讼以寻求救济。刑事案件的被害人经过追缴或者退赔不能弥补损失的，以刑事案件的被告人之外的责任主体为被告提起民事诉讼主张损失赔偿，并不违反“一事不再理”原则。李某主张房某之外的民事主体承担责任，不属于重复起诉，相反符合民事起诉受理条件。李某起诉 Z 旅行社，法院应予受理。

其次，房某与 Z 旅行社有加盟协议，但其并非 Z 旅行社山东分公司工作人员，李某也没有理由认定房某的职务身份，所以李某不能援引职务行为规定主张 Z 旅行社承担民事责任。房某所提供之合同虽盖有 Z 旅行社山东分公司之公章，客观上具有代理权的表象，但李某并未对房某是否有权代理 Z 旅行社山东分公司进行谨慎审查，主观上有一定过失，房某不构成表见代理。Z 旅行社山东分公司对合同文本管理不当，导致房某取得盖章的合同文本，为房某犯罪行为得逞制造了机会和条件，与李某过错相当，同时与李某将款项汇给房某有一定的因果关系。Z 旅行社山东分公司对房某犯罪行为造成的李某的损失，应承担赔偿责任。

最后，按照 Z 旅行社山东分公司与李某的过错情况，Z 旅行社应向李某承担 50%的赔偿责任，刑事案件责令房某退赔李某 5.9 万元，同时李某因房某无法及时返还 5.9 万元产生损失，结合应返还时间、判令退赔时间及实际退赔情况，酌情认定该损失为 1000 元。法院认定李某的损失为 6 万元，Z 旅行社应向李某承担 3 万元的赔偿责任。其次，由于刑事案件责令房某退赔李某 5.9 万元，若房某对李某进行了全部或者部分退赔，房某实际退赔数额与 Z 旅行社赔偿数额总和不应超过李某的损失 6 万元，所以 Z 旅行社应向李某赔付 0.1 万元，另在确定房某退赔不能时，向李某支付赔偿房某退赔不能部分的款项，限额为 2.9 万元。最后，法院已责令房某退赔李某 5.9 万元，所以李某应先通过刑事案件执行程序向房某主张赔偿责任，若房某无财产可足额执行，法院向李某出具终结本次执行程序的裁定，该裁定生效即可认定房某退赔不能。本判决生效且自房某退赔不能之日起 15 日内，Z 旅行社应向李某赔偿房某未退赔部分的款项，限额为 2.9 万元。

北京市西城区人民法院判决如下：

一、Z 旅行社于判决生效之日起 15 日内向李某赔付 1000 元；

二、判决生效且自房某退赔不能之日起 15 日内，Z 旅行社向李某支付赔偿房某退赔不能部分的款项，限额为 29000 元；

三、驳回李某的其他诉讼请求。

李某、Z 旅行社不服一审判决，提起上诉。

北京市第二中级人民法院经审理认为：同意一审法院裁判意见，一审判决认定事实清楚，适用法律正确，应予维持，依照《中华人民共和国民事诉讼法》第一百七十条第一款第一项之规定，判决如下：

驳回上诉，维持原判。

【法官后语】

民刑交叉背景下，被告人以单位名义签订合同实施犯罪，如刑事判决已作出处理且责令退赔时，被害人能否针对被告人在内的民事主体另行提起民事诉讼，如被害人能另行民事诉讼，被告人之外的单位主体应承担何种责任。上述问题的妥善解决可进一步保护被害人权利。

1. 责令被告人退赔后，被害人仍有权另行提起民事诉讼

责令被告人退赔后，被害人损失仍可能得不到完全填补，一方面是责令退赔的数额无法通过执行程序解决，另一方面是责令退赔之外的损失仍可能存在。

鉴于责令退赔程序在主体以及赔偿范围方面有限制，对于应由责令退赔程序处理的，被害人另行提起民事诉讼，不应予以受理。如责令退赔部分无法通过执行程序全部实现时，被害人可向其他民事主体主张；如存在责令退赔之外的损失，被害人可向包括被告人在内的民事主体主张。本案中，房某以 Z 旅行社的名义与李某签订旅游合同被认定为犯罪，责令房某退赔 5.9 万元，法院认定李某不能占有款项的损失为 1000 元。所以就 5.9 万元部分，李某仅起诉 Z 旅

行社，并无不可；就1000元部分，李某有权起诉Z旅行社和房某，当其仅起诉Z旅行社时，予以处理即可。

2. 被告人之外的民事主体基于不同情况向被害人承担不同性质的责任

被告人基于责令退赔程序向被害人承担责任，但被告人以单位之名与被害人签订合同，单位在满足一定条件下也应承担责任。同时还需要处理好单位责任与被告人责任的衔接问题，避免双重赔偿的出现。

(1) 被告人构成有权代理或表见代理时，被害人可主张单位主体承担合同责任

如被告人就代单位与被害人的行为构成有权代理或者表见代理时，单位应作为合同主体向被害人承担合同责任。合同效力不当然因涉嫌犯罪而应予以否定，应审查是否符合民事法律规范规定的合同无效情形，根据合同效力的不同情况，由单位向被害人承担不同的合同责任。本案中，房某并非Z旅行社山东分公司的员工，虽提供带有公章的合同，结合合同条款、签署地点显示李某未做谨慎审查，不足以认定房某对Z旅行社构成有权代理或表见代理。所以Z旅行社并不向李某承担合同责任。

(2) 被告人对单位构成无权代理但单位存在明显过错时，被害人可主张单位承担补充责任

单位不需要承担合同责任，但单位疏于管理的过失为被告人直接侵权提供了条件，有明显过错，单位应承担赔偿责任。《中华人民共和国民法典》规定三种责任形态按份责任、连带责任、补充责任。就被害人同一损失，被害人与单位不应承担连带责任或按份责任，与补充责任有一定相似性。学术界将补充责任的适用情形提炼为“具有全部原因力的直接作为侵权+过失不作为侵权”①，结合《中华人民共和国民法典》第一千一百九十八条、第一千两百零一条规定，可归纳出补充责任一般规则，即因第三人行为造成被害人损害，未尽到保障、管理义务的主体，在其过错范围内承担相应的补充责任，承担补充责任后，可向直接侵权人追偿。按照“相同情况相同处理”的公平正义观念，虽司法解

① 徐银波：《侵权补充责任之理性审思与解释适用》，载《西南政法大学学报》2013年第5期。

释未明确单位的过错责任形态，认定补充责任方为妥当。

本案中，Z旅行社疏于管理导致房某犯罪行为的发生，但李某对合同审查以及履行也存在一定过错，故此Z旅行社应就李某总损失6万元中的50%部分承担补充责任，即应补充赔偿3万元。鉴于房某已被责令退赔5.9万元，执行情况尚不确定时，应确保李某利益得到完全填补的同时避免双重赔偿。最终，法院判决Z旅行社赔偿李某1000元，同时再赔偿房某退赔不能部分的款项限额2.9万元。

编写人：北京市第二中级人民法院　高磊

北京市西城区人民法院　王志伟

（二）餐饮服务合同纠纷

49

餐饮服务合同中公司员工代理行为的责任承担

——某餐厅诉投资公司等餐饮服务合同案

【案件基本信息】

1. 裁判书字号

广西壮族自治区南宁市中级人民法院（2022）桂01民终12063号民事判决书

2. 案由：餐饮服务合同纠纷

3. 当事人

原告（被上诉人）：某餐厅

被告（上诉人）：投资公司

被告：付某某、王某、黄某某

【基本案情】

某餐厅是一家经营餐饮的个体工商户，经营者为刘某某。投资公司因其员工食堂于2021年9月30日开始停止供应餐食，为解决员工工作餐问题，经投资公司综管部人员付某某请示投资公司同意，从2021年10月1日起，投资公司员工工作餐由点外卖方式进行过渡，餐标为午餐20元/人，晚餐为25元/人。

2021年9月30日，付某某通过微信联系某餐厅经营者刘某某，向某餐厅预定从2021年10月1日起的午餐和晚餐，标准如上所述，数量视情况而定。自2021年10月1日始至2021年11月26日，投资公司先后通过其员工即综管部的付某某、营销部的王某和实习生黄某某以微信方式按上述用餐标准向刘某某订员工工作餐，工作餐送到指定地址。2021年12月7日，刘某某通过微信与王某联系结算餐费，某餐厅共向投资公司送餐2664份，计餐饮费58833元。双方确认所欠餐费数额后，王某告知某餐厅于2021年12月21日前分两张开具正规发票方能支付餐费。某餐厅遂于2021年12月20日按要求开好发票送到王某办公室处并提供收款银行卡号，但迟迟未见投资公司向其支付所欠餐饮费。经某餐厅多次催促，投资公司以不是公司订餐为由仍未将餐费支付至某餐厅指定账户。某餐厅遂诉至广西壮族自治区南宁市西乡塘区人民法院。

【案件焦点】

1. 某餐厅与投资公司是否存在餐饮服务合同关系，如存在餐饮服务合同关系某餐厅所提供的餐饮服务是否达到投资公司的要求，某餐厅主张投资公司拖欠并支付58833元的餐饮费有无事实及法律依据；2. 投资公司员工付某某、王某、黄某某应否与投资公司承担连带支付责任。

【法院裁判要旨】

广西壮族自治区南宁市西乡塘区人民法院经审理认为：投资公司因其食堂停止供应餐饮，其综管部员工即付某某经请示投资公司同意后通过微信与某餐厅经营者刘某某联系自2021年10月1日起午餐及晚餐的订餐事宜，包括订餐价格标准及送餐地点以及每天的订餐数量等，虽双方未签订书面餐饮服务合同，但某餐厅与投资公司已实际达成餐饮服务合同并实际履行，双方合同合法有效。由于负责订餐的人员为投资公司员工或实习生即付某某、王某、黄某某，其履行的是代表投资公司行为，故餐饮服务合同的权利义务应由投资公司承担，而非由付某某、王某、黄某某承担。综上所述，对某餐厅请求投资公司支付其餐饮费 58833 元，法院予以支持，但某餐厅请求投资公司当时负责订餐的员工即付某某、王某、黄某某对投资公司的债务承担连带清偿责任于法无据，法院不予支持。

广西壮族自治区南宁市西乡塘区人民法院依照《中华人民共和国民法典》第一百七十条、第四百六十九条、第五百零九条，《中华人民共和国民事诉讼法》第一百四十七条之规定，判决如下：

一、投资公司向某餐厅支付餐饮费 58833 元；

二、驳回某餐厅的其他诉讼请求。

投资公司不服一审判决，提起上诉。

广西壮族自治区南宁市中级人民法院经审理认为：当事人依法应对自己提出的诉讼请求所依据的事实或者反驳对方诉讼请求所依据的事实提供证据加以证明。没有证据或者证据不足以证明其事实主张的，当事人需承担不利后果。投资公司主张其三个员工付某某、王某、黄某某订餐前未走审批流程未签订合同也未单独就该事项取得公司授权，投资公司不应承担员工个人行为带来的经济责任，坚持认为其无义务向某餐厅支付任何费用。针对投资公司的上诉请求，二审法院认为，原审依据查明的事实认定投资公司与某餐厅之间已实际达成餐饮服务合同并实际履行，遂根据在案证据及本案实际酌情判决投资公司支付相应餐饮费，并无不当，应予维持，投资公司的上诉理由不成立，应予驳回，法院判决：

驳回上诉，维持原判。

【法官后语】

随着网络的全面普及和高速发展，人们的工作及生活节奏的加快，网络订制快餐已成现代社会人们生活的日常，通过微信、网络订餐平台等订制快餐，能快速、便捷地解决人们的用餐问题，但因双方未签订明确具体书面合同等原因往往容易产生餐饮服务合同纠纷，本案即为公司员工代为订制快餐产生餐饮服务合同纠纷的典型案例。

合同是民事主体之间设立、变更、终止民事法律关系的协议，其应当具备以下要素：合同当事人、合同目的、合同内容、合同形式、合同履行期限和方式、违约责任等，依法成立的合同，受法律保护。对于合同订立的形式，《中华人民共和国民法典》第四百六十九条第一款规定："当事人订立合同，可以采用书面形式、口头形式或者其他形式。"故口头形式订立的合同同样具有法律效力，双方或多方当事人就合同内容达成了一致意见，且合同内容明确，具有合法性和可执行性，则口头形式订立的合同依法成立。本案投资公司因其员工临时用餐问题，通过其员工与某餐厅经营者微信聊天方式向某餐厅订制快餐，虽双方未签订书面餐饮服务合同，但某餐厅已按投资公司的要求向投资公司员工提供餐饮服务，投资公司也接受了某餐厅的送餐服务，双方已实际达成餐饮服务合同并实际履行，故投资公司应向某餐厅支付相关餐饮服务费用。值得注意的是，本案投资公司是由其员工向某餐厅进行订餐，投资公司拒绝向某餐厅支付餐费的理由是其员工订餐前未走审批流程未签订合同也未单独就该事项取得公司授权，投资公司不应承担员工个人行为带来的经济责任。但据查明事实可知，投资公司员工的订餐行为确实是经向投资公司有关部门请示并获得同意，所订的快餐也确实用于解决员工的临时用餐问题，故三员工是代表投资公司的订餐行为，而不是个人行为，双方之间存在代理合同关系，根据《中华人民共和国民法典》第一百六十二条"代理人在代理权限内，以被代理人名义实施的民事法律行为，对被代理人发生效力"之规定，投资公司拒不支付某餐厅餐饮费用及某餐厅要求投资公司三员工承担连带责任均于法无据。

合同是商业交易中的基本法律工具，是商业活动的重要基础，也是维护市场秩序的重要手段。在人们工作、生活节奏加快而快餐外卖盛行的当今，既要保障经济发展与生活便利，又要通过完善法律规定，提高裁判水平，为高质量服务社会发展做好充足准备。

编写人：广西壮族自治区南宁市西乡塘区人民法院　梁永光

（三）网络服务合同纠纷

50

新业态下服务合同中违约责任的认定

——文化传媒公司诉文化科技公司网络服务合同案

【案件基本信息】

1. 裁判书字号

北京市第三中级人民法院（2022）京03民终4925号民事判决书

2. 案由：网络服务合同纠纷

3. 当事人

原告（被上诉人）：文化传媒公司

被告（上诉人）：文化科技公司

【基本案情】

自2020年9月14日起，文化传媒公司与文化科技公司签订了《直播演出合约》，约定文化传媒公司按单链接服务费4万元向文化科技公司全额预付坑位费，文化科技公司按照商品销售金额的5%收取佣金，并承诺单链接保底销售额5万元，如未完成销售业绩，则按比例退还未达到业绩比例的服务费用。文化传媒公司依约向文化科技公司支付了坑位费20万元。但因文化科技公司未能按照协议约定完成销售任务，文化传媒公司要求其退还全部坑位费及未完成销售业绩的服务费用。文化科技公司认为文化传媒公司没有依约提供直播脚本，导致案涉直播带货没有达到双方的预期目标，合同目的完全不能实现，过错完全在于文化传媒公司，此外其已经向主播支付了款项50万元，不应退还坑位费。

【案件焦点】

文化传媒公司是否按照合同约定提供了直播脚本。

【法院裁判要旨】

北京市朝阳区人民法院经审理认为：文化传媒公司与文化科技公司签订的《直播演出合约》系双方当事人的真实意思表示，不违反法律法规的强制性规定，应当认定合法有效。文化科技公司提供的直播带货服务未达到双方约定的合同保底金额，现双方确认文化科技公司直播带货的金额为3976元，文化传媒公司已支付的金额为20万元，按照合同约定，文化科技公司应按照比例退还未达到业绩比例的服务费用。但在合同履行过程中，双方明确约定文化传媒公司应在开始直播前72小时提供直播脚本，现文化传媒公司仅于2020年9月24日向文化科技公司发送了产品信息说明，该产品信息内容相对简单，晚于合同中约定的直播脚本发送时间，且与合同中约定的直播脚本并不完全属于同一文件，无法起到替代作用。文化科技公司未提交脚本模板，且销售金额过低，亦存在过错。一审法院认为文化传媒公司并未完全按照合同履行其相应义务，对直播带货的金额不足合同约定的保底金额亦应承担部分责任，故一审法院对文化传媒公司要求退还的金额予以酌定。

北京市朝阳区人民法院判决如下：

一、文化科技公司于判决生效后7日内向文化传媒公司退还坑位费160000元；

二、驳回文化传媒公司的全部诉讼请求。

文化科技公司不服一审判决，提起上诉。

北京市第三中级人民法院经审理认为：第一，从合同约定的脚本发送时间看，文化传媒公司发送的时间与合同约定不符。第二，从直播脚本的内容上看，双方在《直播演出合约》中并未明确直播脚本的样式及必须包括的内容。文化传媒公司并非本次直播的组织方，文化传媒公司的职责都与商品有关，其角色仅为本次直播提供销售商品的供应商角色，直播也并非文化传媒公司所售产品的独家专场直播，直播当天亦存在别的供货商家，文化传媒公司并不与直播艺人直接取得联系，客观上不具备把控整个直播环节的条件。从合同条款的内容上看除销售额外并未设置其他附加条件，双方确认本次直播的总销售额仅为3976元，远远低于保底金额，故文化传媒公司主张文化科技公司退还款项具有合同依据。

文化传媒公司提供脚本的时间虽与合同不符及脚本质量虽有瑕疵，但对合同的履行不构成根本性阻碍，文化科技公司上诉主张对保底责任完全免责，不予返还任何费用事实依据明显不足，法院对此不予支持。

综上所述，文化科技公司的上诉请求不能成立，应予驳回；一审判决认定事实清楚，适用法律正确，应予维持。据此，北京市第三中级人民法院依照《中华人民共和国民事诉讼法》第一百七十七条第一款第一项之规定，判决如下：

驳回上诉，维持原判。

【法官后语】

本案的典型之处在于，争议双方均属于直播营销人员服务机构，系招商选品方与直播营销方之间纠纷的典型案例，通过该案例可以区分在直播营销链条内各方的权利义务关系及相应的法律后果。

本案中，文化传媒公司与文化科技公司之间的合同关系为服务合同关系，服务合同并非《中华人民共和国民法典》中的有名合同，实践中在服务质量、付款条件、违约事实的认定等方面存在诸多争议，提供服务的过程和产生的结果存在不确定性，无论是参照适用一般标准或行业标准化规范，还是判断当事人订立合同的预期和目的，都存在困难，这也是本案双方产生纠纷的重要原因之一。

本案中，文化传媒公司要求文化科技公司返还服务费的主要原因为其没有实现合同约定的销售金额。商家之所以选择网络主播推广他们的商品，主要原因即在于网络主播的社会影响力较大，因此社会大众对其接受程度更高，网络主播推荐的商品自然可以凭借网络主播的影响力获得更高的评价，从而使得商家获取更好的经济收益。同时网络主播推荐商品即应当代表对该商品的认可，所以网络直播带货具有承诺性的特点，并由此产生直播带货合同往往由需求方先行付费的履行模式。但许多明星或者知名主播带货销售的效果不尽如人意，实际产品的销售额与对方支付的服务费相差甚远，而这种情况的出现大多由于明星或者主播的瑕疵履行，未严格按照合同的约定进行直播带货活动，导致产品的销量受损，无法实现合同目的。本案中文化传媒公司与文化科技公司签订合同目的当然为实现销售目标，在合同目的无法实现时自然涉及违约责任的认定。一、二审中，双方争议焦点即为是否存在违约行为，文化科技公司认为其未能实现预期销售额的原因在于文化传媒公司没有提供合同约定的“脚本”，而从文化科技公司的主张来看，其认为的脚本是本次直播的整场脚本。而文化传媒公司并非本次直播的组织方，在本次直播中仅能掌控部分货品，故在合同缺乏进一步明确约定的情形下，文化传媒公司向文化科技公司发送的脚本内容涵盖了商品功能、特点、价格优惠、宣传亮点等与商品本身及商品销售有关的必要信息，结合文化科技公司收到后并未提出异议的情形，其对提供脚本内容的履行及时间虽有瑕疵，但并未达到根本违约的程度。而作为对整个直播更应该全面进行掌控的文化科技公司显然应当对未能达成合同目的负更重要的责任。

因此，面对新的业态形势，专业的直播运营方在迅速发展赚取财富的同时，对其自身应负担的专业义务切实予以承担。首先，在合同中应当明确坑位费是否保证销量，如果不保证销量，则在销售金额不符合合同约定的情况下，金额不足的责任需要商家自己负担。其次，主播进行直播活动的时间及账号对于品牌方来说是直播带货的核心要素，双方应当事先对直播的账号、直播平台、是否为本人直播、具体每个品类直播的时长等条款进行明确约定。最后，应当明确约定违约责任及补救措施，如双方未按照约定履行义务，则应当综合考虑案件情况确定违约责任。合同还需要根据直播间运营者及商家的合作模式、交易过程及消费者认知等因素予以完善。

编写人：北京市朝阳区人民法院　李壮　陈峰

51

网络平台封禁用户账号合理性的认定

——李某诉科技公司网络服务合同案

【案件基本信息】

1. 裁判书字号

北京市第四中级人民法院（2021）京04民终862号民事判决书

2. 案由：网络服务合同纠纷

3. 当事人

原告（上诉人）：李某

被告（被上诉人）：科技公司

【基本案情】

某视频平台由被告科技公司运营。李某使用手机号在某视频平台注册了账号，该账号拥有31.5万粉丝，作品1284件。

2020年5月6日，李某账号因“涉嫌医疗风险”被某视频平台永久封禁。具体事由为，李某在某视频平台通过其账号发布了若干短视频，涉及介绍国外海豹油、维骨力等相关保健品，以及发送包裹、与客户的聊天记录等视频，视频同时配有旁白，涉及保健产品的介绍与宣传。李某认为其发布、分享的为日常生活内容，科技公司的封禁属于违约行为，并将科技公司诉至法院，请求判令：1. 科技公司对李某视频平台账号进行解封；2. 科技公司将恢复账号至封禁前的状态，并恢复所有原创视频；3. 判令科技公司在李某账号中向其进行道歉。

被告科技公司辩称：涉案账号在没有资质的情况下，屡次、大量发布推广保健食品的视频，并违法、违规宣传具有疾病预防、治疗功效。涉案账号宣扬自己售卖大量保健品，展示客户通过微信购买的记录，招揽消费者购买，甚至招揽他人成为其下级代理。被告的上述行为不仅违法，也违反了原、被告双方的服务协议。

【案件焦点】

网络平台封禁用户账号合理性的认定问题。

【法院裁判要旨】

北京互联网法院经审理认为：李某在科技公司运营的某视频平台注册账号并使用，在注册账号过程中点击同意《用户服务协议》《网络社区自律公约》等约定，双方之间形成网络服务合同关系，合法有效。本案的争议焦点为科技公司永久封禁李某账号的行为是否存在违约。

第一，李某相关行为是否违反协议约定。通过李某发布的若干条视频，可以看出李某通过其视频平台账号宣传国外若干保健品，其中包括“降血压”“治疗胃病胃炎”等描述，同时李某发布视频涉及“每一天都发一堆货”“今天的货都发走了”等内容，结合上述视频之间的关联度，法院认定李某存在在某视频平台宣传、推广、销售国外保健品的行为。根据《中华人民共和国食品安全法》的规定，国家对保健食品、特殊医学用途配方食品和婴幼儿配方食品等特殊食品实行严格监督管理。李某作为个人视频平台账户，在未取得相应资质的情况下，发布宣传、推广、售卖外国保健品的视频，引导用户购买，李某的行为违反了相关法律规定以及《用户服务协议》。

第二，科技公司采取永久封禁账号是否违约。北京互联网法院在审理过程中注意到，李某的账号在被永久封禁之前，曾受到某视频平台的多次处罚，但是李某并未引起注意，仍然继续发布违规视频。现科技公司依据《用户服务协议》第7.1条约定的“针对您违反本协议或其他服务条款的行为，公司有权独立判断并视情况采取预先警示、拒绝发布、立即停止传输信息、删除内容或评论、短期禁止发布内容或评论、限制账号部分或者全部功能直至终止提供服务、永久关闭账号等措施”，对李某采取永久封禁账号的行为，并无不当，不属于违约。

北京互联网法院判决如下：

驳回原告李某的全部诉讼请求。

李某不服一审判决，提起上诉。

北京市第四中级人民法院经审理认为：同意一审法院裁判意见，判决如下：驳回上诉，维持原判。

【法官后语】

互联网已成为我国社会交往和社会消费的重要渠道之一，大型社交和电商平台在承载及控制海量资源、行为与交易的同时，也成为网络空间中重要的秩序供给者。平台与用户之间订立的服务协议是维护平台秩序的重要依据，如果用户的行为违反了服务协议约定的内容，平台可能会采取警告、禁言等惩治措施，情况严重的，平台可能会封禁账号。随之而来的是用户与平台实施惩治规则之间的纠纷日益增多。

随着案件数量的增长、平台公共属性的强化，司法开始注意到该类案件与传统合同违约案件存在差别。本案审理过程中，尝试构建适用于该类案件的裁判思路：(1) 审查网络服务合同关系是否成立，确定平台对用户行为负有管理义务；(2) 审查用户是否实施不当行为，确定平台封禁用户账号是否具有事实依据；(3) 审查平台封禁账号措施是否合理，确定平台封禁用户账号是否符合比例原则的要求。概括而言，网络平台封禁用户账号的行为是否合理，应当考察用户协议内容的合理性、用户是否存在不当行为、平台采取的措施与用户行为严重程度是否相当。

1. 用户协议内容的合理性

首先，用户协议内容应当符合法律规定。其次，用户协议中惩戒措施的条件应当与平台具有的公共属性强弱相关。平台的公共属性强，封禁账号的条件应当相对严格；平台的公共属性弱，封禁账号的条件可以适当宽松。平台公共属性的强弱可以使用必需设施原则进行判断，即平台对于日常生活、工作的重要程度及是否具有可替代性。最后，用户协议的内容应当告知用户，并可以通过公开的渠道可以查阅。

2. 用户是否存在不当行为

如果用户通过平台账号实施诸如售卖不具有合法来源的药品、分享赌博信息等不当行为，可能会违反平台管理规范，影响他人利益、平台利益、社会利益。如果用户违反了平台规则中约定的义务，平台经营者采取适当的惩戒措施，对用户进行管理，符合平台经营者和平台用户的长远利益。

3. 平台采取的措施与用户行为严重程度是否相当

平台经营者应当根据不当行为的严重程度采取不同的惩戒措施。平台经营者封禁用户账号，实质上是拒绝向相对人提供技术服务，属于比较严厉的惩戒措施，该种惩戒措施应当对应用户相对严重的不当行为。本案中，李某在未取得相应资质的情况下，发布宣传、推广、售卖国外保健品的视频，引导用户购买，违反食品安全法，危害社会公众利益。在受到平台多次处罚后、李某继续发布违规视频的情况下，平台经营者对李某采取永久封禁账号的行为，并无不当。

互联网不是法外之地，用户在网络空间中的行为应当遵守国家法律法规和平台协议，网络平台也应当加强对于用户行为的管理。网络平台对于直播带货、产品宣传等营销行为的监督，有利于加强网络空间行为规范，加强网络空间生态治理，营造天朗气清、生态良好的网络空间。

编写人：北京互联网法院　张博　吴娇

52

网络公司通过算法综合形成的商品检索默认排序是否侵犯消费者权益

——朱某某诉网络公司网络服务合同案

【案件基本信息】

1. 裁判书字号

浙江省杭州市中级人民法院（2022）浙01民终4808号民事判决书

2. 案由：网络服务合同纠纷

3. 当事人

原告（上诉人）：朱某某

被告（被上诉人）：网络公司

【基本案情】

原告朱某某主张：2020年9月9日晚上，原告在被告经营的手机软件商品搜索栏，输入“80片*6正大青春宝抗衰老片”，并以其设定为默认选项的“综合”筛选条件进行搜索，其结果显示：找不到你想要的结果，并推荐了与“抗衰老片”有关的商品。在推荐第一排序位置上则是由药房旗舰店销售的礼盒装保健药品，其零售价为398元，便以1442元下单买了4盒礼盒装保健药品。在收到该商品后原告发现其他网购平台有简装保健药品在售，便再次在商城进行搜索，结果显示也有相同的简装保健药品在售。鉴于以前在商城购物曾有过七日无理由退货的经验，加上药房旗舰店在该商品的展示页面上，公示享有“退货运费险”的服务条款，便在9月18日11：05以简装保健药品有6瓶相同的药品，其零售价才是350元，而此前礼盒装保健药品只有2瓶相同的药品，却卖368元，价格极不合理为由，向药房旗舰店提出了退货退款的申请。药房旗舰店的售后人员则以“根据法规规定，药品一旦签收，不接受非质量问题退换”为由，拒绝了原告的退货要求。于是原告在9月20日申请被告的客服介入。被告的客服专员在电话中以“此商品为药品，不支持七天退货”为由关闭退款窗口，强制成交。

2021年3月16日，原告在网络商城的商品搜索栏，输入“湿毒清胶囊”，并以其设定为默认选项的“综合”筛选条件进行搜索，搜索结果显示的第一排序为：A大药房，其30粒装的售价为35.8元，月销1609笔；第二排序为：B大药房旗舰店，其30粒装的售价为21.8元，月销205笔；第三排序为：A大药房，80粒装的售价为76.8元，月销621笔。随后，原告把被告设置为默认选项的“综合”筛选条件，改为“价格升序”，进行同样的湿毒清胶囊药品搜索，其搜索结果显示为：其他药品（非原告要搜索的湿毒清胶囊），对此搜索结果进行多轮的向上滑动，才出现湿毒清胶囊药品信息：××药店的30粒装售价为16.80元，××药店的30粒装售价为17.80元。其后，原告把“价格升序”改为“价格降序”进行相同药品的搜索，其搜索结果显示的全部都是湿毒清胶囊。原告在3月13日曾以9.9元/盒的零售价向商城的某药店购买3盒相同的30粒装的湿毒清胶囊。原告认为，被告作为商城的经营者，存在故意的任由其商品搜索引擎，把“综合”筛选条件设定为默认选项，隐藏“价格升序”的筛选条件，侵害了原告和其他消费者的知情权和选择权，应承担相应的法律责任。

被告某网络公司辩称：原告主张商品定价和排序问题与本案无关，且某网络公司事实上也不存在侵犯原告和其他消费者知情权和选择权的行为。平台上的排名是根据店铺的综合销量、点击率、信誉、好评率等综合排名所得，而且会进行更新，并不存在原告所说故意将个别店铺优先予以显示，且原告就关键词“湿毒清胶囊”变更商品搜索条件为“价格升序”后，也未显示原告认为的被告关联企业店铺信息，这也恰恰说明平台上的排名是综合排名，搜索结果并不存在不合理之处，且原告也未提供证据证明网络公司利用技术手段，刻意优先显示部分店铺和相关商品信息，其主张毫无事实和法律依据。针对案涉商家是否存在发布违法信息，平台已尽监管义务，请求法院依法驳回原告对网络公司的全部诉请。

【案件焦点】

网络公司能否将根据商品销量、点击率、信誉、好评率等形成的综合排序作为商品检索结果的默认排序。

【法院裁判要旨】

杭州互联网法院经审理认为：从《服务协议》中看，第4.1条规定某网络公司向用户提供“关键词检索”“筛选”服务，但双方之间未对检索服务的具体内容或网络公司应当提供的检索服务的标准进行明确约定，原告朱某某与被告网络公司亦未在事后就该内容达成补充协议。被告网络公司提供的默认排序即综合排序功能是根据商品销量、点击率、信誉、好评率等进行排名并会实时更新，原告未提供证据证明将综合排序作为默认排序损害其合法权益。且原告可根据需求自由选择价格升序、价格降序等排序功能，至于价格升序是否独立于综合排序选项之外，并不影响原告的自由选择。因此在案证据无法证明被告所提供的排序功能损害原告的合法权益。对原告该诉讼请求，法院依法不予支持。原告提出的其他诉讼请求，于法无据，法院不予支持。杭州互联网法院判决如下：

驳回原告朱某某的全部诉讼请求。

朱某某不服一审判决，提起上诉。

浙江省杭州市中级人民法院经审理认为：一审判决认定事实清楚、法律适用正确、实体处理适当，判决如下：

驳回上诉，维持原判。

【法官后语】

算法是数字经济的重要基础元素，电商平台通过算法筛选出最可能适合消费者的商品，提高了供需匹配效率，降低了交易成本，提高了消费者效用，对推动电子商务发展具有重要作用。本案明确电商平台有权将根据商品销量、点击率、信誉、好评率等形成的综合排序作为商品检索结果的默认排序，对于维护算法正向发展，促进交易和保障企业经营自主权、优化营商环境，具有重要示范意义。

首先，将综合排序作为商品检索结果不违反双方合同约定。本案原告提出电商平台不得把综合排序设定为商品搜索排序的默认选项，而根据其与网络公司签订的《服务协议》来看，协议约定某网络公司向用户提供“关键词检索”“筛选”服务，但双方之间未对检索服务的具体内容或某网络公司应当提供的检索服务的标准进行明确约定，原告朱某某与被告网络公司亦未在事后就该内容达成补充协议，因此某网络公司在本案该情形中并未违约。

其次，将根据商品销量、点击率、信誉、好评率等形成的综合排序作为默认排序更有利于实现合同目的，更有利于促进交易。消费者与电商平台形成的法律关系为网络服务合同关系。电商平台提供的检索服务是其履行的一项合同义务。需要注意的是，电商平台履行的检索服务与百度等搜索引擎提供的检索服务不同，其提供的是交易撮合服务，主要目的在于为广大消费者提供最适合的结果。而综合排序结合了检索词、商品信誉、销量、好评率等因素，能够适合尽可能多的人群，故将综合排序作为默认排序更有利于实现合同目的。

最后，如何设置检索结果的默认排序是企业自主经营权的一种体现。所谓经营自主权，是指相对人（主要是企业）在不违反国家法律的基础上所拥有的调配使用自己的人力、物力、财力，自行组织生产经营的权利。在电商领域，电商平台为了追求交易量最大化、利益最大化，往往会不断优化算法，优化操作界面等。在不违反法律规定和双方约定、不侵害相对人利益的情况下，具体将何种排序（如综合排序、价格升序、距离远近等）设置为检索结果的默认排序，应当是电商平台的权利，司法机关不应随意干涉。

需要注意的是，电商平台在提供综合排序的检索结果时，要注重保护消费者的知情权和选择权等权益，并维护平台上商家竞争公平性，从而不断改善交易场景下的透明性和公平性，推动数字经济健康发展。

编写人：杭州互联网法院　曾宪未

（四）教育培训合同纠纷

53

实际控制人与公司构成人格混同的应承担连带清偿责任

——曾某某诉文化传媒公司、刘某某教育培训合同案

【案件基本信息】

1. 裁判书字号

北京市第二中级人民法院（2022）京 02 民终 4359 号民事判决书

2. 案由：教育培训合同纠纷

3. 当事人

原告（被上诉人）：曾某某

被告（被上诉人）：文化传媒公司

被告（上诉人）：刘某某

【基本案情】

文化传媒公司发起人为案外人赵某某、柯某某。2018年9月25日，刘某某与案涉公司法定代表人、案外人赵某某签订《培训学校转让合同》《学校转让前预付费学生结算协议》，约定双方协商一致将文化传媒公司下属艺术培训学校全部股份转让给刘某某。合同签订后，刘某某实际支付赵某某转让费203962元，赵某某未按约定办理文化传媒公司股权变更手续，案涉公司法定代表人始终登记为赵某某，发起人始终登记为赵某某、柯某某。经查明，刘某某于2018年9月25日起，一直占有并实际控制经营艺术培训学校右安门分校，对此，刘某某亦表示认可。2019年9月16日，曾某某（乙方、学员）的法定代理人与文化传媒公司（甲方）签订《紫荆花艺术培训中心（右安门分校）学员合同》，约定自愿接受文化传媒公司下属某分校素描（课程）培训服务。曾某某的法定代理人依约向刘某某支付3700元。2020年1月27日，刘某某张贴通知，因相关规定暂停全部培训安排，之后该校区未再经营。曾某某剩余12节素描课未上，剩余课时费用1728元未退还，以致形成本诉。

法院另查明，2019年1月14日，刘某某以赵某某为被告提起诉讼，诉请判决解除双方案涉《学校转让合同》。2019年12月30日，法院判决《学校转让合同》于判决生效之日解除。

【案件焦点】

实际控制人与公司构成人格混同的，能否适用公司人格否认规则，认定实际控制人与公司承担连带清偿责任。

【法院裁判要旨】

北京市丰台区人民法院经审理认为：双方签订的案涉教育培训合同合法有效，双方均应按约履行合同义务。现文化传媒公司无法继续履行合同，曾某某要求退还未使用课时费用，并无不当。关于刘某某是否承担责任：第一，刘某某系文化传媒公司的实际控制人，其通过协议约定形式，自 2018 年 9 月 25 日起至 2020 年 1 月 27 日占有并实际控制经营文化传媒公司；第二，刘某某作为实际控制人期间，文化传媒公司与曾某某达成案涉合同并收取培训费；第三，刘某某虽于 2019 年 1 月 14 日明确表示不再继续受让公司，但仍以公司名义继续招收新生，亦未及时就公司债务进行清算。故对于曾某某要求刘某某承担连带责任的诉讼请求，予以支持。刘某某承担连带责任后，其与文化传媒公司之间纠纷可另行解决。

综上，北京市丰台区人民法院依照《中华人民共和国合同法》第六条、第八条、第六十条之规定，判决如下：

一、被告文化传媒公司于本判决生效之日起 7 日内退还原告曾某某课时费 1728 元；

二、被告刘某某对被告文化传媒公司上述支付义务承担连带责任。

刘某某不服一审判决，上诉称其不同意承担退还课时费的连带责任，并提交了新证据。

北京市第二中级人民法院经审理认为：第一，刘某某系文化传媒公司的实际控制人，其通过合同约定形式，自 2018 年 9 月 25 日起至 2020 年 1 月 27 日占有并实际控制经营文化传媒公司；第二，刘某某作为实际控制人期间，文化传媒公司与曾某某达成案涉合同并收取培训费；第三，刘某某虽于 2019 年 1 月 14 日明确表示不再继续受让公司，但仍以公司名义继续招收新生，亦未及时就公司债务进行清算。第四，刘某某在二审中提交了其与文化传媒公司股东柯某某完成了公司固定资产交接的证据，并称其经营期间无结余现金、流动资金为零，但并未对其经营期间的账目进行清算。基于上述事实及证据，可以证明刘某某在实际控制经营文化传媒公司期间用个人账户收取公司收益，构成个人财产与公司财产的混同，且其与文化传媒公司股东柯某某仅交接了公司的固定资产，没有对公司的收益负债情况进行清算，刘某某仍应对其经营公司期间的债务承担连带清偿责任，故对一审法院判决刘某某承担退还未使用课时费用责任予以支持。刘某某承担退还责任后，其与文化传媒公司之间纠纷可另行解决。

综上，北京市第二中级人民法院依照《中华人民共和国民事诉讼法》第一百七十条第一款第一项之规定，判决如下：

驳回上诉，维持原判。

【法官后语】

本案是关于实际控制人与公司构成人格混同时，是否应向债权人承担清偿责任的典型案例。现阶段，《中华人民共和国公司法》并无规制实际控制人滥用公司人格、侵害公司及公司债权人利益的专门立法。笔者认为，可对《中华人民共和国公司法》第二十条进行目的解释，将公司人格否认规则适用范围涵摄至实际控制人之情形。

一是对实际控制人适用公司人格否认规则，符合制度设计目的。“公司人格否认规则，是为阻止公司独立人格滥用和保护公司债权人利益及社会公共利益，在具体法律关系中否认公司与其背后的股东各自独立人格及股东有限责任，责令公司的股东对公司债权人或公共利益直接负责……的一种法律制度。”① 当公司的意志为他人所左右而丧失独立性时，则不应再承认公司法人的独立人格，并应否认公司独立承担责任的能力，由左右公司意志者共同承担对外债务等相应责任，以实现平衡公司利益、债权人合法权益和社会公共利益之目的。上述认识的理论基础在于，当实际控制人滥用控制权时，公司意思机关表达出的意思，形式上为公司意思、实质上却是实际控制人意思。既然不是公司意思，那作出的行为也不应认定为公司行为，而只能认定为实际控制人的行为。根据

① 参见林承日、吴登龙：《公司人格否认规则的司法适用探讨》，载《人民司法》2005年第2期。

“自己责任原则”①，对相关行为承担责任的也应是实际控制人。因此，公司人格否认规则的基本逻辑是“谁滥用公司人格，谁就应当同公司法人一起承担连带责任”。从这一角度切入，当实际控制人滥用公司人格构成人格混同时，理应同公司法人一起承担连带责任。否则，将导致实际控制人拥有较承担有限责任股东更为优越的法律地位，有违《中华人民共和国公司法》之立法宗旨。②

二是对实际控制人适用公司人格否认规则具有现实需要。一方面，实际控制人特别是有限责任公司的实际控制人超脱于《中华人民共和国公司法》等法律规制之外，给公司、股东、债权人利益和社会公共利益埋下隐患。且《中华人民共和国证券法》中规制上市公司实际控制人失范行为相关规定③，也为对实际控制人适用公司人格否认规则提供了参考。另一方面，将公司人格否认规则适用于实际控制人也并非完全无据可依。比如，《最高人民法院关于适用〈中华人民共和国公司法〉若干问题的规定（二）》规定了实际控制人在公司清算、解散环节对公司债务的清偿责任④。对于清算中的公司而言，其独立人格依赖于清算人意思的独立表达，当实际控制人滥用控制权妨碍清算人按照法定程序开展清算活动时，便构成了对清算人意思的控制或操纵，清算中公司独立人格遭到破坏，债权人就可直接向实际控制人主张权利。该规定为公司人格否认规则适用于实际控制人提供了借鉴。

---

① 自己责任原则，指民事主体依法仅对自己的侵权行为承担民事责任的归责原则。

② 《中华人民共和国公司法》第一条规定，为了规范公司的组织和行为，保护公司、股东、职工和债权人的合法权益，完善中国特色现代企业制度，弘扬企业家精神，维护社会经济秩序，促进社会主义市场经济的发展，根据宪法，制定本法。

③ 《中华人民共和国证券法》等对上市公司实际控制人失范行为有较为详细的规定。如《中华人民共和国证券法》第二十四条规定，发行人的控股股东、实际控制人以及保荐人，应当与发行人承担连带责任，但是能够证明自己没有过错的除外。国务院证券监督管理机构可以责令发行人回购证券，或者责令负有责任的控股股东、实际控制人买回证券。第八十四条，发行人及其控股股东、实际控制人、董事、监事、高级管理人员等作出公开承诺的，应当披露。不履行承诺给投资者造成损失的，应当依法承担赔偿责任；等等。

④ 《最高人民法院关于适用〈中华人民共和国公司法〉若干问题的规定（二）》第十八条至第二十一条相关规定。

司法实践中，对实际控制人适用公司人格否认规则，主要在于认定实际控制人是否实施了滥用公司人格的行为，主要包括：资本显著不足、人格混同、过度控制、公司形骸化等，人格混同又细分为财产混同、业务混同、机构混同和人员混同。① 如果实际控制人实施了上述行为，与公司造成混同且无法区分，实际控制人应对公司债务承担连带清偿责任。本案中，刘某某通过协议约定成为案涉公司的实际控制人②，其招收学生并用个人账户收取曾某某缴纳学费、以其个人名义与案外人签订房屋租赁合同、在解除构成实际控制人基础的合同后未就公司债务进行清算等行为，可认定刘某某与文化传媒公司在财产、业务上均高度混同，构成与案涉公司的人格混同，理应同公司法人一并承担连带清偿责任。据此，终审判决对一审法院判决刘某某同案涉公司一并承担连带责任、退还未使用课时费予以支持，并明确刘某某承担退还责任后，其与文化传媒公司之间纠纷可另案解决。

编写人：北京市丰台区人民法院　梁艳　杨舒淇　邹赫

54

消费者对具有人身属性的教学服务合同享有解除权

——杨某某诉普拉提健身馆教育培训服务合同案

【案件基本信息】

1. 裁判书字号

广西壮族自治区南宁市良庆区人民法院（2022）桂 0108 民初 6357 号民事判决书

① 赵旭东：《公司法人格否认适用情况分析》，载《法律适用》2011 年第 10 期。

② 根据《公司法》第二百六十五条规定，实际控制人是指通过投资关系、协议或者其他安排，能够实际支配公司行为的人。

2. 案由：教育培训服务合同纠纷

3. 当事人

原告：杨某某

被告：普拉提健身馆

【基本案情】

原、被告双方于2020年6月23日达成私教协议，约定由被告员工黄某为原告提供普拉提私教共计60课时，合同价款15198元。2020年7月25日，原告认为黄某的授课体验效果比较好便决定另外购买其私教课，合同价款6800元。2021年9月9日，被告以店内有优惠活动为由征求原告是否续费，原告认为在普拉提健身过程中黄某的教学方式较好地满足其健身需求，其对黄某也比较信任和依赖，基于此原告最终决定续费并与被告签订《脊动定制普拉提》（合同编号：0000221），续费价格42000元，一共100节课，每节课420元，折抵6800元的私教课，原告还需补35200元。原告交完费并上了16节课后，被告通知其黄某已辞职并征求是否更换老师，考虑到普拉提私教需要时间建立信任且原告已适应黄老师的授课方式，经向被告解释原因后原告便提出拒绝更换老师，同时要求被告将剩余课程款退还（42000元-16×420元=35280元），但被告拒不退还。

原告向南宁市良庆区人民法院提出诉讼请求：1. 判令解除原、被告间《脊动定制普拉提》；2. 判令被告返还合同价款35280元；3. 判令被告支付资金占用费（计算方式：以合同价款35280元为基数，自2022年5月11日暂计至5月26日，按全国银行间同业拆借中心公布的一年期贷款市场报价利率计付）；4. 本案诉讼费用全部由被告承担。

【案件焦点】

原告能否主张解除合同。

【法院裁判要旨】

广西壮族自治区南宁市良庆区人民法院经审理认为：原告与被告签订的

《脊动定制普拉提》系教学服务合同，其主要特征为老师用自己的学识、经验以传授方式提供教学服务，教学质量的高低具有很强的人身属性，不可替代，消费者对经营者提供教学服务的满意度亦与老师的综合素质紧密相关，因此，提供瑜伽教学服务的老师则为影响该合同订立及履行的主要因素。本案中，作为经营者的被告本应与作为消费者的原告签订书面合同以明确双方各自权利义务，但其除要求消费者填写办卡入会资料外，对其他如老师的选任、更换及课程设置、调整等合同主要内容均未作告知，客观上损害了原告的知情权。在案涉服务合同履行过程中，双方亦就老师更换问题未能达成一致，在此情况下，本案合同已无法履行，双方订立合同目的已无法实现。原告在享有解除权的情形下，单方作出解除合同的意思表示，具有法律效力，故对原告要求解除本案合同的请求，依法应予支持。在合同解除后，未履行的停止履行，已经履行的，可以根据实际情况返还财产、赔偿损失。因导致服务合同解除的主要原因在于是否有固定老师，双方对此约定不明确，作为经营者的被告应当承担主要责任，作为消费者的原告亦应承担一定责任，双方应当根据各自责任承担因解除合同造成的损失。根据双方关于本案实际情况，未使用的私教课程费用及其解除合同后被告应退还而未退还剩余课程费用产生的利息认定为本案损失较为适宜。按照各自责任，法院判决如下：

二、被告应退还原告未使用的课程费用35280元（42000÷100×84）；

二、应退费产生的利息损失由原告承担。

宣判后，双方当事人均未上诉，判决现已发生效力。

【法官后语】

原告杨某某因健身需要在被告普拉提健身馆购买私人教练课程，双方之间形成了教学服务合同关系。教学服务合同与一般服务合同不同，该类合同具有明显的人身属性，即老师（私人教练）根据消费者的状态及需求，用自身的学识、经验以传授方式为消费者提供教学服务，该服务具有定制性、专属性，合同的履行过程更为注重消费者的个人体验，强调消费者与老师之间的信任和互动，而这种信赖关系的建立主要依据消费者的经验积累及主观感受，因此在一定程度上使得原有老师难以被第三人取代。

当熟悉的老师离职，而购课协议中未就出现老师更换可约定解除的情况下，原告能否解除合同。本案审理的关键是审查原告是否享有教学服务合同的法定解除权。法定解除权是指当合同在履行过程中出现履行不能的事由，导致合同目的无法实现，法律赋予当事人终止合同权利义务的权利。为此，《中华人民共和国民法典》第五百六十三条第一款规定："有下列情形之一的，当事人可以解除合同：(一) 因不可抗力致使不能实现合同目的；(二) 在履行期限届满前，当事人一方明确表示或者以自己的行为表明不履行主要债务；(三) 当事人一方迟延履行主要债务，经催告后在合理期限内仍未履行；(四) 当事人一方迟延履行债务或者有其他违约行为致使不能实现合同目的；(五) 法律规定的其他情形。"但因本案未出现不可抗力或健身机构严重违约等情形，故该法条规定的一般法定解除权并不适用于该案情况。笔者认为，首先，从保护消费者权益的角度出发，被告在购课协议中有责任对出现教练更换情况能否解除合同作出明确约定，现被告对教练的选任、更换及课程设置、调整等合同主要内容未作明确告知，客观上损害了原告的知情权。其次，在案涉服务合同履行过程中，老师的更换成为原、被告履行合同的阻却事由，事后双方就该问题的解决未能达成一致意见，在此情况下，因该合同具有明显的人身属性，如强制要求原告接受服务，不仅与现代社会尊重人格、保护人身自由的基本价值理念相违背，合同履行的质量更是难以达到预期效果。鉴于该类教学服务合同不宜强制履行，原、被告双方订立合同目的已无法实现，为弥补当事人约定的不足、打破合同僵局，根据《中华人民共和国民法典》第五百八十条第二款规定："有前款规定的除外情形之一，致使不能实现合同目的的，人民法院或者仲裁机构可以根据当事人的请求终止合同权利义务关系，但是不影响违约责任的承担"，此时原告可以请求人民法院在不影响违约责任承担的前提下终止案涉合同权利义务关系，故原告主张解除案涉合同并退还剩余课程款的诉讼请求，有事实和法律依据，应予支持。关于违约责任，因案涉合同解除的主要原因系原、被告双方对老师更换事宜的约定不明，被告作为健身机构对合同条款的拟定具有主导地位，其疏于履行对该重要内容的告知义务，在一定程度损害了消费者的知情权，对此应承担主要责任，其应承担的相应损失为其对合同履行的期待利益。原告作为消费者在签订合同过程中未明确告知被告其对老师的特定需求，亦应承担一定责任，该责任范围以合同解除后被告应退还而未退还剩余课程费用产生的资金占用利息为宜，故对原告主张资金占用损失的诉讼请求，法院未予支持。

本案裁判结果旨在实现合同双方的利益平衡，在依法保护消费者合法权益的同时，也有利于规范促进健身行业有序发展。消费者作为弱势群体，在购课时更应认真阅读合同，与健身机构确认授课内容、授课老师等条款，遇到问题注意收集及保留证据，以便于维护自身的合法权益。

编写人：广西壮族自治区南宁市良庆区人民法院　梁思莉

（五）网络主播经纪服务合同

55

直播时长未达约定违约损失应如何认定

——文化传媒公司诉吴某某合同案

【案件基本信息】

1. 裁判书字号

广西壮族自治区南宁市中级人民法院（2022）桂01民终7559号民事判决书

2. 案由：合同纠纷

3. 当事人

原告（上诉人）：文化传媒公司

被告（被上诉人）：吴某某

【基本案情】

2020年3月22日，文化传媒公司（甲方）与吴某某（乙方）签订《艺人经纪协议》，约定："合作期间以乙方或自己名义从事演艺经纪活动，甲方担任乙方互联网线上演艺、视频直播平台演艺及未来可能涉及的线下演艺的经纪公司，就乙方的全部演艺事业提供独家经纪代理服务；乙方应遵守甲方制定的与签约艺人有关的管理制度以及网络线上演艺平台等合作方的管理制度；乙方保证按照双方约定完成直播时长，每日累计不少于6小时，每月累计不少于26天、156小时，违规挂机、直播未达成约定时长，甲方有权按时长占比扣减乙方收益分成或要求乙方补足时长；收益分配：所有乙方收益，包括乙方在视频直播平台上进行互动演艺产生的一切网络增值收益，由甲、乙双方共享，其中直播平台收益按照乙方当月所在视频直播平台结算规则，扣除平台方分成后，实际结算到账的主播个人收入，甲方与乙方按分成比例20%与80%结算；合作期间，甲方于每月20日前对乙方上一自然月的收益分成进行统一结算，乙方须签署分成确认单；乙方当月20日前每天直播时长未达到约定的最低时长或直播天数低于15天的，甲方有权暂扣乙方分成，直至乙方符合发放条件为止；本协议的签订并不构成双方劳动关系的建立。"吴某某在文化传媒公司从事直播活动期间，直播时间、地点不固定，公司通过微信转账方式支付吴某某收入，每月收入不等，备注表述为工资、提成、佣金等。吴某某在文化传媒公司从事直播活动至2021年3月，其2021年3月直播有效天数为10天，直播时长为38.5小时，"主播分成"为18273.75元。2021年6月4日，吴某某申请劳动仲裁，请求裁令确认其与公司存在劳动关系，公司支付其2021年3月工资18273元及解除劳动关系经济补偿金19647.2元。南宁市劳动人事争议仲裁委员裁决均支持吴某某的请求。文化传媒公司向法院起诉，请求确认其与吴某某不存在劳动关系，判令无须支付吴某某 2021 年 3 月工资 18273 元及解除劳动关系经济补偿金 19647. 2 元。

【案件焦点】

1. 文化传媒公司与吴某某是否成立劳动关系；2. 文化传媒公司应否向吴某某支付 18273 元。

【法院裁判要旨】

广西壮族自治区南宁市西乡塘区人民法院经审理认为：文化传媒公司与吴某某之间没有建立劳动关系的合意，双方不具有劳动关系性质的经济、人身隶属性，因此，双方不构成劳动关系，应为合同关系。关于文化传媒公司应否支付吴某某 18273 元的问题。法院认为，双方对直播时长未达要求的约定是暂扣收益分成或者吴某某补足时长，该约定的前提是双方仍继续履行合同，但双方已实际解除合同，吴某某有权主张其已从事直播活动获得的收益。双方均确认 18723 元系 2021 年 3 月在平台扣除分成后吴某某应获得的直播收益分成，按照合同约定，公司应向吴某某支付该笔收益。

广西壮族自治区南宁市西乡塘区人民法院判决如下：

一、确认文化传媒公司与吴某某之间不存在劳动关系；

二、文化传媒公司向吴某某支付直播收益分成 18273 元；

三、文化传媒公司无须向吴某某支付经济补偿金 19647. 2 元。

文化传媒公司不服一审判决，提起上诉。

广西壮族自治区南宁市中级人民法院经审理认为：案涉合同系文化传媒公司与吴某某的真实意思表示，不违反法律、行政法规的强制性规定，合法有效，双方应恪守合同约定。案涉合同约定，在吴某某直播未达到约定时长的情况下，文化传媒公司有权暂扣应支付给吴某某的直播分成直至吴某某补足直播时长并满足发放条件为止。2021 年 3 月期间，吴某某直播时长及天数未达到约定，一审法院认定吴某某构成违约并无不当，根据《中华人民共和国民法典》第五百七十七条的规定，吴某某应当承担违约责任。因 2021 年 3 月后吴某某不再到文化传媒公司直播，双方合作关系已实际终止，吴某某已无法通过补足直播时长承担违约责任，文化传媒公司暂扣的直播分成实质上已无法达到发放条件。因此，应视为案涉合同关于此种违约情形的违约责任约定不明，根据《中华人民共和国民法典》第五百八十二条的规定，可根据文化传媒公司的损失确定吴某某应承担的责任。

本案中，文化传媒公司的收益来源为吴某某在平台直播的收益，而平台根据吴某某 2021 年 3 月的直播情况已发放了相应的收益，文化传媒公司已获得相应分成并对此表示认可，在文化传媒公司未能提供证据证明因吴某某直播时长不足而平台扣减了相应收益的情况下，应认定吴某某 2021 年 3 月未能达到案涉合同约定的直播时长及天数未对文化传媒公司的收益造成实质减损。因此，一审法院认定文化传媒公司应向吴某某支付上述 2021 年 3 月直播收益分成 18723 元并无不当，予以维持。

广西壮族自治区南宁市中级人民法院依照《中华人民共和国民事诉讼法》第一百七十七条第一款第一项之规定，判决如下：

驳回上诉，维持原判。

【法官后语】

近年来，随着互联网平台经济的快速发展，新业态劳动者的权利保障成为法治领域的热点问题。网络主播的权益保障逐渐成为一个法律热点问题。如何界定网络主播与平台之间、网络主播与文化传媒公司之间的法律关系、厘清合同双方所签订协议的法律性质、如何分析双方在履行合同中产生的法律问题，引发人们的广泛关注。本案中，吴某某最开始以劳动争议法律关系主张权益，劳动仲裁支持其请求，文化传媒公司诉至法院，要求确定不存在劳动关系且无须支付 2021 年 3 月的直播收益分成及经济补偿金。

在不构成劳动关系的情况下，对吴某某最开始在劳动仲裁中提出的拖欠工资及解除劳动合同经济补偿金，文化传媒公司应否支付？不构成劳动关系，就不存在解除劳动合同的经济补偿金。而第二项请求中的 2021 年 3 月的费用 18273 元，是何法律性质，应否支付？从一审查明的事实看，吴某某在文化传媒公司从事直播活动，取得的直播收入分成。文化传媒公司以吴某某直播时长不足，构成违约为由，主张不予支持。

案涉合同约定主播直播时长为每日累计不少于6小时，每月累计不少于26天、156小时。而吴某某2021年3月直播有效天数为10天，直播时长为38.5小时，确实直播时长不符合合同约定，构成了违约。那是否为直播时长不达约定，公司即有权不发放已进行的直播所取得的分成呢？

再看案涉合同约定，对于直播未达约定时长的，“乙方当月20日前每天直播时长未达到约定的最低时长或直播天数低于15天的，甲方有权暂扣乙方分成，直至乙方符合发放条件止”。案件直至诉前，文化传媒公司不向吴某某发放直播收益分成的行为即为“暂扣乙方分成”的行为。但该约定为“直至乙方符合发放条件为止”。而所谓的“符合发放条件”就是案涉合同约定的“乙方补足时长”。吴某某已于2021年3月后不再到文化传媒公司进行直播，双方的合作关系已实际终止，在此情况下吴某某实质上已无法再通过补足直播时长的方式承担违约责任，文化传媒公司暂扣的吴某某直播分成实质上已无法达到发放条件。因此，应视为案涉合同关于此种违约情形的违约责任约定不明，可根据文化传媒公司的损失确定吴某某应承担的责任。本案中，文化传媒公司的收益来源为吴某某在平台直播的收益，而平台根据吴某某2021年3月的直播情况已发放了相应的收益，文化传媒公司已获得相应的分成并对此表示认可，在文化传媒公司未能提供证据证明因吴某某直播时长不足而平台扣减了相应收益的情况下，应认定吴某某2021年3月未能达到案涉《艺人经纪协议》约定的直播时长及天数未对文化传媒公司的收益造成实质减损。因此，文化传媒公司应向吴某某支付2021年3月未付的直播收入分成。

案涉合同约定的直播时长，是文化传媒公司为了预计达到一定直播收益分成而给主播设定的直播时长。直播时长未达约定时间，直播平台应当不扣减已直播的收益。对于文化传媒公司来说，并未产生实际的损失。在合同已实际终止的情况下，如仍不予支付主播的直播收益分成，显然造成了对主播权益的损害。

编写人：广西壮族自治区南宁市西乡塘区人民法院　朱小燕

56

主播合同违约金的认定

——传媒公司诉连某某合同案

【案件基本信息】

1. 裁判书字号

福建省厦门市中级人民法院（2022）闽02民终4439号民事判决书

2. 案由：合同纠纷

3. 当事人

原告（被上诉人）：传媒公司

被告（上诉人）：连某某

【基本案情】

2021年1月23日，传媒公司与连某某签订《艺人经纪合同》。合同签订后，2021年3月9日，姓名为刘某的微信账户向姓名为连某某的微信账户转账500元。连某某的直播场所及设备均由传媒公司提供。

另查明，连某某于2021年4月与案外人签订直播协议，合同期限为3年。连某某进行了直播。该账户发布多个视频。账户粉丝数为1334，总点赞数为3075，打赏收入17.75万元。在2021年7月22日连某某与传媒公司老板的微信聊天中，连某某询问“老板，我们公司其他有平台不”，传媒公司老板回复“有”，连某某“多少个点”，传媒公司老板“前四个月40，后面签约王牌，四个月后，还可以40”。庭审中，连某某自述在第三方公司的直播收益连某某提成40%。

【案件焦点】

案涉《艺人经纪合同》所约定的违约金标准是否过高，对于此类案件所约定的违约金标准，是否应当予以调整。

【法院裁判要旨】

福建省厦门市集美区人民法院经审理认为：本案系合同纠纷。传媒公司与连某某签订的《艺人经纪合同》系双方当事人的真实意思表示，且未发现违反法律法规强制性规定的情形，合法有效，双方当事人均应依照约定及法律规定全面履行合同义务。传媒公司已按合同约定向连某某提供住所、直播场地和直播设备等经纪业务及其配套服务，连某某应当按照合同约定履行其在《艺人经纪合同》项下的义务。《艺人经纪合同》明确约定，未经传媒公司书面同意，连某某不得自行接洽或授权第三方接洽任何与互联网线上演艺、视频直播平台演艺相关的事项，亦不得私自与第三方洽谈或达成任何协议。在案证据可以证明连某某违反上述约定，与第三方公司签订协议，违约私自从事直播业务，故法院认定连某某违反了《艺人经纪合同》的约定，构成违约。传媒公司据此要求连某某赔偿损失有事实和法律依据。双方之间的合同有效期至2022年1月22日止。因在双方合作期限内传媒公司对连某某履行合同的情况多次提出异议，故该《艺人经纪合同》不存在自动延续的情形，在《艺人经纪合同》期限已满的情况下，该合同已无解除的必要。

关于违约金的金额，《艺人经纪合同》第6.4条约定，如连某某违约与第三方进行合作，连某某因合作而已经获得的利益归传媒公司所有，且造成传媒公司损失的，传媒公司可以向连某某追偿。故传媒公司主张以连某某在第三方公司所获得的收益赔偿损失，有合同依据，法院予以支持。关于连某某在第三方公司所获得的收益金额。连某某自述其在第三方公司直播收益的提成为40%，虽然未提交证据予以证明，但是该自述与连某某和传媒公司在微信中关于直播收益提成的比例基本一致，故对于连某某的自述法院予以认可。根据庭审查明的事实，连某某在第三方公司的直播账号收入为177500元。按照40%的提成比例，其收益为70800元。连某某对此也予以确认。连某某辩称该收入还应扣除住房生活开支及返现部分的款项，法院认为，连某某提交的证据不足以证明其有返现相应的款项。另外，双方在《艺人经纪合同》并未约定连某某与第三方合作获得的收益应扣除住房生活开支等费用，故法院认定连某某在第三方公司直播所获得收益金额为 70800 元。因此，连某某应向传媒公司支付的违约金为 70800 元。对于传媒公司主张超过上述金额的部分，法院不予支持。

传媒公司还主张连某某支付律师费 4000 元。《艺人经纪合同》约定，违约方应向守约方赔偿因此承受或遭受的所有损失、责任、赔偿金以及因主张赔偿而产生的各项费用（包括但不限于律师及诉讼费用）。故传媒公司的该项主张有合同依据，法院予以支持。

综上所述，福建省厦门市集美区人民法院依照《中华人民共和国民法典》第五百零九条、第五百八十三条、第五百八十四条，《中华人民共和国民事诉讼法》第六十七条第一款之规定，判决如下：

一、连某某应于本判决生效之日起 10 日内向传媒公司支付违约金 70800 元；

二、连某某应于本判决生效之日起 10 日内向传媒公司支付律师费 4000 元；

三、驳回传媒公司的其他诉讼请求。

连某某不服一审判决，提起上诉。

福建省厦门市中级人民法院经审理认为：连某某主张传媒公司未对连某某提供培训及包装，导致连某某收入低，对连某某跳槽及合同解除存在过错，应减轻连某某的赔偿责任。但根据查明事实，传媒公司已按合同约定向连某某提供住所、直播场地和直播设备等，并安排人员对接协调解决直播中存在的问题，已按照合同约定提供相关的经纪业务及其配套服务，且连某某所提交的证据不足以证明传媒公司未履行合同义务及与其跳槽之间存在直接因果关系，故对其上述主张不予支持。连某某主张在第三方公司的直播账号收入 177500 元中要扣除其给客户的回流和礼物支出，但其所提交的微信付款记录及购物支出不足以证明上述支出与获得总收入之间的关联性，对此不予支持。一审法院认定连某某在案涉合同履行期间在第三方公司直播构成违约，应依合同约定向传媒公司支付所获得收益金额70800元及相应的律师费，并无不当，予以维持，故判决如下：

驳回上诉，维持原判。

【法官后语】

本案系近年来多发的主播与直播平台、经纪公司之间的合同纠纷。很多案件显示，合同签订之后，在被诉讼违约之前，当事人都没有对违约条款提出异议，到了诉讼中再说签约能力不足，签约时处于劣势等，这些辩解往往都是薄弱的，不足以形成对抗合同效力的效果。

1. 从缔约能力分析，主播的缔约能力并不比直播平台弱

一些当红主播在网络直播行业沉浸了多年，对该行业有相当的认知水平，直播平台与主播共同诞生、相互依存，在经验上根本并不存在所谓优势。在签订合同时，主播可以根据自己的情况邀请专业法律服务团队积极参与协商及订立合同以保护自己的权益，应该对自己的签约行为作出理性的判断。

2. 从公平性分析，合同并无显失公平

平台要求主播与其独家合作的对价是平台对主播进行长期的培训和资源的提供，即主播选择与平台签订合约的目的在于借助平台来获得更多的宣传、积攒更多的人气以及获得更好的收益，平台为其提供直播台、宣传资源进而要求独家享有主播的全部演艺事业经纪权并无不妥，直播平台出于管理角度对主播的权利义务进行限制符合行业惯例，不存在显失公平的情形。故案涉《艺人经纪合同》明确约定，未经传媒公司书面同意，连某某不得自行接洽或授权第三方接洽任何与互联网线上演艺、视频直播平台演艺相关的事项，亦不得私自与第三方洽谈或达成任何协议，并不存在不公平。在案证据可以证明连某某违反上述约定，与第三方公司签订协议，违约私自从事直播业务。在网络直播平台之间竞争巨大的情况下，网络平台对优秀主播的需求很大，主播的谈判能力并不比直播平台弱。如果直播平台公司在协议的过程中存在胁迫、欺诈、占有经验上的优势或存在显失公平的情况，网络主播完全有空间与直播平台进行协商或者选择不签约。但如赋予主播以未实现成名效应或在成名效应后单方提前解

除合同的任意解除权，对于前期投入成本的平台而言亦不公平。一个优秀平台对于主播知名度的提高非常关键，平台通过自身的资源和脉络对主播进行包装、推广，对提高主播在行业内的知名度是必不可少的，而签约当时主播也恰恰是为了寻求这样的机会。因此，合约内容对主播来说并非不公平，反而是经双方平等协商、自主选择的结果，系当事人的真实意思表示，只要主播符合完全民事行为能力人的认定标准，合同内容不违反法律、行政法规的强制性规定，则该合同条款应认定为合法有效，对主播和直播平台均有约束力，网络平台与主播都必须恪守。

3. “实际损失”的认定

实际损失一般是指受害人信赖合同能够履行而得到履行利益所支出的费用或财产因违约而受到的损失，又称“信赖利益”损失，是一种现实的财产损失。预期利益损失则是为了可以得到的但因为违约行为而没有得到的利益，与可得利益是同义词，主要分为生产利润损失、经营利润损失和转售利润损失等类型。笔者认为，不应过分地区分“实际损失”和“造成的损失”的内涵。违约方应完整填补违约损害，在考量违约金是否高于“损失”时，“损失”应当是包含守约方的全部损失，包含“实际损失”和“预期利益”，即因违约而生的各种损害只要得以证明，均应纳入考量。案涉的《艺人经纪合同》第6.4条约定，如连某某违约与第三方进行合作，连某某因合作而已经获得的利益归传媒公司所有，且造成传媒公司损失的，传媒公司可以向连某某追偿。故传媒公司主张以连某某在第三方公司所获得的收益赔偿损失，有合同依据，法院予以支持。

编写人：福建省厦门市集美区人民法院　潘辉文

57

合理预见规则在主播经纪合同违约金认定中的应用

——文化传媒公司诉张某某其他合同案

【案件基本信息】

1. 裁判书字号

上海市第二中级人民法院（2022）沪02民终3213号民事判决书

2. 案由：其他合同纠纷

3. 当事人

原告（被上诉人）：文化传媒公司

被告（上诉人）：张某某

【基本案情】

2019年10月26日，原、被告签订《经纪合同》，约定，原告作为被告的全网视频直播平台服务唯一经纪人，为被告提供参与互联网视频直播平台的经纪服务，双方分享收益；被告在履行本合同过程中，非因其故意的原因而产生的健康问题，导致暂时不能履行合同的，若被告出具三甲正规医院医疗病休证明、就诊记录，经原告书面认可同意后，被告可对上述责任免责，除此之外，如果被告因健康或其他原因致使不能履行本合同的，对因此造成的一切后果、责任和相应的损失应由被告承担违约责任；被告违反本合同约定的任何义务的，原告有权要求被告按照如下方式之一承担违约金：一是向原告支付违约金300万元；二是按被告从原告已经获取及能够获取的所有收益的10倍，向原告支付违约金；三是按被告履行本合同期内最近12个月获得的月平均收入乘以12个月的总金额向原告支付违约金。

上述《经纪合同》后附《文化传媒公司秀场主播薪资标准》作为附件 2，载明：薪资类型为月结，薪资架构为提成，提成发放规则为，当月有效天数≥23 天情形下为后台打款金额的 100%，当月有效天数<23 天情形下为不少于后台打款金额的 75%，每天播满 5 小时直播时长即为有效天数；主播实际提成需扣除 10%所得税；后台打款即直播平台在后台流水扣除平台分成等合理费用后支付给原告的款项，后台打款包括原告（公会）与被告（主播）的总收入。

2020 年 2 月 19 日至 2021 年 1 月 19 日，原告向被告支付 2020 年 1 月至 12 月的薪资共计 4323790 元。

2021 年 1 月 22 日，原告向被告发送《关于函告改正违约事宜的函》一份，载明："经查，您在无正当理由的情况下，于 2020 年 12 月 22 日至 1 月 22 日连续停播 32 日。您的上述行为已构成断播，属于擅自处理自身演艺和经纪事务的违约行为，请于收到本函之日起 3 日内恢复正常播出，如不予恢复，本公司将视情追究您的违约责任。"被告于 2021 年 1 月 26 日收悉。

2021 年 2 月 3 日，被告向原告发送《解除合同通知函》一份，载明，"本人于 2019 年 10 月与贵司签订《经纪合同》，但近期本人身体抱恙，经海南医院检查并出具的《证明书》显示，本人患有不宜从事直播工作的疾病，主治医生建议本人禁声休息。现合同事实上已无法继续履行，合同目的已无法实现，本人正式告知贵司：自贵司收到本函件之日，解除《经纪合同》"。该函后附海南医院出具的《证明书》一份，载明"兹证明张某某曾在法院耳科诊治，临床诊断：声嘶、声带息肉，处理：禁声休息、随诊复查"。

【案件焦点】

原告主张的预期利益损失是否符合合理预见规则。

【法院裁判要旨】

上海市虹口区人民法院经审理认为：根据相关法律规定，合同因违约解除的，解除权人可以请求违约方承担违约责任。原告主张违约金按《经纪合同》约定的第三种计算方式计付，被告提出该违约金过高之抗辩。关于违约金是否过分高于因被告违约造成的原告损失问题，法院分析如下：原告损失包括直接损失和预期利益损失，关于预期利益损失，根据《经纪合同》已经履行情况来看，2020年度，被告因履约而获得收入4323790元，双方对此均无异议，原告依据2020年度被告收入情况以及原、被告间收入比例而计算原告在《经纪合同》项下的2020年度月均收入，该计算方式符合平台出具的其对原告支付收入的构成比例以及《经纪合同》附件中所约定的原、被告间的分成比例，法院予以确认，故被告2020年月均收入应为122593.03元（136214.48元×90%）。现被告提前解除《经纪合同》导致剩余22个月合同履行期内原告存在预期利益损失，关于该预期利益损失是否符合可预见性规则问题，因《经纪合同》中明确约定了违约金的三种计算方式，且原告有权进行选择适用，被告在《经纪合同》签订时应预见到若被告因合同履行而致自身收入增加，其违约时所应支付的违约金也会相应增加，故原告的预期利益损失应为被告签订《经纪合同》时所能预见，被告相应辩称意见，法院不予采信。考虑到直播收入的不稳定性以及被告身体情况，故酌定被告应支付原告的违约金金额为200万元。

上海市虹口区人民法院判决如下：

一、确认原告文化传媒公司与被告张某某于2019年10月26日签署的《艺人视频直播演艺经纪合同》于2021年5月25日解除；

二、被告张某某于本判决生效之日起10日内支付原告文化传媒公司违约金200万元；

三、被告张某某于本判决生效之日起10日内赔偿原告文化传媒公司律师费损失8万元。

宣判后，被告提起上诉。

上海市第二中级人民法院经审理认为：同意一审法院裁判意见，判决如下：驳回上诉，维持原判。

【法官后语】

1. 演艺经纪合同违约责任中的预期利益损失之争

近年来，演艺活动市场日渐繁荣，网络直播等新业态发展迅速，无论是传统演出活动还是新兴业态，经纪公司与艺人（主播）为明确权利义务关系，往往选择签订书面经纪合同。由于行业的特殊性，经纪公司在前期需要对艺人进行各种投资，包括包装、培养、宣传、转会费等费用，而经纪公司的收益可能较之于前期投入存在一定滞后性，故经纪公司为保障其权益一般与艺人签订长期合同，并就艺人违约行为尤其是单方解除合同行为约定较为严格的违约责任。当艺人单方解约而涉讼时，通常都会依据《中华人民共和国民法典》第五百八十五条之规定，主张违约金过分高于造成的损失，因而请求予以减少。此时，经纪公司损失的确定即成为当事人争议焦点与法院审理难点。

一般情况下，经纪公司的损失包括实际损失和预期利益损失，实际损失即上述前期投入费用，预期利益损失则指的是艺人提前解除合同导致经纪公司原本可以获得利益的损失。司法实践中，实际损失经根据经纪公司举证的已经发生费用的单据固定损失，尚不难查明且争议不大，而预期利益损失则因尚未实际发生、存在不确定性且并无相对客观的市场价格予以准确衡量等因素，需法官依据一定计算方式进行预估，故而更为考验法官的裁判能力。根据生效判例来看，有两种方式可以参考：一是依据艺人因违约行为获得的收益或者为新的经纪公司带来的利益计算；二是依据艺人正常履约时给经纪公司创造的收入状况进行估算。而无论采取何种方式计算，法官均需要考虑到《中华人民共和国民法典》第五百八十四条中的但书条款，即进行“合理预见规则”的审查。

2. 合理预见规则的内涵以及在我国的立法体现

合理预见规则，又称应当预见规则，是指违约方承担赔偿责任虽包括预期利益损失，但其范围不得超过其在订立合同时能够合理预见到的损失的规则。合理预见规则主要体现于《中华人民共和国民法典》第五百八十四条规定，“当事人一方不履行合同义务或者履行合同义务不符合约定，造成对方损失的，损失赔偿额应当相当于因违约所造成的损失，包括合同履行后可以获得的利益；但是，不得超过违约一方订立合同时预见到或者应当预见到的因违约可能造成的损失”。

之所以确立合理预见规则，原因之一在于公平原则以及鼓励交易原则之考量。合同双方谈判时，若要求相对人日后违约时承受不论可否预见的全部损失，不仅过于苛刻，且相对人可能拒绝缔约，而合理预见规则作为限制损害赔偿的范围的措施之一，即避免赔偿数额过高以平衡违约方和受害人之间的利益关系，也在一定程度上鼓励了民事主体之间的正常交易。

根据《中华人民共和国民法典》第五百八十四条的规定可知，合理预见规则有主体以及时间上的要求，即预见的主体为违约方，预见的时间为订立合同时。值得注意的是，虽然合理预见的主体是违约方，但对合理预见的判断却不应采取纯粹的主观标准，而应采取“理性人的预见能力”的判断标准，这也体现了理性主义及主观归责的理念①。

3. 合理预见规则在经纪合同违约金认定中的具体应用

本案中，随着原、被告诉辩的推进，围绕着预期利益损失也存在举证责任的分配和转移，最终争议焦点落在了原告的预期利益损失是否符合“合理预见规则”的问题上。首先，原告提出违约金的诉讼请求，根据“谁主张，谁举证”的原则，即由原告举证证明该违约金具体计算依据，即《经纪合同》所约定的违约金第三种计算方式。其次，当被告提出违约金过高的抗辩时，根据《全国法院民商事审判工作会议纪要》第五十条之规定，“主张违约金过高的违约方应当对违约金是否过高承担举证责任”，举证责任即转移至被告，由被告举证证明该违约金已过分高于原告所遭受损失，包括直接损失和预期利益损失。值得注意的是，若要求违约方全面掌握守约方的损失情况，难免过于理想化。现实情况是守约方更了解违约造成损失的事实和相关证据而具有较强的举证能力，因此，违约方的举证责任也不能绝对化，守约方也要提供相应的证据②。本案中，原告通过证明原、被告间粉丝打赏金额分配比例，进而证明了原告的预期利益损失。最后，原告的预期利益损失是否符合“合理预见规则”，本案

---

① 崔建远：《合理预见规则的解释论》，载《东方法学》2022 年第 4 期。

② 《最高人民法院关于当前形势下审理民商事合同纠纷案件若干问题的指导意见》（法发〔2009〕40 号）第十一条规定：“……非违约方应当承担其遭受的可得利益损失总额、必要的交易成本的举证责任。对于可以预见的损失，既可以由非违约方举证，也可以由人民法院根据具体情况予以裁量。”

即采取了“理性人的预见能力”标准进行判断。《经纪合同》中明确约定了违约金的三种计算方式，且原告有权进行选择适用，其中第三种违约金计算方式即意味着，当被告因合同履行而致自身收入增加时，其单方解约时所应支付的违约金数额也会相应增加。被告（主体）作为一个理性人，在《经纪合同》签订时（时间）对该情形应当予以预见，故原告的预期利益损失符合“合理预见规则”的主体要求及时间要求，也符合该规则所隐含的理性主义理念。

编写人：上海市虹口区人民法院　顾飞

二十八、演出合同纠纷

58

“穿透式”审判思维在法律关系认定中的运用及合同效力释明权的行使

——娱乐传媒公司诉文化传媒工作室、宋某某合同案

【案件基本信息】

1. 裁判书字号

北京市第三中级人民法院（2022）京 03 民终 11428 号民事判决书

2. 案由：合同纠纷

3. 当事人

原告（被上诉人）：娱乐传媒公司

被告（上诉人）：文化传媒工作室、宋某某

【基本案情】

2019 年 11 月 20 日，娱乐传媒公司与文化传媒工作室签订《营销策划合同》，约定：娱乐传媒公司委托文化传媒工作室为 A 项目、B 项目、C 项目的音乐作品提供宣传营销策划服务；文化传媒工作室负责上述音乐作品用于新闻媒体、音视频平台等推广使用，于 2019 年 11 月 20 日至 12 月 20 日对三个项目的音乐作品进行宣传策略的制订，负责制订宣传推广计划并具体执行（包括但不

限于音频+MV宣传等）；娱乐传媒公司应在2019年11月22日前将三个项目音乐作品音频提交给文化传媒工作室用于制作MV物料；就文化传媒工作室完成合同项下全部委托事项，娱乐传媒公司应向文化传媒工作室支付的费用为100万元；合同签订后5个工作日内，娱乐传媒公司向文化传媒工作室支付前期宣传策划服务费30万元；文化传媒工作室执行完项目作品的后期宣传策划内容后，娱乐传媒公司向文化传媒工作室支付剩余合同价款70万元；若文化传媒工作室未按照合同的约定和娱乐传媒公司要求完成合同项下的委托事项向娱乐传媒公司交付工作成果并通过验收的，每逾期一天，文化传媒工作室应当向娱乐传媒公司支付合同价款总额的千分之一的违约金，逾期超过10日的，娱乐传媒公司有权解除合同，文化传媒工作室除应立即返还娱乐传媒公司已支付的全部款项外，还应向娱乐传媒公司支付合同价款总额20%的违约金等。

2019年11月26日、12月18日，娱乐传媒公司分别向文化传媒工作室转账30万元、70万元，共计100万元。银行凭证记载的摘要分别为服务费、策划费。

娱乐传媒公司认为文化传媒工作室未向其提供合同约定的宣传营销策划服务；宋某某作为经营者设立文化传媒工作室，应对工作室的欠款承担连带责任。故起诉要求：1. 确认娱乐传媒公司与文化传媒工作室2019年11月20日签订的《营销策划合同》于起诉之日解除；2. 文化传媒工作室、宋某某退还合同款100万元；3. 文化传媒工作室、宋某某支付违约金20万元。诉讼中，经法院释明，娱乐传媒公司表示若法院最终认定《营销策划合同》合同效力并非合法、有效，则娱乐传媒公司变更诉讼请求为：要求文化传媒工作室、宋某某退还合同款100万元及利息。

【案件焦点】

《营销策划合同》的合同效力问题。

【法院裁判要旨】

北京市朝阳区人民法院经审理认为：第一，从协议签订背景分析，《营销策划合同》虽约定娱乐传媒公司委托文化传媒工作室进行项目营销策划，但娱乐传媒公司无法说明其与项目的关系，亦无法提供相关权利方委托娱乐传媒公司从事有关工作的材料，无法说明为何选择与文化传媒工作室签订《营销策划合同》。第二，从付款情况分析，《营销策划合同》约定娱乐传媒公司向文化传媒工作室分两笔支付合同价款的条件和金额，第二笔付款条件为文化传媒工作室执行完项目作品的后期宣传策划内容。娱乐传媒公司诉称文化传媒工作室未向其交付《营销策划合同》项下任何成果，却分 2 次按照协议约定分期付款金额向文化传媒工作室支付协议项下全款的陈述，明显与常理不符。第三，从当事人沟通情况分析，现无证据证明娱乐传媒公司与文化传媒工作室人员就《营销策划合同》的实际签订或履行进行过任何洽商。诉讼中，各方确认宋某一系文化传媒工作室经营者宋某某的弟弟，在 2020 年 6 月前负责娱乐传媒公司的实际运营及管理工作。依据宋某一与娱乐传媒公司出纳人员的微信聊天记录，法院认为娱乐传媒公司与文化传媒工作室虽签订《营销策划合同》，但并不具有真实的合同关系或业务往来，而是通过虚构合同、虚增费用支出等方式，以合法形式掩盖规避税务机关监管、减少缴纳税金的非法目的，损害了国家、集体或第三人利益，应属无效。

现娱乐传媒公司与文化传媒工作室所签《营销策划合同》无效，文化传媒工作室应向娱乐传媒公司返还已收到的款项 100 万元。经法院释明，娱乐传媒公司明确《营销策划合同》被认定无效时的诉讼请求。因各方对合同无效均具有过错，故娱乐传媒公司要求文化传媒工作室支付利息的诉讼请求，法院不予支持。

北京市朝阳区人民法院依照《中华人民共和国民法总则》第五十六条，《中华人民共和国合同法》第五十二条、第五十八条，《中华人民共和国民事诉讼法》第四十条第二款、第六十七条，《最高人民法院关于适用〈中华人民共和国民法典〉时间效力的若干规定》第一条第二款之规定，判决如下：

一、原告娱乐传媒公司与被告文化传媒工作室 2019 年 11 月 20 日签订的《营销策划合同》无效；

二、被告文化传媒工作室、宋某某于本判决生效后 7 日内退还原告娱乐传媒公司100万元；

三、驳回原告娱乐传媒公司的其他诉讼请求。

后文化传媒工作室、宋某某不服上述判决提起上诉。

北京市第三中级人民法院经审理认为：同意一审法院裁判意见，判决如下：驳回上诉，维持原判。

【法官后语】

《中华人民共和国民法典》第一百四十六条规定，行为人与相对人以虚假的意思表示实施的民事法律行为无效。以虚假的意思表示隐藏的民事法律行为的效力，依照有关法律规定处理。该条规定体现了对当事人真实意思表示的探求，是对当事人意思表示穿透式认定的基础规范。《全国法院民商事审判工作会议纪要》指出，要树立“穿透式”审判思维，在准确揭示交易模式的基础上，探究当事人真实交易目的，根据真实的权利义务关系认定交易的性质与效力，查明当事人的真实意思，探求真实法律关系。在民商事案件的审理中，存在法律事实和客观事实的区分，但接近正义的目标要求，司法审判所认定的事实应是尽可能接近客观事实的法律事实，在审判中实现实质正义，不仅需要准确认定事实、适用法律，更需要透过现象看本质。

除在实体法律关系的认定中要注重实质重于形式外，在诉讼程序的选择上，“穿透式”审判思维也应当注重通过以实质性解决纠纷为目标，减少当事人的讼累。《全国法院民商事审判工作会议纪要》第三十六条规定，在原告起诉无效返还被告抗辩有效，或原告请求履行合同而被告抗辩合同无效的，应避免机械适用“不告不理”原则，而是向原告释明变更或增加诉讼请求。在一审未释明时，二审法院认为合同不成立、无效或可撤销的，应直接释明后改判，也可以在损失范围难以确定或争议较大时告知另行起诉。该处理方式虽未严格适用一二审诉讼程序，但有利于实质性化解矛盾。第五十四条提出了“无效法律行为的转换”理论，即如果某一法律行为无效，但符合另一替代行为的要件，且如当事人知道该行为无效时愿意缔结替代行为，替代行为有效。比如，独立担保被认定无效时，转换为有效的从属性担保，但我国法律并没有规定无效法律行为转换制度，法官可向当事人释明并取得同意后，穿透无效的法律行为，对替代行为进行审理。

需要强调的是，“穿透式”审判思维遵循实质正义理念介入私法自治，并不意味着其司法恣意而不受制约，应受到商事外观主义和法律内部与外部体系等原则和规则的制约，需要在合理运用与防范滥用之间科学衡平，从而保障法的安定性和秩序性。

本案中，依据现有证据及庭审查明之事实，运用“穿透式”审判思维认定原告与被告虽签订《营销策划合同》，但并不具有真实的合同关系或业务往来，而是通过虚构合同、虚增费用支出等方式，以合法形式掩盖规避税务机关监管、减少缴纳税金的非法目的，损害了国家、集体或第三人利益，应属无效。依法诚信纳税是企业信用的最好体现，也是企业最好的市场名片。原告、被告以虚构合同、虚增费用支出等手段，规避了国家有关税务缴纳义务，破坏了市场交易秩序，违反了国家税务征收相关规定，给交易双方造成巨大风险，亦可能给不特定当事人造成误解，违反了社会主义核心价值观，违背了诚实信用原则。判决生效后，法院向原告、被告所在税务机关发送了司法建议，建议对双方有关行为予以核查。后税务机关向法院回函，依法对双方进行了查处。

编写人：北京市朝阳区人民法院　温晓汾

二十九、准合同纠纷

59

涉经营协议关系中超市收取管理费是否构成不当得利的正确认定

——刘某诉某百货超市不当得利案

【案件基本信息】

1. 裁判书字号

山东省淄博市中级人民法院（2022）鲁 03 民终 3298 号民事判决书

2. 案由：不当得利纠纷

3. 当事人

原告（被上诉人）：刘某

被告（上诉人）：某百货超市

第三人：张某

【基本案情】

张某批发部与某百货超市签订联营租赁合同一份，约定超市为张某提供经营面积为 20 平方米区域经营冷鲜肉，扣点为 5%，年保底销售额为 200 万元，年终汇总时，如批发部全年销售额达不到保底额，某百货超市将按照规定的保底销售额在年终最后一次结算时在张某销售货款中扣除保底销售额与实际销售额差额部分销售扣点；合同有效期自2020年7月15日起至2021年7月14日止。该合同签订后张某未在超市经营冷鲜肉。2020年7月15日至2021年9月15日，由刘某实际在超市经营冷鲜肉，并通过超市收银台进行结算。刘某与超市对2020年7月15日至2021年8月15日货款进行结算。2021年10月11日，超市在对2021年8月16日至2021年9月15日货款与刘某结算时确认该期间货款为89151.65元，扣去2020年合作期间未完成部分25434元，实付63717.65元，并退押金后，最终支付68717.65元。刘某认为其与超市仅有扣除5%管理费约定且一直据此履行，超市不应再按与张某批发部合同约定扣除未完成部分销售扣点。

【案件焦点】

某百货超市扣留刘某货款25434元有无事实及法律依据。

【法院裁判要旨】

山东省淄博高新技术产业开发区人民法院经审理认为：得利人没有法律根据取得不当利益，受损失的人可以请求得利人返还取得的利益。结合本案，某百货超市虽与张某批发部签订联营租赁合同，但其实际与刘某存在合作经营关系，故合同对刘某没有约束力，其中保底销售额200万元条款不适用于刘某。某百货超市扣留刘某涉案货款25434元没有法律依据，刘某请求返还，于法有据，予以支持。

据此，山东省淄博高新技术产业开发区人民法院依照《中华人民共和国民法典》第九百八十五条及其他相关法律之规定，判决如下：

某百货超市本判决生效之日起10日内返还刘某货款25434元。

某百货超市不服一审判决，提起上诉。

山东省淄博市中级人民法院经审理认为：本案争议焦点为上诉人某百货超市要求不退还25434元扣款是否有依据。上诉人主张其与原审第三人张某签订经营协议，认为被上诉人刘某系原审第三人张某工作人员，应按合同扣除扣点费不应退款。被上诉人刘某称其与上诉人超市有过口头约定，经营的双汇冷鲜肉货款通过超市收银台结算，超市按刘某销售货款的百分之五提成管理费，不应按张某的合同交扣点费。但上诉人不认可双方有口头协议，被上诉人也未提交证据证实双方有口头协议，被上诉人刘某的主张无证据证明，不予支持。被上诉人刘某在一审起诉状中自述：2020年7月刘某在上诉人超市经营双汇冷鲜肉，由张某批发部与上诉人超市签订经营协议，其实际经营者为被上诉人刘某。即被上诉人承认是由原审第三人张某签订合同，被上诉人实际经营事实，且被上诉人刘某自原审第三人张某所签合同有效期的第一天开始经营，至合同期满后未再续签合同。另，被上诉人刘某在一审庭审中自述：其系原审第三人张某介绍到超市处销售冷鲜肉，原审第三人张某是双汇冷鲜肉淄博总代理，经营之初，曾从被上诉人刘某处扣除原审第三人欠上诉人的借款。且经营过程中，被上诉人刘某与上诉人多份结算单抬头均写明：张某冷鲜肉批发部。原审第三人一审中也陈述：被上诉人刘某为其下属网点，是原审第三人张某管理。上述事实能够形成证据链，原审第三人张某与超市签订的合同约束被上诉人刘某，上诉人按照其与原审第三人张某签订的合同收扣点款，合法有据。被上诉人刘某关于不当得利诉求，于法无据。被上诉人主张张某与超市签订的合同扣点条款系格式合同条款无效，但该条款系双方约定后手写添加，不符合格式条款规定，该条款系双方协商约定，手写而成，是双方的真实意思表示，合法有效。被上诉人关于该合同条款系格式条款无效抗辩，与事实不符，不予支持。上诉人上诉主张合法有据，予以支持。

山东省淄博市中级人民法院依照《中华人民共和国民事诉讼法》第一百七十七条第一款第二项的规定，判决如下：

一、撤销山东省淄博高新技术产业开发区人民法院（2022）鲁0391民初1030号民事判决；

二、驳回原审原告刘某的诉讼请求。

【法官后语】

本案涉及超市与业户签订经营协议并形成超市内销售关系时，超市收取的相应管理费是否构成不当得利的正确认定问题。

不当得利是指没有合法原因取得利益并致使相对方的权益受损。其理论基础在于“任何人不得基于他人之损失而不当获得利益”，其目的在于矫正财产变动中失衡的利益关系。首先，不当得利中的利益仅包括财产性权利与权益，摒除人身利益；其次，无依据或根据是指缺乏法律规范上的受益原因，而不是指权利或财产的取得没有法律上的直接原因。不当得利区分为给付不当得利与非给付不当得利这两种类型。前者一般是指因给付目的欠缺而发生的不当得利情形，如合同无效、不成立、被撤销及解除等情形。此种类型的不当得利之所以没有法律上的依据，是指给付人并没有实现其给付目的。后者是因给付以外的事由而发生的不当得利，包括侵权行为、误信管理（误将他人事务当成自己事务管理）、第三人行为、自然事件及法律上的直接规定等。这种类型得利人获得的利益没有法律上的依据，应当返还或补偿。不当得利认定上遵循因果链条关系，即对方遭受的损失与获利之间存在法定牵连关系或因果关联性，通俗而言为他人之损失即为彼之获得利益，判断标准为“若得利人没有取得利益的事实，则他人不至于有损失发生，应当认定二者之间存在因果关联性”。同时，不当得利因果认定以直接关联性为宜，不宜链条扩大。例如，甲某盗窃乙某财物后向丙某抵债，此时乙某的损失与丙某的获益肯定存在牵连关系，但是不构成所谓的直接因果关联，不宜认定双方形成不当得利关系。只能对甲某行为作出认定后，分别加以处理。

司法实践中，不当得利救济途径属于兜底性手段，在合同或侵权等诉讼无法实现救济目的时，可尝试提起不当得利之诉维护权益。给付型不当得利较为常见，此类纠纷中一般存在基础性合同关系，并在合同履行过程中权利义务内容发生对应变更，加重司法认定难度，或合同履行主体发生可能性显著变化也是认定不当利是否成立及认定返还主体的重要考量依据。因此，司法审判中给付型不当得利纠纷举证责任一般聚集在权利义务履行、变化及合同主体的变更等内容上，这些举证要素的完成度直接关乎当事人主张的诉求能否实现。

本案中，超市与张某批发部签订联营租赁合同，虽然履行中由刘某实际操作，但一审严格基于合同相对性，认为包括保底销售额条款在内的涉案经营合同对刘某无约束力，故超市扣留刘某涉案货款25434元没有法律依据，刘某主张返还的请求成立。裁判结果虽有可取之处，但是却完全将相应的经营风险推卸给超市，不符合订约之目的。二审中，超市主张涉案批发部由张某控制，同时刘某仅为张某工作人员不具备独立性，其经营行为来自张某授权或安排，应按双方签订的经营协议履约。此时刘某为摒除联营租赁合同效力，提出与超市有过口头约定，其货款通过超市收银台结算，超市按刘某销售货款百分之五提成管理费，并不按张某的合同交扣点费，若其主张成立可视为超市与刘某在合同后续履行中达成新的租赁经营合同或实质性变更之前合同内容，但刘某的主张仅为其口头陈述，并无证据佐证且超市也不认可，此时司法上无法认定其主张成立，故只能依据联营租赁合同认定双方的权利义务关系。二审再结合双方的多份结算单抬头及张某的陈述，综合认定涉案联营租赁合同效力及于刘某，此时超市向刘某收取的合同扣点款项于法有据，不构成不当得利。本案一、二审争议的焦点即在于刘某是否受原租赁合同约束，其虽然主张与超市通过口头协议变更了原租赁关系，但其主张无法通过举证证实，故只能依据原租赁合同处理，二审据此改判符合案件客观事实。给付型不当得利纠纷应当以基础性合同关系作为认定得利与否的基础，并辅之以合理的举证责任承担，方能抽丝剥茧，作出准确的司法裁判结果。

编写人：山东省淄博市中级人民法院　荣明潇　苏晓宇　杨富元

ISBN 978-7-5216-4367-1

图书在版编目（CIP）数据

中国法院2024年度案例. 合同纠纷/ 国家法官学院，最高人民法院司法案例研究院编．—北京：中国法制出版社，2024. 5

ISBN 978-7-5216-4367-1

Ⅰ. ①中… Ⅱ. ①国… ②最… Ⅲ. ①合同纠纷-案例-汇编-中国 Ⅳ. ①D920. 5

中国国家版本馆CIP数据核字（2024）第054856号

策划编辑：李小草　韩璐玮（hanluwei666@ 163. com）

责任编辑：孙静　　封面设计：李宁

中国法院2024年度案例．合同纠纷

ZHONGGUO FAYUAN 2024 NIANDU ANLI. HETONG JIUFEN

编者/国家法官学院，最高人民法院司法案例研究院

经销/新华书店

印刷/三河市紫恒印装有限公司

开本/730毫米×1030毫米　16开　　印张/ 19. 75　字数/ 246千

版次/2024年5月第1版　　2024年5月第1次印刷

中国法制出版社出版

书号 ISBN 978-7-5216-4367-1　　定价：79. 00元

北京市西城区西便门西里甲16号西便门办公区

邮政编码：100053　　传真：010-63141600

网址：http：//www. zgfzs. com　　**编辑部电话：010-63141787**

市场营销部电话：010-63141612　　**印务部电话：010-63141606**

（如有印装质量问题，请与本社印务部联系。）

中国法院年度案例集成丛书（全 15 册）

国家法官学院　最高人民法院司法案例研究院　编

汇集十年精华　展现裁判思维　促进适法统一

实务性：一本为新型疑难法律适用问题提供解决方案的司法实务参考用书
工具性：一部可以查阅人民法院类型化裁判规则的小全书

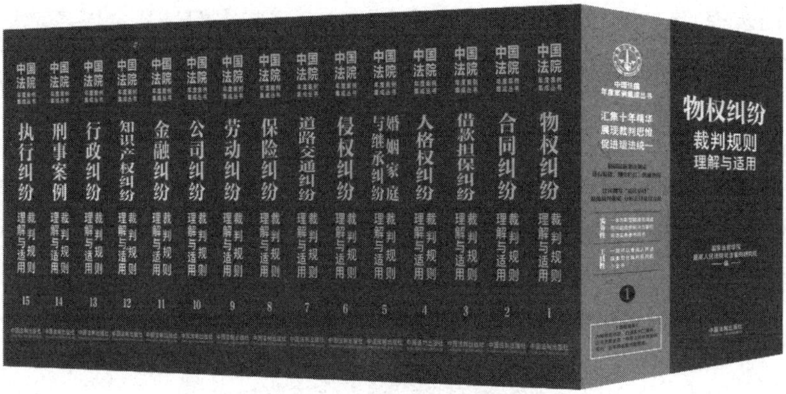

1. 物权纠纷裁判规则理解与适用
2. 合同纠纷裁判规则理解与适用
3. 借款担保纠纷裁判规则理解与适用
4. 人格权纠纷裁判规则理解与适用
5. 婚姻家庭与继承纠纷裁判规则理解与适用
6. 侵权纠纷裁判规则理解与适用
7. 道路交通纠纷裁判规则理解与适用
8. 保险纠纷裁判规则理解与适用
9. 劳动纠纷裁判规则理解与适用
10. 公司纠纷裁判规则理解与适用
11. 金融纠纷裁判规则理解与适用
12. 知识产权纠纷裁判规则理解与适用
13. 行政纠纷裁判规则理解与适用
14. 刑事案例裁判规则理解与适用
15. 执行纠纷裁判规则理解与适用